GOETHES WERKE

Hamburger Ausgabe in 14 Bänden
Herausgegeben von Erich Trunz

Goethes Werke · Hamburger Ausgabe

Band 1
Gedichte und Epen I

Band 2
Gedichte und Epen II

Band 3
Dramatische Dichtungen I

Band 4
Dramatische Dichtungen II

Band 5
Dramatische Dichtungen III

Band 6
Romane und Novellen I

Band 7
Romane und Novellen II

Band 8
Romane und Novellen III

Band 9
Autobiographische Schriften I

Band 10
Autobiographische Schriften II

Band 11
Autobiographische Schriften III

Band 12
Kunst und Literatur

Band 13
Naturwissenschaftliche Schriften I

Band 14
Naturwissenschaftliche Schriften II
Materialien · Register

GOETHES WERKE
BAND V

DRAMATISCHE DICHTUNGEN III

Textkritisch durchgesehen von
Lieselotte Blumenthal und Eberhard Haufe

Kommentiert von
Stuart Atkins, Dieter Lohmeier
Waltraud Loos und Marion Robert

VERLAG C.H. BECK MÜNCHEN

Sonderausgabe
zum 250. Geburtstag Goethes
am 28. 8. 1999

Die ‚Hamburger Ausgabe' wurde begründet
im Christian Wegner Verlag, Hamburg
Die erste bis siebente Auflage des fünften Bandes
erschien dort in den Jahren 1952 bis 1966

Dieser Band ist identisch mit der
12., durchgesehenen Auflage. 1994

Die Textredaktion von ‚Iphigenie' und ‚Tasso'
stammt von Lieselotte Blumenthal,
die auch die Abschnitte zur Textgestalt und
zur Überlieferung dieser Dramen schrieb.
Die Textredaktion aller anderen Dramen
besorgte Eberhard Haufe;
er schrieb dazu auch die Abschnitte zur Textgeschichte

ISBN für die 14bändige Sonderausgabe: 3 406 44186 6

Sonderausgabe. 1998

Druck: C.H.Beck'sche Buchdruckerei, Nördlingen
Gedruckt auf säurefreiem, alterungsbeständigem Papier
(hergestellt aus chlorfrei gebleichtem Zellstoff)
Rikaprint Permanence
von Schoeller & Hoesch, Gernsbach
Printed in Germany

DRAMATISCHE DICHTUNGEN

DRITTER BAND

IPHIGENIE AUF TAURIS

EIN SCHAUSPIEL

PERSONEN

Iphigenie
Thoas, König der Taurier
Orest
Pylades
Arkas

Schauplatz: Hain, vor Dianens Tempel.

ERSTER AUFZUG

ERSTER AUFTRITT

Iphigenie. Heraus in eure Schatten, rege Wipfel
Des alten, heilgen, dichtbelaubten Haines,
Wie in der Göttin stilles Heiligtum,
Tret ich noch jetzt mit schauderndem Gefühl,
Als wenn ich sie zum erstenmal beträte
Und es gewöhnt sich nicht mein Geist hierher.
So manches Jahr bewahrt mich hier verborgen
Ein hoher Wille dem ich mich ergebe;
Doch immer bin ich, wie im ersten, fremd.
Denn ach mich trennt das Meer von den Geliebten
Und an dem Ufer steh ich lange Tage,
Das Land der Griechen mit der Seele suchend,
Und gegen meine Seufzer bringt die Welle
Nur dumpfe Töne brausend mir herüber.
Weh dem der fern von Eltern und Geschwistern
Ein einsam Leben führt! Ihm zehrt der Gram
Das nächste Glück vor seinen Lippen weg.
Ihm schwärmen abwärts immer die Gedanken
Nach seines Vaters Hallen wo die Sonne

Zuerst den Himmel vor ihm aufschloß, wo
Sich Mitgeborne spielend fest und fester
Mit sanften Banden aneinander knüpften.
Ich rechte mit den Göttern nicht; allein
Der Frauen Zustand ist beklagenswert.
Zu Haus und in dem Kriege herrscht der Mann
Und in der Fremde weiß er sich zu helfen.
Ihn freuet der Besitz, ihn krönt der Sieg,
Ein ehrenvoller Tod ist ihm bereitet.
Wie eng gebunden ist des Weibes Glück!
Schon einem rauhen Gatten zu gehorchen
Ist Pflicht und Trost, wie elend wenn sie gar
Ein feindlich Schicksal in die Ferne treibt.
So hält mich Thoas hier, ein edler Mann,
In ernsten heilgen Sklavenbanden fest.
O wie beschämt gesteh ich daß ich dir
Mit stillem Widerwillen diene, Göttin
Dir meiner Retterin! mein Leben sollte
Zu freiem Dienste dir gewidmet sein.
Auch hab ich stets auf dich gehofft und hoffe
Noch jetzt auf dich Diana, die du mich
Des größten Königes verstoßne Tochter
In deinen heilgen, sanften Arm genommen.
Ja Tochter Zeus', wenn du den hohen Mann,
Den du die Tochter fordernd ängstigtest,
Wenn du den göttergleichen Agamemnon,
Der dir sein Liebstes zum Altare brachte,
Von Trojas umgewandten Mauern rühmlich
Nach seinem Vaterland zurückbegleitet,
Die Gattin ihm, Elektren und den Sohn,
Die schönen Schätze, wohl erhalten hast;
So gib auch mich den Meinen endlich wieder,
Und rette mich die du vom Tod errettet
Auch von dem Leben hier, dem zweiten Tode.

ZWEITER AUFTRITT

Iphigenie. Arkas.

ARKAS. Der König sendet mich hierher und beut
Der Priesterin Dianens Gruß und Heil.
Dies ist der Tag da Tauris seiner Göttin
Für wunderbare neue Siege dankt.
Ich eile vor dem König und dem Heer
Zu melden, daß er kommt und daß es naht.
IPHIGENIE. Wir sind bereit sie würdig zu empfangen,
Und unsre Göttin sieht willkommnem Opfer
Von Thoas' Hand mit Gnadenblick entgegen.
ARKAS. O fänd ich auch den Blick der Priesterin,
Der werten, vielgeehrten, deinen Blick,
O heilge Jungfrau heller, leuchtender,
Uns allen gutes Zeichen! Noch bedeckt
Der Gram geheimnisvoll dein Innerstes;
Vergebens harren wir schon Jahre lang
Auf ein vertraulich Wort aus deiner Brust.
So lang ich dich an dieser Stätte kenne,
Ist dies der Blick vor dem ich immer schaudre
Und wie mit Eisenbanden bleibt die Seele
Ins Innerste des Busens dir geschmiedet.
IPHIGENIE. Wie's der Vertriebnen, der Verwaisten ziemt.
ARKAS. Scheinst du dir hier vertrieben und verwaist?
IPHIGENIE. Kann uns zum Vaterland die Fremde werden?
ARKAS. Und dir ist fremd das Vaterland geworden.
IPHIGENIE. Das ist's warum mein blutend Herz nicht heilt.
In erster Jugend da sich kaum die Seele
An Vater, Mutter und Geschwister band,
Die neuen Schößlinge gesellt und lieblich
Vom Fuß der alten Stämme himmelwärts
Zu dringen strebten, leider faßte da
Ein fremder Fluch mich an, und trennte mich
Von den Geliebten, riß das schöne Band
Mit ehrner Faust entzwei. Sie war dahin
Der Jugend beste Freude, das Gedeihn
Der ersten Jahre. Selbst gerettet war

Ich nur ein Schatten mir und frische Lust
Des Lebens blüht in mir nicht wieder auf.
ARKAS. Wenn du dich so unglücklich nennen willst;
So darf ich dich auch wohl undankbar nennen.
IPHIGENIE. Dank habt ihr stets.
ARKAS. Doch nicht den reinen Dank,
Um dessentwillen man die Wohltat tut,
Den frohen Blick der ein zufriednes Leben
Und ein geneigtes Herz dem Wirte zeigt.
Als dich ein tief geheimnisvolles Schicksal
Vor soviel Jahren diesem Tempel brachte,
Kam Thoas dir als einer Gottgegebnen
Mit Ehrfurcht und mit Neigung zu begegnen,
Und dieses Ufer ward dir hold und freundlich
Das jedem Fremden sonst voll Grausens war,
Weil niemand unser Reich vor dir betrat
Der an Dianens heilgen Stufen nicht
Nach altem Brauch ein blutges Opfer fiel.
IPHIGENIE. Frei atmen macht das Leben nicht allein.
Welch Leben ist's, das, an der heilgen Stätte
Gleich einem Schatten um sein eigen Grab,
Ich nur vertrauern muß, und nenn ich das
Ein fröhlich selbstbewußtes Leben, wenn
Uns jeder Tag, vergebens hingeträumt,
Zu jenen grauen Tagen vorbereitet,
Die an dem Ufer Lethes, selbstvergessend,
Die Trauerschar der Abgeschiednen feiert.
Ein unnütz Leben ist ein früher Tod;
Dies Frauenschicksal ist vor allen meins.
ARKAS. Den edeln Stolz daß du dir selbst nicht gnügest
Verzeih ich dir so sehr ich dich bedaure,
Er raubet den Genuß des Lebens dir.
Du hast hier nichts getan seit deiner Ankunft?
Wer hat des Königs trüben Sinn erheitert?
Wer hat den alten grausamen Gebrauch
Daß am Altar Dianens jeder Fremde
Sein Leben blutend läßt, von Jahr zu Jahr
Mit sanfter Überredung aufgehalten,
Und die Gefangnen vom gewissen Tod

Ins Vaterland so oft zurück geschickt?
Hat nicht Diane, statt erzürnt zu sein
Daß sie der blutgen alten Opfer mangelt,
Dein sanft Gebet in reichem Maß erhört?
Umschwebt mit frohem Fluge nicht der Sieg
Das Heer und eilt er nicht sogar voraus?
Und fühlt nicht jeglicher ein besser Los
Seitdem der König, der uns weis und tapfer
So lang geführet, nun sich auch der Milde
In deiner Gegenwart erfreut und uns
Des schweigenden Gehorsams Pflicht erleichtert.
Das nennst du unnütz? wenn von deinem Wesen
Auf Tausende herab ein Balsam träufelt;
Wenn du dem Volke, dem ein Gott dich brachte,
Des neuen Glückes ewge Quelle wirst
Und an dem unwirtbaren Todesufer
Dem Fremden Heil und Rückkehr zubereitest.
IPHIGENIE. Das Wenige verschwindet leicht dem Blick,
Der vorwärts sieht wie viel noch übrig bleibt.
ARKAS. Doch lobst du den, der was er tut nicht schätzt?
IPHIGENIE. Man tadelt den, der seine Taten wägt.
ARKAS. Auch den, der wahren Wert zu stolz nicht achtet,
Wie den, der falschen Wert zu eitel hebt.
Glaub mir und hör auf eines Mannes Wort
Der treu und redlich dir ergeben ist:
Wenn heut der König mit dir redet, so
Erleichtr ihm was er dir zu sagen denkt.
IPHIGENIE. Du ängstest mich mit jedem guten Worte;
Oft wich ich seinem Antrag mühsam aus.
ARKAS. Bedenke was du tust und was dir nützt.
Seitdem der König seinen Sohn verloren,
Vertraut er wenigen der Seinen mehr
Und diesen wenigen nicht mehr wie sonst.
Mißgünstig sieht er jedes Edeln Sohn
Als seines Reiches Folger an, er fürchtet
Ein einsam hülflos Alter, ja vielleicht
Verwegnen Aufstand und frühzeitgen Tod.
Der Scythe setzt ins Reden keinen Vorzug,
Am wenigsten der König. Er der nur

Gewohnt ist zu befehlen und zu tun,
Kennt nicht die Kunst von weitem ein Gespräch
Nach seiner Absicht langsam fein zu lenken.
Erschwer's ihm nicht durch ein rückhaltend Weigern,
Durch ein vorsätzlich Mißverstehen. Geh
Gefällig ihm den halben Weg entgegen.

IPHIGENIE. Soll ich beschleunigen was mich bedroht?

ARKAS. Willst du sein Werben eine Drohung nennen?

IPHIGENIE. Es ist die schrecklichste von allen mir.

ARKAS. Gib ihm für seine Neigung nur Vertraun.

IPHIGENIE. Wenn er von Furcht erst meine Seele löst.

ARKAS. Warum verschweigst du deine Herkunft ihm?

IPHIGENIE. Weil einer Priesterin Geheimnis ziemt.

ARKAS. Dem König sollte nichts Geheimnis sein.
Und ob er's gleich nicht fordert, fühlt er's doch
Und fühlt es tief in seiner großen Seele
Daß du sorgfältig dich vor ihm verwahrst.

IPHIGENIE. Nährt er Verdruß und Unmut gegen mich?

ARKAS. So scheint es fast. Zwar schweigt er auch von dir,
Doch haben hingeworfne Worte mich
Belehrt, daß seine Seele fest den Wunsch
Ergriffen hat dich zu besitzen. Laß,
O überlaß ihn nicht sich selbst! damit
In seinem Busen nicht der Unmut reife
Und dir Entsetzen bringe, du zu spät
An meinen treuen Rat mit Reue denkest.

IPHIGENIE. Wie? sinnt der König was kein edler Mann
Der seinen Namen liebt und dem Verehrung
Der Himmlischen den Busen bändiget
Je denken sollte, sinnt er vom Altar
Mich in sein Bette mit Gewalt zu ziehn?
So ruf ich alle Götter und vor allen
Dianen die entschloßne Göttin an,
Die ihren Schutz der Priesterin gewiß
Und Jungfrau einer Jungfrau gern gewährt.

ARKAS. Sei ruhig! Ein gewaltsam neues Blut
Treibt nicht den König solche Jünglingstat
Verwegen auszuüben. Wie er sinnt,
Befürcht ich andern harten Schluß von ihm,

Den unaufhaltbar er vollenden wird,
Denn seine Seel ist fest und unbeweglich.
Drum bitt ich dich vertrau ihm, sei ihm dankbar,
Wenn du ihm weiter nichts gewähren kannst.
IPHIGENIE. O sage was dir weiter noch bekannt ist.
ARKAS. Erfahr's von ihm, ich seh den König kommen.
Du ehrst ihn und dich heißt dein eigen Herz
Ihm freundlich und vertraulich zu begegnen.
Ein edler Mann wird durch ein gutes Wort
Der Frauen weit geführt.
IPHIGENIE allein. Zwar seh ich nicht
Wie ich dem Rat des Treuen folgen soll.
Doch folg ich gern der Pflicht, dem Könige
Für seine Wohltat gutes Wort zu geben
Und wünsche mir daß ich dem Mächtigen
Was ihm gefällt mit Wahrheit sagen möge.

DRITTER AUFTRITT

Iphigenie. Thoas.

IPHIGENIE. Mit königlichen Gütern segne dich
Die Göttin, sie gewähre Sieg und Ruhm
Und Reichtum und das Wohl der Deinigen
Und jedes frommen Wunsches Fülle dir!
Daß, der du über viele sorgend herrschest,
Du auch vor vielen seltnes Glück genießest.
THOAS. Zufrieden wär ich wenn mein Volk mich rühmte,
Was ich erwarb genießen andre mehr
Als ich, der ist am glücklichsten, er sei
Ein König oder ein Geringer dem
In seinem Hause Wohl bereitet ist.
Du nahmest teil an meinen tiefen Schmerzen
Als mir das Schwert der Feinde meinen Sohn
Den letzten besten von der Seite riß.
Solang die Rache meinen Geist besaß,
Empfand ich nicht die Öde meiner Wohnung;
Doch jetzt da ich befriedigt wiederkehre,
Ihr Reich zerstört, mein Sohn gerochen ist,

Bleibt mir zu Hause nichts das mich ergötze.
Der fröhliche Gehorsam den ich sonst
Aus einem jeden Auge blicken sah
Ist nun von Sorg und Unmut still gedämpft.
Ein jeder sinnt was künftig werden wird
Und folgt dem Kinderlosen weil er muß.
Nun komm ich heut in diesen Tempel den
Ich oft betrat um Sieg zu bitten und
Für Sieg zu danken. Einen alten Wunsch
Trag ich im Busen, der auch dir nicht fremd
Noch unerwartet ist: ich hoffe dich
Zum Segen meines Volks und mir zum Segen,
Als Braut in meine Wohnung einzuführen.

IPHIGENIE. Der Unbekannten bietest du zu viel
O König an, es steht die Flüchtige
Beschämt vor dir, die nichts an diesem Ufer
Als Schutz und Ruhe sucht die du ihr gabst.

THOAS. Daß du in das Geheimnis deiner Abkunft
Vor mir wie vor dem Letzten stets dich hüllest,
Wär unter keinem Volke recht und gut.
Dies Ufer schreckt die Fremden: das Gesetz
Gebietet's und die Not. Allein von dir,
Die jedes frommen Rechts genießt, ein wohl
Von uns empfangner Gast nach eignem Sinn
Und Willen ihres Tages sich erfreut,
Von dir hofft ich Vertrauen, das der Wirt
Für seine Treue wohl erwarten darf.

IPHIGENIE. Verbarg ich meiner Eltern Namen und
Mein Haus o König, war's Verlegenheit
Nicht Mißtraun. Denn vielleicht, ach wüßtest du
Wer vor dir steht und welch verwünschtes Haupt
Du nährst und schützest; ein Entsetzen faßte
Dein großes Herz mit seltnem Schauer an,
Und statt die Seite deines Thrones mir
Zu bieten, triebest du mich vor der Zeit
Aus deinem Reiche, stießest mich vielleicht,
Eh zu den Meinen frohe Rückkehr mir
Und meiner Wandrung Ende zugedacht ist,
Dem Elend zu, das jeden Schweifenden

Von seinem Haus Vertriebnen überall
Mit kalter fremder Schreckenshand erwartet.
THOAS. Was auch der Rat der Götter mit dir sei
Und was sie deinem Haus und dir gedenken;
So fehlt es doch seitdem du bei uns wohnst
Und eines frommen Gastes Recht genießest
An Segen nicht der mir von oben kommt.
Ich möchte schwer zu überreden sein
Daß ich an dir ein schuldvoll Haupt beschütze.
IPHIGENIE. Dir bringt die Wohltat Segen nicht der Gast.
THOAS. Was man Verruchten tut wird nicht gesegnet.
Drum endige dein Schweigen und dein Weigern!
Es fordert dies kein ungerechter Mann.
Die Göttin übergab dich meinen Händen,
Wie du ihr heilig warst, so warst du's mir,
Auch sei ihr Wink noch künftig mein Gesetz;
Wenn du nach Hause Rückkehr hoffen kannst,
So sprech ich dich von aller Fordrung los.
Doch ist der Weg auf ewig dir versperrt
Und ist dein Stamm vertrieben, oder durch
Ein ungeheures Unheil ausgelöscht,
So bist du mein durch mehr als ein Gesetz.
Sprich offen! und du weißt ich halte Wort.
IPHIGENIE. Vom alten Bande löset ungern sich
Die Zunge los, ein langverschwiegenes
Geheimnis endlich zu entdecken. Denn
Einmal vertraut, verläßt es ohne Rückkehr
Des tiefen Herzens sichre Wohnung, schadet
Wie es die Götter wollen, oder nützt.
Vernimm! Ich bin aus Tantalus' Geschlecht.
THOAS. Du sprichst ein großes Wort gelassen aus.
Nennst du den deinen Ahnherrn, den die Welt
Als einen ehmals Hochbegnadigten
Der Götter kennt? Ist's jener Tantalus,
Den Jupiter zu Rat und Tafel zog,
An dessen alterfahrnen, vielen Sinn
Verknüpfenden Gesprächen Götter selbst,
Wie an Orakelsprüchen, sich ergötzten?

IPHIGENIE. Er ist es; aber Götter sollten nicht
Mit Menschen, wie mit ihresgleichen wandeln:
Das sterbliche Geschlecht ist viel zu schwach
In ungewohnter Höhe nicht zu schwindeln.
Unedel war er nicht und kein Verräter,
Allein zum Knecht zu groß und zum Gesellen
Des großen Donnrers nur ein Mensch. So war
Auch sein Vergehen menschlich, ihr Gericht
War streng, und Dichter singen: Übermut
Und Untreu stürzten ihn von Jovis Tisch
Zur Schmach des alten Tartarus hinab.
Ach und sein ganz Geschlecht trug ihren Haß!
THOAS. Trug es die Schuld des Ahnherrn oder eigne?
IPHIGENIE. Zwar die gewaltge Brust und der Titanen
Kraftvolles Mark war seiner Söhn und Enkel
Gewisses Erbteil, doch es schmiedete
Der Gott um ihre Stirn ein ehern Band.
Rat, Mäßigung und Weisheit und Geduld
Verbarg er ihrem scheuen düstern Blick,
Zur Wut ward ihnen jegliche Begier,
Und grenzenlos drang ihre Wut umher.
Schon Pelops, der gewaltig wollende,
Des Tantalus geliebter Sohn, erwarb
Sich durch Verrat und Mord das schönste Weib,
Des Önomaus Tochter, Hippodamien.
Sie bringt den Wünschen des Gemahls zwei Söhne
Thyest und Atreus. Neidisch sehen sie
Des Vaters Liebe zu dem ersten Sohn
Aus einem andern Bette, wachsend an.
Der Haß verbindet sie und heimlich wagt
Das Paar im Brudermord die erste Tat.
Der Vater wähnet Hippodamien
Die Mörderin und grimmig fordert er
Von ihr den Sohn zurück und sie entleibt
Sich selbst – –
THOAS. Du schweigest? Fahre fort zu reden!
Laß dein Vertraun dich nicht gereuen! Sprich!
IPHIGENIE. Wohl dem der seiner Väter gern gedenkt,
Der froh von ihren Taten, ihrer Größe

Den Hörer unterhält und still sich freuend
Ans Ende dieser schönen Reihe sich
Geschlossen sieht. Denn es erzeugt nicht gleich
Ein Haus den Halbgott noch das Ungeheuer,
Erst eine Reihe Böser oder Guter
Bringt endlich das Entsetzen, bringt die Freude
Der Welt hervor. – Nach ihres Vaters Tode
Gebieten Atreus und Thyest der Stadt,
Gemeinsam herrschend. Lange konnte nicht
Die Eintracht dauern. Bald entehrt Thyest
Des Bruders Bette. Rächend treibet Atreus
Ihn aus dem Reiche. Tückisch hatte schon
Thyest, auf schwere Taten sinnend, lange
Dem Bruder einen Sohn entwandt und heimlich
Ihn als den seinen schmeichelnd auferzogen.
Dem füllet er die Brust mit Wut und Rache
Und sendet ihn zur Königsstadt, daß er
Im Oheim seinen eignen Vater morde.
Des Jünglings Vorsatz wird entdeckt, der König
Straft grausam den gesandten Mörder, wähnend
Er töte seines Bruders Sohn. Zu spät
Erfährt er wer vor seinen trunknen Augen
Gemartert stirbt, und die Begier der Rache
Aus seiner Brust zu tilgen sinnt er still
Auf unerhörte Tat. Er scheint gelassen,
Gleichgültig und versöhnt, und lockt den Bruder
Mit seinen beiden Söhnen in das Reich
Zurück, ergreift die Knaben, schlachtet sie
Und setzt die ekle schaudervolle Speise
Dem Vater bei dem ersten Mahle vor.
Und da Thyest an seinem Fleische sich
Gesättigt, eine Wehmut ihn ergreift,
Er nach den Kindern fragt, den Tritt, die Stimme
Der Knaben an des Saales Türe schon
Zu hören glaubt, wirft Atreus grinsend
Ihm Haupt und Füße der Erschlagnen hin.
Du wendest schaudernd dein Gesicht o König.
So wendete die Sonn ihr Antlitz weg
Und ihren Wagen aus dem ewgen Gleise.

Dies sind die Ahnherrn deiner Priesterin,
Und viel unseliges Geschick der Männer,
Viel Taten des verworrnen Sinnes deckt
Die Nacht mit schweren Fittichen und läßt
Uns nur in grauenvolle Dämmrung sehn.

THOAS. Verbirg sie schweigend auch. Es sei genug
Der Greuel! Sage nun durch welch ein Wunder
Von diesem wilden Stamme du entsprangst.

IPHIGENIE. Des Atreus ältster Sohn war Agamemnon.
Er ist mein Vater, doch ich darf es sagen:
In ihm hab ich seit meiner ersten Zeit
Ein Muster des vollkommnen Manns gesehn.
Ihm brachte Klytämnestra mich, den Erstling
Der Liebe, dann Elektren. Ruhig herrschte
Der König, und es war dem Hause Tantals
Die langentbehrte Rast gewährt. Allein
Es mangelte dem Glück der Eltern noch
Ein Sohn und kaum war dieser Wunsch erfüllt,
Daß zwischen beiden Schwestern nun Orest
Der Liebling wuchs, als neues Übel schon
Dem sichern Hause zubereitet war.
Der Ruf des Krieges ist zu euch gekommen,
Der um den Raub der schönsten Frau zu rächen
Die ganze Macht der Fürsten Griechenlands
Um Trojens Mauern lagerte. Ob sie
Die Stadt gewonnen? ihrer Rache Ziel
Erreicht? vernahm ich nicht. Mein Vater führte
Der Griechen Heer, in Aulis harrten sie
Auf günstgen Wind vergebens, denn Diane
Erzürnt auf ihren großen Führer hielt
Die Eilenden zurück und forderte
Durch Kalchas' Mund des Königs ältste Tochter.
Sie lockten mit der Mutter mich ins Lager,
Sie rissen mich vor den Altar und weihten
Der Göttin dieses Haupt – sie war versöhnt!
Sie wollte nicht mein Blut und hüllte rettend
In eine Wolke mich, in diesem Tempel
Erkannt ich mich zuerst vom Tode wieder.
Ich bin es selbst, bin Iphigenie

Des Atreus Enkel, Agamemnons Tochter,
Der Göttin Eigentum die mit dir spricht.
THOAS. Mehr Vorzug und Vertrauen geb ich nicht
Der Königstochter als der Unbekannten.
Ich wiederhole meinen ersten Antrag:
Komm, folge mir und teile was ich habe.
IPHIGENIE. Wie darf ich solchen Schritt o König wagen?
Hat nicht die Göttin, die mich rettete
Allein das Recht auf mein geweihtes Leben?
Sie hat für mich den Schutzort ausgesucht
Und sie bewahrt mich einem Vater, den
Sie durch den Schein genug gestraft, vielleicht
Zur schönsten Freude seines Alters hier.
Vielleicht ist mir die frohe Rückkehr nah?
Und ich auf ihren Weg nicht achtend, hätte
Mich wider ihren Willen hier gefesselt.
Ein Zeichen bat ich wenn ich bleiben sollte.
THOAS. Das Zeichen ist daß du noch hier verweilst.
Such Ausflucht solcher Art nicht ängstlich auf.
Man spricht vergebens viel um zu versagen,
Der andre hört von allem nur das Nein.
IPHIGENIE. Nicht Worte sind es die nur blenden sollen,
Ich habe dir mein tiefstes Herz entdeckt.
Und sagst du dir nicht selbst wie ich dem Vater,
Der Mutter, den Geschwistern mich entgegen
Mit ängstlichen Gefühlen sehnen muß.
Daß in den alten Hallen, wo die Trauer
Noch manchmal stille meinen Namen lispelt,
Die Freude, wie um eine Neugeborne,
Den schönsten Kranz von Säul an Säulen schlinge.
O sendetest du mich auf Schiffen hin–
Du gäbest mir und allen neues Leben.
THOAS. So kehr zurück! tu was dein Herz dich heißt!
Und höre nicht die Stimme guten Rats
Und der Vernunft. Sei ganz ein Weib und gib
Dich hin dem Triebe der dich zügellos
Ergreift und dahin oder dorthin reißt.
Wenn ihnen eine Lust im Busen brennt,
Hält vom Verräter sie kein heilig Band,

Der sie dem Vater oder dem Gemahl
Aus langbewährten treuen Armen lockt,
Und schweigt in ihrer Brust die rasche Glut,
So dringt auf sie vergebens treu und mächtig
Der Überredung goldne Zunge los.
IPHIGENIE. Gedenk o König deines edeln Wortes.
Willst du mein Zutraun so erwidern? Du
Schienst vorbereitet alles zu vernehmen.
THOAS. Aufs Ungehoffte war ich nicht bereitet.
Doch sollt ich's auch erwarten, wußt ich nicht
Daß ich mit einem Weibe handeln ging.
IPHIGENIE. Schilt nicht o König unser arm Geschlecht,
Nicht herrlich wie die euern aber nicht
Unedel sind die Waffen eines Weibes.
Glaub es, darin bin ich dir vorzuziehn
Daß ich dein Glück mehr als du selber kenne.
Du wähnest unbekannt mit dir und mir
Ein näher Band werd uns zum Glück vereinen.
Voll guten Mutes wie voll guten Willens
Dringst du in mich daß ich mich fügen soll,
Und hier dank ich den Göttern daß sie mir
Die Festigkeit gegeben dieses Bündnis
Nicht einzugehen das sie nicht gebilligt.
THOAS. Es spricht kein Gott, es spricht dein eignes Herz.
IPHIGENIE. Sie reden nur durch unser Herz zu uns.
THOAS. Und hab ich sie zu hören nicht das Recht?
IPHIGENIE. Es überbraust der Sturm die zarte Stimme.
THOAS. Die Priesterin vernimmt sie wohl allein?
IPHIGENIE. Vor allen andern merke sie der Fürst.
THOAS. Dein heilig Amt und dein geerbtes Recht
An Jovis Tisch bringt dich den Göttern näher
Als einen erdgebornen Wilden.
IPHIGENIE. So
Büß ich nun das Vertraun das du erzwangst.
THOAS. Ich bin ein Mensch und besser ist's wir enden.
So bleibe denn mein Wort: Sei Priesterin
Der Göttin wie sie dich erkoren hat,
Doch mir verzeih Diane daß ich ihr
Bisher mit Unrecht und mit innerm Vorwurf

Die alten Opfer vorenthalten habe.
Kein Fremder nahet glücklich unserm Ufer;
Von alters her ist ihm der Tod gewiß.
Nur du hast mich mit einer Freundlichkeit
In der ich bald der zarten Tochter Liebe,
Bald stille Neigung einer Braut zu sehn
Mich tief erfreute, wie mit Zauberbanden
Gefesselt, daß ich meiner Pflicht vergaß.
Du hattest mir die Sinnen eingewiegt,
Das Murren meines Volks vernahm ich nicht.
Nun rufen sie die Schuld von meines Sohnes
Frühzeitgem Tode lauter über mich,
Um deinetwillen halt ich länger nicht
Die Menge die das Opfer dringend fordert.

IPHIGENIE. Um meinetwillen hab ich's nie begehrt.
Der mißversteht die Himmlischen, der sie
Blutgierig wähnt, er dichtet ihnen nur
Die eignen grausamen Begierden an.
Entzog die Göttin mich nicht selbst dem Priester?
Ihr war mein Dienst willkommner, als mein Tod.

THOAS. Es ziemt sich nicht für uns den heiligen
Gebrauch mit leicht beweglicher Vernunft
Nach unserm Sinn zu deuten und zu lenken.
Tu deine Pflicht, ich werde meine tun.
Zwei Fremde die wir in des Ufers Höhlen
Versteckt gefunden und die meinem Lande
Nichts Gutes bringen sind in meiner Hand.
Mit diesen nehme deine Göttin wieder
Ihr erstes, rechtes, lang entbehrtes Opfer.
Ich sende sie hierher; du weißt den Dienst.

VIERTER AUFTRITT

IPHIGENIE allein. Du hast Wolken gnädige Retterin,
Einzuhüllen unschuldig Verfolgte
Und auf Winden dem ehrnen Geschick sie
Aus den Armen über das Meer,
Über der Erde weiteste Strecken

Und wohin es dir gutdünkt zu tragen.
Weise bist du und siehest das Künftige,
Nicht vorüber ist dir das Vergangne,
Und dein Blick ruht über den Deinen
Wie dein Licht, das Leben der Nächte,
Über der Erde ruhet und waltet.
O enthalte vom Blut meine Hände!
Nimmer bringt es Segen und Ruhe.
Und die Gestalt des zufällig Ermordeten
Wird auf des traurig unwilligen Mörders
Böse Stunde lauern – und schrecken.
Denn die Unsterblichen lieben der Menschen
Weitverbreitete gute Geschlechter
Und sie fristen das flüchtige Leben
Gerne dem Sterblichen, wollen ihm gerne
Ihres eigenen, ewigen Himmels
Mitgenießendes fröhliches Anschaun
Eine Weile gönnen und lassen.

ZWEITER AUFZUG

ERSTER AUFTRITT

Orest. Pylades.

OREST. Es ist der Weg des Todes den wir treten,
Mit jedem Schritt wird meine Seele stiller.
Als ich Apollen bat das gräßliche
Geleit der Rachegeister von der Seite
Mir abzunehmen, schien er Hülf und Rettung
Im Tempel seiner vielgeliebten Schwester
Die über Tauris herrscht, mit hoffnungsreichen,
Gewissen Götterworten zu versprechen,
Und nun erfüllet sich's daß alle Not
Mit meinem Leben völlig enden soll.
Wie leicht wird's mir, dem eine Götterhand
Das Herz zusammendrückt, den Sinn betäubt,
Dem schönen Licht der Sonne zu entsagen.

Und sollen Atreus' Enkel in der Schlacht
Ein siegbekröntes Ende nicht gewinnen,
Soll ich wie meine Ahnen, wie mein Vater
Als Opfertier im Jammertode bluten;
So sei es! Besser hier vor dem Altar
Als im verworfnen Winkel wo die Netze
Der nahverwandte Meuchelmörder stellt.
Laßt mir so lange Ruh, ihr Unterirdschen
Die nach dem Blut ihr, das von meinen Tritten
Hernieder träufend meinen Pfad bezeichnet,
Wie losgelaßne Hunde spürend hetzt;
Laßt mich, ich komme bald zu euch hinab;
Das Licht des Tags soll euch nicht sehn, noch mich.
Der Erde schöner grüner Teppich soll
Kein Tummelplatz für Larven sein. Dortunten
Such ich euch auf, dort bindet alle dann
Ein gleich Geschick in ewge matte Nacht.
Nur dich mein Pylades, dich meiner Schuld
Und meines Banns unschuldigen Genossen,
Wie ungern nehm ich dich in jenes Trauerland
Frühzeitig mit! Dein Leben oder Tod
Gibt mir allein noch Hoffnung oder Furcht.

PYLADES. Ich bin noch nicht, Orest, wie du bereit,
In jenes Schattenreich hinabzugehn.
Ich sinne noch durch die verworrnen Pfade,
Die nach der schwarzen Nacht zu führen scheinen,
Uns zu dem Leben wieder aufzuwinden.
Ich denke nicht den Tod, ich sinn und horche,
Ob nicht zu irgend einer frohen Flucht
Die Götter Rat und Wege zubereiten.
Der Tod gefürchtet oder ungefürchtet
Kommt unaufhaltsam. Wenn die Priesterin
Schon unsre Locken weihend abzuschneiden
Die Hand erhebt, soll dein und meine Rettung
Mein einziger Gedanke sein. Erhebe
Von diesem Unmut deine Seele, zweifelnd
Beschleunigest du die Gefahr. Apoll
Gab uns das Wort: im Heiligtum der Schwester
Sei Trost und Hülf und Rückkehr dir bereitet.

Der Götter Worte sind nicht doppelsinnig,
Wie der Gedrückte sie im Unmut wähnt.
OREST. Des Lebens dunkle Decke breitete
Die Mutter schon mir um das zarte Haupt,
Und so wuchs ich herauf, ein Ebenbild
Des Vaters, und es war mein stummer Blick
Ein bittrer Vorwurf ihr und ihrem Buhlen.
Wie oft wenn still Elektra meine Schwester
Am Feuer in der tiefen Halle saß,
Drängt ich beklommen mich an ihren Schoß
Und starrte, wie sie bitter weinte, sie
Mit großen Augen an. Dann sagte sie
Von unserm hohen Vater viel, wie sehr
Verlangt ich ihn zu sehn, bei ihm zu sein,
Mich wünscht ich bald nach Troja, ihn bald her.
Es kam der Tag . . !
PYLADES. O laß von jener Stunde
Sich Höllengeister nächtlich unterhalten!
Uns gebe die Erinnrung schöner Zeit
Zu frischem Heldenlaufe neue Kraft.
Die Götter brauchen manchen guten Mann
Zu ihrem Dienst auf dieser weiten Erde.
Sie haben noch auf dich gezählt, sie gaben
Dich nicht dem Vater zum Geleite mit
Da er unwillig nach dem Orkus ging.
OREST. O wär ich seinen Saum ergreifend ihm
Gefolgt.
PYLADES. So haben die die dich erhielten
Für mich gesorgt: denn was ich worden wäre,
Wenn du nicht lebtest, kann ich mir nicht denken;
Da ich mit dir und deinetwillen nur
Seit meiner Kindheit leb und leben mag.
OREST. Erinnre mich nicht jener schönen Tage
Da mir dein Haus die freie Stätte gab,
Dein edler Vater klug und liebevoll
Die halberstarrte junge Blüte pflegte;
Da du ein immer munterer Geselle
Gleich einem leichten bunten Schmetterling
Um eine dunkle Blume, jeden Tag

Um mich mit neuem Leben gaukeltest,
Mir deine Lust in meine Seele spieltest,
Daß ich vergessend meiner Not mit dir
In rascher Jugend hingerissen schwärmte.
PYLADES. Da fing mein Leben an als ich dich liebte.
OREST. Sag: meine Not begann und du sprichst wahr.
Das ist das Ängstliche von meinem Schicksal,
Daß ich wie ein verpesteter Vertriebner
Geheimen Schmerz und Tod im Busen trage,
Daß, wo ich den gesundsten Ort betrete,
Gar bald um mich die blühenden Gesichter
Den Schmerzenszug langsamen Tods verraten.
PYLADES. Der Nächste wär ich diesen Tod zu sterben
Wenn je dein Hauch, Orest, vergiftete.
Bin ich nicht immer noch voll Mut und Lust,
Und Lust und Liebe sind die Fittiche
Zu großen Taten.
OREST. Große Taten? Ja
Ich weiß die Zeit da wir sie vor uns sahn!
Wenn wir zusammen oft dem Wilde nach
Durch Berg und Täler rannten und dereinst
An Brust und Faust dem hohen Ahnherrn gleich
Mit Keul und Schwert dem Ungeheuer so
Dem Räuber auf der Spur zu jagen hofften,
Und dann wir abends an der weiten See
Uns an einander lehnend ruhig saßen,
Die Wellen bis zu unsern Füßen spielten,
Die Welt so weit, so offen vor uns lag;
Da fuhr wohl einer manchmal nach dem Schwert
Und künftge Taten drangen wie die Sterne
Rings um uns her unzählig aus der Nacht.
PYLADES. Unendlich ist das Werk, das zu vollführen
Die Seele dringt. Wir möchten jede Tat
So groß gleich tun als wie sie wächst und wird
Wenn Jahre lang durch Länder und Geschlechter
Der Mund der Dichter sie vermehrend wälzt.
Es klingt so schön was unsre Väter taten,
Wenn es, in stillen Abendschatten ruhend
Der Jüngling mit dem Ton der Harfe schlürft,

Und was wir tun ist wie es ihnen war,
Voll Müh und eitel Stückwerk.
So laufen wir nach dem was vor uns flieht
Und achten nicht des Weges den wir treten
Und sehen neben uns der Ahnherrn Tritte
Und ihres Erdelebens Spuren kaum.
Wir eilen immer ihrem Schatten nach
Der göttergleich in einer weiten Ferne
Der Berge Haupt auf goldnen Wolken krönt.
Ich halte nichts von dem der von sich denkt
Wie ihn das Volk vielleicht erheben möchte.
Allein, o Jüngling, danke du den Göttern
Daß sie so früh durch dich so viel getan.

Orest. Wenn sie dem Menschen frohe Tat bescheren
Daß er ein Unheil von den Seinen wendet,
Daß er sein Reich vermehrt, die Grenzen sichert
Und alte Feinde fallen oder fliehn;
Dann mag er danken, denn ihm hat ein Gott
Des Lebens erste letzte Lust gegönnt.
Mich haben sie zum Schlächter auserkoren,
Zum Mörder meiner doch verehrten Mutter,
Und eine Schandtat schändlich rächend, mich
Durch ihren Wink zu Grund gerichtet. Glaube,
Sie haben es auf Tantals Haus gerichtet
Und ich der letzte soll nicht schuldlos, soll
Nicht ehrenvoll vergehn.

Pylades. Die Götter rächen
Der Väter Missetat nicht an dem Sohn;
Ein jeglicher gut oder böse nimmt
Sich seinen Lohn mit seiner Tat hinweg.
Es erbt der Eltern Segen nicht ihr Fluch.

Orest. Uns führt ihr Segen, dünkt mich, nicht hierher.

Pylades. Doch wenigstens der hohen Götter Wille.

Orest. So ist's ihr Wille denn der uns verderbt.

Pylades. Tu was sie dir gebieten und erwarte.
Bringst du die Schwester zu Apollen hin
Und wohnen beide dann vereint zu Delphis
Verehrt von einem Volk das edel denkt;
So wird für diese Tat das hohe Paar

Dir gnädig sein, sie werden aus der Hand
Der Unterirdschen dich erretten. Schon
In diesen heilgen Hain wagt keine sich.
OREST. So hab ich wenigstens geruhgen Tod.
PYLADES. Ganz anders denk ich und nicht ungeschickt
Hab ich das schon Geschehne mit dem Künftgen
Verbunden und im stillen ausgelegt.
Vielleicht reift in der Götter Rat schon lange
Das große Werk. Diane sehnet sich
Von diesem rauhen Ufer der Barbaren
Und ihren blutgen Menschenopfern weg.
Wir waren zu der schönen Tat bestimmt,
Uns wird sie auferlegt und seltsam sind
Wir an der Pforte schon gezwungen hier.
OREST. Mit seltner Kunst flichst du der Götter Rat
Und deine Wünsche klug in eins zusammen.
PYLADES. Was ist des Menschen Klugheit wenn sie nicht
Auf jener Willen droben achtend lauscht?
Zu einer schweren Tat beruft ein Gott
Den edlen Mann der viel verbrach und legt
Ihm auf was uns unmöglich scheint zu enden.
Es siegt der Held und büßend dienet er
Den Göttern und der Welt, die ihn verehrt.
OREST. Bin ich bestimmt zu leben und zu handeln;
So nehm ein Gott von meiner schweren Stirn
Den Schwindel weg der auf dem schlüpfrigen
Mit Mutterblut besprengten Pfade fort
Mich zu den Toten reißt, er trockne gnädig
Die Quelle die mir aus der Mutter Wunden
Entgegen sprudelnd ewig mich befleckt.
PYLADES. Erwart es ruhiger! Du mehrst das Übel
Und nimmst das Amt der Furien auf dich.
Laß mich nur sinnen, bleibe still! Zuletzt
Bedarf's zur Tat vereinter Kräfte, dann
Ruf ich dich auf und beide schreiten wir
Mit überlegter Kühnheit zur Vollendung.
OREST. Ich hör Ulyssen reden.
PYLADES. Spotte nicht.
Ein jeglicher muß seinen Helden wählen

Dem er die Wege zum Olymp hinauf
Sich nach arbeitet. Laß es mich gestehn:
Mir scheinet List und Klugheit nicht den Mann
Zu schänden, der sich kühnen Taten weiht.

OREST. Ich schätze den der tapfer ist und grad.

PYLADES. Drum hab ich keinen Rat von dir verlangt.
Schon ist ein Schritt getan. Von unsern Wächtern
Hab ich bisher gar vieles ausgelockt.
Ich weiß, ein fremdes göttergleiches Weib
Hält jenes blutige Gesetz gefesselt;
Ein reines Herz und Weihrauch und Gebet
Bringt sie den Göttern dar. Man rühmet hoch
Die Gütige, man glaubet sie entspringe
Vom Stamm der Amazonen, sei geflohn
Um einem großen Unheil zu entgehn.

OREST. Es scheint ihr lichtes Reich verlor die Kraft
Durch des Verbrechers Nähe den der Fluch
Wie eine breite Nacht verfolgt und deckt.
Die fromme Blutgier löst den alten Brauch
Von seinen Fesseln los uns zu verderben.
Der wilde Sinn des Königs tötet uns;
Ein Weib wird uns nicht retten wenn er zürnt.

PYLADES. Wohl uns daß es ein Weib ist! denn ein Mann,
Der beste selbst, gewöhnet seinen Geist
An Grausamkeit und macht sich auch zuletzt
Aus dem was er verabscheut ein Gesetz,
Wird aus Gewohnheit hart und fast unkenntlich.
Allein ein Weib bleibt stet auf einem Sinn,
Den sie gefaßt. Du rechnest sicherer
Auf sie im Guten wie im Bösen. – Still!
Sie kommt, laß uns allein; ich darf nicht gleich
Ihr unsre Namen nennen, unser Schicksal
Nicht ohne Rückhalt ihr vertraun, du gehst
Und eh sie mit dir spricht, treff ich dich noch.

ZWEITER AUFTRITT

Iphigenie. Pylades.

IPHIGENIE. Woher du seist und kommst, o Fremdling, sprich,
Mir scheint es daß ich eher einem Griechen
Als einem Scythen dich vergleichen soll.
Sie nimmt ihm die Ketten ab.
Gefährlich ist die Freiheit die ich gebe;
Die Götter wenden ab was euch bedroht!
PYLADES. O süße Stimme! Vielwillkommner Ton
Der Muttersprach in einem fremden Lande!
Des väterlichen Hafens blaue Berge
Seh ich, Gefangner, neu willkommen wieder
Vor meinen Augen. Laß dir diese Freude
Versichern daß auch ich ein Grieche bin.
Vergessen hab ich einen Augenblick
Wie sehr ich dein bedarf und meinen Geist
Der herrlichen Erscheinung zugewendet.
O sage, wenn dir ein Verhängnis nicht
Die Lippe schließt, aus welchem unsrer Stämme
Du deine göttergleiche Herkunft zählst.
IPHIGENIE. Die Priesterin von ihrer Göttin selbst
Gewählet und geheiligt, spricht mit dir.
Das laß dir gnügen, sage wer du seist
Und welch unselig waltendes Geschick
Mit dem Gefährten dich hierher gebracht.
PYLADES. Leicht kann ich dir erzählen welch ein Übel
Mit lastender Gesellschaft uns verfolgt.
O könntest du der Hoffnung frohen Blick
Uns auch so leicht, du Göttliche, gewähren.
Aus Kreta sind wir Söhne des Adrasts,
Ich bin der jüngste Cephalus genannt
Und er Laodamas der älteste
Des Hauses. Zwischen uns stand rauh und wild
Ein mittlerer und trennte schon im Spiel
Der ersten Jugend Einigkeit und Lust.
Gelassen folgten wir der Mutter Worten
Solang des Vaters Kraft vor Troja stritt;
Doch als er beutereich zurücke kam

Und kurz darauf verschied, da trennte bald
Der Streit um Reich und Erbe die Geschwister.
Ich neigte mich zum Ältsten. Er erschlug
Den Bruder. Um der Blutschuld willen treibt
Die Furie gewaltig ihn umher.
Doch diesem wilden Ufer sendet uns
Apoll der Delphische mit Hoffnung zu.
Im Tempel seiner Schwester hieß er uns
Der Hülfe segensvolle Hand erwarten.
Gefangen sind wir und hierher gebracht,
Und dir als Opfer dargestellt. Du weißt's.
IPHIGENIE. Fiel Troja? Teurer Mann versichr es mir.
PYLADES. Es liegt. O sichre du uns Rettung zu!
Beschleunige die Hülfe die ein Gott
Versprach. Erbarme meines Bruders dich.
O sag ihm bald ein gutes holdes Wort;
Doch schone seiner wenn du mit ihm sprichst,
Das bitt ich eifrig: denn es wird gar leicht
Durch Freud und Schmerz und durch Erinnerung
Sein Innerstes ergriffen und zerrüttet.
Ein fieberhafter Wahnsinn fällt ihn an
Und seine schöne freie Seele wird
Den Furien zum Raube hingegeben.
IPHIGENIE. So groß dein Unglück ist, beschwör ich dich,
Vergiß es bis du mir genug getan.
PYLADES. Die hohe Stadt die zehen lange Jahre
Dem ganzen Heer der Griechen widerstand,
Liegt nun im Schutte, steigt nicht wieder auf.
Doch manche Gräber unsrer Besten heißen
Uns an das Ufer der Barbaren denken.
Achill liegt dort mit seinem schönen Freunde.
IPHIGENIE. So seid ihr Götterbilder auch zu Staub.
PYLADES. Auch Palamedes, Ajax Telamons,
Sie sahn des Vaterlandes Tag nicht wieder.
IPHIGENIE. Er schweigt von meinem Vater, nennt ihn nicht
Mit den Erschlagnen. Ja! er lebt mir noch!
Ich werd ihn sehn. O hoffe liebes Herz.
PYLADES. Doch selig sind die Tausende die starben
Den bittersüßen Tod von Feindes Hand!

Denn wüste Schrecken und ein traurig Ende
Hat den Rückkehrenden statt des Triumphs
Ein feindlich aufgebrachter Gott bereitet.
Kommt denn der Menschen Stimme nicht zu euch?
Soweit sie reicht, trägt sie den Ruf umher,
Von unerhörten Taten die geschahn.
So ist der Jammer, der Mycenens Hallen
Mit immer wiederholten Seufzern füllt,
Dir ein Geheimnis? – Klytämnestra hat
Mit Hülf Ägisthens den Gemahl berückt,
Am Tage seiner Rückkehr ihn ermordet! – –
Ja du verehrest dieses Königs Haus!
Ich seh es, deine Brust bekämpft vergebens
Das unerwartet ungeheure Wort.
Bist du die Tochter eines Freundes? bist
Du nachbarlich in dieser Stadt geboren?
Verbirg es nicht und rechne mir's nicht zu,
Daß ich der erste diese Greuel melde.

IPHIGENIE. Sag an wie ward die schwere Tat vollbracht?

PYLADES. Am Tage seiner Ankunft da der König,
Vom Bad erquickt und ruhig, sein Gewand
Aus der Gemahlin Hand verlangend stieg,
Warf die Verderbliche ein faltenreich
Und künstlich sich verwirrendes Gewebe
Ihm auf die Schultern, um das edle Haupt;
Und da er wie von einem Netze sich
Vergebens zu entwickeln strebte, schlug
Ägisth ihn der Verräter und verhüllt
Ging zu den Toten dieser große Fürst.

IPHIGENIE. Und welchen Lohn erhielt der Mitverschworne?

PYLADES. Ein Reich und Bette das er schon besaß.

IPHIGENIE. So trieb zur Schandtat eine böse Lust?

PYLADES. Und einer alten Rache tief Gefühl.

IPHIGENIE. Und wie beleidigte der König sie?

PYLADES. Mit schwerer Tat, die wenn Entschuldigung
Des Mordes wäre sie entschuldigte.
Nach Aulis lockt' er sie und brachte dort,
Als eine Gottheit sich der Griechen Fahrt
Mit ungestümen Winden widersetzte,

Die ältste Tochter Iphigenien
Vor den Altar Dianens und sie fiel
Ein blutig Opfer für der Griechen Heil.
Dies, sagt man, hat ihr einen Widerwillen
So tief ins Herz geprägt daß sie dem Werben
Ägisthens sich ergab und den Gemahl
Mit Netzen des Verderbens selbst umschlang.

IPHIGENIE sich verhüllend.
Es ist genug, du wirst mich wiedersehn.

PYLADES allein. Von dem Geschick des Königshauses scheint
Sie tief gerührt. Wer sie auch immer sei;
So hat sie selbst den König wohl gekannt
Und ist zu unserm Glück aus hohem Hause
Hierher verkauft. Nur stille liebes Herz
Und laß dem Stern der Hoffnung der uns blinkt
Mit frohem Mut uns klug entgegen steuern.

DRITTER AUFZUG

ERSTER AUFTRITT

Iphigenie. Orest.

IPHIGENIE. Unglücklicher ich löse deine Bande
Zum Zeichen eines schmerzlichern Geschicks.
Die Freiheit die das Heiligtum gewährt
Ist wie der letzte, lichte Lebensblick
Des Schwererkrankten, Todesbote. Noch
Kann ich es mir und darf es mir nicht sagen
Daß ihr verloren seid! Wie könnt ich euch
Mit mörderischer Hand dem Tode weihen?
Und niemand wer es sei darf euer Haupt
Solang ich Priesterin Dianens bin
Berühren. Doch verweigr ich jene Pflicht
Wie sie der aufgebrachte König fordert;
So wählt er eine meiner Jungfraun mir
Zur Folgerin und ich vermag alsdann
Mit heißem Wunsch allein euch beizustehn.

O werter Landsmann! Selbst der letzte Knecht
Der an den Herd der Vatergötter streifte
Ist uns in fremdem Lande hoch willkommen;
Wie soll ich euch genug mit Freud und Segen
Empfangen, die ihr mir das Bild der Helden
Die ich von Eltern her verehren lernte
Entgegen bringet, und das innre Herz
Mit neuer schöner Hoffnung schmeichelnd labet.
OREST. Verbirgst du deinen Namen, deine Herkunft
Mit klugem Vorsatz oder darf ich wissen
Wer mir gleich einer Himmlischen begegnet?
IPHIGENIE. Du sollst mich kennen. Jetzo sag mir an
Was ich nur halb von deinem Bruder hörte:
Das Ende derer die von Troja kehrend
Ein hartes unerwartetes Geschick
Auf ihrer Wohnung Schwelle stumm empfing.
Zwar ward ich jung an diesen Strand geführt;
Doch wohl erinnr ich mich des scheuen Blicks
Den ich mit Staunen und mit Bangigkeit
Auf jene Helden warf. Sie zogen aus,
Als hätte der Olymp sich aufgetan
Und die Gestalten der erlauchten Vorwelt
Zum Schrecken Ilions herabgesendet.
Und Agamemnon war vor allen herrlich!
O sage mir! Er fiel, sein Haus betretend,
Durch seiner Frauen und Ägisthus' Tücke?
OREST. Du sagst's!
IPHIGENIE. Weh dir! Unseliges Mycen!
So haben Tantals Enkel Fluch auf Fluch
Mit vollen wilden Händen ausgesät!
Und gleich dem Unkraut wüste Häupter schüttelnd,
Und tausendfältgen Samen um sich streuend,
Den Kindeskindern nahverwandte Mörder
Zur ewgen Wechselwut erzeugt. – Enthülle
Was von der Rede deines Bruders schnell
Die Finsternis des Schreckens mir verdeckte.
Wie ist des großen Stammes letzter Sohn,
Das holde Kind bestimmt des Vaters Rächer
Dereinst zu sein, wie ist Orest dem Tage

Des Bluts entgangen? Hat ein gleich Geschick
Mit des Avernus Netzen ihn umschlungen?
Ist er gerettet? Lebt er? Lebt Elektra?
OREST. Sie leben.
IPHIGENIE. Goldne Sonne leihe mir
Die schönsten Strahlen, lege sie zum Dank
Vor Jovis Thron denn ich bin arm und stumm.
OREST. Bist du gastfreundlich diesem Königshause,
Bist du mit nähern Banden ihm verbunden
Wie deine schöne Freude mir verrät;
So bändige dein Herz und halt es fest,
Denn unerträglich muß dem Fröhlichen
Ein jäher Rückfall in die Schmerzen sein.
Du weißt nur merk ich Agamemnons Tod.
IPHIGENIE. Hab ich an dieser Nachricht nicht genug?
OREST. Du hast des Greuels Hälfte nur erfahren.
IPHIGENIE. Was fürcht ich noch? Orest, Elektra leben.
OREST. Und fürchtest du für Klytämnestren nichts?
IPHIGENIE. Sie rettet weder Hoffnung weder Furcht.
OREST. Auch schied sie aus dem Land der Hoffnung ab.
IPHIGENIE. Vergoß sie reuig wütend selbst ihr Blut?
OREST. Nein, doch ihr eigen Blut gab ihr den Tod.
IPHIGENIE. Sprich deutlicher daß ich nicht länger sinne.
Die Ungewißheit schlägt mir tausendfältig
Die dunklen Schwingen um das bange Haupt.
OREST. So haben mich die Götter ausersehn
Zum Boten einer Tat die ich so gern
Ins klanglos dumpfe Höhlenreich der Nacht
Verbergen möchte. Wider meinen Willen
Zwingt mich dein holder Mund, allein er darf
Auch etwas Schmerzlichs fordern und erhält's.
Am Tage da der Vater fiel verbarg
Elektra rettend ihren Bruder, Strophius
Des Vaters Schwäher nahm ihn willig auf,
Erzog ihn neben seinem eignen Sohne,
Der Pylades genannt die schönsten Bande
Der Freundschaft um den Angekommnen knüpfte.
Und wie sie wuchsen, wuchs in ihrer Seele
Die brennende Begier des Königs Tod

Zu rächen. Unversehen, fremdgekleidet,
Erreichen sie Mycen als brächten sie
Die Trauernachricht von Orestens Tode
Mit seiner Asche. Wohl empfänget sie
Die Königin, sie treten in das Haus.
Elektren gibt Orest sich zu erkennen,
Sie bläst der Rache Feuer in ihm auf,
Das vor der Mutter heilger Gegenwart
In sich zurückgebrannt war. Stille führt
Sie ihn zum Orte wo sein Vater fiel,
Wo eine alte leichte Spur des frech
Vergoßnen Blutes oft gewaschnen Boden
Mit blassen ahndungsvollen Streifen färbte.
Mit ihrer Feuerzunge schilderte
Sie jeden Umstand der verruchten Tat,
Ihr knechtisch elend durchgebrachtes Leben,
Den Übermut der glücklichen Verräter
Und die Gefahren die nun der Geschwister
Von einer stiefgewordnen Mutter warteten;
Hier drang sie jenen alten Dolch ihm auf
Der schon in Tantals Hause grimmig wütete,
Und Klytämnestra fiel durch Sohnes Hand.

IPHIGENIE. Unsterbliche die ihr den reinen Tag
Auf immer neuen Wolken selig lebet,
Habt ihr nur darum mich so manches Jahr,
Von Menschen abgesondert, mich so nah
Bei euch gehalten, mir die kindliche
Beschäftigung des heilgen Feuers Glut
Zu nähren aufgetragen, meine Seele
Der Flamme gleich in ewger frommer Klarheit
Zu euern Wohnungen hinaufgezogen
Daß ich nur meines Hauses Greuel später
Und tiefer fühlen sollte. Sage mir
Vom Unglückselgen! Sprich mir von Orest!

OREST. O könnte man von seinem Tode sprechen.
Wie gärend stieg aus der Erschlagnen Blut
Der Mutter Geist
Und ruft der Nacht uralten Töchtern zu:
»Laßt nicht den Muttermörder entfliehn!

Verfolgt den Verbrecher! Euch ist er geweiht!«
Sie horchen auf, es schaut ihr hohler Blick
Mit der Begier des Adlers um sich her.
Sie rühren sich in ihren schwarzen Höhlen
Und aus den Winkeln schleichen ihre Gefährten,
Der Zweifel und die Reue leis herbei.
Vor ihnen steigt ein Dampf vom Acheron;
In seinen Wolkenkreisen wälzet sich
Die ewige Betrachtung des Geschehnen
Verwirrend um des Schuldgen Haupt umher.
Und sie berechtigt zum Verderben treten
Der gottbesäten Erde schönen Boden,
Von dem ein alter Fluch sie längst verbannte,
Den Flüchtigen verfolgt ihr schneller Fuß;
Sie geben nur um neu zu schrecken Rast.

IPHIGENIE. Unseliger du bist in gleichem Fall
Und fühlst was er der arme Flüchtling leidet.

OREST. Was sagst du mir? was wähnst du gleichen Fall?

IPHIGENIE. Dich drückt ein Brudermord wie jenen, mir
Vertraute dies dein jüngster Bruder schon.

OREST. Ich kann nicht leiden daß du große Seele
Mit einem falschen Wort betrogen werdest.
Ein lügenhaft Gewebe knüpf ein Fremder
Dem Fremden sinnreich und der List gewohnt
Zur Falle vor die Füße, zwischen uns
Sei Wahrheit!
Ich bin Orest! und dieses schuldge Haupt
Senkt nach der Grube sich und sucht den Tod,
In jeglicher Gestalt sei er willkommen.
Wer du auch seist, so wünsch ich Rettung dir
Und meinem Freunde; mir wünsch ich sie nicht.
Du scheinst hier wider Willen zu verweilen,
Erfindet Rat zur Flucht und laßt mich hier.
Es stürze mein entseelter Leib vom Fels,
Es rauche bis zum Meer hinab mein Blut
Und bringe Fluch dem Ufer der Barbaren.
Geht ihr, daheim im schönen Griechenland
Ein neues Leben freundlich anzufangen.

Er entfernt sich.

IPHIGENIE. So steigst du denn Erfüllung, schönste Tochter
Des größten Vaters endlich zu mir nieder!
Wie ungeheuer steht dein Bild vor mir!
Kaum reicht mein Blick dir an die Hände die
Mit Frucht und Segenskränzen angefüllt
Die Schätze des Olympus niederbringen.
Wie man den König an dem Übermaß
Der Gaben kennt, denn ihm muß wenig scheinen
Was Tausenden schon Reichtum ist, so kennt
Man euch ihr Götter an gesparten, lang
Und weise zubereiteten Geschenken,
Denn ihr allein wißt was uns frommen kann,
Und schaut der Zukunft ausgedehntes Reich,
Wenn jedes Abends Stern und Nebelhülle
Die Aussicht uns verdeckt. Gelassen hört
Ihr unser Flehn das um Beschleunigung
Euch kindisch bittet, aber eure Hand
Bricht unreif nie die goldnen Himmelsfrüchte,
Und wehe dem, der ungeduldig sie
Ertrotzend, saure Speise sich zum Tod
Genießt. O laßt das lang erwartete
Noch kaum gedachte Glück nicht wie den Schatten
Des abgeschiednen Freundes eitel mir
Und dreifach schmerzlicher vorübergehn.

OREST der wieder zu ihr tritt.
Rufst du die Götter an für dich und Pylades;
So nenne meinen Namen nicht mit euerm.
Du rettest den Verbrecher nicht zu dem
Du dich gesellst und teilest Fluch und Not.

IPHIGENIE. Mein Schicksal ist an deines fest gebunden.

OREST. Mit nichten! Laß allein und unbegleitet
Mich zu den Toten gehn. Verhülltest du
In deinen Schleier selbst den Schuldigen,
Du birgst ihn nicht vorm Blick der immer Wachen
Und deine Gegenwart, du Himmlische,
Drängt sie nur seitwärts und verscheucht sie nicht.
Sie dürfen mit den ehrnen frechen Füßen
Des heilgen Waldes Boden nicht betreten,
Doch hör ich aus der Ferne hier und da

Ihr gräßliches Gelächter. Wölfe harren
So um den Baum, auf den ein Reisender
Sich rettete. Da draußen ruhen sie
Gelagert; und verlaß ich diesen Hain,
Dann steigen sie, die Schlangenhäupter schüttelnd,
Von allen Seiten Staub erregend auf
Und treiben ihre Beute vor sich her.
IPHIGENIE. Kannst du, Orest, ein freundlich Wort vernehmen?
OREST. Spar es für einen Freund der Götter auf.
IPHIGENIE. Sie geben dir zu neuer Hoffnung Licht.
OREST. Durch Rauch und Qualm seh ich den matten Schein
Des Totenflusses mir zur Hölle leuchten.
IPHIGENIE. Hast du Elektren, eine Schwester nur?
OREST. Die eine kannt ich; doch die ältste nahm
Ihr gut Geschick, das uns so schrecklich schien,
Bei Zeiten aus dem Elend unsers Hauses.
O laß dein Fragen, und geselle dich
Nicht auch zu den Erinnyen; sie blasen
Mir schadenfroh die Asche von der Seele,
Und leiden nicht, daß sich die letzten Kohlen
Von unsers Hauses Schreckensbrande still
In mir verglimmen. Soll die Glut denn ewig,
Vorsätzlich angefacht, mit Höllenschwefel
Genährt, mir auf der Seele marternd brennen?
IPHIGENIE. Ich bringe süßes Räuchwerk in die Flamme.
O laß den reinen Hauch der Liebe dir
Die Glut des Busens leise wehend kühlen.
Orest, mein Teurer, kannst du nicht vernehmen?
Hat das Geleit der Schreckensgötter so
Das Blut in deinen Adern aufgetrocknet?
Schleicht, wie vom Haupt der gräßlichen Gorgone,
Versteinernd dir ein Zauber durch die Glieder?
O wenn vergoßnen Mutterblutes Stimme
Zur Höll hinab mit dumpfen Tönen ruft:
Soll nicht der reinen Schwester Segenswort
Hülfreiche Götter vom Olympus rufen?
OREST. Es ruft! es ruft! So willst du mein Verderben?
Verbirgt in dir sich eine Rachegöttin?

Wer bist du deren Stimme mir entsetzlich
Das Innerste in seinen Tiefen wendet?
IPHIGENIE. Es zeigt sich dir im tiefsten Herzen an:
Orest, ich bin's, sieh Iphigenien!
Ich lebe!
OREST. Du!
IPHIGENIE. Mein Bruder!
OREST. Laß! Hinweg!
Ich rate dir, berühre nicht die Locken!
Wie von Kreusas Brautkleid zündet sich
Ein unauslöschlich Feuer von mir fort.
Laß mich! wie Herkules will ich Unwürdger
Den Tod voll Schmach in mich verschlossen sterben.
IPHIGENIE. Du wirst nicht untergehn! O daß ich nur
Ein ruhig Wort von dir vernehmen könnte.
O löse meine Zweifel, laß des Glückes
Des langerflehten mich auch sicher werden.
Es wälzet sich ein Rad von Freud und Schmerz
Durch meine Seele. Von dem fremden Manne
Entfernet mich ein Schauer, doch es reißt
Mein Innerstes gewaltig mich zum Bruder.
OREST. Ist hier Lyäens Tempel? Und ergreift
Unbändig heilge Wut die Priesterin?
IPHIGENIE. O höre mich! o sieh mich an wie mir
Nach einer langen Zeit das Herz sich öffnet,
Der Seligkeit, dem Liebsten, was die Welt
Noch für mich tragen kann, das Haupt zu küssen,
Mit meinen Armen, die den leeren Winden
Nur ausgebreitet waren, dich zu fassen.
O laß mich! Laß mich! denn es quillet heller
Nicht vom Parnaß die ewge Quelle sprudelnd
Von Fels zu Fels ins goldne Tal hinab,
Wie Freude mir vom Herzen wallend fließt
Und wie ein selig Meer mich rings umfängt.
Orest! Orest! Mein Bruder!
OREST. Schöne Nymphe
Ich traue dir und deinem Schmeicheln nicht.
Diana fordert strenge Dienerinnen
Und rächet das entweihte Heiligtum.

Entferne deinen Arm von meiner Brust!
Und wenn du einen Jüngling rettend lieben,
Das schöne Glück ihm zärtlich bieten willst;
So wende meinem Freunde dein Gemüt
Dem würdgern Manne zu. Er irrt umher
Auf jenem Felsenpfade; such ihn auf,
Weis ihn zurecht und schone meiner.

IPHIGENIE. Fasse
Dich Bruder und erkenne die Gefundne.
Schilt einer Schwester reine Himmelsfreude
Nicht unbesonnene strafbare Lust.
O nehmt den Wahn ihm von dem starren Auge,
Daß uns der Augenblick der höchsten Freude
Nicht dreifach elend mache. Sie ist hier
Die längst verlorne Schwester. Vom Altar
Riß mich die Göttin weg und rettete
Hierher mich in ihr eigen Heiligtum.
Gefangen bist du, dargestellt zum Opfer,
Und findest in der Priesterin die Schwester.

OREST. Unselige! So mag die Sonne denn
Die letzten Greuel unsers Hauses sehn!
Ist nicht Elektra hier? damit auch sie
Mit uns zu Grunde gehe, nicht ihr Leben
Zu schwererem Geschick und Leiden friste.
Gut Priesterin, ich folge zum Altar!
Der Brudermord ist hergebrachte Sitte
Des alten Stammes, und ich danke, Götter
Daß ihr mich ohne Kinder auszurotten
Beschlossen habt. Und laß dir raten, habe
Die Sonne nicht zu lieb und nicht die Sterne;
Komm, folge mir ins dunkle Reich hinab!
Wie sich vom Schwefelpfuhl erzeugte Drachen
Bekämpfend die verwandte Brut verschlingen,
Zerstört sich selbst das wütende Geschlecht;
Komm kinderlos und schuldlos mit hinab!
Du siehst mich mit Erbarmen an? Laß ab!
Mit solchen Blicken suchte Klytämnestra
Sich einen Weg nach ihres Sohnes Herzen,
Doch sein geschwungner Arm traf ihre Brust.

Die Mutter fiel! – Tritt auf unwillger Geist!
Im Kreis geschlossen tretet an ihr Furien
Und wohnet dem willkommnen Schauspiel bei,
Dem letzten gräßlichsten das ihr bereitet.
Nicht Haß und Rache schärfen ihren Dolch,
Die liebevolle Schwester wird zur Tat
Gezwungen. Weine nicht. Du hast nicht Schuld.
Seit meinen ersten Jahren hab ich nichts
Geliebt, wie ich dich lieben könnte, Schwester.
Ja schwinge deinen Stahl, verschone nicht,
Zerreiße diesen Busen und eröffne
Den Strömen die hier sieden einen Weg.

Er sinkt in Ermattung.

IPHIGENIE. Allein zu tragen dieses Glück und Elend
Vermag ich nicht. – Wo bist du Pylades!
Wo find ich deine Hülfe teurer Mann.

Sie entfernt sich suchend.

ZWEITER AUFTRITT

OREST aus seiner Betäubung erwachend und sich aufrichtend.
Noch einen! reiche mir aus Lethes Fluten
Den letzten kühlen Becher der Erquickung!
Bald ist der Krampf des Lebens aus dem Busen
Hinweggespült; bald fließet still mein Geist,
Der Quelle des Vergessens hingegeben,
Zu euch ihr Schatten in die ewgen Nebel.
Gefällig laßt in eurer Ruhe sich
Den umgetriebnen Sohn der Erde laben! –
Welch ein Gelispel hör ich in den Zweigen?
Welch ein Geräusch aus jener Dämmrung säuseln? –
Sie kommen schon den neuen Gast zu sehn!
Wer ist die Schar? die herrlich mit einander
Wie ein versammelt Fürstenhaus sich freut.
Sie gehen friedlich, Alt und Junge, Männer
Mit Weibern, göttergleich und ähnlich scheinen
Die wandelnden Gestalten. Ja sie sind's,
Die Ahnherrn meines Hauses! – Mit Thyesten
Geht Atreus in vertraulichen Gesprächen,

Die Knaben schlüpfen scherzend um sie her.
Ist keine Feindschaft hier mehr unter euch?
Verlosch die Rache wie das Licht der Sonne;
So bin auch ich willkommen, und ich darf
In euern feierlichen Zug mich mischen.
Willkommen Väter! euch grüßt Orest
Von euerm Stamm, der letzte Mann,
Was ihr gesät hat er geerntet:
Mit Fluch beladen stieg er herab.
Doch leichter träget sich hier jede Bürde:
Nehmt ihn, o nehmt ihn in euern Kreis! –
Dich Atreus, ehr ich, auch dich Thyesten,
Wir sind hier alle der Feindschaft los. –
Zeigt mir den Vater den ich nur einmal
Im Leben sah! – Bist du's mein Vater?
Und führst die Mutter vertraut mit dir?
Darf Klytämnestra die Hand dir reichen;
So darf Orest auch zu ihr treten
Und darf ihr sagen: sieh deinen Sohn! –
Seht euern Sohn! Heißt ihn willkommen.
Auf Erden war in unserm Hause
Der Gruß des Mordes gewisse Losung
Und das Geschlecht des alten Tantalus
Hat seine Freuden jenseits der Nacht.
Ihr ruft Willkommen und nehmt mich auf!
O führt zum Alten, zum Ahnherrn mich!
Wo ist der Alte? daß ich ihn sehe
Das teure Haupt, das vielverehrte,
Das mit den Göttern zu Rate saß.
Ihr scheint zu zaudern, euch wegzuwenden?
Was ist es? Leidet der Göttergleiche?
Weh mir! es haben die Übermächtgen
Der Heldenbrust grausame Qualen
Mit ehrnen Ketten fest aufgeschmiedet.

DRITTER AUFTRITT

Orest. Iphigenie. Pylades.

Orest. Seid ihr auch schon herabgekommen?
Wohl Schwester dir! noch fehlt Elektra.
Ein gütger Gott send uns die eine
Mit sanften Pfeilen auch schnell herab.
Dich, armer Freund, muß ich bedauern!
Komm mit! komm mit! zu Plutos Thron,
Als neue Gäste den Wirt zu grüßen.
Iphigenie. Geschwister, die ihr an dem weiten Himmel
Das schöne Licht bei Tag und Nacht herauf
Den Menschen bringet und den Abgeschiednen
Nicht leuchten dürfet, rettet uns Geschwister!
Du liebst Diane deinen holden Bruder
Vor allem was dir Erd und Himmel bietet,
Und wendest dein jungfräulich Angesicht
Nach seinem ewgen Lichte sehnend still.
O laß den einzgen spätgefundnen mir
Nicht in der Finsternis des Wahnsinns rasen!
Und ist dein Wille da du hier mich bargst,
Nunmehr vollendet, willst du mir durch ihn
Und ihm durch mich die selge Hülfe geben;
So lös ihn von den Banden jenes Fluchs
Daß nicht die teure Zeit der Rettung schwinde.
Pylades. Erkennst du uns und diesen heilgen Hain
Und dieses Licht das nicht den Toten leuchtet?
Fühlst du den Arm des Freundes und der Schwester
Die dich noch fest, noch lebend halten? Faß
Uns kräftig an, wir sind nicht leere Schatten.
Merk auf mein Wort! Vernimm es! Raffe dich
Zusammen! Jeder Augenblick ist teuer,
Und unsre Rückkehr hängt an zarten Fäden,
Die, scheint es, eine günstge Parze spinnt.
Orest zu Iphigenien.
Laß mich zum erstenmal mit freiem Herzen
In deinen Armen reine Freude haben!
Ihr Götter die mit flammender Gewalt

Ihr schwere Wolken aufzuzehren wandelt
Und gnädigernst den lang erflehten Regen
Mit Donnerstimmen und mit Windesbrausen
In wilden Strömen auf die Erde schüttet;
Doch bald der Menschen grausendes Erwarten
In Segen auflöst und das bange Staunen
In Freudeblick und lauten Dank verwandelt,
Wenn in den Tropfen frischerquickter Blätter
Die neue Sonne tausendfach sich spiegelt,
Und Iris freundlich bunt mit leichter Hand
Den grauen Flor der letzten Wolken trennt;
O laßt mich auch in meiner Schwester Armen,
An meines Freundes Brust was ihr mir gönnt,
Mit vollem Dank genießen und behalten.
Es löset sich der Fluch, mir sagt's das Herz.
Die Eumeniden ziehn, ich höre sie,
Zum Tartarus und schlagen hinter sich
Die ehrnen Tore fernabdonnernd zu.
Die Erde dampft erquickenden Geruch
Und ladet mich auf ihren Flächen ein
Nach Lebensfreud und großer Tat zu jagen.

PYLADES. Versäumt die Zeit nicht die gemessen ist!
Der Wind der unsre Segel schwellt, er bringe
Erst unsre volle Freude zum Olymp.
Kommt! Es bedarf hier schnellen Rat und Schluß.

VIERTER AUFZUG

ERSTER AUFTRITT

IPHIGENIE. Denken die Himmlischen
Einem der Erdgebornen
Viele Verwirrungen zu,
Und bereiten sie ihm
Von der Freude zu Schmerzen
Und von Schmerzen zur Freude
Tief erschütternden Übergang;
Dann erziehen sie ihm
In der Nähe der Stadt,

Oder am fernen Gestade,
Daß in Stunden der Not
Auch die Hülfe bereit sei
Einen ruhigen Freund.
O segnet Götter unsern Pylades
Und was er immer unternehmen mag!
Er ist der Arm des Jünglings in der Schlacht,
Des Greises leuchtend Aug in der Versammlung,
Denn seine Seel ist stille, sie bewahrt
Der Ruhe heilges unerschöpftes Gut
Und den Umhergetriebnen reichet er
Aus ihren Tiefen Rat und Hülfe. Mich
Riß er vom Bruder los, den staunt ich an
Und immer wieder an und konnte mir
Das Glück nicht eigen machen, ließ ihn nicht
Aus meinen Armen los, und fühlte nicht
Die Nähe der Gefahr die uns umgibt.
Jetzt gehn sie ihren Anschlag auszuführen
Der See zu wo das Schiff mit den Gefährten
In einer Bucht versteckt aufs Zeichen lauert,
Und haben kluges Wort mir in den Mund
Gegeben, mich gelehrt was ich dem König
Antworte wenn er sendet und das Opfer
Mir dringender gebietet. Ach! ich sehe wohl,
Ich muß mich leiten lassen wie ein Kind.
Ich habe nicht gelernt zu hinterhalten,
Noch jemand etwas abzulisten. Weh!
O weh der Lüge! Sie befreiet nicht
Wie jedes andre wahrgesprochne Wort
Die Brust, sie macht uns nicht getrost, sie ängstet
Den der sie heimlich schmiedet und sie kehrt
Ein losgedruckter Pfeil von einem Gotte
Gewendet und versagend sich zurück
Und trifft den Schützen. Sorg auf Sorge schwankt
Mir durch die Brust. Es greift die Furie
Vielleicht den Bruder auf dem Boden wieder
Des ungeweihten Ufers grimmig an?
Entdeckt man sie vielleicht? Mich dünkt ich höre
Gewaffnete sich nahen! – Hier! – Der Bote

Kommt von dem Könige mit schnellem Schritt.
Es schlägt mein Herz, es trübt sich meine Seele,
Da ich des Mannes Angesicht erblicke
Dem ich mit falschem Wort begegnen soll.

ZWEITER AUFTRITT

Iphigenie. Arkas.

ARKAS. Beschleunige das Opfer Priesterin!
Der König wartet und es harrt das Volk.
IPHIGENIE. Ich folgte meiner Pflicht und deinem Wink,
Wenn unvermutet nicht ein Hindernis
Sich zwischen mich und die Erfüllung stellte.
ARKAS. Was ist's das den Befehl des Königs hindert?
IPHIGENIE. Der Zufall dessen wir nicht Meister sind.
ARKAS. So sage mir's daß ich's ihm schnell vermelde.
Denn er beschloß bei sich der beiden Tod.
IPHIGENIE. Die Götter haben ihn noch nicht beschlossen.
Der ältste dieser Männer trägt die Schuld
Des nahverwandten Bluts das er vergoß.
Die Furien verfolgen seinen Pfad,
Ja in dem innern Tempel faßte selbst
Das Übel ihn und seine Gegenwart
Entheiligte die reine Stätte. Nun
Eil ich mit meinen Jungfraun an dem Meere
Der Göttin Bild mit frischer Welle netzend
Geheimnisvolle Weihe zu begehn.
Es störe niemand unsern stillen Zug.
ARKAS. Ich melde dieses neue Hindernis
Dem Könige geschwind, beginne du
Das heilge Werk nicht eh bis er's erlaubt.
IPHIGENIE. Dies ist allein der Priestrin überlassen.
ARKAS. Solch seltnen Fall soll auch der König wissen.
IPHIGENIE. Sein Rat wie sein Befehl verändert nichts.
ARKAS. Oft wird der Mächtige zum Schein gefragt.
IPHIGENIE. Erdringe nicht was ich versagen sollte.
ARKAS. Versage nicht was gut und nützlich ist.
IPHIGENIE. Ich gebe nach wenn du nicht säumen willst.

ARKAS. Schnell bin ich mit der Nachricht in dem Lager,
Und schnell mit seinen Worten hier zurück.
O könnt ich ihm noch eine Botschaft bringen,
Die alles löste was uns jetzt verwirrt.
Denn du hast nicht des Treuen Rat geachtet.
IPHIGENIE. Was ich vermochte hab ich gern getan.
ARKAS. Noch änderst du den Sinn zur rechten Zeit.
IPHIGENIE. Das steht nun einmal nicht in unsrer Macht.
ARKAS. Du hältst unmöglich was dir Mühe kostet.
IPHIGENIE.
Dir scheint es möglich weil der Wunsch dich trügt.
ARKAS. Willst du denn alles so gelassen wagen?
IPHIGENIE. Ich hab es in der Götter Hand gelegt.
ARKAS. Sie pflegen Menschen menschlich zu erretten.
IPHIGENIE. Auf ihren Fingerzeig kommt alles an.
ARKAS. Ich sage dir, es liegt in deiner Hand.
Des Königs aufgebrachter Sinn allein
Bereitet diesen Fremden bittern Tod.
Das Heer entwöhnte längst vom harten Opfer
Und von dem blutgen Dienste sein Gemüt.
Ja mancher den ein widriges Geschick
An fremdes Ufer trug, empfand es selbst
Wie göttergleich dem armen Irrenden,
Umhergetriebnen, an der fremden Grenze,
Ein freundlich Menschenangesicht begegnet.
O wende nicht von uns was du vermagst!
Du endest leicht was du begonnen hast;
Denn nirgends baut die Milde die herab
In menschlicher Gestalt vom Himmel kommt,
Ein Reich sich schneller als wo trüb und wild
Ein neues Volk voll Leben, Mut und Kraft
Sich selbst und banger Ahndung überlassen
Des Menschenlebens schwere Bürden trägt.
IPHIGENIE. Erschüttre meine Seele nicht die du
Nach deinem Willen nicht bewegen kannst.
ARKAS. Solang es Zeit ist, schont man weder Mühe
Noch eines guten Wortes Wiederholung.
IPHIGENIE.
Du machst dir Müh und mir erregst du Schmerzen,

Vergebens beides: darum laß mich nun.
ARKAS. Die Schmerzen sind's die ich zu Hülfe rufe
Denn es sind Freunde, Gutes raten sie.
IPHIGENIE. Sie fassen meine Seele mit Gewalt,
Doch tilgen sie den Widerwillen nicht.
ARKAS. Fühlt eine schöne Seele Widerwillen?
Für eine Wohltat die der Edle reicht.
IPHIGENIE. Ja wenn der Edle, was sich nicht geziemt,
Statt meines Dankes mich erwerben will.
ARKAS. Wer keine Neigung fühlt dem mangelt es
An einem Worte der Entschuldgung nie.
Dem Fürsten sag ich an was hier geschehn.
O wiederholtest du in deiner Seele
Wie edel er sich gegen dich betrug
Von deiner Ankunft an bis diesen Tag.

DRITTER AUFTRITT

IPHIGENIE allein. Von dieses Mannes Rede fühl ich mir
Zur ungelegnen Zeit das Herz im Busen
Auf einmal umgewendet. Ich erschrecke!
Denn wie die Flut mit schnellen Strömen wachsend
Die Felsen überspült die in dem Sand
Am Ufer liegen; so bedeckte ganz
Ein Freudenstrom mein Innerstes. Ich hielt
In meinen Armen das Unmögliche,
Es schien sich eine Wolke wieder sanft
Um mich zu legen, von der Erde mich
Empor zu heben und in jenen Schlummer
Mich einzuwiegen, den die gute Göttin
Um meine Schläfe legte da ihr Arm
Mich rettend faßte. – Meinen Bruder
Ergriff das Herz mit einziger Gewalt,
Ich horchte nur auf seines Freundes Rat,
Nur sie zu retten drang die Seele vorwärts.
Und wie den Klippen einer wüsten Insel
Der Schiffer gern den Rücken wendet; so
Lag Tauris hinter mir. Nun hat die Stimme
Des treuen Manns mich wieder aufgeweckt,

Daß ich auch Menschen hier verlasse mich
Erinnert. Doppelt wird mir der Betrug
Verhaßt. O bleibe ruhig meine Seele!
Beginnst du nun zu schwanken und zu zweifeln,
Den festen Boden deiner Einsamkeit
Mußt du verlassen! Wieder eingeschifft
Ergreifen dich die Wellen schaukelnd, trüb
Und bang verkennest du die Welt, und dich.

VIERTER AUFTRITT

Iphigenie. Pylades.

PYLADES. Wo ist sie? daß ich ihr mit schnellen Worten
Die frohe Botschaft unsrer Rettung bringe!
IPHIGENIE. Du siehst mich hier voll Sorgen und Erwartung
Des sichern Trostes den du mir versprichst.
PYLADES. Dein Bruder ist geheilt! Den Felsenboden
Des ungeweihten Ufers und den Sand
Betraten wir mit fröhlichen Gesprächen,
Der Hain blieb hinter uns, wir merkten's nicht.
Und herrlicher und immer herrlicher
Umloderte der Jugend schöne Flamme
Sein lockig Haupt, sein volles Auge glühte
Von Mut und Hoffnung und sein freies Herz
Ergab sich ganz der Freude ganz der Lust
Dich seine Retterin und mich zu retten.
IPHIGENIE. Gesegnet seist du und es möge nie
Von deiner Lippe die so Gutes sprach
Der Ton des Leidens und der Klage tönen.
PYLADES. Ich bringe mehr als das, denn schön begleitet
Gleich einem Fürsten pflegt das Glück zu nahn.
Auch die Gefährten haben wir gefunden.
In einer Felsenbucht verbargen sie
Das Schiff und saßen traurig und erwartend.
Sie sahen deinen Bruder und es regten
Sich alle jauchzend und sie baten dringend
Der Abfahrt Stunde zu beschleunigen.
Es sehnet jede Faust sich nach dem Ruder

Und selbst ein Wind erhob vom Lande lispelnd
Von allen gleich bemerkt die holden Schwingen.
Drum laß uns eilen, führe mich zum Tempel,
Laß mich das Heiligtum betreten, laß
Mich unsrer Wünsche Ziel verehrend fassen.
Ich bin allein genug der Göttin Bild
Auf wohlgeübten Schultern wegzutragen,
Wie sehn ich mich nach der erwünschten Last.

Er geht gegen den Tempel unter den letzten Worten ohne zu bemerken, daß Iphigenie nicht folgt, endlich kehrt er sich um.

Du stehst und zauderst – sage mir – du schweigst!
Du scheinst verworren! Widersetzet sich
Ein neues Unheil unserm Glück? Sag an!
Hast du dem Könige das kluge Wort
Vermelden lassen das wir abgeredet?

IPHIGENIE. Ich habe teurer Mann, doch wirst du schelten.
Ein schweigender Verweis war mir dein Anblick.
Des Königs Bote kam und wie du es
Mir in den Mund gelegt, so sagt ich's ihm.
Er schien zu staunen und verlangte dringend
Die seltne Feier erst dem Könige
Zu melden, seinen Willen zu vernehmen
Und nun erwart ich seine Wiederkehr.

PYLADES. Weh uns! erneuert schwebt nun die Gefahr
Um unsre Schläfe! Warum hast du nicht
Ins Priesterrecht dich weislich eingehüllt?

IPHIGENIE. Als eine Hülle hab ich's nie gebraucht.

PYLADES. So wirst du reine Seele dich und uns
Zu Grunde richten. Warum dacht ich nicht
Auf diesen Fall voraus und lehrte dich
Auch dieser Fordrung auszuweichen!

IPHIGENIE. Schilt
Nur mich, die Schuld ist mein, ich fühl es wohl
Doch konnt ich anders nicht dem Mann begegnen
Der mit Vernunft und Ernst von mir verlangte
Was ihm mein Herz als recht gestehen mußte.

PYLADES. Gefährlicher zieht sich's zusammen, doch auch so
Laß uns nicht zagen, oder unbesonnen
Und übereilt uns selbst verraten. Ruhig

Erwarte du die Wiederkunft des Boten,
Und dann steh fest, er bringe was er will;
Denn solcher Weihung Feier anzuordnen
Gehört der Priesterin und nicht dem König.
Und fordert er den fremden Mann zu sehn
Der von dem Wahnsinn schwer belastet ist;
So lehn es ab als hieltest du uns beide
Im Tempel wohl verwahrt. So schaff uns Luft,
Daß wir aufs eiligste den heilgen Schatz
Dem rauh unwürdgen Volk entwendend, fliehn.
Die besten Zeichen sendet uns Apoll
Und eh wir die Bedingung fromm erfüllen,
Erfüllt er göttlich sein Versprechen schon.
Orest ist frei, geheilt! – Mit dem Befreiten
O führet uns hinüber günstge Winde
Zur Felseninsel die der Gott bewohnt,
Dann nach Mycen daß es lebendig werde,
Daß von der Asche des verloschnen Herdes
Die Vatergötter fröhlich sich erheben
Und schönes Feuer ihre Wohnungen
Umleuchte. Deine Hand soll ihnen Weihrauch
Zuerst aus goldnen Schalen streuen. Du
Bringst über jene Schwelle Heil und Leben wieder,
Entsühnst den Fluch und schmückest neu die Deinen
Mit frischen Lebensblüten herrlich aus.
IPHIGENIE. Vernehm ich dich, so wendet sich o Teurer
Wie sich die Blume nach der Sonne wendet
Die Seele, von dem Strahle deiner Worte
Getroffen, sich dem süßen Troste nach.
Wie köstlich ist des gegenwärtgen Freundes
Gewisse Rede deren Himmelskraft
Ein Einsamer entbehrt und still versinkt.
Denn langsam reift verschlossen in dem Busen
Gedank ihm und Entschluß, die Gegenwart
Des Liebenden entwickelte sie leicht.
PYLADES. Leb wohl! Die Freunde will ich nun geschwind
Beruhigen, die sehnlich wartend harren.
Dann komm ich schnell zurück und lausche hier
Im Felsenbusch versteckt auf deinen Wink –

Was sinnest du? Auf einmal überschwebt
Ein stiller Trauerzug die freie Stirne.
IPHIGENIE. Verzeih! Wie leichte Wolken vor der Sonne,
So zieht mir vor der Seele leichte Sorge
Und Bangigkeit vorüber.
PYLADES. Fürchte nicht!
Betrüglich schloß die Furcht mit der Gefahr
Ein enges Bündnis, beide sind Gesellen.
IPHIGENIE. Die Sorge nenn ich edel die mich warnt,
Den König der mein zweiter Vater ward,
Nicht tückisch zu betrügen, zu berauben.
PYLADES. Der deinen Bruder schlachtet dem entfliehst du.
IPHIGENIE. Es ist derselbe der mir Gutes tat.
PYLADES. Das ist nicht Undank was die Not gebeut.
IPHIGENIE. Es bleibt wohl Undank nur die Not entschuldigt's.
PYLADES. Vor Göttern und vor Menschen dich gewiß.
IPHIGENIE. Allein mein eigen Herz ist nicht befriedigt.
PYLADES. Zu strenge Fordrung ist verborgner Stolz.
IPHIGENIE. Ich untersuche nicht, ich fühle nur.
PYLADES. Fühlst du dich recht, so mußt du dich verehren.
IPHIGENIE. Ganz unbefleckt genießt sich nur das Herz.
PYLADES. So hast du dich im Tempel wohl bewahrt,
Das Leben lehrt uns, weniger mit uns
Und andern strenge sein; du lernst es auch.
So wunderbar ist dies Geschlecht gebildet,
So vielfach ist's verschlungen und verknüpft
Daß keiner in sich selbst noch mit den andern
Sich rein und unverworren halten kann.
Auch sind wir nicht bestellt uns selbst zu richten;
Zu wandeln und auf seinen Weg zu sehen
Ist eines Menschen erste, nächste Pflicht,
Denn selten schätzt er recht was er getan.
Und was er tut weiß er fast nie zu schätzen.
IPHIGENIE. Fast überredst du mich zu deiner Meinung.
PYLADES. Braucht's Überredung wo die Wahl versagt ist.
Den Bruder, dich und einen Freund zu retten
Ist nur e i n Weg, fragt sich's ob wir ihn gehn?
IPHIGENIE. O laß mich zaudern! denn du tätest selbst
Ein solches Unrecht keinem Mann gelassen,

Dem du für Wohltat dich verpflichtet hieltest.
PYLADES. Wenn wir zu Grunde gehen, wartet dein
Ein härtrer Vorwurf der Verzweiflung trägt.
Man sieht du bist nicht an Verlust gewohnt
Da du dem großen Übel zu entgehen
Ein falsches Wort nicht einmal opfern willst.
IPHIGENIE. O trüg ich doch ein männlich Herz in mir
Das, wenn es einen kühnen Vorsatz hegt,
Vor jeder andern Stimme sich verschließt.
PYLADES. Du weigerst dich umsonst; die ehrne Hand
Der Not gebietet und ihr ernster Wink
Ist oberstes Gesetz dem Götter selbst
Sich unterwerfen müssen. Schweigend herrscht
Des ewgen Schicksals unberatne Schwester.
Was sie dir auferlegt das trage, tu
Was sie gebeut. Das andre weißt du. Bald
Komm ich zurück aus deiner heilgen Hand
Der Rettung schönes Siegel zu empfangen.

FÜNFTER AUFTRITT

IPHIGENIE. Ich muß ihm folgen denn die Meinigen
Seh ich in dringender Gefahr. Doch ach!
Mein eigen Schicksal macht mir bang und bänger.
O soll ich nicht die stille Hoffnung retten
Die in der Einsamkeit ich schön genährt?
Soll dieser Fluch denn ewig walten? Soll
Nie dies Geschlecht mit einem neuen Segen
Sich wieder heben? – Nimmt doch alles ab!
Das beste Glück, des Lebens schönste Kraft
Ermattet endlich! Warum nicht der Fluch?

So hofft ich denn vergebens, hier verwahrt,
Von meines Hauses Schicksal abgeschieden,
Dereinst mit reiner Hand und reinem Herzen
Die schwer befleckte Wohnung zu entsühnen.
Kaum wird in meinen Armen mir ein Bruder
Vom grimmgen Übel wundervoll und schnell
Geheilt. Kaum naht ein lang erflehtes Schiff

Mich in den Port der Vaterwelt zu leiten;
So legt die taube Not ein doppelt Laster
Mit ehrner Hand mir auf: das heilige,
Mir anvertraute viel verehrte Bild
Zu rauben und den Mann zu hintergehn
Dem ich mein Leben und mein Schicksal danke.
O daß in meinem Busen nicht zuletzt
Ein Widerwillen keime! Der Titanen,
Der alten Götter tiefer Haß auf euch
Olympier, nicht auch die zarte Brust
Mit Geierklauen fasse! Rettet mich
Und rettet euer Bild in meiner Seele.

Vor meinen Ohren tönt das alte Lied, –
Vergessen hatt ich's und vergaß es gern –
Das Lied der Parzen das sie grausend sangen,
Als Tantalus vom goldnen Stuhle fiel,
Sie litten mit dem edlen Freunde, grimmig
War ihre Brust und furchtbar ihr Gesang.
In unsrer Jugend sang's die Amme mir
Und den Geschwistern vor, ich merkt es wohl.

Es fürchte die Götter
Das Menschengeschlecht!
Sie halten die Herrschaft
In ewigen Händen
Und können sie brauchen
Wie's ihnen gefällt.

Der fürchte sie doppelt
Den je sie erheben.
Auf Klippen und Wolken
Sind Stühle bereitet
Um goldene Tische.

Erhebet ein Zwist sich:
So stürzen die Gäste
Geschmäht und geschändet
In nächtliche Tiefen,

Und harren vergebens
Im Finstern gebunden
Gerechten Gerichtes.

Sie aber, sie bleiben
In ewigen Festen
An goldenen Tischen.
Sie schreiten vom Berge
Zu Bergen hinüber,
Aus Schlünden der Tiefe
Dampft ihnen der Atem
Erstickter Titanen,
Gleich Opfergerüchen,
Ein leichtes Gewölke.

Es wenden die Herrscher
Ihr segnendes Auge
Von ganzen Geschlechtern
Und meiden, im Enkel
Die ehmals geliebten
Still redenden Züge
Des Ahnherrn zu sehn.

So sangen die Parzen!
Es horcht der Verbannte,
In nächtlichen Höhlen
Der Alte die Lieder,
Denkt Kinder und Enkel
Und schüttelt das Haupt.

FÜNFTER AUFZUG

ERSTER AUFTRITT

Thoas. Arkas.

ARKAS. Verwirrt muß ich gestehn daß ich nicht weiß
Wohin ich meinen Argwohn richten soll.
Sind's die Gefangnen die auf ihre Flucht
Verstohlen sinnen? Ist's die Priesterin
Die ihnen hilft? Es mehrt sich das Gerücht:
Das Schiff, das diese beiden hergebracht,
Sei irgend noch in einer Bucht versteckt,
Und jenes Mannes Wahnsinn, diese Weihe,
Der heilge Vorwand dieser Zögrung rufen
Den Argwohn lauter und die Vorsicht auf.
THOAS. Es komme schnell die Priesterin herbei!
Dann geht, durchsucht das Ufer scharf und schnell
Vom Vorgebirge bis zum Hain der Göttin.
Verschonet seine heilgen Tiefen, legt
Bedächtgen Hinterhalt und greift sie an;
Wo ihr sie findet, faßt sie wie ihr pflegt.

ZWEITER AUFTRITT

THOAS allein. Entsetzlich wechselt mir der Grimm im Busen
Erst gegen sie, die ich so heilig hielt,
Dann gegen mich der ich sie zum Verrat
Durch Nachsicht und durch Güte bildete.
Zur Sklaverei gewöhnt der Mensch sich gut
Und lernet leicht gehorchen wenn man ihn
Der Freiheit ganz beraubt. Ja, wäre sie
In meiner Ahnherrn rohe Hand gefallen
Und hätte sie der heilge Grimm verschont;
Sie wäre froh gewesen sich allein
Zu retten, hätte dankbar ihr Geschick
Erkannt und fremdes Blut vor dem Altar
Vergossen, hätte Pflicht genannt
Was Not war. Nun lockt meine Güte

In ihrer Brust verwegnen Wunsch herauf.
Vergebens hofft ich, sie mir zu verbinden,
Sie sinnt sich nun ein eigen Schicksal aus.
Durch Schmeichelei gewann sie mir das Herz,
Nun widersteh ich der: so sucht sie sich
Den Weg durch List und Trug, und meine Güte
Scheint ihr ein alt verjährtes Eigentum.

DRITTER AUFTRITT

Iphigenie. Thoas.

IPHIGENIE. Du forderst mich! was bringt dich zu uns her?
THOAS. Du schiebst das Opfer auf, sag an, warum?
IPHIGENIE. Ich hab an Arkas alles klar erzählt.
THOAS. Von dir möcht ich es weiter noch vernehmen.
IPHIGENIE. Die Göttin gibt dir Frist zur Überlegung.
THOAS. Sie scheint dir selbst gelegen, diese Frist.
IPHIGENIE. Wenn dir das Herz zum grausamen Entschluß
Verhärtet ist; so solltest du nicht kommen!
Ein König der Unmenschliches verlangt,
Findt Diener gnug, die gegen Gnad und Lohn,
Den halben Fluch der Tat begierig fassen;
Doch seine Gegenwart bleibt unbefleckt.
Er sinnt den Tod in einer schweren Wolke
Und seine Boten bringen flammendes
Verderben auf des Armen Haupt hinab;
Er aber schwebt durch seine Höhen ruhig
Ein unerreichter Gott im Sturme fort.
THOAS. Die heilge Lippe tönt ein wildes Lied.
IPHIGENIE. Nicht Priesterin! nur Agamemnons Tochter.
Der Unbekannten Wort verehrtest du,
Der Fürstin willst du rasch gebieten? Nein!
Von Jugend auf hab ich gelernt gehorchen,
Erst meinen Eltern und dann einer Gottheit,
Und folgsam fühlt ich immer meine Seele
Am schönsten frei; allein dem harten Worte,
Dem rauhen Ausspruch eines Mannes mich
Zu fügen lernt ich weder dort noch hier.

THOAS. Ein alt Gesetz, nicht ich, gebietet dir.
IPHIGENIE. Wir fassen ein Gesetz begierig an,
Das unsrer Leidenschaft zur Waffe dient.
Ein andres spricht zu mir, ein älteres,
Mich dir zu widersetzen; das Gebot
Dem jeder Fremde heilig ist.
THOAS. Es scheinen die Gefangnen dir sehr nah
Am Herzen, denn für Anteil und Bewegung
Vergissest du der Klugheit erstes Wort:
Daß man den Mächtigen nicht reizen soll.
IPHIGENIE. Red oder schweig ich; immer kannst du wissen
Was mir im Herzen ist und immer bleibt.
Löst die Erinnerung des gleichen Schicksals
Nicht ein verschloßnes Herz zum Mitleid auf?
Wie mehr denn meins! In ihnen seh ich mich.
Ich habe vorm Altare selbst gezittert,
Und feierlich umgab der frühe Tod
Die Knieende, das Messer zuckte schon
Den lebenvollen Busen zu durchbohren,
Mein Innerstes entsetzte wirbelnd sich,
Mein Auge brach, und – ich fand mich gerettet.
Sind wir was Götter gnädig uns gewährt,
Unglücklichen nicht zu erstatten schuldig?
Du weißt es, kennst mich und du willst mich zwingen.
THOAS. Gehorche deinem Dienste nicht dem Herrn.
IPHIGENIE. Laß ab! beschönige nicht die Gewalt
Die sich der Schwachheit eines Weibes freut!
Ich bin so frei geboren als ein Mann.
Stünd Agamemnons Sohn dir gegenüber
Und du verlangtest was sich nicht gebührt:
So hat auch er ein Schwert und einen Arm
Die Rechte seines Busens zu verteidgen.
Ich habe nichts als Worte und es ziemt
Dem edlen Mann der Frauen Wort zu achten.
THOAS. Ich acht es mehr als eines Bruders Schwert.
IPHIGENIE. Das Los der Waffen wechselt hin und her:
Kein kluger Streiter hält den Feind gering.
Auch ohne Hülfe gegen Trutz und Härte

Hat die Natur den Schwachen nicht gelassen.
Sie gab zur List ihm Freude, lehrt' ihn Künste;
Bald weicht er aus, verspätet und umgeht.
Ja der Gewaltige verdient daß man sie übt.
THOAS. Die Vorsicht stellt der List sich klug entgegen.
IPHIGENIE. Und eine reine Seele braucht sie nicht.
THOAS. Sprich unbehutsam nicht dein eigen Urteil.
IPHIGENIE. O sähest du wie meine Seele kämpft
Ein bös Geschick, das sie ergreifen will,
Im ersten Anfall mutig abzutreiben!
So steh ich denn hier wehrlos gegen dich?
Die schöne Bitte, den anmutgen Zweig
In einer Frauen Hand gewaltiger
Als Schwert und Waffe stößest du zurück
Was bleibt mir nun mein Innres zu verteidgen?
Ruf ich die Göttin um ein Wunder an?
Ist keine Kraft in meiner Seele Tiefen?
THOAS. Es scheint der beiden Fremden Schicksal macht
Unmäßig dich besorgt. Wer sind sie? Sprich!
Für die dein Geist gewaltig sich erhebt.
IPHIGENIE. Sie sind – sie scheinen – für Griechen halt ich sie.
THOAS. Landsleute sind es? und sie haben wohl
Der Rückkehr schönes Bild in dir erneut?
IPHIGENIE nach einigem Stillschweigen.
Hat denn zur unerhörten Tat der Mann
Allein das Recht? Drückt denn Unmögliches
Nur er an die gewaltge Heldenbrust?
Was nennt man groß? was hebt die Seele schaudernd
Dem immer wiederholenden Erzähler?
Als was mit unwahrscheinlichem Erfolg
Der Mutigste begann. Der in der Nacht
Allein das Heer des Feindes überschleicht,
Wie unversehen eine Flamme, wütend
Die Schlafenden, Erwachenden ergreift,
Zuletzt gedrängt von den Ermunterten
Auf Feindes Pferden doch mit Beute kehrt,
Wird der allein gepriesen? der allein?
Der einen sichern Weg verachtend, kühn

Gebirg und Wälder durchzustreifen geht
Daß er von Räubern eine Gegend säubre.
Ist uns nichts übrig? muß ein zartes Weib
Sich ihres angebornen Rechts entäußern,
Wild gegen Wilde sein, wie Amazonen
Das Recht des Schwerts euch rauben und mit Blute
Die Unterdrückung rächen? Auf und ab
Steigt in der Brust ein kühnes Unternehmen:
Ich werde großem Vorwurf nicht entgehn
Noch schwerem Übel wenn es mir mißlingt;
Allein euch leg ich's auf die Kniee! Wenn
Ihr wahrhaft seid wie ihr gepriesen werdet;
So zeigt's durch euern Beistand und verherrlicht
Durch mich die Wahrheit – Ja vernimm, o König,
Es wird ein heimlicher Betrug geschmiedet,
Vergebens fragst du den Gefangnen nach,
Sie sind hinweg und suchen ihre Freunde,
Die mit dem Schiff am Ufer warten, auf.
Der ältste den das Übel hier ergriffen
Und nun verlassen hat – es ist Orest,
Mein Bruder, und der andre sein Vertrauter,
Sein Jugendfreund mit Namen Pylades,
Apoll schickt sie von Delphi diesem Ufer
Mit göttlichen Befehlen zu, das Bild
Dianens wegzurauben und zu ihm
Die Schwester hinzubringen und dafür
Verspricht er dem von Furien Verfolgten,
Des Mutterblutes Schuldigen, Befreiung.
Uns beide hab ich nun die Überbliebnen
Von Tantals Haus in deine Hand gelegt,
Verdirb uns wenn du darfst.

THOAS. Du glaubst es höre
Der rohe Scythe, der Barbar die Stimme
Der Wahrheit und der Menschlichkeit die Atreus
Der Grieche nicht vernahm.

IPHIGENIE. Es hört sie jeder
Geboren unter jedem Himmel, dem
Des Lebens Quelle durch den Busen rein
Und ungehindert fließt – Was sinnst du mir

O König schweigend in der tiefen Seele?
Ist es Verderben? so töte mich zuerst!
Denn nun empfind ich da uns keine Rettung
Mehr übrig bleibt die gräßliche Gefahr
Worein ich die Geliebten übereilt
Vorsätzlich stürzte. Weh! ich werde sie
Gebunden vor mir sehn! Mit welchen Blicken
Kann ich von meinem Bruder Abschied nehmen
Den ich ermorde. Nimmer kann ich ihm
Mehr in die vielgeliebten Augen schaun.
THOAS. So haben die Betrüger künstlich dichtend
Der lang Verschloßnen, ihre Wünsche leicht
Und willig Glaubenden ein solch Gespinst
Ums Haupt geworfen!
IPHIGENIE. Nein! o König, nein!
Ich könnte hintergangen werden, diese
Sind treu und wahr, wirst du sie anders finden,
So laß sie fallen und verstoße mich,
Verbanne mich zur Strafe meiner Torheit
An einer Klippeninsel traurig Ufer.
Ist aber dieser Mann der lang erflehte,
Geliebte Bruder; so entlaß uns, sei
Auch den Geschwistern wie der Schwester freundlich.
Mein Vater fiel durch seiner Frauen Schuld
Und sie durch ihren Sohn. Die letzte Hoffnung
Von Atreus' Stamme, ruht auf ihm allein.
Laß mich mit reinem Herzen, reiner Hand
Hinübergehn und unser Haus entsühnen.
Du hältst mir Wort! – Wenn zu den Meinen je
Mir Rückkehr zubereitet wäre, schwurst
Du mich zu lassen, und sie ist es nun.
Ein König sagt nicht wie gemeine Menschen
Verlegen zu daß er den Bittenden
Auf einen Augenblick entferne, noch
Verspricht er auf den Fall den er nicht hofft,
Dann fühlt er erst die Höhe seiner Würde
Wenn er den Harrenden beglücken kann.
THOAS. Unwillig wie sich Feuer gegen Wasser
Im Kampfe wehrt und gischend seinen Feind

Zu tilgen sucht, so wehret sich der Zorn
In meinem Busen gegen deine Worte.
IPHIGENIE. O laß die Gnade wie das heilge Licht
Der stillen Opferflamme mir umkränzt
Von Lobgesang und Dank und Freude lodern.
THOAS. Wie oft besänftigte mich diese Stimme.
IPHIGENIE. O reiche mir die Hand zum Friedenszeichen.
THOAS. Du forderst viel in einer kurzen Zeit.
IPHIGENIE. Um Guts zu tun braucht's keiner Überlegung.
THOAS. Sehr viel! denn auch dem Guten folgt das Übel.
IPHIGENIE. Der Zweifel ist's der Gutes böse macht.
Bedenke nicht, gewähre wie du's fühlst.

VIERTER AUFTRITT

Orest gewaffnet. Die Vorigen.

OREST nach der Szene gekehrt.
Verdoppelt eure Kräfte! Haltet sie
Zurück! Nur wenig Augenblicke! Weicht
Der Menge nicht, und deckt den Weg zum Schiffe
Mir und der Schwester.
Zu Iphigenien ohne den König zu sehen.
Komm, wir sind verraten.
Geringer Raum bleibt uns zur Flucht! Geschwind.
Er erblickt den König.
THOAS nach dem Schwerte greifend.
In meiner Gegenwart führt ungestraft
Kein Mann das nackte Schwert.
IPHIGENIE. Entheiliget
Der Göttin Wohnung nicht durch Wut und Mord.
Gebietet euerm Volke Stillstand, höret
Die Priesterin, die Schwester.
OREST. Sage mir!
Wer ist es der uns droht.
IPHIGENIE. Verehr in ihm
Den König der mein zweiter Vater ward.
Verzeih mir Bruder; doch mein kindlich Herz
Hat unser ganz Geschick in seine Hand

Gelegt, gestanden hab ich euern Anschlag
Und meine Seele vom Verrat gerettet.
OREST. Will er die Rückkehr friedlich uns gewähren?
IPHIGENIE. Dein blinkend Schwert verbietet mir die Antwort.
OREST der das Schwert einsteckt.
So sprich, du siehst ich horche deinen Worten.

FÜNFTER AUFTRITT

Die Vorigen. Pylades. Bald nach ihm Arkas, beide mit bloßen Schwertern.

PYLADES. Verweilet nicht! Die letzten Kräfte raffen
Die Unsrigen zusammen; weichend werden
Sie nach der See langsam zurückgedrängt.
Welch ein Gespräch der Fürsten find ich hier!
Dies ist des Königes verehrtes Haupt!
ARKAS. Gelassen wie es dir o König ziemt,
Stehst du den Feinden gegen über. Gleich
Ist die Verwegenheit bestraft, es weicht
Und fällt ihr Anhang und ihr Schiff ist unser,
Ein Wort von dir; so steht's in Flammen.
THOAS. Geh!
Gebiete Stillstand meinem Volke! Keiner
Beschädige den Feind, solang wir reden.
Arkas ab.
OREST. Ich nehm es an, geh, sammle treuer Freund
Den Rest des Volkes, harret still welch Ende
Die Götter unsern Taten zubereiten.
Pylades ab.

SECHSTER AUFTRITT

Iphigenie. Thoas. Orest.

IPHIGENIE. Befreit von Sorge mich eh ihr zu sprechen
Beginnet. Ich befürchte bösen Zwist,
Wenn du o König nicht der Billigkeit

Gelinde Stimme hörest, du mein Bruder
Der raschen Jugend nicht gebieten willst.

THOAS. Ich halte meinen Zorn wie es dem Ältern
Geziemt zurück. Antworte mir! womit
Bezeugst du daß du Agamemnons Sohn
Und dieser Bruder bist.

OREST. Hier ist das Schwert
Mit dem er Trojas tapfre Männer schlug.
Dies nahm ich seinem Mörder ab und bat
Die Himmlischen den Mut und Arm, das Glück
Des großen Königes mir zu verleihn
Und einen schönern Tod mir zu gewähren.
Wähl einen aus den Edlen deines Heers
Und stelle mir den Besten gegenüber.
So weit die Erde Heldensöhne nährt
Ist keinem Fremdling dies Gesuch verweigert.

THOAS. Dies Vorrecht hat die alte Sitte nie
Dem Fremden hier gestattet.

OREST. So beginne
Die neue Sitte denn von dir und mir.
Nachahmend heiliget ein ganzes Volk
Die edle Tat der Herrscher zum Gesetz.
Und laß mich nicht allein für unsre Freiheit,
Laß mich den Fremden für die Fremden kämpfen.
Fall ich, so ist ihr Urteil mit dem meinen
Gesprochen; aber gönnet mir das Glück
Zu überwinden, so betrete nie
Ein Mann dies Ufer dem der schnelle Blick
Hülfreicher Liebe nicht begegnet, und
Getröstet scheide jeglicher hinweg.

THOAS. Nicht unwert scheinest du o Jüngling mir
Der Ahnherrn deren du dich rühmst zu sein.
Groß ist die Zahl der edeln, tapfern Männer
Die mich begleiten, doch ich stehe selbst
In meinen Jahren noch dem Feinde, bin
Bereit mit dir der Waffen Los zu wagen.

IPHIGENIE. Mit nichten! Dieses blutigen Beweises
Bedarf es nicht o König! Laßt die Hand
Vom Schwerte! Denkt an mich und mein Geschick.

Der rasche Kampf verewigt einen Mann:
Er falle gleich, so preiset ihn das Lied.
Allein die Tränen die unendlichen
Der überbliebnen, der verlaßnen Frau
Zählt keine Nachwelt und der Dichter schweigt
Von tausend durchgeweinten Tag und Nächten
Wo eine stille Seele den verlornen,
Rasch abgeschiednen Freund vergebens sich
Zurückzurufen bangt und sich verzehrt.
Mich selbst hat eine Sorge gleich gewarnt
Daß der Betrug nicht eines Räubers mich
Vom sichern Schutzort reiße, mich der Knechtschaft
Verrate. Fleißig hab ich sie befragt,
Nach jedem Umstand mich erkundigt, Zeichen
Gefordert und gewiß ist nun mein Herz.
Sieh hier an seiner rechten Hand das Mal
Wie von drei Sternen, das am Tage schon
Da er geboren ward sich zeigte, das
Auf schwere Tat mit dieser Faust zu üben
Der Priester deutete. Dann überzeugt
Mich doppelt diese Schramme die ihm hier
Die Augenbraue spaltet. Als ein Kind
Ließ ihn Elektra rasch und unvorsichtig
Nach ihrer Art, aus ihren Armen stürzen.
Er schlug auf einen Dreifuß auf. – Er ist's –
Soll ich dir noch die Ähnlichkeit des Vaters,
Soll ich das innre Jauchzen meines Herzens
Dir auch als Zeugen der Versichrung nennen?
THOAS. Und hübe deine Rede jeden Zweifel,
Und bändigt ich den Zorn in meiner Brust;
So würden doch die Waffen zwischen uns
Entscheiden müssen. Friede seh ich nicht.
Sie sind gekommen, du bekennest selbst,
Das heilge Bild der Göttin mir zu rauben.
Glaubt ihr, ich sehe dies gelassen an?
Der Grieche wendet oft sein lüstern Auge
Den fernen Schätzen der Barbaren zu,
Dem goldnen Felle, Pferden, schönen Töchtern.
Doch führte sie Gewalt und List nicht immer

Mit den erlangten Gütern glücklich heim.
OREST. Das Bild o König soll uns nicht entzweien!
Jetzt kennen wir den Irrtum den ein Gott
Wie einen Schleier um das Haupt uns legte,
Da er den Weg hierher uns wandern hieß.
Um Rat und um Befreiung bat ich ihn
Von dem Geleit der Furien, er sprach:
„Bringst du die Schwester die an Tauris' Ufer
Im Heiligtume wider Willen bleibt,
Nach Griechenland; so löset sich der Fluch."
Wir legten's von Apollens Schwester aus
Und er gedachte dich! Die strengen Bande
Sind nun gelöst, du bist den Deinen wieder,
Du Heilige geschenkt, von dir berührt
War ich geheilt, in deinen Armen faßte
Das Übel mich mit allen seinen Klauen
Zum letztenmal und schüttelte das Mark
Entsetzlich mir zusammen, dann entfloh's
Wie eine Schlange zu der Höhle. Neu
Genieß ich nun durch dich das weite Licht
Des Tages. Schön und herrlich zeigt sich mir
Der Göttin Rat. Gleich einem heilgen Bilde
Daran der Stadt unwandelbar Geschick
Durch ein geheimes Götterwort gebannt ist,
Nahm sie dich weg, dich Schützerin des Hauses;
Bewahrte dich in einer heilgen Stille
Zum Segen deines Bruders und der Deinen.
Da alle Rettung auf der weiten Erde
Verloren schien, gibst du uns alles wieder.
Laß deine Seele sich zum Frieden wenden
O König! hindre nicht daß sie die Weihe
Des väterlichen Hauses nun vollbringe,
Mich der entsühnten Halle wiedergebe,
Mir auf das Haupt die alte Krone drücke,
Vergilt den Segen den sie dir gebracht
Und laß des nähern Rechtes mich genießen.
Gewalt und List, der Männer höchster Ruhm,
Wird durch die Wahrheit dieser hohen Seele
Beschämt und reines kindliches Vertrauen

Zu einem edeln Manne wird belohnt.
IPHIGENIE. Denk an dein Wort und laß durch diese Rede
Aus einem graden treuen Munde dich
Bewegen! Sieh uns an! Du hast nicht oft
Zu solcher edeln Tat Gelegenheit.
Versagen kannst du's nicht, gewähr es bald.
THOAS. So geht!
IPHIGENIE. Nicht so mein König! ohne Segen
In Widerwillen scheid ich nicht von dir.
Verbann uns nicht! Ein freundlich Gastrecht walte
Von dir zu uns, so sind wir nicht auf ewig
Getrennt und abgeschieden. Wert und teuer
Wie mir mein Vater war, so bist du's mir,
Und dieser Eindruck bleibt in meiner Seele.
Bringt der Geringste deines Volkes je
Den Ton der Stimme mir ins Ohr zurück
Den ich an euch gewohnt zu hören bin,
Und seh ich an dem Ärmsten eure Tracht;
Empfangen will ich ihn wie einen Gott,
Ich will ihm selbst ein Lager zubereiten,
Auf einen Stuhl ihn an das Feuer laden,
Und nur nach dir und deinem Schicksal fragen.
O geben dir die Götter deiner Taten
Und deiner Milde wohlverdienten Lohn.
Leb wohl! O wende dich zu uns und gib
Ein holdes Wort des Abschieds mir zurück.
Dann schwellt der Wind die Segel sanfter an
Und Tränen fließen lindernder vom Auge
Des Scheidenden. Leb wohl und reiche mir
Zum Pfand der alten Freundschaft deine Rechte.
THOAS. Lebt wohl!

NAUSIKAA

ERSTER AUFZUG

ERSTER AUFTRITT

Aretens Jungfrauen eine schnell nach der andern.

ERSTE suchend. Nach dieser Seite flog der Ball! – Er liegt
Hier an der Erde. Schnell faß ich ihn auf
Und stecke mich in das Gebüsche! Still!
Sie verbirgt sich.
ZWEITE. Du hast ihn fallen sehn?
DRITTE. Gewiß er fiel
Gleich hinter dies Gesträuch im Bogen nieder.
ZWEITE. Ich seh ihn nicht!
DRITTE. Noch ich.
ZWEITE. Mir schien es lief
Uns Treche schon die schnelle leicht voraus.
ERSTE aus dem Gebüsche zugleich rufend und werfend.
Er kommt! er trifft!
ZWEITE. Ai!
DRITTE. Ai!
ERSTE hervortretend. Erschreckt ihr so
Vor einer Freundin? Nehmt vor Amors Pfeilen
Euch nur in Acht, sie treffen unversehner
Als dieser Ball.
ZWEITE den Ball aufraffend. Er soll! er soll zur Strafe
Dir um die Schultern fliegen.
ERSTE laufend. Werft! ich bin schon weit!
DRITTE. Nach ihr! nach ihr!
ZWEITE wirft. Er reicht sie kaum, er springt
Ihr von der Erde nur vergebens nach.
Komm mit! Geschwind! daß wir des Spiels so lang
Als möglich ist genießen, frei für uns
Nach allem Willen scherzen. Denn ich fürchte
Bald eilt die Fürstin nach der Stadt zurück.
Sie ist seit diesem heitern Frühlingsabend
Nachdenklicher als sonst und freut sich nicht

Mit uns zu lachen und zu spielen wie
Sie stets gewohnt war. Komm! sie rufen schon.

ZWEITER AUFTRITT

Ulyss aus der Höhle tretend

Was rufen mich für Stimmen aus dem Schlaf?
Wie ein Geschrei ein laut Gespräch der Frauen
Erklang mir durch die Dämmrung des Erwachens?
Hier seh ich niemand! Scherzen durchs Gebüsch
Die Nymphen? oder ahmt der frische Wind
Durchs hohe Rohr des Flusses sich bewegend
Zu meiner Qual die Menschenstimme nach.
Wo bin ich hingekommen? Welchem Lande
Trug mich der Zorn des Wellengottes zu?
Ists leer von Menschen; wehe mir Verlaßnen!
Wo will ich Speise finden? Kleid und Waffe?
Ist es bewohnt von rohen, ungezähmten;
Dann wehe doppelt mir! dann übt aufs neue
Gefahr und Sorge dringend Geist und Hände.
O Not! Bedürfnis o! Ihr strenge Schwestern
Ihr haltet, eng begleitend, mich gefangen!
So kehr ich von der zehenjähr'gen Mühe
Des wohlvollbrachten Krieges wieder heim.
Der Städtebändiger, der Sinnbezwinger!
Der Bettgenoß unsterblich schöner Frauen!
In's Meer versanken die erworbnen Schätze
Und ach die besten Schätze die Gefährten,
Erprobte Männer, in Gefahr und Mühe
An meiner Seite lebenslang gebildet,
Verschlungen hat der tausendfache Rachen
Des Meeres die Geliebten und allein,
Nackt und bedürftig jeder kleinen Hülfe,
Erheb ich mich auf unbekanntem Boden
Vom ungemeßnen Schlaf. Ich irrte nicht!
Ich höre das Geschwätz vergnügter Mädgen.
O daß sie freundlich mir und zarten Herzens
Dem Vielgeplagten doch begegnen möchten

Wie sie mich einst den Glücklichen empfingen.
Ich sehe recht! Die schönste Heldentochter
Kommt hier begleitet von bejahrtem Weibe
Den Sand des Ufers meidend nach dem Haine.
Verberg ich mich so lange bis die Zeit
Die schickliche dem klugen Sinn erscheint.

DRITTER AUFTRITT

Nausikaa. Eurymedusa.

NAUSIKAA. Laß sie nur immer scherzen, denn sie haben
Schnell ihr Geschäft verrichtet. Unter Schwätzen
Und Lachen, spülte frisch und leicht die Welle
Die schönen Kleider rein. Die hohe Sonne
Die allen hilft vollendete gar leicht
Das Tagewerk. Gefalten sind die Schleier
Die langen Röcke deren Weib und Mann
Sich immer, reinlich wechselnd, gern erfreut
Die Körbe sind geschlossen leicht und sanft
Bringt der bepackte Wagen uns zur Stadt.
[EURYMEDUSA.] Ich gönne gern den Kindern ihre Lust
Und was du willst geschieht. Ich sah dich still
Beiseit am Flusse gehen keinen Teil
Am Spiele nehmen nur gefällig ernst
Zu dulden mehr als dich zu freuen. Dies
Schien mir ein Wunder
[NAUSIKAA.] Gesteh ich dir geliebte Herzensfreundin
Warum ich heut so früh in deine Kammer
Getreten bin warum ich diesen Tag
So schön gefunden unser weibliches
Geschäft so sehr beschleunigt Roß und Wagen
Von meinem Vater dringend [?] mir erbeten
Warum ich jetzt auch [?] still und denkend [?] bin
So wirst du lächeln denn mich hat ein Traum
Ein Traum verführt der einem Wunsche gleicht
[EURYMEDUSA.] Erzähle mir denn alle sind nicht leer
Und ohne Sinn die flüchtigen Gefährten
Der Nacht. Bedeutend fand ich stets

Die sanften Träume die der Morgen uns
Ums Haupt bewegt.
[Nausikaa.] So war der meine. Spät
Noch wacht ich denn mich hielt das Sauser.
Des ungeheuren Sturms nach Mitternacht
Noch munter.

Und wie der arme letzte Brand
Von großer Herdesglut mit Asche
Des Abends überdeckt wird daß er morgens
Dem Hause Feuer gebe, lag
In Blätter eingescharrt.

Geliebte schilt die stille Träne nicht
Die mir vom Auge fließt.

Dann schweigen sie und sehn einander an.

In meines Vaters Garten soll die Erde
Dich umgetriebnen vielgeplagten Mann
Zum freundlichsten empfangen . . .
Das schönste Feld hat er sein ganzes Leben
Bepflanzt gepflügt und erntet nun im Alter
Des Fleißes Lohn ein tägliches Vergnügen
Dort dringen neben Früchten wieder Blüten
Und Frucht auf Früchte wechseln durch das Jahr
Die Pomeranze die Zitrone steht
Im dunklen Laube und die Feige folgt
Der Feige Wohl [?] beschützt ist rings umher
Mit Aloe und Stachelfeigen
Daß die verwegne Ziege nicht genäschig

Dort wirst du in den schönen Lauben wandlen
An weiten Teppichen von Blumen dich erfreun
Es rieselt neben dir der Bach geleitet
Von Stamm zu Stamm der Gärtner tränket sie
Nach seinem Willen

Was sagst du Tyche haltst du ihn für jung.
Du haltst ihn doch für jung sprich Tyche sprich
— — — — — — — — — — — — — — — — — —

Er ist wohl jung genug denn ich bin alt.
Und immer ist der Mann ein junger Mann
Der einem jungen Weibe wohlgefällt.

Du gäbst ihm gern den Besten merk' ich wohl.

Du bist nicht einer von den Trüglichen
Wie viele Fremde kommen die sich rühmen
Und glatte Worte sprechen wo der Hörer
Nichts Falsches ahndet und zuletzt betrogen
Sie unvermutet wieder scheiden sieht
Du bist ein Mann ein zuverlässger Mann
Sinn und Zusammenhang hat deine Rede. Schön
Wie eines Dichters Lied tönt sie dem Ohr
Und füllt das Herz und reißt es mit sich fort.

Ein weißer Glanz ruht über Land und Meer
Und duftend schwebt der Äther ohne Wolken

Und nur die höchsten Nympfen des Gebürgs
Erfreuen sich des leichtgefallnen Schnees
Auf kurze Zeit.

O teurer Mann welch einen Schmerz erregt
Das edle Wort in meinem Busen, so
Soll jener Tag denn kommen der mich einst
Von meiner Tochter trennen wird. Vor dem Tag
Des Todes. Lassen soll ich sie
Und senden in ein fernes Land
Sie die zu Haus so wohl gepflegt sie

Der Mann der einen ihm vertrauten Schatz
Vergraben   hatte der
Die Lust die jener hat der ihn dem Meer
Mit Klugheit anvertraut mit günst'gem Gott
Zehnfach beglückt nach seinem Hause kehrt

So werde jener Tag der wieder dich
Mit deinem Sohn zurück zum Feste bringt
Der feierlichste Tag des Lebens mir.

Ein gottgesendet Übel sieht der Mensch
Der klügste, nicht voraus und wendet's nicht.
Vom Hause

TORQUATO TASSO

EIN SCHAUSPIEL

PERSONEN

Alfons der Zweite, Herzog von Ferrara
Leonore von Este, Schwester des Herzogs
Leonore Sanvitale, Gräfin von Scandiano
Torquato Tasso
Antonio Montecatino, Staatssekretär

Der Schauplatz ist auf Belriguardo, einem Lustschlosse.

ERSTER AUFZUG

ERSTER AUFTRITT

Gartenplatz, mit Hermen der epischen Dichter geziert.
Vorn an der Szene zur Rechten Virgil, zur Linken Ariost.

Prinzessin. Leonore.

PRINZESSIN. Du siehst mich lächelnd an, Eleonore,
Und siehst dich selber an und lächelst wieder.
Was hast du? Laß es eine Freundin wissen!
Du scheinst bedenklich, doch du scheinst vergnügt.
LEONORE. Ja, meine Fürstin, mit Vergnügen seh ich
Uns beide hier so ländlich ausgeschmückt.
Wir scheinen recht beglückte Schäferinnen
Und sind auch wie die Glücklichen beschäftigt.
Wir winden Kränze. Dieser, bunt von Blumen,
Schwillt immer mehr und mehr in meiner Hand,
Du hast mit höherm Sinn und größrem Herzen
Den zarten schlanken Lorbeer dir gewählt.
PRINZESSIN. Die Zweige, die ich in Gedanken flocht,
Sie haben gleich ein würdig Haupt gefunden,
Ich setze sie Virgilen dankbar auf.

Sie kränzt die Herme Virgils.

LEONORE. So drück ich meinen vollen frohen Kranz
Dem Meister Ludwig auf die hohe Stirne –
Sie kränzt Ariostens Herme.
Er, dessen Scherze nie verblühen, habe
Gleich von dem neuen Frühling seinen Teil.
PRINZESSIN. Mein Bruder ist gefällig, daß er uns
In diesen Tagen schon aufs Land gebracht,
Wir können unser sein und stundenlang
Uns in die goldne Zeit der Dichter träumen.
Ich liebe Belriguardo, denn ich habe
Hier manchen Tag der Jugend froh durchlebt,
Und dieses neue Grün und diese Sonne
Bringt das Gefühl mir jener Zeit zurück.
LEONORE. Ja es umgibt uns eine neue Welt!
Der Schatten dieser immergrünen Bäume
Wird schon erfreulich. Schon erquickt uns wieder
Das Rauschen dieser Brunnen, schwankend wiegen
Im Morgenwinde sich die jungen Zweige.
Die Blumen von den Beeten schauen uns
Mit ihren Kinderaugen freundlich an.
Der Gärtner deckt getrost das Winterhaus
Schon der Zitronen und Orangen ab,
Der blaue Himmel ruhet über uns
Und an dem Horizonte löst der Schnee
Der fernen Berge sich in leisen Duft.
PRINZESSIN. Es wäre mir der Frühling sehr willkommen,
Wenn er nicht meine Freundin mir entführte.
LEONORE. Erinnre mich in diesen holden Stunden,
O Fürstin, nicht wie bald ich scheiden soll.
PRINZESSIN. Was du verlassen magst, das findest du
In jener großen Stadt gedoppelt wieder.
LEONORE. Es ruft die Pflicht, es ruft die Liebe mich
Zu dem Gemahl der mich so lang entbehrt.
Ich bring ihm seinen Sohn, der dieses Jahr
So schnell gewachsen, schnell sich ausgebildet,
Und teile seine väterliche Freude.
Groß ist Florenz und herrlich, doch der Wert
Von allen seinen aufgehäuften Schätzen
Reicht an Ferraras Edelsteine nicht.

Das Volk hat jene Stadt zur Stadt gemacht,
Ferrara ward durch seine Fürsten groß.

PRINZESSIN. Mehr durch die guten Menschen, die sich hier
Durch Zufall trafen und zum Glück verbanden.

LEONORE. Sehr leicht zerstreut der Zufall was er sammelt.
Ein edler Mensch zieht edle Menschen an
Und weiß sie fest zu halten, wie ihr tut.
Um deinen Bruder und um dich verbinden
Gemüter sich, die eurer würdig sind,
Und ihr seid eurer großen Väter wert.
Hier zündete sich froh das schöne Licht
Der Wissenschaft, des freien Denkens an,
Als noch die Barbarei mit schwerer Dämmrung
Die Welt umher verbarg. Mir klang als Kind
Der Name Herkules von Este schon,
Schon Hyppolit von Este voll ins Ohr.
Ferrara ward mit Rom und mit Florenz
Von meinem Vater viel gepriesen! Oft
Hab ich mich hingesehnt; nun bin ich da.
Hier ward Petrarch bewirtet, hier gepflegt,
Und Ariost fand seine Muster hier.
Italien nennt keinen großen Namen,
Den dieses Haus nicht seinen Gast genannt.
Und es ist vorteilhaft den Genius
Bewirten: gibst du ihm ein Gastgeschenk,
So läßt er dir ein schöneres zurück.
Die Stätte, die ein guter Mensch betrat,
Ist eingeweiht; nach hundert Jahren klingt
Sein Wort und seine Tat dem Enkel wieder.

PRINZESSIN. Dem Enkel, wenn er lebhaft fühlt wie du.
Gar oft beneid ich dich um dieses Glück.

LEONORE. Das du, wie wenig andre, still und rein
Genießest. Drängt mich doch das volle Herz
Sogleich zu sagen was ich lebhaft fühle,
Du fühlst es besser, fühlst es tief und – schweigst.
Dich blendet nicht der Schein des Augenblicks,
Der Witz besticht dich nicht, die Schmeichelei
Schmiegt sich vergebens künstlich an dein Ohr:
Fest bleibt dein Sinn und richtig dein Geschmack,

Dein Urteil grad, stets ist dein Anteil groß
Am Großen, das du wie dich selbst erkennst.
PRINZESSIN. Du solltest dieser höchsten Schmeichelei
Nicht das Gewand vertrauter Freundschaft leihen.
LEONORE. Die Freundschaft ist gerecht, sie kann allein
Den ganzen Umfang deines Werts erkennen.
Und laß mich der Gelegenheit, dem Glück
Auch seinen Teil an deiner Bildung geben,
Du hast sie doch, und bist's am Ende doch,
Und dich mit deiner Schwester ehrt die Welt
Vor allen großen Frauen eurer Zeit.
PRINZESSIN. Mich kann das, Leonore, wenig rühren,
Wenn ich bedenke wie man wenig ist,
Und was man ist, das blieb man andern schuldig.
Die Kenntnis alter Sprachen und des Besten,
Was uns die Vorwelt ließ, dank ich der Mutter;
Doch war an Wissenschaft, an rechtem Sinn
Ihr keine beider Töchter jemals gleich;
Und soll sich eine ja mit ihr vergleichen,
So hat Lucretia gewiß das Recht.
Auch kann ich dir versichern hab ich nie
Als Rang und als Besitz betrachtet, was
Mir die Natur, was mir das Glück verlieh.
Ich freue mich, wenn kluge Männer sprechen,
Daß ich verstehen kann wie sie es meinen.
Es sei ein Urteil über einen Mann
Der alten Zeit und seiner Taten Wert;
Es sei von einer Wissenschaft die Rede,
Die, durch Erfahrung weiter ausgebreitet,
Dem Menschen nutzt indem sie ihn erhebt;
Wohin sich das Gespräch der Edlen lenkt,
Ich folge gern, denn mir wird leicht zu folgen.
Ich höre gern dem Streit der Klugen zu,
Wenn um die Kräfte, die des Menschen Brust
So freundlich und so fürchterlich bewegen,
Mit Grazie die Rednerlippe spielt;
Gern, wenn die fürstliche Begier des Ruhms,
Des ausgebreiteten Besitzes Stoff
Dem Denker wird, und wenn die feine Klugheit,

Von einem klugen Manne zart entwickelt,
Statt uns zu hintergehen uns belehrt.
LEONORE. Und dann nach dieser ernsten Unterhaltung
Ruht unser Ohr und unser innrer Sinn
Gar freundlich auf des Dichters Reimen aus,
Der uns die letzten lieblichsten Gefühle
Mit holden Tönen in die Seele flößt.
Dein hoher Geist umfaßt ein weites Reich,
Ich halte mich am liebsten auf der Insel
Der Poesie in Lorbeerhainen auf.
PRINZESSIN. In diesem schönen Lande, hat man mir
Versichern wollen, wächst vor andern Bäumen
Die Myrte gern. Und wenn der Musen gleich
Gar viele sind, so sucht man unter ihnen
Sich seltner eine Freundin und Gespielin,
Als man dem Dichter gern begegnen mag,
Der uns zu meiden, ja zu fliehen scheint,
Etwas zu suchen scheint das wir nicht kennen,
Und er vielleicht am Ende selbst nicht kennt.
Da wär es denn ganz artig, wenn er uns
Zur guten Stunde träfe, schnell entzückt
Uns für den Schatz erkennte, den er lang
Vergebens in der weiten Welt gesucht.
LEONORE. Ich muß mir deinen Scherz gefallen lassen,
Er trifft mich zwar, doch trifft er mich nicht tief.
Ich ehre jeden Mann und sein Verdienst
Und ich bin gegen Tasso nur gerecht.
Sein Auge weilt auf dieser Erde kaum;
Sein Ohr vernimmt den Einklang der Natur;
Was die Geschichte reicht, das Leben gibt,
Sein Busen nimmt es gleich und willig auf:
Das weit Zerstreute sammelt sein Gemüt,
Und sein Gefühl belebt das Unbelebte.
Oft adelt er was uns gemein erschien,
Und das Geschätzte wird vor ihm zu nichts.
In diesem eignen Zauberkreise wandelt
Der wunderbare Mann und zieht uns an
Mit ihm zu wandeln, teil an ihm zu nehmen:
Er scheint sich uns zu nahn, und bleibt uns fern;

Er scheint uns anzusehn, und Geister mögen
An unsrer Stelle seltsam ihm erscheinen.
PRINZESSIN. Du hast den Dichter fein und zart geschildert,
Der in den Reichen süßer Träume schwebt.
Allein mir scheint auch ihn das Wirkliche
Gewaltsam anzuziehn und fest zu halten.
Die schönen Lieder, die an unsern Bäumen
Wir hin und wieder angeheftet finden,
Die, goldnen Äpfeln gleich, ein neu Hesperien
Uns duftend bilden, erkennst du sie nicht alle
Für holde Früchte einer wahren Liebe?
LEONORE. Ich freue mich der schönen Blätter auch.
Mit mannigfaltgem Geist verherrlicht er
Ein einzig Bild in allen seinen Reimen.
Bald hebt er es in lichter Glorie
Zum Sternenhimmel auf, beugt sich verehrend
Wie Engel über Wolken vor dem Bilde;
Dann schleicht er ihm durch stille Fluren nach
Und jede Blume windet er zum Kranz.
Entfernt sich die Verehrte, heiligt er
Den Pfad, den leis ihr schöner Fuß betrat.
Versteckt im Busche gleich der Nachtigall
Füllt er aus einem liebekranken Busen
Mit seiner Klagen Wohllaut Hain und Luft:
Sein reizend Leid, die selge Schwermut lockt
Ein jedes Ohr und jedes Herz muß nach –
PRINZESSIN. Und wenn er seinen Gegenstand benennt,
So gibt er ihm den Namen Leonore.
LEONORE. Es ist dein Name wie es meiner ist.
Ich nähm es übel wenn's ein andrer wäre.
Mich freut es daß er sein Gefühl für dich
In diesem Doppelsinn verbergen kann.
Ich bin zufrieden daß er meiner auch
Bei dieses Namens holdem Klang gedenkt.
Hier ist die Frage nicht von einer Liebe,
Die sich des Gegenstands bemeistern will,
Ausschließend ihn besitzen, eifersüchtig
Den Anblick jedem andern wehren möchte.
Wenn er in seliger Betrachtung sich

Mit deinem Wert beschäftigt, mag er auch
An meinem leichtern Wesen sich erfreun.
Uns liebt er nicht, – verzeih daß ich es sage! –
Aus allen Sphären trägt er was er liebt
Auf einen Namen nieder den wir führen,
Und sein Gefühl teilt er uns mit; wir scheinen
Den Mann zu lieben, und wir lieben nur
Mit ihm das Höchste was wir lieben können.

PRINZESSIN. Du hast dich sehr in diese Wissenschaft
Vertieft, Eleonore, sagst mir Dinge,
Die mir beinahe nur das Ohr berühren
Und in die Seele kaum noch übergehn.

LEONORE. Du? Schülerin des Plato! nicht begreifen?
Was dir ein Neuling vorzuschwatzen wagt.
Es müßte sein daß ich zu sehr mich irrte,
Doch irr ich auch nicht ganz, ich weiß es wohl.
Die Liebe zeigt in dieser holden Schule
Sich nicht, wie sonst, als ein verwöhntes Kind:
Es ist der Jüngling der mit Psychen sich
Vermählte, der im Rat der Götter Sitz
Und Stimme hat. Er tobt nicht frevelhaft
Von einer Brust zur andern hin und her;
Er heftet sich an Schönheit und Gestalt
Nicht gleich mit süßem Irrtum fest, und büßet
Nicht schnellen Rausch mit Ekel und Verdruß.

PRINZESSIN. Da kommt mein Bruder, laß uns nicht verraten
Wohin sich wieder das Gespräch gelenkt.
Wir würden seinen Scherz zu tragen haben,
Wie unsre Kleidung seinen Spott erfuhr.

ZWEITER AUFTRITT

Die Vorigen. Alfons.

ALFONS. Ich suche Tasso, den ich nirgends finde,
Und treff ihn – hier sogar bei euch nicht an.
Könnt ihr von ihm mir keine Nachricht geben?

PRINZESSIN. Ich sah ihn gestern wenig, heute nicht.

ALFONS. Es ist ein alter Fehler, daß er mehr
Die Einsamkeit als die Gesellschaft sucht.
Verzeih ich ihm, wenn er den bunten Schwarm
Der Menschen flieht, und lieber frei im Stillen
Mit seinem Geist sich unterhalten mag,
So kann ich doch nicht loben daß er selbst
Den Kreis vermeidet den die Freunde schließen.
LEONORE. Irr ich mich nicht, so wirst du bald, o Fürst,
Den Tadel in ein frohes Lob verwandeln.
Ich sah ihn heut von fern; er hielt ein Buch
Und eine Tafel, schrieb und ging und schrieb.
Ein flüchtig Wort das er mir gestern sagte
Schien mir sein Werk vollendet anzukünden.
Er sorgt nur kleine Züge zu verbessern,
Um deiner Huld, die ihm so viel gewährt,
Ein würdig Opfer endlich darzubringen.
ALFONS. Er soll willkommen sein wenn er es bringt
Und losgesprochen sein auf lange Zeit.
So sehr ich teil an seiner Arbeit nehme,
So sehr in manchem Sinn das große Werk
Mich freut und freuen muß, so sehr vermehrt
Sich auch zuletzt die Ungeduld in mir.
Er kann nicht enden, kann nicht fertig werden,
Er ändert stets, ruckt langsam weiter vor,
Steht wieder still, er hintergeht die Hoffnung;
Unwillig sieht man den Genuß entfernt
In späte Zeit, den man so nah geglaubt.
PRINZESSIN. Ich lobe die Bescheidenheit, die Sorge,
Womit er Schritt vor Schritt zum Ziele geht.
Nur durch die Gunst der Musen schließen sich
So viele Reime fest in eins zusammen;
Und seine Seele hegt nur diesen Trieb,
Es soll sich sein Gedicht zum Ganzen ründen.
Er will nicht Märchen über Märchen häufen,
Die reizend unterhalten und zuletzt
Wie lose Worte nur verklingend täuschen.
Laß ihn, mein Bruder! denn es ist die Zeit
Von einem guten Werke nicht das Maß;
Und wenn die Nachwelt mit genießen soll,

So muß des Künstlers Mitwelt sich vergessen.
ALFONS. Laß uns zusammen, liebe Schwester, wirken,
Wie wir zu beider Vorteil oft getan!
Wenn ich zu eifrig bin, so lindre du:
Und bist du zu gelind, so will ich treiben.
Wir sehen dann auf einmal ihn vielleicht
Am Ziel, wo wir ihn lang gewünscht zu sehn.
Dann soll das Vaterland, es soll die Welt
Erstaunen, welch ein Werk vollendet worden.
Ich nehme meinen Teil des Ruhms davon,
Und er wird in das Leben eingeführt.
Ein edler Mensch kann einem engen Kreise
Nicht seine Bildung danken. Vaterland
Und Welt muß auf ihn wirken. Ruhm und Tadel
Muß er ertragen lernen. Sich und andre
Wird er gezwungen recht zu kennen. Ihn
Wiegt nicht die Einsamkeit mehr schmeichelnd ein.
Es will der Feind – es darf der Freund nicht schonen:
Dann übt der Jüngling streitend seine Kräfte,
Fühlt was er ist und fühlt sich bald ein Mann.
LEONORE. So wirst du, Herr, für ihn noch alles tun,
Wie du bisher für ihn schon viel getan.
Es bildet ein Talent sich in der Stille,
Sich ein Charakter in dem Strom der Welt.
O daß er sein Gemüt wie seine Kunst
An deinen Lehren bilde! daß er nicht
Die Menschen länger meide, daß sein Argwohn
Sich nicht zuletzt in Furcht und Haß verwandle!
ALFONS. Die Menschen fürchtet nur wer sie nicht kennt,
Und wer sie meidet wird sie bald verkennen.
Das ist sein Fall, und so wird nach und nach
Ein frei Gemüt verworren und gefesselt.
So ist er oft um meine Gunst besorgt
Weit mehr als es ihm ziemte; gegen viele
Hegt er ein Mißtraun, die, ich weiß es sicher,
Nicht seine Feinde sind. Begegnet ja
Daß sich ein Brief verirrt, daß ein Bedienter
Aus seinem Dienst in einen andern geht,
Daß ein Papier aus seinen Händen kommt,

Gleich sieht er Absicht, sieht Verräterei
Und Tücke die sein Schicksal untergräbt.
PRINZESSIN. Laß uns, geliebter Bruder, nicht vergessen
Daß von sich selbst der Mensch nicht scheiden kann.
Und wenn ein Freund, der mit uns wandeln sollte,
Sich einen Fuß beschädigte, wir würden
Doch lieber langsam gehn und unsre Hand
Ihm gern und willig leihen?
ALFONS. Besser wär's,
Wenn wir ihn heilen könnten, lieber gleich
Auf treuen Rat des Arztes eine Kur
Versuchten, dann mit dem Geheilten froh
Den neuen Weg des frischen Lebens gingen.
Doch hoff ich, meine Lieben, daß ich nie
Die Schuld des rauhen Arztes auf mich lade.
Ich tue was ich kann um Sicherheit
Und Zutraun seinem Busen einzuprägen.
Ich geb ihm oft in Gegenwart von vielen
Entschiedne Zeichen meiner Gunst. Beklagt
Er sich bei mir, so laß ich's untersuchen;
Wie ich es tat, als er sein Zimmer neulich
Erbrochen glaubte. Läßt sich nichts entdecken,
So zeig ich ihm gelassen wie ich's sehe;
Und da man alles üben muß, so üb ich,
Weil er's verdient, an Tasso die Geduld;
Und ihr, ich weiß es, steht mir willig bei.
Ich hab euch nun aufs Land gebracht und gehe
Heut abend nach der Stadt zurück. Ihr werdet
Auf einen Augenblick Antonio sehen,
Er kommt von Rom und holt mich ab. Wir haben
Viel auszureden, abzutun. Entschlüsse
Sind nun zu fassen, Briefe viel zu schreiben,
Das alles nötigt mich zur Stadt zurück.
PRINZESSIN. Erlaubst du uns daß wir dich hinbegleiten?
ALFONS. Bleibt nur in Belriguardo, geht zusammen
Hinüber nach Consandoli! Genießt
Der schönen Tage ganz nach freier Lust.
PRINZESSIN. Du kannst nicht bei uns bleiben? die Geschäfte
Nicht hier so gut als in der Stadt verrichten?

LEONORE. Du führst uns gleich Antonio hinweg,
Der uns von Rom so viel erzählen sollte?
ALFONS. Es geht nicht an, ihr Kinder; doch ich komme
Mit ihm so bald als möglich ist, zurück:
Dann soll er euch erzählen und ihr sollt
Mir ihn belohnen helfen, der so viel
In meinem Dienst aufs neue sich bemüht.
Und haben wir uns wieder ausgesprochen,
So mag der Schwarm dann kommen, daß es lustig
In unsern Gärten werde, daß auch mir,
Wie billig, eine Schönheit in dem Kühlen
Wenn ich sie suche gern begegnen mag.
LEONORE. Wir wollen freundlich durch die Finger sehen.
ALFONS. Dagegen wißt ihr daß ich schonen kann.
PRINZESSIN nach der Szene gekehrt.
Schon lange seh ich Tasso kommen. Langsam
Bewegt er seine Schritte, steht bisweilen
Auf einmal still, wie unentschlossen, geht
Dann wieder schneller auf uns los, und weilt
Schon wieder.
ALFONS. Stört ihn, wenn er denkt und dichtet,
In seinen Träumen nicht, und laßt ihn wandeln.
LEONORE. Nein, er hat uns gesehn, er kommt hierher.

DRITTER AUFTRITT

Die Vorigen. Tasso.

TASSO mit einem Buche in Pergament geheftet.
Ich komme langsam dir ein Werk zu bringen,
Und zaudre noch es dir zu überreichen.
Ich weiß zu wohl, noch bleibt es unvollendet,
Wenn es auch gleich geendigt scheinen möchte.
Allein, war ich besorgt es unvollkommen
Dir hinzugeben, so bezwingt mich nun
Die neue Sorge: Möcht ich doch nicht gern
Zu ängstlich, möcht ich nicht undankbar scheinen.
Und wie der Mensch nur sagen kann: Hie bin ich!

Daß Freunde seiner schonend sich erfreuen:
So kann ich auch nur sagen: Nimm es hin!

Er übergibt den Band.

ALFONS. Du überraschest mich mit deiner Gabe
Und machst mir diesen schönen Tag zum Fest.
So halt ich's endlich denn in meinen Händen,
Und nenn es in gewissem Sinne mein!
Lang wünscht ich schon, du möchtest dich entschließen
Und endlich sagen: Hier! es ist genug.

TASSO. Wenn ihr zufrieden seid, so ist's vollkommen;
Denn euch gehört es zu in jedem Sinn.
Betrachtet ich den Fleiß den ich verwendet,
Sah ich die Züge meiner Feder an,
So konnt ich sagen: dieses Werk ist mein.
Doch seh ich näher an, was dieser Dichtung
Den innren Wert und ihre Würde gibt,
Erkenn ich wohl, ich hab es nur von euch.
Wenn die Natur der Dichtung holde Gabe
Aus reicher Willkür freundlich mir geschenkt,
So hatte mich das eigensinnge Glück
Mit grimmiger Gewalt von sich gestoßen;
Und zog die schöne Welt den Blick des Knaben
Mit ihrer ganzen Fülle herrlich an,
So trübte bald den jugendlichen Sinn
Der teuren Eltern unverdiente Not.
Eröffnete die Lippe sich zu singen,
So floß ein traurig Lied von ihr herab,
Und ich begleitete mit leisen Tönen
Des Vaters Schmerzen und der Mutter Qual.
Du warst allein der aus dem engen Leben
Zu einer schönen Freiheit mich erhob;
Der jede Sorge mir vom Haupte nahm,
Mir Freiheit gab, daß meine Seele sich
Zu mutigem Gesang entfalten konnte;
Und welchen Preis nun auch mein Werk erhält,
Euch dank ich ihn, denn euch gehört es zu.

ALFONS. Zum zweitenmal verdienst du jedes Lob
Und ehrst bescheiden dich und uns zugleich.

TASSO. O könnt ich sagen wie ich lebhaft fühle

Daß ich von euch nur habe was ich bringe!
Der tatenlose Jüngling – nahm er wohl
Die Dichtung aus sich selbst? Die kluge Leitung
Des raschen Krieges – hat er die ersonnen?
Die Kunst der Waffen, die ein jeder Held
An dem beschiednen Tage kräftig zeigt,
Des Feldherrn Klugheit und der Ritter Mut
Und wie sich List und Wachsamkeit bekämpft,
Hast du mir nicht, o kluger tapfrer Fürst,
Das alles eingeflößt als wärest du
Mein Genius, der eine Freude fände
Sein hohes, unerreichbar hohes Wesen
Durch einen Sterblichen zu offenbaren?
PRINZESSIN. Genieße nun des Werks das uns erfreut!
ALFONS. Erfreue dich des Beifalls jedes Guten.
LEONORE. Des allgemeinen Ruhms erfreue dich.
TASSO. Mir ist an diesem Augenblick genug.
An euch nur dacht ich wenn ich sann und schrieb,
Euch zu gefallen war mein höchster Wunsch,
Euch zu ergötzen war mein letzter Zweck.
Wer nicht die Welt in seinen Freunden sieht
Verdient nicht daß die Welt von ihm erfahre.
Hier ist mein Vaterland, hier ist der Kreis
In dem sich meine Seele gern verweilt.
Hier horch ich auf, hier acht ich jeden Wink.
Hier spricht Erfahrung, Wissenschaft, Geschmack,
Ja, Welt und Nachwelt seh ich vor mir stehn.
Die Menge macht den Künstler irr und scheu:
Nur wer euch ähnlich ist, versteht und fühlt,
Nur der allein soll richten und belohnen!
ALFONS. Und stellen wir denn Welt und Nachwelt vor,
So ziemt es nicht nur müßig zu empfangen.
Das schöne Zeichen, das den Dichter ehrt,
Das selbst der Held, der seiner stets bedarf,
Ihm ohne Neid ums Haupt gewunden sieht,
Erblick ich hier auf deines Ahnherrn Stirne.
Auf die Herme Virgils deutend.
Hat es der Zufall, hat's ein Genius
Geflochten und gebracht? Es zeigt sich hier

Uns nicht umsonst. Virgilen hör ich sagen:
Was ehret ihr die Toten? Hatten die
Doch ihren Lohn und Freude da sie lebten;
Und wenn ihr uns bewundert und verehrt,
So gebt auch den Lebendigen ihr Teil.
Mein Marmorbild ist schon bekränzt genug,
Der grüne Zweig gehört dem Leben an.

Alfons winkt seiner Schwester, sie nimmt den Kranz von der Büste Virgils und nähert sich Tasso. Er tritt zurück.

LEONORE. Du weigerst dich? Sieh welche Hand den Kranz,
Den schönen unverwelklichen, dir bietet!

TASSO. O laßt mich zögern, seh ich doch nicht ein
Wie ich nach dieser Stunde leben soll.

ALFONS. In dem Genuß des herrlichen Besitzes,
Der dich im ersten Augenblick erschreckt.

PRINZESSIN indem sie den Kranz in die Höhe hält.
Du gönnest mir die seltne Freude, Tasso,
Dir ohne Wort zu sagen wie ich denke.

TASSO. Die schöne Last aus deinen teuren Händen
Empfang ich knieend auf mein schwaches Haupt.

Er kniet nieder, die Prinzessin setzt ihm den Kranz auf.

LEONORE applaudierend.
Es lebe der zum erstenmal Bekränzte!
Wie zieret den bescheidnen Mann der Kranz!

Tasso steht auf.

ALFONS. Es ist ein Vorbild nur von jener Krone,
Die auf dem Kapitol dich zieren soll.

PRINZESSIN. Dort werden lautere Stimmen dich begrüßen,
Mit leiser Lippe lohnt die Freundschaft hier.

TASSO. O nehmt ihn weg von meinem Haupte wieder,
Nehmt ihn hinweg! Er sengt mir meine Locken!
Und wie ein Strahl der Sonne, der zu heiß
Das Haupt mir träfe, brennt er mir die Kraft
Des Denkens aus der Stirne. Fieberhitze
Bewegt mein Blut. Verzeiht! Es ist zu viel!

LEONORE. Es schützet dieser Zweig vielmehr das Haupt
Des Manns, der in den heißen Regionen
Des Ruhms zu wandeln hat, und kühlt die Stirne.

TASSO. Ich bin nicht wert die Kühlung zu empfinden,

Die nur um Heldenstirnen wehen soll.
O hebt ihn auf, ihr Götter, und verklärt
Ihn zwischen Wolken, daß er hoch und höher
Und unerreichbar schwebe! daß mein Leben
Nach diesem Ziel ein ewig Wandeln sei!

ALFONS. Wer früh erwirbt, lernt früh den hohen Wert
Der holden Güter dieses Lebens schätzen;
Wer früh genießt, entbehrt in seinem Leben
Mit Willen nicht was er einmal besaß;
Und wer besitzt, der, muß gerüstet sein.

TASSO. Und wer sich rüsten will, muß eine Kraft
Im Busen fühlen die ihm nie versagt.
Ach! sie versagt mir eben jetzt! Im Glück
Verläßt sie mich, die angeborne Kraft,
Die standhaft mich dem Unglück, stolz dem Unrecht
Begegnen lehrte. Hat die Freude mir,
Hat das Entzücken dieses Augenblicks
Das Mark in meinen Gliedern aufgelöst?
Es sinken meine Knie! Noch einmal
Siehst du, o Fürstin, mich gebeugt vor dir!
Erhöre meine Bitte; nimm ihn weg!
Daß wie aus einem schönen Traum erwacht
Ich ein erquicktes neues Leben fühle.

PRINZESSIN. Wenn du bescheiden ruhig das Talent,
Das dir die Götter gaben, tragen kannst,
So lern auch diese Zweige tragen, die
Das Schönste sind was wir dir geben können.
Wem einmal, würdig, sie das Haupt berührt,
Dem schweben sie auf ewig um die Stirne.

TASSO. So laßt mich denn beschämt von hinnen gehn!
Laßt mich mein Glück im tiefen Hain verbergen,
Wie ich sonst meine Schmerzen dort verbarg.
Dort will ich einsam wandeln, dort erinnert
Kein Auge mich ans unverdiente Glück.
Und zeigt mir ungefähr ein klarer Brunnen
In seinem reinen Spiegel einen Mann,
Der wunderbar bekränzt im Widerschein
Des Himmels zwischen Bäumen, zwischen Felsen
Nachdenkend ruht: so scheint es mir, ich sehe

Elysium auf dieser Zauberfläche
Gebildet. Still bedenk ich mich und frage,
Wer mag der Abgeschiedne sein? Der Jüngling
Aus der vergangnen Zeit? So schön bekränzt?
Wer sagt mir seinen Namen? Sein Verdienst?
Ich warte lang und denke: käme doch
Ein andrer und noch einer, sich zu ihm
In freundlichem Gespräche zu gesellen!
O säh ich die Heroen, die Poeten
Der alten Zeit um diesen Quell versammelt!
O säh ich hier sie immer unzertrennlich,
Wie sie im Leben fest verbunden waren!
So bindet der Magnet durch seine Kraft
Das Eisen mit dem Eisen fest zusammen,
Wie gleiches Streben Held und Dichter bindet.
Homer vergaß sich selbst, sein ganzes Leben
War der Betrachtung zweier Männer heilig,
Und Alexander in Elysium
Eilt den Achill und den Homer zu suchen.
O daß ich gegenwärtig wäre, sie
Die größten Seelen nun vereint zu sehen!
LEONORE. Erwach! Erwache! Laß uns nicht empfinden
Daß du das Gegenwärtge ganz verkennst.
TASSO. Es ist die Gegenwart die mich erhöht,
Abwesend schein ich nur, ich bin entzückt.
PRINZESSIN. Ich freue mich, wenn du mit Geistern redest,
Daß du so menschlich sprichst und hör es gern.

Ein Page tritt zu dem Fürsten und richtet leise etwas aus.

ALFONS. Er ist gekommen! recht zur guten Stunde.
Antonio! – Bring ihn her – Da kommt er schon!

VIERTER AUFTRITT

Die Vorigen. Antonio.

ALFONS. Willkommen! der du uns zugleich dich selbst
Und gute Botschaft bringst.
PRINZESSIN. Sei uns gegrüßt!
ANTONIO. Kaum wag ich es zu sagen welch Vergnügen

In eurer Gegenwart mich neu belebt.
Vor euren Augen find ich alles wieder
Was ich so lang entbehrt. Ihr scheint zufrieden
Mit dem was ich getan, was ich vollbracht,
Und so bin ich belohnt für jede Sorge,
Für manchen bald mit Ungeduld durchharrten,
Bald absichtsvoll verlornen Tag. Wir haben
Nun was wir wünschen, und kein Streit ist mehr.
LEONORE. Auch ich begrüße dich, wenn ich schon zürne.
Du kommst nur eben da ich reisen muß.
ANTONIO. Damit mein Glück nicht ganz vollkommen werde,
Nimmst du mir gleich den schönen Teil hinweg.
TASSO. Auch meinen Gruß! Ich hoffe mich der Nähe
Des vielerfahrnen Mannes auch zu freun.
ANTONIO. Du wirst mich wahrhaft finden, wenn du je
Aus deiner Welt in meine schauen magst.
ALFONS. Wenn du mir gleich in Briefen schon gemeldet
Was du getan und wie es dir ergangen;
So hab ich doch noch manches auszufragen
Durch welche Mittel das Geschäft gelang?
Auf jenem wunderbaren Boden will der Schritt
Wohl abgemessen sein, wenn er zuletzt
An deinen eignen Zweck dich führen soll.
Wer seines Herren Vorteil rein bedenkt,
Der hat in Rom gar einen schweren Stand:
Denn Rom will alles nehmen, geben nichts;
Und kommt man hin um etwas zu erhalten,
Erhält man nichts, man bringe denn was hin,
Und glücklich, wenn man da noch was erhält.
ANTONIO. Es ist nicht mein Betragen, meine Kunst,
Durch die ich deinen Willen, Herr, vollbracht.
Denn welcher Kluge fänd im Vatikan
Nicht seinen Meister? Vieles traf zusammen
Das ich zu unserm Vorteil nutzen konnte.
Dich ehrt Gregor und grüßt und segnet dich.
Der Greis, der würdigste dem eine Krone
Das Haupt belastet, denkt der Zeit mit Freuden,
Da er in seinen Arm dich schloß. Der Mann
Der Männer unterscheidet, kennt und rühmt

Dich hoch! Um deinetwillen tat er viel.
ALFONS. Ich freue seiner guten Meinung mich,
Sofern sie redlich ist. Doch weißt du wohl,
Vom Vatikan herab sieht man die Reiche
Schon klein genug zu seinen Füßen liegen,
Geschweige denn die Fürsten und die Menschen.
Gestehe nur was dir am meisten half!
ANTONIO. Gut! wenn du willst: der hohe Sinn des Papsts.
Er sieht das Kleine klein, das Große groß.
Damit er einer Welt gebiete, gibt
Er seinen Nachbarn gern und freundlich nach.
Das Streifchen Land, das er dir überläßt,
Weiß er, wie deine Freundschaft, wohl zu schätzen.
Italien soll ruhig sein, er will
In seiner Nähe Freunde sehen, Friede
Bei seinen Grenzen halten, daß die Macht
Der Christenheit, die er gewaltig lenkt,
Die Türken da, die Ketzer dort vertilge.
PRINZESSIN. Weiß man die Männer, die er mehr als andre
Begünstigt, die sich ihm vertraulich nahn?
ANTONIO. Nur der erfahrne Mann besitzt sein Ohr,
Der tätige sein Zutraun, seine Gunst.
Er, der von Jugend auf dem Staat gedient,
Beherrscht ihn jetzt und wirkt auf jene Höfe,
Die er vor Jahren als Gesandter schon
Gesehen und gekannt und oft gelenkt.
Es liegt die Welt so klar vor seinem Blick
Als wie der Vorteil seines eignen Staats.
Wenn man ihn handeln sieht, so lobt man ihn
Und freut sich, wenn die Zeit entdeckt was er
Im stillen lang bereitet und vollbracht.
Es ist kein schönrer Anblick in der Welt
Als einen Fürsten sehn der klug regiert;
Das Reich zu sehn, wo jeder stolz gehorcht,
Wo jeder sich nur selbst zu dienen glaubt
Weil ihm das Rechte nur befohlen wird.
LEONORE. Wie sehnlich wünscht ich jene Welt einmal
Recht nah zu sehn!
ALFONS. Doch wohl um mit zu wirken?

Denn bloß beschaun wird Leonore nie.
Es wäre doch recht artig, meine Freundin,
Wenn in das große Spiel wir auch zuweilen
Die zarten Hände mischen könnten – Nicht?
LEONORE *zu Alfons.* Du willst mich reizen, es gelingt dir nicht.
ALFONS. Ich bin dir viel von andern Tagen schuldig.
LEONORE. Nun gut, so bleib ich heut in deiner Schuld!
Verzeih und störe meine Fragen nicht.
Zu Antonio. Hat er für die Nipoten viel getan?
ANTONIO. Nicht weniger noch mehr als billig ist.
Ein Mächtiger, der für die Seinen nicht
Zu sorgen weiß, wird von dem Volke selbst
Getadelt. Still und mäßig weiß Gregor
Den Seinigen zu nutzen, die dem Staat
Als wackre Männer dienen, und erfüllt
Mit *einer* Sorge zwei verwandte Pflichten.
TASSO. Erfreut die Wissenschaft, erfreut die Kunst
Sich seines Schutzes auch? und eifert er
Den großen Fürsten alter Zeiten nach?
ANTONIO. Er ehrt die Wissenschaft, sofern sie nutzt,
Den Staat regieren, Völker kennen lehrt;
Er schätzt die Kunst, sofern sie ziert, sein Rom
Verherrlicht, und Palast und Tempel
Zu Wunderwerken dieser Erde macht.
In seiner Nähe darf nichts müßig sein;
Was gelten soll, muß wirken und muß dienen.
ALFONS. Und glaubst du, daß wir das Geschäfte bald
Vollenden können? daß sie nicht zuletzt
Noch hie und da uns Hindernisse streuen?
ANTONIO. Ich müßte sehr mich irren, wenn nicht gleich
Durch deinen Namenszug, durch wenig Briefe
Auf immer dieser Zwist gehoben wäre.
ALFONS. So lob ich diese Tage meines Lebens
Als eine Zeit des Glückes und Gewinns.
Erweitert seh ich meine Grenze, weiß
Sie für die Zukunft sicher. Ohne Schwertschlag
Hast du's geleistet, eine Bürgerkrone
Dir wohl verdient. Es sollen unsre Frauen

Vom ersten Eichenlaub am schönsten Morgen
Geflochten dir sie um die Stirne legen.
Indessen hat mich Tasso auch bereichert:
Er hat Jerusalem für uns erobert,
Und so die neue Christenheit beschämt;
Ein weit entferntes, hoch gestecktes Ziel
Mit frohem Mut und strengem Fleiß erreicht.
Für seine Mühe siehst du ihn gekrönt.

ANTONIO. Du lösest mir ein Rätsel. Zwei Bekränzte
Erblickt ich mit Verwundrung da ich kam.

TASSO. Wenn du mein Glück vor deinen Augen siehst,
So wünscht ich, daß du mein beschämt Gemüt
Mit eben diesem Blicke schauen könntest.

ANTONIO. Mir war es lang bekannt, daß im Belohnen
Alfons unmäßig ist, und du erfährst
Was jeder von den Seinen schon erfuhr.

PRINZESSIN. Wenn du erst siehst was er geleistet hat,
So wirst du uns gerecht und mäßig finden.
Wir sind nur hier die ersten stillen Zeugen
Des Beifalls, den die Welt ihm nicht versagt,
Und den ihm zehnfach künftge Jahre gönnen.

ANTONIO. Er ist durch euch schon seines Ruhms gewiß.
Wer dürfte zweifeln, wo ihr preisen könnt?
Doch sage mir, wer druckte diesen Kranz
Auf Ariostens Stirne?

LEONORE. Diese Hand.

ANTONIO. Und sie hat wohl getan! Er ziert ihn schön,
Als ihn der Lorbeer selbst nicht zieren würde.
Wie die Natur die innig reiche Brust
Mit einem grünen, bunten Kleide deckt,
So hüllt er alles was den Menschen nur
Ehrwürdig, liebenswürdig machen kann,
Ins blühende Gewand der Fabel ein.
Zufriedenheit, Erfahrung und Verstand
Und Geisteskraft, Geschmack und reiner Sinn
Fürs wahre Gute, geistig scheinen sie
In seinen Liedern und persönlich doch
Wie unter Blütenbäumen auszuruhn,
Bedeckt vom Schnee der leicht getragnen Blüten,

Umkränzt von Rosen, wunderlich umgaukelt
Vom losen Zauberspiel der Amoretten.
Der Quell des Überflusses rauscht darneben,
Und läßt uns bunte Wunderfische sehn.
Von seltenem Geflügel ist die Luft,
Von fremden Herden Wies und Busch erfüllt.
Die Schalkheit lauscht im Grünen halb versteckt,
Die Weisheit läßt von einer goldnen Wolke
Von Zeit zu Zeit erhabne Sprüche tönen,
Indes auf wohlgestimmter Laute wild
Der Wahnsinn hin und her zu wühlen scheint
Und doch im schönsten Takt sich mäßig hält.
Wer neben diesem Mann sich wagen darf,
Verdient für seine Kühnheit schon den Kranz.
Vergebt, wenn ich mich selbst begeistert fühle,
Wie ein Verzückter weder Zeit noch Ort,
Noch was ich sage wohl bedenken kann;
Denn alle diese Dichter, diese Kränze,
Das seltne festliche Gewand der Schönen
Versetzt mich aus mir selbst in fremdes Land.

PRINZESSIN. Wer ein Verdienst so wohl zu schätzen weiß,
Der wird das andre nicht verkennen. Du
Sollst uns dereinst in Tassos Liedern zeigen
Was wir gefühlt und was nur du erkennst.

ALFONS. Komm mit, Antonio! manches hab ich noch,
Worauf ich sehr begierig bin, zu fragen.
Dann sollst du bis zum Untergang der Sonne
Den Frauen angehören. Komm! Lebt wohl.

Dem Fürsten folgt Antonio, den Damen Tasso.

ZWEITER AUFZUG

ERSTER AUFTRITT

Saal.

Prinzessin. Tasso.

Tasso. Unsicher folgen meine Schritte dir,
O Fürstin, und Gedanken ohne Maß
Und Ordnung regen sich in meiner Seele.
Mir scheint die Einsamkeit zu winken, mich
Gefällig anzulispeln: komm, ich löse
Die neu erregten Zweifel deiner Brust.
Doch werf ich einen Blick auf dich, vernimmt
Mein horchend Ohr ein Wort von deiner Lippe,
So wird ein neuer Tag um mich herum
Und alle Bande fallen von mir los.
Ich will dir gern gestehn, es hat der Mann,
Der unerwartet zu uns trat, nicht sanft
Aus einem schönen Traum mich aufgeweckt;
Sein Wesen, seine Worte haben mich
So wunderbar getroffen, daß ich mehr
Als je mich doppelt fühle, mit mir selbst
Aufs neu in streitender Verwirrung bin.
Prinzessin. Es ist unmöglich, daß ein alter Freund,
Der lang entfernt ein fremdes Leben führte,
Im Augenblick da er uns wiedersieht
Sich wieder gleich wie ehmals finden soll.
Er ist in seinem Innern nicht verändert;
Laß uns mit ihm nur wenig Tage leben,
So stimmen sich die Saiten hin und wider,
Bis glücklich eine schöne Harmonie
Aufs neue sie verbindet. Wird er dann
Auch näher kennen was du diese Zeit
Geleistet hast: so stellt er dich gewiß
Dem Dichter an die Seite, den er jetzt
Als einen Riesen dir entgegen stellt.
Tasso. Ach meine Fürstin, Ariostens Lob
Aus seinem Munde hat mich mehr ergötzt

Als daß es mich beleidigt hätte. Tröstlich
Ist es für uns den Mann gerühmt zu wissen,
Der als ein großes Muster vor uns steht.
Wir können uns im stillen Herzen sagen:
Erreichst du einen Teil von seinem Wert,
Bleibt dir ein Teil auch seines Ruhms gewiß.
Nein, was das Herz im tiefsten mir bewegte,
Was mir noch jetzt die ganze Seele füllt,
Es waren die Gestalten jener Welt,
Die sich lebendig, rastlos, ungeheuer
Um einen großen, einzig klugen Mann
Gemessen dreht und ihren Lauf vollendet,
Den ihr der Halbgott vorzuschreiben wagt.
Begierig horcht ich auf, vernahm mit Lust
Die sichern Worte des erfahrnen Mannes;
Doch ach! je mehr ich horchte, mehr und mehr
Versank ich vor mir selbst, ich fürchtete
Wie Echo an den Felsen zu verschwinden,
Ein Widerhall, ein Nichts mich zu verlieren.

PRINZESSIN. Und schienst noch kurz vorher so rein zu fühlen,
Wie Held und Dichter für einander leben,
Wie Held und Dichter sich einander suchen,
Und keiner je den andern neiden soll?
Zwar herrlich ist die liedeswerte Tat,
Doch schön ist's auch, der Taten stärkste Fülle
Durch würdge Lieder auf die Nachwelt bringen.
Begnüge dich aus einem kleinen Staate,
Der dich beschützt, dem wilden Lauf der Welt,
Wie von dem Ufer, ruhig zuzusehn.

TASSO. Und sah ich hier mit Staunen nicht zuerst,
Wie herrlich man den tapfern Mann belohnt?
Als unerfahrner Knabe kam ich her,
In einem Augenblick, da Fest auf Fest
Ferrara zu dem Mittelpunkt der Ehre
Zu machen schien. O! welcher Anblick war's!
Den weiten Platz, auf dem in ihrem Glanze
Gewandte Tapferkeit sich zeigen sollte,
Umschloß ein Kreis, wie ihn die Sonne nicht
So bald zum zweitenmal bescheinen wird.

Es saßen hier gedrängt die schönsten Frauen,
Gedrängt die ersten Männer unsrer Zeit.
Erstaunt durchlief der Blick die edle Menge;
Man rief: sie alle hat das Vaterland,
Das eine, schmale, meerumgebne Land,
Hierher geschickt. Zusammen bilden sie
Das herrlichste Gericht, das über Ehre,
Verdienst und Tugend je entschieden hat.
Gehst du sie einzeln durch, du findest keinen,
Der seines Nachbarn sich zu schämen brauche! –
Und dann eröffneten die Schranken sich.
Da stampften Pferde, glänzten Helm und Schilde,
Da drängten sich die Knappen, da erklang
Trompetenschall, und Lanzen krachten splitternd,
Getroffen tönten Helm und Schilde, Staub,
Auf einen Augenblick, umhüllte wirbelnd
Des Siegers Ehre, des Besiegten Schmach.
O laß mich einen Vorhang vor das ganze,
Mir allzu helle Schauspiel ziehen, daß
In diesem schönen Augenblicke mir
Mein Unwert nicht zu heftig fühlbar werde.

PRINZESSIN. Wenn jener edle Kreis, wenn jene Taten
Zu Müh und Streben damals dich entflammten,
So konnt ich, junger Freund, zu gleicher Zeit
Der Duldung stille Lehre dir bewähren.
Die Feste, die du rühmst, die hundert Zungen
Mir damals priesen und mir manches Jahr
Nachher gepriesen haben, sah ich nicht.
Am stillen Ort, wohin kaum unterbrochen
Der letzte Widerhall der Freude sich
Verlieren konnte, mußt ich manche Schmerzen
Und manchen traurigen Gedanken leiden.
Mit breiten Flügeln schwebte mir das Bild
Des Todes vor den Augen, deckte mir
Die Aussicht in die immer neue Welt.
Nur nach und nach entfernt' es sich und ließ
Mich, wie durch einen Flor, die bunten Farben
Des Lebens, blaß doch angenehm, erblicken.
Ich sah lebendge Formen wieder sanft sich regen.

Zum erstenmal trat ich, noch unterstützt
Von meinen Frauen, aus dem Krankenzimmer,
Da kam Lucretia voll frohen Lebens
Herbei und führte dich an ihrer Hand.
Du warst der erste, der im neuen Leben
Mir neu und unbekannt entgegen trat.
Da hofft ich viel für dich und mich, auch hat
Uns bis hierher die Hoffnung nicht betrogen.
TASSO. Und ich, der ich betäubt von dem Gewimmel
Des drängenden Gewühls, von so viel Glanz
Geblendet, und von mancher Leidenschaft
Bewegt, durch stille Gänge des Palasts
An deiner Schwester Seite schweigend ging,
Dann in das Zimmer trat, wo du uns bald
Auf deine Fraun gelehnt erschienest – Mir
Welch ein Moment war dieser! O! Vergib!
Wie den Bezauberten von Rausch und Wahn
Der Gottheit Nähe leicht und willig heilt;
So war auch ich von aller Phantasie,
Von jeder Sucht, von jedem falschen Triebe
Mit einem Blick in deinen Blick geheilt.
Wenn unerfahren die Begierde sich
Nach tausend Gegenständen sonst verlor,
Trat ich beschämt zuerst in mich zurück,
Und lernte nun das Wünschenswerte kennen.
So sucht man in dem weiten Sand des Meers
Vergebens eine Perle, die verborgen
In stillen Schalen eingeschlossen ruht.
PRINZESSIN. Es fingen schöne Zeiten damals an,
Und hätt uns nicht der Herzog von Urbino
Die Schwester weggeführt, uns wären Jahre
Im schönen ungetrübten Glück verschwunden.
Doch leider jetzt vermissen wir zu sehr
Den frohen Geist, die Brust voll Mut und Leben,
Den reichen Witz der liebenswürdgen Frau.
TASSO. Ich weiß es nur zu wohl, seit jenem Tage
Da sie von hinnen schied, vermochte dir
Die reine Freude niemand zu ersetzen.
Wie oft zerriß es meine Brust! Wie oft

Klagt ich dem stillen Hain mein Leid um dich!
Ach! rief ich aus, hat denn die Schwester nur
Das Glück, das Recht, der Teuren viel zu sein?
Ist denn kein Herz mehr wert, daß sie sich ihm
Vertrauen dürfte, kein Gemüt dem ihren
Mehr gleich gestimmt? Ist Geist und Witz verloschen?
Und war die eine Frau, so trefflich sie
Auch war, denn alles? Fürstin! o verzeih!
Da dacht ich manchmal an mich selbst und wünschte
Dir etwas sein zu können. Wenig nur
Doch etwas, nicht mit Worten, mit der Tat
Wünscht ich's zu sein, im Leben dir zu zeigen,
Wie sich mein Herz im stillen dir geweiht.
Doch es gelang mir nicht, und nur zu oft
Tat ich im Irrtum was dich schmerzen mußte,
Beleidigte den Mann den du beschütztest,
Verwirrte unklug was du lösen wolltest,
Und fühlte so mich stets im Augenblick,
Wenn ich mich nahen wollte, fern und ferner.

PRINZESSIN. Ich habe, Tasso, deinen Willen nie
Verkannt, und weiß wie du dir selbst zu schaden
Geschäftig bist. Anstatt daß meine Schwester
Mit jedem, wie er sei, zu leben weiß,
So kannst du selbst nach vielen Jahren kaum
In einen Freund dich finden.

TASSO. Tadle mich!
Doch sage mir hernach, wo ist der Mann?
Die Frau? mit der ich wie mit dir
Aus freiem Busen wagen darf zu reden.

PRINZESSIN. Du solltest meinem Bruder dich vertraun.

TASSO. Er ist mein Fürst! – Doch glaube nicht, daß mir
Der Freiheit wilder Trieb den Busen blähe.
Der Mensch ist nicht geboren frei zu sein,
Und für den Edeln ist kein schöner Glück,
Als einem Fürsten, den er ehrt, zu dienen.
Und so ist er mein Herr, und ich empfinde
Den ganzen Umfang dieses großen Worts.
Nun muß ich schweigen lernen wenn er spricht,
Und tun wenn er gebietet, mögen auch

Verstand und Herz ihm lebhaft widersprechen.
PRINZESSIN. Das ist der Fall bei meinem Bruder nie.
Und nun, da wir Antonio wieder haben,
Ist dir ein neuer kluger Freund gewiß.
TASSO. Ich hofft es ehmals, jetzt verzweifl ich fast.
Wie lehrreich wäre mir sein Umgang, nützlich
Sein Rat in tausend Fällen! Er besitzt,
Ich mag wohl sagen, alles was mir fehlt.
Doch – haben alle Götter sich versammelt
Geschenke seiner Wiege darzubringen?
Die Grazien sind leider ausgeblieben,
Und wem die Gaben dieser Holden fehlen,
Der kann zwar viel besitzen, vieles geben,
Doch läßt sich nie an seinem Busen ruhn.
PRINZESSIN. Doch läßt sich ihm vertraun, und das ist viel.
Du mußt von einem Mann nicht alles fordern,
Und dieser leistet was er dir verspricht.
Hat er sich erst für deinen Freund erklärt,
So sorgt er selbst für dich wo du dir fehlst.
Ihr müßt verbunden sein! Ich schmeichle mir
Dies schöne Werk in kurzem zu vollbringen.
Nur widerstehe nicht wie du es pflegst!
So haben wir Lenoren lang besessen,
Die fein und zierlich ist, mit der es leicht
Sich leben läßt; auch dieser hast du nie,
Wie sie es wünschte, näher treten wollen.
TASSO. Ich habe dir gehorcht, sonst hätt ich mich
Von ihr entfernt anstatt mich ihr zu nahen.
So liebenswürdig sie erscheinen kann,
Ich weiß nicht wie es ist, konnt ich nur selten
Mit ihr ganz offen sein, und wenn sie auch
Die Absicht hat, den Freunden wohlzutun,
So fühlt man Absicht und man ist verstimmt.
PRINZESSIN. Auf diesem Wege werden wir wohl nie
Gesellschaft finden, Tasso! Dieser Pfad
Verleitet uns durch einsames Gebüsch,
Durch stille Täler fortzuwandern; mehr
Und mehr verwöhnt sich das Gemüt, und strebt
Die goldne Zeit, die ihm von außen mangelt,

In seinem Innern wieder herzustellen,
So wenig der Versuch gelingen will.

TASSO. O welches Wort spricht meine Fürstin aus!
Die goldne Zeit wohin ist sie geflohn?
Nach der sich jedes Herz vergebens sehnt!
Da auf der freien Erde Menschen sich
Wie frohe Herden im Genuß verbreiteten;
Da ein uralter Baum auf bunter Wiese
Dem Hirten und der Hirtin Schatten gab,
Und jüngeres Gebüsch die zarten Zweige
Um sehnsuchtsvolle Liebe traulich schlang;
Wo klar und still auf immer reinem Sande
Der weiche Fluß die Nymphe sanft umfing;
Wo in dem Grase die gescheuchte Schlange
Unschädlich sich verlor, der kühne Faun
Vom tapfern Jüngling bald bestraft entfloh;
Wo jeder Vogel in der freien Luft
Und jedes Tier, durch Berg und Täler schweifend
Zum Menschen sprach: Erlaubt ist was gefällt.

PRINZESSIN. Mein Freund, die goldne Zeit ist wohl vorbei:
Allein die Guten bringen sie zurück;
Und soll ich dir gestehen wie ich denke,
Die goldne Zeit, womit der Dichter uns
Zu schmeicheln pflegt, die schöne Zeit, sie war,
So scheint es mir, so wenig als sie ist,
Und war sie je, so war sie nur gewiß,
Wie sie uns immer wieder werden kann.
Noch treffen sich verwandte Herzen an
Und teilen den Genuß der schönen Welt;
Nur in dem Wahlspruch ändert sich, mein Freund,
Ein einzig Wort: Erlaubt ist was sich ziemt.

TASSO. O wenn aus guten edlen Menschen nur
Ein allgemein Gericht bestellt entschiede,
Was sich denn ziemt! Anstatt daß jeder glaubt,
Es sei auch schicklich was ihm nützlich ist.
Wir sehn ja, dem Gewaltigen, dem Klugen
Steht alles wohl, und er erlaubt sich alles.

PRINZESSIN. Willst du genau erfahren was sich ziemt,
So frage nur bei edlen Frauen an.

Denn ihnen ist am meisten dran gelegen,
Daß alles wohl sich zieme was geschieht.
Die Schicklichkeit umgibt mit einer Mauer
Das zarte leicht verletzliche Geschlecht.
Wo Sittlichkeit regiert, regieren sie,
Und wo die Frechheit herrscht, da sind sie nichts.
Und wirst du die Geschlechter beide fragen:
Nach Freiheit strebt der Mann, das Weib nach Sitte.
TASSO. Du nennest uns unbändig, roh, gefühllos?
PRINZESSIN. Nicht das! Allein ihr strebt nach fernen Gütern,
Und euer Streben muß gewaltsam sein.
Ihr wagt es, für die Ewigkeit zu handeln,
Wenn wir ein einzig nah beschränktes Gut
Auf dieser Erde nur besitzen möchten,
Und wünschen, daß es uns beständig bliebe.
Wir sind von keinem Männerherzen sicher,
Das noch so warm sich einmal uns ergab.
Die Schönheit ist vergänglich, die ihr doch
Allein zu ehren scheint. Was übrig bleibt,
Das reizt nicht mehr, und was nicht reizt, ist tot.
Wenn's Männer gäbe, die ein weiblich Herz
Zu schätzen wüßten, die erkennen möchten,
Welch einen holden Schatz von Treu und Liebe
Der Busen einer Frau bewahren kann,
Wenn das Gedächtnis einzig schöner Stunden
In euren Seelen lebhaft bleiben wollte,
Wenn euer Blick, der sonst durchdringend ist,
Auch durch den Schleier dringen könnte, den
Uns Alter oder Krankheit überwirft,
Wenn der Besitz, der ruhig machen soll,
Nach fremden Gütern euch nicht lüstern machte:
Dann wär uns wohl ein schöner Tag erschienen,
Wir feierten dann unsre goldne Zeit.
TASSO. Du sagst mir Worte, die in meiner Brust
Halb schon entschlafne Sorgen mächtig regen.
PRINZESSIN. Was meinst du, Tasso? rede frei mit mir.
TASSO. Oft hört ich schon, und diese Tage wieder
Hab ich's gehört, ja hätt ich's nicht vernommen,

So müßt ich's denken: edle Fürsten streben
Nach deiner Hand! Was wir erwarten müssen,
Das fürchten wir und möchten schier verzweifeln,
Verlassen wirst du uns, es ist natürlich;
Doch wie wir's tragen wollen, weiß ich nicht.

PRINZESSIN. Für diesen Augenblick seid unbesorgt!
Fast möcht ich sagen: unbesorgt für immer.
Hier bin ich gern und gerne mag ich bleiben;
Noch weiß ich kein Verhältnis das mich lockte;
Und wenn ihr mich denn ja behalten wollt,
So laßt es mir durch Eintracht sehn, und schafft
Euch selbst ein glücklich Leben, mir durch euch.

TASSO. O lehre mich das Mögliche zu tun!
Gewidmet sind dir alle meine Tage.
Wenn dich zu preisen, dir zu danken sich
Mein Herz entfaltet, dann empfind ich erst
Das reinste Glück, das Menschen fühlen können.
Das göttlichste erfuhr ich nur in dir.
So unterscheiden sich die Erdengötter
Vor andern Menschen, wie das hohe Schicksal
Vom Rat und Willen selbst der klügsten Männer
Sich unterscheidet. Vieles lassen sie,
Wenn wir gewaltsam Wog auf Woge sehn,
Wie leichte Wellen unbemerkt vorüber
Vor ihren Füßen rauschen, hören nicht
Den Sturm, der uns umsaust und niederwirft,
Vernehmen unser Flehen kaum, und lassen,
Wie wir beschränkten armen Kindern tun,
Mit Seufzern und Geschrei die Luft uns füllen.
Du hast mich oft, o Göttliche, geduldet,
Und wie die Sonne trocknete dein Blick
Den Tau von meinen Augenlidern ab.

PRINZESSIN. Es ist sehr billig, daß die Frauen dir
Aufs freundlichste begegnen, es verherrlicht
Dein Lied auf manche Weise das Geschlecht.
Zart oder tapfer, hast du stets gewußt
Sie liebenswert und edel vorzustellen:
Und wenn Armide hassenswert erscheint,
Versöhnt ihr Reiz und ihre Liebe bald.

TASSO. Was auch in meinem Liede widerklingt,
Ich bin nur einer, einer alles schuldig!
Es schwebt kein geistig unbestimmtes Bild
Vor meiner Stirne, das der Seele bald
Sich überglänzend nahte, bald entzöge.
Mit meinen Augen hab ich es gesehn,
Das Urbild jeder Tugend, jeder Schöne;
Was ich nach ihm gebildet, das wird bleiben:
Tancredens Heldenliebe zu Chlorinden,
Erminiens stille nicht bemerkte Treue,
Sophroniens Großheit und Olindens Not.
Es sind nicht Schatten, die der Wahn erzeugte,
Ich weiß es, sie sind ewig, denn sie sind.
Und was hat mehr das Recht, Jahrhunderte
Zu bleiben und im stillen fort zu wirken,
Als das Geheimnis einer edlen Liebe,
Dem holden Lied bescheiden anvertraut?
PRINZESSIN. Und soll ich dir noch einen Vorzug sagen,
Den unvermerkt sich dieses Lied erschleicht?
Es lockt uns nach und nach, wir hören zu,
Wir hören und wir glauben zu verstehn,
Was wir verstehn, das können wir nicht tadeln,
Und so gewinnt uns dieses Lied zuletzt.
TASSO. Welch einen Himmel öffnest du vor mir,
O Fürstin! Macht mich dieser Glanz nicht blind,
So seh ich unverhofft ein ewig Glück
Auf goldnen Strahlen herrlich niedersteigen.
PRINZESSIN. Nicht weiter, Tasso! Viele Dinge sind's,
Die wir mit Heftigkeit ergreifen sollen:
Doch andre können nur durch Mäßigung
Und durch Entbehren unser eigen werden.
So, sagt man, sei die Tugend, sei die Liebe,
Die ihr verwandt ist. Das bedenke wohl!

ZWEITER AUFTRITT

TASSO. Ist dir's erlaubt die Augen aufzuschlagen?
Wagst du's umherzusehn? Du bist allein!
Vernahmen diese Säulen was sie sprach?

Und hast du Zeugen, diese stummen Zeugen
Des höchsten Glücks zu fürchten? Es erhebt
Die Sonne sich des neuen Lebenstages,
Der mit den vorigen sich nicht vergleicht.
Herniedersteigend hebt die Göttin schnell
Den Sterblichen hinauf. Welch neuer Kreis
Entdeckt sich meinem Auge, welches Reich!
Wie köstlich wird der heiße Wunsch belohnt!
Ich träumte mich dem höchsten Glücke nah,
Und dieses Glück ist über alle Träume.
Der Blindgeborne denke sich das Licht,
Die Farben wie er will, erscheinet ihm
Der neue Tag, ist's ihm ein neuer Sinn.
Voll Mut und Ahndung, freudetrunken, schwankend
Betret ich diese Bahn. Du gibst mir viel,
Du gibst, wie Erd und Himmel uns Geschenke
Mit vollen Händen übermäßig reichen,
Und forderst wieder, was von mir zu fordern
Nur eine solche Gabe dich berechtigt.
Ich soll entbehren, soll mich mäßig zeigen,
Und so verdienen, daß du mir vertraust.
Was tat ich je, daß sie mich wählen konnte?
Was soll ich tun, um ihrer wert zu sein?
Sie konnte dir vertraun und dadurch bist du's.
Ja, Fürstin, deinen Worten, deinen Blicken
Sei ewig meine Seele ganz geweiht!
Ja, fordre was du willst, denn ich bin dein!
Sie sende mich, Müh und Gefahr und Ruhm
In fernen Landen aufzusuchen, reiche
Im stillen Hain die goldne Leier mir,
Sie weihe mich der Ruh und ihrem Preis:
Ihr bin ich, bildend soll sie mich besitzen;
Mein Herz bewahrte jeden Schatz für sie.
O hätt ein tausendfaches Werkzeug mir
Ein Gott gegönnt, kaum drückt ich dann genug
Die unaussprechliche Verehrung aus.
Des Malers Pinsel und des Dichters Lippe,
Die süßeste, die je von frühem Honig
Genährt war, wünscht ich mir. Nein, künftig soll

Nicht Tasso zwischen Bäumen, zwischen Menschen
Sich einsam, schwach und trübgesinnt verlieren!
Er ist nicht mehr allein, er ist mit dir.
O daß die edelste der Taten sich
Hier sichtbar vor mich stellte, rings umgeben
Von gräßlicher Gefahr! Ich dränge zu
Und wagte gern das Leben, das ich nun
Von ihren Händen habe – forderte
Die besten Menschen mir zu Freunden auf,
Unmögliches mit einer edeln Schar
Nach ihrem Wink und Willen zu vollbringen.
Voreiliger, warum verbarg dein Mund
Nicht das was du empfandst, bis du dich wert
Und werter ihr zu Füßen legen konntest?
Das war dein Vorsatz, war dein kluger Wunsch.
Doch sei es auch! Viel schöner ist es, rein
Und unverdient ein solch Geschenk empfangen,
Als halb und halb zu wähnen, daß man wohl
Es habe fordern dürfen. Blicke freudig,
Es ist so groß, so weit, was vor dir liegt!
Und hoffnungsvolle Jugend lockt dich wieder
In unbekannte, lichte Zukunft hin.
– Schwelle Brust! – O Witterung des Glücks
Begünstge diese Pflanze doch einmal!
Sie strebt gen Himmel, tausend Zweige dringen
Aus ihr hervor, entfalten sich zu Blüten.
O daß sie Frucht, o daß sie Freuden bringe!
Daß eine liebe Hand den goldnen Schmuck
Aus ihren frischen reichen Ästen breche!

DRITTER AUFTRITT

Tasso. Antonio.

TASSO. Sei mir willkommen, den ich gleichsam jetzt
Zum erstenmal erblicke! Schöner ward
Kein Mann mir angekündigt. Sei willkommen!
Dich kenn ich nun und deinen ganzen Wert,
Dir biet ich ohne Zögern Herz und Hand

Und hoffe, daß auch du mich nicht verschmähst.
Antonio. Freigebig bietest du mir schöne Gaben,
Und ihren Wert erkenn ich wie ich soll,
Drum laß mich zögern eh ich sie ergreife.
Weiß ich doch nicht, ob ich dir auch dagegen
Ein Gleiches geben kann. Ich möchte gern
Nicht übereilt und nicht undankbar scheinen:
Laß mich für beide klug und sorgsam sein.
Tasso. Wer wird die Klugheit tadeln? Jeder Schritt
Des Lebens zeigt wie sehr sie nötig sei;
Doch schöner ist's, wenn uns die Seele sagt
Wo wir der feinen Vorsicht nicht bedürfen.
Antonio. Darüber frage jeder sein Gemüt,
Weil er den Fehler selbst zu büßen hat.
Tasso. So sei's! Ich habe meine Pflicht getan,
Der Fürstin Wort, die uns zu Freunden wünscht,
Hab ich verehrt und mich dir vorgestellt.
Rückhalten durft ich nicht, Antonio; doch gewiß
Zudringen will ich nicht. Es mag denn sein.
Zeit und Bekanntschaft heißen dich vielleicht
Die Gabe wärmer fordern, die du jetzt
So kalt bei Seite lehnst und fast verschmähst.
Antonio. Der Mäßige wird öfters kalt genannt
Von Menschen, die sich warm vor andern glauben,
Weil sie die Hitze fliegend überfällt.
Tasso. Du tadelst was ich tadle, was ich meide.
Auch ich verstehe wohl, so jung ich bin,
Der Heftigkeit die Dauer vorzuziehn.
Antonio. Sehr weislich! Bleibe stets auf diesem Sinne.
Tasso. Du bist berechtigt mir zu raten, mich
Zu warnen, denn es steht Erfahrung dir
Als lang erprobte Freundin an der Seite.
Doch glaube nur, es horcht ein stilles Herz
Auf jedes Tages, jeder Stunde Warnung,
Und übt sich ingeheim an jedem Guten,
Das deine Strenge neu zu lehren glaubt.
Antonio. Es ist wohl angenehm, sich mit sich selbst
Beschäftgen, wenn es nur so nützlich wäre.
Inwendig lernt kein Mensch sein Innerstes

Erkennen. Denn er mißt nach eignem Maß
Sich bald zu klein und leider oft zu groß.
Der Mensch erkennt sich nur im Menschen, nur
Das Leben lehret jedem was er sei.
TASSO. Mit Beifall und Verehrung hör ich dich.
ANTONIO. Und dennoch denkst du wohl bei diesen Worten
Ganz etwas anders, als ich sagen will.
TASSO. Auf diese Weise rücken wir nicht näher.
Es ist nicht klug, es ist nicht wohl getan,
Vorsätzlich einen Menschen zu verkennen,
Er sei auch wer er sei. Der Fürstin Wort
Bedurft es kaum, leicht hab ich dich erkannt:
Ich weiß, daß du das Gute willst und schaffst.
Dein eigen Schicksal läßt dich unbesorgt,
An andre denkst du, andern stehst du bei,
Und auf des Lebens leicht bewegter Woge
Bleibt dir ein stetes Herz. So seh ich dich.
Und was wär ich, ging ich dir nicht entgegen?
Sucht ich begierig nicht auch einen Teil
An dem verschloßnen Schatz, den du bewahrst?
Ich weiß, es reut dich nicht, wenn du dich öffnest;
Ich weiß, du bist mein Freund, wenn du mich kennst:
Und eines solchen Freunds bedurft ich lange.
Ich schäme mich der Unerfahrenheit
Und meiner Jugend nicht. Still ruhet noch
Der Zukunft goldne Wolke mir ums Haupt.
O nimm mich, edler Mann, an deine Brust
Und weihe mich, den Raschen, Unerfahrnen,
Zum mäßigen Gebrauch des Lebens ein.
ANTONIO. In einem Augenblicke forderst du,
Was wohlbedächtig nur die Zeit gewährt.
TASSO. In einem Augenblick gewährt die Liebe,
Was Mühe kaum in langer Zeit erreicht.
Ich bitt es nicht von dir, ich darf es fordern.
Dich ruf ich in der Tugend Namen auf,
Die gute Menschen zu verbinden eifert.
Und soll ich dir noch einen Namen nennen?
Die Fürstin hofft's, sie will's – Eleonore,
Sie will mich zu dir führen, dich zu mir.

O laß uns ihrem Wunsch entgegen gehn!
Laß uns verbunden vor die Göttin treten,
Ihr unsern Dienst, die ganze Seele bieten,
Vereint für sie das Würdigste zu tun.
Noch einmal! – Hier ist meine Hand! Schlag ein!
Tritt nicht zurück und weigre dich nicht länger,
O edler Mann, und gönne mir die Wollust,
Die schönste guter Menschen, sich dem Bessern
Vertrauend ohne Rückhalt hinzugeben!

ANTONIO. Du gehst mit vollen Segeln! Scheint es doch,
Du bist gewohnt zu siegen, überall
Die Wege breit, die Pforten weit zu finden.
Ich gönne jeden Wert und jedes Glück
Dir gern, allein ich sehe nur zu sehr,
Wir stehn zu weit noch von einander ab.

TASSO. Es sei an Jahren, an geprüftem Wert:
An frohem Mut und Willen weich ich keinem.

ANTONIO. Der Wille lockt die Taten nicht herbei;
Der Mut stellt sich die Wege kürzer vor.
Wer angelangt am Ziel ist, wird gekrönt,
Und oft entbehrt ein Würdger eine Krone.
Doch gibt es leichte Kränze, Kränze gibt es
Von sehr verschiedner Art, sie lassen sich
Oft im Spazierengehn bequem erreichen.

TASSO. Was eine Gottheit diesem frei gewährt
Und jenem streng versagt, ein solches Gut
Erreicht nicht jeder wie er will und mag.

ANTONIO. Schreib es dem Glück vor andern Göttern zu,
So hör ich's gern, denn seine Wahl ist blind.

TASSO. Auch die Gerechtigkeit trägt eine Binde
Und schließt die Augen jedem Blendwerk zu.

ANTONIO. Das Glück erhebe billig der Beglückte!
Er dicht ihm hundert Augen fürs Verdienst
Und kluge Wahl und strenge Sorgfalt an,
Nenn es Minerva, nenn es wie er will,
Er halte gnädiges Geschenk für Lohn,
Zufälligen Putz für wohlverdienten Schmuck.

TASSO. Du brauchst nicht deutlicher zu sein. Es ist genug!
Ich blicke tief dir in das Herz und kenne

Fürs ganze Leben dich. O kennte so
Dich meine Fürstin auch! Verschwende nicht
Die Pfeile deiner Augen, deiner Zunge!
Du richtest sie vergebens nach dem Kranze,
Dem unverwelklichen, auf meinem Haupt.
Sei erst so groß, mir ihn nicht zu beneiden!
Dann darfst du mir vielleicht ihn streitig machen.
Ich acht ihn heilig und das höchste Gut:
Doch zeige mir den Mann, der das erreicht,
Wornach ich strebe, zeige mir den Helden,
Von dem mir die Geschichten nur erzählten;
Den Dichter stell mir vor, der sich Homeren,
Virgilen sich vergleichen darf, ja, was
Noch mehr gesagt ist, zeige mir den Mann,
Der dreifach diesen Lohn verdiente, den
Die schöne Krone dreifach mehr als mich
Beschämte: dann sollst du mich kniend sehn
Vor jener Gottheit, die mich so begabte;
Nicht eher stünd ich auf, bis sie die Zierde
Von meinem Haupt auf seins hinüber drückte.

ANTONIO. Bis dahin bleibst du freilich ihrer wert.

TASSO. Man wäge mich, das will ich nicht vermeiden,
Allein Verachtung hab ich nicht verdient.
Die Krone, der mein Fürst mich würdig achtete,
Die meiner Fürstin Hand für mich gewunden,
Soll keiner mir bezweifeln noch begrinsen!

ANTONIO. Es ziemt der hohe Ton, die rasche Glut
Nicht dir zu mir, noch dir an diesem Orte.

TASSO. Was du dir hier erlaubst, das ziemt auch mir.
Und ist die Wahrheit wohl von hier verbannt?
Ist im Palast der freie Geist gekerkert?
Hat hier ein edler Mensch nur Druck zu dulden?
Mich dünkt hier ist die Hoheit erst an ihrem Platz.
Der Seele Hoheit! Darf sie sich der Nähe
Der Großen dieser Erde nicht erfreun?
Sie darf's und soll's. Wir nahen uns dem Fürsten
Durch Adel nur, der uns von Vätern kam;
Warum nicht durchs Gemüt, das die Natur
Nicht jedem groß verlieh, wie sie nicht jedem

Die Reihe großer Ahnherrn geben konnte.
Nur Kleinheit sollte hier sich ängstlich fühlen,
Der Neid, der sich zu seiner Schande zeigt:
Wie keiner Spinne schmutziges Gewebe
An diesen Marmorwänden haften soll.
ANTONIO.
Du zeigst mir selbst mein Recht dich zu verschmähn!
Der übereilte Knabe will des Manns
Vertraun und Freundschaft mit Gewalt ertrotzen?
Unsittlich wie du bist hältst du dich gut?
TASSO. Viel lieber was ihr euch unsittlich nennt,
Als was ich mir unedel nennen müßte.
ANTONIO. Du bist noch jung genug, daß gute Zucht
Dich eines bessern Wegs belehren kann.
TASSO. Nicht jung genug, vor Götzen mich zu neigen,
Und Trotz mit Trotz zu bändgen, alt genug.
ANTONIO. Wo Lippenspiel und Saitenspiel entscheiden,
Ziehst du als Held und Sieger wohl davon.
TASSO. Verwegen wär es meine Faust zu rühmen,
Denn sie hat nichts getan, doch ich vertrau ihr.
ANTONIO. Du traust auf Schonung, die dich nur zu sehr
Im frechen Laufe deines Glücks verzog.
TASSO. Daß ich erwachsen bin, das fühl ich nun!
Mit dir am wenigsten hätt ich gewünscht
Das Wagespiel der Waffen zu versuchen:
Allein du schürest Glut auf Glut, es kocht
Das innre Mark, die schmerzliche Begier
Der Rache siedet schäumend in der Brust.
Bist du der Mann der du dich rühmst, so steh mir.
ANTONIO. Du weißt so wenig wer, als wo du bist.
TASSO. Kein Heiligtum heißt uns den Schimpf ertragen.
Du lästerst, du entweihest diesen Ort,
Nicht ich, der ich Vertraun, Verehrung, Liebe,
Das schönste Opfer, dir entgegen trug.
Dein Geist verunreint dieses Paradies
Und deine Worte diesen reinen Saal,
Nicht meines Herzens schwellendes Gefühl,
Das braust, den kleinsten Flecken nicht zu leiden.
ANTONIO. Welch hoher Geist in einer engen Brust!

TASSO. Hier ist noch Raum dem Busen Luft zu machen.
ANTONIO. Es macht das Volk sich auch mit Worten Luft.
TASSO. Bist du ein Edelmann wie ich, so zeig es.
ANTONIO. Ich bin es wohl, doch weiß ich wo ich bin.
TASSO. Komm mit herab, wo unsre Waffen gelten.
ANTONIO. Wie du nicht fordern solltest, folg ich nicht.
TASSO. Der Feigheit ist solch Hindernis willkommen.
ANTONIO. Der Feige droht nur, wo er sicher ist.
TASSO. Mit Freuden kann ich diesem Schutz entsagen.
ANTONIO. Vergib dir nur, dem Ort vergibst du nichts.
TASSO. Verzeihe mir der Ort daß ich es litt
Er zieht den Degen.
Zieh oder folge! Wenn ich nicht auf ewig,
Wie ich dich hasse, dich verachten soll.

VIERTER AUFTRITT

Alfons. Die Vorigen.

ALFONS. In welchem Streit treff ich euch unerwartet?
ANTONIO. Du findest mich, o Fürst, gelassen stehn
Vor einem, den die Wut ergriffen hat.
TASSO. Ich bete dich als eine Gottheit an,
Daß du mit einem Blick mich warnend bändigst.
ALFONS. Erzähl, Antonio, Tasso, sag mir an,
Wie hat der Zwist sich in mein Haus gedrungen?
Wie hat er euch ergriffen, von der Bahn
Der Sitten, der Gesetze kluge Männer
Im Taumel weggerissen? Ich erstaune.
TASSO. Du kennst uns beide nicht, ich glaub es wohl.
Hier dieser Mann, berühmt als klug und sittlich,
Hat roh und hämisch wie ein unerzogner,
Unedler Mensch sich gegen mich betragen.
Zutraulich naht ich ihm, er stieß mich weg;
Beharrlich liebend drang ich mich zu ihm,
Und bitter immer bittrer ruht' er nicht,
Bis er den reinsten Tropfen Bluts in mir
Zu Galle wandelte. Verzeih! Du hast mich hier
Als einen Wütenden getroffen. Dieser

Hat alle Schuld, wenn ich mich schuldig machte.
Er hat die Glut gewaltsam angefacht,
Die mich ergriff und mich und ihn verletzte.
ANTONIO. Ihn riß der hohe Dichterschwung hinweg!
Du hast, o Fürst, zuerst mich angeredet,
Hast mich gefragt: es sei mir nun erlaubt,
Nach diesem raschen Redner auch zu sprechen.
TASSO. O ja, erzähl, erzähl von Wort zu Wort,
Und kannst du jede Silbe, jede Miene
Vor diesen Richter stellen, wag es nur!
Beleidige dich selbst zum zweiten Male
Und zeuge wider dich! dagegen will
Ich keinen Hauch und keinen Pulsschlag leugnen.
ANTONIO. Wenn du noch mehr zu reden hast, so sprich:
Wo nicht, so schweig und unterbrich mich nicht.
Ob ich, mein Fürst, ob dieser heiße Kopf
Den Streit zuerst begonnen? wer es sei,
Der unrecht hat? ist eine weite Frage,
Die wohl zuvörderst noch auf sich beruht.
TASSO. Wie das? Mich dünkt, das ist die erste Frage,
Wer von uns beiden recht und unrecht hat.
ANTONIO. Nicht ganz, wie sich's der unbegrenzte Sinn
Gedenken mag.
ALFONS. Antonio!
ANTONIO. Gnädigster,
Ich ehre deinen Wink, doch laß ihn schweigen;
Hab ich gesprochen, mag er weiter reden:
Du wirst entscheiden. Also sag ich nur:
Ich kann mit ihm nicht rechten, kann ihn weder
Verklagen, noch mich selbst verteidgen, noch
Ihm jetzt genug zu tun mich anerbieten.
Denn wie er steht, ist er kein freier Mann.
Es waltet über ihm ein schwer Gesetz,
Das deine Gnade höchstens lindern wird.
Er hat mir hier gedroht, hat mich gefordert;
Vor dir verbarg er kaum das nackte Schwert.
Und tratst du, Herr, nicht zwischen uns herein,
So stünde jetzt auch ich als pflichtvergessen,
Mitschuldig und beschämt vor deinem Blick.

ALFONS zu Tasso. Du hast nicht wohl getan.
TASSO. Mich spricht, o Herr,
Mein eigen Herz, gewiß auch deines frei.
Ja, es ist wahr, ich drohte, forderte,
Ich zog. Allein, wie tückisch seine Zunge
Mit wohlgewählten Worten mich verletzt,
Wie scharf und schnell sein Zahn das feine Gift
Mir in das Blut geflößt, wie er das Fieber
Nur mehr und mehr erhitzt – du denkst es nicht!
Gelassen, kalt, hat er mich ausgehalten,
Aufs höchste mich getrieben. O! du kennst,
Du kennst ihn nicht und wirst ihn niemals kennen!
Ich trug ihm warm die schönste Freundschaft an;
Er warf mir meine Gaben vor die Füße,
Und hätte meine Seele nicht geglüht,
So war sie deiner Gnade, deines Dienstes
Auf ewig unwert. Hab ich des Gesetzes
Und dieses Orts vergessen, so verzeih.
Auf keinem Boden darf ich niedrig sein,
Erniedrigung auf keinem Boden dulden.
Wenn dieses Herz, es sei auch wo es will,
Dir fehlt und sich, dann strafe, dann verstoße
Und laß mich nie dein Auge wieder sehn.
ANTONIO. Wie leicht der Jüngling schwere Lasten trägt
Und Fehler wie den Staub vom Kleide schüttelt!
Es wäre zu verwundern, wenn die Zauberkraft
Der Dichtung nicht bekannter wäre, die
Mit dem Ohnmöglichen so gern ihr Spiel
Zu treiben liebt. Ob du auch so, mein Fürst,
Ob alle deine Diener diese Tat
So unbedeutend halten, zweifl ich fast.
Die Majestät verbreitet ihren Schutz
Auf jeden, der sich ihr wie einer Gottheit
Und ihrer unverletzten Wohnung naht.
Wie an dem Fuße des Altars, bezähmt
Sich auf der Schwelle jede Leidenschaft.
Da blinkt kein Schwert, da fällt kein drohend Wort,
Da fordert selbst Beleidgung keine Rache.
Es bleibt das weite Feld ein offner Raum

Für Grimm und Unversöhnlichkeit genug.
Dort wird kein Feiger drohn, kein Mann wird fliehn.
Hier diese Mauern haben deine Väter
Auf Sicherheit gegründet, ihrer Würde
Ein Heiligtum befestigt, diese Ruhe
Mit schweren Strafen ernst und klug erhalten;
Verbannung, Kerker, Tod ergriff den Schuldigen.
Da war kein Ansehn der Person, es hielt
Die Milde nicht den Arm des Rechts zurück;
Und selbst der Frevler fühlte sich geschreckt.
Nun sehen wir nach langem schönem Frieden
In das Gebiet der Sitten rohe Wut
Im Taumel wiederkehren. Herr, entscheide,
Bestrafe! denn wer kann in seiner Pflicht
Beschränkten Grenzen wandeln, schützet ihn
Nicht das Gesetz und seines Fürsten Kraft?

ALFONS. Mehr als ihr beide sagt und sagen könnt,
Läßt unparteiisch das Gemüt mich hören.
Ihr hättet schöner eure Pflicht getan,
Wenn ich dies Urteil nicht zu sprechen hätte.
Denn hier sind Recht und Unrecht nah verwandt.
Wenn dich Antonio beleidigt hat,
So hat er dir auf irgend eine Weise
Genugzutun, wie du es fordern wirst.
Mir wär es lieb, ihr wähltet mich zum Austrag.
Indessen, dein Vergehen macht, o Tasso,
Dich zum Gefangnen. Wie ich dir vergebe:
So lindr ich das Gesetz um deinetwillen.
Verlaß uns, Tasso! bleib auf deinem Zimmer,
Von dir und mit dir selbst allein bewacht.

TASSO. Ist dies, o Fürst, dein richterlicher Spruch?

ANTONIO. Erkennest du des Vaters Milde nicht?

TASSO *zu Antonio.* Mit dir hab ich vorerst nichts mehr zu reden.
Zu Alfons. O Fürst, es übergibt dein ernstes Wort
Mich Freien der Gefangenschaft. Es sei!
Du hältst es Recht. Dein heilig Wort verehrend,
Heiß ich mein innres Herz im tiefsten schweigen.
Es ist mir neu, so neu, daß ich fast dich

Und mich und diesen schönen Ort nicht kenne.
Doch diesen kenn ich wohl – Gehorchen will ich,
Ob ich gleich hier noch manches sagen könnte,
Und sagen sollte. Mir verstummt die Lippe.
War's ein Verbrechen? Wenigstens es scheint,
Ich bin als ein Verbrecher angesehn.
Und, was mein Herz auch sagt, ich bin gefangen.
ALFONS. Du nimmst es höher, Tasso, als ich selbst.
TASSO. Mir bleibt es unbegreiflich wie es ist:
Zwar unbegreiflich nicht, ich bin kein Kind;
Ich meine fast, ich müßt es denken können.
Auf einmal winkt mich eine Klarheit an,
Doch augenblicklich schließt sich's wieder zu,
Ich höre nur mein Urteil, beuge mich.
Das sind zu viel vergebne Worte schon!
Gewöhne dich von nun an zu gehorchen,
Ohnmächtger! du vergaßest wo du standst;
Der Götter Saal schien dir auf gleicher Erde,
Nun überwältigt dich der jähe Fall.
Gehorche gern, denn es geziemt dem Manne
Auch willig das Beschwerliche zu tun.
Hier nimm den Degen erst, den du mir gabst,
Als ich dem Kardinal nach Frankreich folgte,
Ich führt ihn nicht mit Ruhm, doch nicht mit Schande,
Auch heute nicht. Der hoffnungsvollen Gabe
Entäußr ich mich mit tiefgerührtem Herzen.
ALFONS. Wie ich zu dir gesinnt bin fühlst du nicht.
TASSO. Gehorchen ist mein Los und nicht zu denken!
Und leider eines herrlichern Geschenks
Verleugnung fordert das Geschick von mir.
Die Krone kleidet den Gefangnen nicht:
Ich nehme selbst von meinem Haupt die Zierde,
Die für die Ewigkeit gegönnt mir schien.
Zu früh war mir das schönste Glück verliehen,
Und wird, als hätt ich sein mich überhoben,
Mir nur zu bald geraubt.
Du nimmst dir selbst, was keiner nehmen konnte
Und was kein Gott zum zweiten Male gibt.
Wir Menschen werden wunderbar geprüft;

Wir könnten's nicht ertragen, hätt uns nicht
Den holden Leichtsinn die Natur verliehn.
Mit unschätzbaren Gütern lehret uns
Verschwenderisch die Not gelassen spielen:
Wir öffnen willig unsre Hände, daß
Unwiederbringlich uns ein Gut entschlüpfe.
Mit diesem Kuß vereint sich eine Träne
Und weiht dich der Vergänglichkeit! es ist
Erlaubt das holde Zeichen unsrer Schwäche.
Wer weinte nicht, wenn das Unsterbliche
Vor der Zerstörung selbst nicht sicher ist?
Geselle dich zu diesem Degen, der
Dich leider nicht erwarb, um ihn geschlungen
Ruhe, wie auf dem Sarg der Tapfern, auf
Dem Grabe meines Glücks und meiner Hoffnung!
Hier leg ich beide willig dir zu Füßen;
Denn wer ist wohl gewaffnet, wenn zu zürnst?
Und wer geschmückt, o Herr, den du verkennst?
Gefangen geh ich, warte des Gerichts.

Auf des Fürsten Wink, hebt ein Page den Degen mit dem Kranze auf und trägt ihn weg.

FÜNFTER AUFTRITT

Alfons. Antonio.

Antonio. Wo schwärmt der Knabe hin? Mit welchen Farben
Malt er sich seinen Wert und sein Geschick?
Beschränkt und unerfahren hält die Jugend
Sich für ein einzig auserwähltes Wesen
Und alles über alle sich erlaubt.
Er fühle sich gestraft, und strafen heißt
Dem Jüngling wohltun, daß der Mann uns danke.

Alfons. Er ist gestraft, ich fürchte nur zu viel.

Antonio. Wenn du gelind mit ihm verfahren magst,
So gib, o Fürst, ihm seine Freiheit wieder,
Und unsern Zwist entscheide dann das Schwert.

Alfons. Wenn es die Meinung fordert, mag es sein.
Doch sprich, wie hast du seinen Zorn gereizt?

ANTONIO. Ich wüßte kaum zu sagen, wie's geschah.
Als Menschen hab ich ihn vielleicht gekränkt,
Als Edelmann hab ich ihn nicht beleidigt.
Und seinen Lippen ist im größten Zorne
Kein sittenloses Wort entflohn.
ALFONS. So schien
Mir euer Streit, und was ich gleich gedacht,
Bekräftigt deine Rede mir noch mehr.
Wenn Männer sich entzweien, hält man billig
Den Klügsten für den Schuldigen. Du solltest
Mit ihm nicht zürnen; ihn zu leiten stünde
Dir besser an. Noch immer ist es Zeit:
Hier ist kein Fall, der euch zu streiten zwänge.
So lang mir Friede bleibt, so lange wünsch ich
In meinem Haus ihn zu genießen. Stelle
Die Ruhe wieder her, du kannst es leicht.
Lenore Sanvitale mag ihn erst
Mit zarter Lippe zu besänftgen suchen:
Dann tritt zu ihm, gib ihm in meinem Namen
Die volle Freiheit wieder, und gewinne
Mit edeln, wahren Worten sein Vertraun.
Verrichte das, so bald du immer kannst;
Du wirst als Freund und Vater mit ihm sprechen.
Noch eh wir scheiden, will ich Friede wissen,
Und dir ist nichts unmöglich, wenn du willst.
Wir bleiben lieber eine Stunde länger,
Und lassen dann die Frauen sanft vollenden,
Was du begannst; und kehren wir zurück,
So haben sie von diesem raschen Eindruck
Die letzte Spur vertilgt. Es scheint, Antonio,
Du willst nicht aus der Übung kommen! Du
Hast ein Geschäft kaum erst vollendet, nun
Kehrst du zurück und schaffst dir gleich ein neues.
Ich hoffe, daß auch dieses dir gelingt.
ANTONIO. Ich bin beschämt! Und seh in deinen Worten
Wie in dem klarsten Spiegel meine Schuld.
Gar leicht gehorcht man einem edlen Herrn,
Der überzeugt, indem er uns gebietet.

DRITTER AUFZUG

ERSTER AUFTRITT

PRINZESSIN. Wo bleibt Eleonore? Schmerzlicher
Bewegt mir jeden Augenblick die Sorge
Das tiefste Herz. Kaum weiß ich was geschah,
Kaum weiß ich wer von beiden schuldig ist.
O daß sie käme! möcht ich doch nicht gern
Den Bruder nicht, Antonio nicht sprechen,
Eh ich gefaßter bin, eh ich vernommen,
Wie alles steht und was es werden kann.

ZWEITER AUFTRITT

Prinzessin. Leonore.

PRINZESSIN. Was bringst du, Leonore? sag mir an:
Wie steht's um unsre Freunde? Was geschah?
LEONORE. Mehr als wir wissen hab ich nicht erfahren.
Sie trafen hart zusammen, Tasso zog,
Dein Bruder trennte sie: allein es scheint,
Als habe Tasso diesen Streit begonnen.
Antonio geht frei umher und spricht
Mit seinem Fürsten, Tasso bleibt dagegen
Verbannt in seinem Zimmer und allein.
PRINZESSIN. Gewiß hat ihn Antonio gereizt,
Den Hochgestimmten kalt und fremd beleidigt.
LEONORE. Ich glaub es selbst. Denn eine Wolke stand,
Schon als er zu uns trat, um seine Stirn.
PRINZESSIN. Ach daß wir doch dem reinen stillen Wink
Des Herzens nachzugehn so sehr verlernen!
Ganz leise spricht ein Gott in unsrer Brust,
Ganz leise, ganz vernehmlich, zeigt uns an,
Was zu ergreifen ist und was zu fliehn.
Antonio erschien mir heute früh
Viel schroffer noch als je, in sich gezogner.
Es warnte mich mein Geist, als neben ihn
Sich Tasso stellte. Sieh das Äußre nur

Von beiden an, das Angesicht, den Ton,
Den Blick, den Tritt! es widerstrebt sich alles,
Sie können ewig keine Liebe wechseln.
Doch überredete die Hoffnung mich,
Die Gleisnerin, sie sind vernünftig beide,
Sind edel, unterrichtet, deine Freunde;
Und welch ein Band ist sichrer als der Guten?
Ich trieb den Jüngling an; er gab sich ganz;
Wie schön, wie warm ergab er ganz sich mir!
O hätt ich gleich Antonio gesprochen!
Ich zauderte; es war nur kurze Zeit;
Ich scheute mich, gleich mit den ersten Worten
Und dringend ihm den Jüngling zu empfehlen,
Verließ auf Sitte mich und Höflichkeit,
Auf den Gebrauch der Welt, der sich so glatt
Selbst zwischen Feinde legt; befürchtete
Von dem geprüften Manne diese Jähe
Der raschen Jugend nicht. Es ist geschehn.
Das Übel stand mir fern, nun ist es da.
O gib mir einen Rat! was ist zu tun?
LEONORE. Wie schwer zu raten sei, das fühlst du selbst
Nach dem was du gesagt. Es ist nicht hier
Ein Mißverständnis zwischen Gleichgestimmten;
Das stellen Worte, ja im Notfall stellen
Es Waffen leicht und glücklich wieder her.
Zwei Männer sind's, ich hab es lang gefühlt,
Die darum Feinde sind, weil die Natur
Nicht e i n e n Mann aus ihnen beiden formte.
Und wären sie zu ihrem Vorteil klug,
So würden sie als Freunde sich verbinden.
Dann stünden sie für e i n e n Mann, und gingen
Mit Macht und Glück und Lust durchs Leben hin.
So hofft ich selbst, nun seh ich wohl umsonst.
Der Zwist von heute, sei er wie er sei,
Ist beizulegen; doch das sichert uns
Nicht für die Zukunft, für den Morgen nicht.
Es wär am besten, dächt ich, Tasso reiste
Auf eine Zeit von hier; er könnte ja
Nach Rom, auch nach Florenz sich wenden; dort

Träf ich in wenig Wochen ihn, und könnte
Auf sein Gemüt als eine Freundin wirken.
Du würdest hier indessen den Antonio,
Der uns so fremd geworden, dir aufs neue
Und deinen Freunden näher bringen; so
Gewährte das, was jetzt unmöglich scheint,
Die gute Zeit vielleicht, die vieles gibt.
PRINZESSIN. Du willst dich in Genuß, o Freundin, setzen,
Ich soll entbehren; heißt das billig sein?
LEONORE. Entbehren wirst du nichts, als was du doch
In diesem Falle nicht genießen könntest.
PRINZESSIN. So ruhig soll ich einen Freund verbannen?
LEONORE. Erhalten, den du nur zum Schein verbannst.
PRINZESSIN. Mein Bruder wird ihn nicht mit Willen lassen.
LEONORE. Wenn er es sieht wie wir, so gibt er nach.
PRINZESSIN. Es ist so schwer, im Freunde sich verdammen.
LEONORE. Und dennoch rettest du den Freund in dir.
PRINZESSIN. Ich gebe nicht mein Ja, daß es geschehe.
LEONORE. So warte noch ein größres Übel ab.
PRINZESSIN. Du peinigst mich und weißt nicht ob du nützest.
LEONORE. Wir werden bald entdecken, wer sich irrt.
PRINZESSIN. Und soll es sein, so frage mich nicht länger.
LEONORE. Wer sich entschließen kann, besiegt den Schmerz.
PRINZESSIN. Entschlossen bin ich nicht, allein es sei,
Wenn er sich nicht auf lange Zeit entfernt –
Und laß uns für ihn sorgen, Leonore,
Daß er nicht etwa künftig Mangel leide,
Daß ihm der Herzog seinen Unterhalt
Auch in der Ferne willig reichen lasse.
Sprich mit Antonio, denn er vermag
Bei meinem Bruder viel, und wird den Streit
Nicht unserm Freund und uns gedenken wollen.
LEONORE. Ein Wort von dir, Prinzessin, gölte mehr.
PRINZESSIN. Ich kann, du weißt es, meine Freundin, nicht
Wie's meine Schwester von Urbino kann,
Für mich und für die Meinen was erbitten.
Ich lebe gern so stille vor mich hin
Und nehme von dem Bruder dankbar an,
Was er mir immer geben kann und will.

Ich habe sonst darüber manchen Vorwurf
Mir selbst gemacht, nun hab ich überwunden.
Es schalt mich eine Freundin oft darum:
Du bist uneigennützig, sagte sie,
Das ist recht schön, allein du bist's so sehr,
Daß du auch das Bedürfnis deiner Freunde
Nicht recht empfinden kannst. Ich laß es gehn
Und muß denn eben diesen Vorwurf tragen.
Um desto mehr erfreut es mich, daß ich
Nun in der Tat dem Freunde nützen kann;
Es fällt mir meiner Mutter Erbschaft zu,
Und gerne will ich für ihn sorgen helfen.

LEONORE. Und ich, o Fürstin, finde mich im Falle,
Daß ich als Freundin auch mich zeigen kann.
Er ist kein guter Wirt; wo es ihm fehlt,
Werd ich ihm schon geschickt zu helfen wissen.

PRINZESSIN. So nimm ihn weg, und, soll ich ihn entbehren,
Vor allen andern sei er dir gegönnt!
Ich seh es wohl, so wird es besser sein!
Muß ich denn wieder diesen Schmerz als gut
Und heilsam preisen? Das war mein Geschick
Von Jugend auf, ich bin nun dran gewöhnt.
Nur halb ist der Verlust des schönsten Glücks,
Wenn wir auf den Besitz nicht sicher zählten.

LEONORE. Ich hoffe, dich so schön du es verdienst
Glücklich zu sehn!

PRINZESSIN Eleonore! Glücklich?
Wer ist denn glücklich? – Meinen Bruder zwar
Möcht ich so nennen, denn sein großes Herz
Trägt sein Geschick mit immer gleichem Mut;
Allein was er verdient, das ward ihm nie.
Ist meine Schwester von Urbino glücklich?
Das schöne Weib, das edle große Herz!
Sie bringt dem jüngern Manne keine Kinder;
Er achtet sie und läßt sie's nicht entgelten,
Doch keine Freude wohnt in ihrem Haus.
Was half denn unsrer Mutter ihre Klugheit?
Die Kenntnis jeder Art, ihr großer Sinn?
Konnt er sie vor dem fremden Irrtum schützen?

Man nahm uns von ihr weg; nun ist sie tot,
Sie ließ uns Kindern nicht den Trost, daß sie
Mit ihrem Gott versöhnt gestorben sei.
LEONORE. O blicke nicht nach dem, was jedem fehlt,
Betrachte, was noch einem jeden bleibt!
Was bleibt nicht dir, Prinzessin?
PRINZESSIN. Was mir bleibt?
Geduld, Eleonore! üben konnt ich die
Von Jugend auf. Wenn Freunde, wenn Geschwister
Bei Fest und Spiel gesellig sich erfreuten,
Hielt Krankheit mich auf meinem Zimmer fest,
Und in Gesellschaft mancher Leiden mußt
Ich früh entbehren lernen. Eines war,
Was in der Einsamkeit mich schön ergötzte,
Die Freude des Gesangs; ich unterhielt
Mich mit mir selbst, ich wiegte Schmerz und Sehnsucht
Und jeden Wunsch mit leisen Tönen ein.
Da wurde Leiden oft Genuß und selbst
Das traurige Gefühl zur Harmonie.
Nicht lang war mir dies Glück gegönnt, auch dieses
Nahm mir der Arzt hinweg; sein streng Gebot
Hieß mich verstummen; leben sollt ich, leiden,
Den einzgen kleinen Trost sollt ich entbehren!
LEONORE. So viele Freunde fanden sich zu dir,
Und nun bist du gesund, bist lebensfroh.
PRINZESSIN. Ich bin gesund, das heißt, ich bin nicht krank;
Und manche Freunde hab ich, deren Treue
Mich glücklich macht. Auch hatt ich einen Freund –
LEONORE. Du hast ihn noch.
PRINZESSIN. Und werd ihn bald verlieren.
Der Augenblick, da ich zuerst ihn sah,
War viel bedeutend. Kaum erholt ich mich
Von manchen Leiden; Schmerz und Krankheit waren
Kaum erst gewichen. Still bescheiden blickt ich
Ins Leben wieder, freute mich des Tags
Und der Geschwister wieder, sog beherzt
Der süßen Hoffnung reinsten Balsam ein.
Ich wagt es vorwärts in das Leben weiter
Hinein zu sehn, und freundliche Gestalten

Begegneten mir aus der Ferne. Da,
Eleonore, stellte mir den Jüngling
Die Schwester vor; er kam an ihrer Hand,
Und daß ich dir's gestehe, da ergriff
Ihn mein Gemüt und wird ihn ewig halten.
LEONORE. O meine Fürstin, laß dich's nicht gereuen!
Das Edle zu erkennen, ist Gewinst,
Der nimmer uns entrissen werden kann.
PRINZESSIN. Zu fürchten ist das Schöne, das Fürtreffliche,
Wie eine Flamme, die so herrlich nützt,
So lange sie auf deinem Herde brennt,
So lang sie dir von einer Fackel leuchtet,
Wie hold! wer mag, wer kann sie da entbehren?
Und frißt sie ungehütet um sich her,
Wie elend kann sie machen! Laß mich nur.
Ich bin geschwätzig und verbärge besser
Auch selbst vor dir, wie schwach ich bin und krank.
LEONORE. Die Krankheit des Gemütes löset sich
In Klagen und Vertraun am leichtsten auf.
PRINZESSIN. Wenn das Vertrauen heilt, so heil ich bald;
Ich hab es rein und hab es ganz zu dir.
Ach, meine Freundin! Zwar ich bin entschlossen,
Er scheide nur; allein ich fühle schon
Den langen ausgedehnten Schmerz der Tage, wenn
Ich nun entbehren soll was mich erfreute.
Die Sonne hebt von meinen Augenlidern
Nicht mehr sein schön verklärtes Traumbild auf;
Die Hoffnung ihn zu sehen füllt nicht mehr
Den kaum erwachten Geist mit froher Sehnsucht;
Mein erster Blick hinab in unsre Gärten
Sucht ihn vergebens in dem Tau der Schatten.
Wie schön befriedigt fühlte sich der Wunsch
Mit ihm zu sein an jedem heitern Abend!
Wie mehrte sich im Umgang das Verlangen
Sich mehr zu kennen, mehr sich zu verstehn,
Und täglich stimmte das Gemüt sich schöner
Zu immer reinern Harmonien auf.
Welch eine Dämmrung fällt nun vor mir ein!
Der Sonne Pracht, das fröhliche Gefühl

Des hohen Tags, der tausendfachen Welt
Glanzreiche Gegenwart, ist öd und tief
Im Nebel eingehüllt, der mich umgibt.
Sonst war mir jeder Tag ein ganzes Leben;
Die Sorge schwieg, die Ahndung selbst verstummte,
Und glücklich eingeschifft trug uns der Strom
Auf leichten Wellen ohne Ruder hin:
Nun überfällt in trüber Gegenwart
Der Zukunft Schrecken heimlich meine Brust.

LEONORE. Die Zukunft gibt dir deine Freunde wieder,
Und bringt dir neue Freude, neues Glück.

PRINZESSIN. Was ich besitze, mag ich gern bewahren:
Der Wechsel unterhält, doch nutzt er kaum.
Mit jugendlicher Sehnsucht griff ich nie
Begierig in den Lostopf fremder Welt,
Für mein bedürfend unerfahren Herz
Zufällig einen Gegenstand zu haschen.
Ihn mußt ich ehren, darum liebt ich ihn;
Ich mußt ihn lieben, weil mit ihm mein Leben
Zum Leben ward, wie ich es nie gekannt.
Erst sagt ich mir, entferne dich von ihm!
Ich wich und wich und kam nur immer näher.
So lieblich angelockt, so hart bestraft!
Ein reines wahres Gut verschwindet mir,
Und meiner Sehnsucht schiebt ein böser Geist
Statt Freud und Glück verwandte Schmerzen unter.

LEONORE. Wenn einer Freundin Wort nicht trösten kann,
So wird die stille Kraft der schönen Welt,
Der guten Zeit dich unvermerkt erquicken.

PRINZESSIN. Wohl ist sie schön die Welt! in ihrer Weite
Bewegt sich so viel Gutes hin und her.
Ach daß es immer nur um einen Schritt
Von uns sich zu entfernen scheint,
Und unsre bange Sehnsucht durch das Leben
Auch Schritt vor Schritt bis nach dem Grabe lockt!
So selten ist es, daß die Menschen finden,
Was ihnen doch bestimmt gewesen schien,
So selten, daß sie das erhalten, was
Auch einmal die beglückte Hand ergriff!

Es reißt sich los, was erst sich uns ergab,
Wir lassen los, was wir begierig faßten.
Es gibt ein Glück, allein wir kennen's nicht:
Wir kennen's wohl, und wissen's nicht zu schätzen.

DRITTER AUFTRITT

LEONORE. Wie jammert mich das edle schöne Herz!
Welch traurig Los das ihrer Hoheit fällt!
Ach sie verliert – und denkst du zu gewinnen?
Ist's denn so nötig, daß er sich entfernt?
Machst du es nötig, um allein für dich
Das Herz und die Talente zu besitzen,
Die du bisher mit einer andern teilst
Und ungleich teilst? Ist's redlich so zu handeln?
Bist du nicht reich genug? Was fehlt dir noch?
Gemahl und Sohn und Güter, Rang und Schönheit,
Das hast du alles, und du willst noch ihn
Zu diesem allen haben? Liebst du ihn?
Was ist es sonst, warum du ihn nicht mehr
Entbehren magst? Du darfst es dir gestehn.
Wie reizend ist's, in seinem schönen Geiste
Sich selber zu bespiegeln! Wird ein Glück
Nicht doppelt groß und herrlich, wenn sein Lied
Uns wie auf Himmelswolken trägt und hebt?
Dann bist du erst beneidenswert! Du bist,
Du hast das nicht allein, was viele wünschen,
Es weiß, es kennt auch jeder, was du hast!
Dich nennt dein Vaterland und sieht auf dich,
Das ist der höchste Gipfel jedes Glücks.
Ist Laura denn allein der Name, der
Von allen zarten Lippen klingen soll?
Und hatte nur Petrarch allein das Recht,
Die unbekannte Schöne zu vergöttern?
Wo ist ein Mann, der meinem Freunde sich
Vergleichen darf? Wie ihn die Welt verehrt,
So wird die Nachwelt ihn verehrend nennen.
Wie herrlich ist's, im Glanze dieses Lebens
Ihn an der Seite haben! so mit ihm

Der Zukunft sich mit leichtem Schritte nahn!
Alsdann vermag die Zeit, das Alter nichts
Auf dich, und nichts der freche Ruf,
Der hin und her des Beifalls Woge treibt:
Das was vergänglich ist, bewahrt sein Lied.
Du bist noch schön noch glücklich, wenn schon lange
Der Kreis der Dinge dich mit fortgerissen.
Du mußt ihn haben, und ihr nimmst du nichts:
Denn ihre Neigung zu dem werten Manne
Ist ihren andern Leidenschaften gleich.
Sie leuchten, wie der stille Schein des Monds
Dem Wandrer spärlich auf dem Pfad zu Nacht;
Sie wärmen nicht und gießen keine Lust
Noch Lebensfreud umher. Sie wird sich freuen,
Wenn sie ihn fern, wenn sie ihn glücklich weiß,
Wie sie genoß, wenn sie ihn täglich sah.
Und dann, ich will mit meinem Freunde nicht
Von ihr und diesem Hofe mich verbannen;
Ich komme wieder, und ich bring ihn wieder.
So soll es sein! – Hier kommt der rauhe Freund,
Wir wollen sehn, ob wir ihn zähmen können.

VIERTER AUFTRITT

Leonore. Antonio.

LEONORE. Du bringst uns Krieg statt Frieden; scheint es doch,
Du kommst aus einem Lager, einer Schlacht,
Wo die Gewalt regiert, die Faust entscheidet,
Und nicht von Rom, wo feierliche Klugheit
Die Hände segnend hebt, und eine Welt
Zu ihren Füßen sieht, die gern gehorcht.
ANTONIO. Ich muß den Tadel, schöne Freundin, dulden,
Doch die Entschuldgung liegt nicht weit davon.
Es ist gefährlich, wenn man allzu lang
Sich klug und mäßig zeigen muß. Es lauert
Der böse Genius dir an der Seite
Und will gewaltsam auch von Zeit zu Zeit

Ein Opfer haben. Leider hab ich's diesmal
Auf meiner Freunde Kosten ihm gebracht.
LEONORE. Du hast um fremde Menschen dich so lang
Bemüht und dich nach ihrem Sinn gerichtet:
Nun, da du deine Freunde wieder siehst,
Verkennst du sie und rechtest wie mit Fremden.
ANTONIO. Da liegt, geliebte Freundin, die Gefahr!
Mit fremden Menschen nimmt man sich zusammen,
Da merkt man auf, da sucht man seinen Zweck
In ihrer Gunst, damit sie nutzen sollen.
Allein bei Freunden läßt man frei sich gehn,
Man ruht in ihrer Liebe, man erlaubt
Sich eine Laune, ungezähmter wirkt
Die Leidenschaft, und so verletzen wir
Am ersten die, die wir am zartsten lieben.
LEONORE. In dieser ruhigen Betrachtung find ich dich
Schon ganz, mein teurer Freund, mit Freuden wieder.
ANTONIO. Ja, mich verdrießt – und ich bekenn es gern –
Daß ich mich heut so ohne Maß verlor.
Allein gestehe, wenn ein wackrer Mann
Mit heißer Stirn von saurer Arbeit kommt
Und spät am Abend in ersehntem Schatten
Zu neuer Mühe auszuruhen denkt,
Und findet dann von einem Müßiggänger
Den Schatten breit besessen, soll er nicht
Auch etwas Menschlichs in dem Busen fühlen?
LEONORE. Wenn er recht menschlich ist, so wird er auch
Den Schatten gern mit einem Manne teilen,
Der ihm die Ruhe süß, die Arbeit leicht
Durch ein Gespräch, durch holde Töne macht.
Der Baum ist breit, mein Freund, der Schatten gibt,
Und keiner braucht den andern zu verdrängen.
ANTONIO. Wir wollen uns, Eleonore, nicht
Mit einem Gleichnis hin und wider spielen.
Gar viele Dinge sind in dieser Welt,
Die man dem andern gönnt und gerne teilt;
Jedoch es ist ein Schatz, den man allein
Dem Hochverdienten gerne gönnen mag,
Ein andrer, den man mit dem Höchstverdienten

Mit gutem Willen niemals teilen wird –
Und fragst du mich nach diesen beiden Schätzen;
Der Lorbeer ist es und die Gunst der Frauen.
Leonore. Hat jener Kranz um unsers Jünglings Haupt
Den ernsten Mann beleidigt? Hättest du
Für seine Mühe, seine schöne Dichtung
Bescheidnern Lohn doch selbst nicht finden können.
Denn ein Verdienst, das außerirdisch ist,
Das in den Lüften schwebt, in Tönen nur,
In leichten Bildern unsern Geist umgaukelt,
Es wird denn auch mit einem schönen Bilde,
Mit einem holden Zeichen nur belohnt;
Und wenn er selbst die Erde kaum berührt,
Berührt der höchste Lohn ihm kaum das Haupt.
Ein unfruchtbarer Zweig ist das Geschenk,
Das der Verehrer unfruchtbare Neigung
Ihm gerne bringt, damit sie einer Schuld
Aufs leichtste sich entlade. Du mißgönnst
Dem Bild des Märtyrers den goldnen Schein
Ums kahle Haupt wohl schwerlich; und gewiß,
Der Lorbeerkranz ist, wo er dir erscheint,
Ein Zeichen mehr des Leidens als des Glücks.
Antonio. Will etwa mich dein liebenswürdger Mund
Die Eitelkeit der Welt verachten lehren?
Leonore. Ein jedes Gut nach seinem Wert zu schätzen,
Brauch ich dich nicht zu lehren. Aber doch,
Es scheint, von Zeit zu Zeit bedarf der Weise,
So sehr wie andre, daß man ihm die Güter,
Die er besitzt, im rechten Lichte zeige.
Du, edler Mann, du wirst an ein Phantom
Von Gunst und Ehre keinen Anspruch machen.
Der Dienst, mit dem du deinem Fürsten dich,
Mit dem du deine Freunde dir verbindest,
Ist wirkend, ist lebendig, und so muß
Der Lohn auch wirklich und lebendig sein.
Dein Lorbeer ist das fürstliche Vertraun,
Das auf den Schultern dir, als liebe Last
Gehäuft und leicht getragen ruht; es ist
Dein Ruhm das allgemeine Zutraun.

ANTONIO. Und von der Gunst der Frauen sagst du nichts,
Die willst du mir doch nicht entbehrlich schildern?
LEONORE. Wie man es nimmt. Denn du entbehrst sie nicht,
Und leichter wäre sie dir zu entbehren,
Als sie es jenem guten Mann nicht ist.
Denn sag, geläng es einer Frau, wenn sie
Nach ihrer Art für dich zu sorgen dächte,
Mit dir sich zu beschäftgen unternähme?
Bei dir ist alles Ordnung, Sicherheit;
Du sorgst für dich, wie du für andre sorgst,
Du hast was man dir geben möchte. Jener
Beschäftigt uns in unserm eignen Fache.
Ihm fehlt's an tausend Kleinigkeiten, die
Zu schaffen eine Frau sich gern bemüht.
Das schönste Leinenzeug, ein seiden Kleid
Mit etwas Stickerei, das trägt er gern.
Er sieht sich gern geputzt, vielmehr, er kann
Unedlen Stoff, der nur den Knecht bezeichnet,
An seinem Leib nicht dulden, alles soll
Ihm fein und gut und schön und edel stehn.
Und dennoch hat er kein Geschick, das alles
Sich anzuschaffen, wenn er es besitzt,
Sich zu erhalten; immer fehlt es ihm
An Geld, an Sorgsamkeit, bald läßt er da
Ein Stück, bald eines dort. Er kehret nie
Von einer Reise wieder, daß ihm nicht
Ein Dritteil seiner Sachen fehle. Bald
Bestiehlt ihn der Bediente. So, Antonio,
Hat man für ihn das ganze Jahr zu sorgen.
ANTONIO. Und diese Sorge macht ihn lieb und lieber.
Glückselger Jüngling, dem man seine Mängel
Zur Tugend rechnet, dem so schön vergönnt ist,
Den Knaben noch als Mann zu spielen, der
Sich seiner holden Schwäche rühmen darf!
Du müßtest mir verzeihen, schöne Freundin,
Wenn ich auch hier ein wenig bitter würde.
Du sagst nicht alles, sagst nicht was er wagt,
Und daß er klüger ist, als wie man denkt.
Er rühmt sich zweier Flammen! knüpft und löst

Die Knoten hin und wider, und gewinnt
Mit solchen Künsten solche Herzen! Ist's
Zu glauben?
LEONORE. Gut! Selbst das beweist ja schon,
Daß es nur Freundschaft ist, was uns belebt.
Und wenn wir denn auch Lieb um Liebe tauschten,
Belohnten wir das schöne Herz nicht billig,
Das ganz sich selbst vergißt und hingegeben
Im holden Traum für seine Freunde lebt?
ANTONIO. Verwöhnt ihn nur und immer mehr und mehr,
Laßt seine Selbstigkeit für Liebe gelten,
Beleidigt alle Freunde, die sich euch
Mit treuer Seele widmen! Gebt dem Stolzen
Freiwilligen Tribut, zerstöret ganz
Den schönen Kreis geselligen Vertrauns!
LEONORE. Wir sind nicht so parteiisch wie du glaubst,
Ermahnen unsern Freund in manchen Fällen;
Wir wünschen ihn zu bilden, daß er mehr
Sich selbst genieße, mehr sich zu genießen
Den andern geben könne. Was an ihm
Zu tadeln ist, das bleibt uns nicht verborgen.
ANTONIO. Doch lobt ihr vieles was zu tadeln wäre.
Ich kenn ihn lang, er ist so leicht zu kennen,
Und ist zu stolz sich zu verbergen. Bald
Versinkt er in sich selbst, als wäre ganz
Die Welt in seinem Busen, er sich ganz
In seiner Welt genug, und alles rings
Umher verschwindet ihm. Er läßt es gehn,
Läßt's fallen, stößt's hinweg und ruht in sich –
Auf einmal, wie ein unbemerkter Funke
Die Mine zündet, sei es Freude, Leid,
Zorn oder Grille, heftig bricht er aus:
Dann will er alles fassen, alles halten,
Dann soll geschehn was er sich denken mag;
In einem Augenblicke soll entstehn,
Was Jahre lang bereitet werden sollte,
In einem Augenblick gehoben sein,
Was Mühe kaum in Jahren lösen könnte.
Er fordert das Unmögliche von sich,

Damit er es von andern fordern dürfe,
Die letzten Enden aller Dinge will
Sein Geist zusammen fassen; das gelingt
Kaum einem unter Millionen Menschen,
Und er ist nicht der Mann: er fällt zuletzt,
Um nichts gebessert, in sich selbst zurück.
LEONORE. Er schadet andern nicht, er schadet sich.
ANTONIO. Und doch verletzt er andre nur zu sehr.
Kannst du es leugnen, daß im Augenblick
Der Leidenschaft, die ihn behend ergreift,
Er auf den Fürsten, auf die Fürstin selbst,
Auf wen es sei, zu schmähn, zu lästern wagt?
Zwar augenblicklich nur, allein genug,
Der Augenblick kommt wieder: er beherrscht
So wenig seinen Mund als seine Brust.
LEONORE. Ich sollte denken, wenn er sich von hier
Auf eine kurze Zeit entfernte, sollt
Es wohl für ihn und andre nützlich sein.
ANTONIO. Vielleicht, vielleicht auch nicht. Doch eben jetzt
Ist nicht daran zu denken. Denn ich will
Den Fehler nicht auf meine Schultern laden,
Es könnte scheinen, daß ich ihn vertreibe,
Und ich vertreib ihn nicht. Um meinetwillen
Kann er an unserm Hofe ruhig bleiben;
Und wenn er sich mit mir versöhnen will,
Und wenn er meinen Rat befolgen kann,
So werden wir ganz leidlich leben können.
LEONORE. Nun hoffst du selbst auf ein Gemüt zu wirken,
Das dir vor kurzem noch verloren schien.
ANTONIO. Wir hoffen immer, und in allen Dingen
Ist besser hoffen als verzweifeln. Denn
Wer kann das Mögliche berechnen? Er
Ist unserm Fürsten wert. Er muß uns bleiben.
Und bilden wir dann auch umsonst an ihm,
So ist er nicht der einzge den wir dulden.
LEONORE. So ohne Leidenschaft, so unparteiisch
Glaubt ich dich nicht. Du hast dich schnell bekehrt.
ANTONIO. Das Alter muß doch einen Vorzug haben,
Daß wenn es auch dem Irrtum nicht entgeht,

Es doch sich auf der Stelle fassen kann.
Du warst, mich deinem Freunde zu versöhnen,
Zuerst bemüht. Nun bitt ich es von dir.
Tu was du kannst, daß dieser Mann sich finde,
Und alles wieder bald im gleichen sei.
Ich gehe selbst zu ihm, sobald ich nur
Von dir erfahre, daß er ruhig ist,
Sobald du glaubst, daß meine Gegenwart
Das Übel nicht vermehrt. Doch was du tust,
Das tu in dieser Stunde; denn es geht
Alfons heut abend noch zurück, und ich
Werd ihn begleiten. Leb indessen wohl.

FÜNFTER AUFTRITT

Leonore. Für diesmal, lieber Freund, sind wir nicht eins,
Mein Vorteil und der deine gehen heut
Nicht Hand in Hand. Ich nütze diese Zeit
Und suche Tasso zu gewinnen. Schnell!

VIERTER AUFZUG

ERSTER AUFTRITT

Zimmer.

Tasso allein. Bist du aus einem Traum erwacht und hat
Der schöne Trug auf einmal dich verlassen?
Hat dich nach einem Tag der höchsten Lust
Ein Schlaf gebändigt, hält und ängstet nun
Mit schweren Fesseln deine Seele? Ja,
Du wachst und träumst. Wo sind die Stunden hin,
Die um dein Haupt mit Blumenkränzen spielten?
Die Tage, wo dein Geist mit freier Sehnsucht
Des Himmels ausgespanntes Blau durchdrang?
Und dennoch lebst du noch und fühlst dich an,
Du fühlst dich an und weißt nicht ob du lebst.

Ist's meine Schuld, ist's eines andern Schuld,
Daß ich mich nun als schuldig hier befinde?
Hab ich verbrochen, daß ich leiden soll?
Ist nicht mein ganzer Fehler ein Verdienst?
Ich sah ihn an und ward vom guten Willen,
Vom Hoffnungswahn des Herzens übereilt:
Der sei ein Mensch, der menschlich Ansehn trägt.
Ich ging mit offnen Armen auf ihn los,
Und fühlte Schloß und Riegel, keine Brust.
O hatt ich doch so klug mir ausgedacht,
Wie ich den Mann empfangen wollte, der
Von alten Zeiten mir verdächtig war!
Allein was immer dir begegnet sei,
So halte dich an der Gewißheit fest:
Ich habe sie gesehn! Sie stand vor mir!
Sie sprach zu mir, ich habe sie vernommen!
Der Blick, der Ton, der Worte holder Sinn,
Sie sind auf ewig mein, es raubt sie nicht
Die Zeit, das Schicksal, noch das wilde Glück.
Und hob mein Geist sich da zu schnell empor,
Und ließ ich allzurasch in meinem Busen
Der Flamme Luft, die mich nun ganz verzehrt,
So kann mich's nicht gereun, und wäre selbst
Auf ewig das Geschick des Lebens hin.
Ich widmete mich ihr und folgte froh
Dem Winke, der mich ins Verderben rief.
Es sei! So hab ich mich doch wert gezeigt
Des köstlichen Vertrauns, das mich erquickt,
In dieser Stunde selbst erquickt, die mir
Die schwarze Pforte langer Trauerzeit
Gewaltsam öffnet. – Ja, nun ist's getan!
Es geht die Sonne mir der schönsten Gunst
Auf einmal unter; seinen holden Blick
Entziehet mir der Fürst, und läßt mich hier
Auf düstrem, schmalen Pfad verloren stehn.
Das häßliche zweideutige Geflügel,
Das leidige Gefolg der alten Nacht,
Es schwärmt hervor und schwirrt mir um das Haupt.
Wohin, wohin beweg ich meinen Schritt?

Dem Ekel zu entfliehn, der mich umsaust,
Dem Abgrund zu entgehn, der vor mir liegt?

ZWEITER AUFTRITT

Leonore. Tasso.

LEONORE. Was ist begegnet? Lieber Tasso, hat
Dein Eifer dich, dein Argwohn so getrieben?
Wie ist's geschehn? Wir alle stehn bestürzt.
Und deine Sanftmut, dein gefällig Wesen,
Dein schneller Blick, dein richtiger Verstand,
Mit dem du jedem gibst was ihm gehört,
Dein Gleichmut, der erträgt was zu ertragen
Der Edle bald, der Eitle selten lernt,
Die kluge Herrschaft über Zung und Lippe? –
Mein teurer Freund, fast ganz verkenn ich dich.
TASSO. Und wenn das alles nun verloren wäre?
Wenn einen Freund, den du einst reich geglaubt,
Auf einmal du als einen Bettler fändest?
Wohl hast du recht, ich bin nicht mehr ich selbst
Und bin's doch noch so gut als wie ich's war.
Es scheint ein Rätsel, und doch ist es keins.
Der stille Mond, der dich bei Nacht erfreut,
Dein Auge, dein Gemüt mit seinem Schein
Unwiderstehlich lockt, er schwebt am Tage
Ein unbedeutend blasses Wölkchen hin.
Ich bin vom Glanz des Tages überschienen,
Ihr kennet mich, ich kenne mich nicht mehr.
LEONORE. Was du mir sagst, mein Freund, versteh ich nicht
Wie du es sagst. Erkläre dich mit mir.
Hat die Beleidigung des schroffen Manns
Dich so gekränkt, daß du dich selbst und uns
So ganz verkennen magst? Vertraue mir.
TASSO. Ich bin nicht der Beleidigte, du siehst
Mich ja bestraft, weil ich beleidigt habe.
Die Knoten vieler Worte löst das Schwert
Gar leicht und schnell, allein ich bin gefangen.
Du weißt wohl kaum – erschrick nicht, zarte Freundin –

Du triffst den Freund in einem Kerker an.
Mich züchtiget der Fürst wie einen Schüler.
Ich will mit ihm nicht rechten, kann es nicht.
LEONORE. Du scheinest mehr, als billig ist, bewegt.
TASSO. Hältst du mich für so schwach, für so ein Kind,
Daß solch ein Fall mich gleich zerrütten könne?
Das was geschehn ist, kränkt mich nicht so tief,
Allein das kränkt mich, was es mir bedeutet.
Laß meine Neider, meine Feinde nur
Gewähren! Frei und offen ist das Feld.
LEONORE. Du hast gar manchen fälschlich im Verdacht,
Ich habe selbst mich überzeugen können.
Und auch Antonio feindet dich nicht an,
Wie du es wähnst. Der heutige Verdruß –
TASSO. Den laß ich ganz bei Seite, nehme nur
Antonio wie er war und wie er bleibt.
Verdrießlich fiel mir stets die steife Klugheit,
Und daß er immer nur den Meister spielt.
Anstatt zu forschen, ob des Hörers Geist
Nicht schon für sich auf guten Spuren wandle,
Belehrt er dich von manchem, das du besser
Und tiefer fühltest, und vernimmt kein Wort,
Das du ihm sagst, und wird dich stets verkennen.
Verkannt zu sein, verkannt von einem Stolzen,
Der lächelnd dich zu übersehen glaubt!
Ich bin so alt noch nicht und nicht so klug,
Daß ich nur duldend gegenlächeln sollte.
Früh oder spat, es konnte sich nicht halten,
Wir mußten brechen; später wär es nur
Um desto schlimmer worden. Einen Herrn
Erkenn ich nur, den Herrn der mich ernährt,
Dem folg ich gern, sonst will ich keinen Meister.
Frei will ich sein im Denken und im Dichten,
Im Handeln schränkt die Welt genug uns ein.
LEONORE. Er spricht mit Achtung oft genug von dir.
TASSO. Mit Schonung, willst du sagen, fein und klug.
Und das verdrießt mich eben; denn er weiß
So glatt und so bedingt zu sprechen, daß
Sein Lob erst recht zum Tadel wird und daß

Nichts mehr, nichts tiefer dich verletzt als Lob
Aus seinem Munde.
LEONORE. Möchtest du, mein Freund,
Vernommen haben, wie er sonst von dir
Und dem Talente sprach, das dir vor vielen
Die gütige Natur verlieh. Er fühlt gewiß
Das was du bist und hast, und schätzt es auch.
TASSO. O glaube mir, ein selbstisches Gemüt
Kann nicht der Qual des engen Neids entfliehen.
Ein solcher Mann verzeiht dem andern wohl
Vermögen, Stand und Ehre, denn er denkt,
Das hast du selbst, das hast du wenn du willst,
Wenn du beharrst, wenn dich das Glück begünstigt.
Doch das was die Natur allein verleiht,
Was jeglicher Bemühung, jedem Streben
Stets unerreichbar bleibt, was weder Gold
Noch Schwert, noch Klugheit, noch Beharrlichkeit
Erzwingen kann, das wird er nie verzeihn.
Er gönnt es mir? Er, der mit steifem Sinn
Die Gunst der Musen zu ertrotzen glaubt?
Der, wenn er die Gedanken mancher Dichter
Zusammenreiht, sich selbst ein Dichter scheint?
Weit eher gönnt er mir des Fürsten Gunst,
Die er doch gern auf sich beschränken möchte,
Als das Talent, das jene Himmlischen
Dem armen, dem verwaisten Jüngling gaben.
LEONORE. O sähest du so klar, wie ich es sehe!
Du irrst dich über ihn, so ist er nicht.
TASSO. Und irr ich mich an ihm, so irr ich gern!
Ich denk ihn mir als meinen ärgsten Feind,
Und wär untröstlich, wenn ich mir ihn nun
Gelinder denken müßte. Töricht ist's
In allen Stücken billig sein; es heißt
Sein eigen Selbst zerstören. Sind die Menschen
Denn gegen uns so billig? Nein, o nein!
Der Mensch bedarf in seinem engen Wesen
Der doppelten Empfindung, Lieb und Haß.
Bedarf er nicht der Nacht als wie des Tags?
Des Schlafens wie des Wachens? Nein, ich muß

Von nun an diesen Mann als Gegenstand
Von meinem tiefsten Haß behalten; nichts
Kann mir die Lust entreißen schlimm und schlimmer
Von ihm zu denken.
LEONORE. Willst du, teurer Freund,
Von deinem Sinn nicht lassen, seh ich kaum,
Wie du am Hofe länger bleiben willst.
Du weißt, wie viel er gilt und gelten muß.
TASSO. Wie sehr ich lang, o schöne Freundin, hier
Schon überflüssig bin, das weiß ich wohl.
LEONORE. Das bist du nicht, das kannst du nimmer werden!
Du weißt vielmehr, wie gern der Fürst mit dir,
Wie gern die Fürstin mit dir lebt; und kommt
Die Schwester von Urbino, kommt sie fast
So sehr um deint- als der Geschwister willen.
Sie denken alle gut und gleich von dir,
Und jegliches vertraut dir unbedingt.
TASSO. O Leonore, welch Vertraun ist das?
Hat er von seinem Staate je ein Wort,
Ein ernstes Wort mit mir gesprochen? Kam
Ein eigner Fall, worüber er sogar
In meiner Gegenwart mit seiner Schwester,
Mit andern sich beriet, mich fragt' er nie.
Da hieß es immer nur, Antonio kommt!
Man muß Antonio schreiben! fragt Antonio!
LEONORE. Du klagst anstatt zu danken. Wenn er dich
In unbedingter Freiheit lassen mag,
So ehrt er dich, wie er dich ehren kann.
TASSO. Er läßt mich ruhn, weil er mich unnütz glaubt.
LEONORE. Du bist nicht unnütz, eben weil du ruhst.
So lange hegst du schon Verdruß und Sorge,
Wie ein geliebtes Kind, an deiner Brust.
Ich hab es oft bedacht und mag's bedenken
Wie ich es will, auf diesem schönen Boden,
Wohin das Glück dich zu verpflanzen schien,
Gedeihst du nicht. O Tasso! – rat ich dir's?
Sprech ich es aus? – Du solltest dich entfernen!
TASSO. Verschone nicht den Kranken, lieber Arzt!
Reich ihm das Mittel, denke nicht daran,

Ob's bitter sei. – Ob er genesen könne,
Das überlege wohl, o kluge, gute Freundin!
Ich seh es alles selbst, es ist vorbei!
Ich kann ihm wohl verzeihen, er nicht mir;
Und sein bedarf man, leider! meiner nicht.
Und er ist klug, und leider! bin ich's nicht.
Er wirkt zu meinem Schaden, und ich kann,
Ich mag nicht gegenwirken. Meine Freunde
Sie lassen's gehn, sie sehen's anders an,
Sie widerstreben kaum und sollten kämpfen.
Du glaubst, ich soll hinweg, ich glaub es selbst –
So lebt denn wohl! ich werd auch das ertragen.
Ihr seid von mir geschieden – werd auch mir
Von euch zu scheiden, Kraft und Mut verliehn!

LEONORE. Ach in der Ferne zeigt sich alles reiner,
Was in der Gegenwart uns nur verwirrt.
Vielleicht wirst du erkennen, welche Liebe
Dich überall umgab und welchen Wert
Die Treue wahrer Freunde hat, und wie
Die weite Welt die Nächsten nicht ersetzt.

TASSO. Das werden wir erfahren! Kenn ich doch
Die Welt von Jugend auf, wie sie so leicht
Uns hülflos, einsam läßt, und ihren Weg
Wie Sonn und Mond und andre Götter geht.

LEONORE. Vernimmst du mich, mein Freund, so sollst du nie
Die traurige Erfahrung wiederholen.
Soll ich dir raten, so begibst du dich
Erst nach Florenz, und eine Freundin wird
Gar freundlich für dich sorgen. Sei getrost,
Ich bin es selbst. Ich reise, den Gemahl
Die nächsten Tage dort zu finden, kann
Nichts freudiger für ihn und mich bereiten,
Als wenn ich dich in unsre Mitte bringe.
Ich sage dir kein Wort, du weißt es selbst,
Welch einem Fürsten du dich nahen wirst,
Und welche Männer diese schöne Stadt
In ihrem Busen hegt und welche Frauen.
Du schweigst? Bedenk es wohl! Entschließe dich.

TASSO. Gar reizend ist was du mir sagst, so ganz

Dem Wunsch gemäß, den ich im stillen nähre;
Allein es ist zu neu: ich bitte dich,
Laß mich bedenken, ich beschließe bald.
LEONORE. Ich gehe mit der schönsten Hoffnung weg
Für dich und uns und auch für dieses Haus.
Bedenke nur, und wenn du recht bedenkst,
So wirst du schwerlich etwas Bessers denken.
TASSO. Noch eins, geliebte Freundin! sage mir
Wie ist die Fürstin gegen mich gesinnt?
War sie erzürnt auf mich? Was sagte sie? –
Sie hat mich sehr getadelt? Rede frei.
LEONORE. Da sie dich kennt, hat sie dich leicht entschuldigt.
TASSO. Hab ich bei ihr verloren? schmeichle nicht.
LEONORE. Der Frauen Gunst wird nicht so leicht verscherzt.
TASSO. Wird sie mich gern entlassen, wenn ich gehe?
LEONORE. Wenn es zu deinem Wohl gereicht, gewiß.
TASSO. Werd ich des Fürsten Gnade nicht verlieren?
LEONORE. In seiner Großmut kannst du sicher ruhn.
TASSO. Und lassen wir die Fürstin ganz allein?
Du gehst hinweg; und wenn ich wenig bin,
So weiß ich doch, daß ich ihr etwas war.
LEONORE. Gar freundliche Gesellschaft leistet uns
Ein ferner Freund, wenn wir ihn glücklich wissen.
Und es gelingt, ich sehe dich beglückt,
Du wirst von hier nicht unzufrieden gehn.
Der Fürst befahl's, Antonio sucht dich auf.
Er tadelt selbst an sich die Bitterkeit,
Womit er dich verletzt. Ich bitte dich,
Nimm ihn gelassen auf, so wie er kommt.
TASSO. Ich darf in jedem Sinne vor ihm stehn.
LEONORE. Und schenke mir der Himmel, lieber Freund,
Noch eh du scheidest, dir das Aug zu öffnen:
Daß niemand dich im ganzen Vaterlande
Verfolgt und haßt und heimlich druckt und neckt.
Du irrst gewiß, und wie du sonst zur Freude
Von andern dichtest, leider dichtest du
In diesem Fall ein seltenes Gewebe,
Dich selbst zu kränken. Alles will ich tun,

Um es entzwei zu reißen, daß du frei
Den schönen Weg des Lebens wandeln mögest.
Leb wohl! Ich hoffe bald ein glücklich Wort.

DRITTER AUFTRITT

TASSO allein. Ich soll erkennen, daß mich niemand haßt,
Daß niemand mich verfolgt, daß alle List
Und alles heimliche Gewebe sich
Allein in meinem Kopfe spinnt und webt!
Bekennen soll ich daß ich unrecht habe,
Und manchem unrecht tue der es nicht
Um mich verdient! Und das in einer Stunde,
Da vor dem Angesicht der Sonne klar
Mein volles Recht, wie ihre Tücke, liegt.
Ich soll es tief empfinden, wie der Fürst
Mit offner Brust mir seine Gunst gewährt,
Mit reichem Maß die Gaben mir erteilt,
Im Augenblicke, da er schwach genug
Von meinen Feinden sich das Auge trüben
Und seine Hand gewiß auch fesseln läßt.

Daß er betrogen ist, kann er nicht sehen,
Daß sie Betrüger sind, kann ich nicht zeigen,
Und nur damit er ruhig sich betrüge,
Daß sie gemächlich ihn betrügen können,
Soll ich mich stille halten, weichen gar.

Und wer gibt mir den Rat? wer dringt so klug
Mit treuer lieber Meinung auf mich ein?
Lenore selbst, Lenore Sanvitale
Die zarte Freundin! Ha, dich kenn ich nun!
O warum traut ich ihrer Lippe je!
Sie war nicht redlich, wenn sie noch so sehr
Mir ihre Gunst, mir ihre Zärtlichkeit
Mit süßen Worten zeigte! Nein, sie war
Und bleibt ein listig Herz, sie wendet sich
Mit leisen klugen Tritten nach der Gunst.

Wie oft hab ich mich willig selbst betrogen,
Auch über sie, und doch im Grunde hat
Mich nur – die Eitelkeit betrogen. Wohl!
Ich kannte sie, und schmeichelte mir selbst.
So ist sie gegen andre, sagt ich mir,
Doch gegen dich ist's offne treue Meinung.
Nun seh ich's wohl und seh es nur zu spät:
Ich war begünstigt, und sie schmiegte sich
So zart – an den Beglückten. Nun ich falle,
Sie wendet mir den Rücken wie das Glück.

Nun kommt sie als ein Werkzeug meines Feindes,
Sie schleicht heran und zischt mit glatter Zunge,
Die kleine Schlange, zauberische Töne.
Wie lieblich schien sie! Lieblicher als je!
Wie wohl tat von der Lippe jedes Wort!
Doch konnte mir die Schmeichelei nicht lang
Den falschen Sinn verbergen; an der Stirne
Schien ihr das Gegenteil zu klar geschrieben
Von allem was sie sprach. Ich fühl es leicht,
Wenn man den Weg zu meinem Herzen sucht
Und es nicht herzlich meint. Ich soll hinweg?
Soll nach Florenz, sobald ich immer kann?

Und warum nach Florenz? Ich seh es wohl.
Dort herrscht der Mediceer neues Haus,
Zwar nicht in offner Feindschaft mit Ferrara,
Doch hält der stille Neid mit kalter Hand
Die edelsten Gemüter auseinander.
Empfang ich dort von jenen edlen Fürsten
Erhabne Zeichen ihrer Gunst, wie ich
Gewiß erwarten dürfte, würde bald
Der Höfling meine Treu und Dankbarkeit
Verdächtig machen. Leicht geläng es ihm.

Ja, ich will weg, allein nicht wie ihr wollt;
Ich will hinweg, und weiter als ihr denkt.

Was soll ich hier? Wer hält mich hier zurück?
O ich verstund ein jedes Wort zu gut,

Das ich Lenoren von den Lippen lockte!
Von Silb zu Silbe nur erhascht ich's kaum,
Und weiß nun ganz wie die Prinzessin denkt –
Ja, ja, auch das ist wahr, verzweifle nicht!
„Sie wird mich gern entlassen wenn ich gehe,
Da es zu meinem Wohl gereicht." O! fühlte
Sie eine Leidenschaft im Herzen, die mein Wohl
Und mich zu Grunde richtete! Willkommner
Ergriffe mich der Tod als diese Hand,
Die kalt und starr mich von sich läßt. – Ich gehe! –
Nur hüte dich und laß dich keinen Schein
Von Freundschaft oder Güte täuschen! Niemand
Betrügt dich nun, wenn du dich nicht betrügst.

VIERTER AUFTRITT

Antonio. Tasso.

ANTONIO. Hier bin ich, Tasso, dir ein Wort zu sagen,
Wenn du mich ruhig hören magst und kannst.
TASSO. Das Handeln, weißt du, bleibt mir untersagt,
Es ziemt mir wohl zu warten und zu hören.
ANTONIO. Ich treffe dich gelassen, wie ich wünschte,
Und spreche gern zu dir aus freier Brust.
Zuvörderst lös ich in des Fürsten Namen
Das schwache Band, das dich zu fesseln schien.
TASSO. Die Willkür macht mich frei, wie sie mich band;
Ich nehm es an und fordre kein Gericht.
ANTONIO. Dann sag ich dir von mir: Ich habe dich
Mit Worten, scheint es, tief und mehr gekränkt,
Als ich, von mancher Leidenschaft bewegt,
Es selbst empfand. Allein kein schimpflich Wort
Ist meinen Lippen unbedacht entflohen;
Zu rächen hast du nichts als Edelmann,
Und wirst als Mensch Vergebung nicht versagen.
TASSO. Was härter treffe, Kränkung oder Schimpf,
Will ich nicht untersuchen; jene dringt
Ins tiefe Mark, und dieser ritzt die Haut.
Der Pfeil des Schimpfs kehrt auf den Mann zurück,

Der zu verwunden glaubt, die Meinung andrer
Befriedigt leicht das wohlgeführte Schwert –
Doch ein gekränktes Herz erholt sich schwer.
ANTONIO. Jetzt ist's an mir, daß ich dir dringend sage:
Tritt nicht zurück, erfülle meinen Wunsch,
Den Wunsch des Fürsten, der mich zu dir sendet.
TASSO. Ich kenne meine Pflicht und gebe nach.
Es sei verziehn, sofern es möglich ist!
Die Dichter sagen uns von einem Speer,
Der eine Wunde, die er selbst geschlagen,
Durch freundliche Berührung heilen konnte.
Es hat des Menschen Zunge diese Kraft,
Ich will ihr nicht gehässig widerstehn.
ANTONIO. Ich danke dir, und wünsche, daß du mich
Und meinen Willen dir zu dienen gleich
Vertraulich prüfen mögest. Sage mir,
Kann ich dir nützlich sein? ich zeig es gern.
TASSO. Du bietest an was ich nur wünschen konnte.
Du brachtest mir die Freiheit wieder, nun
Verschaffe mir, ich bitte, den Gebrauch.
ANTONIO. Was kannst du meinen? Sag es deutlich an.
TASSO. Du weißt, geendet hab ich mein Gedicht,
Es fehlt noch viel, daß es vollendet wäre.
Heut überreicht ich es dem Fürsten, hoffte
Zugleich ihm eine Bitte vorzutragen.
Gar viele meiner Freunde find ich jetzt
In Rom versammelt, einzeln haben sie
Mir über manche Stellen ihre Meinung
In Briefen schon eröffnet. Vieles hab ich
Benutzen können, manches scheint mir noch
Zu überlegen; und verschiedne Stellen
Möcht ich nicht gern verändern, wenn man mich
Nicht mehr, als es geschehn ist, überzeugt.
Das alles wird durch Briefe nicht getan;
Die Gegenwart löst diese Knoten bald.
So dacht ich heut den Fürsten selbst zu bitten:
Ich fand nicht Raum; nun darf ich es nicht wagen,
Und hoffe diesen Urlaub nun durch dich.
ANTONIO. Mir scheint nicht rätlich, daß du dich entfernst

In dem Moment, da dein vollendet Werk
Dem Fürsten und der Fürstin dich empfiehlt.
Ein Tag der Gunst ist wie ein Tag der Ernte,
Man muß geschäftig sein sobald sie reift.
Entfernst du dich, so wirst du nichts gewinnen,
Vielleicht verlieren was du schon gewannst.
Die Gegenwart ist eine mächtge Göttin;
Lern ihren Einfluß kennen, bleibe hier!
TASSO. Zu fürchten hab ich nichts; Alfons ist edel,
Stets hat er gegen mich sich groß gezeigt:
Und was ich hoffe, will ich seinem Herzen
Allein verdanken, keine Gnade mir
Erschleichen; nichts will ich von ihm empfangen
Was ihn gereuen könnte daß er's gab.
ANTONIO. So fordre nicht von ihm, daß er dich jetzt
Entlassen soll; er wird es ungern tun,
Und ich befürchte fast, er tut es nicht.
TASSO. Er wird es gern, wenn recht gebeten wird,
Und du vermagst es wohl sobald du willst.
ANTONIO. Doch welche Gründe, sag mir, leg ich vor?
TASSO. Laß mein Gedicht aus jeder Stanze sprechen!
Was ich gewollt ist löblich, wenn das Ziel
Auch meinen Kräften unerreichbar blieb.
An Fleiß und Mühe hat es nicht gefehlt.
Der heitre Wandel mancher schönen Tage,
Der stille Raum so mancher tiefen Nächte
War einzig diesem frommen Lied geweiht.
Bescheiden hofft ich, jenen großen Meistern
Der Vorwelt mich zu nahen; kühn gesinnt
Zu edlen Taten unsern Zeitgenossen
Aus einem langen Schlaf zu rufen, dann
Vielleicht mit einem edlen Christenheere
Gefahr und Ruhm des heilgen Kriegs zu teilen.
Und soll mein Lied die besten Männer wecken,
So muß es auch der besten würdig sein.
Alfonsen bin ich schuldig was ich tat,
Nun möcht ich ihm auch die Vollendung danken.
ANTONIO. Und eben dieser Fürst ist hier, mit andern
Die dich so gut als Römer leiten können.

Vollende hier dein Werk, hier ist der Platz,
Und um zu wirken eile dann nach Rom.

TASSO. Alfons hat mich zuerst begeistert, wird
Gewiß der letzte sein der mich belehrt.
Und deinen Rat, den Rat der klugen Männer,
Die unser Hof versammelt, schätz ich hoch.
Ihr sollt entscheiden, wenn mich ja zu Rom
Die Freunde nicht vollkommen überzeugen.
Doch diese muß ich sehn. Gonzaga hat
Mir ein Gericht versammelt, dem ich erst
Mich stellen muß. Ich kann es kaum erwarten.
Flaminio de' Nobili, Angelio
Da Barga, Antoniano und Speron Speroni!
Du wirst sie kennen – Welche Namen sind's!
Vertraun und Sorge flößen sie zugleich
In meinen Geist, der gern sich unterwirft.

ANTONIO. Du denkst nur dich und denkst den Fürsten nicht.
Ich sage dir, er wird dich nicht entlassen;
Und wenn er's tut, entläßt er dich nicht gern.
Du willst ja nicht verlangen was er dir
Nicht gern gewähren mag. Und soll ich hier
Vermitteln was ich selbst nicht loben kann?

TASSO. Versagst du mir den ersten Dienst, wenn ich
Die angebotne Freundschaft prüfen will?

ANTONIO. Die wahre Freundschaft zeigt sich im Versagen
Zur rechten Zeit, und es gewährt die Liebe
Gar oft ein schädlich Gut, wenn sie den Willen
Des Fordernden mehr als sein Glück bedenkt.
Du scheinest mir in diesem Augenblick
Für gut zu halten was du eifrig wünschest,
Und willst im Augenblick was du begehrst.
Durch Heftigkeit ersetzt der Irrende
Was ihm an Wahrheit und an Kräften fehlt.
Es fordert meine Pflicht, so viel ich kann
Die Hast zu mäßgen, die dich übel treibt.

TASSO. Schon lange kenn ich diese Tyrannei
Der Freundschaft, die von allen Tyranneien
Die unerträglichste mir scheint. Du denkst

Nur anders, und du glaubst deswegen
Schon recht zu denken. Gern erkenn ich an,
Du willst mein Wohl, allein verlange nicht,
Daß ich auf deinem Weg es finden soll.

ANTONIO. Und soll ich dir sogleich mit kaltem Blut,
Mit voller klarer Überzeugung schaden?

TASSO. Von dieser Sorge will ich dich befrein!
Du hältst mich nicht mit diesen Worten ab.
Du hast mich frei erklärt, und diese Türe
Steht mir nun offen, die zum Fürsten führt.
Ich lasse dir die Wahl. Du oder ich!
Der Fürst geht fort. Hier ist kein Augenblick
Zu harren. Wähle schnell! Wenn du nicht gehst,
So geh ich selbst, und werd es wie es will.

ANTONIO. Laß mich nur wenig Zeit von dir erlangen,
Und warte nur des Fürsten Rückkehr ab!
Nur heute nicht!

TASSO. Nein, diese Stunde noch,
Wenn's möglich ist! Es brennen mir die Sohlen
Auf diesem Marmorboden, eher kann
Mein Geist nicht Ruhe finden, bis der Staub
Des freien Wegs mich Eilenden umgibt.
Ich bitte dich! Du siehst, wie ungeschickt
In diesem Augenblick ich sei mit meinem Herrn
Zu reden; siehst – wie kann ich das verbergen –
Daß ich mir selbst in diesem Augenblick,
Mir keine Macht der Welt gebieten kann.
Nur Fesseln sind es, die mich halten können!
Alfons ist kein Tyrann, er sprach mich frei.
Wie gern gehorcht ich seinen Worten sonst!
Heut kann ich nicht gehorchen. Heute nur
Laßt mich in Freiheit, daß mein Geist sich finde!
Ich kehre bald zu meiner Pflicht zurück.

ANTONIO. Du machst mich zweifelhaft. Was soll ich tun?
Ich merke wohl, es steckt der Irrtum an.

TASSO. Soll ich dir glauben, denkst du gut für mich,
So wirke was ich wünsche, was du kannst.
Der Fürst entläßt mich dann und ich verliere
Nicht seine Gnade, seine Hülfe nicht.

Das dank ich dir und will dir's gern verdanken;
Doch hegst du einen alten Groll im Busen,
Willst du von diesem Hofe mich verbannen,
Willst du auf ewig mein Geschick verkehren,
Mich hülflos in die weite Welt vertreiben,
So bleib auf deinem Sinn und widersteh!

ANTONIO. Weil ich dir doch, o Tasso, schaden soll,
So wähl ich denn den Weg den du erwählst.
Der Ausgang mag entscheiden wer sich irrt!
Du willst hinweg! Ich sag es dir zuvor,
Du wendest diesem Hause kaum den Rücken,
So wird dein Herz zurück verlangen, wird
Dein Eigensinn dich vorwärts treiben: Schmerz,
Verwirrung, Trübsinn harrt in Rom auf dich,
Und du verfehlest hier und dort den Zweck.
Doch sag ich dies nicht mehr, um dir zu raten,
Ich sage nur voraus was bald geschieht,
Und lade dich auch schon im voraus ein,
Mir in dem schlimmsten Falle zu vertraun.
Ich spreche nun den Fürsten wie du's forderst.

FÜNFTER AUFTRITT

TASSO allein. Ja gehe nur und gehe sicher weg,
Daß du mich überredest was du willst.
Ich lerne mich verstellen, denn du bist
Ein großer Meister und ich fasse leicht.
So zwingt das Leben uns zu scheinen, ja
Zu sein wie jene die wir kühn und stolz
Verachten konnten. Deutlich seh ich nun
Die ganze Kunst des höfischen Gewebes!
Mich will Antonio von hinnen treiben,
Und will nicht scheinen daß er mich vertreibt.
Er spielt den Schonenden, den Klugen, daß
Man nur recht krank und ungeschickt mich finde,
Bestellet sich zum Vormund, daß er mich
Zum Kind erniedrige, den er zum Knecht
Nicht zwingen konnte. So umnebelt er
Die Stirn des Fürsten und der Fürstin Blick.

Man soll mich halten, meint er, habe doch
Ein schön Verdienst mir die Natur geschenkt,
Doch leider habe sie mit manchen Schwächen
Die hohe Gabe wieder schlimm begleitet,
Mit ungebundnem Stolz, mit übertriebner
Empfindlichkeit und eignem düstern Sinn.
Es sei nicht anders, einmal habe nun
Den einen Mann das Schicksal so gebildet,
Nun müsse man ihn nehmen wie er sei,
Ihn dulden, tragen und vielleicht an ihm
Was Freude bringen kann am guten Tage
Als unerwarteten Gewinst genießen,
Im übrigen, wie er geboren sei,
So müsse man ihn leben, sterben lassen.

Erkenn ich noch Alfonsens festen Sinn?
Der Feinden trotzt und Freunde treulich schützt,
Erkenn ich ihn, wie er nun mir begegnet?
Ja wohl erkenn ich ganz mein Unglück nun!
Das ist mein Schicksal, daß nur gegen mich
Sich jeglicher verändert, der für andre fest
Und treu und sicher bleibt, sich leicht verändert
Durch einen Hauch, in einem Augenblick.

Hat nicht die Ankunft dieses Manns allein
Mein ganz Geschick zerstört, in einer Stunde?
Nicht dieser das Gebäude meines Glücks
Von seinem tiefsten Grund aus umgestürzt?
O muß ich das erfahren? Muß ich's heut?
Ja, wie sich alles zu mir drängte, läßt
Mich alles nun; wie jeder mich an sich
Zu reißen strebte, jeder mich zu fassen,
So stößt mich alles weg und meidet mich.
Und das warum? Und wiegt denn er allein
Die Schale meines Werts und aller Liebe,
Die ich so reichlich sonst besessen, auf?

Ja alles flieht mich nun. Auch du! Auch du!
Geliebte Fürstin, du entziehst dich mir.

In diesen trüben Stunden hat sie mir
Kein einzig Zeichen ihrer Gunst gesandt.
Hab ich's um sie verdient? – Du armes Herz
Dem so natürlich war sie zu verehren! –
Vernahm ich ihre Stimme, wie durchdrang
Ein unaussprechliches Gefühl die Brust!
Erblickt ich sie, da ward das helle Licht
Des Tags mir trüb; unwiderstehlich zog
Ihr Auge mich, ihr Mund mich an, mein Knie
Erhielt sich kaum, und aller Kraft
Des Geists bedurft ich, aufrecht mich zu halten,
Vor ihre Füße nicht zu fallen, kaum
Vermocht ich diesen Taumel zu zerstreun.
Hier halte fest mein Herz! Du klarer Sinn
Laß hier dich nicht umnebeln! Ja, auch sie!
Darf ich es sagen und ich glaub es kaum,
Ich glaub es wohl und möcht es mir verschweigen.
Auch sie! auch sie! Entschuldige sie ganz,
Allein verbirg dir's nicht: auch sie! auch sie!

O dieses Wort, an dem ich zweifeln sollte
So lang ein Hauch von Glauben in mir lebt,
Ja dieses Wort, es gräbt sich wie ein Schluß
Des Schicksals noch zuletzt am ehrnen Rande
Der vollgeschriebnen Qualentafel ein.
Nun sind erst meine Feinde stark, nun bin ich
Auf ewig einer jeden Kraft beraubt.
Wie soll ich streiten, wenn sie gegenüber
Im Heere steht? Wie soll ich duldend harren,
Wenn sie die Hand mir nicht von ferne reicht,
Wenn nicht ihr Blick dem Flehenden begegnet?
Du hast's gewagt zu denken, hast's gesprochen,
Und es ist wahr eh du es fürchten konntest!
Und eh nun die Verzweiflung deine Sinnen
Mit ehrnen Klauen auseinander reißt,
Ja klage nur das bittre Schicksal an,
Und wiederhole nur, auch sie! auch sie!

FÜNFTER AUFZUG

ERSTER AUFTRITT

Garten.

Alfons. Antonio.

Antonio. Auf deinen Wink ging ich das zweitemal
Zu Tasso hin, ich komme von ihm her.
Ich hab ihm zugeredet, ja gedrungen,
Allein er geht von seinem Sinn nicht ab,
Und bittet sehnlich daß du ihn nach Rom
Auf eine kurze Zeit entlassen mögest.
Alfons. Ich bin verdrießlich, daß ich dir's gestehe,
Und lieber sag ich dir, daß ich es bin,
Als daß ich den Verdruß verberg und mehre.
Er will verreisen; gut, ich halt ihn nicht,
Er will hinweg, er will nach Rom, es sei!
Nur daß mir Scipio Gonzaga nicht,
Der kluge Medicis ihn nicht entwende!
Das hat Italien so groß gemacht,
Daß jeder Nachbar mit dem andern streitet,
Die Bessern zu besitzen, zu benutzen.
Ein Feldherr ohne Heer scheint mir ein Fürst,
Der die Talente nicht um sich versammelt.
Und wer der Dichtkunst Stimme nicht vernimmt,
Ist ein Barbar, er sei auch wer er sei.
Gefunden hab ich diesen und gewählt,
Ich bin auf ihn als meinen Diener stolz,
Und da ich schon für ihn so viel getan,
So möcht ich ihn nicht ohne Not verlieren.
Antonio. Ich bin verlegen, denn ich trage doch
Vor dir die Schuld von dem was heut geschah;
Auch will ich meinen Fehler gern gestehn,
Er bleibet deiner Gnade zu verzeihn;
Doch wenn du glauben könntest, daß ich nicht
Das Mögliche getan ihn zu versöhnen,
So würd ich ganz untröstlich sein. O! sprich

Mit holdem Blick mich an, damit ich wieder
Mich fassen kann, mir selbst vertrauen mag.
ALFONS. Antonio nein, da sei nur immer ruhig,
Ich schreib es dir auf keine Weise zu;
Ich kenne nur zu gut den Sinn des Mannes,
Und weiß nur allzuwohl was ich getan,
Wie sehr ich ihn geschont, wie sehr ich ganz
Vergessen, daß ich eigentlich an ihn
Zu fordern hätte. Über vieles kann
Der Mensch zum Herrn sich machen, seinen Sinn
Bezwinget kaum die Not und lange Zeit.
ANTONIO. Wenn andre vieles um den einen tun,
So ist's auch billig, daß der eine wieder
Sich fleißig frage was den andern nützt.
Wer seinen Geist so viel gebildet hat,
Wer jede Wissenschaft zusammen geizt
Und jede Kenntnis die uns zu ergreifen
Erlaubt ist, sollte der, sich zu beherrschen,
Nicht doppelt schuldig sein? Und denkt er dran?
ALFONS. Wir sollen eben nicht in Ruhe bleiben!
Gleich wird uns, wenn wir zu genießen denken,
Zur Übung unsrer Tapferkeit ein Feind,
Zur Übung der Geduld ein Freund gegeben.
ANTONIO. Die erste Pflicht des Menschen, Speis und Trank
Zu wählen, da ihn die Natur so eng
Nicht wie das Tier beschränkt, erfüllt er die?
Und läßt er nicht vielmehr sich wie ein Kind
Von allem reizen was dem Gaumen schmeichelt?
Wann mischt er Wasser unter seinen Wein?
Gewürze, süße Sachen, stark Getränke,
Eins um das andre schlingt er hastig ein,
Und dann beklagt er seinen trüben Sinn,
Sein feurig Blut, sein allzuheftig Wesen,
Er schilt auf die Natur und das Geschick.
Wie bitter und wie töricht hab ich ihn
Nicht oft mit seinem Arzte rechten sehn;
Zum Lachen fast, wär irgend lächerlich
Was einen Menschen quält und andre plagt.
„Ich fühle dieses Übel", sagt er bänglich

Und voll Verdruß! „Was rühmt Ihr Eure Kunst?
Schafft mir Genesung!“ – Gut, versetzt der Arzt,
So meidet das und das – „Das kann ich nicht“ –
So nehmet diesen Trank – „O nein! der schmeckt
Abscheulich, er empört mir die Natur“
So trinkt denn Wasser – „Wasser? nimmermehr!
Ich bin so wasserscheu als ein Gebißner“ –
So ist Euch nicht zu helfen – „Und warum?“ –
Das Übel wird sich stets mit Übeln häufen,
Und, wenn es Euch nicht töten kann, nur mehr
Und mehr mit jedem Tag Euch quälen – „Schön!
Wofür seid Ihr ein Arzt? Ihr kennt mein Übel,
Ihr solltet auch die Mittel kennen, sie
Auch schmackhaft machen, daß ich nicht noch erst,
Der Leiden los zu sein, recht leiden müsse.“
Du lächelst selbst und doch ist es gewiß,
Du hast es wohl aus seinem Mund gehört?

ALFONS. Ich hab es oft gehört und oft entschuldigt.

ANTONIO. Es ist gewiß, ein ungemäßigt Leben,
Wie es uns schwere wilde Träume gibt,
Macht uns zuletzt am hellen Tage träumen.
Was ist sein Argwohn anders als ein Traum?
Wohin er tritt, glaubt er von Feinden sich
Umgeben. Sein Talent kann niemand sehn
Der ihn nicht neidet, niemand ihn beneiden
Der ihn nicht haßt und bitter ihn verfolgt.
So hat er oft mit Klagen dich belästigt:
Erbrochne Schlösser, aufgefangne Briefe,
Und Gift und Dolch! Was alles vor ihm schwebt!
Du hast es untersuchen lassen, untersucht,
Und hast du was gefunden? Kaum den Schein.
Der Schutz von keinem Fürsten macht ihn sicher,
Der Busen keines Freundes kann ihn laben.
Und willst du einem solchen Ruh und Glück,
Willst du von ihm wohl Freude dir versprechen?

ALFONS. Du hättest recht, Antonio, wenn in ihm
Ich meinen nächsten Vorteil suchen wollte!
Zwar ist es schon mein Vorteil, daß ich nicht
Den Nutzen grad und unbedingt erwarte.

Nicht alles dienet uns auf gleiche Weise;
Wer vieles brauchen will, gebrauche jedes
In seiner Art, so ist er wohl bedient.
Das haben uns die Medicis gelehrt,
Das haben uns die Päpste selbst gewiesen.
Mit welcher Nachsicht, welcher fürstlichen
Geduld und Langmut trugen diese Männer
Manch groß Talent, das ihrer reichen Gnade
Nicht zu bedürfen schien und doch bedurfte!
ANTONIO. Wer weiß es nicht, mein Fürst, des Lebens Mühe
Lehrt uns allein des Lebens Güter schätzen.
So jung hat er zu vieles schon erreicht
Als daß genügsam er genießen könnte.
O sollt er erst erwerben was ihm nun
Mit offnen Händen angeboten wird,
Er strengte seine Kräfte männlich an
Und fühlte sich von Schritt zu Schritt begnügt.
Ein armer Edelmann hat schon das Ziel
Von seinem besten Wunsch erreicht, wenn ihn
Ein edler Fürst zu seinem Hofgenossen
Erwählen will und ihn der Dürftigkeit
Mit milder Hand entzieht. Schenkt er ihm noch
Vertraun und Gunst, und will an seine Seite
Vor andern ihn erheben, sei's im Krieg,
Sei's in Geschäften oder im Gespräch:
So dächt ich, könnte der bescheidne Mann
Sein Glück mit stiller Dankbarkeit verehren.
Und Tasso hat zu allem diesem noch
Das schönste Glück des Jünglings: daß ihn schon
Sein Vaterland erkennt und auf ihn hofft.
O glaube mir, sein launisch Mißbehagen
Ruht auf dem breiten Polster seines Glücks.
Er kommt, entlaß ihn gnädig, gib ihm Zeit
In Rom und in Neapel, wo er will,
Das aufzusuchen was er hier vermißt
Und was er hier nur wiederfinden kann.
ALFONS. Will er zurück erst nach Ferrara gehn?
ANTONIO. Er wünscht in Belriguardo zu verweilen.

Das Nötigste was er zur Reise braucht,
Will er durch einen Freund sich senden lassen.

ALFONS. Ich bin's zufrieden. Meine Schwester geht
Mit ihrer Freundin gleich zurück, und reitend
Werd ich vor ihnen noch zu Hause sein.
Du folgst uns bald, wenn du für ihn gesorgt.
Dem Kastellan befiehl das Nötige,
Daß er hier auf dem Schlosse bleiben kann
So lang er will, so lang bis seine Freunde
Ihm das Gepäck gesendet, bis wir ihm
Die Briefe schicken die ich ihm nach Rom
Zu geben willens bin. Er kommt! Leb wohl!

ZWEITER AUFTRITT

Alfons. Tasso.

TASSO mit Zurückhaltung.
Die Gnade, die du mir so oft bewiesen,
Erscheinet heute mir in vollem Licht.
Du hast verziehen, was in deiner Nähe
Ich unbedacht und frevelhaft beging,
Du hast den Widersacher mir versöhnt,
Du willst erlauben daß ich eine Zeit
Von deiner Seite mich entferne, willst
Mir deine Gunst großmütig vorbehalten.
Ich scheide nun mit völligem Vertraun
Und hoffe still, mich soll die kleine Frist
Von allem heilen was mich jetzt beklemmt.
Es soll mein Geist aufs neue sich erheben,
Und auf dem Wege, den ich froh und kühn,
Durch deinen Blick ermuntert, erst betrat,
Sich deiner Gunst aufs neue würdig machen.

ALFONS. Ich wünsche dir zu deiner Reise Glück
Und hoffe, daß du froh und ganz geheilt
Uns wieder kommen wirst. Du bringst uns dann
Den doppelten Gewinst für jede Stunde
Die du uns nun entziehst, vergnügt zurück.
Ich gebe Briefe dir an meine Leute,

An Freunde dir nach Rom, und wünsche sehr
Daß du dich zu den Meinen überall
Zutraulich halten mögest, wie ich dich
Als mein, obgleich entfernt, gewiß betrachte.
Tasso. Du überhäufst, o Fürst, mit Gnade den
Der sich unwürdig fühlt, und selbst zu danken
In diesem Augenblicke nicht vermag.
Anstatt des Danks eröffn ich eine Bitte!
Am meisten liegt mir mein Gedicht am Herzen.
Ich habe viel getan und keine Mühe
Und keinen Fleiß gespart, allein es bleibt
Zu viel mir noch zurück. Ich möchte dort
Wo noch der Geist der großen Männer schwebt
Und wirksam schwebt, dort möcht ich in die Schule
Aufs neue mich begeben; würdiger
Erfreute deines Beifalls sich mein Lied.
O gib die Blätter mir zurück, die ich
Jetzt nur beschämt in deinen Händen weiß.
Alfons. Du wirst mir nicht an diesem Tage nehmen
Was du mir kaum an diesem Tag gebracht.
Laß zwischen dich und zwischen dein Gedicht
Mich als Vermittler treten; hüte dich
Durch strengen Fleiß die liebliche Natur
Zu kränken, die in deinen Reimen lebt,
Und höre nicht auf Rat von allen Seiten!
Die tausendfältigen Gedanken vieler
Verschiedner Menschen, die im Leben sich
Und in der Meinung widersprechen, faßt
Der Dichter klug in eins, und scheut sich nicht
Gar manchem zu mißfallen, daß er manchem
Um desto mehr gefallen möge. Doch
Ich sage nicht, daß du nicht hie und da
Bescheiden deine Feile brauchen solltest;
Verspreche dir zugleich, in kurzer Zeit
Erhältst du abgeschrieben dein Gedicht.
Es bleibt von deiner Hand in meinen Händen,
Damit ich seiner erst mit meinen Schwestern
Mich recht erfreuen möge. Bringst du es
Vollkommner dann zurück, wir werden uns

Des höheren Genusses freun, und dich
Bei mancher Stelle nur als Freunde warnen.
Tasso. Ich wiederhole nur beschämt die Bitte:
Laß mich die Abschrift eilig haben, ganz
Ruht mein Gemüt auf diesem Werke nun.
Nun muß es werden was es werden kann.
Alfons. Ich billige den Trieb der dich beseelt!
Doch, guter Tasso, wenn es möglich wäre,
So solltest du erst eine kurze Zeit
Der freien Welt genießen, dich zerstreuen,
Dein Blut durch eine Kur verbessern. Dir
Gewährte dann die schöne Harmonie
Der hergestellten Sinne was du nun
Im trüben Eifer nur vergebens suchst.
Tasso. Mein Fürst, so scheint es; doch, ich bin gesund
Wenn ich mich meinem Fleiß ergeben kann,
Und so macht wieder mich der Fleiß gesund.
Du hast mich lang gesehn, mir ist nicht wohl
In freier Üppigkeit. Mir läßt die Ruh
Am mindsten Ruhe. Dies Gemüt ist nicht
Von der Natur bestimmt, ich fühl es leider,
Auf weichem Element der Tage froh
Ins weite Meer der Zeiten hinzuschwimmen.
Alfons. Dich führet alles was du sinnst und treibst
Tief in dich selbst. Es liegt um uns herum
Gar mancher Abgrund den das Schicksal grub;
Doch hier in unserm Herzen ist der tiefste,
Und reizend ist es sich hinabzustürzen.
Ich bitte dich, entreiße dich dir selbst!
Der Mensch gewinnt was der Poet verliert.
Tasso. Ich halte diesen Drang vergebens auf
Der Tag und Nacht in meinem Busen wechselt.
Wenn ich nicht sinnen oder dichten soll,
So ist das Leben mir kein Leben mehr.
Verbiete du dem Seidenwurm zu spinnen,
Wenn er sich schon dem Tode näher spinnt.
Das köstliche Geweb entwickelt er
Aus seinem Innersten und läßt nicht ab
Bis er in seinen Sarg sich eingeschlossen.

O geb ein guter Gott uns auch dereinst
Das Schicksal des beneidenswerten Wurms,
Im neuen Sonnental die Flügel rasch
Und freudig zu entfalten.

ALFONS. Höre mich!
Du gibst so vielen doppelten Genuß
Des Lebens, lern, ich bitte dich,
Den Wert des Lebens kennen, das du noch
Und zehnfach reich besitzest. Lebe wohl!
Je eher du zu uns zurücke kehrst,
Je schöner wirst du uns willkommen sein.

DRITTER AUFTRITT

TASSO. So halte fest, mein Herz, so war es recht!
Es wird dir schwer, es ist das erstemal
Daß du dich so verstellen magst und kannst.
Du hörtest wohl, das war nicht sein Gemüt,
Das waren seine Worte nicht, mir schien
Als klänge nur Antonios Stimme wieder.
O gib nur acht! du wirst sie nun so fort
Von allen Seiten hören. Fest, nur fest!
Um einen Augenblick ist's noch zu tun.
Wer spät im Leben sich verstellen lernt,
Der hat den Schein der Ehrlichkeit voraus.
Es wird schon gehn, nur übe dich mit ihnen.

Nach einer Pause.

Du triumphierst zu früh, dort kommt sie her!
Die holde Fürstin kommt! O welch Gefühl!
Sie tritt herein, es löst in meinem Busen
Verdruß und Argwohn sich in Schmerzen auf.

VIERTER AUFTRITT

Prinzessin. Tasso. Gegen das Ende des Auftritts die übrigen.

PRINZESSIN. Du denkst uns zu verlassen, oder bleibst
Vielmehr in Belriguardo noch zurück,
Und willst dich dann von uns entfernen, Tasso,

Ich hoffe, nur auf eine kurze Zeit.
Du gehst nach Rom?
TASSO. Ich richte meinen Weg
Zuerst dahin, und nehmen meine Freunde
Mich gütig auf, wie ich es hoffen darf,
So leg ich da mit Sorgfalt und Geduld
Vielleicht die letzte Hand an mein Gedicht.
Ich finde viele Männer dort versammelt,
Die Meister aller Art sich nennen dürfen.
Und spricht in jener ersten Stadt der Welt
Nicht jeder Platz, nicht jeder Stein zu uns?
Wie viele tausend stumme Lehrer winken
In ernster Majestät uns freundlich an!
Vollend ich da nicht mein Gedicht, so kann
Ich's nie vollenden. Leider, ach, schon fühl ich,
Mir wird zu keinem Unternehmen Glück!
Verändern werd ich es, vollenden nie.
Ich fühl, ich fühl es wohl, die große Kunst
Die jeden nährt, die den gesunden Geist
Stärkt und erquickt, wird mich zu Grunde richten,
Vertreiben wird sie mich. Ich eile fort!
Nach Napel will ich bald!
PRINZESSIN. Darfst du es wagen?
Noch ist der strenge Bann nicht aufgehoben,
Der dich zugleich mit deinem Vater traf.
TASSO. Du warnest recht, ich hab es schon bedacht.
Verkleidet geh ich hin, den armen Rock
Des Pilgers oder Schäfers zieh ich an.
Ich schleiche durch die Stadt wo die Bewegung
Der Tausende den einen leicht verbirgt.
Ich eile nach dem Ufer, finde dort
Gleich einen Kahn mit willig guten Leuten,
Mit Bauern die zum Markte kamen, nun
Nach Hause kehren, Leute von Sorrent;
Denn ich muß nach Sorrent hinüber eilen.
Dort wohnet meine Schwester, die mit mir
Die Schmerzensfreude meiner Eltern war.
Im Schiffe bin ich still, und trete dann
Auch schweigend an das Land, ich gehe sacht

Den Pfad hinauf und an dem Tore frag ich:
Wo wohnt Cornelia? Zeigt mir es an!
Cornelia Sersale? Freundlich deutet
Mir eine Spinnerin die Straße, sie
Bezeichnet mir das Haus. So steig ich weiter.
Die Kinder laufen nebenher und schauen
Das wilde Haar, den düstern Fremdling an.
So komm ich an die Schwelle. Offen steht
Die Türe schon, so tret ich in das Haus –

PRINZESSIN. Blick auf, o Tasso, wenn es möglich ist,
Erkenne die Gefahr in der du schwebst!
Ich schone dich, denn sonst würd ich dir sagen:
Ist's edel so zu reden, wie du sprichst?
Ist's edel nur allein an sich zu denken,
Als kränktest du der Freunde Herzen nicht?
Ist's dir verborgen wie mein Bruder denkt?
Wie beide Schwestern dich zu schätzen wissen?
Hast du es nicht empfunden und erkannt?
Ist alles denn in wenig Augenblicken
Verändert? Tasso! Wenn du scheiden willst,
So laß uns Schmerz und Sorge nicht zurück.

TASSO *wendet sich weg.*

PRINZESSIN. Wie tröstlich ist es einem Freunde, der
Auf eine kurze Zeit verreisen will,
Ein klein Geschenk zu geben, sei es nur
Ein neuer Mantel, oder eine Waffe.
Dir kann man nichts mehr geben, denn du wirfst
Unwillig alles weg was du besitzest.
Die Pilgermuschel und den schwarzen Kittel,
Den langen Stab erwählst du dir, und gehst
Freiwillig arm dahin, und nimmst uns weg
Was du mit uns allein genießen konntest.

TASSO. So willst du mich nicht ganz und gar verstoßen!
O süßes Wort, o schöner teurer Trost,
Vertritt mich! Nimm in deinen Schutz mich auf! –
Laß mich in Belriguardo hier, versetze
Mich nach Consandoli, wohin du willst!
Es hat der Fürst so manches schöne Schloß,
So manchen Garten, der das ganze Jahr

Gewartet wird, und ihr betretet kaum
Ihn einen Tag, vielleicht nur eine Stunde.
Ja wählet den entferntsten aus, den ihr
In ganzen Jahren nicht besuchen geht,
Und der vielleicht jetzt ohne Sorge liegt,
Dort schickt mich hin! Dort laßt mich euer sein!
Wie will ich deine Bäume pflegen! die Zitronen
Im Herbst mit Brettern und mit Ziegeln decken
Und mit verbundnem Rohre wohl verwahren!
Es sollen schöne Blumen in den Beeten
Die breiten Wurzeln schlagen, rein und zierlich
Soll jeder Gang und jedes Fleckchen sein.
Und laßt mir auch die Sorge des Palastes!
Ich will zur rechten Zeit die Fenster öffnen,
Daß Feuchtigkeit nicht den Gemälden schade;
Die schön mit Stukkatur verzierten Wände
Will ich mit einem leichten Wedel säubern,
Es soll das Estrich blank und reinlich glänzen,
Es soll kein Stein, kein Ziegel sich verrücken,
Es soll kein Gras aus einer Ritze keimen!

PRINZESSIN. Ich finde keinen Rat in meinem Busen
Und finde keinen Trost für dich und – uns.
Mein Auge blickt umher ob nicht ein Gott
Uns Hülfe reichen möchte? Möchte mir
Ein heilsam Kraut entdecken, einen Trank
Der deinem Sinne Frieden brächte, Frieden uns.
Das treuste Wort, das von der Lippe fließt,
Das schönste Heilungsmittel wirkt nicht mehr.
Ich muß dich lassen, und verlassen kann
Mein Herz dich nicht.

TASSO. Ihr Götter, ist sie's doch
Die mit dir spricht und deiner sich erbarmt!
Und konntest du das edle Herz verkennen?
War's möglich daß in ihrer Gegenwart
Der Kleinmut dich ergriff und dich bezwang?
Nein nein, du bist's, und nun ich bin es auch.
O fahre fort und laß mich jeden Trost
Aus deinem Munde hören! deinen Rat
Entzieh mir nicht, o sprich: was soll ich tun?

Damit dein Bruder mir vergeben könne,
Damit du selbst mir gern vergeben mögest,
Damit ihr wieder zu den Euren mich
Mit Freuden zählen möget. Sag mir an.

PRINZESSIN. Gar wenig ist's was wir von dir verlangen,
Und dennoch scheint es allzuviel zu sein.
Du sollst dich selbst uns freundlich überlassen.
Wir wollen nichts von dir was du nicht bist,
Wenn du nur erst dir mit dir selbst gefällst.
Du machst uns Freude wenn du Freude hast,
Und du betrübst uns nur wenn du sie fliehst;
Und wenn du uns auch ungeduldig machst,
So ist es nur, daß wir dir helfen möchten
Und, leider! sehn daß nicht zu helfen ist;
Wenn du nicht selbst des Freundes Hand ergreifst,
Die, sehnlich ausgereckt, dich nicht erreicht.

TASSO. Du bist es selbst, wie du zum erstenmal
Ein heilger Engel mir entgegen kamst!
Verzeih dem trüben Blick des Sterblichen
Wenn er auf Augenblicke dich verkannt.
Er kennt dich wieder! Ganz eröffnet sich
Die Seele, nur dich ewig zu verehren.
Es füllt sich ganz das Herz von Zärtlichkeit –
Sie ist's, sie steht vor mir. Welch ein Gefühl!
Ist es Verirrung was mich nach dir zieht?
Ist's Raserei? ist's ein erhöhter Sinn,
Der erst die höchste reinste Wahrheit faßt?
Ja, es ist das Gefühl, das mich allein
Auf dieser Erde glücklich machen kann;
Das mich allein so elend werden ließ,
Wenn ich ihm widerstand und aus dem Herzen
Es bannen wollte. Diese Leidenschaft
Gedacht ich zu bekämpfen; stritt und stritt
Mit meinem tiefsten Sein, zerstörte frech
Mein eignes Selbst, dem du so ganz gehörst.

PRINZESSIN. Wenn ich dich, Tasso, länger hören soll,
So mäßige die Glut die mich erschreckt.

TASSO. Beschränkt der Rand des Bechers einen Wein
Der schäumend wallt und brausend überschwillt?

Mit jedem Wort erhöhest du mein Glück,
Mit jedem Worte glänzt dein Auge heller.
Ich fühle mich im Innersten verändert,
Ich fühle mich von aller Not entladen,
Frei wie ein Gott, und alles dank ich dir!
Unsägliche Gewalt die mich beherrscht,
Entfließet deinen Lippen; ja, du machst
Mich ganz dir eigen. Nichts gehöret mir
Von meinem ganzen Ich mir künftig an.
Es trübt mein Auge sich in Glück und Licht,
Es schwankt mein Sinn. Mich hält der Fuß nicht mehr.
Unwiderstehlich ziehst du mich zu dir
Und unaufhaltsam dringt mein Herz dir zu.
Du hast mich ganz auf ewig dir gewonnen,
So nimm denn auch mein ganzes Wesen hin.

Er fällt ihr in die Arme und drückt sie fest an, an sich.

PRINZESSIN ihn von sich stoßend und hinweg eilend.
Hinweg!

LEONORE die sich schon eine Weile im Grunde sehen lassen, herbeieilend.
Was ist geschehen? Tasso! Tasso!

Sie geht der Prinzessin nach.

TASSO im Begriff ihnen zu folgen.
O Gott!

ALFONS der sich schon eine Zeitlang mit Antonio genähert.
Er kommt von Sinnen, halt ihn fest. Ab.

FÜNFTER AUFTRITT

Tasso. Antonio.

ANTONIO. O stünde jetzt, so wie du immer glaubst
Daß du von Feinden rings umgeben bist,
Ein Feind bei dir, wie würd er triumphieren?
Unglücklicher, noch kaum erhol ich mich!
Wenn ganz was Unerwartetes begegnet,
Wenn unser Blick was Ungeheures sieht,
Steht unser Geist auf eine Weile still,
Wir haben nichts womit wir das vergleichen.

TASSO nach einer langen Pause.

Vollende nur dein Amt, ich seh du bist's!
Ja du verdienst das fürstliche Vertraun,
Vollende nur dein Amt, und martre mich,
Da mir der Stab gebrochen ist, noch langsam
Zu Tode! Ziehe! Zieh am Pfeile nur,
Daß ich den Widerhaken grimmig fühle
Der mich zerfleischt!
Du bist ein teures Werkzeug des Tyrannen,
Sei Kerkermeister, sei der Marterknecht,
Wie wohl! wie eigen steht dir beides an!

Gegen die Szene.

Ja, gehe nur Tyrann! Du konntest dich
Nicht bis zuletzt verstellen, triumphiere!
Du hast den Sklaven wohl gekettet, hast
Ihn wohl gespart zu ausgedachten Qualen:
Geh nur, ich hasse dich, ich fühle ganz
Den Abscheu, den die Übermacht erregt,
Die frevelhaft und ungerecht ergreift.

Nach einer Pause.

So seh ich mich am Ende denn verbannt,
Verstoßen und verbannt als Bettler hier?
So hat man mich bekränzt, um mich geschmückt
Als Opfertier vor den Altar zu führen.
So lockte man mir noch am letzten Tage
Mein einzig Eigentum, mir mein Gedicht
Mit glatten Worten ab und hielt es fest!
Mein einzig Gut ist nun in euren Händen,
Das mich an jedem Ort empfohlen hätte,
Das mir noch blieb vom Hunger mich zu retten!
Jetzt seh ich wohl warum ich feiern soll.
Es ist Verschwörung, und du bist das Haupt.
Damit mein Lied nur nicht vollkommner werde,
Daß nur mein Name sich nicht mehr verbreite,
Daß meine Neider tausend Schwächen finden,
Daß man am Ende meiner gar vergesse;
Drum soll ich mich zum Müßiggang gewöhnen,
Drum soll ich mich und meine Sinne schonen.
O werte Freundschaft, teure Sorglichkeit!

Abscheulich dacht ich die Verschwörung mir,
Die unsichtbar und rastlos mich umspann,
Allein abscheulicher ist es geworden.

Und du, Sirene! die du mich so zart,
So himmlisch angelockt, ich sehe nun
Dich auf einmal! O Gott warum so spät!

Allein wir selbst betrügen uns so gern,
Und ehren die Verworfnen die uns ehren.
Die Menschen kennen sich einander nicht;
Nur die Galeerensklaven kennen sich,
Die eng an eine Bank geschmiedet keuchen;
Wo keiner was zu fordern hat und keiner
Was zu verlieren hat, die kennen sich!
Wo jeder sich für einen Schelmen gibt,
Und seinesgleichen auch für Schelmen nimmt.
Doch wir verkennen nur die andern höflich,
Damit sie wieder uns verkennen sollen.

Wie lang verdeckte mir dein heilig Bild
Die Buhlerin, die kleine Künste treibt.
Die Maske fällt, Armiden seh ich nun
Entblößt von allen Reizen – ja, du bist's!
Von dir hat ahndungsvoll mein Lied gesungen!

Und die verschmitzte kleine Mittlerin!
Wie tief erniedrigt seh ich sie vor mir!
Ich höre nun die leisen Tritte rauschen,
Ich kenne nun den Kreis um den sie schlich.
Euch alle kenn ich! Sei mir das genug!
Und wenn das Elend alles mir geraubt,
So preis ich's doch, die Wahrheit lehrt es mich.

ANTONIO. Ich höre, Tasso, dich mit Staunen an,
So sehr ich weiß wie leicht dein rascher Geist
Von einer Grenze zu der andern schwankt.
Besinne dich! Gebiete dieser Wut!
Du lästerst, du erlaubst dir Wort auf Wort,
Das deinen Schmerzen zu verzeihen ist,
Doch das du selbst dir nie verzeihen kannst.

TASSO. O sprich mir nicht mit sanfter Lippe zu,
Laß mich kein kluges Wort von dir vernehmen!
Laß mir das dumpfe Glück, damit ich nicht
Mich erst besinne, dann von Sinnen komme.
Ich fühle mir das innerste Gebein
Zerschmettert, und ich leb um es zu fühlen.
Verzweiflung faßt mit aller Wut mich an,
Und in der Höllenqual die mich vernichtet
Wird Lästrung nur ein leiser Schmerzenslaut.
Ich will hinweg! Und wenn du redlich bist,
So zeig es mir, und laß mich gleich von hinnen.
ANTONIO. Ich werde dich in dieser Not nicht lassen;
Und wenn es dir an Fassung ganz gebricht,
So soll mir's an Geduld gewiß nicht fehlen.
TASSO. So muß ich mich dir denn gefangen geben?
Ich gebe mich und so ist es getan;
Ich widerstehe nicht, so ist mir wohl –
Und laß es dann mich schmerzlich wiederholen,
Wie schön es war was ich mir selbst verscherzte.
Sie gehn hinweg – O Gott! dort seh ich schon
Den Staub der von den Wagen sich erhebt –
Die Reuter sind voraus – dort fahren sie,
Dort gehn sie hin! Kam ich nicht auch daher?
Sie sind hinweg, sie sind erzürnt auf mich.
O küßt ich nur noch einmal seine Hand!
O daß ich nur noch Abschied nehmen könnte!
Nur einmal noch zu sagen: o verzeiht!
Nur noch zu hören: Geh, dir ist verziehn!
Allein ich hör es nicht, ich hör es nie –
Ich will ja gehn! Laßt mich nur Abschied nehmen,
Nur Abschied nehmen! Gebt, o gebt mir nur
Auf einen Augenblick die Gegenwart
Zurück! Vielleicht genes ich wieder. Nein,
Ich bin verstoßen, bin verbannt, ich habe
Mich selbst verbannt, ich werde diese Stimme
Nicht mehr vernehmen, diesem Blicke nicht,
Nicht mehr begegnen –
ANTONIO. Laß eines Mannes Stimme dich erinnern,
Der neben dir nicht ohne Rührung steht!

Du bist so elend nicht als wie du glaubst.
Ermanne dich! Du gibst zu viel dir nach.

TASSO. Und bin ich denn so elend wie ich scheine?
Bin ich so schwach wie ich vor dir mich zeige?
Ist alles denn verloren? Hat der Schmerz,
Als schütterte der Boden, das Gebäude
In einen grausen Haufen Schutt verwandelt?
Ist kein Talent mehr übrig, tausendfältig
Mich zu zerstreun, zu unterstützen?
Ist alle Kraft verloschen, die sich sonst
In meinem Busen regte? bin ich nichts,
Ganz nichts geworden?
Nein, es ist alles da und ich bin nichts;
Ich bin mir selbst entwandt, sie ist es mir!

ANTONIO. Und wenn du ganz dich zu verlieren scheinst,
Vergleiche dich! Erkenne was du bist!

TASSO. Ja, du erinnerst mich zur rechten Zeit! –
Hilft denn kein Beispiel der Geschichte mehr?
Stellt sich kein edler Mann mir vor die Augen,
Der mehr gelitten als ich jemals litt,
Damit ich mich mit ihm vergleichend fasse?
Nein, alles ist dahin! – Nur eines bleibt:
Die Träne hat uns die Natur verliehen,
Den Schrei des Schmerzens, wenn der Mann zuletzt
Es nicht mehr trägt – Und mir noch über alles –
Sie ließ im Schmerz mir Melodie und Rede,
Die tiefste Fülle meiner Not zu klagen:
Und wenn der Mensch in seiner Qual verstummt,
Gab mir ein Gott zu sagen, wie ich leide.

ANTONIO *tritt zu ihm und nimmt ihn bei der Hand.*

TASSO. O edler Mann! Du stehest fest und still,
Ich scheine nur die sturmbewegte Welle.
Allein bedenk, und überhebe nicht
Dich deiner Kraft! Die mächtige Natur,
Die diesen Felsen gründete, hat auch
Der Welle die Beweglichkeit gegeben.
Sie sendet ihren Sturm, die Welle flieht
Und schwankt und schwillt und beugt sich schäumend über.
In dieser Woge spiegelte so schön

Die Sonne sich, es ruhten die Gestirne
An dieser Brust, die zärtlich sich bewegte.
Verschwunden ist der Glanz, entflohn die Ruhe.
Ich kenne mich in der Gefahr nicht mehr,
Und schäme mich nicht mehr es zu bekennen.
Zerbrochen ist das Steuer und es kracht
Das Schiff an allen Seiten. Berstend reißt
Der Boden unter meinen Füßen auf!
Ich fasse dich mit beiden Armen an!
So klammert sich der Schiffer endlich noch
Am Felsen fest, an dem er scheitern sollte.

DIE AUFGEREGTEN

POLITISCHES DRAMA IN FÜNF AKTEN

PERSONEN

Die Gräfin
Friederike, ihre Tochter
Karl, ihr Söhnchen
Der Baron, ein Vetter
Der Hofrat
Breme von Bremenfeld, Chirurgus
Karoline, Bremens Tochter
Luise, Bremens Nichte
Der Magister, Hofmeister des jungen Grafen
Der Amtmann
Jakob, junger Landmann und Jäger
Martin, Albert, Peter, } Landleute
Georg, Bedienter der Gräfin

ERSTER AUFZUG

ERSTER AUFTRITT

Ein gemeinsames Wohnzimmer, an der Wand zwei Bilder, eines bürgerlichen Mannes und seiner Frau, in der Tracht wie sie vor funfzig oder sechzig Jahren zu sein pflegte.
Nacht.
Luise an einem Tische worauf ein Licht steht, strickend.
Karoline in einem Großvatersessel gegenüber, schlafend.

LUISE einen eben vollendeten gestrickten Strumpf in die Höhe haltend. Wieder ein Strumpf! Nun wollt' ich, der Onkel käme nach Hause, denn ich habe nicht Lust einen andern anzufangen. Sie steht auf und geht ans Fenster. Er bleibt heut ungewöhnlich lange weg, sonst kommt er doch gegen eilf Uhr und es ist jetzt schon Mitternacht. Sie tritt wieder an den Tisch Was die französische Revolution Gutes oder Böses stiftet, kann ich nicht beurteilen; so viel weiß ich, daß sie mir diesen Winter einige Paar Strümpfe mehr einbringt. Die Stunden die ich jetzt wachen und warten muß, bis Herr Breme nach Hause kommt, hätt' ich verschlafen, wie ich sie jetzt verstricke, und er verplaudert sie, wie er sie sonst verschlief.

KAROLINE im Schlafe redend. Nein, nein! Mein Vater!

LUISE sich dem Sessel nähernd. Was gibt's? liebe Muhme! – Sie antwortet nicht! – Was nur dem guten Mädchen sein mag! Sie ist still und unruhig; des Nachts schläft sie nicht, und jetzt, da sie vor Müdigkeit eingeschlafen ist, spricht sie im Traume. Sollte meine Vermutung gegründet sein? Sollte der Baron in diesen wenigen Tagen einen solchen Eindruck auf sie gemacht haben, so schnell und stark? Hervortretend. Wunderst du dich, Luise, und hast du nicht selbst erfahren wie die Liebe wirkt! wie schnell und wie stark!

ZWEITER AUFTRITT

Die Vorigen. Georg.

GEORG heftig und ängstlich. Liebes Mamsellchen, geben Sie mir geschwinde, geschwinde –

LUISE. Was denn, Georg?

GEORG. Geben Sie mir die Flasche.

LUISE. Was für eine Flasche?

GEORG. Ihr Herr Onkel sagte, Sie sollen mir die Flasche geschwinde geben, sie steht in der Kammer, oben auf dem Brette rechter Hand.

LUISE. Da stehen viele Flaschen, was soll denn drinne sein?

GEORG. Spiritus.

LUISE. Es gibt allerlei Spiritus; hat er sich nicht deutlicher erklärt? wozu soll's denn?

GEORG. Er sagt' es wohl, ich war aber so erschrocken. Ach der junge Herr –

KAROLINE die aus dem Schlaf auffährt. Was gibt's? – Der Baron?

LUISE. Der junge Graf.

GEORG. Leider, der junge Graf!

KAROLINE. Was ist ihm begegnet?

GEORG. Geben Sie mir den Spiritus.

LUISE. Sage nur was dem jungen Grafen begegnet ist, so weiß ich wohl was der Onkel für eine Flasche braucht.

GEORG. Ach das gute Kind! was wird die Frau Gräfin sagen wenn sie morgen kömmt! wie wird sie uns ausschelten!

KAROLINE. So red' Er doch!

GEORG. Er ist gefallen, mit dem Kopfe vor eine Tischecke,

das Gesicht ist ganz in Blut, wer weiß ob nicht gar das Auge gelitten hat.

Luise indem sie einen Wachsstock anzündet und in die Kammer geht. Nun weiß ich was sie brauchen.

Karoline. So spät! wie ging das zu?

Georg. Liebes Mamsellchen, ich dachte lange es würde nichts Gutes werden. Da sitzt Ihr Vater und der Hofmeister alle Abend beim alten Pfarrer und lesen die Zeitungen und Monatsschriften, und so disputieren sie und können nicht fertig werden und das arme Kind muß dabei sitzen; da druckt sich's denn in eine Ecke wenn's spät wird und schläft ein, und wenn sie aufbrechen da taumelt das Kind schlaftrunken mit und heute – nun sehen Sie – da schlägt's eben zwölfe – heute bleiben sie über alle Gebühr aus, und ich sitze zu Hause und habe Licht brennen und dabei stehen die andern Lichter für den Hofmeister und den jungen Herrn, und Ihr Vater und der Magister bleiben vor der Schloßbrücke stehen und können auch nicht fertig werden. –

Luise kommt mit einem Glase zurück.

Georg fährt fort. Und das Kind kommt in den Saal getappt und ruft mich, und ich fahre auf und will die Lichter anzünden wie ich immer tue, und wie ich schlaftrunken bin, lösche ich das Licht aus. Indessen tappt das Kind die Treppe hinauf, und auf dem Vorsaal stehen die Stühle und Tische, die wir morgen früh in die Zimmer verteilen wollen; das Kind weiß es nicht, geht gerade zu, stößt sich, fällt, wir hören es schreien, ich mache Lärm, ich mache Licht und wie wir hinauf kommen, liegt's da und weiß kaum von sich selbst. Das ganze Gesicht ist blutig. Wenn es ein Auge verloren hat, wenn es gefährlich wird, geh ich morgen früh auf und davon, eh' die Frau Gräfin ankommt; mag's verantworten wer will!

Luise die indessen einige Bündelchen Leinwand aus der Schublade genommen, gibt ihm die Flasche. Hier! geschwind! trage das hinüber und nimm die Läppchen dazu, ich komme gleich selbst. Der Himmel verhüte, daß es so übel sei! Geschwind, Georg, geschwind! Georg ab. Halte warmes Wasser bereit, wenn der Onkel nach Hause kommt und Kaffee verlangt. Ich will geschwind hinüber. Es wäre entsetzlich, wenn wir unsere gute Gräfin so empfangen müßten. Wie empfahl sie nicht dem Magister, wie empfahl sie nicht mir das Kind bei ihrer Abreise! Leider habe ich sehen müssen, daß es die Zeit über sehr versäumt worden ist; daß man doch gewöhnlich seine nächste Pflicht versäumt! Ab.

DRITTER AUFTRITT

Karoline. Hernach der Baron.

KAROLINE nachdem sie einigemal nachdenkend auf und ab gegangen. Er verläßt mich keinen Augenblick, auch im Traume selbst war er mir gegenwärtig. O wenn ich glauben könnte daß sein Herz, seine Absichten so redlich sind, als seine Blicke, sein Betragen reizend und einnehmend ist. Ach, und die Art mit der er alles zu sagen weiß, wie edel er sich ausdrückt! Man sage was man will, welche Vorzüge gibt einem Menschen von edler Geburt eine standesmäßige Erziehung! Ach, daß ich doch seinesgleichen wäre!

DER BARON an der Türe. Sind Sie allein, beste Karoline?

KAROLINE. Herr Baron, wo kommen Sie her? entfernen Sie sich! wenn mein Vater käme! Es ist nicht schön mich so zu überfallen.

BARON. Die Liebe, die mich hieher führt, wird auch mein Fürsprecher bei Ihnen sein, angebetete Karoline. Er will sie umarmen.

KAROLINE. Zurück, Herr Baron! Sie sind sehr verwegen. Wo kommen Sie her?

BARON. Ein Geschrei weckt mich, ich springe herunter und finde, daß mein Neffe sich eine Brausche gefallen hat. Ich finde Ihren Vater um das Kind beschäftigt, nun kommt auch Ihre Muhme, ich sehe daß es keine Gefahr hat, es fällt mir ein: Karoline ist allein und was kann mir bei jeder Gelegenheit anders einfallen als Karoline? Die Augenblicke sind kostbar, schönes, angenehmes Kind! Gestehen Sie mir, sagen Sie mir, daß Sie mich lieben. Will sie umarmen.

KAROLINE. Noch einmal, Herr Baron! lassen Sie mich, und verlassen Sie dieses Haus.

BARON. Sie haben versprochen mich so bald als möglich zu sehen, und wollen mich nun entfernen?

KAROLINE. Ich habe versprochen morgen früh mit Sonnenaufgang in dem Garten zu sein, mit Ihnen spazieren zu gehen, mich Ihrer Gesellschaft zu freuen. Hieher hab' ich Sie nicht eingeladen.

BARON. Aber die Gelegenheit –

KAROLINE. Hab' ich nicht gemacht.

BARON. Aber ich benutze sie; können Sie mir es verdenken?

KAROLINE. Ich weiß nicht was ich von Ihnen denken soll.

BARON. Auch Sie – lassen Sie es mich frei gestehen – auch Sie erkenne ich nicht.

KAROLINE. Und worin bin ich mir denn so unähnlich?

BARON. Können Sie noch fragen?

KAROLINE. Ich muß wohl, ich begreife Sie nicht.

BARON. Ich soll reden?

KAROLINE. Wenn ich Sie verstehen soll.

BARON. Nun gut. Haben Sie nicht seit den drei Tagen die ich Sie kenne jede Gelegenheit gesucht, mich zu sehen und zu sprechen?

KAROLINE. Ich leugne es nicht.

BARON. Haben Sie mir nicht so oft ich Sie ansah mit Blicken geantwortet? und mit was für Blicken!

KAROLINE *verlegen.* Ich kann meine eignen Blicke nicht sehen.

BARON. Aber fühlen, was sie bedeuten – Haben Sie mir, wenn ich Ihnen im Tanze die Hand drückte, die Hand nicht wieder gedrückt?

KAROLINE. Ich erinnere mich's nicht.

BARON. Sie haben ein kurzes Gedächtnis, Karoline. Als wir unter der Linde drehten, und ich Sie zärtlich an mich schloß, damals stieß mich Karoline nicht zurück.

KAROLINE. Herr Baron, Sie haben sich falsch ausgelegt, was ein gutherziges unerfahrnes Mädchen –

BARON. Liebst du mich?

KAROLINE. Noch einmal, verlassen Sie mich! Morgen frühe –

BARON. Werde ich ausschlafen.

KAROLINE. Ich werde Ihnen sagen –

BARON. Ich werde nichts hören.

KAROLINE. So verlassen Sie mich.

BARON *sich entfernend.* O, es ist mir leid, daß ich gekommen bin.

KAROLINE *allein, nach einer Bewegung, als wenn sie ihn aufhalten wollte.* Er geht, ich muß ihn fortschicken, ich darf ihn nicht halten. Ich liebe ihn, und muß ihn verscheuchen. Ich war unvorsichtig, und bin unglücklich. Weg sind meine Hoffnungen auf den schönen Morgen, weg die goldnen Träume, die ich zu nähren wagte. O, wie wenig Zeit braucht es, unser ganzes Schicksal umzukehren!

VIERTER AUFTRITT

Karoline. Breme.

KAROLINE. Lieber Vater wie geht's? was macht der junge Graf?

BREME. Es ist eine starke Kontusion, doch ich hoffe die Läsion soll nicht gefährlich sein. Ich werde eine vortreffliche Kur machen und der Herr Graf wird sich künftig, so oft er sich im Spiegel besieht, bei der Schmarre seines geschickten Chirurgi, seines Breme von Bremenfeld, erinnern.

KAROLINE. Die arme Gräfin! wenn sie nur nicht schon morgen käme.

BREME. Desto besser! und wenn sie den übeln Zustand des Patienten mit Augen sieht, wird sie, wenn die Kur vollbracht ist, desto mehr Ehrfurcht für meine Kunst empfinden. Standespersonen müssen auch wissen daß sie und ihre Kinder Menschen sind; man kann sie nicht genug empfinden machen wie verehrungswürdig ein Mann ist, der ihnen in ihren Nöten beisteht, denen sie wie alle Kinder Adams unterworfen sind, besonders ein Chirurgus. Ich sage dir, mein Kind, ein Chirurgus ist der verehrungswürdigste Mann auf dem ganzen Erdboden. Der Theolog befreit dich von der Sünde die er selbst erfunden hat; der Jurist gewinnt dir deinen Prozeß und bringt deinen Gegner der gleiches Recht hat an den Bettelstab; der Medikus kuriert dir eine Krankheit weg, die andere herbei und du kannst nie recht wissen ob er dir genutzt oder geschadet hat: der Chirurgus aber befreit dich von einem reellen Übel, das du dir selbst zugezogen hast, oder das dir zufällig und unverschuldet über den Hals kommt; er nutzt dir, schadet keinem Menschen, und du kannst dich unwidersprechlich überzeugen, daß seine Kur gelungen ist.

KAROLINE. Freilich auch, wenn sie nicht gelungen ist.

BREME. Das lehrt dich den Pfuscher vom Meister unterscheiden. Freue dich, meine Tochter, daß du einen solchen Meister zum Vater hast: für ein wohldenkendes Kind ist nichts ergetzlicher als sich seiner Eltern und Großeltern zu freuen.

KAROLINE *mit traurigem Ton, wie bisher.* Das tu' ich, mein Vater.

BREME *sie nachahmend.* Das tust du, mein Töchterchen, mit einem betrübten Gesichtchen und weinerlichen Tone. – Das soll doch wohl keine Freude vorstellen?

KAROLINE. Ach, mein Vater!

BREME. Was hast du, mein Kind?

KAROLINE. Ich muß es Ihnen gleich sagen.

BREME. Was hast du?

KAROLINE. Sie wissen der Baron hat diese Tage her sehr freundlich, sehr zärtlich mit mir getan, ich sagt' es Ihnen gleich und fragte Sie um Rat.

BREME. Du bist ein vortreffliches Mädchen! wert als eine Prinzessin, eine Königin aufzutreten.

KAROLINE. Sie rieten mir auf meiner Hut zu sein, auf mich wohl Acht zu haben, aber auch auf ihn; mir nichts zu vergeben aber auch ein Glück, wenn es mich aufsuchen sollte, nicht von mir zu stoßen. Ich habe mich gegen ihn betragen, daß ich mir keine Vorwürfe zu machen habe; aber er –

BREME. Rede, mein Kind, rede!

KAROLINE. O es ist abscheulich. Wie frech, wie verwegen! –

BREME Wie? *Nach einer Pause.* Sage mir nichts, meine Tochter, du kennst mich, ich bin eines hitzigen Temperaments, ein alter Soldat, ich würde mich nicht fassen können, ich würde einen tollen Streich machen.

KAROLINE. Sie können es hören, mein Vater, ohne zu zürnen, ich darf es sagen, ohne rot zu werden. Er hat meine

Freundlichkeit übel ausgelegt, er hat sich in Ihrer Abwesenheit, nachdem Luise auf das Schloß geeilt war, hier ins Haus geschlichen. Er war verwegen, aber ich wies ihn zurechte. Ich trieb ihn fort und ich darf wohl sagen, seit diesem Augenblick haben sich meine Gesinnungen gegen ihn geändert. Er schien mir liebenswürdig, als er gut war, als ich glauben konnte daß er es gut mit mir meine; jetzt kommt er mir vor schlimmer als jeder andere. Ich werde Ihnen alles, wie bisher, erzählen, alles gestehen, und mich Ihrem Rat ganz allein überlassen.

BREME. Welch ein Mädchen! welch ein vortreffliches Mädchen! O ich beneidenswerter Vater! Wartet nur, Herr Baron, wartet nur! Die Hunde werden von der Kette loskommen, und den Füchsen den Weg zum Taubenschlag verrennen. Ich will nicht Breme heißen, nicht den Namen Bremenfeld verdienen, wenn in kurzem nicht alles anders werden soll.

KAROLINE Erzürnt Euch nicht, mein Vater!

BREME. Du gibst mir ein neues Leben, meine Tochter; ja fahre fort deinen Stand durch deine Tugend zu zieren, gleiche in allem deiner vortrefflichen Urgroßmutter, der seligen Burgemeisterin von Bremenfeld. Diese würdige Frau war durch Sittsamkeit die Ehre ihres Geschlechts und durch Verstand die Stütze ihres Gemahls. Betrachte dieses Bild jeden Tag, jede Stunde, ahme sie nach und werde verehrungswürdig wie sie. Karoline sieht das Bild an und lacht. Was lachst du, meine Tochter?

KAROLINE. Ich will meiner Urgroßmutter gern in allem Guten folgen, wenn ich mich nur nicht anziehen soll wie sie. Ha, ha, ha! Sehn Sie nur, so oft ich das Bild ansehe muß ich lachen, ob ich es gleich alle Tage vor Augen habe, ha, ha, ha! Sehn Sie nur das Häubchen, das wie Fledermausflügel vom Kopfe lossteht.

BREME. Nun, nun! zu ihrer Zeit lachte niemand darüber, und wer weiß wer über euch künftig lacht wenn er euch gemalt sieht: denn ihr seid sehr selten angezogen und aufgeputzt, daß ich sagen möchte, ob du gleich meine hübsche Tochter bist, sie gefällt mir! Gleiche dieser vortrefflichen Frau an Tugenden und kleide dich mit besserm Geschmack, so hab' ich nichts dagegen, vorausgesetzt, daß, wie sie sagen, der gute Geschmack nicht teurer ist als der schlechte. Übrigens dächt' ich du gingst zu Bette, denn es ist spät.

KAROLINE. Wollen Sie nicht noch Kaffee trinken? das Wasser siedet, er ist gleich gemacht.

BREME. Setze nur alles zurechte, schütte den gemahlenen Kaffee in die Kanne, das heiße Wasser will ich selbst darüber gießen.

KAROLINE. Gute Nacht, mein Vater! Geht ab.

BREME. Schlaf wohl, mein Kind.

FÜNFTER AUFTRITT

BREME allein. Daß auch das Unglück just diese Nacht geschehen mußte! Ich hatte alles klüglich eingerichtet, meine Einteilung der Zeit als ein echter Praktikus gemacht. Bis gegen Mitternacht hatten wir zusammen geschwatzt, da war alles ruhig, nachher wollte ich meine Tasse Kaffee trinken, meine bestellten Freunde sollten kommen zu der geheimnisvollen Überlegung. Nun hat's der Henker! Alles ist in Unruhe, sie wachen im Schloß dem Kinde Umschläge aufzulegen. Wer weiß wo sich der Baron herumdrückt, um meiner Tochter aufzupassen. Beim Amtmann seh' ich Licht, bei dem verwünschten Kerl, den ich am meisten scheue. Wenn wir entdeckt werden, so kann der größte, schönste, erhabenste Gedanke, der auf mein ganzes Vaterland Einfluß haben soll, in der Geburt erstickt werden. Er geht ans Fenster. Ich höre jemand kommen; die Würfel sind geworfen, wir müssen nun die Steine setzen; ein alter Soldat darf sich vor nichts fürchten. Bin ich denn nicht bei dem großen unüberwindlichen Fritz in die Schule gegangen!

SECHSTER AUFTRITT

Breme. Martin.

BREME. Seid Ihr's, Gevatter Martin?

MARTIN. Ja, lieber Gevatter Breme, das bin ich. Ich habe mich ganz stille aufgemacht wie die Glocke zwölfe schlug und bin hergekommen; aber ich habe noch Lärm gehört und hin und wider gehen und da bin ich im Garten einigemal auf und ab geschlichen, bis alles ruhig war. Sagt mir nur was Ihr wollt, Gevatter Breme, daß wir so spät bei Euch zusammenkommen, in der Nacht; könnten wir's denn nicht bei Tage abmachen?

BREME. Ihr sollt alles erfahren, nur müßt Ihr Geduld haben, bis die andern alle beisammen sind.

MARTIN. Wer soll denn noch alles kommen?

BREME. Alle unsere guten Freunde, alle vernünftige Leute. Außer Euch, der Ihr Schulze von dem Ort hier seid, kommt noch Peter der Schulze von Rosenhahn und Albert der Schulze von Wiesengruben; ich hoffe auch, Jakob wird kommen, der das hübsche Freigut besitzt. Dann sind recht ordentliche und vernünftige Leute beisammen, die schon was ausmachen können.

MARTIN. Gevatter Breme, Ihr seid ein wunderlicher Mann, es ist Euch alles eins, Nacht und Tag, Tag und Nacht, Sommer und Winter.

BREME. Ja, wenn das auch nicht so wäre, könnte nichts Rechts werden. Wachen oder Schlafen, das ist mir auch ganz gleich. Es war nach der Schlacht bei Leuthen, wo unsere Lazarette sich in schlechtem Zustande befanden, und sich wahrhaftig noch im schlechteren Zustande befunden hätten, wäre Breme nicht damals ein junger rüstiger Bursche gewesen. Da lagen viele Blessierte, viele Kranke, und alle Feldscherer waren alt und verdrossen, aber Breme, ein junger tüchtiger Kerl, Tag und Nacht parat. Ich sag' Euch, Gevatter, daß ich acht Nächte nacheinander weg gewacht, und am Tage nicht geschlafen habe. Das merkte sich aber auch der alte Fritz, der alles wußte was er wissen wollte. Höre Er, Breme, sagte er einmal, als er in eigner Person das Lazarett visitierte: Höre Er, Breme, man sagt daß Er an der Schlaflosigkeit krank liege. – Ich merkte wo das hinaus wollte, denn die andern stunden alle dabei; ich faßte mich und sagte: Ihro Majestät, das ist eine Krankheit wie ich sie allen Ihren Dienern wünsche, und da sie keine Mattigkeit zurückläßt und ich den Tag auch noch brauchbar bin, so hoffe ich, daß Seine Majestät deswegen keine Ungnade auf mich werfen werden.

MARTIN. Ei, ei! wie nahm denn das der König auf?

BREME. Er sah ganz ernsthaft aus, aber ich sah ihm wohl an, daß es ihm wohlgefiel. Breme, sagte er, womit vertreibt Er sich denn die Zeit? Da faßt' ich mir wieder ein Herz und sagte: Ich denke an das was Ihro Majestät getan haben und noch tun werden, und da könnt' ich Methusalems Jahre erreichen und immer fort wachen, und könnt's doch nicht ausdenken. Da tat er als hört' er's nicht und ging vorbei. Nun war's wohl acht Jahre darnach, da faßt' er mich bei der Revue wieder ins Auge. Wacht Er noch immer, Breme? rief er. Ihro Majestät, versetzt' ich, lassen einem ja im Frieden so wenig Ruh als im Kriege. Sie tun immer so große Sachen, daß sich ein gescheuter Kerl daran zu Schanden denkt.

MARTIN. So habt Ihr mit dem König gesprochen, Gevatter? Durfte man so mit ihm reden?

BREME. Freilich durfte man so und noch ganz anders, denn er wußte alles besser. Es war ihm einer wie der andere, und der Bauer lag ihm am mehrsten am Herzen. Ich weiß wohl, sagte er zu seinen Ministern, wenn sie ihm das und jenes einreden wollten: die Reichen haben viele Advokaten, aber die Dürftigen haben nur e i n e n und das bin ich.

MARTIN. Wenn ich ihn doch nur auch gesehen hätte!

BREME. Stille, ich höre was! es werden unsere Freunde sein. Sieh da! Peter und Albert.

SIEBENTER AUFTRITT

Peter. Albert. Die Vorigen.

BREME. Willkommen! – Ist Jakob nicht bei euch?

PETER. Wir haben uns bei den drei Linden bestellt; aber er blieb uns zu lang aus, nun sind wir allein da.

ALBERT. Was habt Ihr uns Neues zu sagen, Meister Breme? Ist was von Wetzlar gekommen, geht der Prozeß vorwärts?

BREME. Eben weil nichts gekommen ist, und weil, wenn was gekommen wäre, es auch nicht viel heißen würde; so wollt' ich euch eben einmal meine Gedanken sagen: denn ihr wißt wohl, ich nehme mich der Sachen aller, aber nicht öffentlich an, bis jetzt nicht öffentlich, denn ich darf's mit der gnädigen Herrschaft nicht ganz verderben.

PETER. Ja, wir verdürben's auch nicht gern mit ihr, wenn sie's nur halbweg leidlich machte.

BREME. Ich wollte euch sagen – wenn nur Jakob da wäre, daß wir alle zusammen wären, und daß ich nichts wiederholen müßte, und wir einig würden.

ALBERT. Jakob? Es ist fast besser, daß er nicht dabei ist. Ich traue ihm nicht recht; er hat das Freigütchen, und wenn er auch wegen der Zinsen mit uns gleiches Interesse hat, so geht ihn doch die Straße nichts an, und er hat sich im ganzen Prozeß gar zu lässig bewiesen.

BREME. Nun so laßt's gut sein. Setzt euch und hört mich an.

Sie setzen sich.

MARTIN. Ich bin recht neugierig zu hören:

BREME. Ihr wißt, daß die Gemeinden schon vierzig Jahre lang mit der Herrschaft einen Prozeß führen, der auf langen Umwegen endlich nach Wetzlar gelangt ist, und von dort den Weg nicht zurück finden kann. Der Gutsherr verlangt Fronen und andere Dienste, die ihr verweigert, und mit Recht verweigert: denn es ist ein Rezeß geschlossen worden mit dem Großvater unsers jungen Grafen – Gott erhalt' ihn! – der sich diese Nacht eine erschreckliche Brausche gefallen hat.

MARTIN. Eine Brausche?

PETER. Gerade diese Nacht?

ALBERT. Wie ist das zugegangen?

MARTIN. Das arme liebe Kind!

BREME. Das will ich euch nachher erzählen. Nun hört mich weiter an. Nach diesem geschlossenen Rezeß überließen die Gemeinden an die Herrschaft ein paar Fleckchen Holz, einige Wiesen, einige Triften und sonst noch Kleinigkeiten, die euch von keiner Bedeutung waren und der Herrschaft viel nutzten: denn man sieht, der alte Graf war ein kluger Herr, aber auch ein guter Herr. Leben und leben lassen, war sein Spruch. Er erließ den Gemeinden dagegen einige zu entbehrende Fronen und –

ALBERT. Und das sind die, die wir noch immer leisten müssen.

BREME. Und machte ihnen einige Konvenienzen –

MARTIN. Die wir noch nicht genießen.

BREME. Richtig, weil der Graf starb, die Herrschaft sich im Besitz dessen setzte, was ihr zugestanden war, der Krieg einfiel, und die Untertanen noch mehr tun mußten, als sie vorher getan hatten.

PETER. Es ist akkurat so, so hab' ich's mehr als einmal aus des Advokaten Munde gehört.

BREME. Und ich weiß es besser als der Advokat, denn ich sehe weiter. Der Sohn des Grafen, der verstorbene gnädige Herr, wurde eben um die Zeit volljährig. Das war, bei Gott! ein wilder böser Teufel, der wollte nichts herausgeben, und mißhandelte euch ganz erbärmlich. Er war im Besitz, der Rezeß war fort, und nirgends zu finden.

ALBERT. Wäre nicht noch die Abschrift da, die unser verstorbener Pfarrer gemacht hat, wir wüßten kaum etwas davon.

BREME. Diese Abschrift ist euer Glück und euer Unglück. Diese Abschrift gilt alles vor jedem billigen Menschen, vor Gericht gilt sie nichts. Hättet ihr diese Abschrift nicht, so wäret ihr ungewiß in dieser Sache. Hätte man diese Abschrift der Herrschaft nicht vorgelegt, so wüßte man nicht, wie ungerecht sie denkt.

MARTIN. Da müßt Ihr auch wieder billig sein. Die Gräfin leugnet nicht, daß vieles für uns spricht; nur weigert sie sich den Vergleich einzugehen, weil sie, in Vormundschaft ihres Sohnes, sich nicht getraut, so etwas abzuschließen.

ALBERT. In Vormundschaft ihres Sohnes! Hat sie nicht den neuen Schloßflügel bauen lassen, den er vielleicht sein Lebtage nicht bewohnt, denn er ist nicht gern in dieser Gegend.

PETER. Und besonders da er nun eine Brausche gefallen hat.

ALBERT. Hat sie nicht den großen Garten und die Wasserfälle anlegen lassen, worüber ein paar Mühlen haben müssen weggekauft werden? Das getraut sie sich alles in Vormundschaft zu tun, aber das Rechte, das Billige, das getraut sie sich nicht.

BREME. Albert, du bist ein wackerer Mann, so hör' ich gern

reden, und ich gestehe wohl, wenn ich von unserer gnädigen Gräfin manches Gute genieße und deshalb mich für ihren untertänigen Diener bekenne, so möcht' ich doch auch darin meinen König nachahmen, und euer Sachwalter sein.

PETER. Das wäre recht schön. Macht nur daß unser Prozeß bald aus wird.

BREME. Das kann ich nicht, das müßt ihr.

PETER. Wie wäre denn das anzugreifen?

BREME. Ihr guten Leute wißt nicht, daß alles in der Welt vorwärts geht, daß heute möglich ist, was vor zehn Jahren nicht möglich war. Ihr wißt nicht, was jetzt alles unternommen, was alles ausgeführt wird.

MARTIN. O ja, wir wissen, daß in Frankreich jetzt wunderliches Zeug geschieht.

PETER. Wunderliches und abscheuliches!

ALBERT. Wunderliches und gutes.

BREME. So recht, Albert, man muß das Beste wählen! Da sag' ich nun, was man in Güte nicht haben kann, soll man mit Gewalt nehmen.

MARTIN. Sollte das gerade das Beste sein?

ALBERT. Ohne Zweifel.

PETER. Ich dächte nicht.

BREME. Ich muß euch sagen, Kinder, jetzt oder niemals!

ALBERT. Da dürft Ihr uns in Wiesengruben nicht viel vorschwatzen; dazu sind wir fix und fertig. Unsere Leute wollten längst rebellern; ich habe nur immer abgewehrt, weil mir Herr Breme immer sagte, es sei noch nicht Zeit, und das ist ein gescheuter Mann, auf den ich Vertrauen habe.

BREME. Gratias, Gevatter, und ich sage euch: jetzt ist es Zeit.

ALBERT. Ich glaub's auch.

PETER. Nehmt mir's nicht übel, das kann ich nicht einsehen: denn wenn's gut aderlassen ist, gut purgieren, gut schröpfen, das steht im Kalender, und darnach weiß ich mich zu richten; aber wenn's just gut rebellern sei? das, glaub' ich, ist viel schwerer zu sagen.

BREME. Das muß unsereiner verstehen.

ALBERT. Freilich versteht Ihr's.

PETER. Aber sagt mir nur, woher's eigentlich kommt, daß Ihr's besser versteht, als andere gescheute Leute?

BREME *gravitätisch*. Erstlich, mein Freund, weil schon vom Großvater an meine Familie die größten politischen Einsichten erwiesen. Hier dieses Bildnis zeigt euch meinen Großvater Hermann Breme von Bremenfeld, der, wegen großer und vorzüglicher Verdienste zum Burgermeister seiner Vaterstadt erhoben, ihr die größten und wichtigsten Dienste geleistet hat. Dort schwebt sein Andenken noch in Ehren und Segen, wenngleich boshafte, pasquillantische Schauspieldichter seine großen Talente und gewisse Eigenheiten, die er an sich haben mochte, nicht sehr glimpflich behandelten. Seine tiefe Einsicht in die ganze politische und militärische Lage von Europa wird ihm selbst von seinen Feinden nicht abgesprochen.

PETER. Es war ein hübscher Mann, er sieht recht wohlgenährt aus.

BREME. Freilich genoß er ruhigere Tage als sein Enkel.

MARTIN. Habt Ihr nicht auch das Bildnis Eures Vaters?

BREME. Leider, nein! Doch muß ich euch sagen: die Natur, indem sie meinen Vater Jost Breme von Bremenfeld hervorbrachte, hielt ihre Kräfte zusammen, um euren Freund mit solchen Gaben auszurüsten, durch die er euch nützlich zu werden wünscht. Doch behüte der Himmel, daß ich mich über meine Vorfahren erheben sollte; es wird uns jetzt viel leichter gemacht, und wir können mit geringern natürlichen Vorzügen eine große Rolle spielen.

MARTIN. Nicht zu bescheiden, Gevatter!

BREME. Es ist lautre Wahrheit. Sind nicht jetzt der Zeitungen, der Monatsschriften, der fliegenden Blätter so viel, aus denen wir uns unterrichten, an denen wir unsern Verstand üben können! Hätte mein seliger Großvater nur den tausendsten Teil dieser Hülfsmittel gehabt, er wäre ein ganz anderer Mann geworden. Doch Kinder, was rede ich von mir! Die Zeit vergeht, und ich fürchte der Tag bricht an. Der Hahn macht uns aufmerksam, daß wir uns kurz fassen sollen. Habt ihr Mut?

ALBERT. An mir und den Meinigen soll's nicht fehlen.

PETER. Unter den Meinigen findet sich wohl einer, der sich an die Spitze stellt; ich verbitte mir den Auftrag.

MARTIN. Seit den paar letzten Predigten, die der Magister hielt, weil der alte Pfarrer so krank liegt, ist das ganze große Dorf hier in Bewegung.

BREME. Gut! so kann was werden. Ich habe ausgerechnet, daß wir über sechshundert Mann stellen können. Wollt ihr, so ist in der nächsten Nacht alles getan.

MARTIN. In der nächsten Nacht?

BREME. Es soll nicht wieder Mitternacht werden, und ihr sollt wieder haben alles, was euch gebührt, und mehr dazu.

PETER. So geschwind? wie wäre das möglich?

ALBERT. Geschwind oder gar nicht.

BREME. Die Gräfin kommt heute an, sie darf sich kaum besinnen. Rückt nur bei einbrechender Nacht vor das Schloß, und fordert eure Rechte, fordert eine neue Ausfertigung des alten Reverses, macht euch noch einige kleine Bedingungen, die ich euch schon angeben will, laßt sie unterschreiben, laßt sie schwören und so ist alles getan.

PETER. Vor einer solchen Gewalttätigkeit zittern mir Arm und Beine.

ALBERT. Narr! Wer Gewalt braucht, darf nicht zittern.

MARTIN. Wie leicht können sie uns aber ein Regiment Dragoner über den Hals ziehen. So arg dürfen wir's doch nicht machen. Das Militär, der Fürst, die Regierung würden uns schön zusammenarbeiten.

BREME. Gerade umgekehrt. Das ist's eben, worauf ich fuße. Der Fürst ist unterrichtet, wie sehr das Volk bedruckt sei. Er hat sich über die Unbilligkeit des Adels, über die Langweiligkeit der Prozesse, über die Schikane der Gerichtshalter und Advokaten oft genug deutlich und stark erklärt, so daß man voraussetzen kann, er wird nicht zürnen, wenn man sich Recht verschafft, da er es selbst zu tun gehindert ist.

PETER. Sollte das gewiß sein?

ALBERT. Es wird im ganzen Lande davon gesprochen.

PETER. Da wäre noch allenfalls was zu wagen.

BREME. Wie ihr zu Werke gehen müßt, wie vor allen Dingen der abscheuliche Gerichtshalter beiseite muß, und auf wen noch mehr genau zu sehen ist, das sollt ihr alles noch vor Abend erfahren. Bereitet eure Sachen vor, regt eure Leute an, und seid mir heute abend um sechse beim Herrenbrunnen. Daß Jakob nicht kommt, macht ihn verdächtig, ja es ist besser, daß er nicht gekommen ist. Gebt auf ihn acht, daß er uns wenigstens nicht schade; an dem Vorteil, den wir uns erwerben, wird er schon teilnehmen wollen. Es wird Tag, lebt wohl, und bedenkt nur, daß, was geschehen soll, schon geschehen ist. Die Gräfin kommt eben erst von Paris zurück, wo sie das alles gesehn und gehört hat, was wir mit so vieler Verwunderung lesen; vielleicht bringt sie schon selbst mildere Gesinnungen mit, wenn sie gelernt hat, was Menschen, die zu sehr gedruckt werden, endlich für ihre Rechte tun können und müssen.

MARTIN. Lebt wohl, Gevatter, lebt wohl! Punkt sechse bin ich am Herrenbrunnen.

ALBERT. Ihr seid ein tüchtiger Mann! Lebt wohl.

PETER. Ich will Euch recht loben wenn's gut abläuft.

MARTIN. Wir wissen nicht wie wir's Euch danken sollen.

BREME *mit Würde*. Ihr habt Gelegenheit genug mich zu verbinden. Das kleine Kapital zum Exempel von zweihundert Talern, das ich der Kirche schuldig bin, erlaßt ihr mir ja wohl.

MARTIN. Das soll uns nicht reuen.

ALBERT. Unsere Gemeine ist wohlhabend und wird auch gern was für Euch tun.

BREME. Das wird sich finden. Das schöne Fleck, das Gemeindegut war und das der Gerichtshalter zum Garten einzäunen und umarbeiten lassen, das nehmt ihr wieder in Besitz und überlaßt mir's.

ALBERT. Das wollen wir nicht ansehen, das ist schon verschmerzt.

PETER. Wir wollen auch nicht zurückbleiben.

BREME. Ihr habt selbst einen hübschen Sohn und ein schönes Gut, dem könnt' ich meine Tochter geben. Ich bin nicht stolz, glaubt mir, ich bin nicht stolz. Ich will Euch gern meinen Schwäher heißen.

PETER. Das Mamsellchen ist hübsch genug; nur ist sie schon zu vornehm erzogen.

BREME. Nicht vornehm, aber gescheut. Sie wird sich in jeden Stand zu finden wissen. Doch darüber läßt sich noch vieles reden. Lebt jetzt wohl, meine Freunde, lebt wohl!

ALLE. So lebt denn wohl!

ZWEITER AUFZUG

ERSTER AUFTRITT

Vorzimmer der Gräfin. Sowohl im Fond als an den Seiten hängen adliche Familienbilder in mannigfaltigen geistlichen und weltlichen Kostümen.

Der Amtmann tritt herein und indem er sich umsieht ob niemand da ist, kommt Luise von der andern Seite.

AMTMANN. Guten Morgen, Demoiselle! Sind Ihro Exzellenz zu sprechen? Kann ich meine untertänigste Devotion zu Füßen legen?

LUISE. Verziehen Sie einigen Augenblick, Herr Amtmann. Die Frau Gräfin wird gleich herauskommen. Die Beschwerlichkeiten der Reise und das Schrecken bei der Ankunft haben einige Ruhe nötig gemacht.

AMTMANN. Ich bedaure von ganzem Herzen! Nach einer so langen Abwesenheit, nach einer so beschwerlichen Reise ihren einzig geliebten Sohn in einem so schrecklichen Zustande zu finden! Ich muß gestehen, es schaudert mich wenn ich nur daran denke. Ihro Exzellenz waren wohl sehr alteriert?

LUISE. Sie können sich leicht vorstellen was eine zärtliche sorgsame Mutter empfinden mußte, als sie ausstieg, ins Haus trat und da die Verwirrung fand, nach ihrem Sohne fragte und aus ihrem Stocken und Stottern leicht schließen konnte daß ihm ein Unglück begegnet sei.

AMTMANN. Ich bedauere von Herzen. Was fingen Sie an?

LUISE. Wir mußten nur geschwind alles erzählen, damit sie nicht etwas Schlimmeres besorgte; wir mußten sie zu dem Kinde führen, das mit verbundenem Kopf und blutigen

Kleidern dalag. Wir hatten nur für Umschläge gesorgt und ihn nicht ausziehen können.

AMTMANN. Es muß ein schrecklicher Anblick gewesen sein.

LUISE. Sie blickte hin, tat einen lauten Schrei und fiel mir ohnmächtig in die Arme. Sie war untröstlich als sie wieder zu sich kam, und wir hatten alle Mühe sie zu überführen daß das Kind sich nur eine starke Beule gefallen, daß es aus der Nase geblutet und daß keine Gefahr sei.

AMTMANN. Ich möcht' es mit dem Hofmeister nicht teilen, der das Kind so vernachlässigt.

LUISE. Ich wunderte mich über die Gelassenheit der Gräfin, besonders da er den Vorfall leichter behandelte als es ihm in dem Augenblick geziemte.

AMTMANN. Sie ist gar zu gnädig, gar zu nachsichtig.

LUISE. Aber sie kennt ihre Leute und merkt sich alles. Sie weiß wer ihr redlich und treu dient, sie weiß wer nur dem Schein nach ihr untertäniger Knecht ist. Sie kennt die Nachlässigen so gut als die Falschen, die Unklugen sowohl als die Bösartigen.

AMTMANN. Sie sagen nicht zu viel, es ist eine vortreffliche Dame, aber eben deswegen! Der Hofmeister verdiente doch daß sie ihn geradezu wegschickte.

LUISE. In allem, was das Schicksal des Menschen betrifft, geht sie langsam zu Werke, wie es einem Großen geziemt. Es ist nichts schrecklicher als Macht und Übereilung.

AMTMANN. Aber Macht und Schwäche sind auch ein trauriges Paar.

LUISE. Sie werden der gnädigen Gräfin nicht nachsagen daß sie schwach sei.

AMTMANN. Behüte Gott, daß ein solcher Gedanke einem alten treuen Diener einfallen sollte! Aber es ist denn doch erlaubt zum Vorteil seiner gnädigen Herrschaft zu wünschen, daß man manchmal mit mehr Strenge gegen Leute zu Werke gehe, die mit Strenge behandelt sein wollen.

LUISE. Die Frau Gräfin! Luise tritt ab.

ZWEITER AUFTRITT

Die Gräfin im Negligé. Der Amtmann.

AMTMANN. Euer Exzellenz haben zwar auf eine angenehme Weise doch unvermutet Ihre Dienerschaft überrascht, und wir bedauern nur daß Dieselben bei Ihrer Ankunft durch einen so traurigen Anblick erschreckt worden. Wir hatten alle Anstalten zu Dero Empfang gemacht: das Tannenreisig zu einer Ehrenpforte liegt wirklich schon im Hofe; die sämtlichen Gemeinden wollten reihenweis an dem Wege stehen und Hochdieselben mit einem lauten Vivat empfangen, und jeder freute sich schon bei einer so feierlichen Gelegenheit seinen Festtagsrock anzuziehen und sich und seine Kinder zu putzen.

GRÄFIN. Es ist mir lieb daß die guten Leute sich nicht zu beiden Seiten des Wegs gestellt haben, ich hätte ihnen unmöglich ein freundlich Gesicht machen können, und Ihnen am wenigsten, Herr Amtmann!

AMTMANN. Wieso? Wodurch haben wir Eurer Exzellenz Ungnade verdient?

GRÄFIN. Ich kann nicht leugnen, ich war sehr verdrießlich als ich gestern auf den abscheulichen Weg kam, der gerade da anfängt wo meine Besitzungen angehen. Die große Reise hab' ich fast auf lauter guten Wegen vollbracht und eben da ich wieder in das Meinige zurückkomme, find' ich sie nicht nur schlechter wie vorm Jahr, sondern so abscheulich, daß sie alle Übel einer schlechten Chaussee verbinden. Bald tief ausgefahrne Löcher, in die der Wagen umzustürzen droht, aus denen die Pferde mit aller Gewalt ihn kaum herausreißen, bald Steine ohne Ordnung übereinander geworfen, daß man eine Viertelstunde lang selbst in dem bequemsten Wagen aufs unerträglichste zusammengeschüttelt wird. Es sollte mich wundern wenn nichts daran beschädigt wäre.

AMTMANN. Euer Exzellenz werden mich nicht ungehört verdammen; nur mein eifriges Bestreben von Eurer Exzellenz Gerechtsamen nicht das mindeste zu vergeben, ist Ursache an diesem übeln Zustande des Wegs.

GRÄFIN. Ich verstehe. –

AMTMANN. Sie erlauben Ihrer tiefen Einsicht nur anheim zu stellen, wie wenig es mir hätte ziemen wollen den widerspenstigen Bauern auch nur ein Haarbreit nachzugeben. Sie sind schuldig die Wege zu bessern, und da Euer Exzellenz Chaussee befehlen, sind sie auch schuldig die Chaussee zu machen.

GRÄFIN. Einige Gemeinden waren ja willig.

AMTMANN. Das ist eben das Unglück. Sie fuhren die Steine an; als aber die übrigen widerspenstigen sich weigerten und auch jene widerspenstig machten, blieben die Steine liegen und wurden nach und nach teils aus Notwendigkeit, teils aus Mutwillen, in die Gleise geworfen und da ist nun der Weg freilich ein bißchen holprig geworden.

GRÄFIN. Sie nennen das ein wenig holprig!

AMTMANN. Verzeihen Euer Exzellenz wenn ich sogar sage, daß ich diesen Weg öfters mit vieler Zufriedenheit zurücklege. Es ist ein vortreffliches Mittel gegen die Hypochondrie, sich dergestalt zusammenschütteln zu lassen.

GRÄFIN. Das, gesteh' ich, ist eine eigne Kurmethode.

AMTMANN. Und freilich, da nun eben wegen dieses Streites, welcher vor dem Kaiserlichen Reichskammergericht auf das eifrigste betrieben wird, seit einem Jahre an keine Wegebesserung zu denken gewesen und überdies die Holzfuhren stark gehen, in diesen letztern Tagen auch anhaltendes Regenwetter eingefallen; so möchte denn freilich jemanden, der gute Chausseen gewohnt ist, unsere Straße gewissermaßen impraktikabel vorkommen.

GRÄFIN. Gewissermaßen? Ich dächte ganz und gar.

AMTMANN. Euer Exzellenz belieben zu scherzen. Man kommt doch noch immer fort –

GRÄFIN. Wenn man nicht liegen bleibt. Und doch hab' ich an der Meile sechs Stunden zugebracht.

AMTMANN. Ich, vor einigen Tagen, noch länger. Zweimal wurd' ich glücklich herausgewunden, das drittemal brach ein Rad und ich mußte mich noch nur so hereinschleppen lassen. Aber bei allen diesen Unfällen war ich getrost und gutes Muts: denn ich bedachte daß Eurer Exzellenz und Ihres Herrn Sohnes Gerechtsame salviert sind. Aufrichtig gestanden, ich wollte auf solchen Wegen lieber von hier nach Paris fahren, als nur einen Fingerbreit nachgeben, wenn die Rechte und Befugnisse meiner gnädigen Herrschaft bestritten werden. Ich wollte daher Euer Exzellenz dächten auch so und Sie würden gewiß diesen Weg nicht mit so viel Unzufriedenheit zurückgelegt haben.

GRÄFIN. Ich muß sagen darin bin ich anderer Meinung, und gehörten diese Besitztümer mir eigen, müßte ich mich nicht bloß als Verwalterin ansehen, so würde ich über manche Bedenklichkeit hinausgehen, ich würde mein Herz hören, das mir Billigkeit gebietet, und meinen Verstand, der mich einen wahren Vorteil von einem scheinbaren unterscheiden lehrt. Ich würde großmütig sein, wie es dem gar wohl ansteht der Macht hat. Ich würde mich hüten unter dem Scheine des Rechts auf Forderungen zu beharren, die ich durchzusetzen kaum wünschen müßte, und die indem ich Widerstand finde mir auf lebenslang den völligen Genuß eines Besitzes rauben, den ich auf billige Weise verbessern könnte. Ein leidlicher Vergleich und der unmittelbare Gebrauch sind besser als eine wohl gegründete Rechtssache, die mir Verdruß macht und von der ich nicht einmal den Vorteil für meine Nachkommen einsehe.

AMTMANN. Euer Exzellenz erlauben daß ich darin der entgegengesetzten Meinung sein darf. Ein Prozeß ist eine so reizende Sache, daß wenn ich reich wäre, ich eher einige kaufen würde, um nicht ganz ohne dieses Vergnügen zu leben. Tritt ab.

GRÄFIN. Es scheint daß er seine Lust an unsern Besitztümern büßen will.

DRITTER AUFTRITT

Gräfin. Magister.

MAGISTER. Darf ich fragen, gnädige Gräfin, wie Sie sich befinden?

GRÄFIN. Wie Sie denken können, nach der Alteration die mich bei meinem Eintritt überfiel.

MAGISTER. Es tat mir herzlich leid, doch hoff' ich soll es

von keinen Folgen sein. Überhaupt aber kann Ihnen schwerlich der Aufenthalt hier so bald angenehm werden, wenn Sie ihn mit dem vergleichen den Sie vor kurzem genossen haben.

GRÄFIN. Es hat auch große Reize wieder zu Hause bei den Seinigen zu wohnen.

MAGISTER. Wie oftmals hab' ich Sie um das Glück beneidet gegenwärtig zu sein, als die größten Handlungen geschahen, die je die Welt gesehen hat, Zeuge zu sein des seligen Taumels der eine große Nation in dem Augenblick ergriff, als sie sich zum erstenmal frei und von den Ketten entbunden fühlte, die sie so lange getragen hatte, daß diese schwere fremde Last gleichsam ein Glied ihres elenden, kranken Körpers geworden.

GRÄFIN. Ich habe wunderbare Begebenheiten gesehen, aber wenig Erfreuliches.

MAGISTER. Wenngleich nicht für die Sinne, doch für den Geist. Wer aus großen Absichten fehl greift handelt immer lobenswürdiger als wer dasjenige tut was nur kleinen Absichten gemäß ist. Man kann auf dem rechten Wege irren und auf dem falschen recht gehen – –

VIERTER AUFTRITT

Die Vorigen. Luise.

Durch die Ankunft dieses vorzüglichen Frauenzimmers wird die Lebhaftigkeit des Gesprächs erst gemildert und sodann die Unterredung von dem Gegenstande gänzlich abgelenkt. Der Magister, der nun weiter kein Interesse findet, entfernt sich, und das Gespräch unter den beiden Frauenzimmern setzt sich fort wie folgt.

GRÄFIN. Was macht mein Sohn? ich war eben im Begriff zu ihm zu gehen.

LUISE. Er schläft recht ruhig, und ich hoffe er wird bald wieder herumspringen und in kurzer Zeit keine Spur der Beschädigung mehr übrig sein.

GRÄFIN. Das Wetter ist gar zu übel, sonst ging' ich in den Garten. Ich bin recht neugierig zu sehen wie alles gewachsen ist, und wie der Wasserfall, wie die Brücke und die Felsenkluft sich jetzt ausnehmen.

LUISE. Es ist alles vortrefflich gewachsen, die Wildnisse die Sie angelegt haben scheinen natürlich zu sein, sie bezaubern jeden der sie zum erstenmal sieht, und auch mir geben sie in einer stillen Stunde einen angenehmen Aufenthalt. Doch muß ich gestehen, daß ich in der Baumschule unter den fruchtbaren Bäumen lieber bin. Der Gedanke des Nutzens führt mich aus mir selbst heraus und gibt mir eine Fröhlichkeit die ich sonst nicht empfinde. Ich kann säen, pfropfen, okulieren, und wenngleich mein Auge keine malerische Wirkung empfindet, so ist mir doch der Gedanke von Früchten höchst reizend, die einmal und wohl bald jemanden erquicken werden.

GRÄFIN. Ich schätze Ihre guten häuslichen Gesinnungen.

LUISE. Die einzigen die sich für den Stand schicken, der ans Notwendige zu denken hat, dem wenig Willkür erlaubt ist.

GRÄFIN. Haben Sie den Antrag überlegt, den ich Ihnen in meinem letzten Briefe tat? Können Sie sich entschließen meiner Tochter Ihre Zeit zu widmen, als Freundin, als Gesellschafterin mit ihr zu leben?

LUISE. Ich habe kein Bedenken, gnädige Gräfin.

GRÄFIN. Ich hatte viel Bedenken Ihnen den Antrag zu tun. Die wilde und unbändige Gemütsart meiner Tochter macht ihren Umgang unangenehm und oft sehr verdrießlich. So leicht mein Sohn zu behandeln ist, so schwer ist es meine Tochter.

LUISE. Dagegen ist ihr edles Herz, ihre Art zu handeln aller Achtung wert. Sie ist heftig aber bald zu besänftigen, unbillig aber gerecht, stolz aber menschlich.

GRÄFIN. Hierin ist sie ihrem Vater – –

LUISE. Äußerst ähnlich. Auf eine sehr sonderbare Weise scheint die Natur in der Tochter den rauhen Vater, in dem Sohne die zärtliche Mutter wieder hervorgebracht zu haben.

GRÄFIN. Versuchen Sie, Luise, dieses wilde aber edle Feuer zu dämpfen. Sie besitzen alle Tugenden die ihr fehlen. In Ihrer Nähe, durch Ihr Beispiel wird sie gereizt werden sich nach einem Muster zu bilden das so liebenswürdig ist.

LUISE. Sie beschämen mich, gnädige Gräfin. Ich kenne an mir keine Tugend als die, daß ich mich bisher in mein Schicksal zu finden wußte und selbst diese hat kein Verdienst mehr, seitdem Sie, gnädige Gräfin, so viel getan haben um es zu erleichtern. Sie tun jetzt noch mehr, da Sie mich näher an sich heranziehen. Nach dem Tode meines Vaters und dem Umsturz meiner Familie habe ich vieles entbehren lernen, nur nicht gesitteten und verständigen Umgang.

GRÄFIN. Bei Ihrem Onkel müssen Sie von dieser Seite viel ausstehen.

LUISE. Es ist ein guter Mann, aber seine Einbildung macht ihn oft höchst albern, besonders seit der letzten Zeit da jeder ein Recht zu haben glaubt nicht nur über die großen Welthändel zu reden, sondern auch darin mitzuwirken.

GRÄFIN. Es geht ihm wie sehr vielen.

LUISE. Ich habe manchmal meine Bemerkungen im stillen darüber gemacht. Wer die Menschen nicht kennte, würde sie jetzt leicht kennen lernen. So viele nehmen sich der Sache der Freiheit, der allgemeinen Gleichheit an, nur um für sich eine Ausnahme zu machen, nur um zu wirken es sei auf welche Art es wolle.

GRÄFIN. Sie hätten nichts mehr erfahren können und wenn Sie mit mir in Paris gewesen wären.

FÜNFTER AUFTRITT

Friederike. Der Baron. Die Vorigen.

FRIEDERIKE. Hier, liebe Mutter, ein Hase und zwei Feldhühner! Ich habe die drei Stücke geschossen, der Vetter hat immer gepudelt.

GRÄFIN. Du siehst wild aus, Friederike; wie du durchnäßt bist!

FRIEDERIKE *das Wasser vom Hute abschwingend.* Der erste glückliche Morgen, den ich seit langer Zeit gehabt habe.

BARON. Sie jagt mich nun schon vier Stunden im Felde herum.

FRIEDERIKE. Es war eine rechte Lust. Gleich nach Tische wollen wir wieder hinaus.

GRÄFIN. Wenn du's so heftig treibst, wirst du es bald überdrüssig werden.

FRIEDERIKE. Geben Sie mir das Zeugnis, liebe Mama! Wie oft hab' ich mich aus Paris wieder nach unsern Revieren gesehnt. Die Opern, die Schauspiele, die Gesellschaften, die Gastereien, die Spaziergänge, was ist das alles gegen einen einzigen vergnügten Tag auf der Jagd, unter freiem Himmel, auf unsern Bergen, wo wir eingeboren und eingewohnt sind. – Wir müssen ehesten Tags hetzen, Vetter.

BARON. Sie werden noch warten müssen, die Frucht ist noch nicht aus dem Felde.

FRIEDERIKE. Was will das viel schaden, es ist fast von gar keiner Bedeutung. Sobald es ein bißchen aufgetrocknet wollen wir hetzen.

GRÄFIN. Geh, zieh dich um! Ich vermute daß wir zu Tische noch einen Gast haben, der sich nur kurze Zeit bei uns aufhalten kann.

BARON. Wird der Hofrat kommen?

GRÄFIN. Er versprach mir, heute wenigstens auf ein Stündchen einzusprechen. Er geht auf Kommission.

BARON. Es sind einige Unruhen im Lande.

GRÄFIN. Es wird nichts zu bedeuten haben, wenn man sich nur vernünftig gegen die Menschen beträgt und ihnen ihren wahren Vorteil zeigt.

FRIEDERIKE. Unruhen? Wer will Unruhen anfangen?

BARON. Mißvergnügte Bauern, die von ihren Herrschaften gedruckt werden und die leicht Anführer finden.

FRIEDERIKE. Die muß man auf den Kopf schießen. *Sie macht Bewegungen mit der Flinte.* Sehen Sie, gnädige Mama, wie mir der Magister die Flinte verwahrlost hat! Ich wollte sie doch mitnehmen und da Sie es nicht erlaubten, wollte ich sie dem Jäger aufzuheben geben. Da bat mich der Graurock so inständig sie ihm zu lassen: sie sei so leicht, sagt' er, so bequem, er wolle sie so gut halten, er wolle so oft auf die Jagd gehen. Ich ward ihm wirklich gut, weil er so oft auf die Jagd gehen wollte und nun, sehen Sie, find' ich sie heute in der Gesindestube hinterm Ofen. Wie das aussieht! Sie wird in meinem Leben nicht wieder rein.

BARON. Er hatte die Zeit her mehr zu tun; er arbeitet mit

an der allgemeinen Gleichheit, und da hält er wahrscheinlich die Hasen auch mit für seinesgleichen und scheut sich ihnen was zuleide zu tun.

GRÄFIN. Zieht euch an, Kinder, damit wir nicht zu warten brauchen. Sobald der Hofrat kommt wollen wir essen. *Ab.*

FRIEDERIKE *ihre Flinte besehend.* Ich habe die französische Revolution schon so oft verwünscht, und jetzt tu' ich's doppelt und dreifach. Wie kann mir nun der Schaden ersetzt werden daß meine Flinte rostig ist?

DRITTER AUFZUG

ERSTER AUFTRITT

Saal im Schlosse.

Gräfin. Hofrat.

GRÄFIN. Ich geb' es Ihnen recht aufs Gewissen, teurer Freund. Denken Sie nach wie wir diesem unangenehmen Prozesse ein Ende machen. Ihre große Kenntnis der Gesetze, Ihr Verstand und Ihre Menschlichkeit helfen gewiß ein Mittel finden, wie wir aus dieser widerlichen Sache scheiden können. Ich habe es sonst leichter genommen, wenn man Unrecht hatte und im Besitz war: je nun, dacht' ich, es geht ja wohl so hin, und wer hat ist am besten dran. Seitdem ich aber bemerkt habe, wie sich Unbilligkeit von Geschlecht zu Geschlecht so leicht aufhäuft, wie großmütige Handlungen meistenteils nur persönlich sind und der Eigennutz allein gleichsam erblich wird; seitdem ich mit Augen gesehen habe, daß die menschliche Natur auf einen unglaublichen Grad gedrückt und erniedrigt, aber nicht unterdrückt und vernichtet werden kann: so habe ich mir fest vorgenommen jede einzelne Handlung, die mir unbillig scheint, selbst streng zu vermeiden, und unter den Meinigen, in Gesellschaft, bei Hofe, in der Stadt, über solche Handlungen meine Meinung laut zu sagen. Zu keiner Ungerechtigkeit will ich mehr schweigen, keine Kleinheit unter einem großen Scheine ertragen und wenn ich auch unter dem verhaßten Namen einer Demokratin verschrieen werden sollte.

Hofrat. Es ist schön, gnädige Gräfin, und ich freue mich Sie wieder zu finden wie ich Abschied von Ihnen genommen, und noch ausgebildeter. Sie waren eine Schülerin der großen Männer die uns durch ihre Schriften in Freiheit gesetzt haben, und nun finde ich in Ihnen einen Zögling der großen Begebenheiten, die uns einen lebendigen Begriff geben von allem was der wohldenkende Staatsbürger wünschen und verabscheuen muß. Es ziemt Ihnen Ihrem eignen Stande Widerpart zu halten. Ein jeder kann nur seinen eignen Stand beurteilen und tadeln. Aller Tadel heraufwärts oder hinabwärts ist mit Nebenbegriffen und Kleinheiten vermischt, man kann nur durch seinesgleichen gerichtet werden. Aber eben deswegen weil ich ein Bürger bin der es zu bleiben denkt, der das große Gewicht des höheren Standes im Staate anerkennt und zu schätzen Ursache hat, bin ich auch unversöhnlich gegen die kleinlichen neidischen Neckereien, gegen den blinden Haß, der nur aus eigner Selbstigkeit erzeugt wird, prätentios Prätentionen bekämpft, sich über Formalitäten formalisiert, und ohne selbst Realität zu haben, da nur Schein sieht, wo er Glück und Folge sehen könnte. Wahrlich! Wenn alle Vorzüge gelten sollen, Gesundheit, Schönheit, Jugend, Reichtum, Verstand, Talente, Klima, warum soll der Vorzug nicht auch irgendeine Art von Gültigkeit haben, daß ich von einer Reihe tapferer, bekannter, ehrenvoller Väter entsprungen bin! Das will ich sagen da wo ich eine Stimme habe, und wenn man mir auch den verhaßten Namen eines Aristokraten zueignete.

Hier findet sich eine Lücke, welche wir durch Erzählung ausfüllen. Der trockne Ernst dieser Szene wird dadurch gemildert, daß der Hofrat seine Neigung zu Luisen bekennt, indem er sich bereit zeigt ihr seine Hand zu geben. Ihre frühen Verhältnisse, vor dem Umsturz den Luisens Familie erlitt, kommen zur Sprache, so wie die stillen Bemühungen des vorzüglichen Mannes, sich und zugleich Luisen eine Existenz zu verschaffen.

Eine Szene zwischen der Gräfin, Luisen und dem Hofrat gibt Gelegenheit drei schöne Charaktere näher kennen zu lernen und uns für das, was wir in den nächsten Auftritten erdulden sollen, vorläufig einigermaßen zu entschädigen. Denn nun versammelt sich um den Teetisch, wo Luise einschenkt, nach und nach das ganze Personal des Stücks, so daß zuletzt auch die Bauern eingeführt werden. Da man sich nun nicht enthalten kann von Politik zu sprechen, so tut der Baron, welcher Leichtsinn, Frevel und Spott nicht verbergen kann, den Vorschlag, sogleich eine Nationalversammlung vorzustellen. Der Hofrat wird zum Präsidenten erwählt und die Charaktere der Mitspielenden, wie man sie schon kennt, entwickeln sich freier und heftiger. Die Gräfin, das Söhnchen mit verbundenem Kopfe neben sich, stellt die Fürstin vor, deren Ansehen geschmälert werden soll und die aus eigenen liberalen Gesinnungen nachzugeben geneigt ist. Der Hofrat, verständig und gemäßigt, sucht ein Gleichgewicht zu erhalten, ein Bemühen, das jeden Augenblick schwieriger wird. Der Baron spielt die Rolle des Edelmanns, der von seinem Stande abfällt und zum Volke übergeht. Durch seine schelmische Verstellung werden die andern gelockt ihr Innerstes hervorzukehren. Auch Herzensangelegenheiten mischen sich mit ins Spiel. Der Baron verfehlt nicht Karolinen die schmeichelhaftesten Sachen zu sagen die sie zu ihren schönsten Gunsten auslegen kann. An der Heftigkeit, womit Jakob die Gerechtsame des gräflichen Hauses verteidigt, läßt sich eine stille unbewußte Neigung zu der jungen Gräfin nicht verkennen. Luise sieht in allem diesen nur die Erschütterung des häuslichen Glücks, dem sie sich so nahe glaubt, und wenn die Bauern mitunter schwerfällig werden, so erheitert Bremenfeld die Szene durch seinen Dünkel, durch Geschichten und guten Humor. Der Magister, wie wir ihn schon kennen, überschreitet vollkommen die Grenze, und da der Baron immerfort hetzt, läuft es endlich auf Persönlichkeiten hinaus, und als nun vollends die Brausche des Erbgrafen als unbedeutend, ja lächerlich behandelt wird, so bricht die Gräfin los und die Sache kommt so weit, daß dem Magister aufgekündigt wird. Der Baron verschlimmert das Übel, und er bedient sich, da der Lärm immer stärker wird, der Gelegenheit mehr in Karolinen zu dringen und sie zu einer heimlichen Zusammenkunft für die Nacht zu bereden. Bei allen diesem zeigt sich die junge Gräfin entschieden heftig, parteiisch auf ihren Stand, hartnäckig auf ihren Besitz, welche Härte jedoch durch ein unbefangenes, rein natürliches und im tiefsten Grunde rechtliches weibliches Wesen bis zur Liebenswürdigkeit gemildert wird. Und so läßt sich einsehen, daß der Akt ziemlich tumultuarisch und, insofern es der bedenkliche Gegenstand erlaubt, für das Gefühl nicht ganz unerträglich geendigt wird. Vielleicht bedauert man, daß der Verfasser die Schwierigkeiten einer solchen Szene nicht zur rechten Zeit zu überwinden bemüht war.

VIERTER AUFZUG

ERSTER AUFTRITT

Bremens Wohnung.

Breme. Martin. Albert.

BREME. Sind eure Leute alle an ihren Posten? Habt ihr sie wohl unterrichtet? Sind sie gutes Muts?

MARTIN. Sobald Ihr mit der Glocke stürmt, werden sie alle da sein.

BREME. So ist's recht! Wenn im Schlosse die Lichter alle aus sind, wenn es Mitternacht ist, soll es gleich angehen. Unser Glück ist's daß der Hofrat fort geht. Ich fürchtete sehr er möchte bleiben und uns den ganzen Spaß verderben.

ALBERT. Ich fürchte so noch immer es geht nicht gut ab. Es ist mir schon zum voraus bange die Glocke zu hören.

BREME. Seid nur ruhig. Habt ihr nicht heute selbst gehört, wie übel es jetzt mit den vornehmen Leuten steht? Habt ihr gehört was wir der Gräfin alles unters Gesicht gesagt haben?

MARTIN. Es war ja aber nur zum Spaß.

ALBERT. Es war schon zum Spaße grob genug.

BREME. Habt ihr gehört wie ich eure Sache zu verfechten weiß? Wenn's Ernst gilt, will ich so vor den Kaiser treten. Und was sagt ihr zum Herrn Magister, hat sich der nicht auch wacker gehalten?

ALBERT. Sie haben's Euch aber auch brav abgegeben. Ich dachte zuletzt es würde Schläge setzen; und unsere gnädige Comtesse, war's doch als wenn ihr seliger Herr Vater leibhaftig da stünde.

BREME. Laßt mir das gnädige weg, es wird sich bald nichts mehr zu gnädigen haben. Seht, hier hab' ich die Briefe schon fertig, die schick' ich in die benachbarten Gerichtsdörfer. Sobald's hier losgeht, sollen die auch stürmen und rebellieren und auch ihre Nachbarn auffordern.

MARTIN. Das kann was werden.

BREME. Freilich! Und alsdann Ehre dem Ehre gebührt! Euch, meine lieben Kinder. Ihr werdet als die Befreier des Landes angesehn.

MARTIN. Ihr, Herr Breme, werdet das größte Lob davon tragen.

BREME. Nein, das gehört sich nicht; es muß jetzt alles gemein sein.

MARTIN. Indessen habt Ihr's doch angefangen.

BREME. Gebt mir die Hände, brave Männer! So standen einst die drei großen Schweizer, Wilhelm Tell, Walther Staubbach, Fürst von Uri, die standen auf dem Grütliberg beisammen und schwuren den Tyrannen ew'gen Haß und ihren Mitgenossen ewige Freiheit. Wie oft hat man diese wackern Helden gemalt und in Kupfer gestochen! Auch uns wird diese Ehre widerfahren. In dieser Positur werden wir auf die Nachwelt kommen.

MARTIN. Wie Ihr Euch das alles so denken könnt.

ALBERT. Ich fürchte nur daß wir im Karrn eine böse Figur machen können. Horcht! Es klingelt jemand. Mir zittert das Herz im Leibe wenn sich nur was bewegt.

BREME. Schämt Euch! Ich will aufziehen. Es wird der Magister sein, ich habe ihn herüber bestellt. Die Gräfin hat ihm den Dienst aufgesagt; die Konteß hat ihn sehr beleidigt. Wir werden ihn leicht in unsere Partei ziehen. Wenn wir einen Geistlichen unter uns haben, sind wir unserer Sache desto gewisser.

MARTIN. Einen Geistlichen und Gelehrten.

BREME. Was die Gelehrsamkeit betrifft, geb' ich ihm nichts nach, und besonders hat er weit weniger politische Lektüre als ich. Alle die Chroniken, die ich von meinem seligen Großvater geerbt habe, waren in meiner Jugend schon durchgelesen und das Theatrum Europäum kenn' ich in- und auswendig. Wer recht versteht was geschehen ist, der weiß auch was geschieht und geschehen wird. Es ist immer einerlei; es passiert in der Welt nichts Neues. Der Magister kommt. Halt! wir müssen ihn feierlich empfangen. Er muß Respekt vor uns kriegen. Wir stellen jetzt die Repräsentanten der ganzen Nation gleichsam in Nuce vor. Setzt euch.

Er setzt drei Stühle auf die eine Seite des Theaters, auf die andere einen Stuhl. Die beiden Schulzen setzen sich und wie der Magister hereintritt, setzt sich Breme geschwind in ihre Mitte und nimmt ein gravitätisches Wesen an.

ZWEITER AUFTRITT

Die Vorigen. Der Magister.

MAGISTER. Guten Morgen, Herr Breme. Was gibt's Neues? Sie wollen mir etwas Wichtiges vertrauen, sagten Sie.

BREME. Etwas sehr Wichtiges, gewiß! Setzen Sie sich.

Magister will den einzelnen Stuhl nehmen und zu ihnen rücken.

Nein, bleiben Sie dort, sitzen Sie dort nieder! Wir wissen noch nicht ob Sie an unserer Seite niedersitzen wollen.

MAGISTER. Eine wunderbare Vorbereitung.

BREME. Sie sind ein Mann, ein freigeborner, ein freidenkender, ein geistlicher, ein ehrwürdiger Mann. Sie sind ehrwürdig weil Sie geistlich sind, und noch ehrwürdiger, weil Sie frei sind. Sie sind frei, weil Sie edel sind, und sind schätzbar, weil Sie frei sind. Und nun! Was haben wir erleben müssen! Wir sahen Sie verachtet, wir sahen Sie beleidigt; aber wir haben zugleich Ihren edlen Zorn gesehen, einen edlen Zorn, aber ohne Wirkung. Glauben Sie daß wir Ihre Freunde sind, so glauben Sie auch daß sich unser Herz im Busen umkehrt, wenn wir Sie verkehrt behandelt sehen. Ein edler Mann und verhöhnt, ein freier Mann und bedroht, ein geistlicher Mann und verachtet, ein treuer Diener und verstoßen! Zwar verhöhnt von Leuten die selbst Hohn verdienen, verachtet von Menschen die keiner Achtung wert sind, verstoßen von Undankbaren deren Wohltaten man nicht genießen möchte, bedroht von einem

Kinde, von einem Mädchen, – das scheint freilich nicht viel zu bedeuten; aber wenn Ihr bedenkt, daß dieses Mädchen kein Mädchen, sondern ein eingefleischter Satan ist, daß man sie Legion nennen sollte, denn es sind viele tausend aristokratische Geister in sie gefahren, so seht Ihr deutlich, was uns von allen Aristokraten bevorsteht, Ihr seht es, und wenn Ihr klug seid, so nehmt Ihr Eure Maßregeln.

MAGISTER. Wozu soll diese sonderbare Rede? Wohin wird Euch der seltsame Eingang führen? Sagt Ihr das, um meinen Zorn gegen diese verdammte Brut noch mehr zu erhitzen, um meine aufs äußerste getriebene Empfindlichkeit noch mehr zu reizen? Schweigt stille! Wahrhaftig ich wüßte nicht wozu mein gekränktes Herz jetzt nicht alles fähig wäre. Was! Nach so vielen Diensten, nach so vielen Aufopferungen, mir so zu begegnen, mich vor die Türe zu setzen! Und warum? Wegen einer elenden Beule, wegen einer gequetschten Nase, mit der so viele hundert Kinder lustig auf und davon springen. Aber es kommt eben recht, eben recht! Sie wissen nicht, die Großen, wen sie in uns beleidigen, die wir Zungen, die wir Federn haben.

BREME. Dieser edle Zorn ergetzt mich, und so frage ich Euch denn im Namen aller edlen, freigebornen, der Freiheit werten Menschen, ob Ihr diese Zunge, diese Feder von nun an dem Dienste der Freiheit völlig widmen wollt?

MAGISTER. O ja, ich will, ich werde!

BREME. Daß Ihr keine Gelegenheit versäumen wollt zu dem edlen Zwecke mitzuwirken, nach dem jetzt die ganze Menschheit emporstrebt.

MAGISTER. Ich gebe Euch mein Wort.

BREME. So gebt mir Eure Hand, mir und diesen Männern.

MAGISTER. Einem jeden; aber was haben diese armen Leute, die wie Sklaven behandelt werden, mit der Freiheit zu tun?

BREME. Sie sind nur noch eine Spanne davon, nur so breit als die Schwelle des Gefängnisses ist, an dessen eröffneter Türe sie stehen.

MAGISTER. Wie?

BREME. Der Augenblick ist nahe, die Gemeinden sind versammelt, in einer Stunde sind sie hier. Wir überfallen das

Schloß, nötigen die Gräfin zur Unterschrift des Rezesses und zu einer eidlichen Versicherung, daß künftighin alle drückende Lasten aufgehoben sein sollen.

MAGISTER. Ich erstaune!

BREME. Da habe ich nur noch ein Bedenken wegen des Eids. Die vornehmen Leute glauben nichts mehr. Sie wird einen Eid schwören und sich davon entbinden lassen. Man wird ihr beweisen daß ein gezwungener Eid nichts gelte.

MAGISTER. Dafür will ich Rat schaffen. Diese Menschen, die sich über alles wegsetzen, ihresgleichen behandeln wie das Vieh, ohne Liebe, ohne Mitleid, ohne Furcht frech in den Tag hineinleben, solange sie mit Menschen zu tun haben die sie nicht schätzen, solange sie von einem Gott sprechen den sie nicht erkennen: dieses übermütige Geschlecht kann sich doch von dem geheimen Schauer nicht losmachen, der alle lebendige Kräfte der Natur durchschwebt, kann die Verbindung sich nicht leugnen, in der Worte und Wirkung, Tat und Folge ewig miteinander bleiben. Laßt sie einen feierlichen Eid tun.

MARTIN. Sie soll in der Kirche schwören.

BREME. Nein, unter freiem Himmel.

MAGISTER. Das ist nichts. Diese feierlichen Szenen rühren nur die Einbildungskraft. Ich will es euch anders lehren. Umgebt sie, laßt sie in eurer Mitte die Hand auf ihres Sohnes Haupt legen, bei diesem geliebten Haupte ihr Versprechen beteuern und alles Übel, was einen Menschen betreffen kann, auf dieses kleine Gefäß herabrufen, wenn sie unter irgendeinem Vorwande ihr Versprechen zurücknähme, oder zugäbe daß es vereitelt würde.

BREME. Herrlich!

MARTIN. Schrecklich!

ALBERT. Entsetzlich!

MAGISTER. Glaubt mir, sie ist auf ewig gebunden.

BREME. Ihr sollt zu ihr in den Kreis treten und ihr das Gewissen schärfen.

MAGISTER. An allem was ihr tun wollt nehm' ich Anteil, nur sagt mir, wie wird man es in der Residenz ansehen? Wenn sie euch Dragoner schicken, so seid ihr alle gleich verloren.

MARTIN. Da weiß Herr Breme schon Rat.

ALBERT. Ja was das für ein Kopf ist!

MAGISTER. Klärt mich auf.

BREME. Ja, ja, das ist's nun eben was man hinter Hermann Breme dem Zweiten nicht sucht. Er hat Konnexionen, Verbindungen, da wo man glaubt er habe nur Kunden. So viel kann ich Euch nur sagen, und es wissen's diese Leute, daß der Fürst selbst eine Revolution wünscht.

MAGISTER. Der Fürst?

BREME. Er hat die Gesinnungen Friedrichs und Josephs, der beiden Monarchen welche alle wahre Demokraten als ihre Heiligen anbeten sollten. Er ist erzürnt zu sehen, wie der Bürger- und Bauernstand unterm Druck des Adels seufzt, und leider kann er selbst nicht wirken, da er von lauter Aristokraten umgeben ist. Haben wir uns nur aber erst legitimiert, dann setzt er sich an unsere Spitze und seine Truppen sind zu unsern Diensten und Breme und alle brave Männer sind an seiner Seite.

MAGISTER. Wie habt Ihr das alles erforscht und getan und habt Euch nichts merken lassen?

BREME. Man muß im stillen viel tun, um die Welt zu überraschen. Er geht ans Fenster. Wenn nur erst der Hofrat fort wäre, dann solltet Ihr Wunder sehen.

MARTIN auf Bremen deutend. Nicht wahr, das ist ein Mann!

ALBERT. Er kann einem recht Herz machen.

BREME. Und, lieber Magister, die Verdienste, die Ihr Euch heute nacht erwerbt, dürfen nicht unbelohnt bleiben. Wir arbeiten heute fürs ganze Vaterland. Von unserm Dorfe wird die Sonne der Freiheit aufgehen. Wer hätte das gedacht!

MAGISTER. Befürchtet Ihr keinen Widerstand?

BREME. Dafür ist schon gesorgt. Der Amtmann und die Gerichtsdiener werden gleich gefangen genommen. Der Hofrat geht weg, die paar Bedienten wollen nichts sagen und der Baron ist nur der einzige Mann im Schlosse, den locke ich durch meine Tochter herüber ins Haus und sperre ihn ein bis alles vorbei ist.

MARTIN. Wohl ausgedacht.

MAGISTER. Ich verwundere mich über Eure Klugheit.

BREME. Nu, nu! wenn es Gelegenheit gibt sie zu zeigen, sollt Ihr noch mehr sehen, besonders was die auswärtigen Angelegenheiten betrifft. Glaubt mir es geht nichts über einen guten Chirurgus, besonders wenn er dabei ein geschickter Barbier ist. Das unverständige Volk spricht viel von Bartkratzern und bedenkt nicht, wie viel dazu gehört jemanden zu barbieren eben daß es nicht kratze. Glaubt mir nur, es wird zu nichts mehr Politik erfordert, als den Leuten den Bart zu putzen, ihnen diese garstigen barbarischen Exkremente der Natur, diese Barthaare, womit sie das männliche Kinn täglich verunreinigt, hinweg zu nehmen und den Mann dadurch an Gestalt und Sitten einer glattwangigen Frau, einem zarten liebenswürdigen Jüngling ähnlich zu machen. Komme ich dereinst dazu mein Leben und Meinungen aufzusetzen, so soll man über die Theorie der Barbierkunst erstaunen, aus der ich zugleich alle Lebens- und Klugheitsregeln herleiten will.

MAGISTER. Ihr seid ein originaler Kopf!

BREME. Ja, ja, das weiß ich wohl, und deswegen habe ich auch den Leuten verziehen, wenn sie mich oft nicht begreifen konnten, und wenn sie, albern genug, glaubten mich zum besten zu haben. Aber ich will ihnen zeigen: daß wer einen rechten Seifenschaum zu schlagen weiß, wer mit Leichtigkeit, Bequemlichkeit und Gewandtheit der Finger einzuseifen, den sprödesten Bart zahm zu machen versteht; wer da weiß, daß ein frisch abgezognes Messer ebenso gut rauft als ein stumpfes, wer mit dem Strich oder wider den Strich die Haare wegnimmt, als wären sie gar nicht dagewesen, wer dem warmen Wasser zum Abwaschen die gehörige Temperatur verleiht und selbst das Abtrocknen mit Gefälligkeit verrichtet, und in seinem ganzen Benehmen etwas Zierliches darstellt, das ist kein gemeiner Mensch, sondern er muß alle Eigenschaften besitzen die einem Minister Ehre machen.

ALBERT. Ja, ja, es ist ein Unterschied zwischen Barbier und Barbier.

MARTIN. Und Herr Breme besonders, das ist dir eine ordentliche Lust.

BREME. Nu, nu, es wird sich zeigen. Es ist bei der ganzen

Kunst nichts Unbedeutendes. Die Art den Schersack aus- und einzukramen, die Art die Gerätschaften zu halten, ihn unterm Arm zu tragen, – ihr sollt Wunder hören und sehen. Nun wird's aber Zeit daß ich meine Tochter vorkriege. Ihr Leute geht an eure Posten. Herr Magister, halten Sie sich in der Nähe.

MAGISTER. Ich gehe in den Gasthof, wohin ich gleich meine Sachen habe bringen lassen, als man mir im Schlosse übel begegnete.

BREME. Wenn Sie stürmen hören, so soll's Ihnen freistehen sich zu uns zu schlagen, oder abzuwarten ob es uns glückt, woran ich gar nicht zweifele.

MAGISTER. Ich werde nicht fehlen.

BREME. So lebt denn wohl und gebt aufs Zeichen acht.

DRITTER AUFTRITT

BREME. allein. Wie würde mein sel'ger Großvater sich freuen, wenn er sehen könnte wie gut ich mich in das neue Handwerk schicke. Glaubt doch der Magister schon daß ich große Konnexionen bei Hofe habe. Da sieht man was es tut wenn man sich Kredit zu machen weiß. Nun muß Karoline kommen. Sie hat das Kind so lange gewartet, ihre Schwester wird sie ablösen. Da ist sie.

VIERTER AUFTRITT

Breme. Karoline.

BREME. Wie befindet sich der junge Graf?

KAROLINE. Recht leidlich. Ich habe ihm Märchen erzählt bis er eingeschlafen ist.

BREME. Was gibt's sonst im Schlosse?

KAROLINE. Nichts Merkwürdiges.

BREME. Der Hofrat ist noch nicht weg?

KAROLINE. Er scheint Anstalt zu machen. Sie binden eben den Mantelsack auf.

BREME. Hast du den Baron nicht gesehen?

KAROLINE. Nein, mein Vater.

BREME. Er hat dir heute in der Nationalversammlung allerlei in die Ohren geraunt?

KAROLINE. Ja, mein Vater.

BREME. Das eben nicht die ganze Nation sondern meine Tochter Karoline betraf?

KAROLINE. Freilich, mein Vater.

BREME. Du hast dich doch klug gegen ihn zu benehmen gewußt?

KAROLINE. O gewiß.

BREME. Er hat wohl wieder stark in dich gedrungen?

KAROLINE. Wie Sie denken können.

BREME. Und du hast ihn abgewiesen?

KAROLINE. Wie sich's ziemt.

BREME. Wie ich es von meiner trefflichen Tochter erwarten darf, die ich aber auch mit Ehre und Glück überhäuft und für ihre Tugend reichlich belohnt sehen werde.

KAROLINE. Wenn Sie nur nicht vergebens hoffen.

BREME. Nein, meine Tochter, ich bin eben im Begriff einen großen Anschlag auszuführen, wozu ich deine Hülfe brauche.

KAROLINE. Was meinen Sie, mein Vater?

BREME. Es ist dieser verwegenen Menschenrasse der Untergang gedroht.

KAROLINE. Was sagen Sie?

BREME. Setze dich nieder und schreib.

KAROLINE. Was?

BREME. Ein Billet an den Baron daß er kommen soll.

KAROLINE. Aber wozu?

BREME. Das will ich dir schon sagen. Es soll ihm kein Leids widerfahren, ich sperre ihn nur ein.

KAROLINE. O Himmel!

BREME. Was gibt's?

KAROLINE. Soll ich mich einer solchen Verräterei schuldig machen?

BREME. Nur geschwind.

KAROLINE. Wer soll es denn hinüber bringen?

BREME. Dafür laß mich sorgen.

KAROLINE. Ich kann nicht.

BREME. Zuerst eine Kriegslist. Er zündet eine Blendlaterne an und löscht das Licht aus. Geschwind, nun schreib', ich will dir leuchten.

KAROLINE für sich. Wie soll das werden? Der Baron wird sehen daß das Licht ausgelöscht ist, er wird auf das Zeichen kommen.

BREME zwingt sie zum Sitzen. Schreib! „Luise bleibt im Schlosse, mein Vater schläft. Ich lösche das Licht aus, kommen Sie."

KAROLINE widerstrebend. Ich schreibe nicht.

FÜNFTER AUFTRITT

Die Vorigen. Der Baron am Fenster.

BARON. Karoline!

BREME. Was ist das? Er schiebt die Blendlaterne zu und hält Karolinen fest, die aufstehen will.

BARON wie oben. Karoline! Sind Sie nicht hier? Er steigt herein. Stille! Wo bin ich? Daß ich nicht fehl gehe. Gleich dem Fenster gegenüber ist des Vaters Schlafzimmer, und hier rechts, an der Wand, die Türe in der Mädchen Kammer. Er tappt an der Seite hin und trifft die Tür. Hier ist sie, nur angelehnt. O wie gut sich der blinde Cupido im Dunkeln zu finden weiß! Er geht hinein.

BREME. In die Falle! Er schiebt die Blendlaterne auf, eilt nach der Kammertüre und stößt den Riegel vor. So recht, und das Vorlegeschloß ist auch schon in Bereitschaft. Er legt ein Schloß vor. Und du Nichtswürdige! So verrätst du mich?

KAROLINE. Mein Vater!

BREME. So heuchelst du mir Vertrauen vor?

BARON inwendig. Karoline! Was heißt das?

KAROLINE. Ich bin das unglücklichste Mädchen unter der Sonne.

BREME laut an der Türe. Das heißt: daß Sie hier schlafen werden, aber allein.

BARON inwendig. Nichtswürdiger! Machen Sie auf, Herr Breme, der Spaß wird Ihnen teuer zu stehen kommen.

BREME laut. Es ist mehr als Spaß, es ist bitterer Ernst.

KAROLINE *an der Türe.* Ich bin unschuldig an dem Verrat!

BREME. Unschuldig? Verrat?

KAROLINE *an der Türe knieend.* O, wenn du sehen könntest, mein Geliebter, wie ich hier vor dieser Schwelle liege, wie ich untröstlich meine Hände ringe, wie ich meinen grausamen Vater bitte! – Machen Sie auf, mein Vater! – Er hört nicht, er sieht mich nicht an. – O mein Geliebter, habe mich nicht im Verdacht, ich bin unschuldig!

BREME. Du unschuldig? Niederträchtige feile Dirne! Schande deines Vaters! Ewiger schändender Flecken in dem Ehrenkleid das er eben in diesem Augenblicke angezogen hat. Steh auf, hör' auf zu weinen, daß ich dich nicht an den Haaren von der Schwelle wegziehe, die du ohne zu erröten, nicht wieder betreten solltest. Wie! In dem Augenblick, da Breme sich den größten Männern des Erdbodens gleich setzt, erniedrigt sich seine Tochter so sehr!

KAROLINE. Verstoßt mich nicht, verwerft mich nicht, mein Vater! Er tat mir die heiligsten Versprechungen.

BREME. Rede mir nicht davon, ich bin außer mir. Was! ein Mädchen, das sich wie eine Prinzessin, wie eine Königin aufführen sollte, vergißt sich so ganz und gar? Ich halte mich kaum, daß ich dich nicht mit Fäusten schlage, nicht mit Füßen trete. Hier hinein! *Er stößt sie in sein Schlafzimmer.* Dies französische Schloß wird dich wohl verwahren. Von welcher Wut fühl' ich mich hingerissen! Das wäre die rechte Stimmung um die Glocke zu ziehen. – Doch nein, fasse dich, Breme! – Bedenke daß die größten Menschen in ihrer Familie manchen Verdruß gehabt haben. Schäme dich nicht einer frechen Tochter und bedenke, daß Kaiser Augustus in eben dem Augenblick, mit Verstand und Macht, die Welt regierte, da er über die Vergehungen seiner Julie bittere Tränen vergoß. Schäme dich nicht zu weinen, daß eine solche Tochter dich hintergangen hat; aber bedenke auch zugleich, daß der Endzweck erreicht ist, daß der Widersacher eingesperrt verzweifelt und daß deiner Unternehmung ein glückliches Ende bevorsteht.

SECHSTER AUFTRITT

Saal im Schlosse, erleuchtet.

Friederike mit einer gezogenen Büchse. Jakob mit einer Flinte.

FRIEDERIKE. So ist's recht, Jakob, du bist ein braver Bursche. Wenn du mir die Flinte zurecht bringst, daß mir der Schulfuchs nicht gleich einfällt wenn ich sie ansehe, sollst du ein gut Trinkgeld haben.

JAKOB. Ich nehme sie mit, gnädige Gräfin, und will mein Bestes tun. Ein Trinkgeld braucht's nicht, ich bin Ihr Diener für ewig.

FRIEDERIKE. Du willst in der Nacht noch fort, es ist dunkel und regnicht, bleibe doch beim Jäger.

JAKOB. Ich weiß nicht wie mir ist, es treibt mich etwas fort. Ich habe eine Art von Ahnung.

FRIEDERIKE. Du siehst doch sonst nicht Gespenster.

JAKOB. Es ist auch nicht Ahnung, es ist Vermutung. Mehrere Bauern sind beim Chirurgus in der Nacht zusammen gekommen; sie hatten mich auch eingeladen, ich ging aber nicht hin; ich will keine Händel mit der gräflichen Familie. Und jetzt wollt' ich doch ich wäre hingegangen, damit ich wüßte was sie vorhaben.

FRIEDERIKE. Nun was wird's sein, es ist die alte Prozeßgeschichte.

JAKOB. Nein, nein, es ist mehr, lassen Sie mir meine Grille, es ist für Sie, es ist für die Ihrigen daß ich besorgt bin.

SIEBENTER AUFTRITT

Friederike. Nachher die Gräfin und der Hofrat.

FRIEDERIKE. Die Büchse ist noch wie ich sie verlassen habe, die hat mir der Jäger recht gut versorgt. Ja das ist auch ein Jäger und über die geht nichts. Ich will sie gleich laden und morgen früh, bei guter Tageszeit einen Hirsch schießen. Sie beschäftigt sich an einem Tische, worauf ein Armleuchter steht, mit Pulverhorn, Lademaß, Pflaster, Kugel, Hammer und lädt die Büchse ganz langsam und methodisch.

GRÄFIN. Da hast du schon wieder das Pulverhorn beim Licht, wie leicht kann eine Schnuppe herunter fallen. Sei doch vernünftig, du kannst dich unglücklich machen!

FRIEDERIKE. Lassen Sie mich, liebe Mutter, ich bin schon vorsichtig. Wer sich vor dem Pulver fürchtet, muß nicht mit Pulver umgehen.

GRÄFIN. Sagen Sie mir, lieber Hofrat, ich habe es recht auf dem Herzen: könnten wir nicht einen Schritt tun wenigstens bis Sie zurückkommen!

HOFRAT. Ich verehre in Ihnen diese Heftigkeit, das Gute zu wirken und nicht einen Augenblick zu zaudern.

GRÄFIN. Was ich einmal für Recht erkenne möcht' ich auch gleich getan sehn. Das Leben ist so kurz und das Gute wirkt so langsam.

HOFRAT. Wie meinen Sie denn?

GRÄFIN. Sie sind moralisch überzeugt, daß der Amtmann in dem Kriege das Dokument beiseite gebracht hat. –

FRIEDERIKE heftig. Sind Sie's?

HOFRAT. Nach allen Anzeigen kann ich wohl sagen, es ist mehr als Vermutung.

GRÄFIN. Sie glauben daß er es noch zu irgend einer Absicht verwahre?

FRIEDERIKE wie oben. Glauben Sie?

HOFRAT. Bei der Verworrenheit seiner Rechnungen, bei der Unordnung des Archivs, bei der ganzen Art wie er diesen Rechtshandel benutzt hat, kann ich vermuten daß er sich einen Rückzug vorbehält, daß er vielleicht, wenn man ihn von dieser Seite drängt, sich auf die andere zu retten und das Dokument dem Gegenteile für eine ansehnliche Summe zu verhandeln denkt.

GRÄFIN. Wie wär' es? man suchte ihn durch Gewinst zu locken. Er wünscht seinen Neffen substituiert zu haben; wie wär' es, wir versprächen diesem jungen Menschen eine Belohnung, wenn er zur Probe das Archiv in Ordnung brächte, besonders eine ansehnliche, wenn er das Dokument ausfindig machte. Man gäbe ihm Hoffnung zur Substitution. Sprechen Sie ihn noch ehe Sie fortgehen; indes, bis Sie wiederkommen richtet sich's ein.

HOFRAT. Es ist zu spät, der Mann ist gewiß schon zu Bette.

GRÄFIN. Glauben Sie das nicht. So alt er ist, paßt er Ihnen auf bis Sie in den Wagen steigen. Er macht Ihnen noch in völliger Kleidung seinen Scharrfuß und versäumt gewiß nicht sich Ihnen zu empfehlen. Lassen wir ihn rufen.

FRIEDERIKE. Lassen Sie ihn rufen, man muß doch sehen wie er sich gebärdet.

HOFRAT. Ich bin's zufrieden.

FRIEDERIKE klingelt und sagt zum Bedienten, der hereinkommt. Der Amtmann möchte doch noch einen Augenblick herüber kommen!

GRÄFIN. Die Augenblicke sind kostbar. Wollen Sie nicht indes noch einen Blick auf die Papiere werfen, die sich auf diese Sache beziehen? Zusammen ab.

ACHTER AUFTRITT

Friederike allein. Nachher der Amtmann.

FRIEDERIKE. Das will mir nicht gefallen. Sie sind überzeugt daß er ein Schelm ist, und wollen ihm nicht zu Leibe. Sie sind überzeugt daß er sie betrogen, ihnen geschadet hat, und wollen ihn belohnen. Das taugt nun ganz und gar nichts. Es wäre besser daß man ein Exempel statuierte. – Da kommt er eben recht.

AMTMANN. Ich höre daß des Herrn Hofrats Wohlgeboren noch vor Ihrer Abreise mir etwas zu sagen haben. Ich komme dessen Befehle zu vernehmen.

FRIEDERIKE indem sie die Büchse nimmt. Verziehen Sie einen Augenblick, er wird gleich wieder hier sein. Sie schüttet Pulver auf die Pfanne.

AMTMANN. Was machen Sie da, gnädige Gräfin?

FRIEDERIKE. Ich habe die Büchse auf morgen früh geladen, da soll ein alter Hirsch fallen.

AMTMANN. Ei, ei! Schon heute geladen und Pulver auf die Pfanne, das ist verwegen! Wie leicht kann da ein Unglück geschehen.

FRIEDERIKE. Ei was! Ich bin gern fix und fertig. Sie hebt das Gewehr auf und hält es, gleichsam, zufällig gegen ihn.

AMTMANN. Ei, gnädige Gräfin, kein geladen Gewehr jemals auf einen Menschen gehalten! Da kann der Böse sein Spiel haben.

FRIEDERIKE in der vorigen Stellung. Hören Sie, Herr Amtmann, ich muß Ihnen ein Wort im Vertrauen sagen: – daß Sie ein erzinfamer Spitzbube sind.

AMTMANN. Welche Ausdrücke, meine Gnädige! – Tun Sie die Büchse weg.

FRIEDERIKE. Rühre dich nicht vom Platz, verdammter Kerl! Siehst du, ich spanne, siehst du, ich lege an! Du hast ein Dokument gestohlen –

AMTMANN. Ein Dokument? Ich weiß von keinem Dokumente.

FRIEDERIKE. Siehst du, ich steche, es geht alles in der Ordnung, und wenn du nicht auf der Stelle das Dokument herausgibst, oder mir anzeigst wo es sich befindet oder was mit ihm vorgefallen; so rühr' ich diese kleine Nadel und du bist auf der Stelle mausetot.

AMTMANN. Um Gottes willen!

FRIEDERIKE. Wo ist das Dokument?

AMTMANN. Ich weiß nicht – Tun Sie die Büchse weg – Sie könnten aus Versehen –

FRIEDERIKE wie oben. Aus Versehen, oder mit Willen bist du tot. Rede, wo ist das Dokument?

AMTMANN. Es ist – verschlossen.

NEUNTER AUFTRITT

Gräfin. Hofrat. Die Vorigen.

GRÄFIN. Was gibt's hier?

HOFRAT. Was machen Sie?

FRIEDERIKE immer zum Amtmann. Rühren Sie sich nicht, oder Sie sind des Todes! wo verschlossen?

AMTMANN. In meinem Pulte.

FRIEDERIKE. Und in dem Pulte! wo?

AMTMANN. Zwischen einem Doppelboden.

FRIEDERIKE. Wo ist der Schlüssel?

AMTMANN. In meiner Tasche.

FRIEDERIKE. Und wie geht der doppelte Boden auf?

AMTMANN. Durch einen Druck an der rechten Seite.

FRIEDERIKE. Heraus den Schlüssel!

AMTMANN. Hier ist er.

FRIEDERIKE. Hingeworfen!

AMTMANN wirft ihn auf die Erde.

FRIEDERIKE. Und die Stube?

AMTMANN. Ist offen.

FRIEDERIKE. Wer ist drinnen?

AMTMANN. Meine Magd und mein Schreiber.

FRIEDERIKE. Sie haben alles gehört, Herr Hofrat. Ich habe Ihnen ein umständliches Gespräch erspart. Nehmen Sie den Schlüssel und holen Sie das Dokument. Bringen Sie es nicht zurück, so hat er gelogen, und ich schieße ihn darum tot.

HOFRAT. Lassen Sie ihn mitgehen, bedenken Sie was Sie tun.

FRIEDERIKE. Ich weiß was ich tue. Machen Sie mich nicht wild und gehen Sie. Hofrat ab.

GRÄFIN. Meine Tochter, du erschreckst mich. Tu das Gewehr weg!

FRIEDERIKE. Gewiß nicht eher als bis ich das Dokument sehe.

GRÄFIN. Hörst du nicht? Deine Mutter befiehlt's.

FRIEDERIKE. Und wenn mein Vater aus dem Grabe aufstünde, ich gehorchte nicht.

GRÄFIN. Wenn es los ginge.

FRIEDERIKE. Welch Unglück wäre das?

AMTMANN. Es würde Sie gereuen.

FRIEDERIKE. Gewiß nicht. Erinnerst du dich noch, Nichtswürdiger, als ich vorm Jahr, im Zorn, nach dem Jägerburschen schoß, der meinen Hund prügelte, erinnerst du dich noch, da ich ausgescholten wurde und alle Menschen den glücklichen Zufall priesen der mich hatte fehlen lassen, da warst du's allein der hämisch lächelte und sagte: was wär' es denn gewesen? Ein Kind aus einem vornehmen Hause! Das wäre mit Geld abzutun. Ich bin noch immer ein Kind, ich bin noch immer aus einem vornehmen Hause, so müßte das auch wohl mit Geld abzutun sein.

HOFRAT kommt zurück. Hier ist das Dokument.
FRIEDERIKE. Ist es? Sie bringt das Gewehr in Ruh.
GRÄFIN. Ist's möglich?
AMTMANN. O ich Unglücklicher!
FRIEDERIKE. Geh! Elender! daß deine Gegenwart meine Freude nicht vergälle!
HOFRAT. Es ist das Original.
FRIEDERIKE. Geben Sie mir's. Morgen will ich's den Gemeinden selbst zeigen und sagen, daß ich's ihnen erobert habe.
GRÄFIN sie umarmend. Meine Tochter!
FRIEDERIKE. Wenn mir der Spaß nur die Lust an der Jagd nicht verdirbt. Solch ein Wildpret schieß' ich nie wieder!

FÜNFTER AUFZUG

Nacht, trüber Mondschein.

Das Theater stellt einen Teil des Parks vor, der früher beschrieben worden. Rauhe steile Felsenbänke, auf denen ein verfallenes Schloß. Natur und Mauerwerk ineinander verschränkt. Die Ruine so wie die Felsen mit Bäumen und Büschen bewachsen. Eine dunkle Kluft deutet auf Höhlen, wo nicht gar unterirdische Gänge.

Friederike fackeltragend, die Büchse unterm Arm, Pistolen im Gürtel, tritt aus der Höhle, umherspürend. Ihr folgt die Gräfin, den Sohn an der Hand. Auch Luise. Sodann der Bediente, mit Kästchen beschwert. Man erfährt daß von hier ein unterirdischer Gang zu den Gewölben des Schlosses reicht, daß man die Schloßpforten gegen die andringenden Bauern verriegelt, daß die Gräfin verlangt habe, man solle ihnen aus dem Fenster das Dokument ankündigen und zeigen und so alles beilegen. Friederike jedoch sei nicht zu bewegen gewesen, sich in irgendeine Kapitulation einzulassen, noch sich einer Gewalt, selbst nach eigenen Absichten, zu fügen. Sie habe vielmehr die Ihrigen zur Flucht genötigt, um auf diesem geheimen Wege ins Freie zu gelangen und den benachbarten Sitz eines Anverwandten zu erreichen. Eben will man sich auf den Weg machen, als man oben in der Ruine Licht sieht, ein Geräusch hört. Man zieht sich in die Höhle zurück.

Herunter kommen Jakob, der Hofrat und eine Partei Bauern. Jakob hatte sie unterwegs angetroffen und sie zu Gunsten der Herrschaft zu bereden gesucht. Der Wagen des wegfahrenden Hofrats war unter sie gekommen. Dieser würdige Mann verbindet sich mit Jakob und kann das Hauptargument, daß der Originalrezeß gefunden sei, allen übrigen Beweggründen hinzufügen. Die aufgeregte Schar wird beruhigt, ja sie entschließt sich den Damen zu Hülfe zu kommen.

Friederike, die gelauscht hat, nun von allem unterrichtet, tritt unter sie, dem Hofrat und dem jungen Landmann sehr willkommen, auch den übrigen durch die Vorzeigung des Dokuments höchst erwünscht.

Eine früher ausgesendete Patrouille dieses Trupps kommt zurück und meldet daß ein Teil der Aufgeregten vom Schlosse her im Anmarsche sei. Alles verbirgt sich, teils in die Höhle, teils in Felsen und Gemäuer.

Breme mit einer Anzahl bewaffneter Bauern tritt auf, schilt auf den Magister daß er außen geblieben und erklärt die Ursache warum er einen Teil der Mannschaft in den Gewölben des Schlosses gelassen und mit dem andern sich hieher verfügt. Er weiß das Geheimnis des unterirdischen Ganges und ist überzeugt, daß die Familie sich darein versteckt und dies gibt die Gewißheit, ihrer habhaft zu werden. Sie zünden Fackeln an und sind im Begriff in die Höhle zu treten. Friederike, Jakob, der Hofrat erscheinen in dem Augenblicke, bewaffnet, so wie die übrige Menge.

Breme sucht der Sache eine Wendung, durch Beispiele aus der alten Geschichte, zu geben, und tut sich auf seine Einfälle viel zugute, da man sie gelten läßt, und als nun das Dokument auch hier seine Wirkung nicht verfehlt; so schließt das Stück zu allgemeiner Zufriedenheit. Die vier Personen, deren Gegenwart einen unangenehmen Eindruck machen könnte: Karoline, der Baron, der Magister und der Amtmann, kommen nicht mehr zum Vorschein.

DIE NATÜRLICHE TOCHTER

TRAUERSPIEL

PERSONEN

König
Herzog
Graf
Eugenie
Hofmeisterin
Sekretär
Weltgeistlicher
Gerichtsrat
Gouverneur
Äbtissin
Mönch

ERSTER AUFZUG

Dichter Wald.

ERSTER AUFTRITT

König. Herzog.

KÖNIG. Das flücht'ge Ziel, das Hunde, Roß und Mann,
Auf seine Fährte bannend, nach sich reißt,
Der edle Hirsch, hat, über Berg und Tal,
So weit uns irr' geführt, daß ich mich selbst,
Obgleich so landeskundig, hier nicht finde.
Wo sind wir, Oheim? Herzog, sage mir,
Zu welchen Hügeln schweiften wir heran?
HERZOG. Der Bach, der uns umrauscht, mein König, fließt
Durch deines Dieners Fluren, die er deiner
Und deiner Ahnherrn königlicher Gnade,
Als erster Lehnsmann deines Reiches, dankt.
An jenes Felsens andrer Seite liegt,

Am grünen Hang, ein artig Haus versteckt,
Dich zu bewirten keineswegs gebaut;
Allein bereit, dich huld'gend zu empfangen.
KÖNIG. Laß dieser Bäume hochgewölbtes Dach,
Zum Augenblick des Rastens, freundlich schatten.
Laß dieser Lüfte liebliches Geweb'
Uns leis' umstricken, daß an Sturm und Streben
Der Jagdlust auch der Ruhe Lust sich füge.
HERZOG. Wie du auf einmal völlig abgeschieden,
Hier hinter diesem Bollwerk der Natur,
Mein König, dich empfindest, fühl' ich mit.
Hier dränget sich der Unzufriednen Stimme,
Der Unverschämten offne Hand nicht nach.
Freiwillig einsam merkest du nicht auf,
Ob Undankbare schleichend sich entfernen.
Die ungestüme Welt reicht nicht hierher,
Die immer fordert, nimmer leisten will.
KÖNIG. Soll ich vergessen, was mich sonst bedrängt:
So muß kein Wort erinnernd mich berühren.
Entfernten Weltgetöses Widerhall
Verklinge, nach und nach, aus meinem Ohr.
Ja, lieber Oheim, wende dein Gespräch
Auf Gegenstände diesem Ort gemäßer.
Hier sollen Gatten aneinander wandeln,
Ihr Stufenglück in wohlgeratnen Kindern
Entzückt betrachten; hier ein Freund dem Freunde,
Verschloßnen Busen traulich öffnend, nahn.
Und gabst du nicht erst neulich stille Winke,
Du hofftest mir, in ruh'gen Augenblicken,
Verborgenes Verhältnis zu bekennen;
Drangvoller Wünsche holden Inbegriff,
Erfüllung hoffend, heiter zu gestehn.
HERZOG. Mit größrer Gnade konntest du mich nicht,
O Herr! beglücken, als indem du mir,
In diesem Augenblick, die Zunge lösest.
Was ich zu sagen habe, könnt' es wohl
Ein andrer besser hören als mein König,
Dem, unter allen Schätzen, seine Kinder
Am herrlichsten entgegenleuchten; der

Vollkommner Vaterfreuden Hochgenuß,
Mit seinem Knechte, herzlich teilen wird.
KÖNIG. Du sprichst von Vaterfreuden! Hast du je
Sie denn gefühlt? Verkümmerte dir nicht
Dein einz'ger Sohn, durch rohes, wildes Wesen,
Verworrenheit, Verschwendung, starren Trutz,
Dein reiches Leben, dein erwünschtes Alter.
Verändert er auf einmal die Natur?
HERZOG. Von ihm erwart' ich keine frohen Tage!
Sein trüber Sinn erzeugt nur Wolken, die,
Ach! meinen Horizont so oft verfinstern.
Ein anderes Gestirn, ein andres Licht
Erheitert mich. Und, wie in dunklen Grüften,
Das Märchen sagt's, Karfunkelsteine leuchten,
Mit herrlich mildem Schein, der öden Nacht
Geheimnisvolle Schauer hold beleben;
So ward auch mir ein Wundergut beschert,
Mir Glücklichen! das ich, mit Sorgfalt, mehr
Als den Besitz ererbt', errungner Güter,
Als meiner Augen, meines Lebens Licht,
Mit Freud' und Furcht, mit Lust und Sorge pflege.
KÖNIG. Sprich vom Geheimnis nicht geheimnisvoll.
HERZOG. Wer spräche, vor der Majestät, getrost
Von seinen Fehlern, wenn sie nicht allein
Den Fehl in Recht und Glück verwandeln könnte.
KÖNIG. Der wonnevoll, geheim, verwahrte Schatz?
HERZOG. Ist eine Tochter.
KÖNIG. Eine Tochter? Wie?
Und suchte, Fabelgöttern gleich, mein Oheim,
Zum niedern Kreis verstohlen hingewandt,
Sich Liebesglück und väterlich Entzücken?
HERZOG. Das Große wie das Niedre nötigt uns,
Geheimnisvoll zu handeln und zu wirken.
Nur allzu hoch stand jene, heimlich mir,
Durch wundersam Geschick, verbundne Frau,
Um welche noch dein Hof in Trauer wandelt,
Und meiner Brust geheime Schmerzen teilt.
KÖNIG. Die Fürstin? Die verehrte, nah verwandte,
Nur erst verstorbne?

HERZOG. War die Mutter! Laß!
O! laß mich nur von diesem Kinde reden,
Das, seiner Eltern wert und immer werter,
Mit edlem Sinne, sich des Lebens freut.
Begraben sei das übrige mit ihr,
Der hochbegabten, hochgesinnten Frauen.
Ihr Tod eröffnet mir den Mund, ich darf
Vor meinem König meine Tochter nennen,
Ich darf ihn bitten: sie zu mir herauf,
Zu sich herauf zu heben, ihr das Recht
Der fürstlichen Geburt, vor seinem Hofe,
Vor seinem Reiche, vor der ganzen Welt,
Aus seiner Gnadenfülle zu bewähren.
KÖNIG. Vereint in sich die Nichte, die du mir,
So ganz erwachsen, zuzuführen denkst,
Des Vaters und der Mutter Tugenden:
So muß der Hof, das königliche Haus,
Indem uns ein Gestirn entzogen wird,
Den Aufgang eines neuen Sterns bewundern.
HERZOG. O! kenne sie, eh du zu ihrem Vorteil
Dich ganz entscheidest. Laß ein Vaterwort
Dich nicht bestechen! Manches hat Natur
Für sie getan, das ich entzückt betrachte,
Und alles, was in meinem Kreise webt,
Hab' ich um ihre Kindheit hergelagert.
Schon ihren ersten Weg geleiteten
Ein ausgebildet Weib, ein weiser Mann.
Mit welcher Leichtigkeit, mit welchem Sinn
Erfreut sie sich des Gegenwärtigen,
Indes ihr Phantasie das künft'ge Glück
Mit schmeichelhaften Dichterfarben malt.
An ihrem Vater hängt ihr frommes Herz,
Und wenn ihr Geist den Lehren edler Männer,
Sich stufenweis' entwicklend, friedlich horcht:
So mangelt Übung ritterlicher Tugend
Dem wohlgebauten festen Körper nicht.
Du selbst, mein König, hast sie, unbekannt,
Im wilden Drang der Jagd um dich gesehn.
Ja heute noch! Die Amazonen-Tochter,

Die, in den Fluß, dem Hirsche sich zuerst,
Auf raschem Pferde, flüchtig nachgestürzt.
KÖNIG. Wir sorgten alle für das edle Kind!
Ich freue mich, sie mir verwandt zu hören.
HERZOG. Und nicht zum erstenmal empfand ich heute,
Wie Stolz und Sorge, Verterglück und Angst,
Zu übermenschlichem Gefühl sich mischen.
KÖNIG. Gewaltsam und behende riß das Pferd
Sich und die Reiterin auf jenes Ufer,
In dichtbewachsner Hügel Dunkelheit.
Und so verschwand sie mir.
HERZOG. Noch einmal hat
Mein Auge sie gesehen, eh ich sie
Im Labyrinth der hast'gen Jagd verlor.
Wer weiß, welch ferne Gegend sie durchstreift,
Verdroßnen Muts, am Ziel sich nicht zu finden,
Wo, ihrem angebeteten Monarchen sich,
In ehrerbietiger Entfernung, anzunähern,
Allein ihr jetzt erlaubt ist, bis er sie,
Als Blüte seines hochbejahrten Stammes,
Mit königlicher Huld zu grüßen, würdigt.
KÖNIG. Welch ein Getümmel seh' ich dort entstehn?
Welch einen Zulauf nach den Felsenwänden?

ZWEITER AUFTRITT

Die Vorigen. Graf.

KÖNIG. Warum versammelt sich die Menge dort?
GRAF. Die kühne Reiterin ist, eben jetzt,
Von jener Felsenwand herabgestürzt.
HERZOG. Gott!
KÖNIG. Ist sie sehr beschädigt?
GRAF. Eilig hat
Man deinen Wundarzt, Herr, dahingerufen.
HERZOG. Was zaudr' ich? Ist sie tot, so bleibt mir nichts,
Was mich im Leben länger halten kann.

DRITTER AUFTRITT

König. Graf.

KÖNIG. Kennst du den Anlaß der Begebenheit?
GRAF. Vor meinen Augen hat sie sich ereignet.
Ein starker Trupp von Reitern, welcher sich
Durch Zufall von der Jagd getrennt gesehn,
Geführt von dieser Schönen, zeigte sich
Auf jener Klippen waldbewachsner Höhe.
Sie hören, sehen unten in dem Tal
Den Jagdgebrauch vollendet. Sehn den Hirsch
Als Beute liegen seiner kläffenden
Verfolger. Schnell zerstreuet sich die Schar,
Und jeder sucht sich einzeln seinen Pfad,
Hier oder dort, mehr oder weniger
Durch einen Umweg. Sie allein besinnt
Sich keinen Augenblick, und nötiget
Ihr Pferd von Klipp' zu Klippe, grad herein.
Des Frevels Glück betrachten wir erstaunt;
Denn ihr gelingt es eine Weile, doch
Am untern steilen Abhang gehn dem Pferde
Die letzten, schmalen Klippenstufen aus,
Es stürzt herunter, sie mit ihm. So viel
Konnt' ich bemerken, eh der Menge Drang
Sie mir verdeckte. Doch ich hörte bald
Nach deinem Arzte rufen. So erschein' ich nun
Auf deinen Wink, den Vorfall zu berichten.
KÖNIG. O! möge sie ihm bleiben! Fürchterlich
Ist einer, der nichts zu verlieren hat.
GRAF. So hat ihm dieser Schrecken das Geheimnis
Auf einmal abgezwungen? das er sonst,
Mit so viel Klugheit, zu verbergen strebte.
KÖNIG. Er hatte schon sich völlig mir vertraut.
GRAF. Die Lippen öffnet ihm der Fürstin Tod,
Nun zu bekennen, was, für Hof und Stadt,
Ein offenbar Geheimnis lange war.
Es ist ein eigner, grillenhafter Zug,
Daß wir, durch Schweigen, das Geschehene,
Für uns und andre, zu vernichten glauben.

König. O! laß dem Menschen diesen edlen Stolz.
Gar vieles kann, gar vieles muß geschehn,
Was man mit Worten nicht bekennen darf.
Graf. Man bringt sie, fürcht' ich, ohne Leben her!
König. Welch unerwartet, schreckliches Ereignis!

VIERTER AUFTRITT

Die Vorigen. Eugenie, auf zusammengeflochtenen Ästen, für tot hereingetragen. Herzog. Wundarzt. Gefolge.

Herzog zum Wundarzt.
Wenn deine Kunst nur irgend was vermag,
Erfahrner Mann, dem unsers Königs Leben,
Das unschätzbare Gut, vertraut ist. Laß
Ihr helles Auge sich noch einmal öffnen,
Daß Hoffnung mir in diesem Blick erscheine!
Daß, aus der Tiefe meines Jammers, ich
Nur Augenblicke noch gerettet werde!
Vermagst du dann nichts weiter, kannst du sie
Nur wenige Minuten mir erhalten:
So laßt mich eilen, vor ihr hinzusterben,
Daß ich im Augenblick des Todes noch
Getröstet rufe: meine Tochter lebt!
König. Entferne dich, mein Oheim! daß ich hier
Die Vaterpflichten treulich übernehme.
Nichts unversucht läßt dieser wackre Mann.
Gewissenhaft, als läg' ich selber hier,
Wird er um deine Tochter sich bemühen.
Herzog. Sie regt sich!
König. Ist es wahr?
Graf. Sie regt sich!
Herzog. Starr
Blickt sie zum Himmel, blickt verirrt umher.
Sie lebt! sie lebt!
König ein wenig zurücktretend.
Verdoppelt eure Sorge!
Herzog. Sie lebt! sie lebt! Sie hat dem Tage wieder
Ihr Aug' eröffnet. Ja! sie wird nun bald

Auch ihren Vater, ihre Freunde kennen.
Nicht so umher, mein liebes Kind, verschwende
Die Blicke staunend, ungewiß; auf mich,
Auf deinen Vater wende sie zuerst.
Erkenne mich, laß meine Stimme dir
Zuerst das Ohr berühren, da du uns,
Aus jener stummen Nacht, zurückekehrst.

EUGENIE die indes, nach und nach, zu sich gekommen ist und sich aufgerichtet hat. Was ist aus uns geworden?

HERZOG. Kenne mich
Nur erst! – Erkennst du mich?

EUGENIE. Mein Vater!

HERZOG. Ja!
Dein Vater, den, mit diesen holden Tönen,
Du aus den Armen der Verzweiflung rettest.

EUGENIE. Wer bracht' uns unter diese Bäume?

HERZOG dem der Wundarzt ein weißes Tuch gegeben. Bleib
Gelassen, meine Tochter! Diese Stärkung,
Nimm sie mit Ruhe, mit Vertrauen an!

Eugenie. Sie nimmt dem Vater das Tuch ab, das er ihr vorgehalten und verbirgt ihr Gesicht darin. Dann steht sie schnell auf, indem sie das Tuch vom Gesicht nimmt.
Da bin ich wieder! – Ja nun weiß ich alles.
Dort oben hielt ich, dort vermaß ich mich
Herab zu reiten, grad herab. Verzeih!
Nicht wahr, ich bin gestürzt? Vergibst du mir's?
Für tot hob man mich auf? Mein guter Vater!
Und wirst du die Verwegne lieben können?
Die solche bittre Schmerzen dir gebracht.

HERZOG. Zu wissen glaubt' ich, welch ein edler Schatz
In dir, o Tochter, mir beschieden ist;
Nun steigert mir gefürchteter Verlust
Des Glücks Empfindung in's Unendliche.

KÖNIG der sich bisher, im Grunde, mit dem Wundarzt und dem Grafen unterhalten, zu dem letzten.
Entferne jedermann! ich will sie sprechen.

FÜNFTER AUFTRITT

König. Herzog. Eugenie.

KÖNIG näher tretend. Hat sich die wackre Reiterin erholt?
Hat sie sich nicht beschädigt?
HERZOG. Nein, mein König!
Und was noch übrig ist von Schreck und Weh,
Nimmst du, o Herr, durch deinen milden Blick,
Durch deiner Worte sanften Ton hinweg!
KÖNIG. Und wem gehört es an, das liebe Kind?
HERZOG nach einer Pause.
Da du mich fragst, so darf ich dir bekennen;
Da du gebietest, darf ich sie vor dich,
Als meine Tochter, stellen.
KÖNIG. Deine Tochter?
So hat für dich das Glück, mein lieber Oheim,
Unendlich mehr als das Gesetz getan.
EUGENIE. Wohl muß ich fragen: ob ich wirklich denn,
Aus jener tödlichen Betäubung, mich
In's Leben wieder aufgerafft? und ob,
Was mir begegnet, nicht ein Traumbild sei?
Mein Vater nennt, vor seinem Königе,
Mich seine Tochter. O, so bin ich's auch!
Der Oheim eines Königes bekennt
Mich für sein Kind, so bin ich denn die Nichte
Des großen Königs. O! verzeihe mir
Die Majestät! wenn aus geheimnisvollem,
Verborgnen Zustand, ich, ans Licht, auf einmal,
Hervorgerissen und geblendet, mich,
Unsicher, schwankend, nicht zu fassen weiß.
Sie wirft sich vor dem König nieder.
KÖNIG. Mag diese Stellung die Ergebenheit
In dein Geschick, von Jugend auf, bezeichnen!
Die Demut, deren unbequeme Pflicht
Du, deiner höheren Geburt bewußt,
So manches Jahr, im stillen, ausgeübt.
Doch sei auch nun, wenn ich von meinen Füßen,
Zu meinem Herzen, dich herauf gehoben,
Er hebt sie auf und drückt sie sanft an sich.

Wenn ich des Oheims heil'gen Vaterkuß
Auf dieser Stirne schönen Raum gedrückt,
So sei dies auch ein Zeichen, sei ein Siegel,
Dich, die Verwandte, hab' ich anerkannt;
Und werde bald, was hier geheim geschah,
Vor meines Hofes Augen wiederholen.

HERZOG. So große Gabe fordert ungeteilten
Und unbegrenzten Dank des ganzen Lebens.

EUGENIE. Von edlen Männern hab' ich viel gelernt,
Auch manches lehrte mich mein eignes Herz;
Doch meinen König anzureden, bin
Ich, nicht entfernterweise, vorbereitet.
Doch wenn ich schon das ganz Gehörige
Dir nicht zu sagen weiß, so möcht' ich doch,
Vor dir, o Herr, nicht ungeschickt verstummen.
Was fehlte dir? was wäre dir zu bringen?
Die Fülle selber, die zu dir sich drängt,
Fließt, nur für andre, strömend wieder fort.
Hier stehen Tausende dich zu beschützen,
Hier wirken Tausende nach deinem Wink;
Und wenn der einzelne dir Herz und Geist
Und Arm und Leben, fröhlich, opfern wollte;
In solcher großen Menge zählt er nicht,
Er muß vor dir und vor sich selbst verschwinden.

KÖNIG. Wenn dir die Menge, gutes, edles Kind,
Bedeutend scheinen mag: so tadl' ich's nicht;
Sie ist bedeutend, mehr noch aber sind's
Die wenigen, geschaffen, dieser Menge,
Durch Wirken, Bilden, Herrschen, vorzustehn.
Berief hiezu den König die Geburt,
So sind ihm seine nächsten Anverwandten
Geborne Räte, die, mit ihm vereint,
Das Reich beschützen und beglücken sollten.
O! träte doch, in diese Regionen,
Zum Rate dieser hohen Wächter, nie
Vermummte Zwietracht, leisewirkend, ein.
Dir, edle Nichte, geb' ich einen Vater,
Durch allgewalt'gen, königlichen Spruch;
Erhalte mir nun auch, gewinne mir

Des nahverwandten Mannes Herz und Stimme.
Gar viele Widersacher hat ein Fürst,
O! laß ihn jene Seite nicht verstärken!
HERZOG. Mit welchem Vorwurf kränkest du mein Herz!
EUGENIE. Wie unverständlich sind mir diese Worte!
KÖNIG. O! lerne sie nicht allzu früh verstehn!
Die Pforten unsres königlichen Hauses
Eröffn' ich dir, mit eigner Hand, ich führe
Auf glatten Marmorboden dich hinein.
Noch staunst du dich, noch staunst du alles an,
Und in den innern Tiefen ahndest du
Nur sichre Würde, mit Zufriedenheit.
Du wirst es anders finden! Ja, du bist
In eine Zeit gekommen, wo dein König
Dich nicht zum heitren, frohen Feste ruft,
Wenn er den Tag, der ihm das Leben gab,
In kurzem feiern wird; doch soll der Tag
Um deinetwillen mir willkommen sein,
Dort werd' ich dich im offnen Kreise sehn,
Und aller Augen werden auf dir haften.
Die schönste Zierde gab dir die Natur;
Und daß der Schmuck der Fürstin würdig sei,
Die Sorge laß dem Vater, laß dem König.
EUGENIE. Der freud'gen Überraschung laut Geschrei,
Bedeutender Gebärde dringend Streben,
Vermöchten sie die Wonne zu bezeugen,
Die du dem Herzen, schaffend, aufgeregt?
Zu deinen Füßen, Herr, laß mich verstummen.

Sie will knieen.

KÖNIG hält sie ab. Du sollst nicht knieen.
EUGENIE. Laß, o! laß mich hier
Der völligsten Ergebung Glück genießen.
Wenn wir, in raschen, mutigen Momenten,
Auf unsern Füßen stehen, strack und kühn,
Als eigner Stütze, froh uns selbst vertraun,
Dann scheint uns Welt und Himmel zu gehören.
Doch was, in Augenblicken der Entzückung,
Die Kniee beugt, ist auch ein süß Gefühl.
Und was wir unserm Vater, König, Gott,

Von Wonnedank, von ungemeßner Liebe,
Zum reinsten Opfer bringen möchten, drückt
In dieser Stellung sich am besten aus.

Sie fällt vor ihm nieder.

HERZOG knieet. Erneute Huldigung gestatte mir.
EUGENIE. Zu ewigen Vasallen nimm uns an.
KÖNIG. Erhebt euch denn und stellt euch neben mich,
Ins Chor der Treuen, die, an meiner Seite,
Das Rechte, das Beständige beschützen.
O! diese Zeit hat fürchterliche Zeichen,
Das Niedre schwillt, das Hohe senkt sich nieder,
Als könnte jeder nur am Platz des andern
Befriedigung verworrner Wünsche finden,
Nur dann sich glücklich fühlen, wenn nichts mehr
Zu unterscheiden wäre, wenn wir alle,
Von einem Strom, vermischt dahingerissen,
Im Ozean uns unbemerkt verlören.
O! laßt uns widerstehen, laßt uns, tapfer,
Was uns und unser Volk erhalten kann,
Mit doppelt neuvereinter Kraft, erhalten!
Laßt endlich uns des alten Zwists vergessen,
Der Große gegen Große reizt; von innen
Das Schiff durchbohrt, das, gegen äußre Wellen
Geschlossen kämpfend, nur sich halten kann.
EUGENIE. Welch frisch wohltät'ger Glanz umleuchtet mich
Und regt mich auf, anstatt mich zu verblenden.
Wie! unser König achtet uns so sehr,
Um zu gestehen, daß er uns bedarf,
Wir sind ihm nicht Verwandte nur, wir sind
Durch sein Vertraun zum höchsten Platz erhoben.
Und wenn die Edlen seines Königreichs
Um ihn sich drängen, seine Brust zu schützen,
So fordert er uns auf zu größerm Dienst.
Die Herzen dem Regenten zu erhalten,
Ist jedes Wohlgesinnten höchste Pflicht;
Denn wo er wankt, wankt das gemeine Wesen,
Und wenn er fällt, mit ihm stürzt alles hin.
Die Jugend, sagt man, bilde sich zu viel
Auf ihre Kraft, auf ihren Willen ein;

Doch dieser Wille, diese Kraft, auf ewig,
Was sie vermögen, dir gehört es an.
HERZOG. Des Kindes Zuversicht, erhabner Fürst,
Weißt du zu schätzen, weißt du zu verzeihen.
Und wenn der Vater, der erfahrne Mann,
Die Gabe dieses Tags, die nächste Hoffnung,
In ihrem ganzen Werte, fühlt und wägt;
So bist du seines vollen Danks gewiß.
KÖNIG. Wir wollen bald einander wiedersehn,
An jenem Fest, wo sich die treuen Meinen
Der Stunde freun, die mir das Licht gegeben.
Dich geb' ich, edles Kind, an diesem Tage
Der großen Welt, dem Hofe, deinem Vater
Und mir. Am Throne glänze dein Geschick.
Doch bis dahin verlang' ich von euch beiden
Verschwiegenheit. Was unter uns geschehn,
Erfahre niemand. Mißgunst lauert auf,
Schnell regt sie Wog' auf Woge, Sturm auf Sturm;
Das Fahrzeug treibt an jähe Klippen hin,
Wo selbst der Steurer nicht zu retten weiß.
Geheimnis nur verbürget unsre Taten;
Ein Vorsatz, mitgeteilt, ist nicht mehr dein;
Der Zufall spielt mit deinem Willen schon;
Selbst wer gebieten kann, muß überraschen.
Ja, mit dem besten Willen leisten wir
So wenig, weil uns tausend Willen kreuzen.
O! wäre mir, zu meinen reinen Wünschen,
Auch volle Kraft auf kurze Zeit gegeben;
Bis an den letzten Herd im Königreich
Empfände man des Vaters warme Sorge.
Begnügte sollten unter niedrem Dach,
Begnügte sollten im Palaste wohnen.
Und hätt' ich einmal ihres Glücks genossen,
Entsagt' ich gern dem Throne, gern der Welt.

SECHSTER AUFTRITT

Herzog. Eugenie.

EUGENIE. O! welch ein selig, jubelvoller Tag!
HERZOG. O! möcht' ich Tag' auf Tage so erleben!

EUGENIE. Wie göttlich hat der König uns beglückt.
HERZOG. Genieße rein so ungehoffte Gaben.
EUGENIE. Er scheint nicht glücklich. Ach! und ist so gut.
HERZOG. Die Güte selbst erregt oft Widerstand.
EUGENIE. Wer ist so hart, sich ihm zu widersetzen?
HERZOG. Der Heil des Ganzen von der Strenge hofft.
EUGENIE. Des Königs Milde sollte Milde zeugen.
HERZOG. Des Königs Milde zeugt Verwegenheit.
EUGENIE. Wie edel hat ihn die Natur gebildet.
HERZOG. Doch auf zu hohen Platz hinaufgestellt.
EUGENIE. Und ihn mit so viel Tugend ausgestattet.
HERZOG. Zur Häuslichkeit, zum Regimente nicht.
EUGENIE. Von altem Heldenstamme grünt er auf.
HERZOG. Die Kraft entgeht vielleicht dem späten Zweige.
EUGENIE. Die Schwäche zu vertreten sind wir da.
HERZOG. Sobald er unsre Stärke nicht verkennt.
EUGENIE. nachdenklich.
Mich leiten seine Reden zum Verdacht.
HERZOG. Was sinnest du? Enthülle mir dein Herz.
EUGENIE nach einer Pause.
Auch du bist unter denen, die er fürchtet.
HERZOG. Er fürchte jene, die zu fürchten sind.
EUGENIE. Und sollten ihm geheime Feinde drohen?
HERZOG. Wer die Gefahr verheimlicht, ist ein Feind.
Wo sind wir hingeraten! Meine Tochter!
Wie hat der sonderbarste Zufall uns
Auf einmal weggerissen nach dem Ziel.
Unvorbereitet red' ich, übereilt
Verwirr' ich dich, anstatt dich aufzuklären.
So mußte dir der Jugend heitres Glück
Beim ersten Eintritt in die Welt verschwinden.
Du konntest nicht, in süßer Trunkenheit,
Der blendenden Befriedigung genießen.
Das Ziel erreichst du; doch des falschen Kranzes
Verborgne Dornen ritzen deine Hand.
Geliebtes Kind! so sollt' es nicht geschehn!
Erst nach und nach, so hofft' ich, würdest du
Dich aus Beschränkung an die Welt gewöhnen,
Erst nach und nach den liebsten Hoffnungen

Entsagen lernen, manchem holden Wunsch.
Und nun auf einmal, wie der jähe Sturz
Dir vorbedeutet, bist du in den Kreis
Der Sorgen, der Gefahr herabgestürzt.
Mißtrauen atmet man in dieser Luft,
Der Neid verhetzt ein fieberhaftes Blut
Und übergibt dem Kummer seine Kranken.
Ach! soll ich nun nicht mehr ins Paradies,
Das dich umgab, am Abend wiederkehren,
Zu deiner Unschuld heil'gem Vorgefühl
Mich, von der Welt gedrängter Posse, retten.
Du wirst fortan, mit mir in's Netz verstrickt,
Gelähmt, verworren, dich und mich betrauren.
EUGENIE. Nicht so, mein Vater! Konnt' ich schon bisher
Untätig, abgesondert, eingeschlossen,
Ein kindlich Nichts, die reinste Wonne dir,
Schon, in des Daseins Unbedeutenheit,
Erholung, Trost und Lebenslust gewähren;
Wie soll die Tochter erst, in dein Geschick
Verflochten, im Gewebe deines Lebens,
Als heitrer, bunter Fade, künftig glänzen!
Ich nehme teil an jeder edlen Tat,
An jeder großen Handlung, die den Vater
Dem König und dem Reiche werter macht.
Mein frischer Sinn, die jugendliche Lust,
Die mich belebt, sie teilen dir sich mit,
Verscheuchen jene Träume, die der Welt
Unüberwindlich, ungeheure Last
Auf eine Menschenbrust zerknirschend wälzen.
Wenn ich dir sonst, in trüben Augenblicken,
Ohnmächt'gen guten Willen, arme Liebe,
Dir leere Tändeleien kindlich bot;
Nun hoff' ich, eingeweiht in deine Plane,
Bekannt mit deinen Wünschen, mir das Recht
Vollbürt'ger Kindschaft, rühmlich, zu erwerben.
HERZOG. Was du bei diesem wicht'gen Schritt verlierst,
Erscheint dir ohne Wert und ohne Würde,
Was du erwartest, schätzest du zu sehr.
EUGENIE. Mit hocherhabnen, hochbeglückten Männern

Gewalt'ges Ansehn, würd'gen Einfluß teilen!
Für edle Seelen reizender Gewinn!
HERZOG. Gewiß! Vergib, wenn du in dieser Stunde
Mich schwächer findest, als dem Manne ziemt.
Wir tauschten sonderbar die Pflichten um,
Ich soll dich leiten und du leitest mich.
EUGENIE. Wohl denn! Mein Vater, tritt mit mir herauf,
In diese Regionen, wo mir eben
Die neue, heitre Sonne sich erhebt.
In diesen muntern Stunden lächle nur,
Wenn ich den Inbegriff von meinen Sorgen
Dir auch eröffne.
HERZOG. Sage, was es ist.
EUGENIE. Der wichtigen Momente gibt's im Leben
Gar manche, die mit Freude, die mit Trauer
Des Menschen Herz bestürmen. Wenn der Mann
Sein Äußeres, in solchem Fall, vergißt,
Nachlässig oft sich vor die Menge stellt,
So wünscht ein Weib noch jedem zu gefallen;
Durch ausgesuchte Tracht, vollkommnen Schmuck,
Beneidenswert vor andern zu erscheinen.
Das hab' ich oft gehört und oft bemerkt,
Und nun empfind' ich, im bedeutendsten
Momente meines Lebens, daß auch ich
Der mädchenhaften Schwachheit schuldig bin.
HERZOG. Was kannst du wünschen, das du nicht erlangst?
EUGENIE. Du bist geneigt, mir alles zu gewähren,
Ich weiß es. Doch der große Tag ist nah,
Zu nah, um alles würdig zu bereiten;
Und was von Stoffen, Stickerei und Spitzen,
Was von Juwelen mich umgeben soll,
Wie kann's geschafft, wie kann's vollendet werden?
HERZOG. Uns überrascht ein längst gewünschtes Glück;
Doch vorbereitet können wir's empfangen.
Was du bedarfst, ist alles angeschafft,
Und heute noch, verwahrt im edlen Schrein,
Erhältst du Gaben, die du nicht erwartet.
Doch leichte Prüfung leg' ich dir dabei,
Zum Vorbild mancher künftig schweren, auf.

Hier ist der Schlüssel! den verwahre wohl;
Bezähme deine Neugier! öffne nicht,
Eh ich dich wiedersehe, jenen Schatz.
Vertraue niemand, sei es wer es sei.
Die Klugheit rät's, der König selbst gebeut's.
EUGENIE. Dem Mädchen sinnst du harte Prüfung aus;
Doch will ich sie bestehn, ich schwör' es dir!
HERZOG. Mein eigner, wüster Sohn umlauert ja
Die stillen Wege, die ich dich geführt.
Der Güter kleinen Teil, den ich bisher
Dir schuldig zugewandt, mißgönnt er schon.
Erführ' er, daß du höher nun empor,
Durch unsres Königs Gunst, gehoben, bald
In manchem Recht ihm gleich dich stellen könntest;
Wie müßt' er wüten! Würd' er tückisch nicht,
Den schönen Schritt zu hindern, alles tun?
EUGENIE. Laß uns, im stillen, jenen Tag erharren.
Und wenn geschehn ist, was mich seine Schwester
Zu nennen mich berechtigt, soll's an mir,
Soll's an gefälligem Betragen, guten Worten,
Nachgiebigkeit und Neigung nicht gebrechen.
Er ist dein Sohn; und sollt' er nicht, nach dir,
Zur Liebe, zur Vernunft gebildet sein?
HERZOG. Ich traue dir ein jedes Wunder zu,
Verrichte sie zu meines Hauses Bestem
Und lebe wohl. Doch ach! indem ich scheide,
Befällt mich grausend gäher Furcht Gewalt.
Hier lagst du tot in meinen Armen! Hier
Bezwang mich der Verzweiflung Tigerklaue.
Wer nimmt das Bild vor meinen Augen weg!
Dich hab' ich tot gesehn! So wirst du mir
An manchem Tag, in mancher Nacht erscheinen.
War ich, entfernt von dir, nicht stets besorgt?
Nun ist's nicht mehr ein kranker Grillentraum,
Es ist ein wahres unauslöschlich's Bild.
Eugenie, das Leben meines Lebens,
Bleich, hingesunken, atemlos, entseelt.
EUGENIE. Erneue nicht, was du entfernen solltest,
Laß diesen Sturz, laß diese Rettung dir

Als wertes Pfand erscheinen meines Glücks.
Lebendig siehst du sie vor deinen Augen,
indem sie ihn umarmt
Und fühlst lebendig sie an deiner Brust.
So laß mich immer, immer wiederkehren!
Und vor dem glüh'nden, liebevollen Leben
Entweiche des verhaßten Todes Bild.

HERZOG. Kann wohl ein Kind empfinden? wie den Vater
Die Sorge möglichen Verlustes quält.
Gesteh' ich's nur! Wie öfters hat mich schon
Dein überkühner Mut, mit dem du dich
Als wie an's Pferd gewachsen, voll Gefühl
Der doppelten, centaurischen Gewalt,
Durch Tal und Berg, durch Fluß und Graben schleuderst,
Wie sich ein Vogel durch die Lüfte wirft,
Ach! öfters mehr geängstigt als entzückt.
Daß doch gemäßigter dein Trieb fortan
Der ritterlichen Übung sich erfreue.

EUGENIE. Dem Ungemeßnen beugt sich die Gefahr,
Beschlichen wird das Mäßige von ihr.
O! fühle jetzt wie damals, da du mich,
Ein kleines Kind, in ritterliche Weise,
Mit heitrer Kühnheit, fröhlich eingeweiht.

HERZOG. Ich hatte damals unrecht; soll mich nun
Ein langes Leben sorgenvoll bestrafen!
Und locket Übung des Gefährlichen
Nicht die Gefahr an uns heran?

EUGENIE. Das Glück,
Und nicht die Sorge bändigt die Gefahr.
Leb wohl, mein Vater, folge deinem König,
Und sei nun, auch um deiner Tochter willen,
Sein redlicher Vasall, sein treuer Freund.
Leb wohl.

HERZOG. O! bleib! und steh an diesem Platz
Lebendig, aufrecht, noch einmal, wie du
In's Leben wieder aufsprangst, wo mit Wonne
Du mein zerrissen Herz erfüllend heiltest.
Unfruchtbar bleibe diese Freude nicht!
Zum ew'gen Denkmal weih' ich diesen Ort.

Hier soll ein Tempel aufstehn, der Genesung,
Der glücklichsten, gewidmet. Rings umher
Soll deine Hand ein Feenreich erschaffen.
Den wilden Wald, das struppige Gebüsch
Soll sanfter Gänge Labyrinth verknüpfen.
Der steile Fels wird gangbar, dieser Bach,
In reinen Spiegeln fällt er hier und dort.
Der überraschte Wandrer fühlt sich hier
In's Paradies versetzt. Hier soll kein Schuß,
Solang' ich lebe, fallen, hier kein Vogel,
Von seinem Zweig, kein Wild, in seinem Busch
Geschreckt, verwundet, hingeschmettert werden.
Hier will ich her, wenn mir der Augen Licht,
Wenn mir der Füße Kraft zuletzt versagt,
Auf dich gelehnt, wallfahrten, immer soll
Des gleichen Danks Empfindung mich beleben.
Nun aber lebe wohl! Und wie? – Du weinst?

EUGENIE. O! wenn mein Vater ängstlich fürchten darf,
Die Tochter zu verlieren, soll in mir
Sich keine Sorge regen, ihn vielleicht –
Wie kann ich's denken, sagen – ihn zu missen.
Verwaiste Väter sind beklagenswert;
Allein verwaiste Kinder sind es mehr.
Und ich, die Ärmste, stünde ganz allein,
Auf dieser weiten, fremden, wilden Welt,
Müßt' ich von ihm, dem Einzigen, mich trennen.

HERZOG. Wie du mich stärktest, geb' ich dir's zurück.
Laß uns getrost, wie immer, vorwärts gehen.
Das Leben ist des Lebens Pfand; es ruht
Nur auf sich selbst und muß sich selbst verbürgen.
Drum laß uns eilig auseinander scheiden!
Von diesem allzu weichen Lebewohl
Soll ein erfreulich Wiedersehn uns heilen.

Sie trennen sich schnell; aus der Entfernung werfen sie sich, mit ausgebreiteten Armen, ein Lebewohl zu und gehen eilig ab.

ZWEITER AUFZUG

Zimmer Eugeniens, im gotischen Stil.

ERSTER AUFTRITT

Hofmeisterin. Sekretär.

SEKRETÄR. Verdien' ich, daß du mich, im Augenblick,
Da ich erwünschte Nachricht bringe, fliehst?
Vernimm nur erst, was ich zu sagen habe!
HOFMEISTERIN. Wohin es deutet, fühl' ich nur zu sehr.
O! laß mein Auge vom bekannten Blick,
Mein Ohr sich von bekannter Stimme wenden.
Entfliehen laß mich der Gewalt, die sonst
Durch Lieb' und Freundschaft, wirksam, fürchterlich,
Wie ein Gespenst, mir nun zur Seite steht.
SEKRETÄR. Wenn ich des Glückes Füllhorn dir auf einmal,
Nach langem Hoffen, vor die Füße schütte,
Wenn sich die Morgenröte jenes Tags,
Der unsern Bund auf ewig gründen soll,
Am Horizonte feierlich erhebt;
So scheinst du nun verlegen, widerwillig,
Den Antrag eines Bräutigams zu fliehn.
HOFMEISTERIN. Du zeigst mir nur die eine Seite dar,
Sie glänzt und leuchtet, wie, im Sonnenschein,
Die Welt erfreulich daliegt; aber hinten
Droht schwarzer Nächte Graus, ich ahnd' ihn schon.
SEKRETÄR. So laß uns erst die schöne Seite sehn!
Verlangst du Wohnung, mitten in der Stadt?
Geräumig, heiter, trefflich ausgestattet,
Wie man's für sich, so wie für Gäste wünscht;
Sie ist bereit, der nächste Winter findet
Uns festlich dort umgeben, wenn du willst.
Sehnst du im Frühling dich auf's Land; auch dort
Ist uns ein Haus, ein Garten uns bestimmt,
Ein reiches Feld. Und was Erfreuliches
An Waldung, Busch, an Wiesen, Bach und Seen,
Sich Phantasie zusammen drängen mag,

Genießen wir, zum Teil, als unser eignes,
Zum Teil, als allgemeines Gut. Wobei
Noch manche Rente, gar bequem, vergönnt,
Durch Sparsamkeit ein sichres Glück zu steigern.

HOFMEISTERIN. In trübe Wolken hüllt sich jenes Bild,
So heiter du es malst, vor meinen Augen.
Nicht wünschenswert, abscheulich naht sich mir
Der Gott der Welt im Überfluß heran.
Was für ein Opfer fodert er? Das Glück
Des holden Zöglings müßt' ich morden helfen!
Und was ein solch Verbrechen mir erwarb,
Ich sollt' es je, mit freier Brust, genießen?
Eugenie! du, deren holdes Wesen
In meiner Nähe sich, von Jugend auf,
Aus reicher Fülle rein entwickeln sollte,
Kann ich noch unterscheiden, was an dir
Dein eigen ist und was du mir verdankst?
Dich, die ich, als mein selbst gebildet Werk,
Im Herzen trage, sollt' ich nun zerstören?
Von welchem Stoffe seid ihr denn geformt?
Ihr Grausamen! daß eine solche Tat
Ihr fordern dürft und zu belohnen glaubt.

SEKRETÄR. Gar manchen Schatz bewahrt von Jugend auf
Ein edles, gutes Herz und bildet ihn
Nur immer schöner, liebenswürd'ger, aus,
Zur holden Gottheit des geheimen Tempels;
Doch wenn das Mächtige, das uns regiert,
Ein großes Opfer heischt, wir bringen's doch,
Mit blutendem Gefühl, der Not zuletzt.
Zwei Welten sind es, meine Liebe, die,
Gewaltsam sich bekämpfend, uns bedrängen.

HOFMEISTERIN. In völlig fremder Welt, für mein Gefühl,
Scheinst du zu wandlen, da du deinem Herrn,
Dem edlen Herzog, solche Jammertage
Verräterisch bereitest, zur Partei
Des Sohns dich fügest – Wenn das Waltende
Verbrechen zu begünst'gen scheinen mag,
So nennen wir es Zufall; doch der Mensch,
Der, ganz besonnen, solche Tat erwählt,

Er ist ein Rätsel. – Doch – und bin ich nicht
Mir auch ein Rätsel? daß ich noch an dir,
Mit solcher Neigung, hänge; da du mich
Zum gähen Abgrund hinzureißen strebst.
Warum? o! schuf dich die Natur, von außen,
Gefällig, liebenswert, unwiderstehlich,
Wenn sie ein kaltes Herz in deinen Busen,
Ein glückzerstörendes, zu pflanzen dachte.

SEKRETÄR. An meiner Neigung Wärme zweifelst du?

HOFMEISTERIN.
Ich würde mich vernichten, wenn ich's könnte.
Doch ach! warum, und mit verhaßtem Plan,
Auf's neue mich bestürmen? Schwurst du nicht,
In ew'ge Nacht das Schrecknis zu begraben?

SEKRETÄR. Ach, leider, drängt sich's mächtiger hervor.
Den jungen Fürsten zwingt man zum Entschluß.
Erst blieb Eugenie, so manches Jahr,
Ein unbedeutend, unbekanntes Kind.
Du hast sie selbst, von ihren ersten Tagen,
In diesen alten Sälen, auferzogen,
Von wenigen besucht und heimlich nur.
Doch wie verheimlichte sich Vaterliebe!
Der Herzog, stolz auf seiner Tochter Wert,
Läßt, nach und nach, sie öffentlich erscheinen,
Sie zeigt sich reitend, fahrend. Jeder fragt
Und jeder weiß zuletzt, woher sie sei.
Nun ist die Mutter tot. Der stolzen Frau
War dieses Kind ein Greuel, das ihr nur
Der Neigung Schwäche vorzuwerfen schien.
Nie hat sie's anerkannt und kaum gesehn.
Durch ihren Tod fühlt sich der Herzog frei,
Entwirft geheime Plane, nähert sich
Dem Hofe wieder und entsagt zuletzt
Dem alten Groll, versöhnt sich mit dem König
Und macht sich's zur Bedingung: dieses Kind
Als Fürstin seines Stamms erklärt zu sehn.

HOFMEISTERIN. Und gönnt ihr dieser köstlichen Natur
Vom Fürstenblute nicht das Glück des Rechts?

SEKRETÄR. Geliebte, Teure! Sprichst du doch so leicht,

Durch diese Mauren von der Welt geschieden,
In klösterlichem Sinne von dem Wert
Der Erdengüter. Blicke nur hinaus,
Dort wägt man besser solchen edlen Schatz.
Der Vater neidet ihn dem Sohn, der Sohn
Berechnet seines Vaters Jahre, Brüder
Entzweit ein ungewisses Recht, auf Tod
Und Leben. Selbst der Geistliche vergißt,
Wohin er streben soll und strebt nach Gold.
Verdächte man's dem Prinzen, der sich stets
Als einz'gen Sohn gefühlt, wenn er sich nun
Die Schwester nicht gefallen lassen will,
Die, eingedrungen, ihm das Erbteil schmälert.
Man stelle sich an seinen Platz und richte.

HOFMEISTERIN.
Und ist er nicht schon jetzt ein reicher Fürst?
Und wird er's nicht durch seines Vaters Tod
Zum Übermaß? Wie wär' ein Teil der Güter
So köstlich angelegt, wenn er dafür
Die holde Schwester zu gewinnen wüßte.

SEKRETÄR. Willkürlich handlen ist des Reichen Glück!
Er widerspricht der Fordrung der Natur,
Der Stimme des Gesetzes, der Vernunft,
Und spendet an den Zufall seine Gaben.
Genug besitzen hieße darben. Alles
Bedürfte man! Unendlicher Verschwendung
Sind ungemeßne Güter wünschenswert.
Hier denke nicht zu raten, nicht zu mildern;
Kannst du mit uns nicht wirken, gib uns auf.

HOFMEISTERIN.
Und was denn wirken? Lange droht ihr schon
Von fern dem Glück des liebenswürd'gen Kindes.
Was habt ihr denn, in eurem furchtbarn Rat,
Beschlossen über sie? Verlangt ihr etwa,
Daß ich mich blind zu eurer Tat geselle?

SEKRETÄR. Mit nichten! Hören kannst und sollst du gleich,
Was zu beginnen, was von dir zu fodern,
Wir selbst genötigt sind. Eugenien
Sollst du entführen! Sie muß dergestalt

Auf einmal aus der Welt verschwinden, daß
Wir sie, getrost, als tot beweinen können.
Verborgen muß ihr künftiges Geschick,
Wie das Geschick der Toten, ewig bleiben.

HOFMEISTERIN. Lebendig weiht ihr sie dem Grabe, mich
Bestimmt ihr, tückisch, zur Begleiterin.
Mich stoßt ihr mit hinab. Ich soll mit ihr,
Mit der Verratnen, die Verräterin,
Der Toten Schicksal, vor dem Tode, teilen.

SEKRETÄR. Du führst sie hin und kehrest gleich zurück.

HOFMEISTERIN. Soll sie im Kloster ihre Tage schließen?

SEKRETÄR. Im Kloster nicht; wir mögen solch ein Pfand
Der Geistlichkeit nicht anvertrauen, die
Es leicht als Werkzeug gegen uns gebrauchte.

HOFMEISTERIN. So soll sie nach den Inseln? sprich es aus.

SEKRETÄR. Du wirst's vernehmen! Jetzt beruh'ge dich.

HOFMEISTERIN. Wie kann ich ruhen? Bei Gefahr und Not,
Die meinen Liebling, die mich selbst bedräut.

SEKRETÄR. Dein Liebling kann auch drüben glücklich sein,
Und dich erwarten hier Genuß und Wonne.

HOFMEISTERIN.
O, schmeichelt euch mit solcher Hoffnung nicht.
Was hilft's, in mich zu stürmen? Zum Verbrechen
Mich anzulocken, mich zu drängen? Sie,
Das hohe Kind, wird euren Plan vereiteln.
Gedenkt nur nicht sie, als geduld'ges Opfer,
Gefahrlos wegzuschleppen. Dieser Geist,
Der mutvoll sie beseelt, ererbte Kraft,
Begleiten sie, wohin sie geht, zerreißen
Das falsche Netz, womit ihr sie umgabt.

SEKRETÄR. Sie festzuhalten, das gelinge dir!
Willst du mich überreden, daß ein Kind,
Bisher im sanften Arm des Glücks gewiegt,
Im unverhofften Fall, Besonnenheit
Und Kraft, Geschick und Klugheit zeigen werde?
Gebildet ist ihr Geist doch nicht zur Tat,
Und wenn sie richtig fühlt und weise spricht,
So fehlt noch viel, daß sie gemessen handle.
Des Unerfahrnen hoher, freier Mut

Verliert sich leicht in Feigheit und Verzweiflung,
Wenn sich die Not ihm gegenüber stellt.
Was wir gesonnen, führe du es aus,
Klein wird das Übel werden, groß das Glück.
HOFMEISTERIN. So gebt mir Zeit zu prüfen und zu wählen!
SEKRETÄR. Der Augenblick des Handelns drängt uns schon.
Der Herzog scheint gewiß, daß ihm der König,
Am nächsten Fest, die hohe Gunst gewähren
Und seine Tochter anerkennen wolle;
Denn Kleider und Juwelen stehn bereit,
Im prächt'gen Kasten sämtlich eingeschlossen,
Wozu er selbst die Schlüssel wohl verwahrt
Und ein Geheimnis zu verwahren glaubt;
Wir aber wissen's wohl und sind gerüstet;
Geschehen muß nun schnell das Überlegte.
Heut' abend hörst du mehr. Nun lebe wohl.
HOFMEISTERIN. Auf düstern Wegen wirkt ihr tückisch fort;
Und wähnet euren Vorteil klar zu sehen.
Habt ihr denn jeder Ahndung euch verschlossen?
Daß über Schuld und Unschuld, lichtverbreitend,
Ein rettend, rächend Wesen göttlich schwebt.
SEKRETÄR. Wer wagt ein Herrschendes zu leugnen, das
Sich vorbehält, den Ausgang unsrer Taten,
Nach seinem einz'gen Willen, zu bestimmen.
Doch wer hat sich zu seinem hohen Rat
Gesellen dürfen? Wer Gesetz und Regel,
Wornach es ordnend spricht, erkennen mögen?
Verstand empfingen wir, uns, mündig, selbst,
Im ird'schen Element, zurecht zu finden,
Und was uns nützt, ist unser höchstes Recht.
HOFMEISTERIN. Und so verleugnet ihr das Göttlichste,
Wenn euch des Herzens Winke nichts bedeuten.
Mich ruft es auf, die schreckliche Gefahr
Vom holden Zögling kräftig abzuwenden,
Mich gegen dich und gegen Macht und List
Beherzt zu waffnen. Kein Versprechen soll,
Kein Drohn mich von der Stelle drängen. Hier,
Zu ihrem Heil gewidmet, steh' ich fest.
SEKRETÄR. O! meine Gute! dies ihr Heil vermagst

Du ganz allein zu schaffen, die Gefahr
Von ihr zu wenden magst du ganz allein.
Und zwar! indem du uns gehorchst. Ergreife
Sie schnell, die holde Tochter, führe sie,
So weit du kannst, hinweg, verbirg sie fern
Von aller Menschen Anblick, denn – du schauderst,
Du fühlst, was ich zu sagen habe. Sei's,
Weil du mich drängest, endlich auch gesagt:
Sie zu entfernen ist das Mildeste.
Willst du zu diesem Plan nicht tätig wirken,
Denkst du dich ihm geheim zu widersetzen,
Und wagtest du, was ich dir anvertraut,
Aus guter Absicht irgend zu verraten;
So liegt sie tot in deinen Armen! Was
Ich selbst beweinen werde, muß geschehn.

ZWEITER AUFTRITT

HOFMEISTERIN. Die kühne Drohung überrascht mich nicht!
Schon lange seh' ich dieses Feuer glimmen,
Nun schlägt es bald in lichte Flammen aus.
Um dich zu retten, muß ich, liebes Kind,
Dich deinem holden Morgentraum entreißen.
Nur eine Hoffnung lindert meinen Schmerz;
Allein sie schwindet, wie ich sie ergreife.
Eugenie! wenn du entsagen könntest
Dem hohen Glück, das unermeßlich scheint,
An dessen Schwelle dir Gefahr und Tod,
Verbannung, als ein Milderes, begegnen.
O! dürft' ich dich erleuchten! dürft' ich dir
Verborgne Winkel öffnen, wo die Schar
Verschworener Verfolger, tückisch, lauscht.
Ach! schweigen soll ich! Leise kann ich nur
Dich ahndungsvoll ermahnen, wirst du wohl,
Im Taumel deiner Freude, mich verstehen!

DRITTER AUFTRITT

Eugenie. Hofmeisterin.

EUGENIE. Sei mir gegrüßt! du Freundin meines Herzens,
An Mutter Statt Geliebte, sei gegrüßt.
HOFMEISTERIN. Mit Wonne drück' ich dich an dieses Herz,
Geliebtes Kind, und freue mich der Freude,
Die, reich aus Lebensfülle, dir entquillt.
Wie heiter glänzt dein Auge! Welch Entzücken
Umschwebet Mund und Wange! Welches Glück
Drängt aus bewegtem Busen sich hervor.
EUGENIE. Ein großes Unheil hatte mich ergriffen,
Vom Felsen stürzte Roß und Reiterin.
HOFMEISTERIN. O! Gott!
EUGENIE. Sei ruhig! Siehst du doch mich wieder,
Gesund und hochbeglückt, nach diesem Fall.
HOFMEISTERIN. Und wie?
EUGENIE. Du sollst es hören, wie, so schön,
Aus diesem Übel, sich das Glück entwickelt.
HOFMEISTERIN.
Ach! aus dem Glück entwickelt oft sich Schmerz.
EUGENIE. Sprich böser Vorbedeutung Wort nicht aus!
Und schrecke mich der Sorge nicht entgegen.
HOFMEISTERIN. O! möchtest du mir alles gleich vertrauen!
EUGENIE. Von allen Menschen dir zuerst. Nur jetzt,
Geliebte, laß mich mir. Ich muß, allein,
In's eigene Gefühl mich finden lernen.
Du weißt, wie hoch mein Vater sich erfreut,
Wenn, unerwartet, ihm ein klein Gedicht
Entgegen kommt, wie mir's der Muse Gunst,
Bei manchem Anlaß, willig schenken mag.
Verlaß mich! Eben schwebt mir's heiter vor,
Ich muß es haschen, sonst entschwindet's mir.
HOFMEISTERIN.
Wann soll, wie sonst, vertrauter Stunden Reihe,
Mit reichlichen Gesprächen, uns erquicken?
Wann öffnen wir, zufriednen Mädchen gleich,
Die ihren Schmuck einander, wiederholt,
Zu zeigen kaum ermüden, unsres Herzens

Geheimste Fächer, uns, bequem und herzlich,
Des wechselseit'gen Reichtums zu erfreuen?

EUGENIE. Auch jene Stunden werden wiederkehren,
Von deren stillem Glück man, mit Vertrauen,
Sich des Vertrauns erinnernd, gerne spricht.
Doch heute laß, in voller Einsamkeit,
Mich das Bedürfnis jener Tage finden.

VIERTER AUFTRITT

Eugenie, nachher Hofmeisterin außen.

EUGENIE eine Brieftasche hervorziehend.
Und nun geschwind zum Pergament, zum Griffel!
Ich hab' es ganz und eilig fass' ich's auf,
Was ich dem Könige, zu jener Feier,
Bei der ich, neugeboren, durch sein Wort,
Ins Leben trete, herzlich, widmen soll.

Sie rezitiert langsam und schreibt.

Welch Wonneleben wird hier ausgespendet!
Willst du, o Herr der obern Regionen,
Des Neulings Unvermögen nicht verschonen?
Ich sinke hin, von Majestät geblendet.
Doch bald, getrost, zu dir hinauf gewendet,
Erfreut's mich, an dem Fuß der festen Thronen,
Ein Sprößling deines Stamms, beglückt zu wohnen,
Und all mein frühes Hoffen ist vollendet.
So fließe denn der holde Born der Gnaden!
Hier will die treue Brust so gern verweilen
Und an der Liebe Majestät sich fassen.
Mein Ganzes hängt an einem zarten Faden,
Mir ist, als müßt' ich unaufhaltsam eilen,
Das Leben, das du gabst, für dich zu lassen.

Das Geschriebene mit Gefälligkeit betrachtend.

So hast du lange nicht, bewegtes Herz,
Dich in gemeßnen Worten ausgesprochen!
Wie glücklich! den Gefühlen unsrer Brust
Für ew'ge Zeit den Stempel aufzudrücken!
Doch ist es wohl genug? Hier quillt es fort,
Hier quillt es auf! – Du nahest, großer Tag,

Der uns den König gab und der nun mich
Dem Könige, dem Vater, mich mir selbst,
Zu ungemeßner Wonne, geben soll.
Dies hohe Fest verherrliche mein Lied!
Beflügelt drängt sich Phantasie voraus,
Sie trägt mich vor den Thron und stellt mich vor,
Sie gibt im Kreise mir –

HOFMEISTERIN *außen.*
Eugenie!

EUGENIE. Was soll das?

HOFMEISTERIN. Höre mich, und öffne gleich!

EUGENIE. Verhaßte Störung! Öffnen kann ich nicht.

HOFMEISTERIN. Vom Vater Botschaft!

EUGENIE. Wie? vom Vater? Gleich!
Da muß ich öffnen.

HOFMEISTERIN. Große Gaben scheint
Er dir zu schicken.

EUGENIE. Warte!

HOFMEISTERIN. Hörst du?

EUGENIE. Warte!
Doch wo verberg' ich dieses Blatt? Zu klar
Spricht's jene Hoffnung aus, die mich beglückt.
Hier ist nichts zum Verschließen! Und bei mir
Ist's nirgend sicher, diese Tasche kaum;
Denn meine Leute sind nicht alle treu.
Gar manches hat man schon mir, als ich schlief,
Durchblättert und entwendet. Das Geheimnis,
Das größte, das ich je gehegt, wohin,
Wohin verberg' ich's?

Indem sie sich der Seitenwand nähert.

Wohl! hier war es ja,
Wo du, geheimer Wandschrank, meiner Kindheit
Unschuldige Geheimnisse verbargst!
Du, den mir kindisch allausspähende,
Von Neugier und von Müßiggang erzeugte,
Rastlose Tätigkeit entdecken half,
Du, jedem ein Geheimnis, öffne dich!

Sie drückt an einer unbemerkbaren Feder und eine kleine Türe springt auf.

So wie ich sonst verbotnes Zuckerwerk,
Zu listigem Genuß, in dir versteckte,
Vertrau' ich heute meines Lebens Glück
Entzückt und sorglich dir, auf kurze Zeit.

Sie legt das Pergament in den Schrank und drückt ihn zu.

Die Tage schreiten vor und ahndungsvoller
Bewegen sich nun Freud' und Schmerz heran.

Sie öffnet die Türe.

FÜNFTER AUFTRITT

Eugenie. Hofmeisterin. Bediente, die einen prächtigen Putzkasten tragen.

HOFMEISTERIN.
Wenn ich dich störte, führ' ich gleich mit mir,
Was mich gewiß entschuld'gen soll, herbei.
EUGENIE. Von meinem Vater? dieser prächt'ge Schrein!
Auf welchen Inhalt deutet solch Gefäß?

Zu den Bedienten.

Verweilt!

Sie reicht ihnen einen Beutel hin.

Zum Vorschmack eures Botenlohns
Nehmt diese Kleinigkeit, das Beßre folgt.

Bediente gehen.

Und ohne Brief und ohne Schlüssel! Steht
Mir solch ein Schatz verborgen, in der Nähe?
O Neugier! O Verlangen! Ahndest du,
Was diese Gabe mir bedeuten kann?
HOFMEISTERIN. Ich zweifle nicht, du hast es selbst erraten.
Auf nächste Hoheit deutet sie gewiß.
Den Schmuck der Fürstentochter bringt man dir,
Weil dich der König bald berufen wird.
EUGENIE. Wie kannst du das vermuten?
HOFMEISTERIN. Weiß ich's doch!
Geheimnisse der Großen sind belauscht.
EUGENIE. Und wenn du's weißt, was soll ich dir's verbergen?
Soll ich die Neugier dies Geschenk zu sehn

Vor dir umsonst bezähmen! – Hab' ich doch
Den Schlüssel hier! – Der Vater zwar verbot's.
Doch was verbot er? Das Geheimnis nicht
Unzeitig zu entdecken; doch dir ist
Es schon entdeckt. Du kannst nicht mehr erfahren,
Als du schon weißt, und schweigst nur, mir zu Liebe.
Was zaudern wir? Komm laß uns öffnen! komm,
Daß uns der Gaben hoher Glanz entzücke.

HOFMEISTERIN. Halt ein! Gedenke des Verbots! Wer weiß,
Warum der Herzog weislich so befohlen?

EUGENIE. Mit Sinn befahl er, zum bestimmten Zweck;
Der ist vereitelt; alles weißt du schon.
Du liebst mich, bist verschwiegen, zuverlässig.
Laß uns das Zimmer schließen! das Geheime
Laß uns sogleich, vertraulich, untersuchen.

Sie schließt die Zimmertüre und eilt gegen den Schrank.

HOFMEISTERIN sie abhaltend.
Der prächt'gen Stoffe Gold und Farben Glanz,
Der Perlen Milde, der Juwelen Strahl
Bleib im Verborgnen! Ach! sie reizen dich,
Zu jenem Ziel, unwiderstehlich auf.

EUGENIE. Was sie bedeuten ist das Reizende.

Sie öffnet den Schrank, an der Türe zeigen sich Spiegel.

Welch köstliches Gewand entwickelt sich,
Indem ich's nur berühre, meinem Blick.
Und diese Spiegel! fordern sie nicht gleich
Das Mädchen und den Schmuck vereint zu schildern.

HOFMEISTERIN. Kreusa's tödliches Gewand entfaltet,
So scheint es mir, sich unter meiner Hand.

EUGENIE.
Wie schwebt ein solcher Trübsinn dir ums Haupt?
Denk an beglückter Bräute frohes Fest.
Komm! Reiche mir die Teile, nach und nach;
Das Unterkleid! Wie reich und süß durchflimmert
Sich rein des Silbers und der Farben Blitz.

HOFMEISTERIN indem sie Eugenien das Gewand umlegt.
Verbirgt sich je der Gnade Sonnenblick,
Sogleich ermattet solch ein Widerglanz.

EUGENIE. Ein treues Herz verdient sich diesen Blick,

Und, wenn er weichen wollte, zieht's ihn an. –
Das Oberkleid, das goldne, schlage drüber,
Die Schleppe ziehe, weit verbreitet, nach.
Auch diesem Gold ist, mit Geschmack und Wahl,
Der Blumen Schmelz, metallisch, aufgebrämt.
Und tret' ich so nicht schön umgeben auf?

HOFMEISTERIN.
Doch wird, von Kennern, mehr die Schönheit selbst,
In ihrer eignen Herrlichkeit, verehrt.

EUGENIE. Das einfach Schöne soll der Kenner schätzen;
Verziertes aber spricht der Menge zu. –
Nun leihe mir der Perlen sanftes Licht,
Auch der Juwelen leuchtende Gewalt.

HOFMEISTERIN. Doch deinem Herzen, deinem Geist genügt
Nur eigner, innrer Wert und nicht der Schein.

EUGENIE. Der Schein, was ist er, dem das Wesen fehlt?
Das Wesen wär' es, wenn es nicht erschiene?

HOFMEISTERIN. Und hast du nicht, in diesen Mauern selbst,
Der Jugend ungetrübte Zeit verlebt?
Am Busen deiner Liebenden, entzückt,
Verborgner Wonne Seligkeit erfahren?

EUGENIE. Gefaltet kann die Knospe sich genügen,
Solange sie des Winters Frost umgibt;
Nun schwillt, vom Frühlingshauche, Lebenskraft,
In Blüten bricht sie auf, an Licht und Lüfte.

HOFMEISTERIN. Aus Mäßigkeit entspringt ein reines Glück.

EUGENIE. Wenn du ein mäßig Ziel dir vorgesteckt.

HOFMEISTERIN. Beschränktheit sucht sich der Genießende.

EUGENIE. Du überredest die Geschmückte nicht.
O! daß sich dieser Saal erweiterte,
Zum Raum des Glanzes, wo der König thront.
Daß reicher Teppich unten, oben sich
Der goldnen Decke Wölbung breitete!
Daß hier im Kreise, vor der Majestät,
Demütig stolz, die Großen, angelacht
Von dieser Sonne, herrlich leuchteten!
Ich unter diesen Ausgezeichneten,
Am schönsten Fest die Ausgezeichnete.

O! laß mir dieser Wonne Vorgefühl,
Wenn aller Augen mich zum Ziel erlesen.
HOFMEISTERIN. Zum Ziele der Bewundrung nicht allein,
Zum Ziel des Neides und des Hasses mehr.
EUGENIE. Der Neider steht als Folie des Glücks,
Der Hasser lehrt uns immer wehrhaft bleiben.
HOFMEISTERIN. Demütigung beschleicht die Stolzen oft.
EUGENIE. Ich setz' ihr Geistesgegenwart entgegen.

Zum Schranke gewendet.

Noch haben wir nicht alles durchgesehn;
Nicht mich allein bedenk' ich diese Tage,
Für andre hoff' ich manche Kostbarkeit.
HOFMEISTERIN ein Kästchen hervornehmend.
Hier! aufgeschrieben steht es: „Zu Geschenken".
EUGENIE. So nimm, voraus, was dich vergnügen kann,
Von diesen Uhren, diesen Dosen. Wähle! –
Nein! überlege noch! Vielleicht verbirgt
Sich Wünschenswerteres im reichen Schrein.
HOFMEISTERIN. O! fände sich ein kräft'ger Talisman,
Des trüben Bruders Neigung zu gewinnen.
EUGENIE. Den Widerwillen tilge, nach und nach,
Des unbefangnen Herzens reines Wirken.
HOFMEISTERIN. Doch die Partei, die seinen Groll bestärkt,
Auf ewig steht sie deinem Wunsch entgegen.
EUGENIE. Wenn sie bisher mein Glück zu hindern suchte;
Tritt nun Entscheidung unaufhaltsam ein,
Und in's Geschehne fügt sich jedermann.
HOFMEISTERIN.
Das was du hoffest noch ist's nicht geschehn.
EUGENIE. Doch als vollendet kann ich's wohl betrachten.

Nach dem Schrank gekehrt.

Was liegt im langen Kästchen, oben an?
HOFMEISTERIN die es herausnimmt.
Die schönsten Bänder, frisch und neu gewählt –
Zerstreue nicht, durch eitlen Flitterwesens
Neugierige Betrachtung, deinen Geist.
O! wär' es möglich! daß du meinem Wort
Gehör verliehest, einen Augenblick!
Aus stillem Kreise trittst du nun heraus,

In weite Räume, wo dich Sorgendrang,
Vielfach geknüpfte Netze, Tod vielleicht,
Von meuchelmörderischer Hand, erwartet.

EUGENIE.
Du scheinst mir krank! wie könnte sonst mein Glück
Dir fürchterlich, als ein Gespenst, erscheinen.
In das Kästchen blickend.
Was seh' ich? Diese Rolle! Ganz gewiß
Das Ordensband der ersten Fürstentochter!
Auch dieses werd' ich tragen! Nur geschwind!
Laß sehen, wie es kleidet? Es gehört
Zum ganzen Prunk; so sei auch das versucht!
Das Band wird umgelegt.
Nun sprich vom Tode nur! sprich von Gefahr!
Was zieret mehr den Mann, als wenn er sich,
Im Heldenschmuck zu seinem Könige,
Sich unter seinesgleichen stellen kann;
Was reizt das Auge mehr? als jenes Kleid,
Das kriegerische lange Reihen zeichnet;
Und dieses Kleid und seine Farben sind
Sie nicht ein Sinnbild ewiger Gefahr?
Die Schärpe deutet Krieg, womit sich, stolz
Auf seine Kraft, ein edler Mann umgürtet.
O! meine Liebe! Was bedeutend schmückt,
Es ist durchaus gefährlich. Laß auch mir
Das Mutgefühl, was mir begegnen kann,
So prächtig ausgerüstet, zu erwarten.
Unwiderruflich, Freundin, bleibt mein Glück.

HOFMEISTERIN beiseite.
Das Schicksal, das dich trifft, unwiderruflich.

DRITTER AUFZUG

Vorzimmer des Herzogs, prächtig, modern.

ERSTER AUFTRITT

Sekretär. Weltgeistlicher.

SEKRETÄR. Tritt still herein, in diese Totenstille!
Wie ausgestorben findest du das Haus.
Der Herzog schläft, und alle Diener stehen,
Von seinem Schmerz durchdrungen, stumm gebeugt.
Er schläft! Ich segnet' ihn, als ich ihn sah,
Bewußtlos, auf dem Pfühle, ruhig, atmen.
Das Übermaß der Schmerzen löste sich
In der Natur balsam'schen Wohltat auf.
Den Augenblick befürcht' ich, der ihn weckt,
Euch wird ein jammervoller Mann erscheinen.
WELTGEISTLICHER. Darauf bin ich bereitet, zweifelt nicht.
SEKRETÄR. Vor wenig Stunden kam die Nachricht an,
Eugenie sei tot! Vom Pferd gestürzt!
An eurem Orte sei sie beigesetzt,
Als an dem nächsten Platz, wohin man sie
Aus jenem Felsendickigt bringen können,
Wo sie, verwegen, sich den Tod erstürmt.
WELTGEISTLICHER. Und sie indessen ist schon weit entfernt?
SEKRETÄR. Mit rascher Eile wird sie weggeführt.
WELTGEISTLICHER.
Und wem vertraut ihr solch ein schwer Geschäft?
SEKRETÄR. Dem klugen Weibe, das uns angehört.
WELTGEISTLICHER. In welche Gegend habt ihr sie geschickt?
SEKRETÄR. Zu dieses Reiches letztem Hafenplatz.
WELTGEISTLICHER. Von dorten soll sie in das fernste Land?
SEKRETÄR. Sie führt ein günst'ger Wind sogleich davon.
WELTGEISTLICHER. Und hier, auf ewig, gelte sie für tot!
SEKRETÄR. Auf deiner Fabel Vortrag kommt es an.
WELTGEISTLICHER. Der Irrtum soll im ersten Augenblick,
Auf alle künft'ge Zeit, gewaltig wirken.
An ihrer Gruft, an ihrer Leiche soll
Die Phantasie erstarren. Tausendfach

Zerreiß' ich das geliebte Bild und grabe
Dem Sinne des entsetzten Hörenden,
Mit Feuerzügen, dieses Unglück ein.
Sie ist dahin für alle, sie verschwindet
In's Nichts der Asche. Jeder kehret, schnell,
Den Blick zum Leben und vergißt, im Taumel
Der treibenden Begierden, daß auch sie
Im Reihen der Lebendigen geschwebt.

SEKRETÄR. Du trittst mit vieler Kühnheit an's Geschäft;
Besorgst du keine Reue hinten nach?

WELTGEISTLICHER. Welch eine Frage tust du? Wir sind fest!

SEKRETÄR. Ein innres Unbehagen fügt sich oft,
Auch wider unsern Willen, an die Tat.

WELTGEISTLICHER.
Was hör' ich? du bedenklich? oder willst
Du mich nur prüfen, ob es euch gelang
Mich, euern Schüler, völlig auszubilden.

SEKRETÄR. Das Wichtige bedenkt man nie genug.

WELTGEISTLICHER. Bedenke man eh noch die Tat beginnt.

SEKRETÄR. Auch in der Tat ist Raum für Überlegung.

WELTGEISTLICHER. Für mich ist nichts zu überlegen mehr!
Da wär' es Zeit gewesen, als ich noch
Im Paradies beschränkter Freuden weilte,
Als, von des Gartens engem Hag umschlossen,
Ich selbstgesäte Bäume selber pfropfte,
Aus wenig Beeten meinen Tisch versorgte,
Als noch Zufriedenheit, im kleinen Hause,
Gefühl des Reichtums über alles goß
Und ich, nach meiner Einsicht, zur Gemeinde,
Als Freund, als Vater, aus dem Herzen sprach,
Dem Guten fördernd meine Hände reichte,
Dem Bösen, wie dem Übel, widerstritt.
O! hätte damals ein wohltät'ger Geist
Vor meiner Türe dich vorbeigewiesen,
An der du müde, durstig, von der Jagd,
Zu klopfen kamst. Mit schmeichlerischem Wesen,
Mit süßem Wort, mich zu bezaubern wußtest.
Der Gastfreundschaft geweihter, schöner Tag,
Er war der letzte reingenoßnen Friedens.

SEKRETÄR. Wir brachten dir so manche Freude zu.
WELTGEISTLICHER.
Und dranget mir so manch Bedürfnis auf.
Nun war ich arm, als ich die Reichen kannte;
Nun war ich sorgenvoll, denn mir gebrach's;
Nun hatt' ich Not, ich brauchte fremde Hülfe.
Ihr wart mir hülfreich, teuer büß' ich das.
Ihr nahmt mich zum Genossen eures Glücks,
Mich zum Gesellen eurer Taten auf.
Zum Sklaven, sollt' ich sagen, dingtet ihr
Den sonst so freien, jetzt bedrängten Mann.
Ihr lohnt ihm zwar, doch immer noch versagt
Ihr ihm den Lohn, den er verlangen darf.
SEKRETÄR. Vertraue, daß wir dich, in kurzer Zeit,
Mit Gütern, Ehren, Pfründen überhäufen.
WELTGEISTLICHER. Das ist es nicht, was ich erwarten muß.
SEKRETÄR. Und welche neue Fordrung bildest du?
WELTGEISTLICHER.
Als ein gefühllos Werkzeug braucht ihr mich
Auch diesmal wieder. Dieses holde Kind
Verstoßt ihr aus dem Kreise der Lebend'gen,
Ich soll die Tat beschönen, sie bedecken,
Und ihr beschließt, begeht sie ohne mich.
Von nun an fordr' ich mit im Rat zu sitzen,
Wo Schreckliches beschlossen wird, wo jeder
Auf seinen Sinn, auf seine Kräfte stolz
Zum unvermeidlich Ungeheuren stimmt.
SEKRETÄR. Daß du auch diesmal dich mit uns verbunden,
Erwirbt, aufs neue, dir ein großes Recht.
Gar manch Geheimnis wirst du bald vernehmen,
Dahin gedulde dich und sei gefaßt.
WELTGEISTLICHER.
Ich bin's und bin noch weiter als ihr denkt;
In eure Plane schaut' ich längst hinein.
Der nur verdient geheimnisvolle Weihe,
Der ihr, durch Ahndung, vorzugreifen weiß.
SEKRETÄR. Was ahndest du? was weißt du.
WELTGEISTLICHER. Laß uns das
Auf ein Gespräch der Mitternacht versparen.

O! dieses Mädchens trauriges Geschick
Verschwindet, wie ein Bach im Ozean,
Wenn ich bedenke, wie, verborgen, ihr
Zu mächtiger Parteigewalt euch hebt
Und, an die Stelle der Gebietenden,
Mit frecher List euch einzudrängen hofft.
Nicht ihr allein; denn andre streben auch,
Euch widerstrebend, nach demselben Zweck.
So untergrabt ihr Vaterland und Thron;
Wer soll sich retten, wenn das Ganze stürzt?
SEKRETÄR. Ich höre kommen! Tritt hier an die Seite!
Ich führe dich zu rechter Zeit herein.

ZWEITER AUFTRITT

Herzog. Sekretär.

HERZOG. Unsel'ges Licht! du rufst mich auf zum Leben,
Mich zum Bewußtsein dieser Welt zurück
Und meiner selbst. Wie öde, hohl und leer
Liegt alles vor mir da, und ausgebrannt,
Ein großer Schutt, die Stätte meines Glücks.
SEKRETÄR. Wenn jeder von den Deinen, die, um dich,
In dieser Stunde leiden, einen Teil
Von deinen Schmerzen übertragen könnte;
Du fühltest dich erleichtert und gestärkt.
HERZOG. Der Schmerz um Liebe, wie die Liebe, bleibt
Unteilbar und unendlich. Fühl' ich doch,
Welch ungeheures Unglück den betrifft,
Der seines Tags gewohntes Gut vermißt.
Warum o! laßt ihr die bekannten Wände,
Mit Farb' und Gold, mir noch entgegen scheinen,
Die mich an gestern, mich an ehegestern,
An jenen Zustand meines vollen Glücks
Mich kalt erinnern. O! warum verhüllet
Ihr nicht Gemach und Saal mit schwarzem Krepp!
Daß, finster, wie mein Innres, auch von außen,
Ein ewig nächt'ger Schatten mich umfange.

SEKRETÄR. O! Möchte doch das viele, das dir bleibt,
Nach dem Verlust, als etwas dir erscheinen.
HERZOG. Ein geistverlaßner, körperlicher Traum!
Sie war die Seele dieses ganzen Hauses.
Wie schwebte, beim Erwachen, sonst das Bild
Des holden Kindes dringend mir entgegen.
Hier fand ich oft ein Blatt von ihrer Hand,
Ein geistreich, herzlich Blatt, zum Morgengruß.
SEKRETÄR.
Wie drückte nicht der Wunsch dich zu ergötzen
Sich, dichtrisch, oft in frühen Reimen aus.
HERZOG. Die Hoffnung sie zu sehen gab den Stunden
Des mühevollen Tags den einz'gen Reiz.
SEKRETÄR. Wie oft bei Hindernis und Zögrung hat
Man ungeduldig, wie nach der Geliebten
Den raschen Jüngling, dich nach ihr gesehn.
HERZOG. Vergleiche doch die jugendliche Glut,
Die selbstischen Besitz, verzehrend, hascht,
Nicht dem Gefühl des Vaters, der entzückt,
In heil'gem Anschaun stille hingegeben,
Sich an Entwicklung wunderbarer Kräfte,
Sich an der Bildung Riesenschritten freut.
Der Liebe Sehnsucht fordert Gegenwart;
Doch Zukunft ist des Vaters Eigentum.
Dort liegen seiner Hoffnung weite Felder,
Dort seiner Saaten keimender Genuß.
SEKRETÄR. O Jammer! diese grenzenlose Wonne,
Dies ewig frische Glück verlorst du nun.
HERZOG. Verlor ich's? War es doch im Augenblick
Vor meiner Seele noch im vollen Glanz.
Ja, ich verlor's! du rufst's, Unglücklicher,
Die öde Stunde ruft mir's wieder zu.
Ja, ich verlor's! So strömt ihr Klagen denn!
Zerstöre Jammer diesen festen Bau,
Den ein zu günstig Alter noch verschont.
Verhaßt sei mir das Bleibende, verhaßt
Was mir in seiner Dauer Stolz erscheint,
Erwünscht was fließt und schwankt. Ihr Fluten schwellt,
Zerreißt die Dämme, wandelt Land in See.

Eröffne deine Schlünde, wildes Meer!
Verschlinge Schiff und Mann und Schätze. Weit
Verbreitet euch, ihr kriegerischen Reihen,
Und häuft, auf blut'gen Fluren, Tod auf Tod.
Entzünde Strahl des Himmels dich im Leeren
Und triff der kühnen Türme sichres Haupt.
Zertrümmr', entzünde sie und geißle weit,
Im Stadtgedräng, der Flamme Wut umher.
Daß ich, von allem Jammer rings umfangen,
Dem Schicksal mich ergebe, das mich traf!

SEKRETÄR. Das ungeheuer Unerwartete
Bedrängt dich, fürchterlich, erhabner Mann.

HERZOG. Wohl unerwartet kam's, nicht ungewarnt.
In meinen Armen ließ ein guter Geist
Sie von den Toten wieder auferstehn,
Und zeigte mir, gelind, vorübereilend,
Ein Schreckliches, nun ewig Bleibendes.
Da sollt' ich strafen die Verwegenheit,
Dem Übermut mich, scheltend, widersetzen,
Verbieten jene Raserei, die sich
Unsterblich, unverwundbar wähnend, blind,
Wetteifernd mit dem Vogel, sich durch Wald
Und Fluß und Sträuche, von dem Felsen stürzt.

SEKRETÄR. Was oft und glücklich unsre Besten tun,
Wie sollt' es dir des Unglücks Ahndung bringen?

HERZOG. Die Ahndung dieser Leiden fühlt' ich wohl,
Als ich zum letztenmal – Zum letztenmal!
Du sprichst es aus das fürchterliche Wort,
Das deinen Weg mit Finsternis umzieht.
O! hätt' ich sie nur einmal noch gesehn!
Vielleicht war dieses Unglück abzuleiten.
Ich hätte flehentlich gebeten; sie, als Vater,
Zum treulichsten ermahnt, sich mir zu schonen,
Und von der Wut tollkühner Reiterei,
Um unsres Glückes willen, abzustehn.
Ach diese Stunde war mir nicht gegönnt.
Und nun vermiss' ich mein geliebtes Kind!
Sie ist dahin! Verwegner ward sie nur
Durch jenen Sturz, dem sie so leicht entrann.

Und niemand sie zu warnen, sie zu leiten!
Entwachsen war sie dieser Frauenzucht.
In welchen Händen ließ ich solchen Schatz?
Verzärtlenden, nachgieb'gen Weiberhänden.
Kein festes Wort! den Willen meines Kinds
Zu mäßiger Vernünftigkeit zu lenken!
Zur unbedingten Freiheit ließ man ihr,
Zu jedem kühnen Wagnis offnes Feld.
Ich fühlt' es oft und sagt' es mir nicht klar:
Bei diesem Weibe war sie schlecht verwahrt.
SEKRETÄR. O! tadle nicht die Unglückselige!
Vom tiefsten Schmerz begleitet irrt sie nun
Wer weiß in welche Lande trostlos hin.
Sie ist entflohn. Denn wer vermöchte dir
In's Angesicht zu sehen, der auch nur
Den fernsten Vorwurf zu befürchten hätte.
HERZOG. O! Laß mich ungerecht auf andre zürnen,
Daß ich mich nicht verzweiflend selbst zerreiße.
Wohl trag' ich selbst die Schuld und trag' sie schwer.
Denn rief ich nicht, mit törigem Beginnen,
Gefahr und Tod auf dieses teure Haupt?
Sie überall zu sehn als Meisterin
Das war mein Stolz! zu teuer büß' ich ihn.
Zu Pferde sollte sie, im Wagen sie,
Die Rosse bändigend, als Heldin glänzen.
In's Wasser tauchend, schwimmend schien sie mir
Den Elementen, göttlich, zu gebieten.
So, hieß es, kann sie jeglicher Gefahr
Dereinst entgehen. Statt sie zu bewahren,
Gibt Übung zur Gefahr den Tod ihr nun.
SEKRETÄR. Des edlen Pflichtgefühles Übung gibt,
Ach! unsrer Unvergeßlichen den Tod.
HERZOG! Erkläre dich!
SEKRETÄR. Und weck' ich diesen Schmerz
Durch Schildrung kindlich edlen Unternehmens.
Ihr alter, erster, hochgeliebter Freund
Und Lehrer wohnt, von dieser Stadt entfernt,
Verschränkt in Trübsinn, Krankheit, Menschenhaß.
Nur sie allein vermocht' ihn zu erheitern;

Als Leidenschaft empfand sie diese Pflicht;
Nur allzu oft verlangte sie hinüber,
Und oft versagte man's. Nun hatte sie's
Planmäßig angelegt, sie nutzte kühn
Des Morgenrittes abgemeßne Stunden,
Mit ungeheurer Schnelligkeit, zum Zweck
Den alten, vielgeliebten Mann zu sehn.
Ein einz'ger Reitknecht nur war im Geheimnis,
Er unterlegt' ihr jedesmal das Pferd,
Wie wir vermuten; denn auch er ist fort.
Der arme Mensch und jene Frau verloren,
Aus Furcht vor dir, sich in die weite Welt.

HERZOG. Die Glücklichen! die noch zu fürchten haben;
Bei denen sich der Schmerz, um ihres Herrn
Verlornes Heil, in leicht verwundene,
In leicht gehobne Bangigkeit verwandelt.
Ich habe nichts zu fürchten! nichts zu hoffen!
Drum laß mich alles wissen; zeige mir
Den kleinsten Umstand an, ich bin gefaßt.

DRITTER AUFTRITT

Herzog. Sekretär. Weltgeistlicher.

SEKRETÄR. Auf diesen Augenblick, verehrter Fürst,
Hab' ich hier einen Mann zurückgehalten,
Der, auch gebeugt, vor deinem Blick erscheint.
Es ist der Geistliche, der, aus der Hand
Des Todes, deine Tochter aufgenommen,
Und sie, da keiner Hülfe Trost sich zeigte,
Mit liebevoller Sorgfalt beigesetzt.

VIERTER AUFTRITT

Herzog. Weltgeistlicher.

WELTGEISTLICHER.
Den Wunsch vor deinem Antlitz zu erscheinen,
Erhabner Fürst, wie lebhaft hegt' ich ihn!

Nun wird er mir gewährt, im Augenblick,
Der dich und mich in tiefen Jammer senkt.
HERZOG. Auch so willkommen! unwillkommner Bote.
Du hast sie noch gesehn, den letzten Blick,
Den sehnsuchtsvollen, dir in's Herz gefaßt,
Das letzte Wort bedächtig aufgenommen,
Dem letzten Seufzer Mitgefühl erwidert.
O! sage: sprach sie noch? Was sprach sie aus?
Gedachte sie des Vaters? Bringst du mir,
Von ihrem Mund, ein herzlich Lebewohl?
WELTGEISTLICHER.
Willkommen scheint ein unwillkommner Bote,
Solang' er schweigt und noch der Hoffnung Raum,
Der Täuschung Raum in unserm Herzen gibt.
Der ausgesprochne Jammer ist verhaßt.
HERZOG. Was zauderst du? was kann ich mehr erfahren?
Sie ist dahin! Und diesen Augenblick
Ist über ihrem Sarge Ruh und Stille.
Was sie auch litt, es ist für sie vorbei,
Für mich beginnt es; aber rede nur!
WELTGEISTLICHER. Ein allgemeines Übel ist der Tod.
So denke dir das Schicksal deiner Toten.
Und finster wie des Grabes Nacht verstumme
Der Übergang, der sie hinabgeführt.
Nicht jeden leitet ein gelinder Gang,
Unmerklich, in das stille Reich der Schatten.
Gewaltsam schmerzlich reißt Zerstörung oft,
Durch Höllenqualen, in die Ruhe hin.
HERZOG. So hat sie viel gelitten?
WELTGEISTLICHER. Viel, nicht lange.
HERZOG. Es war ein Augenblick, in dem sie litt,
Ein Augenblick, wo sie um Hülfe rief.
Und ich? Wo war ich da? Welch ein Geschäft,
Welch ein Vergnügen hatte mich gefesselt?
Verkündigte mir nichts das Schreckliche,
Das mir das Leben voneinander riß.
Ich hörte nicht den Schrei, ich fühlte nicht
Den Unfall, der mich ohne Rettung traf.
Der Ahndung heil'ges, fernes Mitgefühl

Ist nur ein Märchen. Sinnlich und verstockt,
In's Gegenwärtige verschlossen, fühlt
Der Mensch das nächste Wohl, das nächste Weh,
Und Liebe selbst ist in der Ferne taub.
WELTGEISTLICHER.
So viel auch Worte gelten, fühl' ich doch
Wie wenig sie zum Troste wirken können.
HERZOG. Das Wort verwundet leichter als es heilt.
Und ewig wiederholend strebt vergebens
Verlornes Glück der Kummer herzustellen.
So war denn keine Hülfe, keine Kunst
Vermögend sie ins Leben aufzurufen?
Was hast du, sage mir, begonnen? Was
Zu ihrem Heil versucht? Du hast gewiß
Nichts unbedacht gelassen.
WELTGEISTLICHER. Leider war
Nichts zu bedenken mehr, als ich sie fand.
HERZOG. Und soll ich ihres Lebens holde Kraft,
Auf ewig, missen. Laß mich meinen Schmerz,
Durch meinen Schmerz, betrügen. Diese Reste
Verewigen. O! komm, wo liegen sie?
WELTGEISTLICHER. In würdiger Kapelle steht ihr Sarg
Allein verwahrt. Ich sehe, vom Altar,
Durchs Gitter, jedesmal die Stätte, will
Für sie, solang' ich lebe, betend flehen.
HERZOG. O! komm und führe mich dahin! Begleiten
Soll uns der Ärzte vielerfahrenster.
Laß uns den schönen Körper der Verwesung
Entreißen. Laß mit edlen Spezereien
Das unschätzbare Bild zusammenhalten!
Ja, die Atomen alle, die sich einst
Zur köstlichen Gestalt versammelten,
Sie sollen nicht in's Element zurück.
WELTGEISTLICHER.
Was darf ich sagen? Muß ich dir bekennen!
Du kannst nicht hin! Ach! das zerstörte Bild!
Kein Fremder säh' es ohne Jammer an!
Und vor die Augen eines Vaters – Nein,
Verhüt' es Gott! du darfst sie nicht erblicken.

HERZOG. Welch neuer Qualenkrampf bedrohet mich!
WELTGEISTLICHER.
O! laß mich schweigen. Daß nicht meine Worte
Auch die Erinnrung der Verlornen schänden.
Laß mich's verhehlen, wie sie durchs Gebüsch,
Durch Felsen hergeschleift, entstellt und blutig,
Zerrissen und zerschmettert und zerbrochen,
Unkenntlich, mir im Arm, zur Erde hing.
Da segnet' ich, von Tränen überfließend,
Der Stunde Heil, in der ich, feierlich,
Dem holden Vaternamen einst entsagt.
HERZOG. Du bist nicht Vater! Bist der selbstischen
Verstockten, der Verkehrten einer, die
Ihr abgeschloßnes Wesen unfruchtbar
Verzweifeln läßt. Entferne dich! Verhaßt
Erscheinet mir dein Anblick.
WELTGEISTLICHER. Fühlt' ich's doch!
Wer kann dem Boten solcher Not verzeihn?
Will sich entfernen.
HERZOG. Vergib und bleib. Ein schön entworfnes Bild,
Das, wunderbar, dich selbst zum zweitenmal,
Vor deinen Augen zu erschaffen strebt,
Hast du, entzückt, es jemals angestaunt?
O! hättest du's! du hättest diese Form,
Die sich zu meinem Glück, zur Lust der Welt,
In tausendfalt'gen Zügen, auferbaut,
Mir grausam nicht zerstümmelt, mir die Wonne
Der traurigen Erinnrung nicht verkümmert.
WELTGEISTLICHER.
Was sollt' ich tun? dich zu dem Sarge führen,
Den tausend fremde Tränen schon benetzt,
Als ich das morsche, schlotternde Gebein
Zu ruhiger Verwesung eingeweiht.
HERZOG. Schweig, Unempfindlicher! du mehrest nur
Den herben Schmerz, den du zu lindern denkst.
O! Wehe! daß die Elemente nun,
Von keinem Geist der Ordnung mehr beherrscht,
Im leisen Kampf das Götterbild zerstören.
Wenn, über werdend Wachsendem, vorher,

Der Vatersinn, mit Wonne brütend, schwebte;
So stockt, so kehrt in Moder, nach und nach,
Vor der Verzweiflung Blick, die Lust des Lebens.
WELTGEISTLICHER. Was Luft und Licht Zerstörliches erbaut,
Bewahret lange das verschloßne Grab.
HERZOG. O! weiser Brauch der Alten, das Vollkommne,
Das, ernst und langsam, die Natur geknüpft,
Des Menschenbilds erhabne Würde, gleich
Wenn sich der Geist, der wirkende, getrennt,
Durch reiner Flammen Tätigkeit, zu lösen.
Und wenn die Glut, mit tausend Gipfeln, sich
Zum Himmel hob, und, zwischen Dampf und Wolken,
Des Adlers Fittig, deutend, sich bewegte;
Da trocknete die Träne, freier Blick
Der Hinterlaßnen stieg dem neuen Gott,
In des Olymps verklärte Räume, nach.
O! sammle mir, in köstliches Gefäß,
Der Asche, der Gebeine trüben Rest,
Daß die vergebens ausgestreckten Arme
Nur etwas fassen, daß ich dieser Brust,
Die, sehnsuchtsvoll, sich in das Leere drängt,
Den schmerzlichsten Besitz entgegendrücke.
WELTGEISTLICHER.
Die Trauer wird durch Trauren immer herber.
HERZOG. Durch Trauren wird die Trauer zum Genuß.
O! daß ich doch geschwundner Asche Rest,
Im kleinen Hause, wandernd, immer weiter,
Bis zu dem Ort, wo ich zuletzt sie sah,
Als Büßender, mit kurzen Schritten trüge!
Dort lag sie tot in meinen Armen, dort
Sah ich, getäuscht, sie in das Leben kehren.
Ich glaubte sie zu fassen, sie zu halten,
Und nun ist sie auf ewig mir entrückt.
Dort aber will ich meinen Schmerz verew'gen.
Ein Denkmal der Genesung hab' ich dort,
In meines Traums Entzückungen, gelobt –
Schon führet klug des Gartenmeisters Hand
Durch Busch und Fels bescheidne Wege her,
Schon wird der Platz gerundet, wo mein König,

Als Oheim, sie an seine Brust geschlossen,
Und Ebenmaß und Ordnung will den Raum
Verherrlichen, der mich so hoch beglückt.
Doch jede Hand soll feiern! Halb vollbracht,
Soll dieser Plan, wie mein Geschick erstarren!
Das Denkmal nur, ein Denkmal will ich stiften,
Von rauhen Steinen, ordnungslos, getürmt.
Dorthin zu wallen, stille zu verweilen,
Bis ich vom Leben endlich selbst genese.
O! laßt mich dort, versteint, am Steine ruhn!
Bis aller Sorgfalt lichtgezogne Spur
Aus dieser Wüste Trauersitz verschwindet.
Mag sich umher der freie Platz berasen!
Mag sich der Zweig dem Zweige wild verflechten,
Der Birke hangend Haar den Boden schlagen,
Der junge Busch zum Baume sich erheben,
Mit Moos der glatte Stamm sich überziehn;
Ich fühle keine Zeit; denn sie ist hin,
An deren Wachstum ich die Jahre maß.

WELTGEISTLICHER.
Den vielbewegten Reiz der Welt zu meiden,
Das Einerlei der Einsamkeit zu wählen,
Wird sich's der Mann erlauben? der sich oft
Wohltätiger Zerstreuung übergab,
Wenn Unerträgliches, mit Felsenlast,
Herbei sich wälzend, ihn bedrohend schlich.
Hinaus! Mit Flügelschnelle durch das Land,
Durch fremde Reiche, daß vor deinem Sinn
Der Erde Bilder heilend sich bewegen.

HERZOG. Was hab' ich in der Welt zu suchen, wenn
Ich sie nicht wiederfinde, die allein
Ein Gegenstand für meine Blicke war.
Soll Fluß und Hügel, Tal und Wald und Fels,
Vorüber meinen Augen gehn? und nur
Mir das Bedürfnis wecken, jenes Bild,
Das einzige geliebte, zu erhaschen.
Vom hohen Berg hinab, in's weite Meer,
Was soll für mich ein Reichtum der Natur,
Der an Verlust und Armut mich erinnert.

WELTGEISTLICHER. Und neue Güter eignest du dir an!
HERZOG. Nur durch der Jugend frisches Auge mag
Das längst Bekannte neubelebt uns rühren,
Wenn das Erstaunen, das wir längst verschmäht,
Von Kindes Munde, hold, uns wieder klingt.
So hofft' ich ihr des Reichs bebaute Flächen,
Der Wälder Tiefen, der Gewässer Flut,
Bis an das offne Meer, zu zeigen, dort
Mich ihres trunknen Blicks in's Unbegrenzte,
Mit unbegrenzter Liebe zu erfreun.
WELTGEISTLICHER.
Wenn du, erhabner Fürst, des großen Lebens
Beglückte Tage der Beschauung nicht
Zu widmen trachtetest, wenn Tätigkeit
Fürs Wohl Unzähliger, am Throne dir,
Zum Vorzug der Geburt, den herrlichern
Des allgemeinen, edlen Wirkens gab;
So ruf' ich dich, im Namen aller, auf:
Ermanne dich! und laß die trüben Stunden,
Die deinen Horizont umziehn, für andre,
Durch Trost und Rat und Hülfe, laß für dich
Auch diese Stunden so zum Feste werden.
HERZOG. Wie schal und abgeschmackt ist solch ein Leben,
Wenn alles Regen, alles Treiben stets
Zu neuem Regen, neuem Treiben führt
Und kein geliebter Zweck euch endlich lohnt.
Den sah ich nur in ihr und so besaß
Und so erwarb ich mit Vergnügen, ihr
Ein kleines Reich anmut'gen Glücks zu schaffen.
So war ich heiter, aller Menschen Freund,
Behülflich, wach, zu Rat und Tat bequem.
Den Vater lieben sie! so sagt' ich mir,
Dem Vater danken sie's, und werden auch
Die Tochter einst, als werte Freundin grüßen.
WELTGEISTLICHER. Zu süßen Sorgen bleibt nun keine Zeit!
Ganz andre fordern dich, erhabner Mann!
Darf ich's erwähnen? Ich, der unterste
Von deinen Dienern? Jeder ernste Blick
In diesen trüben Tagen, ist auf dich,

Auf deinen Wert, auf deine Kraft gerichtet.
HERZOG. Der Glückliche nur fühlt sich Wert und Kraft.
WELTGEISTLICHER. So tiefer Schmerzen heiße Qual verbürgt
Dem Augenblick unendlichen Gehalt;
Mir aber auch Verzeihung, wenn sich, kühn,
Vertraulichkeit von meinen Lippen wagt,
Wie heftig wilde Gärung unten kocht,
Wie Schwäche kaum sich oben schwankend hält;
Nicht jedem wird es klar, dir aber ist's
Mehr als der Menge, der ich angehöre.
O! zaudre nicht, im nahen Sturmgewitter,
Das falsch gelenkte Steuer zu ergreifen!
Zum Wohle deines Vaterlands verbanne
Den eignen Schmerz, sonst werden tausend Väter,
Wie du, um ihre Kinder weinen, tausend
Und aber tausend Kinder ihre Väter
Vermissen. Angstgeschrei der Mütter, gräßlich,
An hohler Kerkerwand verklingend hallen.
O! bringe deinen Jammer, deinen Kummer,
Auf dem Altar des allgemeinen Wohls,
Zum Opfer dar, und alle die du rettest,
Gewinnst du dir, als Kinder, zum Ersatz.
HERZOG Aus grauenvollen Winkeln führe nicht
Mir der Gespenster dichte Schar heran,
Die meiner Tochter liebliche Gewalt
Mir zaubrisch oft und leicht hinweggebannt.
Sie ist dahin, die schmeichlerische Kraft,
Die meinen Geist in holde Träume sang.
Nun drängt das Wirkliche, mit dichten Massen,
An mich heran, und droht mich zu erdrücken.
Hinaus, hinaus! Von dieser Welt hinweg!
Und lügt mir nicht das Kleid, in dem du wandelst;
So führe mich zur Wohnung der Geduld,
In's Kloster führe mich und laß mich dort,
Im allgemeinen Schweigen, stumm, gebeugt,
Ein müdes Leben in die Grube senken.
WELTGEISTLICHER.
Mir ziemt es kaum dich an die Welt zu weisen;
Doch andre Worte sprech' ich kühner aus.

Nicht in das Grab, nicht über's Grab verschwendet
Ein edler Mann der Sehnsucht hohen Wert.
Er kehrt in sich zurück und findet staunend,
In seinem Busen, das Verlorne wieder.

HERZOG. Daß ein Besitz so fest sich hier erhält,
Wenn das Verlorne fern und ferner flieht,
Das ist die Qual, die das geschiedene,
Für ewig losgerißne Glied, aufs neue,
Dem schmerzergriffnen Körper fügen will.
Getrenntes Leben! wer vereinigt's wieder?
Vernichtetes! wer stellt es her?

WELTGEISTLICHER. Der Geist!
Des Menschen Geist, dem nichts verloren geht,
Was er, von Wert, mit Sicherheit, besessen.
So lebt Eugenie vor dir, sie lebt
In deinem Sinne, den sie sonst erhub,
Dem sie das Anschaun herrlicher Natur,
Lebendig, aufgeregt, so wirkt sie noch,
Als hohes Vorbild, schützet vor Gemeinem,
Vor Schlechtem dich, wie's jede Stunde bringt,
Und ihrer Würde wahrer Glanz verscheuchet
Den eitlen Schein, der dich bestechen will.
So fühle dich durch ihre Kraft beseelt!
Und gib ihr so ein unzerstörlich Leben,
Das keine Macht entreißen kann, zurück.

HERZOG. Laß eines dumpfen, dunklen Traumgeflechtes
Verworrne Todesnetze mich zerreißen!
Und bleibe mir, du vielgeliebtes Bild,
Vollkommen, ewig jung und ewig gleich!
Laß deiner klaren Augen reines Licht
Mich immerfort umglänzen! Schwebe vor,
Wohin ich wandle, zeige mir den Weg
Durch dieser Erde Dornenlabyrinth!
Du bist kein Traumbild, wie ich dich erblicke;
Du warst, du bist. Die Gottheit hatte dich
Vollendet einst gedacht und dargestellt.
So bist du teilhaft des Unendlichen,
Des Ewigen und bist auf ewig mein.

VIERTER AUFZUG

Platz am Hafen. Zur einen Seite ein Palast, auf der andern eine Kirche, im Grund eine Reihe Bäume, durch die man nach dem Hafen hinabsieht.

ERSTER AUFTRITT

Eugenie, in einen Schleier gehüllt, auf einer Bank im Grunde, mit dem Gesicht nach der See. Hofmeisterin, Gerichtsrat im Vordergrunde.

HOFMEISTERIN. Drängt, unausweichlich, ein betrübt Geschäft
Mich aus dem Mittelpunkt des Reiches, mich
Aus dem Bezirk der Hauptstadt, an die Grenze
Des festen Land's, zu diesem Hafenplatz;
So folgt mir, streng, die Sorge, Schritt vor Schritt
Und deutet mir, bedenklich, in die Weite.
Wie müssen Rat und Anteil eines Manns,
Der allen edel, zuverlässig gilt,
Mir, als ein Leitstern, wonniglich erscheinen.
Verzeih daher, wenn ich mit diesem Blatt,
Das mich zu solcher schweren Tat berechtigt,
Zu dir mich wendend komme, den, so lange,
Man im Gericht, wo viel Gerechte wirken,
Erst pries als Beistand, nun als Richter preist.

GERICHTSRAT der indessen das Blatt nachdenkend angesehen.
Nicht mein Verdienst, nur mein Bemühen war,
Vielleicht, zu preisen. Sonderbar jedoch
Will es mich dünken, daß du eben diesen,
Den du gerecht und edel nennen willst,
In solcher Sache fragen, ihm getrost
Solch ein Papier vor's Auge bringen magst,
Worauf er nur mit Schauder blicken kann.
Nicht ist von Recht, noch von Gericht die Rede;
Hier ist Gewalt! entsetzliche Gewalt,
Selbst wenn sie klug, selbst wenn sie weise handelt.
Anheimgegeben ward ein edles Kind,
Auf Tod und Leben, sag' ich wohl zu viel?
Anheimgegeben deiner Willkür. Jeder,
Sei er Beamter, Kriegsmann, Bürger! alle

Sind angewiesen dich zu schützen, sie
Nach deines Worts Gesetzen zu behandeln.
Er gibt das Blatt zurück.

HOFMEISTERIN. Auch hier beweise dich gerecht und laß
Nicht dies Papier allein als Kläger sprechen,
Auch mich, die hart Verklagte, höre nun
Und meinen offnen Vortrag, günstig, an.
Aus edlem Blut entsproß die Treffliche,
Von jeder Gabe, jeder Tugend schenkt'
Ihr die Natur den allerschönsten Teil,
Wenn das Gesetz ihr andre Rechte weigert.
Und nun verbannt! Ich sollte sie dem Kreise
Der Ihrigen entführen, sie hierher,
Hinüber nach den Inseln sie geleiten.

GERICHTSRAT. Gewissem Tod entgegen, der, im Qualm
Erhitzter Dünste, schleichend überfällt.
Dort soll verwelken diese Himmelsblume,
Die Farbe dieser Wange dort verbleichen!
Verschwinden die Gestalt, die sich das Auge
Mit Sehnsucht immer zu erhalten wünscht.

HOFMEISTERIN. Bevor du richtest, höre weiter an!
Unschuldig ist, bedarf es wohl Beteurung?
Doch vieler Übel Ursach dieses Kind.
Sie, als des Haders Apfel, warf ein Gott,
Erzürnt, in's Mittel zwischen zwei Parteien,
Die sich, auf ewig nun getrennt, bekämpfen.
Sie will der eine Teil zum höchsten Glück
Berechtigt wissen, wenn der andre sie
Hinabzudrängen strebt. Entschieden beide! –
Und so umschlang ein heimlich Labyrinth
Verschmitzten Wirkens doppelt ihr Geschick,
So schwankte List um List im Gleichgewicht,
Bis ungeduld'ge Leidenschaft, zuletzt,
Den Augenblick entschiedenen Gewinns
Beschleunigte. Da brach, von beiden Seiten,
Die Schranke der Verstellung, drang Gewalt,
Dem Staate selbst, gefährlich drohend, los,
Und nun, sogleich der Schuld'gen Schuld zu hemmen,
Zu tilgen, trifft ein hoher Götterspruch

Des Kampfs unschuld'gen Anlaß, meinen Zögling,
Und reißt, verbannend, mich mit ihm dahin.

GERICHTSRAT.
Ich schelte nicht das Werkzeug, rechte kaum
Mit jenen Mächten, die sich solche Handlung
Erlauben können. Leider, sind auch sie
Gebunden und gedrängt. Sie wirken selten
Aus freier Überzeugung. Sorge, Furcht
Vor größerm Übel nötiget Regenten
Die nützlich ungerechten Taten ab.
Vollbringe was du mußt, entferne dich
Aus meiner Enge reingezognem Kreis.

HOFMEISTERIN. Den eben such' ich auf! da dring' ich hin!
Dort hoff' ich Heil! du wirst mich nicht verstoßen.
Den werten Zögling wünscht' ich lange schon
Vom Glück zu überzeugen, das, im Kreise
Des Bürgerstandes, hold genügsam, weilt.
Entsagte sie der nicht gegönnten Höhe,
Ergäbe sich des biedern Gatten Schutz
Und wendete von jenen Regionen,
Wo sie Gefahr, Verbannung, Tod umlauern,
Ins Häusliche den liebevollen Blick;
Gelöst wär' alles, meiner strengen Pflicht
Wär' ich entledigt, könnt' im Vaterland,
Vertrauter Stunden mich verweilend, freuen.

GERICHTSRAT. Ein sonderbar Verhältnis zeigst du mir!

HOFMEISTERIN. Dem klug entschloßnen Manne zeig' ich's an.

GERICHTSRAT. Du gibst sie frei, wenn sich ein Gatte findet?

HOFMEISTERIN. Und reichlich ausgestattet geb' ich sie.

GERICHTSRAT. So übereilt, wer dürfte sich entschließen?

HOFMEISTERIN. Nur übereilt bestimmt die Neigung sich.

GERICHTSRAT. Die Unbekannte wählen wäre Frevel.

HOFMEISTERIN. Dem ersten Blick ist sie gekannt und wert.

GERICHTSRAT. Der Gattin Feinde drohen auch dem Gatten.

HOFMEISTERIN. Versöhnt ist alles, wenn sie Gattin heißt.

GERICHTSRAT.
Und ihr Geheimnis wird man's ihm entdecken?

HOFMEISTERIN. Vertrauen wird man dem Vertrauenden.

GERICHTSRAT. Und wird sie frei solch einen Bund erwählen?

HOFMEISTERIN. Ein großes Übel dränget sie zur Wahl.
GERICHTSRAT. In solchem Fall zu werben ist es redlich?
HOFMEISTERIN. Der Rettende faßt an und klügelt nicht.
GERICHTSRAT. Was forderst du vor allen andren Dingen?
HOFMEISTERIN. Entschließen soll sie sich im Augenblick.
GERICHTSRAT. Ist euer Schicksal ängstlich so gesteigert?
HOFMEISTERIN. Im Hafen regt sich emsig schon die Fahrt.
GERICHTSRAT. Hast du ihr früher solchen Bund geraten?
HOFMEISTERIN. Im allgemeinen deutet' ich dahin.
GERICHTSRAT. Entfernte sie unwillig den Gedanken?
HOFMEISTERIN. Noch war das alte Glück ihr allzu nah.
GERICHTSRAT. Die schönen Bilder werden sie entweichen?
HOFMEISTERIN. Das hohe Meer hat sie hinweggeschreckt.
GERICHTSRAT. Sie fürchtet sich vom Vaterland zu trennen?
HOFMEISTERIN.
Sie fürchtet's und ich fürcht' es wie den Tod.
O! laß uns, Edler, glücklich Aufgefundner,
Vergebne Worte nicht bedenklich wechseln!
Noch lebt in dir, dem Jüngling, jede Tugend,
Die mächt'gen Glaubens, unbedingter Liebe,
Zu nie genug geschätzter Tat, bedarf.
Gewiß umgibt ein schöner Kreis dich auch
Von Ähnlichen! Von Gleichen sag' ich nicht!
O! sieh dich um! in deinem eignen Herzen,
In deiner Freunde Herzen sieh umher
Und findest du ein überfließend Maß
Von Liebe, von Ergebung, Kraft und Mut;
So werde dem Verdientesten dies Kleinod,
Mit stillem Segen, heimlich übergeben!
GERICHTSRAT. Ich weiß, ich fühle deinen Zustand, kann
Und mag nicht mit mir selbst, bedächtig, erst,
Wie Klugheit forderte, zu Rate gehn!
Ich will sie sprechen.
HOFMEISTERIN *tritt zurück gegen Eugenien.*
GERICHTSRAT. Was geschehen soll,
Es wird geschehn! In ganz gemeinen Dingen
Hängt viel von Wahl und Wollen ab; das Höchste,
Was uns begegnet, kommt wer weiß woher.

ZWEITER AUFTRITT

Eugenie. Gerichtsrat.

GERICHTSRAT. Indem du mir, verehrte Schöne, nahst,
So zweifl' ich fast, ob man mich treu berichtet.
Du bist unglücklich, sagt man; doch du bringst,
Wohin du wandelst, Glück und Heil heran.
EUGENIE. Find' ich den Ersten, dem, aus tiefer Not,
Ich Blick und Wort entgegen wenden darf,
So mild und edel, als du mir erscheinst;
Dies Angstgefühl, ich hoffe, wird sich lösen.
GERICHTSRAT. Ein Vielerfahrner wäre zu bedauren,
Wär' ihm das Los gefallen, das dich trifft;
Wie ruft nicht erst bedrängter Jugend Kummer
Die Mitgefühle hülfsbedürftig an!
EUGENIE. So hob ich mich vor kurzem, aus der Nacht
Des Todes, an des Tages Licht herauf,
Ich wußte nicht wie mir geschehn! Wie hart
Ein gäher Sturz mich, lähmend, hingestreckt.
Da rafft' ich mich empor, erkannte wieder
Die schöne Welt, ich sah den Arzt bemüht
Die Flamme wieder anzufachen. Fand,
In meines Vaters liebevollem Blick,
An seinem Ton, mein Leben wieder. Nun,
Zum zweitenmal, von einem gähern Sturz,
Erwach' ich! Fremd und schattengleich erscheint
Mir die Umgebung, mir der Menschen Wandeln
Und deine Milde selbst ein Traumgebild.
GERICHTSRAT. Wenn Fremde sich in unsre Lage fühlen,
Sind sie wohl näher, als die Nächsten, die
Oft unsern Gram, als wohlbekanntes Übel,
Mit lässiger Gewohnheit übersehn.
Dein Zustand ist gefährlich! ob er gar
Unheilbar sei, wer wagt es zu entscheiden!
EUGENIE. Ich habe nichts zu sagen! Unbekannt
Sind mir die Mächte, die mein Elend schufen.
Du hast das Weib gesprochen, jene weiß;
Ich dulde nur dem Wahnsinn mich entgegen.

GERICHTSRAT.
Was auch der Obermacht gewalt'gen Schluß
Auf dich herabgerufen, leichte Schuld,
Ein Irrtum, den der Zufall schädlich leitet;
Die Achtung bleibt, die Neigung spricht für dich.
EUGENIE. Des reinen Herzens traulich mir bewußt,
Sinn' ich der Wirkung kleiner Fehler nach.
GERICHTSRAT. Auf ebnem Boden straucheln ist ein Scherz,
Ein Fehltritt stürzt vom Gipfel dich herab.
EUGENIE. Auf jenen Gipfeln schwebt' ich, voll Entzücken,
Der Freuden Übermaß verwirrte mich.
Das nahe Glück berührt' ich schon im Geist,
Ein köstlich Pfand lag schon in meinen Händen.
Nur wenig Ruhe! wenige Geduld!
Und alles war, so darf ich glauben, mein.
Doch übereilt' ich's, überließ mich, rasch,
Zudringlicher Versuchung. – War es das? –
Ich sah, ich sprach, was mir zu sehn, zu sprechen
Verboten war. Wird ein so leicht Vergehn
So hart bestraft. Ein läßlich scheinendes,
Scherzhafter Probe gleichendes Verbot,
Verdammt's den Übertreter, ohne Schonung?
O! So ist's wahr was uns der Völker Sagen
Unglaublich's überliefern! Jenes Apfels
Leichtsinnig, augenblicklicher Genuß
Hat aller Welt unendlich Weh verschuldet.
So ward auch mir ein Schlüssel anvertraut!
Verbotne Schätze wagt' ich aufzuschließen,
Und aufgeschlossen hab' ich mir das Grab.
GERICHTSRAT. Des Übels Quelle findest du nicht aus,
Und aufgefunden fließt sie ewig fort.
EUGENIE. In kleinen Fehlern such' ich's, gebe mir,
Aus eitlem Wahn, die Schuld so großer Leiden.
Nur höher! höher wende den Verdacht!
Die beiden, denen ich mein ganzes Glück
Zu danken hoffte, die erhabnen Männer,
Zum Scheine reichten sie sich Hand um Hand.
Der innre Zwist unsicherer Parteien,
Der nur in düstern Höhlen sich geneckt,

Er bricht vielleicht in's Freie bald hervor!
Und was mich erst, als Furcht und Sorg', umgeben,
Entscheidet sich, indem es mich vernichtet
Und droht Vernichtung aller Welt umher.
GERICHTSRAT. Du jammerst mich! das Schicksal einer Welt
Verkündest du nach deinem Schmerzgefühl.
Und schien dir nicht die Erde froh und glücklich,
Als du, ein heitres Kind, auf Blumen schrittest.
EUGENIE. Wer hat es reizender als ich gesehn,
Der Erde Glück mit allen seinen Blüten.
Ach! alles um mich her, es war so reich,
So voll und rein und was der Mensch bedarf,
Es schien zur Lust, zum Überfluß gegeben.
Und wem verdankt' ich solch ein Paradies?
Der Vaterliebe dankt' ich's, die, besorgt,
Um's Kleinste, wie um's Größte, mich, verschwendrisch,
Mit Prachtgenüssen zu erdrücken schien,
Und meinen Körper, meinen Geist zugleich,
Ein solches Wohl zu tragen, bildete.
Wenn alles weichlich Eitle mich umgab,
Ein wonniges Behagen mir zu schmeicheln;
So rief mich ritterlicher Trieb hinaus,
Zu Roß und Wagen, mit Gefahr zu kämpfen.
Oft sehnt' ich mich in ferne Weiten hin,
Nach fremder Lande seltsam neuen Kreisen.
Dorthin versprach der edle Vater mich,
An's Meer versprach er mich zu führen, hoffte
Sich meines ersten Blicks in's Unbegrenzte,
Mit liebevollem Anteil, zu erfreun –
Da steh' ich nun und schaue weit hinaus
Und enger scheint mich's, enger zu umschließen.
O Gott! Wie schränkt sich Welt und Himmel ein,
Wenn unser Herz in seinen Schranken banget.
GERICHTSRAT. Unselige! die mir, aus deinen Höhen,
Ein Meteor, verderblich niederstreifst,
Und meiner Bahn Gesetz, berührend, störst!
Auf ewig hast du mir den heitern Blick
In's volle Meer getrübt. Wenn Phöbus nun
Ein feuerwallend Lager sich bereitet

Und jedes Auge von Entzücken tränt,
Da werd' ich weg mich wenden, werde dich
Und dein Geschick beweinen. Fern, am Rande,
Des nachtumgebnen Ozeans erblick' ich
Mit Not und Jammer deinen Pfad umstrickt!
Entbehrung alles nötig lang' Gewohnten,
Bedrängnis neuer Übel, ohne Flucht.
Der Sonne glühendes Geschoß durchdringt
Ein feuchtes, kaum der Flut entrißnes Land.
Um Niederungen schwebet gift'gen Brodens,
Blaudunst'ger Streifen angeschwollne Pest.
Im Vortod seh' ich, matt und hingebleicht,
Von Tag zu Tag ein Kummerleben schwanken.
O! die, so blühend, heiter vor mir steht,
Sie soll, so früh, langsamen Tods, verschwinden.

EUGENIE. Entsetzen rufst du mir hervor! Dorthin?
Dorthin verstößt man mich! In jenes Land,
Als Höllenwinkel mir, von Kindheit auf,
In grauenvollen Zügen, dargestellt.
Dorthin, wo sich, in Sümpfen, Schlang' und Tiger,
Durch Rohr und Dorngeflechte, tückisch, drängen.
Wo, peinlich quälend als belebte Wolken,
Um Wandrer sich Insektenscharen ziehn.
Wo jeder Hauch des Windes, unbequem
Und schädlich, Stunden raubt und Leben kürzt.
Zu bitten dacht' ich, flehend siehst du nun
Die Dringende. Du kannst, du wirst mich retten.

GERICHTSRAT. Ein mächtig ungeheurer Talisman
Liegt in den Händen deiner Führerin.

EUGENIE. Was ist Gesetz und Ordnung? Können sie
Der Unschuld Kindertage nicht beschützen?
Wer seid denn ihr? die ihr, mit leerem Stolz,
Durch's Recht Gewalt zu bänd'gen euch berühmt.

GERICHTSRAT. In abgeschloßnen Kreisen lenken wir,
Gesetzlich streng, das in der Mittelhöhe
Des Lebens wiederkehrend Schwebende.
Was droben sich in ungemeßnen Räumen,
Gewaltig seltsam, hin und her bewegt,
Belebt und tötet, ohne Rat und Urteil,

Das wird nach anderm Maß, nach andrer Zahl
Vielleicht berechnet; bleibt uns rätselhaft.

EUGENIE. Und ist das alles? hast du weiter nichts
Zu sagen? zu verkünden.

GERICHTSRAT. Nichts!

EUGENIE. Ich glaub' es nicht!
Ich darf's nicht glauben.

GERICHTSRAT. Laß! o laß mich fort!
Soll ich als feig, als unentschlossen gelten?
Bedauern, jammern? Soll nicht, irgendhin,
Mit kühner Hand, auf deine Rettung deuten?
Doch läge nicht, in dieser Kühnheit selbst,
Für mich die gräßlichste Gefahr, von dir
Verkannt zu werden! Mit verfehltem Zweck
Als frevelhaft unwürdig zu erscheinen.

EUGENIE. Ich lasse dich nicht los, den mir das Glück,
Mein altes Glück, vertraulich zugesendet.
Mich hat's, von Jugend auf, gehegt, gepflegt,
Und nun, im rauhen Sturme, sendet mir's
Den edlen Stellvertreter seiner Neigung.
Sollt' ich nicht sehen? fühlen? daß du teil
An mir und meinem Schicksal nimmst. Ich stehe
Nicht ohne Wirkung hier! du sinnst! du denkst! –
Im weiten Kreise rechtlicher Erfahrung
Schaust du, zu meinen Gunsten, um dich her.
Noch bin ich nicht verloren! Ja du suchst
Ein Mittel mich zu retten. Hast es wohl
Schon ausgefunden! Mir bekennt's dein Blick,
Dein tiefer, ernster, freundlich trüber Blick.
O! kehre dich nicht weg! O! sprich es aus,
Ein hohes Wort, das mich zu heilen töne.

GERICHTSRAT. So wendet, voll Vertraun, zum Arzte sich
Der tief Erkrankte, fleht um Linderung,
Fleht um Erhaltung schwer bedrohter Tage.
Als Gott erscheint ihm der erfahrne Mann.
Doch ach! Ein bitter, unerträglich Mittel
Wird nun geboten. Ach! soll ihm, vielleicht,
Der edlen Glieder grausame Verstümmlung,
Verlust, statt Heilung, angekündigt werden?

Gerettet willst du sein! Zu retten bist du,
Nicht herzustellen. Was du warst ist hin,
Und was du sein kannst, magst du's übernehmen?
EUGENIE. Um Rettung aus des Todes Nachtgewalt,
Um dieses Lichts erquickenden Genuß,
Um Sicherheit des Daseins, ruft zuerst,
Aus tiefer Not, ein Halbverlorner noch.
Was dann zu heilen sei, was zu erstatten,
Was zu vermissen, lehre Tag um Tag.
GERICHTSRAT. Und nächst dem Leben was erflehst du dir?
EUGENIE. Des Vaterlandes vielgeliebten Boden!
GERICHTSRAT. Du forderst viel im einz'gen, großen Wort!
EUGENIE. Ein einzig Wort enthält mein ganzes Glück.
GERICHTSRAT.
Den Zauberbann, wer wagt's ihn aufzulösen?
EUGENIE. Der Tugend Gegenzauber siegt gewiß!
GERICHTSRAT. Der obern Macht ist schwer zu widerstehen.
EUGENIE. Allmächtig ist sie nicht die obre Macht.
Gewiß! dir gibt die Kenntnis jener Formen,
Für Hohe, wie für Niedre gleich verbindlich,
Ein Mittel an. Du lächelst. Ist es möglich!
Das Mittel ist gefunden! Sprich es aus!
GERICHTSRAT. Was hülf' es, meine Beste, wenn ich dir
Von Möglichkeiten spräche! Möglich scheint
Fast alles unsern Wünschen; unsrer Tat
Setzt sich, von innen, wie von außen, viel,
Was sie durchaus unmöglich macht, entgegen,
Ich kann, ich darf nicht reden, laß mich los!
EUGENIE. Und wenn du täuschen solltest! – Wäre nur,
Für Augenblicke, meiner Phantasie
Ein zweifelhafter, leichter Flug vergönnt!
Ein Übel um das andre biete mir!
Ich bin gerettet, wenn ich wählen kann.
GERICHTSRAT. Ein Mittel gibt es, dich im Vaterland
Zurück zu halten. Friedlich ist's und manchem
Erschien es auch erfreulich. Große Gunst
Hat es vor Gott und Menschen. Heil'ge Kräfte
Erheben's über alle Willkür. Jedem,
Der's anerkennt, sich's anzueignen weiß,

Verschafft es Glück und Ruhe. Vollbestand
Erwünschter Lebensgüter sind wir ihm,
So wie der Zukunft höchste Bilder schuldig.
Als allgemeines Menschengut verordnet's
Der Himmel selbst, und ließ dem Glück, der Kühnheit
Und stiller Neigung Raum sich's zu erwerben.
EUGENIE. Welch Paradies in Rätseln stellst du dar?
GERICHTSRAT. Der eignen Schöpfung himmlisch Erdenglück.
EUGENIE. Was hilft mein Sinnen! ich verwirre mich!
GERICHTSRAT. Errätst du's nicht; so liegt es fern von dir.
EUGENIE. Das zeige sich sobald du ausgesprochen.
GERICHTSRAT. Ich wage viel! der Ehstand ist es!
EUGENIE. Wie?
GERICHTSRAT. Gesprochen ist's, nun überlege du.
EUGENIE. Mich überrascht, mich ängstet solch ein Wort.
GERICHTSRAT. In's Auge fasse was dich überrascht.
EUGENIE. Mir lag es fern in meiner frohen Zeit,
Nun kann ich seine Nähe nicht ertragen;
Die Sorge, die Beklemmung mehrt sich nur.
Von meines Vaters, meines Königs Hand
Mußt' ich dereinst den Bräutigam erwarten.
Voreilig schwärmte nicht mein Blick umher
Und keine Neigung wuchs in meiner Brust.
Nun soll ich denken was ich nie gedacht
Und fühlen was ich, sittsam, weggewiesen.
Soll mir den Gatten wünschen, eh ein Mann
Sich liebenswert und meiner wert gezeigt.
Und jenes Glück, das Hymen uns verspricht,
Zum Rettungsmittel meiner Not entweihen.
GERICHTSRAT.
Dem wackern Mann vertraut ein Weib, getrost,
Und wär' er fremd, ein zweifelhaft Geschick.
Der ist nicht fremd, wer teil zu nehmen weiß.
Und schnell verbindet ein Bedrängter sich
Mit seinem Retter. Was im Lebensgange
Dem Gatten seine Gattin fesselnd eignet,
Ein Sicherheitsgefühl, ihr werd' es nie
An Rat und Trost, an Schutz und Hülfe fehlen,
Das flößt, im Augenblick, ein kühner Mann,

Dem Busen des gefahrumgebnen Weibes,
Durch Wagetat, auf ew'ge Zeiten, ein.
EUGENIE. Und mir, wo zeigte sich ein solcher Held?
GERICHTSRAT. Der Männer Schar ist groß in dieser Stadt.
EUGENIE. Doch allen bin und bleib' ich unbekannt.
GERICHTSRAT.
Nicht lange bleibt ein solcher Blick verborgen!
EUGENIE. O! täusche nicht ein leicht betrognes Hoffen!
Wo fände sich ein Gleicher? seine Hand
Mir, der Erniedrigten, zu reichen. Dürft' ich
Dem Gleichen selbst ein solches Glück verdanken.
GERICHTSRAT. Ungleich erscheint im Leben viel, doch bald
Und unerwartet ist es ausgeglichen.
In ew'gem Wechsel wiegt ein Wohl das Weh
Und schnelle Leiden unsre Freuden auf.
Nichts ist beständig! Manches Mißverhältnis
Löst, unbemerkt, indem die Tage rollen,
Durch Stufenschritte sich in Harmonie.
Und ach! den größten Abstand weiß die Liebe,
Die Erde mit dem Himmel, auszugleichen.
EUGENIE. In leere Träume denkst du mich zu wiegen.
GERICHTSRAT. Du bist gerettet, wenn du glauben kannst.
EUGENIE. So zeige mir des Retters treues Bild.
GERICHTSRAT. Ich zeig' ihn dir, er bietet seine Hand!
EUGENIE. Du! welch ein Leichtsinn überraschte dich?
GERICHTSRAT. Entschieden bleibt auf ewig mein Gefühl.
EUGENIE. Der Augenblick! vermag er solche Wunder?
GERICHTSRAT. Das Wunder ist des Augenblicks Geschöpf.
EUGENIE. Und Irrtum auch der Übereilung Sohn.
GERICHTSRAT. Ein Mann, der dich gesehen, irrt nicht mehr.
EUGENIE. Erfahrung bleibt des Lebens Meisterin.
GERICHTSRAT.
Verwirren kann sie, doch das Herz entscheidet.
O! laß dir sagen: wie, vor wenig Stunden,
Ich mit mir selbst zu Rate ging und mich
So einsam fühlte. Meine ganze Lage,
Vermögen, Stand, Geschäft in's Auge faßte
Und, um mich her, nach einer Gattin sann,
Da regte Phantasie mir manches Bild,

Die Schätze der Erinnrung sichtend auf,
Und wohlgefällig schwebten sie vorüber.
Zu keiner Wahl bewegte sich mein Herz.
Doch du erscheinest, ich empfinde nun
Was ich bedurfte. Dies ist mein Geschick.

EUGENIE. Die Fremde, Schlechtumgebne, Mißempfohlne,
Sie könnte frohen stolzen Trost empfinden,
Sich so geschätzt, sich so geliebt zu sehn;
Bedächte sie nicht auch des Freundes Glück,
Des edlen Manns, der, unter allen Menschen
Vielleicht zuletzt, ihr Hülfe bieten mag.
Betriegst du dich nicht selbst? und wagst du dich
Mit jener Macht, die mich bedroht, zu messen.

GERICHTSRAT. Mit jener nicht allein! – Dem Ungestüm
Des rohen Drangs der Menge zu entgehn,
Hat uns ein Gott den schönsten Port bezeichnet.
Im Hause, wo der Gatte sicher waltet,
Da wohnt allein der Friede, den, vergebens,
Im Weiten, du, da draußen, suchen magst.
Unruh'ge Mißgunst, grimmige Verleumdung,
Verhallendes, parteiisches Bestreben,
Nicht wirken sie auf diesen heil'gen Kreis!
Vernunft und Liebe hegen jedes Glück
Und jeden Unfall mildert ihre Hand.
Komm! rette dich zu mir! Ich kenne mich!
Und weiß was ich versprechen darf und kann.

EUGENIE. Bist du in deinem Hause Fürst?

GERICHTSRAT. Ich bin's!
Und jeder ist's, der Gute wie der Böse.
Reicht eine Macht denn wohl in jenes Haus?
Wo der Tyrann die holde Gattin kränkt,
Wenn er, nach eignem Sinn, verworren handelt;
Durch Launen, Worte, Taten, jede Lust,
Mit Schadenfreude, sinnreich untergräbt.
Wer trocknet ihre Tränen? Welch Gesetz,
Welch Tribunal erreicht den Schuldigen?
Er triumphiert und schweigende Geduld
Senkt, nach und nach, verzweifelnd, sie in's Grab.
Notwendigkeit, Gesetz, Gewohnheit gaben

Dem Mann so große Rechte; sie vertrauten
Auf seine Kraft, auf seinen Biedersinn. –
Nicht Heldenfaust, nicht Heldenstamm, Geliebte,
Verehrte Fremde, weiß ich dir zu bieten;
Allein des Bürgers hohen Sicherstand.
Und bist du mein, was kann dich mehr berühren.
Auf ewig bist du mein, versorgt, beschützt.
Der König fordre dich von mir zurück;
Als Gatte kann ich mit dem König rechten.

EUGENIE. Vergib! Mir schwebt noch allzu lebhaft vor
Was ich verscherzte! Du, Großmütiger,
Bedenkest nur was mir noch übrig blieb.
Wie wenig ist es! Dieses wenige
Lehrst du mich schätzen, gibst mein eignes Wesen,
Durch dein Gefühl, belebend mir zurück.
Verehrung zoll' ich dir. Wie soll ich's nennen?
Dankbare, schwesterlich entzückte Neigung!
Ich fühle mich als dein Geschöpf und kann
Dir leider, wie du wünschest, nicht gehören.

GERICHTSRAT.
So schnell versagst du dir und mir die Hoffnung!

EUGENIE. Das Hoffnungslose kündet schnell sich an!

DRITTER AUFTRITT

Die Vorigen. Hofmeisterin.

HOFMEISTERIN.
Dem günst'gen Wind gehorcht die Flotte schon,
Die Segel schwellen, alles eilt hinab.
Die Scheidenden umarmen tränend sich,
Und von den Schiffen, von dem Strande wehn
Die weißen Tücher noch den letzten Gruß.
Bald lichtet unser Schiff die Anker auch!
Komm! laß uns gehen! Uns begleitet nicht
Ein Scheidegruß, wir ziehen unbeweint.

GERICHTSRAT. Nicht unbeweint, nicht ohne bittern Schmerz
Zurückgelaßner Freunde, die, nach euch,
Die Arme rettend strecken. O! Vielleicht

Erscheint, was ihr im Augenblick verschmäht,
Euch, bald, ein sehnsuchtswertes, fernes Bild.
Zu Eugenien. Vor wenigen Minuten nannt' ich dich,
Entzückt, willkommen! Soll ein Lebewohl,
Behend, auf ewig, unsre Trennung siegeln?
HOFMEISTERIN. Der Unterredung Inhalt, ahnd' ich ihn?
GERICHTSRAT. Zum ew'gen Bunde siehst du mich bereit.
HOFMEISTERIN *zu Eugenien.*
Und wie erkennst du solch ein groß Erbieten?
EUGENIE. Mit höchst gerührten Herzens reinstem Dank.
HOFMEISTERIN. Und ohne Neigung diese Hand zu fassen?
GERICHTSRAT. Zur Hülfe bietet sie sich dringend an.
EUGENIE. Das Nächste steht oft unergreifbar fern.
HOFMEISTERIN. Ach! fern von Rettung stehn wir nur zu bald.
GERICHTSRAT. Und hast du künftig Drohendes bedacht?
EUGENIE. Sogar das letzte Drohende, den Tod.
HOFMEISTERIN. Ein angebotnes Leben schlägst du aus?
GERICHTSRAT. Erwünschte Feier froher Bundestage.
EUGENIE. Ein Fest versäumt' ich, kein's erscheint mir wieder.
HOFMEISTERIN. Gewinnen kann, wer viel verloren, schnell.
GERICHTSRAT. Nach glänzendem ein dauerhaft Geschick.
EUGENIE. Hinweg die Dauer, wenn der Glanz verlosch.
HOFMEISTERIN. Wer Mögliches bedenkt läßt sich genügen.
GERICHTSRAT. Und wem genügte nicht an Lieb' und Treue?
EUGENIE. Den Schmeichelworten widerspricht mein Herz,
Und widerstrebt euch beiden, ungeduldig.
GERICHTSRAT. Ach! allzu lästig scheint, ich weiß es wohl,
Uns unwillkommne Hülfe! Sie erregt
Nur innern Zwiespalt. Danken möchten wir,
Und sind undankbar, da wir nicht empfangen.
Drum laßt mich scheiden! doch des Hafenbürgers
Gebrauch und Pflicht, vorher, an euch erfüllen.
Auf's unfruchtbare Meer, von Landesgaben,
Zum Lebewohl, Erquickungsvorrat widmen.
Dann werd' ich stehen, werde, starren Blicks,
Geschwollne Segel ferner, immer ferner,
Und Glück und Hoffnung, weichend, schwinden sehn.

VIERTER AUFTRITT

Eugenie. Hofmeisterin.

EUGENIE. In deiner Hand, ich weiß es, ruht mein Heil,
So wie mein Elend. Laß dich überreden!
Laß dich erweichen! Schiffe mich nicht ein.
HOFMEISTERIN. Du lenkest nun was uns begegnen soll,
Du hast zu wählen! Ich gehorche nur
Der starken Hand, sie stößt mich vor sich hin.
EUGENIE. Und nennst du Wahl? wenn Unvermeidliches
Unmöglichem sich gegenüber stellt.
HOFMEISTERIN.
Der Bund ist möglich wie der Bann vermeidlich.
EUGENIE. Unmöglich ist was Edle nicht vermögen.
HOFMEISTERIN. Für diesen biedern Mann vermagst du viel.
EUGENIE. In beßre Lagen führe mich zurück;
Und sein Erbieten lohn' ich grenzenlos.
HOFMEISTERIN. Ihm lohne gleich was ihn allein belohnt,
Zu hohen Stufen heb' ihn deine Hand!
Wenn Tugend, wenn Verdienst den Tüchtigen
Nur langsam fördern, wenn er still entsagend
Und kaum bemerkt, sich andern widmend, strebt;
So führt ein edles Weib ihn leicht an's Ziel.
Hinunter soll kein Mann die Blicke wenden,
Hinauf zur höchsten Frauen kehr' er sich!
Gelingt es ihm sie zu erwerben, schnell
Geebnet zeigt des Lebens Pfad sich ihm.
EUGENIE. Verwirrender, verfälschter Worte Sinn,
Entwickl' ich wohl aus deinen falschen Reden.
Das Gegenteil erkenn' ich nur zu klar:
Der Gatte zieht sein Weib unwiderstehlich
In seines Kreises abgeschloßne Bahn.
Dorthin ist sie gebannt, sie kann sich nicht,
Aus eigner Kraft, besondre Wege wählen,
Aus niedrem Zustand führt er sie hervor,
Aus höhern Sphären lockt er sie hernieder.
Verschwunden ist die frühere Gestalt,
Verloschen jede Spur vergangner Tage.

Was sie gewann, wer will es ihr entreißen?
Was sie verlor, wer gibt es ihr zurück?
HOFMEISTERIN. So brichst du, grausam, dir und mir den Stab.
EUGENIE.
Noch forscht mein Blick nach Rettung hoffnungsvoll.
HOFMEISTERIN. Der Liebende verzweifelt, kannst du hoffen?
EUGENIE. Ein kalter Mann verlieh' uns bessern Rat.
HOFMEISTERIN. Von Rat und Wahl ist keine Rede mehr;
Du stürzest mich in's Elend, folge mir!
EUGENIE. O! daß ich dich noch einmal, freundlich hold,
Vor meinen Augen sähe! wie du stets
Von früher Zeit herauf mich angeblickt.
Der Sonne Glanz, die alles Leben regt,
Des klaren Monds erquicklich leiser Schein,
Begegneten mir holder nicht als du.
Was konnt' ich wünschen? Vorbereitet war's.
Was durft' ich fürchten? Abgelehnt war alles!
Und zog sich in's Verborgne meine Mutter,
Vor ihres Kindes Blicken, früh zurück;
So reichtest du ein überfließend Maß
Besorgter Mutterliebe mir entgegen.
Bist du denn ganz verwandelt? Äußerlich
Erscheinst du mir die Vielgeliebte selber;
Doch ausgewechselt ist, so scheint's, dein Herz –
Du bist es noch, die ich um Klein und Großes
So oft gebeten, die mir nichts verweigert.
Gewohnter Ehrfurcht kindliches Gefühl,
Es lehrt mich nun das Höchste zu erbitten.
Und könnt' es mich erniedrigen? dich nun
An Vaters, Königs, dich an Gottes Statt,
Gebognen Knies um Rettung anzuflehen.

Sie knieet.

HOFMEISTERIN. In dieser Lage scheinst du meiner nur
Verstellt zu spotten. Falschheit rührt mich nicht.

Hebt Eugenien mit Heftigkeit auf.

EUGENIE. So hartes Wort, so widriges Betragen,
Erfahr' ich das, erleb' ich das von dir?
Und mit Gewalt verscheuchst du meinen Traum.
Im klaren Lichte seh' ich mein Geschick!

Nicht meine Schuld, nicht jener Großen Zwist,
Des Bruders Tücke hat mich hergestoßen
Und, mitverschworen, hältst du mich gebannt.

HOFMEISTERIN.
Dein Irrtum schwankt nach allen Seiten hin.
Was will der Bruder gegen dich beginnen?
Den bösen Willen hat er, nicht die Macht.

EUGENIE. Sei's wie ihm wolle! Noch verschmacht' ich nicht
In ferner Wüste hoffnungslosen Räumen.
Ein lebend Volk bewegt sich um mich her,
Ein liebend Volk, das auch den Vaternamen,
Entzückt, aus seines Kindes Mund vernimmt.
Die fordr' ich auf. Aus roher Menge kündet
Ein mächt'ger Ruf mir meine Freiheit an.

HOFMEISTERIN. Die rohe Menge hast du nie gekannt,
Sie starrt und staunt und zaudert, läßt geschehn;
Und regt sie sich; so endet ohne Glück,
Was, ohne Plan, zufällig sie begonnen.

EUGENIE. Den Glauben wirst du mir, mit kaltem Wort,
Nicht, wie mein Glück, mit frecher Tat, zerstören.
Dort unten hoff' ich Leben, aus dem Leben,
Dort wo die Masse, tätig strömend, wogt,
Wo jedes Herz, mit wenigem befriedigt,
Für holdes Mitleid gern sich öffnen mag.
Du hältst mich nicht zurück! Ich rufe, laut,
Wie furchtbar mich Gefahr und Not bedrängen,
In's wühlende Gemisch mich stürzend aus.

FÜNFTER AUFZUG

Platz am Hafen.

ERSTER AUFTRITT

Eugenie. Hofmeisterin.

EUGENIE. Mit welchen Ketten führst du mich zurück?
Gehorch' ich, wider Willen, diesmal auch!
Fluchwürdige Gewalt der Stimme, die

Mich einst, so glatt, zur Folgsamkeit gewöhnte,
Die meines ersten bildsamen Gefühls,
Im ganzen Umfang, sich bemeisterte.
Du warst es, der ich dieser Worte Sinn
Zuerst verdanke, dieser Sprache Kraft
Und künstliche Verknüpfung; diese Welt
Hab' ich aus deinem Munde, ja, mein eignes Herz.
Nun brauchst du diesen Zauber gegen mich,
Du fesselst mich, du schleppst mich hin und wider,
Mein Geist verwirrt sich, mein Gefühl ermattet,
Und zu den Toten sehn' ich mich hinab.
HOFMEISTERIN. O! hätte diese Zauberkraft gewirkt,
Als ich dich dringend, flehentlich, gebeten,
Von jenen hohen Planen abzustehn.
EUGENIE. Du ahndetest solch ungeheures Übel
Und warntest nicht den allzu sichern Mut?
HOFMEISTERIN. Wohl durft' ich warnen; aber leise nur;
Die ausgesprochne Silbe trug den Tod.
EUGENIE. Und hinter deinem Schweigen lag Verbannung!
Ein Todeswort, willkommner war es mir.
HOFMEISTERIN. Dies Unglück, vorgesehen oder nicht,
Hat mich und dich in gleiches Netz verschlungen.
EUGENIE. Was kann ich wissen welch ein Lohn dir wird,
Um deinen armen Zögling zu verderben.
HOFMEISTERIN. Er wartet wohl am fremden Strande mein!
Das Segel schwillt und führt uns beide hin.
EUGENIE. Noch hat das Schiff in seine Kerker nicht
Mich aufgenommen. Sollt' ich willig gehn?
HOFMEISTERIN.
Und riefst du nicht das Volk zur Hülfe schon?
Es staunte nur dich an und schwieg und ging.
EUGENIE. Mit ungeheurer Not im Kampfe, schien
Ich dem gemeinen Blick des Wahnsinns Beute.
Doch sollst du mir mit Worten, mit Gewalt,
Den mut'gen Schritt nach Hülfe nicht verkümmern.
Die Ersten dieser Stadt erheben sich,
Aus ihren Häusern, dem Gestade zu,
Die Schiffe zu bewundern, die, gereiht,
Uns unerwünscht, das hohe Meer gewinnen.

Schon regt sich am Palast des Gouverneurs
Die Wache. Jener ist es, der die Stufen,
Von mehreren begleitet, niedersteigt.
Ich will ihn sprechen, ihm den Fall erzählen!
Und ist er wert, an meines Königs Platz,
Den wichtigsten Geschäften vorzustehn;
So weist er mich nicht unerhört von hinnen.

HOFMEISTERIN. Ich hindre dich an diesem Schritte nicht,
Doch nennst du keinen Namen, nur die Sache.

EUGENIE. Den Namen nicht, bis ich vertrauen darf.

HOFMEISTERIN. Es ist ein edler junger Mann und wird
Was er vermag, mit Anstand, gern gewähren.

ZWEITER AUFTRITT

Die Vorigen, der Gouverneur, Adjutanten.

EUGENIE. Dir in den Weg zu treten! darf ich's wagen?
Wirst du der kühnen Fremden auch verzeihn?

GOUVERNEUR *nachdem er sie aufmerksam betrachtet.*
Wer sich, wie du, dem ersten Blick empfiehlt,
Der ist gewiß des freundlichsten Empfangs.

EUGENIE. Nicht froh und freundlich ist es was ich bringe,
Entgegen treibt mich dir die höchste Not.

GOUVERNEUR. Ist sie zu heben möglich, sei mir's Pflicht;
Ist sie auch nur zu lindern, soll's geschehn.

EUGENIE. Von hohem Haus entsproß die Bittende;
Doch, leider, ohne Namen tritt sie auf.

GOUVERNEUR. Ein Name wird vergessen; dem Gedächtnis
Schreibt solch ein Bild sich unauslöschlich ein.

EUGENIE. Gewalt und List entreißen, führen, drängen,
Mich, von des Vaters Brust, an's wilde Meer.

GOUVERNEUR. Wer durfte sich an diesem Friedensbild,
Mit ungeweihter Feindeshand, vergreifen?

EUGENIE. Ich selbst vermute nur! Mich überrascht,
Aus meinem eignen Hause, dieser Schlag.
Von Eigennutz und bösem Rat geleitet
Sann mir ein Bruder dies Verderben aus,

Und diese hier, die mich erzogen, steht,
Mir unbegreiflich, meinen Feinden bei.
HOFMEISTERIN. Ihr steh' ich bei und mildre großes Übel,
Das ich zu heilen, leider, nicht vermag.
EUGENIE. Ich soll zu Schiffe steigen, fordert sie!
Nach jenen Ufern führt sie mich hinüber!
HOFMEISTERIN. Geb' ich auf solchem Weg ihr das Geleit;
So zeigt es Liebe, Muttersorgfalt an.
GOUVERNEUR. Verzeiht, geschätzte Frauen, wenn ein Mann,
Der, jung an Jahren, manches in der Welt
Gesehn und überlegt, im Augenblick,
Da er euch sieht und hört, bedenklich stutzt.
Vertrauen scheint ihr beide zu verdienen,
Und ihr mißtraut einander beide selbst,
So scheint es wenigstens. Wie soll ich nun
Des wunderbaren Knotens Rätselschlinge,
Die euch umstrickt, zu lösen übernehmen?
EUGENIE. Wenn du mich hören willst, vertrau' ich mehr.
HOFMEISTERIN. Auch ich vermöchte manches zu erklären.
GOUVERNEUR. Daß uns, mit Fabeln, oft ein Fremder täuscht,
Muß auch der Wahrheit schaden, wenn wir sie
In abenteuerlicher Hülle sehn.
EUGENIE. Mißtraust du mir; so bin ich ohne Hülfe.
GOUVERNEUR.
Und traut' ich auch; ist doch zu helfen schwer.
EUGENIE. Nur zu den Meinen sende mich zurück.
GOUVERNEUR. Verlorne Kinder aufzunehmen, gar
Entwendete, verstoßne zu beschützen,
Bringt wenig Dank dem wohlgesinnten Mann.
Um Gut und Erbe wird sogleich ein Streit,
Um die Person, ob sie die rechte sei?
Gehässig, aufgeregt und wenn Verwandte,
Ums Mein und Dein, gefühllos hadern, trifft
Den Fremden, der sich eingemischt, der Haß
Von beiden Teilen und nicht selten gar,
Weil ihm der strengere Beweis nicht glückt,
Steht er zuletzt auch vor Gericht beschämt.
Verzeih mir also, wenn ich nicht sogleich,
Mit Hoffnung, dein Gesuch erwidern kann.

EUGENIE. Ziemt eine solche Furcht dem edlen Mann;
Wohin soll sich ein Unterdrückter wenden?
GOUVERNEUR. Doch wenigstens entschuldigst du gewiß,
Im Augenblick wo ein Geschäft mich ruft,
Wenn ich, auf morgen frühe, dich hinein
In meine Wohnung lade, dort, genauer,
Das Schicksal zu erfahren, das dich drängt.
EUGENIE. Mit Freuden werd' ich kommen. Nimm voraus
Den lauten Dank für meine Rettung an.
HOFMEISTERIN die ihm ein Papier überreicht.
Wenn wir auf deine Ladung nicht erscheinen;
So ist dies Blatt Entschuldigung genug.
GOUVERNEUR der es aufmerksam eine Weile angesehen, es zurückgebend. So kann ich freilich nur beglückte Fahrt,
Ergebung in's Geschick und Hoffnung wünschen.

DRITTER AUFTRITT

Eugenie. Hofmeisterin.

EUGENIE. Ist dies der Talisman? mit dem du mich
Entführst, gefangen hältst, der alle Guten,
Die sich zu Hülfe mir bewegen, lähmt.
Laß mich es ansehn, dieses Todesblatt!
Mein Elend kenn' ich, nun so laß mich auch,
Wer es verhängen konnte, laß mich's wissen.
HOFMEISTERIN die das Blatt offen darzeigt. Hier! Sieh herein.
EUGENIE sich wegwendend. Entsetzliches Gefühl!
Und überlebt' ich's? wenn des Vaters Name,
Des Königs Name mir entgegen blitzte.
Noch ist die Täuschung möglich, daß, verwegen,
Ein Kronbeamter die Gewalt mißbraucht,
Und, meinem Bruder frönend, mich verletzt.
Da bin ich noch zu retten. Eben dies
Will ich erfahren! Zeige her!
HOFMEISTERIN wie oben. Du siehst's!
EUGENIE wie oben.
Der Mut verläßt mich! Nein, ich wag' es nicht.

Sei's wie es will, ich bin verloren! Bin
Aus allem Vorteil dieser Welt gestoßen;
Entsag' ich denn auf ewig dieser Welt!
O! dies vergönnst du mir! du willst es ja,
Die Feinde wollen meinen Tod, sie wollen
Mich lebend eingescharrt. Vergönne mir
Der Kirche mich zu nähern, die, begierig,
So manch unschuldig Opfer schon verschlang.
Hier ist der Tempel, diese Pforte führt
Zu stillem Jammer, wie zu stillem Glück;
Laß diesen Schritt mich in's Verborgne tun,
Was mich daselbst erwartet, sei mein Los.
HOFMEISTERIN. Ich sehe die Äbtissin steigt, begleitet,
Von zwei der Ihren, zu dem Platz herab,
Auch sie ist jung, von hohem Haus entsprossen,
Entdeck' ihr deinen Wunsch, ich hindr' es nicht.

VIERTER AUFTRITT

Die Vorigen, Äbtissin, zwei Nonnen.

EUGENIE. Betäubt, verworren, mit mir selbst entzweit
Und mit der Welt, verehrte heil'ge Jungfrau,
Siehst du mich hier. Die Angst des Augenblicks,
Die Sorge für die Zukunft treiben mich
In deine Gegenwart, in der ich Linderung
Des ungeheuren Übels hoffen darf.
ÄBTISSIN. Wenn Ruhe, wenn Besonnenheit und Friede
Mit Gott und unserm eignen Herzen, sich
Mitteilen läßt; so soll es, edle Fremde,
Nicht fehlen an der Lehre treuem Wort,
Dir einzuflößen, was der Meinen Glück
Und meins, für heut, so wie auf ewig, fördert.
EUGENIE. Unendlich ist mein Übel, schwerlich möcht'
Es durch der Worte göttliche Gewalt
Sogleich zu heilen sein. O! nimm mich auf
Und laß mich weilen, wo du weilst. Mich erst
In Tränen lösen diese Bangigkeit
Und mein erleichtert Herz dem Troste weihen.

ÄBTISSIN. Wohl hab' ich oft, im heiligen Bezirk,
Der Erde Tränen sich in göttlich Lächlen
Verwandeln sehn, in himmlisches Entzücken,
Doch drängt man sich gewaltsam nicht herein;
Gar manche Prüfung muß die neue Schwester,
Und ihren ganzen Wert, uns erst entwickeln.

HOFMEISTERIN.
Entschiedner Wert ist leicht zu kennen, leicht
Was du bedingen möchtest zu erfüllen.

ÄBTISSIN. Ich zweifle nicht am Adel der Geburt,
Nicht am Vermögen, dieses Hauses Rechte,
Die groß und wichtig sind, dir zu gewinnen.
Drum laßt mich bald vernehmen was ihr denkt.

EUGENIE. Gewähre meine Bitte, nimm mich auf!
Verbirg mich vor der Welt, im tiefsten Winkel.
Und meine ganze Habe nimm dahin.
Ich bringe viel und hoffe mehr zu leisten.

ÄBTISSIN. Kann uns die Jugend, uns die Schönheit rühren,
Ein edles Wesen spricht's an unser Herz;
So hast du viele Rechte, gutes Kind.
Geliebte Tochter! komm an meine Brust!

EUGENIE. Mit diesem Wort, mit diesem Herzensdruck
Besänftigst du auf einmal alles Toben
Der aufgeregten Brust. Die letzte Welle
Umspült mich weichend noch. Ich bin im Hafen.

HOFMEISTERIN dazwischentretend.
Wenn nicht ein grausam Schicksal widerstünde!
Betrachte dieses Blatt, uns zu beklagen.

Sie reicht der Äbtissin das Blatt.

ÄBTISSIN die gelesen.
Ich muß dich tadlen, daß du, wissentlich,
So manch vergeblich Wort mit angehört.
Ich beuge, vor der höhern Hand, mich tief,
Die hier zu walten scheint.

FÜNFTER AUFTRITT

Eugenie. Hofmeisterin.

EUGENIE. Wie? höhre Hand?
Was meint die Heuchlerin? versteht sie Gott?
Der himmlisch Höchste hat gewiß nicht hier,
Mit dieser Freveltat, zu tun. Versteht
Sie unsern König? Wohl! ich muß es dulden
Was dieser über mich verhängt. Allein
Ich will nicht mehr in Zweifel, zwischen Furcht
Und Liebe schweben, will nicht, weibisch, mehr,
Indem ich untergehe, noch des Herzens
Und seiner weichlichen Gefühle schonen.
Es breche, wenn es brechen soll, und nun
Verlang' ich dieses Blatt zu sehen, sei
Von meinem Vater, sei von meinem König
Das Todesurteil unterzeichnet. Jener
Gereizten Gottheit, die mich niederschmettert,
Will ich, getrost ins Auge schauend, stehn.
O! daß ich vor ihr stünde. Fürchterlich
Ist der bedrängten Unschuld letzter Blick.
HOFMEISTERIN. Ich hab' es nie verweigert, nimm es hin.
EUGENIE das Papier von außen ansehend.
Das ist des Menschen wunderbar Geschick,
Daß, bei dem größten Übel, noch die Furcht
Vor fernerem Verlust ihm übrig bleibt.
Sind wir so reich, ihr Götter! daß ihr uns
Mit *einem* Schlag nicht alles rauben könnt.
Des Lebens Glück entriß mir dieses Blatt,
Und läßt mich größern Jammer noch befürchten.
Sie entfaltet's.
Wohlan! Getrost mein Herz und schaudre nicht
Die Neige dieses bittern Kelchs zu schlürfen.
Blickt hinein.
Des Königs Hand und Siegel!
HOFMEISTERIN die ihr das Blatt abnimmt.
Gutes Kind,
Bedaure mich, indem du dich bejammerst.
Ich übernahm das traurige Geschäft,

Der Allgewalt Befehl vollzieh' ich nur,
Um dir in deinem Elend beizustehn,
Dich keiner fremden Hand zu überlassen.
Was meine Seele peinigt, was ich noch
Von diesem schrecklichen Ereignis kenne,
Erfährst du künftig. Jetzt verzeihe mir,
Wenn mich die eiserne Notwendigkeit
Uns unverzüglich einzuschiffen zwingt.

SECHSTER AUFTRITT

Eugenie allein, hernach Hofmeisterin im Grunde.

EUGENIE. So ist mir denn das schönste Königreich,
Der Hafenplatz, von Tausenden belebt,
Zur Wüste worden und ich bin allein.
Hier sprechen edle Männer, nach Gesetzen,
Und Krieger lauschen auf gemeßnes Wort.
Hier flehen heilig Einsame zum Himmel;
Beschäftigt strebt die Menge nach Gewinn.
Und mich verstößt man, ohne Recht und Urteil,
Nicht eine Hand bewaffnet sich für mich,
Man schließt mir die Asyle, niemand mag,
Zu meinen Gunsten, wenig Schritte wagen.
Verbannung! Ja, des Schreckensworts Gewicht
Erdrückt mich schon, mit allen seinen Lasten.
Schon fühl' ich mich ein abgestorbnes Glied,
Der Körper, der gesunde, stößt mich los.
Dem selbstbewußten Toten gleich' ich, der,
Ein Zeuge seiner eigenen Bestattung,
Gelähmt, in halbem Traume, grausend liegt.
Entsetzliche Notwendigkeit! Doch wie?
Ist mir nicht eine Wahl verstattet? Kann
Ich nicht des Mannes Hand ergreifen, der
Mir, einzig edel, seine Hülfe beut. –
Und könnt' ich das? Ich könnte die Geburt,
Die mich so hoch hinaufgerückt, verleugnen!
Von allem Glanze jener Hoffnung mich
Auf ewig trennen! das vermag ich nicht!

O fasse mich Gewalt, mit ehrnen Fäusten;
Geschick, du blindes, reiße mich hinweg.
Die Wahl ist schwerer als das Übel selbst,
Die zwischen zweien Übeln schwankend bebt.

Hofmeisterin, mit Leuten, welche Gepäcke tragen, geht, schweigend, hinten vorbei.

Sie kommen! tragen meine Habe fort,
Das letzte was von köstlichem Besitz
Mir übrig blieb. Wird es mir auch geraubt?
Man bringt's hinüber, und ich soll ihm nach.
Ein günst'ger Wind bewegt die Wimpel seewärts,
Bald werd' ich alle Segel schwellen sehn.
Die Flotte löset sich vom Hafen ab!
Und nun das Schiff, das mich Unsel'ge trägt.
Man kommt! Man fordert mich an Bord. O Gott!
Ist denn der Himmel ehern über mir?
Dringt meine Jammerstimme nicht hindurch?
So sei's! Ich gehe! Doch mich soll das Schiff,
In seines Kerkers Räume, nicht verschlingen.
Das letzte Brett, das mich hinüber führt,
Soll meiner Freiheit erste Stufe werden.
Empfangt mich dann ihr Wellen, faßt mich auf,
Und, fest umschlingend, senket mich hinab,
In eures tiefen Friedens Grabesschoß.
Und wenn ich dann, vom Unbill dieser Welt,
Nichts mehr zu fürchten habe, spült zuletzt
Mein bleichendes Gebein dem Ufer zu;
Daß eine fromme Seele mir das Grab,
Auf heim'schem Boden, wohlgesinnt, bereite.

Mit einigen Schritten

Wohlan denn!
Hält inne. Will mein Fuß nicht mehr gehorchen?
Was fesselt meinen Schritt? was hält mich hier?
Unsel'ge Liebe zum unwürd'gen Leben!
Du führest mich zum harten Kampf zurück.
Verbannung, Tod, Entwürdigung umschließen
Mich fest und ängsten mich einander zu.
Und wie ich mich von einem schaudernd wende,
So grinst das andre mir, mit Höllenblick.

Ist denn kein menschlich, ist kein göttlich Mittel?
Von tausendfacher Qual mich zu befreien.
O! daß ein einzig ahndungsvolles Wort,
Zufällig, aus der Menge, mir ertönte!
O! daß ein Friedensvogel mir vorbei,
Mit leisem Fittich leitend sich bewegte.
Gern will ich hin, wohin das Schicksal ruft,
Es deute nur! und ich will gläubig folgen.
Es winke nur, ich will dem heil'gen Winke,
Vertrauend, hoffend, ohngesäumt mich fügen.

SIEBENTER AUFTRITT

Eugenie. Mönch.

EUGENIE die eine Zeitlang vor sich hingesehen, indem sie die Augen aufhebt und den Mönch erblickt.
Ich darf nicht zweifeln, ja! ich bin gerettet!
Ja! dieser ist's, der mich bestimmen soll.
Gesendet auf mein Flehn erscheint er mir,
Der Würdige, Bejahrte, dem das Herz,
Beim ersten Blick, vertraut, entgegen fliegt.
Ihm entgegen gehend.
Mein Vater! laß den, ach! mir nun versagten,
Verkümmerten, verbotnen Vaternamen
Auf dich, den edlen Fremden, übertragen.
Mit wenig Worten höre meine Not.
Nicht als dem weisen, wohlbedächt'gen Mann,
Dem gottbegabten Greise leg' ich sie,
Mit schmerzlichem Vertraun, dir an die Brust.
MÖNCH. Was dich bedrängt eröffne freien Mutes.
Nicht ohne Schickung trifft der Leidende
Mit dem zusammen, der, als höchste Pflicht,
Die Linderung der Leiden üben soll.
EUGENIE. Ein Rätsel statt der Klagen wirst du hören
Und ein Orakel fordr' ich, keinen Rat.
Zu zwei verhaßten Zielen liegen mir
Zwei Wege vor den Füßen, einer dorthin,
Hierhin der andre, welchen soll ich wählen?

MÖNCH. Du führst mich in Versuchung! Soll ich nur
Als Los entscheiden?
EUGENIE. Als ein heilig Los.
MÖNCH. Begreif' ich dich; so hebt aus tiefer Not,
Zu höhern Regionen, sich dein Blick.
Erstorben ist im Herzen eigner Wille,
Entscheidung hoffst du dir vom Waltenden.
Ja wohl! das ewig Wirkende bewegt,
Uns unbegreiflich, dieses oder jenes,
Als wie von ohngefähr, zu unserm Wohl,
Zum Rate, zur Entscheidung, zum Vollbringen,
Und wie getragen werden wir an's Ziel.
Dies zu empfinden ist das höchste Glück,
Es nicht zu fordern ist bescheidne Pflicht,
Es zu erwarten, schöner Trost im Leiden.
O! wär' ich doch gewürdigt, nun für dich,
Was dir am besten frommte, vorzufühlen.
Allein die Ahndung schweigt in meiner Brust,
Und kannst du mehr nicht mir vertraun; so nimm
Ein fruchtlos Mitleid hin zum Lebewohl.
EUGENIE. Schiffbrüchig fass' ich noch die letzte Planke!
Dich halt' ich fest und sage, wider Willen,
Zum letztenmal, das hoffnungslose Wort:
Aus hohem Haus entsprossen, werd' ich nun
Verstoßen, übers Meer verbannt und könnte
Mich durch ein Ehebündnis retten, das
Zu niedren Sphären mich herunter zieht.
Was sagt nun dir das Herz? verstummt es noch?
MÖNCH. Es schweige, bis der prüfende Verstand
Sich, als ohnmächtig, selbst bekennen muß.
Du hast nur Allgemeines mir vertraut,
Ich kann dir nur das Allgemeine raten.
Bist du zur Wahl genötigt, unter zwei
Verhaßten Übeln; fasse sie ins Auge,
Und wähle was dir noch den meisten Raum,
Zu heil'gem Tun und Wirken, übrig läßt;
Was deinen Geist am wenigsten begrenzt,
Am wenigsten die frommen Taten fesselt.
EUGENIE. Die Ehe, merk' ich, rätst du mir nicht an.

MÖNCH. Nicht eine solche, wie sie dich bedroht.
Wie kann der Priester segnen, wenn das Ja
Der holden Braut nicht aus dem Herzen quillt.
Er soll nicht Widerwärt'ges aneinander,
Zu immer neu erzeugtem Streite, ketten;
Den Wunsch der Liebe, die zum All das Eine,
Zum Ewigen das Gegenwärtige,
Das Flüchtige zum Daurenden erhebt,
Den zu erfüllen ist sein göttlich Amt.
EUGENIE. In's Elend übers Meer verbannst du mich.
MÖNCH. Zum Troste jener drüben ziehe hin.
EUGENIE. Wie soll ich trösten, wenn ich selbst verzweifle.
MÖNCH. Ein reines Herz, wovon dein Blick mir zeugt,
Ein edler Mut, ein hoher, freier Sinn,
Erhalten dich und andre, wo du auch
Auf dieser Erde wandelst. Wenn du nun,
In frühen Jahren, ohne Schuld, verbannt,
Durch heil'ge Fügung, fremde Fehler büßest,
So führst du, wie ein überird'sches Wesen,
Der Unschuld Glück und Wunderkräfte mit.
So ziehe denn hinüber! Trete frisch
In jenen Kreis der Traurigen. Erheitre,
Durch dein Erscheinen, jene trübe Welt.
Durch mächt'ges Wort, durch kräft'ge Tat, errege
Der tiefgebeugten Herzen eigne Kraft;
Vereine die Zerstreuten um dich her,
Verbinde sie einander, alle dir;
Erschaffe was du hier verlieren sollst,
Dir Stamm und Vaterland und Fürstentum.
EUGENIE. Getrautest du zu tun was du gebietest?
MÖNCH. Ich tat's! – Als jungen Mann entführte schon,
Zu wilden Stämmen, mich, der Geist hinüber.
In's rohe Leben bracht' ich milde Sitte,
Ich brachte Himmelshoffnung in den Tod.
O! hätt' ich nicht, verführt von treuer Neigung
Dem Vaterland zu nützen, mich zurück,
Zu dieser Wildnis frechen Städtelebens,
Zu diesem Wust verfeinerter Verbrechen,
Zu diesem Pfuhl der Selbstigkeit gewendet.

Hier fesselt mich des Alters Unvermögen,
Gewohnheit, Pflichten; ein Geschick vielleicht,
Das mir die schwerste Prüfung spät bestimmt.
Du aber, jung, von allen Banden frei,
Gestoßen in das Weite, dringe vor!
Und rette dich. Was du als Elend fühlst,
Verwandelt sich in Wohltat! Eile fort!

EUGENIE. Eröffne klärer! was befürchtest du?

MÖNCH. Im Dunklen drängt das Künft'ge sich heran,
Das künftig Nächste selbst erscheinet nicht
Dem offnen Blick der Sinne, des Verstands.
Wenn ich, beim Sonnenschein, durch diese Straßen,
Bewundernd wandle, der Gebäude Pracht,
Die, felsengleich, getürmten Massen schaue,
Der Plätze Kreis, der Kirchen edlen Bau,
Des Hafens masterfüllten Raum betrachte;
Das scheint mir alles für die Ewigkeit
Gegründet und geordnet, diese Menge
Gewerksam Tätiger, die, hin und her,
In diesen Räumen wogt, auch die verspricht
Sich, unvertilgbar, ewig herzustellen.
Allein wenn dieses große Bild, bei Nacht,
In meines Geistes Tiefen, sich erneut,
Da stürmt ein Brausen durch die düstre Luft,
Der feste Boden wankt, die Türme schwanken,
Gefugte Steine lösen sich herab
Und so zerfällt in ungeformten Schutt
Die Prachterscheinung. Wenig Lebendes
Durchklimmt, bekümmert, neuentstandne Hügel
Und jede Trümmer deutet auf ein Grab.
Das Element zu bändigen, vermag
Ein tiefgebeugt, vermindert Volk nicht mehr,
Und, rastlos wiederkehrend, füllt die Flut,
Mit Sand und Schlamm, des Hafens Becken aus.

EUGENIE. Die Nacht entwaffnet erst den Menschen, dann
Bekämpft sie ihn, mit nichtigem Gebild.

MÖNCH. Ach! bald genug steigt, über unsern Jammer,
Der Sonne trübgedämpfter Blick heran.
Du aber fliehe, die ein guter Geist
Verbannend segnete. Leb' wohl und eile!

ACHTER AUFTRITT

EUGENIE allein. Vom eignen Elend leitet man mich ab
Und fremden Jammer prophezeit man mir.
Doch wär' es fremd? was deinem Vaterland
Begegnen soll. Dies fällt mit neuer Schwere
Mir auf die Brust! Zum gegenwärt'gen Übel
Soll ich der Zukunft Geistesbürden tragen?
So ist's denn wahr! was, in der Kindheit schon,
Mir um das Ohr geklungen. Was ich erst
Erhorcht, erfragt und nun zuletzt, sogar
Aus meines Vaters, meines Königs Mund,
Vernehmen mußte. Diesem Reiche droht
Ein gäher Umsturz. Die, zum großen Leben,
Gefugten Elemente wollen sich
Nicht wechselseitig mehr, mit Liebeskraft,
Zu stets erneuter Einigkeit, umfangen.
Sie fliehen sich und, einzeln, tritt nun jedes,
Kalt, in sich selbst zurück. Wo blieb der Ahnherrn
Gewalt'ger Geist? der sie zu einem Zweck
Vereinigte, die feindlich kämpfenden?
Der diesem großen Volk, als Führer, sich,
Als König und als Vater, dargestellt.
Er ist entschwunden! Was uns übrig bleibt
Ist ein Gespenst, das, mit vergebnem Streben,
Verlorenen Besitz zu greifen wähnt.
Und solche Sorge nähm' ich mit hinüber?
Entzöge mich gemeinsamer Gefahr?
Entflöhe der Gelegenheit, mich, kühn,
Der hohen Ahnen würdig zu beweisen,
Und jeden, der mich ungerecht verletzt,
In böser Stunde hülfreich zu beschämen.
Nun bist du Boden meines Vaterlands
Mir erst ein Heiligtum, nun fühl' ich erst
Den dringenden Beruf mich anzuklammern.
Ich lasse dich nicht los und welches Band
Mich dir erhalten kann, es ist nun heilig.
Wo find' ich jenen gutgesinnten Mann,
Der mir die Hand so traulich angeboten.

An ihn will ich mich schließen! Im Verborgnen
Verwahr' er mich, als reinen Talisman.
Denn, wenn ein Wunder auf der Welt geschieht;
Geschieht's durch liebevolle, treue Herzen.
Die Größe der Gefahr betracht' ich nicht,
Und meine Schwäche darf ich nicht bedenken,
Das alles wird ein günstiges Geschick,
Zu rechter Zeit, auf hohe Zwecke leiten.
Und wenn mein Vater, mein Monarch mich einst
Verkannt, verstoßen, mich vergessen, soll
Erstaunt ihr Blick auf der Erhaltnen ruhn,
Die das, was sie im Glücke zugesagt,
Aus tiefem Elend, zu erfüllen strebt.
Er kommt! Ich seh' ihm freudiger entgegen
Als ich ihn ließ. Er kommt. Er sucht mich auf!
Zu scheiden denkt er; bleiben werd' ich ihm.

NEUNTER AUFTRITT

Eugenie, Gerichtsrat, ein Knabe, mit einem schönen Kästchen.

Gerichtsrat. Schon ziehn die Schiffe nacheinander fort,
Und bald, so fürcht' ich, wirst auch du berufen.
Empfange noch ein herzlich Lebewohl
Und eine frische Gabe, die, auf langer Fahrt,
Beklommnen Reisenden Erquickung atmet.
Gedenke mein! O! daß du meiner nicht,
Am bösen Tage, sehnsuchtsvoll, gedenkest!
Eugenie. Ich nehme dein Geschenk mit Freuden an,
Es bürgt mir deine Neigung, deine Sorgfalt;
Doch send' es, eilig, in dein Haus zurück!
Und wenn du denkst wie du gedacht, empfindest
Wie du empfunden, wenn dir meine Freundschaft
Genügen kann; so folg' ich dir dahin.
Gerichtsrat nach einer Pause, den Knaben durch einen Wink entfernend. Ist's möglich? hätte sich, zu meiner Gunst,
In kurzer Zeit, dein Wille so verändert?
Eugenie. Er ist verändert! aber denke nicht,
Daß Bangigkeit mich dir entgegen treibe.

Ein edleres Gefühl, laß mich's verbergen!
Hält mich am Vaterland, an dir, zurück.
Nun sei's gefragt: Vermagst du, hohen Muts,
Entsagung der Entsagenden zu weihen?
Vermagst du zu versprechen: mich, als Bruder,
Mit reiner Neigung zu empfangen! Mir,
Der liebevollen Schwester, Schutz und Rat,
Und stille Lebensfreude zu gewähren?

GERICHTSRAT. Zu tragen glaub' ich alles, nur das eine
Dich zu verlieren, da ich dich gefunden,
Erscheint mir unerträglich. Dich zu sehen,
Dir nah zu sein, für dich zu leben, wäre
Mein einzig höchstes Glück. Und so bedinge
Dein Herz allein das Bündnis, das wir schließen.

EUGENIE. Von dir allein gekannt muß ich, fortan,
Die Welt vermeidend, im Verborgnen leben.
Besitzest du ein still entferntes Landgut;
So widm' es mir und sende mich dahin.

GERICHTSRAT. Ein kleines Gut besitz' ich, wohlgelegen;
Doch alt und halbverfallen ist das Haus.
Du kannst jedoch in jener Gegend bald
Die schönste Wohnung finden, sie ist feil.

EUGENIE. Nein! In das altverfallne laß mich ziehn,
Zu meiner Lage stimmt es, meinem Sinn.
Und wenn er sich erheitert, find' ich gleich
Der Tätigkeit bereiten Stoff und Raum.
Sobald ich mich die Deine nenne, laß
Von irgend einem alten zuverläss'gen Knecht
Begleitet, mich, in Hoffnung einer künft'gen,
Beglückten Auferstehung, mich begraben.

GERICHTSRAT.
Und zum Besuch, wann darf ich dort erscheinen?

EUGENIE. Du wartest meinen Ruf, geduldig, ab.
Auch solch ein Tag wird kommen, uns, vielleicht,
Mit ernsten Banden, enger, zu verbinden.

GERICHTSRAT. Du legest mir zu schwere Prüfung auf.

EUGENIE. Erfülle deine Pflichten gegen mich;
Daß ich die meinen kenne, sei gewiß.
Indem du, mich zu retten, deine Hand

Mir bietest, wagst du viel. Werd' ich entdeckt,
Werd' ich's zu früh; so kannst du vieles dulden.
Ich sage dir das tiefste Schweigen zu.
Woher ich komme, niemand soll's erfahren,
Ja, die entfernten Lieben will ich nur
Im Geist besuchen, keine Zeile soll,
Kein Bote dort mich nennen, wo vielleicht
Zu meinem Heil ein Funke glühen möchte.
GERICHTSRAT. In diesem wicht'gen Fall was soll ich sagen?
Uneigennütz'ge Liebe kann der Mund,
Mit Frechheit, oft beteuern, wenn im Herzen
Der Selbstsucht Ungeheuer, lauschend, grinst.
Die Tat allein beweist der Liebe Kraft.
Indem ich dich gewinne, soll ich allem
Entsagen, deinem Blick sogar! Ich will's.
Wie du zum erstenmale mir erschienen,
Erscheinst du bleibend mir, ein Gegenstand
Der Neigung, der Verehrung. Deinetwillen
Wünsch' ich zu leben, du gebietest mir.
Und wenn der Priester sich, sein Leben lang,
Der unsichtbaren Gottheit niederbeugt,
Die, im beglückten Augenblick, vor ihm,
Als höchstes Musterbild, vorüberging;
So soll von deinem Dienste mich fortan,
Wie du dich auch verhüllest, nichts zerstreun.
EUGENIE. Ob ich vertraue, daß dein Äußres nicht,
Nicht deiner Worte Wohllaut lügen kann;
Daß ich empfinde, welch ein Mann du bist,
Gerecht, gefühlvoll, tätig, zuverlässig,
Davon empfange den Beweis, den höchsten,
Den eine Frau, besonnen, geben kann!
Ich zaudre nicht, ich eile dir zu folgen!
Hier meine Hand; wir gehen zum Altar.

PALÄOPHRON UND NEOTERPE

Der Herzogin Amalia von Sachsen-Weimar widmete dieses kleine Stück der Verfasser mit dankbarer Verehrung. Er hatte dabei die Absicht, an alte bildende Kunst zu erinnern und gleichsam ein bewegliches, belebtes, plastisches Werk den Zuschauern vor Augen zu stellen.

Durch gegenwärtigen Abdruck kann man dem Publikum freilich nur einen Teil des Ganzen vorlegen, indem die Wirkung der vollständigen Darstellung auf die Gesinnungen und die Empfänglichkeit gebildeter Zuschauer, auf die Empfindung und die persönlichen Vorzüge der spielenden Personen, auf gefühlte Rezitation, auf Kleidung, Masken und mehre Umstände berechnet war.

*

Eine Vorhalle, an der Seite ein Altar, um denselben ein Asyl, durch eine niedrige Mauer bezeichnet, außerhalb, an dem Fortsatze der Mauer, ein steinerner Sessel.

NEOTERPE mit zwei Kindern in Charaktermasken.

Zum frohen Feste find' ich feine Leute hier
Versammelt, und ich dränge mich beherzt herein,
Ob sie mir und den Meinen guten Schutz vielleicht
Gewähren möchten, dessen ich so sehr bedarf.
Zwar wenn ich komme, Gastgerechtigkeit zu flehn,
Könnte man auch fordern, daß ich sagte, wer ich sei.
Doch dieses ist viel schwerer, als man etwa denken mag.
Zu leben weiß ich, mich zu kennen, weiß ich nicht;
Doch was so manche Leute von mir sagen, weiß ich wohl.
Die einen haben mich die neue Zeit genannt,
Auch manchmal heiß ich ihnen Genius der Zeit,
Genug! ich bin das Neue eben überall.
Willkommen stets und unwillkommen wandl' ich fort,
Und wär' ich nicht, so wäre nichts auch überall.
Und ob ich gleich so nötig als erfreulich bin;
So wandelt doch ein Alter immer hinter mir,
Der mich vernichten würde, wenn es ihm einmal
Mit seinem langsam, langbedächt'gen Schritt
Mich zu erreichen glückte; doch so hetzt er mich
Von einem Ort zum andern, daß ich nicht so froh,
Mit meinen artigen Gespielen mich, der Lust

Des heitern Lebens hingegeben, freuen darf.
Nun hab' ich mich hierher gerettet, wo mit Recht
Man sich des schönsten Tags zu freun versammelt ist,
Und denke Schutz zu finden vor dem wilden Mann
Und Recht, obgleich er stärker ist als ich.
Drum werf' ich bittend mich an dem Altar
Der Götter dieses Hauses flehend hin.
Kniet nieder gleichfalls, allerliebste Kinder ihr,
Die ihr, zu mir gesellt, ein gleich Geschick,
Wie ich es hoffe, hier getrost erwarten dürft.

PALÄOPHRON auf zwei Alte in Charaktermasken gelehnt, im Hereintreten zu seinen Begleitern.

Ihr habet klug die Flüchtige mir ausgespürt,
Und nicht vergebens wenden wir den Fuß hierher;
Denn seht! sie hat sich flehend an den Ort gewandt,
Berühret den Altar, der uns verehrlich ist.
Doch wenn er gleich sie schützt und ihre leid'ge Brut;
So wollen wir sie doch belagern, daß sie sich
Von ihrem Schutzort nicht entfernen darf, wofern
Sie nicht in unsre Hände sich zu geben willig ist.
Drum führet mich zum Sessel, daß ich mich
Ihr gegenüber setzen und bedenken kann,
Wiefern ich mit Gewalt, wo nicht mit gutem Wort,
Zu ihrer Schuldigkeit zu bringen sie vermag.

Er setzt sich und spricht zu den Zuschauern.

Und ihr, die ihr vielleicht in euren Schutz sie nehmt,
Dieweil sie lieblich aussieht und betulich ist,
Und einem jeden gern nach seiner eignen Art erscheint,
Erfahret, welch ein Recht sie zu verfolgen mir gebührt.
Ich will nicht sagen, daß sie meine Tochter sei;
Doch hab' ich, als ein Oheim, immer Vaterrecht auf sie,
Und kann behaupten, daß aus meinem Blute sie
Entsprossen, mir vor allen andern angehört.
Im allgemeinen nennt man mich die alte Zeit,
Und wer besonders wohl mir will, der nennt mich auch
Die goldne Zeit, und jeder will in seiner Jugend mich
Als Freund besessen haben, da ich jung, wie er,
Und rüstig, unvergleichlich soll gewesen sein.
Auch hör' ich überall, wohin ich horchend nur

Die Ohren wende, mein entzückend großes Lob.
Und dennoch kehret jedermann den Rücken mir
Und richtet emsig sein Gesicht der Neuen zu,
Der Jungen da, die, schmeichelnd, jeglichen verdirbt,
Mit törichtem Gefolge durch das Volk sich drängt.
Drum hab' ich sie, mit diesen wackeren Gesellen hier,
Verfolgt und in die Enge sie zuletzt gebracht.
Ihr seht es hoffentlich zufrieden an,
Daß ich ein Ende mache solchem Frevelgang.

SIE. Holde Gottheit dieses Hauses,
Der die Bürger, der die Fremden,
Auf dem reinlichen Altare,
Manche Dankesgabe bringen,
Hast du jemals den Vertriebnen
Aufgenommen, dem Verirrten
Aufgeholfen, und der Jugend
Süßes Jubelfest begünstigt;
Ward an dieser heil'gen Schwelle
Mancher Hungrige gespeiset,
Mancher Durstige getränket,
Und erquickt durch Mild' und Güte,
Mehr als durch die besten Gaben;
O! so hör' auch unser Flehen!
Sieh der zarten Kleinen Jammer!
Steh uns gegen unsre Feinde,
Gegen diesen Wütrich bei.

ER. Wenn ihr freventlich so lange,
Guter Ordnung euch entzogen,
Zwecklos hin und her geschwärmet,
Und zuletzt euch Sorg' und Mangel
An die kalten Steine treiben;
Denkt ihr, werden gleich die Götter
Eurentwillen sich hernieder
Aus der hohen Ruhe regen!
Nein, mein gutes, süßes Püppchen!
Sammle nach dem eignen Herzen
Die zerstreuten Blicke nieder,
Und wenn du dich unvermögend
Fühlest, deiner Not zu raten;

Wende seitwärts, wende hieher,
Nach dem alten, immer strengen,
Aber immer guten Oheim,
Deine Seufzer, deine Bitten,
Und erwarte Trost und Glück.

SIE.

Wenn dieser Mann, den ich zum erstenmal so nah
Ins Auge fasse, nicht die allerhäßlichsten
Begleiter hätte, die so grämlich um ihn stehn,
So könnt' er mir gefallen, da er freundlich spricht,
Und edel aussieht, daß man eines Göttlichen
Erfreulich schöne Gegenwart empfinden muß.
Ich dächt', ich wendete mich um und spräch' ihn an!

ER.

Wenn dieses Mädchen, das ich nur von ferne sonst
Und auf der Flucht gesehen, nicht die läppische
Gesellschaft mit sich schleppte, die verhaßt mir ist;
So müßt' ich wünschen, immer an der Seite mir
Die liebliche Gestalt zu sehen, die, der Hebe gleich,
Der Jugend Becher aus den holden Augen gießt.
Sie kehrt sich um, und spricht sie nicht, so ist's an mir.

SIE.

Wenn wir uns zu den Göttern wenden, ist es wohl
Kein Wunder, da uns auf der Erde solche Not
Bereitet ist und ich des edlen Mannes Kraft,
Die mich beschützen sollte, mir als ärgsten Feind
Und Widersacher finde. Solches hofft' ich nicht!
Denn da ich noch ein Kind war, hört' ich stets:
Der Jugend Führer sei das Alter; beiden sei,
Nur wenn sie als Verbundne wandeln, Glück beschert.

ER.

Dergleichen Reden hören freilich gut sich an:
Doch hat es allerlei Bedenkliches damit,
Das ich jetzt nicht berühren will. Doch sage mir!
Wer sind die Kreaturen beide, die, an dich
So fest geschlossen, durch die Straßen ziehn?
Du ehrest dich mit solcherlei Gesellschaft nicht.

SIE. Die guten Kinder! beide haben das Verdienst,
Daß sie, so schnell, als ich, durch alles durchzugehn

Gewohnt, die Menge teilen, die ich finden mag.
Nicht eine Spur von Faulheit zeigt das junge Paar,
Und immer sind sie früher an dem Platz, als ich.
Doch wenn du mich nach Eigenschaft und Namen fragst;
Gelbschnabel heißt man diesen! heiter tritt er auf
Und hat nichts Arges weiter in der argen Welt.
Doch diesen heißt man Naseweis, der, flink und rasch,
Nach allen Gegenden das stumpfe Näschen kehrt.
Wie kannst du solchen guten, zarten Kindern nur
Gehässig sein? die seltne Lebenszierden sind.
Doch, daß ich das Vertraun erwidre, sage mir!
Wer sind die Männer? die, nicht eben liebenswert,
An deiner Seite stehn, mit düsterm, wildem Blick.

Er.

Das Ernste kommt euch eben wild und düster vor,
Weil ihr, gewöhnt an flache, leere Heiterkeit,
Des Augenblicks Bedeutung nicht empfinden könnt.
Dagegen fühlet dieser Mann nur allzugut,
Daß in der Welt nur wenig zur Befriedigung
Des weisen Mannes eigentlich gereichen kann.
Griesgram wird er daher genannt. Er muß fürwahr,
Wie ich es selbst gestehe, der bepflanzten Welt
Und des gestirnten Himmels Hochzeitschmuck
Mit ganz besondern, wunderlichen Farben sehn,
Die Sonne rot, die Frühlingsblätter braun und falb.
So sagt er wenigstens, und scheint gewiß zu sein,
Daß das Gewölb des Himmels nächstens brechen wird.
Doch dieser, den man Haberecht mit Recht genannt,
Ist seiner tiefgegründeten Unfehlbarkeit
So ganz gewiß, daß er mir nie das letzte Wort,
Ob ich gleich Herr und Meister bin, gelassen hat.
So dienet er zur Übung mir der Redekunst,
Der Lunge, ja der Galle, das gesteh ich gern.

Sie. Nein, ich werd' es nie vermögen,
Diese wunderlichen Fratzen,
An der Seite des Verwandten,
Mit Vertrauen anzusehn.

Er. Könnt' ich irgend einem Freunde
Meine würdigen Begleiter

Auf ein Stündchen überlassen,
Tät' ich es von Herzen gern.

SIE. Wüßt' ich meine kleinen Schätze
Irgend jemand zu vertrauen,
Der mir sie spazieren führte;
Mir geschäh' ein großer Dienst.

ER.
Mein lieber Griesgram! was ich dir bisher verschwieg,
Entdeck' ich nun, so sehr es dich verdrießen muß.
Durch Stadt und Vorstadt zieht ein frecher Mann und lehrt,
Und ruft: ihr Bürger merket auf mein wahres Wort!
Die Tätigkeit ist, was den Menschen glücklich macht.
Die, erst das Gute schaffend, bald ein Übel selbst
Durch göttlich wirkende Gewalt in Gutes kehrt.
Drum auf bei Zeiten morgens! ja, und fändet ihr,
Was gestern ihr gebaut, schon wieder eingestürzt,
Ameisen gleich nur frisch die Trümmern aufgeräumt!
Und neuen Plan ersonnen, Mittel neu erdacht!
So werdet ihr, und wenn aus ihren Fugen selbst
Die Welt geschoben in sich selbst zertrümmerte,
Sie wieder bauen, einer Ewigkeit zur Lust.
So spricht er töricht und erreget mir das Volk.
Und niemand sitzt mir an der Straße mehr und klagt,
Und niemand stickt in einem Winkel jammervoll.
Ich brauche nicht hinzuzusetzen, eile hin!
Und steure diesem Unheil, wenn es möglich ist.

Griesgram ab.

Dich aber, edler Haberecht, beleidigt man
Noch ärger fast; denn in den Hallen an dem Markt
Läßt sich ein Fremder hören, welcher schwört,
Es habe grade Haberecht darum kein Recht,
Weil er es immer haben und behalten will.
Es habe niemand recht, als wer den Widerspruch
Mit Geist zu lösen, andre zu verstehen weiß,
Wenn er auch gleich von andern nicht verstanden wird.
Dergleichen ketzerische Reden führet er –

Haberecht eilig ab.

Du eilest fort zu kämpfen? ich erkenne dich!

Sie.
Du hast die beiden wilden Männer fortgeschickt,
Um meinetwillen merk' ich wohl ist es geschehn,
Das zeiget gute Neigung an, und ich fürwahr
Bin auch geneigt, die kleinen Wesen hier, die dir
Verdrießlich sind, hinwegzuschicken, wenn ich nur
Auch sicher wäre, daß Gefahr und Not sie nicht
Ergreifen kann, wenn sie allein im Volke gehn.

Er.
Kommt nur! ich geb' euch beiden sicheres Geleit.
Die Kinder treten aus dem Asyl vor den Alten.
Geht nur ihr Kinder! doch erfüllet mein Gesetz,
Das ich euch wohlbedächtig gebe, ganz genau.
Gelbschnabel soll dem Griesgram, wie der Naseweis
Dem Haberecht beständig aus dem Wege gehn.
So wird es Friede bleiben in der edlen Stadt.

Sie die aus dem Asyl tritt und sich neben den Alten auf die Mauer setzt.
Ich steige sicher nun heraus
Und komme dir vertraulich nah.
O! sieh mich an, und sage mir:
Ist möglich die Veränderung?
Du scheinest mir ein jüngerer,
Ein rüstig frischer Mann zu sein.
Der Kranz von Rosen meines Haupts
Er kleidete fürwahr dich auch.

Er. Ich selber fühle rüstiger
In meinem tiefen Busen mich;
Und wie du mir so nahe bist,
So stellst du ein gesittetes
Und lieblich ernstes Wesen dar.
Den Bürgerkranz auf meinem Haupt,
Von dichtem Eichenlaub gedrängt,
Auf deiner Stirne säh' ich ihn,
Auf deinen Locken, wonnevoll.

Sie. Versuchen wir's und wechseln gleich
Die Kränze, die mit Eigensinn,

Ausschließend wir uns angemaßt.
Den meinen nehm' ich gleich herab.
Sie nimmt die Rosenkrone herunter.

ER der den Eichenkranz herabnimmt.
Und ich den meinen ebenfalls,
Und, mit des Kranzes Wechselscherz,
Sei zwischen uns ein ew'ger Bund
Geschlossen, der die Stadt beglückt.
Er setzt ihr den Eichenkranz auf.

SIE. Des Eichenkranzes Würde soll
Mir immer sagen, daß ich nicht
Der edlen Mühe schonen darf,
Ihn zu verdienen jeden Tag.
Sie setzt ihm die Rosenkrone aufs Haupt.

ER. Der Rosenkrone Munterkeit
Soll mich erinnern, daß auch mir,
Im Lebensgarten, wie vordem,
Noch manche holde Zierde blüht.

SIE indem sie aufsteht und vortritt.
Das Alter ehr' ich, denn es hat für mich gelebt.

ER indem er aufsteht und vortritt.
Die Jugend schätz' ich, die für mich nun leben soll.

SIE.
Hast du Geduld, wenn alles langsam reifen wird?

ER.
Von grüner Frucht am Baume hoff' ich Süßigkeit.

SIE. Aus harter Schale sei der süße Kern für mich.

ER. Von meiner Habe mitzuteilen sei mir Pflicht.

SIE.
Gern will ich sammeln, daß ich einst auch geben kann.

ER. Gut ist der Vorsatz, aber die Erfüllung schwer.

SIE.
Ein edles Beispiel macht die schweren Taten leicht.

ER.
Ich sehe deutlich, wen du mir bezeichnen willst.

SIE.
Was wir zu tun versprechen, hat Sie längst getan.

ER.
Und unsern Bund hat Sie begründet in der Stadt.

SIE.
Ich nehme diesen Kranz herab und reich' ihn Ihr.
ER. Und ich den meinen.
Sie nehmen die Kränze herunter und halten sie vor sich hin.
SIE. Lange lebe! Würdige!
ER. Und fröhlich lebe! wie die Rose Dir es winkt.
NEOTERPE. Sie lebe! rufe jeder wahre Bürger mit.

ELPENOR

EIN SCHAUSPIEL

PERSONEN

Antiope
Lykus
Elpenor
Evadne
Polymetis
Jünglinge
Jungfrauen

ERSTER AUFZUG

ERSTER AUFTRITT

Evadne. Ein Chor Jungfrauen.

EVADNE. Verdoppelt eure Schritte! Kommt herab! Verweilet nicht zu lange gute Mädgen! Kommt herein! Gebt nicht zu viele Sorgfalt euren Kleidern und Haaren! Es ist noch immer Zeit wenn das Geschäfte vollbracht ist sich zu schmücken. Der frühe Morgen heißt uns rege zur Arbeit sein.

EINE JUNGFRAU. Hier sind wir, und die andern folgen gleich. Wir haben selbst uns diesem Fest geweckt, du siehest uns bereit zu tun was du gebietest.

EVADNE. Wohlan. Beeifert euch mit mir! Zwar halb nur freudig, halb mit Widerwillen ruf' ich euch zum Dienste dieses Tages; denn er bringt unserer hochgeliebten Frauen in Fröhlichkeit gekleidet, stillen Schmerz.

JUNGFRAU. Ja und uns allen; denn es scheidet heute der werte Knabe, mit dem die glücklichste Gewohnheit uns verbindet. Sag wie erträgt's die Königin? Gibt sie gelassen ihren teuren Pflegbefohlnen seinem Vater wieder?

EVADNE. Mir wird es bange für die künftigen Tage, noch

ruht der alte Schmerz in ihrer Seele. Der doppelte Verlust des Sohns und des Gemahles ist noch nicht ausgeheilt, und wenn sie des Knaben frohe Gesellschaft verläßt, wird sie dem alten Kummer widerstehen? Und wie Larven der Unterwelt vorzüglich Einsamen erscheinen so rührt der Trauer kalte Schattenhand den Verlaßnen ängstlich. Und wem gibt sie den lieben Zögling wieder?

JUNGFRAU. Ich hab' es auch bedacht. Nie war der Bruder des Gemahls ihr lieb, sein rauh Betragen hielt sie weit entfernt, nie hätten wir geglaubt daß sie in seinem Sohne der süßten Liebe Gegenstand umarmen sollte.

EVADNE. Wär es ihr eigner, wie belohnte sie der heut'ge Tag für alle Muttersorgen! Der schöne Knabe tritt feierlich vor seinem Volke aus der beschränkten Kindheit niederem Kreise auf der beglückten Jugend erste Stufe; doch sie erfreut es kaum. Ein ganzes Reich dankt ihr die edle Sorgfalt, und ach! in ihrem Busen gewinnt der Gram nur neue Luft und Nahrung; denn für das schwerste edelste Bemühen ist dem Menschen nicht so viel Freude gegönnt als die Natur mit einem einzigen Geschenke leicht gewährt.

JUNGFRAU. Ach welche schöne Tage lebte sie, eh noch das Glück an ihrer Schwelle wich, ihr den Gemahl, den Sohn entführte und unerwartet sie verwaist zurücke ließ.

EVADNE. Laß uns das Angedenken jener Zeiten so heftig nicht erneuren, das Gute schätzen, das ihr übrig blieb, den Reichtum in dem nahverwandten Knaben!

JUNGFRAU. Nennst du den reich, der fremde Kinder nährt?

EVADNE. Wenn sie geraten ist auch das vergnüglich. Ja wohl, ihr ist ein herrlicher Ersatz in Lykus Sohn gegeben worden. Am einsamen Gestade hier, an ihrer Seite, wuchs er schnell hervor und er gehört nun ihr durch Lieb und Bildung. Herzlich gönnt sie einem Vielverwandten den Teil des Reichs der ihrem Sohne vom Vater her gebührte. Ja gönnt ihm einst, was sie an Land und Schätzen von ihren Eltern sich ererbt. Sie stattet ihn mit allem Segen aus und sucht sich still den Trost im Guten. Dem Volk ists besser wenn nur einer herrscht, hört ich sie sagen, und noch manches Wort womit ihr Geist das Übel lindernd preisen mögte, das sie befiel.

JUNGFRAU. Mich dünkt ich sah' sie heute froh und hell ihr Auge.

EVADNE. Mir schien es auch. O mögen ihr die Götter ein frisches Herz behalten, denn leichter dient sich einem Glücklichen –

JUNGFRAU. Der edel ist und den der Übermut nicht härtet.

EVADNE. Wie wir sie billig preisen unsere Frau.

JUNGFRAU. Wie ich sie fröhlich sah und fröhlicher den Knaben, der goldnen Sonne Morgenstrahlen auf ihren Angesichtern, da schwang sich eine Freude mir durchs Herz, die alles Traurige der alten Tage leicht überstimmte.

EVADNE. Laßt uns nicht weiblich zu vieles reden wo viel zu tun ist. Die Freude soll dem Dienst nicht schaden, der heute mehr als andre Tage erfordert wird, laßt sie am besten durch den Eifer sehen, mit dem ein jedes eilt sein Werk zu tun.

JUNGFRAU. Verordne du, wir andre säumen nicht.

EVADNE. Daß unserer Fürstin Herz geöffnet ist hab' ich gesehen; denn sie will, daß ihre Schätze, die, still verwahrt, dem künftigen Geschlecht entgegen ruhten, sich heute zeigen und diesem Tag gewidmet glänzen, daß auf Reinlichkeit und Ordnung diese Feier, wie auf zwei Gefährten, sich würdig lehne. Was mir vertraut ist hab' ich aufgeschlossen; nun sorget für den Schmuck der Säle, entfaltet die gestickten Teppiche, und deckt damit den Boden, Sessel und Tafeln, verwendet die geringere und köstliche mit kluger Wahl, bereitet Platz genug für viele Gäste, und setzt die künstlich getriebenen Geschirre zur Augenlust auf ihre rechten Stellen. An Speis und Trank soll's auch nicht fehlen, das ist der Fürstin Wille, und was den Fremden gereicht wird, soll Anmut und Gefälligkeit begleiten. Die Männer haben auch von ihren Vorgesetzten seh ich schon Befehl erhalten, und Pferde, Waffen und Wagen sind, diese Feier zu verherrlichen, bewegt.

JUNGFRAU. Wir gehen.

EVADNE. Wohl, ich folge gleich. Nur hält mich noch der Anblick meines Prinzen. Er naht sich, wie der Stern des Morgens funkelnd schnell. Laßt mich ihn segnen, Ihn der balde Tausenden ein neues Licht des Glücks aufgehend erscheint.

ZWEITER AUFTRITT

Elpenor. Evadne.

ELPENOR. Bist du hier meine Gute, Treue! die du an meiner Freude immer Teil nimmst. Sieh was zum Anfang dieses Tages mir geschenkt ward. Die ich so gerne Mutter nenne, sie will mich heute mit vielen Zeichen ihrer Lieb' entlassen. Den Bogen und den reichbeladnen Köcher gab sie mir, von den Barbaren gewann ihn ihr Vater. Seit meiner ersten Jugend gefiel er mir vor allen Waffen, die an den hohen Pfeilern aufgehängt sind. Ich fordere ihn oft; mit Worten nicht; ich nahm ihn von den Pfosten und klirrte an der starken Senne; dann blickt ich die Geliebte freundlich an, und ging um sie herum, und zauderte den Bogen wieder aufzuhängen. Heut ist der alte Wunsch mir gewährt, er ist nun mein, ich führ' ihn mit mir fort, wenn bald mein Vater kommt, mich nach der Stadt zu holen.

EVADNE. Ein schönes, ein würdiges Geschenk, mein Prinz, es sagt dir viel.

ELPENOR. Was denn?

EVADNE. Groß ist der Bogen, schwer zu beugen; wenn ich nicht irre vermagst du's nicht.

ELPENOR. Ich werd' es schon.

EVADNE. Es denkt die teure Pflegemutter eben so. Und wenn sie dir vertraut, daß du mit männlicher Kraft dereinst die straffe Senne spannst, so winkt sie dir zugleich, und hofft daß du nach einem würdigen Ziele die Pfeile senden wirst.

ELPENOR. O laß mich nur! Noch hab' ich auf der Jagd das leichte Reh, geringe Vögel nur der niedern Luft erlegt; doch wenn ich dich einst bändige, ihr Götter gebt es bald, dann hol' ich ihn aus seinen hohen Wolken den sichern Adler herunter.

EVADNE. Wirst du entfernt von deinen Bergen und Wäldern, in denen du bisher mit uns gelebt, auch deiner ersten Jugendfreuden und unserer gedenken?

ELPENOR. Und du bist unerbittlich, willst nicht mit mir ziehen, willst deine Sorgfalt mir nicht ferner gönnen?

EVADNE. Du gehst wohin ich dir nicht folgen kann, und deine nächsten Jahre schon vertragen eines Weibes Sorge kaum. Der Frauen Liebe nährt das Kind, ein Knabe wird am besten von Männern erzogen.

ELPENOR. Sag' mir, wenn kommt mein Vater, der mich heute nach seiner Stadt zurückeführt?

EVADNE. Nicht eh' als bis die Sonne am hohen Himmel wandelt. Dich hat der frühste Morgen aufgeweckt.

ELPENOR. Ich habe fast gar nicht geschlafen. In der bewegten Seele ging mir auf und ab, was alles ich heut zu erwarten habe.

EVADNE. Wie du verlangst, so wirst auch du verlangt, denn aller Bürger Augen warten dein.

ELPENOR. Sag an, ich weiß daß mir Geschenke bereitet sind, die heute noch vor meinem Vater kommen, ist dir bekannt, was wohl die Boten bringen werden?

EVADNE. Ich vermut' es. Zuvörderst reiche Kleider, wie einer haben soll, auf den die Augen vieler gerichtet sind, damit ihr Blick, der nicht ins Innre dringt, sich an dem Äußern weide.

ELPENOR. Auf etwas anders hoff' ich, meine Liebe.

EVADNE. Mit Schmuck und köstlicher Zierde wird auch dein Vater heut nicht karg sein.

ELPENOR. Das will ich nicht verachten, wenn es kommt; doch rätst du als ob ich eine Tochter wäre. Ein Pferd wird kommen, groß, mutig und schnell, was ich so lang entbehrt, das werd ich haben, und eigen haben. Denn was half es mir, bald ritt' ich dies bald das, es war nicht mein? und nebenher, voll Angst, ein alter wohlbedächtiger Diener; ich wollte reiten und er wollte mich gesund nach Hause haben. Am liebsten war ich auf der Jagd der Königin zur Seite, und doch sah' ich wohl, wär sie allein gewesen, hätte sie schärfer zugeritten, und ich wohl auch, wär ich allein gewesen. Nein, dieses Pferd, es wird mein eigen bleiben, und ich will reiten, es soll eine Lust sein. Ich hoffe das Tier ist jung und wild und roh, es selber zuzureiten wäre meine größte Freude.

EVADNE. Ich hoffe, man ist auf dein Vergnügen und deine Sicherheit bedacht.

Elpenor. Ei was! Vergnügen sucht der Mann sich in Gefahren, und ich will bald ein Mann sein. Auch wird mir noch gebracht – errat' es schnell – ein Schwert, ein größeres als ich bisher auf der Jagd geführt, ein Schlachtschwert! Es biegt sich wie ein Rohr und spaltet auf einen Hieb den starken Ast, ja Eisen haut es durch und keine Spur bleibt auf der Schärfe zurück. Sein Griff ist köstlich mit einem goldnen Drachenhals geziert, die Flügel decken die Faust des Kämpfenden. Es hängen Ketten um den Rachen, als hätt' ein Held ihn in der finstern Höhle überwältigt, gebunden dienstbar ihn an's Tageslicht gerissen. Find' ich nur Zeit so will ich's gleich im nächsten Wald versuchen und Bäume spalten und zu Stücken hauen.

Evadne. Mit diesem Mut wirst du den Feind besiegen. Für Freunde Freund zu sein, mög' dir die Grazie auch einen Funken jenes Feuers in den Busen legen, das auf dem himmlischen Altar, durch ihre ewigreine Hand genährt, zu Jovis Füßen brennt.

Elpenor. Ich will ein treuer Freund sein, will teilen was mir von den Göttern wird, und wenn ich alles habe, was mich freut, will ich gern allen andern alles geben.

Evadne. Nun fahre wohl! Sehr schnell sind diese Tage mir hingeflogen, wie eine Flamme die den Holzstoß nun recht ergriffen hat, verzehrt die Zeit das Alter schneller als die Jugend.

Elpenor. So will ich eilen Rühmliches zu tun.

Evadne. Die Götter geben dir Gelegenheit und hohen Sinn das Rühmliche von dem Gerühmten zu unterscheiden.

Elpenor. Was sagst du mir? Ich kann es nicht verstehn.

Evadne. Mit Worten, wären's ihrer noch so viel wird dieser Segen nicht erklärt, denn es ist Wunsch und Segen mehr als Lehre. Die geb' ich dir an diesem Tage mit auf lange Zeit; denn du trittst eine weite Reise an. Die ersten Pfade liefst du spielend durch, und nun betrittst du einen breitern Weg; da folge stets Erfahrnen! Es würde dir nicht nützen, dich verwirren, beschrieb ich dir beim Ausgang zu genau die fernen Gegenden, durch die du wandern wirst. Der beste Rat ist, folge gutem Rat, und laß das Alter dir ehrwürdig sein.

ELPENOR. Das will ich tun.

EVADNE. Erbitte von den Göttern verständige und wohlgesinnte Gefährten. Beleidige durch Torheit noch durch Übermut das Glück nicht, es begünstigt die Jugend wohl in ihren Fehlern, doch mit den Jahren fordert es mehr.

ELPENOR. Ja viel vertrau' ich dir und deine Frau, so klug sie ist, weiß ich, vertraut dir viel. Sie fragte dich gar oft um dies und jenes, wenn du auch gleich nicht stets mit einer Antwort ihr bereit warst.

EVADNE. Wer alt mit Fürsten wird, lernt vieles und zu vielem schweigen.

ELPENOR. Wie gern blieb ich bei dir bis ich so weise geworden als nötig um nicht zu fehlen.

EVADNE. Wenn du so dich hieltest wäre mehr Gefahr. Ein Fürst soll einzeln nicht erzogen werden. Einsam lernt niemand sich, noch weniger andern zu gebieten.

ELPENOR. Entziehe künftig mir nicht deinen Rat.

EVADNE. Du sollst ihn haben, wenn du ihn verlangst, auch ohnverlangt, wenn du ihn hören kannst.

ELPENOR. Wenn ich vor dir am Feuer saß und du erzähltest von den Taten alter Zeit, du einen Guten rühmtest, des Edlen Wert erhobst, da glüht' es mir durch Mark und Adern, ich rief in meinem Innersten: O wär' ich der von dem sie spricht!

EVADNE. O mögtest du mit immer gleichem Triebe zur Höhe wachsen die dir bestimmt ist! Laß es den besten Wunsch sein, den ich mit diesem Abschiedskuß, dir weihe, teures Kind, leb' wohl! Ich seh' die Königin sich nah'n.

DRITTER AUFTRITT

Antiope. Elpenor. Evadne.

ANTIOPE. Ich find' euch hier in freundlichem Gespräch'.

EVADNE. Die Trennung heißt der Liebe Bund erneu'n.

ELPENOR. Sie ist mir wert, mir wird das Scheiden schwer.

ANTIOPE. Du wirst viel wiederfinden und du weißt noch nicht, was alles du bisher entbehrt.

Evadne. Hast du für mich o Königin noch irgend einen Auftrag? Ich gehe hinein wo vieles zu besorgen ist.

Antiope. Ich sage dir heut nichts, Evadne, denn du tust immer was ich loben muß.

VIERTER AUFTRITT

Antiope. Elpenor.

Antiope. Und du, mein Sohn, leb' in das Leben wohl. So sehr als ich dich liebe, scheid' ich doch von dir gesetzt und freudig. Ich war bereit auch so den eignen zu entbehren, mit zarten Mutterhänden ihn der strengen Pflicht zu überliefern. Du hast bisher der Liebenden gefolgt, geh' lerne nun gehorchen, daß du herrschen lernest.

Elpenor. Dank! tausend Dank o meine beste Mutter!

Antiope. Vergelt' es deinem Vater, daß er mir geneigt war, mir deiner ersten Jahre schönen Anblick, süßen Mitgenuß gegönnt, den einz'gen Trost als mich das Glück gar hart verletzte.

Elpenor. Oft hab' ich dich bedauret, dir den Sohn und mir den Vetter sehr zurückgewünscht. Welch' ein Gespiele wäre das geworden.

Antiope. Nur wenig älter als du. Wir beide Mütter versprachen zugleich den Brüdern einen Erben. Ihr sproßtet auf; ein neuer Glanz der Hoffnung durchleuchtete der Väter altes Haus und überschien das weite gemeinsame Reich. In beiden Königen entbrannte neue Lust zu leben, mit Verstand zu herrschen und mit Macht zu kriegen.

Elpenor. Sie sind sonst oft in's Feld gezogen, warum jetzt nicht mehr? Die Waffen meines Vaters ruhen lange.

Antiope. Der Jüngling kriegt, damit der Alte genieße. Damals traf meinen Gemahl das Los, die Feinde jenseits des Meeres zu bändigen; er trug gewaltsames Verderben in ihre Städte und tückisch lauerte ihm und allen Schätzen meines Lebens ein feindseliger Gott auf. Er zog mit froher Kraft vor seinem Heer, den teuren Sohn verließ er an der Mutter Brust, wo schien der Knabe sichrer als da wo ihn die Götter selber hingelegt; da ließ er ihn scheidend und sagte: wachse wohl! und richte deiner ersten Worte Stammlen, das Straucheln deiner ersten Tritte entgegen auf der Schwelle deinem Vater, der glücklich siegreich balde wiederkehrt. Es war ein eitler Segen!

ELPENOR. Dein Kummer greift mich an, wie mich der Mut aus deinen Augen glänzend, entzünden kann.

ANTIOPE. Er fiel von einem tückischen Hinterhalte im Laufe seines Sieges überwältigt. Da war von Tränen meine Brust des Tags, zu Nacht mein einsam Lager heiß. Den Sohn an mich zu drücken, über ihn zu weinen, war des Jammers Labsal. O den, auch den von meinem Herzen zu verlieren, ertrug ich nicht und noch ertrag' ich's nicht.

ELPENOR. Ergib dich nicht dem Schmerz und laß auch mich dir etwas sein.

ANTIOPE. O unvorsichtiges Weib, die du dich selbst und alle deine Hoffnung so zu Grunde gerichtet!

ELPENOR. Klagst du dich an, die du nicht schuldig bist.

ANTIOPE. Zu schwer bezahlt man oft ein leicht Versehn. Von meiner Mutter kamen Boten über Boten, sie riefen mich und hießen meinen Schmerz an ihrer Seite mich erleichtern. Sie wollte meinen Knaben sehen, auch ihres Alters Trost. Erzählung und Gespräch und Wiederholung, Erinnerung alter Zeiten sollten den tiefen Eindruck meiner Qualen lindern, ich ließ mich überreden und ich ging.

ELPENOR. Nenn mir den Ort! Sag' wo geschah' die Tat!

ANTIOPE. Du kennest das Gebürg, das von der See hinein das Land zur rechten Seite schließt, dorthin nahm ich den Weg. Von allen Feinden schien die Gegend und von Räubern sicher; nur wenig Knechte begleiteten den Wagen, und eine Frau war bei mir. Es ragt ein Fels beim Eintritt ins Gebürg hervor, ein alter Eichbaum faßt ihn mit den starken Ästen, und aus der Seite fließt ein klarer Quell; dort hielten sie im Schatten, tränkten die abgespannten Rosse wie man pflegt; und es zerstreuten sich die Knechte; der eine suchte Honig wie er in dem Walde träuft uns zu erquicken, der andere hielt die Pferde bei dem Brunnen, der dritte hieb sich Zweige den geplagten Tieren die Bremsen abzuwehren. Auf einmal hören sie den fernsten schrein; der nahe eilt, eilt hin und es entsteht ein Kampf der Unbewaffneten mit kühnen wohlbewehrten Männern, die aus dem Gebüsch sich drängen. Sich heftig verteidigend fallen die Getreuen, der Fuhrmann auch, der im Entsetzen die Pferde fahren läßt, und sich mit Steinen hartnäckig der Gewalt entgegensetzt. Wir fliehn und stehn. Die Räuber glauben leicht des Knabens sich zu bemächtigen; doch nun erneuert sich der Streit, wir ringen voll Wut den Schatz verteidigend. Mit unauflöslichen Banden der mütterlichen Arme umschling' ich meinen Sohn, die andere hält entsetzlich schreiend, mit geschwinden Händen die eindringende Gewalt ab bis zuletzt vom Schwert getroffen, vorsätzlich oder zufällig weiß ich nicht, ohnmächtig ich niedersinke den Knaben mit dem Leben zugleich von meinem Busen lasse und die Gefährtin schwergeschlagen fällt.

ELPENOR. O warum ist man ein Kind, warum entfernt zur Zeit, wo solche Hülfe nötig ist! Es ballt sich vor der Erzählung die Faust und ich höre die Frauen rufen: rette! räche! Nicht wahr o Mutter, wen die Götter lieben, den führen sie dahin, wo man sein bedarf?

ANTIOPE. So leiteten sie Herkules und Theseus, so Jason und der alten Helden Chor. Wer edel ist, den sucht die Gefahr und er sucht sie, so müssen sie sich treffen. Ach sie erschleicht auch Schwache, denen nichts als knirschende Verzweiflung übrig bleibt. So fanden uns die Hirten des Gebürgs, verbanden meine Wunden, führten die Sterbende zurück, ich kam und lebte. Mit welchem Grauen betrat ich meine Wohnung, wo Schmerz und Sorge sich an meinem Herd gelagert, wie verbrannt, vom Feinde zerstört, schien mir das wohlbestellte königliche Haus. Und noch verstummet mein Jammer.

ELPENOR. Hast du nie erfahren, ob ein Feind, ob ein Verräter, wer die Tat verübt.

ANTIOPE. Überall versandte schnell dein Vater Boten hin, ließ von Gewappneten die Küsten mit den Bergen scharf untersuchen. Doch nichts um nichts. Und nach und nach wie ich genas, kam grimmiger der Schmerz zurück und die unbändige Wut ergriff mein Haupt. Mit Waffen der Ohnmächtigen verfolgt ich den Verräter. Ich rief den Donner an, ich rief der Flut und den Gefahren, die leis um schwer zu schaden auf der Erde schleichen. Ihr Götter rief' ich aus, ergreift die Not die über Erd und Meer blind und gesetzlos schweift, ergreift sie mit gerechten Händen und stoßt sie ihm entgegen wo er kommt. Wenn er bekränzt mit Fröhlichen von einem Feste zurückkehrt, wenn er mit Beute schwer beladen seine Schwelle betritt. Verwünschung war die Stimme meiner Seele, die Sprache meiner Lippe Fluch.

Elpenor. O glücklich wäre der, dem die Unsterblichen die heißen Wünsche deines Grimmes zu vollführen gäben.

Antiope. Wohl mein Sohn! Vernimm mit wenig Worten noch mein Schicksal, denn es wird das deine. Dein Vater begegnete mir gut, doch fühlt' ich bald daß ich nun in dem Seinen lebte, seiner Gnade, was er mir gönnen wollte danken mußte. Bald wandt' ich mich hierher zu meiner Mutter und lebte still, bis sie die Götter ruften bei ihr. Da ward ich Meisterin von allem, was mein Vater was sie mir hinterließ. Vergebens forschte ich um Nachricht von meinem Verlornen. Wie mancher Fremde kam und täuschte mich mit Hoffnung, ich war geneigt dem letzten stets zu glauben, er ward gekleidet und genährt und doch zuletzt so lügenhaft gefunden als die ersten. Mein Reichtum lockte Freier und sie kamen von nah und von fern sich um mich her zu lagern. Die Neigung hieß mich einsam leben, dem Verlangen nach den Schatten der Unterwelt voll Sehnsucht nachzuhängen und die Not befahl den Mächtigsten zu wählen, denn ein Weib vermag allein nicht viel. Da kam ich mit deinem Vater mich zu beraten in seine Stadt. Denn, ich gesteh' es dir, geliebt hab' ich ihn nie, doch seiner Klugheit konnt' ich stets vertrauen. Da fand ich dich, und mit dem ersten Blicke war meine Seele ganz dir zugewandt.

Elpenor. Ich kann mich noch erinnern wie du kamst. Ich warf den Ballen weg, mit dem ich spielte, und lief den Gürtel deines Kleides zu betrachten, und wollte nicht von dir, da du die Tiere, die um ihn her sich schlingend jagen, mir wiederholend zeigtest und benanntest. Es war ein schönes Stück, ich lieb es noch zu sehen.

Antiope. Da sprach ich zu mir selbst, als ich betrachtend dich zwischen meinen Knien hielte: So war das Bild, das mir die Wünsche vorbedeutend, oft durch meine Wohnungen geführt. Solch' einen Knaben sah' ich oft im Geist' auf meiner Väter alten Stuhl an's Feuer sich lagern, so hofft' ich ihn zu führen und zu leiten, den lebhaft Fragenden zu unterrichten.

Elpenor. Das hast du mir gegönnt und mir getan.

Antiope. Hier ist er, sagte mir mein Geist, als ich dein Haupt in meinen Händen spielend wandte, und eifrig dir die lieben Augen küßte, hier ist er! nicht dein eigen, doch deines Stammes. Und hätt' ein Gott ihn, dein Gebet erhörend, aus den zerstreuten Steinen des Gebürges gebildet, so wär er dein und deines Herzens Kind, er ist der Sohn nach deinem Herzen.

Elpenor. Von jener Zeit an blieb ich fest an dir.

Antiope. Du erkanntest und liebtest bald die Liebende. Es kam die Wärterin dich zur gewohnten Zeit dem Schlaf' zu widmen, unwillig ihr zu folgen, faßtest du mit beiden Armen meinen Hals und wurzeltest dich tief in meine Brust.

Elpenor. Noch wohl erinnre ich mich der Freude, als du mich scheidend mit dir führtest.

Antiope. Schwer war dein Vater zu bereden, viel versucht' ich und lang, versprach ihm dein als meines Eigensten zu wahren. Laß' mir den Knaben, sprach ich, bis die Jugend ihn zum ernstern Leben ruft. Er sei das Ziel von allen meinen Wünschen. Dem Fremden, wer es sei, versag' ich meine Hand, als Wittbe will ich leben, will ich sterben. Von meinen Kindern soll kein Streit ihn überfallen. Es soll die nahe Nachbarschaft sie nicht verwirren. Ihm sei das Meinige ein schöner Teil zu dem was er besitzt. Da schwieg dein Vater, er sann dem Vorteil nach, ich rief: nimm gleich die Inseln, nimm sie hin zum Pfand, befestige dein Reich beschütze meins. Erhalt' es deinem Sohne. Dies bewegt' ihn endlich, denn der Ehrgeiz hat ihn stets beherrscht und die Begierde zu befehlen.

Elpenor. O tadl' ihn nicht, den Göttern gleich zu sein, ist edler Wunsch.

Antiope. Du warst nun mein, oft hab' ich mich gescholten, daß ich in dir, durch dich, des schrecklichen Verlustes Linderung fühlen konnte. Ich nährte dich, fest hat die Liebe mich an dich gebunden, doch auch die Hoffnung.

Elpenor. Mögt' ich dir doch alles leisten.

Antiope. Nicht jene Hoffnung die im strengen Winter mit Frühlings-Blumen uns das Haupt umwindet, vom blütevollem Baum' aus reichen Früchten uns entgegen lächelt. Nein umgewendet hatte mir das Unglück in der Brust die Wünsche und des Verderbens unmäßige Begierde in mir entzündet.

Elpenor. Verhehle nichts! sprich! laß mich alles wissen.

Antiope. Es ist nun Zeit, du kannst vernehmen; höre! Ich sah dich wachsen und ich spähte still der offnen Neigung Trieb und schöne Kraft, da rief ich aus: Ja, er ward mir geboren in ihm der Rächer jener Missetat die mir das Leben zerstückte.

Elpenor. Gewiß gewiß, ich will nicht ruhen, bis ich ihn entdeckt, und grimmig soll die Rache ohngezähmt auf sein verschuldet Haupt nachsinnend wüten.

Antiope. Versprich und schwöre mir! Ich führe dich an den Altar der stillen Götter dieses Hauses. Ein freudig Wachstum haben dir die Traurigen gegönnt, sie ruhen gebeugt an dem verwaisten Herde und hören uns.

Elpenor. Ich ehre sie, und brächte gern der Dankbarkeit bereite Gaben.

Antiope. Ein Jammer dringt durch der Unsterblichen wohltätig Wesen, wenn ihres langbewahrten Herdes letzte Glut verlischt. Von keinem neuen Geschlechte leuchtet frischgenährte Flamme durchs Haus. Vergebens fachen sie den glimmenden Rest mit himmlischem Odem von neuem empor. Die Asche zerstiebt in Luft, die Kohle versinkt. Teilnehmend an der Irdischen Schmerzen, blicken sie dich mit halbgesenkten Häuptern an und widerstreben nicht mißbilligend, wenn ich dir sage, hier am friedlichen unblutigen Altar, gelobe, schwöre Rache.

Elpenor. Hier bin ich was du forderst leist ich gerne.

Antiope. Rastlos streicht die Rache hin und wider; sie zerstreut ihr Gefolge an die Enden der bewohnten Erde über der Verbrecher schweres Haupt, auch in Wüsten treibt sie sich, zu suchen ob nicht da und dort in letzten Höhlen ein Verruchter sich verberge. Schweift sie hin und her und schwebt vorüber eh' sie trifft. Leise sinken Schauer von ihr nieder, und der Böse wechselt ängstlich aus Palasten in den Tempel, aus dem Tempel unter freien Himmel, wie ein Kranker bang sein Lager wechselt. Und der Morgenlüfte Kinderstammeln in den Zweigen scheint ihm drohend, oft in schweren Wolken senkt sie nahe sich ihm aufs Haupt und schlägt nicht, wendet ihren Rücken oft dem wohlbewußten schüchternen Verbrecher. Ungewiß im Fluge kehrt sie wieder und begegnet seinem starren Anblick. Vor dem Herrschen ihres großen Auges ziehet sich von bösem Krampfe zuckend in der Brust das feige Herz zusammen, und das warme Blut kehrt aus den Gliedern nach dem Busen, dort zu Eis gerinnend. So begegne du, wenn einst die Götter mich erhören, mit dem scharfen Finger dir ihn zeigen, finster deine Stirn gefaltet, jenem Frevler. Zähl' ihm langsam meiner Jahre Schmerzen auf den kahlen Scheitel. Das Erbarmen, die Verschonung und das Mitgefühl der Menschenqualen, guter Könige Begleiterinnen, mögen weit zurücktretend sich verbergen, daß du ihre Hand auch willig nicht ergreifen könnest. Fasse den geweihten Stein und schwöre aller meiner Wünsche Umfang zu erfüllen.

ELPENOR. Gern, ich schwöre!

ANTIOPE. Doch nicht er allein sei zum Verderben dir empfohlen, auch die Seinen, die um ihn und nach ihm seines Erdenglückes Kraft befestigen, zehre du zu Schatten auf. Wär' er lang ins Grab gestiegen, führe du die Enkel und die Kinder zu dem aufgeworfenen durstigen Hügel, gieße dort ihr Blut aus, daß es fließend seinen Geist umwittre, er im Dunkeln dran sich labe, bis die Schar unwillig Abgeschiedner ihn im Sturme weckt. Grausen komm' auf Erden über alle, die sich im Verborgnen sicher dünken, heimliche Verräter! Keiner blicke mehr aus Angst und Sorgen nach dem Friedensdach' der stillen Wohnung, keiner schaue mehr zur Grabespforte hoffend, die sich einmal willig locker jedem auftut, und dann unbeweglich, strenger als gegossen Erz und Riegel, Freud und Schmerzen ewig von ihm scheidet. Wenn er seine Kinder sterbend segnet, starr' ihm in der Hand das letzte Leben, und er schaudre, die bewegliche Locken der Geliebten Häupter zu berühren. Bei dem kalten festen heiligen Stein! – Ergreif' ihn! – Schwöre aller meiner Wünsche Umfang zu erfüllen.

ELPENOR. Frei war noch mein Herz von Rach' und Grimme, denn mir ist kein Unrecht widerfahren. Wenn wir uns im Spiele leicht entzweiten, folgte leichter Friede noch vor Abend. Du entzündest mich mit einem Feuer, das ich nie empfunden, meinem Busen hast du einen schweren Schatz vertraut, hast zu einer hohen Heldenwürde mich erhoben, daß ich nun gewisser mit bewußtem Schritt ins Leben eile. Ja den ersten schärfsten Grimm des Herzens mit dem ersten treusten Schwur der Lippe, schwör' ich dir an dieser heiligen Stätte ewig dir und deinem Dienst zu eigen.

ANTIOPE. Laß mich mit diesem Herzenskuß mein Eigenster, aller Wünsche Siegel dir auf die Stirne drücken. Und nun tret' ich vor die hohe Pforte zu der heiligen Quelle, die aus dem geheimen Felsen sprudelnd meiner Mauern alten Fuß benetzet, und nach wenig Augenblicken kehr' ich wieder.

FÜNFTER AUFTRITT

ELPENOR. Ich bin begierig zu sehen was sie vor hat. In sich gekehrt bleibt sie vorm hellen Strahl des Wassers stehen und scheint zu sinnen. Sorgfältig wäscht sie nun die Hände, dann die Arme, besprengt die Stirne, den Busen. Sie schaut gen Himmel, empfängt mit hohler Hand das frische Naß und gießt es feierlich zur Erde, dreimal. Welch eine Weihung mag sie da begehen. Sie richtet ihren Tritt der Schwelle zu. Sie kommt.

SECHSTER AUFTRITT

Antiope. Elpenor.

ANTIOPE. Laß mich dir mit frohem freudigem Mute noch einmal danken.

ELPENOR. Und wofür?

Antiope. Daß du des Lebens Last von mir genommen.

Elpenor. Ich dir?

Antiope. Der Haß ist eine lästige Bürde. Er senkt das Herz tief in die Brust hinab und legt sich wie ein Grabstein schwer auf alle Freuden. Nicht im Elend allein ist fröhlicher Liebe willkommner reiner Strahl die einzige Tröstung. Hüllt er in Wolken sich mir, ach! dann leuchtet des Glückes, der Freude flatternd Gewand nicht mit erquickenden Farben. Wie in die Hände der Götter hab ich in deine meine Schmerzen gelegt, und stehe wie vom Gebete ruhig auf. Weggewaschen hab' ich von mir der Rachegöttinnen fleckenhinterlassende Berührung. Weithin führt sie allreinigend die Welle, und ein stiller Keim friedlicher Hoffnung hebt wie durch gelockerte Erde sich empor, und blickt bescheiden nach dem grünfärbenden Lichte.

Elpenor. Vertraue mir! du darfst mir nichts verhehlen.

Antiope. Sollt' er wohl noch unter den Lebendigen wandeln, den ich als abgeschieden betrauren muß?

Elpenor. Dreifach willkommen erschien' er uns wieder.

Antiope. Sage, gestehe, kannst du versprechen, lebt er und zeigt er kommend sein Antlitz gibst du die Hälfte die ihm gebührt gerne zurück?

Elpenor. Gerne von allem.

Antiope. Auch hat dein Vater mir es geschworen.

Elpenor. Und ich versprech' es, schwör' es zu deinen heiligen Händen.

Antiope. Und ich empfange für den Entfernten Versprechen und Schwur.

Elpenor. Doch zeige mir nun an wie soll ich ihn erkennen?

Antiope. Wie ihn die Götter führen werden, welch ein Zeugnis sie ihm geben, weiß ich nicht. Merke dir indes: In jener Stunde als mir ihn die Räuber aus den Armen rissen hing ihm an dem Hals ein goldnes Kettchen, dreifach schön gewunden, an der Kette hing ein Bild der Sonne wohl gegraben.

Elpenor. Ich verwahre das Gedächtnis.

Antiope. Doch ein ander Zeichen kann ich dir noch geben, schwerer nachzuahmen, der Verwandtschaft unumstößlich Zeugnis.

ELPENOR. Sage mirs vernehmlich.

ANTIOPE. Am Nacken trägt er einen braunen Flecken, wie ich ihn auch an dir mit freudiger Verwunderung schaute. Von eurem Ahnherrn pflanzte sich dies Mal auf beide Enkel fort, in beiden Vätern unsichtbar verborgen. Darauf gib acht und prüfe mit scharfem Sinne der angebornen Seele Tugend.

ELPENOR. Keiner soll sich unterschieben, mich betrügen.

ANTIOPE. Schöner als das Ziel der Rache sei dir dieser Blick in alle Fernen deines Lebens. Lebe, lebe wohl! Ich wiederhole hundertmal, was ungern ich zum letzten Male sage und doch muß ich dich lassen. Teures Kind! Die stille hohe Betrachtung deines künftigen Geschickes, schwebt wie eine Gottheit zwischen Freud und Schmerzen. Niemand tritt auf diese Welt, dem nicht von beiden mancherlei bereitet wäre, und den Großen mit großem Maße; doch überwiegt das Leben alles wenn die Liebe in seiner Schale liegt. So lang ich weiß, du wandelst auf der Erde, dein Auge blickt der Sonne teures Licht geöffnet an, und deine Stimme schallt dem Freunde, bist du mir gleich entfernt, so fehlt mir nichts zum Glück. Bleib' mir, daß ich zu meinen lieben Schatten einst gesellt, mich deiner, langerwartend, freue. Und geben dir die Götter jemand, so wie ich dich liebe, zu lieben! Komm! viele Worte der Scheidenden sind nicht gut. Laß uns die Schmerzen der Zukunft künftig leiden, und fröhlich sei dir eines neuen Lebens Tag. Es säumen die Boten, die der König sendet, nicht, sie nahen bald und ihn erwart' ich auch. Komm, daß wir sie empfangen, den Gaben und dem Sinn gleich, die sie zu uns bringen.

ZWEITER AUFZUG

ERSTER AUFTRITT

POLYMETIS. Aus einer Stadt voll sehnlicher Erwartung komm' ich, der Diener eines Glücklichen, nicht glücklich. Es sendet mich mein Herr mit viel Geschenken an seinen Sohn voraus und folgt in wenig Stunden meinem Schritt.

Bald werd' ich eines frohen Knaben Angesicht erblicken, doch, zu der allgemeinen Freude meine Stimme nur verstellt erheben, geheimnisvolle Schmerzen mit frohen Zügen überkleiden. Denn hier, hier stockt von altem Hochverrat ein ungeheilt Geschwür, das sich vom blühenden Leben, von jeder Kraft in meinem Busen nährt. Es sollt' ein König niemand seiner kühnen Taten mitschuldig machen. Was er um Kron und Reich zu gewinnen und zu befestigen tut, was sich um Kron und Reich zu tun wohl ziemen mag, ist in dem Werkzeug niedriger Verrat, doch ja, den lieben sie, und hassen den Verräter. Weh ihm! In einen Taumel treibt uns ihre Gunst und wir gewöhnen leicht uns zu vergessen, was wir der eignen Würde schuldig sind, die Gnade scheinet ein so hoher Preis, daß wir den ganzen Wert von unserm Selbst zur Gegengabe viel zu wenig achten. Wir fühlen uns Gesellen einer Tat, die unserer Seele fremd war, wir dünken uns Gesellen und sind Knechte. Von unserm Rücken schwingt er sich aufs Roß und rasch hinweg ist der Reuter zu seinem Ziel, eh' wir das sorgenvolle Angesicht vom Boden heben. Nach meinen Lippen dringt das schröckliche Geheimnis, entdeck' ich es bin ich ein doppelter Verräter, entdeck' ich's nicht, so siegt der schändlichste Verrat. Gesellin meines ganzen Lebens, verschwiegene Verstellung, willst du den sanften und gewaltigen Finger im Augenblicke mir vom Munde heben? Soll mein Geheimnis, das ich nun so lang, wie Philoktet den alten Schaden, wie einen schmerzbeladnen Freund ernähre, soll es ein Fremdling meinem Herzen werden, und wie ein ander gleichgültig Wort in Luft zerfließen. Du bist mir schwer und lieb, du schwarzes Bewußtsein, du stärkst mich quälend; doch deiner Reife Zeit erscheinet bald. Noch zweifl' ich, und wie bang ist dann der Zweifel, wenn unser Schicksal am Entschlusse hängt! O gebt ein Zeichen mir ihr Götter! Löst meinen Mund, verschließt ihn, wie ihr wollt.

ZWEITER AUFTRITT

Elpenor. Polymetis.

ELPENOR. Willkommen, Polymetis, der du mir von altersher durch Freundlichkeit und guten Willen schon bekannt bist, willkommen heute! O sage mir was bringst du? Kommt es bald? Wo sind die Deinen? wo des Königs Diener? darfst du entdecken was mir der Tag bereitet?

POLYMETIS. Mein teurer Prinz! wie? du erkennst den alten Freund sogleich! und ich nach eines kurzen Jahrs Entfernung muß mich fragen ist er's? Ist er's würklich? das Alter stockt wie ein bejahrter Baum und wenn er nicht verdorrt, scheint er derselbe. Aus deiner lieblichen Gestalt, du süßer Knabe, entwickelt jeder Frühling neue Reize. Man mögte dich stets halten wie du bist, und immer was du werden sollst genießen. Die Boten kommen bald, die du mit Recht erwartest, sie bringen die Geschenke deines Vaters, deiner und des Tages wert.

ELPENOR. Verzeih' der Ungeduld! Schon viele Nächte kann ich nicht schlafen, schon manchen Morgen lauf ich auf dem Fels hervor und sah' mich um und schaue nach der Ebne, als wollt' ich sie die Kommenden erblicken und weiß sie kommen nicht. Jetzt da sie nah sind, halt ich dies nicht aus, komm ihnen zu begegnen. Hörst du der Rosse Stampfen? Hörst du ein Geschrei?

POLYMETIS. Noch nicht mein Prinz, ich ließ sie weit zurück.

ELPENOR. Sag', ist's ein schönes Pferd das heut mich tragen soll.

POLYMETIS. Ein Schimmel, lebhaft, fromm und glänzend wie das Licht.

ELPENOR. Ein Schimmel sagst du mir! soll ich mich dir vertraun? soll ichs gestehn, ein Rappe wär mir lieber.

POLYMETIS. Du kannst sie haben wie du sie begehrst.

ELPENOR. Ein Pferd von dunkler Farbe greift viel feuriger den Boden an. Denn, soll es je mir wert sein, muß es mit Not nur hinter andern gehalten werden. Keinen Vormann leiden, muß setzen, klettern und vor rauschenden Fahnen, vor gefällten Speeren sich nicht scheuen und der Trompete rasch entgegen wiehern.

POLYMETIS. Ich sehe wohl, mein Prinz, ich hatte Recht und kannte dich genau, als noch dein Vater unschlüssig war, was er dir senden sollte. Sei nicht besorgt o Herr, so sagt' ich ihm, der Feierkleider und des Schmuckes ist genug, nur Waffen sind ihm mehr und alte Schwerter, wenn sie auch noch so groß sind. Kann er sie jetzt nicht führen, so wird die Hoffnung ihm die Seele heben und künftge Kraft ihm in der jungen Faust vorahndend zucken.

ELPENOR. O schönes Glück! o lang erwarteter, o Freuden-Tag. Und du, mein alter Freund, wie dank ich dir? wie soll ich dir's vergelten, daß du so für mich gesorgt?

POLYMETIS. Mir wohlzutun und vielen wird die Gelegenheit nicht fehlen.

ELPENOR. Sag' ist's gewiß, das alles soll ich haben? Und bringen sie das alles?

POLYMETIS. Ja und mehr!

ELPENOR. Und mehr?

POLYMETIS. Und vieles mehr! Sie bringen dir was Gold nicht kaufen kann, und was das stärkste Schwert dir nicht erwirbt, was niemand gern entbehrt, an dessen Schatten der Stolze der Tyrann sich gerne weidet.

ELPENOR. O nenne mir den Schatz und laß mich nicht vor diesem Rätsel stutzen.

POLYMETIS. Die edlen Jünglinge, die Knaben die dir heut entgegen gehn; sie tragen in der Brust ein dir ergebnes Herz, voll Hoffnung und voll Zutraun, und ihre fröhliche Gesichter sind dir ein Vorbild vieler Tausende die dich erwarten.

ELPENOR. Drängt sich das Volk schon auf den Straßen früh?

POLYMETIS. Ein jeglicher vergißt der Not, der Arbeit. Der Bequemste rafft sich auf, sein dringendes Bedürfnis ist nur dich zu sehn, und harrend fühlt ein jeder zum zweitenmal die Freude des Tags der dich gebar.

ELPENOR. Wie fröhlich will ich Fröhlichen begegnen.

POLYMETIS. O möge dir ihr Auge tief die Seele durchdringen. Solch ein Blick begegnet keinem, selbst dem König nicht. Was alles nur der Greis von guten alten Zeiten gern erzählet, was von der Zukunft sich der Jüngling träumt, knüpft Hoffnung in den schönsten Kranz zusammen, und hält versprechend ihn übers Ziel, das deinen Tagen aufgesteckt ist.

Elpenor. Wie meinen Vater sollen sie mich lieben und ehren.

Polymetis. Gerne versprechen sie dir mehr. Ein alter König drängt die Hoffnungen der Menschen in ihre Herzen tief zurück, und fesselt sie dort ein, der Anblick eines neuen Fürsten aber befreit die langgebundnen Wünsche, im Taumel dringen sie hervor genießen übermäßig, törig oder klug, des schwer entbehrten Atems.

Elpenor. Ich will den Vater bitten, daß er Wein und Brot und von den Herden was er leicht entbehrt, dem Volk verteilt.

Polymetis. Er wird es gern. Den Tag den einmal nur im Leben die Götter gewähren können, den feier jeder hoch! Wie selten schließt der Menschen Seele sich zusammen auf! Ein jeder ist für sich besorgt. Wut und Unsinn durchflammt ein Volk weit eh als Lieb und Freude. Du wirst die Väter sehn, die Hände auf ihrer Söhne Haupt gelegt, mit Eifer deuten: seht dort kommt er. Der Hohe blickt den Niedrigen wie seinesgleichen an; zu seinem Herren hebt der Knecht ein offnes frohes Aug, und der Beleidigte begegnet sanft des Widersachers Blick, und lädt ihn ein zur Reue zum offnen weichen Mitgenuß des Glücks. So mischt der Freude unschuldige Kinderhand die willigen Herzen und schafft ein Fest ein ungekünsteltes, den goldnen Tagen gleich, da noch Saturn der jungen Erde leicht wie ein geliebter Vater vorstund.

Elpenor. Wie viel Gespielen hat man mir bestimmt? Hier hatt' ich ihrer drei, wir waren gute Freunde oft uneins und bald wieder eins. Wenn ich erst eine Menge haben werde, dann wollen wir in Freund und Feind uns teilen, und Wachen, Lager, Überfall in Schlachten recht ernstlich spielen. Kennst du sie? Sind's willige gute Knaben?

Polymetis. Du hättest sollen das Gedränge sehn, wie jeder seinen Sohn und wie die Jünglinge sich selbst mit Eifer boten, der edelsten der besten sind dir zwölfe zugewählt die deiner immer warten sollen.

Elpenor. Doch kann ich auch noch mehr zum Spiele fordern?

Polymetis. Du hast sie alle gleich auf einen Wink.

Elpenor. Ich will sie sondern und die Besten sollen auf meiner Seite sein. Ich will sie führen ungebahnte Wege, sie werden kletternd schnell den sichern Feind in seiner Felsenburg zu Grunde richten.

Polymetis. Mit diesem Geiste wirst du, teurer Prinz, die Knaben und dein ganzes Volk zum Jugendspiel und bald zum ernsten Spiele führen. Ein jeder fühlt sich hinter dir, ein jeder von dir nachgezogen. Der Jüngling hält die rasche Glut zurück und wartet auf dein Auge wohin es Leben oder Tod gebietet. Willig irrt der erfahrne Mann mit dir, und selbst der Greis entsagt der schwer erworbenen Weisheit und kehrt noch einmal in das Leben zu dir teilnehmend rasch zurück. Ja dieses graue Haupt wirst du an deiner Seite dem Sturm entgegen sehen und diese Brust vergießt ihr letztes Blut, vielleicht weil du dich irrtest.

Elpenor. Wie meinst du? O es soll euch nicht gereuen. Ich will gewiß der erste sein, wo's Not hat, und euer aller Zutrauen muß ich haben.

Polymetis. Das flößten reichlich die Götter dem Volke für ihren jungen Fürsten ein es ist ihm leicht und schwer es zu behalten.

Elpenor. Keiner soll es mir entziehen. Wer brav ist, soll es mit mir sein.

Polymetis. Du wirst nicht Glückliche allein beherrschen. In stillen Winkeln liegt der Druck des Elends und des Schmerzens auf vielen Menschen, und sie scheinen verworfen, weil sie das Glück verwarf; doch folgen sie dem Mutigen auf seinen Wegen unsichtbar nach und ihre Bitte dringt bis zu der Götter Ohr. Geheimnisvolle Hülfe kommt vom Schwachen dem Stärkern oft zu Gute.

Elpenor. Ich hör' ich höre den Freudenruf und der Trompete Klang vom Tal herauf. O laß mich schnell, ich will durch einen steilen Pfad den Kommenden entgegen. Folge du geliebter Freund den großen Weg, und willst du, bleibe hier.

DRITTER AUFTRITT

POLYMETIS. Wie Schmeichelei dem Knaben schon so lieblich klingt, und doch, was schmeichelt noch unschuldiger als Hoffnung? Wie hart, wenn wir dereinst zu dem was wir mißbilligen dich loben müssen! Es preise der sich glücklich, der von den Göttern dieser Welt entfernt lebt; er ehr' und fürchte sie und danke still, wenn ihre Hand gelind das Volk regiert. Ihr Schmerz berührt ihn kaum, und ihre Freude kann er unmäßig teilen. O weh mir! doppelt weh mir heute! du schöner muntrer Knabe sollst du leben? Soll ich das Ungeheur, das dich zerreißen kann, in seinen Klüften angeschlossen halten? Soll die Königin erfahren, welch' eine schwarze Tat dein Vater gegen sie verübt? Wirst du mir's lohnen, wenn ich schweige? und eine Treue die nicht rauscht, wird sie empfunden? Was hab' ich Alter noch von dir zu hoffen? Ich werde dir zur Last sein, du wirst vorübergehend mit einem Händedruck mich sehr befriedigt halten, vom Strome Gleichgesinnter wirst du unbändig mit fortgerissen werden, indes dein Vater uns mit einem schweren Szepter beherrscht. Nein soll mir je noch eine Sonne scheinen, so muß ein ungeheurer Zwist das Haus zerrütten, und wenn die Not mit tausend Armen eingreift, dann wird man unsern Wert wie in den ersten verworrenen Zeiten fühlen, dann wird man uns wie ein veraltet Schwert vom Pfeiler eifrig nehmen, und den Rost von seiner Klinge tilgen! Heraus aus euren Grüften, ihr alten Larven verborgener schwarzer Taten, wo ihr gefangen lebt, die schwere Schuld erstirbt nicht! auf! umgebt mit dumpfem Nebel, den Thron der über Gräber aufgebaut ist, daß das Entsetzen wie ein Donnerschlag durch alle Busen fahre! Freude verwandelt in Knirschen, und vor den ausgestreckten Armen scheitre die Hoffnung!

PANDORA

PERSONEN

Prometheus,	Japetiden	Helios
Epimetheus,		Schmiede
Phileros, Prometheus' Sohn		Hirten
Elpore,	Epimetheus' Töchter	Feldbauende
Epimeleia,		Krieger
Eos		Gewerbsleute
Pandora, Epimetheus' Gattin		Winzer
Dämonen		Fischer

Der Schauplatz
wird im großen Stil nach Poussinischer Weise gedacht.

Seite des Prometheus

Zu der Linken des Zuschauers Fels und Gebirg, aus dessen mächtigen Bänken und Massen natürliche und künstliche Höhlen neben- und übereinander gebildet sind, mit mannigfaltigen Pfaden und Steigen, welche sie verbinden. Einige dieser Höhlen sind wieder mit Felsstücken zugesetzt, andere mit Toren und Gattern verschlossen, alles roh und derb. Hier und da sieht man etwas regelmäßig Gemauertes, vorzüglich Unterstützung und künstliche Verbindung der Massen bezweckend, auch schon bequemere Wohnungen andeutend, doch ohne alle Symmetrie. Rankengewächse hangen herab; einzelne Büsche zeigen sich auf den Absätzen; höher hinauf verdichtet sich das Gesträuch, bis sich das Ganze in einen waldigen Gipfel endigt.

Seite des Epimetheus

Gegenüber zur Rechten ein ernstes Holzgebäude nach ältester Art und Konstruktion, mit Säulen von Baumstämmen, und kaum gekanteten Gebälken und Gesimsen. In der Vorhalle sieht man eine Ruhestätte mit Fellen und Teppichen. Neben dem Hauptgebäude, gegen den Hintergrund, kleinere ähnliche Wohnungen mit vielfachen Anstalten von trockenen Mauern, Planken und Hecken, welche auf Befriedigung verschiedener Besitztümer deuten; dahinter die Gipfel von Fruchtbäumen, Anzeigen wohlbestellter Gärten. Weiterhin mehrere Gebäude im gleichen Sinne.

Im Hintergrunde mannigfaltige Flächen, Hügel, Büsche und Haine; ein Fluß, der mit Fällen und Krümmungen nach einer Seebucht fließt, die zunächst von steilen Felsen begrenzt wird. Der Meereshorizont, über den sich Inseln erheben, schließt das Ganze.

Nacht.

EPIMETHEUS aus der Mitte der Landschaft hervortretend.

Kindheit und Jugend, allzuglücklich preis' ich sie!
Daß nach durchstürmter durchgenoss'ner Tageslust,
Behender Schlummer allgewaltig sie ergreift,
Und, jede Spur vertilgend kräft'ger Gegenwart,
Vergangnes, Träume bildend, mischt Zukünftigem.
Ein solch Behagen, ferne bleibt's dem Alten, mir.
Nicht sondert mir entschieden Tag und Nacht sich ab,
Und meines Namens altes Unheil trag' ich fort:
Denn Epimetheus nannten mich die Zeugenden,
Vergangnem nachzusinnen, Raschgeschehenes
Zurückzuführen, mühsamen Gedankenspiels,
Zum trüben Reich gestalten-mischender Möglichkeit.
So bittre Mühe war dem Jüngling auferlegt,
Daß ungeduldig in das Leben hingewandt
Ich unbedachtsam Gegenwärtiges ergriff,
Und neuer Sorge neubelastende Qual erwarb.
So flohst du, kräft'ge Zeit der Jugend, mir dahin,
Abwechselnd immer, immer wechselnd mir zum Trost,
Von Fülle zum Entbehren, von Entzücken zu Verdruß.
Verzweiflung floh vor wonniglichem Gaukelwahn,
Ein tiefer Schlaf erquickte mich von Glück und Not,
Nun aber, nächtig immer schleichend wach umher,
Bedaur' ich meiner Schlafenden zu kurzes Glück,
Des Hahnes Krähen fürchtend, wie des Morgensterns
Voreilig Blinken. Besser blieb' es immer Nacht!
Gewaltsam schüttle Helios die Lockenglut;
Doch Menschenpfade zu erhellen sind sie nicht.

Was aber hör' ich? knarrend öffnen sich so früh
Des Bruders Tore. Wacht er schon, der Tätige?
Voll Ungeduld zu wirken, zündet er schon die Glut
Auf hohlem Herdraum werkaufregend wieder an?
Und ruft zu mächt'ger Arbeitslust die rußige,
Mit Guß und Schlag, Erz auszubilden kräft'ge Schar?
Nicht so! Ein eilend leiser Tritt bewegt sich her,
Mit frohem Tonmaß herzerhebenden Gesangs.

PHILEROS von der Seite des Prometheus her.

Zu freieren Lüften hinaus, nur hinaus!
Wie drängen mich Mauern! wie ängstet das Haus!
Wie sollen mir Felle des Lagers genügen?
Geläng' es, ein Feuer in Träume zu wiegen?
Nicht Ruhe nicht Rast
Den Liebenden faßt.
Was hilft es, und neiget das Haupt auch sich nieder,
Und sinken ohnmächtig ermüdete Glieder;
Das Herz es ist munter, es regt sich, es wacht,
Es lebt den lebendigsten Tag in der Nacht!

Alle blinken die Sterne mit zitterndem Schein,
Alle laden zu Freuden der Liebe mich ein,
Zu suchen, zu wandeln den duftigen Gang,
Wo gestern die Liebste mir wandelt' und sang,
Wo sie stand, wo sie saß, wo mit blühenden Bogen
Beblümete Himmel sich über uns zogen,
Und um uns, und an uns so drängend und voll,
Die Erde von nickenden Blumen erquoll.
O dort nur, o dort!
Ist zum Ruhen der Ort!

EPIMETHEUS.
Wie tönet mir ein mächt'ger Hymnus durch die Nacht!

PHILEROS.
Wen treff' ich schon, wen treff' ich noch den Wachenden?

EPIMETHEUS.
Phileros bist du es? Deine Stimme scheint es mir.

PHILEROS. Ich bin es, Oheim! aber halte mich nicht auf.

EPIMETHEUS.
Wo eilst du hin, du morgendlicher Jüngling du?

PHILEROS. Wohin mich nicht dem Alten zu begleiten ziemt.
EPIMETHEUS. Des Jünglings Pfade, zu erraten sind sie leicht.
PHILEROS. So laß mich los und frage mir nicht weiter nach.
EPIMETHEUS. Vertraue mir! Der Liebende bedarf des Rats.
PHILEROS.
Zum Rate bleibt nicht, zum Vertrauen bleibt nicht Raum.
EPIMETHEUS. So nenne mir den Namen deines holden Glücks.
PHILEROS. Verborgen ist ihr Name wie der Eltern mir.
EPIMETHEUS.
Auch Unbekannte zu beschädigen bringet Weh.
PHILEROS. Des Ganges heitre Schritte, Guter, trübe nicht.
EPIMETHEUS.
Daß du ins Unglück rennest, fürcht' ich nur zu sehr.
PHILEROS. Phileros nur dahin zum bedufteten Garten!
Da magst du die Fülle der Liebe dir erwarten,
Wenn Eos, die Blöde, mit glühendem Schein
Die Teppiche rötet am heiligen Schrein,
Und hinter dem Teppich das Liebchen hervor,
Mit röteren Wangen, nach Helios' Tor,
Nach Gärten und Feldern mit Sehnsucht hinaus
Die Blicke versendet und spähet mich aus.
So wie ich zu dir,
So strebst du zu mir!

Ab, nach der rechten Seite des Zuschauers.

EPIMETHEUS. Fahr hin, Beglückter Hochgesegneter dahin!
Und wärst du nur den kurzen Weg zu ihr beglückt,
Doch zu beneiden! Schlägt dir nicht des Menschenheils
Erwünschte Stunde? Zöge sie auch schnell vorbei.

So war auch mir! so freudig hüpfte mir das Herz,
Als mir Pandora nieder vom Olympos kam.
Allschönst und allbegabtest regte sie sich hehr
Dem Staunenden entgegen, forschend holden Blicks,
Ob ich, dem strengen Bruder gleich, wegwiese sie.
Doch nur zu mächtig war mir schon das Herz erregt,
Die holde Braut empfing ich mit berauschtem Sinn.
Sodann geheimnisreicher Mitgift naht' ich mich.
Das ird'ne hohe wohlgestaltete Gefäß
Verschlossen stand's. Die Schöne freundlich trat hinzu,

Zerbrach das Göttersiegel, hub den Deckel ab.
Da schwoll gedrängt ein leichter Dampf aus ihm hervor
Als wollt' ein Weihrauch danken den Uraniern,
Und fröhlich fuhr ein Sternblitz aus dem Dampf heraus,
Sogleich ein andrer; andre folgten heftig nach.
Da blickt' ich auf, und auf der Wolke schwebten schon
Im Gaukeln lieblich Götterbilder, buntgedrängt;
Pandora zeigt' und nannte mir die Schwebenden:
Dort siehst du, sprach sie, glänzet Liebesglück empor?
Wie? rief ich, droben schwebt es? Hab' ich's doch in dir!
Daneben zieht, so sprach sie fort, Schmucklustiges
Des Vollgewandes wellenhafte Schleppe nach.
Doch höher steigt, bedächtig ernsten Herrscherblicks,
Ein immer vorwärts dringendes Gewaltgebild.
Dagegen, gunsterregend strebt, mit Freundlichkeit
Sich selbst gefallend, süß zudringlich, regen Blicks,
Ein artig Bild, dein Auge suchend, emsig her.
Noch andre schmelzen kreisend ineinander hin,
Dem Rauch gehorchend, wie er hin und wider wogt,
Doch alle pflichtig, deiner Tage Lust zu sein.

Da rief ich aus: Vergebens glänzt ein Sternenheer,
Vergebens rauchgebildet wünschenswerter Trug!
Du triegst mich nicht, Pandora, mir die einzige,
Kein andres Glück verlang' ich, weder wirkliches
Noch vorgespiegeltes im Luftwahn. Bleibe mein!

Indessen hatte sich das frische Menschenchor,
Das Chor der Neulinge, versammelt mir zum Fest.
Sie starrten froh die muntern Luftgeburten an,
Und drangen zu und haschten. Aber flüchtiger
Und irdisch ausgestreckten Händen unerreich-
bar jene, steigend jetzt empor und jetzt gesenkt,
Die Menge täuschten stets sie, die verfolgende.
Ich aber zuversichtlich trat zur Gattin schnell,
Und eignete das gottgesandte Wonnebild
Mit starken Armen meiner lieberfüllten Brust.
Auf ewig schuf da holde Liebesfülle mir
Zur süßen Lebensfabel jenen Augenblick.
Er begibt sich nach dem Lager in der Vorhalle, und besteigt es.

Jener Kranz, Pandorens Locken
Eingedrückt von Götterhänden,
Wie er ihre Stirn umschattet,
Ihrer Augen Glut gedämpfet,
Schwebt mir noch vor Seel' und Sinnen,
Schwebt, da sie sich längst entzogen,
Wie ein Sternbild über mir.

Doch er hält nicht mehr zusammen;
Er zerfließt, zerfällt und streuet
Über alle frische Fluren
Reichlich seine Gaben aus.

Schlummernd.

O wie gerne bänd' ich wieder
Diesen Kranz! Wie gern verknüpft' ich,
Wär's zum Kranze, wär's zum Strauße,
Flora-Cypris deine Gaben!

Doch mir bleiben Kranz und Sträuße
Nicht beisammen. Alles löst sich.
Einzeln schafft sich Blum' und Blume
Durch das Grüne Raum und Platz.
Pflückend geh' ich und verliere
Das Gepflückte. Schnell entschwindet's.
Rose, brech' ich deine Schöne,
Lilie du bist schon dahin!

Er entschläft.

PROMETHEUS eine Fackel in der Hand.

Der Fackel Flamme morgendlich dem Stern voran
In Vaterhänden aufgeschwungen kündest du
Tag vor dem Tage! Göttlich werde du verehrt.
Denn aller Fleiß, der männlich schätzenswerteste,
Ist morgendlich; nur er gewährt dem ganzen Tag
Nahrung, Behagen, müder Stunden Vollgenuß.
Deswegen ich der Abendasche heil'gen Schatz
Entblößend früh zu neuem Gluttrieb aufgefacht,
Vorleuchtend meinem wackern arbeitstreuen Volk,
So ruf' ich laut euch Erzgewält'ger nun hervor.
Erhebt die starken Arme leicht, daß taktbewegt

Ein kräft'ger Hämmerchortanz laut erschallend, rasch
Uns das Geschmolz'ne vielfach strecke zum Gebrauch.

Mehrere Höhlen eröffnen sich, mehrere Feuer fangen an zu brennen.

SCHMIEDE. Zündet das Feuer an!
Feuer ist oben an.
Höchstes er hat's getan,
Der es geraubt.
Wer es entzündete,
Sich es verbündete,
Schmiedete, ründete
Kronen dem Haupt.

Wasser es fließe nur!
Fließet es von Natur
Felsenab durch die Flur,
Zieht es auf seine Spur
Menschen und Vieh.
Fische sie wimmeln da,
Vögel sie himmeln da,
Ihr' ist die Flut.
Die unbeständige
Stürmisch lebendige,
Daß der Verständige
Manchmal sie bändige,
Finden wir gut.

Erde sie steht so fest!
Wie sie sich quälen läßt!
Wie man sie scharrt und plackt!
Wie man sie ritzt und hackt!
Da soll's heraus.
Furchen und Striemen ziehn
Ihr auf den Rücken hin
Knechte mit Schweißbemühn;
Und wo nicht Blumen blühn,
Schilt man sie aus.

Ströme du Luft und Licht!
Weg mir vom Angesicht!

Schürst du das Feuer nicht,
Bist du nichts wert.
Strömst du zum Herd herein,
Sollst du willkommen sein,
Wie sich's gehört.
Dring nur herein ins Haus;
Willst du hernach hinaus,
Bist du verzehrt.

Rasch nur zum Werk getan!
Feuer nun flammt's heran,
Feuer schlägt oben an;
Sieht's doch der Vater an,
Der es geraubt.
Der es entzündete,
Sich es verbündete,
Schmiedete, ründete
Kronen dem Haupt.

PROMETHEUS. Des tät'gen Manns Behagen sei Parteilichkeit.
Drum freut es mich, daß, andrer Elemente Wert
Verkennend, ihr das Feuer über alles preis't.
Die ihr hereinwärts auf den Amboß blickend wirkt,
Und hartes Erz nach eurem Sinne zwingend formt,
Euch rettet' ich, als mein verlorenes Geschlecht
Bewegtem Rauchgebilde nach, mit trunknem Blick,
Mit offnem Arm, sich stürzte zu erreichen das,
Was unerreichbar ist, und wär's erreichbar,
Nicht nützt noch frommt; ihr aber seid die Nützenden.
Wildstarre Felsen widerstehn euch keineswegs;
Dort stürzt von euren Hebeln Erzgebirg herab,
Geschmolzen fließt's, zum Werkzeug umgebildet nun,
Zur Doppelfaust. Verhundertfältigt ist die Kraft.
Geschwung'ne Hämmer dichten, Zange fasset klug,
So, eigne Kraft und Bruderkräfte mehret ihr,
Werktätig, weisekräftig, ins Unendliche.
Was Macht entworfen, Feinheit ausgesonnen, sei's
Durch euer Wirken über sich hinausgeführt.
Drum bleibt am Tagwerk vollbewußt und freigemut:

Denn eurer Nachgebornen Schar sie nahet schon,
Gefertigtes begehrend, Seltnem huldigend.

HIRTEN. Ziehet den Berg hinauf,
Folget der Flüsse Lauf!
Wie sich der Fels beblüht,
Wie sich die Weide zieht,
Treibet gemach!

Überall findet's was,
Kräuter und tauig Naß;
Wandelt und sieht sich um,
Trippelt, genießet stumm,
Was es bedarf.

ERSTER HIRT *zu den Schmieden.* Mächtige Brüder hier
Stattet uns aus!
Reichet der Klingen mir
Schärfste heraus.
Syrinx muß leiden!
Rohr einzuschneiden
Gebt mir die feinsten gleich!
Zart sei der Ton.
Preisend und lobend euch
Ziehn wir davon.

ZWEITER HIRT *zum Schmiede.* Hast du wohl Weichlinge
Freundlich versorgt,
Haben noch oben drein
Sie dir es abgeborgt.
Reich' uns des Erzes Kraft
Spitzig, nach hinten breit,
Daß wir es schnüren fest
An unsrer Stäbe Schaft.

Dem Wolf begegnen wir,
Menschen, mißwilligen;
Denn selbst die Billigen
Sehn es nicht gern,
Wenn man sich was vermißt;
Doch nah und fern
Läßt man sich ein,

Und wer kein Krieger ist,
Soll auch kein Hirte sein.

DRITTER HIRT (zum Schmiede). Wer will ein Hirte sein,
Lange Zeit er hat;
Zähl' er die Stern' im Schein,
Blas' er auf dem Blatt.
Blätter gibt uns der Baum,
Rohre gibt uns das Moor;
Künstlicher Schmiedegesell
Reich' uns was anders vor!
Reich' uns ein ehern Rohr,
Zierlich zum Mund gespitzt,
Blätterzart angeschlitzt:
Lauter als Menschensang
Schallet es weit;
Mädchen im Lande breit
Hören den Klang.

Die Hirten verteilen sich unter Musik und Gesang in der Gegend.

PROMETHEUS.
Entwandelt friedlich! Friede findend geht ihr nicht.
Denn solches Los dem Menschen wie den Tieren ward,
Nach deren Urbild ich mir Beßres bildete,
Daß eins dem andern, einzeln oder auch geschart,
Sich widersetzt, sich hassend aneinander drängt,
Bis eins dem andern Übermacht betätigte.
Drum faßt euch wacker! Eines Vaters Kinder ihr.
Wer falle? stehe? kann ihm wenig Sorge sein.

Ihm ruht zu Hause vielgewaltiger ein Stamm,
Fern aus- und weit und breit umhergesinnt,
Zu enge wohnt er aufeinander dichtgedrängt.
Nun ziehn sie aus und alle Welt verdrängen sie.
Gesegnet sei des wilden Abschieds Augenblick!

Drum Schmiede! Freunde! Nur zu Waffen legt mir's an,
Das andre lassend, was der sinnig Ackernde,
Was sonst der Fischer von euch fordern möchte heut.
Nur Waffen schafft! Geschaffen habt ihr alles dann,
Auch derbster Söhne übermäß'gen Vollgenuß.

Jetzt erst, ihr mühsam finsterstündig Strebenden,
Für euch ein Ruhmahl! Denn wer nachts arbeitete,
Genieße, wenn die andern früh zur Mühe gehn.

Dem schlafenden Epimetheus sich nähernd.

Du aber einz'ger Mitgeborner, ruhst du hier?
Nachtwandler, Sorgenvoller, Schwerbedenklicher.
Du dauerst mich und doch belob' ich dein Geschick.
Zu dulden ist! Sei's tätig oder leidend auch.

SCHMIEDE. Der es entzündete,
Sich es verbündete,
Schmiedete, ründete
Kronen dem Haupt.

Sie verlieren sich in den Gewölben, die sich schließen.

EPIMETHEUS in offner Halle schlafend.

ELPORE den Morgenstern auf dem Haupte, in luftigem Gewand steigt hinter dem Hügel herauf.

EPIMETHEUS träumend.
Ich seh' Gestirne kommen dicht gedrängt!
Ein Stern für viele, herrlich glänzet er!
Was steiget hinter ihm so hold empor?
Welch liebes Haupt bekrönt, beleuchtet er?
Nicht unbekannt bewegt sie sich herauf,
Die schlanke, holde, niedliche Gestalt.
Bist du's Elpore?

ELPORE von fern. Teurer Vater, ja!
Die Stirne dir zu kühlen weh' ich her!

EPIMETHEUS. Tritt näher, komm!

ELPORE. Das ist mir nicht erlaubt.

EPIMETHEUS. Nur näher!

ELPORE nahend. So denn?

EPIMETHEUS. So! noch näher!

ELPORE ganz nah. So?

EPIMETHEUS. Ich kenne dich nicht mehr.

ELPORE. Das dacht' ich wohl.
Wegtretend. Nun aber?

EPIMETHEUS. Ja du bist's geliebtes Mädchen!
Das deine Mutter scheidend mir entriß.
Wo bliebst du? Komm zu deinem alten Vater.

ELPORE herzutretend.
Ich komme, Vater; doch es fruchtet nicht.
EPIMETHEUS. Welch lieblich Kind besucht mich in der Nähe?
ELPORE. Die du verkennst und kennst, die Tochter ist's.
EPIMETHEUS. So komm in meinen Arm!
ELPORE. Bin nicht zu fassen.
EPIMETHEUS. So küsse mich!
ELPORE zu seinen Haupten. Ich küsse deine Stirn
Mit leichter Lippe.
Sich entfernend. Fort schon bin ich, fort!
EPIMETHEUS. Wohin? wohin?
ELPORE. Nach Liebenden zu blicken.
EPIMETHEUS. Warum nach denen? Die bedürfen's nicht.
ELPORE. Ach wohl bedürfen sie's und niemand mehr.
EPIMETHEUS. So sage mir denn zu!
ELPORE. Und was denn? was?
EPIMETHEUS. Der Liebe Glück, Pandorens Wiederkehr.
ELPORE. Unmöglich's zu versprechen ziemt mir wohl.
EPIMETHEUS. Und sie wird wieder kommen?
ELPORE. Ja doch! ja!

Zu den Zuschauern.

Gute Menschen! so ein zartes
Ein mitfühlend Herz, die Götter
Legten's in den jungen Busen,
Was ihr wollet, was ihr wünschet
Nimmer kann ich's euch versagen,
Und von mir, dem guten Mädchen,
Hört ihr weiter nichts als Ja.

Ach! die anderen Dämonen,
Ungemütlich, ungefällig,
Kreischen immerfort dazwischen
Schadenfroh ein hartes Nein.

Doch der Morgenlüfte Wehen
Mit dem Kräh'n des Hahn's vernehm' ich;
Eilen muß die Morgendliche,
Eilen zu Erwachenden.
Doch so kann ich euch nicht lassen.

Wer will noch was Liebes hören?
Wer von euch bedarf ein Ja?

Welch ein Tosen! welch ein Wühlen!
Ist's der Morgenwelle Brausen?
Schnaubst schon, hinter goldnen Toren,
Roßgespann des Helios?
Nein! mir wogt die Menge murmelnd,
Wildbewegte Wünsche stürzen
Aus den überdrängten Herzen,
Wälzen sich zu mir empor.

Ach! was wollt ihr von der Zarten?
Ihr Unruh'gen, Übermüt'gen!
Reichtum wollt ihr, Macht und Ehre,
Glanz und Herrlichkeit? Das Mädchen
Kann euch solches nicht verleihen;
Ihre Gabe, ihre Töne
Alle sind sie mädchenhaft.

Wollt ihr Macht? der Mächt'ge hat sie.
Wollt ihr Reichtum? Zugegriffen!
Glanz? Behängt euch! Einfluß? Schleicht nur.
Hoffe niemand solche Güter;
Wer sie will, ergreife sie.

Stille wird's! Doch hör' ich deutlich,
Leis' ist mein Gehör, ein seufzend
Lispeln! Still! ein lispelnd Seufzen!
O! das ist der Liebe Ton.
Wende dich zu mir, Geliebter!
Schau' in mir der Süßen, Treuen,
Wonnevolles Ebenbild.
Frage mich, wie du sie fragest,
Wenn sie vor dir steht und lächelt,
Und die sonst geschloßne Lippe
Dir bekennen mag und darf.

„Wird sie lieben?" Ja! „Und mich?" Ja!
„Mein sein?" Ja! „Und bleiben?" Ja doch!
„Werden wir uns wieder finden?"

Ja gewiß! „Treu wieder finden?
Nimmer scheiden?“ Ja doch! ja!

Sie verhüllt sich und verschwindet; als Echo wiederholend:

Ja doch! ja!

EPIMETHEUS erwachend.

Wie süß, o Traumwelt, schöne! lösest du dich ab!

Durchdringendes Angstgeschrei eines Weibes vom Garten her.

EPIMETHEUS aufspringend.

Entsetzlich stürzt Erwachenden sich Jammer zu!

Wiederholtes Geschrei.

Weiblich Geschrei! Sie flüchtet! Näher! Nahe schon.

EPIMELEIA innerhalb des Gartens unmittelbar am Zaun.

Ai! Ai! Weh! Weh mir! Weh! Weh! Weh! Ai! Ai mir! Weh!

EPIMETHEUS. Epimeleias Töne! hart am Gartenrand.

EPIMELEIA den Zaun hastig übersteigend.

Weh! Mord und Tod! Weh Mörder! Ai! ai! Hülfe mir!

PHILEROS nachspringend.

Vergebens! Gleich ergreif' ich dein geflochtnes Haar.

EPIMELEIA.

Im Nacken, weh! den Hauch des Mörders fühl' ich schon.

PHILEROS.

Verruchte! Fühl' im Nacken gleich das scharfe Beil!

EPIMETHEUS.

Her! Schuldig, Tochter, oder schuldlos rett' ich dich.

EPIMELEIA an seiner linken Seite niedersinkend.

O Vater du! Ist doch ein Vater stets ein Gott!

EPIMETHEUS.

Und wer, verwegen, stürmt aus dem Bezirk dich her?

PHILEROS zu Epimetheus' Rechten.

Beschütze nicht des frechsten Weibs verworfnes Haupt.

EPIMETHEUS sie mit dem Mantel bedeckend.

Sie schütz' ich, Mörder, gegen dich und jeglichen.

PHILEROS nach Epimetheus' Linken um ihn herumtretend.

Ich treffe sie auch unter dieses Mantels Nacht.

EPIMELEIA sich vor dem Vater her nach der rechten Seite zu werfend.

Verloren, Vater, bin ich! O! Gewalt! Gewalt!

PHILEROS hinter Epimetheus sich zur Rechten wendend.

Irrt auch die Schärfe, irrend aber trifft sie doch!

Er verwundet Epimeleia im Nacken.

EPIMELEIA. Ai ai! Weh, weh mir!
EPIMETHEUS abwehrend. Weh uns! Weh! Gewalt!
PHILEROS. Geritzt nur! Weitre Seelenpforten öffn' ich gleich.
EPIMELEIA. O Jammer! Jammer!
EPIMETHEUS abwehrend. Weh uns! Hülfe! Weh uns! Weh!
PROMETHEUS eilig hereintretend.
Welch Mordgeschrei! Im friedlichen Bezirke tönt's?
EPIMETHEUS. Zu Hülfe, Bruder! Armgewalt'ger eile her!
EPIMELEIA. Beflügle deine Schritte! Rettender heran!
PHILEROS.
Vollende Faust! und Rettung schmählich hinke nach.
PROMETHEUS dazwischentretend.
Zurück Unsel'ger! törig Rasender zurück!
Phileros bist du's? Unbänd'ger diesmal halt' ich dich.

Er faßt ihn an.

PHILEROS. Laß Vater los! ich ehre deine Gegenwart.
PROMETHEUS. Abwesenheit des Vaters ehrt ein guter Sohn.
Ich halte dich! – An diesem Griff der starken Faust
Empfinde wie erst Übeltat den Menschen faßt,
Und Übeltäter weise Macht sogleich ergreift.
Hier morden? Unbewehrte? Geh zu Raub und Krieg!
Hin, wo Gewalt Gesetz macht! Denn wo sich Gesetz,
Wo Vaterwille sich Gewalt schuf, taugst du nicht.
Hast jene Ketten nicht gesehn, die ehernen?
Geschmiedet für des wilden Stieres Hörnerpaar,
Mehr für den Ungebändigten des Männervolks.
Sie sollen dir die Glieder lasten, klirrend hin
Und wider schlagen, deinem Gang Begleitungstakt.
Doch was bedarf's der Ketten? Überwiesener!
Gerichteter! Dort ragen Felsen weit hinaus,
Nach Land und See, dort stürzen billig wir hinab
Den Tobenden, der, wie das Tier, das Element,
Zum Grenzenlosen übermütig rennend stürzt.

Er läßt ihn fahren.

Jetzt lös' ich dich. Hinaus mit dir ins Weite fort!
Bereuen magst du oder dich bestrafen selbst.
PHILEROS. So glaubest du, Vater, nun sei es getan?
Mit starrer Gesetzlichkeit stürmst du mich an,

Und achtest für nichts die unendliche Macht,
Die mich, den Glücksel'gen, ins Elend gebracht.

Was liegt hier am Boden in blutender Qual?
Es ist die Gebieterin die mir befahl.
Die Hände sie ringen, die Arme sie bangen,
Die Arme die Hände sind's die mich umfangen.

Was zitterst du Lippe? Was dröhnest du Brust?
Verschwiegene Zeugen verrätrischer Lust.
Verräterisch ja! Was sie innig gereicht,
Gewährt sie dem Zweiten – dem Dritten vielleicht.

Nun sage mir, Vater, wer gab der Gestalt
Die einzige furchtbar entschied'ne Gewalt?
Wer führte sie still die verborgene Bahn
Herab vom Olymp? Aus dem Hades heran?
Weit eher entflöhst du dem ehrnen Geschick
Als diesem durchbohrend verschlingenden Blick;
Weit eher eindringender Keren Gefahr
Als diesem geflochtnen geringelten Haar;
Weit eher der Wüste beweglichem Sand
Als diesem umflatternden regen Gewand.

Epimetheus hat Epimeleia'n aufgehoben, führt sie tröstend umher, daß ihre Stellungen zu Phileros' Worten passen.

Sag', ist es Pandora? Du sahst sie einmal,
Den Vätern verderblich, den Söhnen zur Qual.
Sie bildet' Hephaistos mit prunkendem Schein,
Da webten die Götter Verderben hinein.
Wie glänzt das Gefäß! O wie faßt es sich schlank!
So bieten die Himmel berauschenden Trank.
Was birgt wohl das Zaudern? Verwegene Tat;
Das Lächeln, das Neigen, was birgt es? Verrat;
Die heiligen Blicke? Vernichtenden Scherz;
Der göttliche Busen? Ein hündisches Herz.

O! sag' mir, ich lüge! O sag', sie ist rein!
Willkommner als Sinn soll der Wahnsinn mir sein.

Vom Wahnsinn zum Sinne welch glücklicher Schritt!
Vom Sinne zum Wahnsinn! Wer litt was ich litt?
Nun ist mir's bequem dein gestrenges Gebot,
Ich eile zu scheiden, ich suche den Tod.
Sie zog mir mein Leben ins ihre hinein,
Ich habe nichts mehr um lebendig zu sein. Ab.

PROMETHEUS zu Epimeleia.

Bist du beschämt? Gestehst du wessen er dich zeiht?

EPIMETHEUS.

Bestürzt gewahr' ich seltsam uns Begegnendes.

EPIMELEIA zwischen beide tretend.

Einig, unverrückt, zusammenwandernd
Leuchten ewig sie herab die Sterne,
Mondlicht überglänzet alle Höhen,
Und im Laube rauschet Windesfächeln,
Und im Fächeln atmet Philomele,
Atmet froh mit ihr der junge Busen
Aufgeweckt vom holden Frühlingstraume.
Ach! warum, ihr Götter, ist unendlich
Alles alles, endlich unser Glück nur!

Sternenglanz und Mondes Überschimmer,
Schattentiefe, Wassersturz und Rauschen
Sind unendlich, endlich unser Glück nur.

Lieblich, horch! zur feinen Doppellippe
Hat der Hirte sich ein Blatt geschaffen,
Und verbreitet früh schon durch die Auen
Heitern Vorgesang mittägiger Heimchen.
Doch der saitenreichen Leier Töne
Anders fassen sie das Herz, man horchet,
Und wer draußen wandle schon so frühe?
Und wer draußen singe goldnen Saiten?
Mädchen möcht' es wissen, Mädchen öffnet
Leis' den Schalter, lauscht am Klaff des Schalters.
Und der Knabe merkt, da regt sich eines!
Wer? das möcht' er wissen, lauert, spähet,
So erspähen beide sich einander,
Beide sehen sich in halber Helle.

Und was man gesehn genau zu kennen,
Und was man nun kennt sich zuzueignen
Sehnt sich gleich das Herz, und Arme strecken,
Arme schließen sich, ein heil'ger Bund ist,
Jubelt nun das Herz, er ist geschlossen.

Ach warum, ihr Götter, ist unendlich
Alles alles, endlich unser Glück nur!
Sternenglanz, ein liebereich Beteuern,
Mondenschimmer, liebevoll Vertrauen,
Schattentiefe, Sehnsucht wahrer Liebe
Sind unendlich, endlich unser Glück nur.

Bluten laß den Nacken! laß ihn Vater!
Blut, gerinnend, stillet leicht sich selber,
Überlassen sich verharscht die Wunde;
Aber Herzensblut, im Busen stockend,
Wird es je sich wieder fließend regen?
Wirst erstarrtes Herz du wieder schlagen?

Er entfloh! – Ihr Grausamen vertriebt ihn.
Ich Verstoßne konnt' ihn, ach! nicht halten,
Wie er schalt, mir fluchte, lästernd ras'te.
Doch willkommen sei des Fluches Rasen:
Denn so liebt' er mich, wie er mich schmähte,
So durchglüht' ich ihn, wie er verwünschte.
Ach! warum verkannt' er die Geliebte?
Wird er leben, wieder sie zu kennen?

Angelehnt war ihm die Gartenpforte,
Das gesteh' ich, warum sollt' ich's leugnen? –
Unheil überwältigt Scham. – Ein Hirte
Stößt die Tür an, stößt sie auf und forschend,
Still verwegen, tritt er in den Garten,
Findet mich die Harrende, ergreift mich,
Und im Augenblick ergreift ihn jener
Auf dem Fuß ihm folgend. Dieser läßt mich,
Wehrt sich erst und flüchtet, bald verfolgt nun,
Ob getroffen oder nicht? was weiß ich!
Dann auf mich gewandt, mit Schäumen, Schelten,

Dringt nun Phileros; ich stürze flüchtend
Über Blumen und Gesträuch, der Zaun hält
Mich zuletzt, doch hebet mich befittigt
Angst empor, ich bin im Freien, gleich drauf
Stürzt auch er heran; das andre wißt ihr.

Teurer Vater! hat Epimelaia
Sorg' um dich getragen manche Tage;
Sorge trägt sie leider um sich selbst nun,
Und zur Sorge schleicht sich ein die Reue.
Eos wohl wird meine Wange röten,
Nicht an seiner; Helios beleuchten
Schöne Pfade, die er nicht zurückkehrt.
Laßt mich gehn, ihr Väter, mich verbergen,
Zürnet nicht der Armen, laßt sie weinen!
Ach! wie fühl' ich's! Ach! das schmerzt unendlich
Wohlerworbne Liebe zu vermissen.

PROMETHEUS. Das Götterkind, die herrliche Gestalt, wer ist's?
Pandoren gleicht sie, schmeichelhafter scheint sie nur
Und lieblicher; die Schönheit jener schreckte fast.

EPIMETHEUS.
Pandorens Tochter, meine Tochter rühm' ich sie.
Epimeleia nennen wir die Sinnende.

PROMETHEUS.
Dein Vaterglück warum verbargst du, Bruder, mir's?

EPIMETHEUS.
Entfremdet war dir mein Gemüt, o Trefflicher!

PROMETHEUS.
Um jener willen die ich nicht empfing mit Gunst.

EPIMETHEUS. Die du hinweg gewiesen eignet' ich mir zu.

PROMETHEUS. In deinen Hort verbargst du jene Gefährliche?

EPIMETHEUS.
Die Himmlische! vermeidend herben Bruderzwist.

PROMETHEUS.
Nicht lange wohl blieb wankelmütig sie dir getreu?

EPIMETHEUS.
Treu blieb ihr Bild; noch immer steht es gegen mir.

PROMETHEUS.
Und peiniget in der Tochter dich zum zweiten Mal.

EPIMETHEUS.
Die Schmerzen selbst um solch ein Kleinod sind Genuß.
PROMETHEUS.
Kleinode schafft dem Manne täglich seine Faust.
EPIMETHEUS.
Unwürd'ge! schafft er nicht das höchste Gut dafür.
PROMETHEUS.
Das höchste Gut? Mich dünken alle Güter gleich.
EPIMETHEUS. Mit nichten! Eines übertrifft. Besaß ich's doch!
PROMETHEUS. Ich rate fast auf welchen Weg du irrend gehst.
EPIMETHEUS.
Ich irre nicht! die Schönheit führt auf rechte Bahn.
PROMETHEUS. In Fraun-Gestalt nur allzuleicht verführet sie.
EPIMETHEUS. Du formtest Frauen, keineswegs verführerisch.
PROMETHEUS.
Doch formt' ich sie aus zärtrem Ton, die rohen selbst.
EPIMETHEUS. Den Mann vorausgedenkend, sie zur Dienerin.
PROMETHEUS.
So werde Knecht, verschmähest du die treue Magd.
EPIMETHEUS.
Zu widersprechen meid' ich. Was in Herz und Sinn
Sich eingeprägt, ich wiederhol's im stillen gern.
O göttliches Vermögen mir, Erinnerung!
Du bringst das hehre frische Bild ganz wieder her.
PROMETHEUS.
Die Hochgestalt aus altem Dunkel tritt auch mir;
Hephaisten selbst gelingt sie nicht zum zweiten Mal.
EPIMETHEUS.
Auch du erwähnest solchen Ursprungs Fabelwahn?
Aus göttlich altem Kraftgeschlechte stammt sie her:
Uranione, Heren gleich und Schwester Zeus'.
PROMETHEUS.
Doch schmückt' Hephaistos wohlbedenkend reich sie aus;
Ein goldnes Hauptnetz flechtend erst mit kluger Hand,
Die feinsten Drähte wirkend, strickend mannigfach.
EPIMETHEUS.
Dies göttliche Gehäge nicht das Haar bezwang's,
Das übervolle strotzend braune krause Haar;
Ein Büschel flammend warf sich von dem Scheitel auf.

PROMETHEUS. Drum schlang er Ketten neben an, gediegene.
EPIMETHEUS.
In Flechten glänzend schmiegte sich der Wunderwuchs,
Der, freigegeben, schlangengleich die Ferse schlug.
PROMETHEUS. Das Diadem, nur Aphroditen glänzt es so!
Pyropisch, unbeschreiblich, seltsam leuchtet' es.
EPIMETHEUS.
Mir blickt' es nur gesellig aus dem Kranz hervor
Aufblühnder Blumen; Stirn und Braue hüllten sie,
Die neidischen! Wie Kriegsgefährte den Schützen deckt
Mit dem Schild, so sie der Augen treffende Pfeilgewalt.
PROMETHEUS.
Geknüpft mit Ketten-Bändern schaut' ich jenen Kranz,
Der Schulter schmiegten sie zwitzernd, glimmernd gern sich an.
EPIMETHEUS.
Des Ohres Perle schwankt mir vor dem Auge noch,
Wie sich frei das Haupt anmutiglich bewegete.
PROMETHEUS. Gereihte Gaben Amphitritens trug der Hals.
Dann vielgeblümten Kleides Feld, wie es wunderbar
Mit frühlingsreichem bunten Schmuck die Brust umgab.
EPIMETHEUS.
An diese Brust mich Glücklichen hat sie gedrückt!
PROMETHEUS. Des Gürtels Kunst war über alles lobenswert.
EPIMETHEUS. Und diesen Gürtel hab' ich liebend aufgelös't!
PROMETHEUS.
Dem Drachen, um den Arm geringelt, lernt' ich ab,
Wie starr Metall im Schlangenkreise sich dehnt und schließt.
EPIMETHEUS. Mit diesen Armen liebevoll umfing sie mich!
PROMETHEUS.
Die Ringe schmückend verbreiterten die schlanke Hand.
EPIMETHEUS. Die mir so oft sich, herzerfreuend, hingestreckt!
PROMETHEUS.
Und glich sie wohl Athenens Hand an Kunstgeschick?
EPIMETHEUS.
Ich weiß es nicht; nur liebekosend kannt' ich sie.
PROMETHEUS. Athenens Webstuhl offenbart' ihr Oberkleid.
EPIMETHEUS.
Wie's wellenschimmernd, wogenhaft ihr wallte nach.

PROMETHEUS.
Der Saum verwirrte fesselnd auch den schärfsten Blick.
EPIMETHEUS. Sie zog die Welt auf ihren Pfaden nach sich her.
PROMETHEUS. Gewundne Riesenblumen, Füllhorn jegliche.
EPIMETHEUS. Den reichen Kelchen mutiges Gewild entquoll.
PROMETHEUS.
Das Reh zu fliehen, es zu verfolgen sprang der Leu.
EPIMETHEUS.
Wer säh' den Saum an, zeigte sich der Fuß im Schritt,
Beweglich wie die Hand, erwidernd Liebesdruck.
PROMETHEUS.
Auch hier nicht müde schmückte nur der Künstler mehr;
Biegsame Sohlen, goldne, schrittbefördernde.
EPIMETHEUS. Beflügelte! sie rührte kaum den Boden an.
PROMETHEUS.
Gegliedert schnürten goldne Riemen schleifenhaft.
EPIMETHEUS. O! rufe mir nicht jene Hüllepracht hervor!
Der Allbegabten wußt' ich nichts zu geben mehr,
Die Schönste, die Geschmückteste, die Meine war's!
Ich gab mich selbst ihr, gab mich mir zum ersten Mal.
PROMETHEUS. Und leider so auf ewig dir entriß sie dich!
EPIMETHEUS. Und sie gehört auf ewig mir, die Herrliche!

Der Seligkeit Fülle die hab' ich empfunden!
Die Schönheit besaß ich, sie hat mich gebunden;
Im Frühlingsgefolge trat herrlich sie an.
Sie erkannt' ich, sie ergriff ich, da war es getan!
Wie Nebel zerstiebte trübsinniger Wahn,
Sie zog mich zur Erd' ab, zum Himmel hinan.

Du suchest nach Worten sie würdig zu loben,
Du willst sie erhöhen; sie wandelt schon oben.
Vergleich' ihr das Beste; du hältst es für schlecht.
Sie spricht, du besinnst dich; doch hat sie schon recht.
Du stemmst dich entgegen; sie gewinnt das Gefecht.
Du schwankst ihr zu dienen, und bist schon ihr Knecht.

Das Gute, das Liebe, das mag sie erwidern.
Was hilft hohes Ansehn? Sie wird es erniedern.

Sie stellt sich ans Ziel hin, beflügelt den Lauf;
Vertritt sie den Weg dir, gleich hält sie dich auf.
Du willst ein Gebot tun, sie treibt dich hinauf,
Gibst Reichtum und Weisheit und alles in den Kauf.

Sie steiget hernieder in tausend Gebilden,
Sie schwebet auf Wassern, sie schreitet auf Gefilden,
Nach heiligen Maßen erglänzt sie und schallt,
Und einzig veredelt die Form den Gehalt,
Verleiht ihm, verleiht sich die höchste Gewalt.
Mir erschien sie in Jugend-, in Frauengestalt.

PROMETHEUS.
Dem Glück, der Jugend, heiß' ich Schönheit nah verwandt:
Auf Gipfeln weilt so eines wie das andre nicht.

EPIMETHEUS.
Und auch im Wechsel beide, nun und immer, schön:
Denn ewig bleibt Erkornen anerkanntes Glück.
So neu verherrlicht leuchtete das Angesicht
Pandorens mir aus buntem Schleier, den sie jetzt
Sich umgeworfen, hüllend göttlichen Gliederbau.
Ihr Antlitz, angeschaut allein, höchst schöner war's,
Dem sonst des Körpers Wohlgestalt wetteiferte;
Auch ward es rein der Seele klar gespiegelt Bild,
Und sie, die Liebste, Holde, leicht-gesprächiger,
Zutraulich mehr, geheimnisvoll gefälliger.

PROMETHEUS.
Auf neue Freuden deutet solche Verwandelung.

EPIMETHEUS.
Und neue Freuden, leidenschaffende, gab sie mir.

PROMETHEUS.
Laß hören! Leid aus Freude tritt so leicht hervor.

EPIMETHEUS.
Am schönsten Tage – blühend regte sich die Welt –
Entgegnet sie im Garten mir, verschleiert noch,
Nicht mehr allein: auf jedem Arme wiegte sie
Ein lieblich Kind, beschattet, Töchterzwillinge.
Sie trat heran, daß hoch erstaunt, erfreut, ich die
Beschauen möchte, herzen auch nach Herzenslust.

PROMETHEUS. Verschieden waren beide, sag' mir, oder gleich?

EPIMETHEUS.
Gleich und verschieden, ähnlich nenntest beide wohl.
PROMETHEUS.
Dem Vater eins, der Mutter eines, denk' ich doch.
EPIMETHEUS. Das Wahre triffst du, wie es ziemt Erfahrenem.
Da sprach sie: wähle! Das eine sei dir anvertraut,
Eins meiner Pflege vorbehalten! Wähle schnell!
Epimeleia nennst du dies, Elpore dies.
Ich sah sie an. Die eine schalkisch äugelte
Vom Schleiersaum her; wie sie meinen Blick gehascht,
Zurück sie fuhr und barg sich an der Mutter Brust.
Die andre ruhig gegenteils und schmerzlich fast,
Als Jener Blick den meinigen zuerst erwarb,
Sah stät herüber, hielt mein Auge fest und fest
In ihrem innig, ließ nicht los, gewann mein Herz.
Nach mir sich neigend, händereichend, strebte sie
Als liebedürftig, hülfsbedürftig, tiefen Blicks.
Wie hätt' ich widerstanden! Diese nahm ich auf;
Mich Vater fühlend, schloß an meine Brust ich sie,
Ihr wegzuscheuchen von der Stirn frühzeit'gen Ernst.
Nicht achtend stand ich, daß Pandora weiter schritt,
Der Ferngewichnen folgt' ich fröhlich rufend nach;
Sie aber, halb gewendet nach dem Eilenden,
Warf mit der Hand ein deutlich Lebewohl mir zu.
Ich stand versteinert, schaute hin; ich seh' sie noch!

Vollwüchsig streben drei Zypressen himmelwärts,
Wo dort der Weg sich wendet. Sie, gewandt im Gehn,
Darzeigte vorgehoben nochmals mir das Kind,
Das unerreichbar seine Händchen reichend wies;
Und jetzt, hinum die Stämme schreitend, augenblicks
Weg war sie! Niemals hab' ich wieder sie gesehn.
PROMETHEUS.
Nicht sonderbar soll jedem scheinen, was geschieht,
Vereint er sich Dämonen, gottgesendeten.
Nicht tadl' ich deiner Schmerzen Glut, Verwitweter!
Wer glücklich war, der wiederholt sein Glück im Schmerz.
EPIMETHEUS.
Wohl wiederhol' ich's! Immer jenen Zypressen zu,

Mein einz'ger Gang blieb's. Blickt' ich doch am liebsten hin,
Allwo zuletzt sie schwindend mir im Auge blieb.
Sie kommt vielleicht, so dacht' ich, dorther mir zurück,
Und weinte quellweis, an mich drückend jenes Kind,
An Mutterstatt. Es sah mich an und weinte mit,
Bewegt von Mitgefühlen, staunend, unbewußt. –
So leb' ich fort, entgegen ewig verwaister Zeit,
Gestärkt an meiner Tochter zart besorgtem Sinn,
Die nun bedürftig meiner Vatersorge wird,
Von Liebesjammer unerträglich aufgequält.

PROMETHEUS.
Vernahmst du nichts von deiner Zweiten diese Zeit?

EPIMETHEUS.
Grausam gefällig steigt sie oft als Morgentraum,
Geschmückt, mit Phosphoros herüber; schmeichelnd fließt
Versprechen ihr vom Munde; kosend naht sie mir,
Und schwankt und flieht. Mit ewigem Verwandlen täuscht
Sie meinen Kummer, täuscht zuletzt auf Ja und Ja
Den Fleh'nden mit Pandorens Wiederkehr sogar.

PROMETHEUS. Elporen kenn' ich, Bruder, darum bin ich mild
Zu deinen Schmerzen, dankbar für mein Erdenvolk.
Du mit der Göttin zeugtest ihm ein holdes Bild,
Zwar auch verwandt mit jenen Rauchgeborenen;
Doch stets gefällig täuschet sie unschuldiger,
Entbehrlich keinem Erdensohn. Kurzsichtigen
Zum zweiten Auge wird sie; jedem sei's gegönnt! –
Du stärkend aber deine Tochter stärke dich ...
Wie! hörst du nicht? versinkest zur Vergangenheit?

EPIMETHEUS.
Wer von der Schönen zu scheiden verdammt ist,
Fliehe mit abegewendetem Blick!
Wie er, sie schauend, im Tiefsten entflammt ist,
Zieht sie, ach! reißt sie ihn ewig zurück.

Frage dich nicht in der Nähe der Süßen:
Scheidet sie? scheid' ich? Ein grimmiger Schmerz
Fasset im Krampf dich, du liegst ihr zu Füßen
Und die Verzweiflung zerreißt dir das Herz.

Kannst du dann weinen und siehst sie durch Tränen,
Fernende Tränen, als wäre sie fern:
Bleib! noch ist's möglich! Der Liebe, dem Sehnen
Neigt sich der Nacht unbeweglichster Stern.

Fasse sie wieder! Empfindet selbander
Euer Besitzen und euren Verlust!
Schlägt nicht ein Wetterstrahl euch aus einander;
Inniger dränget sich Brust nur an Brust.

Wer von der Schönen zu scheiden verdammt ist,
Fliehe mit abegewendetem Blick!
Wie er, sie schauend, im Tiefsten entflammt ist,
Zieht sie, ach! reißt sie ihn ewig zurück!

PROMETHEUS.

Ist's wohl ein Glück zu nennen, was in Gegenwart
Ausschließend wegweis't alles, was ergötzlich lockt,
Abwesend aber, jeden Trost verneinend, quält.

EPIMETHEUS.

Trostlos zu sein ist Liebenden der schönste Trost;
Verlornem nachzustreben selbst schon mehr Gewinn,
Als Neues aufzuhaschen. Weh! Doch! Eitles Mühn
Sich zu vergegenwärt'gen Ferngeschiedenes,
Unwiederherstellbares! hohle leid'ge Qual!

Mühend versenkt ängstlich der Sinn
Sich in die Nacht, suchet umsonst
Nach der Gestalt. Ach! wie so klar
Stand sie am Tag sonst vor dem Blick.

Schwankend erscheint kaum noch das Bild;
Etwa nur so schritt sie heran!
Naht sie mir denn? Faßt sie mich wohl? –
Nebelgestalt schwebt sie vorbei,

Kehret zurück, herzlich ersehnt;
Aber noch schwankt's immer und wogt's,
Ähnlich zugleich andern und sich.
Schärferem Blick schwindet's zuletzt.

Endlich nun doch tritt sie hervor!
Steht mir so scharf gegen dem Blick!
Herrlich! So schafft Pinsel und Stahl! –
Blinzen des Augs scheuchet sie fort!

Ist ein Bemühn eitler? Gewiß
Schmerzlicher keins, ängstlicher keins!
Wie es auch streng Minos verfügt.
Schatten ist nun ewiger Wert.

Wieder versucht sei's dich heran
Gattin zu ziehn! Hasch' ich sie? Bleibt's
Wieder mein Glück? – Bild nur und Schein!
Flüchtig entschwebt's, fließt und zerrinnt.

PROMETHEUS.
Zerrinne nicht, o Bruder, schmerzlich aufgelöst!
Erhab'nen Stammes, hoher Jahre, sei gedenk!
Im Jünglingsauge mag ich wohl die Träne sehn;
Des Greisen Aug' entstellt sie. Guter, weine nicht!

EPIMETHEUS.
Der Tränen Gabe sie versöhnt den grimmsten Schmerz;
Sie fließen glücklich, wenn's im Innern heilend schmilzt.

PROMETHEUS.
Blick' auf aus deinem Jammer! Schau' die Röte dort!
Verfehlet Eos wohlgewohnten Pfades heut'?
Vom Mittag dorther leuchtet rote Glut empor.
Ein Brand in deinen Wäldern, deinen Wohnungen
Scheint aufzuflammen. Eile! Gegenwart des Herrn
Mehrt jedes Gute, steuert möglichem Verlust.

EPIMETHEUS. Was hab' ich zu verlieren, da Pandora floh!
Das brenne dort! Viel schöner baut sich's wieder auf.

PROMETHEUS.
Gebautes einzureißen rat' ich, g'nügt's nicht mehr;
Mit Willen tät' ich's; Zufall aber bleibt verhaßt.
Drum eilig sammle, was von Männern im Bezirk
Dir tätig reg' ist, widersteh der Flammen Wut!
Mich aber hört gleich jene schwarmgedrängte Schar,
Die zum Verderben sich bereit hält wie zum Schutz.

EPIMELEIA.

Meinen Angstruf,
Um mich selbst nicht:
Ich bedarf's nicht;
Aber hört ihn!
Jenen dort helft,
Die zu Grund gehn:
Denn zu Grund ging
Ich vorlängst schon.

Als er tot lag
Jener Hirt, stürzt'
Auch mein Glück hin;
Nun die Rach' ras't,
Zum Verderb strömt
Sein Geschlecht her.

Das Gehäg stürzt,
Und ein Wald schlägt
Mächt'ge Flamm' auf.
Durch die Rauchglut
Siedet Balsam
Aus dem Harzbaum.

An das Dach greift's.
Das entflammt schon.
Das Gesparr kracht!
Ach! es bricht mir
Übers Haupt ein!
Es erschlägt mich
In der Fern' auch!
Jene Schuld ragt!
Auge droht mir,
Braue winkt mir
Ins Gericht hin!

Nicht dahin trägt
Mich der Fuß, wo
Phileros wild
Sich hinab stürzt

In den Meerschwall.
Die er liebt, soll
Seiner wert sein!
Lieb' und Reu' treibt
Mich zur Flamm' hin,
Die aus Liebsglut
Rasend aufquoll. Ab.

EPIMETHEUS. Diese rett' ich,
Sie die einz'ge!
Jenen wehr' ich
Mit der Hauskraft,
Bis Prometheus
Mir das Heer schickt.
Dann erneun wir
Zorn'gen Wettkampf.
Wir befrein uns;
Jene fliehn dann
Und die Flamm' lischt. Ab.

PROMETHEUS. Nun heran ihr!
Die im Schwarm schon
Um die Felskluft,
Eurer Nachtburg,
Aus dem Busch auf,
Eurem Schirmdach,
Strebend aufsummt.

Eh' ihr auszieht
In das Fernland,
Diesem Nachbar
Werdet hülfreich,
Und befreit ihn
Vom Gewaltschlag
Wilder Rachlust!

KRIEGER. Der Ruf des Herrn,
Des Vaters, tönt;
Wir folgen gern,
Wir sind's gewöhnt.
Geboren sind
Wir all zum Streit,

Wie Schall und Wind
Zum Weg bereit.

Wir ziehn, wir ziehn
Und sagen's nicht;
Wohin? wohin?
Wir fragen's nicht;
Und Schwert und Spieß,
Wir tragen's fern,
Und jens und dies
Wir wagen's gern.

So geht es kühn
Zur Welt hinein,
Was wir beziehn,
Wird unser sein.
Will einer das,
Verwehren wir's;
Hat einer was,
Verzehren wir's.

Hat einer g'nug
Und will noch mehr;
Der wilde Zug
Macht alles leer.
Da sackt man auf!
Und brennt das Haus,
Da packt man auf
Und rennt heraus.

So zieht vom Ort,
Mit festem Schritt,
Der erste fort
Den zweiten mit;
Wenn Wahn und Bahn
Der Beste brach;
Kommt an und an
Der letzte nach.

PROMETHEUS. Verleihet gleich
So Schad' als Nutz!

Hier weih' ich euch
Zu Schutz und Trutz.
Auf rasch! Vergnügte!
Schnellen Strich's!
Der barsch Besiegte
Habe sich's!
Hier leistet frisch und weislich dringende Hochgewalt
Erwünschten Dienst. Das Feuerzeichen schwindet schon,
Und brüderlich bringt würd'ge Hilfe mein Geschlecht.
Nun aber Eos unaufhaltsam strebt sie an,
Sprungweise, mädchenartig; streut aus voller Hand
Purpurne Blumen! Wie an jedem Wolkensaum
Sich reich entfaltend sie blühen, wechseln, mannigfach!
So tritt sie lieblich hervor, erfreulich immerfort;
Gewöhnet Erdgeborner schwaches Auge sanft,
Daß nicht vor Helios' Pfeil erblinde mein Geschlecht,
Bestimmt Erleuchtetes zu sehen, nicht das Licht!

EOS von dem Meere heraufsteigend.

Jugendröte, Tagesblüte,
Bring' ich schöner heut' als jemals
Aus den unerforschten Tiefen
Des Okeanos herüber.
Hurtiger entschüttelt heute
Mir den Schlaf, die ihr des Meeres
Felsumsteilte Bucht bewohnet,
Ernste Fischer! frisch vom Lager!
Euer Werkzeug nehmt zur Hand.

Schnell entwickelt eure Netze
Die bekannte Flut umzinglend:
Eines schönen Fangs Gewißheit
Ruf' ich euch ermunternd zu.
Schwimmet Schwimmer! taucht ihr Taucher!
Spähet Späher auf dem Felsen!
Ufer wimmle wie die Fluten,
Wimmle schnell von Tätigkeit!

PROMETHEUS.

Was hältst du deinen Fuß zurück, du Flüchtige?
Was fesselt an dies Buchtgestade deinen Blick?

Wen rufst du an, du Stumme sonst, gebietest wem?
Die niemand Rede stehet, diesmal sprich zu mir!

EOS. Jenen Jüngling rettet, rettet!
Der verzweiflend, liebetrunken,
Rachetrunken, schwergescholten,
In die nachtumhüllten Fluten
Sich vom Felsen stürzete.

PROMETHEUS.
Was hör' ich! hat Phileros dem Strafedräun gehorcht?
Sich selbst gerichtet, kalten Wellentod gesucht?
Auf, eilen wir! dem Leben geb' ich ihn zurück.

EOS. Weile, Vater! hat dein Schelten
Ihn dem Tode zugetrieben;
Deine Klugheit, dein Bestreben
Bringt ihn diesmal nicht zurück:
Diesmal bringt der Götter Wille,
Bringt des Lebens eignes, reines,
Unverwüstliches Bestreben
Neugeboren ihn zurück.

PROMETHEUS. Gerettet ist er? sage mir, und schaust du ihn?

EOS. Dort! er taucht in Flutenmitte
Schon hervor der starke Schwimmer:
Denn ihn läßt die Lust zu leben
Nicht, den Jüngling, untergehn.

Spielen rings um ihn die Wogen,
Morgendlich und kurz beweget;
Spielt er selbst nur mit den Wogen
Tragenden die schöne Last.
Alle Fischer, alle Schwimmer,
Sie versammeln sich lebendig
Um ihn her, nicht ihn zu retten;
Gaukelnd baden sie mit ihm.
Ja Delphine drängen gleitend
Zu der Schar sich, der bewegten,
Tauchen auf und heben tragend
Ihn, den schönen aufgefrischten.
Alles wimmelnde Gedränge
Eilet nun dem Lande zu.

Und an Leben und an Frische
Will das Land der Flut nicht weichen;
Alle Hügel, alle Klippen
Von Lebend'gen ausgeziert!

Alle Winzer, aus den Keltern,
Felsenkellern tretend, reichen
Schal' um Schale, Krug um Krüge
Den beseelten Wellen zu.
Nun entsteigt der Göttergleiche,
Von dem ringsumschäumten Rücken
Freundlicher Meerwunder schreitend,
Reich umblüht von meinen Rosen,
Er ein Anadyomen,
Auf zum Felsen. – Die geschmückte
Schönste Schale reicht ein Alter
Bärtig, lächelnd, wohlbehaglich,
Ihm dem Bacchusähnlichen.

Klirret Becken! Erz ertöne!
Sie umdrängen ihn, beneidend
Mich um seiner schönen Glieder
Wonnevollen Überblick.
Pantherfelle von den Schultern
Schlagen schon um seine Hüften,
Und den Thyrsus in den Händen
Schreitet er heran ein Gott.
Hörst du jubeln? Erz ertönen?
Ja des Tages hohe Feier,
Allgemeines Fest beginnt.

PROMETHEUS.
Was kündest du für Feste mir? Sie lieb' ich nicht:
Erholung reichet Müden jede Nacht genug.
Des echten Mannes wahre Feier ist die Tat!

EOS. Manches Gute ward gemein den Stunden;
Doch die gottgewählte festlich werde diese!
Eos blicket auf in Himmelsräume,
Ihr enthüllt sich das Geschick des Tages.
Nieder senkt sich Würdiges und Schönes,

Erst verborgen, offenbar zu werden,
Offenbar um wieder sich zu bergen.
Aus den Fluten schreitet Phileros her,
Aus den Flammen tritt Epimeleia;
Sie begegnen sich, und eins im andern
Fühlt sich ganz und fühlet ganz das andre.
So, vereint in Liebe, doppelt herrlich,
Nehmen sie die Welt auf. Gleich vom Himmel
Senket Wort und Tat sich segnend nieder,
Gabe senkt sich, ungeahndet vormals.

PROMETHEUS. Neues freut mich nicht, und ausgestattet
Ist genugsam dies Geschlecht zur Erde.
Freilich frönt es nur dem heut'gen Tage,
Gestrigen Ereignens denkt's nur selten;
Was es litt, genoß, ihm ist's verloren.
Selbst im Augenblicke greift es roh zu;
Faßt, was ihm begegnet, eignet's an sich,
Wirft es weg, nicht sinnend, nicht bedenkend,
Wie man's bilden möge höhrem Nutzen.
Dieses tadl' ich; aber Lehr' und Rede,
Selbst ein Beispiel, wenig will es frommen.
Also schreiten sie mit Kinderleichtsinn
Und mit rohem Tasten in den Tag hin.
Möchten sie Vergang'nes mehr beherz'gen,
Gegenwärt'ges, formend, mehr sich eignen,
Wär' es gut für alle; solches wünscht' ich.

EOS. Länger weil' ich nicht, mich treibet fürder
Strahlend Helios unwiderstehlich.
Weg vor seinem Blick zu schwinden zittert
Schon der Tau, der meinen Kranz beperlet.
Fahre wohl! du Menschenvater. – Merke:
Was zu wünschen ist, ihr unten fühlt es;
Was zu geben sei, die wissen's droben.
Groß beginnet ihr Titanen; aber leiten
Zu dem ewig Guten, ewig Schönen,
Ist der Götter Werk; die laßt gewähren.

DES EPIMENIDES ERWACHEN

Den Frieden kann das Wollen nicht bereiten:
Wer alles will will sich vor allen mächtig,
Indem er siegt, lehrt er die andern streiten;
Bedenkend macht er seinen Feind bedächtig;
So wachsen Kraft und List nach allen Seiten,
Der Weltkreis ruht von Ungeheuern trächtig,
Und der Geburten zahlenlose Plage
Droht jeden Tag als mit dem jüngsten Tage.

Der Dichter sucht das Schicksal zu entbinden,
Das, wogenhaft und schrecklich ungestaltet,
Nicht Maß, noch Ziel, noch Richte weiß zu finden
Und brausend webt, zerstört und knirschend waltet.
Da faßt die Kunst, in liebendem Entzünden,
Der Masse Wust, die ist sogleich entfaltet,
Durch Mitverdienst gemeinsamen Erregens,
Gesang und Rede, sinnigen Bewegens.

ERSTER AUFZUG

Ein prächtiger Säulenhof; im Grunde ein tempelähnliches Wohngebäude.

ERSTER AUFTRITT

DIE MUSE. Zwei Genien, der eine, an einem Thyrsus Leier, Masken, geschriebene Rolle, trophäenartig, tragend; der andere einen Sternenkreis um sich her. In tiefe Sklaverei lag ich gebunden
Und mir gefiel der Starrheit Eigensinn;
Ein jedes Licht der Freiheit war verschwunden;
Die Fesseln selbst, sie schienen mir Gewinn:
Da nahte sich, in holden Frühlingsstunden,
Ein Glanzbild; – gleich entzückt – so wie ich bin –
Seh' ich es weit und breiter sich entfalten,
Und rings umher ist keine Spur des Alten.

Die Fesseln fallen ab von Händ' und Füßen,
Wie Schuppen fällt's herab vom starren Blick,
Und eine Träne, von den liebesüßen,
Zum ersten Mal sie kehrt ins Aug' zurück;
Sie fließt – ihr nach die Götter-Schwestern fließen,
Das Herz empfindet längst entwohntes Glück,
Und mir erscheint, was mich bisher gemieden,
Ganz ohne Kampf, der reine Seelenfrieden.

Und mir entgegnet, was mich sonst entzückte:
Der Leier Klang, der Töne süßes Licht,
Und, was mich schnell der Wirklichkeit entrückte,
Bald ernst, bald frohgemut, ein Kunstgesicht;
Und das den Pergamenten Aufgedrückte,
Ein unergründlich schweres Leichtgewicht;
Der Sterne Kreis erhebt den Blick nach oben
Und alle wollen nur das Eine loben.

Und Glück und Unglück tragen so sich besser,
Die eine Schale sinkt, die andre steigt,
Das Unglück mindert sich, das Glück wird größer,
So auf den Schultern trägt man beide leicht!
Da leere das Geschick die beiden Fässer,
Der Segen trifft, wenn Fluch uns nie erreicht;
Wir sind für stets dem guten Geist zu Teile,
Der böse selbst er wirkt zu unserm Heile.

So ging es mir! Mög' es euch so ergehen,
Daß aller Haß sich augenblicks entfernte,
Und wo wir noch ein dunkles Wölkchen sehen,
Sich alsobald der Himmel übersternte,
Es tausendfach erglänzte von den Höhen
Und alle Welt von uns die Eintracht lernte;
Und so genießt das höchste Glück hienieden,
Nach hartem äußern Kampf den innern Frieden.

Die Muse bewegt sich als wenn sie abgehen wollte; die Kinder ziehen voran und sind schon in der Kulisse, sie aber ist noch auf dem Theater, wenn Epimenides erscheint; dann spricht sie folgende Stanze, geht ab und jener kommt die Stufen herab.

MUSE. Und diesen lass' ich euch an meiner Stelle,
Der, früher schon, geheimnisvoll belehrt,
Als Mann, der Weisheit unversiegter Quelle
Und ihrem Schau'n sich treulich zugekehrt,
Nun freigesinnt, beinah zur Götterhelle,
Die wunderbarsten Bilder euch erklärt;
Doch laßt vorher die wildesten Gestalten
In eigensinn'ger Kraft zerstörend walten. Ab.

ZWEITER AUFTRITT

EPIMENIDES. Uralten Waldes majestätische Kronen,
Schroffglatter Felsenwände Spiegelflächen
Im Schein der Abendsonne zu betrachten –
Erreget Geist und Herz zu der Natur
Erhabnen Gipfeln, ja zu Gott hinan.
Auch schau' ich gern der Menschenhände Werk,
Woher des Meisters Hochgedanke strahlt;
Und dieser Pfeiler, dieser Säulen Pracht
Umwandl' ich sinnend, wo sich alles fügte,
Wo alles trägt und alles wird getragen!
So freut mich auch zu sehn ein edles Volk
Mit seinem Herrscher, die im Einklang sich
Zusammenwirkend fügen, für den Tag
Ja für Jahrhunderte, wenn es gelingt.
Und so begrüß' ich froh die Morgensonne,
Begrüße gleicherweis die scheidende;
Dann wend' ich meinen Blick den Sternen zu,
Und dort wie hier ist Einklang der Bewegung.
Der Jugend Nachtgefährt' ist Leidenschaft,
Ein wildes Feuer leuchtet ihrem Pfad;
Der Greis hingegen wacht mit hellem Sinn
Und sein Gemüt verschließt das Ewige.

DRITTER AUFTRITT

GENIEN treten rasch auf und stellen sich ihm zu beiden Seiten.
Wandelt der Mond und bewegt sich der Stern,
Junge wie Alte sie schlafen so gern;

Leuchtet die Sonne nach löblichem Brauch:
Junge wie Alte sie schlafen wohl auch.

EPIMENIDES. Ein heitres Lied, ihr Kinder; doch voll Sinn.
Ich kenn' euch wohl! Sobald ihr scherzend kommt,
Dann ist es Ernst, und wenn ihr ernstlich sprecht
Vermut' ich Schalkheit. Schlafen, meint ihr, schlafen?
An meine Jugend wollt ihr mich erinnern.
Auf Kreta's Höhn, des Vaters Herde weidend,
Die Insel unter mir, ringsum das Meer,
Den Tages-Himmel von der einzigen Sonne
Von tausenden den nächtigen erleuchtet;
Da strebt's in meiner Seele dieses All,
Das herrliche, zu kennen; doch umsonst:
Der Kindheit Bande fesselten mein Haupt.
Da nahmen sich die Götter meiner an,
Zur Höhle führten sie den Sinnenden,
Versenkten mich in tiefen langen Schlaf.
Als ich erwachte hört' ich einen Gott:
„Bist vorbereitet", sprach er, „wähle nun!
Willst du die Gegenwart und das was ist,
Willst du die Zukunft sehn, was sein wird." Gleich
Mit heiterm Sinn verlangt' ich zu verstehn,
Was mir das Auge, was das Ohr mir beut.
Und gleich erschien durchsichtig diese Welt,
Wie ein Krystallgefäß mit seinem Inhalt. –
Den schau' ich nun so viele Jahre schon;
Was aber künftig ist, bleibt mir verborgen.
Soll ich vielleicht nun schlafen, sagt mir an,
Daß ich zugleich auch Künftiges gewahre?

GENIEN. Wärest du fieberhaft, wärest du krank,
Wüßtest dem Schlafe du herzlichen Dank:
Zeiten sie werden so fieberhaft sein,
Laden die Götter zum Schlafen dich ein.

EPIMENIDES.
Zum Schlafen? jetzt? – Ein sehr bedeutend Wort.
Zwei euresgleichen sind's, wo nicht ihr selbst,
Sind Zwillingsbrüder, einer Schlaf genannt,
Den andern mag der Mensch nicht gerne nennen;

Doch reicht der Weise einem wie dem andern
Die Hand mit Willen – also, Kinder, hier!

Er reicht ihnen die Hände, welche sie anfassen.

Hier habt ihr mich! Vollziehet den Befehl,
Ich lebte nur mich ihm zu unterwerfen.

GENIEN. Wie man es wendet und wie man es nimmt,
Alles geschieht was die Götter bestimmt!
Laß nun den Sonnen, den Monden den Lauf,
Kommen wir zeitig und wecken dich auf.

Epimenides steigt, begleitet von den Knaben die Stufen hinan und als die Vorhänge sich öffnen, sieht man ein prächtiges Lager, über demselben eine wohlerleuchtende Lampe. Er besteigt es; man sieht ihn sich niederlegen und einschlafen. Sobald der Weise ruht, schließen die Knaben zwei eherne Pfortenflügel, auf welchen man den Schlaf und Tod, nach antiker Weise, vorgestellt sieht. Fernes Donnern.

VIERTER AUFTRITT

HEERESZUG. *Im Kostüm der sämtlichen Völker, welche von den Römern zuerst bezwungen und dann als Bundesgenossen gegen die übrige Welt gebraucht worden.*

Der Ruf des Herrn
Der Herrn ertönt;
Wir folgen gern,
Wir sind's gewöhnt;
Geboren sind
Wir all' zum Streit
Wie Schall und Wind
Zum Weg bereit.

Wir ziehn, wir ziehn
Und sagen's nicht,
Wohin? wohin?
Wir fragen's nicht;
Und Schwert und Spieß
Wir tragen's fern,
Und jens und dies
Wir wagen's gern.

FÜNFTER AUFTRITT

DÄMON DES KRIEGS sehr schnell auftretend.
Mit Staunen seh' ich euch, mit Freude,
Der ich euch schuf bewundr' euch heute:
Ihr zieht mich an, ihr zieht mich fort,
Mich muß ich unter euch vergessen:
Mein einzig Streben sei immerfort
An eurem Eifer mich zu messen.
Des Höchsten bin ich mir bewußt,
Dem Wunderbarsten widm' ich mich mit Lust:
Denn wer Gefahr und Tod nicht scheut
Ist Herr der Erde, Herr der Geister;
Was auch sich gegensetzt und dräut,
Er bleibt zuletzt allein der Meister.
Kein Widerspruch! kein Widerstreben!
Ich kenne keine Schwierigkeit,
Und wenn umher die Länder beben,
Dann erst ist meine Wonnezeit.
Ein Reich mag nach dem andern stürzen,
Ich steh' allein und wirke frei;
Und will sich wo ein schneller Knoten schürzen,
Um desto schneller hau' ich ihn entzwei.
Kaum ist ein großes Werk getan,
Ein neues war schon ausgedacht,
Und wär' ich ja aufs Äußerste gebracht,
Da fängt erst meine Kühnheit an. –
Ein Schauder überläuft die Erde,
Ich ruf' ihr zu ein neues Werde.

Ein Brandschein verbreitet sich über das Theater.

Es werde Finsternis! – Ein brennend Meer
Soll allen Horizont umrauchen
Und sich der Sterne zitternd Heer
Im Blute meiner Flammen tauchen.
Die höchste Stunde bricht herein,
Wir wollen ihre Gunst erfassen:
Gleich unter dieser Ahnung Schein
Entfaltet euch, gedrängte Massen,
Vom Berg ins Land, flußab ans Meer

Verbreite dich, unüberwindlich Heer!
Und wenn der Erdkreis überzogen
Kaum noch den Atem heben mag,
Demütig seine Herrn bewirtet –
Am Ufer schließet mir des Zwanges ehrnen Bogen:
Denn wie euch sonst das Meer umgürtet,
Umgürtet ihr die kühnen Wogen:
So Nacht für Nacht, so Tag für Tag;
Nur keine Worte – Schlag auf Schlag!

HEERESZUG sich entfernend.

So geht es kühn
Zur Welt hinein;
Was wir beziehn
Wird unser sein:
Will einer das,
Verwehren wir's;
Hat einer was,
Verzehren wir's.

Hat einer g'nug
Und will noch mehr;
Der wilde Zug
Macht alles leer.
Da sackt man auf,
Und brennt das Haus;
Da packt man auf
Und rennt heraus.

So zieht vom Ort
Mit festem Schritt
Der Erste fort,
Den Zweiten mit;
Wenn Wahn und Bahn
Der Beste brach,
Kommt an und an
Der Letzte nach.

SECHSTER AUFTRITT

DÄMONEN DER LIST treten, in verschiedenen Gestalten, von derselben Seite, nach welcher das Kriegsheer abzieht, auf, schlingen sich durch die Kolonne durch, welche in ihrem raschen Schritt gehindert langsamer abzieht.

Wenn unser Sang
Gefällig lockt,
Der Sieges-Drang
Er schwankt und stockt;
Wenn unser Zug
Sich krümmt und schlingt,
Der Waffen Flug
Wird selbst bedingt.

Nur alle mit
Dahin! dahin!
Nur Schritt vor Schritt,
Gelassen kühn.
Wie's steht und fällt
Ihr tretet ein,
Geschwind die Welt
Wird euer sein.

Wenn der Kriegszug das Theater verlassen hat, haben die Neuangekommenen dasselbe schon völlig eingenommen, und indem der Dämon des Kriegs den Seinigen folgen will, treten ihm die Dämonen der List in den Weg.

SIEBENTER AUFTRITT

Dämonen der List.

ALLE. Halt ein! Du rennst in dein Verderben!
DÄMON DES KRIEGS. Wer also spricht der müsse sterben.
PFAFFE. Erkenn' ich doch daß du unsterblich bist,
Doch auch unsterblich ist die Pfaffenlist.
DÄMON DES KRIEGS. So sprecht.
JURIST. Fürwahr, dein ungezähmter Mut
Läßt sich durch Güte nicht erbitten.

Du wirst mit einem Meer von Blut
Den ganzen Erdkreis überschütten.

DIPLOMAT. Doch wandl' ich dir nicht still voran
Und folg' ich nicht den raschen Pfaden;
So hast du wenig nur getan
Und wirst dir immer selber schaden.

DAME. Wer leise reizt und leise quält,
Erreicht zuletzt des Herrschers höchstes Ziel
Und wie den Marmor selbst der Tropfen Folge höhlt,
So töt' ich endlich das Gefühl.

DIPLOMAT. Du eilst uns vor, wir folgen still
Und mußt uns noch am Ende schätzen:
Denn wer der List sich wohl noch fügen will,
Wird der Gewalt sich widersetzen.

DÄMON DES KRIEGS. Verweilet ihr, ich eile fort!
Der Abschluß der ist meine Sache.
Du wirkest hier, du wirkest dort,
Und wenn ich nicht ein Ende mache,
So hat ein jeder noch ein Wort.
Ich löse rasch mit einem Male
Die größten Zweifel Angesichts.
So legte Brennus in die Schale
Das Schwert statt goldenen Gewichts.
Du magst nur dein Gewerbe treiben
In dem dich niemand übertrifft;
Ich kann nur mit dem Schwerte schreiben,
Mit blut'gen Zügen, meine Schrift. Geht rasch ab.

ACHTER AUFTRITT

Dämonen der List.

PFAFFE. Der Kriegesgott er wüte jetzt,
Und ihr umgarnt ihn doch zuletzt.

DIPLOMAT. Zertret' er goldner Saaten Halme
Mit flügelschnellem Siegeslauf,
Allein wenn ich sie nicht zermalme
Gleich richten sie sich wieder auf.

DAME. Die Geister macht er nie zu Sklaven,
Durch offne Rache, harte Strafen
Macht er sie nur der Freiheit reif.
HOFMANN. Doch alles was wir je ersonnen
Und alles was wir je begonnen
Gelinge nur durch Unterschleif.
PFAFFE. Den Völkern wollen wir versprechen,
Sie reizen zu der kühnsten Tat;
Wenn Worte fallen, Worte brechen,
Nennt man uns weise, klug im Rat.
JURIST. Durch Zaudern wollen wir verwehren
Und alle werden uns vertraun.
Es sei ein ewiges Zerstören,
Es sei ein ew'ges Wiederbaun.
LUSTIGE PERSON.
Steht nur nicht so in eng geschloßnen Reihen,
Schließt mich in eure Zirkel ein!
Damit zu euren Gaukeleien
Die meinigen behülflich sei'n!

Bin der Gefährlichste von allen!
Dieweil man mich für nichtig hält,
Daran hat jedermann Gefallen
Und so betrüg' ich alle Welt.

Euch dien' es allen zum Bescheide:
Ich spiele doppelte Person:
Erst komm' ich an in diesem Kleide,
In diesem mach' ich mich davon.
Zeigt sich als böser Geist, versinkt, eine Flamme schlägt empor.
DIPLOMAT.
Und nun beginnet gleich – das herrliche Gebäude,
Der Augen Lust, des Geistes Freude,
Im Wege steht es mir von allen;
Durch eure Künste soll es fallen.
HOFMANN. Leise müßt ihr das vollbringen,
Die gelinde Macht ist groß;
Wurzelfasern, wie sie dringen,
Sprengen wohl die Felsen los.

CHOR. Leise müßt ihr das vollbringen,
Die geheime Macht ist groß.
HOFMANN. Und so löset still die Fugen
An dem herrlichen Palast;
Und die Pfeiler, wie sie trugen,
Stürzen durch die eigne Last.
In das Feste sucht zu dringen
Ungewaltsam, ohne Stoß.
CHOR. Leise müßt ihr das vollbringen,
Die geheime Macht ist groß.

Während dieses letzten Chors verteilen sich die Dämonen an alle Kulissen, nur der Hofmann bleibt in der Mitte, die übrigen sind mit dem letzten Laute auf einmal alle verschwunden.

NEUNTER AUFTRITT

DÄMON ALS HOFMANN allein. Lauschend.
Ich trete sacht, ich halte Puls und Oden, –
Ich fühle sie wohl, doch hör' ich sie nicht;
Es zittert unter mir der Boden;
Ich fürchte selbst, er schwankt und bricht:

Er entfernt sich von der einen Seite.

Die mächtig riesenhaften Quadern
Sie scheinen unter sich zu hadern;

Er entfernt sich von der andern Seite.

Die schlanken Säulenschäfte zittern,
Die schönen Glieder, die in Liebesbanden
Einträchtig sich zusammen fanden,
Jahrhunderte als Eins bestanden –
Erdbeben scheinen sie zu wittern,
Bei dringender Gefahr und Not,
Die einem wie dem andern droht
Sich gegenseitig zu erbittern.

Er tritt in die Mitte, argwöhnisch gegen beide Seiten.

Ein Wink, ein Hauch den Bau zu Grunde stößt
Wo sich von selbst das Feste löst.

In dem Augenblicke bricht alles zusammen. Er steht in schweigender, umsichtiger Betrachtung.

ZEHNTER AUFTRITT

Dämon der Unterdrückung tritt auf. Im Kostüm eines orientalischen Despoten.

DÄMON DER LIST ehrerbietig.
Mein Fürst! mein Herrscher, so allein?
DÄMON DER UNTERDRÜCKUNG.
Da wo ich bin, da soll kein andrer sein.
DÄMON DER LIST. Auch die nicht, die dir angehören?
DÄMON DER UNTERDRÜCKUNG.
Ich werde niemals dir verwehren
Zu schaun mein fürstlich Angesicht;
Doch weiß ich wohl, du liebst mich nicht.
Dein Vielbemühn was hilft es dir?
Denn ewig dienstbar bist du mir.
DÄMON DER LIST. Herr, du verkennest meinen Sinn!
Zu dienen dir ist mein Gewinn;
Und wo kann freieres Leben sein
Als dir zu dienen, dir allein!
Was Großes auch die Welt gesehn,
Für deinen Zepter ist's geschehn,
Was Himmel zeugte, Hölle fand,
Ergossen über Meer und Land
Es kommt zuletzt in deine Hand.
DÄMON DER UNTERDRÜCKUNG.
Sehr wohl! Die Mühe mir verkürzen
Das ist dein edelster Beruf:
Denn was die Freiheit langsam schuf,
Es kann nicht schnell zusammen stürzen,
Nicht auf der Kriegsposaune Ruf;
Doch hast du klug den Boden untergraben,
So stürzt das alles Blitz vor Blitz.
Da kann ich meinen stummen Sitz
In sel'gen Wüsteneien haben.
Du hast getan, wie ich gedacht:
Ich will nun sehn was du vollbracht.

Verliert sich unter die Ruinen.

EILFTER AUFTRITT

DÄMON DER LIST *zuversichtlich.* Ja gehe nur und sieh dich um!
In unsrer Schöpfung magst du wohnen.
Du findest alles still und stumm,
Denkst du in Sicherheit zu thronen.
Ihr brüstet euch ihr unteren Dämonen,
So mögt ihr wüten, mögt auch ruhn,
Ich deut' euch beides heimlich an;
Da mag denn jener immer tun
Und dieser glauben es sei getan.

Ich aber wirke schleichend immer zu,
Um beide nächstens zu erschrecken:
Dich Kriegesgott bring' ich zur Ruh,
Dich Sklavenfürsten will ich wecken.

Zu dringen und zu weichen,
Das ist die größte Kunst,
Und so zu überschleichen
Das Glück und seine Gunst.
Die Wege die sie gehen,
Sie sind nach meinem Sinn;
Der Übermut soll gestehen
Daß ich allmächtig bin. *Ab.*

ZWÖLFTER AUFTRITT

DÄMON DER UNTERDRÜCKUNG *aus den Ruinen hervortretend.*
Es ist noch allzu frisch, man könnt' es wieder bauen;
Die graue Zeit, wirkend ein neues Grauen –
Verwittrung, Staub und Regenschlick,
Mit Moos und Wildnis düstre sie die Räume.
Nun wachst empor, ehrwürd'ge Bäume!
Und zeiget dem erstaunten Blick
Ein längst veraltetes verschwundenes Geschick,
Begraben auf ewig jedes Glück.
Während dieser Arie begrünet sich die Ruine nach und nach.

Nicht zu zieren – zu verdecken,
Nicht zu freuen – zu erschrecken,
Wachse dieses Zaubertal!
Und so schleichen und so wanken,
Wie verderbliche Gedanken,
Sich die Büsche, sich die Ranken
Als Jahrhunderte zumal.

So sei die Welt denn einsam! aber mir,
Dem Herrscher, ziemt es nicht, daß er allein:
Mit Männern mag er nicht verkehren,
Eunuchen sollen Männern wehren,
Und halb umgeben wird er sein;
Nun aber sollen schöne Frauen
Mit Taubenblick mir in die Augen schauen,
Mit Pfauenwedeln luftig wehen,
Gemeßnen Schrittes mich umgehen,
Mich liebenswürdig all' umsehnen,
Und ganze Scharen mir allein.
Das Paradies es tritt herein!
Er ruht im Überfluß gebettet,
Und jene die sich glücklich wähnen
Sie sind bewacht, sie sind gekettet.

DREIZEHNTER AUFTRITT

LIEBE ungesehen aus der Ferne.
Ja, ich schweife schon im Weiten
Dieser Wildnis leicht und froh:
Denn der Liebe sind die Zeiten
Alle gleich und immer so.
DÄMON DER UNTERDRÜCKUNG.
Wie? was hör' ich da von weiten?
Ist noch eine Seele froh? –
Ich vernichte Zeit auf Zeiten
Und sie sind noch immer so! –
Melodie jenes Gesangs, durch blasende Instrumente. Der Dämon zeigt indessen Gebärden der Überraschung und Rührung.

Doch, dein Busen will entflammen,
Dich besänftigt dieser Schall?
Nimm, o nimm dich nur zusammen
Gegen diese Nachtigall!

LIEBE tritt auf. Der Dämon ist zurückgetreten.

Ja, ich walle gern im Weiten
Dieser Pfade leicht und froh:
Denn der Liebe sind die Zeiten
Alle gleich und immer so.

DÄMON DER UNTERDRÜCKUNG.

O, wie kommt sie da von weiten,
Ohne Furcht und immer froh!

LIEBE. Denn der Liebe sind die Zeiten
Immer gleich und immer so.

DÄMON DER UNTERDRÜCKUNG zu ihr tretend.

Wen suchst du denn? Du suchest wen!
Ich dächte doch du mußt ihn kennen.

LIEBE. Ich suche wohl – es ist so schön!
Und weiter weiß ich nichts zu nennen.

DÄMON DER UNTERDRÜCKUNG anständig zudringlich, gehalten und scherzhaft. Nun! o nenne mir den Lieben
Dem entgegen man so eilt.

LIEBE. Ja, es ist, es ist das Lieben,
Das im Herzen still verweilt!

Der Dämon entfernt sich.

VIERZEHNTER AUFTRITT

Glaube hat die Schwester am Gesang erkannt, kommt eilig herbei, wirft sich ihr an die Brust. Liebe fährt in ihrem heitern Gesange noch eine Zeit lang fort, bis Glaube sich leidenschaftlich losreißt und abwärts tritt.

GLAUBE. O liebste Schwester! kannst du mich
Und meine Leiden so empfangen?
Ich irre trostlos, suche dich,
An deinem Herzen auszubangen;
Nun flieh' ich leider wie ich kam,
Mich abgestoßen muß ich fühlen:

Wer teilt nun Zweifel, Kummer, Gram
Wie sie das tiefste Herz durchwühlen!

LIEBE sich nähernd. O Schwester! mich so im Verdacht?
Die immer neu und immer gleich
Unsterbliche unsterblich macht,
Die Sterblichen alle gut und reich.
Von oben kommt mir der Gewinn,
Die höchste Gabe willst du lästern?
Denn ohne diesen heitren Sinn,
Was wären wir und unsre Schwestern!

GLAUBE. Nein, in diesen Jammerstunden
Klinget keine Freude nach!
Schmerzen tausendfach empfunden,
Herz um Herz das knirschend brach,
Leer Gebet, vergebne Tränen,
Eingekettet unser Sehnen,
Unsrer Herrlichkeit Verhöhnen,
Der Erniedrigung Gewöhnen! –
Ewig deckt die Nacht den Tag.

LIEBE. Es sind nicht die letzten Stunden,
Laß den Göttern das Gericht!

GLAUBE. Nie hast du ein Glück empfunden:
Denn der Jammer rührt dich nicht!

Sie treten auseinander.

DÄMON DER UNTERDRÜCKUNG
Still! nun hab' ich überwunden –
Schwestern und verstehn sich nicht!

Zum Glauben.

Herrlich Mädchen! welches Bangen,
Welche Neigung, welch Verlangen
Reget diese schöne Brust?

GLAUBE. Herr, o Herr! gerecht Verlangen
War die Schwester zu umfangen,
Treue bin ich mir bewußt.

DÄMON DER UNTERDRÜCKUNG zur Liebe.
Wie? Du Holde, das Verlangen
Deine Schwester zu umfangen
Weigert sich die süße Brust.

LIEBE. Sie, die Beste, zu umfangen

Fühl' ich ewiges Verlangen;
Komm, o komm an meine Brust!
GLAUBE. O verzeih dem Schmerz, dem Bangen!
Kaum getraut' ich zu verlangen
Lieb' um Liebe, Lust um Lust! Sie umarmen sich.
DÄMON DER UNTERDRÜCKUNG für sich.
Immer wächst mir das Verlangen,
Zu betören; sie zu fangen
Sei mein Streben, meine Lust.
Zwischen sie tretend.
Holdsel'ges Paar, das himmlisch mir begegnet,
Es sei der Tag für euch und mich gesegnet,
Er sei bezeichnet immerdar!
Ja! dieser Stunde jedes von uns gedenke.
Kleine Dämonen mit Juwelen.
Verschmähet nicht die wenigen Geschenke
Aus meiner Hand, verehrtes Paar.
Die Liebe liebkosend und ihr Armbänder anlegend.
Hände, meiner Augen Weide,
O wie drück' und küss' ich sie,
Nimm das köstlichste Geschmeide,
Trag' es und vergiß mich nie!
Den Glauben liebkosend und ihr einen köstlichen Gürtel oder vielmehr Brustschmuck anlegend.
Wie sie sich in dir vereinen
Hoher Sinn und Lebenslust:
So mit bunten Edelsteinen
Schmück' ich dir die volle Brust.
Die kleinen Dämonen bringen heimlich schwarze schwere Ketten hervor.
GLAUBE. Das verdient wohl dieser Busen
Daß ihn die Juwele schmückt.
Der eine Dämon hängt ihr die Kette hinten in den Gürtel, in dem Augenblick fühlt sie Schmerzen, sie ruft, indem sie auf die Brust sieht.
Doch wie ist mir! von Medusen
Werd' ich greulich angeblickt.
LIEBE. O! wie sich das Auge weidet,
Und die Hand wie freut sie sich!
Sie streckt die Arme aus und besieht die Armbänder von oben; das Dämonchen hängt von unten eine Doppelkette ein.

Was ist das? wie sticht's und schneidet
Und unendlich foltert's mich!

DÄMON DER UNTERDRÜCKUNG *zur Liebe, mäßig spottend.*

So ist dein zartes Herz belohnt!
Von diesen wird dich nichts erretten;
Doch finde dich, du bist's gewohnt,
Du gehst doch immerfort in Ketten.

Zum Glauben, der sich ängstlich gebärdet, mit geheuchelter Teilnahme.

Ja schluchze nur aus voller Brust
Und mache den Versuch zu weinen!

Zu beiden gewaltsam.

Verzichtet aber auf Glück und Lust;
Das Beßre wird euch nie erscheinen!

Sie fahren von ihm weg, werfen sich an den Seiten nieder; Liebe liegt ringend, Glaube still.

DÄMON DER UNTERDRÜCKUNG.

So hab' ich euch dahin gebracht
Beim hellsten Tag in tiefste Nacht.
Getrennt wie sie gefesselt sind,
Ist Liebe töricht, Glaube blind.
Allein die Hoffnung schweift noch immer frei,
Mein Zauber winke sie herbei!
Ich bin schon oft ihr listig nachgezogen,
Doch wandelbar wie Regenbogen
Setzt sie den Fuß bald da, bald dort, bald hier;
Und hab' ich diese nicht betrogen,
Was hilft das alles andre mir!

FÜNFZEHNTER AUFTRITT

Hoffnung erscheint auf der Ruine linker Hand des Zuschauers, bewaffnet mit Helm, Schild und Speer.

DÄMON DER UNTERDRÜCKUNG.

Sie kommt! sie ist's! – Ich will sie kirren,
's ist auch ein Mädchenhaupt, ich will's verwirren.
Sie sieht mich, bleibt gelassen stehn,
Sie soll mir diesmal nicht entgehn.

Sanft teilnehmend.

Im Gedränge hier auf Erden
Kann nicht jeder was er will;
Was nicht ist, es kann noch werden,
Hüte dich und bleibe still.

Sie hebt den Speer gegen ihn auf und steht in drohender Gebärde unbeweglich.

Doch welch ein Nebel, welche Dünste
Verbergen plötzlich die Gestalt!
Wo find' ich sie? Ich weiß nicht wo sie wallt;
An ihr verschwend' ich meine Künste.
Verdichtet schwankt der Nebelrauch und wächst
Und webt, er webt undeutliche Gestalten,
Die deutlich doch undeutlich immer fort
Das Ungeheure mir entfalten.
Gespenster sind's, nicht Wolken, nicht Gespenster,
Die Wirklichen sie dringen auf mich ein.
Wie kann das aber wirklich sein
Das Webende, das immer sich entschleiert?
Verschleierte Gestalten, Ungestalten,
In ewigem Wechseltrug erneuert!
Wo bin ich? Bin ich mir bewußt? –
Sie sind's! Sie sind auch nicht, und aus dem Grauen
Muß ich voran lebendig Kräft'ge schauen;
Fürwahr es drängt sich Brust an Brust
Voll Lebensmacht und Kampfeslust;
Die Häupter in den Wolken sind gekrönt,
Die Füße schlangenartig ausgedehnt,
Verschlungen schlingend
Mit sich selber ringend,
Doch alle klappernd nur auf mich gespitzt.
Die breite Wolke senkt sich, eine Wolke
Lebendig tausendfach, vom ganzen Volke
Von allen Edlen schwer; sie sinkt, sie drückt,
Sie beugt mich nieder, sie erstickt!

Er wehrt sich gegen die von der Einbildungskraft ihm vorgespiegelte Vision, weicht ihr aus, wähnt in die Enge getrieben zu sein, ist ganz nahe zu knien. Die Hoffnung nimmt ihre ruhige Stellung wieder an. Er ermannt sich.

Aufgeregte Höllenbilder,
Zeigt euch wild und immer wilder,
Und ihr fechtet mich nicht an!
Euer Wanken, euer Weben
Sind Gedanken; sollt' ich beben?
Vor dem selbstgeschaffnen Wahn?
Euer Lasten, euer Streben,
Ihr Verhaßten, ist kein Leben;
Eure Häupter, eure Kronen
Sind nur Schatten, trübe Luft.

Doch ich wittre Grabesduft,
Unten schein' ich mir zu wohnen
Und schon modert mir die Gruft.

Er entflieht mit Grauen. Hoffnung ist nicht mehr zu sehen. Der Vorhang fällt.

Ende des ersten Aufzugs.

ZWEITER AUFZUG

ERSTER AUFTRITT

LIEBE erhebt sich nach einiger Zeit, wie abwesend, wo nicht wahnsinnig. Sag', wie ist dir denn zumalen?
Was beengt dir so das Herz?
Was ich fühle, sind nicht Qualen,
Was ich leide, ist nicht Schmerz.
Ob ich gleich den Namen höre,
Liebe, so hieß ich immer fort;
Es ist als ob ich gar nicht wäre,
Liebe 's ist ein leeres Wort.

GLAUBE die indessen aufgestanden, aber nicht sicher auf ihren Füßen steht. Wankt der Felsen unter mir,
Der mich sonst so kräftig trug?
Nein! ich wanke, sinke hier,
Habe nicht mehr Kraft genug
Mich zu halten, meine Knie
Brechen, ach, ich beuge sie
Nicht zum Beten; sinnenlos,
Herzlos lieg' ich an dem Boden,

Mir versagt, mir stockt der Oden;
Götter! meine Not ist groß!

LIEBE weiterschreitend. Zwar gefesselt sind die Hände,
Doch der Fuß bewegt sich noch;
Wenn ich, ach, dorthin mich wende,
Schüttl' ich ab das schwere Joch.

GLAUBE wie jene, nur etwas rascher und lebhafter.
Will ich mich vom Ort bewegen,
Wird vielleicht der Busen frei.

Sieht die Schwester herankommen.

O, die Schwester! Welch ein Segen!
Ja, die Gute kommt herbei.

Indem sie gegeneinander die Arme ausstrecken, sehen sie sich so weit entfernt, daß sie sich nicht berühren können.

LIEBE. Gott! ich kann dich nicht erreichen,
Ach, von dir steh ich gebannt!

Indem sie an ihren vorigen Platz eilig zurückkehrt.

GLAUBE. Gibt's ein Elend solchesgleichen!

Die noch gezögert und sich hin und wieder umgesehen hat, stürmt auch nach ihrer Seite.

Nein! die Welt hat's nicht gekannt.

Beide werfen sich an ihrer Stelle nieder.

ZWEITER AUFTRITT

HOFFNUNG welche indessen oben erschienen und herunter getreten ist. Ich höre jammern, höre klagen,
In Banden meine Schwestern? wie,
O wie sie ringen, wie sie zagen!
Vernehmt mein Wort, es fehlet nie.
Ihr zeigt mir freilich eure Ketten,
Getrauet nicht mich anzuschaun;
Doch bin ich, hoff' euch zu erretten,
Erhebt euch, kommt mir zu vertraun!

DRITTER AUFTRITT

GENIEN herbei eilend. Immer sind wir noch im Lande,
Hier und dort mit raschem Lauf.

Sie nehmen die Ketten ab, zugleich mit dem Schmuck.

Erstlich lösen wir die Bande,
Richte du sie wieder auf!

Denn uns Genien gegeben
Ward gewiß ein schönes Teil;
Euer eigenes Bestreben
Wirke nun das eigne Heil. Sie entfernen sich.

HOFFNUNG zu den wegeilenden Genien.
Nehmt Gotteslohn, ihr süßen Brüder!
Sie hebt erst den Glauben auf und bringt ihn gegen die Mitte.
Und steht nur erst der Glaube fest,
So hebt sich auch die Liebe wieder.

LIEBE die von selbst aufspringt und auf die Hoffnung loseilt.
Ja, ich bin's, und neugeboren
Werf' ich mich an deine Brust.

GLAUBE. Völlig hatt' ich mich verloren,
Wieder find' ich mich mit Lust.

HOFFNUNG. Ja, wer sich mit mir verschworen,
Ist sich alles Glücks bewußt;
Denn wie ich bin, so bin ich auch beständig,
Nie der Verzweiflung geb' ich mich dahin;
Ich mildre Schmerz, das höchste Glück vollend' ich;
Weiblich gestaltet, bin ich männlich kühn.
Das Leben selbst ist nur durch mich lebendig,
Ja übers Grab kann ich's hinüber ziehn,
Und wenn sie mich sogar als Asche sammeln,
So müssen sie noch meinen Namen stammeln.

Und nun vernehmt! – Wie einst, in Grabeshöhlen,
Ein frommes Volk geheim sich flüchtete,
Und allen Drang der himmlisch reinen Seelen
Nach oben voll Vertrauen richtete,
Nicht unterließ auf höchsten Schutz zu zählen
Und auszudauern sich verpflichtete:
So hat die Tugend still ein Reich gegründet
Und sich, zu Schutz und Trutz, geheim verbündet.

Im Tiefsten, hohl, das Erdreich untergraben,
Auf welchem jene schrecklichen Gewalten

Nun offenbar ihr wildes Wesen haben,
In majestätisch häßlichen Gestalten,
Und mit den holden überreifen Gaben
Der Oberfläche nach Belieben schalten;
Doch wird der Boden gleich zusammen stürzen
Und jenes Reich des Übermuts verkürzen.

Von Osten rollt, Lauinen gleich, herüber
Der Schnee- und Eisball, wälzt sich groß und größer,
Er schmilzt und nah und näher stürzt vorüber
Das alles überschwemmende Gewässer:
So strömt's nach Westen, dann zum Süd hinüber,
Die Welt sieht sich zerstört – und fühlt sich besser:
Vom Ozean, vom Belt her, kommt uns Rettung;
So wirkt das All in glücklicher Verkettung.

VIERTER AUFTRITT

Genien den drei Schwestern Kronen darreichend.
Und so bestärkt euch, Königinnen!
Ihr seid es, obschon jetzt gebeugt;
Ihr müßt noch alles Glück gewinnen:
Vom Himmel seid ihr uns gezeugt;
Zum Himmel werdet ihr euch heben,–
Die Sterblichen sie sehn's entzückt, –
Und glorreich über Welten schweben,
Die ihr auf ewig nun beglückt.

Doch, was dem Abgrund kühn entstiegen
Kann, durch ein ehernes Geschick,
Den halben Weltkreis übersiegen,
Zum Abgrund muß es doch zurück.
Schon droht ein ungeheures Bangen,
Vergebens wird er widerstehn!
Und alle die noch an ihm hangen,
Sie müssen mit zu Grunde gehn.

Hoffnung. Nun begegn' ich meinen Braven,
Die sich in der Nacht versammlet
Um zu schweigen, nicht zu schlafen,
Und das schöne Wort der Freiheit

Wird gelispelt und gestammlet,
Bis in ungewohnter Neuheit
Wir an unsrer Tempel Stufen
Wieder neu entzückt es rufen:

Mit Überzeugung, laut.

Freiheit!

Gemäßigter.

Freiheit!

Von allen Enden Echo.

Freiheit!

LIEBE. Kommt, zu sehn was unsre frommen
Guten Schwestern unternommen,
Die mit Seufzen sich bereiten
Auf die blutig wilden Zeiten.

GLAUBE. Denn der Liebe Hülf' und Laben
Wird den schönsten Segen haben,
Und im Glauben überwinden
Sie die Furcht, die sie empfinden.

GENIUS I. Ihr werdet eure Kraft beweisen,
Bereitet still den jüngsten Tag.

GENIUS II. Denn jenes Haupt von Stahl und Eisen
Zermalmt zuletzt ein Donnerschlag.

Die sämtlichen fünfe, unter musikalischer Begleitung, kehren sich um und gehen nach dem Grunde. Die Hoffnung besteigt die Ruinen links des Zuschauers, Glaube und Liebe die Ruinen rechts; die Knaben besteigen die Treppen und stellen sich an die Pforten. Sie begrüßen sich alle untereinander nochmals zum Abschied. Es wird Nacht.

FÜNFTER AUFTRITT

UNSICHTBARES CHOR.
Sterne versanken und Monden in Blut.
Aber nun wittert und lichtet es gut:
Sonne sie nahet dem himmlischen Thron,
Lieber, sie kommen und wecken dich schon.

Die Genien eröffnen die Pforten, indem sie sich dahinter verstecken und lauschen. Epimenides ruht noch wie er eingeschlafen; die Lampe brennt. Er erwacht, regt sich, steht auf, tritt unter die Türe, gibt seine Verwunderung zu erkennen, tritt wankend die Stufen herunter, ungewiß wo er sich befinde.

SECHSTER AUFTRITT

EPIMENIDES. Und welch Erwachen! wunderbar genug!
Die Pforten öffnen sich bei düstrer Nacht.
Täuscht mich der Genien sonst so treuer Dienst?
Kein Stern am Himmel?

Es erscheint ein Komet ungeheuer.

Welch ein furchtbar Zeichen
Erschreckt den Blick mit Rutenfeuerschein!
Wo bin ich denn? – In eine Wüstenei
Von Fels und Baum beschränkt, bin ich begraben.

Wie war es sonst! als mir die Flügeltüren,
Beim ersten Morgenlicht, von Geisterhand
Sich öffneten, das liebe Himmelspaar
Mich in die holde Welt herunter führte;
Mich Tempel und Palast, und nah und fern
Die herrlichste Natur mich glänzend grüßte.
Wie düster jetzt! und was der Feuerschein
Mir ahnungsvoll entdeckt ist grausenhaft.
Wer leitet mich? wer rettet vom Verderben?
Verdient wohl euer Freund, ihr Götter, so zu sterben?

Die Genien treten, oben an der Pforte, hervor mit Fackeln.

Doch ihr erhört des treuen Priesters Ruf!
Ich sehe neuen goldnen Schein umschimmern:
Die Lieben sind's! o, wo sie leuchtend gehn,
Liegt keine Wüste, haus't kein Schrecknis mehr.

Sie sind herunter gekommen und stehen neben ihm.

O sagt mir an, ihr Holden, welchen Traum
Von Ängstlichkeiten schafft ihr um mich her?

Sie legen den Finger auf den Mund.

Ich träume, ja! wo nicht, so hat ein Gott
In tiefe Wüsteneien mich verschlagen –
Hier – keine Spur von jenem alten Glanz,
Nicht Spur von Kunst, von Ordnung keine Spur!
Es ist der Schöpfung wildes Chaos hier,
Das letzte Grauen endlicher Zerstörung.

Genien deuten hinüber und herüber.

Was deutet ihr? Ich soll mich hier erkennen!

Die Genien leuchten voran nach der einen Seite.

Euch folgen? wohl! ihr leuchtet dieserseits.
Was seh' ich hier! ein wohlbekanntes Bild!
In Marmorglanze, Glanz vergangner Tage.
„Der Vater ruht auf seinem breiten Polster,
Die Frau im Sessel, Kinder stehn umher
Von jedem Alter; Knechte tragen zu,
Das Pferd sogar es wiehert an der Pforte;
Die Tafel ist besetzt, man schwelgt und ruht."
Fürwahr! es ist die Stätte noch, wo mir
Des Freudentages hellste Sonne schien;
Ist alles doch in Schutt und Graus versunken.

Sie deuten, und leiten ihn nach der andern Seite.

Noch weiter? Nein, ihr Guten, nein, ach nein!
Ich glaub' es auch, es ist die alte Stätte;
Doch während meines Schlafes hat ein Gott
Die Erd' erschüttert, daß Ruinen hier
Sich aufeinander türmen, durch ein Wunder
Der Bäume, der Gesträuche Trieb beschleunigt. –
So ist es hin, was alles ich gebaut
Und was mit mir von Jugend auf emporstieg.
O, wär' es herzustellen! Nein, ach nein!

Ihr nötigt mich an diese Tafel hin!
Zerschlagen ist sie, nicht mehr leserlich.
Hinweg von mir! O mein Gedächtnis! O!
Du hältst das Lied noch fest, du wiederholst es.

UNSICHTBARES CHOR.
„Hast du ein gegründet Haus
Fleh' die Götter alle,
Daß es bis man dich trägt hinaus,
Nicht zu Schutt zerfalle,
Und noch lange hinterdrein
Kindeskindern diene,
Und umher ein frischer Hain
Immer neu ergrüne."

EPIMENIDES. Dämonen seid ihr, keine Genien!
Der Hölle, die Verzweiflung haucht, entstiegen.

Sie haucht mich an, durchdringt, erstarrt die Brust,
Umstrickt das Haupt, zerrüttet alle Sinnen.

Er beugt seine Knie, richtet sich aber gleich wieder auf.

Nein, kniee nicht! sie hören dich nicht mehr;
Die Genien schweigen, wünsche dir den Tod.
Denn wo der Mensch verzweifelt, lebt kein Gott,
Und ohne Gott will ich nicht länger leben.

Er wendet sich ab verzweifelnd.

GENIEN sich einander zuwinkend.
Komm! wir wollen dir versprechen
Rettung aus dem tiefsten Schmerz:
Pfeiler, Säulen kann man brechen,
Aber nicht ein freies Herz:
Denn es lebt ein ewig Leben,
Es ist selbst der ganze Mann,
In ihm wirken Lust und Streben,
Die man nicht zermalmen kann.

EPIMENIDES wehmütig.
O sprecht! o helft! mein Knie es trägt mich kaum:
Ihr wollt euch bittren Spott erlauben?

GENIEN. Kommt mit! den Ohren ist's ein Traum;
Den Augen selbst wirst du nicht glauben.

Es wird auf einmal Tag. Von ferne kriegerische Musik. Epimenides und die Knaben stehen vor die Pforte.

SIEBENTER AUFTRITT

Die kriegerische Musik kommt näher. Die Hoffnung, den Jugendfürsten an der Seite, führt über die Ruinen, da wo sie abgegangen ist, ein Heer herein, welches die verschiedenen neuern zu diesem Kriege verbündeten Völker bezeichnet.

CHOR. Brüder, auf die Welt zu befreien.
Kometen winken, die Stund' ist groß.
Alle Gewebe der Tyranneien
Haut entzwei und reißt euch los!
Hinan! – Vorwärts – hinan!
Und das Werk es werde getan!

So erschallt nun Gottes Stimme,
Denn des Volkes Stimme sie erschallt,
Und entflammt von heil'gem Grimme
Folgt des Blitzes Allgewalt.
Hinan! – Vorwärts – hinan!
Und das große Werk wird getan.

Und so schreiten wir, die Kühnen,
Eine halbe Welt entlang,
Die Verwüstung, die Ruinen,
Nichts verhindre deinen Gang.
Hinan! – Vorwärts – hinan!
Und das große, das Werk sei getan.

JUGENDFÜRST. Hinter uns her vernehmt ihr schallen
Starke Worte, treuen Ruf,
Siegen, heißt es, oder fallen
Ist was alle Völker schuf.
Hinan! – Vorwärts – hinan!
Und das Werk es wäre getan.

HOFFNUNG. Noch ist vieles zu erfüllen,
Noch ist manches nicht vorbei;
Doch wir alle, durch den Willen,
Sind wir schon von Banden frei.

CHOR. Hinan! – Vorwärts – hinan!
Und das große, das Werk sei getan.

JUGENDFÜRST. Auch die Alten und die Greisen
Werden nicht im Rate ruhn;
Denn es ist um den Stein der Weisen,
Es ist um das All zu tun.
Hinan! – Vorwärts – hinan!
Und das Werk es war schon getan.

CHOR. Denn so einer vorwärts rufet,
Gleich sind alle hinterdrein,
Und so geht es, abgestufet,
Stark und schwach und groß und klein.
Hinan! – Vorwärts – hinan!
Und das große, das Werk ist getan.

Und wo eh wir sie nun erfassen,
In den Sturz, in die Flucht sie hinein!
Ja in ungeheuren Massen
Stürzen wir schon hinterdrein.
Hinan! – Vorwärts – hinan!
Und das alles, das Werk ist getan.

ACHTER AUFTRITT

Glaube und Liebe mit den Frauen und Landesbewohnern an der andern Seite.

CHOR.
Und wir kommen
Mit Verlangen
Wir, die Frommen,
Zu empfangen
Sie, die Braven,
Sie mit Kränzen
Zu umschlingen.

Und mit Hymnen
Zu umsingen,
Zu erheben
Jene Braven
Die da schlafen,
Die gegeben
Höh'rem Leben.

LANDBEWOHNER aller Alter und Stände.
Und die wir zurück geblieben,
Eurer Kraft uns anvertraut,
Haben unsren kühnen Lieben
Haus und Hof und Feld gebaut;
Und wie ihr im Siege schreitet
Drückt uns traulich an die Brust;
Alles was wir euch bereitet
Lang genießt es und mit Lust.

SÄMTLICHE CHÖRE. Und mit den wichtigsten Geschäften
Verherrlicht heut' den großen Tag,
Zusammen all' mit vollen Kräften

Erhebt den Bau der niederlag:
Strebt an – Glück auf – Strebt an!
Nur zu! und schon regt sich's hinan.

Und schon der Pfeiler der gespalten
Er hebt gefüget sich empor
Und Säulenreihen sie entfalten
Der schlanken Stämme Zierd' und Flor.
Strebt an – Glück auf – Strebt an!
Es steht und das Werk ist getan.

Indessen sind die Ruinen wieder aufgerichtet. Ein Teil der Vegetation bleibt und ziert.

NEUNTER AUFTRITT

Epimenides mit zwei Priestern.

EPIMENIDES nach oben. Wie selig euer Freund gewesen,
Der diese Nacht des Jammers überschlief,
Ich konnt's an den Ruinen lesen,
Ihr Götter, ich empfind' es tief!

Zu den Umstehenden.

Doch schäm' ich mich der Ruhestunden,
Mit euch zu leiden war Gewinn:
Denn für den Schmerz den ihr empfunden,
Seid ihr auch größer als ich bin.

PRIESTER. Tadle nicht der Götter Willen
Wenn du manches Jahr gewannst:
Sie bewahrten dich im stillen,
Daß du rein empfinden kannst;
Und so gleichst du künft'gen Tagen,
Denen unsre Qual und Plagen,
Unser Streben, unser Wagen,
Endlich die Geschichte beut,
Und nicht glauben was wir sagen
Wirst du, wie die Folgezeit.

GLAUBE. Zum Ungeheuren war ich aufgerufen,
Mir dienten selbst Zerstörung, Blut und Tod;
So flammte denn an meines Thrones Stufen
Der Freiheit plötzlich furchtbar Morgenrot.

Schneidend eisige Lüfte blasen,
Ströme schwellen Schlund auf Schlund,
Und der Elemente Rasen
Alles kräftigte den Bund.
Heil der Edlen die den Glauben
In der tiefsten Brust genährt,
Unter Glut und Mord und Rauben
Das Verderben abgewehrt.

Ihr danken wir, nach mancher Jahre Grauen,
Das schöne Licht das wir vergnüglich schauen.

LIEBE. Begrüßet ihn mit liebevollen Blicken,
Der liebevoll bei seinem Volk verweilt,
Der treuen Seinen neubelebt Entzücken
Mit offnem holden Vaterherzen teilt.
Der Edle hat mit Edlen sich verbündet,
Da jauchzte kühn die treue Schar,
Und wo die Liebe wirkt und gründet,
Da wird die Kraft der Tugend offenbar,
Das Glück ist sicher und geründet.

HOFFNUNG. Ich will gestehn den Eigennutz, o Schwestern!
Für jedes Opfer fordr' ich meinen Lohn,
Ein selig Heute für ein schrecklich Gestern,
Triumphes-Wonne statt der Duldung Hohn:
So wollt' ich es dem hohen Paare geben,
Von dessen Blick beseelt wir alle leben.

EPIMENIDES. Die Tugenden, die hier ein kräftig Wirken
Und in unendlichen Bezirken
Sich herrlich tausendfach gezeigt,
Den höchsten Zweck mit Blitzesflug erreicht,
Sie helfen uns die größten Tage feiern.
Nur eine, die mit treuer Hand
Die Schwestern, fest und zart, verband,
Abseits, verhüllt bescheiden stand,
Die Einigkeit muß ich entschleiern.

Er führt eine bisher verborgen gebliebene Verschleierte hervor, und schlägt ihr den Schleier zurück.

ZEHNTER AUFTRITT

DIE EINIGKEIT. Der Geist, der alle Welten schafft,
Durch mich belehrt er seine Teuren:
„Von der Gefahr, der ungeheuren,
Errettet nur gesamte Kraft."
Das was ich lehre, scheint so leicht,
Und fast unmöglich zu erfüllen:
„Nachgiebigkeit bei großem Willen."
Nun ist des Wortes Ziel erreicht,
Den höchsten Wunsch seh' ich erfüllen.

JUGENDFÜRST. Ja, alle Kronen seh' ich neugeschmückt
Mit eignem Gold, mit Feindes-Beute;
Ihr habt das Volk, ihr habt euch selbst beglückt;
Was ihr besitzt, besitzt ihr erst von heute.
Zwar hat der Ahnen würdiges Verdienst
Die goldnen Reife längst geflochten,
Doch nun ist's eigener Gewinst:
Ihr habt das Recht daran erfochten.

EPIMENIDES. Und wir sind alle neugeboren,
Das große Sehnen ist gestillt,
Bei Friedrich's Asche war's geschworen
Und ist auf ewig nun erfüllt.

CHOR DER KRIEGER.
Und wir wandeln mit freien Schritten,
Weil wir uns was zugetraut,
Und empfangen in unsere Mitten
Gattin, Schwester, Tochter, Braut.
Getan! – Glück auf! – Getan!
Und den Dank nun zum Himmel hinan!

CHOR DER FRAUEN. Euch zu laben
Laßt uns eilen,
Unsre Gaben
Auszuteilen,
Eure Wunden
Auszuheilen:
Selige Stunden

Sind gegeben
Unsrem Leben!

Große Gruppe.

Epimenides. Ich sehe nun mein frommes Hoffen
Nach Wundertaten eingetroffen;
Schön ist's dem Höchsten sich vertraun.
Er lehrte mich das Gegenwärt'ge kennen;
Nun aber soll mein Blick entbrennen,
In fremde Zeiten auszuschaun.

Priester. Und nun soll Geist und Herz entbrennen,
Vergangnes fühlen, Zukunft schaun.

Chor. So rissen wir uns rings herum
Von fremden Banden los.
Nun sind wir Deutsche wiederum
Nun sind wir wieder groß.
So waren wir und sind es auch
Das edelste Geschlecht,
Von biederm Sinn und reinem Hauch
Und in der Taten Recht.

Und Fürst und Volk und Volk und Fürst
Sind alle frisch und neu!
Wie du dich nun empfinden wirst
Nach eignem Sinne frei.
Wer dann das Innere begehrt
Der ist schon groß und reich;
Zusammen haltet euren Wert
Und euch ist niemand gleich.

Gedenkt unendlicher Gefahr,
Des wohlvergoßnen Bluts,
Und freuet euch von Jahr zu Jahr,
Des unschätzbaren Guts.
Die große Stadt, am großen Tag,
Die unsre sollte sein!
Nach ungeheurem Doppelschlag
Zum zweitenmal hinein!

Nun töne laut: der Herr ist da,
Von Sternen glänzt die Nacht.

Er hat, damit uns Heil geschah,
Gestritten und gewacht.
Für alle die ihm angestammt,
Für uns war es getan,
Und wie's von Berg zu Bergen flammt,
Entzücken flamm' hinan!

Der Vorhang fällt.

KOMMENTARTEIL

IPHIGENIE AUF TAURIS

GOETHE UND SEINE ZEITGENOSSEN ÜBER „IPHIGENIE AUF TAURIS“

1. GOETHE

Tagebuch. Weimar, 14. Februar 1779

Früh Iphigenia anfangen diktieren.

An Charlotte von Stein. Weimar, 14. Februar 1779 (Briefe Bd. 1, S. 262)

Den ganzen Tag brüt' ich über Iphigenien, daß mir der Kopf ganz wüst ist, ob ich gleich zur schönen Vorbereitung letzte Nacht zehn Stunden geschlafen habe. So ganz ohne Sammlung, nur den einen Fuß im Steigriemen des Dichter-Hippogryphs, will's sehr schwer sein, etwas zu bringen, das nicht ganz mit Glanzleinwand-Lumpen gekleidet sei. Gute Nacht, Liebste. Musik hab' ich mir kommen lassen, die Seele zu lindern und die Geister zu entbinden.

An Charlotte von Stein. Weimar, 22. Februar 1779 (Briefe Bd. 1, S. 262)

Meine Seele löst sich nach und nach durch die lieblichen Töne aus den Banden der Protokolle und Akten. Ein Quatro neben in der grünen Stube, sitz' ich und rufe die fernen Gestalten leise herüber. Eine Szene soll sich heut absondern, denk' ich.

An Charlotte von Stein. Dornburg, 2. März 1779 (Briefe Bd. 1, S. 263)

Knebeln können Sie sagen, daß das Stück sich formt und Glieder kriegt. Morgen hab' ich die *[Rekruten-]*Auslesung, dann will ich mich in das neue Schloß sperren und einige Tage an meinen Figuren posseln. ... Jetzt leb' ich mit den Menschen dieser Welt, und esse und trinke, spaße auch wohl mit ihnen, spüre sie aber kaum, denn mein inneres Leben geht unverrücklich seinen Gang.

An Karl Ludwig von Knebel. Apolda, 5. März 1779

Ehrlicher alter Herr König, ich muß Dir gestehen, daß ich als ambulierender Poeta sehr geschunden bin, und hätt' ich die paar schönen Tage in dem ruhigen und überlieblichen Dornburger Schlößchen nicht gehabt, so wäre das Ei halb angebrütet verfault.

An Charlotte von Stein. Apolda, 6. März 1779 (Briefe Bd. 1, S. 264)

Hier will das Drama gar nicht fort, es ist verflucht, der König von Tauris soll reden, als wenn kein Strumpfwürker in Apolde hungerte.

An Herzog Carl August. Buttstedt, 8. März 1779 (Briefe Bd. 1, S. 265)

Im Anschluß an einen Bericht über die Rekrutenaushebung: Übrigens lass' ich mir von allerlei erzählen, und alsdenn steig' ich in meine alte Burg der Poesie und koche an meinem Töchterchen. Bei dieser Gelegenheit seh' ich doch auch, daß ich diese gute Gabe der Himmlischen ein wenig zu kavalier behandle, und ich habe würklich Zeit, wieder häuslicher mit meinem Talent zu werden, wenn ich je noch was hervorbringen will.

Tagebuch. Allstedt, 9. März 1779

Abends allein. Die drei Akte zusammengearbeitet.

Tagebuch. Weimar, 13. März 1779

Abends vorgelesen die drei ersten Akte Iph[igenie]. [Der Herzog] und Knebel bleiben da essen.

An Karl Ludwig Knebel. Weimar, 14. März 1779

Die Lust, die ich diese acht Tage her in Betrachtung und Bildung meines Stücks gehabt habe, ist in ihrem Laufe durch die Abneigung gehemmt worden, die Du mir gestern gegen das Erscheinen auf dem Theater mitunter hast sehn lassen. Wenn Du Dich bereden kannst, mit mir auch noch dieses Abenteuer zu bestehen, einigen guten Menschen Freude zu machen und einige Hände Salz ins Publikum zu werfen, so will ich mutig ans Werk gehn.

Tagebuch. Ilmenau, 19. März 1779

Allein auf dem Schwalbenstein. D[en] 4. Akt der Iph[igenie] geschrieben.

Riemer diktierte Notiz. Undatiert.

Schwalbenstein bei Ilmenau. Sereno die quieta mente schrieb ich, nach einer Wahl von drei Jahren, den vierten Akt meiner Iphigenie an einem Tage.

Tagebuch Weimar, 28. März 1779

Abends: Iphigenie geendigt.

Tagebuch. Weimar, 29. März 1779

In Tiefurt. Iph[igenie] vorgelesen pp.

Tagebuch. Weimar, 2.–5. April 1779

Proben von Iphigenie und Besorgung des dazu Gehörigen.

Tagebuch. Weimar, 6. April 1779

Iph[igenie] gespielt. Gar gute Würkung davon, besonders auf reine Menschen.

An Karl Theodor von Dalberg. Weimar, 21. Juli 1779

Was die Mitteilung meiner Iphigenie betrifft, halt' ich mir vor, Ew. Exzell[enz] mündlich meine Bedenklichkeiten zu sagen. Ein Drama ist wie ein Brennglas: wenn der Akteur unsicher ist und den Focum nicht treffend findet, weiß kein Mensch, was er aus dem kalten und vagen Scheine machen soll. Auch ist es viel zu nachlässig geschrieben, als daß es von dem gesellschaftlichen Theater sich so bald in die freire Welt wagen dürfte.

An Johann Caspar Lavater. Weimar, 13. Oktober 1780 (Briefe Bd. 1, S. 331)

Meine Iphigenie mag ich nicht gern, wie sie jetzo ist, mehrmals abschreiben lassen und unter die Leute geben, weil ich beschäftigt bin, ihr noch mehr Harmonie im Stil zu verschaffen, und also hier und da dran ändere. Sei so gut und sag das denenjenigen zur Entschuldigung, die eine Abschrift davon verlangten. Ich habe es schon öfters abgeschlagen.

Tagebuch. Weimar, 4. August 1781

Früh zu Hause. Schrieb am Tasso, korrigierte die Iphigenie.

Tagebuch. Weimar, 19. August 1781

Früh an Elpenor. Meine Iphig[enie] durchgesehen.

An Johann Caspar Lavater. Weimar, 26. November 1781

Du hattest, lieber Bruder, eine Abschrift meiner Iphigenie für den General Koch verlangt, ich schlug es ab, weil ich sie noch einmal durchgehn wollte, dies ist, zwar leider nach meinen Umständen nur flüchtig, geschehen. Gegen Weihnachten kann eine Abschrift fertig sein.

An Charlotte von Stein. Ilmenau, 15. Juni 1786 (Briefe Bd. 1, S. 512)

Wenn Du doch Wielanden Dein Exemplar der Iphigenie zum Durchgehen schicktest, er weiß schon, was er damit soll.

An Charlotte von Stein. Weimar, 25. Juni 1786 (Briefe Bd. 1, S. 512)

Heute mittag ißt Wieland mit mir, es wird über Iphigenien Gericht gehalten.

An Charlotte von Stein. Karlsbad, 23. August 1786 (Briefe Bd. 2, S. 7)

Gestern abend ward Iphigenie gelesen und gut sentiert. Dem Herzog ward's wunderlich dabei zumute. Jetzt, da sie in Verse geschnitten ist, macht sie mir neue Freude, man sieht auch eher, was noch Verbesserung bedarf. Ich arbeite dran und denke morgen fertig zu werden. Auf alle Fälle muß ich noch eine Woche bleiben, dann wird aber auch alles so sanfte endigen und die Früchte reif abfallen.

An Herder. Karlsbad, 1. September 1786 (Briefe Bd. 2, S. 8)

Ich bin in große Not geraten, die ich Dir sogleich anzeigen und klagen muß. Nach Deinem Abschied las ich noch in der Elektra des Sophokles. Die langen Jamben ohne Abschnitt und das sonderbare Wälzen und Rollen des Periods haben sich mir so eingeprägt, daß mir nun die kurzen Zeilen der Iphigenie ganz höckerig, übelklingend und unlesbar werden. Ich habe gleich angefangen, die erste Szene umzuändern.

An Charlotte von Stein. München, 6. September 1786

Noch eine böse Arbeit steht mir bevor. Nach einer letzten Konferenz mit Herdern mußt' ich die Iphigenie mitnehmen und muß sie nun gelegentlich durchgehn und ihr wenigstens einige Tage widmen.

An Herder und seine Frau. Verona, 18. September 1786 (Briefe Bd. 2, S. 12)

An der Iphigenie wird gearbeitet, nach meiner Rechnung soll sie Ende Oktbr. aufwarten, ich wünsche nur, daß die Musterbilder von Versen viele ihresgleichen mögen hervorgebracht haben. Nachdem mir das lang mutwillig verschloßne Ohr endlich aufgegangen, so verjagt nun eine harmonische Stelle die nächste unharmonische, und so wird hoffentlich das ganze Stück rein.

An Herzog Carl August. Verona, 18. September 1786 (Briefe Bd. 2, S. 12f.)

Ich bin fleißig und arbeite die Iphigenie durch, sie quillt auf, das stockende Silbenmaß wird in fortgehende Harmonie verwandelt. Herder hat mir dazu mit wunderbarer Geduld die Ohren geräumt. Ich hoffe glücklich zu sein.

An Charlotte von Stein. Vicenza, 24. September 1786

Es geht immer den alten Weg. Früh wird an der Iph[igenie] gearbeitet, und ich hoffe, sie soll euch freuen, da sie unter diesem Himmel reif geworden, wo man den ganzen Tag nicht an seinen Körper denkt, sondern wo es einem gleich wohl ist.

An Charlotte von Stein. Venedig, 30. September 1786

Wollte Gott, ich könnte meine Iphigenie noch ein halb Jahr in Händen behalten, man sollt' ihr das mittägige Klima noch mehr anspüren.

An Herder. Venedig, 14. Oktober 1786 (Briefe Bd. 2, S. 14)

An der Iphigenie hab' ich noch zu tun. Sie neigt sich auch zur völligen Kristallisation. Der vierte Akt wird fast ganz neu. Die Stellen, die am f e r t i g s t e n waren, plagen mich am meisten. Ich möchte ihr zartes Haupt unter das Joch des Verses beugen, ohne ihnen das Gnick zu brechen. Doch ist's sonderbar, daß mit dem Silbenmaß sich auch meist ein besserer Ausdruck verbindet.

An Charlotte von Stein. Bologna, 19. Oktober 1786 (vgl. Bd. 11, S. 107)

Im Palast *[Ranuzzi]* hab' ich eine St. Agatha von Raffael gefunden, die, wenngleich nicht ganz wohl erhalten, ein kostbares Bild ist. Er hat ihr eine gesunde, sichre Jungfräulichkeit gegeben ohne Reiz, doch ohne Kälte und Roheit. Ich habe mir sie wohl gemerkt und werde diesem Ideal meine Iphigenie vorlesen und meine Heldin nichts sagen lassen, was diese Heilige nicht sagen könnte.

An Herder und seine Frau. Rom, 2. Dezember 1786 (Briefe Bd. 2, S. 24)

Alle Morgen eh ich aufstehe wird an der Iphigenie geschrieben, täglich erobre ich eine Stelle, und das Ganze macht sich. Ich bin ganz nah, fertig zu sein.

An Charlotte von Stein. Rom, 14.–16. Dezember 1786 (Briefe Bd. 2, S. 29)

Ich las Tischbeinen meine Iphigenie vor, die nun bald fertig ist. Die sonderbare, originale Art, wie dieser das Stück ansah und mich über den Zustand, in welchem ich es geschrieben, aufklärte, erschröckte mich. Es sind keine Worte, wie fein und tief er den Menschen unter dieser Heldenmaske empfunden.

An Herder. Rom, 29./30. Dezember 1786 (Briefe Bd. 2, S. 36)

Endlich kann ich Dir mit Freuden melden, daß meine Iphigenie fertig ist, daß zwei Abschriften davon auf meinem Tische liegen. Wenige Verse möcht' ich noch verbessern, und dazu will ich sie noch eine Woche behalten, dann übergeb ich sie Dir mit völliger Macht und Gewalt, darin nach Belieben zu korrigieren.

An Herder. Rom, 13. Januar 1787 (Briefe Bd. 2, S. 41f)

Hier, lieber Bruder, die Iphigenia. ... Du hast nun auch hier einmal wieder mehr was ich gewollt, als was ich getan habe! Wenn ich nur dem Bilde, das Du Dir von diesem Kunstwerke machtest, näher gekommen bin. Denn ich fühlte wohl bei Deinen freundschaftlichen Bemühungen um dieses Stück, daß Du mehr das daran schätztest, was es sein könnte, als was es war.

Möge es Dir nun harmonischer entgegen kommen. Lies es zuerst als ein ganz neues, ohne Vergleichung, dann halt es mit dem alten zusammen, wenn Du willst. Vorzüglich bitt' ich Dich, hier und da dem Wohlklange nachzuhelfen. Auf den Blättern, die mit resp. Ohren bezeichnet sind, finden sich Verse mit Bleistift angestrichen, die mir nicht gefallen und die ich doch jetzt nicht ändern kann. Ich habe mich an dem Stücke so müde gearbeitet. Du verbesserst das mit einem Federzuge. Ich gebe Dir volle Macht und Gewalt. Einige halbe Verse habe ich gelassen, wo sie vielleicht gut tun, auch einige Veränderungen des Silbenmaßes mit Fleiß angebracht. Nimm es nun hin und laß ihm Deine unermüdliche Gutheit heilsam werden. Lies es mit der Frauen, laß es Fr. v. Stein sehen und gebt Euren Segen dazu. Auch wünscht' ich, daß es Wieland ansähe, der zuerst die schlotternde Prosa in einen gemeßnern Schritt richten wollte und mir die Unvollkommenheit des Werks nur desto lebendiger fühlen ließ.

An Charlotte von Stein. Rom, 2. Februar 1787

Wie verlangt's mich auf Nachricht der Aufnahme Iphigeniens und ob Ihr Freude aus der Mühe, aus dem Fleiße habt schöpfen können, den ich noch an das Stück gewendet habe.

Italienische Reise. Caserta, 16. März 1787 (Bd. 11, S. 208)

Ich merke wohl, daß es meiner Iphigenie wunderlich gegangen ist, man war die erste Form so gewohnt, man kannte die Ausdrücke, die man sich bei öfterm Hören und Lesen zugeeignet hatte; nun klingt das alles anders, und ich sehe wohl, daß im Grunde mir niemand für die unendlichen Bemühungen dankt. So eine Arbeit wird eigentlich nie fertig, man muß sie für fertig erklären, wenn man nach Zeit und Umständen das möglichste getan hat.

Campagne in Frankreich. Pempelfort, November 1792 (Bd. 10, S. 310f.)

Meine Freunde ... versuchten mancherlei, um frühere Gefühle durch ältere Arbeiten wieder hervorzurufen, und gaben mir Iphigenien zur abendlichen Vorlesung in die Hand; das wollte mir aber gar nicht munden, dem zarten Sinne fühlt' ich mich entfremdet, auch von andern vorgetragen war mir ein solcher Anklang lästig. Indem aber das Stück gar bald zurückgelegt ward, schien es, als wenn man mich durch einen höhern Grad von Folter zu prüfen gedenke. Man brachte „Ödipus auf Kolonos“, dessen erhabene Heiligkeit meinem gegen Kunst, Natur und Welt gewendeten, durch eine schreckliche Campagne verhärteten Sinn ganz unerträglich schien; nicht hundert Zeilen hielt ich aus.

An Schiller. Jena, 19. Januar 1802 (Briefe Bd. 2, S. 428)

Hiebei kommt die Abschrift des gräzisierenden Schauspiels. Ich bin neugierig, was Sie ihm abgewinnen werden. Ich habe hie und da hineingesehen, es ist ganz verteufelt human. Geht es halbweg, so wollen wir's [*mit einer Aufführung*] versuchen: denn wir haben doch schon öfters gesehen, daß die Wirkungen eines solchen Wagestücks für uns und das Ganze inkalkulabel sind.

An Schiller. Jena, 19. März 1802

Mit der Iphigenie ist mir unmöglich etwas anzufangen; wenn Sie nicht die Unternehmung wagen, die paar zweideutigen Verse zu korrigieren, und das Einstudieren dirigieren wollen, so glaube ich nicht, daß es gehen wird, und doch wäre es in der jetzigen Lage recht gut.

An Schiller. Jena, 11. Mai 1802

Ob noch Sonnabend den 15. Iphigenie wird sein können, hoffe ich durch Ihre Güte morgen zu erfahren, und werde alsdann eintreffen, um, an Ihrer Seite, einige der wunderbarsten Effekte zu erwarten, die ich in meinem Leben gehabt habe, die unmittelbare Gegenwart eines, für mich, mehr als vergangenen Zustandes.

Im Gespräch mit Riemer. Jena, 20. Juli 1811

Das Unzulängliche ist produktiv. Ich schrieb meine Iphigenia aus einem Studium der griechischen Sachen, das aber unzulänglich war. Wenn es erschöpfend gewesen wäre, so wäre das Stück ungeschrieben geblieben.

Dichtung und Wahrheit. 15. Buch (Bd. 10, S. 49f.)

Über die Zeit der Arbeit am Prometheus-Drama: Auch die Kühneren jenes *[Titanen-]*Geschlechts, Tantalus, Ixion, Sisyphus, waren meine Heiligen. In die Gesellschaft der Götter aufgenommen, mochten sie sich nicht untergeordnet genug betragen, als übermütige Gäste ihres wirtlichen Gönners Zorn verdient und sich eine traurige Verbannung zugezogen haben. Ich bemitleidete sie, ihr Zustand war von den Alten schon als wahrhaft tragisch anerkannt, und wenn ich sie als Glieder einer ungeheuren Opposition im Hintergrunde meiner Iphigenie zeigte, so bin ich ihnen wohl einen Teil der Wirkung schuldig, welche dieses Stück hervorzubringen das Glück hatte.

Im Gespräch mit Eckermann. Weimar, 27. März 1825

Ich hatte wirklich einmal den Wahn, als sei es möglich, ein deutsches Theater zu bilden. Ja ich hatte den Wahn, als könne ich selber dazu beitragen und als könne ich zu einem solchen Bau einige Grundsteine legen. Ich schrieb meine Iphigenie und meinen Tasso und dachte in kindischer Hoffnung, so würde es gehen. Allein es regte sich nicht und rührte sich nicht und blieb alles wie zuvor. Hätte ich Wirkung gemacht und Beifall gefunden, so würde ich euch ein ganzes Dutzend Stücke wie die Iphigenie und den Tasso geschrieben haben. An Stoff war kein Mangel. Allein, wie gesagt, es fehlten die Schauspieler, um dergleichen mit Geist und Leben darzustellen, und es fehlte das Publikum, dergleichen mit Empfindung zu hören und aufzunehmen.

Widmungsverse zu einem Exemplar der Iphigenie für den Schauspieler Krüger, der in Weimar den Orest gegeben hatte. 31. März 1827 (Bd. 1, S. 353)

Was der Dichter diesem Bande
Glaubend, hoffend anvertraut,
Werd' im Kreise deutscher Lande
Durch des Künstlers Wirken laut.
Liebevoll verkünd' es weit:
Alle menschliche Gebrechen
Sühnet reine Menschlichkeit.

Im Gespräch mit Eckermann. Weimar, 1. April 1827

Das Stück ... hat seine Schwierigkeiten. Es ist reich an innerem Leben, aber arm an äußerem. Daß aber das innere Leben hervorgekehrt werde, darin liegt's. Es ist voll der wirksamsten Mittel, die aus den mannigfaltigsten Greueln hervorwachsen, die dem Stücke zugrunde liegen. Das gedruckte Wort ist freilich nur ein matter Widerschein von dem Leben, das in mir bei der Erfindung rege war. Aber der Schauspieler muß uns zu dieser ersten Glut, die den Dichter seinem Sujet gegenüber beseelte, wieder zurückbringen. Wir wollen von der Meerluft frisch angewehte, kraftvolle Griechen und Helden sehen, die, von mannigfaltigen Übeln und Gefahren geängstigt und bedrängt, stark herausreden, was ihnen das Herz im Busen gebietet; aber wir wollen keine schwächlich empfindenden Schauspieler, die ihre Rollen nur so obenhin auswendig gelernt haben, am wenigsten aber solche, die ihre Rollen nicht einmal können.

Ich muß gestehen, es hat mir noch nie gelingen wollen, eine vollendete Aufführung meiner Iphigenie zu erleben. Das war auch die Ursache, warum ich gestern nicht hineinging. Denn ich leide entsetzlich, wenn ich mich mit diesen Gespenstern herumschlagen muß, die nicht so zur Erscheinung kommen, wie sie sollten.

Im Gespräch mit Johann Christian Mahr. Ilmenau, 29. August 1831

Auch fragte mich Goethe: ob das kleine Haus auf dem Schwalbenstein noch stände. Leider mußte ich ihm bemerken, daß solches nicht mehr existiere, doch konnte ich ihm eine Zeichnung davon vorlegen. Er bemerkte darauf, daß ihm in diesem kleinen Hause, in welchem er sich sonst oft aufgehalten habe, die erste Idee zur Iphigenie auf Tauris gekommen sei.

2. ZEITGENÖSSISCHE URTEILE

Friedrich Heinrich Jacobi an Wilhelm Heinse. Düsseldorf, 20. Oktober 1780

Über einen Besuch Karl Ludwig von Knebels: Er hat uns Goethes letztes Werk, die Iphigenia in Tauris, vorgelesen, ein regelmäßiges Trauerspiel. ... Nach unserm einhelligen Urteil ist das Ganze ziemlich weit unter Goethes früheren Arbeiten.

Johann Jakob Bodmer an Pfarrer Schinz. Zürich, 25. Januar 1782

Ich habe ein Manuskript von Goethes Iphigenia in Tauris gesehen, welches ich mehr anstaune als beneide. Man erzählt da in Monologen, die Personen antworten einander in Sentenzen, Iphigenia hört Orestes, der sich ihr entdeckt, mit frommen Betrachtungen und hat die Gewalt über sich, daß sie ihm nicht in die Arme springt. Thoas kömmt in Wut, und wird durch Raisonnements besänftiget.

Das dénouement entsteht durch Raisonnements. Es fehlt überall an Ausführung und Ausbildung. Durchgehends herrscht in dem Stil eine Art von Phöbus *[= Schwulst]*, die aufgelöst Dunst oder Falschheit wird.

Johann Jakob Bodmer an Christoph Heinrich Myller Zürich, 5. März 1782

Man hat hier ein Trauerspiel von Goethe im Manuskript, das euripidisch sein soll, Iphigenie in Tauris. Iphigenie tritt in der ersten Szene auf und erzählt sich selbst ihre Geschichte in einem Soliloquio. Die Personen reden in Sentenzen zur Zeit und zur Unzeit, und sie kleiden die geläufigsten Lebensregeln in Sprüche. Wenn Orestes Iphigenie sagt, daß er ihr Bruder sei, so macht sie Betrachtungen über die verflochtenen Wege des Schicksals. „Orestes leget die schönsten Strahlen der Sonne vor Jovis Thron zum Dank, denn er ist arm und stumm. Die Erinnyen blasen die Asche von Orestes Seele, und sie leiden nicht, daß sich die letzten Kohlen von seines Hauses Schreckensbrand in ihm still verglimmen.“ Die Alten gaben uns kurze mythologische Dichtungen, die Neuern dagegen sind geistreich an metaphysischen und allegorischen Beschreibungen physischer Phänomene.

Johann Jakob Bodmer an Christoph Heinrich Myller. Zürich, 26. März 1782

Ich bin unglücklich, daß ich Herdern unter Seneca stelle, daß ich Goethens Iphigenie für schlechter als das schlechteste unter Senecas Trauerspielen halte, denn ich habe sie in Manuskript gelesen. Er tut wohl, daß er sie dem Publico vorenthält. Welcher Stolz, nur für einen Teil der Nation schreiben zu wollen, den man sich, sagt man, gebildet hat.

Justus Möser an seine Tochter Jenny von Voigts. 20. Juli 1782

Ich schicke Dir endlich Goethens Iphigenie hiermit zurück. ... Es ist nach meiner Empfindung eine so genaue griechische Sitte, Tugend und Denkungsart drinne, daß ich mich erst einige Zeit wieder in dem alten Griechenlande aufhalten müßte, um den wahren Wert davon zu fühlen und darnach zu urteilen. Die Verbindung des Simpeln und Hohen, des Wahren und Großen, sowohl in den Taten als in den Gedanken, die Herr Goethe so glücklich getroffen hat, habe ich beim Durchlesen mächtig gefühlet, aber ich vermag sie so wenig deutlich zu denken als auszudrücken. ... Ich zweifle indessen doch, daß die Iphigenie bei der Vorstellung unser deutsches Publikum rühren werde. Dieses ist zu sehr von jenen Zeiten entfernt und durch die französische Zärtlichkeit zu verwöhnt, um sich zu ihr hinaufempfinden zu können. Es scheint mir durchaus ein Stück für Kenner zu sein, und wie wenig gibt es derer?

Iffland an Heribert von Dalberg, Hannover, 2. Oktober 1785

Ich habe denn auch in Hannover den 1ten, 3ten und 5ten Akt von Goethes Iphigenie gelesen. Denn ich bekam sie nur auf eine Stunde, da Goethe sehr geheimnisvoll damit ist – aber ich finde nicht, was man davon sagte! Sein sollende griechische Simplizität, die oft in Trivialität ausartet – sonderbare Wortfügung, seltsame Wortschaffung, und statt Erhabenheit oft solche Kälte als die, womit die Ministerialrede beim Bergbau zu Ilmenau geschrieben ist.

Karl Ludwig von Knebel an Herder. Jena, 2. März 1787

Knebel schickt die Aushängebogen der „Iphigenie“ zurück: Sie hat mir ein unaussprechlich süßes Vergnügen gemacht, da der vollen, reifen Frucht nun nichts zu vergleichen ist. Es liegt für den Liebhaber der Kunst bei Vergleichung mit dem ersten Original ein Begriff von Ausbildung darinnen, der den Dichter so hoch stellt, als beinahe die Erschaffung des Werkes selbsten.

Rezension von „Goethe's Schriften. 3. Band“. In: Gothaische gelehrte Zeitungen. 20. Oktober 1787

So glücklich er uns im Götz von Berlichingen die Menschen schildert, wie sie vor dreihundert Jahren handelten, dachten und fühlten, so wahr und glücklich ist in der Iphigenie die Darstellung der Menschen, wie vor dritthalbtausend Jahren Griechenland sie hervorbrachte. Keine andere, als die Muse, die den Euripides begeisterte, kann unserm Dichter dieses Schauspiel eingegeben haben, das, wenn Euripides es gedichtet hätte, das Meisterstück des Euripides wäre. Welch eine Simplizität, und doch zugleich welch ein Interesse im Gang und Plane des Ganzen, welch eine Wahrheit und edle Einfalt in den Charakteren und Gesinnungen!

Frans Hemsterhuis an die Fürstin Gallitzin. den Haag, 18. März 1788

Pour l'Iphig[énie] je ne conçois pas comment Goethe a su attraper aussi parfaitement le ton d'Euripide, à moins qu'il n'ait eu un temps dans sa vie, où il ait lu le grec comme sa langue. Sa pièce vaut mieux que celle d'Euripide, et il a sauvé bien des sottises à Thoas. Je voudrais qu'il entre en lice avec Euripide dans une Iphigénie en Aulide. ... Pour Diderot jamais de sa vie il n'eût fait une Iphigénie. Il n'avait rien de grec dans le caractère ni dans l'esprit. *[Was die Iphigenie betrifft, so begreife ich nicht, wie Goethe so vollkommen den Ton des Euripides hat treffen können, sofern es nicht eine Zeit in seinem Leben gegeben hat, in der er das Griechische wie seine Muttersprache beherrschte. Sein Stück ist besser als das von Euripides, und er hat Thoas eine Menge Dummheiten erspart. Ich wünschte, er träte mit einer Iphigenie in Aulis mit Euripides in den Wettstreit. ... Diderot hätte niemals eine Iphigenie schaffen können. Weder sein Charakter noch sein Geist hatten etwas Griechisches.]*

Schiller: Über die Iphigenie auf Tauris. 1789

Hier sieht man ihn *[Goethe]* ebenso und noch weit glücklicher mit den griechischen Tragikern ringen, als er in seinem Götz von Berlichingen mit dem britischen Dichter gerungen hat. In griechischer Form, deren er sich ganz zu bemächtigen gewußt hat, die er bis zur höchsten Verwechslung erreicht hat, entwickelt er hier die ganze schöpferische Kraft seines Geistes und läßt seine Muster in ihrer eignen Manier hinter sich zurücke.

Man kann dieses Stück nicht lesen, ohne sich von einem gewissen Geiste des Altertums angeweht zu fühlen, der für eine bloße, auch die gelungenste Nachahmung viel zu wahr, viel zu lebendig ist. Man findet hier die imponierende große Ruhe, die jede Antike so unerreichbar macht, die Würde, den schönen Ernst, auch in den höchsten Ausbrüchen der Leidenschaft – dies allein rückt dieses Produkt aus der gegenwärtigen Epoche hinaus, daß der Dichter gar nicht nötig gehabt hätte, die Illusion noch auf eine andere Art – die fast an Kunstgriffe grenzt – zu suchen, nämlich durch den Geist der Sentenzen, durch eine Überladung des Dialogs mit Epitheten, durch eine oft mit Fleiß schwerfällig gestellte Wortfolge und dergleichen mehr – die freilich auch an Altertum und oft allzustark an seine Muster erinnern, deren Er aber um so eher hätte entübrigt sein können, da sie wirklich nichts zur Vortrefflichkeit des Stücks beitragen und ihm ohne Notwendigkeit den Verdacht zuziehen, als wenn er sich mit den Griechen in ihrer ganzen Manier hätte messen wollen.

Wilhelm von Humboldt an Christian Gottfried Körner. Paris, 21. Dezember 1797

Ich habe schon erst gesagt, daß unsre echt modernen Stücke, Götz, Egmont, die Räuber u. s. f. jenen Vorzug ihrer Gattung noch zur Seite liegen lassen müssen; aber wir haben doch auch andre, den antiken nachgebildete, von denen es freilich nur Ein Muster, aber auch ein unübertreffliches gibt, Goethens Iphigenie. An dieser ist es recht klar, wie anders wir und wie anders die Alten dichteten. Hier nun ist der Stoff ganz antik, großenteils sogar die Charaktere und Ideen, und der deutsche Dichter hat dem Stück gar keine Pracht, gar keinen äußern Glanz gegeben. Er hat alles allein in den inneren Gehalt gelegt; lassen Sie sie von den besten, auf die malerische Darstellung geübtesten Schauspieler[n] spielen, und sie wird von dieser Seite kaum nur soviel Wirkung machen als eine irgend gute und treue Übersetzung eines griechischen Stücks, der Eindruck wird durch dieses Spiel verstärkt werden, aber nicht eigentlich modifiziert, nicht in seinem Wesentlichen umgeändert, die hohe, stille und bescheidene Größe des Innern wird immer ihr Recht behaupten, nur sie allein wird zur Seele des Zuschauers sprechen, und nur ihr wird seine tiefe Rührung huldigen. Um noch jene Wirkung damit zu verbinden, hätte sie anders gearbeitet sein müssen. Gerade diese Art aber ist Goethen fremd, den äußern Glanz der Diktion, den

Reichtum der Bilder, die Fülle der Harmonie vermißt man nicht selten bei ihm. Er scheut nicht einen prosaischen Ausdruck, fürchtet sich nicht vor dem, was in einer einzelnen Stelle matt genannt werden könnte, und hat wenigstens nicht von Natur und beim ersten Wurf den reinen und vollen Rhythmus, der unleugbar mit zu den Elementen gehört, die ein vollendetes Gedicht bilden. Aber in Goethen (und darum verweile ich hier bei diesem Punkt, weil es die Eigentümlichkeit unserer Dichtungsart, unserer Nation und Zeit zeigt, die ich in Goethen in ihrem schönsten Lichte dargestellt finde) entsteht dies in der Tat nur durch die Vortrefflichkeit seiner Natur, nur dadurch, daß er im eminentesten Verstande des Worts Dichter ist. Die poetische Welt, die seine Einbildungskraft ihm bildet, hat eine Wahrheit, einen Zusammenhang, eine Wirklichkeit wie die reelle um ihn her, von der sie sich nur durch ihre Idealität unterscheidet. Er lebt in ihr wie in seiner Heimat; die Bilder stehen lebendig vor ihm da, alle seine Aufmerksamkeit, alles sein Streben ist nur auf sie gerichtet. Sie möchte er, ohne Verlust, ohne das mindeste ihrer Wahrheit aufzuopfern, vor die Phantasie des Zuhörers stellen, und gern würde er der Worte entbehren, wenn er eine andere Sprache kennte, das auszudrücken, was Er in der Seele trägt.

Schiller an Goethe. Jena, 26. Dezember 1797

Ihr Hermann hat wirklich eine gewisse Hinneigung zur Tragödie, wenn man ihm den reinen strengen Begriff der Epopee gegenüberstellt. ... Umgekehrt schlägt Ihre Iphigenie offenbar in das epische Feld hinüber, sobald man ihr den strengen Begriff der Tragödie entgegenhält. Vom Tasso will ich gar nicht reden. Für eine Tragödie ist in der Iphigenie ein zu ruhiger Gang, ein zu großer Aufenthalt, die Katastrophe nicht einmal zu rechnen, welche der Tragödie widerspricht. Jede Wirkung, die ich von diesem Stücke teils an mir selbst, teils an andern erfahren, ist generisch poetisch, nicht tragisch gewesen, und so wird es immer sein, wenn eine Tragödie, auf epische Art, verfehlt wird. Aber an Ihrer Iphigenia ist dieses Annähern ans Epische ein Fehler, nach meinem Begriff; an Ihrem Hermann ist die Hinneigung zur Tragödie offenbar kein Fehler, wenigstens dem Effekte nach ganz und gar nicht.

Schiller an Goethe. Weimar, 7. Januar 1800

Ich habe heute Ihre Iphigenie durchgesehen und zweifle gar nicht mehr an einem guten Erfolg der Vorstellung. Es braucht nur gar weniges an dem Text zu diesem Gebrauch verändert zu werden, besonders in Hinsicht auf den mythologischen Teil, der für das Publikum in Massa zu kalt ist. Auch ein paar Gemeinsprüche würde ich dem dramatischen Interesse aufzuopfern raten, ob sie gleich ihren Platz sehr wohl verdienen. Mündlich mehr.

Schiller an Goethe. Weimar, 20. Januar 1802

Ich werde nunmehr die Iphigenia mit der gehörigen Hinsicht auf ihre neue Bestimmung lesen, und jedes Wort vom Theater herunter, und mit dem Publikum zusammen, hören. Das, was Sie das Humane darin nennen, wird diese Probe besonders gut aushalten, und davon rate ich nichts wegzunehmen.

Schiller an Christian Gottfried Körner. Weimar, 21. Januar 1802

Hier wollen wir im nächsten Monat Goethes Iphigenia aufs Theater bringen; bei diesem Anlaß habe ich sie aufs neue mit Aufmerksamkeit gelesen, weil Goethe die Notwendigkeit fühlt, einiges darin zu verändern. Ich habe mich sehr gewundert, daß sie auf mich den günstigen Eindruck nicht mehr gemacht hat, wie sonst; ob es gleich immer ein seelenvolles Produkt bleibt. Sie ist aber so erstaunlich modern und ungriechisch, daß man nicht begreift, wie es möglich war, sie jemals einem griechischen Stück zu vergleichen. Sie ist ganz nur sittlich; aber die sinnliche Kraft, das Leben, die Bewegung und alles, was ein Werk zu einem echten dramatischen spezifiziert, geht ihr sehr ab. Goethe hat selbst mir schon längst zweideutig davon gesprochen – aber ich hielt es nur für eine Grille, wo nicht gar für Ziererei; bei näherem Ansehen aber hat es sich mir auch so bewährt. Indessen ist dieses Produkt in dem Zeitmoment, wo es entstand, ein wahres Meteor gewesen, und das Zeitalter selbst, die Majorität der Stimmen, kann es auch jetzt noch nicht übersehen; auch wird es durch die allgemeinen hohen poetischen Eigenschaften, die ihm ohne Rücksicht auf seine dramatische Form zukommen, bloß als ein poetisches Geisteswerk betrachtet, in allen Zeiten unschätzbar bleiben.

Schiller an Goethe. Weimar, 22. Januar 1802

Ich habe, wie Sie finden werden, weniger Verheerungen in dem Manuskript angerichtet, als ich selbst erwartet hatte, vornehmen zu müssen; ich fand es von der Einen Seite nicht nötig und von einer andern nicht wohl tunlich. Das Stück ist an sich gar nicht zu lang, da es wenig über zweitausend Verse enthält, und jetzt werden die zweitausend nicht einmal voll sein, wenn Sie es zufrieden sind, daß die bemerkten Stellen wegbleiben. Aber es war auch nicht gut tunlich, weil dasjenige, was den Gang des Stücks verzögern könnte, weniger in einzelnen Stellen, als in der Haltung des Ganzen liegt, die für die dramatische Forderung zu reflektierend ist. ...

Da überhaupt in der Handlung selbst zu viel moralische Kasuistik herrscht, so wird es wohl getan sein, die sittlichen Sprüche selbst und dergleichen Wechselreden etwas einzuschränken.

Das Historische und Mythische muß unangetastet bleiben, es ist ein unentbehrliches Gegengewicht des Moralischen, und was zur Phantasie spricht, darf am wenigsten vermindert werden.

Orest selbst ist das Bedenklichste im Ganzen; ohne Furien kein Orest, und jetzt, da die Ursache seines Zustands nicht in die Sinne fällt, da sie bloß im Gemüt ist, so ist sein Zustand eine zu lange und zu einförmige Qual, ohne Gegenstand; hier ist eine von den Grenzen des alten und neuen Trauerspiels. Möchte Ihnen etwas einfallen, diesem Mangel zu begegnen, was mir freilich bei der jetzigen Ökonomie des Stücks kaum möglich scheint; denn was ohne Götter und Geister daraus zu machen war, das ist schon geschehen. Auf jeden Fall aber empfehl ich Ihnen die Orestischen Szenen zu verkürzen.

Ferner gebe ich Ihnen zu bedenken, ob es nicht ratsam sein möchte, zur Belebung des dramatischen Interesse, sich des Thoas und seiner Taurier, die sich zwei ganze Akte durch nicht rühren, etwas früher zu erinnern und beide Aktionen, davon die eine jetzt zu lange ruht, in gleichem Feuer zu erhalten. Man hört zwar im zweiten und dritten Akt von der Gefahr des Orest und Pylades, aber man sieht nichts davon, es ist nichts Sinnliches vorhanden, wodurch die drangvolle Situation zur Erscheinung käme. Nach meinem Gefühle müßte in den zwei Akten, die sich jetzt nur mit Iphigenien und dem Bruder beschäftigen, noch ein Motiv ad extra eingemischt werden, damit auch die äußere Handlung stetig bliebe und die nachherige Erscheinung des Arkas mehr vorbereitet würde. Denn so wie er jetzt kommt, hat man ihn fast ganz aus den Gedanken verloren.

Es gehört nun freilich zu dem eigenen Charakter dieses Stücks, daß dasjenige, was man eigentlich Handlung nennt, hinter den Kulissen vorgeht, und das Sittliche, was im Herzen vorgeht, die Gesinnung, darin zur Handlung gemacht ist und gleichsam vor die Augen gebracht wird. Dieser Geist des Stücks muß erhalten werden, und das Sinnliche muß immer dem Sittlichen nachstehen; aber ich verlange auch nur so viel von jenem, als nötig ist um dieses ganz darzustellen.

Iphigenia hat mich übrigens, da ich sie jetzt wieder las, tief gerührt, wiewohl ich nicht leugnen will, daß etwas Stoffartiges dabei mit unterlaufen mochte. Seele möchte ich es nennen, was den eigentlichen Vorzug davon ausmacht.

Schiller an Goethe. Weimar, 5. Mai 1802

Ich hoffe übrigens das Beste für dieses Stück; es ist mir [*bei den Proben*] nichts vorgekommen, was die Wirkung stören könnte. Gefreut hat es mich, daß die eigentlich poetisch schönen Stellen und die lyrischen besonders auf unsere Schauspieler immer die höchste Wirkung machten. Die Erzählung von den Thyestischen Greueln und nachher der Monolog des Orests, wo er dieselben Figuren wieder in Elysium friedlich zusammen sieht, müssen als zwei sich aufeinander beziehende Stücke und als eine aufgelöste Dissonanz vorzüglich herausgehoben werden. Besonders ist alles daran zu wenden, daß der Monolog gut exekutiert werde, weil er auf der Grenze steht, und wenn er nicht die höchste Rührung erweckt, die Stimmung leicht verderben kann. Ich denke aber, er soll eine sublime Wirkung machen.

Karl Friedrich Zelter an Goethe. Berlin, 11.–14. Februar 1817

Wer nicht wüßte, wie er Dich lieben soll, mag die Iphigenie sehn; sie ist soeben gespielt worden. Alle Wahrheit und Güte der Natur hat sich über dies Stück ausgegossen. Es sind Menschen, an denen man die Menschheit, ja sich selbst verehrt, ohne sich geschmeichelt zu finden. Es ist ein religiöses Stück; es hat mich in Tränen gebadet und erbauet, wie viele andere. Das Haus war zum Erdrücken voll und der Beifall unsäglich.

Karl Friedrich Zelter an Goethe. Berlin, 15. Juli 1824

Über die Schillerschen Briefe [*aus dem Jahre 1802, in „Kunst und Altertum“*] bin ich zuerst hergefallen, da ich eben um die Zeit in Weimar war, als sie geschrieben wurden. Was Du das Humane an Deiner Iphigenia nennst, wollte ich mir gern klar machen; da mußte ich denn erst das Stück wieder lesen, und so geriet ich tiefer hinein und zurück. Euripides, Sophokles, Aeschylos mußten herhalten. Beide Iphigenien, Orest, die Eumeniden, Elektra, Agamemnon. Diese sind Griechen; Deine Leute sind Menschen, dazu gehöre ich und will so zu bleiben suchen. ...

Da ich die Griechen wieder lese, kann ich Deine Iphigenie nur allein mit sich selber vergleichen. Sie ist ein Segen der Väter und enthält uralte ewige Wahrheit und den Wendepunkt fort und fort zum Rechten und Schönen zurückzukehren. Dem kolossalen, übermenschlichen Gliederbau jener Alten hast Du zartes Menschenfleisch, der rauhen, virtuosen Tugend die himmlische Liebe angetan. Die Nachwelt wird's nicht glauben wollen, daß diesen unsern Tagen das Herrlichste entwachsen können.

Gottfried Hermanns Widmung zu seiner Ausgabe von Euripides' „Iphigenie in Aulis“. Leipzig 1831

Goethio Taurica Iphigenia spiritum Graiae tenuem Camenae Germanis monstratori [*Für Goethe, der die Deutschen in seiner „Iphigenie auf Tauris“ den feinen griechischen Musengeist (Horaz, Oden II, 16, 38) kennen gelehrt hat*]. *Im Begleitbrief zu seinem Buch schreibt Hermann:*

Ich habe mir erlaubt, es Ihnen zu widmen, und Ihnen, wenn auch mit wenigen Worten, ein öffentliches Zeichen einer Verehrung zu geben, die ich im Namen des alten griechischen Geistes doch eher aussprechen darf, als die, welche Griechisches ins Ungriechische übertragen für griechisch halten.

NACHWORT ZU „IPHIGENIE AUF TAURIS“

ENTSTEHUNGSGESCHICHTE

Selbstaussagen Goethes – vor allem ein Gespräch mit dem Ilmenauer Rentamtmann Mahr vom 29. August 1831 und eine undatierte Aufzeichnung Riemers (Gräf II/3, S. 164f.) – erlauben es, die Konzeption des Iphigeniendramas auf das Jahr 1776 zu datieren, die dokumentierte Entstehungsgeschichte beginnt jedoch erst im Februar 1779.

Zu Anfang des Jahres 1779 geriet Sachsen-Weimar in eine heikle politische Lage: Preußen verlangte die Genehmigung, für seinen Krieg gegen Österreich in Thüringen Rekruten auszuheben; Herzog Carl August mußte befürchten, dadurch in den Konflikt zwischen den beiden deutschen Großmächten hineingezogen zu werden. Goethe war als Freund des Herzogs, Mitglied des Geheimen Conciliums und Leiter der Kriegskommission ständig mit diesem Problem beschäftigt. In dieser Situation begann er, scheinbar unvermittelt, am 14. Februar mit dem Diktat der *Iphigenie*. Man hat vermutet, das Stück sei, wie später der *Elpenor*, als Festspiel gedacht gewesen, denn wenige Tage zuvor, am 3. Februar, war dem Herzog das erste Kind, die Tochter Luise, geboren worden. Mag hier auch ein – angesichts der Quellenlage nicht belegbarer – ursächlicher Zusammenhang bestehen, so erwecken die Briefe und Tagebuchaufzeichnungen jedoch nicht den Eindruck, als sei die Arbeit durch einen äußeren Anlaß bestimmt gewesen und als habe Goethe sie als eine zusätzliche Amtslast empfunden; es scheint vielmehr, als gehöre das Spannungsverhältnis zwischen praktisch-politischer und dichterischer Tätigkeit wesentlich zum Entstehungsprozeß des Dramas. Kurz zuvor hatte Goethe im Tagebuch notiert: *Der Druck der Geschäfte ist sehr schön der Seele, wenn sie entladen ist spielt sie freier und genießt des Lebens* (13. 1. 1779). In den Briefen an Charlotte von Stein äußert sich nun auf der einen Seite Furcht, die Ansprüche der praktischen Wirksamkeit könnten der Dichtung schaden; so schreibt er noch am Abend des Tages, an dem er mit dem Diktat begonnen hatte: *So ganz ohne Sammlung, nur den einen Fuß im Steigriemen des Dichter-Hippogryphs, wills sehr schwer sein etwas zu bringen das nicht ganz mit Glanzleinwand-Lumpen gekleidet sei* (14. 2. 1779, Briefe I, 262). Andererseits scheint die poetische Arbeit auch ein Mittel zu sein, dem Druck zu entkommen, denn es heißt einige Tage später: *Meine Seele löst sich nach und nach durch die lieblichen Töne aus den Banden der Protokolle und Akten. Ein Quatro neben in der grünen Stube, sitz ich und rufe die fernen Gestalten leise herüber* (22. 2. 1779, ebd.). Diese Motive wiederholen sich in den Briefen von einer Rundreise zur Rekrutenmusterung, mit der Carl August und Goethe den preußischen Werbern zuvorzukommen gedachten. Dabei wird der Druck von außen eher noch stärker: das Tagebuch verzeichnet Daten über die trostlose Lage der Strumpfmanufaktur in Apolda, und in einem Brief an Charlotte von Stein steht der Ausruf: *Hier will das Drama gar nicht fort, es ist verflucht, der König von Tauris soll reden als wenn kein Strumpfwürker in Apolde hungerte* (6. 3. 1779, Briefe I, 264). Doch zieht sich Goethe immer wieder in seine *alte Burg der Poesie* zurück und besinnt sich gerade unter diesem Druck auf seine dichterische Begabung: *Bei dieser Gelegenheit seh ich doch auch daß ich diese gute Gabe der Himmlischen ein wenig zu kavalier behandle und ich habe würklich Zeit wieder häuslicher mit meinem Talent zu werden wenn ich je noch was hervorbringen will* (8. 3. 1779, Briefe I, 265).

Die ersten drei Akte seines Dramas kann Goethe seinen Freunden bereits vorlesen, als er nach Weimar zurückkommt (Tgb. 13. 3. 1779). Sogleich beginnen die Vorbereitungen für die Aufführung auf der Weimarer Liebhaberbühne. Während der Fortsetzung der Musterung im Amt Ilmenau notiert Goethe am 19. März im Tagebuch: *Allein auf dem Schwalbenstein. d[en] 4. Akt der Iph[igenie] geschrieben* – nach einer von Riemer überlieferten Bemerkung *sereno die, quieta mente;* am 28. März: *Abends: Iphigenie geendigt.* Während der nächsten Tage wird geprobt, und am 6. April wird das Stück in Weimar zum ersten Mal gespielt. Die Titelrolle hatte die Hofsängerin Corona Schröter übernommen. „Das Junonische ihrer Gestalt, Majestät in Anstand, Wuchs und Gebärden, nebst so vielen anderen seltenen Vorzügen der ernsteren Grazie, die sie in sich vereinigte, hatten sie vor vielen andern zu einer Priesterin Dianens berufen und geeignet“ (J. D. Falk). Goethes Freund Karl Ludwig von Knebel spielte den Thoas, der Konsistorialsekretär Seidler den Arkas, Prinz Constantin – der in der dritten Vorstellung durch Herzog Carl August ersetzt wurde – den Pylades und Goethe selbst den Orest. Der Arzt Christoph Wilhelm Hufeland schrieb noch im Alter: „Nie werde ich den Eindruck vergessen, den er als Orestes im griechischen Kostüm in der Darstellung seiner Iphigenia machte; man glaubte einen Apollo zu sehen. Noch nie erblickte man eine solche Vereinigung physischer und geistiger Vollkommenheit und Schönheit an einem Manne, als damals an Goethe“. Er selbst notierte im Tagebuch: *Iph[igenie] gespielt. gar gute Würkung davon besonders auf reine Menschen* (6. 4. 1779).

Das Textbuch der Aufführung ist in Knebels Exemplar überliefert. Goethe ging offenbar sehr bald an eine Revision des Werks; erste Änderungen finden sich schon in einer von ihm durchkorrigierten Abschrift des Textbuchs. Im Herbst 1780 schlug Goethe Lavater die Bitte um eine Kopie der *Iphigenie* ab, weil er damit beschäftigt sei, *ihr noch mehr Harmonie im Stil zu verschaffen* (13. 10. 1780). Im Tagebuch ist jedoch erst im April und im August 1781 von der Durchsicht des Textes die Rede. Von dieser in der Substanz nicht veränderten, aber sprachlich durchgefeilten Prosafassung des Jahres 1781 sind mehrere Abschriften erhalten; Goethe selbst ließ sie an Freunde und Bekannte gehen. Wie die anderen für die Weimarer Liebhaberbühne geschriebenen Dramen *Die Geschwister*, *Proserpina*, *Der Triumph der Empfindsamkeit* und *Die Vögel* wurde *Iphigenie auf Tauris* zunächst nicht gedruckt.

Den ersten Druck plante Goethe im Rahmen der bei Göschen erscheinenden Ausgabe seiner *Schriften*. Dabei zog er Wieland und Herder zu Rate. Am 15. Juni 1786 bat er Frau von Stein, Wieland ihr handschriftliches Exemplar *zum Durchgehen* zu schicken; *er weiß schon was er damit soll* (Briefe I, 512). Zehn Tage später: *Heute Mittag ißt Wieland mit mir, es wird über Iphigenien Gericht gehalten* (ebd.). Wieland hatte schon in seinen „Briefen an einen jungen Dichter" (1782/84) für das deutsche Drama eine gehobene Sprache und eine „ausgearbeitete, numerose, das Ohr immer vergnügende nie beleidigende Versifikation" gefordert, „denn ein Tragödiendichter in Prose ist wie ein Heldengedicht in Prose. Verse sind der Poesie wesentlich; so dachten die Alten, so haben die größten Dichter der Neuern gedacht" (2. Brief). Auch hatte er die Hoffnung ausgesprochen, daß Goethe, wie seine *Iphigenie* – „eine noch ungedruckte Tragödie, ... ganz im Geiste des Sophokles" – beweise, berufen sei, den Ausschweifungen der Sturm und Drang-Dramatik Einhalt zu gebieten „und durch Verbindung der Natur, welche die Seele von Shakespeares Werken ist, mit der schönen Einfalt der Griechen und mit der Kunst und dem Geschmacke, worauf die Franzosen sich so viel zugute tun, unsrer dramatischen Muse einen eigentümlichen Charakter und einen Vorzug zu verschaffen, den ihr keine andre Nation so leicht hätte streitig machen können" (3. Brief). Wieland trat also dafür ein, *die schlotternde Prosa in einen gemeßnern Schritt* zu richten (an Herder, 13. 1. 1787, Briefe II, 42). Goethe beschloß daher *um der Kunst und des Handwerkes willen* (an Philipp Seidel, 15. 5. 1787, Briefe II, 52), seinem Drama während des Kuraufenthalts in Karlsbad ein Versgewand zu geben. Am 23. August meldete er Frau von Stein: *Gestern abend ward Iphigenie gelesen und gut sentiert. ... Jetzt da sie in Verse geschnitten ist macht sie mir neue Freude, man sieht auch eher was noch Verbesserung bedarf* (Briefe II, 7). Goethe scheint demnach zu einem Verfahren gegriffen zu haben, das Lavater schon 1780 beim Abschreiben der *Iphigenie* versucht hatte: dem Text durch Aufteilung in Verse und sprachliche Glättung des ohnehin schon den Ton bestimmenden Jambenflusses mehr Rhythmus zu verleihen. Wenige Tage später jedoch ging ein bestürzter Brief an Herder, der ebenfalls in Karlsbad war: *Ich bin in große Not geraten, die ich dir sogleich anzeigen und klagen muß. Nach deinem Abschied las ich noch in der Elektra des Sophokles. Die langen Jamben ohne Abschnitt und das sonderbare Wälzen und Rollen des Periods, haben sich mir so eingeprägt daß mir nun die kurzen Zeilen der Iphigenie ganz höckerig, überklingend und unlesbar werden. Ich habe gleich angefangen die erste Szene umzuändern* (1. 9. 1786, Briefe II, 8). Das Vorbild der griechischen Tragödie mit ihrem Sprechvers, dem jambischen Trimeter (= sechsfüßiger Jambus), der im Gegensatz zum älteren deutschen Langvers, dem Alexandriner, keine feste Mittelzäsur hat und darum, wie auch wegen seiner Reimlosigkeit, der Syntax größere Freiheit läßt, forderte Goethe zu einer neuen Überarbeitung heraus. In einer *letzten Konferenz mit Herdern* (an Ch. v. Stein, 6. 9. 1786) faßte er offenbar den Entschluß, seinem Drama ein gleichmäßiges, der antiken Form sich näherndes Versmaß zu geben. Allerdings wählte er nicht den bis dahin im Deutschen noch kaum erprobten Trimeter, sondern den beweglicheren, durch Wielands „Lady Johanna Gray" (1758) und Lessings „Nathan der Weise" (1779) in Deutschland eingeführten fünffüßigen Jambus, den Blankvers.

Obgleich Goethe die Redaktion in Karlsbad hatte beenden wollen, mußte er sich nun entschließen, das Manuskript mit auf die Reise nach Italien zu nehmen. In Verona begann er, die bisher benutzte Handschrift abschreibend zu überarbeiten (vgl. S. 467). Ein Bann schien gebrochen: *Ich bin fleißig, und arbeite die Iphigenie durch, sie quillt auf, das stockende Silbenmaß wird in fortgehende Harmonie verwandelt. Herder hat mir dazu mit wunderbarer Geduld die Ohren geräumt. Ich hoffe glücklich zu sein* (an Herzog Carl August, 18. 9. 1786, Briefe II, 12f.; vgl. den Brief an das Ehepaar Herder vom gleichen Tag, ebd. S. 12). In den folgenden Wochen berichtete fast jeder Brief vom Fortschreiten der Arbeit; nur während der abwechslungsreichen Fahrt von Venedig nach Rom ruhte sie. Vorübergehend drängte sich derweil der Plan zu einer *Iphigenie auf Delphos* (an Ch. v. Stein, 18. 10. 1786 u. Bd. 11, S. 107f.) auf, doch verschwand er bald wieder. Dann ging die Arbeit in Rom wieder zügig voran. Mitte Dezember ließ Goethe von seiner Handschrift eine Kopie machen. Sie lag Ende des Monats fertig vor, Goethe verbesserte noch hier und da Einzelheiten. Endlich, am 13. Januar 1787, meldeten mehrere Briefe die Absendung der Kopie nach Weimar. Im Juni erschien *Iphigenie auf Tauris* im dritten Band von Goethes *Schriften*.

DIE ANTIKEN QUELLEN UND IHRE BEHANDLUNG

Durch die Lektüre von Dichtungen wie Ovids „Metamorphosen" oder Fénelons „Télémaque", von Schulbüchern wie Laurembergs „Acerra philologica" oder Pomeys „Pantheon mythicum" und durch die französischen Tragödien, die er in der Bibliothek seines Vaters las oder in Frankfurt auf der Bühne sah, war Goethe von Jugend auf mit der griechischen Mythologie in ihrer durch die Römer und die Franzosen vermittelten Gestalt vertraut. Auch nachdem er in Straßburg und Wetzlar Homer im Original gelesen und wenig später die griechischen Tragiker kennengelernt hatte, gebrauchte er weiterhin die lateinischen oder französischen Namen der Götter und Helden. So erscheinen sie noch in der *Iphigenie* als *Jupiter*, *Diana*, *Pluto*, *Tantalus* oder als *Diane*, *Tantal*, *Ulyss*, und Mykene heißt dort *Mycen* (von franz. Mycènes). Nur einmal, und das erst in der letzten Redaktion, benutzt Goethe den Namen *Zeus* (43). Erst im Gefolge der Homer-Übersetzungen von Friedrich Leopold Stolberg („Ilias" 1778) und Johann Heinrich Voß („Odyssee" 1781) beginnen sich ja die griechischen Namensformen wie Zeus, Artemis, Athene oder Odysseus im Deutschen durchzusetzen, aber nicht wenige Gestalten behalten auch weiterhin ihre dem Französischen nachgebildeten Namen: Iphigenie, Orest, Achill, Thyest oder Ägisth.

Die Vorgeschichte. Das Schicksal des Atridenhauses wird von Goethe im allgemeinen getreu der antiken Überlieferung nachgestaltet, jedoch mit einigen charakteristischen Abweichungen in den Einzelheiten.

Bei der Darstellung der Vorgeschichte ihres Geschlechts, wie Iphigenie sie 306ff. erzählt, schließt Goethe sich an den römischen Mythographen Hyginus an („Fabulae" 82–88). Danach ist Tantalus ein Sohn des Zeus und der Pluto. Zeus pflegt ihn zum Mahl der Götter zu laden und ihm seine Pläne anzuvertrauen. Da Tantalus sie den Menschen verrät, wird er in die Unterwelt verbannt, wo er von Hunger und Durst gequält wird, ständig von einem über ihm schwebenden Felsblock bedroht. Die oft zur Begründung seiner ewigen Strafen angeführte Sage, nach der Tantalus seinen Sohn Pelops schlachtet, um sein Fleisch bei einem Gastmahl den Göttern vorzusetzen und so ihre Allwissenheit auf die Probe zu stellen, erwähnt Goethe nicht, da er die Gestalt des Tantalus bewußt adelt und ihn – wie in Pindars 1. Olympischer Ode – von den Dichtern als Opfer menschlicher Hybris, von Iphigenie gar als ein Opfer der Versuchung durch die Götter darstellen läßt (vgl. die Anm. zu 323). Da Tantalus' Mutter Pluto nach manchen Quellen eine Tochter des Kronos und der Rhea ist, betont Goethe außerdem, wie auch im 15. Buch von *Dichtung und Wahrheit* (Bd. 10, S. 49), seine Verwandtschaft mit der älteren, von Zeus und den anderen Olympiern gestürzten Götterdynastie der Titanen und verleiht ihm sogar Züge des Prometheus (vgl. die Anm. zu 1301 ff. u. 1713 ff.).

Tantalus' von den Göttern wieder zum Leben erweckter Sohn Pelops wirbt als Jüngling um Hippodameia, die Tochter des Königs Oinomaos. Ihr Vater will sie nur demjenigen zur Frau geben, der gegen ihn im Wagenrennen gewinnt, doch da seine Rosse schneller sind als der Wind, besiegt er alle Freier und durchbohrt sie im Vorbeifahren mit seiner Lanze. Pelops aber besticht den Wagenlenker des Königs, der es daraufhin bewerkstelligt, daß die Rosse den Wagen in voller Fahrt auseinanderreißen und Oinomaos zu Tode schleifen. Pelops entledigt sich seines Helfers und Mitwissers, indem er ihn ins Meer stürzt. Nach antiker Überlieferung verflucht der Sterbende Pelops und sein ganzes Haus. Diese Motivierung der Greuel in den folgenden Generationen des Geschlechts fehlt jedoch bei Hyginus wie bei Goethe. Sie ist in der *Iphigenie* durch den unverhältnismäßigen *Haß* der Götter gegen das Geschlecht der Tantaliden (326) ersetzt.

Von Hippodameia hat Pelops mehrere Söhne, darunter Atreus und Thyest. Auf Betreiben ihrer Mutter töten sie Chrysippos, ihren älteren, unehelichen Halbbruder, den Pelops zu seinem Nachfolger machen will. Als Pelops seine Gattin der Beteiligung am Mord überführt, gibt sie sich selbst in den Tod (vgl. jedoch 341 ff. u. Anm.). Atreus und Thyest fliehen und erlangen einige Jahre später die Herrschaft über die Stadt Mykene in Argos, die sie gemeinsam regieren. Als aber Thyest seinen Bruder mit dessen Gattin Aërope betrügt, verbannt Atreus ihn. Um sich zu rächen, schickt Thyest Pleisthenes, einen Sohn des Atreus, den er jedoch von Kindheit an als den seinen aufgezogen hat, mit dem Auftrag, Atreus zu töten, nach Argos. Der Anschlag wird entdeckt und Pleisthenes hingerichtet: zu spät erkennt Atreus, daß er nicht einen Sohn des Thyest, sondern seinen eigenen umgebracht hat. Um seinerseits Rache zu nehmen, versöhnt er sich zum Schein mit dem Bruder, holt ihn zurück nach Mykene und läßt heimlich zwei kleine Söhne des Thyest ermorden. Beim ersten Gastmahl setzt er ihr Fleisch dem Bruder vor und läßt, während Thyest davon ißt, Hände und Köpfe der Knaben herbeibringen – Goethe steigert diese Szene durch die Triumphgeste des Atreus (387 f.) noch weiter ins Gräßliche.

Den größten Teil der 88. Fabula des Hyginus, eine verwickeltere Wiederholung der Pleisthenes-Episode, läßt Goethe im Dunkel: ohne zu wissen, wer sie ist, vergewaltigt Thyest seine Tochter Pelopia; Atreus heiratet sie bald darauf, ohne ihre Abstammung zu kennen; Pelopia bringt den von Thyest gezeugten Sohn Ägisth zur Welt und setzt ihn aus; Atreus läßt ihn retten und heimlich als seinen Sohn aufziehen. Als es ihm später gelingt, Thyest in seine Gewalt zu bekommen, befiehlt er Ägisth, ihn zu ermorden. An einem Schwert, das Pelopia ihrem Vergewaltiger entrissen hat und das jetzt Ägisth trägt, erkennt Thyest ihn jedoch als seinen Sohn und bringt ihn sogar dazu, den Atreus zu töten. Ägisth ist demnach nicht nur als Liebhaber Klytämnestras, sondern auch als Tantalide in die Geschicke des Atridenhauses verwickelt.

Thyest regiert nach dem Tode des Bruders in Mykene, bis er von Agamemnon und Menelaos, den Söhnen des Atreus, vertrieben wird. Menelaos vermählt sich mit Helena, der Tochter des Zeus und der Leda, und wird der Nachfolger ihres Ziehvaters, des Königs Tyndareos von Sparta, Agamemnon aber heiratet Helenas Schwester Klytämnestra; daß er zuvor ihren Gatten, einen Sohn des Thyest, getötet hat, übergeht Goethe wie alle anderen Bluttaten, die zur Motivation der Ereignisse nicht unbedingt erforderlich sind. Agamemnons Kinder sind Iphigenie, Elektra und Orest. Als der trojanische Königssohn Paris Helena entführt, kommen die Fürsten Griechenlands Menelaos zu Hilfe, ziehen in Aulis (an der Küste Euböas) ein Heer zusammen und wählen Agamemnon zum Feldherrn. Doch die Flotte kann nicht nach Troja absegeln, weil Artemis ihr den Wind versagt: sie zürnt dem Agamemnon. Als Ursache dieses Zorns nennt die antike Überlieferung entweder eine überhebliche Äußerung Agamemnons oder eine Beleidigung der Göttin, jedenfalls ein schuldhaftes Verhalten des Königs. Goethes Iphigenie erwähnt jedoch in ihrer Erzählung keine dieser Begründungen, sei es, daß sie von ihnen nichts weiß oder daß sie den Zorn der Artemis als ein – im genauen Wortsinn – *neues Übel* (411) erscheinen lassen will, das von den Göttern über die Atriden verhängt ist. (Bei Euripides ist nur im Prolog der „Iphigenie bei den Taurern“ von einer Schuld Agamemnons die Rede; in seiner „Iphigenie in Aulis“ erscheint die Sühneforderung als willkürlich verhängt.) Artemis fordert durch den Mund des Priesters Kalchas Iphigenie als Opfer. Agamemnon, vom eigenen Ehrgeiz wie von den Machenschaften der andern Heerführer getrieben, läßt seine Tochter von Klytämnestra ins Lager bringen (vgl. jedoch die Anm. zu 906ff.), angeblich, um sie mit Achill zu vermählen. Iphigenie wird auf den Opferaltar gelegt, doch Artemis zeigt Erbarmen: in einer Wolke verborgen, entrückt die Göttin sie nach Taurien und läßt, ohne daß die Griechen es bemerken, an ihrer Stelle eine Hirschkuh opfern.

Die Geschichte von Agamemnons Tod erzählt Pylades 880ff. im wesentlichen im Anschluß an den „Agamemnon“ des Aischylos: Klytämnestra, die während der Abwesenheit ihres Gatten Ägisth zum Liebhaber genommen hat, empfängt Agamemnon bei seiner Rückkehr aus Troja freundlich. Sie läßt ihm ein Bad bereiten. Als er aus dem Wasser steigt, wirft sie ihm ein netzartiges Gewand über, in dem er sich verfängt, und erschlägt den Wehrlosen. In zwei charakteristischen Punkten weicht Goethe von Aischylos ab: bei ihm ist Klytämnestra nur die Anstifterin und Mithelferin beim Mord, während Ägisth, der bei Aischylos nur der feige Nutznießer ihrer Tat ist, zum eigentlichen Mörder wird (vgl. die Anm. zu 341ff.). Und von den beiden bei Aischylos angeführten Beweggründen für ihren Mord nennt Klytämnestra nur den edleren: die Rache für die Opferung Iphigenies; die Rache für Agamemnons Ehebruch mit

Chryseis und mit Kassandra, die er sogar als Beute aus Troja mitbringt, bleibt unerwähnt.

Nach dem Mord an Agamemnon bringt Elektra ihren Bruder Orest nach Phokis in Sicherheit, wo er bei seinem Onkel Strophios zusammen mit dessen Sohn Pylades aufwächst. Als er erwachsen ist, befiehlt ihm Apoll, seinen Vater zu rächen Bei Goethe ist jedoch von einem ausdrücklichen Befehl des Gottes nicht die Rede; Pylades gegenüber spricht Orest noch davon, daß er von den Göttern *zum Schlächter auserkoren* sei (707), im Gespräch mit Iphigenie erwähnt er nur noch seine *brennende Begier*, den Tod des Vaters zu rächen (1016). Während Goethe in der Darstellung der Vorgeschichte die Götter stärker belastet, als es die antike Überlieferung tut, geht er hier den umgekehrten Weg. Dadurch bringt er Götter und Menschen in ein neues Verhältnis und entledigt sich zugleich der Motivation des Aischylos, der das Schicksal Orests aus einem religionsgeschichtlich erklärbaren Konflikt ableitet: auf der einen Seite steht das von den Erinnyen vertretene Mutterrecht, dem der Vater nicht als blutsverwandt und der Muttermord als das schlimmste Verbrechen gilt, auf der anderen das jüngere, durch Apoll repräsentierte Vaterrecht, für das der Vater der nächste Verwandte ist. Goethe nimmt der Tat Orests den größten Teil ihrer theologischen Dimension, stellt das psychische Problem der gerechten Rache an der *doch verehrten Mutter* (708) in den Vordergrund und bereitet damit der Lösung des Fluchs durch einen seelischen Heilungsprozeß – statt, wie bei Aischylos, durch eine juristische Entscheidung – den Boden.

Wie in der „Elektra" des Sophokles kommen Orest und Pylades nach Argos, wo sie vorgeben, eine Urne mit der Asche des Orest zu überbringen. Sie geben sich Elektra zu erkennen – die Aufreizungsszene 1023 ff. hat Goethe nach dem Charakter der Sophokleischen Elektra frei ausgestaltet –, täuschen Klytämnestra und gelangen so ins Haus, wo Orest seine Mutter tötet. (Der Mord an Ägisth, der schon bei Aischylos ein bloßes Anhängsel an die Szene des Muttermords ist, spielt bei Goethe keine Rolle.) Für die weitere Geschichte Orests benutzt er dann Motive aus den „Eumeniden" des Aischylos: der Geist Klytämnestras erscheint und hetzt die Erinnyen wie Jagdhunde auf die Spur des Mörders. Doch übergeht er den ganzen, für Aischylos zentralen theologischen Schlußteil der „Orestie" mit der Gerichtsszene auf dem Areopag und der Aussöhnung zwischen Apoll und den Erinnyen. So kann er auch auf die spitzfindige Argumentation verzichten, deren sich Euripides bedienen muß, um die erneute Verfolgung Orests durch die Rachegöttinnen zu motivieren. Er setzt vielmehr sogleich dort ein, wo die eigentliche Handlung der Tragödie des Euripides beginnt.

Euripides: „Iphigenie bei den Taurern". Vor dem Artemis-Tempel in Taurien berichtet Iphigenie im ersten Teil des Prologs von ihrer Herkunft, der Opferung in Aulis und der Entrückung zu den Barbaren, wo sie nun als Priesterin Menschenopfer, vor allem an den ins Land verschlagenen Fremden, vollziehen muß. Sie spricht von einem Traum der letzten Nacht, in dem sie die letzte Säule ihres Vaterhauses wie ein Opfer bekränzt hat, und schließt daraus, daß Orest tot sei. – Der zweite Teil des Prologs bringt Orest und Pylades auf die Szene: sie sind auf Apolls Befehl nach Taurien gekommen, um das Kultbild der Artemis zu rauben und es nach Griechenland zu bringen; durch diese Tat könne Orest sich von der Verfolgung der Erinnyen befreien. Die Freunde verbergen sich in der Nähe des Ufers, um die Nacht zu erwarten.

Zu Iphigenie, die im Einzugslied (der Parodos) gemeinsam mit dem Chor Orest beklagt, tritt in der ersten Szene (dem 1. Epeisodion) ein Hirt und berichtet von der Gefangennahme zweier Griechen; einer von ihnen habe mit allen Zeichen des Wahnsinns im Gebell der Hunde und Blöken der Rinder das Geheul der Erinnyen zu hören gemeint und sei nach dem Anfall ohnmächtig zusammengebrochen. Von ihrem Traum hart gemacht, will Iphigenie die beiden unbekannten Griechen entgelten lassen, was sie eigentlich den an ihrer Opferung Schuldigen zugedacht hatte, doch zweifelt sie trotz ihres Entschlusses an der Gerechtigkeit einer Göttin, die sich an blutigen Opfern labt.

In der zweiten Szene werden Orest und Pylades hereingeführt. Iphigenie fragt den widerstrebenden Orest in einer langen Stichomythie nach dem Schicksal des Atridengeschlechts aus. Sie erfährt das Ende des trojanischen Krieges, den Tod Agamemnons und den Muttermord Orests sowie die Tatsache, daß ihr Bruder noch lebt. Ganz mit sich und dem Geschick ihrer Familie befaßt, bemerkt Iphigenie nicht, wie der Fremde von alledem, was sie aus ihm herausfragt, gequält wird, und überhört alle Hinweise auf seine Identität. Da Orest noch lebt, will sie einen der beiden Gefangenen freilassen, damit er heimkehre und ihrem Bruder einen Brief bringe. Während Iphigenie die Bühne verläßt, um diesen Brief zu holen, kann Orest, der die Sühne seiner Tat sucht, den aufopferungsfreudigen Freund nur mit Mühe dazu überreden, seine Freilassung anzunehmen. Iphigenie kommt zurück und gibt Pylades den Brief. Er möchte auch für den Fall, daß er ihn etwa bei einem Schiffbruch verliere, sein Versprechen erfüllen; daher eröffnet ihm Iphigenie den Inhalt des Briefes und gibt sich damit zu erkennen. Darauf entdeckt ihr auch Orest, wer er ist. In einem großen Wechselgesang (Amoibaion) verströmen die Geschwister ihre Freude über das Wiederfinden, zugleich wird ihnen aber auch bewußt, in welcher Gefahr sie geschwebt haben: die Kette der Greuel im Atridenhaus durch den Mord der ahnungslosen Schwester am geliebten Bruder in die nächste Generation zu verlängern. Während die Geschwister alles um sich herum vergessen, mahnt Pylades sie, an die Flucht zu denken. Iphigenie ersinnt eine List: sie will dem Taurerkönig Thoas sagen, einer der beiden Griechen habe das Bild der Göttin berührt und dadurch entweiht, da er von einer Blutschuld befleckt sei; es müsse im Meer gereinigt werden. So will sie das Kultbild zum Schiff bringen.

In der dritten Szene wird diese Intrige ins Werk gesetzt: Iphigenie belügt Thoas, der sich leicht täuschen läßt. Die Flucht scheint schon geglückt, da enthüllt ein Bote dem begriffsstutzigen König den Betrug und meldet, daß das Schiff der Fliehenden von ungünstigen Winden ans Ufer zurückgetrieben werde. Thoas gibt den Befehl zum Kampf, doch da greift die plötzlich, als Deus ex machina, erscheinende Athene ein: sie gebietet Thoas Einhalt und befiehlt den Griechen, das Artemisbild nach Halai in Attika zu bringen und dort einen neuen Kult der Göttin zu stiften. Iphigenie aber soll als Artemis-Priesterin nach Brauron gehen. Die Tragödie schließt mit einem kurzen Chorlied (Exodos) zum Lobe Athenes.

Das Drama des Euripides fesselt den Zuschauer vor allem durch eine virtuose Dialogführung, die etwa die Geschwister in der großen Stichomythie die Wiedererkennung umkreisen, gelegentlich streifen und doch lange verfehlen läßt, und durch einen spannungsreichen Aufbau: Iphigenie begegnet Orest gerade in dem Augenblick, in dem sie durch den Traum von seinem Tod zum Vollzug des Menschenopfers so willig ist wie nie zuvor, und wird so fast an ihm zur schuldlosen Mörderin; Orest möchte sich in seine Anonymität hüllen, um unbekannt und ungeschmäht den Tod zu finden, und gefährdet eben dadurch sein Leben und seine Befreiung; die sich zwanglos aus der Handlungskonstellation ergebende Erkennung Iphigenies durch den Bruder hat schon Aristoteles in seiner „Poetik" als musterhaft gepriesen. Nach dem Intermezzo mit der eher komödienhaften Übertölpelung des Barbaren Thoas folgt dann der doppelte Umschlag der Handlung mit dem Mißlingen der scheinbar schon geglückten Flucht und dem Eingreifen des Deus ex machina, der obendrein noch den Geschwistern die Erfüllung ihrer Wünsche, die Rückkehr nach Mykene, verwehrt. In diesem Drama müssen sich die Menschen, schuldlos in Täuschungen befangen, in einer undurchdringlichen Welt behaupten. Menschliche und göttliche Welt sind, wie überall in der attischen Tragödie, streng geschieden. Zweifel an der Gerechtigkeit der Götter, von denen man nicht weiß, ob sie die Sterblichen leiten oder mit ihnen spielen, werden geäußert und widerlegt, aber nicht eigentlich aufgehoben: die Götter führen die Geschwister an ein glückliches Ende, lassen sie aber gerade darin die Ohnmacht allen menschlichen Planens und Sinnens spüren. Der kultischen Verwurzelung der attischen Tragödie und einer besonderen Neigung des Euripides entsprechend, dient ihr Schicksal letztlich der Begründung von Kultlegenden: der Verehrung des Grabes der Iphigenie in Brauron und des Kults der Artemis Tauropolos in Halai.

Goethe, der die Tragödie des Euripides wahrscheinlich zuerst in der französischen Prosaübersetzung des Jesuiten Pierre Brumoy („Le Théâtre des Grecs", Bd. 2, Paris 1730) kennengelernt hat, übernimmt aus ihr im großen und ganzen die Handlungsführung mit dem delphischen Orakel als Auslöser, der Exposition im Prolog, der großen Erkennungsszene als Mittelstück, dem neuen Einsetzen der Handlung mit dem Ersinnen der Intrige, die die Flucht ermöglichen soll, dem Scheitern dieses Plans und dem unblutigen Ende nach einer letzten Krise. Hinzu kommen der Schauplatz, die Figurenkonstellation von Iphigenie, Orest und Pylades, Iphigenies Sehnsucht in die Heimat, Orests Todesbereitschaft, der Charakter des Pylades, das Ineinander von Fragen und Überhören in der Erkennungsszene oder die Ersetzung der bei Aischylos noch leibhaft auftretenden Erinnyen durch eine Art Wahnsinnsanfall. Schließlich greift Goethe die bereits bei Euripides vorhandene Auseinandersetzung mit den Göttern auf, das Ringen um das rechte Verständnis ihrer Ratschlüsse. Fast noch größer als die Gemeinsamkeiten sind jedoch die Unterschiede zwischen den beiden Versionen.

Daß bei Goethe jeder Bezug auf den kultischen Rahmen fehlt, in dem die attische Tragödie ihren Themen wie ihrer Aufführungspraxis nach stand, daß mit dem Übergang vom antiken Amphitheater zur klassizistischen Kulissenbühne und zum intimen Liebhabertheater auch der Chor entfällt – der bei Euripides ohnehin leichter vom eigentlichen Drama ablösbar ist als bei Aischylos – und daß dem modernen Zuschauer in der Exposition wesentlich mehr Vorgeschichte erzählt werden muß als dem antiken, berührt noch nicht den Kern des Dramas. Er wird jedoch dadurch verändert, daß das moderne Stück von den Charakteren und ihren seelischen Konflikten her konzipiert ist, während die Vorlage von der Handlung und von den festen Bauformen der attischen Tragödie her aufgebaut ist – außer den im Inhaltsreferat jeweils genannten wären noch die Wiedererkennung (Anagnorismos) und die Standlieder des Chors (Stasima) zu erwähnen. Die Spannung, die sich bei Euripides aus der Handlungskonstellation – im ersten Teil tragisch, im zweiten eher komödienhaft akzentuiert – ergibt, tritt hinter die gefühlsmäßige Anteilnahme an den Charakteren zurück. Die differenzierte Darstellung des Seelenlebens gewinnt die Herrschaft über die Aktion, das Lyrische über das eigentlich Dramatische. Symptomatisch ist Orests Beiseitetreten in der Erkennungsszene III, 1; es ist nicht durch die Handlung motiviert, sondern dient allein dazu, für Iphigenies lyrisches Dankgebet Raum zu schaffen.

Im Alter äußerte Goethe Eckermann gegenüber, Frauengestalten seien *das einzige Gefäß, was uns Neueren noch geblieben ist, um unsere Idealität hineinzugießen. Mit den Männern ist nichts zu tun. Im Achill und Odysseus, dem Tapfersten und Klügsten, hat der Homer alles vorweggenommen* (5. 7. 1827). Die moderne Idealität liegt vornehmlich in der letztlich im Christentum wurzelnden, durch Pietismus und Empfindsamkeit vermittelten Innerlichkeit, die aus der antiken Tragödie ein Seelendrama macht. Iphigenie wird zu einer idealen Gestalt erhoben, ihre Wahrhaftigkeit und Reinheit wird mit der heldenhaften Tüchtigkeit der Männer in eine Reihe gestellt. Nicht einmal mehr das Ersinnen der Intrige ist, wie auch in den anderen Dramen des Euripides, Aufgabe der Frau, sondern wird als etwas Unehrliches dem weltlich-tüchtigen Pylades übertragen. Diese Modernität prägt aber nicht nur Iphigenie, sondern auch die Männergestalten: Orest ist zeitweilig von seinem Seelenleben geradezu paralysiert, und auch der nüchterne Pylades findet in seiner Fürsorglichkeit für den gequälten Freund innige Töne. Die *Seele*, der *Busen*, das *Herz* sind die Mitte des Menschen; dagegen sind *die gewaltge Brust und der Titanen / Kraftvolles Mark* (328f.), die in der Physis gegründete Größe der griechischen Helden, nur noch in der Erinnerung anwesend. Sie gehören der in der Krise des Dramas überwundenen Stufe der menschlichen Entwicklung an. Selbst Thoas ist nicht mehr der aufbrausende Barbar, an dessen Übertölpelung ein griechisches Publikum seine Freude hatte. Durch seine Liebe zu Iphigenie – ein Motiv, das aus den französischen Bearbeitungen des Stoffes stammt – und durch seine eigene Vorgeschichte wird er zum gleichrangigen Gegenspieler der Griechen, und dadurch gerät wiederum Iphigenie in einen Konflikt, für den bei Euripides kein Raum war und der die Umgestaltung im zweiten Teil des Dramas erforderlich machte. Eine so differenzierte Gestalt wie dieser Thoas kann nicht mehr einfach durch ein Machtwort der Göttin zum Schweigen gebracht werden. Indem er der *Stimme / Der Wahrheit und der Menschlichkeit* (1937f.) in seinem Innern gehorcht, ermöglicht er aus eigener Kraft den für die Griechen glücklichen Ausgang des Dramas. Er leistet Verzicht, wie später noch manch andere Gestalt in Goethes Werk, ohne jedoch wie diese durch Teilhabe an einer wechselseitig sich ergänzenden Gemeinschaft für das eigene Opfer entschädigt zu werden.

Was Goethes Gestalten an Innerlichkeit gewinnen, verlieren sie im Vergleich zum antiken Drama nicht nur an Leiblichkeit und Handlungsfähigkeit, sondern auch an Öffentlichkeit. Dem Denken der Euripideischen Helden ist die Polis immer gegenwärtig, sie handeln als Glieder ihrer Geschlechter und als Fürsten, die auf Ehre und Ansehen bedacht sind. Zwischen den Gestalten Goethes herrschen dagegen fast ausschließlich private Beziehungen; wo Thoas sich einmal auf die öffentliche Meinung beruft (517ff.), ist sie nur vorgetäuscht und soll der Durchsetzung persönlicher Wünsche dienen. Was in diesem Drama verhandelt wird, verträgt die Anwesenheit des Chors nicht mehr.

PROBLEME DER ORESTHANDLUNG UND DER IPHIGENIENHANDLUNG

Goethe hat nirgends ausgesprochen, was ihn bewogen hat, den Stoff der Euripideischen Tragödie noch einmal zu gestalten. Sollte die Geburt der Weimarer Prinzessin wirklich der Anlaß zur Niederschrift des Dramas gewesen sein, so war sie doch nicht mehr als der äußere Anstoß zur Ausführung eines älteren Plans, dessen Ursprünge, wie so häufig bei Goethe, in seiner inneren Biographie lagen.

In der zweiten Hälfte des Jahres 1775 befand sich Goethe in einer schweren Krise: mit Lili Schönemann verlobt, durch die äußeren Umstände wie das eigene Innere der Trennung entgegengedrängt, mit einem Teil seines Wesens in den Zauberkreis der Geliebten gebannt, mit einem anderen gegen diese Bindung revoltierend, rastlos, zerrissen, in der Vaterstadt nicht mehr heimisch. Hinzu kamen Schuldgefühle gegenüber dem Mädchen, das seinetwegen leiden mußte. In dieser Zeit spiegelte Goethe sich einmal in der Gestalt Orests, als er in einem an Anna Luise Karsch gerichteten, wertherisch aufgewühlten Brief nach einer Erwähnung der Schweizer Reise schrieb: *Vielleicht peitscht mich bald die unsichtbare Geißel der Eumeniden wieder aus meinem Vaterland* (17. 8. 1775, Briefe I, 190). Nach mancherlei Qualen kam es dann im Spätherbst zum Aufbruch aus Frankfurt in eine ungewisse Zukunft. Als Goethe in *Dichtung und Wahrheit* diesen Abschnitt seines Lebens darstellte, setzte er an den Schluß des ganzen Werks ein Selbstzitat, in dem pindarische Reminiszenzen mit dem Schicksal Egmonts und wohl auch Orests (vgl. Aischylos' „Choephoren", 1023ff.) verwoben sind: *Wie von unsichtbaren Geistern gepeitscht, gehen die Sonnenpferde der Zeit mit unsers Schicksals leichtem Wagen durch, und uns bleibt nichts als, mutig gefaßt, die Zügel festzuhalten und bald rechts, bald links, vom Steine hier, vom Sturze da, die Räder abzulenken. Wohin es geht, wer weiß es? Erinnert er sich doch kaum, woher er kam* (Bd. 10, S. 187 u. Bd. 4, S. 400). Doch schon auf dem Höhepunkt der Krise hatte Goethe gelegentlich ein Nachlassen der *convulsiven Spannungen* zu spüren geglaubt und dann der Macht der Liebe vertraut, *die nach und nach das Fremde durch den Geist der Reinheit der sie selbst ist ausstößt und so endlich lauter werden wird wie gesponnen Gold* (an Auguste Stolberg, 14.–19. 9. 1775, Briefe I, 195). Im Gedanken wie in der Bildersprache waren hier bereits Motive der bald darauf an Charlotte von Stein gerichteten Briefe vorweggenommen. Im Februar 1776 schickte Goethe der Geliebten *Wandrers Nachtlied* (Bd. 1, S. 142), die Bitte der zwischen *Schmerz und Lust* zerrissenen Seele um Frieden, aber schon wenige Wochen später, im April, folgten die Strophen *Warum gabst du uns die tiefen Blicke*, die die gegenwärtige Erfahrung durch die Aufnahme des Seelenwanderungs-Gedankens zu überhöhen versuchten:

> *Ach, du warst in abgelebten Zeiten*
> *Meine Schwester oder meine Frau; ...*
> *Tropftest Mäßigung dem heißen Blute,*
> *Richtetest den wilden irren Lauf,*
> *Und in deinen Engelsarmen ruhte*
> *Die zerstörte Brust sich wieder auf* (Bd. 1, S. 123).

Die Heilung durch eine schwesterlich entsagungsvoll geliebte, mit einer Aura von Heiligkeit verklärte Frau, die Tatsache, daß sich der rastlose Wanderer, der gerade erst Lilis Bannkreis gesprengt hatte, schon bald *mit leisem Zauberband* in der *engen kleinen Welt* Weimars gehalten sah (*Dem Schicksal*, Bd. 1, S. 132), das Gefühl, daß aus der Flucht unversehens eine Bleibe geworden war – all dies mochte Goethe glauben lassen, daß das Schicksal ihn nur scheinbar in die Irre, in Wirklichkeit aber an den Ort seiner Bestimmung geführt habe. Bald darauf setzte er in einem symbolischen Akt der ἀγαθὴ τύχη, dem glücklichen Geschick, in seinem Garten ein Denkmal (Tgb. 5. 4. 1777).

Aus diesen Erfahrungen des ersten Weimarer Jahrs dürfte der Entschluß, den von Euripides gestalteten Stoff noch einmal zu behandeln, am ehesten herzuleiten sein. Die Bindung an die psychische Situation Goethes fand dann ihren sinnfälligen Ausdruck darin, daß er selbst bei der Uraufführung des Stücks den Orest spielte. Sie erklärt wohl auch einen Teil der Schwierigkeiten, die die plötzliche Heilung Orests den Interpreten aufgibt. Daß der von den Furien verfolgte, von Todessehnsucht erfüllte Jüngling in Iphigenies Gegenwart zu neuem Leben erwacht, ist das Entscheidende: eine schlüssige Erklärung dieses Vorgangs – etwa als Gebetserhörung, säkularisiertes Bußerlebnis nach pietistischem Muster, Heilschlaf oder psychische Katharsis, wie verschiedentlich vorgeschlagen – hat Goethe nicht gegeben. Es liegt zum Teil auch an der Bindung durch die Vorlage: Euripides schildert den Wahnsinn Orests nur im Botenbericht des Hirten, danach erwähnt er ihn nicht mehr. Die Formgesetze der attischen Tragödie, die die psychologische Einheit der Figur der formvollendeten Ausnutzung der Bauelemente des Dramas unterordneten, erlaubten ihm dieses Vorgehen, das dem modernen Leser als Bruch erscheint. Goethe, der den Wahnsinn Orests psychologisch begründete, strebte auch eine psychische Bewältigung seines Problems an, doch ließ ihm das Handlungsgerüst des Stücks für die Darstellung eines Heilungsprozesses keinen Raum.

Daß Goethe neben der durch den Mythos vorgegebenen eine psychologische Lösung des Schuldproblems sucht, ist schon in Orests Erzählung vom Muttermord angelegt, denn darin schieben sich Mythos und Psychologie ineinander, wenn durch Klytämnestras Fluch neben den Erinnyen auch *ihre Gefährten, / Der Zweifel und die Reue*, aufgerufen werden (1060f.) und der *Dampf vom Acheron* sich in die sinnverwirrende *ewige Betrachtung des Geschehnen* verwandelt (1064). Von ihnen muß Orest wieder befreit werden; ein richterlicher Entscheid, wie er am Ende der „Orestie" von ganz anderen Voraussetzungen her möglich ist, müßte hier versagen. Bezeichnend ist, daß die Jambenfassung dort von der Heilung Orests spricht, wo die Prosafassung von 1781 nur von seiner Befreiung redete (1536 u. 1607), und daß 1786 Iphigenie Orests *Retterin* genannt wird (1545) und damit an die Stelle der Götter getreten ist. Dieselbe Akzentverschiebung findet sich auch in der Schlußszene. Dort sagt Orest zu Iphigenie in der Prosafassung von 1781: *Diana löst nunmehr die alten Bande, und gibt dich uns zurück. Durch deine Berührung sollt ich wunderbar geheilt sein. In deinen Armen faßte noch das gottgesandte Übel mich mit allen seinen Klauen und schüttelte zum letzten Mal entsetzlich mir das Mark.* 1786 wird die Urheberschaft der Götter nicht mehr so ausdrücklich genannt: *Die strengen Bande / Sind nun gelöst, du bist den Deinen wieder, / Du Heilige geschenkt, von dir berührt / War ich geheilt, in deinen Armen faßte / Das Übel mich mit allen seinen Klauen / Zum letztenmal und schüttelte das Mark / Entsetzlich mir zusammen* (2117ff.). Das gibt dann das Recht, den letzten Wahnsinnsanfall als die entscheidende Krise einer seelischen Krankheit zu begreifen, in der sich *entsetzlich / Das Innerste in seinen Tiefen wendet* (1170f.) und der die Heilung folgt. Auch das Gewitterbild, das Orest nach seinem Erwachen entwirft (1343ff.), legt diese Deutung nahe: wie die *flammende Gewalt* des Gewitters für den erquickenden *Segen* des Regens, so ist der Anfall die notwendige Voraussetzung für die Genesung. Zugleich läßt sich diesem Bild, an dessen Ende *Iris*, der Regenbogen, als Sinnbild der Versöhnung (vgl. Bd. 14, S. 11) steht, entnehmen, daß Orests Heilung auch wieder nicht ausschließlich psychologisch verstanden werden darf, denn durch seine Herkunft aus dem Sintflut-Mythos und aus Klopstocks „Frühlingsfeier" hat es eine metaphysische Dimension, die mehr ist als metaphorischer Schmuck des hohen Stils; Orest nennt als Urheber des Gewitters die Götter (1343). Aber, so kann man verallgemeinern, göttliches Eingreifen manifestiert sich hier nicht mehr in Wundern, sondern in natürlichen Vorgängen. Naturprozeß und göttlicher Ratschluß sind ununterscheidbar wie in der prästabilierten Harmonie des Leibnizschen Weltbildes.

Als Goethe im Frühjahr 1779 begann, den drei Jahre älteren Dramenplan auszuführen, verschoben sich die Gewichte von der Oresthandlung auf die Iphigenienhandlung. Das geschah zum Teil unter dem Formzwang der Vorlage, zum Teil ergab es sich aus der Entwicklung von Goethes Weltanschauung.

Die Tragödie des Euripides besteht aus zwei verhältnismäßig stark in sich geschlossenen Handlungsteilen: dem Wiederfinden der Geschwister und der Intrige um das Kultbild der Artemis. Für den Geschmack des modernen Lesers, dem die im Schlußteil verborgenen theologischen Probleme nicht ohne weiteres einsichtig sind und dem die kultische Verankerung der Tragödie nichts mehr bedeutet, fällt der zweite Teil mit der Überlistung der Barbaren gegenüber der Spannung des ersten empfindlich ab. Gluck und der Librettist seiner „Iphigénie en Tauride" (1779) versuchten diesen Mangel dadurch zu beheben, daß sie das Gewicht ganz auf die Wiedererkennung verlagerten und den zweiten Teil so weit wie möglich verknappten und die komischen Elemente ausschieden: gleich nach der Erkennungsszene werden die Geschwister überrascht, es kommt zu einem kurzen Gefecht, in dem Thoas fällt, so daß der Flucht nichts mehr im Wege steht. Goethe ging den umgekehrten Weg: er bildete den Schlußteil zu einem zweiten Gipfel aus, indem er Thoas aus einem bloßen Hindernis zu einem wirklichen Gegenspieler Orests machte und das theologische Problem, das dem Eingreifen des Deus ex machina zugrunde lag – das Verhältnis von göttlichem und menschlichem Handeln –, aus modernem Geiste neu formulierte.

In Goethes Drama gibt es kein unveränderliches Bild der Götter wie bei Euripides, es wandelt sich vielmehr im Laufe der Handlung und mit der Lage der Personen. Um hier nur auf Iphigenie einzugehen: aus dem *stillen Widerwillen* (36) gegen den Dienst der Diana wird, als Orest sich zu erkennen gegeben hat, zunächst Dankbarkeit gegenüber den Göttern (1094ff.), deren Wirken der Mensch *an gesparten, lang / Und weise zubereiteten Geschenken* erkennt. Die Willkür der Götter, der Iphigenie die Mitschuld am Schicksal des Tantalidengeschlechts zugeschrieben hat (315f., 330f.), scheint vergessen. Aber eben das Wiederfinden stürzt sie im 4. Akt in einen unlösbar scheinenden Konflikt zwischen den durch das Orakel legitimierten Ansprüchen der Verwandten auf der einen und denen der Taurier auf der andern Seite; sie sieht sich dem Zwang ausgesetzt, den Atridenfluch durch *ein doppelt Laster* fortzuführen: *das heilige, / Mir anvertraute viel verehrte Bild / Zu rauben und den Mann zu hintergehn / Dem ich mein Leben und mein Schicksal danke* (1707ff.); der Vertrauensbruch gilt dem modernen Gewissen dabei als ein Vergehen, das den blutigen Taten der Heroen gleichkommt. Hierin kann Iphigenie nicht göttliche Fügung, sondern nur das Wirken des Verhängnisses, *die taube Not ... mit ehrner Hand*, erblicken. Für das Bewußtsein des Menschen ist es genauso empörend wie die Willkür der Götter, und so droht ein erneutes Aufbäumen des Titanentrotzes. Das Parzenlied am Schluß des 4. Akts ruft, noch in der uneigentlichen Redeweise des Zitats, das gern vergessene alte Bild der Olympier wieder herauf. Im 5. Akt tritt Iphigenie Thoas dann nicht mehr als sanfte Priesterin entgegen, sondern als *Fürstin* (1824) und *Agamemnons Tochter* (1822); das Bild des Thoas wird in ihrer Rede in das der Olympier hinübergespielt (1812ff.), und sein Befehl fordert ihren Widerstand heraus. Auf sich selbst verwiesen, besinnt sie sich auf die *Kraft* in der Tiefe ihrer Seele (1885), und der Entschluß, die Wahrheit zu sagen, stellt sich selbst als ein *kühnes Unternehmen* (1913) dar, das den Heldentaten des Odysseus und des Theseus (1892ff.) zu vergleichen ist. Als Tochter der Titanen und Heroen begeht Iphigenie ihre eigene *unerhörte Tat* (1892). Wie zuvor der Vertrauensbruch mit den Greueltaten der Atriden wird dabei die Wahrhaftigkeit mit den Leistungen der antiken Helden auf eine Stufe gestellt. Die sprachliche Form von Iphigenies Gebet mit dem durch die Zeilenbrechung herausgehobenen *Wenn* (1916) macht deutlich, was hier geschieht: Iphigenie geht, um mit Pascal („Pensées“, 233) zu sprechen, eine Wette ein. Im vollen Bewußtsein des Risikos setzt sie auf eine Hypothese, auf einen Glauben, dem ihre Situation durchaus zu widersprechen scheint, dem sie aber eben durch ihren Einsatz zur Wirklichkeit verhilft. Ihr früherer Hilferuf *Rettet mich / Und rettet euer Bild in meiner Seele* (1716f.) wird umgekehrt: Iphigenie setzt in die Tat um, was das Gedicht *Das Göttliche* (Bd. 1, S. 147ff.) als Forderung formuliert: *Heil den unbekannten / Höhern Wesen, / Die wir ahnen! / Ihnen gleiche der Mensch! / Sein Beispiel lehr' uns / Jene glauben.* Das *Vorbild*, die Präfiguration im Menschlichen, ruft die Erfüllung im Göttlichen herbei. Wie Orests letzter Wahnsinnsausbruch in seine Heilung umschlägt und wie sich das Wüten des Gewitters *in Segen auflöst* (1349), so überwindet das Titanentum sich selbst und die alten Bilder der Götter. Menschliches Handeln und göttlicher Ratschluß ergänzen sich hier jedoch nicht mehr im Sinne einer prästabilierten Harmonie, sondern sind in ein dialektisches Verhältnis getreten.

In einem Gespräch mit Eckermann vom 1. April 1827 sagte Goethe über die „Antigone“ des Sophokles: *Alles Edle ist an sich stiller Natur und scheint zu schlafen, bis es durch Widerspruch geweckt und herausgefordert wird;* daher seien Charaktere wie Kreon nötig *zur Entwicklung der schönen Seele der Heldin.* Damit bezeichnete er das, was ihm an der attischen Tragödie gemäß war und was seine Iphigenie mit Gestalten wie Hippolytos und Alkestis bei Euripides oder Neoptolemos im „Philoktet" und Deianeira in den „Trachinierinnen" des Sophokles verbindet: die von Winckelmann als Inbegriff des Griechischen gepriesene stille Größe, die sich in den ersten Weimarer Jahren mit dem aus pythagoräischen Quellen gespeisten *Geist der Reinheit* durchdringt und als Menschenideal die tatkräftigen, nach außen gewandten Selbsthelfer des Sturm und Drang ablöst. Wenn Goethe aber im selben Zusammenhang sagte, die griechische Tragödie stelle das Menschliche besonders dort dar, *wo es, mit einer rohen Macht und Satzung in Konflikt geratend, tragischer Natur werden konnte*, dann bezeichnete er auch den Punkt, der ihn von den attischen Tragikern trennte: ihre Werke beruhen *auf einem unausweichlichen Sollen, das durch ein entgegenwirkendes Wollen nur geschärft und beschleunigt wird* (Bd. 12, S. 293), göttliches Gebot und menschliches Bestreben befinden sich in einem unversöhnlichen Widerspruch, der Mensch wird vernichtet und erfährt auch dort, wo er überlebt, nur seine Ohnmacht. Dies tragische Menschenbild läßt Goethe nur in der Vorgeschichte seines Dramas zu; hier betont er gegenüber den antiken Mythen sogar noch die Willkür der Götter, indem er Tantalus vom Mord an Pelops befreit und ihn nur dadurch schuldig werden läßt, daß die Götter ihn über die *Grenzen der Menschheit* (Bd. 1, S. 146) hinausheben. Die eigentliche Handlung aber dient dazu, den Widerspruch zwischen Sollen und Wollen zu versöhnen. Das geschieht dadurch, daß der Widerspruch – der in der attischen Tragödie objektiv ist – am Ende als scheinhaft entdeckt wird.

In einer glücklichen Wendung wird daher nach Iphigenies Tat der wahre Sinn des Orakels erkannt: nicht die göttliche, sondern die menschliche Schwester sollte Orest aus Taurien heimholen. Was Orest als *ein fremder Fluch ... mit ehrner Faust* (84 u. 86) und Iphigenie als ein *bös Geschick* (1877) erschienen war, das *die taube Not ... mit ehrner Hand* (1707f.) ihr auferlegte, zeigt sich nun als *der Göttin Rat* (2127) oder, wie es in den früheren Fassungen ausdrücklicher heißt, als *der verhüllte Ratschluß der Göttin.* Wie in einem Trauerspiel des Barock ist das Walten des „inexorabile fatum" nur scheinhaft, in Wirklichkeit herrscht die göttliche „providentia", aber dieses Verhältnis wird hier nicht, wie bei Gryphius, im Martyrium erfahren und erst im Jenseits aufgehoben, sondern verwandelt die Wirklichkeit, weil hier kein Dualismus zwischen Irdischem und Transzendentem mehr besteht. Allerdings darf nicht übersehen werden, daß ein ungelöster Rest bleibt: der maßlose Haß der Götter auf Tantalus ist am Ende nicht gerechter als am Anfang, er ist nach wie vor nicht scheinhaft, sondern wirklich. In Orests Elysiumsvision bleibt Tantalus daher unversöhnt.

In Goethes Drama offenbart sich das Göttliche, anders als in der attischen Tragödie oder im barocken Trauerspiel, nicht mehr den Menschen, sondern im Menschen; Iphigenie nimmt die Stelle der Diana ein, ‚ihr Vorbild lehrt uns jene glauben'. Während bei Aischylos Athene den Fluch von Orest und dem Atridenhaus nimmt, tut es jetzt Iphigenie. Sie heißt daher mit vollem Recht *Heilige* (2119). Ihre Rückkehr nach Griechenland bedeutet jedoch nicht die Stiftung eines neuen Kults wie bei Euripides, sondern die Stiftung von Humanität, von menschlichem Austausch zwischen Taurien und Griechenland (2153ff.). Der optimistische Welt- und Menschheitsglaube des späten 18. Jahrhunderts läßt den Menschen im Irdischen „die große Versöhnung" vollbringen, die Klopstock im „Messias" noch ganz im christlichen Sinne behandelt hatte.

Voraussetzung für die Versöhnung ist nun aber nicht nur Iphigenies Handeln und das rechte Verständnis des Orakelspruchs, sondern auch der Verzicht des Thoas. Weil er Iphigenie liebt, ist er imstande, *die Stimme / Der Wahrheit und der Menschlichkeit* zu hören: *Es hört sie jeder / Geboren unter jedem Himmel, dem / Des Lebens Quelle durch den Busen rein / Und ungehindert fließt* (1937ff.). Es bleibt nur die Frage, wo diese von Iphigenie genannte Bedingung erfüllt ist, wenn nicht wie hier oder in Mozarts „Entführung aus dem Serail" eine der in den Konflikt verwickelten Personen die ganze Last des Verzichts trägt. Überdies kann Iphigenie selbst sich auch nur dadurch rein erhalten, daß sie von der Göttin in Taurien verborgen wird, wo sie durch die Insel, den Hain und den Tempelbezirk, durch ihr Priesteramt und ihre Anonymität, real wie symbolisch, abgeschirmt, aber auch isoliert ist. Ihre Gefährdung beginnt mit ihrem zeichenhaften Heraustreten aus dem Tempel am Beginn des Stücks, die Exposition deckt die Vorgeschichte, die ihr Schicksal bestimmt, auf, und die Begegnung mit Orest ist zunächst nicht eine Befreiung, sondern eine Aktualisierung der alten Bedrohung. Sie zwingt Iphigenie zum Handeln und verstrickt sie so in die Netze des menschlichen Daseins: *Den festen Boden deiner Einsamkeit / Mußt du verlassen! Wieder eingeschifft / Ergreifen dich die Wellen schaukelnd, trüb / Und bang verkennest du die Welt, und dich* (1528ff.). Pylades, in diesem Stück der lebenstüchtige, immer handlungsfähige Vertreter der Weltklugheit, formuliert dann besonders deutlich das Gesetz der condition humaine: *So wunderbar ist dies Geschlecht gebildet, / So vielfach ist's verschlungen und verknüpft / Daß keiner in sich selbst noch mit den andern / Sich rein und unverworren halten kann* (1656ff.). Der Preis des menschlichen Handelns ist die Verstrickung in die Verworrenheit des Daseins und der Verlust der Reinheit, andererseits ist aber der Preis der Reinheit die Einsamkeit. Iphigenie spricht selbst verallgemeinernd davon, wie sehr sie der Gegenwart der Menschen bedarf, *deren Himmelskraft / Ein Einsamer entbehrt und still versinkt* (1624f.), und am Schluß ihres Auftrittsmonologs bezeichnet sie ihr Leben in Taurien als einen zweiten Tod (53). Durch die Verstrickung, in die die Ankunft Orests sie stürzt, wird sie gefährdet, aber erst in der Herausforderung erreicht sie die Größe, die sie zur unerhörten Tat fähig macht.

In dieser Antinomie von Reinheit und Einsamkeit auf der einen und Handeln und Verstrickung auf der andern Seite spiegelt sich, wie auch immer vermittelt, das Spannungsverhältnis von Poesie und praktischer Wirksamkeit, das die Entstehungsgeschichte der *Iphigenie* kennzeichnet. Aber es ist bezeichnend, daß die Überwindung dieses Gegensatzes nur in der Dichtung und nicht in der Wirklichkeit der Strumpfwirker von Apolda und des Geheimen Consiliums gelingt. In Goethes *Iphigenie auf Tauris* wie zur gleichen Zeit in Lessings „Nathan der Weise“ und Mozarts „Zauberflöte“ wird mit der Verlegung des Schauplatzes an einen halb historischen, halb mythischen Ort eine aus der zeitgenössischen Wirklichkeit entrückte Welt geschaffen, die sich den Bedürfnissen des Menschen fügt. Nur weil die Figuren aus den konkreten historischen Bedingungen des 18. Jahrhunderts gelöst werden, können sie *die Stimme / Der Wahrheit und der Menschlichkeit* vernehmen und ihr zur Verwirklichung verhelfen. Goethes Antike ist dabei jedoch nur im Bewußtsein der Späteren mit Lessings und Mozarts orientalischen Märchenwelten vergleichbar. Ihren Ursprung hat sie vielmehr im Glauben an eine wirklich einmal vorhanden gewesene, in der griechischen Kunst aufgehobene Kulturstufe der Menschheit, in der diese sich in ihrer Reinheit, Schönheit und Wahrheit gezeigt habe.

Die in *Iphigenie auf Tauris* gelungene Versöhnung wurde Goethe schon bald problematisch: im *Elpenor* sollte die Stimme der Wahrheit und der Menschlichkeit vermutlich unter verschärften Bedingungen die Konflikte der Personen lösen, in der *Natürlichen Tochter* versucht Eugenie selbst, in der modernen geschichtlichen Welt eine Iphigenie zu werden: sich aus den Wirrnissen der Gegenwart in die Geborgenheit des Landsitzes zurückzuziehen, um durch eine Art Wiederauferstehung als ein Palladium die Wiederherstellung der verfallenden gesellschaftlichen Ordnung zu bewirken. Daß sie scheitern sollte, unterliegt keinem Zweifel. Je problematischer Goethe im Verlauf seines Lebens ein von den historischen Bedingungen isoliertes Menschenideal wurde, desto größere Distanz gewann er zu seinem eigenen Werk. Auf dem Rückweg von der Campagne in Frankreich sollte er im November 1792 im Hause Friedrich Heinrich Jacobis aus der *Iphigenie* vorlesen: *das wollte mir aber gar nicht munden, dem zarten Sinne fühlt' ich mich entfremdet;* noch unerträglicher war seinem *gegen Kunst, Natur und Welt gewendeten, durch eine schreckliche Campagne verhärteten Sinn* die *erhabene Heiligkeit* des „Ödipus auf Kolonos“ (Bd. 10, S. 310f.). Zehn Jahre später bezeichnete er Schiller gegenüber sein *gräzisierendes Schauspiel*, sehr distanziert, als *ganz verteufelt human* (19. 1. 1802, Briefe II, 428).

Goethes eigene Haltung hat das Publikum des 19. Jahrhunderts nicht daran gehindert, *Iphigenie auf Tauris* als ein Weihespiel der Humanität zu betrachten. Das geschah ohne Sinn für die dunklen Hintergründe, gegen die sich die Humanität hier behauptet, ohne Blick für die Aussparungen, die erst die glückliche Lösung ermöglichen, und ohne Einsicht in die Geschichtlichkeit dieses Menschenbildes. Man glaubte sich auf Goethes Verse für den Schauspieler Krüger (Bd. 1, S. 353) berufen zu können, übersah dabei aber, daß die Sentenz von der reinen Menschlichkeit, die alle menschlichen Gebrechen sühnt, nicht unbedingt den Gehalt des ganzen Dramas ausspricht, sondern wohl vor allem auf Orest zielt, dessen Rolle Krüger in Weimar gespielt hatte. Auch ist nicht von ‚bloßer Menschlichkeit‘ die Rede; das Adjektiv ‚rein‘ hat vielmehr sein volles Gewicht. Angesichts der Verworrenheit und Trübung, die im Drama selbst als Preis des Handelns erscheint, ist *reine Menschlichkeit* eine geradezu widersprüchliche Verbindung, ein Wunschtraum und nicht etwas fraglos Vorhandenes.

FORM UND STIL

Iphigénie en Tauride, tragédie en cinq actes, tout à fait selon les règles, nannte Goethe sein Schauspiel in einer für Louis Bonaparte entworfenen Übersicht über seine Werke (GJb. 15, S. 17ff.). Er stellte es damit in die Tradition der klassischen französischen Tragödie, die für sich in Anspruch nahm, die der Moderne angemessene Nachahmung des antiken Dramas zu sein. ‚Die Regeln‘, das waren die Ständeklausel, die die Tragödie den Königen und Heroen vorbehielt, während sie den gemeinen Mann der Komödie zuordnete, die Forderung der bienséance, die alle der guten Gesellschaft anstößigen Dinge und Worte von der Bühne verbannte, die Verssprache der Alexandriner, die Wahrung der drei Einheiten von Zeit, Ort und Handlung und andere Vorschriften mehr. Sie waren zum Inbegriff des Unnatürlichen und Beengenden geworden, als sich Lessing im Namen des bürgerlichen Trauerspiels und die Stürmer und Dränger unter Berufung auf das Genie, die Natur und Shakespeare gegen die klassizistische Poetik erhoben hatten. Die drei Einheiten waren durch die Darstellung historischer Ereignisse und Abläufe, durch häufige Szenenwechsel sowie durch Nebenhandlungen aufgesprengt und der Alexandriner durch die Prosa ersetzt worden. Die formelhafte Tragödiensprache war einer durch umgangssprachliche und mundartliche Elemente angereicherten und aufgerauhten Sprechweise gewichen, und mit den anstößigen Wörtern waren auch die anstößigen Dinge auf die Bühne gekommen: Kindsmord, das Absinken von Bürgertöchtern in die Prostitution, die Ereignisse der Bauernkriege, Mord auf offener Szene. Im bürgerlichen Trauerspiel hatte zunächst auch der Bürger die Würde des tragischen Geschicks für sich beansprucht, im Drama des Sturm und Drang hatten auch Kleinbürger und Bauern die Szene betreten. Zugleich war, viel entschiedener noch als in der comédie larmoyante der Jahrhundertmitte, der erhabene Stil der Tragödie durch eine Mischung von Tragischem und Komischen in den Gegenständen wie in der Sprache ersetzt worden. Um 1775 schien die französische Tragödie im deutschen Sprachraum nur noch auf dem Wiener Hoftheater lebendig zu sein. Und doch schrieb Goethe wenige Jahre später mit der *Iphigenie* ein Drama *tout à fait selon les règles;* dann folgten *Torquato Tasso*, die Entwürfe zu *Elpenor* und *Nausikaa* und in den Jahren der Zusammenarbeit mit Schiller die für das Weimarer Theater gedachten Voltaire-Übersetzungen und *Die natürliche Tochter*. Dieser zunächst überraschende Rückgriff hat äußere wie innere Gründe.

Götz von Berlichingen und der *Faust* waren, wie die Dramen der anderen Stürmer und Dränger, für ein imaginäres deutsches Nationaltheater konzipiert; es waren Lesedramen, die weder auf die Möglichkeiten der zeitgenössischen Bühne noch auf den Geschmack eines wirklichen Theaterpublikums Rücksicht nehmen mußten. Alle Verstöße gegen den Schicklichkeitskodex der guten Gesellschaft hätten bei szenischer, öffentlicher Darstellung viel heftigeres Ärgernis erregt, als sie es bei privater Lektüre je konnten. Jedes Drama, das aufgeführt werden wollte, mußte sich, wie bereits *Clavigo* und *Stella*, in seinem Stil und seinen technischen Anforderungen an das zeitgenössische Theater halten. Das galt in besonderem Maße für die *Iphigenie auf Tauris*, die von vornherein für eine Aufführung auf dem Liebhabertheater des Weimarer Hofs gedacht war. Wenn das Stück zudem als Festspiel dienen sollte, dann waren alle anderen sonst auf der Liebhaberbühne gepflegten Gattungen ungeeignet. Ein Festspiel verlangte den hohen Stil. Das führte entweder hinüber zur Oper, wie später in *Des Epimenides Erwachen*, oder ein gutes Stück zurück zur französischen Tragödie – allerdings nur soweit, wie diese mit ihrem antiken Vorbild übereinstimmte. Wie Goethes Verhalten am Weimarer Hof – nach einer kurzen Phase genialischen Treibens – ganz darauf abgestellt war, sich den vorgegebenen menschlichen und politischen Verhältnissen anzupassen, um sie in seinem Sinne umgestalten zu können, so machte er sich in der *Iphigenie* die ästhetischen Konventionen des höfischen Theaters zu eigen, um sie mit einem durchaus persönlichen Gehalt zu erfüllen. Vorgegebenes und Individuelles begegneten sich formal in der Nachahmung der Antike, inhaltlich im Bereich dessen, was als allgemein menschlich galt. Nicht einer fürstlichen Person wurde gehuldigt, sondern einer Humanität jenseits aller ständischen Grenzen.

Die von der Empfindsamkeit geprägte Generation der um die Mitte des 18. Jahrhunderts Geborenen sah dies allgemein Menschliche in der Gegenwart nur in der vom Gefühl gestifteten Beziehung zwischen den Menschen, in Liebe und Freundschaft, verwirklicht. Außerhalb der privaten Sphäre hatte es seinen Raum nur in den harmonischen „kleinen Gesellschaften", wie die Idylle sie darstellte, oder in der griechischen Antike. Wenn diese in der Wirklichkeit der Geschichte auch keine Dauer gehabt hatte, so war sie in den Augen der Schüler Winckelmanns doch in der Kunst aufgehoben und wirkte über alle Zeiten hinweg als „Urbild und Vorbild aller Schöne, Grazie und Einfalt", wie Herder in seiner Bückeburger Geschichtsphilosophie sagte. Die Nachahmung antiker Formen ist daher in der Literatur wie in der bildenden Kunst der Goethezeit über alles Modische hinaus der Versuch, die Gestaltung dessen, was als allgemein menschlich verstanden wurde, in ein angemessenes Gewand zu kleiden. Allgemein menschlich ist dabei nicht nur das Zeitlose, sondern auch alles, was dem reinen Menschsein vor allen seinen äußeren, historischen Bedingtheiten und Modifikationen zugeordnet wird. Wo Goethe, wie in *Götz von Berlichingen* oder *Egmont*, das Individuum mit seiner historischen Umwelt, dem *notwendigen Gang des Ganzen* (Bd. 12, S. 226), ins Spiel bringt, greift er zur shakespearisierenden Dramenform, die allein die Darstellung von äußerer Welt und realer Bedingtheit der menschlichen Existenz möglich macht und darin der spezifisch modernen Gattung, dem Roman, vergleichbar ist; wo er hingegen, wie in *Iphigenie auf Tauris*, *Elpenor*, *Nausikaa* oder *Pandora*, Innerlichkeit und als allgemein menschlich verstandene Probleme gestaltet, wählt er die Form der antiken Tragödie, in der Dialog und Reflexion die Szene beherrschen, während alle Aktion in die Vorgeschichte oder hinter die Szene verbannt ist. Bei der Übernahme dieser Form geht es ihm jedoch nicht so sehr um das spezifisch Tragische, den dramatischen Konflikt, als vielmehr um das griechische Menschenbild, genauer gesagt: um das Bild, das er sich von den griechischen Menschen gemacht hatte.

Als Goethe es unternahm, den Stoff der Taurischen Iphigenie des Euripides zu bearbeiten, gab es in Deutschland außer der veralteten Alexandriner-Tragödie im Stile Gottscheds keine erprobte oder gar verbindliche Form für die Nachbildung griechischer Dramen oder für ein neues Schauspiel des hohen Stils. Auch die Sprache fehlte. Die attischen Tragiker las man, wie Goethe selbst, in zweisprachigen griechisch-lateinischen Ausgaben oder in den französischen Prosaauflösungen des Père Brumoy. Auch die wenigen und zumeist unbeholfenen deutschen Übersetzungen benutzten die Prosaform. Nur Wieland hatte mit seinem 1773 in Weimar aufgeführten antikisierenden Singspiel „Alceste" ein Formmodell angeboten: für den Dialog jambische Verse wechselnder Länge, für die gesungenen Partien meist kürzere gereimte Verse in verschiedenen Metren. Friedrich Wilhelm Gotter benutzte zwar für seine „Merope" (1773) den fünffüßigen Jambus, doch war die Sprache seines Dramas im übrigen noch ganz von den Alexandriner-Tragödien geprägt. Goethe wählte für sein Schauspiel zunächst eine Prosa, die sich durch ihre Rhythmisierung und den getrageneren Ton von der Sprache seiner früheren Dramen wie von der Stilebene des bürgerlichen Trauerspiels unterschied. Als er 1786 in Karlsbad der von Wieland erhobenen Forderung nach einer Versifizierung entsprechen wollte, versuchte er es zunächst mit einer Annäherung an das Vorbild der „Alceste", bis ihn dann die Sophokles-Lektüre zu einer vollständigen Überarbeitung und regelmäßigen Versifikation bestimmte (vgl. S. 420f.). Diese Entscheidung wurde ihm durch die gewandelte literarische Situation erleichtert.

Zum einen hatten, nach den frühen Versuchen in den fünfziger Jahren, Lessing mit „Nathan der Weise" und Schiller mit den 1785 veröffentlichten ersten Akten des „Don Carlos" die Eignung des reimlosen fünffüßigen Jambus, des Blankverses, als Sprechvers des deutschen Dramas nachgewiesen. Zum anderen hatten Goethes Altersgenossen begonnen, die griechische Dichtung ihren Vorstellungen entsprechend ins Deutsche zu übertragen. Friedrich Leopold Stolberg und Voß schufen einen deutschen Homer, dessen sprachliche Gestalt ohne ihren Lehrmeister Klopstock nicht denkbar gewesen wäre, und im Frühjahr 1781 erschien als erste poetische Übersetzung griechischer Dramen in Basel „Sophokles. Verdeutscht von Georg Christoph Tobler". Der Übersetzer, den Goethe als einen Freund Lavaters schon 1779 auf der Reise in die Schweiz kennengelernt hatte, kam Anfang Mai 1781 für mehrere Monate nach Weimar, wo zur selben Zeit Herder, Goethe und Knebel sich um die sprachliche Aneignung der griechischen Lyrik bemühten. Auch Tobler übersetzte aus der Anthologia graeca, vor allem aber übertrug er, zumindest teilweise auf Drängen Goethes, zwischen Mai 1781 und März 1782 alle Tragödien des Aischylos, sowie den „Herakles", den „Hippolytos" und zuletzt den „Ion" des Euripides; diese Übersetzungen wurden jedoch nicht gedruckt, sie blieben als Handschriften in den Bibliotheken von Weimar und Gotha. Tobler gab die Trimeter seiner Vorlagen als fünf- oder sechsfüßige Jamben mit durchweg männlicher Endung wieder und vermied die Härten der griechischen Satzgefüge. Als Beispiel für den Charakter seiner Übersetzung kann Hippolytos' Gebet zu Artemis dienen:

Dir bring ich diese Blumenkränze dar,
O meine Herrscherin, die ich für dich gepflückt
In einer unentweihten Wiese, wo kein Hirt
Zu weiden seine Herde wagt; wo nie verletzt
Vom scharfen Eisen wird das Gras; wo ungestört
Die Frühlingsbiene schwärmt in süßer Luft,
Wo stille Reinigkeit die Blüten frisch erhält
Mit sanftem Tau. Nur der, der Böses nicht gelernt,
Dem die Natur für alles reinen Sinn
Gegeben, darf die Blüten pflücken, Bösen ist's
Verboten. („Hippolytos", 72 ff.)

Umstellungen einzelner Satzglieder, die jedoch das syntaktische Gefüge nicht verunklären oder stören, die Gleichordnung paralleler Nebensätze, der Wegfall des Hilfsverbs in Nebensätzen, neugebildete Komposita (unentweiht, Frühlingsbiene) und die eine nachdrückliche, gehobene Sprechweise fordernden Zeilensprünge schaffen eine neue Sprache des antikisierenden hohen Stils, den vor allem unscheinbare Adjektive (in süßer Luft, stille Reinigkeit, mit sanftem Tau, reinen Sinn) mit der Stimmung und dem Ethos der frühen Weimar Klassik durchdringen.

An alle diese Bemühungen der letzten Jahre konnte Goethe anknüpfen, als er sein Iphigenien-Drama überarbeitete. Zum einen nutzte er dabei die Möglichkeiten, die Klopstock zur Bereicherung der deutschen Dichtersprache und zu ihrer Scheidung von der prosaischen Alltagssprache erprobt hatte: die Wiederbelebung veralteter Wörter wie *Hain* oder *Halle*, die Substantivierung von Adjektiven zur Bezeichnung von Personen (*die Geliebten*, *des Treuen*, *ein Einsamer*), die Verwendung präfixloser Substantive (*Folger*) oder unflektierter sächlicher Adjektive (*ein männlich Herz*, *ein doppelt*

Laster) wie die transitive Konstruktionsweise intransitiver Verben (*Es horcht der Verbannte, / ... die Lieder, / Denkt Kinder und Enkel*). Zum anderen setzte er im selben Sinne, stärker noch als in den Prosafassungen, Stilmittel ein, die aus der Sprache Homers und der attischen Tragiker übernommen waren: dem Griechischen unmittelbar nachgebildete Wendungen wie *Mitgeborne* für Geschwister, die *umgewandten Mauern* oder der Menschen *weit verbreitete gute Geschlechter;* Attribute wie *golden* oder *göttlich;* neugebildete Komposita wie *alterfahrnen*, *vielwillkommner*, *oft gewaschnen* oder *fernabdonnernd*; die Verwendung des Singulars statt des Plurals (vgl. 1412 u. die Anm. zu 670, 2105) oder des bestimmten Artikels statt des unbestimmten (vgl. die Anm. zu 1116) wie auch die Bevorzugung der Partizipialkonstruktion vor dem Relativsatz oder der gleichordnenden Parataxe vor der logisch unterordnenden Hypotaxe. Griechischem, insbesondere homerischem Sprachgebrauch entsprach es schließlich, die Substantive mit typisierenden Adjektiven zu verbinden; Goethe nutzte diese Möglichkeit, zum Teil auch aus metrischen Gründen, um das Ethos seines Dramas auch auf gleichsam lyrische Weise auszudrücken. *Heraus in eure Schatten, ewig rege Wipfel des heiligen Hains, wie in das Heiligtum der Göttin* wurde so in der letzten Redaktion zu: *Heraus in eure Schatten, rege Wipfel / Des alten, heilgen, dichtbelaubten Haines, / Wie in der Göttin stilles Heiligtum* (1 ff.); *Unsterbliche auf euren reinen Wolken!* zu: *Unsterbliche die ihr den reinen Tag / Auf immer neuen Wolken selig lebet* (1039f.); *in ewger Klarheit* zu: *in ewger frommer Klarheit* (1046) oder *wie eine schöne Flamme des Altars* zu: *wie das heilge Licht / Der stillen Opferflamme* (1983f.). So erhielt die Sprache des Dramas, wie in den Toblerschen Übersetzungen, einen dem gedrängten Stil der attischen Tragödie fremden lyrischen Schmelz, der den Zeitgenossen jedoch weniger ins Auge fallen mochte als diejenigen Elemente, die den antiken Stil nachahmten, die wörtlichen Anklänge wie die formalen: die zahlreichen Gebete, die Gnomen, in denen die persönliche Erfahrung sprichwörtlich-allgemein ausgesagt wird (z. B. 15f., 24f., 76, 106, 147, 213f. usw.), die Wortspiele (z. B. 709, 717f., 906f., 995ff. usw.), die pointierten Stichomythien, in denen die Dialogpartner von gegensätzlichen Standpunkten her diskutieren (z. B. 172ff., 493ff., 1635ff., 1873ff.) oder durch drängende Frage und zögernde Antwort einen unbekannten Sachverhalt ans Licht bringen (901ff., 991ff., 1139ff.), wie überhaupt der symmetrische Aufbau in der Figurenkonstellation (Pylades – Orest – Iphigenie – Thoas – Arkas), in der Verschränkung von drei Akten der Wahrheit (I, III, V) mit zwei Akten der Verstellung (II, IV) oder in der Gliederung des 4. Akts (lyrische Partie – Monolog – Dialog – Monolog – Dialog – Monolog – lyrische Partie).

Wie überzeugend diese antikisierenden Elemente beim Erscheinen der *Iphigenie* wirkten, zeigt Schillers Rezension des dritten Bandes der *Schriften.* Dort heißt es, Goethe sei bei der Nachahmung der griechischen Tragiker in *Iphigenie auf Tauris* „noch weit glücklicher" gewesen als bei der Nachahmung Shakespeares im *Götz von Berlichingen:* „In griechischer Form, deren er sich ganz zu bemächtigen gewußt hat, die er bis zur höchsten Verwechslung erreicht hat, entwickelt er hier die ganze schöpferische Kraft seines Geistes und läßt seine Muster in ihrer eignen Manier hinter sich zurücke" (vgl. S. 413). Als er dann 1802 von Goethe gebeten wurde, sein Schauspiel für die Aufführung auf der Weimarer Bühne durchzusehen, schrieb jedoch er seinem Freund Körner, die *Iphigenie* sei „so erstaunlich modern und ungriechisch, daß man nicht begreift, wie es möglich war, sie jemals einem griechischen Stück zu vergleichen" (21. 1. 1802). Goethe selbst, der schon vor Schiller ähnliche Bedenken gehabt hatte, sagte später einmal zu Riemer: *Ich schrieb meine Iphigenia aus einem Studium der griechischen Sachen, das aber unzulänglich war* (20. 7. 1811, vgl. S. 409). Das galt für die Verbreitung der Kenntnis der antiken Literatur im gebildeten Publikum allgemein wie für Goethe selbst im besonderen. Mittlerweile lagen die von intensiver Lektüre der musterhaften Texte begleiteten Diskussionen mit Schiller über das Wesen des Epischen und des Dramatischen und Gespräche mit Altphilologen wie Johann Heinrich Voß, Friedrich August Wolf und Wilhelm von Humboldt hinter ihm. Dabei war Goethe deutlich geworden, daß das Menschenbild der griechischen Tragödie wie die Unversöhnlichkeit der tragischen Konflikte seinem eigenen Wesen wie überhaupt der Denkweise der Moderne nicht mehr entsprachen. Das machte es ihm unmöglich, in den Werken der attischen Tragiker die Traumgestalten Winckelmanns und die schönen Seelen der Empfindsamkeit wiederzufinden, und schärfte seinen Blick für die Problematik der formalen Nachahmung. Auch daher seine Distanz gegenüber dem *gräzisierenden Schauspiel.*

Wenn er es dennoch mehr als zwanzig Jahre nach seiner Entstehung in Weimar auf die Bühne brachte, dann vermutlich deshalb, weil in ihm zum ersten Mal und beinah unreflektiert Gedanken zum Ausdruck gekommen waren, die in der Zeit der Zusammenarbeit mit Schiller zum Kern der klassischen Ästhetik gehörten. Nach Schillers Auffassung, die Goethe teilte, war „die Übermacht der Prosa in dem Ganzen unsres Zustandes ... so groß und so entschieden, daß der poetische Geist, anstatt darüber Meister zu werden, notwendig davon angesteckt und also zugrundegerichtet werden müßte". Daher empfahl er dem Dichter, sich aus dem „Gebiet der wirklichen Welt" zurückzuziehen und „durch die griechischen Mythen der Verwandte eines fernen, fremden und idealischen Zeitalters zu bleiben, da ihn die Wirklichkeit nur beschmutzen würde" (an Herder, 4. 11. 1795). Diesen Rückzug aus der zeitgenössischen Wirklichkeit in die reinere Welt der Antike hatte Goethe zum ersten Mal und exemplarisch mit der *Iphigenie auf Tauris* angetreten. Aber auch der zweite Gedanke, der die notwendige Ergänzung des ersten ist und den Schiller mit der ihm eigenen Schärfe im neunten der Briefe „Über die ästhetische Erziehung des Menschen" ausgesprochen hat, war Goethe in der Entstehungszeit der *Iphigenie* nicht völlig fremd: daß nämlich der durch das Studium der Antike an der „Quelle der Schönheit" gebildete Künstler als eine „fremde Gestalt" in sein Jahrhundert zurückkehren solle, „aber nicht, um es mit seiner Erscheinung zu erfreuen, sondern furchtbar wie Agamemnons Sohn, um es zu reinigen". Goethe bezeichnete es Knebel gegenüber als seine Absicht, mit der Aufführung seines Dramas *einigen guten Menschen Freude zu machen und einige Hände Salz ins Publikum zu werfen* (14. 3. 1779). Gemeint war das „Salz der Erde" (Matthäus 5, 13), das der Fäulnis wehren soll.

ANMERKUNGEN

Titel. Der Name *Tauris* für die Halbinsel Krim, das Siedlungsgebiet des skythischen Stammes der Taurier, war schon vor Goethe nach der franz. Bezeichnung ‚Tauride' und in Analogie zu ‚Aulis' (das franz. ‚Aulide' heißt) gebildet worden.

Personen. Der Name *Arkas* stammt nicht aus der antiken Vorlage, sondern aus den Dramen Racines: in der „Iphigénie" hat Agamemnon einen treuen Diener namens Arcas, ebenso König Mithridates in der Tragödie „Mithridate", die wie Goethes Schauspiel auf der Krim („dans la Taurique Chersonèse") spielt.

Schauplatz. Das im Umkreis Klopstocks wiederbelebte Wort *Hain* bedeutet sowohl ‚Wäldchen' als auch ‚geweihter Wald'. Hier ist an die zweite Bedeutung zu denken; vgl. 1130 u. 1779f. sowie Bd. 9, S. 222,31 u. 223,12 mit Anm.

Erster Aufzug

18. *abwärts* im Sinne des älteren Sprachgebrauchs: von einem Ort weg.

21. *Mitgeborne* ist wörtliche Übersetzung von griech. συγγενής = Verwandter. Solche bewußten Gräzismen (vgl. auch die Anm. zu 47, 140, 831, 869 u. a.) sollen der Sprache antikisches Gepräge geben

und zusammen mit Elementen aus dem Sprachschatz Klopstocks wie *Geliebte* (10), *Halle* (19) usw. eine neue Sprache des hohen Stils schaffen.

24. *Der Frauen* ist möglicherweise, wie 214 u. 966, die alte flektierte Form des Genitiv Singular; es würde zu den Singularen *der Mann* (25) und *des Weibes* (29) passen. Vgl. auch *Elpenor* 309,15 u. *Die Natürliche Tochter* 94 u. 2289. – Solche Reflexionen über das Schicksal der Frau sind charakteristisch für die Tragödien des Euripides; vgl. z. B. „Medea" 230ff.

31. *Pflicht* hat hier weniger den modernen moralischen Sinn als den älteren juristischen, der ein persönliches Abhängigkeits- und Dienstverhältnis bezeichnet.

47. *umgewandten Mauern:* nach der griech. Wendung πόλιν ἀνατρέπειν = eine Stadt umstürzen, zerstören. – Das Adverb *rühmlich* ist gewichtiger als im heutigen Sprachgebrauch. In der Prosafassung von 1781 entsprechen ihm daher die Worte *glücklich und mit Ruhm.*

50. *Die schönen Schätze* sind nicht die Reichtümer des Königs, sondern Apposition zu v. 49; vgl. *Nausikaa* 44, *Elpenor* 318,9 u. *Die Natürliche Tochter* 50.

54ff. Die Rede des Arkas ist durch die indirekte Anrede, den Archaismus *beut*, die Doppelformen usw. zeremoniell stilisiert. Vgl. ähnlich Iphigenies an Thoas gerichtete Begrüßungsworte 220ff.

101ff. Vgl. den Bericht Herodots über die Taurier: „Sie opfern die Schiffbrüchigen und seefahrenden Hellenen, die sie auf hohem Meere abfangen, der Jungfrau. Bei der Opferhandlung wird nach Verrichtung der Weihegebräuche das Opfer durch einen Keulenschlag getötet. Dann wird ... der Leib vom Felsen ins Meer hinabgestoßen – das Heiligtum liegt auf einem steilen Felsen – und der Kopf auf einen Pfahl gesteckt" („Historien" IV, 103, übers. v. A. Horneffer). Vgl. auch 1089ff.

108. Nach antikem Glauben suchen die Verstorbenen, die als Schatten in der Unterwelt weiterleben, an bestimmten Tagen ihre Gräber auf.

112ff. *grauen Tagen:* Iphigenie spricht von dem *Schattenleben* (wie es in den früheren Fassungen heißt), das die Verstorbenen in der lichtlosen Unterwelt am Ufer des Vergessen bringenden Lethestroms tatenlos verbringen (= feiern).

116. Die Prosafassung von 1781 ist expliziter: *Gewöhnlich ist dies eines Weibes Schicksal und vor allen meins.*

131. *der Sieg:* Hier liegt der Gedanke an die geflügelte Siegesgöttin Nike/Victoria zugrunde.

140. *ein Gott* entsprechend dem griech. θεός = Gott, Göttin, Gottheit; hier: Artemis/Diana. Vgl. 331 u. 874 sowie *Die Natürliche Tochter* 1776.

149. *hebt* = erhebt, preist; vgl. die Anm. zu 698. – Die Verwendung des einfachen Verbs statt des Kompositums wurde von Klopstock als Mittel des erhabenen Stils in die Dichtersprache der Goethezeit eingeführt.

176. Iphigenie empfindet *Furcht*, weil sie, die von Thoas *als ein Geschenk der Göttin* (99, Prosafassung) empfangen wurde, ihrer Meinung nach in Wirklichkeit ein *verwünschtes Haupt* ist; vgl. 267ff.

223. *Wunsch* bezeichnet im 18. Jh. nicht nur den Ausdruck eines Verlangens, sondern auch dessen Gegenstand. – *Fülle* bedeutet „Überfluß, in der höhern Schreibart" (Adelung); es könnte hier aber auch im Sinne Klopstocks (vgl. die Anm. zu 149) statt ‚Erfüllung' gebraucht sein.

237. *gerochen* ist das alte starke Partizip Perfekt zu ‚rächen'.

256. *dem Letzten:* dem Niedrigsten des Volkes, im Gegensatz zu Thoas als dem Fürsten.

259. *Not:* Notwendigkeit, Zwang der Umstände; vgl. die Begründung 2102ff.

260. *jedes frommen Rechts:* ‚fromm' ist hier als Entsprechung von lat. ‚pius' im Sinne von ‚von Gott geheiligt' benutzt; ebenso 282: *eines frommen Gastes Recht.* Vgl. G. Niggl: ‚Fromm' bei Goethe, Tübingen 1967, S. 96f.

270. *Schauer* und ‚Schauder' bezeichnen in der Sprache des 18. Jhs. nicht zwei verschiedene Empfindungen, eine ehrfürchtige und eine furchteinflößende, sondern die schwächere und die stärkere Spielart des aus beiden gemischten Gefühls. „Oft ist Schauer eine Wirkung des höchsten Grades der Ehrfurcht, der mit einer Art von Furcht und Schrecken verknüpften Empfindung der Größe" (Adelung).

279. *Rat* wird in Goethes Dramen meist nicht in der Bedeutung von ‚Empfehlung' gebraucht, sondern für ‚Beschluß, Ratschluß' oder auch ‚Hilfe, Vorsorge, Überlegung' (z. B. 332).

306ff. Zu den mythologischen Namen in Iphigenies Erzählung vgl. den 2. Abschnitt der Anmerkungen.

323. *Übermut* im Sinne von griech. ὕβρις = selbstherrliche Überschreitung des den Menschen gesetzten Maßes. Man könnte hierin einen, freilich sehr verhüllten, Hinweis darauf sehen, daß Tantalus den Göttern bei einem Gastmahl das Fleisch seines Sohnes Pelops vorsetzte, um ihre Allwissenheit auf die Probe zu stellen. Doch dürfte Iphigenie dieses *Vergehen* kaum als *menschlich* (322) bezeichnen. Es ist wahrscheinlicher, daß Goethe die Gestalt des Tantalus bewußt adelt – wobei er sich auf Pindars 1. Olympische Ode berufen kann – und die Vergehen seiner Nachkommen sich erst als Folge des unverhältnismäßigen Hasses der Götter zu Greueln steigern läßt (vgl. 355ff.). Zugleich erreicht er dadurch eine Annäherung des Tantalus an Prometheus, dessen *Übermut* Goethe in seiner Hymne (Bd. 1, S. 44ff.) gestaltet und dessen *Untreue* darin besteht, daß er den Menschen das ihnen von Zeus vorenthaltene Feuer bringt.

324. *Jovis* ist der Genitiv zu ‚Jupiter'.

325. Der *Tartarus* ist der Ort der ewigen Strafen – und daher zugleich der *Schmach* – in der antiken Unterwelt. Vielfach bezeichnet das Wort jedoch auch die ganze Unterwelt, z. B. 1360.

328. *gewaltge Brust:* ‚gewaltig' ist als Adjektiv wie als Adverb gewichtiger als im heutigen Sprachgebrauch; es bedeutet ‚gewalttätig, mit Gewalt handelnd'; vgl. 336, 837, 1187, 1888 u. 1894.

331. *ein ehern Band:* Erz (wozu *ehern* als Adjektiv gehört) und Band sind im ganzen Drama Zeichen des vom Schicksal bedrückten, in Blindheit gehaltenen Menschen; vgl. 72f., 86, 300, 540, 589f.,

1309, 1330, 1680f., 1707f., 1742 u. 2117. Sinnverwandte Motive sind die *dunkle Decke* (615), die *schwere Stirn* (750) oder die *dunklen Schwingen*, die die Ungewißheit Iphigenie *um das bange Haupt* schlägt (1002). Das Erz ist auch den Erinnyen zugeordnet (1129 u. 1361). Im Gegensatz dazu ist der Vorstellungsbereich des Linden, Erquickenden und Lösenden Zeichen für die segensreiche Wirkung der Götter; vgl. 1157f., 1258ff., 1343ff., 1939ff. oder 2170f.

339. *Des Önomaus Tochter:* Hier wird der Name nach lateinischer Art betont: *Önomáus;* in der Ausgabe letzter Hand ändert Goethe die Stelle zu *Önomaus' Erzeugte*, um die griech Betonung ‚Oinómaos' dem jambischen Metrum einzupassen. Diese Änderung ist ein Zeichen für das langsame Eindringen der griech. Namen in die deutsche Sprache, dessen erste Spur im Drama der nur einmal und zwar erst in der Jambenfassung benutzte Name *Zeus* (43) ist.

341ff. Im Gegensatz zur antiken Überlieferung wird Hippodameia von Goethe aller Mitschuld an der Ermordung des älteren Pelopssohnes Chrysippos entledigt. Dies Verbrechen widerspräche dem Frauenideal Goethes und seiner Zeit. Selbst Klytämnestras Beteiligung an der Ermordung Agamemnons wird ja 891ff. gegenüber den antiken Quellen gemildert.

360. *Stadt:* im Sinne von griech. ‚polis = Stadtstaat'. Gemeint ist Mykene in Argos.

390f. Aus Abscheu vor der Greueltat des Atreus wandte Helios den Sonnenwagen um und durchbrach damit den ewig geordneten Weltenlauf.

400. In Goethes Handschrift steht: *Des Atreus letzter Sohn war Agamemnon / der ihm von allen Kindern übrig blieb.* Die Stelle wurde vermutlich von Herder in der Druckvorlage geändert, da ja Menelaos auch noch lebt und beim Ausbruch des Trojanischen Krieges eine entscheidende Rolle spielt. Goethe kam es anscheinend eher darauf an, Orest als den letzten männlichen Sproß eines vordem gewaltigen Geschlechts erscheinen zu lassen; vgl. 712.

412. *Dem sichern Hause:* ‚sicher' bedeutet in der Sprache der Lutherbibel (Psalm 39,6; Jesajas 32,10f.) und besonders der barocken Predigt auch ‚sich vor dem Zorn Gottes sicher fühlend'; es bezeichnet eine trügerische Sicherheit, die vor Gott sehr schnell zuschanden wird.

423. *Kalchas* ist Priester und Seher im griechischen Lager.

429. *Erkannt ich mich:* ‚sich erkennen' bedeutet ‚sich wiederfinden, sich zurechtfinden'.

458. *lispelt:* Bis ins 19. Jh. hat ‚lispeln' die Bedeutung ‚flüstern' oder – in den oft vorkommenden Übertragungen auf Wind, Laub oder Wasser – ‚leise rauschen'; vgl. 1266 u. 1558.

460. *Säul an Säulen:* Goethes Handschrift hat die üblichere Präposition: von *Säul' zu Säulen;* die vermutlich von Herder vorgenommene Änderung erklärt sich aus den Gesetzen der klassizistischen Metrik, nach denen der Wegfall des auslautenden -e nur gestattet

ist, wenn durch sie ein Hiatus, d. h. ein Zusammentreffen zweier Vokale, vermieden wurde. Vgl. auch die Anm. zu 484.

479. *sollt:* Das Präteritum hat, wie zuweilen in der poetischen Sprache der Goethezeit, die Bedeutung eines Irrealis. In der Prosafassung von 1781 heißt es: *Doch hätt' ich alles erwarten sollen, wußt ich denn nicht, daß ich mit einem Weibe zu handeln gieng.*

484. *Glaub es:* In Goethes Handschrift steht *Glaub' mir.* Durch die aus metrischen Gründen vorgenommene Korrektur (vgl. die Anm. zu 460) rückt das kurze, tonlose *es* an die Stelle einer Hebung, so daß der Rhythmus gestört wird. Ausgleich durch schwebende Betonung ist nicht möglich.

496. Der formale Zwang der Stichomythie verdunkelt hier den Sinn. Die früheren Fassungen sind deutlicher: *Es überbraust der Sturm der Leidenschaft die zarte Stimme.*

499ff. Hier und 1936ff. redet Thoas ironisch. Beide Stellen enthalten Kritik am Überlegenheitsgefühl der Griechen gegenüber dem skythischen ‚Barbaren'.

517ff. Der Vergleich mit 1466ff. zeigt, daß Thoas die öffentliche Meinung nur vorschiebt. Der Vorwurf, den er 528ff. gegen Iphigenie erhebt, trifft zugleich ihn selbst.

538ff. In Iphigenies Gebet wie auch in einigen anderen lyrisch-hymnischen Partien (1281ff., 1369ff., 1726ff.) wird der Blankvers durch freiere Verse abgelöst. Hier sind es meist vierhebige Verse mit freier Füllung, die durch das Fehlen des Auftakts und die adonischen Schlüsse (x́xxx́x) im Klang an die Hymnen der frühen Weimarer Zeit (Bd. 1, S. 143–149) erinnern.

546–548. Diese erst in der letzten Fassung eingeschobenen Verse erinnern daran, daß Artemis/Diana die Mondgöttin ist. Das Motiv erscheint 1317ff. noch einmal. Das Lied *An den Mond*, besonders in seiner frühen Fassung (Bd. 1, S. 128), zeigt, daß das Motiv dem Bereich des Lösenden und Erquickenden zugehört (vgl. die Anm. zu 331).

549. *enthalte:* In transitiver Verwendung hat ‚enthalten' noch die ältere Bedeutung ‚schützen, abhalten'.

551. *zufällig:* was einem Menschen (durch Schicksal) zufällt, zuteil wird.

552. *traurig unwilligen:* ‚unwillig' hat die Bedeutung von lat. ‚invitus': ‚unfreiwillig, gegen den eigenen Willen handelnd'; vgl. 636.

556. *fristen* hat noch die alte transitive Bedeutung ‚erhalten, bewahren, schützen'.

Zweiter Aufzug

564. *Rachegeister:* Die Erinnyen (lat. furiae) sind Rachegöttinnen, die Verstöße gegen das Sittengesetz verfolgen, denen unter den

Menschen ein Rächer fehlt. Man stellte sie sich hundeköpfig (vgl. 584) und schlangenhaarig (1136), mit ehernen Füßen (1129) vor. Wegen ihrer Schrecklichkeit werden sie oft nur umschreibend (*Unterirdische* 581, 727; *immer Wache* 1126) oder mit einem Euphemismus *Eumeniden* (= Wohlgesinnte) genannt (1359).

578–580. Orest zieht den wehrlosen Tod des Opfertiers am Altar demjenigen vor, den sein Vater Agamemnon erlitt. Die *Netze* stehen hier wie in Aischylos' „Agamemnon" zugleich konkret und metaphorisch: Klytämnestra wirft ihrem Gatten ein „fischgarnähnliches, endlos Gewand" über, ehe sie ihn ermordet (1382ff.); metaphorisch wird das Motiv verwandt „Agamemnon" 1047, 1115 u. 1492. Vgl. *Iphigenie* 894–898, 917, 980 u. 1078.

580ff. Die Erinnyen als Hunde: Aischylos, „Die Choephoren" 924 u. 1054; Orest als blutendes Wild: Aischylos, „Die Eumeniden" 245–248.

588. *Larven:* ‚Larvae' sind nach römischem Glauben böse Geister Verstorbener, Gespenster.

598ff. Hier liegt der Gedanke an das Labyrinth zugrunde, aus dessen Tiefe Theseus mit Hilfe des Ariadnefadens zurückfand.

601. *denke nicht den Tod:* Seit Klopstock wird ‚denken' in der poetischen Sprache zuweilen als transitives Verb mit bloßem Akkusativobjekt konstruiert; vgl. 1765.

609. *Unmut:* Mutlosigkeit; vgl. 614.

615ff. Durch diese von ihm erfundene Schilderung gewinnt Goethe neben der durch den Mythos vorgegebenen noch eine psychologische Motivation für Orests Handlung.

636. *Orkus* ist der lat. Name der Unterwelt; griech. Hades.

656. *das Ängstliche:* ‚ängstlich' bedeutet im 18. Jh. nicht ‚Angst empfindend', sondern ‚Angst einflößend'; es bezieht sich also nicht auf die Person, sondern auf die Sache.

670. *dem hohen Ahnherrn:* Hier könnte an Herakles oder Theseus gedacht sein, die aber beide nicht mit dem Atridenhaus verwandt sind. Da die früheren Fassungen allgemeiner formulieren *unsern Ahnherrn gleich*, handelt es sich wohl um einen antikisierenden Singular; vgl. die Anm. zu 1116.

698. *erheben* bedeutet wie in der Lutherbibel (z. B. 2. Mose 15,2; Lukas 1,46) ‚preisen'. – In der Prosafassung von 1781 sagt Pylades: *Ich halte nichts von dem, der von sich denkt, wie ihn das Volk vielleicht erheben möchte; allein du darfst den Göttern reichlich danken, für das was sie durch dich den Jüngling schon getan.*

709. *rächend:* Subjekt der Partizipialkonstruktion sind die Götter. In den Prosafassungen bezeichnet Orest noch sich selbst als *Rächer;* hier wird er dagegen gänzlich zum Werkzeug der Götter.

711. *Sie haben es auf Tantals Haus gerichtet:* ‚es auf etwas richten' bedeutet ‚es auf etwas abgesehen haben'.

717. *erbt:* In intransitiver Verwendung bedeutet ‚erben soviel wie ‚sich vererben'. Die Prosafassung von 1779 hat: *Segen ist erblich nicht Fluch*

722. *die Schwester:* Noch in der Prosafassung von 1781 heißt es an dieser Stelle: *Apoll gebeut dir vom Taurischen Gestad Dianen die geliebte Schwester nach Delphos hinzubringen.* In der Jambenfassung vermeidet Goethe es dagegen, Orest und Pylades den Orakelspruch eindeutig falsch referieren zu lassen (vgl. 566, 611 u. 840); nur Iphigenie gibt ihn Thoas gegenüber falsch wieder (vgl. 1928 ff. und Anm.).

723. *Delphis:* Goethe verwendet hier die lateinische, deklinierte Namensform für die Kultstätte Apolls am Fuße des Parnassos.

738f. Die Prosafassungen formulieren weniger gedrängt: ... *und seltsam sind wir bis an die Pforte schon geführt.*

747. *der Held ... büßend:* Hier liegt der Gedanke an Herakles zugrunde, der in einem von Hera verhängten Wahnsinnsanfall seine Kinder tötet und danach auf Anweisung des Orakels von Delphi im Dienste des Eurystheus die berühmten zwölf Arbeiten vollbringt. Nach der antiken Überlieferung ist er jedoch schon vor dem Gang nach Delphi entsühnt; das Motiv der Buße ist eine neuzeitliche Interpretation des antiken Mythos aus christlichem Geist.

762. *Ulyssen:* die deklinierte, dem franz. ‚Ulysse' nachgebildete Namensform des Odysseus (lat. Ulixes). In den homerischen Epen zeichnet sich der „erfindungsreiche Odysseus" durch Klugheit und Beredsamkeit aus.

801. Das Abnehmen der Fesseln bedeutet, daß Pylades dem Tode geweiht ist; vgl. 926–930.

802. *wenden* ist Optativ. In den früheren Fassungen heißt es: *Wenden die Götter, was euch bevorsteht!*

820ff. Im Gegensatz zu Iphigenie und Orest erzählt Pylades seine Vorgeschichte *leicht* und ohne die Stockungen, die die Qual der Erinnerung verraten. Wie sein Vorbild Odysseus bei den Phäaken und bei Polyphem („Odyssee", 7. u. 9. Gesang) führt er sich durch eine halbwahre Geschichte ein.

824. *Kreta:* Die Lügenhaftigkeit der Kreter war im Altertum sprichwörtlich.

831. *des Vaters Kraft* ist eine der Sprache der griech. Tragödie nachgebildete Wendung zur Bezeichnung einer Person; vgl. 2016 und Aischylos, „Die Sieben gegen Theben" 448, 569, 577.

844. Iphigenies Aufmerksamkeit wird durch ein für den Bericht des Pylades ganz nebensächliches Detail erregt. Dadurch kommt die Wiedererkennung der Geschwister in Gang.

854. *schöne freie Seele:* zur Bedeutung der Wendung *schöne Seele* bei Goethe vgl. Bd. 7, Anm. zu 358,2.

857. Die früheren Fassungen sind deutlicher: *vergiß es, bis du meiner Neugier genug gethan.*

863. *Freund:* Achills Vetter Patroklos, von dessen Heldentod der 16. Gesang der „Ilias" erzählt.

865. Der kluge König *Palamedes*, dem man eine Reihe von Erfindungen zuschrieb, wurde erst in der nachhomerischen Tradition zum Teilnehmer am Trojanischen Krieg. Aias (lat. *Ajax*), der Sohn des Königs *Telamon* von Salamis, ist einer der stärksten, leidenschaftlichsten der vor Troja kämpfenden Griechen. Darin ist er der Gegenpol des Palamedes, beiden ist jedoch gemeinsam, daß sie Gegenspieler und schließlich Opfer des Odysseus sind. Als Opfer der Streitigkeiten im griechischen Lager werden sie hier zwischen den von den Trojanern getöteten Helden Achill und Patroklos und dem von seiner Frau ermordeten Agamemnon genannt.

869. Die Selbstanrede *liebes Herz* ist eine Nachbildung der homerischen Formel φίλον ἦτορ; vgl. 923.

881. *berückt:* Außer der heutigen Bedeutung ‚betört' klingt hier auch noch die ursprüngliche, aus dem Bereich von Jagd und Vogelfang stammende Bedeutung ‚ein Netz über der Beute zusammenziehen' an. Das Wort gehört also auch zu den in der Anm. zu 578 bis 580 erwähnten Netzmetaphern.

898. *entwickeln* hat hier noch den ursprünglichen, erst in der Goethezeit ausgeweiteten Sinn von ‚herauswickeln'.

906ff. Erst hier wird Agamemnon für Iphigenies Opferung verantwortlich gemacht, daher Iphigenies Erschütterung. Denn bisher ist der Vater für sie immer noch *ein Muster des vollkommnen Manns* (403) gewesen, und ihr eigener Bericht von den Ereignissen in Aulis hatte ein kollektives *sie* als Täter genannt (424f.). Bei Euripides bezeichnet dagegen Iphigenie selbst Agamemnon als ihren Mörder („Iphigenie bei den Taurern" 565).

Dritter Aufzug

942. Die *Vatergötter* sind die θεοὶ πατρῷοι (lat. Di patrii), die innerhalb einer Familie oder eines Geschlechts mit besonderen Kulten verehrt wurden. In Rom wurden sie vielfach mit den die Wohnstätte schützenden, am *Herd* des Hauses verehrten Penaten identifiziert. Vgl. auch 1611f.

944ff. Orest und Pylades als vornehme Griechen werden hier in steigerndem Kontrast zu dem vorher vergleichsweise eingeführten *Knecht* gesetzt. In der Prosafassung von 1781 sagt Iphigenie: *Wie soll ich euch genug mit Ehr' und Lieb' umfassen, die ihr, von keinem niedern*

Haus entsprungen, durch Blut und Stand an jene Helden grenzt, die ich von Eltern her verehre.

952. *kennen* bedeutet bei Goethe vielfach ‚kennenlernen, erkennen'.

963. *Ilion* ist dichterischer Name des homerischen Troja.

966. *Frauen:* vgl. die Anm. zu 24.

972. *Kindeskindern:* Das Wort ist metonymischer Ausdruck für ‚Nachkommen', denn Agamemnon und Ägisth sind Söhne der Tantalusenkel Atreus und Thyest. Zugleich werden aber durch die unpräzise Formulierung Iphigenie und Orest in den Geschlechterfluch mit einbezogen; vgl. 1229f.

980. *Avernus:* Der Averner See bei Cumae (westlich von Neapel) galt als Eingang zur Unterwelt. *Avernus* wird schon in der Antike metonymisch für ‚Unterwelt' verwandt. – Vgl. auch Aischylos, „Agamemnon" 1115: „Ist Schlinge dies des Hades?" (übers. v. W. v. Humboldt).

994ff. Wortspiele in den Stichomythien sind Nachahmungen des antiken Tragödienstils. Vgl. z. B. Klytämnestras letzten Auftritt in den „Choephoren" des Aischylos.

996. Zur Verdeutlichung kann die Prosafassung von 1781 dienen: *Die sei den Göttern überlassen. Hoffnung und Furcht hilft dem Verbrecher nicht.*

1011. *Schwäher:* Schwiegervater oder, wie hier, Schwager.

1017. *Unversehen* ist gleichbedeutend mit ‚unversehens', das heute an seine Stelle getreten ist: unerwartet, überraschend.

1049. *Sage mir:* Beginn der Anrede; vorher wohl Selbstgespräch. Die *Ausg. l. Hd.* setzt hier einen Gedankenstrich: *sollte. – Sage mir*

1053ff. Die Geistererscheinung Klytämnestras im Kreise der Erinnyen ist in den „Eumeniden" des Aischylos vorgebildet. Dort werden die Erinnyen auch als Töchter der „Urnacht" bezeichnet (69, 321, 416). – Bei der Übersendung seines Dramas aus Rom schreibt Goethe an Herder: *Einige halbe Verse habe ich gelassen, wo sie vielleicht gut tun, auch einige Veränderungen des Silbenmaßes mit Fleiß angebracht* (13. 1. 1787; Briefe Bd. 2, S. 42). Kurzverse finden sich nur an besonders gewichtigen Stellen: 1053, 1081 u. 2174. Die Pause nach dem Kurzvers 1053, der Tempuswechsel vom Präteritum zum Präsens im nächsten Vers und die Tatsache, daß sich die beiden Verse 1055/1056 der Harmonisierung durch das Metrum des Blankverses entziehen, zeigen an, daß Orest sich hier – im wörtlichen Sinne – vergegenwärtigt, was er eigentlich vergessen möchte (1003ff.). Das erklärt seine Verwirrung im weiteren Verlauf der Szene.

1061. *Zweifel* und *Reue* werden hier zwar als *Gefährten* der Erinnyen personifiziert, doch ist unverkennbar, daß Goethe hier der mythischen Begründung von Orests Wahnsinn eine psychologische hinzufügt. Im gleichen Sinne wird in den folgenden Versen aus dem *Dampf vom Acheron* die *ewige Betrachtung des Geschehnen.*

1062. Der *Acheron* ist einer der die Unterwelt umgebenden Flüsse.

1068. Daß *ein alter Fluch* die Erinnyen von der Erde *verbannte*, widerspricht der antiken Vorstellung; es entspringt vermutlich dem optimistischen Welt- und Menschenbild des 18. Jhs.

1089f. Vgl. den Bericht Herodots über die Menschenopfer bei den Taurern in der Anm. zu 101ff.

1094. *Erfüllung:* Hier ist wohl an die Charis, die Gunst des Zeus, zu denken; vgl. Pindar, 1. Olympische Ode 31 u. 3. Pythische Ode 95. Nach der griech. Mythologie ist sie eine Tochter des Zeus und der Eurynome. In den Prosafassungen wird sie mit einem christlichen (und deshalb vermutlich ersetzten) Begriff *Gnade* genannt.

1107. *Wenn* hat, wie häufig in der Goethezeit, adversative Bedeutung: während.

1110. *kindisch:* kindlich, ohne genügende Einsicht.

1116. *Des abgeschiednen Freundes:* Hier könnte an Achill gedacht sein, doch ist die von Agamemnon vorgetäuschte Verlobung Achills mit Iphigenie sonst im Drama nicht erwähnt. Da es in den früheren Fassungen *eines geschiednen Geliebten* heißt, ist die Verwendung des bestimmten Artikels wohl ein antikisierendes Stilmittel (vgl. auch die Anm. zu 670). Der ganze Vergleich dient nicht, wie bei Homer, der Veranschaulichung durch ein konkretes Bild, sondern, wie bei Klopstock, der Anreicherung mit Empfindungswerten.

1143. *Hölle.* Das Motiv aus dem christlichen Vorstellungsbereich paßt an dieser Stelle besser als der antike Gedanke der Unterwelt, in die die Verstorbenen gelangen, nachdem sie aus dem Lethe, dem Strom des Vergessens, getrunken haben. Vgl. auch 1154 u. 1165.

1156. *Räuchwerk:* Stoff zum Räuchern beim Opfer. Das Wort ist vom alten Verb ‚räuchen' (statt ‚räuchern') abgeleitet.

1160f. In den „Eumeniden" des Aischylos (137ff.) hetzt der Schatten Klytämnestras die Erinnyen auf Orest: „Ihm nach mit blutererfülltem Atem, mit / Dem Dampf des Rachefeuers / Das ihn innerlich / Verdörrend aufzehrt" (übers. v. G. Ch. Tobler).

1162. *Gorgone:* Der Anblick der drei Gorgonen, zu denen Medusa gehört, wirkt versteinernd auf die Menschen.

1168. Orest spürt die sein Innerstes erschütternde Wirkung von Iphigenies Worten und schließt daraus, daß sie sein Verderben wolle.

1176. *Kreusas Brautkleid:* Medea tötet ihre Nebenbuhlerin, eine korinthische Königstochter, indem sie ihr zur Hochzeit mit Jason ein Gewand schenkt, das beim Anlegen in Flammen aufgeht. Die

Königstochter heißt in der „Medea“ des Euripides Glauke, in späteren Behandlungen des Stoffes Kreusa (gesprochen: Krĕ-usa).

1178f. *wie Herkules:* Deianeira schickt ihrem Gatten Herakles als vermeintlichen Liebeszauber ein Gewand, das mit dem Blut des von Herakles getöteten Kentauren Nessos getränkt ist. Doch das darin enthaltene Gift zerfrißt den Leib des Helden. Um den Qualen zu entgehen, läßt Herakles sich auf den Berg Öta bringen und auf einem Scheiterhaufen verbrennen. Stoisch in sich *verschlossen* stirbt Herakles nicht in der griech. Tragödie, sondern erst in Senecas „Hercules Oetaeus“.

1188f. *Lyäens Tempel:* Lyaios ist ein Kultname des Dionysos / Bacchus, der in orgiastischen Feiern verehrt wurde. Die *unbändig heilge Wut* ist die ekstatische Raserei (μανία) der Bacchantinnen, die den Zug des Weingotts begleiten.

1201. *Nymphe:* Nymphen sind mädchenhafte Naturgeister, die zum Gefolge des Dionysos/Bacchus wie der Artemis/Diana gehören. „Wegen der vielen Liebeshändel, welche die ältern Dichter von diesen Schutzgöttinnen der Naturgegenden erzählen, pflegt man auch wohl zuweilen eine allzu freie weibliche Person eine Nymphe zu nennen“ (Adelung).

1203. *strenge Dienerinnen:* Artemis/Diana wacht streng über die Keuschheit ihres jungfräulichen Gefolges.

1211. *Weis ihn zurecht:* weise ihm den rechten Weg.

1235. *Drachen* als bildhaftes Zeichen für die Greuel im Atridenhaus kommen in Aischylos' „Choephoren“ mehrfach vor: 527ff., 585ff., 994ff., 1047.

1240ff. Vgl. die Szene in den „Choephoren“ des Aischylos 892ff.

1258. *Lethes Fluten:* Lethe ist der Strom des *Vergessens* (1262), aus dem die Schatten trinken, bevor sie in die Unterwelt eingehen.

1265. *umgetriebnen:* vgl. Aischylos, „Die Eumeniden“ 238–240: „Bin der Häuser viel / Vorbeigeflohn, der Straßen viel durchirrt; / Geflohen über Meer und Land“ (übers. v. G. Ch. Tobler).

1281. Von hier an geht die Rede Orests bis 1316 in freiere, vierhebige Verse odischer Tonart über. Vgl. die Anm. zu 538ff.

1296f. Die Begrüßung war ein unfehlbares Zeichen eines bevorstehenden Mordes. Vgl. die Fassung von 1779: *Auf Erden war in unserm Haus der Willkomm – Tod.*

1298. *Tantalus:* Aus rhythmischen Gründen verdiente hier die in den Prosafassungen durchweg gebrauchte, aus dem franz. übernommene Form Tantal bzw. *Tantals* den Vorzug. Die Jambenfassung benutzt die lat. und die franz. Form nebeneinander.

1301ff. Der *Alte* ist Tantalus. Goethe läßt jedoch 1307ff. die Bilder von Tantalus und Prometheus ineinanderfließen. Von hier aus erklärt sich „die sinnbildliche Fülle, aus der Goethe das fast leitmotivisch verwendete Bild von den ‚ehernen Banden‘, in welche die Seele der Atridenkinder geschmiedet sei, nährt. Es ist das Stigma des Titanischen überhaupt" (A. Henkel: Goethe, Iphigenie auf Tauris. In: Das deutsche Drama, Düsseldorf 1956, I, 181).

1315. *Plutos Thron:* Hades/Pluto ist der Herrscher der Unterwelt.

1317. *Geschwister:* Apoll, zumeist mit dem Sonnengott Helios identifiziert, und Artemis/Diana, die auch als Mondgöttin verehrt wurde, sind Kinder des Zeus und der Leto.

1340. *Parze:* Die Moiren, die griech. Schicksalsgottheiten, werden seit Homer als Spinnerinnen des Lebensfadens dargestellt. In Rom wurden sie mit den Parzen, ursprünglich über der menschlichen Geburt waltenden Gottheiten, identifiziert.

1344. *schwere Wolken:* Die Prosafassung von 1779 macht den Sinn noch deutlicher: *die ihr mit entsetzlichen Flammen die schwere[n] Gewitterwolken aufzehrt.*

1353. *Iris* ist die Götterbotin des griech. Mythos, zugleich Personifikation des Regenbogens. Hier ist der Regenbogen außerdem Zeichen des erneuerten Bundes zwischen Gott und den Menschen wie in der Sintflutgeschichte des 1. Buchs Mose und in Klopstocks Ode „Die Frühlingsfeier".

1359. Daß die Erinnyen an dieser Stelle – ein einziges Mal – *Eumeniden* genannt werden, ist, wie am Schluß der „Orestie" des Aischylos, Zeichen der Versöhnung.

Vierter Aufzug

1369–1381. Am Anfang dieses symmetrisch gebauten Akts steht, wie an seinem Ende, eine lyrische Partie. Sie benutzt die getragenen, zweigipfligen freien Rhythmen, die auch die Hymnen der frühen Weimarer Zeit Goethes kennzeichnen.

1403. *hinterhalten:* jemandem etwas vorenthalten, verhehlen.

1409. *losgedruckter:* In der Schriftsprache wird „drucken" erst spät durch „drücken" verdrängt. – GWb. 2, Sp. 1276.

1455. *des Treuen Rat:* den Rat des Arkas 156ff.

1511ff. Orests Ankunft und die dadurch eröffnete Möglichkeit zur Heimkehr erscheint Iphigenie wie eine Wiederholung ihrer Rettung in Aulis; vgl. 426–428.

1517. *mit einziger Gewalt:* Das Adjektiv bezieht sich sinngemäß auf das Objekt des Satzes. Vgl. die Prosafassung von 1781: *Nur meinem Bruder zog das Herz sich nach.*

1536ff. In der Jambenfassung versteht Pylades Orests Befreiung von den Furien als eine Heilung; in den Vorstufen liegt das Gewicht mehr auf der äußeren Existenz der Erinnyen. In der Prosafassung von 1781 antwortet Pylades auf Iphigenies Frage nach Orest: *Von hier begleitet' ich ihn, gesteh' ich, mit einiger Sorge, denn ich traute den Unterirdischen nicht und fürchtete auf des Gestades ungeweihtem Boden ihren Hin-*

terhalt. Aber Orest ging, die Seele frei, wie ich ihn nie gesehn, immer unsrer Errettung nachdenkend vorwärts und bemerkte nicht, daß er aus des heiligen Hains Grenzen sich entfernte.

1545. In der Prosafassung von 1781 erscheint Iphigenie noch nicht als Orests *Retterin;* dort sagt Pylades: *ich ... pries der schnellen Retter gnädig Walten.*

1607. *Orest ist frei, geheilt!:* Das Motiv der Heilung Orests erscheint hier wie 1536ff. erst in der letzten Fassung. In den Vorstufen heißt es nur: *Orest ist frei!*

1609. Bei der *Felseninsel* liegt eine Verwechslung vor zwischen der steinigen Insel Delos, auf der Apoll geboren wurde, und der Stadt Delphi am Fuße des Parnassos, in der er seine Kultstätte hatte. Die Verwechslung wurde dadurch begünstigt, daß Goethe in den Vorstufen die deklinierte lat. Namensform *Delphos* gebraucht. 1786 entwirft er auch den Plan zu einer *Iphigenie auf Delphos.*

1612. *Vatergötter:* vgl. die Anm. zu 942.

1617. *Entsühnst:* Hier erscheint, erst in der Jambenfassung eingeführt, zum erstenmal das Motiv der Entsühnung, außerdem 1702, 1969 u. 2138. Immer ist es auf das Haus der Atriden bezogen.

1622. Das Reflexivpronomen *sich* ist grammatisch überzählig; es steht bereits 1619.

1646f. Hier ergibt sich eine Unstimmigkeit, da ‚entschuldigen' erst mit einem sächlichen Objekt (*es*) und dann mit einem persönlichen (*dich*) konstruiert ist. Daher ändert Goethe den Vers 1807 zu: *die Not entschuldigt.*

1663. *schätzt:* ‚schätzen' ist hier nicht wertend, im Sinne von ‚hochachten', benutzt, sondern neutral, wie ‚einschätzen, beurteilen'.

1681. Die *Not* – die *Notwendigkeit*, wie sie in den Vorstufen heißt, – wird hier personifiziert wie die griech. Anangke. Pylades erhebt sie in den Rang des *Schicksals*, der griech. Moira, der selbst die Götter unterworfen sind.

1684. *unberatne:* hier im Sinne von ‚nicht zu beratende'; vgl. 1707: *die taube Not.* Partizipien mit der Vorsilbe un- und entsprechender Bedeutung finden sich oft bei Goethe, z.B. 1387: *Der Ruhe ... unerschöpftes Gut*, 1820: *ein unerreichter Gott.* In der *Natürlichen Tochter* wird *unbemerkbar* (nach 993) in den späteren Drucken durch *unbemerkt* ersetzt.

1688. *Der Rettung schönes Siegel:* das Kultbild der Diana.

1706. *Port:* Das aus lat. ‚portus' abgeleitete Wort ist ursprünglich bedeutungsgleich mit ‚Hafen', doch überwiegt seit dem 17. Jh. die metaphorische Bedeutung ‚Schutzort, Zuflucht'.

1707. *Laster* hier in der Bedeutung, die das Wort in Luthers Bibelübersetzung hat: ‚Schandtat'.

1713ff. Entgegen der antiken Tradition, nach der Tantalus ein Sohn des Zeus ist, macht Goethe ihn – wie in Vers 328 und in *Dichtung und Wahrheit* (Bd. 10, S. 49) – zu einem *Titanen*, einem jener *alten Götter*, die von Zeus und seinen Geschwistern, den olympischen

Gottheiten, gestürzt und in den Tartarus verbannt wurden. Goethe rechnet die (römischen) *Parzen*, die mit den griech. Moiren, den Schicksalsgöttinnen gleichgesetzt wurden, offenbar zu den vorolympischen Göttern; daher ihre Sympathie mit Tantalus und ihr Grimm auf die *Olympier*.

1747f. Zum Schreiten der Götter vgl. Homers „Ilias" XIII,17ff. u. XIV, 225ff.

1765. *Denkt:* vgl. die Anm. zu 601.

Fünfter Aufzug

1773. *irgend* hier noch in der alten lokalen Bedeutung ‚irgendwo'.

1803. *alt verjährtes Eigentum:* „Verjährung" bezeichnet im 18. Jahrhundert auch noch den Gewinn eines Rechts durch langjährigen Gebrauch. – Adelung. – Dt. Wb.

1811. *solltest:* vgl. die Anm. zu 479.

1812ff. In ihrer Anwandlung von Titanentrotz zeichnet Iphigenie Thoas wie einen der olympischen Götter. Umgekehrt sind die Götter im Parzenlied dargestellt wie Fürsten, die ihre Ratgeber zuweilen gnadenlos fallenlassen.

1815. *Gegenwart:* Der temporale Sinn des Wortes entwickelt sich erst am Ende des 18. Jhs. Vorher bedeutet es ‚Anwesenheit einer Person', aber auch die anwesende Person selbst. Vgl. *Torquato Tasso* 556, 3397 u. Anm.

1827f. Zur Verdeutlichung vgl. die Fassung von 1781: *und diese Folgsamkeit ist einer Seele schönste Freiheit.*

1838. *für* ist in 18. Jh. vielfach gleichbedeutend mit ‚vor', das von 1807 an an dieser Stelle eingesetzt ist.

1878. *abzutreiben* in der ursprünglichen Bedeutung ‚abzuwehren, wegzutreiben'.

1880. *den anmutgen Zweig* ist syntaktisch Apposition zu *Die schöne Bitte*, inhaltlich eine Anspielung auf den antiken Brauch, daß Schutzflehende oder Bittende einen mit Wolle umwundenen Oliven- oder Lorbeerzweig in Händen trugen; vgl. Aischylos, „Die Schutzflehenden" 191–193.

1892. Die *unerhörte Tat* ist im Drama Zeichen des Titanischen, dem Atridenhause zugeordnet; vgl. 377 u. 877.

1895f. Die *immer wiederholenden Erzähler* sind die wandernden Rhapsoden, die in Griechenland die Epen und die darin erzählten Heldentaten öffentlich vortrugen.

1898ff. Das konkrete Vorbild dieser allgemein gehaltenen Verse ist eine Episode aus dem 10. Gesang der „Ilias", die sog. Dolonie, deren Helden Odysseus und Diomedes sind.

1904ff. Hier ist an Theseus gedacht, der, den *sichern* Seeweg verschmähend, auf dem langen Landweg nach Athen wandert, um dort seine Herrschaft anzutreten, und unterwegs gefährliche Verbrecher bekämpft. Vgl. Plutarch, „Theseus" 6ff.

1916. *auf die Kniee:* Hier liegt eine homerische Wendung zugrunde: ταῦτα θεῶν ἐν γούνασιν κεῖται (z. B. „Ilias" XVII, 514; XX, 435 u. „Odyssee" I, 267) = es liegt auf den Knien der Götter, d. h. es ist ihrem Ratschluß anheimgegeben. Goethe benutzt diese Wendung schon in einem Brief an J. G. Kestner vom 15. 1. 1773.

1917. *wahrhaft:* Gegenüber der Formulierung *wenn ihr die wahrhaftigen seid*, die die Vorstufen gebrauchen, ist der Wortlaut der Jambenfassung mehrdeutig; *wahrhaft* kann Adverb und Prädikatsnomen sein. „In Iphigenie's mind the being of the gods and their complete truthfullness are indivisibly one and the same" (H. Politzer: No man is an island. In: The Germanic Review 37 [1962] S. 51).

1928 ff. Gegenüber der Prosafassung, deren Wortlaut an dieser Stelle zweideutig war, gibt Iphigenie in der Jambenfassung das Orakel eindeutig falsch wieder. Vgl. dagegen die Anm. zu 722.

1936. *darfst:* ‚dürfen' bedeutet im 18. Jh. noch weithin ‚bedürfen, nötig haben'.

1953. *künstlich dichtend:* den älteren Wortbedeutungen entsprechend: ‚geschickt etwas erfindend'.

1974. *Verlegen* steht anstelle eines Konditionalsatzes ‚wenn er in Verlegenheit ist'.

2001. *Volke:* hier in ursprünglicher Bedeutung: ‚Kriegsvolk, Kriegerschar'.

2011. *horche:* ‚horchen' hat im 18. Jh. noch vielfach die Bedeutung ‚gehorchen'.

2029. *Billigkeit:* Gerechtigkeit im Sinne des Naturrechts, im Unterschied zur Strenge des geschriebenen Gesetzes. – GWb. 2, Sp. 720.

2035. *dieser* ist der vorangestellte Genitiv des Demonstrativpronomens: der Bruder dieser Frau.

2068. Das nachgestellte *gleich* ist die Konjunktion des Konzessivsatzes: der Kampf macht den Mann unsterblich; auch wenn er fällt, wird er im Heldenlied gefeiert.

2087. Die *Schramme* als Erkennungszeichen kommt in Euripides' „Elektra" (573) vor.

2104. *Dem goldnen Felle:* Gemeint ist das Goldene Vlies, dessentwegen die Argonauten nach Kolchis am Schwarzen Meer zogen.

2105. *sie* bezieht sich ungenau auf *der Grieche* (2102), an dessen Stelle in den Vorstufen *die Griechen* stand.

2107 ff. Orests plötzliche Erleuchtung ist dadurch vorbereitet, daß 1996 und 2002 zweimal kurz hintereinander das Wort *Schwester* mit Bezug auf Iphigenie gefallen ist.

2127. Statt *Rat* haben die früheren Fassungen das deutlichere *Ratschluß*. – Bei dem *heilgen Bilde* ist an das Palladium gedacht, ein vom Himmel gefallenes Bild der Pallas Athene, das den Trojanern den Bestand ihrer Stadt garantierte. Die Griechen konnten Troja erst erobern, nachdem Diomedes das Palladium geraubt hatte.

2174. Thoas' letzte Worte sind gewichtiger als im modernen Sprachgebrauch, da in *wohl* die alte Bedeutung ‚gut' noch nicht verblaßt ist; sie sind der *Segen*, um den Iphigenie ihn 2151 bittet.

ZUR TEXTGESTALT VON „IPHIGENIE AUF TAURIS“ UND „TORQUATO TASSO“

Im Juli 1786 teilte Georg Joachim Göschen im *Journal von und für Deutschland* mit, daß Goethe sich entschlossen habe, *dem Publiko die erste, ächte und vollständige Ausgabe seiner sämmtlichen Werke von eigner Hand, zu schenken*, und daß sie in Leipzig in seinem Verlag erscheinen solle. Auf acht Bände wurden die *Schriften* berechnet, und Autor und Verleger legten in einem Vertrag die Einzelheiten der Ablieferung der Manuskripte, des Honorars und der künftigen Auflagen fest. Als Hauptproblem erkannten beide Partner, daß nur ein Teil der Werke fertig vorlag – nach Goethes Berechnung machten sie vier Bände aus – und der Inhalt der andern Hälfte aus Fragmenten bestand oder umgearbeitet werden mußte. Damit die ersten Bände möglichst bald erschienen, sollten die schon vorhandenen Veröffentlichungen der Dichtungen als Druckvorlage verwendet werden. Aber der jeweilige Verlag hatte die Texte nicht nur in der Einrichtung des Druckes, sondern auch in Orthographie und Interpunktion nach den eigenen Gepflogenheiten geändert; das mußte für die neue Ausgabe rückgängig gemacht werden, und eine Vereinheitlichung war notwendig, die für alle Bände gelten sollte. Goethe übernahm die Textrevision der fertigen Werke und zog Herder und Wieland zur Beratung und Hilfe hinzu. Wie schwierig es war, die gedruckte Rechtschreibung eines Setzers oder Korrektors einheitlich zu verbessern, wenn jeder der beteiligten Freunde und der Schreiber Carl Vogel in Frankfurt, Mohrungen, Biberach und Weimar eine andere Rechtschreibung gelernt hatte, stellte sich erst während der Arbeit heraus. Darum einigte man sich, nach Adelungs Anweisungen zu verfahren. Der Leipziger Gelehrte und spätere Dresdner Bibliothekar hatte 1782 *Grundsätze der deutschen Orthographie* herausgegeben und ließ 1788 die umfangreiche *Vollständige Anweisung zur Deutschen Orthographie nebst einem kleinen Wörterbuche für die Aussprache, Orthographie, Biegung und Ableitung* folgen. Wie sich aus dem Erscheinungsjahr ergibt, konnte dies zweite Werk nur für die letzten Bände von Goethes *Schriften* benutzt werden, so daß die Erstausgabe des *Tasso* von Adelungs Standpunkt aus moderner als die der *Iphigenie* geworden ist.

Nach Abschluß des Vertrages schickte Goethe dem Verleger als Ergänzung noch *Verschiedene Bemerckungen zu denen an Herrn Göschen auszuliefernden Manuscripten*. Da hieß es in dem dritten Punkt: *Im Ganzen ist die Absicht: der Adelungischen Rechtschreibung vollkommen zu folgen, ein sorgfältiger Korrecktor wird also bey jedem zweifelhaften Fall sich nach derselben zu richten haben.* Man habe zwar versucht, Adelungs Anweisungen genau zu befolgen und die Texte danach übereinstimmend zu korrigieren, aber es mochten doch noch einige Abweichungen stehen geblieben sein; diese sollte Göschens Korrektor in Ordnung bringen.

Johann Christoph Adelung (1732–1806), der Duden des 18. Jahrhunderts, war kein radikaler Reformer, der unerhörte Neuerungen einführen wollte; die Weimarer Editoren hätten ihn dann gewiß nicht als Muster anerkannt. Uns erscheint er als ein konservativer Ästhet, denn die *orthographischen Schreibegesetze*, die alleinige Gültigkeit haben sollten, hatte er nicht erfunden, sondern aus den bestehenden orthographischen Möglichkeiten gewählt. Was er als veraltet oder provinziell empfand, wurde ausgemerzt, und die Schreibung sollte im ganzen vereinheitlicht und vereinfacht, aber auch differenziert werden. Wenn jeder seine Anweisungen befolge, meinte Adelung, und auch das Wörterbuch regelmäßig benutze – Wieland nannte es das *tägliche Befehlbuch* –, werde sich allmählich überall die richtige Schreibung durchsetzen, die außerdem noch den Vorzug der Schönheit habe. Dies war sein Ideal, und er behauptete, daß *eine schöne Schriftsprache* [...] *nach den Begriffen der Würde, der Schicklichkeit, des Wohlanständigen* ausgebildet werden müsse, und es sei *eine Vollkommenheit mehr, wenn sie das auch in ihrer Orthographie zeigt* (Vollständige Anweisung, S. 274).

Adelungs orthographische Regeln befassen sich mit den Wortformen, der Schreibung der Wörter und der Interpunktion.

Der Leipziger bestimmte, daß alle oberdeutschen Wortformen verschwinden müßten, wobei dahingestellt bleiben soll, ob wirklich alles oberdeutsch war, was Adelung verfemte. Goethe, Herder und Wieland haben seine Entscheidungen anerkannt und die vorkommenden Wörter in allen Werken der *Schriften* geändert oder doch ändern wollen. Wir nennen nur wenige Beispiele: *fodern* wurde zu *fordern*, *lächlend* zu *lächelnd*, *größrem* zu *größerm*, *schröcklichste* zu *schrecklichste*, *empfähet* zu *empfänget*. Trotz aller Sorgfalt gelang es Goethe und seinen Freunden nicht, die Texte in Adelungs Sinn einwandfrei richtig zu machen, und auch Göschens sehr geübter Korrektor Lorentz hat nicht jede Altertümlichkeit bemerkt. Erst die klassischen Philologen, die Goethe für die drei späteren, in Johann Friedrich Cottas Verlag erscheinenden Ausgaben seiner Werke mit der Durchsicht betraute, haben diese Versehen und auch grammatische und stilistische Unebenheiten von Mal zu Mal verbessert.

Über Adelungs Anweisungen für die Schreibung der einzelnen Wörter braucht hier kaum etwas gesagt zu werden, da Goethes

Werke in der „Hamburger Ausgabe“ in moderner Orthographie erscheinen, für die „Der Große Duden“ von 1970 als Richtschnur genommen wurde. Aber seine Vorschriften blieben unberücksichtigt, wo sie in Goethes Sprachgebrauch eingreifen und ihn verändern. Das betrifft vor allem die moderne radikale Zusammenschreibung ursprünglich getrennter Wörter, deren neue Betonung den Rhythmus der Verse zerstört und den Sinn verwischt. Dafür ein Beispiel. In *Torquato Tasso* Vers 645/646 antwortet Alfons auf Leonore Sanvitales Wunsch, die päpstliche Welt einmal aus der Nähe zu erleben,

Doch wohl um mit zu wirken?
Denn bloß beschaun wird Leonore nie.

Wirken und Beschauen, aktives und passives Verhalten sind einander gegenübergestellt, und auf diesen Verben liegt die Betonung. Wird dagegen *mitzuwirken* geschrieben, verschieben sich Akzent und Sinn auf die erste Silbe, der Gegensatz tritt nicht mehr hervor, und der Vers wird nur vierfüßig gesprochen. Darum wurde auch in allen ähnlichen Fällen Goethes Schreibung beibehalten.

Das gilt ebenfalls für die Fülle der Apostrophe, die bei genauer Befolgung des „Duden“ in fast jedem Vers und oft mehrmals gesetzt werden müßten. Da wir uns heute in den meisten Fällen nicht mehr bewußt sind, daß ein Buchstabe ausgefallen ist, wurde grundsätzlich auf die Apostrophe verzichtet. Beibehalten wurden sie, wenn das Pronomen *es* zu *s* verkürzt wurde, also *ist's*. Diese Normalisierung kommt weitgehend dem Klang der Verse zugute und wird wahrscheinlich auch mit der Regelung der künftigen Rechtschreibungsreform übereinstimmen.

Schwierig ist es um die Interpunktion bestellt, und hier unterscheiden sich alle Goethe-Ausgaben bis zur Gegenwart in ihrer Verfahrensweise. In den Grammatiken des 18. Jahrhunderts spielte sie kaum eine Rolle, und auch Adelung widmete ihr nur ein kurzes Kapitel, das er *Von den orthographischen Zeichen* nannte. Für ihn war noch selbstverständlich, daß diese Zeichen der gesprochenen Sprache entstammten und nur als Ersatz für den *Ton der lebendigen Stimme* (Vollständige Anweisung, S. 360) gelten sollten. Damit stimmt Wielands Bekenntnis überein, der nach Karl August Böttigers Bericht gesagt haben soll: *Ich habe mir in meinen Schriften eine eigene Interpunction gemacht. Da, wo ich wünsche, daß der Vorleser einen Hauch inne halten möge, mache ich ein Komma, es mag dies nach der gewöhnlichen Art Sitte sein oder nicht. Wo mehre Sätze eine Periode zerlegen, ein Semicolon; wo die Periode grade halbirt wird, ein Colon. Jeder Deutsche hat seine Interpunction wie seinen Glauben für sich* (Literarische Zustände und Zeitgenossen.

[...] Hrsg. von K. W. Böttiger. Bd 1. Leipzig 1838. S. 252). In solche subjektive Willkür wollte Adelung Ordnung bringen und versuchte, Regeln für die Anwendung der *orthographischen Zeichen* aufzustellen. Er verlangte mehr *Verstand und Bestimmtheit* (Vollständige Anweisung, S. 361) durch die *Befolgung des besten und allgemeinsten Gebrauchs* (S. 373). Aber, anders als bei der Orthographie, befand er sich bei der Interpunktion in unerschlossenem Gelände, und so konnten seine Regeln nur einzelne Fälle erfassen und damit die Richtung für die Normierung weisen. Letzter Maßstab blieb bei ihm schließlich doch die gesprochene Sprache, und im Einzelfall wußte er dem Unschlüssigen keinen besseren Rat als: *Schreib wie du sprichst* (S. 393).

In Goethes Verlagsvertrag mit Göschen wird die Zeichensetzung nicht erwähnt; sie schien also kein Problem zu sein. Doch da die *Schriften* im ganzen deutschen Sprachgebiet gelesen werden sollten, mußte nicht nur die Rechtschreibung vereinheitlicht werden, sondern auch die Zeichensetzung. Goethe stimmte zu, überließ aber die Durchführung anderen. In seinem Privatgebrauch blieb er sein Leben lang altmodisch und setzte die Zeichen nach seinem Gutdünken.

Adelung hatte angeordnet: Anreden jedesmal in Kommata einzuschließen; in Frage- und Ausrufsätzen das Zeichen am Ende des ganzen Satzes folgen zu lassen und nicht mehr dem Affektwort oder dem Hauptsatz hinzuzufügen; in bestimmten Nebensätzen das alte Semikolon durch ein Komma zu ersetzen und es vor Relativ- und Infinitivsätzen neu einzuführen – alles waren Entscheidungen nach grammatischen Gesichtspunkten. Die Korrektoren, die für die Textrevision von Goethes Werken bestimmt wurden, und ihre Nachfahren führten ihre Aufgabe mit gründlichem Überlegen und großer Sorgfalt durch. Aber die Schwierigkeit des Verfahrens und die Last der Verantwortung brachten sie dazu, dem Ermessen des Einzelnen nichts mehr zu überlassen, sondern allgemein verbindliche Regeln aufzustellen. Auch wo Adelung noch gezögert hatte und der gesprochenen Sprache ihr Recht zugestand, verfuhr man nun eingleisig. Die ganze Interpunktion wurde grammatisch reglementiert und verhärtet, und die Vorschriften gelten bis heute in gleicher Weise für ein lyrisches Gedicht wie für einen wissenschaftlichen Text.

In den Versen der *Iphigenie* und des *Torquato Tasso* ergab dies Vorgehen eine Häufung der Kommata, und um der daraus folgenden Unklarheit über das Zusammengehörende zu entgehen, differenzierte man die Zeichen, indem man sie verstärkte. Ein Goethisches Komma wurde durch ein Semikolon ersetzt; aus dem vorhandenen

Semikolon machte man einen Punkt und aus dem ursprünglichen Punkt häufig ein Ausrufungszeichen. Wie oft steigert sich nun in modernen Goethe-Ausgaben die Rede eines Gesprächspartners zum Ende hin! Goethes Personen sprechen aber und rezitieren nicht; wiederholtes Pathos oder mehrmaliges Schreien wird ihnen im allgemeinen nicht zugestanden.

Doch da Goethe nicht nur den Druck der Erstausgabe, sondern auch das Verfahren seiner philologischen Helfer autorisiert hat, konnte von nun an jeder noch konsequentere Editor glauben, im Auftrag des Dichters zu handeln. Vergleicht man irgendeinen Druck der beiden Dramen mit den Handschriften, ist man überrascht, daß es fast keinen Vers gibt, in dem nicht ein Komma hinzugefügt oder verändert worden ist. Ohne den Vergleich nimmt aber kaum jemand die Ansammlung der Interpunktionszeichen in den kurzen Versen wahr, und anscheinend ist auch niemandem aufgefallen, daß nur der ursprüngliche Gebrauch der *orthographischen Zeichen* dem Rhythmus der Verse entspricht und daß die Anwendung und Vermehrung grammatischer Interpunktion diese Übereinstimmung zerstört hat. Man merkt es wohl darum nicht, weil im Laufe der Zeit immer mehr zur Gewohnheit wurde, nicht vorzulesen sondern nur noch zu lesen. Der Klang der Sprache, die Musik der Verse werden nicht mehr gehört; man sieht gedruckte Sätze, deren Bedeutung interpretiert wird. Auch die Schauspieler haben sich umgestellt; selbst wenn Goethes Text aufgeführt wird, können oder wollen sie keine Verse sprechen, sondern betonen, was ihnen wichtig erscheint, vor allem die Adjektive.

Mit der Last der Überlieferung müssen sich die kritischen Ausgaben von Goethes Werken auseinandersetzen. Dank der Großzügigkeit von Herausgeber und Verlag der „Hamburger Ausgabe" haben ihre Editoren mehr Freiheit und dürfen Neues wagen. Der erste Versuch wurde bei der Textwiedergabe des vierten Teiles von *Dichtung und Wahrheit*, Buch 16–20 (Hamburger Ausgabe Bd 10), unternommen. Alle bis 1959 erschienenen Ausgaben dieses Werkes nahmen den postumen, von Riemer und Eckermann bearbeiteten Druck von 1833 als Vorlage, während in der „Hamburger Ausgabe" zum ersten Mal die Handschrift zugrunde gelegt wurde, die Goethe herstellen ließ und zum Teil selbst verbessert hat.

Auch bei *Iphigenie auf Tauris* und *Torquato Tasso* sind wir in einer glücklichen Lage: Im ersten Fall ist ein eigenhändiges Manuskript des Dichters und im zweiten die von ihm und Wieland durchgesehene Druckvorlage des Werkes überliefert. Diese Handschriften sind für die Interpunktion der beiden Dramentexte in unserer Ausgabe maßgebend. Das bedeutet aber nicht, daß die fehlende oder vorhandene Zeichensetzung in jedem Fall übernommen wurde. Goethe hat beim schnellen Schreiben oft wichtige Zeichen vergessen und das beim Korrekturlesen nicht bemerkt. In solchen Fällen wurden zum leichteren Verständnis des Lesers die des Erstdrucks eingesetzt, die aus der Zeit des Dichters stammen und von ihm stillschweigend gebilligt wurden. Nur da, wo er die Interpunktion selbst geschrieben oder später eingefügt hat, ist sie als die ihm gemäße aufzufassen; sie entspricht seinem Willen, deutet den Rhythmus der Verse an und erleichtert den Weg zum richtigen Verständnis des Textes. Nur wenige Beispiele sollen das erläutern.

In der *Iphigenie* wird die direkte Anrede meistens ohne Kommata in den Satz hineingenommen:

Gedenk o König deines edeln Wortes. (Vers 475)

Seit der Erstausgabe liest man:

Gedenk, o König, deines edeln Wortes!

Iphigenies unaufdringliche Mahnung – der Sprechakzent liegt auf dem ersten Wort – wird durch die Kommata zweimal unterbrochen und läßt die belanglose Anrede hervortreten; um diese Betonung auszubalancieren, soll das Ausrufungszeichen dem Schluß des Verses eine Steigerung geben – gerade das hat Goethe nicht gewollt.

Im *Tasso* gibt es einige Fälle, wo der Dichter sich ausdrücklich gegen die Durchführung von Adelungs Anweisungen entschieden hat. Als Beispiel seien die Verse 388–390 angeführt. Der Schreiber hatte in der Reinschrift die Interpunktion seiner Vorlage übernommen, die drei Doppelpunkte enthielt:

Und wie der Mensch nur sagen kann: Hie bin ich
Daß Freunde seiner schonend sich erfreuen:
So kann ich auch nur sagen: Nimm es hin.

Der Korrektor ersetzte die Doppelpunkte des ersten und dritten Verses durch Kommata und fügte am Ende des ersten Verses noch ein Komma hinzu; das Ganze war jetzt ein einziger Satz. So wurde der Text für die Druckvorlage abgeschrieben. Aber nun griff Goethe ausnahmsweise ein und machte nicht nur die Kommata rückgängig, sondern setzte an das Ende des ersten und dritten Verses ein Ausrufungszeichen. Die Verse sind jetzt nicht nur differenziert, sondern man erkennt auch, daß der erste und dritte parallel gebaut sind.

Schließlich ein letztes Beispiel. Im ersten Gespräch der Geschwister will Iphigenie das Schicksal ihrer Mutter erfahren, und Orest überlegt – die Interpunktion der zitierten Verse folgt dem Text der „Artemis-Ausgabe“ –:

So haben mich die Götter ausersehn
Zum Boten einer Tat, die ich so gern
Ins klanglos-dumpfe Höhlenreich der Nacht
Verbergen möchte? Wider meinen Willen
Zwingt mich dein holder Mund; (Vers 1003–1007).

In der Frage ist der Zweifel enthalten, ob es wirklich der Wille der Götter ist, daß er selbst seinen Muttermord bekennen soll. Ist es nicht vielmehr Iphigenie, die ihn dazu zwingt? In Goethes Handschrift steht aber nach *Verbergen möchte* kein Fragezeichen, sondern ein Punkt. Orest ist überzeugt, daß die Götter auch noch das schlimmste Schuldbekenntnis von ihm verlangen, und Iphigenies Drängen geschieht in unbewußter Ausführung ihres Willens. Für das Verstehen des Lesers ist nicht belanglos, ob Orests erster Satz

So haben mich die Götter ausersehn

eine Frage an die Himmlischen oder eine Erkenntnis seines Schicksals enthält.

Über die Wichtigkeit jedes Einzelfalles kann man verschiedener Meinung sein, aber im Ganzen wirkt der Text nun anders. Durch den Abbau der schematischen grammatischen Interpunktion tritt der Sinn der Worte klarer und richtiger hervor, und die Verse werden wieder als sprachliches Kunstwerk lebendig. Als große Überraschung erweist sich aber, daß der Rückgriff auf Goethe gleichzeitig ein Vorgriff in die Zukunft ist. Germanisten, die sich mit den künftigen Reformen der Rechtschreibung beschäftigen, haben zum Beispiel für die Interpunktion den Vorschlag gemacht, daß die Kommasetzung nach Sinn- und Sprecheinheiten erfolgen und die Aussageabsicht berücksichtigen solle. Die einseitig grammatische Reglementierung aufzugeben und durch die Zeichensetzung den Sinn des Geschriebenen zu verdeutlichen, wird das Verständnis von Dichtungen der Goethezeit sicher fördern. Die heute manchem Leser noch ungewöhnlich scheinende Interpunktion ist vielleicht eines Tages selbstverständlich. Die „Hamburger Ausgabe" erweist sich durch ihr Vorgehen als eine Leseausgabe im besten Sinn, die nicht Antiquiertes konserviert, sondern das Gesetz der Wandlung anerkennt.

ZUR ÜBERLIEFERUNG DER „IPHIGENIE AUF TAURIS"

Da in die „Hamburger Ausgabe" nur der Text der Versfassung der *Iphigenie* und nicht auch eine Prosafassung aufgenommen wird, erübrigt sich, hier auf die Entstehung von Goethes früheren Bearbeitungen einzugehen.

Die erste Prosafassung von 1779 hatte im Laufe der Jahre wesentliche Veränderungen und Erweiterungen erfahren. Als Goethe sich im Sommer 1786 entschloß, das Schauspiel für die Ausgabe seiner *Schriften* in fünffüßige Jamben umzuarbeiten, ließ er seinen bewährten Schreiber Carl Vogel einen Prosatext als Verse abschreiben und mochte glauben, daß die Auffüllung und Verfeinerung der Jamben ein leichtes sei. Dies Manuskript nahm er im Juli auf die Reise mit, zunächst nach Karlsbad, dann nach Italien. Die Arbeit schwoll unter seinen Händen, und auf den Textseiten fanden die vielen Ergänzungen und Verbesserungen nicht genug Platz. In Verona entschloß er sich am 16. September, auf das unübersichtlich gewordene Manuskript zu verzichten und sein Schauspiel noch einmal selbst zu schreiben. Diese in jeder Hinsicht kostbare eigenhändige Niederschrift auf italienischem Papier, in Verona begonnen, Mitte Dezember 1786 in Rom abgeschlossen, hat Goethe bis zu seinem Tod unter seinen Papieren verwahrt, und sie befindet sich jetzt im Goethe- und Schiller-Archiv in Weimar. Durch den unterschiedlichen Schreibduktus und die verschiedenen Tönungen der Tinte lassen sich Goethes Arbeitsweise und die Phasen seines Gestaltens erkennen. Im allgemeinen hat er den Text des alten Manuskripts sofort umgedichtet und hingeschrieben; aber wo sich die Notwendigkeit ergab, etwas ganz neu zu formen, oder wo das Gewollte nicht zu gelingen schien, wurde Raum freigelassen und die Lücke später mehr oder weniger gefüllt. Solche Verse hat der Dichter zunächst auf einem Zettel oder in einem Notizheft entworfen, und einige wenige sind der Vernichtung entgangen. Ursprünglich hatte er beabsichtigt, seine Handschrift nach Weimar zu schicken, aber dann ließ er sie in Rom von einem unbekannten Schweizer abschreiben. Frau von Stein teilte er am 6. Januar 1787 mit: *Meine Iphigenie ist fertig und ich kann mich noch von ihr nicht scheiden.* Erst eine Woche später sandte er die Abschrift des Schweizers an Herder; bis zuletzt hat Goethe darin verbessert und gefeilt. Trotzdem gab es immer noch Verse, die unvollendet waren oder ihm nicht geglückt erschienen. Nun erbat er sich Herders Hilfe: *Vorzüglich bitt ich dich hier und da dem Wohlklange nachzuhelfen. Auf den Blättern die mit resp. Ohren bezeichnet sind, finden sich Verse mit Bleystift angestrichen die mir nicht gefallen und die ich doch jetzt nicht ändern kann. Ich habe mich an dem Stücke so müde gearbeitet. Du verbesserst das mit einem Federzuge. Ich gebe dir volle Macht und Gewalt* (Im zweiten Brief vom 13. Januar 1787). Herders Änderungen sind wahrscheinlich zahlreich gewesen, denn sie betrafen nicht nur den Text der Verse, sondern auch ihre Orthographie und Interpunktion. Darum wurde das Manuskript für den Druck noch einmal von Vogel abgeschrieben und dann nach Leipzig geschickt. Beide Handschriften, die in Rom angefertigte Abschrift und die Druckvorlage, sind nicht mehr vorhanden, so daß sich nicht feststellen läßt, was Goethe und was Herder korrigiert hat. Man darf aber wohl annehmen, daß die meisten Textabweichungen des Erstdrucks gegenüber Goethes eigenhändiger Handschrift noch von ihm selbst stammen. Herders Arbeit galt dem *Wohlklange* der Verse; er und auch Wieland sollten der Dichtung durch behutsames Ziselieren zur Vollkommenheit verhelfen. Ihre Hauptaufgabe, die schon früher verabredet worden war, bestand aber in der Vereinheitlichung der Schreibung und Zeichensetzung nach Adelungs Regeln. Manche Änderungen, die in dem Erstdruck auftauchen, gehen außerdem auf die beiden Schreiber und Göschens Korrektor zurück.

Bei der Aufzählung der Drucküberlieferung brauchen nur die wichtigsten Ausgaben genannt zu werden, da alle späteren Drucke nach ihnen hergestellt worden sind.

S: Der Erstdruck *Iphigenie auf Tauris. Ein Schauspiel.* erschien als dritter Band von *Goethe's Schriften* 1787 in Leipzig bei Georg Joachim Göschen, S. 1–136. Gleichzeitig kam auch ein Einzeldruck heraus, der auf dem Titelblatt die Bezeichnung *Ächte Ausgabe* trägt.

A: Goethe's Werke. Sechster Band. Tübingen in der J. G. Cotta'schen Buchhandlung. 1807. S. 1–94.

B: Goethe's Werke. Siebenter Band. Stuttgart und Tübingen, in der J. G. Cotta'schen Buchhandlung. 1816. S. 1–94.

C: Goethe's Werke. Vollständige Ausgabe letzter Hand. Neunter Band. Stuttgart und Tübingen, in der J. G. Cotta'schen Buchhandlung. 1828. S. 1–98.

W: Goethes Werke. Herausgegeben im Auftrage der Großherzogin Sophie von Sachsen. 10. Band. Weimar: Hermann Böhlau 1889. S. 1–95.

In der vorliegenden Ausgabe stimmt der Wortlaut des Textes mit der Erstausgabe überein. Orthographie und Interpunktion wurden im Sinne der Ausführungen in dem Kapitel „Zur Textgestalt" behandelt.

Die folgenden Varianten sollen die Textentwicklung, vor allem Goethes Arbeit an seiner *Iphigenie*, veranschaulichen. Dazu wurden eine von Vogel geschriebene Prosafassung des Schauspiels (in W 39, 466 als H^2 der dritten Phase bezeichnet), Goethes Handschrift von 1786 und die Drucke S A B C W miteinander verglichen. Am wichtigsten ist Goethes Handschrift, und an der Verzeichnung seiner

Korrekturen soll die Entstehung des gültigen Textes aufgezeigt werden. Aus der Fülle der Varianten können nur einige Beispiele gegeben werden, die ihre originale Schreibung behalten haben. Wenn Goethe im Vers nur eine Stelle verbessert hat, wurde sie durch das Lemma des Druckes gekennzeichnet; bei Korrekturen von ganzen Versen stimmt die letzte Fassung mit dem Text der „Hamburger Ausgabe" überein. Außer den genannten allgemein üblichen Siglen für die Drucke werden noch folgende für die Handschriften der *Iphigenie* verwendet:

P: Prosafassung
H: Goethes Handschrift der Versfassung
G G^1 G^2 usw.: Goethes Korrekturen in H

1–6 *Heraus in eure Schatten, ewig rege Wipfel des heiligen Hains, wie in das Heiligthum der Göttin der ich diene, tret' ich mit immer neuem Schauer und meine Seele gewöhnt sich nicht hierher!* P:

In eure Schatten ewig rege Wipfel
des alten heil'gen dichtbelaubten Haynes,
wie in das innre Heiligthum der Göttinn
tret mit Schauer wie das erstemal,
und es gewöhnt sich nicht mein Geist hierher. H:

4 *tret ich mit Schauer wie das erstemal,* G^1:

1 *Heraus in eure Schatten rege Wipfel* G^2:

4–5 *tret ich von schauderndem Gefühl ergriffen*
als wenn ich euch zum erstenmal beträte, G^3:

Über diesen Text hat Goethe einen Zettel mit der Reinschrift der Verse geklebt:

Heraus in eure Schatten, rege Wipfel
des alten, heilgen, dichtbelaubten Haynes,
wie in der Göttinn stilles Heiligthum,
tret ich noch jetzt mit schauderndem Gefühl,
als wenn ich sie zum erstenmal beträte,
und es gewöhnt sich nicht mein Geist hierher. G^4

nach 12 *das Schicksal meiner Vielgeliebten theilen.* P:

der Meinen Schicksal wie es sey zu theilen H:

theilen! G^1: Der ganze Vers gestrichen G^2

16–17 *ihn läßt der Gram des schönsten Glückes nicht genießen,* P:

ihm zehrt der Gram
des Glückes leichtesten Genuß hinweg. H:

ihm zehrt der Gram
das nächste Glück von seinen Lippen weg. G

69 *auf irgend ein lächelnd Vertrauen* P: *auf ein Vertrauen das uns lächelte* H: *auf ein vertraulich Wort aus deiner Brust* G

97–100 *Seitdem du dich durch ein geheimes Schicksal vor so viel Jahren im Tempel fandst, nahm Thoas dich als ein Geschenk der Göttin mit Ehrfurcht und mit seltner Freundschaft auf,* P:

Als du durch ein geheimnißvolles Schicksal,
vor soviel Jahren hier im Tempel fandest
nahm Thoas dich als ein Geschenck der Göttinn
mit Ehrfurcht und mit seltner Freundschaft auf; H:

Kam Thoas dir als einer Gott gegebnen
Mit ehrfurcht und mit Neigung zu begegnen. Entwurf in einem Notizheft:

Als dich ein tief geheimnißvolles Schicksal,
vor soviel Jahren diesem Tempel brachte
kam Thoas dir als einer Gottgegebnen
mit Ehrfurcht und mit Neigung zu begegnen, G

99 *Gottgegebnen*] *Gott gegebnen* Notizheft: *Gottgegebnen* H S: *Gottergeb'nen* A–C: *Gottgegebnen* W

105 *blutges*] *unvermeidlich* P: *blutges* H: *blut'ges* S: *blutig* A–W

128 *erzürnt zu sein*] *sich zu erzürnen* P H: *erzürnt zu sein* S–W

150 *Mannes*] *Menschen* P H: *Mannes* S–W

290 *Diana hat in meine Hände dich gegeben* P:

Diana gab in meine Hände dich H:

Die Göttin übergab dich meinen Händen G

323 *Dichter singen*] *ihre Priester sagen* P: *Priester sagen* H: *Dichter singen* G

339 *Des Önomaus Tochter*] *dem Oenomaus Leben und Tochter* P: *des Oenomaus Tochter* H–B: *Önomaus Erzeugte* C W

400 *Atreus erzeugte Agamemnon* P:

Des Atreus letzter Sohn war Agamemnon
der ihm von allen Kindern übrig blieb H:

Des Atreus ältster Sohn war Agamemnon S–W

433–434 *Der Königstochter kann ich nicht mehr als der Vertriebenen Ehre geben.* P:

Mehr kann ich nicht der Königstochter geben
an Vorzug und Vertraun als der Vertriebnen H:

Diese Verse verbesserte Goethe zunächst provisorisch, indem er die neue Wortfolge durch Bleistiftzahlen kennzeichnete und *Vertriebnen* in *Unbekannten* änderte (G^1). Dann schrieb er die beiden Verse in der neuen Fassung in den freien Platz über den Versen:

Thoas.
Mehr Vorzug und Vertrauen geb ich nicht
der Königstochter als der Unbekannten. G^2

475 *Brich, zürnend, deinen Schwur o König nicht* P H (in H ohne Kommata)

Gedenck o König deines edlen Wortes G:

Gedenk, o König, deines edeln Wortes! S–C

553 *Stunde*] *Stunde* H S: *Stunden* A–W

744–748 *Schwere Thaten müssen gethan seyn, und dem der viel verbrach, wird auferlegt, mit dem unmöglichen sich zu bekämpfen, damit er büssend Göttern noch und Menschen diene.* P:

Zu einer schweren That beruft ein Gott
den Mann der viel verbrach und legt ihm auf
mit dem Unmöglichen sich zu bekämpfen,
er führt es aus. Es dient der Büsende
den Göttern noch und der erstaunten Welt. H:

Zu einer schweren That beruft ein Gott
den edlen Mann der viel verbrach und legt
ihm auf was uns unmöglich scheint zu enden.
es siegt der Held und büsend dienet er
den Göttern und der Welt, die ihn erhebt. G^1:

erhebt. G^1: *verehrt.* G^2

766 *Kühnheit und List scheint mir* P:

mir scheinet List und Klugheit H:

Mir scheinet List und Klugheit S A:

Mir scheinen List und Klugheit B–W

891–894 *Am Tag der Ankunft, da der König aus dem Bade steigend, sein Gewand verlangte, warf die Verderbliche* P:

Am Tage seiner Ankunft da der Fürst,
dem Bad entsteigend ruhig sein Gewand
aus der Gemahlinn Hand verlangte, warf
die Verderbliche H:

Am Tage seiner Ankunft da der König
vom Bad erquickt und, ruhig, sein Gewand
aus der Gemahlinn Hand verlangend stieg,
warf die Verderbliche G:

Am Tage seiner Ankunft, da der König
Vom Bad' erquickt und ruhig, sein Gewand
Aus der Gemahlinn Hand verlangend, stieg,
Warf die Verderbliche S

966 *Ägisthus'*] *Aegisthus* H S: *Ägisthens* A–W

990 *jäher*] *gäher* H: *jäher* S–W

1126 *immer Wachen*] *Furien* P H: *Gräßlichen* G^1: *immer Wachen* G^2 S: *Immerwachen* A–W

1185–1187 *mich schaudert vor dem fremden Manne und mich reißt mein Innerstes zum Bruder.* P:

Von dem fremden Manne
hält mich ein Schauer ab doch reißt
mein Innerstes gewaltig mich zum Bruder. H:

Von dem fremden Manne
hält mich ein leiser Schauer ab doch reißt
mein Innerstes gewaltig mich zum Bruder. G^1:

Von dem fremden Manne
entfernet mich ein Schauer doch es reißt
mein Innerstes gewaltig mich zum Bruder. G^2:

Von dem fremden Manne
entfernet mich ein Schauer, doch es reißt
mein Innerstes gewaltig mich zum Bruder. G^3

Diese Verse hat Goethe auf einen Streifen Papier geschrieben und mit Siegellack über den stark verbesserten Versen der Handschrift befestigt.

1235–1237 *Verderblicher als das Gewürm, das aus dem siedenden Schwefelschlamm sich zeugt, ist was von uns entspringt.* P:

Verderblicher als das Gewürm sich regt H:

Wie sich vom Schwefel Pful erzeugte Drachen
Bekämpfend, die verwandte Brut verschlingen
Zerstört sich selbst das wütende Geschlecht; G

1428 *So sage mir's*] *So sag' mir's an,* P: *So sag mir's an* H: *So sage mir's,* S–W

nach 1460 folgt in P und H und fehlt in S–W

Ark.
Um deint und unsertwillen wünsch ich es.
Iph.
Dir sey für deine gute Meynung Danck.

1614–1618 *Lebendig wird Mycen und du o heilige, wendest durch deine unbescholtne Gegenwart den Segen auf Atreus Haus zurück.* P:

umleuchte. Bringe du die Opfer
zuerst
betrübten Göttern, eine Gottinn selbst
du bist es die das Heil auf Atreus Haus
zurück den Fluch entsühnst, die deinen
mit frischen Lebensblüten herrlich schmückest. H:

umleuchte. Bringe du die Opfer
zuerst den lange kaum verehrten

betrübten Göttern, eine Gottinn selbst
du bist es die das Heil auf Atreus Haus
zurück den Fluch entsühnst, die deinen
mit frischen Lebensblüten herrlich schmückest. G^1

Die Auffüllung des zweiten Verses mit Bleistift zeigt, daß Goethe sie noch nicht als endgültige Lösung ansah:

umleuchtend ehre. Bringe du die Opfer
zuerst den lange kaum verehrten
betrübten Göttern, eine Gottinn selbst
du bist es die das Heil auf Atreus Haus
zurück den Fluch entsühnst, die deinen
mit frischen Lebensblüten herrlich schmückest. G^2:

Diese Verse schrieb Goethe in der endgültigen Fassung auf einen Streifen, der mit Siegellack über den bisherigen Versen befestigt wurde:

umleuchte. Deine Hand soll ihnen Weyrauch
zuerst aus goldnen Schaalen streuen. Du
bringst über jene Schwelle Heil und Leben wieder,
entsühnst den Fluch und schmückest neu die deinen
mit frischen Lebensblüten herrlich aus. G^3

nach 1664 *Iphigenie.*
So fährt der wohl, der seine Seele fragt.
Pylades.

Wenn sie den nächsten Weg zur That ihm zeigt, dann hör' er sie. Hält sie ihn aber mit Zweifeln und Verdacht, dann geb' er anderm festem Rath ein Ohr. P:

Iph.
So fährt der wohl der seine Seele fragt.
Pyl.
Wenn sie den nächsten Weg zur That ihm zeigt,
dann hör er sie

dann geb er festem treuem Rath ein Ohr. H

Goethe hat hier versucht, die Prosafassung in Verse umzugießen. Ob er selbst die Ausführung aufgegeben und die Verse in der Abschrift gestrichen hat oder ob dies eine der Stellen ist, die Herder ändern sollte, es auch nicht schaffte und sie darum strich, muß unentschieden bleiben.

1786 *Durch Nachsicht und durch Güte*] *durch meine Güte* P H: *durch meine schwache Güte* G^1: *durch Nachsicht und durch Güte* G^2

1857 *womit du ein wehrloses Weib zu zwingen denkst.* P:

In H hat Goethe eine Zeile freigelassen, da ihm die Umsetzung in die Versform nicht sofort glückte. Die Lösung wurde zuerst mit Bleistift (G^1), dann darauf mit Tinte geschrieben:
die sich der Schwachheit eines Weibes freut! G^2

1936–1937 *Du weißt, daß du mit einem Barbaren sprichst, und traust ihm zu,* P:

Du glaubst es höre
der *Barbar* H:

Du glaubst es höre
der rohe Scythe, der Barbar G

2088 *Die Augenbraue*] *zwischen seinen Augenbraunen* P: *die Augenbraue* H: *Die Augenbraue* S–A: *Die Augenbraune* B–W

NAUSIKAA

GOETHE ÜBER „NAUSIKAA“

Reisetagebuch für Frau von Stein. Giredo, 22. Oktober 1786

Sagt' ich Dir schon, daß ich einen Plan zu einem Trauerspiel „Ulysses auf Phäa“ gemacht habe? Ein sonderbarer Gedanke, der vielleicht glücken könnte.

Italienische Reise. Palermo, 3. April 1787 (Bd. 11, S. 231f.)

Mit keinen Worten ist die dunstige Klarheit auszudrücken, die um die Küsten schwebte, als wir am schönsten Nachmittage gegen Palermo anfuhren. Die Reinheit der Konture, die Weichheit des Ganzen, das Auseinanderweichen der Töne, die Harmonie von Himmel, Meer und Erde. Wer es gesehen hat, der hat es auf sein ganzes Leben. Nun versteh' ich erst die Claude Lorrains und habe Hoffnung, auch dereinst in Norden aus meiner Seele Schattenbilder dieser glücklichen Wohnung hervorzubringen. Wäre nur alles Kleinliche so rein daraus weggewaschen als die Kleinheit der Strohdächer aus meinen Zeichenbegriffen. Wir wollen sehen, was diese Königin der Inseln tun kann.

Wie sie uns empfangen hat, habe ich keine Worte auszudrücken: mit frischgrünenden Maulbeerbäumen, immergrünendem Oleander, Zitronenhecken etc. In einem öffentlichen Garten stehn weite Beete von Ranunkeln und Anemonen. Die Luft ist mild, warm und wohlriechend, der Wind lau. Der Mond ging dazu voll hinter einem Vorgebirge herauf und schien ins Meer; und diesen Genuß, nachdem man vier Tage und Nächte auf den Wellen geschwebt! Verzeiht, wenn ich mit einer stumpfen Feder aus einer Tuschmuschel, aus der mein Gefährte [*Kniep*] die Umrisse nachzieht, dieses hinkritzle. Es kommt doch wie ein Lispeln zu euch hinüber, indes ich allen, die mich lieben, ein ander Denkmal dieser meiner glücklichen Stunden bereite. Was es wird, sag' ich nicht, wann ihr es erhaltet, kann ich auch nicht sagen.

Italienische Reise. Palermo, 7. April 1787 (Bd. 11, S. 240f.)

In dem öffentlichen Garten unmittelbar an der Reede brachte ich im stillen die vergnügtesten Stunden zu. Es ist der wunderbarste Ort von der Welt. Regelmäßig angelegt, scheint er uns doch feenhaft; vor nicht gar langer Zeit gepflanzt, versetzt er ins Altertum. Grüne Beeteinfassungen umschließen fremde Gewächse, Zitronenspaliere wölben sich zum niedlichen Laubengange, hohe Wände des Oleanders, geschmückt von tausend roten nelkenhaften Blüten, locken das Auge. Ganz fremde, mir unbekannte Bäume, noch ohne Laub, wahrscheinlich aus wärmern Gegenden, verbreiten seltsame

Zweige. ... Was aber dem Ganzen die wundersamste Anmut verlieh, war ein starker Duft, der sich über alles gleichförmig verbreitete, mit so merklicher Wirkung, daß die Gegenstände, auch nur einige Schritte hintereinander entfernt, sich entschiedener hellblau voneinander absetzten, so daß ihre eigentümliche Farbe zuletzt verlorenging, oder wenigstens sehr überbläut sie sich dem Auge darstellten.

Welche wundersame Ansicht ein solcher Duft entfernteren Gegenständen, Schiffen, Vorgebirgen erteilt, ist für ein malerisches Auge merkwürdig genug, indem die Distanzen genau zu unterscheiden, ja zu messen sind; deswegen auch ein Spaziergang auf die Höhe höchst reizend ward. Man sah keine Natur mehr, sondern nur Bilder, wie sie der künstlichste Maler durch Lasieren auseinander gestuft hätte.

Aber der Eindruck jenes Wundergartens war mir zu tief geblieben; die schwärzlichen Wellen am nördlichen Horizonte, ihr Anstreben an die Buchtkrümmungen, selbst der eigene Geruch des dünstenden Meeres, das alles rief mir die Insel der seligen Phäaken in die Sinne sowie ins Gedächtnis. Ich eilte sogleich, einen Homer zu kaufen, jenen Gesang mit großer Erbauung zu lesen und eine Übersetzung aus dem Stegreif Kniepen vorzutragen.

Italienische Reise. Palermo, 16. April 1787 (Bd. 11, S. 266)

Da wir uns nun selbst mit einer nahen Abreise aus diesem Paradies bedrohen müssen, so hoffte ich, heute noch im öffentlichen Garten ein vollkommenes Labsal zu finden, mein Pensum in der „Odyssee“ zu lesen und auf einem Spaziergang nach dem Tale am Fuße des Rosalienberges den Plan der „Nausikaa“ weiter durchzudenken und zu versuchen, ob diesem Gegenstande eine dramatische Seite abzugewinnen sei. Dies alles ist, wo nicht mit großem Glück, doch mit vielem Behagen geschehen. Ich verzeichnete den Plan und konnte nicht unterlassen, einige Stellen, die mich besonders anzogen, zu entwerfen und auszuführen.

An Fritz von Stein, Palermo, 17. April 1787 (Briefe, Bd. 2, S. 51)

Das Ziel meiner Reise ist nun bald erreicht, denn es geht wieder rückwärts. Ich habe viel, viel Neues gesehen, erst hier lernt man Italien kennen. Ich wünsche dir, daß du die Blumen und Bäume sähest, und wärest mit uns überrascht worden, als wir nach einer beschwerlichen Überfahrt am Ufer des Meeres die Gärten des Alcinous fanden.

Italienische Reise. Palermo, 17. April 1787 (Bd. 11, S. 266f.)

Es ist ein wahres Unglück, wenn man von vielerlei Geistern verfolgt und versucht wird! Heute früh ging ich mit dem festen, ruhigen Vorsatz, meine dichterischen Träume fortzusetzen, nach dem öffentlichen Garten, allein eh' ich mich's versah, erhaschte mich ein anderes Gespenst, das mir schon diese Tage nachgeschlichen *[: der Gedanke an die Urpflanze.]* ... Gestört war mein guter poetischer Vorsatz, der Garten des Alcinous war verschwunden, ein Weltgarten hatte sich aufgetan. Warum sind wir Neueren doch so zerstreut, warum gereizt zu Forderungen, die wir nicht erreichen noch erfüllen können!

Italienische Reise. Unter Taormina, am Meer, 8. Mai 1787 (Bd. 11, S. 298ff.)

In einem schlechten, verwahrlosten Bauergarten habe ich mich auf Orangenäste gesetzt und mich in Grillen vertieft. Orangenäste, worauf der Reisende sitzt, klingt etwas wunderbar, wird aber ganz natürlich, wenn man weiß, daß der Orangenbaum, seiner Natur überlassen, sich bald über der Wurzel in Zweige trennt, die mit der Zeit zu entschiedenen Ästen werden.

Und so saß ich, den Plan zu „Nausikaa“ weiter denkend, eine dramatische Konzentration der „Odyssee“. Ich halte sie nicht für unmöglich, nur müßte man den Grundunterschied des Drama und der Epopöe recht ins Auge fassen ...

Aus der Erinnerung

War ich nun durch die Gegenwart und Tätigkeit eines geschickten Künstlers *[Kniep]* und durch eigne, obgleich nur einzelne und schwächere Bemühungen gewiß, daß mir von den interessantesten Gegenden und ihren Teilen feste, wohlgewählte Bilder, im Umriß und nach Belieben auch ausgeführt, bleiben würden, so gab ich um so mehr einem nach und nach auflebenden Drange nach: die gegenwärtige herrliche Umgebung, das Meer, die Inseln, die Häfen, durch poetische würdige Gestalten zu beleben und mir auf und aus diesem Lokal eine Komposition zu bilden, in einem Sinne und in einem Ton, wie ich sie noch nicht hervorgebracht. Die Klarheit des Himmels, der Hauch des Meeres, die Düfte, wodurch die Gebirge mit Himmel und Meer gleichsam in ein Element aufgelöst wurden, alles dies gab Nahrung meinen Vorsätzen; und indem ich in jenem schönen öffentlichen Garten zwischen blühenden Hecken von Oleander, durch Lauben von fruchttragenden Orangen- und Zitronenbäumen wandelte und zwischen andern Bäumen und Sträuchen, die mir unbekannt waren, verweilte, fühlte ich den fremden Einfluß auf das allerangenehmste.

Ich hatte mir, überzeugt, daß es für mich keinen bessern Kommentar zur „Odyssee“ geben könne, als eben gerade diese lebendige Umgebung, ein Exemplar verschafft und las es nach meiner Art mit unglaublichem Anteil. Doch wurde ich gar bald zu eigner Produktion angeregt, die, so seltsam sie auch im ersten Augenblicke schien, mir doch immer lieber ward und mich endlich ganz beschäftigte. Ich ergriff nämlich den Gedanken, den Gegenstand der Nausikaa als Tragödie zu behandeln.

Es ist mir selbst nicht möglich, abzusehen, was ich daraus würde gemacht haben, aber ich war über den Plan bald mit mir einig. Der Hauptsinn war der: in der Nausikaa eine treffliche, von vielen umworbene Jungfrau darzustellen, die, sich keiner Neigung bewußt, alle Freier bisher ablehnend behandelt, durch einen seltsamen Fremdling aber gerührt, aus ihrem Zustand heraustritt und durch eine voreilige Äußerung ihrer Neigung sich kompromittiert, was die Situation vollkommen tragisch macht. Diese einfache Fabel sollte durch den Reichtum der subordinierten Motive und besonders durch das Meer- und Inselhafte der eigentlichen Ausführung und des besondern Tons erfreulich werden.

Der erste Akt begann mit dem Ballspiel. Die unerwartete Bekanntschaft wird gemacht, und die Bedenklichkeit, den Fremden nicht selbst in die Stadt zu führen, wird schon ein Vorbote der Neigung.

Der zweite Akt exponierte das Haus des Alcinous, die Charaktere der Freier, und endigte mit Eintritt des Ulysses.

Der dritte war ganz der Bedeutsamkeit des Abenteurers gewidmet, und ich hoffte, in der dialogierten Erzählung seiner Abenteuer, die von den verschiedenen Zuhörern sehr verschieden aufgenommen werden, etwas Künstliches und Erfreuliches zu leisten. Während der Erzählung erhöhen sich die Leidenschaften, und der lebhafte Anteil Nausikaas an dem Fremdling wird durch Wirkung und Gegenwirkung endlich hervorgeschlagen.

Im vierten Akte betätigt Ulysses außer der Szene seine Tapferkeit, indessen die Frauen zurückbleiben und der Neigung, der Hoffnung und allen zarten Gefühlen Raum lassen. Bei den großen Vorteilen, welche der Fremdling davonträgt, hält sich Nausikaa noch weniger zusammen und kompromittiert sich unwiderruflich mit ihren Landsleuten. Ulyß, der, halb schuldig, halb unschuldig, dieses alles veranlaßt, muß sich zuletzt als einen Scheidenden erklären, und es bleibt dem guten Mädchen nichts übrig, als im fünften Akte den Tod zu suchen.

Es war in dieser Komposition nichts, was ich nicht aus eignen Erfahrungen nach der Natur hätte ausmalen können. Selbst auf der Reise, selbst in Gefahr, Neigungen zu erregen, die, wenn sie auch kein tragisches Ende nehmen, doch schmerzlich genug, gefährlich und schädlich werden können; selbst in dem Falle, in einer so großen Entfernung von der Heimat abgelegne Gegenstände, Reiseabenteuer, Lebensvorfälle zu Unterhaltung der Gesellschaft mit lebhaften Farben auszumalen, von der Jugend für einen Halbgott, von gesetztern Personen für einen Aufschneider gehalten zu werden, manche unverdiente Gunst, manches unerwartete Hindernis zu erfahren; das alles gab mir ein solches Attachement an diesen Plan, an diesen Vorsatz, daß ich darüber meinen Aufenthalt zu Palermo, ja den größten Teil meiner übrigen sizilianischen Reise verträumte. Weshalb ich denn auch von allen Unbequemlichkeiten wenig empfand, da ich mich auf dem überklassischen Boden in einer poetischen Stimmung fühlte, in der ich das, was ich erfuhr, was ich sah, was ich bemerkte, was mir entgegenkam, alles auffassen und in einem erfreulichen Gefäß bewahren konnte.

Nach meiner löblichen oder unlöblichen Gewohnheit schrieb ich wenig oder nichts davon auf, arbeitete aber den größten Teil bis aufs letzte Detail im Geiste durch, wo es denn, durch nachfolgende Zerstreuungen zurückgedrängt, liegengeblieben, bis ich gegenwärtig nur eine flüchtige Erinnerung davon zurückrufe.

An Sulpiz Boisserée. Jena, 4. Dezember 1817 (Briefe Bd. 3, S. 408)

... mich freut gar sehr, daß Sie den Stoff der „Nausikaa“ gleich als tragisch erkannt; Ihnen traut' ich's zu, und es betrübt mich aufs neue, daß ich die Arbeit damals nicht verfolgt. Ich brauche Ihnen nicht zu sagen, welche rührende, herzergreifende Motive in dem Stoff liegen, die, wenn ich sie, wie ich in „Iphigenie“, besonders aber in „Tasso“ tat, bis in die feinsten Gefäße verfolgt hätte, gewiß wirksam geblieben wären.

NACHWORT ZU „NAUSIKAA“

ENTSTEHUNGSGESCHICHTE

Goethe hat in der *Italienischen Reise* selbst über die Entstehung des *Nausikaa*-Fragments während des Aufenthalts in Sizilien berichtet. Da er jedoch teils aus Unachtsamkeit, teils aus kompositorischen Gründen die Vorgänge nicht in ihrer wirklichen Abfolge wiedergibt, muß seine Darstellung mit Hilfe anderer Quellen korrigiert und ergänzt werden.

Die erste Erwähnung findet sich am 22. Oktober 1786 im Reisetagebuch für Frau von Stein: *Sagt' ich Dir schon, daß ich einen Plan zu einem Trauerspiel „Ulysses auf Phäa“ gemacht habe? Ein sonderbarer* [= ausgezeichneter] *Gedanke, der vielleicht glücken könnte.* Dies war zunächst vielleicht nur, wie der eine Woche zuvor erdachte Entwurf zu einer *Iphigenie auf Delphos*, ein Zeichen wiedererwachter Produktivität, das die Erfüllung des Fasanentraums (Bd. 11, S. 108) verhieß. Ein halbes Jahr später *verträumte* Goethe jedoch die Tage in Palermo und einen Teil der übrigen sizilischen Reise über diesem Dramenplan (Bd. 11, S. 300): der Zauber der südlichen Frühlingslandschaft, die Homers Dichtung zu entstammen schien, verlockte Goethe zur Ausführung des einige Monate zuvor gefaßten Gedankens. Zunächst skizzierte er in einem Notizheft die ersten beiden Szenen des Dramas und hielt dort auch einzelne Verse aus späteren Teilen fest, die anscheinend entstanden, während er die Handlung des Trauerspiels konzipierte und überdachte (H^1). Dann entwarf er in einem Quartheft ein Schema, das Szene für Szene die auftretenden Personen und für einige Szenen stichwortartig die Hauptmotive des Dialogs verzeichnete; diese Stichworte fehlen für die ersten beiden Auftritte, da sie schon verhältnismäßig weit ausgearbeitet waren (vgl. S. 494f.). In einem weiteren Arbeitsgang übertrug Goethe dann die meisten der bislang entstandenen, zusammenhanglos niedergeschriebenen Verse aus dem Notizheft in das Quartheft und ordnete sie dabei den Akten zu, für die sie bestimmt waren (H^2).

Die „Odyssee“ hatte Goethe offenbar zuletzt in den ersten Weimarer Jahren gelesen, daher war seine Erinnerung an die Dichtung schon teilweise verblaßt. Die Grundsituation des Dramas – die Zuneigung der Tochter des Phäakenkönigs zu Odysseus –, die bildhaften Szenen mit dem Ballspiel der Mädchen am Strand, dem schiffbrüchigen Helden und dem Garten des Alkinoos hatten sich ihm deutlich eingeprägt, doch der Name der weiblichen Hauptgestalt war ihm entfallen. Goethe gab ihr den Namen *Arete*, den bei Homer ihre Mutter, die Gattin des Alkinoos, trägt. Seine Wahl wurde wohl auch dadurch beeinflußt, daß ἀρετή im Griechischen ‚Tugend, Vollkommenheit' bedeutet. Sprechende Namen erhielten auch die Nebenfiguren.

Wie aus der Reinschrift seines Ausgabenbuchs von der sizilischen Reise hervorgeht, kaufte Goethe am 15. April 1787 in Palermo eine zweisprachige Homer-Ausgabe. Unter dem frischen Eindruck der Lektüre des 6. bis 13. Gesangs der „Odyssee", von der die Anstreichungen in dem in Goethes Bibliothek erhaltenen Exemplar (Ruppert Nr. 1277) zeugen, erhielt jetzt der Auftrittsmonolog des Helden seine endgültige Gestalt. Zugleich entstanden noch einige neue Verse (v. 126–136), die zwar auf einem Blatt aus dem Quartheft (H^2) festgehalten, aber nicht mehr einem bestimmten Akt zugeordnet wurden – vielleicht ein Hinweis, daß Goethe nach der erneuten Homer-Lektüre nicht mehr an dem älteren Plan des Quarthefts festhalten, sondern ihn umgestalten wollte.

Durch den Gedanken an die Urpflanze, der sich Goethe im Giardino pubblico von Palermo aufdrängte (Bd 11, S. 266f.) und durch die Abreise ins Innere der Insel am 18. April geriet die Arbeit an der *Nausikaa* ins Stocken. Die *Italienische Reise* berichtet noch einmal anläßlich des Aufenthalts in Taormina über die Beschäftigung mit dem Drama: in einem verwahrlosten Garten am Meer habe Goethe in einem Orangenbaum gesessen, *den Plan zu „Nausikaa" weiter denkend* (Bd. 11, S. 298). Vielleicht entstand damals der Entwurf für den dritten Auftritt, der auf zwei losen Blättchen aus einem nicht erhaltenen Notizheft überliefert ist (H^3). Das *Nausikaa*-Drama war so eng mit der sizilischen Landschaft verbunden, daß es nach der Abreise nicht mehr fortgeführt wurde. Auf der Rückreise, in Neapel oder Rom, begann Goethe mit einer Reinschrift der ersten Auftritte, die am Beginn der 3. Szene in v. 65 abbrach (H^4). Damit war die Arbeit an der *Nausikaa* unvermittelt beendet. Erst fast dreißig Jahre später berichtete Goethe in der *Italienischen Reise* über seinen Dramenplan und gab dabei *aus der Erinnerung* eine Inhaltsskizze (Bd. 11, S. 298ff., vgl. S. 477f.), die nur noch teilweise mit dem älteren Plan übereinstimmt, soweit er sich aus dem Szenar des Quarthefts rekonstruieren läßt.

Soweit die feststellbaren Daten. Die innere Entstehungsgeschichte ist von verschiedenen Anregungen und Kräften bestimmt, die sich im wesentlichen drei Komplexen zuordnen lassen: der Biographie Goethes, der intensiven Aneignung Homers und dem Erlebnis Siziliens.

Goethe weist in der *Italienischen Reise* selbst darauf hin, daß bei dem Gedanken an ein *Nausikaa*-Drama autobiographische Elemente eine wichtige Rolle gespielt haben: *Es war in dieser Komposition nichts, was ich nicht aus eignen Erfahrungen nach der Natur hätte ausmalen können.* Daß er *selbst auf der Reise* gewesen sei, *selbst in Gefahr, Neigungen zu erregen, ... selbst in dem Falle, in einer so großen Entfernung von der Heimat abgelegne Gegenstände, Reiseabenteuer, Lebensvorfälle zu Unterhaltung der Gesellschaft mit lebhaften Farben auszumalen, von der Jugend für einen Halbgott, von gesetztern Personen für einen Aufschneider gehalten zu werden,* habe ihn besonders eng mit diesem Plan verbunden (Bd. 11, S. 300), und nicht ungern sah er in Odysseus sein mythisches Vorbild, seinen *Patron* (Bd. 11, S. 307). Hinter diesen aktuellen Anregungen standen jedoch Grundmotive des Goetheschen Lebens und Dichtens. Es sei nur an den Namen „Der Wanderer" erinnert, den Goethe unter den Freunden der Frankfurter Sturm und Drang-Zeit trug (Bd. 9, S. 521) und an das gleichnamige Gedicht aus dem Jahre 1772, in dem der moderne sentimentalische Fremdling in der idyllischen Welt antiker Tempeltrümmer zeitlosen Urformen menschlichen Daseins begegnet; er kann in ihr zwar Erquickung, aber keine Bleibe finden (Bd. 1, S. 36–42). *Halb schuldig, halb unschuldig* wie Odysseus Nausikaa gegenüber fühlte sich auch Goethe am Schicksal Friederike Brions, und das Verlöbnis mit Lili Schönemann endete in Qual und Verworrenheit, weil Goethe den Zauberkreis der Geliebten durchbrechen zu müssen glaubte, wenn er seiner Berufung treu bleiben wollte, so daß sich nach der Trennung in seinem Tagebuch die bange Frage stellte: *Bin ich denn nur in der Welt, mich in ewiger unschuldiger Schuld zu winden?* (30. 10. 1775). In der Dichtung kehren diese Erfahrungen wieder in der Wirkung des unsteten, weitgereisten Fernando auf die unerfahrene, behütete Stella oder in der Gestalt Fausts, des *Unbehausten*, der zerstörerisch in Gretchens eng umgrenzten Lebenskreis eindringt (v. 3348ff.). In Italien und besonders auf dem *überklassischen Boden* Siziliens (Bd. 11, S. 300) verbanden sich diese Goetheschen Grundmotive mit den Gestalten Homers.

„Ilias" und „Odyssee" galten Goethe sein ganzes Leben hindurch als *urkanonische Bücher* (an Creuzer, 1. 10. 1817; Briefe Bd. 3, S. 401). In der Straßburger Zeit entdeckte er zunächst die „Ilias" für sich und deutete Homers Helden zu gesteigerten Porträts der modernen Genies um, in der Epoche des Gedankenaustauschs mit Schiller und des Nachdenkens über die Gesetze von Epik und Dramatik wurde sie ihm zum Inbegriff epischer Dichtung. Dazwischen gab es jedoch eine Zeit, in der Goethes besondere Liebe der weniger heroischen „Odyssee" galt. Im *Werther* sind die Erinnerungen an die patriarchalisch-idyllische Welt des jüngeren Homerischen Epos ein bewußt gesetztes Leitmotiv, das Werthers sentimentalisches Verhältnis zum Landleben kennzeichnet, doch entspricht es zugleich Goethes eigenem Homer-Erlebnis, daß Werther nach seinem Ausschluß aus der adligen Gesellschaft aufs Land hinausfährt, um *dort vom Hügel die Sonne untergehen zu sehen und dabei in meinem Homer den herrlichen Gesang zu lesen, wie Ulyß von dem trefflichen Schweinehirten bewirtet wird. Das war alles gut* (Bd. 6, S. 69). Die Natur und eine Dichtung, die eine als natürlich empfundene Welt ohne gesellschaftliche Schranken darstellt, wirken befreiend und reinigend, denn – so sagt Goethe noch im Alter – *der für dichterische und bildnerische Schöpfungen empfängliche Geist fühlt sich dem Altertum gegenüber in den anmutigst-ideellen Naturzustand versetzt, und noch auf den heutigen Tag haben die Homerischen Gesänge die Kraft, uns wenigstens für Augenblicke von der furchtbaren Last zu befreien, welche die Überlieferung von mehrern tausend Jahren auf uns gewälzt hat* (Bd. 12, S. 483). Oder apodiktischer: *Die Antike gehört zur Natur, und zwar, wenn sie anspricht, zur natürlichsten Natur* (Bd. 12, S. 469).

In den ersten Weimarer Jahren glaubte Goethe zuweilen, unter *natürlich guten Menschen* in einer *homerisch einfachen Welt* zu leben, die sich mit Bildern aus der „Odyssee" beschreiben ließ (an Herzog Carl August, 23./24. 12. 1775; Briefe Bd. 1, S. 201 f.). Doch dann wurde er als Mitglied des Geheimen Consiliums und als Verwaltungsbeamter mehr und mehr in die ständische Gesellschaftsordnung des Herzogtums hineingezogen und mit seiner erbärmlichen wirtschaftlichen Lage konfrontiert. Schon wenige Jahre später schienen sich antike Dichterwelt und moderne Wirklichkeit nicht mehr zu bestätigen, sondern auszuschließen: *es ist verflucht, der König von Tauris soll reden, als wenn kein Strumpfwürker in Apolde hungerte* (an Frau von Stein, 6. 3. 1779; Briefe Bd. 1, S. 264). Erst nach der Flucht aus den Weimarer Verhältnissen, auf der Fahrt nach Rom, kam Goethe wieder in eine Umgebung, die antike Lebensformen in einer schönen Natur bewahrt zu haben schien, und fühlte sich sogleich *in der Welt zu Hause und nicht wie geborgt oder im Exil* (Bd. 11, S. 26). Zum ersten Mal seit Jahren tauchten jetzt in seinen Briefen wieder Erinnerungen an die „Odyssee" auf (Reisetagebuch, 29. 9. u. 6. 10. 1786, Bd. 11, S. 120). In dieser Zeit wurde der Plan zu dem Trauerspiel *Ulysses auf Phäa* gefaßt. Der an die zeitgenössische deutsche Wirklichkeit gebundene Wilhelm-Meister-Roman wurde in Italien nicht gefördert; stattdessen wurden neue, antikisierende Werke geplant, die, wie schon *Iphigenie auf Tauris*, zeitlose Probleme der menschlichen Existenz behandeln sollten.

Zur eigenen Erfahrung und zur Welt der „Odyssee" kam schließlich das Erlebnis Siziliens hinzu. *Italien ohne Sizilien macht gar kein Bild in der Seele: hier ist erst der Schlüssel zu allem*, heißt es in der *Italienischen Reise* (Bd. 11, S. 252). Auf dem Boden der Magna Graecia fühlte

Goethe sich der Antike so nahe wie bisher noch nie und später nie mehr. Der Giardino pubblico von Palermo, *der wunderbarste Ort von der Welt* (Bd. 11, S. 240), versetzte ihn ins Altertum, und es war ihm, als wachse und blühe der Garten des Alkinoos noch immer so fort, wie Homer ihn im 7. Gesang der „Odyssee" geschildert hat (v. 112ff.). Aus Neapel schrieb Goethe später, den Ertrag seiner Sizilienreise zusammenfassend: *Was den Homer betrifft, ist mir wie eine Decke von den Augen gefallen. Die Beschreibungen, die Gleichnisse etc. kommen uns poetisch vor und sind doch unsäglich natürlich, aber freilich mit einer Reinheit und Innigkeit gezeichnet, vor der man erschrickt. Selbst die sonderbarsten erlogenen Begebenheiten haben eine Natürlichkeit, die ich nie so gefühlt habe als in der Nähe der beschriebenen Gegenstände.* Jetzt erst, hieß es am Ende des Briefes, sei ihm die „Odyssee" *ein lebendiges Wort* (Bd. 11, S. 323). Wie das lebendige Wort der Offenbarung (Apg. 7,38; 1. Petr. 1,23) bedeutete es für denjenigen, der sich ihm öffnete, Wiedergeburt und Ewigkeit.

Ein Jahrzehnt später sprach Goethe auch in einem Brief an Schiller über das in Sizilien gewonnene neue Verständnis von Homers Dichtung: *Es war als wenn man ein eingeschlagnes* [= matt gewordenes] *Bild mit Firnis überzieht, wodurch das Werk zugleich deutlich und in Harmonie erscheint. Ich gestehe daß es mir aufhörte ein Gedicht zu sein, es schien die Natur selbst* (14. 2. 1798; Briefe Bd. 2, S. 331). Der Vergleich der „Odyssee" mit einem Bild und die Stichworte *zugleich deutlich und in Harmonie* verweisen auf eine andere wesentliche, doch gar nicht homerische Komponente des Sizilienerlebnisses: die homerische Landschaft liegt vor Goethes Augen gleichsam im Lichte Claude Lorrains. Die *Italienische Reise* schildert mehrfach die *dunstige Klarheit* der Küstenlandschaft von Palermo. *Die Reinheit der Konture, die Weichheit des Ganzen, das Auseinanderweichen der Töne, die Harmonie von Himmel, Meer und Erde* seien unbeschreiblich, heißt es in dem Bericht über die Landung in Sizilien, und Goethe setzte hinzu: *Nun versteh' ich erst die Claude Lorrains* (Bd. 11, S. 231). Die stillen Ideallandschaften mit ihren lichten, atmosphärischen Ausblicken in die Weite schienen also genauso zur Natur zu werden wie Homers Dichtung. Von den Bildern Claude Lorrains sagte Goethe in einem Gespräch mit Eckermann am 10. April 1829, sie hätten *die höchste Wahrheit, aber keine Spur von Wirklichkeit*, und in dem kurz vor seinem Tode entworfenen Aufsatz *Landschaftliche Malerei* notierte er zu ihrer Charakteristik die Stichworte: *Ausbreitung über eine heitere Welt – Zartheit – Wirkung der atmosphärischen Erscheinungen aufs Gemüt* (Bd. 12, S. 219). All das trifft auch auf die Welt der *Nausikaa* zu und läßt ahnen, was mit dem *Meer- und Inselhaften* gemeint sein könnte, das nach dem Bericht der *Italienischen Reise* einen der vornehmsten

Reize der ausgeführten Dichtung hätte ausmachen sollen (Bd. 11, S. 299).

NAUSIKAA BEI HOMER UND GOETHE

Im 5. Gesang der „Odyssee" schildert Homer, wie Odysseus durch einen von Poseidon erregten Sturm in einem Schiffbruch alle Gefährten verliert und an das Ufer der von den Phäaken bewohnten Insel Scheria (nicht *Phäa*, wie Goethe sie im Reisetagebuch nennt) verschlagen wird, wo er in einem Haufen dürrer Blätter übernachtet. Am Beginn des 6. Gesangs erscheint Athene, die Beschützerin des Odysseus, in der Nacht der Königstochter Nausikaa im Traum und ermahnt sie, am nächsten Tage am Fluß in der Nähe des Meeresufers die Gewänder für ihre bevorstehende Hochzeit zu waschen. Nausikaa gehorcht ihr, und nach der Arbeit vergnügt sie sich mit ihren Dienerinnen beim Ballspiel (VI,100ff.); ihre Stimmen wecken Odysseus. Auf seine Bitten läßt Nausikaa den Unbekannten versorgen und verpflegen, nimmt ihn bei der abendlichen Rückkehr mit bis vor die Stadt und weist ihm den Weg zu ihrem Vater Alkinoos, von dem Odysseus sich die Beförderung seiner Heimkehr erhofft. Mit der Rettung des schiffbrüchigen Odysseus hat Nausikaa ihre Rolle in Homers Epos ausgespielt. Sie begegnet dem Helden nur noch einmal, als er sich in Wettkämpfen mit den phäakischen Jünglingen ausgezeichnet hat und sich danach in die Versammlung der Ältesten begibt, wo über seine Bitte um Hilfe entschieden werden soll (VIII, 457ff.). Sie ist nicht anwesend, als Odysseus sich zu erkennen gibt, von seinen Irrfahrten berichtet und schließlich, reich mit Geschenken ausgestattet, von Alkinoos und seiner Gattin Arete Abschied nimmt, um mit einem phäakischen Schiff nach Ithaka zurückzukehren.

Nausikaa ist in Homers Gedicht eine Gestalt, die dazu dient, die allein wichtige Haupthandlung, die Heimkehr des Odysseus, zu befördern. Wie alle Nebenfiguren Homers hat sie kein eigenes Schicksal, das über diese Funktion hinausginge. Andererseits ist sie so differenziert gezeichnet, daß spätere Zeiten sich aufgefordert sahen, ihr eine eigene Geschichte zu geben. Sophokles dichtete ein (verlorenes) Nausikaa-Drama; der Trojaroman des Dictys Cretensis verheiratete sie, nachhomerischer Tradition folgend, mit Telemachos, dem Sohn des Odysseus. Das Grundmotiv von Goethes Gestaltung, *die Rührung eines weiblichen Gemüts durch die Ankunft eines Fremden* (an Schiller, 14. 2. 1798; Briefe Bd. 2, S. 331), ist bei Homer schon angelegt, aber nicht weiter entwickelt, da die Innerlichkeit in seiner Welt noch keine Schicksal stiftende Macht ist. Der Fremde, den Athene mit Jugendglanz umgossen hat, weckt in der Königstochter sogleich bei der ersten Begegnung den Wunsch:

Würde mir doch ein Gemahl von solcher Bildung bescheret
Unter den Fürsten des Volks, und gefiel' es ihm selber zu bleiben!
(VI, 244f., übers. v. Voß)

Und mit der Bitte, Odysseus möge mit Rücksicht auf ihren Leumund nicht gemeinsam mit ihr die Stadt betreten, gesteht sie ihm ihren Wunsch halb bewußt, halb unbewußt:

Denn es sagte vielleicht ein Niedriger, der uns begegnet:
Seht doch, was folgt Nausikaen dort für ein schöner und großer
Fremdling? Wo fand sie den? Der soll gewiß ihr Gemahl sein!
Holte sie diesen vielleicht aus seinem Schiffe, das fernher
Sturm und Woge verschlug? Denn nahe wohnet uns niemand.
Oder kam gar ein Gott auf ihr inbrünstiges Flehen
Hoch vom Himmel herab, bei ihr zeitlebens zu bleiben?
Besser war's, daß sie selber hinausging, sich aus der Fremde
Einen Gemahl zu suchen, denn unsre phaiakischen Freier
Sind ihr wahrlich zu schlecht, die vielen Söhne der Edeln!
Also sagten die Leut', und es wär auch wider den Wohlstand.
(VI, 275ff.)

Auch Alkinoos zeigt dem Fremdling, daß er ihm wohlgesonnen ist, und aus dem verhüllten Sprechen wird dabei durch den Übergang von der dritten zur zweiten Person unversehens eine offene Werbung:

Schaffte doch Vater Zeus, Athene und Phöbos Apollon,
Daß ein Mann, so wie du, so ähnlich mir an Gesinnung,
Meine Tochter begehrte, sich mir erböte zum Eidam
Und hier bleibe! Ich wollte dir Haus und Habe verehren,
Bliebest du willig hier. (VII, 311ff.)

Goethe wollte diese Ansätze zu einem Trauerspiel ausformen: Nausikaa sollte in unerfüllbarer Liebe zu Odysseus entbrennen und bei seinem Abschied in den Tod gehen. Darin stimmen das Szenar des Quarthefts und der Bericht der *Italienischen Reise* überein. Beide geben hingegen nur ungenügend Auskunft über die Peripetie des Dramas, die Gründe für Nausikaas Selbstmord und das Verhalten des Odysseus. Im älteren Plan (S. 496f.) ist der 4. Akt besonders wenig ausgearbeitet: es gibt keine Stichworte für den Dialog und keine Verse, die sich ihm zuordnen lassen. Doch mußte sich Odysseus wohl in der Versammlung der Ältesten zu erkennen geben – in Anwesenheit Nausikaas, die diese Eröffnung tödlich getroffen hätte. Die Andeutungen des Plans lassen vermuten, daß Odysseus sich als einer seiner Gefährten bei den Phäaken einführen und Nausikaa gegenüber als unverheiratet ausgeben sollte. Ob er sich nur aus gewohnter Vorsicht hinter einer fremden Rolle verbarg oder ob er bewußt die Zuneigung des Mädchens ausnutzte – so daß dieses aus Enttäuschung in den Tod ging –, ist nicht zu erkennen. Doch spricht die Deutung des Geschehens als eines gottgesandten Übels (v. 155) eher dagegen, in Odysseus einen zynischen Verführer zu sehen. Das Verderben dürfte weniger von seinen Lügen als von dem Zauber seiner Persönlichkeit ausgegangen sein, den v. 131 ff. und die Wirkung auf den Jüngling Neoros bezeugen.

Als Goethe in Palermo die „Odyssee" erneut las, wurde der ältere Plan sehr wahrscheinlich umgestaltet. Der späte, *aus der Erinnerung* niedergeschriebene Bericht der *Italienischen Reise* gibt die neue Konzeption sicher nicht mehr korrekt wieder, doch ist es sehr wahrscheinlich, daß sich der Plan in der hier erkennbaren Richtung auf einen engeren Anschluß an Homer gewandelt hat. Darauf deuten jedenfalls die Anstreichungen in Goethes Homer-Ausgabe und die nun noch entstandenen Verse. Der erste Akt konnte unverändert übernommen werden. Der zweite Akt sollte, genau wie im älteren Plan, die Familie des Alkinoos vorstellen und Odysseus bei den Phäaken einführen. Neu wäre jedoch die Anwesenheit der Freier gewesen, die im Szenar des Quarthefts überhaupt nicht erwähnt sind; der seelische Konflikt der Nausikaa hätte demnach eine öffentliche Dimension bekommen, Alkinoos wäre nicht nur als Vater, sondern auch als König betroffen gewesen. Nach der Inhaltsskizze der *Italienischen Reise* sollte sich Odysseus dann im 4. Akt *außer der Szene*, wohl bei den von Homer im 8. Gesang geschilderten Kampfspielen, hervortun. Nausikaa hätte sich in Gegenwart der zuschauenden Frauen durch das Bekenntnis ihrer Liebe unwiderruflich *kompromittiert*. Die Wettkämpfe sind hier, anders als bei Homer, hinter die Erzählung der Abenteuer, die Odysseus seit der Zerstörung Trojas erlebt hat (9.–12. Gesang = 3. Akt), verlegt, gewissermaßen als eine die Erzählungen steigernde und beglaubigende Bewährung seiner Vortrefflichkeit. Odysseus hätte sich wohl nicht, wie bei Homer, am Beginn seiner Erzählungen (IX, 19) zu erkennen geben dürfen, sondern erst am Ende des 4. Akts, wo er sich *als einen Scheidenden* erklärte. Auch wenn man in den älteren Plan keine moralische Schuld des Odysseus hineindeuten will, so sind doch zumindest die *Vorsicht seines Betragens* und sein Rollenspiel unzweifelhaft ausgesprochen. Der jüngere Plan ist in diesem Punkt noch lückenhafter. Er spricht nur davon, daß Odysseus *halb schuldig, halb unschul-*

dig Nausikaas Schicksal veranlaßt habe; ähnliches ist wohl auch mit der Bemerkung gemeint, daß im 3. Akt die lebhafte Anteilnahme Nausikaas *durch Wirkung und Gegenwirkung endlich hervorgeschlagen* werden sollte (wie der Funke aus einem Feuerstein). Es ist darüber hinaus anzunehmen, daß Odysseus nicht nur, wie bei Homer, seinen Namen verschwiegen, sondern auch ausdrücklich falsche Auskünfte gegeben hätte, denn die Verse 126ff., die erst nach der erneuten Lektüre der „Odyssee" entstanden sind, wird man sich kaum anders als mit einem Unterton tragischer Ironie vorstellen mögen. Es scheint demnach, als sei die zentrale Konstellation trotz einer abweichenden Handlungsführung im Grunde unverändert aus dem älteren Plan in den jüngeren übernommen worden.

Besser als das innere Leben der Hauptgestalten lassen sich einige der *subordinierten Motive* erkennen, die mit der Figurenkonstellation verbunden sein sollten. In Odysseus und Nausikaa sollten sich der reife Mann und das erblühende Mädchen gegenübertreten; der erfahrene *Bettgenoß unsterblich schöner Frauen* (v. 42) und die noch kindhafte Jungfrau, die sich keiner Neigung bewußt ist; der Listenreiche, umsichtig Planende und die sich übereilt Exponierende; der Wandernde und die Behütete. Dahinter hätte sich die Spannung aufgetan zwischen der in die ferne Heimat strebenden Sehnsucht des durch Krieg und Entbehrung geprüften „vielgewanderten Mannes" und der idyllischen Einschränkung der Phäaken, die „abgesondert im wogenrauschenden Meere" (VI, 204) in immerwährendem Genuß leben (VIII, 248f.). Nausikaa wäre wohl für den von den Göttern verfolgten Odysseus eine Versuchung gewesen, der Wundergarten des Alkinoos ein goldener Käfig. So gesehen, wäre das *Nausikaa*-Drama in der Tat *eine dramatische Konzentration der „Odyssee"* (Bd. 11, S. 298) geworden, denn Nausikaa hätte mit ihren unschuldigen Reizen nichts anderes getan als Kalypso und Kirke:

Siehe, mich hielt bei sich die hehre Göttin Kalypso
In der gewölbeten Grotte und wünschte mich zum Gemahle;
Ebenso hielt mich auch die aiaiische Zauberin Kirke
Trüglich in ihrem Palast und wünschte mich zum Gemahle:
Aber keiner gelang es, mein standhaftes Herz zu bewegen.
Denn nichts ist doch süßer als unsere Heimat und Eltern,
Wenn man auch in der Fern ein Haus voll köstlicher Güter,
Unter fremden Leuten, getrennt von den Seinen, bewohnet!
(IX, 29ff.)

Doch anders als die beiden göttlichen Frauen sollte das Menschenkind Nausikaa, von Amors Pfeil getroffen, zugrundegehen. Denn sie lebt nicht wie diese einsam auf einer Insel, sondern unter Menschen. Besonders der jüngere Plan zeigt das deutlich: die Freier der Königstochter spielen eine Rolle, und die Neigung Nausikaas wird dadurch zu einer tödlichen Bloßstellung, daß sie sie öffentlich vor den versammelten Frauen ausspricht. Die Betonung der Sitte, des Schicklichen muß nicht unbedingt eine späte Retusche Goethes sein, denn schon bei der Lektüre der „Odyssee" unterstrich er den Halbvers „Doch besser ist immer der Wohlstand" (VII, 310). Der ältere Plan macht zwar insgesamt einen privateren Eindruck als der jüngere, doch war es vielleicht auch in ihm schon von Bedeutung, daß die Königstochter – nach dem Szenar des 4. Akts – gegen die in der homerischen Welt geltende Sitte in der Versammlung der Ältesten erschien.

Der Bericht der *Italienischen Reise* wie der Brief an Boisserée vom 4. Dezember 1817 (S. 478f.) behaupten, daß die Situation der Nausikaa *vollkommen tragisch* sein sollte, aber es ist bezeichnend, daß die ausgeführten Partien davon noch gar nichts erkennen lassen. Bis auf die gnomischen Verse aus der Schlußszene (v. 155ff.) ist die tragische Seite des Dramas ausgespart; gestaltet sind vornehmlich stimmungshafte und idyllische Partien: das unbeschwerte Ballspiel der Mädchen, in dem nur die versteckte Vorausdeutung (v. 9–11) das Gegenmotiv anschlägt, die lyrische Klage des schiffbrüchigen Ulyss, das vertraute, nachdenkliche Gespräch zwischen Nausikaa und Eurymedusa und die Verse, die den atmosphärischen Zauber der Szenerie schildern, die beinahe mehr noch als die einfache Fabel der tragende Grund des Dramas sein sollte, so daß nur in den glücklichen Tagen *sinnlicher Identifikation mit dem Gegenstande* (an Schiller, 14. 2. 1798; Briefe Bd. 2, S. 331) an ihm gearbeitet werden konnte.

Die Entwürfe und die ausgeführten Verse lassen erkennen, daß die *Nausikaa*-Tragödie als ein klassisches Versdrama in dem soeben durch die Umarbeitung der *Iphigenie* erprobten Stil geplant war. Theatralisch wirksame äußere Aktion hätte es gar nicht gegeben, sondern allenfalls in der vermittelten Form der Erzählung, die Ereignisse wären ins Seelische zurückgenommen gewesen, die einfache, geradlinige Fabel durch begleitende Motive und die Bildersprache reich instrumentiert, eher lyrisch als dramatisch. Trotz aller homerischen Motive wäre das Drama in die Atmosphäre Claude Lorrains getaucht gewesen, innerlicher und gedämpfter als jede attische Tragödie. Landschaft, Meer und Garten mit ihren Stimmungen hätten eine Rolle gespielt wie in der früheren Dramatik nur bei Shakespeare – freilich wäre das nicht die düstere Romantik des „König Lear" oder des „Hamlet" gewesen, sondern die südliche Heiterkeit, die bei Euripides in einigen Versen des „Hippolytos" oder des „Ion" aufleuchtet. Die Gestalt der stillen und versonnenen, eben erst zum Selbstbewußtsein erwachenden Heldin hätte vermutlich manche Züge mit der aulischen Iphigenie des Euripides gemein gehabt, wäre aber im wesentlichen so wenig griechisch gewesen wie die von Winckelmann mehr erträumten als entdeckten Gestalten der klassischen Antike. Das stille, gesittete Wesen friedlicher Seelen, „rein von Empfindlichkeit und entfernt von innerer Empörung" (Winckelmann: Kleine Schriften, Weimar 1960, S. 198), widersprach im Grunde tragischer Gestaltung. In einer idyllischen Elegie wie *Alexis und Dora* (Bd. 1, S. 185–190) wäre es möglicherweise reiner zum Ausdruck gekommen.

ANMERKUNGEN

vor 1. Es ist nicht nötig, in der Szenenanweisung gegen die Reinschrift den Namen *Arete* durch *Nausikaa* zu ersetzen, denn mit den *Jungfrauen* sind nicht Gespielinnen gemeint, sondern Dienerinnen, deren eigentliche Herrin die Königin Arete ist. Goethes Anstreichungen bei Od. XII, 61 und 66–69 lassen vermuten, daß sie in dem jüngeren Plan eine Rolle spielen sollte. In der „Odyssee" wird Arete fast immer als Gebieterin ihrer Mägde dargestellt.

7. Den ungriechischen Namen *Treche* bildete Goethe wohl nach dem griech. Verb τρέχειν = laufen. In der Druckvorlage für die Ausgabe letzter Hand wird er (von Goethe?) durch den Namen *Tyche* ersetzt, der v. 120f. als Name der Vertrauten erscheint.

vor 23. Goethe gebraucht noch in den Entwürfen zur *Achilleis* (1798) die im 18. Jahrhundert geläufigere lateinisch-französische Namensform *Ulysses*, *Ulyß*. Der Name Odysseus setzt sich erst im Gefolge der Homer-Übersetzungen von Friedrich Leopold Stolberg und Johann Heinrich Voß durch.

30ff. Vgl. Od. VI, 119ff.

39ff. Von Odysseus' Aufenthalt bei Kalypso und Kirke berichten der 5. und der 10. Gesang der „Odyssee"; den Verlust seiner Gefährten schildert Odysseus selbst im 11. und 12. Gesang.

vor 62. Der homerische Name *Eurymedusa* (Od. VII, 8) erscheint nur in dem Bruchstück der Reinschrift von I, 3 an dieser Stelle. In dem Szenar, das vor der Homerlektüre entstanden ist, heißt die Vertraute *Xanthe* (von griech. ξανθός = blond), in v. 120f. *Tyche* (= Glück).

66. *Gefalten* ist die alte, starke Bildung des Partizip Perfekt.

76. *Wunder* ist im älteren Sprachgebrauch ganz allgemein etwas, das Verwunderung erregt.

86ff. Den Morgenträumen wird seit der Antike besondere prophetische Kraft zugeschrieben, vgl. Horaz: Satiren I, 10, 33; Ovid: Heroiden XIX, 195f.; Dante: Purgatorio IX, 13–18.

94ff. Das Bild des Funkens wurde – in Anlehnung an Od. V, 488ff. – zunächst im Zusammenhang mit dem Monolog des Ulyss (I, 2) entworfen und ausgeführt, dann jedoch nicht weiter verwendet. Vielleicht war es für die Selbstdarstellung in I, 4 aufgespart.

99f. Worte Nausikaas, die wohl zu I, 3 gehören.

101. Wohl *Worte* Nausikaas, die zur Schilderung der *Bräutigams Zeit* (I, 3) gehören dürften.

102ff. Dies und das folgende Paralipomenon gehören zusammen. Goethe hat sie auf der Rückseite des Szenars zum 1. Akt niedergeschrieben, sie sind der 4. Szene mit der ersten Begegnung zwischen Nausikaa und Ulyss zuzuordnen. Vgl. die Schilderung des Gartens in der „Odyssee" (VII, 112ff.). Goethe hat die Stelle später selbst übersetzt (Goethes und Schillers Übertragungen antiker Dichtung, hrsg. v. Horst Rüdiger, München 1944, S. 13).

120ff. Bruchstück eines Dialogs zwischen Nausikaa und ihrer Vertrauten, von Goethe in H[2] dem 3. Akt zugeordnet (III, 1 ?). Im Notizheft (H[1]) schreibt Goethe zunächst v. 120 nieder, dann fügt er – nach der Antwort der Vertrauten – v. 121 hinzu, der wie eine Variante von v. 120 erscheint. Da Goethe jedoch beide Verse in das Quartheft (H[2]) übernommen hat, ist es möglich, daß sie beide stehen bleiben sollten, um das Drängen Nausikaas und das Zögern der Vertrauten zu gestalten.

125. Von Goethe in H[2] dem 3. Akt zugeordnet, vielleicht zum *Scherz des Bruders* (III, 2) gehörig, mit dem dieser dann Nausikaa wegen ihrer Bereitschaft, Ulyss aufs kostbarste auszustatten, necken würde.

126ff. Dieses und das folgende Paralipomenon sind nach der erneuten Homerlektüre entstanden. Goethe hat sie nicht mehr einer bestimmten Szene des älteren Plans zugeordnet. Die Verse 126ff. folgen sehr eng der Rede des Alkinoos (Od. XI, 363–368), die in Goethes Exemplar angestrichen sind. Sie könnten – möglicherweise als Worte Nausikaas – in der Szene III, 4 des älteren Plans Platz finden, würden aber im 3. Akt des jüngeren Plans in ihrem ursprünglichen Kontext stehen.

135f. Vgl. Goethes Eintragung im Notizheft von der sizilischen Reise: *Weißer Morgen alles in Duft*, und die *Italienische Reise*, Palermo, 3. und 7. April 1787 (Bd. 11, S. 231 und 240). Vielleicht im Anschluß an Od. VI, 44f. niedergeschrieben, zur Lobrede des Ulyss auf die Phäakeninsel (III, 4) passend. – *Duft* ist in der Sprache Goethes feiner, dünner Dunst.

137ff. Von Goethe in H^2 dem 3. Akt zugeordnet, zur Lobrede auf die Phäakeninsel gehörig.

140ff. Nur im Notizheft (H^1) überliefert. Worte des Alkinoos aus V, 4 des älteren Plans.

147ff. Nur im Notizheft (H^1) überliefert. Wohl Worte des Ulyss, mit denen er Alkinoos zu überreden versucht, Nausikaa mit seinem Sohn Telemach zu verheiraten (V, 4). Vielleicht eine Reaktion auf die Rede des Alkinoos v. 140ff.

152ff. Von Goethe in H^2 dem 5. Akt zugeordnet. Worte des Alkinoos aus dem Schlußteil der 4. Szene.

155ff. Von Goethe in H^2 dem 5. Akt zugeordnet, zur Schlußszene gehörig.

ZUR TEXTGESCHICHTE DER „NAUSIKAA“

Der Erstdruck des Fragments erschien unter dem Titel *Nausikaa. Ein Trauerspiel* im vierten Band der Ausgabe letzter Hand (C^1C 1827/1828). Er enthielt die beiden ersten Auftritte des ersten Aufzugs nach einer von Kräuter geschriebenen und von Göttling verbesserten Druckvorlage (H^5, in W. H^1). Der fragmentarische dritte Auftritt und die übrigen Paralipomena wurden, wenn auch unvollständig und in zum Teil irreführender Anordnung Riemers, zuerst in Goethe's poetische und prosaische Werke in zwei Bänden. Stuttgart und Tübingen 1836f. Bd. 1, Abt. 2, S. 186–188 (Q) gedruckt. – Jeder Neudruck muß auf Goethes eigene Handschriften von 1787 zurückgehen. Die ersten Niederschriften einzelner Verse und Versgruppen stehen in einem Oktavheft mit Notizen und Skizzen von der sizilischen Reise (H^1, in W. H^3), einige Paralipomena sind nur in dieser frühesten Aufzeichnung vorhanden. Ein Quartheft (H^2, in W. H^2) enthält schematische Aktübersichten mit nachfolgender Skizzierung einzelner Szenen und den Versentwürfen, die aus H^1 stammen und weiter ausgeführt wurden, darunter eine vorläufige Fassung der beiden ersten Auftritte. Auf zwei Oktavblättchen aus einem anderen Notizheft der sizilischen Reise (H^3, in W. H^4) steht der Entwurf des fragmentarischen dritten Auftritts. Die endgültige Fassung der beiden ersten Auftritte ist in Goethes Reinschrift (H^4, in W. H^5) überliefert. Zu ihr gehört offensichtlich auch die begonnene Reinschrift des dritten Auftritts, die im fünften Vers abbricht, aber zum erstenmal den Namen *Nausikaa* statt *Arete* bringt.

Textwiedergabe der beiden ersten Auftritte nach H^4, des dritten Auftritts nach H^4 und H^3, der Paralipomena nach H^1 und H^2 in der Reihenfolge ihrer mutmaßlichen Zugehörigkeit zu einzelnen Szenen. Die Schreibung ist behutsam modernisiert, die Interpunktion folgt dem Original; auf nicht sicher lesbare Wörter folgt [?]. Lesarten vorausgegangener Niederschriften und einige allzu fragmentarische Paralipomena sind fortgelassen (vgl. dafür den vollständigen Abdruck im Lesartenapparat des zehnten Bandes der Weimarer Ausgabe). Es folgen die Varianten der beiden ersten Auftritte in C^1C und W.:

– 10. *nur* fehlt C^1CW. – *unversehener* C^1CW. – vor 23. *Ulysses* C^1CW. – 29. *Menschenstimmen* C^1CW. – 32. *Verlassnem* C^1CW. – 37. *strengen* C^1CW. – 51. *Von ungemessnem* W.

Die Aktübersichten mit der nachfolgenden Skizzierung einzelner Szenen in H^2 lauten:

Ackt. I.

I. Madchen Ball
II Ulysses allein
III Arete Xantha.
IV Die Vorigen Ulyss.
V Ulyss

III. Xanth. Frühling neu. Arete Bekanntniß.
Bräutigams Zeit Vater Mutter
IV. Gärten des Vaters erstes Bedürfniß Kleid
Hunger Durst. Angesehn
V. Vorsich[t] seines Betragens. Unverheurathet.

II.

I Alkinous.
II Alkinous Sohn.
III die Vorigen Arete
IV Die vorigen Ulyss.
V Uliss. Neoros.

1 Früchte vom Sturm herunter geworfen. Blumen zerstort.
Latten zu befestigen. Sohn. Tochter.
2. Sohn. Geschichte Beschreibung des Sturms Abfahrt
Delphinen pp.
3. Tochter. Wäsche selbst für den Vater bereitet sie erblickt Ulyssen.
4 Ulyss als Gefährte des Ulyss. Aufnahme Bitte der Heimfahrt. Beratung des nötigen
5 Ulyss Neoros. Frage nach seinen Schicksalen Bitte sein[em] Gefährten zu helfen.

III.

I Arete Xanthe.
II Die vorige[n] Neoros
III Arete
IV Ulyss Arete
V Arete.

I Lob des Ulyss Eroffnung der Leidenschaft
II. Neoros Lob des Ulyss. Männliches Betragen. Wille des
Vaters daß ihm Kleider und Geschencke gegeben werden
Scherz des Bruders. Abschied des Ulyss
III. Und er sol scheiden.
IV. Frage unverheurathet. Die Schöne Gefangne [?] Er lobt ihr Land und schilt
seins sie giebt ihm zu verstehn daß er bleiben könne

IV.

Alkinoos die ältesten
die vorigen Sohn.
die vorigen Arete
die vorigen Ulyss.

V.

I Arete.
II Alkin. Ulyss. Sohn.
III Xant[h]e
IV Alkinoos Ulyss
V Bote
VI Alkin Ulyss
VII Xant[h]e
VIII die vorigen Sohn
IX die vorigen die Leiche.

IV Scheiden. Danck. Tochter läßt sich nicht sehn. Schaam. Er soll sie nicht falsch beurtheilen Es sey sein eigner Werth [?]. Ul. Vorwurf er will nicht so scheiden tragt seinen Sohn an. A Will die Tochter nicht geben. Ul. Uberredung. Al Will gleich. U. Will seinen Sohn bringen sie sollen sich wählen. Al. Hochzeittag ausstattung.

TORQUATO TASSO

GOETHE UND SEINE ZEITGENOSSEN ÜBER „TORQUATO TASSO"

Goethe an Wieland (als Dank für „Oberon" einen Lorbeerkranz schickend). 23. März 1780

Empfange aus den Händen der Freundschaft was dir Mitwelt und Nachwelt gern bestätigen wird.

Goethes Tagebuch. 30. März 1780

hatt ich den erfindenden Tag. ... Zu Mittag nach Tiefurt zu Fus Gute Erfindung Tasso. Herders Stein *(Emilie von)* Werthern Knebel, gut, nur beyde Männer bissig ...

Goethes Tagebuch, Ende Oktober 1780

Tasso angefangen zu schreiben.

Goethe an Ch. v. Stein. 12. November 1780

Mein Erster Ackt muss heute fertig werden.

Goethe an Ch. v. Stein. 15. November 1780

Ihr gütigs Zureden und mein Versprechen haben mich heute früh glücklich den IIten Ackt anfangen machen.

Goethe an Ch. v. Stein. 25. November 1780

... gegen Abend mögt ich wohl Lingen *(Caroline v. Ilten)* und Ihnen die erste Scene des II Ackts lesen.

Goethe an Ch. v. Stein. 31. Dez. 1780 (Briefe, Bd. 1, S. 339, 7ff.)

Mein Tasso dauert mich selbst er liegt auf dem Pult und sieht mich so freundlich an, aber wie will ich zureichen, ich muss auch alle meine Waizen unter das Commissbrod backen.

Goethe an Ch. v. Stein. 25. März 1781 (Briefe, Bd. 1, 351, 20–24)

Ich dancke für den Brief an Lenz. ... An Tasso wird heut schwerlich gedacht werden. Mercken Sie aber nicht wie die Liebe für Ihren Dichter sorgt. Vor Monaten war mir die nächste Scene unmöglich wie leicht wird mir sie iezt aus dem Herzen fliesen.

Goethe an Ch. v. Stein. 20. April 1781

Ich habe gleich am Tasso schreibend dich angebetet.

Goethe an Ch. v. Stein. 22. April 1781 (Briefe, Bd. 1, 354, 25–29)

Gestern Nacht hat ich grose Lust meinen Ring wie Polykrates in das Wasser zu werfen, denn ich summirte in der stillen Nacht meine Glückseligkeit und fand eine ungeheure Summe. Ich werde wohl am Tasso schreiben können.

Goethe an Ch. v. Stein, 23. April 1781

Diesen Morgen ward mir's so wohl daß mich ein Regen zum Tasso weckte. Als Anrufung an dich ist gewiss gut was ich geschrieben habe. Obs als Scene und an dem Orte gut ist weis ich nicht.

Goethe an Lavater. 22. Juni 1781 (Briefe, Bd. 1, 365,34f.)

Ich habe der Schultheß den Anfang eines neuen Dramas geschikt, lies es auch, wenn du Zeit findest. ...

Goethes Tagebuch. 23. August 1781

Abends Tiefurt Nathan und Tasso gegen einander gelesen.

Goethe an Lavater. 14. November 1781 (Briefe, Bd. 1, S. 373, 13–18)

Mit dem nächsten Postwagen geht an Bäben *(Schultheß)* der vollendete zweite Akt meines Taßo ab. Ich wünsche daß er auch für dich geschrieben sein möge.

Die Unruhe in der ich lebe läßt mich nicht über dergleichen vergnüglichen Arbeiten bleiben, und so sehe ich auch noch nicht den Raum vor mir die übrigen Akte zu enden.

J. J. Bodmer an Schinz. 5. April 1782

Goethe hat ein Trauerspiel in der Arbeit, in welchem Tasso der Protagonist ist. Ich sehe voraus, daß er Tasso zum andern Werther ausbilden werde.

Goethe an Ch. v. Stein. 6. April 1782 (Briefe, Bd. 1, S. 389, 15–21)

Wenn unser einer seine Eigenheiten und Albernheiten einem Helden aufflickt, und nennt ihn Werther, Egmont, Tasso wie du willst, giebt es aber am Ende für nichts als was es ist, so gehts hin und das Publikum nimmt insofern Anteil dran als die Existenz des Verfassers reich oder arm, merckwürdig oder schaal ist, und das Mährgen bleibt auf sich beruhen.

G. C. Tobler an Lavater. 30. August 1782

Goethes Tasso ist ... am meisten der *(Prosa-)*Iphigenie ähnlich, noch mehr betrachtend und gesprächsartig.

Goethe an Herder. 20. Februar 1785 (Briefe, Bd. 1, S. 473,6)

... Geben (= *gegeben*) vom Rade Ixions. Weimar d. 20. Febr. 1785.

Ankündigung des 7. Bandes von Goethes „Schriften“. Juli 1786

Tasso, zwei Acte.

Goethes Tagebuch. 7. Oktober 1786. Venedig (vgl. Italienische Reise, „Den 6. Oktober.“ Bd. 11, S. 84,26ff.)

Heut Abend hatte ich mir den famosen Gesang der Schiffer bestellt, die den Tasso und den Ariost auf ihre Melodie singen.

Goethe an Knebel. 19. Februar 1787

Nun wird am Tasso gearbeitet, der geendigt werden soll.

Italienische Reise. Den 21. Februar 1787 (vgl. Bd. 11, S. 176, 20–30)

... das Vorhandene muß ich ganz zerstören, das hat zu lange gelegen, und weder die Person, noch der Plan, noch der Ton haben mit meiner jetzigen Ansicht die mindeste Verwandtschaft.

Italienische Reise. Caserta, 16. März 1787 (Bd. 11, S. 208, 19–31)

Ich merke wohl, daß es meiner Iphigenie wunderlich gegangen ist.... Doch das soll mich nicht abschrecken, mit Tasso eine ähnliche Operation vorzunehmen. Lieber würf' ich ihn ins Feuer, aber ich will bei meinem Entschluß beharren, und da es einmal nicht anders ist, so wollen wir ein wunderlich Werk daraus machen.

Ital. Reise. Neapel, zum 17. März (Bd. 11, S. 211, 17–24)

Manchmal gedenke ich Rousseaus und seines hypochondrischen Jammers, und doch wird mir begreiflich, wie eine so schöne Organisation verschoben werden konnte. Fühlt' ich nicht solchen Anteil an den natürlichen Dingen und säh' ich nicht, daß in der scheinbaren Verwirrung hundert Betrachtungen sich vergleichen und ordnen lassen, ... ich hielte mich oft selbst für toll.

Ital. Reise. 1. April 1787 (Bd. 11, S. 228, 2)

... ich war des ganzen Stücks so ziemlich Herr geworden.

Goethe an Carl August. 11. August 1787 (Briefe, Bd. 2, S. 63)

... ich hoffe bis Neujahr den Tasso ... ausgearbeitet zu haben....

Zweiter Römischer Aufenthalt. 10. Januar 1788 (Bd. 11, S. 476,14–18. – An Ch. v. Stein)

Wenn es mit Fertigung meiner Schriften unter gleichen Konstellationen fortgeht, so muß ich mich im Laufe dieses Jahres in eine Prinzessin verlieben, um den Tasso ... schreiben zu können ....

Ebd. 1. Februar 1788 (Bd. 11, 516,13ff. – An Ch. v. Stein)

Tasso muß umgearbeitet werden, was da steht, ist zu nichts zu brauchen, ich kann weder so endigen noch alles wegwerfen.

Goethe an Carl August. 16. Februar 1788

Nun steht mir fast nichts als der Hügel Tasso und der Berg Faustus vor der Nase.

Zweiter Römischer Aufenthalt. 1. März 1788 (Bd. 11, S. 525,36. – An Ch. v. Stein)

Auch ist der Plan von Tasso in Ordnung....

An Carl August. Rom, 28. März 1788 (Briefe, Bd. 2, S. 90,28–91,4)

Ich lese jetzt das Leben des Tasso, das Abbate Serassi und zwar recht gut geschrieben hat. Meine Absicht ist, meinen Geist mit dem Charakter und den Schicksalen dieses Dichters zu füllen, um auf der Reise *(nach Weimar über Florenz, Mailand, Nürnberg)* etwas zu haben das mich beschäftigt. Ich wünsche das angefangene Stück, wo nicht zu endigen, doch weit zu führen, eh ich zurückkomme. Hätte ich es nicht angefangen; so würde ich es jetzt nicht wählen und ich erinnere mich wohl noch daß Sie mir davon abrieten. Indessen wie der Reiz der mich zu diesem Gegenstande führte aus dem Innersten meiner Natur entstand; so schließt sich auch jetzt die Arbeit die ich unternehme um es zu endigen ganz sonderbar ans Ende meiner italienischen Laufbahn, und ich kann nicht wünschen daß es anders sein möge.

23. Mai 1788. In Mailand kauft sich Goethe Tassos „Aminta“.

An Knebel. Mailand, 24. Mai 1788 (Briefe, Bd. 2, S. 94,14ff.)

Jetzt bin ich an einer sonderbaren Aufgabe, an Tasso. Ich kann und darf nichts darüber sagen. Die ersten Akte müssen fast ganz aufgeopfert werden.

An F. H. Jacobi. Weimar, 21. Juli 1788. (Briefe, Bd. 2, S. 96,19)

Jetzt bin ich *(bei Ausarbeitung der achtbändigen Ausgabe der „Schriften“)* an Tasso....

An Ch. v. Stein. Weimar, 12. August 1788

Tasso rückt auch obgleich langsam....

Goethe an Knebel. 1. Oktober 1788

Nun bin ich eifrig an Tasso, er geht von Statten.

Goethe an Knebel. 11. Oktober 1788

Tasso rückt nur langsam.

Caroline Herder an Herder. 6. Oktober 1788

Goethe ... hat ... aus dem Tasso einige Stellen gelesen. ... Er sagte, die Jamben seien noch besser, als in der Iphigenia.

Goethe an Knebel. 25. Oktober 1788 (Briefe, Bd. 2, S. 104,3)

Tasso hat einen Stillstand gemacht.

Caroline Herder an Herder. 9. Januar 1789

Goethe ... arbeitet viel am Tasso, und Moritz soll nicht eher reisen, bis er damit fertig ist.

Knebel an seine Schwester. 16. Februar 1789

Gestern hat uns Goethe den ersten Akt seines Tasso vorgelesen ...

Goethe an Herder. 2. März 1789

Vom Tasso, der nun seiner Verklärung *(= der klaren Gestaltung)* sich nähert, habe ich die erste Szene im Kreise der Freunde publiziert. ... Ich habe diesen Prologus mit Fleiß dem Werke selbst vorausgeschickt.

Herder an Caroline Herder. 14. März 1789

Goethe kann nicht anders als sich selbst idealisieren und immer aus sich schreiben, so daß er sich zugleich selbst malet. Für mich ist das gut; aber ich fürchte, wie das durch fünf Akte gehen werde, immer aber wird's ein geistvolles, interessantes Stück werden.

Caroline Herder an Herder. 20. März 1789 (vgl. Briefe, Bd. 2, S. 515, Anm. zu S. 112,27f)

Ich habe die Fortsetzung von Tasso wieder abgeschrieben. ... Von diesem Stück sagte er *(Goethe)* mir im Vertrauen den eigentlichen Sinn. Es ist die Disproportion des Talents mit dem Leben. ... Die gute Kalbin *(Charlotte von Kalb)* ... nimmt Goethes Tasso gar zu speziell auf Goethe, die Herzogin, den Herzog und die Steinin; ich habe sie aber ein wenig darüber berichtigt. Das will ja auch Goethe durchaus nicht so gedeutet haben.

Goethe an Carl August. 6. April 1789

Ich habe noch drei Szenen zu schreiben die mich wie lose Nymphen zum Besten haben, mich bald anlächeln, und sich nahe zeigen, dann wieder spröde tun und sich entfernen. ... Wenn ich vor den Feiertagen *(12. April = Ostersonntag)* die letzte Szene des ersten Aktes ... fertigen könnte, wäre ich sehr glücklich.

Goethe an A. von Klein. 17. April 1789

Ich bin eben jetzo mit einer Tragödie beschäftigt, worin ich die schönsten Lebensmomente und die ergreifendsten Schicksalsspiele des herrlichen Torquato Tasso zusammen zu fassen mich bestrebe.

Caroline an Herder. 10. Mai 1789

Gestern hat er *(Goethe)* den Tasso bis auf drei Szenen der Herzogin vorgelesen.

K. P. Moritz an Goethe. Berlin, 6. Juni 1789 (Briefe an Goethe 1, S. 115f.)

Der Tasso ist nun einmal das höchste Geistige, die zarteste Menschheit, welche auch von der sanftesten und weichsten Umgebung gedrückt, sich ihrer Auflösung nähert; welche den Schwerpunkt verloren hat, der sie an die Wirklichkeit heftet, und daher auch erst an der Erscheinung ihre eigentliche Vollendung erreichen konnte. ... Diese Dichtung wird ... ohngeachtet ihrer Zartheit ins Leben eingreifen, weil sie die Ehrfurcht für das Zarte und Schöne, welche doch einmal wirklich stattfand, zum Hauptgegenstande der Darstellung macht. ...

Goethe an J. F. Reichardt. 15. Juni 1789 (Briefe, Bd. 2, S. 118, 34f.)

Tasso ist nun in der letzten Revision und geht sogleich in den Druck über.

Goethe an Herder. 2. August 1789

Seit zwei Tagen darf ich erst sagen, er *(Tasso)* sei fertig, denn ich habe noch immer an den zwei letzten Akten zu tun gehabt.

Goethe an Herder. 10. August 1789 (Briefe, Bd. 2, S. 119, 21–26)

Wie sehr freut es mich daß du den Tasso magst. Die zwei letzten Akte, hoff ich sollen zu den ersten gehören. Dein Beifall ist mir reiche Belohnung für die unerlaubte Sorgfalt mit der ich dieses Stück gearbeitet habe. Nun sind wir frei von aller Leidenschaft solch eine konsequente Komposition zu unternehmen. Die Fragmenten-Art erotischer Späße behagt mir besser.

Neue Bibliothek der schönen Wissenschaften. Leipzig, 1790

... der Tasso ist weder ein Roman, noch ein Trauerspiel, noch überhaupt ein Drama in Aristoteles' Sinn. Uns scheint er nichts weiter zu sein als eine dramatische Schilderung eines Charakters, oder vielmehr nur einer besonderen Seite desselben unter verschiedenen Gesichtspunkten; eine Reihe von Situationen, eine Folge von Szenen, deren jede für sich einen vorzüglichen Wert hat, und deren zuweilen drei oder viere ein poetisches Ganze ausmachen, die aber durch nichts zusammengehalten werden als höchstens durch eine Leidenschaft, die weder Anfang, Mittel noch Ende hat.

L. F. Huber. Allgemeine Literatur-Zeitung. Jena und Leipzig, 1792

Tasso ist das ausgearbeit*(et)*ste unter allen Werken dieses Dichters; für das Studium, wie für den Genuß des Künstlers, ist es ein köstliches, in seiner Art einziges, Geschenk. Indessen scheint das Interesse an diesem Drama mehr durch die Kunst aufgedrungen als natürlich; die Charaktere und die Situationen behalten unter dem zarten Hauch eines miniaturähnlichen Kolorits eine gewisse Unbestimmtheit, die den Eindruck des Ganzen kaum wohltätig macht, und sie sind, in der innigen und seelenvollen Behandlung, die Goethe eigen ist, ungefähr ebenso auf eine Nadelspitze gestellt, wie manche Charaktere und Situationen in Lessings subtiler und sinnreicher Manier.

Weimar, 16. Februar 1807

Erstaufführung des Torquato Tasso.

Johann Gottfried Dyk. Bibliothek der redenden und bildenden Künste. Leipzig 1807 (Rezension der Weimarer Gastspielaufführung des „Tasso“)

Tasso erkennt, der Mensch müsse nicht bloß phantasieren, sondern auch handeln, wenn er sich hienieden glücklich fühlen will. ... In vielen Jahren hatte ich ... mich, nach geendetem Schauspiel, nicht so froh gefühlt.

Goethe an Friederike Bethmann. 17. Dezember 1811

Haben Sie allerseits recht vielen Dank, daß Sie dieses theaterscheue Werk hervorgezogen und in ein günstiges Bühnenlicht *(im Berliner Hoftheater)* gestellt haben.

1814. (Juni oder August). Paralipomenon (W. A. Bd. 32, Nr. 34) zu: Zweiter Römischer Aufenthalt

Abreise von Rom. Schmerzen eigner Art. ... Ermannung. Herrliche Welt-Ansicht mit gerührtem Sinn. Tasso angeknüpft. Ausführlich. Lokalität von Florenz. Schmerzlicher Faden (?). Tassos Verbannung.

1816 Ital. Reise. Sizilien. 30. März 1787 (Bd. 11, S. 226, 9–15)

Die zwei ersten Akte des Tasso, in poetischer Prosa geschrieben, hatte ich von allen Papieren allein mit über See genommen. Diese beiden Akte, in Absicht auf Plan und Gang ungefähr den gegenwärtigen gleich, ... hatten etwas Weichliches, Nebelhaftes, welches sich bald verlor, als ich nach neueren Ansichten die Form vorwalten und den Rhythmus eintreten ließ.

31. August 1817. Erste Fassung vom Abschluß des Zweiten Römischen Aufenthalts. (Bd. 11, Anm. zu S. 556, 16)

... so konnte ich mich (*nach dem Verlassen Roms*) mit Tasso dem Schicksale nach vergleichen. Der schmerzliche Zug einer leidenschaftlichen Seele, die unwiderstehlich zu einer unwiderruflichen Verbannung hingezogen wird, geht durch das ganze Stück.

Goethe an Boisserée. 4. Dezember 1817 (Briefe, Bd. 3, S. 408, 3–9)

... mich freut gar sehr, daß Sie den Stoff der Nausikaa gleich als tragisch erkannt .... Ich brauche Ihnen nicht zu sagen, welche rührende, herzergreifende Motive in dem Stoff liegen, die, wenn ich sie, wie ich in Iphigenie, besonders aber in Tasso tat, bis in die feinsten Gefäße verfolgt hätte, gewiß wirksam geblieben wären.

Friedrich Bouterwek, Geschichte der Poesie und Beredsamkeit. Band 11, Göttingen 1819, S. 385

Der „Torquato Tasso“ ... konnte für einen dramatisierten „Werther“ in höherem Stil angesehen werden.

1819. K. W. F. Solger, Beurtheilung der Vorlesungen „Über dramatische Kunst und Literatur“ (Heidelberg 1809ff.)

Der Gegensatz zwischen Hof- und Dichterleben, den der Verfasser (*A. W. Schlegel*) hier als das Thema ansieht, reicht freilich nicht hin. Der tragische Grund dieses Stückes liegt wohl darin, daß eben die Eigentümlichkeit, die zarte Organisation, welche das große Dichtertalent des Tasso ausmacht, ihn zugleich im Leben in die kleinlichste Empfindlichkeit und Haltlosigkeit stürzt, und daß sich in seinen äußeren Verhältnissen am Hofe beides durcheinander entwickeln, aber auch wieder aufreiben, und so einen Geist zum Opfer seiner eigenen Schönheit machen muß. Wäre nicht bei der Ausführung ... dem Prinzip des Romans ein gewisses Übergewicht verstattet, wäre die Handlung nicht so ganz innerlich und träte nur etwas mehr in äußere Gestaltung, würde uns endlich bei dem schmerzlich bitteren Untergang Tassos die Unsterblichkeit seines Dichterruhms mehr vor Augen gehalten, so würde dieses Werk auch auf dem Theater lebhafter wirken, als es pflegt.

Gespräch mit Kanzler Fr. von Müller. 23. März 1823

Leonore ist eben auch eine Tochter Evas, auf deren Erziehung ich viel Mühe verwendet habe.

Aus einem von Goethe in Marienbad am 21. August 1823 eigenhändig geschriebenen französischen Verzeichnis seiner Werke für den Grafen von Saint-Leu (Louis Bonaparte). – (WA 53, S. 209 u. 498.)

Le Tasse, tragédie selon les rêgles.

September 1823. Motto der Marienbader Elegie (Bd. 1, S. 381)

Und wenn der Mensch in seiner Qual verstummt
Gab mir ein Gott zu sagen, was ich leide.

März 1824. „An Werther“, V. 47ff. (Bd. 1, S. 381)

Wie klingt es rührend, wenn der Dichter singt,
Den Tod zu meiden, den das Scheiden bringt!
Verstrickt in solche Qualen, halbverschuldet,
Geb' ihm ein Gott zu sagen, was er duldet.

Gespräch mit Eckermann und Hutton. 10. Januar 1825

... Ein junger Mann von guter Familie mit hinreichendem Geist und Zartsinn und genügsamer äußerer Bildung, wie sie aus dem Umgange mit vollendeten Menschen der höhern und höchsten Stände hervorgeht, wird den Tasso nicht schwer finden.

Goethe an Zelter. 29. März 1827 (Briefe, Bd. 4, S. 221,4–22)

Ein Engländer ... machte den Versuch, meinen Tasso ins Englische zu übersetzen. ... Da fand ich nun, zu meiner Verwunderung, mein damaliges Wollen und Vollbringen erst wieder am Tage, und begriff, wie junge Leute Vergnügen und Trost finden können, in wohlgestellter Rede zu vernehmen, daß andere sich auch schon einmal so gequält haben wie sie selbst jetzt gequält sind.

Gespräch mit Ampère. April oder Mai 1827

Il soutient que la prison est un conte ...; il croit à l'amour du Tasse et à celui de la princesse, mais toujours à distance ....

Gespräch mit Eckermann. 3. Mai 1827

Wie richtig hat er (*Ampère*) bemerkt, daß ich in den ersten zehn Jahren meines Weimarischen Dienst- und Hoflebens so gut wie gar nichts gemacht, daß die Verzweiflung mich nach Italien getrieben, und daß ich dort, mit neuer Lust zum Schaffen, die Geschichte des Tasso ergriffen, um mich in Behandlung dieses angemessenen Stoffes von demjenigen freizumachen, was mir noch aus meinen Weimarischen Eindrücken und Erinnerungen Schmerzliches und Lästiges anklebte. Sehr treffend nennt er daher auch den Tasso einen gesteigerten Werther. (*In „Le Globe“, 20. Mai 1826, hatte Ampère geschrieben: „... dans cette poésie si harmonieuse, si délicate, il y a du Werther.“ Goethe übersetzte* –Über Kunst und Altertum, *1827* –: durch diese harmonische Poesie hört man den Werther durch.)

Gespräch mit Eckermann. 6. Mai 1827

Das Gespräch wendete sich auf den Tasso, und welche Idee Goethe darin zur Anschauung zu bringen gesucht. – „Idee?“ sagte Goethe – „daß ich nicht wüßte! Ich hatte das Leben Tassos, ich hatte mein eigenes Leben, und indem ich zwei so wunderliche Figuren mit ihren Eigenheiten zusammenwarf, entstand in mir das Bild des Tasso, dem ich als prosaischen Kontrast den Antonio entgegenstellte, wozu es mir auch nicht an Vorbildern fehlte. Die weiteren Hof-, Lebens- und Liebesverhältnisse waren übrigens in Weimar wie in Ferrara, und ich kann mit Recht von meiner Darstellung sagen: sie ist Bein von meinem Bein und Fleisch von meinem Fleisch.“

Ludwig Tieck. „Goethe und seine Zeit“ (1828, als Vorrede zu J. R. M. Lenz' „Schriften“).

... im „Tasso“ aber hat sich so ganz die edelste Persönlichkeit des Dichters, gleichsam die gesteigerte Verwandlung des „Clavigo“, und so manche Schwächen der Menschheit in poetischem Reiz und Leidenschaftlichkeit aussprechen können, daß dieses Werk, ausgestattet mit Lehre und Weisheit, Verstand und Tiefsinn, der zierlichsten Rede und wahrer Humanität, wohl immer als ein Musterbild uns und den Fremden, die sich zur Erkenntnis erheben können, dastehen wird.

Gespräch mit Eckermann. 4. Februar 1829

Meine Iphigenie und mein Tasso sind mir gelungen, weil ich jung genug war, um mit meiner Sinnlichkeit das Ideelle des Stoffs durchdringen und beleben zu können.

NACHWORT ZU „TORQUATO TASSO“

STOFF UND ENTSTEHUNGSGESCHICHTE

Als Verfasser der „Gerusalemme Liberata“ wurde Torquato Tasso, der bedeutendste moderne Vertreter des ernsten Heldenepos, bis ins 18. Jahrhundert von vielen – z. B. von Voltaire – höher eingeschätzt als der Dichter der Odyssee. In *Dichtung und Wahrheit* erwähnt Goethe seines Vaters *große Vorliebe . . . für den Tasso* und erzählt, daß die Übersetzung durch J. F. Kopp zu den Werken zählte, die er *von Kindheit auf fleißig durchgelesen und teilweise memoriert* habe. (Auch Wilhelm Meister *wußte* schon als Kind *Stellen* aus diesem „Befreiten Jerusalem“ *auswendig* – vgl. *Theatralische Sendung*, I, 9 = *Lehrjahre*, I, 7. Bd. 7, S. 26, 33 f.) Im Dezember 1766 empfahl der Leipziger Student der Schwester Cornelia die Lektüre der *Gerusalemme liberata*, falls ihre Kenntnisse des Italienischen dazu hinreichend seien, und im folgenden Jahre schrieb er für sie Verse von Marmontel ab, die Tasso gegen die ablehnende Kritik Boileaus verteidigen.

Schon zu seiner Lebenszeit galt der Melancholiker und Hypochonder Tasso als erschreckendes sowie mitleiderregendes Beispiel – so Montaigne 1582 – des zeitweilig geisteskranken Genies. Im Frühjahr 1780 entschloß Goethe sich, ein Tassodrama zu schreiben. Das Thema kann wohl kaum etwas anderes als die tragischen Leiden eines wo nicht pathologisch, doch wenigstens elegisch veranlagten Dichters an einem herzoglichen Hofe gewesen sein. Noch fußten alle Lebensbeschreibungen Tassos, sowohl die in Kopps Vorrede enthaltene biographische Skizze wie auch ausführlichere Darstellungen in Enzyklopädien und Literaturgeschichten, auf der 1600 von seinem Freund Manso verfaßten „Vita“. Alle erzählen von des Knaben Wanderjahren mit dem exilierten Vater; von frühem Dichterruhm, der Tasso, welcher kurz nach 1560 seinen „Goffredo“ begonnen hatte, die Gönnerschaft des Hauses Este gewann; von zunehmender Melancholie, vor allem in den Jahren nach der Vollendung des Schäferspiels „Aminta“ (1572), dessen Erfolg Neid und dessen Sinnlichkeit Ärgernis (so bei dem neben Tasso bedeutendsten Dichter in Ferrara, Guarini) erregten; von dichterischen Huldigungen an drei Leonoren (eine Prinzessin, die Schwester des Herzogs, die nach Mansos Vermutung Tassos Liebe erwiderte, eine Gräfin von Sanvitale und eine Kammerfrau jener Prinzessin); von Selbstverteidigung mit dem Degen gegen die Brüder eines Höflings, den Tasso des Verrats eines Liebesverhältnisses angeklagt hatte, und von anschließend kurzem Zimmerarrest. Oft wird auch nach

Manso berichtet, wie Tasso am Hofe einen Diener öffentlich mit dem Messer angegriffen habe, den er des Spionierens verdächtigte, was ebenfalls Zimmerarrest zur Folge hatte. Weiter erzählen die Biographen von wirklichen oder vermuteten Rivalen um Liebe oder um literarische Anerkennung und herzogliche Gunst, von denen die namhaftesten neben Guarini der Staatsminister Battista Pigna und dessen Nachfolger Antonio Montecatino waren; von zunehmender Unzufriedenheit Tassos mit seiner Stellung am Ferrarer Hof, dem er zweimal entfloh: einmal nach Rom und Sorrent, wo er sich längere Zeit bei seiner Schwester Cornelia aufhielt, das zweite Mal nach Turin, von wo er nur unter der Bedingung nach Ferrara zurückkehren durfte, daß er sich unter ärztliche Behandlung stellen lasse; von harten Reden gegen seinen herzoglichen Gönner, der ihm das Manuskript der „Gerusalemme Liberata" vorenthalte; von siebenjähriger Einsperrung als Geisteskranker – eine kurze Zeit im Irrenhaus S. Anna, dann in eigener Hofwohnung; von kritischen Angriffen auf sein Epos, die neben religiösen Skrupeln und Furcht vor der Inquisition, die er für seine Verhaftung verantwortlich machte, ihn veranlaßten, es in eine „Gerusalemme Conquistata" umzuarbeiten; von endlicher Entlassung, dank Beistand des Mantuaner Fürsten Vincenzo von Gonzaga; und von dem Tod in Rom, kurz bevor Tasso auf dem Kapitol die ihm bestimmte Lorbeerkrone erhalten sollte.

Alle diese Motive hat Goethe gekannt und verwertet, ausgenommen Tassos tiefe religiöse Skrupel, von denen er, wie vor ihm Moréri und Voltaire, im Geiste der Aufklärung ganz schweigt. Das Hauptmotiv, tatsächlich ein Doppelmotiv, werden die alle Lebenskraft raubenden Leiden eines hoffnungslos Liebenden gewesen sein, der als Dichter in einer Umwelt lebte, die ihm unzulängliches Verständnis entgegenbrachte, und der also dem Goethe glich, der um die Liebe der Frau von Stein werbend, die Nachteile einer von einigen immer noch angefeindeten Stellung am Weimarer Hofe tief empfinden mußte. Gegen Ende des folgenden Jahres lagen die ersten zwei Aufzüge von einem *Tasso* vor, welcher wahrscheinlich als Trauerspiel geplant war, von dem man aber kaum mehr weiß, als daß es in Prosa verfaßt wurde, und jedenfalls nicht genug, um eine Rede „von dem eindeutig tröstlichen Ende des älteren Stücks" (Staiger, S. 389) zu rechtfertigen. Ob das Stück stilistisch dem *Egmont* glich (wie Kohlschmidt, S. 777, vermutet) oder am meisten der Ur-*Iphigenie* ähnlich war (aber „noch mehr betrachtend und gesprächsartig" – vgl. Tobler an Lavater, 30. August 1782), läßt sich nicht sagen, und bei der Stoffwahl ist es sogar möglich, daß die Sprache empfindsame Momente, wie sie in *Stella* und *Die Geschwister* enthalten sind, mit dem zuweilen erhabenen Lakonismus des schon während der Arbeit am zweiten Akt begonnenen *Elpenor* verband.

Das angegebene Doppelmotiv verlangte eine Mischung von Intrigenstück und Charakterdrama, welche sich mit einer ernst-tragischen Auffassung der Gestalt Tassos schwer verbinden ließ. (Als Goldoni sich 1755 noch unsicher in dem für ihn neuen Genre des Charakterstücks übte, gelang es ihm nur mit Hilfe von schlecht dazu passenden Lustspielkunstgriffen in „Torquato Tasso" ein im Grunde ernstes Porträt des als idealisierenden Dichter und entsagend Verliebten dargestellten Titelhelden zu gestalten.) Die Tassolegende, wie Goethe sie kannte (und wie sie z. B. Wilh. Heinse in einer 1774 veröffentlichten Biographie novellistisch behandelt hatte), verlangte aber eine katastrophale Vereitelung aller Hoffnungen Tassos als Mensch und Dichter durch eine siebenjährige Gefangensetzung, die man sich trotz Ablehnung des Nur-Legendenhaften in sachlichen Lebensskizzen (z. B. bei Zedler und bei Tiraboschi) als einen Tod im Leben vorzustellen pflegte und deren Grund man weniger in Tassos geistigem Zustand als in Hofkabalen oder in herzoglicher Mißbilligung seiner Liebe zur Prinzessin Leonora d'Este erkennen wollte. Typisch ist die Notiz in dem Reiseführer, den Goethe dann in Italien benutzte: „In dem Hospital S. Anna zeigt man noch den Ort, wo der berühmte Tasso sieben Jahre unter dem Vorwande des Wahnwitzes in Verwahrung gehalten worden. Der Dichter mochte mit der Schwester des Herzogs Alphonsus, Eleonora, eine mehr als poetische Bekanntschaft gehabt haben, deßwegen ließ dieser ihn bey Seite schaffen ..." (J. J. Volkmann, Historisch-kritische Nachrichten von Italien, Leipzig 1771, Bd. 3, S. 489). In der Urfassung des Dramas wird Battista Pigna – dessen Name erst bei der letzten Revision des 1789 veröffentlichten Textes durch den des Antonio Montecatino ersetzt wurde – als Tassos Hauptgegner fungiert haben, aber ob als ränkeschmiedender Neider oder als eifersüchtiger Rivale, muß unentschieden bleiben. Die Handlung der zwei ausgeführten Akte (Exposition von Tassos Stellung am Ferrarer Hofe und seiner Liebe zur Prinzessin, Zusammenstoß mit einem feindlich gesinnten Gegenspieler und darauffolgender Zimmerarrest) – wenn auch bei anderer Motivierung und mit anderen Akzenten in der Charakterschilderung – ist wahrscheinlich ungefähr dieselbe wie in der jetzigen Fassung, sonst hätte Goethe die drei letzten Akte nicht ausführen können, ehe er an die letzte Umarbeitung des früher Gedichteten heranging.

Warum er 1781 das Drama fallenließ, hat Goethe nie gesagt. Ebenso wie beim *Faust* wäre aber die Sprödigkeit des Stoffes, d. h. vor allem die Harmonisierung disparater Motive – hier Dichterliebe und Hofkabale – eine hinreichende Erklärung für die Stockung. Dazu kämen aber vielleicht als Gründe für nachlassendes Interesse die stets allgemeinere Anerkennung seiner Zugehörigkeit zum Weimarer Hof (die durch Verleihung des Adelsdiploms im Frühjahr 1782 gleichsam besiegelt wurde), eine etwa gleichzeitige Verminderung des gespannten Verhältnisses zu Frau von Stein und eine zunehmende Skepsis gegen die Auffassung (die im Sturm und Drang, z. B. im *Ewigen Juden* sich äußerte und die in der Spätromantik wieder geläufig wurde), Dasein als Dichter sei nur auf Kosten anderer Lebenswerte möglich. Etwa gleichzeitig mit dem „Urtasso" entstand das 2. Buch der *Theatralischen Sendung*, wo im 3. Kapitel Wilhelm Meister klagt (vgl. *Lehrjahre*, II, 2 = Bd. 7, S. 85, 21 ff.): *Weh über mich und über mein Schicksal! Nun versteh' ich erst die Klagen der Dichter, der aus Not weise gewordenen Traurigen*, aber schon in der *Sendung* kommt Wilhelm zur Erkenntnis, daß Lebensweisheit den Vorrang vor Dichterweisheit hat.

Noch 1786 scheint Goethe nicht daran gedacht zu haben, das Drama zu vollenden, denn für die Göschensche Ausgabe seiner *Schriften* wird nur *Tasso: zwei Acte* angekündigt, und erst Anfang 1787 schreibt er aus Rom, daß *Tasso geendigt werden soll*. In Italien hat Goethe sich selbst *als Künstler wiedergefunden* (so im Brief an Carl August, 17. März 1788), was unter anderem bedeutet, daß er sich nicht mehr so weitgehend mit einem Tasso identifizieren konnte, der sich als Dichter nicht selbständig fühlte und dessen (dramatisches) Schicksal von feindlichen äußeren Mächten bestimmt wurde. Schon Ende März 1787 glaubte er zu wissen, wie das Vorhandene weiterzuführen sei, aber erst im folgenden Frühjahr konnte er behaupten, daß *der Plan von Tasso in Ordnung* sei. Anderthalb Jahre später lag das hauptsächlich nach seiner Rückkehr in Weimar ausgeführte Drama fertig vor.

So spiegelt *Torquato Tasso* das in Italien errungene klassische Kunst- und Dichtungsideal Goethes wieder, nicht nur in äußeren formalen Eigentümlichkeiten der Sprache und des Aufbaus, die eine vertiefte Kenntnis der Dichtkunst des historischen Tasso verraten (insbesondere des „Aminta", dessen nie nur sentimentale Preziosität in den ersten Szenen der jetzigen Fassung des Schauspiels leicht nachklingt), sondern auch und vor allem in der beinahe erbarmungslosen aber nie sympathielosen Objektivität, mit welcher alle Figuren des Dramas geschildert werden: vom *Weichlichen* und *Nebelhaften* (vgl. Goethes Äußerung vom 30. März 1787) des „Urtasso" ist nichts geblieben. Die im Sommer 1788 sich beschleunigende Lösung des Verhältnisses zu Charlotte von Stein hat vielleicht Goethes Auge für Schwächen der einst als Iphigenie idealisierten Frau geschärft, die er immer noch mit der Prinzessin Leonore gleichsetzt; auch half ihm die sorgfältig dokumentierte „Vita di Torquato Tasso" des Serassi, mit der er sich kurz vor der Abreise aus Rom befaßt hatte, die anderen Gestalten mit größerer Objektivität darzustellen. (Als Ausnahme wäre Leonore Sanvitale zu betrachten, die größtenteils frei erfunden wurde, wahrscheinlich, weil sie mit dem Intrigantenhaften, das die Handlung vorantreibt, belastet sein sollte, das sonst Tassos jetzigem Hauptgegner Antonio oder sogar dem Herzog hätte auferlegt werden müssen.) Tasso ist nicht mehr der Dichter oder der Dichter Goethe, sondern ein Dichter besonderer Art, wie durch den Kontrast mit Ariosto (vgl. V. 707ff.) hervorgehoben wird, der in einer der zu allerletzt verfaßten Szenen des Schauspiels vorkommt. Tasso selber ist noch immer der an seiner Umwelt leidende Dichter der Geschichte, aber anders als in der Legende werden seine Leiden beinahe ausschließlich als Folgen eines die Wirklichkeit verkennenden Temperaments gedeutet, das sich in seinem Dichten auf eine subjektiv-idealisierende Weise äußert, welche ungefähr der *Manier* im Titel von Goethes 1788 verfaßten Aufsatz *Einfache Nachahmung der Natur, Manier, Stil* entspricht (vgl. Bd. 12, S. 31–34). Hieraus, d. h. aus der *Disproportion des Talents mit dem Leben* (vgl. Caroline Herder, 20. März 1789), und nicht hauptsächlich aus äußeren Umständen entstehen jetzt Tassos Mißgeschicke und vor allem die literarhistorisch belegte Lähmung seines Talents als epischer Dichter (vgl. Bd. 2, S. 228,10f.).

DAS WERK

Torquato Tasso hat zum Thema die Gefährdung Tassos durch die leidenschaftliche Subjektivität, aus der sich seine Dichtkunst nährt, die ihn aber von anders gearteten Menschen absondert. Trotz minimaler äußerer Handlung und trotz der beinahe klassizistischen Beziehung jedes Details auf die Hauptfigur, ist das an die Tragödie grenzende *Schauspiel* kein tragisches Monodrama, sondern ein wirksames Theaterstück, die dramatische Charakterschilderung eines Menschen- und auch Dichtertyps, den Tasso vertritt und „dessen in ihm selber verborgenen Zwiespalt die Umwelt nur zur Enthüllung bringt" (von Wiese, S. 119). In Tasso und sogar in der Prinzessin, die nicht weniger als die anderen Gestalten des Dramas ihn wiederholt zur Mäßigung mahnt, erkennt man, wie es Ampère 1827 mit Goethes Billigung getan hat, Züge der Empfindsamkeit und des Sturm und Drang, welche nicht als unbeabsichtigte Überbleibsel aus der frühen Fassung des Schauspiels betrachtet werden dürfen, da einige auch in den später gedichteten Aufzügen vorkommen. Aber das Hauptthema ist weder ein Sturm-und-Drang-Konflikt Tassos mit einem höfischen Milieu, noch das Schicksal des Dichters an sich, obwohl letzteres so oft behauptet worden ist, daß klarsichtigere Interpreten sich immer wieder gezwungen fühlen, dagegen zu protestieren: „Tasso ist ... nicht der typische Dichter; denn das Talent ist nur eines von zahlreichen Elementen, aus denen sein Wesen sich zusammensetzt. Gehört etwa zum Wesen des Dichters die Eitelkeit, die fehlende Tatkraft, die Zerstreutheit, die maßlose Heftigkeit, der Eigensinn, die unüberlegte Wahl der Speisen und Getränke, die Gier des Essens und Trinkens, der Widerspruch gegen die Anordnungen des Arztes, der Verfolgungswahn und der Mangel an Selbsterkenntnis?" (Witkowski, S. 277). Eher ist das Thema ein maßloser, ein den Menschen nicht weniger als den Dichter gefährdender Verselbstigungsdrang, der sich bei Tasso als Rückzug in die Einsamkeit und bei ihm und der Prinzessin als mangelnde Weltkenntnis bzw. Lebensscheu offenbart: gleich schädlich sind verabsolutierende Dichtung und verabsolutierende Liebe (vgl. III, 2).

So ist das Drama der Ausdruck eines klassischen Kunst- und Lebensideals, das eine Harmonie von äußeren und inneren, objektiven und subjektiven Kräften postuliert, welche die persönliche und künstlerische Autonomie nicht beeinträchtigen soll; eine Harmonie jedoch, die Tasso selber herzustellen an einem kritischen Punkt seiner Entwicklung als Mensch und Dichter – und dies ist seine Tragik – aus Gründen, die letzten Endes in seinem Charakter liegen, nicht gegeben ist. Diesem Thema gemäß konzentriert sich alles im Schauspiel auf das Innenpsychologische des Titelhelden, sowohl auf Kosten der scharfen Umreißung anderer Figuren (sonst wären die Charaktere und Motive des Herzogs, der Prinzessin und vor allem Antonios in der kritischen Literatur nicht so verschieden gedeutet worden) wie auf Kosten einer zuweilen undramatisch anmutenden Fülle von lyrischen, sentenziösen und betrachtenden Stellen. Wie in mancher Tragödie der französischen Klassik ist aber das Wesentliche der Handlung die fortschreitende Enthüllung des Charakters und der Seelenzustände der Hauptfigur, und so detailliert sie auch sein mag, besteht die Schilderung anderer Gestalten nicht für sich selbst, sondern hat eine exponierende Funktion, und zwar vor allem die, diese innere Handlung polar ergänzend oder kontrastierend zu erhellen und die äußere wo nötig zu fördern. Das Schicksal Tassos hängt nicht davon ab, ob Alfons Idealherrscher oder auf den eigenen Ruhm erpichter Mäzen ist, auch nicht davon, ob Antonio (der doch im Stück als Ganzem nicht Tassos Gegner, sondern sein Charaktergegensatz ist) sich aus Neid oder hofmännischer Unterwürfigkeit, desinteressiert oder bewußt zu eigenem Vorteil, jetzt so und jetzt anders ihm gegenüber verhält. Noch hängt es sogar davon ab, daß die Prinzessin und Leonore Sanvitale „Reiz in Gleichgewicht verkörpern, nicht Preziosentum" (Kohlschmidt, S. 778). Wie Tasso diese Menschen sieht, nicht was sie tatsächlich sind – und dies gilt vor allem von der Prinzessin, denn daß er durch sie tiefstens enttäuscht wird, ist doch wichtiger, als warum sie seiner Vorstellung von ihrem Charakter nicht entspricht –, ist das Drama. Daß wir mit ihm diese undurchschaubare Hintergründigkeit aller menschlichen Verhältnisse miterleben, erlaubt uns am Schluß des Schauspiels seine bitter gewonnene Erkenntnis vom eigenen Wesen und Wert nicht als ambivalente, sondern als einzig sichere – und vielleicht sogar heilbringende – Wahrheit mitzuerleben.

Tassos Subjektivismus – „das gefährliche Extrem des sentimentalischen Charakters", das Schiller in „Über naive und sentimentalische Dichtung" an ihm wie an Werther erkennt – ist so extrem, und Goethe hat Tasso mit so vielen aberranten Charakterzügen ausgestattet, daß der mit modernen psychologischen Kenntnissen vertraute Leser Gefahr läuft, durch das Pathologische an ihm für seine positiven Seiten blind zu sein. Für den klassischen Goethe war das *Subjektive und Pathologische* ein Begriff (vgl. an Schiller, 12. Mai 1798. Briefe, Bd. 2, S. 344,22), aber aus eigener Erfahrung glaubte er immer an die Heilbarkeit der hypochondrischen Selbstquälerei von jungen Menschen (vgl. seine Erläuterungen zur *Harzreise im Winter*, Bd. 1, S. 399, 11–14, und Bd. 10, S. 331, 18ff., sowie die Heilung des Orest in *Iphigenie* und der Lila in dem nach ihr genannten Singspiel). Daß der Fall Tasso kein hoffnungsloser sein soll, ist vielleicht aus dem Schluß des Schauspiels zu schließen, ob man das Konziliante als gerechtfertigt fühlt oder nicht; noch mehr aber aus dem *Kur*-Motiv, das schon in I, 2, und dann immer wieder anklingt; und auch aus der Tatsache, daß sein Dichtertum – bei scharf auseinandergehenden Auffassungen von dessen ästhetischer oder sozialer Funktion –, obwohl es (historisch unrichtig) als stark subjektivistisch gekennzeichnet ist, von niemandem ernsthaft bezweifelt wird, nicht einmal von Antonio, der weniger als die anderen Figuren an der idealisierenden Poesie Tassos Gefallen findet. Zu diesen Momenten, die gegen eine nur negativ-pessimistische Deutung von Tassos Geisteszustand sprechen, kommt ein noch wichtigeres hinzu, das wohl erst seit der Wiederaufnahme der Arbeit am Drama in Italien voll zur Geltung kam: die Betonung von Tassos Jugend, die nicht dazu dient, einen Altersunterschied zwischen ihm und der Prinzessin herzustellen (der im Text nie tatsächlich bestimmt wird), sondern einen sinnvollen Gegensatz zwischen ihm, dem *Jüngling* (V. 1487, 1605), der als solcher potentiell der Steigerung, der Heilung fähig ist, und Antonio, dem Vertreter einer klugen, aus Erfahrung gewonnenen Mäßigkeit (vgl. z. B. 1208f., 1223, 1227, 1231 usw.) deutlich zu machen. Tassos Labilität ist also alles andere als ein Symptom eines erstarrten pathologischen Zustandes und darf auch nicht als „tragische Schuld“, Hybris oder antik-heroische Unmäßigkeit gedeutet werden. Selbst wenn der Schluß des Schauspiels „tragisch“ wirkt, kann die ästhetische Wirkung trotz Häufung von klassizistischen Elementen nicht die sein, welche eine klassische Tragödie hervorbringt. Idealismus und Wirklichkeitssinn, Poesie und höfische Umwelt sind gleichberechtigte Mächte, und so kommt es in *Torquato Tasso* nicht zum harmonischen Ausgleich des Schlusses der *Iphigenie*, obwohl auch *Tasso* Ausdruck einer aufgeklärten Humanität ist: der dem Leben nicht gewachsene Idealismus Tassos und der Prinzessin bestraft sich selbst und vereitelt trotz guten Willens den in verschiedenen Graden selbstlosen und selbstischen Realismus Antonios, Leonores und des Herzogs.

Das Humanitätsideal wird also nicht mehr in einer einzigen Figur (wie etwa in Iphigenie) verkörpert, sondern in der Konfiguration aller handelnden Personen, vor allem aber in den komplementären Gestalten Tassos und Antonios, von denen die stets kühl-rationale Leonore behaupten kann: *Zwei Männer sind's, ich hab es lang' gefühlt,/ Die darum Feinde sind, weil die Natur / Nicht einen Mann aus ihnen beiden formte.* „Goethe strebt nach einem Ausgleich des in Gegensätzen sich verwirklichenden Lebens, und die Zweiheit Tasso-Antonio bedeutet für ihn ein sowohl-als-auch, nicht aber ein entweder-oder“ (von Wiese, S. 123), aber dieser polare Dualismus ist für den Leser oder Zuschauer nur dann von Bedeutung, wenn er diese und die anderen Figuren mit der parteilosen Distanz und dem ästhetischen Desinteresse betrachtet, die ihm gleichsam durch die klassischen Formelemente des Dramas auferlegt werden. Anderenfalls werden ihn eigene Werte und Sympathien dazu verleiten, sich mit bestimmten Figuren zu identifizieren und – mehr oder weniger bewußt – moralische Urteile zu fällen, die ihm die Objektivität des Werkes als harmonischer Totalität nicht erkennbar werden lassen. Und er wird noch mehr irregeleitet werden, wenn er dabei über den Text hinaus in Goethes Biographie und Umwelt nach Vorbildern für die Figuren des Dramas sucht. (Solche wären für Tasso z. B. Plessing, der Hypochonder von „Harzreise im Winter“; Goethes oft mißmutiger Freund K. L. von Knebel, der sowohl Dichter wie Fürstenerzieher war; der Schiller der späten 80er Jahre, von dem Huber 1789 an Körner schrieb: „Tasso lebt zwiefach für uns in Rousseau und noch Jemand, dessen Bild bei seiner Trennung von uns nicht verlassen hat"; der Dichter Lenz; oder Goethes Freund K. P. Moritz, den er in Rom sogar als Kranken pflegte.)

Schon durch die äußere Form erweist sich *Torquato Tasso* als Weiterbildung einer klassischen Tradition, und die Prämisse jeder Klassik ist die potentiell allgemeine Gültigkeit des Einzelerlebnisses, sei dies wie in *Iphigenie* an erster Stelle ethisch-sittlich oder wie hier sittlich-psychologisch. Loiseau, Torquato Tasso, S. LVI: „*Tasso* n'est, en somme, ni un pur drame d'amour, comme il peut le paraître au premier abord, étant donnée la place considérable que, du fait de son point de départ, y tient le conflit amoureux, ni le drame du Poète et de la Réalité, comme on l'a dit, en considération de l'importance du conflit Tasso-Antonio, c'est le drame de l'Individu (qui est par hasard un poète amoureux) et de la Vie Comment l'Individu, et en particulier l'Individu génial, doit-il s'accomoder de la Vie? Voilà, en vérité, le grand problème de la pièce. C'était déjà, à certains égards, le problème de *Werther* – Goethe nous en atteste par l'approbation que, nous nous en souvenons, il donne à la formule d'Ampère: Tasso est un ‚Werther renforcé'! La réponse est, en accord avec la nouvelle philosophie du poète: l'Individu génial doit, non pas vivre en marge de la vie, ou la rejeter comme l'a fait jadis Werther, mais, dans tous les domaines, en reconnaître les lois nécessaires et s'y soumettre, quoi qu'il doive lui en coûter."

FORM UND STIL

Mehrere Interpreten haben auf die wichtige Rolle hingewiesen, welche Momente, die besonders für die Tradition der europäischen Schäferdichtung seit der Renaissance typisch sind, in *Torquato Tasso* spielen. Vor allem gehört hierzu das Motiv der versuchten *Kur* einer Gemütsverstimmung (eines „humour"), das für das ganze Schauspiel bedeutsam ist. Aber am meisten hat das Interesse zwei anderen Motiven gegolten: erstens dem Schäferkostüm der Prinzessin und Leonore Sanvitale, das im ersten Aufzug nicht nur dazu beiträgt, das künstlich-höfische Milieu der Handlung zu bestimmen, sondern auch den erregenden Moment der Handlung ermöglicht: die improvisierte und unbedachte Krönung Tassos, die ihn in eine Erregung setzt, deren Folgen den Rest des Dramas ausmachen; und zweitens der Diskussion des Goldenen Zeitalters im zweiten Aufzug, wo Tasso und die Prinzessin verschiedene Auffassungen von Liebe und Sitte vertreten, die für die Motivierung der weiteren Handlung von Wichtigkeit sind. Da in den folgenden Aufzügen gleichartige Motive nicht vorkommen, hat man die zwei Motive dem Urtasso zugeschrieben (so z. B. Robertson) und sogar vermutet, Goethe habe das Drama ursprünglich als „heroisches Schäferspiel" geplant (vgl. Blumenthal, Arkadien, S. 20ff., mit Hinweis auf das dramatische Fragment *Die königliche Einsiedlerin*, eine Jugenddichtung Wilhelm Meisters, die in der *Theatralischen Sendung*, II, 3–4, bei Zitierung eines in ihr rezitierten Monologs beschrieben wird). Daß die Motive im „Urtasso" vorkamen, ist durchaus möglich, da der historische Tasso als Schöpfer des modernen Schäferspiels nicht weniger wichtig war denn als Vollender des modernen Heldenepos. Es ist aber ebenso möglich, daß Goethe in der endgültigen Fassung des *Tasso* – deren erste zwei Aufzüge sprachlich eine radikale Umarbeitung des schon Vorhandenen darstellen müssen und Motive aus Tassos Dichtung verwerten, die ihm erst durch Serassis „Vita" verfügbar wurden – Anklänge an den „Aminta" absichtlich hörbar gemacht hat, um die erwähnten motivierenden Funktionen des Schäferlichen zu stärken, und sich sogar deshalb in Mailand auf der Rückreise von Rom nach Weimar den „Aminta" gekauft hat.

Wie dem auch sei, die Dialogführung des *Torquato Tasso* weist neuklassische Stilmerkmale auf, die in der früher umgearbeiteten *Iphigenie* noch fehlen. Am meisten fällt die an Lessing erinnernde Spitzfindigkeit auf, womit Begriffe kritisch diskutiert werden – so im ersten Auftritt von Leonore und der Prinzessin, im zweiten Aufzug zunächst von Tasso und der Prinzessin, dann von Tasso und Antonio, und so immer weiter – und wobei Einzelwörter im manieristischen Stil, der für die Reden in „Aminta" charakteristisch ist, wiederaufgenommen und variiert werden. Wie durch den *Gartenplatz*, an dem sich der erste Aufzug abspielt, und durch die Schäferkleidung der dort auftretenden Frauen wird hierdurch – und nicht nur zu Beginn des Schauspiels – auf eine kulturelle Überfeinerung hingewiesen, die sowohl Flucht vor der Wirklichkeit wie die Tasso später bedrohende Wirklichkeitsentfremdung versinnbildlicht. Das stark reflektive Moment färbt sowohl lyrische Betrachtung wie pathetische Tirade, und sogar in den aufgeregtesten stichomythischen Wechselreden sind sentenzenhafte Formulierungen ebenso wichtig wie beim ruhigsten Gedanken- oder Höflichkeitsaustausch. Und obwohl Tasso nicht häufiger als Iphigenie Monologe hält und seine Selbstgespräche leidenschaftlicher sind als die ihrigen, wirkt so das Schauspiel weitaus monologischer als *Iphigenie*. Vgl. B. von Wiese, S. 119f.: „‚Tasso' ist eine monologische Tragödie, die ein tragisches Selbstgespräch durch begleitende Stimmen untermalt."

Die monologische Wirkung des Schauspiels hängt aber letzten Endes weniger von der Dialog- als von der Handlungsführung ab.

Diese verlegt alles Interesse auf die Titelgestalt, insofern eher an Molières „Tartuffe“ und „Le Misanthrope“ erinnernd als an Racines „Bérénice“, das Drama, mit dem man den *Tasso* am häufigsten zu vergleichen pflegt (z. B. Rasch, S. 70). Schon Schöll, S. 316, hat darauf hingewiesen, daß „die Notwendigkeit des Konflikts, die Gewaltsamkeit der Trennung und die Unversöhnlichkeit ganz in den Charakter des Tasso“ fällt. So erklärt sich auch, warum schon mehrere von Goethes Zeitgenossen die daraus folgende Vielschichtigkeit der Schilderung von Tasso eher als romanartig denn als prinzipiell dramatisch empfunden haben.

Obwohl die Enthüllung von Tassos Charakter nur in konventionell dramatischen Konflikten mit den ihn umgebenden Gestalten stattfindet, liegt sie so sehr im Mittelpunkt der Handlung, daß unvermeidlich der Eindruck eines sogenannten analytischen Dramas erweckt wird. Zu diesem Eindruck trägt die klassizistisch wirkende Bewahrung der Einheit der Zeit sowie das überwiegend Symbolische der nahe aneinander liegenden Orte der Handlung bei: „Der *Gartenplatz* soll gelassen spielende Heiterkeit sein, im ersten Aufzug als Besitz des Herzens, im letzten Verlust (vgl. aber hierzu die Anmerkung zur ersten Bühnenanweisung des 5. Aufzugs); der *Saal* Gesetz und Sitte des Hofes; das *Zimmer* Tassos beklemmende Enge. Was darüber hinaus an konkrete Räume erinnert, ist vom Übel“ (Staiger, S. 418). Auch vom Übel wäre jede dramatische Verwicklung, welche die Aufmerksamkeit von Tasso auf andere Gestalten ablenken könnte – sogar die Intrige der Leonore Sanvitale hat nur die Funktion, sein Gefühl unheilbarer Isolierung aufs äußerste zu treiben, und sie verschwindet aus dem Drama, sobald sie diese Funktion erfüllt hat. Alles Licht fällt auf Tassos stets sich steigernde Entfremdung von seiner Umwelt, die zur Katastrophe eines seelischen Zusammenbruchs führt; als Abschluß einer notwendigen Entwicklung wirkt dieser tragisch, wird dann aber im Ausgang des Dramas mildernd als überlebte Identitätskrise und so als potentieller Neubeginn dargestellt. Bei dieser Transparenz des dramatischen Aufbaus und einer oft gemächlich anmutenden Vollständigkeit von exponierenden Momenten ist aber die Handlung alles andere als klassisch einfach, am augenfälligsten, weil sich jede der Personen des Schauspiels – der Gegensatz zu „Bérénice“ und sogar zu *Iphigenie* liegt auf der Hand – auf entscheidende Weise in die Vorgänge einmischt, auch deshalb, weil visuellen Elementen wie der Krönung Tassos, seinem Degenziehen gegen Antonio und seiner Umarmung der Prinzessin, eine handlungsfördernde Funktion beigelegt wird, die sie (oder symbolische Bühnenbilder!) in streng klassizistischen Tragödien älteren Stils nie haben dürften.

So erschafft Goethe in *Torquato Tasso* eine alles andere als statische Form des Dramas, die aber dem idealisierenden Kunstwollen der verinnerlichten deutschen Klassik gemäßen Ausdruck gestattet – in den Worten des Dichters aus Hofmannsthals „Unterhaltungen über den ‚Tasso'" (S. 140f.): „Man staunt von Vers zu Vers ...; die Übergänge sind es, die man am tiefsten bewundern möchte: da erkennt man, daß alles Übergang ist, alles fließende Bewegung, alles zugleich Weg und Ziel, Streben und Ruhepunkt. – Und die Gestalten, sie sind ja mehr, sind etwas anderes als Gestalten. Hier ist eine andere Welt als die Welt Shakespeares. Hier ist, was dort aus den Figuren heraustritt, als ein tatsächliches Tun, in sie hineingenommen als ein stets mögliches Tun, ein formgewordenes Tun."

Insofern formale Elemente des *Tasso* eine klassische oder klassizistische Färbung erzielen, geschieht es nur im Dienste einer Klassik, deren ethische und ästhetische Werte auf der Vision einer allumfassenden göttlich-natürlichen Weltordnung basieren. „Alle fünf Gestalten sind klar bezogen auf ein Reich der Sitte, das in zwar manchmal mißachteter, aber zeitlos gültiger Wahrheit besteht. In diesen Bezügen bildet sich das, was gemeinhin ‚idealistischer Stil' heißt" (Staiger, S. 415 f.). Es ist schon auf Elemente aufmerksam gemacht, die gleichsam gegen die traditionelle Auffassung der klassischen Tragödie verstoßen, die man aber als technisch-dramatisch bedingt erkennen kann und also als gerechtfertigt betrachten muß. Daß sie aber im Gesamtgefüge des Schauspiels nicht sensationell-theatralisch wirken, hängt wohl vor allem davon ab, daß sie durch andere, der Tradition des Klassizismus entstammende Formelemente aufgehoben werden, die einen „idealistisch" anmutenden Stil, eine alles umfassende stilistische Harmonie wiederherstellen. Neben schon erwähnten Elementen dieser Art wie Stichomythien, Sentenzen und ähnlichen rhetorischen Kunstmitteln wäre hier z. B. das mit der einzigen Ausnahme der Überraschung Antonios und des ihn angreifenden Tasso durch den Herzog (V. 1408) streng durchgeführte Prinzip der Vorankündigung jedes neuen Auftritts zu nennen. (In *Iphigenie* wird nur einmal ein Auftritt vorher angekündigt.) Am meisten trägt aber das Zusammenwirken von stets variierenden und oft stark kontrastierenden Sprechtönen mit dem regelmäßigen Fluß des subtil variierten Blankverses zum Eindruck einer alle Spannungen überbrückenden Harmonie bei, die den idealen Maßstab bietet, woran die Gestalten und der Gehalt des Dramas gemessen werden und von der allein her die Unzulänglichkeit jedes die Wirklichkeit verkennenden mehr oder weniger idealistischen Strebens als potentiell tragisch zu fühlen ist. „The uniquely Goethean feature in *Tasso* is complexity of effect; a mingling of emotional tones, instead of a single orthodox form" (Peacock, S. 134). Neben den Tönen, die Peacock besonders hervorhebt: „the idyllic, the elegiac, the note of *Entsagung*, and that of resolution of conflict by faith", ließen sich viele andere nennen: z. B. ein neckender (vor allem bei der Prinzessin und Leonore Sanvitale im ersten Auftritt), ein lyrischer (besonders an Stellen, wo Tasso gleichsam extemporierend dichtet), ein reflektierender (man denke an die Diskussionen literarischer und ethischer Werte), ein feindlich-verhöhnender (spöttisch-ironisch oder kühl-kritisch bei Antonio, leidenschaftlich und gereizt bei Tasso), ein menschlich-besorgter (zunächst vor allem beim Herzog und der Prinzessin, schließlich aber sogar bei Antonio), und der alle diese Töne überlagernde, den Mantey in einer ausgezeichneten Monographie (S. 9) als den Umgangston der gebildeten höfischen Geselligkeit kennzeichnet und dem er solche häufig vorkommenden Wörter wie *süß*, *reizend*, *hold* zurechnet. Dieser höfische, wenn auch nicht immer höfliche Ton ersetzt zum größten Teil das Renaissancekolorit (das aber auch im Sprachstil nicht ganz fehlt – vgl. Mantey, S. 11ff.) und trägt neben der Versifikation zur Erschaffung einer allgemeingültigen, beinahe zeitlos wirkenden Welt der Idee bei, die aber keine Idealwelt ist.

Weit mehr als in der Welt der *Iphigenie* nimmt hier also das Begriffliche eine Zentralstellung ein, was sich nicht nur im variierenden Wiederholen einzelner Wörter zeigt (wie *Welt* und *Mitwelt; klug* im Sinne von „verständig-weise" und praktisch oder sogar nur pragmatisch „gescheit"; *bescheiden; kennen* oder *erkennen* und *verkennen; Maß* und *mäßig* oder *mäßigen;* und – selbstverständlich – *entbehren)*, sondern auch in der großen Häufigkeit der Wörter *Gemüt*, *Sinn* und *Geist*, die, wie Mantey, S. 71, tabellarisch aufführt, proportional beinahe dreimal so häufig vorkommen wie in *Iphigenie*, obwohl das Verhältnis bei *Herz*, *Busen* und *Brust* etwa dasselbe ist. (*Seele* aber ist in *Iphigenie* mehr als dreimal so häufig als in *Tasso*.) Aus allen Tonarten der Sprache tönt also leitmotivisch das Begriffliche hervor, und selbst die Sprache der Leidenschaft und des Pathos bleibt stets syntaktisch und beinahe stets auch logisch kohärent: „Was ... den Stil des *Tasso* besonders kennzeichnet und ihn von dem der *Iphigenie* abhebt, ist eine Neigung zur Reihung und Häufung in der Formulierung höchst ausgeprägter Antithesen und Parallelismen" (Weidmann, S. 161 – deshalb die auffallende Häufung von hendiadyoinartigen Formulierungen, die einen Begriff in die ihn bildenden Elemente zerteilen, die aber in *Iphigenie* beinahe ganz fehlen).

So ist alles auf eine Art Idealharmonie und -klarheit bezogen, die sich auch in einer überwiegend einheitlichen Versifikation kundtut, die trotz Variationen des Rhythmus und gelegentlich sogar der Zahl der Hebungen innerhalb des Einzelverses stets stichisch und hörbar iambisch bleibt, so daß in *Tasso* weder freie Rhythmen (wie in *Iphigenie*) noch Reime (wie in *Die natürliche Tochter*) vorkommen. Nur deshalb, und nicht, weil viele Satzeinheiten Verspaare ausmachen (was jedenfalls von den Stilprinzipien der Antithese und des Parallelismus sowie von der stilisierenden Funktion des Sentenzenhaften – also begrifflich – bestimmt ist), darf man behaupten: „Während der Versbau der *Iphigenie* an die Formen freirhythmischer Gedichte erinnert, steht der des *Tasso* den streng gebundenen romanischen Vers- und Strophenformen nah" (Weidmann, S. 168). Der fünffüßige Iambus herrscht mit ganz wenigen, meist unwichtigen Ausnahmen vor, wird aber freier behandelt als in den anderen großen Iambendramen Goethes, da nach der Zählung L. Hettichs („Der fünffüßige Jambus in den Dramen Goethes", Heidelberg 1913) – dem in K. P. Moritz' Metrik empfohlenen und für englische Blankverse charakteristischen Prinzip folgend – etwa einmal in zehn Versen der erste Iambus durch einen Trochäus ersetzt wird. Die Vermutung, daß Goethe die melodische Sprache Italiens im *Tasso*-Vers absichtlich nachklingen ließ, ist anziehend aber unbeweisbar; daß Goethe jedoch hier den italienischen „endecasillabo" zum Vorbild gewählt habe, wie Robertson („Torquato Tasso", S. LXI) annimmt, muß jedenfalls abgelehnt werden, denn er schreibt in der *Italienischen Reise* (6. Oktober 1786. Bd. 11, S. 83, 13ff.): *Der italienische, immer elfsilbige Iambe hat für die Deklamation große Unbequemlichkeit, weil die letzte Silbe durchaus kurz ist und wider Willen des Deklamators in die Höhe schlägt.* So wichtig auch solch äußere Momente wie Moritz' „Prosodie" oder die sprachliche Musikalität sein mochten, als Goethe es wagte, *Iphigenie in Jamben zu übersetzen* (ebd., 10. Januar 1787. Bd. 11, S. 157,16), ist doch die Versifikation nicht weniger als alle anderen Form- und Stilmerkmale des *Tasso* am sichersten aus der Bezogenheit aller Teile des Dramas auf die kritisch-objektive Menschen-, Kunst- und Weltanschauung herzuleiten, die als eine alles andere als vereinfachende Klassik die idealistische Eigenart des Werkes bestimmt.

So sorgfältig das Drama gearbeitet ist, es gibt mehrfach Zwölfsilber zwischen den Zehn- und Elfsilbern, welche die Regel sind. Hört man aber diese Verse gesprochen, so läßt sich fast immer herausfinden, wie es zu diesen „Unregelmäßigkeiten" gekommen ist. Tasso in seinem leidenschaftlichen Monolog sagt 2539ff.:

. . . O! fühlte
Sie eine Leidenschaft im Herzen, die mein Wohl
Und mich zu Grunde richtete! . . .

In der Zeile 2540 liegt der erste Akzent auf der Anfangssilbe des Wortes *Leidenschaft*. Spricht man die Verse ausdrucksvoll, so wird *Sie eine* zu einer unbetonten rasch gesprochenen Stelle gegenüber dem vorhergehenden *fúhlte* und den dann folgenden Wörtern *Leidenscháft im Hérzen, díe mein Wóhl*. Es ist also dreisilbiger Auftakt, und insofern ist die Fünfhebigkeit vorhanden. Gerade die Unregelmäßigkeit, das rasche Hinweggleiten über die Senkungen, das Betonen der sinngebenden Wörter, spricht das Affekthafte aus. Natürlich ist nach der Schulmetrik ein dreisilbiger Auftakt im alternierenden Vers „fehlerhaft". Doch Goethes Blankverse sind niemals regelmäßige Verse, sondern der alternierende Fünftakter ist nur das formgebende Grundmuster, das mehr oder minder streng eingehalten wird und Abweichungen erlaubt, zumal wenn sie vom ausdrucksvollen Sprechen her bedingt sind. Tasso klagt 2776f.:

Das ist mein Schicksal, daß nur gegen mich
Sich jeglicher verändert, der für andre fest ...

Der Ton liegt auf *mích* und *ándre*, auf *verä́ndert* und *fést*, um die Gegensätze herauszuheben. Die Töne zu Beginn des Verses sind *Sich jéglicher verändert*. Nicht *jéglichér*, zumal nicht in lebhafter, affektbetonter Sprache. Auch hier haben wir also eine dreisilbige Senkung *jéglicher verändert*, die vom Ausdruck her zu verstehen ist, und insofern ist die Fünfhebigkeit vorhanden. Wenn man die Silben zählt (und Metrik mit dem Auge statt mit dem Ohr zu erschließen versucht), ist der Vers ein Zwölfsilber oder sechsfüßiger Jambus oder Trimeter. Vom deutschen Sprachrhythmus her ist er aber ein Fünftakter mit unregelmäßiger Senkungszahl. Die meisten Silben haben die Dauer einer Viertelnote, doch solche rasch gesprochenen zwei oder drei Senkungen zwischen den Hebungen haben die von Achtelnoten. Solche „Unregelmäßigkeiten" kommen gerade bei Tasso vor, nicht bei den anderen Gestalten. So wie sein Dasein von dem ihren abweicht, so seine Sprache. Weil das Maß sonst streng eingehalten wird, wird die Abweichung davon ausdruckhaft für sein Wesen.

DER SCHLUSS DES DRAMAS UND DIE BÜHNENBEARBEITUNG

Nur einmal während der Arbeit am *Tasso* scheint Goethe das Werk eine *Tragödie* genannt zu haben (an Klein, 17. April 1789). Die Katastrophe ist tragisch, die darauffolgende Schlußszene eröffnet einen Ausblick in eine zwar unsichere Zukunft, betont jedoch als positiv

Tassos qualvoll errungene Erkenntnis von der rettenden Macht seiner Dichtergabe. Moderne Leser, deren psychiatrische Kenntnisse und psychologische Voraussetzungen sich aus großen Fortschritten in der Seelenkunde genährt haben, die zur Zeit der jüngeren Romantik erst vulgarisiert zu werden begannen, sind aber leicht dazu verführt, den pathologischen Zügen in Tassos Charakter mehr Gewicht beizulegen, als es Goethe selber getan hätte, dessen optimistische Einstellung zu Geistesgestörten genugsam belegt ist. Bei zeitgenössischen Aufführungen, denen eine Bühnenbearbeitung Goethes zugrunde lag, war der Gesamteindruck derselbe, den eine moderne Aufführung dieser Bearbeitung erzeugt (vgl. Blumenthal, Goethes Bühnenbearbeitung des Tasso, S. 209f.: „Daß der Ausgang des Stückes, der unverändert blieb, nicht als Katastrophe wirkte, scheint allgemeiner Eindruck gewesen zu sein, und dahin zielte wohl auch Goethes Absicht."). Ob aber diese Bearbeitung eine Entstellung der Dichtung durch den publikumskundigen Theaterleiter Goethe des Jahres 1807 war (wie Blumenthal, S. 211, annimmt), oder eine Deutung im Geiste der Intentionen Goethes im Jahre 1789, wird man wohl nie mit Sicherheit wissen. Falls aber die Kürzungen, infolge deren Tassos Schattenseiten zurücktreten, als Anpassung des Textes an neuere psychologische Kenntnisse gedeutet werden, die Goethe aus längerer Lebenserfahrung oder auch aus neueren, vor allem romantischen Beiträgen zur Seelenkunde gewonnen hatte, dann ist die Bühnenbearbeitung ein wertvolles Hilfsmittel, die poetische Intention des *Torquato Tasso* von 1789 dem sonst leicht irregeführten modernen Leser und Zuschauer begreiflich zu machen. Auf dem ungekürzten Text allein fußt Peacocks Interpretation der Schlußszene, die aber genau mit der „positiven" Deutung übereinstimmt, die Goethes Bühnenbearbeitung bei seinen Zeitgenossen erwirkte: „We must not say: *Tasso* is not, formally, quite a tragedy, but of course Goethe meant it to be. One should distinguish strictly, it seems to me, between tragic possibilities that are not completely unfolded, and situations in which tragedy is in fact realised. This applies to real life, and still more to literary works. Otherwise the term becomes useless except for the most general purpose. If we extend the word ‚tragedy' to all situations of conflict, difficulty, loss, or unhappiness, then multitudes of lives become ‚tragic'; and, of course, pessimists exist who see life altogether as tragic. But such a sense is so generalised as to be no longer serviceable as a precise literary description. – ... A failure is portrayed, but against a mediation that everywhere says: seek the solutions that are workable, and affirm them! ... (The) characters have been criticised for falling below their own standards, but certain it is that they never cease clarifying their standards and trying to apply them. *Tasso* does not close in a bright major key, like *Iphigenie auf Tauris*. Nevertheless, the same ethical vitalism that propels Iphigenie and there creates a burst of optimistic faith, here asserts itself discreetly but persistently amidst the pathos. Tasso is judged, but he is not destroyed. The whole point of the closing scene is to give back to Tasso, at the moment of his greatest humiliation, the sense of his particular birthright and distinction" (S. 132 und 136).

ANMERKUNGEN

Personen. Alfons II. von Este (1533–1597), seit 1559 *Herzog von Ferrara*, war ein bedeutender Förderer der Wissenschaft, der Dichtung und der Künste, den Tasso in der „Gerusalemme liberata" (XVII, 91 f.) als tapferen Jüngling und erfolgreichen Heerführer feiert sowie als klug-gerechten Herrscher, der „die Künste und die Talente zu nähren und zu befruchten" weiß. Als Schutzherr Tassos gewährte er ihm ab 1572 ein Gehalt. Obwohl die Legende Tassos siebenjährige Einkerkerung vor allem aus Alfons' selbstsüchtigem Eifer für den Ruhm Ferraras als Kulturzentrum erklärt hatte, stellte ihn Serassi als echt menschlich besorgt um das körperliche und geistige Wohl des zu ihm in „servitù" stehenden Dichters, und auch Goethe betont an ihm die positiven Charakterzüge, läßt ihn aber eine weitgehend passive Rolle spielen, so daß man bei ihm eine unverantwortliche Verständnislosigkeit für die Empfindlichkeit Tassos hat erkennen wollen (so Dalmeyda, S. 221, und andere; dagegen Loiseau, L'Évolution morale, S. 753: „En lui seul, dans le drame, est réalisé l'équilibre entre la raison et le sentiment").

Zur kränklichen *Prinzessin* Leonora d'Este (1537–1581) stand Tasso nach Serassi auch in einem Verhältnis der „servitù", was seine wenigen an sie gerichteten Gedichte zu bestätigen scheinen; der Legende nach aber war er in sie verliebt.

Eleonora *Sanvitale* (gest. 1582), die schöne junge Frau des Giulio Thiene, Graf von Scandino, kam im Februar 1576 kurz nach ihrer Heirat nach Ferrara (Serassi, S. 215 ff.); als Hofdame der Prinzessin wurde sie sowie eine hübsche Brünette aus ihrem Gefolge von Tasso in Sonetten gelobt, die, wie er glaubte (Serassi, S. 218), die Zahl seiner Feinde am Hofe nur vermehrten. Die Rolle der Eleonore im Drama als Gegenbild zur Prinzessin und als Gestalt, welche die Handlung weiterleitet, scheint Goethes Erfindung zu sein.

Antonio Montecatino (1537–1599), der den Lehrstuhl für Philosophie an der Universität Ferrara innehatte und bis ins 18. Jahrhundert als Gelehrter geachtet blieb, war nach Serassi (z. B. S. 230) das Haupt der um 1575 gegen Tasso intrigierenden Hofkabale; als *Staatssekretär* war er der Nachfolger des 1575 verstorbenen Battista Pigna. Tasso schrieb 1576 von ihm: „Mi piace che 'l successor del morto gli è successor anco nella malevolenza verso me ec. ... Egli riderà della mia sciocchezza, ed io della sua delusa prudenza" (Serassi, S. 215). Später, 1578, kam es zu einer Versöhnung zwischen ihm und Tasso (Serassi, S. 506), welcher ihn in seiner „Apologia in Difesa della ‚Gerusalemme Liberata'" günstig erwähnt und im Dialog „Il Cataneo" (um 1590) sogar den „valorosissimo tra i peripatetici e tra i platonici filosofanti" nennt.

Der Schauplatz. Belriguardo, ein großes Landschloß mit prachtvollen Gärten unweit von Ferrara, war der Lieblingssommeraufenthalt von Alfons (Serassi, S. 204), wohin er als Zeichen seiner Gunst Tasso einzuladen pflegte. – Die Zeit der Handlung ist ein Frühlingstag, den Goethe nicht datiert hat. Historische Quellen berichten, daß Tasso am 6. April 1575 dem Kardinal Albano brieflich mitgeteilt habe, er habe soeben das „Poema di Goffredo" abgeschlossen, nach zehnjähriger Arbeit (Serassi, S. 189), aber zu dieser Zeit fehlten noch zwei Gesänge der vollendeten „Gerusalemme liberata", wie Tasso sie 1581 veröffentlichte.

Erster Aufzug

Die Reinschrift des Textes lag Anfang Juni 1789 vor. Die letzte Bearbeitung der ersten drei Auftritte war schon im Februar und März durchgeführt worden; die 4. Szene ist im Laufe des April entstanden. (Vgl. Goethes Brief an Carl August vom 6. April 1789.)

Erster Auftritt. Die Exposition des Charaktergegensatzes zwischen der Prinzessin und Leonore Sanvitale enthält den Kern einer dramatischen Spannung, insofern diese auf die Einstellung der Frauen zu Tasso bezogen wird. – Rasch S. 51 f., 62 f., 107. – G. Neumann S. 7–79.

Gartenplatz. Die *Hermen der epischen Dichter* stellen antike und moderne Vorgänger Tassos dar. Die Form der antiken Hermen (Kopf eines Hermes, einer anderen Gottheit, später auch Porträt, auf einem vierkantigen Pfeiler) wurde in der Renaissanceplastik weiterentwickelt. Die antiken Hermen waren ursprünglich im Freien aufgestellt; so ist es auch hier.

5 ff. Die Vorliebe für Schäferkostüme ist als Flucht vor allem Höfisch-Künstlichen zu verstehn. Aus der Beliebtheit des Schäfertums erklärt sich das 1573 von Tasso verfaßte und auf dem herzog-

lichen Landsitz Belvedere mit glänzendem Erfolg aufgeführte Spiel „Aminta“, durch welches das Schäferspiel zur Modeform wurde. Der ländliche Zeitvertreib des Blumenpflückens ermöglicht die sonst nicht als spontan zu motivierende doppelte Dichterkrönung im dritten Auftritt, und das Idyllisch-Pastorale ist Symbol eines Lebens in schönen Illusionen. (Vgl. Anm. zu 177ff.) Charakteristisch für das oft handlungsarme Schäferspiel ist eine reflektive und sentenzartige Dialogführung, in Goethes Schauspiel stilistisches Merkmal eines höfischen Renaissancemilieus.

15. *Virgil* ist die Namensform, die Goethe immer benutzt, wie die Jahrhunderte vor ihm. Erst im 19. Jahrhundert hat sich in Deutschland die Namensform Vergil eingebürgert.

17. *Meister Ludwig.* Gemeint ist, wie die folgende Bühnenanweisung zeigt, der Dichter Ariosto, 1474–1533. Schon sein Vater stand im Dienste der Herzöge d'Este von Ferrara, und er selber kämpfte als Heerführer für Alfonso I. Der Held seines Epos „Orlando furioso“, 1516, Roland, wird als Ahnherr der Familie d'Este dargestellt. Dieses Epos blieb in Italien bekannt. Goethe schildert in der *Ital. Reise*, daß venezianische Schiffer es singend vortragen (Bd. 11, S. 84f.). In Deutschland war Ariosto zu Goethes Zeit bekannt durch die Darstellung der italienischen Literatur von J. N. Meinhardt, 1764, und durch die Übersetzungen von F. A. C. Werthes, 1778, und von Heinse, 1782/83. Bei Goethe wird Ariosto mehrfach genannt (vgl. die Namensregister in Bd. 14 und in Briefe Bd. 4). Sein Vater besaß „Orlando furioso“ in einer Venezianischen Ausgabe von 1755; Goethe übernahm das Exemplar später. – Goethe-Handbuch, 2. Aufl., Art. „Ariosto“.

23. *die goldne Zeit der Dichter:* die arkadische Welt des „Aminta“. Vgl. 979ff. und die Anm. dazu.

25. *Jugend.* Erster Hinweis auf das Alter der Prinzessin und auf ihr Gefühl, schon alt zu sein.

29–39. Michéa, L'élément pictural S. 115: „(Le) schéma visuel trahit un homme habitué à mettre en place les diverses parties d'un tableau ... Cet horizon ouaté d'une fine vapeur où le ciel et la terre se réunissent en une même harmonie, Goethe semble bien le tenir de Claude Lorrain. On sait que les lointains enveloppés d'une brume légère ont constitué une des innovations de Claude et que ses suaves perspectives, baignées de l'or des crépuscules ou de la pâleur des aubes, ont été une révélation ... Si Claude sait faire chanter la couleur, chez le poète allemand l'harmonie du vers nous rend sensible les lignes et les tons.“ Vgl. *Über der Erde schwebt ein Duft des Tags ..., den man nur aus Gemälden und Zeichnungen des Claude kennt ...* (*Ital. Reise* Bd. 11, S. 174.)

40f. Erster Anklang des bei Goethe immer elegischen Motivs der Trennung.

45. *In jener großen Stadt:* Florenz. Die Namensnennung erst in Vers 51.

47. *Gemahl:* Giulio Thiene, Graf von Scandino (Serassi 215).

57. *Zufall* entspricht etwa dem Begriff „fortuna" im „Libro del cortegiano", 1518, des Baldassare Castiglione, *Glück* dessen Begriff „virtù".

64f. In der ersten Hälfte des 15. Jahrhunderts förderten der Marchese Nicolò III. und sein Sohn Leonello die Universität, die Künste (insbesondere die Musik) und den Humanismus.

68. *Herkules von Este:* Ercole II., 1508–1559, seit 1534 Herzog, Vater der Prinzessin; aber vielleicht auch Ercole I., 1431–1505, seit 1471 Herzog, bei dem und dessen Vorgänger der Dichter Boiardo („Orlando innamorato", 1495) hohe Hof- und Regierungsämter innehatte.

69. *Hippolyt von Este:* Ippolito I., 1479–1520, seit 1493 Kardinal, war Schutzherr Ariostos, dem dieser den „Orlando furioso" widmete. Sein Neffe Ippolito II., 1509–1572, seit 1538 Kardinal, erbaute die berühmte Villa d'Este bei Tivoli.

73. *Petrarch.* Goethe benutzt noch die in Deutschland vom 16. bis 18 Jahrhundert gebräuchliche Namensform. *gepflegt:* als Petrarca vier Jahre vor seinem Tode in Ferrara einen Schlaganfall erlitt, wurde er von der Familie Este gastfreundlich in Pflege genommen.

102. *Schwester:* Lucrezia, 1535–1598.

108. *Mutter:* Renata (Renée), 1510–1575, Tochter Ludwigs XII. von Frankreich, seit 1528 Gattin Ercoles II. Goethes Bild von ihr entspricht der Charakterskizze bei Serassi S. 219f.

116–138. Knappe Charakteristik des Humanismus als Kultur einer geistig geschulten Gruppe (116) mit Kenntnis der Antike (119), neuer Naturforschung (120ff.), Disputationskunst (125ff.), Rhetorik (128), einer die fürstliche Ruhmsucht (129) reflektierenden Staatsphilosophie (130ff.) und einer weite Bereiche des Gefühls und Geistes erfassenden Dichtung (135ff.). 123 die *Edlen:* der Geistesadel wie 116. 126 *Kräfte:* die Leidenschaften, auf welche der Rhetor (128) zu wirken sucht, vielleicht mit Anspielung auf Tassos „Conclusioni amorose" (vgl. Anm. zu 205ff.), die Tasso (nach Serassi 144f.) 1568 in der Accademia Ferrarese verteidigte. 131 *Denker:* Staatsphilosophen wie Machiavelli als Verfasser des „Principe". *feine Klugheit* = Philosophie. Bei dem *klugen Mann* ist wohl an Antonio Montecatino gedacht, dessen philosophische Schriften damals und noch bis ins 18. Jahrhundert achtungsvoll genannt wurden, so wie bei der Nennung des *Dichters* (136ff.) schon auf Tasso vorausgewiesen ist. 133 *hintergehen:* im Sinne der Sophistik.

144. *Myrte.* Der im Mittelmeergebiet verbreitete immergrüne Strauch galt in der Antike als Sinnbild der Liebe und der Unsterblichkeit, wie sie der Dichter durch sein Werk erlangt. Hier knüpfte

das Denken der Renaissance mit seiner Vorliebe für Sinnbilder und Embleme an; zusammenfassend bezeichnet Picinelli, Mundus symbolicus (1653 u. ö.) die Myrthe als „symbolum“ für „societas bona“ und für „poesis“. – Vgl. auch Dt. Wb. 6, Sp. 2845.

153. *Schatz* = Kostbarkeit, ersehntes Gut. In der Sprache Goethes und seiner Zeit häufig. Dt. Wb. 8, Sp. 2277f.; Adelung, Wb.; Fischer, Goethe-Wortschatz.

159ff. Leonore charakterisiert nicht einen weltfremden (vgl. 2244ff.), sondern einen idealisierenden, jedes Kompromisses unfähigen Dichter wie den in *Faust, Vorspiel auf dem Theater* 138ff.

160. *Einklang* = Harmonie, Zusammenklang (vgl. *Faust* 140).

165. *gemein* = alltäglich, wertlos. Darum der Gegensatz: das *Geschätzte*. – Wie *Faust* 10259, 11838; Bd. 9, S. 264, 35f.

177ff. An Bäume gehängte Liebesverse kommen in der Schäferdichtung und der Renaissanceepik mehrfach vor. Goethes direktes Vorbild war aber wohl Shakespeares „Wie es euch gefällt“ III, 2, wo Orlando an Bäume des Ardennerwaldes Verse an Rosalinde heftet, die Probstein „schlechte Früchte“ nennt.

179. *Hesperien:* Ort des Gartens der Hesperiden, bekannt aus der Herakles-Sage. Er mußte dort die *goldnen Äpfel* holen.

180. Zwischen der 2. und der 3. Hebung stehen ausnahmsweise zwei Senkungen. Der Wohlklang des Verses leidet darunter nicht, sofern beim Sprechen die Pause nach *bilden* beachtet wird und das Ende des Verses mit dem Anfang des folgenden klanglich verbunden wird.

184. *Bild* ist sowohl „Person“ wie „Idol, Ideal“, dann aber auch „Darstellung, Darstellungsgegenstand“.

198. *Leonore.* Einige Gelegenheitsgedichte an Leonore d'Este, an Leonora Sanvitale und an eine Leonora, die der Prinzessin Kammerfrau war, finden sich in Tassos „Rime“, die auch stärker persönlich sprechende, an andere gerichtete Liebesgedichte enthalten.

205ff. Neuplatonische Auffassung der idealisierenden Liebe, nach der „himmlischen Liebe“ in Platons „Phaidros“ und „Symposion“, die eine erinnernde Erkenntnis der Welt der reinen Ideen sein soll; gleichzeitig aber eine leichte Warnung an die Prinzessin, Tassos höfische Lobgedichte als solche zu erkennen. Tasso hatte 1568 fünfzig „Conclusioni amorose“ in der Accademia Ferrarese verteidigt (vgl. Serassi 144f., der die Debatte „quest' amorosa insieme e filosofica guerra“ nennt). Für Goethe ist die Seelenliebe – die „platonische Liebe“ – nicht nur ein Motiv der Renaissance, sondern auch seiner Zeit. Beide spiegeln sich wechselseitig. Er hatte zusammen mit Frau v. Stein, die diesen Ideen zugetan war, Hemsterhuis gelesen, der den Gedanken vergeistigter Liebe im 18. Jahrhundert besonders schön aussprach. – Paul Kluckhohn, Die Auffassung der Liebe in der Lit. des 18. Jahrhunderts und in der dt. Romantik. 1922. 3. Aufl. 1966. S. 278 u. ö.

227ff. *ein verwöhntes Kind* ist Amor von der Emblematik des 16. Jahrhunderts bis zu der Anakreontik des 18. Jahrhunderts. Daneben gibt es die Darstellung des *Jünglings* Eros; indem er sich mit *Psyche*, der Seele, vermählt, kann er zum Sinnbild des Platonischen Eros werden. Goethe war die Darstellung von Amor als Jüngling und seiner Vermählung mit Psyche besonders geläufig durch den Freskenzyklus Raffaels in der Villa Farnesina in Rom, von dem er die ausgezeichneten großen Stiche von N. Dorigny in gut kolorierten Exemplaren besaß. Diese hingen schon in den Jahren vor der italienischen Reise in seiner Wohnung, er hatte sie täglich vor Augen. Vgl. Bd. 11, S. 137,25ff. u. Anm., 368,7ff.

234. *Ekel:* wie in Platons „Phaidros" 35.

Zweiter Auftritt. – Rasch S. 46, 48.

243ff. Erster Hinweis auf das Pathologische bei Tasso, dessen Melancholie in jeder Lebensbeschreibung ein Hauptthema bildet. Die Gefahr der Vereinsamung ist schon in *Werther* ein Hauptmotiv. Im Zusammenhang damit sagt Goethe in *Dichtung und Wahrheit: jeder Unmut ist eine Geburt, ein Zögling der Einsamkeit* (Bd. 9, S. 577, 27f.). Vgl. auch *Harzreise im Winter* Bd. 1, S. 52. In *Elpenor* I,2 warnt Evadne: *Einsam lernt niemand sich, noch weniger andern zu gebieten.* (S. 315,15f.) – Vgl. die Sachregister in Bd. 14 und Briefe Bd. 4 unter „Einsamkeit", sowie Bd. 10, S. 48,16f.

265ff. Züge, die in Serassis Biographie betont sind, die aber aus dem traditionellen Bild eines innerlich unsicheren Tasso zu folgern waren.

283ff. Als Ziel stellt der Herzog die Ausbildung Tassos zum ausgeglichenen Manne dar – ein Zeichen dafür, wie wenig er dessen ausgeprägte Eigenart, Begrenztheit und Gefährdung erkennt.

302ff. Hier erfüllt Leonore die Rolle des Chors im Euripideischen Drama, welcher einerseits einen Tatbestand schmeichlerisch verschönt, doch andererseits auf eine bevorstehende Entwicklung hindeutet, und zwar hier auf den *Argwohn*, der nicht nur das produktive Talent des Dichters gefährden kann, sondern auch – wie aus Alfons' Antwort zu ersehen ist – die Integrität des Menschen Tasso.

304. *Talent.* Das Wort *Talent* kommt in dem Drama noch mehrfach vor, z. B. 521, 1919, 2315, 2335, 2923, 3412. Es ist fast so wichtig wie in *Werther* das Wort *Herz* und in *Faust* das Wort *Streben.* Das *Talent* ist das einzige, was Tasso am Ende bleibt. Es ist das, was sein Wesen am stärksten bestimmt. Das Wort steht bei Goethe nicht allzufern von *Genie;* im 19. Jahrhundert haben beide sich voneinander entfernt (Mittelmaß und Übermaß). Auch sonst hat Goethe die Frage nach dem *Talent*, seiner Richtung, seiner Ausbildung, seiner Hinderung oder Förderung durch Umwelt und Zeitumstände, seiner inneren Gefährdung, seiner sozialen Funktion,

seiner sittlichen Verpflichtung usw. oft berührt. Vgl. Sachregister in Bd. 14 und Briefe Bd. 4 (49 und 73 Belegstellen). – Richard Dobel, Lexikon der Goethe-Zitate, Zürich 1968, Sp. 892–895. – Rasch S. 41 ff.

308. *Argwohn.* Das Motiv des Mißtrauens (vgl. 315 ff.) gehört seit Manso zum Tassobild; Belege bei Serassi S. 202 (Verdacht, Briefe seien aufgefangen worden) und 260 f. (Hoffnung des Herzogs, die 1578 begonnene Kur von Tassos Melancholie werde dessen Verdacht beseitigen, verfolgt zu werden).

330. *Kur.* Alfons' Überzeugung, Tassos Melancholie sei durch ärztliche Behandlung zu kurieren, wird besonders von Serassi betont.

337 f. Serassi S. 229 erwähnt herzogliche Gunsterzeigungen, die beabsichtigten, Tassos Furcht, in Ungnade zu fallen, entgegenzuwirken.

340 f. Tassos Entdeckung, 1576, daß seine Zimmer während seiner Abwesenheit in Modena durchsucht worden waren (Serassi 229), bestärkte seinen schon bestehenden Verdacht.

350. *auszureden* = zu besprechen, durchzusprechen bis zu einem gewissen Abschluß.

355. *Consandoli:* prachtvolles Landschloß südlich von Ferrara, Lieblingsaufenthalt der Lucrezia d'Este, und der Ort, an dem ihre Mutter Renata nach Auslieferung ihrer Briefe an Calvin eine Zeitlang verbannt war. Tasso hielt sich hier auf Einladung der Prinzessin im Sommer 1576 einige Tage auf. (Serassi 230 ff.).

Dritter Auftritt. – Wilkinson 1962 S. 178. – Rasch S. 42, 50, 104 ff., 113 ff.

382. *unvollendet.* Tasso korrigierte an den Gesängen seines Epos „Gerusalemme liberata" bis zum Jahre 1581, in welchem der vollständige Text endlich gedruckt wurde.

397. *ihr.* Erst nach der Übergabe des Manuskripts an den Herzog redet Tasso auch dessen Schwester an, die in der Tassolegende und nach Serassi (S. 197) in der „Gerusalemme liberata" indirekt als Sofronia verherrlicht wird. Der Herzog wird am Beginn des Werkes I,4 direkt angesprochen und dankbar gepriesen.

407 ff. *das eigensinn'ge Glück* = fortuna. In der Einleitung seines Epos (I,4) sagt Tasso, daß „furor di fortuna" seine Jugend verdüstert habe. In beinahe allen Lebensbeschreibungen Tassos werden die Mißgeschicke seines Vaters erwähnt, der als Sekretär des Fürsten von Salerno mit dem sechsjährigen Torquato ins Exil gehen mußte, während seine zurückgebliebene Frau bald danach starb. Serassi beschreibt S. 27–63 die betreffenden Jahre aus Tassos Kindheit ausführlich.

423. *Euch.* Nach der höfisch-pflichtgemäßen Danksagung an Alfons bezieht Tasso die Prinzessin in seine Anreden wieder ein (wie schon 397 f.).

424f. Alfons versucht – vergebens, wie Tassos Antwort zeigt –, Tassos Selbstgefühl dadurch zu stärken, daß er dessen Huldigung zum Teil als Bescheidenheitstopos deutet.

429ff. Das Epos „Gerusalemme liberata" schildert viele Kämpfe, seien es Einzelkämpfe zweier Ritter oder Gefechte von Soldatengruppen oder die Schlacht des gesamten Kreuzzugsheeres gegen die vereinigte Masse der Sarazenen. Ohne ein hinlängliches Maß an Sachkenntnis hätte der Dichter mit diesen Darstellungen bei seinem Publikum keine Erfolge haben können. Serassi berichtet (S. 184f.), Tasso sei vor allem durch des Herzogs Kenntnisse des Kriegswesens dabei gefördert worden.

446. *Zweck* = Ziel. Wie *Nat. Tochter* 1260, *Faust* 332, 3349 u. ö.

449. *Vaterland.* Aus dem Zusammenhang geht hervor, daß Tasso nicht darüber spricht, wo er geboren ist, sondern daß er mit *Vaterland* den Ort bezeichnet, wo er Wurzel gefaßt hat, wo er sich innerlich hingehörig weiß. Vgl. Bd. 1, S. 322 Nr. 111 und S. 325 Nr. 130. Sachregister in Bd. 14 und in Briefe Bd. 4.

459ff. Auf dem Titelbild von Kopps Übersetzung der „Gerusalemme liberata" hält Apollo in Anwesenheit der schon bekränzten Homer und Vergil dem höfisch knienden Tasso einen Lorbeerkranz entgegen. Darunter die Verse: „Zween Meister sah Torqvat als seine Lehrer an / Und hat es ihnen gleich, wo nicht zuvor gethan. / So glücklich ihm Homer und Maro vorgesungen, / So glücklich ist auch Ihm sein Heldenlied gelungen."

460. *seiner:* des Dichters.

462. *Ahnherrn.* Vergil war weit mehr als Homer das Hauptvorbild der antik-epischen Momente in Tassos Epos, deswegen klagte Sperone Speroni ihn sogar des Vergil-Plagiats an (Serassi 489).

474f. Tassos Reaktion ist die eines in Lebenserfüllung Sterbenden (vgl. *Faust* 1573ff.), deshalb überhört er zunächst Leonores Unterstreichung der Tatsache, daß ihm die *Hand* der Prinzessin den *Kranz bietet.* – Staiger S. 394f.: „Der Dichter tritt zu Beginn auf dem höchsten Punkte seines Daseins hervor, im Augenblick, da er sein Werk vollendet, da die Menschen, die er am meisten schätzt, ihn des ewigen Ruhms versichern... Tasso, aus dem schöpferischen Traum erwacht, ist der Welt wieder ausgesetzt; mit diesem kritischen Augenblick, einem prägnanten Moment von höchster Bedeutung, setzt das Drama ein; und bald enthüllt sich die Gefahr." – Rasch S. 104ff.: „Was bedeutet dieses Zögern, diese abwehrende Scheu?... Es ist ein Schauder, der ihn anrührt, eine schwer überwindbare Scheu vor der Heiligkeit und Bedeutungsgewalt des Symbols. Das Lob der Gönner hat Tasso mit bescheidener Würde entgegengenommen. Vor dem Lorbeer bebt er zurück. Für die Hofgesellschaft ist diese Bekränzung ... eine improvisierte Ehrung durch dekorative Zeichengebung, ... bedeutungsvoll als versichtbarte Gunst und Ehre... Für Tasso jedoch ist der Lorbeer ein Ursymbol, dessen Bedeutungsfülle aus ganz anderen Bereichen stammt. Es ist der Zweig, der Apollo heilig war und die größten Dichter und Sänger auszeichnete. In ihre Reihe muß der mit Lorbeer Bekränzte einrücken. *Es ist zu viel* (493). Zugleich gilt der Lorbeer als Zeichen des Helden, als Schmuck des Triumphators im augusteischen Rom. Auch darum scheint er *zu viel* (497f.)... Tasso bedrückt dieser Kranz, der das Erreichen des höchsten Zieles bedeutet, auch deshalb, weil sein schöpferisches Dasein in der Spannung zu einem Unerreichbaren lebt... Das Symbol des Lorbeers transzendiert die höfische Wirklichkeit, es gehört in Tassos eigentliche, in seine dichterische Welt... Zum erstenmal spürt man in diesem Augenblick jene Einsamkeit um Tasso, die später immer wieder fühlbar wird... Diese Fremdheit in der dichterischen Seinsweise, die sich der gegebenen, geschichtlich geformten Wirklichkeit nicht völlig einordnen läßt. Die letzte entscheidende Fremdheit zwischen dem Dichter und der Gesellschaft wird sichtbar nicht am verschiedenen Verhältnis zur sittlichen Konvention, sondern am verschiedenen Verhältnis zum Symbol des Lorbeers... Die dem Dichter den Lorbeer reichen, wissen nicht, was sie damit in Wahrheit tun. Die Nähe zum Ursprung, wesentliches Kennzeichen des Dichters in Goethes Sicht, wird nirgends stärker fühlbar als in der Art, wie Tasso die gleichsam archaische Gewalt des alten, traditionsreichen und zugleich zeitlosen Symbols spürt... Die Kraft versagt ihm, nicht weil er ein übernervöser Schwächling wäre, sondern weil er gegenüber dem Größten, der höchsten Erfüllung sich demütig fühlt und beschämt. (510–513) Hier wirkt ein Grundzug in Tassos adliger Natur. Nimmt man ihn wahr, so löst sich ... der ‚Widerspruch', daß Tasso, der so demütig und zaghaft den Kranz empfängt, ihn später (1321ff.) so selbstsicher gegen Antonios Spott verteidigt. Nur die Prinzessin ... begreift, daß ihm der Lorbeer etwas anderes bedeutet als ein höfisches Ehrenzeichen, daß das Übermaß dieses Glücks ihn auch beschweren muß ... Die Prinzessin findet mit wunderbarer Hellsicht das Wort, das Tasso hilft: *Wenn du bescheiden*... (521–524) Der Kranz, den die Menschen zuteilen, ehrt nur das Talent, die Zuteilung der Götter, und der Dichter muß beides *tragen* (522). Das ‚Tragen' ist auch ein ‚Ertragen', die Prinzessin allein versteht das... Die Bedeutung dieses Symbols reicht weit über die Bekränzungs-Szene hinaus. Der Lorbeer ist ein zentrales Symbol der gesamten Tasso-Dichtung."

484. *ein Vorbild nur von jener Krone*... Der Brauch der Dichterkrönung entstand im Zusammenhang des Lebensgefühls der Renaissance. Sie ist öffentlicher Ausdruck höchsten Ruhms, und dieser wird an die antike Sitte feierlicher Bekränzung angeschlossen. Petrarca wurde durch den Senator von Rom auf dem Kapitol gekrönt, und weil Petrarca im 15. und 16. Jahrhundert als der klassische Dichter der neueren Zeit galt, erhielt der Lorbeer dadurch hohe Bedeutung. In der Folgezeit wurde der Dichterlorbeer vor allem durch die Päpste und durch den Kaiser verliehen, so wurde z. B. Ulrich v. Hutten durch Kaiser Maximilian I. gekrönt. Der historische Tasso sollte 1595 in Rom auf dem Kapitol durch Papst Clemens VIII. gekrönt werden, starb aber vorher. Die Dichterkrönung war seit dem 16. Jahrhundert in Italien, Deutschland und England eine bekannte Ehrung. Goethe konnte voraussetzen, daß Leser oder Zuschauer sogleich verstünden, was 484ff. gesagt ist: Die Krönung hier in Belriguardo ist ein kleiner symbolischer Akt im Freundeskreise, sie ist nicht eine offizielle Krönung wie durch den Papst oder den Kaiser oder einen Bevollmächtigten von diesen. Sie ist nur praefiguratio, *Vorbild* (das Wort in dieser Bedeutung auch Bd. 1, S. 149; Bd. 4, S. 438,27). Das Wesentliche hier ist die Reaktion Tassos, aus der sich erschließen läßt, was seine Dichtung und das Eingehen in die kleine Zahl der großen Dichter ihm bedeutet und welche innere Gespanntheit in ihm ist. – Rasch S. 104ff. – Vgl. auch: *Faust* 5627; Bd. 9, S. 163,35. – Zedler, Universal-Lexicon, Art. „Lorbeer-Baum" in Bd. 18, 1738, Sp. 441f. – J. Burckhardt, Die Kultur der Renaissance in Italien. Basel 1860 u. ö., 3. Abschnitt, 4. Kap. – E. K. Broadus, The Laureateship. Oxford 1921. – G. v. Wilpert, Sachwörterbuch der Lit., Art. „Dichterkrönung".

498. *um Heldenstirnen.* Hier denkt Tasso daran, daß im antiken Rom die corona triumphalis aus Lorbeer dem *Helden*, dem Triumphator, verliehen wurde. In der bildenden Kunst der Antike und der Neuzeit werden oft Kaiser und Heerführer mit einem Lorbeerkranz dargestellt. Das Motiv kommt „Gerusalemme liberata" XVII, 91 vor. – *Faust* 7021.

499f. *verklärt ihn* = entrückt den Kranz dem Irdischen, indem ihr ihn mit Glanz umgibt. Die Verklärung eines Sieger- oder Herrscherkranzes ist ein beliebtes Bildmotiv der Spätrenaissance (nach Ovid, Metamorphosen 8,176ff.).

515. *das Mark.* In der Bedeutung „Kraft, innere Lebenskraft" häufig bei Goethe (z. B. *Iphigenie* 329) und seinen Zeitgenossen (Dt. Wb. 6, 1629f.).

537. *Elysium.* Bei Homer ein Gefilde mit immerwährendem Frühling, wohin die Lieblinge des Zeus nach dem Tode kommen und ein glückliches Dasein führen. Bei Hesiod und anderen die Insel der Seligen. Bei Vergil ein Teil des Totenreichs, der Aufenthalt der Guten, vorzüglich der Menschen aus der Goldenen Zeit, als es noch

keine Verbrechen gab. In der Dichtung seit der Renaissance: Wohnsitz der Seligen, Paradies (frz. élysée). In Deutschland im 18. Jahrhundert ein bekanntes Motiv, z. B. in Klopstocks Ode „Das Rosenband“: „Und um uns war Elysium“ oder in Schillers „Freude, schöner Götterfunken, Tochter aus Elysium“. Tassos Schilderung hier knüpft an die antike Vorstellung an, derzufolge sich die *Heroen* und *Poeten* (545) in Elysium versammeln. Goethe hat dieses Motiv später am Ende des *Westöstlichen Divans* aufgenommen, wo der Dichter die Hoffnung ausspricht, *mit Heroen aller Zeiten* dort zusammenzutreffen. (Bd. 2, S. 120) – K. Reinhardt S. 358: „Elysium: wer um das griechische Erbe weiß, weiß, was das heißt: Versetzung unter die Heroen, Eingehen in die Abgeschiedenheit des ewig Vorbildlichen, in die Welt des Mythos.“ – Rasch S. 113–115. – Wilkinson, Goethe Poet and Thinker, 1962, S. 78. – Wilkinson 1974, S. 96.

553. *zweier Männer:* Achill und Odysseus.

554. *Alexander in Elysium....* Die Legende, ein antiker Topos zur Rechtfertigung der Dichtung (z. B. Cicero, Pro Archia 10), wird auch von Wilhelm Meister gebraucht: *der Überwinder der Welt huldigte einem Dichter, weil er fühlte, daß ohne diesen sein ungeheures Dasein nur wie ein Sturmwind vorüberfahren würde.* (Bd. 7, S. 84,11ff.).

556. *gegenwärtig* heißt hier: anwesend. Leonore greift das Wort auf; bei ihr ist *das Gegenwärtge:* der Augenblick in seiner Realität. Und Tasso, fortfahrend, faßt *die Gegenwart* als den erfüllten Augenblick, der das Hier und Jetzt mit dem Zeitlos-Mythischen verbindet, das besondere Geschehnis, das nur möglich ist durch die anwesenden hohen und geliebten Personen.

561. *entzückt:* in einem Zustand der dichterischen Begeisterung, in dem *Geisterreich* (*Faust* 26) poetischer Schöpfungen (deshalb 562). Die Prinzessin versucht in ihrer Antwort, Tasso wieder der menschlichen Wirklichkeit näher zu bringen, aber sie wagt nicht, ihn zu tadeln (vgl. 1113). – Der historische Tasso behauptete (was auch Heinse erwähnt), er unterhalte sich mit seinem Schutzgeist (so Manso in einem Brief, der 1781 im *Teutschen Merkur* und dann öfters übersetzt erschien).

Vierter Auftritt. Erst durch Antonios Auftreten wird das Schäfer- und Festspiel zum Drama eines Konflikts zweier stark entgegengesetzter Persönlichkeiten. – Wilkinson 1962 (Anfang des Tasso-Aufsatzes): „The inexhaustible power of Goethe's ‚Tasso‘ derives from the richness and subtlety of its thematic texture ... We have said nothing of the relentless but compassionate insight, the loving irony, with which each of these characters is presented, so that their duality is not inconsistency, but an enrichment of their personality ... While Antonio's character, that stumbling-block of the critics, is only unsatisfactory if we demand consistency of action or opinion instead of identity of personality." – Wilkinson 1974, S. 92.

571ff., 619f. Der historische Antonio vertrat mehrmals die Interessen des Herzogs als dessen Gesandter.

583. *wahrhaft* = zuverlässig, aber auch sachlich und unparteiisch, denn für Antonio ist Tassos *Welt* (584) eine nur subjektive Sphäre von Traum und Einbildungskraft. (Vgl. 953ff.)

588. *Geschäft*. In der Sprache Goethes und seiner Zeit ist *Geschäft* allgemein eine bearbeitete Aufgabe, Verrichtung, Tätigkeit, oft die des Staatsmanns. So auch 1642. Ein *Geschäftsmann* ist (meist) jemand, der die *Geschäfte* seines Fürsten ausführt. (Adelung; Dt. Wb.)

592. *rein* = mit Ausschließung sonstiger Erwägungen.

603ff. *Gregor* XIII. (reg. 1572–1586), freigebiger Unterstützer der Künste und Wissenschaften, wichtiger Vertreter der Gegenreformation (vgl. 625), eifriger, aber erfolgloser Befürworter eines Türkenkrieges. Bei seiner Krönung 1573 wurde Alfons empfangen und eine zeitweilige Versöhnung der widerstrebenden Interessen Ferraras und des Kirchenstaats herbeigeführt.

615ff. Antonios Antworten auf Alfons' und der Prinzessin Fragen enthalten in der Schilderung eines Idealherrschers eine leise Kritik seines musischen Herzogs, die nicht überhört werden darf und die seine spätere Schärfe und Schroffheit gegen den niedriger stehenden Adligen Tasso vorbereitet.

654. *Nipoten* = Nepoten (ital. nipote = Neffe, von lat. nepos, nepotulus). Papst Gregor XIII. aus dem Hause Buoncompagno, ursprünglich Professor der Jurisprudenz, kaufte seinem Sohn Giacomo, der ihm 10 Jahre vor seinem Eintritt in den Priesterstand geboren war, als Papst ein außerhalb des Kirchenstaats gelegenes Herzogtum. Serassi nennt S. 210 zwei Neffen Gregors, Kardinäle in Rom, die Tasso dort 1575 mit freundlicher Höflichkeit empfingen.

668. Der Vers hat nur vier Füße, vermutlich weil der Sinn eine längere Pause nach *Verherrlicht* verlangt und weil aus dem vorigen Vers *sein Rom* durch Enjambement klanglich eng mit ihm verbunden ist.

682. *Bürgerkrone*. Bei den Römern wurde die „corona civica" demjenigen verliehen, der einen römischen Bürger in der Schlacht gerettet hatte. Sie bestand aus *Eichenlaub* (684). Der Herzog nennt sie, weil sie in Weiterbildung antiker Symbole so bekannt war wie der Lorbeerkranz, den man soeben Tasso zugedacht hat. – Gerusalemme libarata XVII,91. – Reallex. zur dt. Kunstgesch., Bd. 4, 1958, Art. „Eiche" Sp. 916.

688. *die neue Christenheit:* die heutige Christenheit, die so wenig für das Christentum und gegen das Heidentum tut. Papst Gregor XIII. hatte einen Kampf gegen den Islam befürwortet (vgl. Anm. zu

603 ff.). Tasso weist in seinem Epos I,5 darauf hin, daß der Christenheit die Aufgabe bliebe, den Mohammedanern Jerusalem, „la grande ingiusta preda“ (die große ungerechte Beute) zu entreißen. (Das Motiv schon bei Petrarca, Sonett 23.) Antonio hat 624f. die päpstlichen Tendenzen nur angedeutet. Das ist der Hintergrund für des Herzogs Worte in Vers 688. – Vgl. Vers 2636ff.

709ff. Antonios Lob des Ariosto stellt ihn unter die zeitgenössischen Kritiker, die versuchten, Tasso durch einen ungünstigen Vergleich der „Gerusalemme liberata“ mit Ariostos „Orlando furioso“ herabzuwürdigen. Gleichzeitig aber zeigt er sich aufgeschlossen für poetische Werte, wenn diese auch hauptsächlich die eines (an Wieland erinnernden) Rokoko sind mit Märchenhaftem und mit spielerischen Motiven, unter denen auch der *Wahnsinn* des Orlando (Canto 23) nur als Kunstmittel erscheint.

710. *als* = wie.

739. *Dichter:* Vergil, Ariosto, deren Porträtbüsten man sieht, und Tasso.

Zweiter Aufzug

Die Reinschrift der 2.–5. Szene lag am 27. Januar 1789 vor; die 1. Szene kam im April oder Juni hinzu. – Die Handlung wird ohne Zeitlücke fortgesetzt, spielt aber jetzt in einem *Saal*, wo die Schäferkleidung der Prinzessin als Symbol einer idealisierenden, dem Leben nicht ganz gewachsenen höfischen Künstlichkeit dient und der Lorbeerkranz, den Tasso zunächst noch trägt, das durch die Wirklichkeit gefährdete Talent des visionären Dichtertyps (762ff.) versinnbildlicht. – Zu den Versen 997–1002 gibt es eine bruchstückhafte Vorstufe in einem Notizbuch Goethes aus Italien: Lieselotte Blumenthal, Ein Notizheft Goethes von 1788. Weimar 1965. = Schr. G. Ges., 58. S. XXVIII, 40, 67, 114–116.

Erster Auftritt. Die dramatische Spannung liegt in den wiederholten Huldigungen Tassos an die Prinzessin, denen sie taktvoll auszuweichen versucht, die sie zum Schluß aber direkt ablehnen muß. – Rasch S. 50f., 54–61, 74–83. – Wilkinson, Goethe Poet and Thinker, 1962, S. 78. – Wilkinson, 1974, S. 96.

754. *anlispeln* = zuflüstern, leise freundlich zureden. (*Faust* 28, 4638, 5708.)

780ff. Als ein Neffe Ariostos in einigen Stanzen Tasso den größten Dichter Italiens nannte, lehnte dieser in einem verbindlichen Brief 1577 die Lorbeeren des „Omero Ferrarese“ ab. (Serassi 243f.)

788–794. Antonios Schilderung von Gregor XIII. (vgl. 603ff. u. Anmkg.), der als Haupt des Kirchenstaats ein *Halbgott* genannt wird – seit der Renaissance geläufiger Topos für „Fürst" – bedeutet für Tasso ein In-Frage-Stellen des Dichtertums überhaupt (Ryan S. 294ff., Blumenthal, Arkadien S. 18), wie der ergreifende Selbstvergleich mit der vergebens in den kalten Narziß verliebten Bergnymphe *Echo* (799; vgl. Ovid, Metamorphosen 3,399) erhellt.

801ff. vgl. 551ff. – *rein* = richtig, ohne falschen Beiklang, dem Gegenstand angemessen.

814. *Fest auf Fest:* Prachtvolle Feierlichkeiten zur Hochzeit von Alfons mit der österreichischen Prinzessin Barbara im Oktober 1565 (Serassi S. 124f.).

855. *neu* = lebendig, wechselnd, sich umgestaltend, neue Erlebnisse bringend.

862ff. Nach Serassi S. 130 gewann Tasso zunächst die Gunst der Lucrezia, dann die der Leonora, der er schon bei ihrer Genesung vorgestellt wurde. Die Wendung vom *neuen Leben* enthält einen Nachklang von „Vita nuova", Dantes Titel für die Geschichte seiner idealisierenden Liebe zu Beatrice, der noch hörbar wird in Tassos Worten 876–884.

868ff. Zum Teil nach der Canzone Tassos „Mentre che a venerar movon le genti" zum Lob der Leonora d'Este als „sua singularissima padrona e benefattrice" (bei Serassi S. 131 ein Auszug und zusammenfassende Charakteristik); die gehäuften Enjambements spiegeln die Erregung Tassos bei seinen Erinnerungen.

886. Die *Perle* ist in der Renaissance-Dichtung oft Metapher für die Geliebte, insbesondere die, deren Vorzüge nicht leicht sichtbar sind, die glücklich gefunden werden muß (ähnlich Bd. 1, S. 177 Nr. 13); deshalb der absichtlich sachliche Ton der ablenkenden Gegenrede der Prinzessin.

889f. Der Erbprinz Francesco Maria della Rovere heiratete Lucrezia im Frühjahr 1570 (Serassi S. 148); sie kam aber – eine kinderlose Herzogin – schon Ende 1574 von Urbino nach Ferrara zurück (ebd. S. 204f.).

895ff. Tasso leitet das Gespräch sofort wieder auf sein persönliches Verhältnis zur Prinzessin zurück, so daß sie ihm endlich (918–923) einen direkten Verweis geben muß.

914. *den Mann den du beschütztest.* Ebenso wie 915 als allgemeine Formulierung gemeint, also „einen Mann"; natürlich kann ein spezielles Erlebnis im Hintergrund stehen, doch kommt es im Zusammenhang hier darauf nicht an.

920. *Anstatt daß* = während (oder: im Gegensatz zu meiner Schwester, die ...) Wie 1009. Ferner Bd. 7, S. 291,14; Bd. 8, S. 150,3; Bd. 11, S. 230,16 u. ö.

928ff. Durch seine sentenzartige Bejahung der „servitù" lehnt Tasso die Möglichkeit einer rein freundschaftlichen Beziehung zu dem Herzog ab, wie er sie mit der Prinzessin zu haben glaubt, und aus ihrer Antwort geht hervor, daß sie seine Worte so versteht.

947. *Die Grazien* (Charitinnen). Von ihnen sagt Goethes Freund K. Ph. Moritz in seiner „Götterlehre der Alten", 1791: „Vom Himmel senkten die drei Huldgöttinnen zu den Sterblichen sich hernieder, um die schönen Empfindungen der Dankbarkeit und des wechselseitigen Wohlwollens in jeden Busen einzuflößen. Auch waren sie es, welche vor allen andern Göttern den Menschen die süße Gabe zu gefallen erteilten ... Hand in Hand geschlungen wandelnd, bezeichnen sie ... jede sanfte Empfindung des Herzens, die in Zuneigung, Freundschaft und Wohltun sich ergießt."

951–958. Diese Verse wurden von Goethe gegen Ende der Textrevision als stärkende Motivierung eingefügt. Das Motiv der vermittelnden Rolle der Prinzessin fand er bei Serassi (S. 140, 214f.: Tasso und Pigna). Riemann Bd. 20, S. 139: „Sucht man nach einer ‚Schuld' der Prinzessin, so liegt sie hier. Diese unmögliche Forderung führt den Ausbruch des Konfliktes herbei."

963ff. Das hier sich äußernde Mißtrauen bereitet das Motiv von Tassos Argwohn im 3. Auftritt des 4. Aufzugs vor.

970ff. Die Prinzessin warnt Tasso vor einer misanthropischen Selbstsucht, die den Menschen von anderen so isoliert, daß er vor der Wirklichkeit nur in einer fiktiven Idealwelt Zuflucht finden kann. Vgl. Bd. 1, S. 51 *Harzreise im Winter* 29–42.

979ff. *Die goldne Zeit.* Für die Prinzessin ist das Goldene Zeitalter (975) zunächst eine utopische Idealwelt; da aber seit Sannazaros 1502 gedrucktem lateinischem Schäfergedicht „Arcadia" – und seit Tassos „Aminta" – Arkadien und *goldne Zeit* als eine Schäferwelt miteinander verschmolzen waren – eine Schäferwelt, in der Liebesfreiheit herrscht –, drückt der in schäferlicher Umwelt gekrönte Tasso durch seine elegische Beschwörung jener Zeit seinen Widerwillen gegen die sittlichen und gesellschaftlichen Moralbegriffe aus, die es ihm unmöglich machen, der Prinzessin seine Gefühle unumwunden mitzuteilen. Der erste Chor in Tassos „Aminta", „O bella età de l'oro", ist eine Klage um die Zeit, in der es noch nicht hemmende Sitte und Ehre („Onor") gab, in der noch für Liebende das glückliche Gesetz der Freiheit galt: „S'ei piace, ei lice" *(Erlaubt ist was gefällt)*. Im Gegensatz zu diesem Chor werden 981ff. seit Vergil und Ovid typische Motive so geordnet, daß sie zusammen eine arkadische Landschaft bilden, die als statisches Bild einer *stillen* (987) Vergangenheit wirkt. Auch die Häufung formelhafter Epitheta bestärkt den Eindruck des Statischen. – H. Petriconi, Das neue Arkadien. In: Antike und Abendland 3, 1948, S. 187–200, insbes. 191ff. – Michéa, L'élément pictural S. 113. – Tasso nimmt 979ff. nicht einfach ein Gesprächsmotiv auf und malt es dichterisch aus, sondern er ergreift es, weil es mit seiner Existenz als Dichter zusammenhängt. Darüber: L. Blumenthal, Arkadien in Goethes „Tasso". Goethe 21, 1959, S. 1–24. Insbes. S. 8–10: „In dem großen Zwiegespräch zwischen der Prinzessin und Tasso im 2. Akt warnt die Prinzessin den Dichter, an die Mitmenschen zu hohe Ansprüche zu stellen, die sie nicht erfüllen können. Er würde dadurch einsam werden und schließlich an dem Versuch, die goldene Zeit wenigstens in seinem Innern wiederherzustellen, scheitern. Dies Stichwort der goldnen Zeit greift Tasso sofort auf und entwirft ein Bild Arkadiens, das sowohl in seiner sentimentalischen Reflexion als auch in den einzelnen Motiven dem Hirtendasein des „Aminta" nachgebildet ist und in demselben Motto des Chors gipfelt: ... *erlaubt ist was gefällt.* Die Prinzessin antwortet darauf, daß die goldne Zeit, so wie die Dichter sie schildern, vorbei sei und nie wiederkehren könne. Nur als geistig-seelische Gemeinschaft verwandter Herzen könne sie jederzeit verwirklicht werden, aber nicht in der Unbedingtheit der Idylle Tassos, sondern unter der Einschränkung stehend: *Erlaubt ist was sich ziemt.* (1006) ... Ihr Denken und Tun ist durch die Sitte bestimmt, und ihre Freundschaft und Liebe zu Tasso hat hier ihre Grenze ... Der tragische Irrtum Tassos und der Prinzessin besteht darin, daß die gewisse Ähnlichkeit und Ergänzung ihrer Naturen, die weitgehende Übereinstimmung ihres Gefühls, ihre Ausnahmestellung gegenüber der höfischen Gesellschaft die Grundverschiedenheit ihres Wesens überdeckt und verkennen läßt: auf der einen Seite den Absolutheitsanspruch der dichterischen Existenz und auf der andern die Erfahrung und Anerkennung der Bedingtheit des menschlichen Lebens."

995 ff. Staiger S. 413: „Hier schließt sich alles zusammen, was Tasso zu heilen vermöchte ... Wenn Tasso *hier* die volle Bedeutung des Wortes ‚Entsagung' nicht erfaßt, Verzicht und Gewinn als Eines, dann bleibt er allen Gefahren ausgesetzt, die seine Stirn schon umflügeln." – Blumenthal, Arkadien S. 15: „Die goldne Zeit ist als dichterische Fiktion nicht realisierbar, aber die Gemeinschaft der *Guten* (996) kann durch gesellschaftliche Kultur, Vornehmheit der Gesinnung und Aufgeschlossenheit des Gefühls eine Verwirklichung des ästhetischen Lebensideals sein, wenn sie um ihre Grenzen weiß und sie nicht überschreitet. Das wirkliche Leben muß so weit wie möglich ausgeschaltet bleiben, keine Leidenschaft darf sich vordrängen, und nur bei gegenseitiger Duldung und Nachsicht kann ein solcher Kult der Kunst und Freundschaft gedeihen. Es ist also ein sehr bewußtes Spiel mit strengen Spielregeln, und unter solchen Vorbedingungen wird der Versuch gewagt, Arkadien in der Wirklichkeit anzusiedeln." – Rasch S. 74–81 und 148 f. „Es gilt erkennbar zu machen, wie Goethe auch hier den Dichter zeichnet und was es

bedeutet, daß Tasso als Dichter das Bild Arkadiens in sich trägt. Es führt eine Gefahr mit sich, die Gefahr des wehmütigen Sichverlierens an ein imaginäres Traumreich. Aber es bedeutet auch einen Maßstab, an dem die Wirklichkeit erkannt und beurteilt werden kann, ein Bild des wahrhaft erfüllten Daseins, das der Dichter der Welt entgegenhält." (S. 80)

1006. *Erlaubt ist was sich ziemt.* Im 4. Chor seiner Tragikomödie „Il pastor fido", 1590, läßt Giambattista Guarini (1537–1612) die Onestà (die Sitte) sagen: „Piaccia, se lice" (Gefallen möge, was erlaubt ist). Wie jedem literarisch Gebildeten des 18. Jahrhunderts bekannt war, sind Guarinis Verse ein Gegenstück zu dem ersten Chor in „Aminta". Der „Pastor fido" war ein Lieblingswerk des Publikums bis zu Goethes Jugend. Er kannte es schon früh, in der Bibliothek des Vaters standen 3 Ausgaben davon. Vgl. Bd. 7, S. 87,12 u. Anmkg.

1030. *von.* „Statt des Genitivs der Beziehung ... steht bei Goethe einigemal ungewöhnlicher die Präposition *von.*" (Fischer, Goethe-Wortschatz S. 569 mit Beispielen.)

1053 f. Das Motiv der werbenden *Fürsten* kannte die Tassolegende seit Manso; es kommt aber bei Serassi nicht vor.

1054. *wir* = wohl Tasso und alle, die der Prinzessin Gunst genießen; deshalb in ihrer Antwort die *ihr/euch*-Form und die Bitte um *Eintracht* unter diesen.

1063. *mir.* Der Dativ bei „sehen lassen" war im 18. Jahrhundert noch häufig; bei Goethe gelegentlich, z. B. *Faust* 2890; seit Adelung setzte sich dann der Akkusativ durch.

1066ff. Tasso lobt höfisch-überschwenglich die ruhige Selbstbeherrschung der Prinzessin und dankt ihr für die wohltätige Wirkung, welche diese innere Ruhe als Duldsamkeit ausübt. Petsch S. 537f.: „Gedankengang im folgenden: Wenn die Fürsten (1071) über Glück und Unglück der Menschen sonst erhaben sind ..., so hat die Prinzessin als wahrhaft *Göttliche* (1082) das Höchste geleistet (1082-1084). Die Prinzessin weist den Vergleich mit den Göttern stillschweigend ab und erklärt ihre Teilnahme für Tasso aus ihrer Frauennatur – damit dem Gespräch die gefährlichste Wendung gebend."

1090. *Armide* (Armida): die in den Christenhelden Rinaldo verliebte Zauberin der „Gerusalemme liberata".

1092ff. Indem Tasso jetzt der Prinzessin als vorbildlicher Verkörperung alles Idealen in der „Gerusalemme liberata" huldigt, wagt er es, das *Geheimnis einer edlen Liebe* (1107) vorsichtig zu erklären. Sie antwortet 1111–1114 gleichsam im Sinne jeden Lesers, der durch idealisierende Dichtung zu gewinnen ist. Ihre fünf *wir* und zwei *uns*, die höchst vorsichtig formulieren, werden aber von Tasso überhört, und so muß sie ihn endlich zur *Mäßigung* (1121) ermahnen. – Rasch S. 148f. – Zu 1093 *einer alles schuldig* vgl. Bd. 1, S. 373 *Einer einzigen angehören* ...; zu 1096 *überglänzend* vgl. Vers *Faust* 10063.

1100. *Tancred* (Tancredi) verliebt sich in die spröd-jungfräuliche, *edle heldenmütige* (Bd. 7, S. 235,25f.) Heidin *Chlorinde* (Clorinda), die er im Gefecht tödlich verwundet, dann tauft, als sie stirbt. (Vgl. Bd. 7, S. 27,13–25.)

1101. *Erminia*, Freundin der Chlorinde (Clorinda), ist heimlich in Tancred (Tancredi) verliebt.

1102. Die Episode der gegenseitigen Opferbereitschaft *Sophronias* und ihres Liebhabers *Olindo* war in Deutschland im 18. Jahrhundert auch durch Cronegks Drama „Olint und Sophronia", 1760, bekannt. Serassi S. 197 glaubt in der Prinzessin das Vorbild der Sophronia erkennen zu können.

1121f. *Mäßigung* und *Entbehren* sind Forderungen, die nach dem Gang des Gesprächs hier folgen müssen, aus dem Charakter der Prinzessin heraus, die die Notwendigkeit des *Entbehrens* einsieht und es sich selbst vorschreibt, aus dem Charakter Tassos heraus, dem eben diese *Mäßigung* fehlt, und aus der ganzen verfeinerten Seelenkultur des Dramas heraus, zu deren Welt solche Begrenzungen gehören. Sie sind im Drama die Gegengewichte zu Tassos künstlerischer Unbedingtheit und psychischer Gefährdung, ähnlich wie sie in Goethes Weltbild ihren Platz hatten, aus einem Gefühl für die Ganzheit und das Gleichgewicht des Daseins heraus, aber auch aus leidvoller Erfahrung. Es ist also ein Motiv, das man seit den ersten Weimarer Jahren durch sein ganzes Werk verfolgen kann. Er dankt Frau v. Stein: *Tropftest Mäßigung dem heißen Blute* (Bd. 1, S. 123), mahnt den Herzog, er müsse *fähig sein, viel zu entbehren* (Bd. 1, S. 112) und formuliert die Lehre von *Freiheit und Maß* verallgemeinernd in den Lehrgedichten (Bd. 1, S. 203). Im Alter wird *Entsagung* zu einem Hauptthema der *Wanderjahre* und der *Novelle*. – Sachreg. in Bd. 14 unter *Entbehren*, *Entsagung*, *Mäßigung*. – Interpretation der Szene: Rasch S. 146–149. – Schon die ältere *Tasso*-Deutung hat darauf hingewiesen, daß Tasso zwar die Forderung der Prinzessin reflektiert (1147–1154, wörtlich anknüpfend 1147), doch daß fraglich bleibt, ob er sie recht verstanden hat und seiner Natur nach beherzigen kann. Metz S. 302ff.: „Goethe gebraucht in seinen Dramen öfters den Kunstgriff, die Entwicklung der Handlung am Punkte ihres Beginns unter eine Bedingung zu stellen, die nachher die Entscheidung beeinflußt: im *Faust* ist es die Wette, in *Iphigenie* das Versprechen des Thoas rücksichtlich ihrer Heimkehr, hier die Bedingung des Entsagens. Die Frage, von der das weitere abhängt, ist: Wird Tasso die Bedingung halten? Ja, ist er auch nur fähig, sie zu halten?"

Zweiter Auftritt. Tassos Monolog, der erste des Schauspiels, ist dramatisch-ironischer Ausdruck eines auf Mißverständnis gegründeten Liebesglücks. Aus seinem Glauben, er könne sich die Prinzessin durch Erfüllung ihrer tatsächlichen – oder der ihr von ihm zugeschriebenen – Wünsche *verdienen* (1148), erklärt sich sein ungestümes Werben um Antonios Freundschaft im nächsten Auftritt, denn sie hatte gesagt: *Ihr müßt verbunden sein!* (956) Ihre Warnungen vor Übereilung (767ff.) und *Heftigkeit* (1120) hat er aber im Rausche des Gefühls völlig vergessen.

1132f. Die Entführung des schönen Jägers Kephalos durch Eos (Aurora) ist ein Lieblingsmotiv der Renaissancemalerei.

1161ff. Der Topos der erwünschten Vervielfachung der Zunge; Ilias 2,489: zehn; Äneis 6,625: hundert; ebenso Gerusalemme liberata 9,92; Johann Mentzer (1704 gedichtet): „O daß ich tausend Zungen hätte ..." – Bd. 7, S. 10, 13.

1165. *Von frühem Honig.* Topische Anspielung auf Legenden, daß Bienen die Lippen des schlafenden Pindar und anderer Dichter in ihrer Kindheit versüßt haben sollen.

1189. Auftakt fehlt. Der Vers beginnt mit einer Pause, hat eine Pause nach *Brust*, und man muß wohl nach *O* eine kleine Pause setzen, dagegen das Ende des Verses verhältnismäßig eng mit dem Anfang des folgenden verbinden. *Witterung des Glücks* = glückliche Witterung, ähnlich *Faust* 9128f.

Dritter Auftritt. Als Wendepunkt der äußeren Handlung entspricht Tassos Herausforderung des Antonio der inneren Wandlung, die Tasso im 2. Auftritt schon durchgemacht hat. – K. May S. 1176ff.: „Es ist der Sinn dieser Szene des Streits und der Wille Goethes, daß wir ohne einseitige Teilnahme erkennen, wie hier das Recht und das Unrecht auf beiden Seiten besteht ... Es stellt sich ein Ausgleich auch dadurch her, daß die klassisch gemessene Sprache einen letzten Abstand innehält zur leidenschaftlichen Bewegtheit in der Redeweise Tassos, und umgekehrt die auserlesen vornehme Diktion des Antonio mit ihrer eigenen Tendenz zur allgemeingültigen Weisheitsrede durchsetzt und abgeschwächt ist von Spuren einer gewissen gereizten Selbstsüchtigkeit." – Ausführliche Interpretation der Szene bei Rasch S. 81–94, ergänzend ebd. S. 42 u. 108.

1199. *Dich kenn ich nun ...* Für Tasso Anknüpfung an das Gespräch mit der Prinzessin, insbesondere 951–957; für den Zuschauer dramatisch-ironische Betonung der Blindheit des sentimentalischen Dichters und Menschen, welche schon Alfons 296f., 310f. ausgesprochen hat.

1200. *Dir biet ich ohne Zögern Herz und Hand.* Bei den Humanisten des 16. Jahrhunderts ist das direkte „Antragen der Freundschaft" (amicitiam offerre) eine nicht selten auftretende Wendung. Auf einem anderen kulturellen Hintergrund, gefördert durch die Empfindsamkeit, gab es Vergleichbares in deutschen literarischen Kreisen seit Gellert, Klopstock und dem Göttinger Hain. Goethe hatte seit der Zeit des Sturm und Drang übereiltes Schließen von Freundschaften, aber auch mitunter deren späteres Zerbrechen erlebt. Auf die Zeitgenossen Goethes, denen die seelische Haltung der Empfindsamkeit geläufig war, haben vermutlich Tassos Worte 1199ff. weniger überraschend gewirkt als auf spätere Leser. (Vgl. Briefe Bd. 1, Nr. 77, 81, 98; Briefe an Goethe Bd. 1, Nr. 32, 40 u. a.)

1211. Tasso befürwortet, wie schon 979ff., den unverdorbenen Instinkt, jetzt aber im Geiste seiner idealisierenden Auffassung der Prinzessin als „Schöner Seele". (Vgl. *Iphigenie* 1873f.) Doch kurz darauf gibt er durch das Wort *Pflicht* (1215) zu erkennen, daß er nicht als Schöne Seele um Antonios Freundschaft geworben hat, sondern im Zusammenhang der höfischen Welt.

1229. Erst hier beginnt Antonio mit leicht spöttischer Ironie zu reden, was dann Tasso in 1244 übertrieben nachahmt.

1237–1243. Vgl. Bd. 12, S. 413 Nr. 356 und S. 517, Nr. 1087f.; Bd. 13, S. 38,3ff. und die zahlreichen anderen Äußerungen zu diesem Thema. Sachregister in Bd. 14 unter „Selbsterkenntnis".

1247ff. Der konziliante Ton erwirkt zunächst eine neutral-vorsichtige Haltung bei Antonio, der aber dann durch Tassos leidenschaftliche Berufung auf die Prinzessin wieder – und endgültig – verstimmt wird, was zum direkten Spott 1298ff. führt.

1265. *goldene Wolke:* Hoffnung und dichterische Weltauffassung symbolisierend. Bd. 1, S. 52: *Aber den Einsamen hüll' in deine Goldwolken* ...

1268. *mäßigen* = maßvollen, richtig abwägenden.

1303. Tasso nimmt hier das Talent allein für den Dichter oder Künstler in Anspruch. Vgl. 304 u. Anmkg.

1306ff. *Glück* = fortuna. Man malte die Glücksgöttin Fortuna als blind oder mit verbundenen Augen. Auch die *Gerechtigkeit* (iustitia) wurde allegorisch mit einer Binde vor den Augen dargestellt. *Minerva* (Pallas Athene), Göttin der Kunst, aber auch der kühlen Überlegung (1312f.) paßt zu *Lohn* und *wohlverdienten Schmuck* (1314f.) wie Fortuna zu dem *zufälligen Putz*.

1316ff. Rasch S. 108f.: „Im 2. Akt trägt Tasso den Kranz, wenn er sich Antonio nähert. Wie die Gesellschaft, die Tasso mit dem Lorbeer krönte, nicht völlig wußte, was sie tat, so weiß es auch Antonio nicht ganz, wenn er jetzt diesen Lorbeer verhöhnt als *leichten* Kranz (1300), der ohne Leistung und Verdienst durch bloßes Glück erobert wurde, ein *zufälliger Putz* (1315). Für Tasso ist dieser Spott mehr als eine empfindliche Kränkung: eine Verneinung seines Daseins von Grund aus und fast ein Frevel, weil er nicht nur ihn als Menschen trifft, sondern die göttliche Dichtergabe selbst, die ihm verliehen ist. Denn als ehrendes Zeichen dieses Talents, das ihm *die Götter gaben* (522, 1303), wie es die Prinzessin hervorhob, und nicht als bloßes Zeichen persönlichen Ruhms hat er den Kranz angenommen, bereit, beides zu *tragen* (522f.). So antwortet er auf Antonios Hohn mit dem Hinweis auf die Gabe der Gottheit. Es ist an Apollo zu denken, der selbst den Lorbeer trug. Was Tasso mit dem Kranz empfing, das ist noch immer der Lorbeer des Mythos. Er ist ihm *heilig und das höchste Gut* (1325). Aber er würde ihn bereitwillig dem Würdigeren, dem größeren Dichter abtreten (1331–1337). Diese Bereitschaft ist aufrichtig, und auch das Wort von der Gabe der Götter (1335) spricht für Tasso eine tiefste Wahrheit aus und ist nicht etwa eine ornamentale rhetorische Floskel, eine eitle Metapher." Ebd. S. 86: „Diese Verse Tassos weisen zurück auf die Bekränzungsszene und die Elysiums-Vision des ersten Aktes, in der Tasso die vorbildlichen Helden und Dichter des Altertums vereinigt sah. Die Welt der Dichtung und die Welt des tätigen Handelns, die einst verbunden und einander zugeordnet waren, treten in der Streitszene auseinander. Bei diesem Streit geht es im Grunde um die Ebenbürtigkeit des Dichters mit dem Handelnden, die Tasso mit angemessener Würde behauptet, Antonio mit Schärfe bestreitet. Er tut das gereizt, mit der Heftigkeit des Affekts, aber man spürt, daß er Tassos natürlichen Anspruch wirklich nicht versteht und nur eine eitle Anmaßung darin sehen kann."

1355. Der Gedanke, daß neben dem Geburtsadel (nobilitas generis) ein Adel des Geistes (nobilitas literaria) gleichen Rang haben sollte, wurde in der Renaissance von den Schriftstellern mehrfach ausgesprochen und in begrenztem Maße auch durchgesetzt. – Burckhardt, Die Kultur der Renaissance, 5. Abschnitt, 1. Kap. – Joseph Lange, Polyanthea nova. Francof. 1612. Art. „nobilitas". – Dt. Barockforschung, hrsg. von R. Alewyn. 1965. S. 149–151, 175.

1359ff. Tasso wiederholt seine Anklage von 1323, aber durch den Vergleich mit der *Spinne* wird sie zu einer Beleidigung, die Antonio *unsittlich* (1365), d. h. unziemlich, der höfischen Sitte nicht entsprechend (vgl. 1419) nennen muß.

1365. *Sich gut halten* = sich für gut, für anständig halten. (Fischer, Goethe-Wortschatz S. 318.)

1365ff. Die verkettende Wiederaufnahme eines Wortes oder Begriffes (je Sprecher 2 Verse) versinnbildlicht die von beiden Sprechenden geteilte Schuld an dem Streit. Stilistisch anknüpfend an Tasso, „Aminta" 947–961, wo wiederum antike Vorbilder nachwirken.

1372. *Lippenspiel* = Beredsamkeit.

1377. *frech:* anmaßend, unbedenklich, unbeherrscht. Vgl. *Tasso* 1948, 3263; *Faust* 1055, 8118.

1394ff. Die Stichomythie besteht aus einer Serie von Reden und Gegenreden, die duellartig wirkt. Vgl. *Faust* 8810–8825.

1404. *Vergib dir nur* ... Das, was dir selbst zukommt, kannst du außer acht lassen, das, was diesem Ort zukommt, nicht. (Fischer, Goethe-Wortschatz S. 680.) Vgl. 1384ff. und 1495ff., 1505ff. – Sowohl die Tassolegende wie Serassi S. 236ff. erzählt, daß Tasso, nachdem er sich mit dem Degen gegen die Brüder eines wegen Verleumdung von ihm geohrfeigten Freundes verteidigte, von dem Herzog öffentlich einen Verweis erhielt, obwohl dieser sein Benehmen privat billigte, und daß er, nachdem er in Anwesenheit des Herzogs und der beiden Prinzessinnen einen von ihm als untreu verdächtigten Diener mit einem Messer angegriffen hatte, auf seinem Zimmer im Palast mit Arrest bestraft wurde, den Alfons aber bald aufhob. – Rasch S. 90f.: „Ein wirklicher, bösartiger Intrigant durfte Antonio nicht werden, denn er hatte ja eine sehr bedeutsame andere Funktion im Drama: die eines gewichtigen, vollwertigen Gegenspielers, der die Wirklichkeitswelt repräsentiert und nicht etwa ihre schlechterdings minderwertigen, kleinlichen oder bösen Seiten. Die Kombination dieser beiden Funktionen in einer Figur ist das künstlerische Wagnis im *Tasso.* Es ist gewiß der schwächste Punkt im Gesamtgefüge und die eigentliche Quelle vieler Mißverständnisse. Das Prinzip, nach dem die Figur gebildet ist, ist klar und in seiner Berechtigung unverkennbar. Es ist, dramaturgisch gesprochen, das Prinzip des ‚gemischten Charakters', menschlich gesehen die Wahrheit, daß auch der Rechtschaffene und Noble seine schwache Stunde hat, daß auch der Beherrschte einmal entgleist. Die Gestalt Antonios wird durch diese innere Spannung lebendig und interessant. Man wird aber vielleicht sagen dürfen, daß dieses Prinzip am Schluß der Duellszene aufs äußerste angespannt wird; es entsteht gleichsam eine dünne Stelle, die gerade noch zusammenhält. Antonios Provokation hat eine Nuance des Perfiden, die nur schwer mit seiner noblen Natur vereinbar ist ... Ohne jeden Zweifel verletzt Antonio den Geist des Duellverbots. Denn dessen Sinn kann es nicht sein, im Bereich des Palastes ungestrafte Beleidigungen zu ermöglichen."

Vierter Auftritt. Der Herzog tritt als Unparteiischer zu den Streitenden. Er erkennt die Situation, sein Urteil ist milde. – Rasch S. 97f.: „Die ganze Szene, dieses Terzett der drei Männer, ist in feinsten Nuancen abgetönt ... Die Bestrafung sollte nur ein symbolischer Akt sein. Aber Alfons hatte nicht bedacht, welche Bedeutung ein symbolischer Akt für Tasso hat ..." Eingehende Interpretation der Szene: Rasch S. 92–100.

1422. *Zutraulich* = voll Vertrauen. (Fischer, Goethe-Wortschatz; Boucke, Wort u. Bedeutung S. 151.)

1462. *tratst du ... nicht* = wärest du nicht getreten. Irrealis wie *Herm. u. Doroth.* III,77; *Faust* 10063, 11961; *Reineke Fuchs* IV 250f. u. ö. – Paul, Dt. Gramm. IV, § 463.

1473. *ausgehalten* im Sinne von „mir Widerstand geleistet". Fischer, Goethe-Wortschatz S. 68: „ungewöhnlich mit Personobjekt: den Streit mit jemandem durchführen".

1480f. *Gesetzes ... Orts:* sie erfordern Waffenruhe unter den Angehörigen des Hofes.

1538. *heilig.* Bei Goethe nicht nur in der spezifisch religiösen Bedeutung, sondern oft: sehr wertvoll, vorbildhaft, geistig wegweisend, Ehrfurcht einflößend, auf das Vollkommene hinzielend, heilbringend. – Isabella Rüttenauer-Papmehl, Das Wort „heilig" in der dt. Dichtersprache. Weimar 1937. – Fischer, Goethe-Wortschatz. – Adelung. – Dt. Wb. – Sachreg. in Bd. 14.

1555. *vergeben* = vergeblich, nutzlos; wie *Faust* 8833; *Nat. Tochter* 2837.

1563. Alle Lebensbeschreibungen erwähnen, daß Tasso 1571 seinen ersten Gönner in Ferrara, den Kardinal Luigi d'Este (1536–1586), an den Hof Karls IX. begleitete.

1576. Die zwei fehlenden Takte bezeichnen eine Pause. Der Fluß der Fünftakter stockt wie Tassos Gedankenfluß und Hoffnung. Danach folgt bis zum Ende des Auftritts Tassos Abschied von dem Lorbeerkranz. Niemand hat dessen Rückgabe von ihm verlangt. Für ihn ist sie die notwendige Folge, zu verstehen aus seinem Symboldenken. – Ausführliche Interpretation bei Rasch S. 97ff. und 109f., wo es u. a. heißt: „Als Bestrafter, als Gefangener darf er den Lorbeer nicht tragen. Die alte Vorstellung vom Schuldbefleckten, dem ehrende Zeichen nicht erlaubt sind, ist für Tasso noch wirksam. Er selbst fühlt sich freilich nicht schuldig vor seinem Gewissen, weil Antonio ihn zu seiner Verfehlung gereizt hat. Wenn aber die höhere Instanz ihn nicht freispricht, so muß er den Makel der Gefangenschaft tragen, seine formale Schuld büßen und den Lorbeer abtun ... Kuß und Träne, die er dem Kranz zum Abschied widmet, haben nichts Weichlich-Sentimentales, sondern sind von antikischer Würde, Zeichen der Trauer um die Zerstörung des Unvergänglichen." – Blumenthal S. 19: „Bei dem Zusammenstoß der Unbedingtheit des Dichters mit der Bedingtheit des Lebens, wie sie sich in dem Realpolitiker verkörpert, unterliegt der Dichter. Was über ihn wegen seines Überschreitens der Grenze verhängt wird, scheint nur eine geringfügige Strafe zu sein, der keine pragmatische Bedeutung zukommt und die auch bald wieder aufgehoben wird. Aber für Tasso ist sie die Katastrophe, und alles, was im weiteren Verlauf des Dramas geschieht, ist nur noch ein Aufdecken dieses Unheils. Auch wenn man das Ende des Schauspiels nicht als Tragödie auffaßt, sondern eine Rettung Tassos mit Antonios Hilfe für möglich hält, so ist eins doch endgültig: der Verlust Arkadiens."

1579. *geprüft* = vom Geschick auf die Probe gestellt.

1583. *Not* = Notwendigkeit, Geschick.

1593. Das Wort *Ruhe* ist mit Hebung und Nebenhebung zu sprechen, dann folgt eine Pause, später nach *Tapfern* eine kürzere Pause. Eine genauere klangliche Analyse der Verse 1591–1594 gibt Beißner in: Der Deutschunterricht 16, 1964, S. 35 f.

Fünfter Auftritt. Tasso hat als Anlaß des Streits nur das Verachten seines Freundschaftsangebots (1476) genannt, nicht aber das, was er als *Verachtung* (1340) seines Dichtertums, d. h. seines innersten Wesens fühlte. Für Antonio ist die jugendliche Leidenschaftlichkeit, der Tasso soeben Ausdruck verliehen hat, genügende Erklärung ihres Streites. Entscheidend ist die Haltung des Herzogs. – Rasch S. 102: „Am Schluß des 2. Aktes widerfährt Tasso wirklich Gerechtigkeit. Alfons erweist sich in der Tat, wie Tasso es hoffte, als großherziger und weiser Fürst, der nicht nur den Buchstaben, sondern den Geist des Gesetzes gelten läßt und die Seinen vor Erniedrigung in Schutz nimmt. Aber Tasso erfährt zunächst nichts von dieser Einsicht. Was am Schluß des zweiten und im dritten Akt vor sich geht, wie das Urteil über ihn sich wandelt, das weiß er nicht, während es der Zuschauer weiß, wenn er ihn zu Beginn des 4. Aktes wieder erblickt. Goethe hält Tasso während des ganzen 3. Aktes von der Szene fern."

1606. Erst aus der symbolischen Ablehnung von Kranz und Schwert konnte Alfons den gefährlichen Grad von Tassos Entfremdung erkennen, aber als das geschah, entfernte sich Tasso sofort. – Rasch S. 100: „Das Szenenpaar II,4 und II,5, das eine Einheit bildet, ist wie eine Musik mit ineinandergreifenden Stimmen gebaut, und die Stimme des Herzogs setzt hier (1606) mit kunstvoller Verzögerung ein. Diese Verzögerung ist dramaturgisch notwendig im Interesse der Gesamtkonzeption; denn würde Tasso diesen Satz noch hören, so vernähme er jetzt endlich das Wort des gerechten Verständnisses, das er so schmerzlich vermißte, und alles würde anders verlaufen. Der weitere Gang des Geschehens wird dadurch bestimmt, daß Tasso mit dem Gefühl, nicht ganz gerecht behandelt worden zu sein, seine Zimmerhaft abbüßt. Jene Verzögerung aber ist völlig motiviert und bewundernswert in das Gefüge der Szene hineinkomponiert. Des Herzogs Wort ist zunächst ein entschiedenes Mahnwort für Antonio, dem schon vorher ein warnender Zuruf galt und der nun endlich begreift, daß Alfons den Fall ganz anders ansieht als er selbst."

1610. *Meinung:* öffentliche Meinung (Dt. Wb 6, Sp. 1944; Fischer, Goethe-Wortschatz S. 428).

1613f. Antonio will sagen, er habe keine Veranlassung zu einem nach ritterlichem Kodex unvermeidlichen Duell gegeben, da ein solches eine Beleidigung in der Öffentlichkeit vorausgesetzt hätte; und so muß er endlich, durch einen leichten Verweis (1619ff.) *beschämt* (1645), des Herzogs Versöhnungsprogramm gutheißen.

Dritter Aufzug

Eine Reinschrift des 3. Akts bis Vers 2111 lag Ende Januar 1789 so gut wie fertig vor. Die fehlenden Verse 2112–2188 kamen vor Ende Juni in die Reinschrift. – Daß Tasso nicht auftritt, versinnbildlicht sowohl seine Isolierung wie die Tatsache, daß ein Geschehen um ihn dargestellt wird, und trägt im folgenden Akt zur erhöhten dramatisch-ironischen Spannung bei, die vom Wissen um Leonore Sanvitales Plan abhängt.

Erster Auftritt. Die ratlose Unruhe der sonst durch Selbstbeherrschung ausgezeichneten Prinzessin entspricht einer Fassungslosigkeit, die Tasso gefährdet und die bei ihr zur Folge hat, daß sie andere Menschen meidet. Ihre Worte lassen erkennen, daß zwischen dem 2. und dem 3. Akt so viel Zeit vergangen ist, daß sich die Nachricht von Tassos Streit und Bestrafung am Hofe verbreitet hat.

Zweiter Auftritt. Ausführliche Interpretation: Rasch S. 146–155, ergänzend 80f.

1682ff. Durch ihre Selbstanklage, das geschehene Übel nicht verhindert zu haben, verrät die Prinzessin die Scheu vor harten Wirklichkeiten, die auch ein unmittelbares Verhältnis zu Tasso unmöglich macht. Eine Wesensdeutung der Prinzessin gibt insbesondere Hofmannsthal in seiner „Unterhaltung über den *Tasso*".

1704ff. Vgl. *Lehrjahre* VIII,5: *Wenn einer nur das Schöne, der andere nur das Nützliche befördert, so machen beide zusammen erst einen Menschen aus.* (Bd. 7, S. 552,28ff.) – Leonores Worte formulieren das Hauptthema dieses und des folgenden Aktes. (Vgl. K. May S. 1178ff. und Wolff S. 69.)

1720. *Antonio.* Dreisilbig (sonst in diesem Akt viersilbig).

1724. *Die gute Zeit:* die Heilung bringende Zeit. Vgl. 1899.

1725–1740. Stichomythie „mit antik gnomischem Abschluß" (K. Reinhardt S. 355).

1733. *im Freunde sich verdammen* = durch das *Verbannen* (1729) des Freundes sich selbst zum Leiden des Verlusts *verdammen.*

1734. den *Freund in dir:* den, welchen du in der Seele als Freund hältst (vgl. *Iphigenie* 1716f.) und der sonst an den hiesigen Spannungen zugrunde gehen würde.

1747ff. Loiseau, Torquato Tasso S. XXIV: „A quel point elle (die Prinzessin) est profondément touchée par la catastrophe qui a fondu sur Tasso, nous le comprenons sans peine, quand nous la voyons, malgré tout désir de sauver le poète, rester inactive et confier à la Comtesse les démarches auprès d'Antonio et de Tasso, qu'elle aurait pu et dû faire elle-même ... C'est sa non-intervention qui fait croire à Tasso qu'il est abandonné d'elle, comme il croit l'être des autres ... Lorsqu'enfin elle intervient (V,4), il est trop tard."

1749. *gedenken* = nicht vergessen, im Kopf behalten (für Belohnung oder für Rache) wie *Reineke Fuchs* IX,13.

1765 ff. In einem Brief vom Jahre 1576 berichtet Tasso, die Prinzessin sei dank mütterlicher *Erbschaft* imstande, ihm Hilfe zu geben (Serassi S. 222).

1771. *Wirt* = Haushalter; jemand, der mit Geld umzugehen weiß. (*Herm. u. Doroth.* III,53; VII,174; VIII,104.) Inhaltlich auf eine Stelle in der allgemeinen Charakteristik Tassos bei Serassi (S. 507) zurückzuführen.

1786. *was er verdient.* Alfons erhielt die von ihm 1574 umworbene Krone von Polen nicht; auch gelang es ihm nicht, die erwünschte Präzedenz vor den Medicis zu erhalten oder als Adoptivsohn des deutschen Kaisers anerkannt zu werden.

1787 ff. Die kinderlose Lucrezia mußte sich 1574 von ihrem Gemahl trennen. (Vgl. Anm. zu 889 f.)

1792. *unsrer Mutter.* Vgl. 108 u. Anm.

1794 f. *fremden Irrtum.* Serassi S. 129: „Gli errori di Calvino". Nach der Entdeckung von Renatas Calvinismus wurden die Töchter auf ein Konvent zur Erziehung gebracht. Renata starb 1575.

1800. Die Klage der Prinzessin um den Verlust aller lebenspendenden Werte ist ein Vorklang von Tassos *Nur eines bleibt* (3426 ff.).

1813 ff. Auf dieses Thema schrieb Tasso das von Manso S. 53 f. zitierte Sonett „Ahi ben è reo destin, che invidia e toglie" (Serassi S. 132).

1823 ff. *Der Augenblick, da ich zuerst ihn sah* ... 1823–1836 ist Parallele zu Tassos Worten 868–887. Rasch S. 145 f.: „Goethe hat die Wahrheit und Tiefe dieser wechselseitigen Liebe durch verborgene Gleichklänge ausgedrückt, mit denen gleichsam einer dem anderen an entfernter Stelle antwortet und die ihre innere Verbundenheit, die Verwandtschaft ihrer Gefühle verraten ... (868 ff., 1823 ff.) ... *Ich stritt und stritt* (3262) sagt Tasso, – *Ich wich und wich* (1892) die Prinzessin. Die leidenschaftliche Gefühlssprache dieser verwandten Seelen durchtönt in verräterisch ähnlichen Klängen das tragische Spiel."

1840 ff. Obwohl die Prinzessin gleichsam vor sich hinredet, wagt sie es noch nicht, ihre Gefühle für Tasso anders als sentenzenhaft zu formulieren, aber schon die lyrischen Elemente ihrer Sprache verraten die Gefährdung tieferen Gefühlsbereichs.

1853. *entschlossen.* An diesem Punkt wird das Entbehren zur Entsagung.

1855. Sechsfüßiger Jambus: hier entspricht die Versverlängerung genau dem Sinn der Worte.

1857ff. Rasch S. 154: „Ein Trauergesang von 50 Versen – zweimal unterbrochen durch die hilflosen Trostworte der Gräfin – schließt die tragische Szene ab.“ Zunächst aber ein Hymnus auf das Beglückende dieser idealisierenden Seelenliebe.

1867f. *stimmte ... sich ... auf:* stimmte sich höher, stimmte sich empor.

1876f. Das Symbol des Getragenseins spiegelt den im Grunde statisch-passiven Charakter des beschriebenen Verhältnisses zu Tasso wider und entspricht der folgenden Ablehnung von jedem *Wechsel* (1883).

1888ff. Das Bedeutsame an diesem endlich offenen Bekenntnis der Liebe zu Tasso ist, daß für die Prinzessin die Möglichkeit einer Erwiderung gar nicht in Frage kommt.

1899. *Der guten Zeit.* Vgl. 1724 u. Anm.

1908. *erhalten* = festhalten, bewahren; wie 2079 und *Faust* 4087, 8955, 10304 u. ö.

1912. *kennen* = erkennen, sich klar machen.

Dritter Auftritt. Letztes retardierendes Moment. Petsch S. 542: „Kurzer Kampf in der Seele der ehrgeizigen Gräfin mit der Rücksicht auf die Freundin, deren tiefen Schmerz sie so wenig verstehen kann wie ihr hohes Glück ... Was als Einfall in ihr aufgestiegen war (1717), rundet sich jetzt zum voll bewußten Plan, in dem sie Antonio eine Rolle zuweisen möchte. Als wegweisendes, farbiges und gefühlsbetontes Bild klingt *Petrarchs* Verhältnis zu *Laura* an.“ – Tassos Antipathie gegen Leonore, die er der Prinzessin 962ff. gestanden hat, stellt schon im voraus die glückliche Ausführung von Leonores Plan in Zweifel und erwirkt dramatische Spannung. – Rasch S. 54f.

1914. *das edle schöne Herz.* Die Formulierung klingt ähnlich wie „Schöne Seele“, eine Bezeichnung, die in der Renaissance nicht vorkam, im 18. Jahrhundert aber eine große Rolle spielte. (Bd. 7, S. 358,2 u. Anm.)

1915. *das ihrer Hoheit fällt:* das ihr, die so hohen Rang hat, zuteil wird.

1937. *Laura* war der Name, der durch Petrarca (1939) allgemein bekannt war. Daß Leonore Tasso in diesem Zusammenhang nennt, zeigt, welchen dichterischen Rang sie ihm (vielleicht durch die Prinzessin beeinflußt) beimißt.

1948. *der freche Ruf* = das zuchtlose Gerede. Vgl. 1377 u. Anm.

1952. *Der Kreis der Dinge.* Ähnlich Bd. 1, S. 148 *Unseres Daseins Kreise.* Der ganze Nebensatz ist euphemistische Umschreibung des Gedankens: wenn ich schon längst tot sein werde.

Vierter Auftritt. – Rasch S. 110f., 130f., 127.

2006, 2009. *Den Schatten ... Der Baum:* die Gunst, die alle teilen dürfen, die in der herzoglichen „servitù“ stehen.

2026ff. Obgleich Leonore ihre Worte so setzt, daß sie Antonio für ihren Plan gewinnt, enthält ihre Schilderung des Dichterloses eine ergreifende Einsicht in das inkommensurable Verhältnis zwischen jeder höchsten Leistung und deren Belohnung, und durch dieses Motiv wird hier Tassos Zustand in der Schlußszene präfiguriert. – Rasch S. 110f.

2028. *Bilde* = Sinnbild (hier: Lorbeerkrone).

2056. Der Vers hat nur 9 statt 10 Silben, doch die Zahl der Hebungen entspricht der allgemeinen Form; nach *Ruhm* eine kurze Pause; *Zutraun* hat zwei Hebungen.

2061. Das *nicht* ist pleonastisch (Paul, Dt. Gramm. IV, § 514f. bzw. Paul-Stolte, Kurze dt. Gramm. § 279f.).

2124ff. Goethe an Charlotte v. Stein 30. Juni 1780: *Meine Seele ist wie ein ewiges Feuerwerck ohne Rast ... Wundersam ist doch ieder Mensch in seiner Individualität gefangen, am seltsamsten auserordentliche Menschen; es ist als wenn die viel schlimmer an gewissen Ecken dran wären als gemeine.* (Briefe Bd. 1, S. 310.)

2135f. *Die letzten Enden aller Dinge* ... Vgl. „die äußersten Enden von allen Verhältnissen der Natur ..." (K. Ph. Moritz, „Über die bildende Nachahmung des Schönen") in: *Zweiter Röm. Aufenthalt* Bd. 11, S. 534,25ff.

2152. *Vielleicht* ... Antonio kann auf Leonores Vorschlag nicht eingehen, vor allem deswegen, weil er gegen die Wünsche des Herzogs handeln würde; doch sie kann ihren Plan immerhin fördern, weil Alfons befohlen hat: *Lenore Sanvitale mag ihn erst Mit zarter Lippe zu besänftgen suchen* (1627f.).

2163. *Wir hoffen immer* ... Das Thema der *Hoffnung* zieht sich durch Goethes Dichtung von der Straßburger Lyrik (Bd. 1, S. 32) bis zu den *Wanderjahren* (Bd. 8, S. 148,20ff.; 433,37ff.). In *Tasso* durfte es um der Ganzheit des Bildes willen nicht fehlen und wurde am besten Antonio zugeteilt. – Bd. 14 Sachregister.

Vierter Aufzug

In der Reinschrift dieses Aufzugs, die Anfang November 1788 vorlag, fehlten noch die Auftritte 4 und 5, die Ende Juli oder Anfang August 1789 hinzukamen. – Wie im entsprechenden Akt der *Iphigenie* hat die Hauptfigur drei wichtige Monologe.

Erster Auftritt. Das Motiv der inneren Gefährdung, der Einsamkeit, des Mißtrauens und des Versuchs einer Heilung kommt (bezeichnend für das Wesen des Menschen schlechthin) bei Goethe mehrfach vor: Werther, Lila, der Harfner in den *Lehrjahren*, Plessing in der *Campagne* usw. In *Lila* sagt der Magus Verazio: *Der Unglückliche wird argwöhnisch, er kennt weder die gute Seite des Menschen noch die günstigen Winke des Schicksals.* (2. Akt). – Rasch S. 126: „Da Tasso des Herzogs endgültige Beurteilung seiner Verfehlung nicht kennt, ist seine gequälte Verdüsterung im ersten Monolog begreiflich, jedenfalls frei von jeglichem ‚Wahn' ... Freilich spricht aus diesem Monolog eine Ängstlichkeit, eine Furcht, die in der realen Situation doch nicht ganz begründet scheint. Sie verrät einen bestimmten Wesenszug Tassos: sein Mißtrauen ..., eine Schwäche, deren Herkunft an mehreren Stellen des Dramas sichtbar wird (411–414, 3138). Es ist eine Narbe, die zurückgeblieben ist von den unseligen Erfahrungen seiner Jugend ... Seither lastet ein Druck auf ihm, der Druck einer Angst, die immer mit dem Schlimmsten rechnet."

2194f. *die Stunden ..., die um dein Haupt mit Blumenkränzen spielten.* Allgemein pastorales Bildmotiv, Symbol für ein zwar nicht arkadisches, doch sorgenloses Leben (in der antiken Wandmalerei und in Fresken der Renaissance beliebt), hier zugleich tragisch-ironische Erinnerung an die Vorgänge in den ersten Szenen.

2198f. *fühlst dich an.* GWb. 1, Sp. 535: „*anfühlen:* durch prüfendes Anfassen wahrnehmen, durch Berühren innewerden".

2218. *Glück* = fortuna, wie 2323.

2234ff. metaphorisch der *schmale Pfad* in der *Nacht* vor einem *Abgrund*, um das *Haupt* des Wandrers fliegende Tiere, die er als einen *Ekel* bezeichnet; *zweideutig:* zwischen Wirklichkeit und Wahn, trügerisch, gespenstisch (Fischer, Goethe-Wortschatz S. 783; Dt. Wb. 16, 984f.). Die *Nacht* (2236) ist personifiziert, wie in der lateinischen Dichtung und in der italienischen Renaissance-Dichtung. Karl Philipp Moritz, mit dem Goethe in der Zeit, als er *Tasso* schrieb, viel zusammen war, schreibt in seiner 1791 erschienenen „Götterlehre": „Die Nacht verbirgt, verhüllt; darum ist sie die Mutter alles Schönen so wie alles Furchtbaren ... Und sie ist auch die Mutter des in Dunkel gehüllten Schicksals, ... der ganzen Schar der Träume, des nagenden Kummers, der Mühe, welche das Ende wünscht, der Zweideutigkeit im Reden ... Alle diese Geburten des Nacht sind dasjenige, was sich entweder dem Blicke der Sterblichen entzieht oder was die Phantasie selbst gern in nächtliches Dunkel hüllt." Ähnliche Funktion wie das *häßliche zweideutige Geflügel* haben die *Fledermäuse* in *Faust* 5475ff., 7788f., 7981.

Zweiter Auftritt. Tassos Niedergeschlagenheit ist beinahe zum Verfolgungswahn geworden. Die Ungunst, die er sich in Vers 1552f. noch nicht rational zu erklären wagte, deutet er jetzt als einen Triumph seiner Neider, zumal Antonios, gegen den allein er jetzt all seinen Haß richtet. Erst nachdem Tasso Leonores Plan nicht direkt abgelehnt hat, bereitet sie ihn auf Antonios Besuch vor. – Rasch S. 128f.: „Goethe ... hat das Gespräch mit der Gräfin, die Tasso besucht, so geführt, daß Tasso ihre ‚erlösende' Mitteilung auf eine

Art erfährt, die ihre Wirkung aufhebt und ihm Grund zu neuem Mißtrauen gibt... Tasso wartet unruhig auf die Entscheidung des Herzogs... Die erste, die den Verhafteten aufsucht, offensichtlich in irgendeiner Mission, ist die Gräfin – und sie bringt ihm nun diesen Vorschlag der Entfernung. Es liegt nahe, daß Tasso annimmt, man wolle ihn nicht offiziell bestrafen und verbannen, aber auf elegante und unauffällige Art loswerden... Daß sie ihn mit ihrem Rat nach Florenz locken will, bemerkt Tasso nicht. Aber zunächst kann er das auch nicht bemerken, denn sie bringt ihre Einladung erst später vor... Er fragt die Gräfin nach dem, was ihm das Wichtigste ist: ob er das Wohlwollen der Prinzessin verloren hat. Die Gräfin antwortet mit einer allgemeinen Wendung (2440) und versichert, sie würde ihn *gern entlassen*, wenn *es zu seinem Wohl gereicht* (2442). Damit deutet sie ein Einverständnis der Prinzessin mit Tassos Entfernung an. In der Tat besteht dieses Einverständnis, nur verschweigt die Gräfin, wie mühsam sie es der Prinzessin abringen mußte. Sie stellt es so hin, als sei die Prinzessin selbstverständlich und ohne Zögern bereit, Tasso zu verabschieden. Dadurch wird Tasso irregeführt..."

2250. *fast ganz verkenn ich dich:* ich kenne dich fast gar nicht wieder. Tasso nimmt den Gedanken auf in 2262. – Dt. Wb. 12,1 Sp. 639: „einen, der sich im Wesen geändert, nicht mehr als den Früheren erkennen".

2252. *Wenn einen Freund*... In der Handschrift setzte Goethe nach *Wenn* ein Komma. Dazu L. Blumenthal im Jahrb. „Goethe" 12, 1950, S. 116: „Die erste Betonung im Vers sollte also nicht auf *Freund* liegen, sondern der Vers sollte gleich mit einem starken Ton und einer darauf folgenden kurzen Pause einsetzen."

2411. *andre Götter*. Da diese neben *Sonn und Mond* genannt sind, ist wohl an die Planeten und ihre Einwirkung auf die Menschenwelt gedacht; astrologische Vorstellungen dieser Art waren in der Renaissance sehr verbreitet. – J. Burckhardt, Die Kultur der Renaiss., VI,4.

2422. *Fürsten:* Francesco de' Medici, der 1574 die Großherzogswürde erhalten hatte.

2438–2444. Leonorens ausweichende Antworten auf Tassos Fragen bieten nur momentane Befriedigung und können die psychische Krise des nächsten Auftritts nicht hindern. – K. Reinhardt S. 355: „Die Stilisierung solcher Dialogstücke, die in Gefahr sind, ohne sie zu drastisch zu geraten, wirkt, verglichen mit den griechischen Mustern, beinahe künstlich, fast schon nicht mehr klassisch, sondern klassizistisch."

2456. *in jedem Sinne:* in jeder Beziehung, unter verschiedensten Gesichtspunkten betrachtet. Eine bei Goethe verhältnismäßig häufige Wendung.

Dritter Auftritt. Dem durch eine ans Pathologische grenzende Leidenschaftlichkeit zur Hellsicht gesteigerten Argwohn Tassos ist Leonores Unehrlichkeit nicht entgangen; hieraus wie aus seinem Minderwertigkeitsgefühl deutet er jede Wirklichkeit falsch. – Rasch

S. 193: „Daß Tassos argwöhnisches Verhalten in jedem Fall vom klinischen Tatbestand des ‚Verfolgungswahns' durchaus unterschieden ist, ergibt die Interpretation, die als Ursache des Mißtrauens entweder eine wirkliche Zweideutigkeit der Umstände oder den momentanen Überdruck eines Schuldgefühls aufweist." – Metz S. 304: „Solange er wenigstens glauben kann, daß die Prinzessin ihm unverändert sei, vermag er sich innerlich zu behaupten. Allein Leonorens zweideutige, das Wichtigste listig verschweigende Antwort auf seine Frage nach ihr (2434–42) zerstört auch diesen Halt, und nun ist er steuerlos dem Gefühl tiefster Verlassenheit preisgegeben, aus dem seine Phantasie alsbald, nach seiner Art, das Bild einer allgemeinen Verschwörung zu seiner Vertreibung herausspinnt. Er beschließt, durch freiwillige Entfernung sie alle mit dem zu strafen, was sie erstreben, und was, wie er weiß, ihm selbst am wehesten tun wird."

2521. *der Mediceer neues Haus.* Cosimo de' Medici erhielt im Jahre 1537 die Herzogswürde, Florenz wurde aber erst 1569 zum Großherzogtum von Toscana erhoben.

2522ff. *Zwar nicht in offener Feindschaft* ... Das Spannungsverhältnis der beiden Häuser war im 16. Jahrhundert eine bekannte Tatsache. Nach Serassi S. 207 lag hierin der Grund von Tassos vorsichtigem Verhalten gegen die Mediceer, als er sich 1575 in Rom aufhielt, um die Revisoren seines Epos zu konsultieren.

Vierter Auftritt. Als Abbittender steht Antonio in einer so ungünstigen Lage dem beharrlichen Tasso gegenüber, daß er kaum anders kann, als dessen Gesuch um *Urlaub* (2605) Unterstützung zuzusagen. Bei Tasso tritt wieder das Denken an sein Werk in den Vordergrund (2589–2601, 2627–2643, 2684ff.). Dazu Rasch S. 46: „Auch wenn das nur ein Vorwand ist, die Sorge um das Werk ist echt. In den Dialog mit Antonio, der sich völlig in der konkreten dramatischen Situation hält, ist eine Aussage Tassos über sein Künstlertum, ein Bekenntnis zur Werkleidenschaft eingeflochten..."

2572. *Tritt nicht zurück.* Fischer, Goethe-Wortschatz S. 776 umschreibt diese Stelle: „verhalte dich nicht ablehnend".

2576. *Dichter:* Homer, Ovid und andere. *Speer:* der Wurfspieß des Achilles verwundete den Telephus; die Wunde konnte – laut Orakel – nicht anders heilen als durch denselben Spieß; Odysseus machte aus dem Rost des Wurfspießes einen Umschlag, und dieser heilte die Wunde.

2593. *Freunde.* Literarische Kenner *in Rom*, denen Tasso eine Abschrift der „Gerusalemme liberata" schickte, kritisierten das Werk auf Grund der damals geltenden rhetorischen Regeln (Serassi S. 198ff.).

2613. *Gegenwart.* Vgl. im Sachregister in Bd. 14: Gegenwart, Gegenwärtiges.

2632. *Nächte.* Tasso schreibt mehrmals von den „lunghe vigilie", die er der „Gerusalemme liberata" gewidmet habe. (Vgl. die bei Serassi S. 189 u. 245 zitierten Briefe.)

2633. *diesem frommen Lied:* diesem Epos eines Kreuzzugs. – G. Niggl, „Fromm" bei Goethe. Tübingen 1967. S. 124f.

2636f. *unsern Zeitgenossen... zu rufen.* Der Dativ kommt bei *rufen* im 18. Jahrhundert und bei Goethe häufig vor, ist hier aber durch die Kombination mit *aus einem langen Schlaf* befremdlich, „so daß man versucht sein möchte, vielmehr den Akkusativ der Einzahl im Sinne der Mehrzahl anzunehmen" (Fischer, Goethe-Wortschatz S. 511). – Tasso betont, was er in seinem Epos I, 5 sagt, daß er mit seiner Dichtung an öffentliche Wirkung denkt, daß er zu einem Kreuzzug aufrufen will. Alfons weiß das, benutzt dieses Motiv aber 687ff. spielerisch, da er meint, daß es Ideen sind, die mit der Realpolitik nichts zu tun haben. Antonio geht auf dieses Problem lieber gar nicht erst ein. Vgl. 688 u. Anm.

2649. *der letzte sein...:* bis zuletzt werde ich von ihm lernen.

2654. *Gonzaga.* Scipione Gonzaga (1542–1593), seit 1565 Fürst von Mantua, war zur Zeit der Handlung Prälat in Rom. Seit Tassos Studentenzeit mit ihm befreundet, war er immer wieder sein Fürsprecher bei Alfons und anderen (Serassi, passim). 1584 gab er die Mantuaner Ausgabe der „Gerusalemme liberata" heraus.

2657f. *Flaminio de' Nobili...* Die Namen der vier humanistischen Schriftsteller, Kritiker und Literaten, die Tassos Werk beurteilten, fand Goethe – mit vielerlei Einzelheiten – bei Serassi (S. 105, 173, 191, 228, 489). – Dizionario enciclopedico della letteratura italiana. 6 Bde. Roma 1966–1970. *Flaminio de' Nobili:* Bd. 4, S. 150; *Angelio da Barga* = Pietro Angeli oder Pier Angelo Bargeo: Bd. 1, S. 264; *Silvio Antoniano:* Bd. 1, S. 152; *Sperone Speroni:* Bd. 5, S. 178. – A. Solerti, Vita di T. Tasso. 3 Bde. Torino 1895.

2708. *Daß ich mir selbst...* Ein *nicht*, der Negation *keine* des folgenden Verses entsprechend, muß ergänzt werden.

2736. *Zweck* = Ziel. In dieser ursprünglichen Bedeutung häufig bei Goethe, z. B. Bd. 1, S. 12, Z. 129; Bd. 1, S. 49, Z. 26; Bd. 1, S. 327, Nr. 140.

Fünfter Auftritt. Tassos Argwohn erreicht den höchsten Grad. Der Monolog hat zwei Hauptmotive: *nur gegen mich* (2776) und *auch sie* (2811, 2812, 2829, vorbereitend schon 2792). Das Motiv *nur gegen mich* zeigt Tassos Mißverstehen und deutet darauf, daß in ihm selbst die Ursachen liegen, die er in anderen sieht. Indem er von *Schicksal* (2776) spricht, geht er freilich nicht ganz fehl, sofern man Schicksal und Charakter als zusammengehörig betrachtet; doch eben das tut er hier nicht. Die Anrede *Du armes Herz* (2796) ist ein Anklang an die Sprache Werthers (Bd. 6, S. 10, 26f. u. Anm.), die auf eine innere Verwandtschaft deutet. Das Motiv *auch sie* – leitmotivisch den Monolog durchziehend und sich steigernd – bezeichnet den Höhepunkt von Tassos Verzweiflung und schneidet seine Verbindung zur Welt noch mehr ab. – Rasch S. 134f. – Ryan S. 304f., 312.

2815. *Schluß.* Fischer, Goethe-Wortschatz S. 539 faßt *Schluß* hier = Beschluß, Entschluß, Ratschluß, Urteil. Das Wort steht hier aber in dem Bild der *vollgeschriebenen Tafel*, die *zuletzt* dieses *Wort* zeigt; in diesem Zusammenhang also: *Schluß* = Ergebnis, logische Folge (consequentia, conclusio, ratiocinatio), ähnlich wie *Faust* 11574 *letzter Schluß.* Goethe kannte seit seiner Jugend die damals an den Universitäten herrschende Wolffsche Philosophie, in welcher *Schluß* = „logische Folgerung, Ergebnis" ein allgemein übliches Wort war.

Fünfter Aufzug

Die Reinschrift dieses Aktes lag Anfang November 1788 fertig vor, danach erst wurde der Name *Battista* durch *Antonio* ersetzt, dessen Name also hier stets dreisilbig zu sprechen ist. Von Vers 2830–2835 gibt es eine frühere Fassung aus dem Frühjahr 1788: Lieselotte Blumenthal, Ein Notizheft Goethes von 1788. Weimar 1965. = Schr.G.Ges., 58. S. XXVIII, 40, 64, 113ff.

Garten (Bühnenanweisung). Obwohl gewöhnlich angenommen wird, das Bühnenbild sei das des ersten Aktes, spricht doch mehreres dagegen. *Garten* bedeutet nicht dasselbe wie der von Bäumen umgebene frühere *Gartenplatz*, von dem aus man zwar auf ferne *Berge* (39) blicken konnte, nicht aber das Heranfahren oder -reiten Antonios sehen konnte, während hier das Abfahren des von Vorreitern begleiteten Wagens zu sehen ist (3385ff.). Es würde außerdem von Alfons sehr ungeschickt sein, das Gespräch, in welchem er Tasso begütigen will, an der Stelle zu führen, die im Zusammenhang mit den Dichterbildnissen zu so viel Erregung geführt hat. Der 5. Aufzug spielt an einem anderen Ort im Garten, ohne solche Dichterhermen. Wenn Goethe dasselbe Bühnenbild wie in Akt I gewollt hätte, hätte er es durch gleichlautende Bezeichnung ausgedrückt wie im 5. Akt der *Natürlichen Tochter*. – Der letzte Akt spielt gegen Sonnenuntergang.

Erster Auftritt. Antonio erwirkt für Tasso den erbetenen Urlaub, dem Herzog darlegend, Tasso werde durch Welterfahrung die ihm bisher mangelnde Selbständigkeit gewinnen, um die es Alfons von Anfang an gegangen ist (vgl. 292ff.). Das tiefere Thema des Dialogs ist aber das *Talent* (2847, 2923, 2946) und die Frage, wie weit man gegenüber dessen Schattenseiten Nachsicht üben dürfe und müsse, zumal als Mäzen und Fürst. – Rasch S. 136: „Was Antonio über Tasso sagt, das charakterisiert in erster Linie ihn selbst, seine Denkweise, sein Verhältnis und Verhalten zu Tasso ... Produktiver Bildungstrieb ist ... der Mittelpunkt von Tassos Existenz, und Antonio faßt ihn nicht. Das Bild des schöpferischen Dichters, das Goethe im *Tasso* gibt, zeichnet sich auch in negativer Spiegelung, in Antonios Unverständnis, worin sich alles Unverständnis der Welt für die unbegreifliche Erscheinung des Dichters verkörpert." Ebd. S. 61: „Der Herzog Alfons ist ihm darin überlegen... und gibt Antonio einmal seine Einseitigkeit zu verstehen (2935–2939)... Daß er vom Dichter keinen *Nutzen erwarten* darf (2938), darin gerade sieht er seinen Vorteil. Dieses Wort bezeichnet am schönsten den Rang des Herzogs, dem der Dichter willkommen ist, weil er ihm die Grenzen der Nützlichkeitswelt zum Bewußtsein bringt."

2830. *das zweitemal.* Daß der Herzog Antonio zum zweitenmal zu Tasso geschickt hat, ist Ausdruck seiner Fürsorge für diesen.

2841. *Gonzaga.* Vgl. 2654 u. Anm.

2842. *Der kluge Medicis.* Ferdinando de' Medici (1549–1603), seit 1563 Kardinal, empfing Tasso 1575 in Rom (Serassi S. 207); nachdem er 1587 Großherzog von Toskana geworden war, lud er Tasso 1590 nach Florenz ein (Ebd. S. 437).

2868f. *an ihn ... fordern.* Nach älterem Sprachgebrauch statt des neueren „von ihm". Von Goethe und seinen Zeitgenossen noch mehrfach benutzt. Dt. Wb. 3, Sp. 1892, Abschn. 10. – Fischer, Goethe-Wortschatz S. 240.

2884ff. *Speis und Trank...* Einzelheiten nach Serassi S. 508, doch von Goethe lebhafter gestaltet. – Stahl S. XXVI.

2905. *Wasser.* Nach Serassi S. 256 konnte Tasso „il medicamento dell' acqua" nicht vertragen, das ihm die von der Schwester Cornelia befragten Ärzte in Sorrento 1577 für eine Kur verordnet hatten.

2906. *wasserscheu als ein Gebißner:* Biß durch ein tollwutkrankes Tier machte nach Meinung der Zeit wasserscheu. Dt. Wb. 13, 1922, Sp. 2495f.

2955. *begnügt* = zufriedengestellt, befriedigt. Wie *Faust* 7289, *Nat. Tochter* 421f.

2960. *mild* hier noch in der alten Bedeutung „freigebig" wie Bd. 1, S. 63 und Bd. 2 *Herm. u. Doroth.* I,13f.

2963. *Geschäfte:* als „Geschäftsträger" eines Fürsten, der Arbeiten, Aufgaben für diesen durchführt.

Zweiter Auftritt. Die Bühnenanweisung *mit Zurückhaltung* deutet Tassos Zustand an, im Zusammenhang mit dem vorigen Akt, insbesondere Vers 2744. Vgl. auch 3098ff. – Rasch S. 48–50.

3012. *zutraulich* = voll Vertrauen, wie 1422.

3026. *O gib die Blätter mir zurück...* Das Zurückhalten des Manuskripts der „Gerusalemme liberata" und anderer Dichtungen war nach Serassi S. 264 ein Sachverhalt, an dem Tasso 1578 besonders litt.

3031ff. Alfons' Warnung verkörpert das zeitgenössische und spätere Urteil über Tassos weitgehende Umgestaltung der „Gerusalemme liberata" zur „Gerusalemme conquistata".

3059. *Kur.* Alfons' Bedingung für Tassos Rückkehr im Jahre 1578 war, daß er sich von Ärzten behandeln lasse (Serassi S. 260), ähnlich im Jahre 1579 (ebd. S. 280).

3076. *reizend ist es* = es reizt, es verführt dazu (wie Bd. 10, S. 193, 11).

3083. *Seidenwurm*. Das Spinnen der Seidenraupe war in der italienischen Dichtung und in der Emblematik seit dem 16. Jahrhundert ein Bild für pausenlose Arbeit für eine Aufgabe. Hier verbindet Goethe damit das Bild des sich aus der Puppe entfaltenden Schmetterlings, das er auch anderswo benutzt hat (Bd. 1, S. 111; *Faust* 11981–11988). Dieses Motiv – die letzten Worte Tassos in dem Dialog – zeigt wieder, wie sehr Tasso schaffender Künstler ist und alles an ihm von daher zu verstehen ist. – Emblemata. Hrsg. von Henkel u. Schöne. Stuttg. 1967. Sp. 916–918. – Picinelli, Mundus symbolicus. Köln 1681. Lib. 8, cap. 3, Emblem 110. – D. W. Jöns, Das Sinnenbild. Stuttg. 1966. S. 218–222. – Rasch S. 49f.

Dritter Auftritt. Enthüllung des Doppelsinns von Tassos Rolle in der vorigen Szene und – nach der *Pause* – der besänftigend wirkende Anblick der Prinzessin als Vorbereitung auf die offene Liebeserklärung im nächsten Auftritt.

Vierter Auftritt. Das Schluß-Motiv der Szene stammt aus Muratori, dem Gewährsmann Goethes im Anfang der Arbeit an *Tasso*. – Ausführliche Interpretation bei Rasch S. 156–165, wo es u. a. heißt: „Warum ändert sich Tassos Verhalten? Als er noch in Gunst beim Hofe stand, den Lorbeer trug, beherrschte er seine leidenschaftliche Liebe; jetzt, da seine Situation gefährdet ist, ... gerade jetzt vergißt er sich und verletzt die Grenze... Eben weil sich Tasso am Hofe gescheitert und verkannt glaubt, klammert er sich verzweifelt an die Prinzessin, an das einzige, was ihm bleibt... Daß Tasso nicht rechtzeitig geht, macht ihn schuldig. Doch gilt es, diese Schuld genau zu bestimmen... Die kränkliche, unvitale, unsinnliche Prinzessin erregt in Tasso nicht eine plötzliche Begierde, deren er im Moment nicht Herr würde. Tasso läßt sich in leidenschaftlicher Erregung hinreißen zu dieser Umarmung als zu einer Bekräftigung seiner völligen und rückhaltlosen Hingabe an die Geliebte." (S. 159 u. 161).

3137. *Napel* = Napoli. Wie *Faust* 2982 und *Röm. Eleg.* II,11. Meist benutzt Goethe aber die Wortform *Neapel* (Register in Bd. 11 u. 14).

3138. *Bann*. Tassos Vater war aus Salerno verbannt. Das Motiv, daß der *Bann* zugleich für den Sohn galt, hat Goethe aus Manso. Vgl. 407ff.

3141ff. *Verkleidet geh' ich hin*... Tasso beginnt, einen Plan mitzuteilen, doch sofort malt seine dichterische Phantasie diesen näher aus, das zeigen vor allem die Einzelheiten 3145ff. Motivische Anregungen bei Manso und Serassi (Tassos Flucht aus Ferrara 1577). – Metz S. 295. – Rasch S. 41. – Besonders eingehende Interpretation dieser Partie: E. M. Wilkinson 1962, S. 79ff.; Wilkinson 1974 S. 98ff.

3181. *Pilgermuschel... schwarzen Kittel.* Pilger pflegten, um schon äußerlich anzudeuten, daß sie eine Wallfahrt machten, eine dunkle Kutte zu tragen, an dieser oder am Hut eine Muschel, dazu einen langen Stab.

3187. *Vertritt mich:* setze dich für mich ein, sei meine Fürsprecherin bei dem Herzog.

3188. *Laß mich in Belriguardo...* Tasso, der auf Grund des Gesprächs mit Leonore Sanvitale angenommen hat, auch die Prinzessin wünsche seine Entfernung, fühlt nun, daß es anders sei. Sofort denkt er an Bleiben, und nun malt seine dichterische Phantasie und dichterische Sprache das Bild des Gärtner-Daseins, bezeichnend dafür, wie mühelos ihm ein innerer Bildervorrat zu Gebote steht und wie leicht er sich in Gedanken ein Dasein ausmalt, das er in der Wirklichkeit nicht leben könnte. – Ausführlich interpretiert von E. M. Wilkinson 1962, S. 84, wo es u. a. heißt: „If these visions of Tasso are not yet poems, they are the drafts of poems. They reveal the characteristic qualities of the poetic mode of thought." Wilkinson 1974 S. 104f. – Rasch S. 156f. – Ryan 307f.

3198ff. *die Zitronen... decken.* Wie *Ital.Reise* Bd. 11, S. 149,30ff. *mit verbundnem Rohre:* mit abgeschnittenem und zusammengebundenem Schilfrohr. Das umgekehrte Motiv, das Abdecken im Frühjahr, kam zu Beginn 35f. vor.

3213. *und – uns.* G. Neumann S. 81: „Das *uns* ist trennend, der Bindestrich besiegelt den Bruch. *Uns* ist Hof und Gesellschaft, der Bereich der Prinzessin, trotz allem und unwiderruflich: *du* ist Tasso – allein." – Vers 3217 wiederholt das *uns.* – Rasch S. 157.

3220f. *Ich muß dich lassen..* Die Prinzessin sagt, daß die Trennung, in die sie einwilligt, ihre Anteilnahme an Tasso nicht vermindern werde, er aber hört nur das Wort *Herz.* – Loiseau, T. Tasso S. XXXI: „Y a-t-il rien de plus tragique que sa plainte désespérée, lorsque, cherchant éperdue, autour d'elle, l'aide qu'elle est impuissante à trouver en elle-même pour arracher son poète à l'étreinte de la folie, elle pousse ce cri déchirant, qui nous fait brusquement apercevoir le fond de son âme pudique." – Rasch S. 158: „Tasso aber hört nicht das *Ich muß dich lassen*, er versteht nicht die innere Not, den quälenden Konflikt der Prinzessin. Er sollte ihn eigentlich verstehen, auch ohne daß sie noch deutlicher spricht – mit diesem Nichtverstehen beginnt seine Schuld, sein Versagen."

3221–3226. Ein „Beiseite-Sprechen", „à part", wie es im deutschen Schauspiel der Zeit mehrfach vorkommt. – G. v. Wilpert, Sachwörterbuch, Art. „A part".

3226. *du bist's:* du bist dieselbe, hast dich nicht geändert.

3267. Der *Becher* ist bei Goethe Symbol des Erotischen wie auch des Dichterischen – hier beides zugleich. Vgl. Willoughby, On the

Study of Goethe's Imagery (1949), in: E. M. Wilkinson / L. A. Willoughby, Goethe Poet and Thinker. London 1962. S. 127ff. – Wilkinson 1974, S. 162f.

3270. Der Augenglanz verrät eine Erregtheit, die Tasso als Merkmal der Gegenliebe deuten will.

3280ff. An sich ist die Umarmung aus liebevoll erwiesener Dankbarkeit nach dem Gefühlsbegriff des empfindsamen 18. Jahrhunderts wie dem der Renaissance keine sinnliche Gebärde; ohne Aufmunterung und ohne Beachtung des Standesunterschiedes ist sie jedoch eine ungesittete. Sie darf also nicht mit Werthers leidenschaftlicher Umarmung von Lotte (Bd. 6, S. 115,2–11) gleichgesetzt werden. – Loiseau, L'Évolution morale, S. 357f.: „En réalité, le baiser ne signifie pas seulement l'oubli d'une convention, il est la manifestation extérieure de la folie de Tasso, la marque visible que l'équilibre est définitivement rompu en lui." – K. Reinhardt S. 359: „Es fehlt gewiß dem *Tasso* die Symbolkraft der antiken Sage, es fehlen die Götter und ihr Walten als ein Gegenspiel zum menschlichen Geschehen; ... Und doch, die Verlegung des Gewichts ins Innere zugegeben, zugegeben die Vertauschung der göttlichen Normen gegen die gesellschaftlichen, sittlichen, so kommt es innerhalb der so verwandelten Welt gleichwohl auch hier wieder zu einer Unentrinnbarkeit, die sich auf ihre Art wie kaum in einem anderen deutschen Drama der Antike nähert. Auch die tragische Konstellation im *Tasso* ... als Geflecht erlesenster Beziehungen ... hat ... etwas Unausweichliches. Jedoch erst recht antik und wie nichts anderes sophokleisch ist das Treiben in die Hybris unter solchem Zwang ... Denn im *Tasso* bleibt der unerlaubte Kuß ja nicht das einzelne gesellschaftliche Vorkommnis der Tasso-Anekdote (wie sie Muratori mitteilt), sondern wird zum Zeichen einer Überschreitung aller Maße ... Wie anfangs die scheue Abwehr der Bekränzung auf ein Unmaß der Demut hinwies, so bedeutet die Umarmung... Unmaß einer Überhebung weit schon über das hinaus, was mit gesellschaftlichen Maßstäben zu messen ist... Und wie der Oedipus des Sophokles, da schon sein Schein erschüttert, seine Zuversicht ihm schon geraubt ist, vor dem Ende jäh in seine Hybris aufsteigt, so steht auch im *Tasso* jene Überhebung – Hybris fast im Sinne der Antike – jäh und unverhofft an ganz der gleichen Stelle." – Die Stelle bei Muratori: Tasso, Opere, Bd. 10, ed. Muratori, Venezia 1739, S. 240.

3285. *Er kommt von Sinnen:* er gerät außer sich, er verliert den Verstand. – Dt.Wb. 10,1 Sp. 1126.

Fünfter Auftritt. Tasso gewinnt allmählich Einsicht in die eigene Verschuldung seines Unglücks, zunächst noch in bitterer Anklage gegen andere (3336–3346), dann mit beinahe völliger Objektivität

(3380–3384, 3399f.). – Burckhardt S. 400f.: „... in the final scene Antonio is almost silent (of 167 lines he has a mere 24) but *does* the deed that puts his humanity beyond doubt: wordlessly, without protestations of friendship, he steps up to the desperate poet and takes his hand." – Viel erörtert ist in der Forschung der Ausgang des Dramas. Goethe läßt ihn offen und setzt dabei wohl voraus, daß der Leser oder Zuschauer in allgemeinsten Zügen den weiteren Verlauf von Tassos Leben weiß. Über den Schluß des Dramas: Albert Köster, Jubil.-Ausg., Bd. 12 (1902), S. XXIII–XXV. – Staiger I, S. 423f. – Neumann S. 161. – Wilkinson in den letzten Abschnitten des Tasso-Aufsatzes. – Rasch 45, 165ff.

3289. *erhol ich mich* = kann ich mich fassen, mich beruhigen.

3291. *Ungeheures.* In Goethes Sprache ist *das Ungeheure* etwas, was für den Menschen nicht zu fassen ist; etwas, das zu bewältigen seine innere Kraft nicht ausreicht. Gegensatz dazu sind *das Faßliche*, auch *Begrenzung, Beschränkung*, sogar *das Passende* oder *das Schickliche*. – Bd. 14, Sachregister „das Ungeheure". *Faust* 4712, 6274, 7866, 7916 u.ö.; Bd. 9, S. 357,37; Bd. 10, S. 151,15f.; 523,11; Bd. 11, S. 147,12; 175,7; Bd. 13, S. 33,23; 299,32 usw. Antonios Aussage 3290–3293, formuliert wie eine Sentenz (deswegen die *wir*-Form), enthält keine Wertung von Tassos gesellschaftlichem Vergehen. Antonio ahnt nun, wie stark innere Dämonen in Tasso sind, und Tassos nun folgende Worte bewirken, daß er es besser begreift.

3297. *Da mir der Stab gebrochen ist:* da ich verurteilt bin. Wie *Nat. Tochter* 2305; *Faust* 4590. – Dt. Wb. 10,2,1. Lpz. 1960. Sp. 350.

3315. *So lockte man* ... Vgl. 3026f. u. Anm.

3322. *du:* Antonio. Die Anrede an Alfons ging nur bis zur *Pause* 3310. Das Motiv der *Verschwörung* nach Serassi S. 230 („specie di congiura").

3349. *Armiden.* Schon 1090 ist die Zauberin *Armida* genannt. In XVIII,35f. verwandelt sie sich vor Rinaldo in ein hundertarmiges Ungeheuer. – Tasso nimmt die Huldigung von 1092ff. zurück.

3385ff. *dort seh' ich schon* ... Das objektiv-realistische Sehen des Vorgangs in der Entfernung („Teichoskopie") ist dramatisch-ironische Unterstreichung des tragischen Zuspät von Tassos soeben errungener Einsicht. Die neue Wirklichkeit ist für ihn völlig entwertet.

3397. *die Gegenwart:* eure Anwesenheit. Vgl. 556 *gegenwärtig.*

3413. Die fehlende Schlußhebung bedeutet eine Pause. Dann folgt *Ist alle Kraft* ... als variierende Wiederholung von *Ist kein Talent* ... In 3416 folgt nochmals eine Pause. Auch in *Faust* 6240 steht zwischen den Fünftaktern ein in dieser Weise verkürzter Vers, an einer Stelle, wo es in Gedanken nicht mehr weiter geht.

3418. *sie:* alle Kraft (3414).

3420. *Vergleiche dich!*: bringe dich ins Gleichgewicht (ins rechte Verhältnis) mit der Umwelt. – Der nächste Satz führt den Gedanken fort. Um zu erkennen, was er ist, muß der Mensch auf andere blicken und dann seine eigene Leistung in ihrer Besonderheit erkennen (bei Tasso die dichterische Leistung). Antonio teilt die Ansichten seines Herzogs (vgl. 293–301) und spricht als Weltmann hier eine Maxime aus, die Goethe selbst oft geholfen hatte und mit der er anderen zu helfen versuchte. Bd. 8, S. 327,35–39. Bd. 12, *Max. u. Refl.* Nr. 356, 1086–1088. Bd. 14, Sachregister „Selbsterkenntnis".

3427. *Träne.* Vgl. *Pandora* 817 und Bd. 1, S. 384 Vers 114 *Da bleibt kein Rat als grenzenlose Tränen.* Das Sachregister in Bd. 14 nennt 38 Belege dieses für Goethe künstlerisch wie psychologisch wesentlichen Motivs.

3430. *Melodie und Rede.* Rasch S. 45: „Es scheint ein verhaltener Triumph aus diesen Versen zu sprechen. Aber man muß im gleichen Augenblick das Erschrecken mithören, den Klagelaut im Jubelton. Es ist ein Jubel in dunkelstem Moll, in herbster Dissonanz, ein unvergleichbares Sichdurchdringen von Qual und Stolz, von Schreck und Dank. Die Dichtergabe bedeutet Trost und Zuflucht im menschlichen Schmerz, aber sie bedeutet nicht dies allein. Sie manifestiert sich als dämonische Gewalt, wirkt unzerstörbar, unbeirrbar fort, auch wenn ihr Träger in Schmerz und Verzweiflung dahinsinkt. Das ist groß und furchtbar in einem, wie die elementare Natur, von der die Gabe stammt. Sie bleibt dem Begabten auf immer, aber leicht geschieht es ihm, daß nur sie allein ihm noch bleibt, nichts außer ihr. Nur um den Preis dieser Gefahr wird sie verliehen."

3432f. *Und wenn der Mensch* ... Da *Tasso* das Drama des Dichters ist, stehen diese Verse über sein Dichtertum organisch hier im Schluß. Dieses sind die Zeilen, die Goethe im Alter als Motto vor seine *Elegie* setzte (Bd. 1, S. 381), nur mit der Änderung *was ich leide.* Dort in der *Elegie* taucht das Thema auf *ich bin mir selbst verloren* (137) wie in *Tasso* 3418 *Ich bin mir selbst entwandt.* Ein düsteres Thema, das Goethe nur selten so deutlich zu Worte kommen ließ. und dem er dann mühsam die Frage, was *übrig* sei (*Elegie* 31), was *bleibt* (*Tasso* 3426), entgegenhielt. Im Gegensatz zu Werther, der kein Künstler ist, kann Tasso diese Frage mit dem Hinweis auf seine Dichtung beantworten.

3434ff. *O edler Mann* ... Die Wiederholung der Anrede, mit der er einst Antonio vergebens die Hand geboten hatte (1283ff.), ist Tassos dankbare Anerkennung der Geste, durch die Antonio ohne Worte einer rein menschlichen Sympathie Ausdruck verliehen hat. – Wilkinson 1962 S. 91ff.: „In following Antonio's lead he discovers that, whatever else is stripped from him, the poet still remains – *Nur eines bleibt;* and so he comes to this ineradicable core of sensitivity, irritability, impulsiveness, and fertile imagination, to the identity which, for good or ill, he has been given, the naked irreducible minimum of himself when all else has gone; in fact to the rock of himself, to which he must cling if he is not to be lost ... (The) last lines are an integral part of it (the play). The inner and inevitable reason for their being there is to show Tasso doing what he had just said he could do. Nevertheless they are the action of Tasso the poet, not of Tasso the man ... If we understand this orientation to the past, certain persistent problems of criticism do not arise. Whether Tasso and Antonio now become firm friends, whether Tasso is henceforth a reformed character, these questions are no affair of the play. It does not answer them; more important, it does not invite us to ask them." Wilkinson, 1974, S. 113f. – Peacock S. 103: „Tasso is not ‚destroyed'; he simply moves on, and his problem will allways be with him." – Loiseau, 1931, S. LIV: „Lorsque Tasso, sur le point d'être englouti par les flots déchaînés, se sauve en s'accrochant au bras d'Antonio, le rocher contre lequel s'est brisée la barque de ses rêves, cela ne peut-il pas signifier que pour tenir dans la société la place que normalement il doit y tenir, le poète doit étreindre la réalité, tout comme celle-ci, d'ailleurs, pour être aimable ne peut dédaigner la parure de la beauté?" – Stahl S. XXVIII. – L. Forster, Thoughts on Tasso's Monologue. In: Essays in German Language, Culture and Society. Hrsg. von S. S. Prawer u.a. London 1969. S. 18–23.

3435. *die sturmbewegte Welle.* Die Schlußrede Tassos, aus tiefer Erregung und zugleich erschöpft, reiht in gedrängter Form aus seiner dichterischen Vorstellungswelt mehrere verwandte Bilder aneinander, psychologisch echt, für sein Wesen bezeichnend, doch manchem Leser, der Logik statt dieser sprunghaften assoziativen Reihung (die ihre eigene Folgerichtigkeit hat) erwartet, vielleicht befremdlich. Zunächst das Bild von Fels und Welle. Daran anknüpfend das Lob des beweglichen Elements, des Wassers. Es ist eins der großen Goetheschen Themen seit dem *Mahometsgesang* (Bd. 14, Sachreg. „Wasser"). Daß in dem Wasser sich *die Gestirne* spiegeln können, daß der Dichter das Ewige erfährt und spiegelnd darstellt, ist auch ein Motiv des 1. Sonetts (Bd. 1, S. 294). Doch auch dieses Bild wird nur kurz genannt. Tasso sagt mit ihm, was der Dichter sein kann, doch: *Verschwunden ist der Glanz.* Für seine Existenz im Augenblick paßt die Schiffbruch-Metapher 3448ff. Sie gehört zum Kernbereich der Goetheschen Bilder, mit denen er die Gefährdung des Menschen ausspricht (Bd. 3, S. 23 u. 370; Bd. 6, S. 428; Bd. 8, S. 107; Bd. 9, S. 337; Briefe Bd. 3, S, 213,1). Zu der Schiffbruch-Metapher paßt dann das Bild des *Felsen* in der Schlußzeile, mit dem Tasso wieder zu dem Bild vom Beginn (3434, 3438) zurückkehrt. Die Bildreihe spricht also in ihren meisten Motiven die Gefährdung des Künstlers aus, dazwischen aber steht auch ein Bild, das die Größe, das einmalige Können aufleuchten läßt: das Spiegeln der Gestirne.

3445. *Glanz:* Widerschein des Lichts (im vorher ruhigen Wasser).

3451 ff. Episches Schlußbild; vgl. „Odyssee" V,428 ff.: „Eilends umfaßte der Held mit beiden Händen die Klippe, / Schmiegte sich keuchend, bis die rollende Woge vorbei war. / Also entging er ihr jetzt." (Voß) Vgl. auch *Hermann und Dorothea* IX, 295 f. (Bd. 2, S. 514) sowie Goethe an C. F. v. Reinhard 7. Sept. 1831: *Als Poet denk ich immer, daß aufs ‚stranden' sich ‚landen' reime, und somit Gott befohlen.* (Briefe Bd. 4, S. 444).

ZUR ÜBERLIEFERUNG DES „TORQUATO TASSO"

Von Goethes Niederschriften der beiden ersten Akte seines Schauspiels in den Jahren 1780 und 1781, dem sogenannten „Urtasso", ist nichts überliefert. Jahrelang blieb er unberührt liegen, und für die Herausgabe der *Schriften* wurde nur an eine Veröffentlichung der zwei Akte gedacht. Aber der Dichter nahm sie auf die Reise nach Italien mit; die Gestaltung des Dichterproblems fesselte ihn wieder, und er begann an der Fortsetzung zu arbeiten. Davon zeugen zwei kleine Entwürfe von 15 flüchtig geschriebenen Versen aus dem 2., 3. und 5. Akt, die zufällig erhalten geblieben sind. Fertiggestellt wurde jedoch in Italien nichts, und in Weimar bedurfte es noch mühsamer, von bedrückenden Schaffenspausen unterbrochener Arbeit, bis Goethe endlich am 2. August 1789 aus Eisenach an Herder schreiben konnte: *Wie sehr mich freuen muß wenn dir Tasso behagt, kannst du dencken, da ich mehr als billig ist von Zeit und Kräften an dieses Stück gewendet habe. Seit zwey Tagen darf ich erst sagen er sey fertig.*

Anders als bei *Iphigenie* liegt das vollständige Werk in zwei Handschriften aus der letzten Arbeitsperiode vor, einer vermutlich von Goethes Manuskript abgeschriebenen Reinschrift und der Abschrift dieser Reinschrift, die als Vorlage für den Druck gedient hat. Beide Manuskripte sind von Goethes mehrfach erwähntem Schreiber Carl Vogel geschrieben worden, mit Ausnahme des 3. Aktes der Druckvorlage. Der Verleger drängte damals auf ihre Ablieferung, und da Vogel die Abschrift zum verlangten Termin nicht allein schaffen konnte, wurde dieser Akt Goethes Faktotum Paul Götze anvertraut, der seine Aufgabe mit gutem Willen, aber geringeren Fähigkeiten erledigte. Mit der Herstellung der Reinschrift wurde im Oktober 1788 begonnen, und die Druckvorlage konnte endlich im August 1789 abgeschlossen werden. In beiden Handschriften finden sich häufig Korrekturen, meistens in der Reinschrift, denn die Druckvorlage sollte einen vorbildlichen Eindruck machen und dem Setzer keine Schwierigkeiten bereiten. Bis zuletzt hat Goethe noch an seiner Dichtung gefeilt: Verse wurden gestrichen, Ausdrücke geändert, Unebenheiten beseitigt, ja, gelegentlich verbesserte er auch Orthographie und Interpunktion und unterstützte durch seine ungrammatische Zeichensetzung den Rhythmus der Sprache und die Deutung des Sinnes. Aber die systematische Bearbeitung eines geübten Korrektors war ihm unmöglich, und er hat damit, wie bei der *Iphigenie*, andere beauftragt. Zuerst mußte der Schreiber umlernen. Für ihn wurde Adelungs damals gerade erschienenes Werk *Voll-*

ständige Anweisung zur Deutschen Orthographie [...] angeschafft, und Vogel sollte die Druckvorlage in der neuen Orthographie schreiben. Auch die Interpunktion mußte auf den neusten Stand gebracht werden. In der Reinschrift bemühte sich der Schreiber vorsichtig und nach Gutdünken um eine häufigere Interpunktion, als die Vorlage besaß, und auch Goethe hat, wie schon erwähnt, einige Stellen durch seine Zeichen gegliedert und akzentuiert. Aber die sorgfältige Durchsicht des ganzen Manuskripts und die konsequente Anwendung der von Adelung aufgestellten Regeln wurde einem andern übertragen, der sie wie ein Korrektor beherrschte und der Dichtung doch ihr Recht ließ. An erster Stelle wäre dafür Herder in Frage gekommen, aber er war Anfang August 1788 nach Italien gereist und kehrte erst Anfang Juli 1789 nach Weimar zurück. Bei *Tasso* hat Wieland Goethe den mühsamen Freundschaftsdienst der Vereinheitlichung von Rechtschreibung und Zeichensetzung erwiesen, und man erkennt seine Korrekturen in den Handschriften. Dann wurde die Druckvorlage nach und nach an den Verlag geschickt, und Goethe schärfte Göschen die *allerstrengste Fürsorge* bei den Korrekturen ein, damit das Werk *ganz rein in die Hände des Publicums komme*. (Vgl. L. Blumenthal: Die Tasso-Handschriften. – In: Goethe. Neue Folge des Jahrbuchs der Goethe-Gesellschaft. Bd 12. Weimar 1951. S. 89–125.)

Die Drucküberlieferung stimmt fast mit der der *Iphigenie auf Tauris* überein, denn beide Schauspiele sind seit der ersten bei Cotta erschienenen Ausgabe von Goethes Werken immer in demselben Band gedruckt worden.

S: *Torquato Tasso. Ein Schauspiel.* Der Erstdruck kam als sechster Band von *Goethe's Schriften* 1790 in Leipzig bei Georg Joachim Göschen, S. 1–222, heraus. Auch von diesem Werk erschien gleichzeitig ein Einzeldruck als *Ächte Ausgabe*.

A: Goethe's Werke. Sechster Band. Tübingen in der J. G. Cotta'schen Buchhandlung. 1807. S. 95–236.

B: Goethe's Werke. Siebenter Band. Stuttgart und Tübingen, in der J. G. Cotta'schen Buchhandlung. 1816. S. 95–236.

C: Goethe's Werke. Vollständige Ausgabe letzter Hand. Neunter Band. Stuttgart und Tübingen, in der J. G. Cotta'schen Buchhandlung. 1828. S. 99–245.

W: Goethes Werke. Herausgegeben im Auftrage der Großherzogin Sophie von Sachsen. 10. Band. Weimar: Hermann Böhlau 1889. S. 103–244.

Aus der besonderen Handschriftensituation des *Tasso* ergibt sich die Textedition der „Hamburger Ausgabe". Anders als bei *Iphigenie* hat Goethe die Reinschrift und die Druckvorlage bis zuletzt in der Hand gehabt. Er sah Vogels neue Schreibung und Wielands Änderungen und konnte ihr Verfahren billigen oder wieder rückgängig machen. Das Druckmanuskript, das nach Leipzig geschickt wurde, ist also von Goethe in ganz anderer Weise autorisiert als das der

Iphigenie, für das er Herder freie Verfügungsgewalt gab und das er selbst nie gesehen hat.

Der Text des *Torquato Tasso* wurde in der „Hamburger Ausgabe“ nach meiner Edition des Werkes in der Goethe-Akademie-Ausgabe, Berlin 1954, hergestellt, hat aber moderne Orthographie. Die Schreibung zusammengesetzter Wörter und die Interpunktion richten sich nach dem Verfahren der Handschriften. Die kaum zu zählenden Interpunktionszeichen, die Wieland eingefügt oder verbessert hat, wurden nach Adelungs Schema vorgenommen und bekunden die bewundernswerte Exaktheit des freiwilligen Korrektors, interessieren aber wenig für die Textgenese, so daß nur am Anfang einige Beispiele als Varianten aufgeführt sind. Die mitgeteilten Textkorrekturen Goethes verraten aber, wie sehr er sich noch um die Vervollkommnung seiner Dichtung bemüht hat, als sie schon abgeschlossen war. Bei der Durchsicht beider Handschriften bezeichnete er manchmal am Rand der Seite durch einen Strich oder einen Haken einen Vers, der geändert werden sollte, und gelegentlich wurde die Korrektur zuerst als Versuch mit Bleistift hingeschrieben und später ausradiert. Man erhält einen Einblick in die Arbeitsweise des Dichters, wie er nur bei wenigen seiner Werke möglich ist.

Außer den schon erwähnten Siglen für die Drucke werden noch folgende für die Handschriften verwendet:

H^1: Reinschrift
H^2: Druckvorlage
G G^1 G^2 usw.: Goethes Korrekturen in H^1 und H^2
Wie: Wielands Korrekturen in H^1 und H^2

11 *größrem*] *größrem* H^1 H^2: *größerm* S–W

73 Haken am linken Rand G (H^2) *gepflegt,*] *gepflegt* H^2: *gepflegt,* G

78 *Bewirten:*] *Bewirthen,* H^1: *Bewirthen:* Wie

88 *und –*] *und* H^1: *und –* Wie

99 *Gelegenheit*] *Gerechtigkeit* H^1: *Gelegenheit* G

109 *Wissenschaft,*] *Wissenschaft* H^1 H^2: *Wissenschaft,* G (H^2)

205 *Liebe,*] *Liebe,* H^1: *Liebe* Wie (H^1) H^2: *Liebe,* G (H^2)

223 *vorzuschwatzen*] *vorzuschwätzen* H^1: *vorzuschwatzen* Wie

257–258 Bleistiftstrich am Rand G (H^1)

Um deiner würdig wie es möglich ist
Dir sein Gedicht als Opfer darzubringen. H^1:

Um deiner Huld, die ihm so viel gewährt,
Ein würdig Opfer endlich darzubringen. G

295 *wirken*] *würken* H^1: *wirken* Wie

327 *unsre Hand*] *unsern Arm* H^1: *unsre Hand* G

388 *kann:*] *kann* H^1: *kann,* Wie (H^1) H^2: *kann:* G (H^2)

403 *innren*] *innren* H^1–A: *innern* B–W

419 Strich am rechten Rand G (H^1) *Haupte nahm,*] *Haupt genommen* H^1: *Haupte nahm,* G

446 *ergötzen*] *ergötzen* H^1 H^2: *ergetzen* S–W

574 *Für manchen langen, schmählich durchgeharrten* H^1:
Oben auf der Seite hat Goethe mit Bleistift hingeschrieben:
oder: bald mit Ungeduld durchharrten G^1:

Diesen Entwurf radierte er aus und verbesserte im Text:
Für manchen bald mit Ungeduld durchharrten, G^2

582 Strich am rechten Rand G (H^1)
Des viel erfahrnen Mannes auch zu erfreun. H^1:

Des Manns der viel erfahren Bleistiftkorrektur, die dann ausradiert wurde, G^1

Des viel erfahrnen Mannes auch zu freun. G^2

650 Strich am rechten Rand G (H^1)

Womit verdient ich heut, daß du, o Fürst!
So wenig eine Freundinn schonen magst. H^1:

Du willst mich reitzen, es gelingt dir nicht. G Diese neue Fassung hat Goethe zuerst mit Bleistift, dann mit Tinte hingeschrieben.

654 *Nipoten*] *Nipoten* H–S: *Nepoten* A–W

vor 750 *Saal* fehlt H^1, ergänzt G

772 *wenig*] *gute* H^1: *wenig* G

821 *Frauen*] *Fraun* H^1: *Frauen* Wie

843 *entflammten,*] *entflammt* H^1: *entflammten* G^1: *entflammten,* G^2

861 Kleiner Strich am linken Rand G (H^1)

Von meinen Fraun aus meinem Krancker Zimmer H^1:

Von meinen Frauen, aus dem Krancken Zimmer, G:

Krankenzimmer S–W

867 *hierher*] *hierher* H^1–S W: *hieher* A–C

951–958 Diese Verse hat Goethe auf einen besonderen Zettel geschrieben und über den Text von H^1 geklebt. Darunter stehen die Verse 959–965.

985 *Und jüngeres*] *Und jüngeres* H^1: *Ein jüngeres* H^2–W Der Irrtum des Schreibers in H^2 ist in allen Drucken erhalten geblieben.

997–1002 *Und soll ich dir gesteh[en] wie ich denck[e]*
Die goldne Zeit p
Sie war wohl nie wen[n] sie jetzt nicht ist
Und war sie je so kan sie[e] ja auch sein
wieder Entwurf Goethes in einem Notizheft:

Und soll ich dir gestehen wie ich dencke
Die goldne Zeit womit der Dichter uns
Zu schmeicheln pflegt, die schöne Zeit sie war
So scheint es mir, so wenig als sie ist,
Und war sie je, so war sie nur gewiß
Wie sie uns immer wieder werden kann. H^1:

997 *dencke,* Wie: *denke,* H^2

999 *Zeit,* H^2 *war,* H^2

1029 *bliebe*] *bliebe* H^1–A: *bleibe* B–W

1089 Strich am linken Rand G (H^1)

vorzustellen] *uns zu schildern* H^1: *vorzustellen* G^1 mit Blei: G^2 mit Tinte

1141 *Ahndung*] *Ahndung* H^1–A: *Ahnung* B–W

1168 *Sich sinnend einsam mehr verlohren wandlen* H^1:

Sich einsam, schwach und trübgesinnt verliehren! G

1301–1302 Strich am linken Rand G (H^1)
Von mancher Art und sind auf manche Weise
Oft im Spazierengehn leicht zu erreichen. H^1:

Von sehr verschiedner Art und lassen sich
Oft im Spazierengehn bequem erreichen. G^1:

Von sehr verschiedner Art, sie lassen sich
Oft im Spazierengehn bequem erreichen. G^2

1314 Strich am linken Rand G (H^1)

gnädiges Geschenk] *jed' Geschenk* H^1: *gnädiges Geschenck* G

1317–1319 *Ja ich erkenne dich, und blicke tief*
Dir in das Herz, und seh und kenne
Für's ganze Leben dich! H^1:

Diese Verse hat Goethe zweimal verbessert und dann die endgültige Fassung auf einem Zettel darüber geklebt:

Ich blicke tief dir in das Herz und kenne
Für's ganze Leben dich. O kennte so
Dich meine Fürstinn auch! G^3

1396 *Es macht das Volk*] *Der Pöbel macht* H^1: *Es macht das Volck* G

1406–1407 *Zieh oder folge mir, sonst soll die Klinge*
Wenn dich mein Wort nicht reitzt dich schändend nöthigen. H^1:

Klinge, G^1 *reitzt,* G^1:

Zieh oder folge! Wenn ich nicht auf ewig,
Wie ich dich hasse dich verachten soll. G^2

nach 1437 *Laß dich vor ihm zu deiner Schande sehn* H^1:

sehn, Wie: Der ganze Vers gestrichen G

1531 *In diesem Falle gern. Gieb deinen Degen*
Freywillig ab und sey auf deinem Zimmer H^1:

Verlass uns Tasso! bleib auf deinem Zimmer G

1536 *O Fürst dein Wort dein richterlicher Spruch*
Beraubt mich meiner Waffen, übergiebt H^1:

O Fürst, es übergiebt dein ernstes Wort G

1562 *Den Degen forderst du* H^1: *Hier nimm den Degen erst,* G

1633 *Du wirst als Freund und Vater mit ihm sprechen.* Dieser Vers fehlt in H^1 und wurde am Ende des Auftritts mit Einfügungszeichen ergänzt G

1723 *jetzt*] *jetzt* H^1: *itzt* H^2–W

1744 *Daß er nicht etwa künftig Mangel leide,* H^1–S:

Daß er nicht Mangel etwa künftig leide, A–W

1761 *allein du bist's so sehr* H^1–S: *allein so sehr bist du's* A–W

1898–1899 *So wird die schöne Welt, die gute Zeit*
Mit reinem Balsam ohnvermerkt dich heilen. H^1:

So wird die schöne Welt, die gute Zeit H^2:

So wird die stille Kraft der schönen Welt,
Der guten Zeit dich unvermerkt erquicken. G (H^{1}H^2)

1993 *zartsten*] *zartsten* H^1 H^2: *zärtsten* S–W

vor 2189 *Zimmer* fehlt H^1, ergänzt G

nach 2211 *Ich sah ihn wenig und ich kannt ihn doch* H^1: Dieser Vers wurde gestrichen G

2248 *Dem Edlen nicht dem Eiteln nur mißfällt.* H^1:

Der Edle bald der Eitle selten lernt. G (H^1): *lernt* H^2: *lernt,* G (H^2)

2285 *Antonio*] *Battista* H^1: *Antonio* G (H^1) H^2 Die Reinschrift des 4. Aufzugs wurde früher als die ersten Aufzüge geschrieben; damals hieß Tassos Gegner noch Battista.

2327 *Klugheit, noch Beharrlichkeit*] *List noch die Beharrlichkeit* H^1: *Klugheit, noch Beharrlichkeit* G (H^1): Komma fehlt H^2

2402 *Ach*] *Ach* H^1–A: *Auch* B–W

2434 *Noch eins geliebte Freundinn sage mir* H^1:

Noch eins, geliebte Freundinn, sage mir G (H^1) H^2:

Noch eins, geliebte Freundinn! sage mir G (H^2):

Noch eins, geliebte Freundinn! sage mir, S

2443 *Wird mich der Fürst nicht ohne Hülfe lassen?* H^1:

Werd ich des Fürsten Gnade nicht verlieren? G

2531 *und weiter als ihr denkt.*] *allein auch fern und fern.* H^1 H^2: *und weiter als ihr denckt.* G (H^2)

2533 *verstund*] *verstund* H^1–S: *verstand* A–W

2633 *frommen*] *frommen* H^1–S: *frohen* A–C: *frommen* W

2742 *Ja*] *Ich* H^1: *Ja* G

vor 2830 *Garten* fehlt H^1, ergänzt G

Antonio] *Battista* H^1: *Antonio* G Außerdem hat Goethe oben auf der Seite mit Bleistift geschrieben: *NB. es wird überall wo B a t t i s t a steht A n t o n i o gelesen.*

2848–2849 fehlt in H^1 und ist unten auf der Seite mit Bleistift ergänzt

Und wer der Dichtkunst Stimme nicht vernimmt
Ist ein Barbar er sey auch wer er sey. G (H^1)

nach 2947 *Den wilden Buonarotti, Sanzio*
Den zarten allzuglücklichen. H^1: gestrichen G: fehlt H^2

2975–2988 fehlte ursprünglich und ist von Goethe in H^1 auf einem gesonderten Blatt eingelegt worden. In H^2 wurden die Verse im fortlaufenden Text abgeschrieben.

3065 *der Fleiß*] *der Fleiß* H^1–S: *mein Fleiß* A–W

3103–3104 *Als hört ich nur den schwachen Wiederklang*
Von Pignas Stimme. Ja den werd ich nun H^1 Tassos Gegner hieß zuerst Pigna, dann Battista, schließlich Antonio.

Als klänge nur Antonios Stimme wieder.
O gieb nur acht! du wirst sie nun so fort G^1 mit Blei, dann mit Tinte G^2

3187 *Nimm mich in deinen Schutz, vertrete mich.* H^1 H^2:

Nimm mich in deinen Schutz, vertrete mich! G^1 (H^2):

Vertritt mich! Nimm in deinen Schutz mich auf! – G^2 (H^2)

3254 *Verirrung*] *Verirrung* H^1–A: *Verwirrung* B C: *Verirrung* W

3414 *verloschen*] *verloschen* H^1–S: *erloschen* A–W

3449–3450 *Seh ich schon*
Den Boden sich zu meinen Füßen theilen! H^1 H^2:
Berstend reißt
Der Boden unter meinen Füßen auf! G^1 mit Blei (H^2): G^2 mit Tinte (H^2)

DIE AUFGEREGTEN

NACHWORT

Im Herbst 1792 nahm Goethe als Begleiter des Herzogs Karl August von Weimar am ersten Feldzug der alten Mächte Europas gegen das revolutionäre Frankreich teil. Das Miterleben dieser politisch-militärischen Auseinandersetzung beeindruckte ihn nachhaltig. Am 27. September schrieb er an Knebel, daß ihm *dieses Musterstück von Feldzug auf viele Zeit zu denken* geben werde und daß es ihm lieb sei, daß er *das alles mit Augen gesehen habe*. Als er am Ende des Jahres nach Weimar zurückkehrte und sich wieder dem Theater widmete, dessen Oberdirektion er 1791 übernommen hatte, gingen die Erfahrungen und Reflexionen der Kriegsmonate (die er viel später aus größerer Distanz in der ‚*Campagne in Frankreich*' autobiographisch darstellte) in sein literarisches Schaffen ein. Zwei Theaterstücke, an denen er im Frühjahr 1793 arbeitete, haben die *ungeheuren Bewegungen des allgemeinen politischen Weltlaufs* (Bd. 9 S. 9) als Hintergrund; sie sind beide Versuche, sich mit der aktuellen politischen Problematik auseinanderzusetzen. Beide zeigen aber auch, wie schwer es für den im Drang der Zeitereignisse stehenden und von ihnen betroffenen Autor war, auf diese Probleme eine Antwort zu finden.

Das erste der Stücke, der *Bürgergeneral*, ist ein einaktiges Lustspiel, das Goethe innerhalb weniger Tage vollendete. Die Hauptfigur „Schnaps" übernahm er aus der zeitgenössischen Komödie „Die beiden Billetts", die man damals mit Erfolg in Weimar spielte. Schnaps, der Typ des Großsprechers und Wichtigtuers, wird von Goethe in die neue politische Szenerie versetzt; dabei erweist es sich, daß trotz aller Veränderungen die menschlichen Schwächen die gleichen bleiben. Der anspruchslose Einakter, der noch bis 1805 gelegentlich im Weimarer Spielplan auftaucht, blieb freilich weitgehend im Parodistischen stecken und enttäuschte das Publikum. Nur in Andeutungen wird die eigene politisch-moralische Konzeption des Autors erkennbar. So heißt es am Schluß: *In einem Land, wo der Fürst sich vor niemand verschließt; wo alle Stände billig gegeneinander denken; wo niemand gehindert ist, in seiner Art tätig zu sein; wo nützliche Einsichten und Kenntnisse allgemein verbreitet sind – da werden keine Parteien entstehen. Was in der Welt geschieht, wird Aufmerksamkeit erregen, aber aufrührerische Gesinnungen ganzer Nationen werden keinen Einfluß haben.*

Das zweite Stück blieb Fragment und wurde erst 1817 veröffentlicht. Über Planung und Arbeitsprozeß im Jahre 1793 gibt es keine näheren Zeugnisse. Als Goethe Jahrzehnte später die zweite Gesamtausgabe seiner Werke beim Verlag Cotta vorbereitete, nahm er das alte, lückenhafte Manuskript wieder vor, überarbeitete es und ergänzte es durch Inhaltsangaben der fehlenden Teile. Am 17. Juli 1814 erwähnt er es im Tagebuch unter der Notiz *Breme von Bremenfeld*, am 22. Januar 1815 mit dem Titel *Die Zeichen der Zeit*. Im Mai 1816 wird im Tagebuch mehrmals die Revision des Lustspiels *Die Aufgeregten* vermerkt. Unter diesem Titel ist das Fragment schließlich im 10. Band der Ausgabe erschienen.

Wie der *Bürgergeneral* geht auch dieses Stück auf eine literarische Anregung zurück, nämlich auf die populäre Komödie des dänischen Dichters Ludvig Holberg „Der politische Kannengießer" (1722), die am 17. März 1793 in Weimar aufgeführt worden war. Hauptgestalt ist Herman von Bremen, ein Hamburger Kannengießer, der in einem Zirkel politisierender Handwerker Kritik an der städtischen Regierung übt. Man redet ihm ein, er sei zum Bürgermeister ernannt worden, und rasch verwandelt er sich in einen Honoratioren, der die Allüren der bis dahin Kritisierten annimmt. Am Ende scheitert er und kehrt, einsichtig geworden, zu seinem Handwerk zurück.

Mit der Übernahme der Hauptgestalt waren für Goethes Entwurf deren kennzeichnende Charakterzüge – Großsprecherei, Anmaßung, Eitelkeit – und die dazugehörigen komödiantischen Elemente vorgegeben. Goethe läßt seinen *Breme* als Nachfahren des Holbergschen auftreten; er ist stolz auf den Großvater, dessen Andenken trotz *boshafter pasquillantischer Schauspieldichter* noch immer in Ehren gehalten werde (182,11f.). Während aber in der Holbergschen Komödie ein Spiel im Spiel betrieben wird, das in drastischer Komik zur Entlarvung der Unfähigkeit und Anmaßung des Amateurpolitikers führt, ist Goethes Stück nicht als reine Satire und sein Breme nicht nur als Karikatur konzipiert: der Schauplatz ist die Realität der damaligen deutschen politischen Szene, in der sich die ersten Auswirkungen der französischen Revolution bemerkbar machten. Die Vorgänge in Frankreich hatten erwiesen, daß das politische Handeln der einfachen Bürger von denen ernstzunehmen ist, die Macht und Verantwortung besitzen. Den politischen Aspekt des Stücks hat Goethe bei der Edition noch dadurch betont, daß er es nicht – wie noch in der Tagebuchnotiz von 1816 – *Lustspiel* nennt, sondern *Ein politisches Drama*. (Diese Bezeichnung kommt in Goethes Werk sonst nicht vor.)

Der endgültige Titel lautet *Die Aufgeregten* (also nicht mehr *Breme von Bremenfeld* wie noch in der Tagebuchnotiz vom 17. 7. 1814). Damit wird der Akzent von der Komödiengestalt auf den dramatisch-politischen Vorgang verlegt. Das Wort „aufregen" wird bei Goethe transitiv verwendet: die *Aufgeregten* sind die Angeregten, Angeleiteten, Verleiteten, eine Gruppe von Dorfbewohnern, die von Breme von Bremenfeld (der bei Goethe den Beruf des Barbiers und Chirurgen ausübt) zur Rebellion gegen ihre Gutsherrschaft veranlaßt werden. Die Auseinandersetzung betrifft feudale Rechte der gräflichen Familie, um die man sich seit einem Menschenalter in langwierigen Gerichtsprozessen gestritten hat. Der Konflikt spitzt sich zum offenen Aufstand zu, nachdem die Vorgänge in Frankreich die ländliche Bevölkerung unruhig oder gar aufsässig gemacht haben. In Frankreich waren Erhebungen der Bauern gegen die adligen Herrschaften erfolgreich gewesen; der Beschluß der Nationalversammlung vom August 1789 hatte die feudalen Privilegien weitgehend aufgehoben. Goethes Thema war daher von hoher Aktualität.

Der Aufstand selbst ist allerdings in Goethes Stück nicht das zentrale Ereignis. Er sollte erst im – nicht ausgeführten – fünften Aufzug stattfinden und in einer friedlichen Lösung entschärft werden. Das dramatische Geschehen liegt überwiegend – wie auch der Titel besagt – in dem Vorgang der Aufregung, d. h. in Bremes Agitation und dem dadurch veranlaßten Verhalten der Landbevölkerung. In Wechselwirkung hierzu stehen die Gegenhandlungen der gräflichen Familie. Diese Vorgänge – in der Verdichtung auf dörflichem Raum – sollten gewissermaßen die großen politischen Bewegungen veranschaulichen, die sich in Frankreich im nationalen Rahmen abgespielt hatten.

In bühnengerechter Bildhaftigkeit hätte dies vor allem in der zentralen Szene des dritten Aufzugs geschehen können, wo Adlige, Bürgerliche und Bauern in einer ländlichen „Nationalversammlung" auftreten und die ihrer sozialen Schicht und politischen Einstellung entsprechenden Abgeordneten der Pariser Versammlung nachspielen sollten, ohne ihre persönlichen Eigenarten, Interessen und Empfindlichkeiten abzulegen. Diese – in ihrem Verlauf tumultuarische – Szene, die den Handlungsgipfel des Stücks ausgemacht hätte, ist leider nicht ausgeführt worden. Dadurch bekommen die reflektierenden Gespräche, die in einigen Szenen zu finden sind, für die Deutung der politischen Intention des Fragments ein besonderes Gewicht. An diesen Gesprächen sind vor allem die Gräfin, Luise und der Hofrat beteiligt. Goethe nennt sie *drei schöne Charaktere* (196,1), sie zeigen vorbildhaft die rechte Haltung der Adligen und Bürgerlichen in den Auseinandersetzungen der Zeit. Die Gräfin ist eine Frau von liberaler Gesinnung. (Im Gegensatz zu ihr verkörperte ihr Gatte – der im Stück nicht auftritt – als *wilder böser Teufel* (180,12) den Typ des Feudalherrn im üblen Sinne.) Die Gräfin befindet sich zu Beginn des Stücks auf der Rückreise von Paris. Sie hat in der Metropole der Revolution die positiven wie die negativen Wirkungen des Umsturzes erfahren. Dies hat sie – im Gegensatz zum Revolutionsenthusiasmus des bürgerlich-intellektuellen Magisters – zu einer kritisch-nüchternen Einstellung geführt. Sie hat eingesehen, daß manche Zustände in ihrer Grafschaft (z. B. der Wegebau und seine Lasten) der Veränderung bedürfen, und sie ist entschlossen, Reformen durchzusetzen. Hatte sie zuvor die Rechte, die ihr die Vormundschaft für ihren jungen Sohn gewährte, vorsichtig-bewahrend ausgelegt, so ist sie jetzt zu einer den Bauern entgegenkommenden, großzügigen Auslegung bereit.

Der Gräfin entspricht im charakterlichen Rang auf der Seite der Bürgerlichen Luise, Bremes Nichte, ein Mädchen, das natürliche Anmut mit praktischer Tüchtigkeit verbindet. In ihr hat der Autor eine Gestalt geschaffen, die im Bewußtsein des eigenen Wertes den bürgerlichen Stand in seiner Eigenart und auch mit dem ihm gesetzten Grenzen akzeptiert. Es bedrückt Luise nicht, daß der Bürgerliche an das Notwendige denken muß und daß ihm *wenig Willkür* erlaubt ist (191,14f.), während dem Adligen eine freiere Lebensgestaltung möglich ist. Diese Einstellung kommt anschaulich in dem Gespräch über den Garten der Gräfin zum Ausdruck. Der damaligen Mode entsprechend, ist dieser Garten unter Aufwendung erheblicher Mittel mit Brücke, Wasserfall und Felsenkluft zu einer malerischen „Wildnis" umgestaltet worden (190f.). Luise ist zwar empfänglich für den Reiz dieser sich in scheinbarer Natürlichkeit darbietenden Kunstlandschaft; sie selbst aber hält sich lieber in einer Baumschule unter fruchtbaren Bäumen auf: *Der Gedanke des Nutzens führt mich aus mir selbst heraus und gibt mir eine Fröhlichkeit, die ich sonst nicht empfinde* (191,6ff.). Neben der ästhetisierenden Lebensführung des Adels wird hier die bürgerliche Welthaltung, die sich dem Notwendigen widmet, als eine ebenso befriedigende Möglichkeit menschlicher Daseinsverwirklichung anerkannt. – Liegt in den Gesprächen der Gräfin mit Luise der Akzent auf dem unterschiedlichen Lebensstil der Stände, so geht es in dem wichtigen Gespräch mit dem Hofrat um den Gedanken ihrer gegenseitigen Anerkennung. Der Hofrat ist als Vertreter des gehobenen Bürgertums durch Bildung und Wirkungskreis qualifiziert, sich dem Adligen gleichwertig zu fühlen. Er vermag ohne Selbstherabsetzung auch die Vorrechte und Verdienste des Adels anzuerkennen und nimmt es sogar hin, daß man ihm dafür *den verhaßten Namen eines Aristokraten zueignet* (195,29f.). Demgegenüber hat die Gräfin erkannt, daß *die menschliche Natur gedrückt und erniedrigt, aber nicht unterdrückt und vernichtet werden kann.* Sie ist entschlossen, jede unbillige Handlung zu vermeiden und zu keiner Ungerechtigkeit – sei es unter den Ihrigen, in Gesellschaft oder bei Hofe – mehr zu schweigen, selbst wenn sie deswegen *unter dem verhaßten Namen einer Demokratin verschrieen werden sollte* (194,21–195,2). Sie weiß, daß der Höherstehende die größere Verantwortung hat und daß es dem großmütig zu sein ansteht, der die Macht hat (189,12f.).

Die Auswechslung der Parteinamen des „Demokraten" und „Aristokraten" zwischen der Adligen und dem Bürgerlichen ist hier mehr als eine Geste; sie deutet an, daß der Autor die Überbrückung ständischer Gegensätze auf der Grundlage gemeinsamen politisch-moralischen Wollens für möglich hält. Ein solches Bestreben setzt freilich – und darin liegt die antirevolutionäre Komponente – Einsicht und Bereitwilligkeit des höheren Standes als unabdingbar voraus; ihm weist daher Goethe auch die geschichtliche Verantwortung zu. Wo diese Einstellung vorliegt – wie bei der Gräfin – kann der revolutionären „Aufregung" der Boden entzogen werden. Wo es sie aber nicht gibt, ist ein vernunftgemäßer und humaner Weg zu einer gerechteren Gesellschaftsordnung nicht zu erblicken. Denn der gewaltsame Umsturz ist ein ungeeignetes, zumindest ein fragwürdiges Mittel, wenn es darum geht, die bessere Zukunft zu erwirken. Auch diese Erkenntnis vermittelt das Stück Goethes. Breme von Bremenfeld ist zwar im Kern eine gutmütige Komödienfigur; er hat nicht das Format eines großen Demagogen. Bei seiner Agitation bedient er sich aber der zweifelhaften Mittel, die damals und zu allen Zeiten in der Politik im Gebrauch waren. So hat er keine Bedenken, die leicht zu beeinflussenden und zur Solidarität kaum bereiten Bauern mit falschen Behauptungen und Versprechungen zu täuschen. Wenn er auch ehrlich glaubt, mit seinem Vorhaben einer besseren Welt zu dienen, sieht er in der Rebellion doch auch eine gute Gelegenheit, seine eigenen handfesten Interessen zu verfolgen (184,20ff.). So scheint er keineswegs geeignet, eine gerechtere Zukunft zu garantieren. Luise durchschaut die Motive ihres Onkels: *Viele nehmen sich der Sache der Freiheit, der allgemeinen Gleichheit an, nur um für sich eine Ausnahme zu machen, nur um zu wirken, es sei, auf welche Art es wolle* (192,18ff.). Selbst in Paris hätte sie nichts anderes lernen können, bestätigt die Gräfin.

Läßt sich so trotz des fragmentarischen Zustands die politische Intention des Stücks immerhin in Umrissen erkennen, so fällt es schwer, über seine künstlerische Bedeutung ein Urteil abzugeben. Die Vollendung dürfte an mehreren Hindernissen gescheitert sein: zunächst war der Prozeß der inneren Auseinandersetzung des Autors mit den Zeitereignissen noch nicht abgeschlossen. Hinzu kam die

Schwierigkeit, lehrhaftes Drama und Komödie, Reflexion und turbulente Handlung zu einer Einheit zusammenzufügen. Dem Konzept mangelt es auch an Symmetrie: der Barbier Breme besitzt zuviel von den Eigentümlichkeiten seines literarischen Vorfahren, als daß er einen hinreichend gewichtigen Gegenspieler für die Gräfin, den Hofrat und Luise hätte abgeben können. Der Amtmann als Hauptintrigant bleibt eine Randfigur und ein etwas kümmerlicher Theaterbösewicht. Unbefriedigend ist ferner, daß die politischen Einsichten, die dem Zuschauer vermittelt werden sollen, sich weder als Folgerungen aus dem dramatischen Geschehen, noch als Ergebnisse eines Erkenntnisprozesses der Mithandelnden entwickeln, sondern als geistiger Besitz der vorbildlichen Gestalten fertig dargeboten werden.

Goethe hat das Stück im Jahre 1817 unter anderem deshalb veröffentlicht, weil er es als ein Dokument für seine politische Haltung in den frühen 90er Jahren betrachtete. Es war geeignet, eine allzu einseitige Beurteilung seines politischen Denkens, der er des öfteren begegnete, zu korrigieren. Diese Einschätzung zeigt auch das bekannte Gespräch mit Eckermann, das dieser unter dem Datum des 4. Januar 1824 aufgezeichnet hat. Goethe bezeichnet das Stück hier als sein *politisches Glaubensbekenntnis jener Zeit*. Es ist ihm ein Zeugnis dafür, daß er zwar *kein Freund der französischen Revolution* war, aber ebensowenig *ein Freund herrischer Willkür* oder ein *Freund des Bestehenden. Die Zeit ist in ewigem Fortschreiten begriffen* und fordert stetige Veränderung. *Ist ein wirkliches Bedürfnis zu einer großen Reform vorhanden*, so wird sie gelingen. Eine große Revolution aber – das war Goethes Überzeugung 1793 und gilt für ihn auch noch in der Zeit der Restauration – ist *nie Schuld des Volkes, sondern der Regierung. Revolutionen sind ganz unmöglich, sobald die Regierungen gerecht und fortwährend wach sind, so daß sie* dem Volk *durch zeitgemäße Verbesserung entgegenkommen und sich nicht so lange sträuben, bis das Notwendige von unten her erzwungen wird.*

Auf eine Zusammenstellung „Goethe über *Die Aufgeregten*" wurde verzichtet, da es über dieses Drama sehr wenig Äußerungen gibt. Am bedeutendsten ist das, was Eckermann unter dem Datum 4. Januar 1824 aufgezeichnet hat. Die knappen Erwähnungen in den autobiographischen Schriften findet man in Bd. 10, S. 359,13 ff. und 439,6.

ANMERKUNGEN

168. *Die Aufgeregten.* Goethe benutzt das Wort *aufregen* häufig; die Bedeutung hat sich seit seiner Zeit gewandelt. Bei Goethe hat es

eine Bedeutungsspanne, die etwa umfaßt: anregen, neu beleben, wachrufen, in innere Bewegung versetzen, beunruhigen, in Aufruhr versetzen. Das Wort ist transitiv und hat weder lobenden noch tadelnden Charakter. Es besagt nur, daß eine innere Bewegung in Gang gesetzt wird. Welcher Art diese ist, ergibt sich durch Zusätze oder durch den Zusammenhang. Das Partizip *aufgeregt* wird seltener als heute verwendet und nicht zur Bezeichnung einer bestimmten inneren Befindlichkeit, sondern in dem Sinne, daß die Ursache der Aufregung (Anregung) in die Vorstellung einbezogen wird; z. B. Bd. 9, S. 127,39; 457,7; 530,10; 548,34; 594,39 u. ö. Goethe-Wörterbuch Bd. 1, 1978, Sp. 990–993.

171,28. *Brausche* (ebenso 179,24 u. 180,33): Anschwellung, Beule infolge eines Sturzes, meist an der Stirn; im 18. Jahrhundert oft in bezug auf Kinder und Jugendliche benutzt; im Mittelalter sprach man von „brusche" bei dem Ritter, der aus einem Turnier kam.

171,33. *angenehm* = liebenswürdig, reizend. Wie Bd. 4, S. 290,30; Bd. 9, S. 283,23 u. ö. – Dt. Wb. 1, Sp. 560.

173,16f. *Kontusion* = Quetschung; *Läsion* = Verletzung. Breme liebt es, die Fachausdrücke seines Berufs zu benutzen.

173,31. *Chirurgus*. Breme ist Wundarzt (Bader); in diesem Beruf hat er frische Wunden und Knochenbrüche zu behandeln, meist aber nur seine Kunden zu rasieren (203,4ff.). Der *Chirurgus* hat im 18. Jahrhundert ein ganz anderes Arbeitsgebiet als der *Medikus* (173,36), der Arzt; er hat auch eine andere Ausbildung, handwerksmäßig bei einem Meister seines Fachs, während der *Medikus* auf einer Universität studiert haben muß.

177,13. *Freigut:* ein Landgut, dessen Besitzer nicht gegenüber einem Grundherren zu Diensten und Abgaben verpflichtet war. Vgl. Bd. 7, S. 444,19 u. Anm. – Adelung Art. „Freybauer", „Freygut".

177,21. *Schlacht bei Leuthen:* Sieg Friedrichs des Großen im Siebenjährigen Krieg über die Österreicher (Dezember 1757).

178,32. *Wetzlar:* Sitz des Reichskammergerichts; seine Rechtsprechung galt als umständlich und langwierig.

179,21. *Rezeß:* Vergleich.

179,31. *Holz*. Hier: Wald

180,1. *Konvenienzen*. Zugeständnisse

181,31. *Gratias:* Dank! (acc. pl. von „gratia")

182,11. *pasquillantisch:* Pasquille (Schmähschriften) verfassend.

183,2. *ich verbitte mir den Auftrag* = ich bitte, mir den Auftrag nicht zu geben. – Bd. 1, S. 110 Vers 94.

183,17. *Revers:* schriftliche Verpflichtungserklärung.

187,36 und 188,38. *Gerechtsame:* rechtlich begründete Befugnis, wie Bd. 4, S. 389,17; Bd. 9, S. 184,34. Da für dieses Drama die sozialen und rechtlichen Zustände des alten Reichs wichtig sind, greift die Sprache in den Wortschatz des damals noch geltenden, wenn auch überalterten Lehnssystems.

188,38. *salviert:* gesichert.

189,28f. *seine Lust ... büßen:* etwa „seine Lust (Verlangen) stillen an ...“; alte sprachliche Wendung, z. B. in der Luther-Bibel Psalm 78,29. – Dt. Wb. 6, Sp. 1318f.

192,28. *gepudelt:* fehlgeschossen; von „pudeln“ = einen Pudel (Fehlwurf im Kegelspiel, Fehlschuß bei der Jagd) machen, „überhaupt schlecht und fehlerhaft etwas betreiben“. (Dt. Wb. 7, Sp. 2205.)

193,9. *hetzen:* eine Jagd veranstalten, bei der das Wild (Schwarzwild, Rotwild, Füchse) durch Hunde und Reiter gehetzt wird. Diese Jagd war den Adligen vorbehalten, und es wurden dabei oft die angebauten Flächen der Bauern beschädigt.

193,20. *Kommission:* Auftrag (eines Fürsten), Abordnung; *auf Kommission gehen:* eine Dienstreise machen, im Auftrag des Fürsten unterwegs sein.

194,18. *widerlich:* Widerstand leistend, Schwierigkeiten machend, unzugänglich. *Faust* 11194; Bd. 8, S. 107,1 u. ö.

195,1. *Demokratin.* Der Ausdruck *Demokrat* kommt bei Goethe in verschiedenen Zeugnissen seit der Revolutionsepoche bis in die Zeit des Alters vor. Die Bedeutung des Wortes ist bei Goethe im allgemeinen neutral oder positiv: der Demokrat ist derjenige, der sich für die Rechte des Volks einsetzt (vgl. S. 202,11). Auf der Rückkehr vom Feldzug in Frankreich fällt ihm im November 1792 in Düsseldorf auf, daß *ein gewisser Freiheitssinn, ein Streben nach Demokratie sich in die hohen Stände* verbreitet hatte (Bd. 10, S. 317, 14ff.). Gelegentlich wird das Wort aber auch kritisch oder satirisch für gleichmacherische Bestrebungen verwendet, die sich gegen jede Elite richten (z.B. Brief an Herzogin Anna Amalia, 25. 9. 1792; an Schiller, 16. 8. 1796 und 2. 5. 1798).

195,19. *Neckereien:* mutwillige oder boshafte Handlungen. Dt. Wb. 7, Sp. 517.

195,21. *sich ... formalisiert:* übel nimmt, Befremden oder Ärger äußert; in Anlehnung an frz. „se formaliser“.

198,16f. *Walther Staubbach, Fürst von Uri:* gemeint sind Werner Stauffacher (von Schwyz) und Walther Fürst (von Uri).

198,24. *im Karrn.* Übeltäter wurden „zum Karrn“ verurteilt, d. h. sie mußten als Gefangene Arbeiten machen, bei denen sie Karren (Handkarren) ziehen mußten; daher „im Karren ziehen“ und Wörter wie „Karrengefangener“, „Karrenstrafe“ usw. Die Wendung kommt seit dem 16. Jahrhundert vor. Dt. Wb. 5, Sp. 226. – Nicht gemeint sind die französischen Karren (zweirädrige Pferdewagen), mit denen man Verurteilte zur Guillotine fuhr; denn erstens spielt das Stück in der Anfangszeit der Revolution, als es noch keine Guillotine gab, und zweitens rechnet Albert damit, daß in Deutschland alles beim alten bleibt, und da gab es keine Guillotine und keine Karren, mit denen Gefangene dorthin gefahren wurden.

198,31. *Geistlichen.* Der Magister hat Theologie studiert und sein Examen gemacht. Wie viele junge Theologen im 18. Jahrhundert verdient er sich sein Brot zunächst als Hauslehrer *(Hofmeister)*, bis er eine Stelle als Geistlicher findet. – Über seine Gestalt: A. v. Gronicka in The Germanic Review 38, 1963, S. 121 ff.

198,38. *Theatrum Europäum:* eine Zeitgeschichte des 17. Jahrhunderts, 1633–1718 in 21 Bänden erschienen, 1738 neu aufgelegt. – Bd. 7, S. 558,9 ff. u. Anm.

199,5. *in Nuce* (wörtl. im Nußkern): im Kern, in Kürze, in knapper Form.

200,4. *Legion.* Breme wählt dieses Wort, weil *viele tausend aristokratische Geister in sie gefahren* sind, in Anlehnung an die (damals allgemein bekannten) Stellen bei Markus, Kap. 5 und Lukas Kap. 8,30 ff., wo ein böser Geist sich als „Legion" bezeichnet, „denn es waren viele Teufel in ihn gefahren" (Luthers Übersetzung).

202,10. *die Gesinnungen Friedrichs und Josephs.* König Friedrich d. Große von Preußen (1740–86) und Kaiser Joseph II., der Sohn Maria Theresias (1780–90), werden hier als Vertreter des aufgeklärten Absolutismus gewürdigt, der sich für die Interessen des Volkes gegenüber den Privilegien des Adels einsetzte

203,15. *Leben und Meinungen.* Wahrscheinlich ist Breme in dieser Formulierung beeinflußt durch das zu dieser Zeit bekannte Buch von Friedrich Nicolai, Das Leben und die Meinungen des Herrn Sebaldus Nothanker, 1773–1776 u. ö.

207,32 f. *die Vergehungen seiner Julie.* Julia, die einzige Tochter des Kaisers Augustus, wurde von ihm wegen ihres sittenlosen Lebenswandels aus Rom verbannt.

208,33. *Pflaster:* ein „Kugelpflaster" oder „Kugelfutter", womit man damals die Kugel umhüllte. Adelung: „*Pflaster* bei den Jägern: Stücke Barchent, Leinwand oder dünnes Leder, womit die Kugeln zu den Kugelbüchsen gefüttert werden und welche auch das Kugelpflaster heißen, weil sie mit Talg bestrichen werden."

209,2. *Schnuppe.* Die Kerzen des 18. Jahrhunderts hatten meist schlechte Dochte, von denen mitunter glühende Teile – *Schnuppen* – herunterfielen; um dem vorzubeugen, wurden die brennenden Dochte mit einer Lichtputzschere kürzer geschnitten („geschneuzt").

209,32. *substituiert:* auf eine Stelle gesetzt; 209,37 *Substition:* Besetzung der Stelle.

211,13. *ich steche.* „Beim Gewehr bezeichnet *stechen* das Spannen des Stechschlosses durch leises Andrücken des „Stechers" (Dt. Wb.

10,2,1 Sp. 1267). Der Stecher ist „eine nadelförmige Vorrichtung im Schloß der Büchse, welche den Abzug auf das feinste spannt, so daß er schon durch den leisesten Druck in Bewegung gesetzt werden kann.“ (ebd. 1275).

ZUR TEXTGESCHICHTE DER „AUFGEREGTEN“

Das Dramenfragment erschien zuerst mit dem Titel *Die Aufgeregten. Politisches Drama in fünf Akten* im zehnten Band der Cotta-Ausgabe B (1817). Im gleichen Jahr folgte ein Doppeldruck (B^1), der in einer Reihe von Varianten mit den erhaltenen Handschriften übereinstimmt. Der Druck in der Ausgabe letzter Hand (C^1C 1828/1829) beruhte auf B. Die nicht überlieferte Druckvorlage von BB^1 war eine Abschrift der erhaltenen Handschrift H^2, die größtenteils von John, in einigen Partien von Kräuter geschrieben und von Goethe durchkorrigiert ist. H^2 entstand wahrscheinlich nach Diktat Goethes aus H^1, einer von Götze vermutlich 1793 angefertigten Handschrift. In H^1 trug Riemer Korrekturen ein, die in H^2 übernommen wurden. Eine Anzahl weiterer Änderungen dürfte Goethe schon während des Diktats vorgenommen haben. H^1 enthält den ersten, zweiten und vierten Aufzug, doch ist das Gespräch zwischen Gräfin und Hofrat im fragmentarischen dritten Aufzug von H^2 im siebenten Auftritt des vierten Aufzugs von H^1 bereits vorhanden. Die Inhaltsangaben für einen Teil der nichtausgeführten Partien sind höchstwahrscheinlich im Mai/Juni 1816 entstanden, als Goethe den ersten Druck des Fragments für B vorbereitete. Die Skizzierung des fünften Aufzugs fehlt in H^2 noch, hat also zuerst in der verlorenen Druckvorlage für BB^1 gestanden.

Textwiedergabe nach B. – Die Schreibung ist hier wie in allen folgenden Texten behutsam modernisiert. Die eigentümliche Interpunktion von B wurde beibehalten; sie könnte nur durch völlige Modernisierung ersetzt werden. Der Text ist einigemal nach der übrigen Überlieferung korrigiert: 168. *Der Amtmann* im Personenverzeichnis nach C^1CW ergänzt. – 168,9. *eben* ergänzt nach B^1 (*mit dem sie eben fertig geworden* H^1H^2). – 177,30. *aber auch* nach $H^1H^2B^1$ statt *der auch*, BC^1C. – 179,4. *nur* nach $H^1H^2B^1$-C^1C statt *mir* B. – 180,8. *des Advokaten* nach H^1 statt *der Advokaten* $H^2BB^1C^1C$. – 182,30. *lautre* nach H^1 (*lautere* B^1) statt *lauter* H^2BC^1C. – 186,10. *das Kind* nach $H^1H^2B^1$ statt *das gute Kind* BC^1C. – 187,9–10. *an dem Wege* nach H^1H^2 statt *an dem Wagen* B–CW. – 191,23. *wilde und unbändige* $H^1H^2B^1$ statt *wilde unbändige* BC^1C. – 194,27. *unglaublichen* nach H^1H^2 statt *unglücklichen* B–C. – 200,23. *Euch* nach CW statt *dich* $H^1H^2BB^1C^1$. – 201,32. Text nach H^1 fehlt H^1B–C (wird aber vom Dialog gefordert). – 33. *MAGISTER* nach H^1 statt *ALBERT* H^2B–C. – 210,7. *bin's* nach $H^1H^2B^1$ statt *bin* BC^1C.

Die ursprüngliche Fassung von 1793 erfuhr bis zum Druck in B eine so gründliche und durchgehende Überarbeitung, daß es nicht möglich ist, in unserer Ausgabe die große Zahl von allesamt wesentlichen Varianten aus H^1 und H^2 mitzuteilen. Der ursprüngliche Wortlaut von H^1 erhielt in den meisten Fällen größere Gedrungenheit und Präzision. Für diese Varianten muß auf den Lesartenapparat im achtzehnten Band der ersten Abteilung der Weimarer Ausgabe verwiesen werden. Im folgenden sind die Varianten von B^1, soweit sie mit einer oder mit beiden Handschriften übereinstimmen, und die Varianten der Ausgabe letzter Hand und der Weimarer Ausgabe verzeichnet. Da die Druckvorlage von BB^1 nicht erhalten ist und beide Drucke öfter untereinander und mit H^2 differieren, so läßt sich nicht immer sicher entscheiden, welche Lesart die richtige ist, d. h. in der Druckvorlage gestanden hat.

177,9. *vernünftigen C* CW. – 23. *in schlechterem* CW. – 178,13. *gescheiter* B^1CW. – 21. *viel* $H^1H^2B^1$. – 180,3. *in* H^1B^1. – 181,4. *meinem König* H^2B^1. – 184,26. *gerne* H^1B^1. – 185–172. *Stand finden müssen* C^1C. – 8. *adeliche* H^2 *Adelige* B^1. – 28. *aus unserm* H^1 *aus unserem* B^1. – 30. *bedaure* $H^1H^2B^1$W. – 187,37 *üblen* $H^1H^2B^1$CW. – 188,23. *Wegbesserung* C^1CW. – 193,9. *ehester Tags* H^2B^1. – 195,34. *frühern* C^1CW. – 196,27. *Geschichtchen* B^1W. – 201,3. *drückenden* H^1B^1C. – 16. *lebendigen* H^1B^1C. – 202,18. *braven* B^1C. – 27. *heute Nacht* $H^1H^2B^1$. – 205,15. *vortrefflichen* $H^1H^2B^1$. – 207,4. *vor der* $H^1H^2B^1$. – 11. *in dem* $H^1H^2B^1$. – 212,31–32. *Jägerpurschen* H^1 B^1.

DIE NATÜRLICHE TOCHTER

GOETHE UND SEINE ZEITGENOSSEN ÜBER „DIE NATÜRLICHE TOCHTER“

1. GOETHE

Tagebuch. Jena, 18. November 1799

Abend bei Schiller. Mémoires de Stéphanie de Bourbon-Conti.

An Schiller. Jena, 19. November 1799

Leben Sie recht wohl und schicken mir den zweiten Teil der Prinzeß Conti, wenn Sie ihn gelesen haben.

Tagebuch. Jena, 19. November 1799

Mémoires de Stéphanie de Bourb.-C.

Tagebuch. Jena, 6. Dezember 1799

Die natürliche Tochter.

Tagebuch. Jena, 7. Dezember 1799

Natürliche Tochter.

Tag- und Jahreshefte. 1799 (Bd. 10, S. 449)

Die Memoiren der Stephanie von Bourbon Conti erregen in mir die Konzeption der Natürlichen Tochter. In dem Plane bereitete ich mir ein Gefäß, worin ich alles, was ich so manches Jahr über die Französische Revolution und deren Folgen geschrieben und gedacht, mit geziemendem Ernste niederzulegen hoffte.

Tagebuch. Weimar, 29. Juni 1800

Abends mit Schiller über die Natürliche Tochter.

Tagebuch. Jena, 20. Oktober 1801

Natürliche Tochter.

Weitere Eintragungen im Oktober, November und Dezember.

Tag- und Jahreshefte. 1801 (Bd. 10, S. 451 f.)

Ich rief mir ... die Natürliche Tochter vor die Seele, deren ganz ausgeführtes Schema schon seit einigen Jahren unter meinen Papieren lag. Gelegentlich dacht' ich an das Weitere; allein durch einen auf Erfahrung gestützten Aberglauben, daß ich ein Unternehmen nicht aussprechen dürfe, wenn es gelingen solle, verschwieg ich selbst Schillern diese Arbeit und erschien ihm daher als unteilnehmend, glauben- und tatlos. Ende Dezember find' ich [*im Tagebuch*] bemerkt, daß der erste Akt der Natürlichen Tochter vollendet worden.

Regelmäßige Tagebucheintragungen in den beiden ersten Januarwochen des Jahres 1802 folgen.

An Christiane. Jena, 22. Januar 1802

In meinen Arbeiten und Geschäften geht alles gut vonstatten.

An Christiane. Jena, 12. Februar 1802

Es geht mir recht wohl, nur will die Arbeit nicht fördern, die ich gerade am liebsten täte.

An Christiane. Jena, 16. Februar 1802

Ich befinde mich übrigens recht wohl und mache das, was ich mir vorgenommen habe, hinter einander weg. Nur in poetischen Angelegenheiten will es gar nicht gehen, vielleicht kommt es noch unverhofft.

Tagebuch. Jena, 17. Februar 1802

Früh Natürliche Tochter zweiter Aufzug.

An Schiller. Jena, 9. März 1802 (Briefe Bd. 2, S. 431)

Ich bin über des Soulavie Mémories historiques et politiques du règne de Louis XVI geraten, ein Werk, das einen nicht losläßt und das durch seine Vielseitigkeit einnimmt, wenngleich der Verfasser mitunter verdächtig erscheint. Im ganzen ist es der ungeheure Anblick von Bächen und Strömen, die sich, nach Naturnotwendigkeit, von vielen Höhen und aus vielen Tälern, gegeneinander stürzen und endlich das Übersteigen eines großen Flusses und eine Überschwemmung veranlassen, in der zugrunde geht wer sie vorgesehen hat und so gut als der sie nicht ahndete. Man sieht in dieser ungeheuern Empirie nichts von dem, was wir Philosophen so gern Freiheit nennen möchten.

An Christiane. Jena, 4. Mai 1802

So viel kann ich Dir melden, daß der zweite Aufzug, des bewußten Stückes, fertig ist, und wenn ich noch acht Tage Zeit habe, so kann wohl der dritte sich dazu gesellen.

An Christiane. Jena, 11. Mai 1802

Könnte ich noch vierzehn Tage hier bleiben, so wäre das Stück fertig.

Tag- und Jahreshefte. 1802 (Bd. 10, S. 458)

Unter allen Tumulten dieses Jahres ließ ich doch nicht ab, meinen Liebling Eugenien im stillen zu hegen. Da mir das Ganze vollkommen gegenwärtig war, so arbeitete ich am Einzelnen, wie ich ging und stand; daher denn auch die große Ausführlichkeit zu erklären ist, indem ich mich immer auf den jedesmaligen einzelnen Punkt konzentrierte, der unmittelbar in die Anschauung treten sollte.

Tagebuch. Weimar, 2. Januar 1803: Eugenie. Vierter Akt. – *31. März 1803:* Probe von Eugenie. – *1. April 1803:* Hauptprobe von Eugenie. – *2. April 1803:* Vorstellung von Eugenie.

An Marianne von Eybenberg. Weimar, 4. April 1803 (Briefe Bd. 2, S. 448f.)

Was mich betrifft, so habe ich diesen Winter ziemlich einsam gelebt und unter andern ein etwas sonderbares Stück verfertigt.... Wenn Sie, liebe Freundin, dereinst dieses Stück lesen, sollen Sie beurteilen, ob dieses ‚natürliche Töchterchen‘ wohl in der Reihe ihrer übrigen weiblichen Geschwister stehen darf. So viel kann ich nur sagen, daß sie sehr jung supponiert ist, und daß ich versucht habe, das weibliche, in die Welt aufblickende Wesen, von kindlicher, ja kindischer Naivetät an bis zum Heroismus durch hunderterlei Motive hin und wider zu führen. Im ganzen nimmt sich's gut aus, im einzelnen kann ihm hie und da nachgeholfen werden, da sich's denn wohl auf unserm Theater erhalten möchte. Ob es auf andern Theatern durchgehen wird, mag sich zeigen.

Tag- und Jahreshefte. 1803 (Bd. 10, S. 458f.)

Der erste Teil von Eugenie war geschrieben, gespielt und gedruckt, das Schema des Ganzen lag Szene nach Szene vor mir, und ich kann wohl sagen, meine mehrjährige Neigung zu diesem Erzeugnis hatte keineswegs abgenommen.

Der zweite Teil sollte auf dem Landgut, dem Aufenthalt Eugeniens, vor sich gehen, der dritte in der Hauptstadt, wo mitten in der größten Verwirrung das wiedergefundene Sonett freilich kein Heil, aber doch einen schönen Augenblick würde hervorgebracht haben. Doch ich darf nicht weiter gehen, weil ich sonst das Ganze umständlich vortragen müßte.

Ich hatte mich der freundlichsten Aufnahme von vielen Seiten her zu erfreuen, wovon ich die wohltätigsten Zeugnisse gesammelt habe, die ich dem Öffentlichen mitzuteilen vielleicht Gelegenheit finde. Man empfand, man dachte, man folgerte, was ich nur wünschen konnte; allein ich hatte den großen unverzeihlichen Fehler begangen, mit dem ersten Teil hervorzutreten, eh' das Ganze vollendet war. Ich nenne den Fehler unverzeihlich, weil er gegen meinen alten geprüften Aberglauben begangen wurde, einen Aberglauben, der sich indes wohl gar vernünftig erklären läßt. . . . Indessen war's geschehen, und die geliebten Szenen der Folge besuchten mich nur manchmal wie unstete Geister, die wiederkehrend flehentlich nach Erlösung seufzen.

An Zelter. Weimar, 8. August 1804 (Briefe Bd. 2, S. 471)

Leider steht es mit der Fortsetzung der Natürlichen Tochter noch im weiten Felde. Ja ich bin sogar manchmal versucht, den ersten Teil zu eigentlich theatralischen Zwecken zu zerstören und aus dem Ganzen der erst intendierten 3 Teile ein einziges Stück zu machen. Freilich würden die Situationen, die nach der ersten Anlage vielleicht zu sehr ausgeführt sind, nunmehr allzu skizzenhaft erscheinen.

Im Gespräch mit Johannes Falk. Weimar, 25. Januar 1813

Als unter anderm zufällig auch die Rede auf seine Natürliche Tochter kam, ... fragte ich ihn, ob wir bald eine Fortsetzung derselben erwarten dürften. Goethe schwieg eine Weile, alsdann gab er zur Antwort: „Ich wüßte in der Tat nicht, wo die äußern Umstände zur Fortsetzung oder gar zur Vollendung derselben herkommen sollten. Ich habe es meinerseits sehr zu bereuen, auf Schillers Zureden von meinem alten Grundsatze abgegangen zu sein. Dadurch, daß ich die bloße Exposition dieses Gedichtes habe drucken lassen – denn für mehr kann ich das selbst nicht ansprechen, was im Publikum davon vorhanden ist –, habe ich mir alle Freude an meiner Arbeit gleichsam im Voraus hinweggenommen. Die verkehrten Urteile, die ich auf diesem Wege erfahren konnte, mußten dann auch das ihrige dazu beitragen. Kurz, ich bin selber so völlig von dieser Arbeit zurück, daß ich damit umgehe, auch sogar den Entwurf des Ganzen unter meinen Papieren zu zerstören, damit nach meinem Tode kein Unberufener kommt, der es auf eine ungeschickte Art fortsetzt.“

Ich bemerkte, um Goethes Mißmut etwas zu mildern, was Herder ehemals zu mir von dieser Tragödie gesagt hatte, und führte zum Ende seine eigenen Worte an. Er nannte sie die köstlichste, gereifteste und sinnigste Frucht eines tiefen, nachdenkenden Geistes, der die ungeheuern Begebenheiten dieser Zeit still in seinem Busen getragen und zu höhern Ansichten entwickelt hätte, zu deren Aufnahme die Menge freilich gegenwärtig kaum fähig wäre. „Wenn dem so ist,“ fiel mir Goethe ins Wort, „so laßt mich das Obengesagte wiederholen: wo sollen wir die Zeitumstände zur Fortsetzung eines solchen Gedichtes hernehmen? Was jener geheimnisvolle Schrank verberge, was ich mit dem ganzen Gedichte, was ich mit dem Zurücktreten der Fürstentochter in den Privatstand bezweckte: darüber wollen wir uns in keine nähere Erklärung einlassen; der Torso selbst und die Zeit, wenn der finstere Parteigeist, der sie nach tausend Richtungen bewegt, ihr wieder einige Ruhe der Betrachtung gestattet, mag für uns antworten!“ – „Gerade von diesen Punkten aus war es,“ fiel ich ihm ins Wort, „wo Herder eine sinnreiche Fortsetzung und Entwickelung des allerdings mehr epischen als dramatischen Stoffes erwartete. Die Stelle besonders, wo Eugenie so unschuldig mit ihrem Schmucke spielt, indes ein ungeheures Schicksal, das sie in einen andern Weltteil wirft, schon dicht hinter ihr steht, verglich Herder sehr anmutig mit einem Gedicht der griechischen Anthologie, wo ein Kind unter einem schroff herabhängenden Felsen, der jeden Augenblick den Einsturz droht, ruhig entschlafen ist. Im Ganzen aber – wie er zugleich bei dieser Gelegenheit hinzusetzte – ist der Silberbleistift von Goethe für das heutige Publikum zu zart; die Striche, die derselbe zieht, sind zu fein, zu unkenntlich, ich möchte fast sagen, zu ätherisch. Das an so arge Vergröberungen gewöhnte Auge kann sie ebendeshalb zu keinem Charakterbilde zusammenfassen. Die jetzige literarische Welt, unbekümmert um richtige Zeichnung und Charakter, will durchaus mit einem reichergiebigen Farbenquast bedient sein!“ – „Das hat der Alte gut und recht aufgefaßt!“ äußerte Goethe bei diesen Worten. „Indes,“ nahm ich die Rede wieder von neuem auf und fuhr fort, „Herder wünschte nichts angelegentlicher als die Beendigung eines Werkes, das er eben wegen seiner Einfalt und Zartheit und der Perlenebne seiner Diktion, wie er es nannte, mit keinem jener Produkte vertauschen möchte, die, in Farben schwimmend, die Ungewißheit ihrer Umrisse nur allzu oft durch ein glänzendes Kolorit verbergen.“ Goethe meinte hierauf, er wollte selbst, es wäre so und Herders Wunsch damals in Erfüllung übergegangen; „nun aber,“ wie er sogleich hinzusetzte, „ist es für uns beide zu spät. Ich werde dieses Gedicht so wenig vollenden, als es Herder jemals lesen wird.“

Im Gespräch mit Riemer. Weimar, 4. April 1814

Merkwürdige Äußerung Goethes über sich selbst, bei Gelegenheit des ‚Meister‘. Daß nur die Jugend die Varietät und Spezifikation, das Alter aber die Genera, ja die Familias habe. An sich und Tizian gezeigt, der zuletzt den Samt nur symbolisch malte. ... Goethe sei in seiner ‚Natürlichen Tochter‘, in der ‚Pandora‘ ins Generische gegangen; im ‚Meister‘ sei noch die Varietät. Das Naturgemäße daran! Die Natur sei streng in Generibus und Familiis, und nur in der Species erlaube sie sich Varietäten.

Bedeutende Fördernis durch ein einziges geistreiches Wort. 1823 (Bd. 13, S. 37ff.)

Herr Dr. Heinroth in seiner ‚Anthropologie‘ ... bezeichnet meine Verfahrungsart als eine eigentümliche: daß nämlich mein Denkvermögen ‚gegenständlich‘ tätig sei, womit er aussprechen will: daß mein Denken sich von den Gegenständen nicht sondere, daß die Elemente der Gegenstände, die Anschauungen in dasselbe eingehen und von ihm auf das innigste durchdrungen werden, daß mein Anschauen selbst ein Denken, mein Denken ein Anschauen sei. ... Was nun von meinem ‚gegenständlichen Denken‘ gesagt ist, mag ich wohl auch ebenmäßig auf eine ‚gegenständliche Dichtung‘ beziehen. Mir drückten sich gewisse große Motive, Legenden, uraltgeschichtlich Überliefertes so tief in den Sinn, daß ich sie vierzig bis funfzig Jahre lebendig und wirksam im Innern erhielt; mir schien der schönste Besitz, solche werte Bilder oft in der Einbildungskraft erneut zu sehen, da sie sich denn zwar immer umgestalteten, doch ohne sich zu verändern einer reineren Form, einer entschiednern Darstellung entgegenreiften. ... An ebendiese Betrachtung schließt sich die vieljährige Richtung meines Geistes gegen die Französische Revolution unmittelbar an, und es erklärt sich die grenzenlose Bemühung dieses schrecklichste aller Ereignisse in seinen Ursachen und Folgen dichterisch zu gewältigen. Schau' ich in die vielen Jahre zurück, so seh' ich klar, wie die Anhänglichkeit an diesen unübersehlichen Gegenstand so lange Zeit her mein poetisches Vermögen fast unnützerweise aufgezehrt; und doch hat jener Eindruck so tief bei mir gewurzelt, daß ich nicht leugnen kann, wie ich noch immer an die Fortsetzung der Natürlichen Tochter denke, dieses wunderbare Erzeugnis in Gedanken ausbilde, ohne den Mut mich im einzelnen der Ausführung zu widmen.

Im Gespräch mit Eckermann. Weimar, 18. Januar 1825

Und wie er [*Schiller*] überall kühn zu Werke ging, so war er auch nicht für vieles Motivieren. ... Daß ich dagegen oft zu viel motivierte, entfernte meine Stücke vom Theater. Meine Eugenie ist eine Kette von lauter Motiven, und dies kann auf der Bühne kein Glück machen.

An Zelter. Weimar, 4. September 1831 (Briefe Bd. 4, S. 444)

Ich habe gar zu vielerlei Bauwerk angelegt, welches zu vollführen doch am Ende Vermögen und Kraft ermangeln. An die Natürliche Tochter darf ich gar nicht denken; wie wollt' ich mir das Ungeheure, das da gerade bevorsteht, wieder ins Gedächtnis rufen?

2. ZEITGENÖSSISCHE URTEILE

Caroline Herder an Herzogin Anna Amalia. Weimar, Anfang April 1803

Meine Furcht über die Natürliche Tochter ist in den höchsten Genuß und Freude verwandelt. Goethes schönster Genius ist mit ihm gewesen! – Das ewige Schauspiel der Welt: die menschlichen Verhältnisse bedrängt durch die politischen – mit welcher Wahrheit hat er dies verkettet und ausgeführt!

Karl August Böttiger an Johann Friedrich Rochlitz. Weimar, 4. April 1803

Endlich ist der geheimnisvolle Schleier gelüftet, und die Natürliche Tochter von Goethe ist vorigen Sonnabend unter unglaublichen Erwartungen gegeben worden. Ich selbst ging mit dem reinsten Willen zu bewundern und anzubeten was göttlich sei, ins Schauspiel. Freilich hatte mich schon der Komödienzettel halb irre gemacht. Lauter Abstraktionen, König, Herzog, Sekretär usw. ohne Kategorie von Zeit und Raum. Dies ließ mich freilich die Tendenz des Dichters nach der neuesten Schule erwarten und dies, ich gestehe es unverhohlen, machte mir bange. Auf der andern Seite hieß es: „erster Teil“. Also ein dramatischer Zyklus, wie ihn Schiller in seinem Wallenstein versucht aber gänzlich verfehlt hatte, wie ihn aber schon der Vater der Tragödie, Aeschylos, aufs reinste vollendet hat. Dies erfüllte mich wieder mit hoher Erwartung.

Nun die Aufführung! Herrliche Situationen, nichts von Geschlechtsliebe (also hierin ganz griechisch), ein Heldenmädchen voll zarter Weiblichkeit, Tochter- und Vaterverhältnis mit Sophokleischem Pinsel und doch unserm Standpunkt der Humanität angemessen. Wie groß! Tiefblick in die großen Verhältnisse des Lebens, über Regenten, bürgerliche, häusliche Verhältnisse, wie ergreifend! Welche kristallhelle Sprache, welche Keuschheit der Bilder, wie wenig Schillerschen Bombasts! Dies alles ganz des großen Goethe würdig! Aber nun das Schwebende, Flirrende, Unbestimmte der ganzen Handlung! Welche Crocodille von unwahrscheinlichen, unmotivierten, unsublunarischen zu verschlucken! Welch ungeheure Anmutungen an die Zuschauer, welche Sprünge, welche scènes à tiroir! Nein, dies ist wieder nicht auszuhalten und gießt eiskaltes Wasser auf die Flamme der reinsten Bewunderung. Ein Mädchen, die den Fels herabstürzt und in der zweiten Minute kerngesund dasteht. Einen Vater, der wie Lear wütet, als seiner Tochter Tod bestätigt wird und der doch bei erstem Anhören der Nachricht zahm wie ein Schöps gewesen sein muß! Eine Hofmeisterin, die aus lauter Liebe zu ihrer Pflegetochter, sehend und hörend, die ärgste Spitzbübin unter der Sonne ist. Eine lettre de cachet, die wie ein Medusenkopf die Menschen versteint und niemals weder in Frankreich, noch irgendwo so vorhanden gewesen ist, ein Heldenmädchen, die sich wie ein Gänsekopf von einer Grisette auf dem Theater selbst anputzen läßt und zuletzt vor allen ehrbaren Zuschauern sich ausbedingt, reine Jungfrau zu bleiben, wenn sie einem Manne die Hand geben soll. Nein, das ist zuviel der unverdaulichen Kost auf eine Mahlzeit. Und das πρῶτον ψεύδος von allem diesen, die neue Ästhetik! Heiliger Aristoteles, bete vor unsern Verstand! ... Schändlich und unwürdig wäre es, bei allem diesen nicht die hohe Absicht des Meisters, unsre deutsche Tragödie über alles Vorhandne zu stellen und ihr einen neuen tragischen Kanon vorzuhalten, mit Dankbarkeit zu erkennen. Auch bin ich nach allen hier verstreuten Keimen sicher, daß in der Fortsetzung uns noch eine herrliche tragische Saat keimt. Nur diese Abstrakta hasse ich. Wahrlich, auch Sophokles' Ödipus ist ein Ideal, spricht eine Gesamtheit einer Klasse von Herrschern und Unglücklichen aus. Aber dies Allgemeine, dies aus Tausenden Erlesene, wird in Theben lokalisiert, heißt Ödipus und erhält dadurch festen Boden und dramatische Individualität.

Caroline Herder an Jean Paul. Weimar, 12. 4. 1803

Goethes Genius ist wieder erwacht; er hat uns das erste Drittel eines Stücks gegeben: Eugenia oder Die natürliche Tochter. Unsre Freude über diese Erscheinung ist sehr groß. Der Inhalt und die klassische Kunst ziehen gleich an. Ein großes und täglich gespieltes

Thema der Welt: die menschlichen Verhältnisse bedrängt und in Kollision mit den politischen. Anlage und Entwicklung ist vortrefflich, unvergleichlich, menschliche Szenen der väterlichen Liebe, des väterlichen Schmerzes, Unvergleichliches von der Liebe, vom Ehestand, eben dergleichen von Lebensmaximen: alles in klassischer Simplizität ausgesprochen, in den schönsten Jamben.

Es ist eben wie reines Licht gegen das Schillersche Irrlicht – Simplizität gegen seinen Bombast und Klingklang. Deswegen aber hat es auch nicht allgemein gefallen, der Schillerschen Partei gar nicht; sogar Schiller soll gesagt haben: „Es sei schade, daß so viel Natur darinnen sei.“

Schiller an Iffland. Weimar, 22. April 1803

Goethe hat kürzlich ein sehr vortreffliches Stück von einer hohen, rührenden Gattung auf die Bühne gebracht, das auch einen guten Sukzeß auf unserm Theater gehabt hat. Es wird auch gewiß an andern Orten Wirkung tun, und da es eine große weibliche Debüt-Rolle enthält, so wird es einen lebhaften Kurs auf den deutschen Bühnen bekommen.

Fritz von Stein an Goethe. 24. Juni 1803

Sie haben mir durch die Mitteilung der Eugenia ein seltnes Vergnügen gemacht, welches ich gemeinschaftlich mit meiner Mutter genossen und einige sehr angenehme Stunden auf diese Weise zugebracht habe. Sehr gefallend ist es, daß Sie die Charaktere dieses Schauspiels in verschiedenen Ständen und Verhältnissen ausgehoben und hierdurch gewissermaßen immer eine Gattung im Individuum vorgestellt haben. Es ist dieses um so intressanter von einem Schriftsteller, der die größte Individualität vorzustellen vor allen andren vermag, wie Mignon, Aurelia und Fräulein Therese pp. zeigen.... Daß Sie tief in das Leben und die menschliche Natur sehen, finde ich auch hier wieder. Doch ein ehrfurchtsvolles Grauen ergreift mich bisweilen in meinem Ameisenleben bei der Erblickung dieser Sehergabe, welche die irdische Freude raubt.

Fichte an Schiller. Berlin, 20. Juli 1803

In voriger Woche hat sich die göttliche Strafgerechtigkeit sehr herrlich an dem Mittelsitze der Barbarei, in welchem ich dermalen lebe, gezeigt. Das Berliner Publikum hat im Verlaufe dreier Tage die Züchtigung erlitten, Goethes unsterbliches Meisterwerk Die natürliche Tochter förmlich auszupochen.

Fichte an Schiller. Berlin, 18. August 1803

Goethes Natürliche Tochter habe ich zweimal, da sie hier aufgeführt worden, mit aller Aufmerksamkeit gesehen und glaube, zu jeder möglichen Ansicht des Werks durch dieses Medium mich erhoben zu haben. So sehr ich Goethes Iphigenie, Tasso und, aus einem andern Fache, Hermann u. D[orothea] verehrt und geliebt und kaum etwas Höheres für möglich gehalten habe, so ziehe ich doch dieses Werk allen seinen übrigen vor und halte es für das dermalig höchste Meisterstück des Meisters. Klar wie das Licht und ebenso unergründlich, in jedem seiner Teile sich zusammenziehend zur absoluten Einheit, zugleich zerfließend in die Unendlichkeit, wie jenes. Dieser streng organische Zusammenhang macht es mir ganz unmöglich, irgend einen Teil davon wegzudenken oder missen zu wollen. ... Daß ein Werk von dieser Tiefe und Simplizität zugleich von irgend einer vorhandenen Schauspielergesellschaft in seinem innren Geiste ergriffen und dargestellt werden solle, darauf ist ohne Zweifel Verzicht zu tun.

Schiller an Wilhelm von Humboldt. Weimar, 18. August 1803

Goethens Natürliche Tochter wird Sie sehr erfreuen und, wenn Sie dieses Stück mit seinen andern, den früheren und mittleren, vergleichen, zu interessanten Betrachtungen führen. Des Theatralischen hat er sich zwar darin noch nicht bemächtigt, es ist zu viel Rede und zu wenig Tat, aber die hohe Symbolik, mit der er den Stoff behandelt hat, so daß alles Stoffartige vertilgt und alles nur Glied eines ideellen Ganzen ist, diese ist wirklich bewundernswert. Es ist ganz Kunst und ergreift dabei die innerste Natur durch die Kraft der Wahrheit.

Karl Ludwig von Knebel an Caroline Herder. Ilmenau, 12. Oktober 1803

Endlich habe ich doch auch Goethes Eugenie gelesen; aber, ich darf es wohl sagen, nicht mit sonderlicher Erbauung. Es ist das raffinierteste Werk (so wie es daliegt), von Kunst, Talent, und – darf ich das Wort recht aussprechen? – von Seelenbüberei, das jemals aus Goethes Feder geflossen. Also sind das die herrlichen Gestalten, die uns das hochheilige Genie zur Erbauung und zum Muster darstellt! Sind das die hohen Wirkungen der Kunst und des Genies, uns das Leben und die Menschheit durchaus zu vergiften und zu verekeln? O, wie muß man im Herzen verdorben sein, ein solches Werk hervorzubringen! Vermutlich, weil es schwer sein möchte, nicht bei irgend einem Individuum eine selbständige freie Seele zu finden, so nahm Goethe die Stände, und diese sind alle, par état und de par le Roi, Schurken. Sie mögen es mitnehmen, da ihre Häupter Narren und Schwächlinge sind. So sieht es also in der moralischen Welt aus! Und da ist weiter kein Mittel, wenn man doch fortleben will, als daß man auch ein Bube werde. Hier ist der Sieg des Verstandes, der Kunst und des Genies!! – Welch ein drohender Genius wacht über Deutschlands Literatur? Kann Kunst und Genie vor Infamie schützen??

Caroline Herder an Karl Ludwig von Knebel. Weimar, 13. Oktober 1803

Liebster Freund! Wenn Sie die Eugenie in der Vorstellung gesehen hätten, so würden Sie geglaubt haben, der Dichter wolle die Stände, denen er alles gräßlich Herzlose gegeben hat, in ihrer Verworfenheit darstellen. Ihr entgegengesetztes Urteil lese ich heute mit Staunen, und wenn man die Grundsätze des Dichters kennt, so ist's nur allzuwahr, daß er das Stück zu Gunsten der Stände auflösen wird. Welch eine Hölle haben Sie mir hinter meinem gutmütigen Wahn geöffnet!

Christian Gottfried Körner an Schiller. Dresden, 24. Oktober 1803

Für jeden, den der Stoff überwältigt, muß dies Stück unausstehlich sein, je lebhafter er fühlt. Es wird also von vielen gehaßt, von noch mehreren nicht verstanden und nur von wenigen bewundert werden.

August Klingemann. Fragment über Goethes Eugenia. In: Zeitung für die elegante Welt. 8. November 1803

Im Glanze und der Kontinuität hat die Diktion bei dem ersten Anblicke etwas Ähnliches mit dem Versbaue der französischen und namentlich der Voltaireschen Tragödie; ob sie doch gleich als der absolute Gegensatz davon zu betrachten ist, indem bei dieser das Lobenswerte nur die am meisten äußerliche Politur und Glätte betrifft, bei dem vorliegenden Goetheschen Gedichte hingegen alles, aus der Tiefe herauf bis in die äußersten Teile, gediegen und vollendet ist. Einzelne vielleicht noch wegzuwischende Flecken entscheiden natürlich über das Ganze nicht. – Für die Kombinierung des antiken und modernen Stils bei der Darstellung, so weit dies möglich, gibt die vorliegende ein großes Muster. Der Kreis der Gesinnungen und der zum Grunde liegenden Gefühle ist nämlich durchaus modern, und ihre bestimmtere und durchgeführte Reflexion, die bei den antiken Gedichten dieser Art gar nicht zu finden ist, trifft man hier überwiegend an; doch aber erscheint die Darstellung dadurch keineswegs beherrscht, und sie atmet alle die Ruhe und Sicherheit, die viele oberflächliche Beurteiler Kälte zu nennen belieben, die aber allein der Beweis eines vollendeten und sein Werk durchaus beschauenden Dichtergeistes ist; da das Gegenteil, auf der andern Seite, den durch seinen Gegenstand überwältigten Dichter anzeigt. – In diesem Sinne haben die Griechen allein gebildet, und es ist das Bedeutendste, was neuere Künstler in ihren Werken studieren mögen. Alles bei ihnen wird zur Form, und zwar zur schönsten; da im Gegenteile bei den Modernen der Stoff oft die Alleinherrschaft erlangt und die Form gleichsam nur nebenher und untergeordnet erscheint.

Jean Paul an Caroline Herder. Coburg 22. Nov. 1803

Goethens „Eugenia“ ist in Rücksicht der heiligen, echt-griechischen und poetischen Moralität von einem Himmel gefallen, den unsere Zeit jetzt mit Schmutz-Wolken überdeckt; er beschämt seine rauhen Anhänger und – sich; aber poetische Einwendungen hätt' ich doch viel gegen das Werk.

Karl Ludwig von Knebel an Caroline Herder. Ilmenau, 5. Dezember 1803

Noch ein Wort über Goethens Eugenie. Ich habe jetzt die französischen sogenannten Mémoires hier, aus denen Goethe den Stoff dazu geschöpft hat. Man kann sich kaum vorstellen, wie so ein albernes, verschrobenes Machwerk Goethes Geist so gewaltig habe anziehen können. Man kann es kaum vor Ekel lesen. Nun, da er aus nichtsbedeutenden Karikaturen und Ungeheurn doch etwas sehr Bedeutendes machen wollte, so mußten freilich wieder Ungeheur, aber bedeutendere und grundverdorbene, entstehen. In der Tat, ich bedaure diesmal nur seinen Geschmack und Urteil. So bös hat er es nicht gemeint, als ich es denken mußte, da ich es für eine Originalschöpfung hielt. Wir haben beide viel, viel zu viel hineingelegt. Es bleibt eine kostbare Stickerei auf einem höchst futilen Grund.

Karl August Böttigers Tagebuch. Weimar, 9. Februar 1804

Über ein Essen bei Mme de Staël: Viel über Goethe bei Tische. ... Er habe ihr selbst, als sie ihn über die Natürliche Tochter (welche sie einen noble ennui nannte) befragte, aufrichtig eingestanden, daß sie, wie so viele andere seiner Arbeiten, nur Künstlerversuch sei, der nach einer Auflösung einer noch nie gelösten Aufgabe strebte.

Ludwig Ferdinand Huber. In: Neue Leipziger Literaturzeitung. 29. Februar 1804

Ein Rezensent der Natürlichen Tochter hat jede Rücksicht auf den Ursprung dieses Gedichts für überflüssig erklärt, außer insofern sich daraus erwiese, was aus dem prosaischen Stoffe werden könnte, wenn ein poetisches Genie sich ihn aneignete. Diese Betrachtung hat allerdings in der Beschaffenheit des französischen Romans, der Goethen auf seine Dichtung führte, ihren guten Grund, und sie hat ein unleugbares Interesse. Indessen können wir nicht umhin, es mit als ein Zeichen der Zeit anzusehen, daß ein so unbeschreiblich elendes Machwerk, wie jener Roman, für Goethen eine erste Quelle von Begeisterung werden konnte. Es ist wahrlich nicht mehr wie es sein sollte in der deutschen Poesie, es ist nicht mehr wie es war mit ihrem Liebling, da seine Phantasie, die nämliche Phantasie, in welcher Götzens Weib und Schwester, Iphigenie, Mariane, Klärchen, Gretchen, Leonore von Este und Leonore Sanvitale, Mignon, Therese, Natalie, sich aus der reinsten und schönsten Natur abgespie[ge]lt hatten, nun die erbärmliche, platte Abenteurerin jenes Romans auffaßte. Bewundernswürdig ist es in der Tat, welch ein Bild dennoch Goethes Phantasie zurückwarf; aber mit jenen Bildern darf es sich ewig nie messen.

Wir mögen es nicht bergen: wir empfanden mitunter die Poesie der Natürlichen Tochter ziemlich so marmorglatt und marmorkalt, wie wir uns die poetischen Säle des poetischen Herzogs oder Königs in diesem Drama dachten; es mischte sich ein geheimer Schmerz in unsre Bewunderung des zierlich edeln Prunks der Rede, welcher den unnachahmlich gehaltenen Ton des Gedichts ausmacht, und dieser Schmerz ist es, den wir hier uns selbst, und wohl auch andern Lesern der Natürlichen Tochter, zu deuten versuchen.

J. F. F. Delbrück. In: Jenaische Allgemeine Literaturzeitung. 1804

Den Zustand, worein Eugenie durch die Verbindung mit dem Gerichtsrate tritt, werden viele beneidungswürdig finden, nicht nur an sich, sondern auch selbst in Vergleichung mit dem gehofften, als ein zwar weniger glänzendes Glück, aber desto gediegeneres. Läßt er sich daher wohl als eine vollständige Niederlage ansehen, wie etwa die Blendung und Verbannung des Ödipus oder der Wechselmord des Eteokles und Polyneikes oder Antigonens schmählicher Tod?

Es ist wahr! Um von dem Ausgange dieser Tragödien gerührt zu werden, bedarf man nur, Mensch zu sein; um von der unsrigen, bedarf man Europäer zu sein, d.h. man bedarf aus Erfahrung oder durch Phantasie die Leidenschaften zu kennen, welche die künstlichen, aber darum nicht unnatürlichen Verhältnisse der Gesellschaft erregen, und das vielfache Wohl und Wehe, das sie auf unsere Brust häufen.

Teilzunehmen an dem, was Menschen trifft, so fern sie Menschen sind, dazu sind wir in jedem Augenblick bereit: teilzunehmen an dem, was Menschen trifft, so fern sie in bestimmten künstlichen Verhältnissen leben, dazu sind wir nicht immer auf gleiche Weise gestimmt. So fern sind jene Tragödien tragischer als die unsrige. Welche aber Eugeniens Eigentümlichkeit hinreichend aufgefaßt, um ihr nachzuempfinden, wenn sie spricht ...: „Ich nehme teil an jeder edlen Tat, / An jeder großen Handlung, die den Vater / Dem König und dem Reiche werter macht.“ und ferner ...: „Mit hocherhabnen, hochbeglückten Männern, / Gewaltges Ansehn, würdgen Einfluß teilen! / Für edle Seelen reizender Gewinn!“ Welche überhaupt unsere Tragödie am liebsten betrachten als ein Gemälde von der sich selbst zerstörenden Tätigkeit der auf ihren eigenen Untergang hinarbeitenden Gesellschaft: diese können nicht anders als die Entwickelung von Eugeniens Schicksal höchst tragisch finden. Bei der wahrhaft fürstlichen Gesinnung, welche ihr die lieblichen Reime eingibt, zur Feier ihrer neuen Geburt, mußte ihr die Verleugnung derselben schrecklich dünken wie der Tod, der mit Selbstbewußtsein verbunden ist. Da sie diesen freiwillig wählt, aus Liebe zum Könige und zum Vaterlande: so scheint sie als eine Heroin, nicht unwürdig, der Antigone zur Seite zu stehen.

Friedrich Perthes an Friedrich Heinrich Jacobi. 1804

Scham, glühende Scham über die Zerreißung unseres Vaterlandes sollte und müßte unsere Herzen foltern; aber was tun unsere Edelsten? Statt sich zu waffnen durch Nährung der Scham und sich Kraft, Mut und Zorn zu sammeln, entfliehen sie ihrem eigenen Gefühl und machen Kunststücke.

NACHWORT ZU „DIE NATÜRLICHE TOCHTER“

ENTSTEHUNGSGESCHICHTE

Durch Schiller, der als Historiker, Publizist und Dramatiker ein lebhaftes Interesse an älterer und neuerer Memoirenliteratur hatte, lernte Goethe Mitte November 1799 die im Vorjahr in Paris erschienenen „Mémoires historiques de Stéphanie-Louise de Bourbon-Conti, écrits par elle-même“, kennen. Er muß sich sehr schnell entschlossen haben, den unversehens gefundenen Stoff zu dramatisieren, denn schon am 6. und 7. Dezember erscheint im Tagebuch der Titel des neuen Stücks: *Die natürliche Tochter*. Aus diesen Tagen stammen vermutlich drei dem Schreiber Geist diktierte Schemata: (1) ein fünfaktiges Szenar, das die Schauplätze und die auftretenden Personen verzeichnete, (2) ein Konvolut mit je einem Doppelblatt für jeden geplanten Auftritt, in das Dialogskizzen eingetragen wurden, und (3) eine auf fünf Abschnitte angelegte, in der Goethe-Literatur als „Generalschema“ bezeichnete Aufstellung; sie fixierte gesetzmäßig-typische Entwicklungsphasen und Erscheinungsformen der Französischen Revolution – oder revolutionärer Ereignisse überhaupt –, auf die möglicherweise die fünf Akte des Dramas abgestimmt werden sollten. Diese Schemata schließen sich verhältnismäßig eng an die Vorlage an: die Heldin heißt hier noch *Stefanie*, ihr Ehemann wird in Anlehnung an den französischen Sprachgebrauch als *Parlamentsrat* bezeichnet.

So schnell wie die Arbeit angepackt war, geriet sie auch wieder ins Stocken: für das Jahr 1800 verzeichnet das Tagebuch nur einmal ein Gespräch mit Schiller *über die Natürliche Tochter*. Erst im Herbst 1801 begann dann in Jena die eigentliche Ausführung. Ende Dezember 1801 war der erste Akt fertig. Zu Beginn des Jahres 1802 tauchten Schwierigkeiten auf, so daß Goethe erst am 4. Mai während eines erneuten Aufenthalts in Jena in einem Brief an Christiane Vulpius berichten konnte, daß der zweite Akt abgeschlossen sei und er für den dritten vielleicht nur noch eine Woche brauche. Der unverhältnismäßig lange Zeitraum, den die Ausführung des zweiten Akts beanspruchte, erklärt sich wohl daraus, daß Goethe in den ersten Wochen und Monaten des Jahres 1802 seinen ganzen Plan umgestaltete: der Stoff war so stark angeschwollen, daß er den Rahmen eines einzigen Stücks gesprengt hätte; aus den ursprünglich konzipierten ersten beiden Akten war der Plan zu einem in sich geschlossenen fünfaktigen Stück geworden, aus der einen Tragödie ein Doppeldrama und schließlich eine Trilogie. Dabei mußte sehr wahrscheinlich der bereits Ende 1801 abgeschlossene Akt noch einmal umgeschrieben werden.

Da das Weimarer Theater, besonders der Bau der Sommerbühne in Bad Lauchstädt, seine Anwesenheit erforderlich machte, mußte Goethe Mitte Mai Jena verlassen und seine Arbeit am Drama zurückstellen. Erst im November 1802 konnte er sie wieder aufnehmen. Am 2. Januar 1803 beendete er den vierten Akt und etwa Mitte März das ganze Stück. Am 2. April wurde es in Weimar uraufgeführt. Im Juli brachte Iffland *Die natürliche Tochter* auch in Berlin auf die Bühne. Einige Monate später erschien die Buchausgabe als „Taschenbuch auf das Jahr 1804" bei Cotta; der sorgfältige Druck war unter Goethes Aufsicht bei Frommann in Jena hergestellt worden. – Die beiden anderen Teile der geplanten Trilogie hat Goethe nicht mehr geschrieben.

VORLAGE UND BEARBEITUNG

Nach der Darstellung der „Mémoires historiques" ist die Autorin 1762 als uneheliche Tochter des Prinzen Louis François de Bourbon-Conti (1717–1776) und einer Herzogin von Mazarin geboren. Sie wächst in der Obhut einer Mme Delorme auf. Während ihr Verhältnis zur Mutter, die ihren Fehltritt geheimhalten möchte, recht kühl und distanziert bleibt, umsorgt und verwöhnt der Vater sie mit abgöttischer Liebe und macht seinen Freund Jean-Jacques Rousseau zu ihrem Erzieher. Das Verhältnis des Prinzen zu seinem einzigen Sohn, dem Grafen de la Marche, ist gespannt, wegen dessen Lebenswandel, aber u. a. auch, weil der Graf in den Auseinandersetzungen des Jahres 1771 zwischen dem König und den Gerichtshöfen (Parlements) die Partei des absoluten Monarchen ergriffen hat, während der Prinz selbst auf der Seite der antiabsolutistischen Opposition der Juristen stand (I,119). Vom Sohn enttäuscht, betreibt er bei Ludwig XV. die Legitimierung seiner natürlichen Tochter, d. h. ihre rechtliche Gleichstellung mit dem Sohn und damit ihre Anerkennung als Mitglied der königlichen Familie (princesse du sang). Wenige Tage vor dem Legitimationsakt, für den der Prinz seiner Tochter bereits Schmuck und festliche Gewänder geschenkt hat, wird die elfjährige Stéphanie-Louise auf Betreiben ihrer Mutter und ihres Halbbruders von ihrer Erzieherin entführt. Während die Intriganten den Prinzen mit einer fingierten Todesnachricht, die von einem Abbé Dubut beglaubigt wird, hinters Licht führen, wird das Mädchen, als Tochter der Delorme ausgegeben, zunächst in einem

Kloster versteckt gehalten und dann gewaltsam mit dem Anwalt Billet in Lons-le-Saunier verheiratet.

Der 2. Band der „Mémoires" schildert zunächst das Martyrium der Ehe zwischen dem abstoßenden Mitgiftjäger Billet und der Prinzessin, die ihm standhaft den Vollzug der Ehe verweigert, um die Rechtskräftigkeit der Trauung zu verhindern. Es folgen fehlgeschlagene Fluchtversuche, die schließlich im Jahre 1786 durchgesetzte Trennung, neue Leiden in einem Kloster, dann 1788 die Rückkehr nach Paris. Dort werden Stéphanies Versuche, in den Besitz ihres Anteils am väterlichen Erbe zu gelangen, von Ludwig XVI. unterstützt, aber von dem Halbbruder und schließlich von den Ereignissen der Französischen Revolution immer wieder hintertrieben. Trotz ihrer aufopfernden Parteinahme für den Monarchen entgeht die Prinzessin dem Jakobinerterror mit knapper Not. Aber auch unter dem Direktorium gelangt sie nicht in den Genuß einer Rente, die ihr Ludwig XVI. drei Tage vor seiner Absetzung zugestanden hat; kaum weniger erbittert es sie, daß die überlebende Tochter des Königs, die dieser ihrer Fürsorge empfohlen hat, sich auf Grund einer Intrige ihrer selbstlosen Hilfe verschließt. So steht sie am Ende ihres Berichts erschöpft und mit leeren Händen da, ein Opfer von Verbrechen und Machtmißbrauch.

Die Autorin der „Mémoires historiques" war jedoch wohl nicht die verfolgte Unschuld, als die sie sich darstellte, sondern eine Hochstaplerin, die Tochter der Mme Delorme und entlaufene Ehefrau des Advokaten Billet, die als angeblich illegitime Tochter eines Prinzen zu Ansehen und Vermögen kommen wollte (vgl. Nouvelle Biographie Générale, Bd. 7, Paris 1858, Sp. 40–42). Goethe dürfte das gewußt haben; jedenfalls bezeichnete Schiller die „abenteuerliche Geschichte" als ein bloßes „Märchen", als er sie Körner zur Lektüre empfahl (28. 3. 1803). Um so erstaunlicher ist es, daß Goethe den tränenreichen und weitschweifigen Bericht, den sein Freund Knebel in einem Brief an Caroline Herder als ein „albernes, verschrobenes Machwerk" qualifizierte (5. 12. 1803), aufgriff, um sich gerade aus ihm das *Gefäß* zu bereiten, in dem er alles, was er *über die Französische Revolution und deren Folgen geschrieben und gedacht*, *mit geziemendem Ernste* – statt mit dem unangemessenen Spott des *Bürgergenerals* und der *Aufgeregten* – *niederzulegen hoffte* (*Tag- und Jahreshefte*. 1799). Das Buch der Bourbon-Conti trägt ja zum Verständnis der Revolution noch weniger bei als die Berichte über die Halsbandaffäre, die Goethe für den *Großkophta* benutzt hat, denn es gibt nicht einmal ein Sitten- oder Gesellschaftsbild. Politik ist da auf die Dimensionen eines bürgerlichen Rührstücks reduziert: der Prinz von Bourbon-Conti, von dem zwar einmal gesagt wird, er trage den

Beinamen „le prince citoyen" (I,8) erscheint nur als der zärtliche Vater, dessen einzige Sorge der Lebenswandel des mißratenen Sohns und dessen einziges Glück die Liebe der kleinen Tochter ist (I,69f.); der König, heiße er nun Ludwig XV. oder Ludwig XVI., ist kaum etwas anderes als der treusorgende Vater der königlichen Familie, ein Ausbund von Güte und Gerechtigkeit, und die Ereignisse der Französischen Revolution erscheinen als Fortsetzung der Intrige mit anderen Mitteln: sie haben eigentlich nur die Funktion, neues Unglück über die unschuldig Verfolgte zu bringen und ihre Hoffnungen immer gerade im Augenblick der Erfüllung zunichte zu machen (II,164,186,217,238,330). Anläßlich des Staatsstreichs vom 18. Fructidor 1797 sagt die Autorin etwa, sie sei dadurch erneut zum Spielball (jouet) einer Revolution geworden, die ihr so fremd gewesen sei wie eine in China oder Persien (II,330). Von einer solchen Augenzeugin war nicht zu erfahren, was die Französische Revolution für Staat und Gesellschaft bedeutete – wohl aber ließ sich an ihrem Beispiel darstellen, was sie für das Individuum bedeutete: daß Politik zum Schicksal wurde (vgl. Goethes Gespräch mit Napoleon, Bd. 10, S. 546), der einzelne zum Spielball und Opfer gesellschaftlicher Mächte, die sich seinem Zugriff entzogen; sie zeigte „die menschlichen Verhältnisse bedrängt durch die politischen", wie Caroline Herder nach der Uraufführung der *Natürlichen Tochter* an die Herzoginmutter Anna Amalia schrieb. Das war vor der Französischen Revolution faktisch nicht anders gewesen, doch hatten die Ereignisse von 1789 und ihre Folgen die Politisierung bewußt gemacht und gezeigt, daß die für das Selbstverständnis des Bürgertums konstitutive Scheidung zwischen einer politischen und einer privaten, eigentlich menschlichen Sphäre eine Fiktion war.

Was auch immer für Goethe der Anlaß gewesen sein mag, die „Mémoires historiques" zu dramatisieren, so ist es überraschend, was er diesem gestaltlosen Rohstoff an bildhafter Prägnanz und symbolischer Fülle abgewonnen hat. Alle wesentlichen Elemente der Handlung und der Figurenkonstellation sind ja der Vorlage entnommen, außerdem eine Reihe untergeordneter Motive: Eugenies Vorliebe für verwegene Ritte, ihre Ergebenheit für den König, ihr Vertrauen auf die Macht der *liebevollen, treuen Herzen* (2855), das merkwürdig nachdrückliche Schweigegebot des Vaters vor dem Legitimationsakt; selbst der Bericht des Weltgeistlichen über Eugenies angeblichen Reitunfall scheint durch die „Mémoires" (II,256f.) angeregt zu sein. Aufschlußreich sind dabei die Veränderungen. So tauschen z. B. Vater und Mutter des unehelichen Kindes ihre Stellung in der höfischen Rangordnung: aus dem Prinzen von Bourbon-Conti und der Herzogin von Mazarin werden Herzog und Fürstin; das Verhältnis wird dadurch so weit wie möglich aus der Sphäre aristokratischer Libertinage herausgehoben, die Mutter geadelt. Ihre Rolle in der Intrige überträgt Goethe einer unbeteiligten Nebenfigur aus den „Mémoires", dem officier du Roi, Jacquet. Dadurch wiederum verändert sich die Rolle der Hofmeisterin Delorme: während sie in der Vorlage ohne ersichtlichen Grund oder gar Zwang zum Werkzeug von Mutter und Halbbruder wird und ihrem Zögling nur vorspiegelt, ihr Lebensglück, die Ehe mit Jacquet, stehe auf dem Spiel, um der Kleinen den Termin der öffentlichen Legitimation zu entlocken (I,160–165), steht sie in Goethes Drama durch ihre Liebe zum Sekretär tatsächlich unter Zwang. Und während sie in den „Mémoires" nur in den Augen der kindlichen Stéphanie als fürsorgliche Erzieherin erscheint, in den Augen der verbitterten Erzählerin dagegen als herzlose Intrigantin, läßt Goethe sie beides zugleich sein, doppelgesichtig, *ein Rätsel* (719), wie auch die übrigen Figuren des Stücks: der Weltgeistliche ist Betrüger und Seelsorger zugleich, der Herzog ganz liebevoller Vater und berechnender Politiker, der König gütiges Familienoberhaupt und ungerechter Monarch. Widersprüche, die sich in der Vorlage aus dem Unterschied zwischen Schein und Wirklichkeit erklären, liegen in Goethes Drama in der Wirklichkeit selbst: die Figuren um Eugenie sind nicht entweder gut oder böse, sondern beides zugleich, Täter und Opfer der Verhältnisse. In den „Mémoires historiques" ist die politische Welt an sich geordnet und überschaubar; nur die Intrige macht sie für das ahnungslose Opfer undurchdringlich. In Goethes Drama dagegen ist die politische Welt an sich undurchschaubar, ein Reich der Unfreiheit, dessen bedrohlicher Charakter in leitmotivisch verwandten Wort- und Bildfeldern ausgesprochen wird: Drang, Gefahr, Geheimnis, Gewalt, Tücke, Netz, Labyrinth. Was Stéphanie de Bourbon-Conti als subjektives Los erscheint, wird bei Goethe zum Weltzustand: im politischen Leben ist der einzelne Spielball von Kräften, denen er so wehrlos ausgesetzt ist wie antike Tragödienhelden den Göttern und die bewußt vage umschrieben werden: *das Mächtige* (706), *das Waltende* (715,2703), *ein Herrschendes* (853), *das ewig Wirkende* (2704), *die Mächte* (1795,1896,2175,2191), *die Obermacht* (1899, 2066f.), *Geschick* (2488,2562,2776,2858) oder *Schicksal* (802,1148,1333,1449, 1834,1941,2033,2482,2673). Das Gefühl von Ohnmacht ist dasselbe, aber die Reaktion ist grundverschieden: in der Vorlage endlos wiederholte Klagen über Bosheit und Ungerechtigkeit, im Drama ein Geltenlassen aller Figuren und ihrer Handlungsweisen.

Goethes Haltung ist konsequent: wenn es im politischen Bereich nur ein unfreies Handeln gibt, wird es unmöglich, an die politischen Verhaltensweisen ethische Maßstäbe anzulegen. Niemand wird daher verurteilt, niemand entschuldigt. Goethe braucht keine Intriganten, um den Konflikt zum Zünden zu bringen, wie Lessing in „Emilia Galotti" Marinelli einsetzt oder Schiller in „Kabale und Liebe" den Sekretär Wurm; er verzichtet aber auch darauf, die höhergestellten Personen durch eben diese Personen zu entlasten. Eugenie macht sich selbst bewußt von der trügerischen Hoffnung frei, *daß, verwegen, / Ein Kronbeamter die Gewalt mißbraucht* (2498 f.) und statt des Königs den Verbannungsbefehl unterschrieben habe. Sie würde es sogar ihrem Vater zutrauen (2496, 2579) – was in der Vorlage undenkbar wäre. Hier zeigt sich eine Haltung, die sich auch an anderen Werken aus Goethes klassischer Periode ablesen läßt: die Wirklichkeit in ihrer Tatsächlichkeit zu akzeptieren, ohne sie parteiisch sittlichen Prinzipien zu unterwerfen. So läßt er etwa Philine ohne schlechtes Gewissen sündigen und macht sie sogar zu einer der liebenswürdigsten Figuren seines *Wilhelm Meister*, obwohl Leser wie Herder erwarteten, daß er sie – zumindest – in den späteren Teilen seines des Romans als „verächtlich" darstellen werde (an Caroline Baudissin, 1796). In der mythischen Verkörperung durch Helena ist Schönheit nicht mehr sittlich wirkende, sondern amoralische Macht, und in den *Wahlverwandtschaften* wird der Bereich der privaten Bindungen so kühl und indifferent behandelt wie der politische in der *Natürlichen Tochter:* als ein Bereich des nur scheinbar freien Willens, in dem gewissermaßen naturhafte Gesetze herrschen. Das waren Neuerungen, die das zeitgenössische Publikum irritierten.

FORM UND STIL

Als Schiller in seinem bekannten Brief vom 23. August 1794 versuchte, den „Totaleindruck" begrifflich zu klären, den Goethe als Künstler auf ihn machte, sah er dessen leitende Idee in dem Bestreben, den Menschen „genetisch aus den Materialien des ganzen Naturgebäudes zu erbauen", „ihn der Natur gleichsam nach[zu]erschaffen". Wenn Schiller damit auch Goethes „Geist" zuschrieb, was in Wirklichkeit das Ergebnis von Erfahrungen des ersten Weimarer Jahrzehnts war, so beschrieb er im folgenden doch sehr genau das künstlerische Problem des nachitalienischen Goethe: „Wären Sie als ein Grieche, ja nur als ein Italiener geboren worden, und hätte schon von der Wiege an eine auserlesene Natur und eine idealisierende Kunst Sie umgeben, so wäre Ihr Weg unendlich verkürzt, vielleicht ganz überflüssig gemacht worden. Schon in die erste Anschauung der Dinge hätten Sie dann die Formen des Notwendigen aufgenommen, und mit Ihren ersten Erfahrungen hätte sich der große Stil in Ihnen entwickelt." Da Goethes „griechischer Geist" aber in eine „nordische Schöpfung geworfen" sei, die – so muß man ergänzen, *farb- und gestaltlos* ist (Bd. 1, S. 162) und den Menschen durch geistige und gesellschaftliche Zwänge in der Entfaltung seiner Möglichkeiten hindert –, müsse er „gleichsam von innen heraus und auf einem rationalen Wege ein Griechenland gebären" (Briefe an Goethe, Bd. 1, S. 165 f.). In den Briefen „Über die ästhetische Erziehung des Menschen" bezeichnete Schiller, etwa zur selben Zeit, mit noch größerer Schärfe die Prämissen der Weimarer Klassik: „Der Künstler ist zwar der Sohn seiner Zeit, aber schlimm für ihn, wenn er zugleich ihr Zögling oder gar noch ihr Günstling ist. Eine wohltätige Gottheit reiße den Säugling beizeiten von seiner Mutter Brust, nähre ihn mit der Milch eines bessern Alters und lasse ihn unter fernem griechischen Himmel zur Mündigkeit reifen. Wenn er dann Mann geworden ist, so kehre er, eine fremde Gestalt, in sein Jahrhundert zurück; aber nicht, um es mit seiner Erscheinung zu erfreuen, sondern furchtbar wie Agamemnons Sohn, um es zu reinigen. Den Stoff zwar wird er von der Gegenwart nehmen, aber die Form von einer edleren Zeit, ja jenseits aller Zeit, von der absoluten unwandelbaren Einheit seines Wesens entlehnen" (9. Brief). Vor diesem Hintergrund muß der Klassizismus der *Natürlichen Tochter* gesehen werden.

Obgleich das Drama in Goethes Selbstzeugnissen vor allem unter inhaltlichem Aspekt, als Versuch, die Französische Revolution poetisch zu bewältigen, erscheint, spielt bei seiner Entstehung zweifellos auch das durch die Diskussion mit Schiller geschärfte theoretische Interesse an einer der eigenen Zeit angemessenen, exemplarischen Nachahmung der antiken Tragödie eine Rolle: die Eugenien-Trilogie läßt sich dichtungstheoretisch als modernes Gegenstück zur „Orestie" und als dramatisches Pendant zur *Achilleis* verstehen. Goethe ging allerdings in der Annäherung an die Form der attischen Tragödie nicht so weit wie im Helena-Akt des *Faust* oder in *Pandora*, sondern blieb im großen und ganzen bei dem klassizistischen Blankversdrama ohne Chor, wie er es in der *Iphigenie* und im *Tasso* erprobt hatte. Die Aktionen werden damit hinter die Szene verbannt, auf der Bühne gibt es nur ihren Reflex in Monolog und Dialog. Zugleich wird das historische Ereignis auf die Dimensionen des Kammerspiels reduziert: die Öffentlichkeit bleibt ausgeschlossen; für Volksszenen, wie im *Götz von Berlichingen* oder im *Egmont* ist kein Raum, schon gar nicht für pittoreske Züge. Dem Schauplatz ist alles Lokalkolorit abgestreift; atmosphärische Stimmung als Spiegel der Seele, wie in den Sturm- oder Mondscheinnächten Shakespeares, gibt es nicht. Auch die Figuren werden weitgehend ihrer individuellen, charakteristischen Züge entkleidet und auf ihre sozialen Rollen (oder Doppelrollen) zurückgeführt. Selbst die Heldin heißt nicht mehr Stéphanie, sondern *Eugenie*, die Edelgeborene. So nähert Goethe seine Figuren den „idealischen Masken“ an, in deren Verwendung Schiller einen Vorzug der attischen Tragödie sah: „sie exponieren sich geschwinder, und ihre Züge sind permanenter und fester. Die Wahrheit leidet dadurch nichts, weil sie bloßen logischen Wesen ebenso entgegengesetzt sind als bloßen Individuen“ (an Goethe, 4. 4. 1797). Formwille und Geschichtsbild bedingen sich hier gegenseitig: während Schiller sich genötigt sieht, die Armee in „Wallensteins Lager“ zur Anschauung zu bringen, weil sie für ihn Eigengewicht im politischen Kräftespiel besitzt, kann Goethe auf dergleichen verzichten: das Volk ist für ihn Objekt der Geschichte, gestaltlose Masse, die – wie die Elemente – durch Geist gebändigt werden muß. Die Handlung des Dramas kann daher ohne Nachteil für den politischen Gehalt auf die Sphäre der aktiv Handelnden beschränkt bleiben.

In der Sprache geht Goethe in der *Natürlichen Tochter* einen wesentlichen Schritt über die früheren Dramen hinaus: die Sätze sind hier wie aus Blöcken gebaut, die einzelnen Satzglieder durch Kommata – und damit durch Atempausen – voneinander abgehoben. Dadurch tritt der Bedeutungsgehalt der Worte deutlicher heraus, während der rhythmische Fluß des Verses gestaut und gebrochen wird. Insgesamt ist die Sprache weniger lyrisch-musikalisch als vielmehr deklamatorisch. Die ihr angemessenen gestischen Ausdrucksmittel sind in den *Regeln für Schauspieler* kodifiziert, die Goethe aus der Weimarer Bühnenpraxis entwickelt hat. Die Stilisierung der Bühnensprache, ihre Differenzierung von der alltäglichen Prosa ist nach dem antiken Vorbild noch weiter vorangetrieben als in der *Iphigenie*, zuweilen bis ins Artifizielle. Symptomatisch ist die wachsende Anzahl und Länge der Stichomythien. Grundsätzlich bedient sich Goethe jedoch der gleichen Mittel wie in seinen früheren klassischen Dramen: der Nominal- und Verbalkomposita, transitiven Verwendung intransitiver Verben, Weglassung von Präfixen usw.

Besonders auffällig ist in Wortwahl und Darstellungsweise die Betonung der Bedeutungsebene, die das Konkrete – Ding, Person oder Ereignis – im Sinne von Goethes Symboltheorie (vgl. Bd. 12, S. 470f., Nr. 745–752 u. Anm.) auf das allgemeine Gesetz hin transparent macht. Zusammen mit der gewissermaßen leitmotivischen Verwendung einiger zentraler Wort- und Bildmotive – Sturz und Auferstehung, Erscheinen und Verschwinden, Niedrigkeit und Höhe, Enge und Weite, Dunkelheit und Glanz, Gestalt und Element – ergibt sich so jene „hohe Symbolik", mit der Goethe nach Schillers Ansicht den Stoff behandelt hat, „so daß alles Stoffartige vertilgt und alles nur Glied eines ideellen Ganzen ist"; dies Verfahren sei „ganz Kunst und ergreift dabei die innerste Natur durch die Kraft der Wahrheit" (an W. v. Humboldt, 18. 8. 1803). Wenn etwa Eugenies Schicksal metaphorisch mit dem Naturphänomen des Meteors und mit der mythischen Gestalt des Phaethon identifiziert wird (vgl. die Anm. zu 1970ff.), dann gelingt Goethe damit in der Moderne, was nach zeitgenössischer Auffassung in der Antike vorbildlich geleistet ist: die Vermittlung von Individuellem und Allgemeinem, die das absolute, unwandelbare Wesen des Menschen so rein wie irgend möglich verkörpert. So schreibt Schiller etwa nach einer Sophokles-Lektüre an Goethe: „Wie trefflich ist der ganze Zustand, das Empfinden, die Existenz der Dejanira [in den ‚Trachinierinnen'] gefaßt! Wie ganz ist sie die Hausfrau des Herkules, wie individuell, wie nur für diesen einen Fall passend ist dies Gemälde, und doch wie tief menschlich, wie ewig wahr und allgemein. Auch im Philoktet ist alles aus der Lage geschöpft, was sich nur daraus schöpfen ließ, und bei dieser Eigentümlichkeit des Falles ruht doch alles wieder auf dem ewigen Grund der menschlichen Natur" (4. 4. 1797). Wenn das tief Menschliche aber zugleich das ewig Wahre und Natürliche ist, folgt daraus eine Tendenz zur Verallgemeinerung und Enthistorisierung, die für den politischen Gehalt eines Kunstwerks mit zeithistorischem Thema tiefgreifende Konsequenzen hat.

DER POLITISCHE GEHALT

Geschichte, mit der „hohen Symbolik" des Goetheschen Klassizismus behandelt, wird zum Analogon der Natur: in den konkreten Individuen und Ereignissen treten die immer gleichen Typen und Gesetze in Erscheinung. Für die Vorstellung eines ständigen Fortschritts oder Aufstiegs wie in Herders „Ideen zur Philosophie der Geschichte der Menschheit" oder Schillers „Spaziergang" ist kein Raum; die Französische Revolution ist folglich keine entscheidende Stufe in der Geschichte der bürgerlichen Demokratie oder der Klassenkämpfe, sondern Beispiel für das Phänomen Revolution in allen Zeiten und Ländern, und dieses wiederum ist die geschichtliche Entsprechung dessen, was in der Natur die gewaltsame Störung organischen Wachstums ist. So umgreift etwa die Seismos-Allegorie der *Klassischen Walpurgisnacht* Natürliches und Soziales. Bei ihrer

Deutung hält Thales dem Enthusiasmus des Anaxagoras entgegen, daß mit dem durch das Erdbeben aufgeworfenen Berg im Grunde nichts qualitativ Neues geschaffen sei (7869), und wenn er auch gelassen die normative Kraft des Faktischen anerkennt – *Er ist auch da, und das ist gut zuletzt* (7870) –, so bleibt er doch von dem Glauben durchdrungen, daß das eigentliche Wesen der Natur ein *lebendiges Fließen* sei: *Sie bildet regelnd jegliche Gestalt, / Und selbst im Großen ist es nicht Gewalt* (7863 f.). In der *Natürlichen Tochter* ist die Ablehnung der *Gewalt*, des revolutionären Umsturzes, so stark, daß das positive Gesellschaftbild darüber alle dynamischen Züge verliert: in den Reden des Königs (361 ff.), des Mönchs (2783 ff.) und Eugenies (2825 ff.) wird die soziale Ordnung als ein festgefügter Bau dargestellt, in dem alles seinen beständigen, vorgezeichneten Platz hat. Die Alternative ist nicht eine andere, neue Ordnung, sondern die Auflösung ins Chaotisch-Elementare. Was Goethe im Abschnitt *Bändigen und Entlassen der Elemente* seines *Versuchs einer Witterungslehre* sagt, gilt auch für die menschliche Gesellschaft: die Elemente sind *die Willkür selbst* und *als kolossale Gegner zu betrachten, mit denen wir ewig zu kämpfen haben, und sie nur durch die höchste Kraft des Geistes, durch Mut und List im einzelnen Fall bewältigen* (Bd. 13, S. 309).

Eine solche die Elemente bändigende Kraft fehlt im Drama. Es gab sie nur in der Vergangenheit, bei Heinrich IV. etwa, der mit *Mut und List* die Bürgerkriege des 16. Jahrhunderts beendete. Während er sich *als König und als Vater* bewiesen hat (2835), bewährt sich sein schwächlicher Nachfolger nur noch in der *Häuslichkeit* und versagt im *Regimente* (438). Dadurch zerfällt das stabile Gefüge, Egoismus tritt an die Stelle der Unterordnung unter die gemeinsame Aufgabe, und dieser Auflösungsprozeß setzt sich dann nach unten fort bis zum Kampf aller gegen alle. *Losgebunden erscheint, sobald die Schranken hinweg sind, / Alles Böse, das tief das Gesetz in die Winkel zurücktrieb* (*Hermann und Dorothea* VI,79 f.). Monarch und Aristokraten sind also in diesem Gesellschaftsbild die Garanten der Ordnung, ihr Versagen ist Schuld am Zerfall. Was aber der gemeinsame Zweck war, der einmal die gesamte Gesellschaft durchwaltete und zusammenhielt, bleibt unausgesprochen; das soziale Gefüge hat offenbar ebensowenig einen ethischen Sinn wie der natürliche Organismus. Es bliebe hinzuzufügen, daß es ein Grundzug konservativen Denkens ist, die Erhaltung und Regeneration einer stabilen, in sich gestuften gesellschaftlichen Ordnung zum Selbstzweck zu erheben.

Eugenie ist seit dem Augenblick ihres Eintritts in die politische Welt vom Willen durchdrungen, als wahre Aristokratin uneigennützig zu handeln und dadurch dem sozialen Zerfallsprozeß zu wehren. Ihre zunächst nur auf den engen Familienkreis gerichtete

Hoffnung, den *Widerwillen* durch *des unbefangnen Herzens reines Wirken* zu tilgen (1107f.), überträgt sie am Ende auf die Gesellschaft: *wenn ein Wunder auf der Welt geschieht; / Geschieht's durch liebevolle, treue Herzen* (2854f.). Daher will sie, *die Welt vermeidend, im Verborgnen leben* (2900), sich *in Hoffnung einer künft'gen, / Beglückten Auferstehung* selbst *begraben* (2913f.), um sich so dem Staat *als reinen Talisman* (2853) zu erhalten. Mit anderen Worten: Eugenie will die Rolle Iphigenies spielen. Nichts deutet darauf hin, daß ihr Erfolg beschieden sein könnte. *Der einzelne schadet sich selber, / Der sich hingibt, wenn sich nicht alle zum Ganzen bestreben*, heißt es in *Hermann und Dorothea* (IV,144f.), ebenfalls im Zusammenhang mit der Französischen Revolution.

In *Hermann und Dorothea* wie in der *Natürlichen Tochter* gibt es angesichts der Erfahrung politischer Ohnmacht nur einen Ausweg, nämlich den Rückzug in den *heil'gen Kreis* des bürgerlichen Privatlebens, wie der Gerichtsrat ihn Eugenie nahelegt: *Im Hause, wo der Gatte sicher waltet, / Da wohnt allein der Friede, den, vergebens, / Im Weiten, du, da draußen, suchen magst* (2179ff.). Der Gerichtsrat ist hier das Sprachrohr Goethes, der etwa 1793, nach der Belagerung von Mainz, schreibt, die *politische Stimmung* aller Menschen treibe ihn nach Hause, *wo ich einen Kreis um mich ziehen kann, in welchen außer Lieb und Freundschaft, Kunst und Wissenschaft nichts herein kann* (an Jacobi, 19. 8. 1793). Im folgenden Jahr heißt es, wieder im Zusammenhang mit den Revolutionswirren: *Für meine Person finde ich nichts Rätlicheres, als die Rolle des Diogenes zu spielen und mein Faß zu wälzen* (an Fritz v. Stein, 14. 8. 1794, Briefe Bd. 2, S. 181), und die *Campagne in Frankreich* endet mit den Versen: *Wir wenden uns, wie auch die Welt entzücke, / Der Enge zu, die uns allein beglücke* (Bd. 10, S. 365). Es ist nicht verwunderlich, daß Goethe gerade in jenen Jahren von der Vossischen Idyllendichtung angezogen wird. Aber während bei Voß die bürgerliche *Enge* mit homerischen Mitteln verklärt und idealisiert wird, als sei sie die ganze Welt, verhehlt Goethe nicht, daß die Idyllik von *Hermann und Dorothea* eine Rückzugsposition ist und der *heil'ge Kreis* des Privatlebens ein Bannkreis. Dem Gerichtsrat steht im Drama Eugenie mit ihrem Anspruch auf politische Wirksamkeit gegenüber.

Auch in ihrem Schicksal finden eigene Erfahrungen Goethes ihren Niederschlag; möglicherweise waren gerade sie es, die ihn veranlaßten, die „Mémoires historiques" der Stéphanie-Louise de Bourbon-Conti zum Stoff eines Dramas zu machen. Im September 1780 hatte er an Lavater geschrieben, die *Begierde, die Pyramide meines Daseins, deren Basis mir angegeben und gegründet ist, so hoch als möglich in die Luft zu spitzen*, überwiege bei ihm alles andere (Briefe Bd. 1, S. 324), und er hatte seinem Romanhelden Wilhelm Meister denselben Wunsch mitgegeben: *mich selbst, ganz wie ich da bin, auszubilden, das war dunkel von Jugend auf mein Wunsch und meine Absicht* (Bd. 7, S. 290). Wenn er ihn dann gestehen ließ, *daß mein Trieb täglich unüberwindlicher wird, eine öffentliche Person zu sein, und in einem weitern Kreise zu gefallen und zu wirken* (ebd., S. 292), dann war damit eine der adligen entsprechende Existenzform gemeint. Dieser Wunsch geht im Roman nicht in Erfüllung. Wilhelm findet zwar Eingang in aristokratische Kreise, aber diese Landadligen führen kein öffentliches, sondern ein privates Leben. Immerhin sind die Ehen, die am Ende der *Lehrjahre* geschlossen werden, noch Zeichen eines Ausgleichs zwischen bürgerlicher und adliger Existenz. Für Eugenie aber ist die Welt, wie auch für den Weltgeistlichen (1199–1227), in zwei diametral entgegengesetzte, einander feindliche Bereiche zerfallen: der private Stand, aus dem sie herausdrängt und in den der Gerichtsrat sie zurückholen möchte, ist durch Niedrigkeit, Enge, Unscheinbarkeit und Sicherheit gekennzeichnet, die politische Welt öffentlicher Wirksamkeit hingegen durch Höhe, Weite, Glanz und Gefahr. Auf Grund ihres durch und durch aristokratischen Wesens hält Eugenie die politische Welt für den ihr angemessenen Lebensraum, aber diese Existenz steht vom Beginn des Dramas an im Zeichen der Verwegenheit und des Sturzes; ihr Schicksal wird in der Gestalt Phaethons gespiegelt. Für das Gegenmotiv der Entsagung, das sich durch das ganze Drama zieht, hat sie in ihrer jugendlichen Tollkühnheit, die sie mit dem Felix der *Wanderjahre* gemeinsam hat, kein Ohr; Entsagung erscheint ihr als bloßer Verzicht, als Erniedrigung. Als positiver Wert, als freiwillige Einfügung des sich selbst Grenzen setzenden Individuums in einen Kreis Gleichgesinnter, erscheint sie nur in der Rede des Mönchs (2751 ff.). Eugenie bleibt einem Ideal individueller, uneingeschränkter Tätigkeit verhaftet, das in Goethes Werk keine Zukunft mehr hat. Der Kanzler von Müller notierte nach „beunruhigende[n] Gespräche[n] über die Stimmung der Zeit" den Satz: „Die Maxime der persönlichen Einwirkung hält Goethe [für] nicht mehr anwendbar" (7. 8. 1819). Das war im Grunde eine Absage an die eigenen Ideale der frühen Weimarer Zeit.

DIE GEPLANTE FORTSETZUNG

Da Goethe die *Natürliche Tochter* im Druck hat erscheinen lassen, ohne die zu erwartende Fortsetzung ausdrücklich anzukündigen, ist der Leser dazu aufgefordert, das Stück als selbständig und in sich geschlossen zu verstehen; seine Stellung innerhalb der geplanten

Trilogie hat man sich eher nach dem Muster des „Agamemnon" von Aischylos als nach dem Muster von „Wallensteins Lager" vorzustellen. Dennoch enthält Goethes Drama eine Reihe von Motiven vorausdeutenden Charakters, die ohne Zweifel in den späteren Teilen wieder aufgenommen werden sollten. Für das im Wandschrank verborgene Sonett ist das durch die *Tag- und Jahreshefte* ausdrücklich bezeugt. Auch die Hinweise auf die bevorstehende Revolution (361ff., 1255ff., 2783ff., 2825ff.), Eugenies Bereitschaft, für den König einzutreten (382ff., 441, 959f., 2839ff.), ihr Rückzug in die Verborgenheit *in Hoffnung einer künft'gen, / Beglückten Auferstehung* (2852ff., 2913f.) und wohl auch die Worte des Weltgeistlichen, in denen er den Herzog zu gemeinnütziger Tätigkeit auffordert (1630ff.), oder die Botschaft des Mönchs (2756ff.) gehören in diese Kategorie. Es ist daher legitim, die Fortsetzungspläne (vgl. S. 620–623), mit aller Vorsicht, in die Interpretation der *Natürlichen Tochter* einzubeziehen.

Die in Goethes Nachlaß erhaltene Fassung des 1. Schemas verzeichnet die Schauplätze und die auftretenden Figuren eines zweiten fünfaktigen Dramas. Es ist, wie die Handschrift zeigt, durch bloße Veränderung der Aufteilung aus dem vermutlich 1799 diktierten Szenar hervorgegangen: aus dem ursprünglichen 3. Akt sind der erste und zweite, aus dem 4. Akt der dritte und aus dem 5. die beiden Schlußakte geworden. Daher ist vor dem 5. Akt kein Schauplatz genannt und die Zählung der Szenen vom 4. Akt an fortlaufend. Diese Fassung des Schemas ist demnach zu einem Zeitpunkt entstanden, als die Ausgestaltung der ursprünglich vorgesehenen beiden ersten Akte zu einem in sich geschlossenen Drama feststand, also wohl nicht vor 1802. Das überflüssig gewordene erste Blatt dieses Schemas mit dem ältesten Szenar der Exposition hat Goethe vernichtet.

Das 2. Schema, zu dem außer den hier abgedruckten Dialogskizzen noch eine Reihe nur mit Nummern von Akt und Szene versehene, sonst leere Doppelblätter gehören, ist ebenfalls aus einem bei Beginn der Arbeit diktierten Entwurf hervorgegangen. Es kann in der vorliegenden Fassung nicht älter sein als das 1. Schema, denn der Stoff des ursprünglichen 3. Akts ist hier ebenfalls auf den 1. und 2. Akt der Fortsetzung aufgeteilt. Die übrigen Blätter, darunter die Entwürfe für die ersten Szenen des ursprünglichen Schlußakts, haben in der Handschrift noch ihre alte Numerierung. Im Gegensatz zum 1. Schema zeigt das 2. jedoch Spuren von dem Plan einer Trilogie, den Goethe in den *Tag- und Jahresheften* und in einem Brief an Zelter (8. 8. 1804) erwähnt, denn die neu numerierten Blätter – und nur sie – sind mit der Ziffer II. versehen; das scheint darauf zu deuten, daß der die Ehe der Heldin umfassende Teil des ältesten Schemas zum Mittelstück der Trilogie hätte werden sollen. Dem Rückzug Eugenies auf das Landgut am Ende des ersten Teils hätte ihr Aufbruch nach Paris am Ende des zweiten entsprochen.

Das 2. Schema weist schließlich Dialogskizzen von Goethes eigener Hand auf, die einer fortgeschrittenen Phase der Arbeit angehören, denn in ihnen heißen die beiden Hauptfiguren schon *Eugenie* und *Gerichtsrat* (II. 2 u. 4, Einschub in I. 1). Daß sich diese späteren Ergänzungen offenbar ohne Schwierigkeiten in das ursprüngliche Schema einfügen ließen, ist wohl bezeichnend für die Geschichte des ganzen Plans: er gewinnt im Laufe der Ausarbeitung nicht an dramatischer Substanz, an Aktionen und Verwicklungen, sondern an ideellem Gehalt, an sprachlicher Fülle und motivischer Dichte. Deshalb gibt es auch keine erkennbaren Widersprüche zwischen dem abgeschlossenen Teil der Trilogie, den Entwürfen und Goethes Andeutungen über die geplante Fortsetzung.

Zunächst sollte die Handlung wohl weitergehen wie in den „Mémoires historiques": die Hofmeisterin kehrt in die Hauptstadt zurück, kann den Herzog täuschen und erhält von ihm Aussteuer (*Trousseau*) und Mobiliar seiner Tochter zum Geschenk. Danach kommt es zu der im vorliegenden Text mehrfach angedeuteten politischen Konfrontation zwischen Herzog und Graf. Während dieser für den König Partei ergreift, stellt sich jener gegen ihn; vermutlich hätte der Herzog eine dem historischen Philippe Egalité vergleichbare Rolle gespielt, auch nach Ausbruch der Revolution. Wie in der Vorlage wird die Ehe zwischen der Prinzessin und dem Gerichtsrat nicht vollzogen: der entscheidende Grund liegt dabei nicht, wie es im 4. und 5. Akt der *Natürlichen Tochter* den Anschein hat, im Standesunterschied – denn die Skizzen laufen hier auf eine *Annäherung* zu –, sondern in den politischen Differenzen zwischen der enthusiastischen Verteidigerin des absoluten Monarchen und dem bürgerlichen Juristen, die in der *Natürlichen Tochter* nur latent vorhanden sind: im *Streit zwischen Partei und Liebe* entscheidet sich der Gerichtsrat für die Revolution. Eugenie kehrt daraufhin in die Hauptstadt zurück und findet dort den König als Gefangenen in ihrer früheren Wohnung, wie ja auch in der Realität Ludwig XVI. im „Temple", dem ehemaligen Palais des Prinzen Bourbon-Conti, gefangengehalten wurde. Hier hätte dann *das wiedergefundene Sonett* einen *schönen Augenblick* hervorgerufen (Bd. 10, S. 458) und den Verdacht des Königs gegen Eugenie zerstreut. Die Schlußakte sollten die Heldin dann im Gefängnis mit ihren Gegenspielern konfrontieren: der eine mit den Personen aus dem ersten Teil der Trilogie, der zweite mit den Parteigängern der Revolution aus dem zweiten. Daß das im

Wandschrank verborgene Sonett *kein Heil* bewirken könne (Bd. 10, S. 458), ist als Hinweis auf das tragische Ende des Stücks zu verstehen. Anders als tragisch konnte wohl auch ein *Trauerspiel*, das sich die Französische Revolution zum Gegenstand und eine entschiedene Aristokratin zur Heldin wählte, nicht enden. Die Möglichkeit eines positiven Schlusses deutet sich allenfalls an in dem Hinweis des Mönchs auf die in der Neuen Welt wartenden Möglichkeiten und in dem Motiv der Vereinigung (2761 f.), des *Föderalism* (2. Schema, II. 3). Hier sind zumindest Keime angelegt, die später in den *Wanderjahren* zur Entfaltung kommen.

Mit alledem ist freilich nur etwas über den weiteren Verlauf der Handlung gesagt, also über ein vergleichsweise unwichtiges Element des Ganzen. Anders als bei *Elpenor* und *Nausikaa* waren es daher wohl auch nicht Schwierigkeiten, den dramatischen Knoten zu schürzen und zu lösen, die die Ausführung des gesamten Plans verhinderten. Goethe selbst nennt als Grund wiederholt seinen *alten geprüften Aberglauben* (Bd. 10, S. 459), daß er seine dichterischen Arbeiten nicht unfertig mitteilen dürfe, wenn er ihre Vollendung nicht gefährden wolle; dahinter steht wohl die Furcht, einem publizierten Werk gegenüber die Freiheit des Umgestaltens und durch Kritik die ihm eigene Naivität des Produzierens zu verlieren. In der Tat scheint Goethe durch die mangelnde Bühnenwirksamkeit des Stücks und seine – zumal im Vergleich mit den Uraufführungserfolgen Schillers – kühle und etwas ratlose Aufnahme an seinem Vorhaben irre geworden zu sein. So äußerte er in einem Brief an Zelter die Neigung, die Trilogie doch wieder zu einem einzigen Drama zusammenzuziehen und dabei den fertigen Text *zu eigentlich theatralischen Zwecken* aufzulösen (8. 8. 1804), und Eckermann vermerkte eine Gesprächsäußerung, nach der Goethe – im Gegensatz zu Schiller – in seinen Dramen zu viel motiviert habe: *Meine Eugenie ist eine Kette von lauter Motiven, und dies kann auf der Bühne kein Glück machen* (18. 1. 1825). Noch etwas kam vermutlich hinzu: im Unterschied zu seinen anderen Revolutionsdramen ist die *Natürliche Tochter* zwar ein Versuch Goethes, den Gegenstand *mit geziemendem Ernste* zu behandeln, aber wie diesen gelingt es ihr nicht, die revolutionären Vorgänge selbst zu gestalten. Goethes Abneigung gegen tragische Situationen machte sich gewiß bemerkbar. Das *schrecklichste aller Ereignisse* (Bd. 13, S. 39) konnte er offensichtlich nicht mit der gleichen naturwissenschaftlichen Indifferenz behandeln wie die psychologischen Probleme der *Wahlverwandtschaften*. Sie aber wäre vonnöten gewesen, wenn die Darstellung wahrhaft tragisch hätte sein sollen. In der *Campagne in Frankreich* hatte Goethe gesagt, *in allen wichtigen politischen Fällen* hätten es diejenigen am leichtesten, die

Partei ergreifen: *Der Dichter aber, der seiner Natur nach unparteiisch sein und bleiben muß, sucht sich von den Zuständen beider kämpfenden Teile zu durchdringen, wo er denn, wenn Vermittlung unmöglich wird, sich entschließen muß, tragisch zu endigen.* (Bd. 10, S. 361). Trotzdem war er wohl nur zu geneigt, für seinen *Liebling Eugenien* (Bd. 10, S. 458) und gegen die politische Welt Partei zu ergreifen. Auch eine tragische Lösung im Sinne Schillers war kaum denkbar: Schillers Helden haben, subjektiv oder objektiv, eine individuelle Schuld zu büßen, die ihren Untergang für sie selbst sinnvoll macht und für den Zuschauer ästhetisch rechtfertigt. Individuelle Schuld aber setzt Handlungsfreiheit voraus, und die gibt es der *Natürlichen Tochter* zufolge im Politischen nicht. Hätte Eugenie also mehr sein sollen als bedauernswertes Opfer der Zeitereignisse, wäre Goethe gezwungen gewesen, ihr das Festhalten am überholten Ideal individueller Wirksamkeit oder den Versuch zur Restauration der aristokratischen Gesellschaftsordnung als eine überpersönliche Schuld anzulasten. Das hätte aber wohl eine andere Geschichtsauffassung und die Denkkategorien des 19. Jahrhunderts vorausgesetzt.

ANMERKUNGEN

Titel: „Natürliche Kinder ... werden in denen Rechten überhaupt alle diejenigen genennet, deren Eltern nicht ordentlicher Weise mit einander verheyrathet sind. ... Diese unehelich gebohrne Kinder aber bleiben nicht alle in solchem mit einer Verachtung und Schand-Flecken bekleideten Stande, sondern werden zu Zeiten ehrlich, und denen aus einer rechtmäßigen Ehe erzeugten Kindern gleich gemacht, und sodenn legitimirte ... Kinder genennet. ... Im übrigen folgen dergleichen natürliche ... Kinder [im Erbgang] bloß der Mutter; wie hingegen die ehr- und ehelichen ... dem Vater. ... Sonst aber werden ... die natürlichen Kinder nicht einmal vor Adeliche gehalten, vielweniger werden sie vor Ritter- und Stiffts-mäßig gebohrne geachtet" (Zedlers Universal-Lexikon).

Personen: *Eugenie* ist ein sprechender Name; das griech. Adjektiv εὐγενής = ‚edelgeboren, von edler Art' wurde zum Namen: griech. Eugenios, lat. Eugenius; dazu wurde wiederum eine weibliche Form gebildet: lat. Eugenia, franz. Eugénie. Das Adverb εὐ bedeutet sowohl ‚gut' als auch ‚schön'. Der Name bezeichnet also eine Verbindung von physischen, sittlichen und sozialen Vorzügen.

Weltgeistlicher heißt ein katholischer Geistlicher, der keinem Mönchsorden angehört, sondern in der Gemeindeseelsorge tätig ist. Vgl. 1207–1210. In Frankreich trugen Weltgeistliche früher den Titel Abbé. – Zur Stellung der Abbés in der Gesellschaft des Ancien Régime vgl. Bd. 7, Anm. zu 419,22.

Der *Gerichtsrat* heißt in den älteren Teilen der Schemata für die Fortsetzung noch, dem französischen Sprachgebrauch entsprechend, *Parlamentsrat*. Er gehört also zur Schicht der an den souveränen Gerichtshöfen tätigen bürgerlichen Juristen, die im vorrevolutionären Frankreich wesentlich die antiabsolutistische Opposition trug.

Der *Gouverneur* ist der königliche Statthalter in den im Laufe der Geschichte an das französische Königshaus gefallenen Provinzen, die im noch nicht zentralisierten Staat des Ancien Régime Reste ihrer alten Autonomie gewahrt hatten.

Erster Aufzug

4f. *mich ... nicht finde:* mich nicht zurechtfinde.

6. *Oheim* heißt der Mutterbruder, im weitesten Sinne auch ein älterer männlicher Verwandter = Onkel.

11. *Lehnsmann:* Die höfische Gesellschaft des französischen Absolutismus wird im Drama zumeist mit Kategorien des mittelalterlichen Feudalismus beschrieben; vgl. die Rolle der *nächsten Anverwandten* als *geborne Räte* des Königs (303–312), *Huldigung* (356), *Vasallen* (357), das *Chor der Treuen* (359), den Zwist, *der Große gegen Große reizt* (372f.), *die treuen Meinen* (400). Dazu stimmt auch die wiederholte Berufung auf das Ritterideal (vgl. die Anm. zu 123).

13. *artig,* auf Sachen bezogen = zierlich, anmutig.

37. *Stufenglück:* „Von Stufe zu Stufe fortschreitendes Glück" (Fischer, Goethe-Wortschatz).

55. *verkümmerte:* Das ursprünglich transitive Verb ‚verkümmern' bedeutet: beeinträchtigen, an Wert mindern.

57. *Verworrenheit* bezeichnet in Goethes Sprachgebrauch einen Zustand des Menschen, in dem sein sittliches Streben durch seine sinnliche Natur getrübt ist (vgl. *Faust* 308). In dem an Iffland geschickten Bühnenmanuskript des Stücks, das wahrscheinlich eine Vorstufe der gedruckten Fassung repräsentiert, steht an dieser Stelle *Unsittlichkeit;* es macht den moralischen Nebensinn von *Verworrenheit* deutlich.

65. Die sagenhaften *Karfunkelsteine* übertreffen alle anderen Edelsteine an Wert, denn sie leuchten in der Finsternis so stark, daß es keines anderen Lichts bedarf, um die unterirdischen Wohnungen von Berggeistern und Zwergen zu erhellen. Außerdem

besitzen sie die Fähigkeit, giftige Ausdünstungen unschädlich zu machen (Handwörterbuch des deutschen Aberglaubens IV, 1004f.).

76. *in Recht ... verwandeln:* durch den Akt der Legitimation, von dem v. 97–101 die Rede ist.

79. *Fabelgöttern gleich:* Der Vergleich stammt aus der Welt des Ancien Régime, denn die Liebesabenteuer der antiken Götter mit sterblichen Frauen gehören zu den beliebtesten Themen der galanten Dichtung des 18. Jhs. Die Antwort des Herzogs hebt den Sachverhalt jedoch sogleich aus der Atmosphäre aristokratischer Libertinage heraus.

88. *Die Fürstin* (princesse) gehört zur königlichen Familie; daher herrscht nach ihrem Tode Hoftrauer (86).

89. *nur*, alleinstehend oder in Verbindung mit Zeitadverbien, bedeutet im 18. Jh.: gerade, jüngst.

94. *Frauen* ist die alte, schwach flektierte Form des Genitiv Singular von ‚Frau'; vgl. 2289. – *Hochgesinnt* bezeichnet die adlige Tugend der Magnanimitas.

98f. Mit dem durch die Legitimation gewonnenen *Recht der fürstlichen Geburt* ist auch gemeint, daß Eugenie in den Rang einer ‚princesse du sang' aufrückt. Vgl. 755. „Printzen vom Geblüte ... werden in Franckreich diejenigen genennet, welche das nächste Recht zur Krone haben, wenn das Königliche Haus und das Haus Orléans absterben solte. Sie sind eine Neben-Linie vom Haus Bourbon, und werden die ältesten davon allemahl die Printzen von Condé genannt, daher man insgemein die gantze Linie das Haus Condé zu nennen pfleget, ob gleich die Printzen von Conti und die Grafen von Soissons auch darzu gehören" (Zedlers Universal-Lexicon).

101. *bewähren*, transitiv gebraucht, bedeutet: als wahr erweisen, bestätigen.

102. *Nichte* heißt zunächst ein weibliches Bruder- oder Schwesterkind, dann auch eine andere Verwandte in der Seitenlinie. Vgl. 263–265. Auch als naher Verwandter der Fürstin ist der König Eugenies *Oheim* (277).

108. *kenne sie:* ‚kennen' bedeutet bei Goethe häufig ‚kennenlernen, erkennen'; vgl. 220 u. 227f.

115. *Ein weiser Mann:* Stéphanie de Bourbon-Conti berichtet, sie sei außer ihrer Hofmeisterin Delorme von dem Philosophen Jean Jacques Rousseau erzogen worden. Vgl. die Anm. zu 1397ff.

120. *frommes Herz:* ‚fromm' hat hier nicht religiöse, sondern moralische Bedeutung: ehrfürchtig-liebevoll den Eltern gegenüber, wie lat. ‚pius'. Vgl. G. Niggl: ‚Fromm' bei Goethe, Tübingen 1967, S. 305.

123. *Übung ritterlicher Tugend:* ‚Tugend' im ursprünglichen Wortsinn als ‚Tüchtigkeit'. – Das historisch überholte Ritterideal ist für Eugenie noch völlig lebendig (596, 600, 1958), die Ordensschärpe löst bei ihr die Vorstellung eines mittelalterlichen Ritterordens aus (1134ff.). Vgl. auch die Anm. zu 11.

129. *flüchtig* hier in veralteter Bedeutung: schnell, geschwind.

153. *beschädigt* kann sich im älteren Sprachgebrauch auch auf Personen beziehen: verletzt, verwundet.

171. *herein* hat hier die Bedeutung von *herab* (236); dabei ist an ein von Felswänden umgebenes Tal zu denken.

172. *Frevel* bedeutet im 18. Jh. noch ‚Kühnheit, Verwegenheit'. Eugenie bezeichnet ihren Ritt v. 235 als Vermessenheit; auch dort fehlt die Vorstellung des Gesetzeswidrigen.

180. *Auf deinen Wink:* Alle späteren Drucke haben am Ende des 1. Auftritts die Regieanweisung *Er winkt nach der Szene*, die im Erstdruck wohl versehentlich ausgefallen ist.

vor 245. *im Grunde:* ‚Grund' bezeichnet am Ende des 18. Jhs. vielfach den Hintergrund der Bühne; vgl. vor 1726 u. vor 2606.

342. *aufgeregt*, wie häufig bei Goethe: erregt, lebendig gemacht. Das Wort ist stärker als ‚angeregt', aber ohne negativen Beiklang. Vgl. 377 und 2162f. sowie die Anm. zum Titel des Dramas *Die Aufgeregten*.

347. *strack* entspricht dem heutigen ‚straff'; es verbindet sich mit der Vorstellung des Geraden, Aufrechten.

359. *Ins Chor:* ‚Chor' als Neutrum bedeutet im 18. Jh. ‚Schar'. Vgl. *Pandora* 121 u. Anm.

382. Die *Edlen* sind die Adligen, die treu zum König halten, im Gegensatz zu den Großen (373), die ihn bekämpfen oder bekämpft haben. Dabei ist wohl an innenpolitische Auseinandersetzungen in der Art der jüngeren Fronde, der fronde des princes (1649–1653) gedacht, in der der Prinz von Condé und der Herzog von Beaufort, die beide zur Bourbonenfamilie gehörten, den königlichen Truppen militärische Auseinandersetzungen lieferten.

387. Das *gemeine Wesen* ist Übersetzung von ‚res publica': Gemeinwesen, Staat.

421. *Begnügte:* von mhd. ‚begnüegen' = ‚zufriedenstellen'. Häufiger findet sich in der Goethezeit das gleichbedeutende ‚vergnügt'. Vgl. 1101.

441. *vertreten:* in der ursprünglichen Bedeutung: an die Stelle treten, ersetzen.

473. Das an Iffland geschickte Bühnenmanuskript (vgl. die Anm. zu 57) hat statt *Vorgefühl* die sinngemäßere Variante *Vollgefühl*.

567. *gäher:* ‚gäh' ist die alte, im 18. Jh. aussterbende Form von ‚jäh'.

574. *Grillentraum:* ‚Grillen' sind in der Sprache des 18. Jhs. wunderliche, launenhafte Einfälle, die man nicht ernstnehmen kann.

597. *Ungemeßnen:* ‚ungemessen' ist etwas, das nicht gemäßigt oder gemessen ist; ihm steht daher *das Mäßige* (598) gegenüber.

622. *in reinen Spiegeln:* Der ungehemmt strömende Bach soll zu abgestuften Teichen gestaut werden.

Zweiter Aufzug

682. *Rente* hat hier noch die ursprüngliche Bedeutung: Einkünfte aus Kapitalanlagen, Zinsertrag.

687. *Der Gott der Welt im Überfluß:* Hier fließen verschiedene biblische Reminiszenzen zusammen: an den „Gott dieser Welt“ (2. Korinther 4,4), an den „ungerechten Mammon“ als Inbegriff von irdischem Besitz (Matthäus 6,24; Lukas 16,9) und wohl auch an den Kinderopfer fordernden Götzen Moloch.

688. *fodert:* ‚fodern‘ (mit kurzem Vokal) ist die ostmitteldeutsche, von Luther in die Schriftsprache eingeführte Form von ‚fordern‘. Bis ins 19. Jh. finden sich beide Formen nebeneinander; vgl. 701.

708. *Not:* die Notwendigkeit, wie noch in der Verbindung ‚etwas ist not‘. Vgl. *Iphigenie auf Tauris* 1681 und Anm.

733. *Den jungen Fürsten:* Gemeint ist der Sohn des Herzogs, den der Sekretär 766 auch als *Prinzen* bezeichnet, da er als Mitglied der königlichen Familie zu den princes du sang gehört (vgl. die Anm. zu 98f.). Legt man die Figurenkonstellation der „Mémoires historiques“ zugrunde, wie sie auch im 2. Schema wiederkehrt, ist er mit dem Grafen identisch, denn dort trägt der Sohn des Herzogs zu Lebzeiten seines Vaters den Titel Comte de la Marche.

781. Über die Rolle der *Verschwendung* im Selbstverständnis des Adels vgl. Norbert Elias: Die höfische Gesellschaft, Neuwied 1959, S. 102ff.

808. *nach den Inseln:* Frankreich benutzte seine Besitzungen in der Karibischen See als Verbannungsort.

852. *Ein rettend, rächend Wesen:* hier ist an die Nemesis gedacht, die mythologische Verkörperung der gerechten Strafe. Nach Herders Aufsatz „Nemesis. Ein lehrendes Sinnbild“ (1786) ist sie keine „Rach- und Plagegöttin, sondern eine hohe Rechtverteilerin, eine Unbetrügliche, die in den Busen blickt, wenn sie nach dem eignen Betragen des Menschen den Erfolg seiner Taten abwäget. ... Indem sie den Übermütigen einhält und die wilden Rosse seiner Unternehmungen mit fester Hand bezügelt, rettet sie den Unglücklichen, der unter den Fußtritten derselben als ein zerknicktes Rohr dalag.“

vor 942. *Brieftasche:* Mappe zur Aufbewahrung von Briefen und Schreibzeug.

1042. *Kreusa's tödliches Gewand:* vgl. *Iphigenie auf Tauris* 1176 und Anm.

1046ff. Zur szenischen Darstellung bemerkt Goethe: *Der ganze Moment ist mit Anstand und Würde zu behandeln, so daß mehr eine feierliche Bekleidung, wie solche bei Krönungsfesten üblich ist, als eine gemeine* [d. h. gewöhnliche] *Toilette vors Auge gebracht werde. Der Begriff des Anziehens sollte ganz wegfallen. Die Szene kann ganz allein in ihrer Bedeutung erscheinen, wenn, unter naiven und ernstlichen Reden, etwas Feierliches dem Auge sich darstellt. Am Schluß des zweiten Akts sollte Eugenie im Prunk eines reichen Fürstenbildes dastehn* (an F. Kirms, 27. 6. 1803).

1050. *Widerglanz:* Den Versen liegt die alte Analogie von *Silber* und Mond sowie von Gold und *Sonne* zugrunde.

1056. *aufgebrämt* ist eine Neubildung, gleichbedeutend mit ‚verbrämt' = ‚mit Besatz versehen'.

1066f. Der Gegensatz von *Schein* und *Wesen* darf nicht dazu verleiten, *Schein* als wesenlose Täuschung zu verstehen; gemeint ist vielmehr die glänzende Erscheinung, die in Goethes Denken der schöne Ausdruck des im natürlichen Sinne Gesetzmäßigen ist, wie die Blüte oder die jugendliche Schönheit. Vgl. Bd. 12, S. 470, Nr. 746–748. In *Wilhelm Meisters Lehrjahren* wird das *Scheinen* ausdrücklich mit der sozialen Rolle des Aristokraten verbunden; vgl. Bd. 7, S. 291,18ff. und Anm. Daher schließen sich auch hier die Vorstellungen der *Lebenskraft*, die die Blüte zur Entfaltung bringt (1074f.), und der höfischen Öffentlichkeit als *Raum des Glanzes* (1080f.) an.

1101. *vergnügen* hier noch in der alten Bedeutung: zufriedenstellen.

1129. *Ordensband:* In den „Mémoires historiques" spielt der „Cordon bleu", das Band, an dem der Ordre du Saint-Esprit getragen wurde, eine große Rolle. Stéphanie de Bourbon-Conti behauptet, ihre Großmutter und sie selbst seien die einzigen Frauen gewesen, die das Abzeichen dieses von Heinrich III. gegründeten Ritterordens (vgl. 1135: *Heldenschmuck*) hätten tragen dürfen.

1137. *Kleid:* es ist wohl an den mit den Insignien eines Ritterordens geschmückten Mantel zu denken.

1143. *bedeutend,* hier im vollen Wortsinn: bedeutsam. Vgl. 1037.

Dritter Aufzug

1397ff. Gemeint ist der v. 115 erwähnte *weise Mann.* Auch hier scheint das Vorbild Rousseaus zugrunde zu liegen; er wurde im Alter immer mehr zum hypochondrischen Einsiedler.

1409. *unterlegt':* ‚mit unterlegten Pferden reisen' = ‚mit in gewissen Entfernungen in Bereitschaft gehaltenen Pferden' (Adelung). – Bd. 7, S. 148,16.

1522. *Form* hat hier, wie lat. ‚forma', die Bedeutung ‚Gestalt', besonders ‚schöne Gestalt'. Daher wird sie auch als *Lust der Welt* (1523) bezeichnet. Die deutsche Entsprechung von *Form* ist *Bild* (1493, 1498, 1518).

1536. *Wenn* hat hier, wie vielfach im 18. Jh., nicht hypothetische Bedeutung, sondern adversative: während; ebenso 1694, 1763, 1780.

1542ff. Hier liegt das Zeremoniell der Apotheose zugrunde, mit dem im kaiserzeitlichen Rom die Vergöttlichung eines verstorbenen Kaisers gefeiert wurde: „Vom Holzstoß aus, worauf die Leiche des Kaisers verbrannt wurde, ließ man einen Adler frei, der die Seele des Verstorbenen mit sich nehmen sollte; ein Zeuge bestätigte, daß er den Geist des Kaisers hatte in den Himmel steigen sehen" (Lexikon der Alten Welt, Zürich 1965).

1562. *Im kleinen Hause:* in der Urne, in Anlehnung an griech. Sprachgebrauch.

1586. *Wüste* bedeutet im älteren poetischen Sprachgebrauch allgemein ‚Einöde, menschenleerer Ort'; vgl. Andreas Gryphius' Sonett „Einsamkeit". Wie franz. ‚désert' (z. B. Molière: „Le Misanthrope" v. 1763) ist *Wüste* der Gegensatz zur höfischen *Welt* (1594).

1637. *Zweck* ist im ursprünglichen Wortsinn das Ziel, auf das sich ein Schuß richtet.

Vierter Aufzug

1735. Bei dem *Blatt* ist an eine sog. Lettre de cachet zu denken, einen vom französischen König unterschriebenen, ohne ordentliches Gerichtsverfahren erlassenen Verhaftungs- oder Verbannungsbefehl; vgl. 1747f. Die Lettres de cachet galten im späten 18. Jh. als Inbegriff absolutistischer *Willkür* (1752).

1739. *als Beistand:* als Advokat, als Rechtsbeistand.

1776. *des Haders Apfel:* Gedacht ist an den goldenen Apfel, den Eris, die Göttin der Zwietracht, bei der Hochzeit des Peleus in die Götterversammlung warf und der mittelbar zum Anlaß des Trojanischen Krieges ward. – *ein Gott* ist, wie griech. θεός, im allgemeinen Sinne von „Gottheit" gebraucht.

1777. *Mittel* wird bis ins 18. Jh. auch in der Schriftsprache neben dem bedeutungsgleichen ‚Mitte' gebraucht. Vgl. ‚sich ins Mittel legen'.

1783. *Verschmitzten Wirkens:* ‚verschmitzt' hat hier noch die ursprüngliche Bedeutung ‚listig, verschlagen'. Es gehört also in das für das Drama wichtige Wortfeld von *tückisch* (555, 799 und öfter), zu dem als Bild das *Labyrinth* (1782) gehört.

1809. *des biedern Gatten:* ‚bieder' bedeutet hier, noch ohne jeden negativen Beiklang, ‚ehrlich, tüchtig'. Biederkeit ist eine spezifische Tugend des Bürgers; sie ist daher auch hier dem *Kreise des Bürgerstandes* (1806f.) zugeordnet.

1834. *ängstlich* bedeutet im älteren Sprachgebrauch nicht ‚Angst empfindend', sondern ‚Angst einflößend'. – GWb 1. Sp. 573–575.

1861. *gemeinen Dingen:* ‚gemein' bedeutet im 18. Jh. noch nicht ‚niederträchtig', sondern ‚gewöhnlich, allgemein, alltäglich'. Daher erscheint hier als Gegensatz *das Höchste* (1862). – *Pandora* 1046; Bd. 7. S. 79,3 u. Anm.

1886. *schattengleich:* schemenhaft, unkörperlich wie die Toten der Unterwelt. Vgl. *Iphigenie* 597.

1899. *Schluß* ist in der poetischen Sprache der Goethezeit vielfach gleichbedeutend mit ‚Beschluß, Ratschluß'.

1921. *Jenes Apfels:* Gemeint ist natürlich der Apfel des Sündenfall-Mythos, durch dessen Genuß Adam und Eva *verbotne Schätze* (1925) der Erkenntnis zu gewinnen dachten. Durch die Übertretung des göttlichen Verbots brachten sie aber der Menschheit (*aller Welt*, 1923) die Sterblichkeit (*das Grab*, 1926).

1936. *nur:* vgl. die Anm. zu 89. – *geneckt:* ‚necken', das erst um die Mitte des 18. Jhs. in die Schriftsprache eindringt, bedeutet zunächst ‚plagen' und ist mit der Vorstellung der Heimlichkeit verbunden. Vgl. Goethes Äußerung in einem amtlichen Votum vom 9. 2. 1779 über politische Schwierigkeiten mit preußischen Werbern: *daß die Preußen selbst es zu einem öffentlichen unangenehmen Ausbruch nicht werden kommen lassen, und wenn sie Standhaftigkeit sehen, sich begnügen in der Stille zu necken, und hier und da einigen Abbruch zu tun.*

1970ff. Hinter der Rede des Gerichtsrats steht der Mythos von Phaethon – nach den Anspielungen auf den Apfel der Eris (1776) und den Sündenfall (1921) eine dritte mythische Spiegelung von Eugenies Schicksal. Nach der Erzählung Ovids in den „Metamorphosen" (I,750–II,332) erbittet sich der Jüngling Phaethon, als er erfährt, daß der Sonnengott *Phöbus* sein Vater ist, von ihm die Erlaubnis, einen Tag lang den Sonnenwagen zu lenken, als ein Zeichen, das ihn „als den wirklichen Sprößling" des Gottes beglaubigen soll. Phöbus, der den Wunsch nicht abschlagen kann, weil er voreilig seine Erfüllung zugesagt hat, mahnt den Sohn vergeblich zur Mäßigung: Phaethon verliert bald die Gewalt über das Gespann und versetzt dadurch die Elemente in Aufruhr. Um ein Chaos zu verhindern, schleudert Jupiter einen Blitz nach ihm; „Phaethon aber, vom Brand der rötlichen Haare verwüstet, / Stürzt kopfüber hinab, und im Strich langhin durch die Lüfte / Fliegt er, wie wenn ein Stern bisweilen dem heiteren Himmel / Wenn nicht entfällt, doch scheint, als ob er entfiele," und versinkt im Westen, „fern vom heimischen Land" im Strom Eridanus. Daher ist hier das Abendrot (1974f.) Erinnerung an den Brand beim Untergange Phaethons und an Eugenies Sturz. – In seinem Versuch, aus den überlieferten Fragmenten die Phaethon-Tragödie des Euripides zu rekonstruieren, deutet Goethe die Fabel als eine mythische Erklärung der Meteore

(Bd. 12, S. 318) und zitiert in einem Nachtrag antike Quellen als Beleg dafür, *daß die Alten das Niedergehen der Meteorsteine durchaus mit dem Sturze Phaethons in Verknüpfung gedacht haben* (WA 1. Abt., Bd. 46/1, S. 246). – Hinter den Worten *meiner Bahn Gesetz* (1972) steht, als Gegensatz zum *Meteor*, die Vorstellung von der Kreisbahn der Planeten. Sie liegt auch den Worten zugrunde, mit denen der Gerichtsrat v. 1802 und 2009–2011 die Welt des Bürgers und speziell des Juristen deutet.

1985. *Broden:* ‚Brodem' ist heißer Dunst.

1997. *peinlich:* hier im ursprünglichen, vollen Wortsinn = ‚peinvoll'. Vgl. auch die Verwendung von *peinlich* in der Gerichtssprache: ‚peinliches Verhör' = ‚Verhör unter Anwendung der Folter'.

1999. *unbequem:* Goethe benutzt ‚bequem' häufig in der Bedeutung von ‚keine Schwierigkeiten verursachend'.

2008. Eine der Aufgaben der sog. Parlamente, der Gerichtshöfe, im Frankreich des Ancien Régime war es, königliche Verordnungen zu protokollieren und ihnen dadurch Gesetzeskraft zu verleihen. Die Parlamente besaßen das Recht, gegen den Wortlaut der Verordnungen Einspruch zu erheben und die Protokollierung zu verweigern (droit de remontrance). Dadurch konnten sie politischen Einfluß ausüben und wurden in der vorrevolutionären Epoche zu Zentren der antiabsolutistischen Opposition.

2096. *Der eignen Schöpfung* = der Schöpfung selbst.

2115. *Hymen* ist in der römischen Literatur die Gottheit der Hochzeit. Im hohen Stil der franz. Tragödie ist ‚l'hymen' das übliche Wort für ‚Ehe'.

2117. *vertraut:* hier ist ‚vertrauen' transitiv, gleichbedeutend mit ‚anvertrauen'; Objekt des Satzes ist *ein zweifelhaft Geschick*.

2122. *eignet:* ‚eignen' hier in der Bedeutung ‚zu eigen machen'; *seine Gattin* ist das zugehörige Akkusativobjekt.

2160. *Geschäft* bezieht sich im 18. Jh. noch nicht auf den Handel, sondern bezeichnet allgemein das, womit man beruflich zu tun hat, und besonders eine Tätigkeit im Staatsdienst. – Bd. 7, S. 176, 13; 335, 32.

2174. *Betriegst* zeigt die frühneuhochdeutsche, noch nicht zu –ü– gerundete Form des Stammvokals.

2178. *Port:* Das aus lat. ‚portus' abgeleitete Wort ist ursprünglich bedeutungsgleich mit ‚Hafen', doch überwiegt seit dem 17. Jh. die metaphorische Bedeutung ‚Schutzort, Zuflucht'.

2202. *Biedersinn:* vgl. die Anm. zu 1809.

2318. *durft' ich:* ‚dürfen' wird im 18. Jh. vielfach anstelle des heutigen ‚brauchen' eingesetzt: ‚Was brauchte ich zu fürchten?' – *abgelehnt:* Goethe benutzt ‚ablehnen' zuweilen in der Bedeutung von ‚abwenden, fernhalten'. – GWb. 1, Sp. 99–102.

2348 f. *Ein liebend Volk:* Hier ist wohl nicht nur an allgemeine Verehrung für die königliche Familie zu denken, sondern auch daran, daß der Herzog in der Vorlage als „prince citoyen" bezeichnet wird. Die Worte des Weltgeistlichen v. 1630–1672 lassen vermuten, daß Goethe dies Motiv in seiner Trilogie weiter entwickeln wollte. In 1. Schema der Fortsetzung tritt der Herzog, von Volk umgeben, auf (III.4).

Fünfter Aufzug

2399. *dem gemeinen Blick:* vgl. die Anm. zu 1861.

vor 2585. *ein Papier:* das bereits v. 1735 erwähnte *Blatt.*

2524. Dieser Vers ist im Erstdruck sechsfüßig; in allen folgenden Ausgaben ist er durch die Synkopierung von *Linderung* zu *Lindrung* korrigiert.

2546 ff. Das Kloster ist ein adliges Damenstift, dessen Besitz unverheirateten Töchtern des Adels ihren Lebensunterhalt garantiert. Die Äbtissin ist aus *hohem Haus* (2518), die Mitglieder müssen dem sog. stiftsfähigen Adel angehören, d. h. sechzehn adlige Vorfahren nachweisen können (2546); sie werden von ihren Eltern in das Stift eingekauft. Daher ist *Vermögen* (2547) erforderlich, um in den Genuß der *Rechte* zu kommen, die mit der Zugehörigkeit zum Stift verbunden sind.

2549. Diesen Satz spricht die Äbtissin zu den sie begleitenden Nonnen.

2609 ff. Eugenie nennt, jeweils in einem Vers, noch einmal die Menschen, bei denen sie Hilfe gesucht hat: den Gerichtsrat, den Gouverneur (als militärischen Oberbefehlshaber seiner Provinz), die Äbtissin und das Volk.

vor 2677. Im Unterschied zu den anderen Auftritten dieses Aufzugs (und zu den meisten Auftritten des ganzen Dramas) wird das Erscheinen des Mönchs vorher nicht angekündigt.

2739. *Widerwärt'ges:* ‚widerwärtig' heißen im 18. Jh. Dinge, die einander widerstreben oder feindlich sind. Die Bedeutung ‚ekelerregend' ist jünger. – Fischer, Goethe-Wortschatz 742 f.

2804. *jede Trümmer:* Zu dem Plural ‚Trümmer' bildet Klopstock statt des in Norddeutschland ungebräuchlichen ‚das Trumm' den Singular ‚die Trümmer', der dann in die Dichtersprache seiner Zeit eingeht.

2831 ff. Den Versen liegt der Gedanke an Heinrich IV. zugrunde, der die lange Periode der Bürgerkriege zwischen Katholiken und Hugenotten beendete und im 18. Jh. als der Inbegriff des volkstümlichen Königs galt.

2847. *Beruf:* hier noch in der ursprünglichen Bedeutung von ‚Berufung, vocatio'.

2857. *darf ich nicht:* vgl. die Anm. zu 2318.

2897. *bedinge:* ‚bedingen' ist hier transitiv verwendet, im Sinne von ‚die Bedingungen für etwas festsetzen'.

2902. *widm' es mir:* In ‚widmen' ist hier noch die alte Bedeutung als Rechtswort wirksam: mittelhochdeutsch ‚wideme' bezeichnet die Gabe, die der Bräutigam der Braut bei der Eheschließung gibt.

ZUR TEXTGESCHICHTE
DER „NATÜRLICHEN TOCHTER“

Der Erstdruck des Dramas erschien in Cottas *Taschenbuch auf das Jahr 1804* unter dem Titel *Die natürliche Tochter. Trauerspiel von Goethe* (E). Weitere Drucke folgten in Cottas Ausgaben A (1807), B (1816) und in der Ausgabe letzter Hand (C^1C 1828). An Handschriften sind nur drei Schemata zur Fortsetzung des Dramas erhalten.

Textwiedergabe nach E. – Die für den hochklassizistischen Stil der *Natürlichen Tochter* sehr charakteristische Interpunktion des Erstdrucks wurde beibehalten und nur in wenigen Fällen um des Textverständnisses willen geändert. Einige Male wurde der Text nach den späteren Drucken korrigiert: 565. *Bestem* nach C^1CW statt *Besten* EAB. – 600. *ritterliche* nach C^1CW statt *ritterlicher* EAB. – 657. *nun* nach ABC^1CW statt *nur* E. – nach 1005. *Bediente* nach BC^1CW statt *Bedienten* EA. – 1067. *erschiene?* nach A–CW statt *erschiene.* E. – 1110. *steht sie* nach A–CW statt *sie steht* E. – 1465. *heil'ges* nach C^1CW statt *heiliges* EAB. – 1761. *schenkt nach* CW statt *schenkt* EABC^1. – 2308. *verlieh'* nach A–CW statt *verlieh* E. – 2389. *in gleiches* nach A–CW statt *ein gleiches* E. – 2666. *grinst* nach C^1CW statt *grinzt* EAB. – Das nachstehende Lesartenverzeichnis führt alle wesentlichen Varianten zu E auf, bloße Lautvarianten werden hier wie in den Textgeschichten der nachfolgenden Dramen nicht berücksichtigt:

52. *Vaterfreude* BC^1C. – nach 149. *(Er winkt nach der Szene.)* A–CW. – 179. *erschien'* BC^1C. – nach 276. *sanft* fehlt BC^1C. – 339. *lauter Schrei* A–CW. – 372. *den alten Zwist* A–CW. – 621. *stille Fels* BC^1C. – 697. *Die,* BC^1C. – 876. *Vor* A–CW. – 896. *begegnet* A–CW. – 921. *Vor* BC^1C. – 922. *mich nur* BC^1C. – 972. *stellt mir* BC^1C. – nach 993. *unbemerkten* BC^1C. – 1033. *Farbenglanz* C^1CW. – 1129. *Fürstentöchter* A–CW. – 1322. *Fluren* BC^1C. – 1375. *welchem Lande* BC^1C. – 1505. *mich* BC^1CW. – 1903. *treulich* BC^1CW. – 1921. *Unglaublich* C^1CW. – 2017. *das ist* BC^1C. – 2252. *laßt uns* C^1C. – 2272. *nur* A–C. – 2282. *Ihn lohne* A–C. 2524. *Lindrung* A–CW (doch stehen sechsfüßige Jamben auch 560, 2871, 2912). – 2595. *ihr* fehlt BC^1C. – 2681. *flieht* C.

Von der geplanten Fortsetzung der *Natürlichen Tochter* sind drei Schemata von Geistes Hand (1799) überliefert, die Goethe in einem blauen Umschlag mit der eigenhändigen Aufschrift *Eugenia Schema der Fortsetzung* aufbewahrte. Nach Abschluß des Dramas nahm er, vielleicht 1803, darin Änderungen vor. Der folgende Text gibt die Schemata in dieser Redaktion Goethes wieder. Dem Abdruck liegen die Handschriften zugrunde, die Reihenfolge schließt sich R. Petschs Druck im siebenten Band der Festausgabe an. *Eugenie* heißt zunächst noch *Stefanie*, der *Gerichtsrath* noch *Parlamentsrath*.

[I]

Erster Aufzug.
Zimmer des Herzogs.
1. Secretair Hofmeisterin 2. Vorige Herzog 3. Herzog Graf.

Zweyter Aufzug
Vor einer angenehmen ländlichen Wohnung.
1. Parlamentsrath. 2. Parlamentsrath Stefanie 3. Parlamentsrath Soldat Sachwalter Handwerker. 4. Parlamentsrath Stefanie 5. Stefanie.

Dritter Aufzug.
Platz in der Hauptstadt.
1. Weltgeistlicher. 2. Weltgeistlicher Hofmeisterin Secretair. 3. Die Vorigen Handwerker. 4. Die Vorigen. Der Herzog Volk. 5. Die Vorigen Stefanie.
Zimmer des ersten Acts.
6. König. 7. König. Stefanie. 8. Stefanie. Wache.

Vierter Aufzug.
Gefängniß.
1. Graf. 2. Graf. Gouverneur Aebtissin 3. Vorige Weltgeistlicher Mönch. 4. Vorige Hofmeisterin. Secretair. 5. Vorige Stefanie. 6. Vorige Handwerker

Fünfter Aufzug.
7. Handwerker Sachwalter 8. Handwerker Parlamentsrath. 9. Parlamentsrath Stefanie 10. Stefanie Handwerker Sachwalter. 11. Vorige ohne Stefanie. 12. Vorige Soldat. 13. Soldat Parlamentsrath Handwerker.

[II.]

I. 1. *Hofmeisterin. Secretair*

S. Glückliches Gelingen ihres Unternehmens.
H. Vorsicht daß Stefanie keinen Brief wegbringen konnte.
Eugen. Versprechen sich verborgen zu halten.
Flüchtige Schilderung des Zustandes
S. Vorsicht daß an den Herzog kein Brief gelangen konnte.
Schilderung des Zustandes.
Politische Lage.
H. Warum der Secretair noch keine Beförderung habe.
S. Aussichten wenn er in der Nähe des Herzogs bleibe.
H. Heyrath.
S. Lehnt eine Verbindung noch ab, wegen der wichtig bevorstehenden Epoche.

I. 2 *Herzog, die Vorigen.*

Hz. Edler gerührter Empfang
Dank für ihre Bemühungen um Stefanien
H. Trauer.
Hz. Ruf sie lebe noch schnell verklungen.
H. Wunsch.
Hz. Geschenck des ganzen Trousseaus und des Eingerichteten.
H. Danck.

I. 3 *Herzog. Graf.*

G. Botschaft vom Könige
Vorwürfe gegen den Herzog.
H. Vorwürfe gegen den König.
G. Vertheidigung des Königs durch Schilderung desselben von der Seite eines Freundes.
H. Vorwurf dem Günstling.
G. Zu Gunsten der Günstlingschaft.
H. Allgemeinere Ansicht
G. Entschiedene Frage
H. Unentschiedene Antwort
G. Und dazu ab.
H. Wunsch in dieser Lage Stefanien noch zu besitzen
Trost, daß sie eine so gefährliche Epoche nicht erlebt habe.

II. 1 *Parlamentsrath*

Freude an der Einrichtung des Landsitzes
Wunsch der Liebe Stefaniens
Wunsch eines friedlichen Genusses.
Furcht vor der drohenden Zeit
Verbergen vor Steffanien.

II. 2. *Gerichtsrath Eugenie*

E. Ein freundliches Willkommen.
Freude an der hergestellten Umgebung.
G. Danck für ihre Sorgfalt
Schilderung ihrer Verbesserungen.
E. Alles für ihn und seine Gäste bereit.
G. Danck für ihre Willfährigkeit.
E. Danck für sein gehaltnes Wort.
G. Er rechnet sich die Entsagung hoch an.
E. Frage nach öffentlichen Zuständen
G. Schilderung in's beste.
Hoffnungen, wie zu Anfang der Revol.
E. Hypochondrische Ansicht von ihrer Seite
verscheuchen.
E. Annäherung
G. Überredung der Liebe.
E. Nachgiebigkeit.
G. Störende Ankunft der Gäste.

II. 3. *Parlamentsrath Sachwalter Soldat*
Handwerker

P. Einladung ins Haus
S. Unter freyem Himmel wird ein solcher Bund am besten geschlossen.
Erinnerung an die drey Tellen.
P. Darstellung der Auflösung im Moment
Patriotisches Zusammenhalten durch Veteralism. [Föderalism]
Sw. Egoistisches an sich Reißen der Vortheile bisheriger Besitzer
S. Streben nach der Einheit und einem obern Verbindungspunct.

H. Gewaltsames Nibelliren. [Nivellieren]
Zerstörung der einen Parthei
(Streit um Auflösung der Versammlung.)

II. 4. *Gerichtsrath. Eugenie.*

G. Gäste entfernten sich
E. Es schien im Streit.
G. Ungebändigte Naturen
E. Vermutlich schwer zu vereinigende Partheyen.
G. Allgemeine Schilderung
Hoffnung einer Vereinigung.
E. Anmuth des geschaffnen Besitzes. Verewigung
G. fehlt die Neigung
E. Annäherung
G. Immer ferner biß zur Umarmung.
E. Gefühl ihres Hingebens
G. Wunsch ihrer würdig zu seyn.
Enthusiastischer Blick
In eine neue Carriere.
E. Entsetzen über die Entdeckung.
G. Nähere Erklärung in Absicht sie zu besänftigen
E. Größerer Abscheu
Anerbieten ihrer Neigung unter Bedingung
bezüglich auf den Kuß.
G. Streit zwischen Parthey und Liebe
E. Argumente mit Passion
G. Schmerzliche Entfernung

II. 5 *Stefanie*

Gefühl ihres Zustandes
Entschluß.

IV. 1. *Graf*

Uebersicht über den Zustand.
Tritt aus der Höhe des Lebens in die Tiefe der Gefangenschaft.
Sorge für den König.

IV. 2. *Graf. Gouverneur. Aebtissin.*

Im ganzen eine Conversation zu erfinden, wo durch die Erinnerung dessen was man gewesen das gegenwärtige Uebel aufgehoben wird.
Familien und Nahmenserinnerung auch Beschreibung wohlhabender brillianter Zustände.
Die Vorzüge eines egoistischen sogenannten guten Lebens.

IV. 3. *Die Vorigen Weltgeistl. Mönch.*

W. Verzweiflung über den Verlust seines Zustandes und Furcht vor der Zukunft.
M. Deutet weiter hinaus.

IV. 4. *Die Vorigen Hofmeisterinn. Secretair.*

W. Fällt sie an, als Schuld an seinem Unglück daß sie ihm durch ein Verbrechen gehoben. Wunsch nach Niedrigkeit.

Bekenntniß des Verbrechens an Stefanien.
Die übrigen nehmen Theil, Erinnerung eines jeden der sie kannte.

IV. 5. *Die Vorigen. Stefanie.*
Begeisterte Rede des Mönchs.

[III.]

I. Gen. *Absoluter Despotism. ohne eigentlich Oberhaupt.*
In der Ramification von oben.
Furcht für nichts
Intrigue und Gewalt
Sucht nach Genuß.
Verlieren nach unten.

II. Gen. *Untergeordneter Despotismus*
Furcht nach oben.
Ganglien der Statthalterschaften.
Familienwesen.
Sucht nach Besitz

III. Gen *Realismus des Besitzes*
Grund und Boden.
Druck daher.
Dunkler aufdämmernder Zustand.
Gährung von unten
Pfiff des Advokaten.
Strebende Soldaten.
Ausübung der Roheit ins Ganze.
Conflikt.

IV. Gen. *Aufgelöste Bande*
der letzten Form
Die Masse wird absolut
Vertreibt die schwankenden
Erdrückt die Widerstehenden
Erniedrigt das Hohe.
Erhöhet das niedrige
Um es wieder zu erniedrigen.

V. Gen.

[Auf Blatt 1 ein Paralipomenon:]
Nach seinem Sinne leben ist gemein,
Der Edle strebt nach Ordnung und Gesetz.

PALÄOPHRON UND NEOTERPE

NACHWORT

Paläophron und Neoterpe ist ein kleines Gelegenheitsspiel, das Goethe für die Geburtstagsfeier der Herzogin Anna Amalia im Oktober 1800 schrieb. Anna Amalia wurde damals 61 Jahre alt. Sie wohnte im Wittums-Palais. Dort fand die Aufführung statt. In dem kleinen Saal im Obergeschoß ließ sich mühelos das einfache Bühnenbild aufbauen. In späteren Jahren, am 3. Februar 1819, ließ Goethe das kleine Stück in seinem eigenen Hause aufführen, im „Juno-Zimmer" (in welchem damals aber noch nicht die Juno Ludovisi stand), zum Geburtstag der Prinzessin Marie, Enkelin Carl Augusts, die damals 11 Jahre wurde. Der Schluß des kleinen Stücks wurde dementsprechend umgeändert. Das Juno-Zimmer ist kein Saal, doch es bot genug Platz für die wenigen Darsteller und für einen kleinen Kreis von Zuschauern. Man brauchte keine Bühne, die Spielenden standen nicht einmal auf einem Podium. Was man brauchte, sagt Goethes Brief an Julia v. Egloffstein und Adele Schopenhauer, die Darstellerinnen der Hauptrollen, vom 28. Januar: *Für Altar, Mäuerchen, Sessel und schickliche Wandverzierung ist gesorgt, nicht weniger für die Masken der vier stummen Personen.* Glücklicherweise haben wir eine bildliche Darstellung der Aufführung von 1800. Goethes Freund Heinrich Meyer machte von der Szene eine Zeichnung, welche nachgebildet wurde in einem kolorierten Kupferstich als Titelbild der „Zeitung für die elegante Welt" im Januar 1801. (Vgl. S. 634.) Er zeigt vor einer Wand, die klassizistische Verzierung hat, auf der linken Bildhälfte Neoterpe mit den beiden Kindern Gelbschnabel und Naseweis; auf der rechten Bildhälfte Paläophron mit den beiden alten Männern Griesgram und Haberecht; zwischen beiden eine etwa kniehohe Mauer aus Ziegeln, welche die Grenze des *Asyls* bezeichnet. Links der *Altar*, der mit einfachsten Mitteln angedeutet ist; er sieht aus wie ein kleiner Ofen aus Stein oder aus Metall, auf dessen Deckplatte etwas raucht. Paläophron sitzt auf einem Sessel. Er hat einen langen Bart und klassizistisches Gewand. Seine beiden Begleiter tragen – wie er – Masken, die unten auf dem Bilde auch gesondert abgebildet sind, der eine langhaarig mit grämlichem Gesicht, der andere bärtig, recht wild und rechthaberisch aussehend. Neoterpe in langer weißer klassizistischer Kleidung ist die einzige Gestalt ohne Maske. Sie hat an den Händen die beiden Kinder, die Halbmasken tragen, das eine einen langen Vogelschnabel, das andre eine dicke weiße Stupsnase.

Die Benutzung der Masken war für Goethe – so unbedeutend die Aufführung sonst war – ein Versuch in größerem Zusammenhang. Bald darauf, im Jahre 1801, ließ er auf dem Weimarer Theater „Die Brüder" von Terenz, also ein antikes Lustspiel, mit Masken aufführen, weil man im Altertum solche benutzt hatte. August Wilhelm Schlegel kam eigens aus Jena, um diese Aufführung zu sehn. Er hat sie noch in späteren Jahren in seinen „Vorlesungen über dramatische Kunst und Literatur" gelobt und die Masken als sehr geeignet für die Rollen der Lustspieltypen erklärt. Dann schritt Goethe dazu weiter, auch in der Tragödie Masken anzuwenden, und zwar in Schlegels klassizistischem „Ion", 1803, doch gab er hier nur den beiden älteren Männern Masken, nicht den zwei Frauen und den zwei Jünglingen. Im Jahre 1803 ließ er dann *Paläophron und Neoterpe* auf der Weimarer Bühne spielen, wieder mit Masken. Er wußte, daß diese modernen Masken nur eine Annäherung an die antiken waren, ebenso wie die Kostüme und alles andere – *antiker Form sich nähernd* hat er in ähnlichem Falle auf anderem Gebiet (dem der Versform) gesagt.

Der Titel klingt freilich sehr antik. Titel dieser Art waren damals beliebt. Das Thema ist nicht antik, sondern modern. Der Gegensatz des Alten und Neuen war den Menschen am Ende des 18. Jahrhunderts besonders spürbar geworden; Wissenschaft, Staatsform, Technik, Wirtschaft waren in raschem Wandel, und man machte sich besonders beim Jahrhundertbeginn darüber Gedanken. In einem Brief an Schiller vom 9. Nov. 1800 nennt Goethe das Stück *Alte und neue Zeit*. Die Hauptgestalten hießen damals noch *Archädämon* und *Känodämonia*. Am 14. November reiste er nach Jena, am 15. November notiert das Tagebuch: *Um 11 Uhr Friedrich Schlegel*. Am 18. November: *Abends bei Loder. Paläophron und Neoterpe*. Da hat Goethe also das neue Stück vorgelesen, und es war bereits der neue Name da. Nun schreibt Friedrich Schlegel an seinen Bruder August Wilhelm am 24. November aus Jena: „Goethe ist wieder hier und hat mir eine Kleinigkeit, die er zum Geburtstag der alten Herzogin gemacht, *Alte und neue Zeit*, gezeigt. Er hat mich über die griechischen Namen konsultiert und schien mit denen, die ich ihm vorschlug, *Paläophron und Neoterpe*, zufrieden." (Herwig 1, S. 757) Schlegel hatte damals seine „Gräcomanie", ein jahrelanges Studium griechischer Sprache und Literatur hinter sich. Seine Namensformen sind der griechischen Sprache durchaus gemäß (und viel besser als die, welche Goethe zunächst erwogen hatte).

Genau wie die deutschen Namen *Gelbschnabel*, *Naseweis*, *Griesgram* und *Haberecht* sind die griechischen „sprechende Namen". Sie bedeuten: „Der an das Alte Denkende" und „die sich am Neuen Erfreuende". Die deutschen Namen sind aus dem Wortschatz der Umgangssprache gewählt. Diese Vermischung von Griechischem und Deutschem zeigt sich auch sonst. Die neue Zeit wird von der alten verfolgt. Um sie zur Ruhe zu bringen und beide zum Gespräch zu führen, dient das Motiv des *Asyls*, das in der altgriechischen Form des kultischen Asyls bei einem *Altar* der *Götter* (26f.) gefaßt ist; hier herrscht der Tempelfriede, es ist ein *Schutzort* (38).

Griechisch-deutsche Mischung zeigt auch die Versart. Meist ist es der regelmäßige Sechsheber mit Auftakt („sechsfüßiger Jambus"), d.h. der Vers der antiken Tragödie. In den Versen 251–263 spricht jede Person je einen Vers – eine im antiken Drama häufige Form („Stichomythie"). Doch dieser antike Vers ist vermengt mit modernen Formen. Viertakter ohne Auftakt wie in den Versen 67–101, 164–175 gab es in deutschen Gedichten des 18. Jahrhunderts (zumal in der Anakreontik). Die Viertakter mit Auftakt 218–250 sind eine Form aus jahrhundertealter deutscher Tradition. Allzuviel antikisierende Langverse wären zu gewichtig für den festlichen Anlaß und den heiteren Klang gewesen.

Das kleine Spiel mit seinen 264 Versen hat nur zwei sprechende Personen, denn deren Begleiter treten nur als stumme *Charaktermasken* auf. Die beiden Hauptgestalten entfalten sich in ungefähr gleich langen Reden. Keine von beiden erscheint wichtiger als die andere. Es herrscht ein Gleichgewicht beider Teile. Wenn Altes und Neues sich am Ende ergänzen, konnten Goethe und die Zuschauer an Anna Amalia denken, die mit großem Geschick zwischen dem Alten – vertreten durch Männer wie Minister v. Fritsch, Wieland und die Staatsbeamten – und dem Neuen – verkörpert in Carl August, Goethe, Herder und ihren Anhängern – zu vermitteln verstanden hatte. Daß solche Vermittlung immer wieder neu geleistet werden müsse und oft nur brüchig sei, wußte Goethe recht wohl, und am 27. September 1816 schrieb er pessimistisch an Boisserée: *‚Paläophron und Neoterpe' lösen den Konflikt des Alten und Neuen auf eine heitere Weise, die freilich in dieser zerspalteten Welt nicht denkbar ist...*

Das Versöhnliche und Hoffnungsvolle gehört zu dem festlichen Charakter des kleinen Spiels. Es war durchaus für eine besondere Gelegenheit geschrieben. Darum hat es viele Anreden an die Zuschauer, wie sie in Goethes großen Dramen niemals vorkommen; dieser direkte Kontakt beginnt Vers 1ff., setzt sich fort 44ff., und auch die Verse 102ff. und 109ff. sind weder Monolog noch Dialog, sondern an die Zuhörer gerichtet; der Schluß ist Anrede an Anna Amalia. Die Herzogin hatte viel für ihr kleines Land getan. Sie lebte bescheiden. Mit wachem Geist nahm sie teil an Kunst und Wissenschaft. Sie hatte sogar Griechisch gelernt und Anakreon im Urtext gelesen. Die antiken Motive in diesem Spiel waren ihr geläufig, und auch die anderen Mitglieder der Hofgesellschaft wußten damals von diesen Dingen so viel, daß ihnen das Stück keine Schwierigkeiten bereitete trotz der griechischen Namen. Als echtes Gelegenheitsspiel wurde es umgeschrieben, als es neu gespielt wurde; es waren keine Verse für die Dauer. Für die Theater-Aufführung von 1803 schrieb Goethe einen neuen Schluß von 68 Versen. Und 1819 schrieb er wieder einen anderen Schluß, denn diesmal war nicht die 61jährige Anna Amalia die Gefeierte, sondern es war eine elfjährige Prinzessin, die aufpassen mußte, daß sie alles richtig machte, wie Eltern und Erzieherin es verlangten. Goethe scheint geahnt zu haben, daß sie lieber mit ihren Gespielinnen sich in Freiheit bewegt hätte als in seinem „Blauen Zimmer“ das Spiel anzusehn und sich dann vorschriftsmäßig bei allen zu bedanken. Er flocht jetzt die Verse ein:

Zu würd'gem Fest, lebend'gen Tänzen
Sind diese Räume viel zu klein.

Das Spiel war für den Weimarer Kreis bestimmt und wurde von Mitgliedern dieses Kreises aufgeführt. Im Jahre 1800 spielte die 24jährige sehr hübsche Henriette v. Wolfskeel die Neoterpe, Graf Brühl (der spätere Berliner Intendant) den Paläophron; er war 29 Jahre alt und mußte also mit Hilfe der Maske den Alten darstellen. Regierungsrat K. W. v. Fritsch spielte den Griesgram, Kammerrat J. C. R. Ridel den Haberecht. Die Kinder, die man für die Rollen von Gelbschnabel und Naseweis ausgesucht hatte, kamen aber mit den Masken nicht zurecht, so daß man in Eile zwei Schauspielerkinder holte – die konnten es besser. 1819 spielte Julie v. Egloffstein, 27 Jahre alt, die Neoterpe, Paläophron aber wurde von der 22 Jahre alten geistvollen Adele Schopenhauer gespielt, deren Stimme in der Maske des alten Mannes vermutlich ein besonderes Vergnügen für die Zuhörer war.

Paläophron und Neoterpe ist ein Beispiel für Goethes gelegentliche Tätigkeit für Festlichkeiten oder Maskenzüge am Hofe. Die Ehrung für Anna Amalia ist mehr persönlich-künstlerisch als höfisch-konventionell. Das Besondere der Gabe lag in der Leichtigkeit des Klanges, der Anmut der Sprache bei aller Ernsthaftigkeit des Inhalts. Weder der kleine Saal im Wittumspalais noch das Juno-Zimmer im Haus am Frauenplan ließen höfischen Pomp aufkommen.

Es sind geschmackvolle, aber prunklose Räume. Hundert Jahre davor durften die Dichter bei Festen in Schlössern dienend mitwirken und mußten sich dem höfischen Ton einfügen. Im Jahre 1800 in Weimar gab der Dichter allein den Ton an; und vollends 1819: da kam die Prinzessin zu ihrer Geburtstagsfeier in das Haus des Dichters. Beide Male spielten bürgerliche Darsteller zusammen mit adligen, im Jahre 1800 der Kammerrat Ridel, im Jahre 1816 Adele Schopenhauer; und der Dichter war es, der dem Ganzen den Stil gab, einen maßvollen und harmonischen Stil. Hier gelang einmal die sonst so schwer zu verwirklichende Verbindung von alter und neuer Zeit, von *Paläophron* und *Neoterpe*.

ANMERKUNGEN

Asyl (griech. „asylon", lat. „asylum"). Scheller, Lat.-dt. Wörterbuch, Bd. 1, 1788, Sp. 565 f.: „ein geheiligter Ort, in welchem niemand, wenn er auch der größte Verbrecher ist, verletzt, noch aus selbigem herausgeschleppt und zur Strafe geführet werden darf; eine Freistätte, Freistatt."

Paläophron. Das altgriechische Wort „palaióphron" kommt schon bei Aischylos vor (Eumeniden 838, Die Schutzflehenden 593), dort aber in etwas anderem Sinne als bei Goethe, es wird auf Zeus angewandt in der Bedeutung „von alters her denkend", während es bei Goethe „an das Alte denkend" bedeutet. Es ist zusammengesetzt aus „palaios" = alt und „phroneo" = denken, im Sinne haben. Es kommt in der Antike nicht als Eigenname vor.

Neoterpe. Das altgriechische Adjektiv „neoterpés" bedeutet „neu oder frisch vergnügt, mit neuem Vergnügen". Es ist zusammengesetzt aus „neos" = neu und „terpo" = vergnügen, ergötzen, häufig im Medium „terpomai" = sich vergnügen, sich ergötzen. Ein im Griechischen seltenes Wort (es kommt bei Oppianos vor); den weiblichen Eigennamen hat erst Friedrich Schlegel daraus gemacht.

7. *Dich dieses ist* ... Der Vers hat einen Takt zu viel. Ähnlich Vers 9, 39, 46, 47, 49 u. a. Dagegen sind Vers 18, 26–28, 30, 65 fünftaktig. Vermutlich ist dies einerseits dadurch zu erklären, daß Goethe das Spiel sehr rasch geschrieben hat, andererseits dadurch, daß beim Sprechen diese Unregelmäßigkeiten kaum auffallen. Goethe nahm den Sechstakter hier nur als Grundmaß, das variabel ist, nicht als Norm.

Vor 32. *Charaktermasken.* Masken, welche typische Gestalten in scharfer Charakterisierung verdeutlichen, wobei Vereinfachung und Übertreibung zulässig sind.

45. *betulich:* freundlich entgegenkommend.

93 f. *Sammle* ... *nieder:* Richte deine Blicke gesammelt auf dein eigenes Herz; im Gegensatz zu dem *Zerstreuen* der Blicke in die Umgebung. Das gleiche Bild in dem Gedicht an Prinzessin Maria von Sachsen-Weimar Bd. 1, S. 339/40.

113. *Hebe*, Tochter des Jupiter und der Juno, war die Mundschenkin der olympischen Götter, zugleich die Göttin der Jugend (Juventa); in der Dichtung oft erwähnt, z. B. bei Ovid. – Bd. 1, S. 162 *Röm. Eleg.* VII,16; Bd. 2, S. 516 *Achilleis* 142; Bd. 3 *Faust* 7392.

136. *Gelbschnabel.* Ursprünglich: junger Vogel, der noch einen gelben Schnabel hat; seit dem 16. Jahrhundert volkstümliches und zugleich literarisches Wort für einen unreifen jungen Menschen. – Bd. 8, S. 172,22; *Faust* 6745.

138. *Naseweis.* Seit dem 16. Jahrhundert volkstümliches und zugleich literarisches Wort. Adelung (Ausgabe von 1808): „vielen eingebildeten Verstand, viele eingebildete Einsicht ohne die gehörige Klugheit oder Behutsamkeit blicken lassend." – Dt. Wb. 7 (1889): „vorwitzig, vorlaut, eingebildet, die Nase in alles steckend, alles wissen und verstehen wollend". – *Faust* 4091.

151. *Griesgram.* Das (ursprünglich „Zähneknirschen" bedeutende) Wort wurde im 18. Jahrhundert allgemein gebräuchlich für einen mürrischen, mißmutigen Menschen. – *Faust* 7096, 8087. – Dt. Wb. 4, 1, 6 Sp. 257.

158. *Haberecht.* Adelung schreibt zu diesem Wort „im gemeinen Leben: ein Mensch, der immer Recht haben will. Daher: haberechten, Haberechterei." Goethe hat also auch diesen Namen aus der Sprache des „gemeinen Lebens", d. h. der Umgangssprache genommen. Das Wort kommt auch bei Lessing, Wieland, Bürger u. a. vor.

185. *Trümmer.* Neben der Pluralform *Trümmer* (Bd. 11, S. 233,37: S. 275,9 u. ö.) kommt bei Goethe auch *Trümmern* vor (*Faust* 1614).

192. *stickt* = steckt. Das ursprünglich „schwache" Verb *stecken* wird im 18. Jahrhundert oft „stark" flektiert: „ich stecke, ich stak"; bei Goethe Bd. 4, S. 228,5; Briefe Bd. 3, S. 326,6 u. ö.

231. *Bürgerkranz*, auch „Bürgerkrone" genannt, die römische „corona civica", aus *Eichenlaub*, wurde für Errettung eines römischen Bürgers in der Schlacht verliehen. Das Motiv wurde in der italienischen Renaissance literarisch aufgegriffen und kommt z. B. bei Tasso, Gerusalemme liberata XVII,91 vor. Bei Goethe in *Tasso*, Vers 282.

259. *Ein edles Beispiel* ... Allgemein formuliert, jedoch merkten die Weimarer Zuschauer die Anspielung auf Anna Amalia, welche in 261 ff. *Sie* noch deutlicher wird.

ZUR TEXTGESCHICHTE VON „PALÄOPHRON UND NEOTERPE“

Der Erstdruck des Festspiels erschien in Leo von Seckendorffs *Neujahrs Taschenbuch von Weimar, auf das Jahr 1801* mit dem Titel *Paläofron und Neoterpe. Ein Festspiel zur Feier des 24. Oktobers 1800. von Göthe* (E). Die Aufführung fand am 31. Oktober 1800 statt und brachte das Festspiel noch unter dem ursprünglichen Titel *Alte und Neue Zeit* mit den Namen *Archädämon* und *Känodämonia* für die beiden allegorischen Hauptfiguren. Ihre ausgeschriebenen Rollen von Geists, des Grafen Brühl und von fremder Hand sind in H^1 überliefert. Am 14. November konsultierte Goethe in Jena Friedrich Schlegel über die griechischen Namen, und das Festspiel erhielt auf Schlegels Vorschlag hin den neuen Titel *Paläophron und Neoterpe*, wie nun die beiden Hauptfiguren hießen. Davon abgesehen bot der Erstdruck das Festspiel in der Gestalt, in der es am 31. Oktober aufgeführt worden war. Für die Aufführung am Neujahrstag 1803 im Theater brauchte es einen neuen, ins Allgemeine gewendeten Schluß. Dieser 2. Schluß wurde erst 1894 in Band 13,1 der Weimarer Ausgabe gedruckt. Er ist vollständig überliefert in H^2 (von unbekannter Hand), die bis Vers 250 eine Abschrift von E ist und eine Anzahl Korrekturen Riemers aufweist, die vorwiegend dem Metrum gelten – der jambische Trimeter war in E öfter nicht genau befolgt –, zuweilen aber auch in den Text eingreifen (vgl. zur Textgeschichte von Elpenor). H^2 diente offenbar zur Herstellung des Druckmanuskripts des zweiten Drucks in Cottas Ausgabe A (1808). Der mutmaßliche Rest des Druckmanuskripts von Riemers Hand (H^3) enthält den zweiten Schluß ab Vers 262. Er wurde offenbar zurückgelegt, als für den Druck in A auf Goethes Entscheidung hin doch wieder der erste Schluß aus E verwendet wurde. Riemers Korrekturvorschläge in H^2 akzeptierte Goethe nur teilweise, wie aus dem Vergleich von A mit H^2 hervorgeht. Cottas Ausgabe B (1806) und die Ausgabe letzter Hand (C^1C 1828/29) brachten ebenfalls den ersten Schluß. Als Goethe das Festspiel am 9. Februar 1819 zum Geburtstag von Karl Augusts Enkelin in seinem Hause aufführen wollte, schrieb er nochmals einen neuen, diesmal sehr kurzen Schluß. Dieser dritte Schluß erschien selbständig im vierten Band der Ausgabe letzter Hand (C^1C 1827/1828) und ist im zugehörigen Druckmanuskript von Eckermanns Hand (H^4) überliefert.

Textwiedergabe nach E. – Die Interpunktion des Erstdrucks wurde beibehalten. Im folgenden sind alle wesentlichen Varianten der Handschriften und weiteren Drucke verzeichnet. Riemers Korrekturvorschläge aus H^2 sind mit R nur soweit aufgenommen, als sie von Goethe akzeptiert wurden, d. h. in den Drucken erscheinen. Die teils ausführlicheren, teils fehlenden Regiebemerkungen in H^1 bleiben unberücksichtigt. Schluß 2 und 3 folgen nach den Lesarten.

Vorbemerkung 3–4. *und ein plastisches, doch bewegliches und belebtes Werk.* ABC^{1}CW. – 11. *mehr Umstände* A–CW. – Als dritten, hier fortgelassenen Absatz bringen E und A noch die Ankündigung eines Kupferstiches zu „Paläophron und Neoterpe", der Ende Januar 1801 in der „Zeitung für die elegante Welt" erschien.

vor 1. *Känodämonia* H^1. – 7. *man denken* H^2(R)A–CW. – 9. *Leute* fehlt CW (wahrscheinlich Korrektur Göttlings). – 11. von Brühl in H^1 nachträglich eingefügt. – *Zuweilen* H^1. – 27. *den Altar* H^1A–CW. – 30. *mit mir vereint* H^1. – 29–30. aus *Kniet nieder gleichfalls, ein gleich Geschick;* von Brühl in H^1 nachträglich hergestellt. – vor 32. *Archädämon* H^1. – *seiner Begleiterin* BC^{1}C (Druckfehler). – 39. *ergeben will* H^2(R)AW *begeben will* BC^{1}C. – 46. *Und jedem* H^2(R) A–CW. – 47. *Erfahrt, welch Recht* H^2(R)A–CW. – 49. *stets als Oheim* H^2(R)A–CW. – 54. *und will* H^2(R)A–CW. – 65. *es, wie ich hoffe, doch* H^2(R)A–CW. – vor 67. *Neoterpe* H^2 A–CW und so immer. – vor 84. *Paläophron* A–CW und so immer. – 113. *sehn, die Heben gleich* H^2(R)A–CW. – 115. *so fang ich an.* H^1. – 142. *dein Vertraun* H^2(R)A–CW. – 146. *gewöhnt* A–CW. – 159. *tiefbegründeten* A–CW. – 165. *wundervollen* BC^{1}C. – 207. *zeuget* H^1. – nach 212. *Alten* A–CW (*Altar* in E, dem H^2 folgt, vielleicht Druckfehler). – nach 217. Regiebemerkung fehlt EH^2 ergänzt nach A–C. – 231. *Der* A–CW. – 233. *fühl' ich* H^2. – 251–266. fehlen H^2 dafür steht Schluß 2. – 257. *will ich nehmen* H^1.

Schluß 2 (statt V. 251–266) lautet nach H^2:

Neoterpe.
Erfreulich holde Töne senken sich herab!
Palaeofron.
Und sie begleitet ungewohnter Glanz.
Neoterpe.
Welch eine Gottheit kündet uns das Wunder an?
Palaeofron.
Der Genius der Eintracht senkt vom Himmel sich.
Neoterpe.
Er der die Erde nur berührt und nie verweilt.
Palaeofron.
Zu kräft'gen unser Bündniß schwebt er bis heran.
Neoterpe.
Entgegen ihm! dem Vielwillkommnen auf der Welt.
Palaeofron.
Was er nicht allen geben kann gewähr' er uns.

(Der Wolkenwagen bleibt ohngefähr Manneshöhe halten, in demselben steht der Genius mit zwey umkränzten Sceptern.)

Genius.
Eurer Einigkeit
Unerwartetes Wunder
Lockt mich hernieder,

Aus dem [der?] *Seeligen Aufenthalt,*
Zu euren Wohnungen,
Woher mir selten
Erfreulich vereinte
Thätigkeit entgegen tönt.

Um desto fester
Stehet, als Musterbild,
Allen wirkenden
Eures Kreises
Und erheitert sie,
Mit höhern Gaben,
Die ich euch hier vertraue.

(Der Wolkenwagen senkt sich so tief, daß der Genius die Scepter den beiden Personen überreichen kann.)

Mit Kränzen, welche die Himmlischen
Mannigfaltig bestimmen,
Mannigfaltigem Verdienste.
Auf daß, bunt und heiter,
Geschmückt sey der wirkenden Chor!
Auf daß jene, welche zusammen
Sich emsig bestrebten,
Auch zusammen, lebhaft,
Im festlichen Kreise, glänzen.

(Der Wolkenwagen erhebt sich ein wenig.)

Ihr aber gedenket mein,
Des Vorüberschwebenden!
Und wenn die Verworrenheit
Widerstrebenden Strebens
Euch ängstlich umkettet,
O so schauet hinauf,
In jene Räume, die unendlichen,
Von woher ich, zwischen rollenden,
Harmonisch kreisenden,
Ewigen Gestirnen wandelnd,
Euch der göttlichen Eintracht Ahndung,
Heilend, herunter sende.

(Der Wolkenwagen hebt sich und verschwindet. Die beiden Personen gehen nach dem Proscenium.)

Neoterpe.

Laß uns die empfangenen Gaben,
Ohne Säumen, weiter tragen
Und sie der Versammlung bieten,
Die auf uns die Augen richtet.

Palaeofron.

Jeder nehme das Verdiente!
Hier sind mannigfalt'ge Kränze.

Auf die Häupter ausgetheilet
Bilden sie den großen Kranz.

Neoterpe.

Wer gewonnen für das Ganze,
Wer beschützt und wer befestigt,
Wer geordnet, wer geschlichtet,
Kränze bieten wir euch an!

Palaeofron.

Wer im innern seines Hauses,
Altes Heil und Wohl bestätigt,
Wer, in groß und kleinen Kreisen
Freud' und Anmuth ausgebreitet,

Neoterpe

Wer gesäet, wer gepflanzet,
Wer gesonnen, wer gebildet,
Wer gegründet, wer gebauet,
Wer geschmückt und wer vollendet,

Palaeofron.

Jeder nehme das Verdiente!

Neoterpe.

Hier sind mannigfalt'ge Kränze!

Beide.

Ausgetheilt auf eure Häupter
Bilden sie den großen Kranz.

Schluß 3 (statt V. 251–266) lautet nach H4:

Schluß von Palaeophron und Neoterpe,
aufgeführt
zum Geburtstag der Prinzessin Marie.

Palaeophron.

Begrüßet Sie, die holde Zierde,
Für die sich dieses Fest verklärt!

Neoterpe.

Und überlaßt euch der Begierde
Sie zu verehren wie's gehört;
Sie kommt die neue Zeit zu schmücken.

Palaeophron.

Zur Lust der alten kommt sie an.

Beide.

Und beide rufen mit Entzücken
Das schönste Glück auf Ihre Bahn!

Neoterpe.

Umschlinget euch mit frohen Kränzen,

Palaeophron.
Doch eure Freude schränket ein.

Neoterpe.
Zu würdgem Fest, lebendgen Tänzen

Palaeophron.
Sind diese Räume viel zu klein.

(Wiederholt von Zeile 5. bis 8.)

Palaeophron und Neoterpe. Kolorierter Kupferstich von J.H. Lips nach einer Zeichnung von Heinrich Meyer. Titelkupfer der „Zeitung für die elegante Welt“ Januar 1801. (Stiftung Weimarer Klassik, Expl. Keudell Nr. 281, Foto: Sigrid Geske.)

ELPENOR

GOETHE UND SEINE ZEITGENOSSEN ÜBER „ELPENOR“

Goethes Tagebuch. Weimar, 11. August 1781

Elpenor angefangen.

Goethes Tagebuch. Weimar, 19. August 1781

Früh an Elpenor.

Georg Christoph Tobler an Lavater. Weimar, 30. August und Mitte September 1781

Über seine Absicht, zusammen mit Knebel aus Weimar abzureisen: Wir wären fort, wenn die Herzogin niedergekommen wäre. Aber sie und der Doktor haben sich um einen Monat verrechnet. Alle Stunden hofft man, den Knall der Kanonen zu hören. Goethe arbeitet in der Hoffnung eines Prinzen am neuen Stücke – und wenn das geschieht, so bleib' ich bis zur Aufführung hier; Knebel muß auch dabei sein. ... *Nach dem 10. September:* Und nun ist all das Erwarten hier abermal getäuscht! Knebel wird's gesagt haben, und Goethes Stück mit in der Geburt erstickt – das mich in der Tat fast mehr reut als die Prinzessin, die ohnedies ein Prinzessinnenlos würde gehabt haben.

Goethe an Charlotte von Stein. Weimar, 1. März 1783

Heute früh schrieb ich an meinem Stücke.

Goethe an Charlotte von Stein. Weimar, 2. März 1783

An meinem Stück hab' ich gearbeitet. Es zieht sich ins weite und kriegt mehr Körper. Ich werde aber auf keine Weise fertig.

Goethe an Karl Ludwig von Knebel. Weimar, 3. März 1783 (Briefe Bd. 1, S. 421)

Ich hatte gehofft, das Stück, dessen Anfang du kennst, auch noch bis zum Ausgange der Herzogin fertig zu schreiben, es ist aber unmöglich. Der alte Plan war fehlerhaft, und ich mußte es von vorne an neu umarbeiten. Ich fahre sachte dran fort, und ich denke, es wird ja nicht zu spät kommen.

Goethe an Charlotte von Stein. Weimar, 5. März 1783

Mit Freuden meld' ich, daß meine zwei ersten Akte fertig sind.

Knebels Tagebuch. Weimar, 26. Oktober 1784

Mittags nach Tiefurt. Wieland. Elpenor von Goethe gelesen.

Goethe an Schiller. Weimar, 24. Juni 1798

In das ... beiliegende Manuskript mochte ich gar nicht hineinsehen, es mag ein Beispiel eines unglaublichen Vergreifens im Stoffe, und weiß Gott für was noch anders ein warnendes Beispiel sein. Ich bin recht neugierig, was Sie diesem unglücklichen Produkte für eine Nativität stellen.

Schiller an Goethe. Jena, 25. Juni 1798

Auch das Drama folgt zurück; ich habe es gleich gelesen und bin in der Tat geneigt, günstiger davon zu denken, als Sie zu denken scheinen. Es erinnert an eine gute Schule, ob es gleich nur ein dilettantisches Produkt ist und kein Kunsturteil zuläßt. Es zeugt von einer sittlich gebildeten Seele, einem schönen und gemäßigten Sinn und von einer Vertrautheit mit guten Mustern. Wenn es nicht von weiblicher Hand ist, so erinnert es doch an eine gewisse Weiblichkeit der Empfindung, auch insofern ein Mann diese haben kann. Wenn es von vielen Longueurs und Abschweifungen, auch von einigen, zum Teil schon angestrichenen, gesuchten Redensarten befreit sein wird und wenn besonders der letzte Monolog, der einen unnatürlichen Sprung enthält, verbessert sein wird, so läßt es sich gewiß mit Interesse lesen.

Wenn ich den Autor wissen darf, so wünsche ich, Sie nennten ihn mir ihn.

Goethe an Schiller. Weimar, 28. Juni 1798

Zufälligerweise, oder vielmehr weil ich voraussetzte, Sie wüßten, daß Elpenor von mir sei, sagte ich es nicht ausdrücklich im Briefe, nun ist es mir um so viel lieber, da dieses Produkt ganz rein auf Sie gewirkt hat. Es können ohngefähr sechzehn Jahre sein, daß ich diese beiden Akte schrieb, nahm sie aber bald in Aversion und habe sie seit zehn Jahren gewiß nicht wieder angesehen. Ich freue mich über Ihre Klarheit und Gerechtigkeit, wie so oft schon, also auch in diesem Falle. Sie beschreiben recht eigentlich den Zustand, in dem ich mich befinden mochte, und die Ursache, warum das Produkt mir zuwider war, läßt sich nun auch denken.

Schiller an Goethe. Jena, 28. Juni 1798

Die Nachricht, daß der Elpenor von Ihnen sei, hat mich wirklich überrascht, ich weiß nicht, wie es kam, daß Sie mir gar nicht dabei einfielen. Aber eben weil ich unter bekannten und wahlfähigen Namen keinen dazu wußte, so war ich sehr neugierig auf den Verfasser, denn es gehört zu denen Werken, wo man, über den Gegenstand hinweg, unmittelbar zu dem Gemüt des Hervorbringenden geführt und getrieben wird. Übrigens ist es für die Geschichte Ihres Geistes und seiner Perioden ein schätzbares Dokument, das Sie ja in Ehren halten müssen.

Goethes Tagebuch. Jena, 27. August 1806

Elpenor Anfang.

Goethes Tagebuch. Jena, 28. August 1806

Früh am Elpenor fortgefahren.

Riemer. Mitteilungen über Goethe

Das Stück war ursprünglich in der sogenannten poetischen, d. h. rhythmischen Prosa, wie auch die erste Iphigenia, und zwar in fortlaufendem Kontext geschrieben; als aber Goethe die Ausgabe in Oktav besorgte und mir das Manuskript zur Durchsicht gab, bewog ich ihn, den größtenteils schon jambisch hinschreitenden Text vollends in Verse abzuteilen. Er überließ jedoch, da er fast kein Interesse mehr daran hatte, die Arbeit mir, der sie, als seine erste der Art, noch furchtsam und vielleicht zu ängstlich gewissenhaft ausführte, in der Meinung, es sei so wenig als möglich durch Zusätze oder Weglassung daran zu ändern; daher denn hie und da Verse mit zu viel oder zu wenig oder gar keinen Füßen unterlaufen. Goethe war indes damit zufrieden, und so ward das Manuskript zum Druck abgesendet.

Goethe an Riemer. Jena, 30. September 1806

Da ich noch einige Zeit hier bleibe, so wünsche ich, Sie schickten mir die beiden Exemplare von Elpenor und was Sie allenfalls schriftlich dazu notiert haben.

Goethes Tagebuch. Weimar, 26. Oktober 1806

Letzte Redaktion des Elpenors vor Absendung desselben.

Zelter an Goethe. Berlin 30. April 1807

Wie danke ich Ihnen für den unendlich schönen Elpenor, und wie werd' ich überrascht, am Ende zu finden, was ich aus dem Titel schon wußte: daß es ein Fragment war! Aber welch ein Fragment! ... Sie haben an diesem Torso ein unsterbliches Werk geboren; die Nachwelt wird es nicht glauben, daß die Sonne unserer Tage ein solches Werk hat hervorgehen sehen.

Goethe an Zelter. Weimar, 7. Mai 1807

Daß Ihnen mein Elpenor Freude gemacht hat, ist mir höchst angenehm und der Zweck dieser Blätter nun schon erreicht. Doch ist vielleicht bei dem Beifall, den Sie meinen Fragmente schenken, Ihre Neigung zu mir und meinem Wesen als mitwirkend anzusehen: denn ich gestehe gern, daß ich diese Arbeit selbst nicht mehr beurteilen kann. Wenn etwas ins Stocken gerät, so weiß man immer nicht, ob die Schuld an uns oder an der Sache liegt. Gewöhnlich aber wirft man eine Abneigung auf etwas, das man nicht vollenden kann, als auf ein Ding, das uns widerstrebt und das wir nicht Herr werden können.

Caroline Schelling in einem Brief. München, 18. April 1808

Was sagen Sie denn zu Goethes Fragment Elpenor? Liegt nicht alle seine Anmut und Erhabenheit darin, und lebendiger noch wie in Iphigenien? Der schöne Knabe ist frisch wie Morgentau. Wenn er das noch vollendete.

Goethe im Gespräch mit August von Maltitz. 1828

Auch ich habe eine Vorliebe für dieses Fragment; auf **diesem** Wege hätte ich fortfahren sollen, wenn ich den Deutschen ein Theater hätte schenken wollen. Aber wie der Mensch denn so vieles anfängt und so weniges vollendet!

NACHWORT
ZU „ELPENOR“

ENTSTEHUNGSGESCHICHTE

Im August 1781 begann Goethe, an einem Drama mit dem Titel *Elpenor* zu arbeiten. Wie möglicherweise schon die zweieinhalb Jahre zuvor entstandene *Iphigenie auf Tauris* war es als Festspiel gedacht: Herzogin Luise stand kurz vor einer Entbindung, und der Weimarer Hof hoffte, nach sechsjähriger Ehe des Regentenpaares, auf die Geburt eines Erbprinzen. Eine Totgeburt machte diese Hoffnungen jedoch zunichte. Goethe brach die Arbeit an seinem Drama ab. Er nahm sie anderthalb Jahre später wieder auf, als am 2. Februar 1783 wirklich ein Erbprinz, der spätere Großherzog Carl Friedrich, geboren worden war. Das Stück sollte eigentlich bis zum feierlichen Kirchgang der Herzogin am 9. März fertig werden, doch erschien der alte Plan Goethe mittlerweile so fehlerhaft, daß er sich gezwungen sah, auch die älteren Teile noch einmal umzuarbeiten. Am 5. März teilte er Charlotte von Stein mit, die *zwei ersten Akte* seien fertig. Sehr bald darauf muß er die Arbeit völlig aufgegeben haben, denn es sind nur jene beiden Akte in einer 1784 von dem Schreiber Vogel angefertigten Abschrift erhalten. Alle Entwürfe und eigenen Handschriften scheint Goethe vernichtet zu haben.

Als er 1786 die erste Sammlung seiner Werke vorbereitete, wollte er darin neben anderen unvollendeten Dramen – *Egmont*, *Torquato Tasso* und *Faust* – auch den *Elpenor* zum Druck bringen. Seinem Verleger Göschen schrieb er zwar aus Karlsbad: *Ich habe keine sonderliche Lust, die Stücke wie sie angezeigt sind, unvollendet hinzugeben, weil man denn doch am Ende wenig Dank davon zu erwarten hat* (2. 9. 1786), aber daraus läßt sich nicht schließen, daß Goethe ernsthaft damit gerechnet habe, den *Elpenor* noch zu vollenden, denn einige Monate später hieß es in einem Brief an Herzog Carl August aus Rom: *Da ich mir vornahm, meine Fragmente drucken zu lassen, hielt ich mich für tot* (12. 12. 1786). Da jedoch die Italienreise Goethes dichterische Produktivität neu belebt hatte, so daß er sich, nach dem Abschluß der Umarbeitung von *Iphigenie auf Tauris* und während der Arbeit am *Torquato Tasso*, zutrauen durfte, seinen Lesern *wenigstens keine ungeendigten Stücke, keine Fragmente* mitzuteilen (WA 40, S. 191 u. 437), wurde der *Elpenor* aus dem Plan der *Schriften* ausgeschieden. Dennoch hatten die Vorbereitungen für diese Ausgabe Einfluß auf seine Textgestalt, denn vermutlich zur selben Zeit, als Goethe im Sommer 1786 im ständigen Gedankenaustausch mit Wieland und Herder versuchte, die Prosafassung der *Iphigenie* zu Versen unregelmäßiger Länge umzuarbeiten, und die Versfassung des Monodrams *Proserpina* herstellte, sah Herder die Vogelsche Abschrift des *Elpenor* durch, markierte Versgrenzen innerhalb der ohnehin stark rhythmisierten Prosa und nahm leichte stilistische Korrekturen vor.

Als Goethe sich zwanzig Jahre später entschloß, das unvollendete Drama, dessen Wert als ein „schätzbares Dokument" seiner geistigen Entwicklung ihm Schiller deutlich gemacht hatte (Brief v. 28. 6. 1798), in der ersten bei Cotta erscheinenden Gesamtausgabe seiner Werke doch noch zu veröffentlichen, begann er anscheinend im August 1806 zunächst selbst mit einer Revision des Textes, übertrug die Arbeit dann jedoch seinem Mitarbeiter Riemer. Dieser stellte auf der Grundlage der von Herder durchgesehenen Abschrift binnen kurzer Zeit eine Jambenfassung her, die Goethe nach einer letzten Redaktion Ende Oktober 1806 in Druck gab. In dieser im wesentlich von Riemer geschaffenen Form ist der *Elpenor* in den Goethe-Ausgaben des 19. Jahrhunderts verbreitet worden. In seiner ursprünglichen Gestalt erschien er erst 1892 im Lesartenapparat der Weimarer Ausgabe.

QUELLEN DER FABEL UND PROBLEME DER FORTSETZUNG

Im Unterschied zu *Iphigenie auf Tauris* oder *Nausikaa* ist *Elpenor* keine Neubearbeitung eines antiken Stoffes, sondern eine Erfindung Goethes. Daß er dabei auf Elemente der literarischen Tradition zurückgriff, lag nahe, zumal das Erfinden dramatischer Verwicklungen nicht seine Stärke war und er sich bei allen größeren Dramen an vorgegebene Stoffe hielt. Wie weit er sich dabei an bereits Vorgeformtes anschließen wollte, ist angesichts des fragmentarischen Charakters seines Stücks und des Fehlens aller Entwürfe, Schemata oder anderweitiger Selbstzeugnisse nicht abzusehen. Einiges läßt sich jedoch erschließen.

Woldemar von Biedermann hat als erster darauf hingewiesen, daß Goethe wichtige Züge der Handlung nicht einem antiken, sondern einem chinesischen Drama aus dem 14. Jahrhundert verdankte, der „Waise aus dem Hause Chao". Das Stück war durch das Sammelwerk des Jesuiten Jean Baptiste du Halde „Description . . . de l'Empire de la Chine et de la Tartarie chinoise" (1736, deutsch 1747–49) in Europa bekannt geworden; Voltaire hatte ihm den Stoff seines Dramas „L'Orphelin de la Chine" (1755) entnommen. Nach einer Anspielung in seinem Tagebuch (10. 1. 1781) muß Goethe das Werk du Haldes gekannt haben, das als eine Art Summe der Ergebnisse der jesuitischen China-Mission dem europäischen Publikum noch einmal das seit dem Ende des 17. Jahrhunderts verbreitete und bei den Aufklärern beliebte Idealbild eines friedlichen, nach den Grundsätzen der Vernunft und der konfuzianischen Ethik regierten Staates darstellte und das in diesem Zusammenhang die ersten europäischen Übersetzungen chinesischer Literatur brachte. Die Vermutung, Goethe habe ein chinesisches Drama des 14. Jahrhunderts gekannt und benutzt, ist also nicht so abwegig, wie sie auf den ersten Blick erscheinen mag. „Die Waise aus dem Hause Chao" hat das Schicksal eines Knaben zum Gegenstand, der in machtpolitischen Auseinandersetzungen früh seinen Vater durch Mord verliert, von einem treuen Arzt, der dafür seinen eigenen Sohn opfert, gerettet und von dem Gegner seines Vaters, dem Anstifter des Mordanschlags, adoptiert wird. Als Jüngling wird ihm der wahre Sachverhalt entdeckt, und er vollzieht die Rache an seinem Adoptivvater. Die verwickelte Handlung soll, wie allgemein im chinesischen Drama, eine ethische Maxime veranschaulichen, hier den unaufhaltsamen Sieg der Gerechtigkeit. Die Motivverwandtschaften, die Biedermann sah, beruhen zu einem beträchtlichen Teil auf seiner Rekonstruktion der *Elpenor*-Handlung und sind daher nicht durchweg beweiskräftig. Die Gemeinsamkeit tragender Elemente beider Fabeln – der Tod des Vaters, der Sohn, der auf Grund einer Kindesvertauschung im Hause des am Mord Schuldigen aufwächst, die Verpflichtung zur Rache an dem vermeintlichen Vater – spricht jedoch dafür, daß Goethe in der Tat durch die „Waise aus dem Hause Chao" angeregt worden ist. Dennoch hat sein Stück nichts mit den beliebten Chinoiserien des Rokoko gemein, da Goethe den Stoff ganz in die – scheinbar – zeitlose Welt einer griechischen Tragödie transponiert hat. Der Annäherung an die Antike dient es auch, daß er zwar Elemente der Fabel und der Figurenkonstellation übernimmt, aber nicht den Handlungsablauf mit der szenischen Darstellung der Vorgeschichte. Das Stück hat stattdessen die Anlage eines analytischen Dramas vom Typ des „König Ödipus", in dem der zentrale Vorgang die Aufdeckung vergangener Verfehlungen ist. Das bedeutet zugleich den Verzicht auf äußere Aktion, Figurenreichtum und Darstellung größerer Zeitabläufe. Die Einhaltung der drei Einheiten bereitet dann keine Schwierigkeiten.

Wie es bei einem antikisierenden Drama kaum anders zu erwarten ist, hat auch die griechische Literatur auf die Konzeption des *Elpenor* eingewirkt. Die Namen *Antiope* und *Lykus* machen zumindest wahrscheinlich, daß Goethe, wie bereits für *Iphigenie auf Tauris*, die Sagensammlung des Hyginus benutzt hat, in der im 8. Kapitel die Fabel der bis auf Fragmente verlorenen Antiope-Tragödie des Euripides überliefert ist. Eine Motivverwandtschaft ist jedoch nur darin zu erkennen, daß König Lykos, der Onkel der Antiope, ihren Gatten Epaphos tötet und daß eine der zentralen Szenen die Wiedererkennung zwischen Antiope und ihren totgeglaubten Söhnen, den Zwillingen Amphion und Zethos, ist. Wichtiger war der „Ion" des Euripides. Georg Christoph Tobler hatte ihn im März 1782 im Anschluß an seine Aischylos-Übersetzungen ins Deutsche übertragen und die Handschrift an Goethe geschickt. Bei Goethes Interesse an Toblers Übersetzungstätigkeit ist es demnach denkbar, daß er den „Ion" in der Entstehungszeit des *Elpenor* gelesen oder wieder gelesen hat. Auch in dieser Tragödie geht es um die Wiedererkennung zwischen einer Mutter und ihrem totgeglaubten Sohn, und so mögen manche Züge der Handlung auf Goethes Plan eingewirkt haben, namentlich die plötzlich aufflammende Liebe der ihres eigenen Sohnes beraubten Mutter für den unbekannten Knaben. Vor allem aber liegt die Verwandtschaft in den Hauptfiguren Ion und Elpenor, denn nirgends sonst gibt es Dramenhelden, in denen sich wie bei diesen beiden Schönheit, Mut und Adel des Jünglings mit der naiven Altklugheit des Knaben mischen; auch der junge Neoptolemos im „Philoktet" des Sophokles, dessen Sittlichkeit dem Menschenbild der Weimarer Klassik sehr verwandt schien, ist ihnen nicht zu vergleichen. Eine Verwandtschaft mit dem „Ion" des Euripides besteht schließlich auch in der, im einzelnen kaum dingfest zu machenden, Morgenstimmung, die über dem Beginn des Dramas liegt und die dem Helden so sehr entspricht. Diese knappen Hinweise auf die möglichen antiken Anregungen belegen im übrigen, daß *Elpenor* der *Iphigenie* nicht nur äußerlich, auf Grund der Entstehungszeit und möglicherweise auch des Anlasses, nahesteht: hier wie dort findet Goethe seine Anregungen bei Euripides, dem am stärksten an der differenzierten Darstellung des Seelischen interessierten und daher am modernsten wirkenden unter den drei attischen Tragikern, hier wie dort wählt er Stücke, die nicht in die Vernichtung des Menschen, sondern über alle Verwicklungen zu einem glücklichen Ausgang führen.

Damit ist zugleich etwas über den Schluß des *Elpenor* gesagt. Hier ist freilich besondere Vorsicht geboten, denn die Beantwortung der Frage nach der Fortsetzung der Handlung ist noch stärker als die Suche nach Quellen und Anregungen auf Vermutungen angewiesen. Dennoch ist die Frage nicht müßig, denn jedes Urteil über das Ethos des Stückes hängt von der Vorstellung ab, die man sich vom weiteren Verlauf des Geschehens und insbesondere vom Schluß macht.

Aus den Andeutungen, die Polymetis in seinen beiden Monologen (II,1 u. II,3) macht, läßt sich erkennen, daß Lykus die treibende Kraft hinter dem Anschlag auf Antiopes Gatten gewesen ist. Nachdem Elpenor seinen Racheeid geschworen hat, muß ihn diese Eröffnung, zu der sich Polymetis am Schluß des 2. Akts anschickt, in einen unauflöslichen Konflikt stürzen. Die einzige Möglichkeit einer Lösung, bei der der Jüngling nicht an den unvereinbaren Verpflichtungen zerbricht oder zumindest, sei es durch den Vatermord, sei es durch den Eidbruch, schwere Schuld auf sich lädt, liegt in der weiteren Enthüllung, daß er in Wirklichkeit Antiopes Sohn ist. Eben diese Lösung wird durch die plötzliche Zuneigung Antiopes zu dem Knaben (319,32ff.) und die ausdrückliche Erwähnung der Erkennungszeichen Halskette (324,33) und Muttermal (325,2) vorbereitet; das können in der Ökonomie eines klassizistischen Dramas keine blinden Motive sein. Was aus dem Sohn des Lykus geworden und wie diese Vertauschung zustandegekommen ist, läßt sich nicht erkennen. Polymetis scheint von ihr nichts zu wissen, denn er bezeichnet Lykus zweimal ausdrücklich als den Vater Elpenors (331,13 u. 19; vgl. 325,34f.). Demnach kann von den im Personenverzeichnis Genannten eigentlich nur Lykus den Sachverhalt aufklären; er würde jedoch eben dadurch das einzige Hindernis beseitigen, das Elpenor davon abhalten könnte, seinen Racheeid zu erfüllen. Vielleicht aber sollte eben dies, daß Lykus sich selbst Elpenor in die Hand gibt, einer Versöhnung den Weg bereiten. Ob nun Elpenor Lykus getötet hätte, wie in Friedrich Wilhelm Gotters thematisch verwandtem Drama „Merope" (1774) der rechtmäßige Erbe Ägisth den Thronräuber Polyphont, oder ob er auf die Rache verzichtet hätte, wie Amphion und Zethos in der „Antiope" des Euripides, läßt sich nur noch erraten. Hingegen kann man davon ausgehen, daß sich eine tragische Lösung mit dem Tode Elpenors für ein Festspiel zur Geburt eines Erbprinzen und für einen Helden, der die Hoffnung (ἐλπίς) im Namen führt, von selbst verbot, ganz abgesehen davon, daß alles Tragische Goethe in der frühen Weimarer Zeit ganz besonders fremd war. Daher trägt das Stück in der Handschrift von 1784 auch dieselbe Gattungsbezeichnung wie *Iphigenie auf Tauris: Ein Schauspiel.*

Bei allen Unsicherheiten erlaubt es der Ausblick auf den weiteren Ablauf der Handlung jedoch, das Verhältnis des *Elpenor* zur antiken Tragödie, das mit dem Hinweis auf die analytische Anlage des Stücks bereits gestreift worden ist, genauer zu beschreiben. Aristoteles hatte im 6. Kapitel seiner „Poetik" gesagt, die Tragödie wirke vorzugsweise durch Peripetien und Wiedererkennungen, und er hatte im 11. Kapitel hinzugefügt, eine Wiedererkennung – „der Umschlag aus Unwissenheit in Erkenntnis, zur Freundschaft oder Feindschaft, je nachdem die Handelnden zu Glück oder Unglück bestimmt sind", – sei am schönsten, wenn sie mit der Peripetie – dem „Umschlag der Handlung in ihr Gegenteil" – zusammenfalle; das errege Furcht und Mitleid und erfülle somit die wesentlichen Aufgaben der Tragödie. Goethe hatte zweifellos die Absicht, wie von Aristoteles empfohlen, Erkennungsszene und Peripetie miteinander zu koppeln: die von Polymetis angedeutete Enthüllung, daß Lykus der eigentliche Mörder von Antiopes Gatten ist, muß Elpenor vom Gipfel des kindlichen Glücks in einen Konflikt zwischen Eid und Kindespflicht stürzen; die weitere, vermutlich von Kette und Muttermal beglaubigte Entdeckung, daß er der Sohn Antiopes ist, hätte dann in der einen oder der anderen Weise die Lösung ermöglicht. Bezeichnend ist dabei nun, daß Goethe – im Widerspruch zu einer anderen, ebenso ausdrücklichen Empfehlung der Aristotelischen Poetik (Kap. 13) – in jedem Falle einen doppelten Handlungsumschlag gebraucht und sich vermutlich der kunstlosesten Form der Entdeckung – durch „Zeichen und Halsbänder" – hätte bedienen müssen, die nach Aristoteles „aus lauter Verlegenheit zumeist angewandt wird" (Kap. 16). Auf keinen Fall aber hätte er Raum für diejenige Handlungsführung gehabt, die Aristoteles für die allerbeste hielt: daß nämlich, wie etwa im ersten Teil der „Taurischen Iphigenie" und der verlorenen „Merope" des Euripides, der Verwandtenmord erst im letzten Augenblick durch die Wiedererkennung verhindert wird. Eine solche Fabel entwirft Goethe erst 1786 für die niemals ausgeführte *Iphigenie in Delphi*. Anders als in diesen Dramen hätte im *Elpenor* die tragische Spannung nicht allein im Zuschauer gelegen, der etwa bereits weiß, daß Merope sich anschickt, ihren Sohn zu ermorden, während diese selbst noch glauben muß, die gerechte Rache am Mörder ihres Sohnes zu vollziehen, sondern sie wäre in die Seele der Dramenfigur verlegt. Elpenor wäre zwischen widerstrebenden Verpflichtungen hin- und hergerissen worden, wie Rodrigo in Corneilles „Cid", Titus in Racines „Bérénice" oder wie Iphigenie im zweiten Teil von Goethes Schauspiel. Die nach antiken Mustern erdachten und mit Wiedererkennungen verbundenen Peripetien hätten letztlich nur den Rahmen gebildet für den zentralen seelischen Konflikt. Dieser selbst wäre trotz scheinbarer Verwandtschaft mit der Situation Orests, Neoptolemos' oder Antigones kein antikes, sondern ein modernes, von der französischen Tragödie herkommendes Element gewesen.

DAS ETHOS DES DRAMAS

Geht man davon aus, daß alle großen Dramen Goethes Verbindungen vorgegebener Fabeln mit persönlichen Gehalten sind, so erhebt sich die Frage, worauf sich Goethes innere Anteilnahme am *Elpenor* gründen kann, über den höfischen Anlaß und ein artistisches Interesse an der Nachahmung antiker Tragödien hinaus. Das ist nach dem vorliegenden Text vermutlich zunächst der Bereich des Politischen, wie er sich Goethe in den ersten Weimarer Jahren darstellte. Es wird ausführlich über das Verhältnis von Fürst und Fürstendiener gesprochen, und der Dialog zwischen Polymetis und Elpenor nimmt stellenweise gar den Charakter eines Fürstenspiegels an. Elpenor sollte doch wohl im Konflikt zwischen Antiope und Lykus reifen und das aus Ehrgeiz und Herrschsucht über Gräbern errichtete Regiment des Lykus, das seine Diener zu Werkzeugen erniedrigt und zur Verstellung zwingt, durch ein Reich der Liebe und des Zutrauens ablösen, *den goldnen Tagen gleich, da noch Saturn der jungen Erde leicht wie ein geliebter Vater vorstund* (329,25 ff.). Solche Gedanken würden jedenfalls genau in die Entstehungszeit des Dramas passen: es sind die Jahre der erzieherischen Bemühung um Herzog Carl August, der 1775 als Achtzehnjähriger die Regierung angetreten hatte und der, wie Elpenor, in jugendlichem Egoismus die Erfüllung seiner Wünsche mehr in Kraftentfaltung und militärischen Heldentaten als in verantwortungsvoller Arbeit sah. *Auf Parforcepferden über Hecken, Gräben und durch Flüsse, und bergauf bergein sich tagelang abarbeiten, und dann nachts unter freiem Himmel kampieren, etwa bei einem Feuer im Walde: das war nach seinem Sinne. Ein Herzogtum geerbt zu haben, war ihm nichts, aber hätte er sich eins erringen, erjagen und erstürmen können, das wäre ihm etwas gewesen.* So stellte es Goethe im Alter, nach dem Tode Carl Augusts, dar (zu Eckermann, 23. 10. 1828). Das eindrucksvollste Dokument seiner Sorge um den Herzog ist das Gedicht *Ilmenau* (Bd. 1, S. 107–112), das im selben Jahr wie das *Elpenor*-Fragment entstanden und wie dieses eine Festdichtung ist, Carl August zu seinem 26. Geburtstag 1783 gewidmet. Nach einem Rückblick auf die gemeinsame Sturm und Drang-Zeit und einem offenen Charakterbild des Herzogs endet es in eindringlicher Mahnung:

Der kann sich manchen Wunsch gewähren,
Der kalt sich selbst und seinem Willen lebt;
Allein wer andre wohl zu leiten strebt,
Muß fähig sein, viel zu entbehren.

Zugleich bringt das *Ilmenau*-Gedicht ein anderes, für die frühen Weimarer Jahre charakteristisches Motiv zur Sprache, das in der

Iphigenie eine zentrale Stelle einnimmt und auch im *Elpenor* eine Rolle spielt: das Problem der Reinheit. Im Tagebuch jener Jahre klingt es immer wieder an: *Möge die Idee des Reinen, die sich bis auf den Bissen erstreckt, den ich in Mund nehme, immer lichter in mir werden* (7. 8. 1779). Nach dem hemmungslosen Ausbruch ihrer Rachgier (der vielleicht wie der Wahnsinnsanfall Orests ein letztes, krisenhaftes Aufbäumen sein sollte), reinigt sich Antiope symbolisch im Wasser des Felsenquells, aber dafür bürdet sie Elpenor, dessen Herz bis dahin *frei* war, eine Pflicht auf, die den Knaben ebenso überfordert wie der große Bogen seines Vaters. So gerecht die Rache an Lykus am Ende auch sein mag, würde sie Elpenor doch mit Schuld beflecken und belasten. Es ist demnach denkbar, daß der *Glanz der Hoffnung* (316,23), den der Knabe verkörpert, nicht nur das unrechtmäßige Regiment des Lykus hätte überwinden sollen, sondern auch die gnadenlose, kaum weniger unmenschliche Rachgier Antiopes, die wie der alttestamentliche Gott die Sünden der Väter bis ins dritte und vierte Glied strafen will (322,29ff.); Elpenor hätte dann gelernt, daß nicht Haß und Rache der beste Weg zur *hohen Heldenwürde* sind, wie er in kindlichem Übereifer zu glauben scheint (323,9ff.).

Die *Stimme der Wahrheit und der Menschlichkeit*, an die Iphigenie appelliert und der sie zum Erfolg verhilft, hätte sich im *Elpenor* in einem schärferen Konflikt und darüber hinaus im Bereich des politisch verantwortlichen Handelns bewähren müssen. Allerdings war diese Aufgabe kaum befriedigend zu lösen: angesichts der Verfehlungen des Lykus wäre die ‚große Versöhnung' wie in der *Iphigenie*, der Verzicht auf Rache wie in Mozarts „Zauberflöte" kaum glaubhaft oder ohne Sentimentalität darstellbar, andererseits hätte Lykus doch mehr sein müssen als ein bloßer Bösewicht, um Antiopes Gegenspieler zu werden oder um sich gar durch die Aufklärung der Kindesvertauschung freiwillig in Elpenors Hand zu geben. Es ist also verständlich, daß Goethe die Arbeit nicht vollendete. Eine rein tragische Lösung mit dem Tode Elpenors wäre nach der Anlage der vorhandenen beiden Akte vermutlich ästhetisch am befriedigendsten. Ähnliche Überlegungen könnten Goethe im übrigen bewogen haben, das Fragment, als es 1807 im Druck erschien, nicht mehr als *Schauspiel* zu bezeichnen, sondern als *Trauerspiel*.

FORM UND STIL

Mit dem *Elpenor*-Fragment greift Goethe die in der Prosafassung der *Iphigenie auf Tauris* erprobten formalen und stilistischen Mittel (über deren literarhistorischen Stellenwert im 4. Abschnitt der Anmerkungen zur *Iphigenie* einiges gesagt ist) wieder auf und entwickelt sie weiter in Richtung auf eine stärkere Anlehnung an die antike Tragödie. Der Gedankenaustausch mit Georg Christoph Tobler im Sommer 1781 und die damit verbundene erneute Lektüre der Tragiker spielten dabei vermutlich eine wichtige Rolle.

Ob das Drama nach dem Prinzip der drei Einheiten gebaut werden sollte, läßt sich nicht mit Sicherheit sagen, doch ist es sehr wahrscheinlich. Der Schauplatz ist zwar wie in der französischen Tragödie, im Unterschied zum antiken Drama, ein Innenraum, die große Halle des Palasts mit dem Herd, doch ist er geräumig und öffentlich genug für die Auftritte des gesamten Personals. Die Handlung ist als analytisches Drama konzipiert und auf einen prägnanten Zeitpunkt gelegt – das Zusammentreffen von Antiope und Lykus, den Übergang Elpenors aus der Kindheit ins Jünglingsalter und aus dem Spiel in die Verantwortung –, so daß keine lange zeitliche Entwicklung erforderlich ist. Am Ende des 2. Akts wird jedenfalls der Enthüllungsprozeß in Gang gesetzt, der in kürzester Zeit abrollen und vor dem Ende des Tages abgeschlossen sein kann. Die Personen sind wie in der *Iphigenie* symmetrisch gruppiert: auf der einen Seite die schuldlos leidende Königin und ihre treue Dienerin Evadne, auf der anderen der durch eine *schwarze Tat* belastete König und sein Werkzeug Polymetis, der eigensüchtig handelt, wo Evadne selbstlos entsagt; im Zentrum Elpenor, den beiden Herrschern durch Verwandtschaft, Verpflichtung und Liebe verbunden, den beiden Dienern vertrauend und eben darum in Gefahr, zwischen beiden Gruppen zerrissen zu werden. Zu den fünf Hauptfiguren kommt hier jedoch im Unterschied zur *Iphigenie* ein Chor. Daß Goethe ihn in Jungfrauen und Jünglinge teilt, ist zwar durch Euripides („Hippolytos" und „Hiketiden") legitimiert, doch spielt dabei das klassizistische Symmetriebedürfnis vermutlich eine ebenso große Rolle wie das antike Vorbild. Soweit das Fragment ein Urteil darüber erlaubt, wird der Chor allerdings noch nicht wirklich chorisch eingesetzt wie später im Helena-Akt des *Faust;* er ist nur ein Anzeichen dafür, daß sich das Drama nicht im intimen Raum abspielt und von öffentlichem Belang ist.

Auch im Sprachlichen sucht Goethe im *Elpenor* eine größere Nähe zur antiken Tragödie, allerdings weniger durch wörtliche Anklänge an die großen Muster als vielmehr durch eine noch stärkere Stilisierung der Sprache. Die Differenzierung der erhabenen Sprechweise des hohen Stils von der literarischen Normalsprache geht dabei so weit, daß sich schon einer der Freunde, die das Manuskript in den achtziger Jahren lasen, veranlaßt sah, einige gar zu manierierte Wendungen wie *leb' in das Leben wohl* (316,7) oder *nichts um nichts* (318,37) anzustreichen. Wie in der Sprache der *Iphigenie* finden sich Klopstocksche Elemente – substantivierte Adjektive, archaisierende Formen usw. – neben antikisierenden wie Wortspielen, Partizipialkonstruktionen, Umstellungen von Satzgliedern oder gnomischen Wendungen. Im ganzen ist die Sprache des *Elpenor* weniger lyrisch und melodisch als die der *Iphigenie*, dafür ist sie reicher in ihren Registern: auf der einen Seite gestattet sie den Ausdruck kindlich-naiver Vorfreude in den Reden Elpenors, auf der anderen den rhetorischen, im wesentlichen auf fiktiven Anreden aufgebauten Monolog des Polymetis (II,3), und in Antiopes Rachephantasie steigert sie sich gar bis zum pathetischen Sprachgemälde von der Virtuosität antiker Botenberichte oder barocker Opernarien. Diese Sprache ist stärker rhythmisch geformt: sie liebt etwa die Antithesen und chiastischen Verschränkungen – *Da war von Tränen meine Brust des Tags, zu Nacht mein einsam Lager heiß* (317,9f.) – oder die dreigliedrigen Reihungen: *Ich hoffe das Tier ist jung und wild und roh* (313,35f.), *Und du bist unerbittlich, willst nicht mit mir ziehen, willst deine Sorgfalt mir nicht ferner gönnen?* (312,36f.) Hinzu kommt eine auffällige Neigung, die Satzglieder, die zugleich Sprecheinheiten sind, voneinander zu isolieren, hart gegeneinander zu setzen und so das Satzgefüge zu lockern: *Denn was half es mir, bald ritt' ich dies bald das, es war nicht mein* (313,27f.) *Am liebsten war ich auf der Jagd der Königin zur Seite, und doch sah' ich wohl, wär sie allein gewesen, hätte sie schärfer zugeritten, und ich wohl auch, wär ich allein gewesen* (313,31ff.). Von dieser auf Deklamation berechneten Sprache führt ein direkter Weg zum Stil der *Natürlichen Tochter*.

ANMERKUNGEN

Personen: Die Namen *Antiope* und *Lykus* (λύκος = Wolf) stammen aus dem Antiope-Mythos (vgl. S. 655). – *Elpenor* heißt einer der Gefährten des Odysseus, „der jüngste der Schar", der sich vom Dach der Wohnung Kirkes zu Tode stürzt („Odyssee" X,552f.). Über die Jugendlichkeit hinaus bestehen jedoch keine Beziehungen zwischen der antiken Gestalt und der modernen Dramenfigur; Goethe wählte den Namen vielmehr, weil er mit ἐλπίς = Hoffnung zusammenhängt; vgl. die Anm. zu 316,23. – Der Name *Evadne* gehört in den Umkreis der Sage vom Kampf der Sieben gegen Theben (vgl. Euripides: „Hiketiden" 984ff.), doch ist er auch gewählt, weil er ein sprechender ist: Εὐάδνη = die Wohlgefällige. Griech. ευ- wird in der deutschen Schrift oder im Fraktursatz des 18. Jh. allgemein als ev- wiedergegeben; bei der Übertragung in den Antiquasatz müßte es eigentlich eu- heißen. Da aber nicht mit Sicherheit zu entscheiden ist, ob Goethe *Euadne* oder *Evadne* gesprochen hat, ist im Text die alte Schreibweise beibehalten worden. – *Polymetis* (πολύμητις) heißt Odysseus bei Homer; in der Vossischen Übersetzung: „der erfindungsreiche Odysseus". Die Figur in Goethes Drama hat jedoch nichts mit dem Homerischen Helden gemein, sondern ist eher mit dem durchtriebenen Intriganten verwandt, zu dem Odysseus bei den attischen Tragikern geworden ist.

Erster Aufzug

309,13. *Beeifert euch:* ‚sich beeifern' bedeutet: sich eifrig bemühen (Adelung).

309,15. *Frauen* ist die im Mhd. übliche, schwach flektierte Form des Dativ Singular von ‚Frau'. Goethe verwendet sie, wie auch den Genetiv Singular *der Frauen* (z. B. *Iphigenie* 24 u. Anm.), als Element des hohen Stils. *Frau* bezeichnet hier zudem im älteren Wortsinn die Herrin des Hauses im Gegensatz zum Gesinde; vgl. 311,7 u. 315,6.

309,18. *Knabe* bezeichnet im älteren Sprachgebrauch den unverheirateten Mann und umgreift daher, im Unterschied zur Gegenwart, auch den Bedeutungsbereich von ‚Jüngling' (vgl. 329,33 u. 35). Elpenors Alter ist durch den Hinweis auf den Übergang von der Kindheit zum Jünglingsalter (310,14f.) gekennzeichnet.

310,3. Subjekt des Wenn-Satzes ist *des Knaben frohe Gesellschaft;* die Umschreibung einer Person durch ihre Eigenschaft ist ein antikisierender Stilzug; vgl. *Iphigenie* 831 mit Anm.: *des Vaters Kraft* statt ‚mein Vater'. – Die von Herder vorgenommene Änderung zu *wenn des Knaben frohe Gesellschaft sie verläßt* macht den Satz durch die Herstellung der sog. natürlichen Wortfolge eindeutiger.

310,4. *Larven:* ‚larvae' sind nach römischem Glauben böse Geister Verstorbener, die als Gerippe erscheinen. Vgl. *Iphigenie* 588 mit Anm.

310,28. In *vergnüglich* überwiegt hier noch die ältere Bedeutung von „vergnügen' = zufriedenstellen. Vgl. aber 313,38, wo *Vergnügen* neben der ursprünglichen schon die moderne Bedeutung hat, wie sich aus der Verbindung mit *Lust* ergibt.

310,36f. Vgl. „Ilias" II,204: „Niemals frommt Vielherrschaft im Volk, nur einer sei Herrscher" (Übers. v. Voß).

311,23ff. Vgl. das Vorbild dieser Sätze in den Anordnungen der Schaffnerin Eurykleia, „Odyssee" XX,149ff., oder die Beschreibung der Halle des Alkinoos, ebd. VII,95ff. – *Teppiche* sind im Sprachgebrauch des 17. und 18. Jh. auch Decken und Wandbehänge; *Sessel* bezeichnet nicht ein gepolstertes Sitzmöbel, sondern ist ein Archaismus, dem heute ‚Sitz' entsprechen würde. In seiner Übersetzung der beiden erwähnten „Odyssee"-Stellen benutzt Voß *Teppiche* und *Ses-*

sel für πέπλοι und θρόνοι. – *die geringere und köstliche* beziehen sich auf *Teppiche;* sie haben die alte, stark flektierte Form des Adjektivs, die sich bei den Feminina besonders lange gehalten hat.

311,38. *ein neues Licht des Glücks* ist eine dem Griechischen nachgebildete Apposition zum Subjekt des Satzes, die in Kommata eingeschlossen werden müßte. Die Normalsprache würde ein vergleichendes ‚wie' oder ein identifizierendes ‚als' erfordern.

312,12. *Senne* ist eine Nebenform zu ‚Sehne'. – *Geliebte* können bei Klopstock und seinen Nachfolgern alle Personen heißen, denen Liebe gilt; vgl. *Iphigenie auf Tauris* 10.

312,25. *winken* hier in der übertragenen Bedeutung: einen bedeutungsvollen Hinweis geben.

313,6. *Stadt* ist hier vermutlich nicht im modernen Sinne, als Gegensatz zu ‚Dorf', gebraucht, sondern wie griech. πόλις zur Bezeichnung eines Stadtstaats oder seines Herrschaftssitzes.

313,26. *mutig* bedeutet im Bezug auf Pferde: edel, feurig.

313,36. *roh:* noch nicht zugeritten.

314,15. Die *Grazie*, griech. χάρις, ist hier nicht, wie im Rokoko, die Anmut, sondern die personifizierte Huld und Gnade der Götter. Diese Vorstellung war Goethe durch die Lektüre Pindars vertraut; vgl. 1. Olympische Ode 30; 6. Olympische 76 und 3. Pythische 95.

314,18. *Jovis* ist Genetiv von Jupiter.

315,4. *Übermut* im Sinne von griech. ὕβρις = selbstherrliche Überschreitung des Maßes. – Das *Glück* ist, wie 316,16, Tyche/Fortuna, die seit dem Hellenismus als unberechenbar und launisch dargestellte Göttin des Geschicks.

315,22. *erhobst:* ‚erheben' bedeutet wie in Luthers Bibelübersetzung (z. B. 2. Mose 15,2; Lukas 1,46): preisen, rühmen.

316,23. *Glanz der Hoffnung:* Elpenor, in dessen Namen ἐλπίς = Hoffnung steckt, ist geradezu eine Verkörperung der Hoffnung. Vgl. die auffällig häufige Verwendung von *Hoffnung* an Stellen, die sich alle auch auf Elpenor beziehen lassen: 317,17; 319,22; 321,4,6; 324,13; 328,7,26,39; 329,5; 331,4 u. 32. – In den „Choephoren" des Aischylos wird Orest einmal als „Hoffnung des Hauses" bezeichnet (v. 776).

316,26. *kriegen:* Krieg führen; ebenso 316,29.

316,33. *ein Gott:* entsprechend dem griech. θεός = Gott, Göttin, Gottheit, ohne daß an eine bestimmte Person gedacht wäre.

317,4. *eitler:* ‚eitel' bedeutet hier wie in der Lutherbibel (z. B. Jesaja 41,29; 59,4; 1. Korinther 15,17): nichtig, wirkungslos.

317,6. *Mut* ist erst im neueren Sprachgebrauch auf die Bedeutung von Tapferkeit eingeschränkt. Zunächst bedeutet es ganz allgemein: Gesinnung, Stimmung oder, wie hier, freudige, zuversichtliche Stimmung.

317,34. *abgespannten Rosse:* ‚abspannen' hier im ursprünglichen, konkreten Sinne, statt des heute üblichen ‚ausspannen'.

318,22f. Ein Großteil der berühmten zwölf Arbeiten des Herakles/*Herkules* besteht darin, die Erde von Ungeheuern zu befreien. *Theseus*, der sagenhafte Herrscher Athens, überwindet auf dem Weg in seine Vaterstadt sechs gefährliche Unholde und Wegelagerer. *Jason*, der nach Kolchis zieht, um das Goldene Vlies zu holen, kann hier genannt werden, weil auch in seinem Mythos das Motiv der hilfreichen Tat eine Rolle spielt: das delphische Orakel hatte verkündet, daß seine Heimat Jolkos niemals Wohlstand erreichen könne, wenn nicht der Geist des Phrixos zusammen mit dem Goldenen Vlies, dem Fell des Widders, mit dem Phrixos einst entflohen war, heimgeholt würde (Pindar: 4. Pythische Ode). Mit *der alten Helden Chor* sind vielleicht die Begleiter des Jason, die Argonauten, gemeint, unter denen sich Herakles, Theseus, Kastor und Polydeukes/Pollux, Peleus und viele andere Helden befanden. – *Chor* als Neutrum bedeutet im 18. Jh. ganz allgemein: Schar, Menge.

318,32. Hier drückt entweder *noch* wie im Mhd. einen Gegensatz aus: ‚dennoch, doch', oder *verstummen* ist als transitives Verb gebraucht: stumm machen. Da der Satz im Präsens steht, ist letzteres wahrscheinlicher.

319,4. *Not*, die Notwendigkeit, auch personifiziert vorgestellt, ist das Fatum der stoischen Philosophie, das im Gegensatz zur göttlichen Vorsehung *blind und gesetzlos* scheint.

319,18. *ruften:* Klopstock hat diese alte, schwache Präteritalbildung von ‚rufen' als Element des hohen Stils in die Dichtersprache des 18. Jh. eingeführt.

319,35. *Ballen* ist ursprünglich gleichbedeutend mit Ball.

320,29f. *Von meinen Kindern:* Außer dem geraubten Sohn hat Antiope keine Kinder. Aus dem Vorhergehenden ergibt sich, daß gemeint ist: von Kindern, die ich noch bekommen könnte. In der Druckfassung von 1807 lassen Goethe und Riemer diesen und folgenden Satz weg, vermutlich um Mißverständnisse zu vermeiden.

321,20. *nachsinnend:* Syntaktisch bezieht sich das Partizip auf die personifizierte *Rache*, doch ergibt das inhaltlich keine sinnvolle Verbindung. Liegt hier ein Versehen oder eine Verschlimmbesserung des Schreibers vor? *rachsinnend* ergäbe inhaltlich einen Sinn; formal würde es zu anderen Wortspielen (Paronomasien) wie *für Freunde Freund zu sein* (314,14f.) oder *das Rühmliche von dem Gerühmten zu unterscheiden* (314,28) passen.

321,22. *Götter dieses Hauses:* Hier ist an den Lar familiaris gedacht, der nach römischem Glauben den Herd der Familie behütet und eng mit der Familie verbunden ist. Außerdem spielt der Gedanke an die stets im Kollektiv erscheinenden Penaten hinein, die die Wohnstätte der Familie beschützen. Lar und Penaten wurden am Herd des Hauses verehrt. Dieser wird daher als *Altar* bezeichnet. *Unblutig* (321,35) heißt er, weil den Hausgottheiten im Gegensatz zu den olympischen Göttern keine Tieropfer gebracht wurden.

322,3. *Schweift:* ‚schweifen' ist hier noch wie im Frühnhd. transitives Verb mit der Bedeutung: in kreisende Bewegung versetzen. Subjekt des Satzes ist *die Rache* (321,38); *sie* bezieht sich zurück auf die *Verbrecher* (322,1).

322,11. *schüchtern* heißt im Frühnhd. jemand, der leicht erschrickt.

322,30ff. In archaischer Zeit gehörte es zum Totenkult, das Blut von Opfertieren über das Grab laufen zu lassen. In der „Odyssee" (XI,24ff.) erzählt Homer, wie Odysseus nach einem Totenopfer zwei Schafe schlachtet und die aus der Unterwelt aufgestiegenen Schatten sich herzudrängen, um vom Blut zu trinken. Goethe formt aus diesen Elementen ein Bild von der Störung der Totenruhe, das er 322,36–323,1 ins Allgemeine wendet.

322,32. *unwillig* ist vielfach gleichbedeutend mit: unfreiwillig, gegen den eigenen Willen handelnd; vgl. *Iphigenie auf Tauris* 552 u. 636.

323,3. *die bewegliche Locken der Geliebten Häupter:* Die Schreibung der Vorlage wurde unverändert in den Text übernommen, da sich nicht entscheiden läßt, ob es heißen soll: *die bewegliche[n] Locken der geliebten Häupter* oder *die beweglichen Locken, der Geliebten Häupter.*

323,19. *geheim* ist hier in der frühnhd. Bedeutung ‚vertraut' verwendet. Gemeint ist offenbar derselbe *Fels* hinter dem *am einsamen Gestade* (310,30) liegenden Palast der Antiope, von dem aus Elpenor nach den Boten des Lykus Ausschau hält (327,19f.).

324,13ff. Das Bild ist sehr charakteristisch für die frühe Weimarer Zeit. Seine gegenständliche Grundlage ist die genaue Naturbeobachtung, wie Goethe sie im Garten am Stern machen konnte: der durch die Erde brechende *Keim* ist noch ohne Chlorophyll, erst am Sonnenlicht färbt er sich *grün.* Da grün die alte symbolische Farbe der *Hoffnung* ist, ergibt sich die symbolische Bedeutung zwanglos. Die Adjektive *still* und *friedlich* sowie das Adverb *bescheiden* stellen die Beziehung zum Menschen her und verleihen dem Bilde die spezifische Stimmung, die zugleich Ethos ist.

324,19. Der Vergleich mit der Druckfassung (v. 705) macht den Sinn des Satzes deutlicher: *Dreifach willkommen, wenn er uns erschiene.*

324,36. *Gedächtnis* wird seit Klopstock gelegentlich für ‚Zeichen, das der Erinnerung dient', gebraucht.

325,20. *bist du mir gleich entfernt* ist ein eingeschobener Konzessivsatz: obgleich du fern von mir bist.

Zweiter Aufzug

326,26. *Philoktet* wird auf der Fahrt zum Kampf um Troja von einer Giftschlange gebissen. Die eiternde Wunde verbreitet solchen Gestank, daß die Griechen ihn auf der Insel Lemnos aussetzen. Erst im zehnten Kriegsjahr holen sie ihn nach, da ihnen ein Orakel verkündet, daß sie ohne ihn die Trojaner nicht besiegen würden. Erst vor Troja wird Philoktet von seinem *alten Schaden* geheilt. Vgl. Sophokles: „Philoktet".

327,7. *entdecken* hat im älteren Sprachgebrauch aktivische Bedeutung: aufdecken, enthüllen.

327,28. *fromm* im Bezug auf Pferde bedeutet: fügsam, leicht zu reiten.

327,36f. *setzen* als intransitives Verb bedeutet im konkreten Sinne: Sprünge machen, springen. – *gefällten Speeren:* ‚fällen' als militärtechnischer Ausdruck bedeutet: eine Stichwaffe zum Angriff senken.

328,5. *nur Waffen sind ihm mehr:* Der Akzent liegt auf *sind* und nicht auf *mehr*, denn es ist ja nicht gemeint, daß die *Waffen* Elpenor mehr bedeuten als *Feierkleider* und Schmuck, sondern daß die *Feierkleider* abgetan sind und nur noch die *Waffen* für ihn existieren.

328,20. *Schatten* wird nach dem Vorbild von lat. ‚umbra' auch metaphorisch mit der Bedeutung ‚Abbild, Schein', gebraucht.

329,26. *Saturn:* Saturnus, der römische Gott des Acker-, Obst- und Weinbaus, wurde mit dem Titanen Kronos der griechischen Mythologie gleichgesetzt, der als das Haupt der später von Zeus und den anderen Olympiern gestürzten älteren Götterdynastie das Goldene Zeitalter regierte. In jenen *goldnen Tagen* der Menschheitsgeschichte gab es noch keine Arbeit, keinen Handel, keinen Krieg und keine Gesetze. Daher lebten die Menschen *leicht*. Vgl. Hesiod: „Werke und Tage" 109ff., und Ovid: „Metamorphosen" I,89ff.

330,4. *sicher* bezeichnet hier, mit einem in der Lutherbibel (Psalm 39,6; Jesaja 32,10) angelegten und im 17. Jh. besonders verbreiteten Sprachgebrauch, ein trügerisches Gefühl der Sicherheit. Vgl. auch 312,31.

331,9. *unmäßig* ist nicht unbedingt abschätzig, sondern vermutlich die Negation von ‚mäßig' = gering, da es in Opposition zu *kaum* (331,8) steht. Vgl. auch 329,8f., wo *übermäßig* durch *törig oder klug* ergänzt wird.

ZUR TEXTGESCHICHTE VON „ELPENOR“

Der Erstdruck des Fragments erschien unter dem Titel *Elpenor. Ein Trauerspiel. Fragment* im vierten Band der Cotta-Ausgabe A (1806). Auf ihm beruhte der Druck in B (1816) und in der Ausgabe letzter Hand (C^1 C 1827/1828). Die Versform des Erstdrucks stammte nicht von Goethe, sondern von Riemer. Als der Erstdruck für A vorbereitet wurde, regte Riemer Goethe an, die rhythmische Prosa der ursprünglichen Fassung in Jambenverse zu verwandeln, und Goethe beauftragte Riemer mit dieser Arbeit. Die metrische Bearbeitung hatte auch eine größere Zahl von Eingriffen in den Text zur Folge, die der ursprünglichen Fassung ihre Frische und Unmittelbarkeit nahm. Goethe sah Riemers Arbeit wahrscheinlich nur stellenweise durch. So ist die im September 1806 entstandene Versfassung, der die Goetheausgaben im wesentlichen immer gefolgt sind, vor allem eine Leistung Riemers und kann nur bedingt für Goethe in Anspruch genommen werden. Aus diesem Grunde folgt unsere Ausgabe nicht dem Erstdruck (A), sondern bietet die ursprüngliche Prosafassung des Fragments, die in einer Reinschrift (H) überliefert ist, die Goethe im September 1784 dem Schreiber Vogel diktierte. In H trug Herder, höchstwahrscheinlich 1786, einige Korrekturen und Umstellungen ein und schlug anfangs durch senkrechte Striche schon eine Verseinteilung vor. 1806 diente H Riemer als Vorlage für seine Versbearbeitung (H^1). Dabei notierte er in H einige Änderungen und setzte mehrfach zu von ihm unterstrichenen Worten ein NB (Notabene) an den Rand. Doch bleibt die Herkunft einiger Unterstreichungen ungewiß. Schon in der 1798 Schiller mitgeteilten Handschrift waren Anstreichungen vorhanden (Schiller an Goethe, 25. Juni 1798). H wurde erstmals im Lesartenapparat der Weimarer Ausgabe I,11, 369–396 gedruckt. Auf eine Berücksichtigung der immer neugedruckten Versfassung ist im folgenden verzichtet worden. Hingewiesen sei auf die Untersuchung von Ida Hakemeyer, die anhand einer synoptischen Edition von H und H^1 zum erstenmal eine genaue textkritische Beurteilung von H^1 bot.

Textwiedergabe nach H. – Unser Abdruck folgt der Reinschrift, wie sie von Vogels Hand überliefert ist, einschließlich der ursprünglichen Interpunktion. Eindeutige Hör- oder Schreibfehler Vogels wurden berichtigt. Herders Korrekturen sind, sofern sie nicht nur die Orthographie betreffen, in den Lesarten vollständig verzeichnet (Sigle He). Das gilt ausnahmsweise auch für die Änderungen in der Interpunktion, die Herder öfter vornahm, da es möglich bleibt, daß einige der ihm zugeschriebenen Korrekturen auch von Vogel stammen. Für den Rhythmus der Prosafassung ist die Interpunktion nicht bedeutungslos. Riemers Eintragungen von 1806 bleiben ungenannt (vgl. dazu die Edition von H bei Hakemeyer).

309,15. *unsrer* He. – 20. *dem Vater* He. – 21. *Tage. Noch* He. – 310,2. *Gemahls* He. – 3. *wenn des Knaben frohe Gesellschaft sie verläßt* He. – 9. *lieb. Sein* He. – 10. *entfernt. Nie* He (oder Vogel?). – 22. *von ihrer Schwelle* He. – 23. *zurückließ* He. – 33–34. *gebührte; ja,* He. – 311,4. *behalten! denn* He. – 21. *sich, wie auf zwei Gefährten* He. – 25. *die Sessel* He. – 31. *Die Männer, seh ich, haben auch von ihren Vorgesetzten schon* He. – 312,5. *ward?* He. – 5–6. *nenne, will* He. – 10. *foderte* He. – 15. *gewährt. Er* He. – 17. *schönes, würdiges* He. – 313,3. *der Knabe* He. – 15. *kommen;* He. – 25. *ratest* He. – 32–33. *sie hätte* He. – 314,15. *möge* He. – 20. *habe* He. – 23. *hingeflogen! Wie* He. – 315,13. *nötig ist* He. – 22. *erhobst:* He. – 27–28. *weihe! Teures* He. – 316,1. *Königin,* He. – 35. *Brust. Wo* He. – 317,22. *sehn* He. – 36. *im Walde* He. – 318,23. *suchet* He. – 30. *Herde gelagert. Wie* He. – 319,6. Vogel schreibt *begränzt.* – 18. *riefen* He. – 25. *und fern* He. – 320,19. *widmen. Unwillig* He. – 22. *erinnr'* He. – 29. *Witwe* He. – 38. *nicht! Den* He. – 322,1. *Haupt. Auch* He. – 22. *zurücketretend* He. – 323,17. *dir aller Wünsche Siegel* He. – 324,24. *mir's* He. – 326,10. *Verrat. Doch* He. – *den lieben* He. – 17. *fremde* He. – 26. *lange* He. – 29. *anderes, gleichgültiges* He. – 327,20. *seh'* He. – 329,8. *töricht* He. – 14. *feire* He. – 27. *verstand* He. – 36. *boten. Der* He. – 331,3. *klingt. Und* He. – 5. *preise der* He. – 14. *und Treue* He oder Riemer. – 20. *Nein!* He. – 24. *fühlen!* He.

PANDORA

DOKUMENTE ZU „PANDORA“

Goethes Tagebuch. Weimar, 25. Oktober 1807

Nach Tische Herr Leo v. Seckendorf, der mit Dr. Stoll von Wien gekommen war. Über das neue Journal („*Prometheus*“), das sie herausgeben wollen.

Goethes Tagebuch. Weimar, 31. Oktober 1807

Nach Tische zu Hause und Verschiedenes überlegt, unter anderem die Wünsche der Wiener betreffend.

Riemer, Mitteilungen über Goethe, Kapitel „Pandora“

Sie war für die Wiener Zeitschrift „Prometheus“, herausgegeben von Leo v. Seckendorf und Stoll, welche im Herbst 1807 in Weimar waren und Goethe um einen Betrag gebeten hatten, bestimmt, und Goethe trug mir eines Morgens, den 11. November 1807 auf der Reise nach Jena, die ganze Idee und Tendenz seines Gedichts so umständlich und ausführlich vor, daß es mir leid tat, sie nicht auf der Stelle niederschreiben zu können, sowohl um ihn künftig daran zu erinnern, wenn er davon abkommen sollte, als auch um die kleinen anmutigen Züge und Ausschmückungen nicht zu verlieren, die einen augenblicklich improvisierten Vortrag vor dem mit Reflexion und Bedenklichkeit abgefaßten auszeichnen. Nach unserer Ankunft in Jena konnte Goethe nicht sogleich an die Ausarbeitung gehen, andere Geschäfte, auch Zerstreuungen schoben sich dazwischen; doch las er mir am 19. November den Anfang des Gedichts vor, und vom 29. an schrieb ich mehrere Tage hinter einander an dem, was er jedesmal fertig hatte und mir diktierte. Doch gerieten diese Morgenbeschäftigungen bald ins Stocken ... Von der „Pandora“ kam daher nur eben so viel zustande als nötig war, um in die beiden ersten Stücke des Wiener „Prometheus“ aufgenommen werden zu können; und obschon Goethe am 1. Mai ... Motive spezifizierte ..., so verzögerte sich doch die Ausführung in der Badezeit durch Abhaltungen aller Art, nicht wenig aber auch durch die antiken Silbermaße, welche Goethe auf seine Weise zu versuchen sich gemutet fühlte, ohne daß sie ihm so geläufig gewesen wären, wie die Anmut des Gedichts verlangte ...

Goethes Tagebuch. Jena, 19. Nov.–16. Dez. 1807

19. Nov. ... an dem Vorspiel „Pandorens Wiederkunft“. – 20. Nov. Pandorens Wiederkunft. – 21. Nov. Pandorens Wieder-

kunft. – *Ähnliche Notizen fast täglich bis 11. Dezember.* – 16. Dez. ... der Anfang der „Pandorens Wiederkunft“ an die Redaktoren des „Prometheus“. *(Vers 1–154.)*

Knebel in Jena an seine Schwester Henriette in Weimar. 15. Dez. 1807

Goethe hat mir kürzlich einen einsamen Abend geschenkt, wobei er mir ein neues Gedicht von ihm, das er wahrscheinlich erst hier angefangen, „Pandorens Wiederkunft“, vorgelesen hat. Ich kann Dir weiter nichts davon sagen, als daß es herrlich gedacht und ausgeführt ist. Die Personen sind gewissermaßen alle neu und mit großer Lieblichkeit entworfen. Vorzüglich gefällt mir die Idee von Pandorens Büchse oder Urne, die nach der Fabel alle menschliche Übel soll enthalten haben, und an deren Grunde die Hoffnung allein noch zurückblieb. Goethe hat diese Übel in liebliche Traumgestalten verwandelt, die sich bei eröffneter Urne Dünsten gleich in die Höhe ziehen, nach deren Bildern die Sterblichen immer rennen, aber nur durch den törichten Verfolg derselben unglücklich werden. Die Hoffnung verspricht er sich noch unter dem griechischen Namen Elpore glücklich auszumalen. Der sorgetragende Gemahl der Pandora, Epimetheus, hat mir auch sehr gefallen.

Ähnlich Knebel an Jean Paul. 25. Jan. 1808 (Herwig 2, S. 275)

Goethes Tagebuch. Weimar, 3. Jan.–17. Febr. 1808

3. Jan. An „Pandorens Wiederkunft“ geschrieben. – 4. Jan. An „Pandoras Wiederkunft“. – *Ähnliche Notizen am 8. und 11. Januar und 15. Februar.* – 17. Febr. Absendung des 2. Manuskripts von „Pandorens Wiederkunft“.

Goethes Tagebuch. Jena, 24.–29. April 1808

24. April. Pandorens Wiederkunft. – *In dieser Weise Tagebuchnotizen bis 29. April.*

Goethe in Jena an Riemer in Weimar. 29. April 1808

Indem ich vermelde, daß es mir gelungen ist, das Pandorische Wesen und Unwesen einigermaßen fortzuschieben, so ersuche ich Sie, mir das Schema zu sechsfüßigen Trochäen, wie sie die Alten gebraucht, durch die Boten zu senden. Ich habe das Unglück, dergleichen immer zu vergessen. Auch wünschte ich, daß Sie sich für Karlsbad mit altem und neuem Prosodischen rüsteten, teils zu theoretischen, teils zu praktischen Zwecken.

Notizen, welche Bücher auf die Reise nach Karlsbad mitzunehmen seien, von Goethe an Riemer diktiert. Ende April 1808

... g) Aphorismen des Hippocrates. h) Lucrez. i) Voßens Zeitmessung. k) Sallust. l) Aeschylus. m) Juvenal. n) Properz. o) Hermann, Metrik. p) Moritz, Prosodie. q) Standhafte Prinz. – *In Rupperts Katalog „Goethes Bibliothek“ Nr. 1275, 1403 (oder 1404), 722, 1431, 1226, 1397 (oder 1398), 1428, 675, 707; ferner „Spanisches Theater, Bd. 1, 1803, von A. W. Schlegel.*

Goethes Tagebuch, 12. Mai 1808. Reise nach Karlsbad

Gegen halb fünf in Pößneck... Im goldenen Löwen logiert. Die Szene zwischen Prometheus und Epimetheus, die Schilderung der Pandora, vollendet und *(Riemer)* vorgelesen. *(Etwa 595–678.)*

Caroline Herder in Weimar an Knebel in Jena. 17. Mai 1808

Ich habe vor einiger Zeit Goethes „Wiederkunft der Pandora“... gelesen, zwar nur die erste Hälfte vielleicht davon; aber ich weiß nicht, was ich lese: es geht mir alles wie Schatten vorüber... Ach, mein Bester, ich sehe darinnen eine verkünstelte, unnatürliche Manier, die mir auch nicht einen lebendigen Tropfen gibt. Seine jetzige Manier scheint mir eine wahre Versündigung an seinem eigentlichen Talent. Klären Sie mich doch auf!...

Goethes Tagebuch. Karlsbad 1808

16. Mai. An Pandorens Wiederkunft. – 17. Mai. An Pandorens Wiederkunft... Abends zu Hause. Die Choriamben und den Jonicus a minori *(mit Riemer)* besprochen. – 18. Mai. An Pandorens Wiederkunft. – *Ähnliche Notizen in den nächsten Tagen.* – 26. Mai. Pandorens Wiederkunft... Hermanns Metrik. – 27. Mai. Abschluß des ersten Teils von Pandorens Wiederkunft. Verschiedenes Rhythmische besprochen. – 29. Mai. An Pandorens Wiederkunft einiges rektifiziert. – 13. Juni. Abschluß der Pandora.

Goethe in Karlsbad an Karl Friedrich v. Reinhard in Falkenlust (nördlich Bonn). 22. Juni 1808

Da Ihnen der Wiener „Prometheus“ in die Hände kommt, so darf ich Ihnen wohl meine „Pandora“ nicht empfehlen. Sie ist mir eine liebe Tochter, die ich wunderlich auszustatten gedrungen bin.

Goethe in Karlsbad an Frau v. Stein in Weimar. 16. August 1808

Haben Sie Dank, daß Sie meine scheidende Pandora so gut aufgenommen. Ich wünsche der Wiederkehrenden zu seiner Zeit dasselbe Glück. Daß Sie einzelne Stellen ausgezeichnet, hat mir viel Vergnügen gemacht. Das Ganze kann nur auf den Leser gleichsam geheimnisvoll wirken. Er fühlt diese Wirkung im Ganzen, ohne sie deutlich aussprechen zu können, aber sein Behagen und Mißbehagen, seine Teilnahme oder Abneigung entspringt daher. Das einzelne hingegen, was er sich auswählen mag, gehört eigentlich sein und ist dasjenige, was ihm persönlich konveniert. Daher der Künstler, dem freilich um die Form und um den Sinn des Ganzen zu tun sein muß, doch auch sehr zufrieden sein kann, wenn die einzelnen Teile, auf die er eigentlich den Fleiß verwendet, mit Bequemlichkeit und Vergnügen aufgenommen werden.

Wilhelm v. Humboldt in Weimar an Caroline v. Humboldt in Rom. 28. Dezember 1808

Ich bin seit dem ersten Weihnachtsfeiertag hier, liebe Li, und wohne bei Goethe, der Dich sehr grüßt und oft mit recht eigentlicher

Liebe von Dir spricht... Ich habe erst hier Goethes neuestes Produkt, „Pandoras Wiederkunft“, kennen gelernt. Er hat es uns bei Carolinen *(v. Wolzogen)* vorgelesen. Es ist erst die Hälfte fertig, in welcher nur erst die weggegangene Pandora betrauert wird. Von dieser Hälfte ist wieder etwa die Hälfte in einem Journal „Prometheus“ gedruckt, die andere noch Manuskript. Es ist eine der wunderbarsten Produktionen, aber der allerschönsten und größesten. Die Hauptsache beruht auf dem Kontrast der beiden ungleichen Brüder, des kalten, rastlosen, gewerbefleißigen Prometheus und des empfindsamen, unglücklichen und müßigen Epimetheus. Dieses letzteren Frau ist Pandora gewesen, die ihn verlassen hat. Er hatte mit ihr zwei Töchter, Elpore (Hoffnung) und Epimeleia (Fürsorge). Beim Scheiden hat sie ihn genötigt, zwischen beiden zu wählen und eine zu behalten, eine ihr zu lassen. Er hat Epimeleia gewählt. Nun erscheint ihm Elpore nur von Zeit zu Zeit auf Augenblicke. Das Neue und Schöne ist, daß alle Urtöne der Leidenschaften, der Gefühle, alle Elemente der menschlichen Gesellschaft darin vorkommen und mit einer Reinheit, ja man kann sagen Nacktheit dargestellt sind, daß daraus selbst eine ungeheure Größe hervorgeht. Dann ist die Sprache, die in den verschiedensten Silbenmaßen abwechselt, himmlisch. Wenn ich kann, lasse ich Dir bis morgen noch etwas daraus abschreiben. Goethe selbst hat mich ausdrücklich gebeten, Dir etwas davon zu schicken.

Goethe in Karlsbad an Karl Friedr. v. Reinhard in Kassel. 22. Juli 1810

In Wien ist ein kleines Heft von mir, unter dem Titel „Pandora, ein Taschenbuch“ gedruckt worden. Eigentlich ist es nur ein Teil eines Dramas von wunderbarem Inhalt und seltsamer Form. Ich empfehle es Ihnen. Vielleicht kostet es einige Mühe, sich hinein zu lesen, die aber nicht ganz ohne Frucht bleiben wird.

Rezension von Friedr. Gottlieb Welcker in: Heidelbergische Jahrbücher der Literatur. 1810, 2. Band, 13. Heft.

Die alte Fabel ist in diesem Werk hier mehr, hier weniger leise umgeformt und erweitert, und in das Ganze ein durchaus neuer Sinn gelegt worden, größer und schöner, als uns irgend ein neu umgedeuteter Mythus darbietet... So tiefsinnig der allegorische Inhalt erfunden ist, ebenso klar und lebendig sind die Charaktere und das Historische, worin diese Bedeutung niedergelegt ist, ausgeführt; ja, das mehr plastische und malerische Talent, wodurch dies bewirkt worden, und unser Interesse an den erscheinenden Gestalten und deren Komposition und Bewegung ist so groß, daß sie fast das mehr Poetische zu überwiegen oder unabhängig von der Allegorie durch sich selbst uns ganz in Anspruch zu nehmen scheinen könnten... Wenige von Goethes Werken eignen sich so sehr als die „Pandora“ zum tiefen und lehrreichen Studium und ziehen so sehr (wenn nicht auf der Bühne, doch in der Literatur) unser Drama herauf, das abgesehen von einem gutgemeinten schwachen poetischen Anfang, von der Prosa sich losreißend emporschreiten muß, da das Griechische im Gegenteil von der Höhe des Idealen herabsteigend allmählich unpoetischer wurde, worüber schon Aristoteles klagt... Dem hohen poetischen Charakter, worin Pandorens Wiederkehr gedacht und empfunden ist, entspricht natürlich die Form... Auf den Vers hat Goethe vielleicht in keinem seiner Werke mehr Sorgfalt gewandt als in der „Pandora“ und sie auch darin der antiken Tragödie so nahe gebracht, als das Gefühl des Wesentlichen erforderte und der Genius gut heißen wollte... Der Dialog ist durchgängig in reinen griechischen Trimetern mit schöner Mischung von Spondeen, seltnen Anapästen, voll schönen Zäsuren, häufigen gewichtvollen Worten... In den lyrischen Stellen herrscht die größte Mannigfaltigkeit der Silbenmaße. Da sind daktylische, anapästische, trochäische, jambische, choriambische Lieder und Ionici a minore, in kürzeren und längeren Versen. In den letzten kommt häufig statt der zwei Kürzen ein Trochäus vor.

Rezension von Joh. Anton Fahrenkrüger in der Jenaer „Allgemeinen Literatur-Zeitung“. 10. Jan. 1811

Für die Arbeit ist dem Menschen die Ruhe, für den Genuß ist ihm die Sehnsucht beschieden. Der Wirkende begehrt nichts als sein Wirken... Er kennt nur die Pflicht, nicht das Glück. Streng ist er gegen die, welche neben ihm arbeiten, fremd mit denen, für die er sich bemüht... Er ersieht sich andere Dinge zu Werkzeugen; denn ihm frommt nur, was die Tätigkeit befördert, und das hört nie auf. Wer aber das Glück will, muß Bekanntschaft mit dem Unglücke machen. Wer besitzen will, muß verlieren... Der Genuß öffnet das Herz, die unerfüllbare Grube... Daraus entsteht der – soweit unsere Augen reichen – allgemein gewordene Zustand des Sehnens, Schmachtens, der Unruhe, des Verdrusses, der Reue, Selbstqual und Verzweiflung... Von seinem Helikon blickt der Dichter auf dieses ungebändigte Treiben seiner Schicksalsgenossen; aus dem hohen Gesichtspunkte faßt er es, kühl, doch mit Schonung, in von der Vorwelt gegebenen Bildern auf...

Goethe in Weimar an Sara v. Grotthuß in Dresden. 17. April 1811

... Zum Schlusse will ich nicht vergessen, Sie auf eine kleine Arbeit von mir, „Pandora“, aufmerksam zu machen. Es ist ein etwas abstruses Werkchen, welches durch mündlichen Vortrag gehoben werden muß...

Goethe in Karlsbad an Zelter in Berlin. 26. Juni 1811

So möge Ihnen denn auch auf irgend eine Weise belohnt werden, was Sie an der „Pandora“ tun. Wenn ich den Anteil hätte voraussehen können, den Sie an dieser Arbeit nehmen, so hätte ich den Gegenstand anders behandelt und ihm das Refraktäre, was er jetzt für die Musik und für die Vorstellung hat, zu benehmen gesucht. Nun ist es aber nicht anders. Fahren Sie fort, wie es Ihnen gemütlich ist, und ich will sehen, ob ich an die Ausführung des zweiten Teils kommen kann. Ausgedacht und schematisiert ist alles. Allein die Gestalten selbst sind mir etwas in die Ferne getreten, und ich verwundre mich wohl gar über die titanischen Gestalten, wenn ich in den Fall komme, wie mir gestern geschah, etwas daraus vorzulesen.

Riemer, Tagebuchaufzeichnung. 4. April 1814

Merkwürdige Äußerung Goethes über sich selbst, bei Gelegenheit des „Meister“. Daß nur die Jugend die Varietät und Spezifikation, das Alter aber die Genera, ja die Familias habe. An sich und Tizian gezeigt, der zuletzt den Samt nur symbolisch malte. Artige Anekdote, daß jemand ein bestelltes Bild nicht für fertig anerkennen wollte, weil er das Spezifische darin vermißte. – Goethe sei in seiner „Natürlichen Tochter“, in der „Pandora“ ins Generische gegangen; im „Meister“ sei noch die Varietät. Das Naturgemäße daran! Die Natur sei streng in Generibus und Familiis, und nur in der Species erlaube sie sich Varietäten. Daß es gelben und weißen Crocus gebe, das sei eben ihr Spaß. Oben und höher hinaus müsse sie's wohl bleiben lassen. – Dies ist dasselbe, was er anderswo so ausdrückte, daß die höhern Organisationen weniger Freiheit hätten, sondern viel bedingter und eingeschränkter wären. Die Vernunft lasse die wenigste Freiheit zu und sei despotisch.

Goethe, Tag- und Jahreshefte, *Abschnitt* 1807. *Geschrieben 1823*

Als das wichtigste Unternehmen bemerke ich jedoch, daß ich „Pandorens Wiederkunft“ zu bearbeiten anfing. Ich tat es zwei jungen Männern, vieljährigen Freunden, zu Liebe, Leo v. Seckendorff und Dr. Stoll; beide von literarischem Bestreben, dachten einen Musenalmanach in Wien heraus zu fördern; er sollte den Titel „Pandora“ *(vielmehr: „Prometheus“)* führen, und da der mythologische Punkt, wo Prometheus auftritt, mir immer gegenwärtig und zur belebten Fixidee geworden, so griff ich ein, nicht ohne die ernstlichsten Intentionen, wie ein jeder sich überzeugen wird, der das Stück, so weit es vorliegt, aufmerksam betrachten mag. – *Vgl. dazu ferner Bd. 10, S. 499,30–500,5.*

Aus: Eckermann, Gespräche mit Goethe. 21. Oktober 1823

Ich war diesen Abend bei Goethe. Wir sprachen über die „Pandora“. Ich fragte ihn, ob man diese Dichtung wohl als ein Ganzes ansehen könne, oder ob noch etwas Weiteres davon existiere. Er sagte, es sei weiter nichts vorhanden, er habe es nicht weiter gemacht, und zwar deswegen nicht, weil der Zuschnitt des ersten Teiles so groß geworden, daß er später einen zweiten nicht habe durchführen können. Auch wäre das Geschriebene recht gut als ein Ganzes zu betrachten, weshalb er sich auch dabei beruhiget habe. – Ich sagte ihm, daß ich bei dieser schweren Dichtung erst nach und nach zum Verständnis durchgedrungen, nachdem ich sie so oft gelesen, daß ich sie nun fast auswendig wisse. Darüber lächelte Goethe. „Das glaube ich wohl“, sagte er, „es ist alles wie in einander gekeilt.“ –

Ich sagte ihm, daß ich wegen dieses Gedichts nicht ganz mit Schubarth zufrieden, der darin alles das vereinigt finden wolle, was im „Werther“, „Wilhelm Meister“, „Faust“ und „Wahlverwandtschaften“ einzeln ausgesprochen sei, wodurch doch die Sache sehr unfaßlich und schwer werde. – „Schubarth“, sagte Goethe, „geht oft ein wenig tief; doch er ist sehr tüchtig, es ist bei ihm alles prägnant.“

NACHWORT ZU „PANDORA"

Entstehung. Über die Entstehung des Dramas *Pandora* sind wir verhältnismäßig genau orientiert. Goethe hat in seinem Tagebuch viel darüber aufgezeichnet; Notizen von Riemer, Knebel und anderen kommen ergänzend hinzu. Die erste Arbeitsepoche war im November und Dezember 1807 während eines Aufenthalts in Jena; am 16. Dezember wurden Vers 1–154 zum Druck gesandt. In Weimar wurde im Januar und Februar 1808 die Arbeit fortgesetzt, und am 17. Februar ging wieder ein Stück des Textes in Druck. Die zweite Arbeitsepoche war der Karlsbader Aufenthalt im Sommer 1808, bei dem Riemer Goethe begleitete. Im Mai und Juni wurde das Drama dort bis Vers 1086 geführt. Dann brach Goethe die Arbeit ab. Er gab das Werk zum Druck. Eine Fortsetzung hat er skizziert (vgl. den Abschnitt „Zur Textgeschichte"), aber niemals ausgeführt.

Die Ausarbeitung der *Pandora* fiel für den Dichter in die Zeit einer eigenartigen Konstellation. Im Oktober 1806 hatte die Schlacht bei Jena und Auerstedt für Sachsen-Weimar eine große Änderung gebracht. Seither gehörte das Land zu dem Machtbereich Napoleons. Die brutalen Worte des Soldatenchors *Was wir beziehn / Wird unser sein: / Will einer das, / Verwehren wir's; / Hat einer was, / Verzehren wir's ... / Da sackt man auf! / Und brennt das Haus...* (918 ff.) waren nicht nur literarisches Motiv, sie waren erlebte Wirklichkeit. Als Goethe 1814 in *Epimenides* die napoleonischen Heere bezeichnen wollte, die Europa erobernd durchzogen hatten, übernahm er dafür unverändert die Kriegerchöre aus *Pandora*, denn hier war schon alles gesagt. Weimar war 1806 geplündert worden, dem Maler Kraus hatte man seine sämtliche Habe und alle Bilder zerstört. Goethes Haus mit den Manuskripten war nur mit Mühe gerettet worden. Das kleine Sachsen-Weimar stellte politisch keine Macht dar. Nur kulturell konnten die deutschen Kleinstaaten, vor allem Weimar, etwas bedeuten (Goethe an Cotta 7. Okt. 1807; Briefe Bd. 3, S. 56). Zu den wichtigsten kulturellen Unternehmungen des kleinen Herzogtums gehörte die in ganz Europa geachtete Jenaer „Allgemeine Literatur-Zeitung", die vorwiegend über deutsche Bücher aus Philosophie, Theologie, Naturwissenschaft, Dichtung usw. berichtet hatte. Seit dem Herbst 1806 beachtete man in Jena nun weit mehr als vorher französische Werke, den „Code Napoléon" und seine Auswirkung auf die Rheinbund-Staaten, den neuen französischen Katechismus und alles andere, was aus Napoleons Reich kam; und man fragte sich, wie weit man selbst in diesen Bereich einbezogen werde. Napoleon ließ die Fürsten bestehen, da er selbst ein Fürst sein wollte.

Carl August behielt sein Herzogtum. Die neue Situation brachte aber politische, wirtschaftliche und menschliche Nöte. Der Dichter mußte sich fragen, welches seine Situation in der veränderten Welt sei. Im Grunde keine andere als vorher: Deutung der Welt im Wort; nur vielleicht noch mehr als bisher mit dem Hinweis auf die Aufgaben der geistigen Kultur, die immer und überall sinnvoll ist.

Mit diesen Erlebnissen, die durch die Zeitereignisse kamen, vermischten sich Erlebnisse aus dem privatesten Bereich des nunmehr sechzigjährigen Dichters. Später hat er in den *Annalen* bekennend und zugleich verhüllend gesagt: *„Pandora" sowohl als die „Wahlverwandtschaften" drücken das schmerzliche Gefühl der Entbehrung aus* (Bd. 10, S. 500,1 f.). Die lyrischen Partien des Epimetheus (132–154. 655–678, 761–780) stehen deswegen denjenigen Goetheschen Gedichten, die einen inneren Zustand aussprechen, sehr nahe. Thematisch sind sie den *Sonetten* (Bd. 1), die ebenfalls 1807/08 entstanden, verwandt. Der Themenkreis war also weit, vom Schicksal des Volkes und seiner Gruppen bis zum Schicksal des einzelnen in der Jugend und im Alter, in glücklichen und schmerzlichen Tagen.

Das alles ließ sich für Goethe damals nicht anders sagen als stilisiert und aus innerem Abstand. Als er einige Jahre später zurückblickte, sagte er, er sei *in der „Pandora" ins Generische gegangen.* (Vgl. „Dokumente zu *Pandora*".) Das hat Riemer am 4. April 1814 aufgezeichnet. Man muß bei Gesprächsaufzeichnungen immer das abziehn, was Anteil des nachträglich aus der Erinnerung schreibenden Gesprächspartners ist. Hier in dieser Aufzeichnung zeigt die Linie des Gesprächs durchaus Goethes Eigenart, und die hier geäußerten Gedanken waren Riemer fern; hier also ist alles echt: der Gedanke, *daß das Alter... die Genera, ja die Familias habe*, der Gedankensprung zu Tizians Altersstil, zurück zu *Pandora*, dann – sehr typisch für Goethe, doch fern dem Gesichtskreis Riemers – zur Morphologie. Goethe war sich also mit der Klarheit, die er oft über sich selbst hatte, bewußt, daß er in *Pandora* seine Themen in verallgemeinernder, typisierender Weise behandelt habe, und daß das erst in derjenigen Epoche seines Schaffens möglich war, in die er nun eingetreten war.

Das *Generische*, wie Goethe es in dem Gespräch vom 4. April 1814 bezeichnet, ist die Darstellung der vita activa in Prometheus und der vita contemplativa in Epimetheus; ferner der Unterschied von Jugend (Phileros, Epimeleia) und älterer Generation (Epimetheus, Prometheus), sodann der von männlich und weiblich. Auch die Lebensformen gehören dazu: Hirten, Schmiede, Krieger. Die Darstellung solcher Grundformen ließ sich am ehesten an einem alten, mythischen Stoff durchführen. Das *Generische*, die Begrenzung auf

Grundformen des Daseins, ist bereits erkennbar an dem Bühnenbild, auf der einen Seite *alles roh... ohne alle Symmetrie*, auf der anderen Seite *Anzeigen wohlbestellter Gärten... Gebäude im gleichen Sinne.* Auf jener Seite *Feld und Gebüsch*, auf dieser *Flächen... Haine... Meereshorizont*, Kultur, Frieden, Verbindung unter den Menschen andeutend.

Der Stoff. Um diese Bilder des Lebens zu geben, benutzte Goethe den Prometheus-Stoff, der ihm seit seiner Jugend geläufig war. Damals hatte er in dem Gedicht *Prometheus* (Bd 1, S. 44–46) den Trotz des Titanen gestaltet, hatte dann in dem gleichnamigen Dramen-Fragment (Bd. 4, S. 176–187) dargestellt, wie Prometheus durch Hilfe Minervas *zum Quell des Lebens* (Vers 201) gelangt und die Menschen belebt – mit Wissen Jupiters, der als weise und maßvoll dargestellt wird. Ein dritter Versuch mit diesem Stoff, *Die Befreiung des Prometheus*, 1795 und 1797 in Arbeit, blieb sehr bald stecken. Erhalten sind nur 23 Zeilen (WA 11,331–334), nicht einmal ein Schema des ganzen. Nun, in *Pandora*, ergriff Goethe den Stoff zum vierten Mal. Diesmal bildet Prometheus nicht mehr den Mittelpunkt; von Anbeginn lautet der Titel im Tagebuch *Pandorens Wiederkunft*. Damit ist angedeutet, daß am Ende ein harmonischer Ausgleich stehen sollte; und es wird deutlich, daß Goethe den Stoff sehr selbständig ausgestaltet, denn von einer *Wiederkunft* ist in den antiken Darstellungen (Hesiod, Hyginus u. a.) nicht die Rede.

Goethe hatte seine alte Kenntnis des Prometheus-Stoffes in den Jahren um 1800 erneuert. In das Jahr 1799 fallen Aischylos-Studien; im gleichen Jahre beschäftigte er sich mit Hesiod. Das Werk seines Freundes Karl Philipp Moritz, „Götterlehre der Alten", 1791, war so allgemein gehalten, daß er da nichts fand als das, was er schon wußte. Nützlicher war Hederichs „Mythologisches Lexicon", das in der Auflage von 1770 unter seinen Nachschlagewerken stand. Die Artikel enthalten mancherlei Einzelheiten, sie harmonisieren die verschiedenartigen antiken Überlieferungen nicht, und vor allem bringen sie genaue Hinweise auf die Quellen, z. B. auf Hesiod, Pindar, Aischylos, Hyginus, Horaz, Ovid usw. Da Goethe die Texte in seiner Bibliothek hatte, konnte er dort nachschlagen. Seine Hauptquelle der Kenntnis war aber in diesen Jahren Riemer, sein Hausgenosse, der ihn auch nach Karlsbad begleitete. Riemer war klassischer Philologe, vor allem Gräzist. Er war Verfasser eines großen griechisch-deutschen Wörterbuchs. Diese Arbeit hatte ihn auf sämtliche Gebiete der altgriechischen Sprache und Literatur geführt. Er war ein geistreicher Vielwisser. In diesen Jahren lebte er in Goethes Hause, schrieb für ihn die wichtigsten dichterischen Texte – für andere war ein Schreiber da –, unterrichtete den Sohn August in Latein und Griechisch und war vor allem Goethes täglicher Gesprächspartner und Berater in allen Dingen, die sich auf das klassische Altertum bezogen.

Schon die Zeitgenossen haben bei der ersten Lektüre bemerkt, daß Goethe die antiken Mythen stark verändert hat; das schreiben Knebel (15. Dez. 1807), Humboldt (28. Dez. 1808) und Welcker (in seiner Rezension, 1810). Goethe übernahm die Verschiedenheit der Brüder Prometheus und Epimetheus, die schon in Platons „Protagoras" deutlich ist, baute sie aber weiter aus. Er übernahm die Gestalt der Pandora, doch ihre Gaben, die aus dem geheimnisvollen Gefäß kommen, stellt er anders dar (96–114, 120–126), nicht als Unheil, sondern als Luftgebilde, denen die Menschen nachjagen. Auch die Ehe des Epimetheus mit Pandora übernimmt Goethe aus der antiken Überlieferung. Über ihrer beider Kinder gibt es verschiedene Aussagen; bei Pindar ist Prophasis ihre Tochter (5. Pythische Ode, Vers 29), einige andere Schriftsteller nennen Metameleia und Pyrrha – Hederich und Riemer vermerken es. Goethe gibt beiden zwei Töchter, Elpore (die Hoffnung) und Epimeleia (die Fürsorge, Pflege); Riemer übersetzt das griechische Wort „Epimeleia" mit „Sorge, Sorgfalt". Der Sohn des Prometheus, Phileros, ist Goethes Erfindung. Zwar kommt in der Antike gelegentlich der Name Phileros vor, jedoch nicht in der Mythologie, nicht im Zusammenhang mit Prometheus. Die Handlung um Phileros und Epimeleia – ein wesentlicher Teil des Dramas, derjenige, welcher das Geschehen vorantreibt – ist also nicht antik, sondern Goethes Eigentum. Goethe benutzt sie als Kennzeichen für liebenswerte, leidenschaftliche, sich übereilende, lebensunerfahrene Jugend, im Gegensatz zu den beiden Alten. Wie sehr er dieses Geschehen typisierend auffaßt, zeigt sich daran, daß er das, was in *Pandora* in der mythischen Welt geschieht, 20 Jahre später in den *Wanderjahren* sich in der Gegenwart abspielen läßt, wieder als Charakteristik der Jugend. Die Geschichte von Felix und Hersilie hat mit der von Phileros und Epimeleia folgende Züge gemeinsam: Wechselseitige Neigung, die von dem Jüngling ausgeht; ein Mißverständnis, bei dem weder sie noch er sogleich das erklärende und lösende Wort finden; er, in leidenschaftlicher Aufwallung, will den Tod suchen; sie, in ihrer Verzweiflung, wendet sich an seinen Vater; er stürzt sich ins Wasser, wird aber gerettet. An dieser Stelle bricht Goethe in beiden Fällen ab, vermutlich weil durch dieses Geschehen die geschilderte Entwicklungsstufe beendet ist.

Die Prometheus-Geschichte ist seit Hesiod mit der Entstehung der Menschen verknüpft. Daß Prometheus die Menschen geschaffen habe, übernimmt Goethe in *Pandora* (120f., 223, 294, 591f.). Was die Geschichte der Menschen betrifft, gibt es aus der Antike zwei verschiedene Darstellungen. Die eine ist die von dem goldenen Zeitalter, in welchem die Menschen ohne Sorgen in einer paradiesischen Welt lebten, dann folgte das silberne Zeitalter, dann das eherne, stets härter werdend, und die Gegenwart gehört in die eiserne Zeit mit mühsamer Arbeit und Kampf ums Dasein. Dieser Geschichte, die von Hesiod und Pindar bis zu Ovid vielfach dargestellt ist, steht eine andere gegenüber; ihr zufolge haben die Menschen zu Anfang halb wild, fast wie Tiere, gelebt, dann aber haben sie sich zu Ackerbau, Viehzucht, Achtung vor dem Eigentum, Recht, Sitte, Religion und Kunst entwickelt. Diese Vorstellungen leben in dem „Gefesselten Prometheus" des Aischylos (Vers 438–506), auch bei anderen griechischen Schriftstellern und insbesondere in der römischen Dichtung bei Lukrez, der in seinem lehrhaften Epos im 5. Buch die Entwicklung der Menschen schildert (insbesondere Vers 1011 bis 1217), die Bildung der Familien und Dörfer, der Viehzucht und des Ackerbaus, dann der Städte, der Tempel, der Kunstwerke, der Wissenschaft. Goethe hat die Geschichte vom Goldenen Zeitalter beiseite gelassen. Sein Bild in *Pandora* ist das der allmählichen Entwicklung. Da er nun, wie sein Tagebuch zeigt, für die Arbeit an *Pandora* nicht nur Aischylos, sondern auch Lukrez heranzog und nach Karlsbad mitnahm, ist sehr wahrscheinlich, daß er deren Vorstellungen, die mit denen der Neuzeit gut zusammenpaßten, in diesem Zusammenhang noch einmal nachgelesen hat.

Das Motiv von Pandorens *Wiederkunft* hat Goethe selbständig geschaffen, es ist nicht antik. Er hat es von vorn herein geplant, dann aber nur in Stichworten skizziert. (Vgl. den Abdruck im Abschnitt „Zur Textgeschichte".) Zunächst erscheint das geheimnisvolle Gefäß der Pandora, die „Kypsele", dann Pandora selbst. Riemer schreibt in seinem Wörterbuch: „κυψέλη (Kypsele) = eine Kiste, Behältnis für Wein und Feldfrüchte, vorzüglich ein Bienenstock". Die *Gewaltsamen*, d. h. die Anhänger des Prometheus, werden durch sie *paralysiert*, sie erstarren, sie bleiben tatenlos. Die Winzer, Fischer, Hirten usw. eignen sich die Gaben Pandoras an. Zu diesen gehören *Schönheit*, *Ruhe*, *Frömmigkeit*, *Sabbat*. Das nächste Stichwort ist *Moria*. In Riemers griechisch-deutschem Wörterbuch steht: „Μορία 1) = μέρος; 2) = der heilige der Athene geweihte Ölbaum auf der Burg zu Athen (Herodot 8,55); desgleichen in der Akademie, wohin man Sprößlinge verpflanzt hatte (Aristophanes, Die Wolken 1005)." Und zu μέρος sagt Riemer: „der Teil, Anteil, Lebensanteil... Anteil oder Teilnahme in Gemeinschaft mit anderen, Genossenschaft, daher Reihe oder Tour, die einen trifft..." Es muß wohl offen bleiben, ob der Reihendienst in der Gemeinschaft, die Anteilnahme am öffentlichen Leben gemeint ist, oder der Ölbaum als Sinnbild der Gaben der Athene, die Kunst und Wissenschaft beschützt. Daß *Wissenschaft* und *Kunst* zu den Gaben Pandoras gehören, ist in den späteren Stichworten ausdrücklich gesagt. Epimetheus wird verjüngt, *Pandora mit ihm emporgehoben* – beide werden wohl in den Olymp geführt. Am Schluß spricht Elpore, die Hoffnung, die diesmal *Elpore thraseia* genannt wird. θρασύς (fem. θρασεῖα) übersetzt Riemer: „dreust, keck, kühn, mutig, tapfer, sicher, zuverlässig“. Sie spricht *ad spectatores*, an die Zuschauer. Sie spricht ihnen Mut zu. Es ist die Hoffnung, der Goethe dann später in *Epimenides* tiefsinnige Worte in den Mund legte, vielleicht die schönsten des ganzen Epimenides-Dramas (618–625). Mit Worten der Elpore sollte das Pandora-Drama schließen, als Festspiel, das Hoffnung bestärkt und den Geist auf die Aufgaben der Kultur lenkt.

Diesen Schluß hat Goethe nicht geschrieben. Er ist aber als Idee bereits in dem ausgeführten Teil vorhanden. Die dionysische Szene der Ankunft von Phileros und Epimeleia ist vorweggenommen in den Worten von Eos (997–1042). Prometheus nimmt hier den fünftaktigen Vers der Eos auf, er, der vorher nur in den gewichtigen Langversen sprach. Dies ist das äußere Zeichen dafür, daß er sich innerlich der Welt des Epimetheus nähert. Er gibt zu, daß die Menschen so, wie er sie vor sich sieht, keine Geschichte kennen (1063 ff.), sie greifen *roh zu*; er erkennt, daß man *höhern Nutzen* wünschen muß, der sich durch *Lehr' und Rede* überliefern läßt. Hier ist bereits die Versöhnung der beiden Bereiche, deren Verschiedenheit zu Beginn durch das Bühnenbild und die ungleichen Brüder ausgesprochen war, angedeutet. Eos schließt mit dem Hinweis auf das *ewig Gute, ewig Schöne*; zu ihm zu leiten ist *der Götter Werk*. Über diesen Gedanken hinaus hätte auch der geplante Schluß wohl schwerlich führen können. Vielleicht hat Goethe den Schluß nicht ausgeführt, weil dieser nur im Inhalt Neues gebracht hätte, im Gehalt aber nur eine erweiternde Wiederholung dessen gewesen wäre, was am Ende des ausgeführten Teils schon ausgesprochen ist. Eckermann berichtet (21. Okt. 1823), Goethe habe ihm gesagt, *das Geschriebene wäre recht gut als ein Ganzes zu betrachten, weshalb er sich auch dabei beruhigt habe.*

Die Form. Das knappe Drama mit seinen 1086 Versen vereinigt eine Fülle von Motiven, und diesen entspricht eine Fülle von Formen. Die Welt des Prometheus, der Schmiede und der Krieger, die Welt des Epimetheus, der Hirten und der Anfänge der Kunst, die Leidenschaft des Phileros, die Erinnerung des Epimetheus, sein

Preis der Schönheit, der Aufschrei der Verzweiflung bei Epimeleia, die Stimme der Hoffnung, das dionysische Fest, der Hinweis auf die Götter – welche Fülle von verschiedenen Bereichen menschlichen Daseins. Weil jeder dieser Bereiche sich selbst ausspricht, hat die Sprache einen wechselnden Klang; dabei ist das lyrische Element stärker als in Goethes früheren Dramen.

Niemals vorher hat Goethe ein Drama geschrieben, das so viele verschiedene Versarten enthält. In *Iphigenie* und der *Natürlichen Tochter* schrieb er Blankverse, wie Lessing und andere sie geschrieben hatten; in *Faust* benutzte er Reimverse, die zur Zeit des Sturm und Drang beliebt waren und die man weiterbilden konnte, ohne dazu einer Theorie zu bedürfen. Als er aber an *Pandora* arbeitete, schrieb er an Riemer, dieser möge sich *mit altem und neuem Prosodischen rüsten* (29. April 1808), und nach Karlsbad wurde eine Anzahl Bücher zur Verslehre mitgenommen. In dem gleichen Brief an Riemer steht der Satz: *so ersuche ich Sie, mir das Schema zu den sechsfüßigen Trochäen, wie sie die Alten gebraucht, zu senden.* Doch weder die Griechen noch die Römer haben sechsfüßige Trochäen gebraucht, auch in der Theorie kommen sie nicht vor. Hier wußte Goethe nicht Bescheid. Riemer, der eine große Verehrung für Goethe hatte, schreibt über *Pandora* in seinen „Mitteilungen" dann auch ehrlich: „so verzögerte sich doch die Ausführung... auch durch die antiken Silbenmaße, welche Goethe auf seine Weise zu versuchen sich gemutet fühlte, ohne daß sie ihm so geläufig gewesen wären, wie die Anmut des Gedichts verlangte."

Goethe hatte in seiner Jugend sehr gut Latein gelernt, und zwar fast wie eine lebende Sprache. Sein Vater schrieb das Haushaltsbuch lateinisch, und der Sohn mußte Latein so lernen, daß er über Handwerkerarbeit wie über Staatsrecht in dieser Sprache ein Gespräch führen konnte. Nur eins fehlte in diesem Latein-Unterricht: die Verslehre. Später, als Student, eignete Goethe sich etwas Griechisch an, um Homer lesen zu können. Wieder fehlte die Verslehre. Er vermißte sie nicht, da er deutsche Verse schreiben konnte, ohne metrische Theorie dafür zu brauchen. Dann aber kamen in den neunziger Jahren Voß und August Wilhelm Schlegel und legten dar, die Alten hätten eine wohlausgebildete Verslehre gehabt, die auch für die Gegenwart grundlegend sein müsse. Goethe verehrte die Griechen, er wollte von ihnen lernen, und nun machte er sich daran, die antiken Versmaße zu studieren und zwar sogleich unter dem Gesichtspunkt, wie sie im Deutschen nachzubilden seien. Riemer, der Gräzist, wurde dabei ständig von ihm als Berater herangezogen.

Es gab in Deutschland in dieser Zeit keine Verstheorie, die von der deutschen Sprache ausging. Die Versgesetze des Mittelalters waren zu Ende gegangen in den Regeln der Meistersinger. Martin Opitz formulierte 1624, jeder deutsche Vers sei ein Jambus oder ein Trochäus, ein Jambus sei eine unbetonte und eine betonte Silbe, ein Trochäus eine betonte und eine unbetonte. Er übertrug also antike Fachausdrücke auf das Deutsche und setzte anstatt der antiken Längen und Kürzen deutsche Hebungen und Senkungen. Sofern man in der Folgezeit Verstheorie trieb, setzte man fort, was Opitz begonnen: man analysierte deutsche Verse nach Grundbegriffen, die in einer anderen Zeit für andere Sprachen und andersartige Vortragsweise geschaffen waren. Die deutschen Musiker der Zeit haben die deutschen Verse – dem deutschen Sprachklang gemäß – meist anders aufgefaßt. Setzten sie eine Zeile wie *Ich singe wie der Vogel singt* (Bd. 1, S. 156) in Musik, so war *Ich* der Auftakt; dann folgt der 1. Takt *singe*, 2. Takt *wie der*, 3. Takt *Vogel*, 4. Takt *singt* mit Pause oder neuem Auftakt. Bei den Metrikern aber sind dies Jamben, und zwar 1. Jambus *Ich sin-*, 2. Jambus *-ge wie*, 3. Jambus *der Vo-*, 4. Jambus *-gel singt*. (Man kann natürlich auch *singe wie der* als einen Takt auffassen mit 2 „guten" Taktteilen, ebenso wie man *ich singe wie* als „Dijambus", Doppeljambus, bezeichnen kann.)

Es gab in Goethes Zeit keine andere Metrik als die nach antiken Begriffen. Man sprach also nicht nur von dem Jambus, dem Trochäus und dem Daktylus, sondern auch von komplizierteren „Versfüßen". Man konnte sie in der „Prosodie" von Karl Philipp Moritz, 1786, bequem – mit Beispielen – nachlesen: „Anapäst ∪ ∪ – (übersteigt); Spondeus – – (dankt! preist!); Ionicus a maiore – – ∪ ∪ (freundschaftliche); Ionicus a minore ∪ ∪ – – (unterjocht Volk); Choriambus – ∪ ∪ – (Wonnegesang)" usw. – Welcker in seiner Rezension der *Pandora*, 1810, erwähnt ausdrücklich, Goethe habe „daktylische, anapästische, trochäische, jambische, choriambische Lieder und Ionici a minore" gebraucht. Goethes Tagebuch erwähnt während der Arbeit an *Pandora* Gespräche mit Riemer über *Metrisches* (26. u. 27. Mai 1808), insbesondere *die Choriamben und den Ionicus a minore* (17. Mai 1808), ebenso Riemers Tagebuch (17. Mai 1808).

Goethe benutzte, sofern er über Verse sprach, die antiken Bezeichnungen. Das bedeutet aber nicht, daß er immer antike Versarten nachbildete. Es gibt in *Pandora* viele Reimverse, und der Reim ist durchaus unantik. Sodann gibt es längere Partien in Viertaktern ohne Auftakt (vierfüßigen Trochäen), die der spanischen dramatischen Dichtung nachgeformt sind (132–154, 348–401, 959–975, 980–984, 988–995, 997–1042). Schlegel hatte sie in seinen Übersetzungen spanischer Dramen benutzt; Goethe hatte sich seit 1803 viel mit Schlegels „Spanischem Theater" beschäftigt und nahm 1808 einen Band davon nach Karlsbad mit. Zacharias Werner hatte diese Form aufgegriffen, und Goethe hörte ihn in Jena und in Weimar diese Verse vorlesen. Auch diese Form ist also nicht antik. Die Verse in *Pandora* sind deutsche Verse der Zeit, die aber zum Teil an antike Formen angelehnt sind. Das gilt besonders für diejenige Verart, mit welcher das Drama beginnt und welche die häufigste ist: Nach antiker Bezeichnung sind es sechsfüßige Jamben; da man zwei Jamben als ein „Metron" rechnete, sind es drei Metren, „Trimeter". Nach moderner deutscher Versbezeichnung sind es regelmäßige Sechstakter mit Auftakt: *Doch* | *Ménschen* | *pfáde* | *zú er* | *héllen* | *sínd sie* | *nícht*. Diese Versart ist etwas länger als der Blankvers, an den man sich in Deutschland seit Lessings „Nathan" und Goethes *Iphigenie* gewöhnt hatte. Der Blankvers fügt sich leicht dem deutschen Sprachklang an. Der Sechstakter klingt ihm gegenüber gewichtiger, feierlicher, stärker stilisiert. Epimetheus und Prometheus sprechen in Sechstaktern, dem Sprechvers der attischen Tragödie. Doch ganz am Schluß, als Eos verkündet, daß Phileros und Epimeleis gerettet sind und daß etwas Großes bevorsteht – *Gabe senkt sich, ungeahnet vormals* (1060) –, wandelt sich der Vers in Fünftakter (ohne Auftakt). An dieser Stelle gibt Prometheus seine Härte und seinen Trotz auf und erkennt an, daß die Menschen die Dinge brauchen, welche Epimetheus bedenkt und Eos verkündet. Hier spricht auch er in den fünftaktigen Versen, mit denen Eos begonnen hat und mit denen sie das Drama zugleich schlicht und großartig ausklingen läßt.

Der klangliche Aufbau des Dramas ist so, daß immer ein Stück in Sechstaktern mit einem Stück in anderen Versen wechselt. Das ist eine Bauweise, die Goethe sonst niemals versucht hat. Der Bau ist also:

1–35	Sechstakter (mit Auftakt)
36–55	Reimverse (daktylisch-anapästisch)
56–70	Sechstakter
71–80	Reimverse (wie vorher)
81–131	Sechstakter
132–154	Viertakter ohne Auftakt (spanische Trochäen)
155–167	Sechstakter usw.

Diese Bauweise ist bis zum Schluß durchgehalten (mit einer Ausnahme 899/900). Phileros spricht immer in der gleichen Versart, vorwärtsstrebend, sehnsüchtig. Im Vergleich dazu wirken die Sechstakter des Epimetheus ruhig und gewichtig. Die gereimten Kurzverse der Schmiede (168ff.) klingen wie ein Rhythmus der Hämmer. Die Hirten bleiben äußerlich in der gleichen Versart (240ff.), doch langsamer, pausenreicher – jedenfalls nicht als gleichmäßiger 3/4-Takt zu sprechen. Immer wieder folgen dann aber die Langverse, die wie ein gleichmäßiger Grundton durch das Ganze hindurchgehen. Epimeleia spricht (833ff.) in Rhythmen, die mit doppeltem Auftakt beginnen und dann zwei betonte lange Silben bringen; das klingt wie ein Aufschrei, der sich wiederholt. Diese Verse werden von Epimetheus und Prometheus aufgenommen, wenn auch nur kurz (875–899), sie charakterisieren also nicht nur die Person, sondern auch die Situation. Dann folgt der Krieger-Chor, gereimte Kurzverse, marschartig. Hier ist die einzige Stelle, an der zwischen die verschiedenen Versarten keine Sechstakter gestellt sind (899/900). Die Viertakter der Eos klingen elastisch, vorwärtsführend, festlich, und münden in die verwandten, aber ruhigeren Fünftakter des Schlusses.

So entspricht die Versart immer dem Gehalt. Niemals vorher hat Goethe im Drama eine solche Fülle und Wandelbarkeit der Formen gezeigt. *Die natürliche Tochter* war ganz in Blankversen geschrieben, *Iphigenie* fast ganz. Goethe wußte, daß die griechischen Dramatiker keinen Formenwechsel dieser Art kannten. Er bildete also etwas Neues. *Pandora* ist Goethes erstes Drama mit vielen Versarten. Er setzte diese Schreibweise fort in *Epimenides*, und sie gipfelte in *Faust II*. Es handelt sich also um eine Entwicklung, die zu sehr eigenen und bedeutenden Leistungen führte. Wenn Goethe dabei Anregungen aufnahm, dann nur, weil er selbst bereits auf dem Wege zu dieser neuen Form war. Schlegels Calderon-Übersetzung hatte ihm den Wechsel reimfreier und gereimter Partien und den Klang der spanischen Trochäen gezeigt. Zacharias Werner ließ Versarten in reicher Fülle im Drama wechseln. Goethe hörte 1807, als er in Jena war, Zacharias Werner sein Drama „Das Kreuz an der Ostsee" vorlesen (7., 8., 12. Dez. 1807), und dann dasselbe in Weimar noch ein zweites Mal (30. Dez., 6. Jan., 13. Jan. 1808). Einige Jahre später, als er die Erstlingsdramen von Theodor Körner gelesen hatte, schrieb er am 23. April 1812 an dessen Vater: *Da er... die lyrischen Silbenmaße in seiner Gewalt hat, so bringe er sie, wie er auch hier getan, ins rhythmische Drama. Er mache sich jene Silbenmaße zu eigen, die in Schlegels Calderon und in Werners Stücken vorkommen, und bediene sich deren nach seinem Gefühl, so wird er sie gewiß an die rechte Stelle setzen.* (Briefe Bd. 3, S. 182). Goethe nennt hier nicht seine *Pandora* – sie war ein Sonderfall. Er nennt auch nicht die metrischen Lehrbücher, die von antiken Begriffen ausgehen. Vielmehr rät er dem jungen Dichter, er möge sich der verschiedenen Versformen im Drama *nach seinem Gefühl* bedienen. Die Richtung auf ein Drama mit vielgestaltiger Versform ist deutlich – der Weg, der bei Goethe selbst dann zu seinem *Faust II* führte.

Wie verhält sich nun der heutige Leser am besten gegenüber dieser besonderen Form des Werks? In erster Linie gilt wohl das, was Goethe dem schöpferischen Dichter empfiehlt: So wie jener *nach seinem Gefühl* die Versform einsetzt, so soll dieser *nach seinem Gefühl* sie aufnehmen. Es gibt aber ein Sich-Klarwerden über Form, das den Eindruck des Gefühls nicht zerstört, sondern ihn in Worte zu fassen versucht, durch genaues Hinhorchen die Einzelheiten aufnimmt und auf diese Weise das erste Gefühl überprüft, präzisiert und nach Möglichkeit noch vertieft. Es lohnt sich also, zu betrachten, wo Reime angewandt sind und wo nicht. Der einzelne Vers besteht aus Hebungen und Senkungen, doch kommt noch mehr hinzu. In dem Vers *Meinen Angstruf* (833) sind die dritte und vierte Silbe nicht nur stärker betont, sondern auch länger. Dadurch hat diese Versart einen ganz bestimmten Ausdruckscharakter. Mit den heutigen Wörtern der Versbeschreibung wie Hebung, Nebenhebung, Senkung, Länge, Kürze, Pause, Takt, Auftakt, läßt sich das Grundgefüge dieser Verse hinreichend in Worte fassen. Man braucht dafür nicht die antiken Begriffe und Bezeichnungen, etwa deswegen, weil Goethe sie benutzt hat. Der klassische Philologe wird natürlich mit ihnen an diese Verse herangehen, er beherrscht sie, hat sie an vielen antiken Versen erprobt und bemerkt deswegen auch sogleich den Unterschied. Doch es ist problematisch, sie nur deswegen zu erlernen, um *Pandora*-Verse zu analysieren, denn ihrem Charakter nach sind es nicht antike, sondern moderne Verse.

Weil *Pandora* so stark lyrisch ist, hat auch die Sprache vielfach einen Charakter, welcher der Knappheit und dem Rhythmus der Lyrik entspricht. Wortwahl und Satzbau sind spröde, aber neuschöpferisch, bildhaft und kühn. Für Knebel und Humboldt bedeutete diese Sprache keine Schwierigkeit, sie erkannten in ihr die künstlerische Kraft; Caroline Herder aber war ihr gegenüber hilflos. Jede Person des Dramas spricht ihre Empfindungen voll aus. Ähnlich wie in der Oper die Gestalten sich im Gesang aussprechen, auch wenn sie realistisch gesehen keine Zeit und keine Kraft dafür hätten, so auch hier. Ebenso entbehrt der Dialog der Wirklichkeitsnähe; dafür hat er eine ungewöhnliche Dichte an allgemeingültigen Betrachtungen, kraftvollen Formulierungen. Durch diese Stilisierung der Sprache erreicht Goethe, daß der Leser das Gefühl hat, mythische Gestalten sprechen zu hören. Prometheus, Epimetheus und deren Kinder sind Titanen, Halbgötter; die Menschen – Hirten und Krieger – sind archaische Figuren.

Manches in der Sprache erinnert an die sprachlichen Kühnheiten des Sturm und Drang mit seinem Streben nach Ausdruckskraft. Anderes erinnert an die Altersdichtung wie die *Paria*-Trilogie mit ihrem Höchstmaß der Knappheit (Bd. 1, S. 361–366). Diese Elemente vermischen sich mit antikisierenden Formen, wie Goethe sie schon in der *Achilleis* und in den damals bereits geschriebenen ersten Szenen des Helena-Akts von *Faust* versucht hatte. Antikisierende Satz- und Wortformen kommen auch sonst bei Goethe vor (z. B. *Faust* 7438), in *Pandora* verhältnismäßig häufig. Das Adjektiv *morgendlich* nicht nur mit den Wörtern wie *Fleiß* (159) oder *Wind* (*Achilleis* 462) zu verbinden, sondern mit *Jüngling* (60), ist wohl der griechischen Sprache nachgebildet, doch verwendet Goethe es in dieser Weise auch in der *Paria*-Legende (Vers 15), also bei einem indischen Stoff (Bd. 1, S. 362). Der Satzinhalt „Wen treffe ich da, der noch oder schon wach ist?“ wird zu einem antikisierenden Vers: *Wen treff ich schon, wen treff ich noch den Wachenden?* (57), der in den zwei knappen, rhythmisch übereinstimmenden *wen*-Sätzen zu dem Objekt-Partizipium führt. Die griechische und die lateinische Sprache haben mitunter Formulierungen, die in ihrer Kürze und Klarheit unübertrefflich sind. Eine Wendung wie „Pandora mihi unica“ schwebte Goethe wohl vor, als er *Pandora mir die Einzige* (117) schrieb. Im Griechischen und im Lateinischen ist die Wortfolge im Satze freier als im Deutschen. Schon in den großen freirhythmischen Gedichten des Sturm und Drang (Bd. 1, S. 33–52) hatte Goethe diese freie Wortfolge sich zu eigen gemacht. Auch in *Pandora* kommt sie vor. Die Aussage „Du, Flamme der Fackel, morgendlich... aufgeschwungen, kündest vor dem Tage schon den Tag!“ wird durch die Umstellung der Satzglieder in Vers 155–157 feierlich und ausdruckskräftig, indem *Der Flamme Fackel* an den Beginn gesetzt ist; weil *kündest du* das Zeilenende bildet, tritt hier eine Verlangsamung der Sprache und eine kurze Pause ein, so daß *Tag vor dem Tage* bedeutsam eine klangliche Einheit bildet. So sind antike Anregungen genutzt, um eine variationsreiche stilisierte Sprache zu schaffen.

Dabei läßt sich meist nicht festlegen, was griechische, was lateinische Anregung ist. Im 16., 17. und 18. Jahrhundert hat es sehr wenig deutsche Übersetzungen griechischer Dichtung ins Deutsche gegeben, und diese wenigen waren nicht gut. Goethe las die griechischen Dichter nicht wie der heutige Deutsche in deutschen Übertragungen; er nahm auch nicht wie der klassische Philologe sogleich den griechischen Urtext zur Hand; sondern er las sie so, wie fast niemand mehr sie heute liest – lateinisch. Das Lateinische war seit dem 16. Jahrhundert allen, die eine Universität besuchten, eine geläufige Sprache, schon deswegen, weil alle Vorlesungen lateinisch stattfanden und alle gelehrten Arbeiten an der Universität in dieser Sprache verfaßt sein mußten. Griechisch beherrschten nur wenige. Deswegen schuf man seit dem 16. Jahrhundert zweisprachige Ausgaben griechischer

Schriftsteller, links griechisch, rechts lateinisch. Solche Ausgaben bevorzugte Goethe seit seiner Jugend für seine Bibliothek. Er las die lateinische Fassung – Latein beherrschte er fließend – und sah von da zum griechischen Original herüber. Da dies die besten Übersetzungen waren, die es gab, da außerdem die lateinischen Konstruktionen das Griechische oft gut nachbilden, war dieser Weg zum Griechischen damals durchaus sachgerecht. In griechisch-lateinischen Ausgaben besaß Goethe – um nur die zu nennen, die für *Pandora* in Frage kamen – Homer, Aischylos, Sophokles, Euripides (in Rupperts Katalog von Goethes Bibliothek Nr. 1226, 1257, 1277, 1337). Und da er es liebte, die Bücher zu benutzen, mit denen er seit seiner Jugend vertraut war, schlug er immer wieder diese Ausgaben auf. Hesiod besaß er in der Ausgabe von Chr. Fr. Loesner, 1778. Im Jahre 1799, als er an seiner *Achilleis* arbeitete, hatte er sich mit Hesiod beschäftigt. 1806 schickte ihm Johann Heinrich Voß seine neue Hesiod-Übersetzung. Man könnte meinen, Goethe habe sie nun für *Pandora* gut brauchen können. Doch sie steht unter seinen Büchern heute wie damals unaufgeschnitten.

Eine Eigenschaft, welche die deutsche Sprache mit der griechischen gemeinsam hat – nicht mit der lateinischen – ist die Fähigkeit, Wortzusammensetzungen verschiedenster Art zu bilden. Es ist also nicht immer griechische Anregung, wenn Goethe Komposita bildet. Das hatten schon die Barockdichter, Klopstock und er selbst in seiner Jugend getan. Für *Pandora* ergaben sich an vielen Stellen Neubildungen. Natürlich läßt sich niemals mit Sicherheit sagen, ob ein Wort hier zum ersten Mal vorkommt; doch wenn das „Deutsche Wörterbuch" und das „Goethe-Wörterbuch" keinen früheren Beleg kennen, kann man annehmen, daß es sich um Neubildungen handelt. Von Wörtern wie *Erzgewält'ger* (164), *Hämmerchortanz* (166), *wellenschimmernd* (637), *schrittbefördernd* (646), *schleifenhaft* (648), *quellweis* (738), *felsumsteilt* (965) kommen wohl die meisten hier erstmalig vor; sie sind jeweilig für ihren Satz, für ihren Vers geschaffen, geben ihm Gewicht und Eigenheit.

So hat Goethe mit den Mitteln des Verses und der Sprache das Tatkräftige und das Sehnsuchtsvolle, das Dramatische und das Lyrische dieses Dramas geformt. Die Polarität der prometheischen und der epimetheischen Welt wird durch die stilisierte Sprache zusammengehalten, und in der Stilisierung verkörpert sich die hohe Geistigkeit des Werks. Es ist die Sprache für ein Geschehen, das unter Titanen spielt, viel Abstand zur Gegenwart hat, und dessen innere Wahrheit und Gegenwartsgültigkeit erst erkannt und errungen sein will. In der Wortwahl wie in der Versform zeigt sich stärker als sonst bei Goethe ein Widerspiel von quellendem Einfall, starker Empfindung und von Zwang, den der Dichter sich selbst auferlegt, von gewollter Arbeit am Werkstoff der Sprache. Darin ähnelt das Werk den *Sonetten.* Bevor mit dem *Divan* der Altersstil beginnt, flüssig, bei aller Tiefe spielerisch, entspannt, gab es diese Stilepoche, die ihre Begründung wohl in der damaligen inneren Situation Goethes hatte.

Pandora im Zusammenhang von Goethes Schaffen. Goethe hatte schon in den Gestalten von Tasso und Antonio Leistung und Gefährdung zweier gegensätzlicher Lebensformen gezeigt, ähnlich in Wilhelm Meister und Lothario, und er hatte nicht Partei genommen, sondern jeden in seiner Besonderheit gestaltet, denn die Kultur als ganzes bedarf beider Bereiche. Er hatte für seine eigene Person, nachdem er 1776–1786 den größten Teil seiner Kraft der täglichen Beamtenarbeit gewidmet hatte, sich seit 1786 vorwiegend der Kunst und Wissenschaft zuwenden können, bis zum Herbst 1806. Später schrieb er: *Zwanzig Jahre ließ ich gehn / Und genoß, was mir beschieden...* (Bd. 2, S. 7); dann aber kam die Schlacht bei Jena: *Nord und West und Süd zersplittern, / Throne bersten, Reiche zittern...* (ebd.) Später, in der Rückschau, schrieb er, *daß in allen wichtigen politischen Fällen immer diejenigen Zuschauer am besten dran sind, welche Partei nehmen; was ihnen wahrhaft günstig ist, ergreifen sie mit Freuden, das Ungünstige ignorieren sie, lehnen's ab, oder legen's wohl gar zu ihrem Vorteil aus. Der Dichter aber, der seiner Natur nach unparteiisch sein und bleiben muß, sucht sich von den Zuständen beider kämpfenden Teile zu durchdringen, wo er denn, wenn Vermittlung unmöglich wird, sich entschließen muß, tragisch zu endigen. Und mit welchem Zyklus von Tragödien sahen wir uns von der tosenden Weltbewegung bedroht!* (Bd. 10, S. 361,22–33).

Aus diesen Gedankenkreisen heraus ergriff er 1807 das Pandorathema und gestaltete zunächst die Gegensätzlichkeit der Brüder, wobei jeder in seiner Begrenztheit gezeigt wird. Wenn Prometheus sagt *Des echten Mannes wahre Feier ist die Tat* (1045), klingt dieser einzelne Vers zunächst ähnlich wie der Satz *Tätig zu sein ist des Menschen erste Bestimmung* (Bd. 7, S. 415,36f.), den Goethe in den *Lehrjahren* den Oheim sprechen läßt, freilich mit dem Nachsatz, man müsse über die Tätigkeit nachdenken. (Schiller empfand den Oheim als eine Art Selbstbildnis Goethes; Brief vom 3. Juli 1796. Bd. 7). Im Zusammenhang freilich sagt dieser Vers, daß Prometheus keinen Sinn hat für das Kultische, von dem Eos spricht. Deutlicher wird die Einseitigkeit des Prometheus in dem Satz *Des tät'gen Manns Behagen sei Parteilichkeit* (218), noch mehr in seiner nüchternen Feststellung, daß im Kampf *eins dem andern Übermacht betätigte* (297) mit dem herzlosen Nachsatz *Wer falle? stehe? kann ihm* (dem Menschenschöpfer) *wenig Sorge sein* (299). Seinen Schmieden sagt er: *Nur Waffen schafft! Ge-*

schaffen habt ihr alles dann (308). Alles? Auch Recht, Schönheit, Liebe? Was er hier ausspricht, sagt vergröbert sein Kriegerchor, der nicht fragt *wohin?*, sondern nur marschiert (910f.). Was er gewaltsam erobert, nimmt er in Besitz, rücksichtslos gegen die Unterlegenen, die ausgeraubt werden (920–931). Goethe schrieb ungefähr gleichzeitig mit *Pandora* die Teile über Newton und seine Epoche in der *Geschichte der Farbenlehre.* Da heißt es: *Das Hauptfundament des Sittlichen ist der gute Wille, der seiner Natur nach nur aufs Rechte gerichtet sein kann; das Hauptfundament des Charakters ist das entschiedene Wollen, ohne Rücksicht auf Recht und Unrecht, auf Gut und Böse, auf Wahrheit oder Irrtum: es ist das, was jede Partei an den ihrigen so höchlich schätzt. Der Wille gehört der Freiheit, er bezieht sich auf den inneren Menschen, auf den Zweck; das Wollen gehört der Natur und bezieht sich auf die äußere Welt, auf die Tat...* (Bd. 14, S. 173,9ff.). Von hier aus erklärt sich der Satz *Der Handelnde ist immer gewissenlos; es hat niemand Gewissen als der Betrachtende.* (Bd. 12, S. 399, Nr. 251). Damit ist die Bedingtheit der Prometheus-Welt bezeichnet, freilich auch die der Epimetheus-Welt. Denn mit Betrachtung allein kommt der Mensch nicht durchs Leben und kann er andern nicht helfen. Prometheus ist unermüdlich im Schaffen von Gegenständen, Epimetheus unermüdlich im Suchen von Sinn; Staatsmänner und Techniker sind prometheisch, Dichter und Gerichtsschreiber epimetheisch, doch beide Bereiche gehören zum menschlichen Leben, und beide gehen in einander über. Die Welt der Wissenschaft scheint epimetheisch zu sein, wie die Stichworte zur Fortsetzung des Dramas zeigen, anderseits hat sie auch etwas Prometheisches, denn *Auch in Wissenschaften kann man eigentlich nichts wissen, es will immer getan sein.* (Bd. 12, S. 407, Nr. 304). Prometheus erkennt selbst, daß seine Menschen zu wenig etwas Höheres bedenken (1061–1076); das Geschehen um Epimeleia läßt in ihm wärmere Seiten hervortreten, anderseits reißt es Epimetheus zum Handeln auf (875–885).

Der Dichter aber will die Ganzheit des Lebens erkennen und darstellen, daher die Konfiguration der Gestalten und der Geschehnisse; es sind naturhafte Gegensätze, Grundformen des Seins, Tun und Denken, Alter und Jugend, männlich und weiblich, zerstörend und heilend. Und sie erscheinen nicht in allegorischen Gestalten, sondern sind antike Titanen mit individuellen Zügen. Epimetheus ist nicht das personifizierte Nachdenken, sondern eine einmalige Gestalt, ebenso Prometheus und die anderen. Die Zeitgenossen haben das sogleich vermerkt. Welcker sagt es in seiner Rezension, vermutlich gerade deswegen, weil er Allegorien erwartet hatte. Goethe selbst hat sehr klar zwischen Allegorie und Symbol unterschieden (Bd. 12, S. 470f. Nr. 749–752).

Das Werk erschien mit der Bezeichnung *Ein Festspiel.* Doch es wurde niemals gespielt, es gab keine festliche Gelegenheit, zu der es gepaßt hätte, auch war es seinem Charakter nach weit über das hinausgewachsen, was man bei solcher Gelegenheit dem Publikum bieten konnte. Darin unterscheidet es sich von dem ihm sonst verwandten *Vorspiel zu Eröffnung des Weimarischen Theaters am 19. September 1807.* (WA Bd. 13,1; JA Bd. 9) Dieses war für die Bühne geschrieben und wurde zu einer festlichen Gelegenheit aufgeführt. Nach der Schlacht bei Jena war Carl August als preußischer Offizier noch längere Zeit bei dem preußischen Heere. Seine Schwiegertochter Maria Paulowna war als Tochter des Zaren, der mit Napoleon Krieg führte, außer Landes gegangen und blieb fast ein Jahr lang in Schleswig. Erst im September 1807 trafen alle Mitglieder der fürstlichen Familie wieder in Weimar zusammen. Goethe schrieb damals in wenigen Tagen ein *Vorspiel*, das sofort nach der Vollendung gespielt wurde. Es bringt zunächst ein Bild des Kriegselends, dann des Friedens, in welchem der Fürst als der alles Leitende für die Gesamtheit sorgt. Im Vergleich zu *Pandora* ist dieses Werk stärker allegorisch, anderseits leichter faßlich. Die Sprache ist zwar anspruchsvoll, war aber für die Weimarer Schauspieler und Zuhörer nicht zu schwierig. Es wechseln antikisierende Sechstakter mit fünf- und viertaktigen Trochäen, der Formenschatz ist also eine Vorstufe von *Pandora.* Als Festspiel spricht es sinnbildlich Allgemeingültiges aus. *Pandora* knüpft in Form und Gehalt an das *Vorspiel* an, führt aber geistig und künstlerisch weit darüber hinaus. Neu ist hier die Dialektik des Grundgefüges. Später übernimmt Goethe diese in *Des Epimenides Erwachen.* Auch dies ein *Festspiel.* Was in *Pandora* die Welt des Epimetheus ist, ist hier die des Epimenides, der *rein empfinden kann* (866), der aber tatenlos ist und das bedauert (859–862). Die prometheische Welt zeigt hier ihre Zweiseitigkeit noch deutlicher als in *Pandora*, denn sie manifestiert sich einerseits in dem *Dämon der Unterdrückung*, anderseits in dem befreienden *Jugendfürsten.* Die Tat ist unerläßlich, doch sie sollte mit dem Sittlichen übereinstimmen, der Handelnde sollte *in der Taten Recht* (961) sein. Formal setzt *Epimenides* die Vielgestaltigkeit von *Pandora* fort, es mischen sich antikisierende Langverse und moderne Reimverse, wobei die Kriegerchöre aus *Pandora* übernommen werden.

Die Vollendung dieser Vielformigkeit, die in dem Weimarer *Vorspiel* von 1807 begann, in *Pandora* und *Epimenides* künstlerisch ausgestaltet wurde, ist dann *Faust II*, das Drama mit dem größten Formenreichtum, der überall seine innere Notwendigkeit hat. Und auch im Gehalt gibt es Beziehungen. Faust hat im 2. und 3. Akt Züge des schönheitsuchenden Epimetheus und kann Helena so wenig halten wie dieser Pandora. Faust hat aber im 4. und 5. Akt prometheische Züge, er wird zum Mann der Tat, doch die Tat zeigt hier ihre Zweiseitigkeit wie in *Pandora*, wie in *Epimenides*, deswegen sprechen *die drei Gewaltigen* hier ähnlich wie der Kriegerchor und scheuen nicht vor Raub, Brand und Mord. Die sittliche Tat ohne sich einmischende böse Dämonen bleibt höchstes Ziel. Immer wieder neu muß versucht werden, sie möglichst rein in einer durchaus bedingten Welt zu verwirklichen. Wie dies zu tun sei, versucht Goethe in den *Wanderjahren* zu sagen. Hier steht seine Lehre, daß *Tun und Denken... wie Ein- und Ausatmen* wechseln sollten; die Aufgabe sei, *das Tun am Denken, das Denken am Tun zu prüfen* (Bd. 8, S. 263,12–22). Mehr könne der Mensch mit seinen begrenzten Kräften nicht leisten, dies sei in unserer bedingten Welt der beste Weg, um die Verwirklichung des Guten und Rechten zu suchen.

So geht das Problem des Verhältnisses von Prometheus und Epimetheus, von Tun und Denken, von Kampf ums Dasein und Verwirklichung höchster Werte durch Goethes Schaffen von *Tasso* und den *Lehrjahren* bis zu den *Wanderjahren* und *Faust II*. In *Pandora* wurde es zum Hauptthema; und so ist dieses Spiel eine Aufforderung an die Leser, im privaten wie im öffentlichen Leben beide Bereiche ins rechte Gefüge zu bringen – eine Aufgabe, die jeden Tag neu bedacht und neu bewältigt sein will.

ANMERKUNGEN

S. 332. *Personen.* Das Personen-Verzeichnis nennt auch alle diejenigen Personen, die in dem geplanten, nicht ausgeführten Teil vorkommen sollten. *Pandora* tritt in dem fertigen Teil nicht auf. Ebenso fehlen in dem Drama, wie es vorliegt, *Dämonen*, *Helios*, *Feldbauende*, *Gewerbsleute*, *Winzer*, *Fischer*. Als Goethe den Plan, das Drama weiterzuführen, aufgegeben hatte, änderte er das ursprüngliche Personenverzeichnis nicht ab. Möglich ist, daß er es nicht mehr überprüft hat und die Änderung versehentlich unterblieb. Die Nennung der im ausgeführten Teil nicht auftretenden Personen hätte für den Leser Sinn gehabt, wenn Goethe ein Schema der geplanten Fortsetzung hinzugefügt hätte. Doch das hat er nicht getan. Die Stichworte zur Fortsetzung wurden erst 1833 durch K. E. Schubarth bekannt, der vermutlich durch Eckermann eine Abschrift erhalten hatte.

S. 332. *nach Poussinscher Weise.* In einem Aufsatz über die Aufführung seiner *Proserpina* (WA 40, S. 47) schreibt Goethe: *Die landschaftliche Kunst hat sich in den letzten Zeiten von der bloßen Aus- und An-*

sicht wirklicher Gegenstände (veduta) zur höhern ideellen Darstellung erhoben. Die Verehrung Poussins wird allgemeiner, und gerade dieser Künstler ist es, welcher dem Dekorateur im landschaftlichen und architektonischen Fache die herrlichsten Motive darbietet. Mit dem Wort *Dekorateur* ist hier der Bühnenbildner gemeint. – Goethe hatte einige Gemälde von Poussin in Italien und in Dresden gesehen. Er besaß von Poussin 3 Zeichnungen und 1 Radierung, außerdem 19 Reproduktionsstiche nach Gemälden des Meisters. Er kannte die Reproduktionsstiche in der Herzoglichen Sammlung, die er verwaltete. Gerade in dem Zeitpunkt, als er anfing, seine *Pandora* zu entwerfen, beschäftigte er sich mit Stichen nach Poussin, wie das Tagebuch vom 25. Okt. 1807 mitteilt. In dem späteren Schema *Landschaftliche Malerei* wird Poussins Typ der *Heroischen Landschaft* erwähnt (Bd. 12, S. 219,5–18), der skizzierte Aufsatz führt dies näher aus (Bd. 12, S. 222,33ff.) und eine weitere Skizze formuliert *Die Poussins führen sie* (die Natur) *ins Ernste, Hohe, sogenannte Heroische* (Bd. 12, S. 218,11f.). Der Leser der *Pandora* tut aber vermutlich gut, wenn er nicht nur an Poussin denkt, sondern auch an Goethes Phantasielandschaften, die er gerade in den Jahren, als *Pandora* entstand, gern zeichnete.

Chr. Schuchhardt, Goethes Kunstsammlungen. Bd. 1, 1848, S. 207f., 320f. – Abbildungsmaterial findet man in: Nicolas Poussin. Publ. sous la direction de André Chastel. 2 Bde. Paris 1960. – Kurt Badt, Die Kunst des Nicolas Poussin. 2 Bde. Köln 1969. – Namen-Register in Bd. 14, „Poussin". Mehr noch bieten die Namenregister in der WA. – Corpus der Goethezeichnungen. Hrsg. von G. Femmel. 10 Bde. 1958–73. – Bd. 14, Bibliographie, Abschnitt „Zeichnungen".

S. 332. *trockenen Mauern:* Mauern ohne verbindenden Mörtel (der naß angerührt wird), nur aus Steinen geschichtet, vielleicht mit Moos zugestopft. – Dt. Wb. 11,1,2 (1952), Sp. 743 „trocken" und 758 „Trockenmauer".

S. 333. *Befriedigung* = Einfriedigung, Einzäunung. Mit der Einzäunung beginnt die Abgrenzung des Eigentums, des *Bezirks* (414, 423, 829) und damit gegenseitige Anerkennung und Sicherung des Friedens, der wiederum Vorbedingung für kulturelle Entwicklung ist. Vgl. 414 u. Anm.

8. *meines Namens altes Unheil.* Im Griechischen ist Epimetheus ein Name, der etwas aussagt, er bedeutet „Nach-denker, Nachbedacht" im Gegensatz zu Prometheus, dem „Vor-denker, Vorausdenker, Voraussinnenden".

12. *trüb.* Das Wort war Goethe durch seine *Farbenlehre* so vertraut, daß es bei ihm immer die dort festgelegte Bedeutung hat: nur zum Teil Licht durchlassend, nicht ganz hell, nicht ganz dunkel. – Bd. 14, Sachregister.

13. *dem Jüngling.* Epimetheus meint sich selbst, also „mir als Jüngling".

31. *werkaufregend:* das Werk anregend; *aufregen* im Sinne von „in Tätigkeit setzen, in Bewegung setzen" ist bei Goethe häufig.

32f. *die rußige ... Schar.* Die dazwischengeschobene Beifügung erinnert an ähnliche griechische Konstruktionen.

36. *Phileros.* Die Art, wie der Name im folgenden den Versen eingepaßt ist, läßt erkennen, daß Goethe ihn altgriechisch aussprach: das *e* ist kurz und unbetont, das *o* lang und betont, das Wort hat also zwei Hebungen, auf der 1. und 3. Silbe (Φίλερως). Ursprünglich ist es ein Adjektiv. Riemer, Griech.-dt. Wb.: „der Liebe ergeben, gern liebend, liebevoll". In der Antike gelegentlich auch als Eigenname, jedoch nicht für eine mythologische Gestalt (W. Pape, Wb. der griech. Eigennamen, 3. Aufl., 1911, S. 1618).

37. *ängstet:* bedrängt, engt ein. Ähnlich *Tasso* 2192, *Nat. Tochter* 2102. – GWb. 1, Sp. 572.

44. *Das Herz... wacht...* Das Motiv kehrt wieder in *Dichtung und Wahrheit* Bd. 10, S. 107,4f. und in dem Gedicht *Der Bräutigam* Bd. 1, S. 386, d. h. an Stellen, die Goethe mit starker innerer Beteiligung geschrieben hat.

69. *heitre Schritte.* Hier im Gegensatz zu dem Verb *trüben;* im Sinne von: hell, strahlend, fern aller Dunkelheit. (Bd. 14, Sachreg.)

73f. *Eos:* die Göttin der Morgenröte (Aurora); *Blöde* = schüchtern, zaghaft; wie Bd. 1, S. 159 *Röm. Eleg. IV*,21; Bd. 4, S. 21 *Die Laune des Verliebten* Vers 362.

74. *Schrein* hier in der allgemeinen Bedeutung „Gehäuse"; wie eine heilige Figur in ihrem Tempel ist die Geliebte in ihrer Hütte, einem der *wohlbestellten... Gebäude*, von denen die Bühnenanweisung spricht. Dort gibt es einen Vorhang (*Teppich*). Die Szene kehrt wieder in 511f. – Zum Wortgebrauch von *heilig* vgl. 479 u. Anm.

87. *Allschönst und allbegabtest.* Die Adjektive treffen in knappster Formulierung das Wesen Pandoras; sie gehören zu den *all*-Komposita, die Goethe im Alter liebte, ein Beispiel ist das Gedicht *In tausend Formen...* im *Divan* (Bd. 2, S 88). Das GWb Bd. 1, Sp. 347–394 zeigt die Fülle dieser Wortbildungen wie *allausspähend*, *allbedingend*, *allbegabt* usw. Auf die sprachliche Parallele von *Pandora* und *Divan*, im Gehalt begründet, hat schon – sehr knapp – Christa Dill hingewiesen im GWb bei *allanfallend*, *allbelehrend* und *allbuntbesternt*. – Der Name Pandora ist eine Zusammensetzung aus „pan" = alles und „doron" = Geschenk. Pandora ist für Goethe sowohl die Allbegabte als auch die alles Schenkende. Im Altgriechischen sind Zusammensetzungen mit „pan-" sehr beliebt.

92. *Mitgift:* im ursprünglichen Sinne = Mitgabe, wie Bd. 9, S. 447,25; Bd. 12, S. 97,12.

97. *Uranier.* Die Nachkommen des Urgottes Uranos, d. h. Zeus, Hera, Aphrodite, Okeanos usw., die olympischen Götter. Karl Philipp Moritz behandelt sie in den ersten Abschnitten seiner „Götterlehre", 1791. – Bd. 2, *Achilleis* Vers 144, 228. – Bd. 14, Namenregister, „Olympier".

106. *Des Vollgewandes.* Im Dt. Wb. 12,2 (1951) umschreibt Rudolf Meißner: „stoffreiche, reichfließende Gewandung". Es handelt sich bei dem Bild um eine Phantasieszene: Nachdem die Gestalten, die *Liebesglück* verkörpern, emporgeschwebt sind, folgt *Schmucklustiges* und wird durch Wellenform, Schleppe, stoffreiches Gewand bezeichnet.

110. *zudringlich:* sich lebhaft nähernd, herandrängend (nicht im tadelnden Sinne); wie *Faust* 5083; Bd. 11, S. 230,16.

114. *Doch alle pflichtig:* alle haben die Aufgabe. Wie Bd. 11, S. 213,3.

116. *rauchgebildet.* Vgl. 97.

117. *mir die einzige.* Auch dies wohl antikisierende Form, Goethe willkommen wegen der Kürze; „Pandora, die du mir die einzige bist".

121. *Das Chor.* Goethe benutzt das Wort *Chor* immer als Neutrum und bezeichnet damit eine Menschengruppe, die sich einheitlich bewegt. – GWb. 2, Sp. 1000ff.

132. *Jener Kranz...* Hederichs „Mythologisches Lexicon" beschreibt – nach Hesiod, Erga 74f. –, wie Athene, Aphrodite, Hermes und die Chariten Pandora mit Gaben versehen; „die Horen aber setzten ihr einen schönen Blumenkranz auf".

146. *Flora* ist die altrömische Göttin der Blumen; *Cypris* ist Aphrodite. Vorher in Vers 132f. hieß es, der Kranz sei *Pandorens Locken eingedrückt von Götterhänden*; da er sie anmutig-reizend macht, ist er eine Gabe Aphrodites. Jetzt sieht Epimetheus diesen Kranz nicht mehr, er sieht aber die Blumen, die dort versammelt waren, *über alle frischen Fluren* (141) ausgestreut, dort sind sie die Gaben der *Flora.* Wenn er diese Blumen zum Kranze flechten könnte, den Pandora trüge, wäre es wieder der der *Cypris.* Dieses Zusammenfließen des Bildes wird sprachlich symbolisiert durch die Zusammenstellung *Flora-Cypris.* – Vielleicht hat Goethe gewußt, daß die Römer bei ihrem Versuch, ihre altitalische Göttin Flora in Parallele zu setzen zu einer griechischen Göttin, dabei gelegentlich an Aphrodite gedacht haben; Flora wurde wie Aphrodite in Verbindung mit den Chariten gesetzt, z. B. bei Ovid (Pauly-Wissowa, Art. „Flora").

161. *Abendasche.* Das Wort ist wohl Goethesche Neubildung, sonst nicht belegt. Das Motiv, nicht das Wort, schon im *Nausikaa*-Fragment 95f.: *Herdesglut mit Asche des Abends überdeckt* (S. 71).

164. *euch Erzgewält'ger:* euch, die ihr dem Erz Gewalt antut; euch Erz-Bearbeiter. Das Verbum *gewältigen* kommt bei Goethe öfters vor, z. B. Bd. 6, S. 327,29; Bd. 13, S. 39,24.

168ff. *Zündet das Feuer an...* Prometheus hat vorher von *Hämmerchortanz* (166) gesprochen, d. h. gleichmäßig-rhythmischer Bewegung der Hämmer. Von der altgriechischen Zeit bis ins 19. Jahrhundert war in jeder Schmiede, sofern dort mindestens 4 Mann arbeiteten, der Brauch, daß ein Schmied das glühende Eisen mit einer Zange auf dem Amboß hielt; drei andere hämmerten es, und zwar, damit einer dem andern nicht in die Quere kam, genau im Takt. Das war also ein gleichmäßiger 3/4-Takt x́ x x | x́ x x | x́ x x usw. – eins der prägnantesten und bekanntesten Geräusche jener Zeit, in der es noch keine Maschinen- und Motoren-Geräusche gab.

169. *ist oben an:* steht ganz oben, an erster Stelle. Ähnlich *Faust* 4079, 9971; Bd. 9, S. 451,20.

193. *Da soll's heraus:* aus ihr soll etwas wachsen.

218. *Parteilichkeit.* Vgl. Bd. 14, Sachregister „Partei, Parteilichkeit". Ferner Bd. 14, S. 173,11–21.

221. *hereinwärts:* nach innen zu. Ähnlich Bd. 6, S. 408,24.

223. *mein verlorenes Geschlecht.* Prometheus nennt die Menschen sein *Geschlecht*, weil er sie erschaffen hat; *verloren* nennt er sie, weil sie den Gebilden aus dem Gefäß der Pandora nachjagten. Nur von den Schmieden, die nicht nach außen blicken, nicht auf die *Rauchgebilde*, sondern *hereinwärts* auf ihren Amboß, sagt er *Euch rettet' ich.*

231. *Doppelfaust.* Das *Werkzeug* (230) verdoppelt die Kraft der Hand. Wie die *Faust* einen Gegenstand umschließt, umfaßt ihn die Zange, nur mit vervielfältigter Kraft infolge der Hebelwirkung. Sofort folgt daher die sprachliche Steigerung *verhundertfacht*, andeutend, daß das *Werkzeug* verbessert wird und dadurch die menschliche Kraft steigert.

232. *dichten:* dicht machen; das geschmolzene Erz (230) schmieden.

235. *sei's.* Hier beginnt ein neuer Hauptsatz: es (das) sei durch euer Wirken ...

240ff. *Ziehet den Berg hinauf* ... Nur äußerlich gesehen ähneln diese Verse denen der Schmiede. Sie sind langsamer, pausenreicher, ungleichmäßiger; das zeigen insbesondere Verse wie 278 und 280. Inhaltlich wird ausdrücklich von der langsamen, unregelmäßigen Bewegung der Viehherden gesprochen (240–249).

242. *Wie.* Die *Wie*-Sätze sind abhängig von dem folgenden Imperativ: Treibet in Ruhe eure Herden, je nachdem *wie* (bzw. wo) der Fels bewachsen ist und das Weideland sich hinzieht.

245ff. *Überall findet's was.* Das Bild des Viehs, das überall etwas findet, hier weniger, dort mehr – Sinnbild des Lebendigen überhaupt –, kehrt bei Goethe mehrfach wieder, zumal in der Altersdichtung, so Bd. 1, S. 352 *Am feuchten Fels...*; Bd. 3, *Faust* 9526 bis 9537.

254. *Syrinx:* Schilfrohr. Nach Ovid, Metamorphosen I,690ff. wurde die Nymphe Syrinx in Schilfrohr verwandelt. Dieses schneidet man, um Hirtenflöten (Pansflöten) daraus zu machen. Das hat dieser Hirt vor, er will ein scharfes und feines Messer, damit der *Ton* der Flöte *zart* sei (257). Deswegen wird er von dem zweiten Hirten unter die *Weichlinge* (260) gezählt; dieser will eiserne Spitzen für Spieße.

263. *abgeborgt.* Das Wort *borgen* wird von Goethe nicht immer in dem Sinne von „entlehnen, um es wieder zurückzugeben" benutzt, sondern auch allgemeiner im Sinne von „übernehmen", so auch hier. Ähnlich z.B.: Wilhelm Meister reist in den

Wanderjahren (Bd. 8, S. 422,36) *unter geborgtem Namen*; Geistiges entspringt, *ohne daß einer dem andern abborgt* (an Zelter 7. Nov. 1816; Briefe Bd. 3, S. 377). Der erste Hirt, der die Rohrflöte zusammensetzen will, hat gesagt, er wolle die Schmiede *preisen und loben*, er empfindet also wohl das Lied als Dank – ein Motiv, das in der Hirtendichtung oft vorkommt. Der zweite Hirt schilt den ersten als *Weichling* und hat keinen Sinn dafür, daß das Lied eine Gegenleistung sei.

269f. Die Hirten treten mit dem Spieß dem Wolf entgegen und auch *mißwilligen*, d. h. Böses wollenden Menschen. Das Wort *mißwillig* z. B. auch Bd. 1, S. 323, Nr. 118.

272. *sich was vermißt*. Von *sich vermessen* = sich erkühnen, ein falsches Maß anwenden; wie *Faust* 623, 1709; Bd. 7, S. 242,17.

274. *läßt man sich ein:* in zweifelhafte Beziehungen, in Konflikte; wie *Faust* 5351; Bd. 9, S. 75,38.

285. *ein ehern Rohr:* eine einrohrige Flöte aus Metall, im Gegensatz zu der Pansflöte, die aus mehreren Rohrstücken zusammengesetzt ist (Syrinx), wie der erste Hirt sie sich herstellen wollte. – In Theokrits 6. Idylle spielt Daphnis die Syrinx, Damoetas die Flöte, und am Ende schenken sie einander gegenseitig ihre Instrumente. – Goethe hat das Motiv des Wettstreits zwischen *Flöte* und *vielrohriger Pfeife* später in seinem Aufsatz *Wilhelm Tischbeins Idyllen* (Abschnitt *V*) näher ausgeführt. – Studien zu Goethes Alterswerken, hrsg. von E. Trunz. 1971. S. 12 u. 65 u. Abb. 12.

293. *Denn solches Los...* Der Hauptsatz, der am Ende dieser Zeile mit einem Komma endet, wird in Vers 295 durch einen *daß*-Satz fortgesetzt. Dazwischen ist als Einschub Vers 294 gestellt, grammatisch wohl an *Tieren* angeschlossen. *Nach deren Urbild* hat Prometheus den Menschen als etwas *Beßres* geschaffen. Vermutlich steht im Hintergrund dieser Zeilen eine Geschichte, welche Aesop erzählt und auf die Horaz, Ode I,16 Vers 13–16 anspielt; Hederich faßt sie folgendermaßen zusammen: „Prometheus machte zuerst die Menschen aus Erde und Wasser. Hierzu (d. h. zusätzlich) nahm er von einem jeden Tiere etwas, welches bei dem Menschen auch die Eigenschaft des Tieres behalten hat; daher sie so furchtsam sind wie die Hasen, so listig wie die Füchse, so stolz wie die Pfauen, so grausam wie die Tiger..." usw. – In Vers 294 wird zwar betont, daß der Mensch etwas *Beßres* als die Tiere sei, doch die Verse 293 und 295–297 nennen nur das Gemeinsame. Erst in dem Bereich des Epimetheus wird das Besondere des Menschen deutlicher. – Pauly-Wissowa, Art. „Prometheus" von W. Kraus.

301. Der Vers lautet in der *Ausg. l. Hd.: Der stets fern aus und weit und breit umher gesinnt.* In den Drucken von 1810 und 1817 und in Riemers Reinschrift fehlt *Der stets.* Da es sich um sechsfüßige Jamben handelt, hat wahrscheinlich einer von Goethes Mitarbeitern darauf aufmerksam gemacht, daß hier ein Jambus zu wenig sei, daraufhin hat Goethe *Der stets* hinzugefügt. Die Reinschrift Rie-

mers, die wohl 1808 gemacht ist, hat *Fernaus-*. Goethe hat Komposita oft in 2 Wörtern geschrieben. Deswegen haben moderne Ausgaben seit der Weimarer Ausgabe meist gedruckt *Der stets fernaus- und weit und breit umhergesinnt*, denn es sind die Komposita *fernausgesinnt* und *umhergesinnt*. Moderne Leseausgaben versuchen meist, dem Leser in dieser Weise durch den Druck das Verständnis zu erleichtern. Die sechshebige Fassung in der *Ausg. l. Hd.* entspricht Goethes Bemühung um korrekte Form. Die fünfhebige Fassung hat das Ursprüngliche seiner variationsreichen Sprache.

305. *legt mir's an.* GWb 1, Sp. 607: „Feuer entfachen, in Gang bringen"; O. Pniower in der Jubiläums-Ausgabe 15, S. 383: „Nur darauf legt's an, daß wir Waffen haben."

310. *finsterstündig.* Die Schmiede haben bei Dunkelheit noch vor Sonnenaufgang gearbeitet; nun sollen sie, wie Prometheus sagt, erst einmal in Ruhe eine Mahlzeit einnehmen, während andere Menschen jetzt mit der Arbeit beginnen (312).

316. *Zu dulden ist ...* In den *Maximen und Reflexionen* heißt es: *Es gibt keine Lage, die man nicht veredeln könnte durch Leisten oder dulden.* (Bd. 12, S. 514).

348. *Gute Menschen...* Elpore, die Hoffnung, deutet den Zuhörern sich selbst (bis Vers 402). Das Thema der Hoffnung spielt in Goethes persönlicher und dichterischer Welt eine wichtige und immer belebende Rolle. So *Achilleis* Vers 236–263; *Epimenides* 618–625. Sachregister in Bd. 14, „Hoffnung".

404. *Entsetzlich stürzt ...* Eine antikisierende Dativ-Konstruktion: Auf die Erwachenden kommt entsetzenerregend Jammer zu.

406. *Ai! Ai!* Dies ist der Klageruf in altgriechischen Tragödien, z. B. bei Sophokles.

414. *stürmt ... dich her.* Hier im Sinne von „jagt dich stürmisch her", obgleich das Verbum *stürmen* sonst intransitiv ist. *Bezirk* wie 423, 829. Adelung schreibt: „Bezirk: der Umkreis einer Sache, besonders einer Gegend". Das entsprechende griechische Wort ist τέμενος „ein abgesondertes und gewöhnlich der Gottheit oder den Priestern derselben, sonst aber auch verdienten Bürgern gewidmetes Stück Land, Acker, Wiese und Wald, daher Hain, Lusthain .. " (Riemer, Griech. Wb.).

421. *Seelenpforten.* Düntzer verweist auf Ilias XIV, 516f. Hier verwundet Menelaos den Hyperenor tödlich, und es heißt „Die Seele entflog durch die klaffende Wunde flüchtig hinweg" (in der Übers. von Th. v. Scheffer).

467. *Keren:* Todes- und Schadendämonen im altgriechischen Glauben. Riemer, Griech. Wb. sagt u. a.: „Schicksalsgöttinnen, Parcae und Furiae, wiewohl noch davon unterschieden... Fast wie die Walküren, also personifizierte Todesgöttinnen." – *Achilleis* 104, 225, 252, 534.

479. *heiligen Blicke:* die von den Göttern gemachten, göttlich schönen Blicke. Das Wort *heilig* wird in allgemeinerem Sinne für das Wertvollste, Vollendete benutzt; so auch Vers 74, 520, 675. –

I. Rüttenauer, Das Wort „heilig" in der dt. Dichtersprache. 1937. – Studien zu Goethes Alterswerken. Hrsg. von E. Trunz. 1971. S. 232f.

480. *Ein hündisches Herz.* Wohl im Anschluß an Hesiod, Erga 67, wo **κύνεόν τε νόον** steht; Voß übersetzt „dreiste Gesinnung", Walter Marg im Text seiner Hesiod-Übersetzung, 1970, „scharwenzelnden Sinn" (S. 310) und im Kommentar „neugierige Zudringlichkeit" (S. 345). Die wörtliche Übersetzung *hündisch* entspricht insofern nicht dem Griechischen, als „hündisch" im Deutschen ein stark abwertendes Adjektiv ist; doch gerade das ist hier gewollt, denn Phileros spricht in höchster Erregung und sucht abfällige Worte.

485. *bequem:* angemessen, passend. – GWb. 2, Sp. 384f.

495. *Philomele:* die Nachtigall.

507. *Leier.* Die Musik dieses antiken Saiteninstruments wird hier in Gegensatz gestellt zu dem primitiven Blasen auf einem *Blatt*, das der Hirt vor die Lippe hält (503f.).

510. *singe goldnen Saiten:* singe zu goldenen Saiten.

512. *Schalter:* Fensterladen; wie Bd. 8, S. 141,26. – Dt. Wb. 8, Sp. 2104. – *Klaff:* Spalte, schmale Öffnung (zu „klaffen"). Dt. Wb. 5, Sp. 892.

513. *Knabe:* junger Mann, Jüngling. Bei Goethe oft in dieser Bedeutung.

581. *gegen mir:* mir gegenüber, mir vor Augen, vor mir.

591. *Du formtest Frauen...* Hinweis auf das in der Prometheus-Sage berichtete Geschehen; Prometheus hat die Menschen *geformt*, die Frauen *aus zärtrem Ton* als die Männer.

599. *Die Hochgestalt:* Pandora.

603. *Uranione:* Abkömmling von Uranos, dem Urgott. Vgl. Vers 97 u. Anm.

605. *Hauptnetz.* Bei Hesiod, Theogonie 574 καλύπτρη „Schleier", ursprünglich „Kopftuch". In Riemers Wörterbuch: „ καλυπτρα eine Kopfdecke; von florartiger Feinheit".

606. *strickend:* inhaltlich eine Wiederholung von *flechtend und wirkend.* Prometheus spricht immer von dem Technischen des Schmucks, Epimetheus vom Wesen der Person.

607. *Gehäge:* Einfriedung, hier von dem Haarnetz gesagt. Auch Voß benutzt das Wort „Gehege" dichterisch-metaphorisch in seiner Homer-Übersetzung. Vgl. 847 u. Anm.

614. *Pyropisch:* nach dem griechischen Adjektiv **πυρωπός** (pyropós). Riemer: „mit feurigem Auge, feurigem Ansehn, feuerfarbig". Im Lateinischen gibt es das Fremdwort „pyropus" = mit Gold vermischtes Erz.

620. *zwitzernd:* flimmernd, glitzernd, funkelnd. – Dt. Wb. 16, Sp. 1431.

623. *Gaben Amphitritens:* Perlen, denn Amphitrite ist die Gattin von Poseidon, dem Meergott.

629. *Drachen, um den Arm geringelt:* Armspange in Schlangenform. Das griechische Wort **δράκων** (drakon) bedeutet nicht nur „Dra-

chen", sondern auch „Schlange"; Riemers Gr.-dt. Wb. gibt an, daß man es auch für „Arm- und Halsbänder" in Schlangenform benutzte.

636–643. Beschreibung des Gewands. Ausführliche Darstellung des Schmucks der Pandora bereits bei Hesiod, Theogonie 573–584; Goethe kannte von seinen Homer-Studien her die Schilderung von Gewändern mit Bildmustern, z. B. Odyssee XIX, 228ff.

660. *zur Erd' ab.* Im Vers davor sagt Epimetheus, daß für ihn der *Wahn*, die subjektive Vorstellung, *zerstiebte*, als Pandora kam. Diese brachte ihn in Beziehung zur Wirklichkeit, zur *Erde*, und zugleich zum *Himmel*, dem Bereich des Idealen. Jenes ist eine Bewegung nach unten – *ab* (= hinab) –, dieses nach oben – *hinan*. Die Wendung hinab ist also keineswegs abwertend gemeint, sondern hat eine ähnliche Bedeutung wie das Hinabblicken auf die Erde in der *Pädagogischen Provinz* der *Wanderjahre*.

661. *Du suchest...* Nicht einfach Anrede an Prometheus, sondern eher Anrede an sich selbst; verallgemeinernde Formulierung.

695. *Entgegnete:* ging entgegen, begegnete.

706. *Epimeleia.* Das griechische Wort ἐπιμέλεια bedeutet Sorge für jemanden, Aufmerksamkeit, Fleiß, Pflege, Fürsorge (cura, diligentia, curatio). *Elpore*, griechisch ἐλπωρή oder ἐλπίς, ist die Hoffnung, Erwartung, Aussicht, das Vertrauen (spes, expectatio). – Das Hoffnungs-Motiv ist bei Goethe auch sonst sehr bedeutsam, z. B. *Epimenides* 618–625; vgl. Bd. 14, Sachregister. – Sogar Prometheus nennt die Hoffnung *entbehrlich keinem Erdensohn* (757).

710. *gegenteils:* im Gegensatz zu anderen.

728. *hinum.* Altes, seltenes Wort. Adelung erläutert: „ein Nebenwort, die Richtung einer Bewegung um eine Sache zu bezeichnen, sofern sie sich zugleich von der redenden Person entfernt". – Dt. Wb. 4,2 Sp. 1531.

733. *Verwitweter* = allein Gelassener. – Vgl. *Witwerhaus* Bd. 2, S. 86 u. Anm.

738. *quellweis(e)* = wie eine Quelle. (Einziger Beleg im Dt. Wb.)

747. *Phosphorus:* der Morgenstern. Ursprünglich „Lichtträger", von phōs = Licht und phoros = Träger. – In der Regieanweisung nach Vers 320 ist Elpore so, wie Epimetheus sie hier beschreibt, aufgetreten.

749. *schwankt:* ihre Gestalt hat wechselndes und undeutliches Aussehen; ähnlich 793 und 798. Goethe hat dem Wort in seiner Sprache eine spezifische Bedeutung gegeben. In seiner Morphologie ist eine *schwankende Gestalt* eine Grundform, die sich verschieden entwikkeln kann, z. B. ein Blatt, das je nach Bodenart und Licht dreiteilig, fünfteilig oder siebenteilig wächst. Beim Vorgang des Dichtens nennt er *schwankende Gestalten* solche, die noch nicht feste Form an-

genommen haben, vgl. den 1. Vers des *Faust* (*Zueignung*) in Bd. 3 u. die Anm. dazu.

754. *ihm* bezieht sich auf *Erdenvolk* im vorhergehenden Vers.

762. *abegewendetem* statt „abgewendetem"; ähnlich *Faust* 11911 *abestürzt;* in beiden Fällen wohl wegen des Versmaßes. GWb 1, Sp. 226 u. 196. – In den elsässischen Volksliedern, die Goethe in seiner Jugend aufzeichnete, kommt *abeziehen* vor. GWb 1, Sp. 233.

789–812. *Mühend versenkt*... Goethe faßte diese Verse als Choriamben auf: – ∪ ∪ – | – ∪ ∪ –. Nach heutiger Versanalyse sind es eher vier langsame Dreitakter; im ersten Takt Hebung *(Müh-)*, Nebenhebung *(hend)*, Senkung *(ver-)*; im 2. Takt Hebung *(senkt)* und Pause; entsprechend im 3. und 4. Takt.

793. *Schwankend.* Vgl. 749 u. Anm., ferner 798.

802. *gegen dem Blick:* dem Blick gegenüber. Vgl. 581 u. Anm.

803. *Stahl:* der Meißel des Bildhauers.

804. *Blinzen* hier: genaues Hinsehn. Wie *Faust* 4673.

807. *Minos*, Sohn des Zeus und der Europa, erhielt wegen seiner Weisheit und Gerechtigkeit in der Unterwelt das Richteramt über die Toten.

808. *Schatten ist nun ewiger Wert.* Pandora, die für ihn, Epimetheus, einen *ewigen Wert* darstellt, ist nun *Schatten* im Sinne der Antike, daß Gestorbene im Hades ein Schattendasein führen. Damit ist der Wert, den sie für Epimetheus verkörpert, nicht aufgehoben, das gilt für sie als Person und als Sinnbild der Schönheit. Da im Vers davor *Minos* und sein strenges Amt genannt sind, bewegt sich der Satz im Vorstellungsbereich von Hades (Schattenreich), obgleich Pandora als Göttergestalt dort nicht gut zu denken ist. Für Goethe klang vielleicht auch an, daß die platonischen Ideen für den Menschen eine Art Schattenreich bilden.

817. *Tränen.* Zum Motiv der Träne, das bei Goethe seine besondere Bedeutung im psychischen und im dichterischen Gefüge hat, vgl. Bd. 14, Sachregister.

827. *gnügt's nicht mehr:* (nur) wenn es nicht mehr genügt.

833ff. *Meinen Angstruf*... Nach Goethes metrischen Begriffen sind die Verse 833–899 ionici a minore: ∪ ∪ – –; besonders deutlich ist das klangliche Gefüge in 833, 851, 853, 855, wo die Nachbildung der antiken „Längen" ganz im Sinne der Vossischen und Schlegelschen Vorschriften durchgeführt ist. In der „Prosodie" von K. Ph. Moritz, die Goethe nach Karlsbad mitgenommen hatte, ist als Beispiel des Ionicus a minore genannt: „unterjocht Volk". Ein antikes Beispiel ist Horaz, Ode III,12. Goethes Tagebuch vermerkt am 17. Mai 1808 in Karlsbad: *Die Choriamben und den Jonicus a minori* (mit Riemer) *besprochen.* Auch die Rezension der *Pandora* von Welcker, 1810, hebt hervor, daß Ionici a minore vorkommen.

847. *Gehäg*, heute „Gehege" geschrieben; Adelung: „Gehäge 1. ein eingehägter, d. i. mit einem Hage oder Zaune umschlossener Ort, 2. ein Hag oder Zaun". – Vgl. 607 u. Anm.

851. *Balsam:* flüssiges Harz.

855. *das Gesparr:* die Dachsparren; Balken, insbesondere unter dem Dach. – Bd. 10, S. 206,16.

858ff. K. J. Schröer in KDN erläutert diese Verse folgendermaßen: „Auch wenn ich fliehe, erreicht mich die Strafe. Sie fühlt sich schuld am Tode des Hirten und allem, was darauf gefolgt ist. Sie sieht sich (861) überall von drohenden Blicken verfolgt."

878. *Hauskraft*. Das Wort *Kraft* für „Mannschaft" auch *Faust* 8789, 9449; die Mannschaft seines Hauses, seines *Bezirks*. Auch im Griechischen bedeutet „dynamis" (δύναμις) „Kraft" und zugleich „Streitmacht, Truppe".

886–892. Schröer (KDN): „Nun heran, ihr Krieger, die ihr wie ein Bienenschwarm aufsummt um die Felskluft, die die Nacht hindurch eure Burg war, aus dem Schirmdach der Gebüsche hervor. Eine antike Anschauung, Vogel- oder Bienenschwärme mit Heerscharen zu vergleichen."

900ff. *Der Ruf des Herrn...* Dieser Krieger-Chor ist inhaltlich düsterer als der Gesang der Soldaten in *Faust I*, 884ff. Er hat vielmehr Ähnlichkeit mit dem brutalen Zynismus der Drei Gewaltigen und des Mephistopheles in *Faust II*, 10331ff., 10511ff., 11171ff., 11350ff.

918. *beziehn* = besetzen. Die Sprache der Gewalt erinnert an *Faust* 11171ff.

920. *Will einer das:* das, was wir (erobert) haben.

936f. *Wahn und Bahn*. G. v. Loeper in der Hempelschen Ausgabe Bd. 11, S. 165: „Den Wahn der Widerstandsfähigkeit zerstörte und Bann brach."

938. *an und an:* nach und nach, allmählich. GWb 1, Sp. 461.

945. *schnellen Strichs* = schnellen Zugs, in schnellem Marsch. Dt. Wb. 10,3 Sp. 1526f.

947. *Habe sich's!* Fischer, Goethe Wortschatz S. 314: „Die Folgen tragen, es zu fühlen bekommen, es sich zuschreiben". Das Dt. Wb. 4,2 Sp. 57 bespricht die Fügung von *haben* (im Sinne von: erlangen, erhalten) mit dem reflexiven persönlichen Dativ entsprechend dem lat. „sibi habere". Ein weiteres Beispiel im Brief an Zelter vom 29. Jan. 1830. HA Briefe Bd. 4, S. 369,27.

958. *Bestimmt, Erleuchtetes zu sehen, nicht das Licht!* In den Worten, die Prometheus hier über sein *Geschlecht*, d. h. über die von ihm Geschaffenen, ausspricht, ist ein Bild des Menschen gegeben, das bei Goethe mehrfach wiederkehrt, weil es seinen Grundanschauungen entspricht. Ausführlicher als hier wird in *Faust* 4679–4727 dargestellt, daß der Mensch nicht in die Sonne, das Urlicht, blicken kann, daß er aber auch nicht in Dunkel leben muß; sein Bereich ist der des *Abglanzes* der Sonne auf der Erde, d. h. der Farben. – Bd. 1, S. 357 *Prooemion;* Bd. 13, S. 305,26–32.

959ff. *Jugendröte, Tagesblüte...* Diese Versart, 4 Trochäen ohne Reim, hatte Goethe schon im Gedicht *Die Nektartropfen* (Bd. 1, S. 140) und in *Paläophron* Vers 65 ff. benutzt; mit Reim in zahlreichen Gedichten (Bd. 1, S. 93, 133, 134, 241 u. ö.). Es ist außerdem die Versart der spanischen Dramen des 17. Jahrhunderts, von denen A. W. Schlegel mehrere formgetreu übersetzte. Goethe lernte diese Übertragungen schon im Manuskript kennen, dann seit 1803 im Druck; auch las er daraus vor. Einen Band von Schlegels „Spanischem Theater" nahm er 1808 nach Karlsbad mit.

963. *entschüttelt:* schüttelt von euch; *mir* ist „Dativus ethicus". – Kurze dt. Grammatik von Hermann Paul, bearb. von H. Stolte. 1962. § 164,4. – Duden-Grammatik, 1959, unter „Freier Dativ".

980ff. *Jenen Jüngling rettet...* Das Motiv des Jünglings, der aus Liebesverzweiflung den Tod ersehnt und den Sturz vom Felsen wählt, hat Goethe später auch in den *Wanderjahren* (Bd. 8, S. 457,23ff., 459,9ff.) in anderer Stillage dargestellt, doch ebenso sinnbildlich für innere Gefährdung durch Liebe und für Rettung durch liebende Menschen.

1004. *Tragenden.* So in der Riemerschen Handschrift und in dem ersten Wiener Einzeldruck von 1810. Alle späteren Drucke haben *Tragend ihn.* Diese Veränderung kann in die Drucke von 1817 und 1828 nur durch Goethe und seine Mitarbeiter hineingekommen sein. Die erste Fassung – *tragenden* – ist wohl durch die antikisierende Sprache hervorgerufen. Das flektierte Partizip gehört zu *Wogen,* also: den die schöne Last tragenden Wogen; lat.: undis portantibus onus formosum.

1005. *Alle Fischer, alle Schwimmer.* Das Motiv ist 972f. vorbereitet.

1012. *Aufgefrischten:* frisch Aufgelebten; vgl. 995 *Neugeboren.*

1022. *beseelten:* weil Eos und die von ihr *beseelten* (959–975, 980–984) Fischer dort wirksam sind und das ganze Geschehen sich ins Dionysisch-Kultische wandelt.

1025. *Meerwunder:* Tritonen, Wasserkentauren und andere Wasserbewohner, wie am Ende der *Klassischen Walpurgisnacht.*

1027. *Anadyomen* (griech.): ein aus dem Meer Steigender; parallel gebildet zu „Anadyomene", dem Beiwort der Aphrodite, der „aus dem Meere kommenden" (Plinius, Naturalis Historia 35,10; Riemer, Griech.-dt. Wb. unter ἀναδῦμι). Dazu Irmgard Nickel im GWb 1, Sp. 461: „Wie Aphrodite, die bei ihrer Geburt aus dem Meer Auftauchende, ist Phileros, der Selbstmord begehen wollte, gleichsam ein Wiedergeborener." Auch entsprechend der Formulierung *Neugeboren* in Vers 995.

1031. *Becken,* griech. kymbalon, lat. cymbalum, die zusammengeschlagen einen klirrenden Ton geben. Man gebrauchte sie bei dionysischen Musiken und Tänzen.

Erz entsprechend lat. „aes", das für Erz, Kupfer, Bronze und alle daraus hergestellten Instrumente benutzt wurde.

1036. *Pantherfelle* sind Kennzeichen des Dionysos, ebenso der *Thyrsus*, der mit Efeu und Weinreben umwundene Stab, den Dionysos und die Bacchantinnen beim Dionysosfeste in der Hand tragen. Diese Sinnbilder deuten auf das Festliche und Dionysische bei der Rückkehr von Phileros und Epimeleia, die Wendung im Schluß des Dramas.

1046. *gemein:* alltäglich, gemeinsam; in diesem Falle: etwas, was allen Stunden zu eigen ist.

1060. *Gabe senkt sich...* Vorhersage des vom Himmel kommenden neuen Gefäßes der Pandora (der „Kypsele"), dem dann Pandora selbst folgt.

1086. *Ist der Götter Werk, die laßt gewähren.* In der *Ausg. l. Hd.* stellte Goethe *Pandora* in den letzten, den 40. Band, und zwar an den Schluß. Dadurch ist dieser Vers die letzte Zeile der gesamten großen *Ausg. l. Hd.* Danach folgt nichts mehr, nicht einmal der Name der Druckerei oder etwas ähnliches.

ZUR TEXTGESCHICHTE DER „PANDORA"

Das Festspiel sollte in der Zeitschrift *Prometheus* erscheinen, die Leo von Seckendorff und Joseph Ludwig Stoll 1808 in Wien herausgaben, doch kam es nur zu einem Teildruck (J.). In Heft 1 und 2 erschienen die Verse 1–154 und 155–402, die Verse 277–291 fehlten. Obwohl eine Fortsetzung angekündigt war und Goethe am 15. Juni 1808 auch den übrigen Text an Stoll schickte, erschien in den restlichen vier Heften der Zeitschrift nichts davon. Schuld waren offensichtlich die Zwistigkeiten der Herausgeber mit dem Verleger Geistinger. Dieser druckte den vollständigen Text 1810 unter dem Titel *Pandora von Goethe. Ein Taschenbuch für das Jahr 1810* (E), die Verse 277–291 fehlten auch hier. Ob sie im nicht überlieferten Druckmanuskript für J und E versehentlich fehlten oder erst später entstanden sind, läßt sich nicht sicher entscheiden. In der einzigen bekannten Handschrift, einer Reinschrift von Riemer (H) ohne Korrekturen Goethes, waren sie enthalten. H befand sich früher in der Regierungsbibliothek in Schwerin und ging im zweiten Weltkrieg höchstwahrscheinlich verloren. Es muß offenbleiben, ob H identisch war mit dem vollständigen Manuskript, das Goethe aus Karlsbad, wohin ihn Riemer begleitet hatte, am 2. Juli 1808 an Charlotte von Stein schickte, mit der Bitte, es der Prinzessin Caroline von Sachsen-Weimar *zu kommunizieren*. Caroline wurde 1810 die zweite Frau des Erbgroßherzogs Ludwig von Mecklenburg-Schwerin. H enthielt einzelne Varianten zu J und E, die augenscheinlich nicht den ursprünglichen Text darstellten, sondern nachträgliche Änderungen, die aber nicht in Cottas Ausgabe B (1817) eingingen. Auch besaß H nicht die synkopierten Formen, die für die Drucke bezeichnend sind (z. B. 17. *kräftige* H *kräft'ge* JEBC^1C). Für B diente E zur Vorlage, die Verse 277–291 wurden ergänzt. Die Ausgabe letzter Hand (C^1 C 1830) folgte B.

Textwiedergabe nach E. – Die Interpunktion ist beibehalten und nur in wenigen Fällen um des Textverständnisses willen geändert. Im folgenden sind die wesentlichen Varianten zu E verzeichnet, die Varianten aus H nach dem Lesartenverzeichnis der Weimarer Ausgabe (W. I,50, 453–456):

87. *sich hehr* fehlt JE (wahrscheinlich Versehen). – 92–93. *naht ich mich, / Des irdenen Gefäßes hoher Wohlgestalt* HBC^1CW. – 118–119. *verlang' ich, sei es wirklich mein, / Sei's vorgespiegelt hoch* H. – 120–121. *Indeß vom Wunder aufgeregt versammelte / Das Menschenchor sich, meines Bruders neu Gebild.* H. – 127–128. *Doch lächelt' ich der Gattin zuversichtlicher / Aneignend kühn das gottgesandte Wonnebild* H. – 209. *nun* H. – 226. *auch* fehlt JEB. – 277–291. fehlt JE. – 301. *Der stets fern* C^1CW. – 368. *Schnaubst du, hinter* BC^1CW. – 412.

Schuldig oder schuldlos Tochter H. – nach 568. *(Ab.)* H. – 862. fehlt BC[1]. – 900–939. wiederholt in „Des Epimenides Erwachen“ 118–133, 178–201. – 944. *Auf! rasch Vergnügte,* BC[1]C. – 1004. *Tragend ihn* BC[1]CW.

Von der geplanten Fortsetzung der „Pandora“ ist ein Schema von Goethes eigener Hand vom 18. Mai 1808 überliefert. Es wurde zuerst durch K. E. Schubarth im Schulprogramm des Hirschberger Gymnasiums 1833 bekanntgemacht und erschien danach in Goethe's poetische und prosaische Werke in zwei Bänden. Stuttgart und Tübingen 1836f. Bd. 1. Abt. 2. S. 574. – Textwiedergabe nach der Handschrift:

Pandorens Wiederkunft
zweyter Theil

CB d. 18 May 1808

Philerôs in Begleitung von Fischern und Winzern.
Dionysisch. Völliges Vergessen.

Κηπσελε

Wird von weiten gesehen
Anlangend. Deckt den eben hervortretenden Wagen des Helios.
Willkommen dem Philerôs
Miskommen dem Prometh.

Im allgemeinen beschrieben.

Krieger von der Expedition
Hirten als Gefangne ⏑́⏑ | –⏑ | –⏑̄ *ithyphallisch*
Prom. giebt diese frey.

Prom. will die **Κυπσελε** *vergraben und verstürzt wissen.*
Krieger wollen sie zerschlagen den Inhalt rauben.
Prom. insistirt auf unbedingtes Beseitigen.

Turba

Retardirend
Bewundernd
gaffend
berathend.

NB Göttergabe

Der einzelne kann sie ablehnen nicht die Menge.

Schmiede.

Wollen das Gefäs schützen und es allenfalls stuckweis auseinander nehmen, um daran zu lernen.

Epimeleia

Weissagung.
Auslegung der **Κυπσελε**
Vergangnes in ein Bild verwandeln.
Poetische Reue, Gerechtigkeit.

Epimetheus.

Das Zertrümmern, Zerstücken, Verderben da Capo

Pandora erscheint

Paralysirt die Gewaltsamen
Hat Winzer, Fischer, Feldleute, Hirten auf ihrer Seite.
Glück und Bequemlichkeit die sie bringt.
Symbolische Fülle
Jeder eignet sichs zu.

Schönheit.

Frömmigkeit, Ruhe, Sabat. Moria

Philerôs, Epimeleia, Epimetheus
für sie.

Prometheus entgegen.

---

2 *Schmied[e] offeriren Bepaalung*
1 *Winzer Umpflanzung*
Handels leute Jahrmarkt. (Eris Golden Vl.)
Krieger Geleite.

Pandora

An die Götter
An die Erdensöhne
Würdiger Inhalt der **Κυπσελε**

Κυπσελε *schlägt sich auf*
Tempel
Sitzende Daemonen

Wissenschaft Kunst.
Vorhang.

Philerôs Epimeleia
Priesterschaft.

Wechselrede der Gegenwärtigen
Wechselgesang
Anfangs an Pandora

Helios
Verjüngung des Epimetheus
Pandora mit ihm emporgehoben.
Einsegnung der Priester.
Chöre

Elpore thraseia
Hinter dem Vorhange hervo-
ad Spectatores.

DES EPIMENIDES ERWACHEN

DOKUMENTE ZUR ENTSTEHUNG UND AUFFÜHRUNG VON „DES EPIMENIDES ERWACHEN“

1. Goethes Tagebuch 22–31. Oktober 1813

22. Okt. ... Stundenlanges Gefecht. General Thielemann zieht durch Weimar... Einquartierung...

23. Okt. ... Graf O'Donell... Graf Coloredo p. ... Unausgesetzte Truppenmärsche. Zog mich zurück.

24. Okt. ... Graf Coloredo und Gefolge... Sehr schöne Gesinnungen und Ansichten der älteren Österreichischen Offiziere...

Am 16.–19. Oktober fand die Schlacht bei Leipzig statt. Napoleons Truppen flohen nach Westen, die nachrückenden Verbündeten kamen z. T. durch Weimar und nahmen dort vorübergehend Quartier. Goethe sah sie im Zustand der Begeisterung über den Sieg, ohne ihre Stimmung im geringsten zu teilen. In seinem Hause waren österreichische Offiziere einquartiert, darunter Graf O'Donnell, mit dessen Mutter, Hofdame der Kaiserin Maria Ludovica, er befreundet war. In diesen Tagen sah Goethe Kaiser Alexander, Metternich, Wilhelm v. Humboldt, den Staatsrat Hippel (Verfasser des Aufrufs „An mein Volk“) u. a., das Tagebuch erwähnt aber auch das Zusammensein mit jungen preußischen Offizieren, z. B. ist 7 mal Oberleutnant Heinke genannt, ferner Major v. Kleist, Fouqué, Artillerieleutnant Schmidt, Graf Stolberg-Werningerode u. a.

2. Kaiserin Maria Ludovica in Wien an Herzog Carl August in Weimar. 20. November 1813

Assurez Goethe de mon bien constant souvenir; la vue de tant de troupes n'aura pas aiguisée sa verve poétique, le calme qu'on ose prevoir dans l'avenir réchauffera son immagination, et il chantera l'éloge des Sauveurs de l'Allemagne, au nombre desquels se trouva un quelqu'un qui m'est bien cher, et qui a été bien sensible à l'accueil amical qu'on lui fit à Weimar...

Da Goethe die Kaiserin sehr verehrte und der Herzog ihm gern von ihr erzählte, muß man annehmen, daß Carl August diesen Brief Goethe gezeigt hat oder zumindest den Inhalt erzählt hat.

3. Iffland, Generaldirektor der Königl. Schauspiele in Berlin, an Hofrat Kirms in Weimar. 7. Mai 1814

S. M. der König wird, wie man glaubt, in vier Wochen, vielleicht früher, vielleicht später, in Begleitung des Kaisers Alexander hierher kommen. Ich wünsche sehr, daß etwas, der Zeit und des Gegenstandes würdig, als Einleitung gegeben werden möchte. Nichts ist natürlicher als daß der Gedanke mich zuerst dahin führt, durch Ihre gütige Verwendung zu erforschen und zu erfragen, ob Herr v. Goethe sich entschließen würde, sein Genie für diese Sache wirken zu lassen. Die Art und Weise, wie er dies geschehen lassen wollte, müßte natürlich seiner Phantasie ganz und gar überlassen bleiben. Die Gegenwart des Kaisers und die Feier dieser seltnen Freundschaft würde allerdings die Ausführung sehr erleichtern. Da es jedoch nicht positiv gewiß anzunehmen ist, ob der Kaiser mitkommt, und da der Kaiser Franz in dieser Sache so großen Ausschlag gegeben hat, so ist es allerdings notwendig, seiner auf deutsche Weise zu gedenken und des Kronprinzen von Schweden zu erwähnen. Doch was sage ich dies dem, der es so gut wie irgend jemand übersieht. Die Art und Weise, wie dies Stück geführt sein soll, wird uns heilig und wert sein, wie sie Herr v. Goethe auch belieben wird. Die Länge des Stücks hängt ganz von seiner Disposition ab. Für uns ist es genug, wenn dadurch ein Raum von 20 Minuten ausgefüllt wird... Sollte Herr v. Goethe vielleicht nicht dort, sondern in Jena oder sonst nahe sein, so verbinden Sie mich herzlich, wenn Sie auf eine Weise, die Ihnen die beste scheint, sich mit ihm bereden wollten, die mir bald ein Resultat zuführen könnte. Allerdings darf auch nicht ein Tag an dieser Zeit verloren gehen, da man nicht wissen kann, wie oft solche Ankunften früher sind als anfangs zu glauben Ursache hat; und ich auch nicht weiß, welche Zubereitungen die Dekorationen usw. verlangen könnten. Lassen Sie mich noch bemerken, daß der König sich nicht gern geradezu angeredet sieht, es müßte denn am Schlusse sein. Diese Sache liegt mir sehr am Herzen. Ich empfehle sie Ihrem Wohlwollen und Ihrer Freundschaft!

4. Goethe in Berka an Kirms in Weimar. 18. Mai 1814

E. W. kann ich nicht verbergen, daß der freundliche und ehrenvolle Antrag des Herrn Generaldirektor Iffland mich in eine peinliche Lage versetzt. Wie gern ich Gelegenheitsgedichte bearbeite, habe ich oft gestanden, und wie geschwind ich mich zu einem solchen Unternehmen entschließe, davon mag zeugen, daß ich mich so eben mit einem kleinen Vorspiel [‚Was wir bringen. Fortsetzung‘] beschäftige, nach dem Wunsch der Badedirektion in Halle, welche etwas Zeitgemäßes, das sich zugleich auf den verewigten Reil bezöge, vor kurzem verlangt hat.

Wie weh es mir also tun muß, eine einzige Gelegenheit, wie die, welche sich von Berlin darbietet, zu versäumen, bedarf keiner Worte. Ich habe die Sache seit vierundzwanzig Stunden, nach allen Seiten, durchgedacht und finde sie nicht ausführbar. Vier Wochen sind ein gar zu kurzer Termin; sie wären es nicht, wenn ich mich in Berlin befände, oder wenigstens von dem dortigen Theater und den äußeren Verhältnissen früher persönliche Kenntnis genommen hätte...

Die Aufgabe für Berlin ist groß, und ich erkenne in ihrem ganzen Wert die Ehre, die man mir erzeigt, zu glauben, daß ich sie zu lösen im Stande sei. Ich habe den großen Umfang, der gefordert werden kann, schnell durchgedacht; aber ich darf keine Erfindung wagen ohne genugsame Zeit und hinreichende Kenntnis. Damit aber dieses nicht eine bloße Ausflucht scheine, so erbiete ich mich, eine ähnliche Arbeit durchzudenken, die, bei einem bevorstehenden Friedensfeste auf einem so würdigen Schauplatz, wenn sie glückt, mit Ehren erscheinen dürfte.

Hierzu aber wäre nötig, daß der Herr Generaldirektor irgend einem geistreichen Mann den Auftrag gäbe, sich mit mir in Rapport zu setzen und mich mit den Persönlichkeiten der Schauspieler und Sänger, den Rollen, worin sie am meisten gefallen und was man sonst noch für notwendig hielte, bekannt zu machen.

Hierauf würde ich die Erfindung gründen und mich darüber, auch abwesend, mit den dortigen einsichtigen Männern vorläufig beraten und so getroster an die Ausführung gehen können.

Ich bitte dieses, mit Versicherung eines aufrichtigen Dankes und wahrhafter Verehrung, dem Herrn Generaldirektor mitzuteilen.

5. Goethe in Berka an Kirms in Weimar. 20. Mai 1814

Haben E. W. etwa schon, nach dem Inhalte meines gestrigen Briefes, Herrn Generaldirektor Iffland mein Zweifeln und Zaudern gemeldet, so haben Sie die Güte, dem verehrten Mann baldigst anzuzeigen, daß mir sein Antrag allzu schmeichelhaft gewesen, als daß ich nicht hätte alle meine Kräfte hervorrufen und einen Versuch machen sollen, wie sein Verlangen zu erfüllen wäre. Nun ist mir ein Gedanke beigegangen, der mir der Ausführung nicht unwert scheint. In einigen Tagen soll der Entwurf abgehen; wird er gebilligt, so können Kleider, Dekorationen, Instrumentalmusik, durchaus vorbereitet werden. Die Gesänge schickte ich zuerst, sodann den Dialog. Da alles, was zu sprechen ist, unter viele Personen verteilt wird, so macht sich keine Rolle stark, sie sind alle Tage zu lernen. Mehr sage ich nicht. Wäre meine gestrige Erklärung schon abgegangen, so bitte von der gegenwärtigen eiligen Gebrauch zu machen.

6. Goethe in Berka an Iffland in Berlin. 24. Mai 1814

Aus ein paar Blättern, welche Herr Geheime Hofrat Kirms übersendet, haben Sie, verehrter Mann, gesehen, daß Ihr freundlicher und ehrenvoller Antrag mich erst erschreckt, dann aber aufgeregt hat. Hiebei folgt nun das versprochene Programm zu dem Vorspiel, über welches ich mir Ihren einsichtigen Rat erbitte. Findet es Beifall, so können Dekorationen, Kleider und Instrumentalmusik einstweilen besorgt werden. Die Chöre sende zunächst, wie ich denn den ersten, für die Krieger, schon beilege. Der Dialog folgt sodann, wo nicht auf einmal, doch teilweise, und so hoffe ich, soll alles zur rechten Zeit beisammen sein. Mehr sage ich nicht, damit diese Sendung sogleich abgehen könne. Nehmen Sie meinen Dank für das mir erwiesene Vertrauen und erhalten mir Ihre Gewogenheit.

7. *Mit diesem Brief übersandte Goethe* das versprochene Programm. *Es lautete folgendermaßen:*

‚Des Epimenides Erwachen'.

Der Anaß zu diesem Titel ist die bekannte Fabel, daß Epimenides, ein weiser, von den Göttern begünstigter Mann, durch sonderbare Schickung, eine ganze Lebens-Epoche verschlafen und dadurch die Erhöhung seiner geistigen Seherkraft gewonnen habe.

Erste Dekoration.

Ein prächtiger Säulenhof; im Grunde ein tempelähnliches Wohngebäude, mit den Kulissen durch Hallen und andern architektonischen Prunk verbunden. Die Mitteltüre des Gebäudes ist durch einen Vorhang geschlossen.

Der Vorhang teilt sich. Epimenides erscheint und drückt in einem Monolog seine Freude über einen reichen und vollkommen gesicherten Wohlstand aus.

Zwei Knaben treten zu ihm, den Entschluß der Götter meldend. Er mißtraut ihnen und überzeugt sich, daß ihm sein Lebensende geweissagt wird; ergibt sich darein, und ungeachtet der Versicherung der Genien, daß Schlaf buchstäblich gemeint sei, beharrt er auf seinem Gedanken und nimmt von der Welt Abschied. Er steigt, begleitet von den Knaben, die Treppe hinauf, und als die Vorhänge sich öffnen, sieht man ein prächtiges Lager, über demselben eine wohlerleuchtete Lampe. Er besteigt es; man sieht ihn sich niederlegen und einschlafen.

Dieses Alles kann von einer sanften, lieblichen, einschläfernden Musik begleitet sein.

Sobald der Weise ruht, schließen die beiden Knaben zwei eherne Pforten-Flügel, die herauswärts aufgehen und bisher für einen Teil der Dekoration gehalten werden konnten.

In diesem Augenblick hört man von ferne donnern, zugleich ertönt kriegerische Musik, und in demselben Nu werden, wo möglich, sämtliche Lampen durch gelbrotes Glas verdeckt, so daß über das ganze Theater ein roter Brandschein verbreitet ist.

Hierauf kommt, im Chor singend, ein Armeezug, welchen der Dämon des Kriegs und der Zerstörung, von den größten Männern, die zu haben sind, umgeben, in der Kleidung, die sich der eines römischen Imperators nähert, auftritt.

Mit dem Kostüm des Heeres ist es folgendergestalt gemeint: es werden nämlich die sämtlichen Völker vorgestellt, welche zuerst von den Römern bezwungen und dann als Bundesgenossen gegen die übrige Welt gebraucht wurden. Die sämtlichen südlichen, südöst- und südwestlichen Völker der alten Welt können hier vorgestellt werden, insofern sie auffallende Trachten führten, z. B. die

Numidier, Mohren, Ägypter, Kretenser, Mazedonier, Thrazier, Lusitanier, Spanier, Gallier, Germanen u. dergl.

Gelehrte Freunde werden hierüber die beste Auskunft und Kupferwerke den ersten Anlaß geben. Denn es ist nicht die Meinung, daß man sich genau an das überlieferte Kostüm halte, sondern bloß das Motiv davon hernehme, wonach ein theatralischer Effekt ausgearbeitet werden kann.

Um das Bunte und Zusammengetriebene eines solchen Heeres anzudeuten, dürften von jeder Art nur zwei sein, und so rangiert, daß die entgegengesetztesten Figuren beim Zuge hinter einander, und beim Frontmachen neben einander stünden.

Von der Kleidung des Kriegs-Dämons gilt eben dasselbe; sie soll nur an den römischen Imperator erinnern. Gelb, Gelbrot, Schwarz und Gold, und was sonst noch Gewaltsames der Art in Glanz und Farbe aufzubringen, das durch den roten Schein noch erhöht würde, wäre empfehlenswert.

Der Gesang, womit der Chor auftritt, wäre vielleicht der kriegerische aus ‚Pandora‘, den ich zu vorläufiger Überlegung sogleich beilege.

Das Chor ist abgezogen, die kriegerische Musik verhallt, der Dämon des Kriegs ist im Begriff, zu folgen, als ihm der Dämon der List und Zwietracht mit seinen Gesellen in den Weg tritt.

Dieser erinnert durch Kleidung und Betragen an einen Staats- und Hofmann des 16. Jahrhunderts, sowie seine Gesellen gleichfalls die Zivilmänner, die Gelehrten und Hofleute der damaligen Zeit nachbilden. Pagen dürften nicht fehlen. Es wäre sehr artig, wenn diese letztern aus kleinen Kindern bestünden, so wie die Riesen, die noch auf dem Theater sind, den Dämon des Kriegs umgeben.

In dem Augenblick, da diese zweite Sippschaft eintritt, verschwindet der feurige Schein.

Könnte man durch einen geschickten Mechanismus gleich an die Stelle der rotgelben Gläser blaue, mit einigen violetten untermischt, vor die Lampen bringen, so würde der Gegensatz noch gewaltsamer, ja ängstlich werden.

Der Dämon der List wäre in Silberstoff und Blau, doch auch wohl mit schwarzer Pelzverbrämung gekleidet, so wie sein Gefolge auch in diesem Ton zu halten wäre. Violett, was bei Nacht nicht ganz grau wird, würde den Doktoren, vielleicht noch besser den Pfaffen zieren; wie es denn an Geistlichen nicht ganz fehlen darf. Ja, es wäre vielleicht zu wagen, daß man schöne und wohlgekleidete Frauen mit in's Gefolge brächte.

Alles dieses sei der Einsicht und dem Geschmack einer angesehenen Direktion überlassen. Möchte man mir hierüber, so wie über das anderweitige Detail einige Nachricht geben, Entschlüsse und Wünsche mitteilen, so würde dadurch die Ausführung noch gesteigert werden können.

Obgleich die beiden Dämonen, wie es sich bald offenbart, nicht in dem besten Verhältnisse stehen, und einer sich immer wirksamer und mächtiger zu sein dünkt, als der andre, so fühlen sie doch die

Notwendigkeit, sich zu verbünden, und nach abgeschlossenem Vertrag folgt der Dämon des Kriegs seinem Heere auf dem Fuße. Man hört ein fernes Abdonnern.

Will man diesen Moment mit schicklicher Musik begleiten, so daß der Dämon der List, von den Seinigen umgeben, in nachdenklicher Stellung verharren kann, indeß die Seinigen, bedeutend gruppiert, gleichfalls zu überlegen scheinen, so müßte es von guter Wirkung sein. Zuletzt ist eine allgemeine Stille beabsichtigt, damit der Dämon, wenn er zu sprechen anfängt, sich der vollkommnen Aufmerksamkeit erfreuen könne.

Das Gefolge tritt zu beiden Seiten; er steht in der Mitte, etwas rückwärts, so daß er sie bequem anreden kann.

Auch hier würde es einen guten Effekt tun, wenn die Gruppen, wie sie bisher im Hintergrunde beisammen gestanden, sich auflösten, einander durchkreuzten und die Verhältnisse wechselten, um hierdurch die Versatilität der diplomatischen Einwirkungen symbolisch darzustellen.

In einer Rede sendet der Dämon die Seinigen in alle Welt; sie zerstreuen sich nach und nach, indem sie einen heimlichen Gesang pian piano anstimmen und sich einzeln an die Kulissen bis in die Tiefe des Theaters stellen. In dem Augenblick, daß der Gesang endigt, sind sie alle auf einmal verschwunden, um den Gegensatz mit den Kriegsgefährten auszudrücken, welche sich in Masse entfernt hatten.

Der Dämon bleibt allein; er geht schon freier und leidenschaftlicher heraus, überhebt sich über den Kriegsgott, ist seiner Wirkung viel gewisser als jener, und indem er sich einem geschickten Ingenieur vergleicht, beschreibt er die Wirkung seiner Abgesandten wie die eines unterminierten Terrains; verachtet die alte Vorstellung der Zwietracht als eines gewaltsamen Wesens und spricht die wahre moderne Zwietracht aus, die „Solutionem Continui“.

Zweite Dekoration.

Der Dämon ist seiner Sache gewiß; auf seinen Wink und Hauch stürzt die ganze, bisher bestandene Architektur zusammen. Alles, was im Hintergrunde steht, das tempelartige Wohngebäude, die Hallen und sonstigen Prachtstellen stürzen wirklich zusammen, der Giebel ist geborsten, doch so, daß die ehernen Pforten jetzt eine Felsenhöhle zu schließen scheinen. Alles war dergestalt vorbereitet, daß eine schöne Ruine erscheint.

Die Kulissen könnten, als Ruinen gemalt, vorgeschoben werden, welches um so leichter geschehen kann, als der Zuschauer auf die Bewegung der Mitte aufmerksam ist. Nur bemerke ich, daß nicht das mindeste Grüne auf dem ganzen Theater erscheine. Da man die Architektur der ersten Dekoration aus buntfarbigen Steinen zusammen setzen, ja mit Erz und andern glänzenden Metallen verzieren kann, so läßt sich denken, daß auch diese Ruine schön koloriert erscheinen könne.

Der Dämon der List erfreut sich schweigend über sein Unwerk. Zu ihm tritt der Dämon der Sklaverei.

Dieser müßte an einen alten theatralischen Zauberer erinnern, z. B. an Gozzis Sinadab. Über ein braunes Gewand hätte er ein goldnes, vielfach verschlungenes Netz gezogen. Übrigens könnte er, auf orientalische Weise, mehrere Kleider stufenweise übereinander tragen, mit Shawl und Turban an die asiatische Despotie erinnern.

Er tritt zu dem Dämon der List und dankt ihm für die vortrefflich geleisteten Dienste und für die Gründung seines Reiches. Der Schweigsame würdigt ihn keiner Antwort, dergestalt, daß der andre fortfährt, sich übermütig darzustellen. Endlich ergrimmt der Dämon der List, behandelt jenen verächtlich und sich als den einzigen Herrscher und entfernt sich.

Der tyrannische Dämon nimmt sich zusammen, schwört jenem ewiges Verderben und befestigt sich in sich selbst.

Dritte Dekoration.

Auf sein Gebot übergrünt sich die Ruine: Efeu rankt sich auf, Sträuche treten hervor, Moos und Gras bedeckt die horizontalen Lagen des Gesteins. Hinter jener Tempelwohnung steigen Zypressen, ja ein ganzer Wald hervor.

Hier würden der Architekt und der Landschaftsmaler sich verbinden, um einen überraschenden und angenehmen Effekt hervorzubringen. Es ist durchaus darauf zu sehen, daß die Heiterkeit, welche der Ruine allenfalls noch geblieben ist, völlig verdunkelt werde. Ob man der Beleuchtung etwas entziehen will, bleibt den Meistern anheimgestellt.

Die Liebe tritt auf. Sie findet sich einsam in der Welt, sie wendet sich zu diesem würdig scheinenden Mann, der sie foltert und ängstigt.

Der Glaube tritt auf, auch mit Glauben an ihn. Jener bringt sie in Verzweiflung und verläßt triumphierend die beiden. Sie bleiben trostlos.

Da man die Liebe als die jüngste, den Glauben als die mittlere Schwester gedacht hat, so werden die Damen sich in Form und Farbe teilen. Ich wünschte, daß die Liebe an eine Schäferin, der Glaube an eine Vestale erinnerte, doch immer nur im Allgemeinsten, da im Besondern hier aller Spielraum gelassen ist.

Zu den jammernden Schwestern tritt die Hoffnung bewaffnet auf.

Sie erinnert an Minerva. Ich wage nicht zu beurteilen, ob die Schauspielerin an Gestalt und Betragen der Höchstseligen Königin ähnlich sein darf, ob man ihr einen blauen Schild geben und in einem Sternenrande die Chiffre der Königin, gleichfalls durch Sterne bezeichnet, anbringen kann; ich bitte mir hierüber nähere Bestimmung aus. Indessen kann ich, indem sie ihren Schwestern zuspricht, einstweilen versuchen, im Namen der Verklärten zu reden.

Die beiden Genien treten zwischen sie hinein. In diesem Fünfgespräche wird das Nächstkünftige angedeutet. Die drei Frauen bestimmen sich zur Tätigkeit. Die Hoffnung steigt über die Ruinen der einen Seite, Liebe und Glaube auf die Trümmern der andern Seite. Die Knaben sind indes wieder an die eherne Pforte gelangt. Oben stehend begrüßen sich alle noch mit pantomimischem Abschied.

Ich wünschte diese Handlung, wozu sich die Spielenden Zeit nehmen werden, durch ein unsichtbares Chor begleitet, wozu die Verse bereit sein sollen.

Die Genien eröffnen die Pforten und bleiben halb versteckt hinter ihnen stehen. Das Chor verhallt; man sieht den Epimenides liegen, wie er eingeschlafen.

Zu seinem Erwachen, Heraus- und Herabtreten, zu seiner Verwunderung, sich nicht mehr zu erkennen, wäre eine analoge ahndungsvolle Instrumentalmusik wünschenswert.

Endlich tritt er hervor und äußert seine Gefühle. Es ist dunkel geworden; er glaubt sich in der Wüste; die Genien mit Fackeln treten herunter. Er befragt sie, aber sie legen den Zeigefinger auf den Mund. Sie leuchten ihm nach der einen Seite des Theaters, wo er alte Basreliefe wiedererkennt; sie leuchten ihm auf die andre, wo er eine bekannte Inschrift aus glücklichen Tagen findet. Wehklage über das unübersehliche Unglück.

Die Genien eröffnen den Mund und kündigen die aufgehende Sonne an. Das Theater erhellt sich von hinten hervor.

Kriegerische Musik. Epimenides wird von den Knaben wieder auf die Höhe vor der Pforte geführt. Sie löschen ihre Fackeln aus.

Die kriegerische Musik nähert sich.

Ich wünsche, daß man das Thema einer Melodie nehme, die in Berlin beliebt ist und den Enthusiasmus der Masse schon erregt hat. Dem Komponisten bleibt es überlassen, sie nach Belieben und Einsicht zu variieren. Ich erbitte mir hierüber einige Nachweisung.

Die Hoffnung, von einer Seite, führt ein Heer über die Ruinen herein.

Dieses Heer würde die nordöstlichen und nördlichen modernen Nationen darstellen, welche so kostümiert sind, daß sie einen guten theatralischen Effekt machen. Das russische Reich bietet sehr schöne und hier sehr schickliche Kleidungen. Von Östreich nähme man die Kroaten in ihrer alten Tracht, Slavonier und Illyrier, Ungarn; die Ulanen würden gleichfalls gut tun, ob ich gleich durchaus auch hier wünschen würde, daß man sich von der Wirklichkeit entfernte und durch eine glückliche Kunst den theatralischen Forderungen annäherte. Die ungarischen Magnaten wären nicht zu vergessen. Ob man den Polen die Ehre erzeigen will, auch einige in ihrer alten Tracht auftreten zu lassen, stelle anheim.

Überhaupt erbitte ich mir, wenn diese Gegenstände mit den Kunstkennern und Meistern durchgedacht worden, mir das Nähere mitzuteilen. Die Schweden haben jetzt schon eine Tracht, die sie auszeichnet. Wollte man auch auf diese anspielen, so würde es wohl glücken. Was die Preußen betrifft, so wünschte ich, daß sie in der Ordenskleidung der Johanniter aufträten, mit dem bekannten weißen Sternkreuz.

Indem dieser Zug über die Ruinen herangelangt ist, tritt auf der anderen Seite in der Höhe Liebe und Glaube, gefolgt von hülfreichen Frauen, hervor. Diese tragen goldne Trinkgefäße, goldne Becher, andre die buntesten Körbe mit Blumen und Früchten, andre halten Lorbeerkränze in die Höhe, ja sie können bunt umwundene Stäbe tragen, an welchen alle Arten Kränze schwankend hangen.

Wie dieses weibliche Chor erscheint, entsteht ein Doppelchor, und dem Komponisten ist überlassen, einzurichten, daß das zweite zärtere mit dem ersten heroischen glücklich wechsele, und daß beide sich in eins verschmelzen; wozu die Musik alle Mittel in Händen hat.

Von den Panieren, welche die Krieger schwingen, wird noch zu reden sein. Ich würde nicht zu den Wappen raten. Die drei schwarzen Adler zeichnen sich nicht genugsam von einander aus. Schickliche, einfache Symbole würden sich ja wohl finden lassen.

Um anzudeuten, daß dieses Heer aus größern Massen zusammengesetzt sei, könnte man vier, ja sechs und mehrere, soviel der Raum erlaubt, von jedem Schnitt und Farbe, vorführen.

Während dieses Auftrittes bleibt die Mitte frei, daß man den Epimenides und die beiden Knaben immer sieht. Dem Künstler sei überlassen, das Wiedererkennen der Seinigen, seine Freude, sein Entzücken pantomimisch auszusprechen.

Zuletzt wünschte ich, daß er mit beiden Kindern auf die Knie fiele und sich im Gebet zu sammeln schiene.

Vierte Dekoration.

Denn in diesem Augenblick wird durch einen glücklichen Mechanismus das Gebäude wiederhergestellt, die Vegetation verschwindet, und alle Gegenwärtigen sind bemüht, bei Räumung des Schuttes, bei Wiederaufrichtung der Säulen scheinbar Hand anzulegen. Die übrige Dekoration kann wieder die erste sein, oder, wenn es die Zeit und der Aufwand erlaubt, eine noch prächtigere.

Was das tempelartige Gebäude betrifft, so wünschte ich, daß das schwarze eiserne Kreuz, mit der hellen Einfassung, im Giebel in einem transparenten Felde erschiene. Oben auf der Giebelspitze stünde der Triumphwagen vom Brandenburger Thore, ein schönes Kind, als Victorie, hielte die Zügel; auf den beiden Akroterien stünden die beiden Knaben, die bisher dem Epimenides ministriert. Dieser steht aus seiner betenden Stellung nicht eher auf, als bis die Verwandlung des Theaters völlig geschehen ist. Indem er sich erhebt, kann ihm ein prächtigeres Gewand von ein paar Akoluthen umgelegt werden, daß er als Hoherpriester erscheine.

Alles hat sich indessen rangiert, Epimenides, mit den zwei neuen Akoluthen, welche Jünglinge sind, tritt hervor und dankt den Göttern.

Der Glaube spricht etwas Schickliches dem Kaiser von Rußland;
Die Liebe dem Kaiser von Östreich;
Die Hoffnung dem König in Preußen.

Die Ordnung, wie dieses geschehen soll, hängt von Beurteilung ab, der ich mich nicht unterziehe, doch wünschte ich es voraus zu wissen, indem diese oder jene Stellung der Anreden auf die Behandlung einen verschiedenen Einfluß hat.

Epimenides reassumiert alles Dreies und fügt etwas Schickliches für den Kronprinzen von Schweden hinzu.

Hier könnte die Stellung und Gruppierung der Schauspieler sich dergestalt verändern, daß Frauenzimmer und Mannspersonen sich mischten und eine Art von bunter Reihe machten. Wie man die Standarten, Thyrsus- und andere in die Höhe ragende Zierstäbe mit Kränzen verknüpfen, und was man sonst tun will, um den Anblick zu verherrlichen, ist alles am Platze.

Daß ein Schlußchor das Ganze beendige, daran ist wohl kein Zweifel. Vielleicht erzeigt man den Sängern auch die Artigkeit, daß man einen jeden ein Couplet singen und das Chor einfallen läßt. Diese Couplets könnte man zu allerlei Komplimenten brauchen, deren man noch manche schuldig ist, z. B. den Freiwilligen, dem Frauen-Verein, den ausdauernden Patrioten, ausgezeichneten Kriegern, und so manchen Andern, worüber mir nähere Weisung erbitte. Das Chor dazwischen würde immer die Einigkeit der Monarchen preisen, durch welche ein so großes Werk vollbracht worden.

Der Engländer habe ich nicht erwähnt, doch darf auch denen ihr Anteil nicht fehlen.

Und wie manches Andre mag ich noch übersehen haben, was sich aus diesem ungeheuren Thema entwickeln läßt. Ich bitte daher um gefällige Mitteilung von allem und jedem, was diese Unternehmung fördern und was dabei zu bedenken sein möchte.

Eine Bemerkung wegen der Dekoration überhaupt will ich hier nicht verschweigen. Obgleich Epimenides in und vor dem Tempel nicht spricht, sondern nur durch Gebärden interessiert, so darf er doch nicht allzuweit hinten stehen, und man braucht doch zu der großen Menge die ganze Tiefe des Theaters.

Man könnte daher die Hallen, wodurch diese Tempelwohnung sich mit den Kulissen verbindet, anstatt sie in einer Linie mit dem Tempel zu führen, rückwärts nach dem Grunde zu gehen lassen. Zusammengestürzt würden sie alsdann eine Art Brücken bilden, worüber die Krieger und Frauen heranzögen. –

Doch ich fürchte, schon zu viel Eulen nach Athen gebracht zu haben, und erbitte dem Gegenwärtigen eine günstige Aufnahme, balde gefällige Entschließung und nähere Bestimmung.

8. Goethes Tagebuch. Berka, 17. Mai–28. Juni; Weimar, 29. Juni–9. Juli

17. Mai: Hofkammerrat Kirms. Antrag Ifflands. – 19. Mai: Vorspiel für Berlin. – 20. Mai: Spazieren mit Uli *(Caroline Ulrich)*, Erzählung des Plans zum Vorspiel. – 21. Mai: Vorspiel für Berlin. – 22. Mai: Vorspiel für Berlin. – 23. Mai: Riemer Abschrift des Programms. – 24. Mai: An Iffland nach Berlin das Programm zum Vorspiel. – 25. Mai: Vorspiel. – 30. Mai: Vorspiel. – 31. Mai: Abends am Berliner Vorspiel geschrieben. – 2. Juni: Nachmittag am Vorspiel diktiert. – 3. Juni: Früh am Vorspiel diktiert. – 4. Juni: Am Vorspiel gearbeitet. – 5. Juli: Diktiert. – 7. Juni: Diktiert. . Hafis

Divan. – 8. Juni: Früh am Vorspiel gearbeitet. Mittags vorgelesen. Geheimerat Wolf. – 16. Juni: Die Rolle für Berlin mit dem Vorspiel. – 21. Juni: Das Vorspiel fertig gemacht. – 22. Juni: Das Berliner Vorspiel an Riemer. – 24. Juni: Abends der Kapellmeister Weber und der Hofrat Duncker, beide aus Berlin. – 25. Juni: Abends die Berliner. – 26. Juni: Früh der Kapellmeister Weber und Duncker. – 30. Juni: Früh letzte Beratung mit Kapellmeister Weber. Verreiste derselbe mit Duncker. – 8. Juli: Riemer Festspiel für Berlin korrigiert. – 9. Juli: Die Abschrift des Festspiels für Berlin geendigt.

9. Iffland in Berlin an Kirms in Weimar. 28. Mai 1814

Seit langer Zeit, mein teurer geliebter Freund, habe ich keine solche reine, kindliche Freude empfunden als die war, welche mir geschenkt wurde, da ich den zusagenden liebevollen Brief des Herrn v. Goethe an Sie erhielt. Seit Luthers Reformation ist kein so hohes Werk, dünkt mich, geschehen, als die jetzige Befreiung von Deutschland. Die Preußen haben sich wieder ganz, größtenteils aus eigener Kraft, zu einer ehrenvollen Nation aufgeschwungen, Begeisterung hat alle Menschen ergriffen, die Feier liegt im Herzen wie im Verstande. Es gibt keine höhere Feier als die, daß der erste Mann der Nation über diese hohe Begebenheit schreibt. *(Es folgt eine ausführliche Charakteristik der Sänger und Schauspieler, die in Berlin zur Verfügung stehen.)* Empfehlen Sie mich Herrn v. Goethe recht herzlich und erhalten Sie mich in Ihrem freundschaftlichen Andenken...

10. Iffland in Berlin an Goethe in Berka. 4. Juni 1814

Mit der größten Freude habe ich am 31. Mai den Aufsatz erhalten, womit Sie mich so freundlich überrascht haben. Das Ganze ist aus einer reichen, blühenden Phantasie geschöpft, mit der tiefsten Menschenkunde ausgestattet, und muß von unendlicher Wirkung sein, wenn es auch nur halb so gegeben wird, als es gedacht ist. Die Herstellung ist allerdings großer Schwierigkeit unterworfen. Es sind tiefe Leidenschaften in ihren feinsten Verfließungen deutlich anzugeben, und gleichwohl darf die Larve nicht oder nur wenig gerückt werden, welche es hindern soll, daß man nicht von außen das innere Geheimnis gleich überblicke. Ich weiß nicht, wie ich zu dem schiefen Gedanken gekommen bin – selbst noch eine kleine Weile nach der Durchlesung – in der Person des Epimenides die Anspielung auf unsern König zu suchen. Ich sah nachher bald, daß hievon keine Rede war noch sein konnte. Gleichwohl ist es noch immer andern Lesern ebenso gegangen, nicht aber meinem Schwager, dem Herrn Legationsrat Greuhm, und Herrn Staatsrat Uhden. Da sich aber nun beweist, daß dieser Mißgriff eine Möglichkeit ist, so will ich lieber das Lächerliche meines Fehlers bekennen, damit Sie gleich anfangs durch ein paar bestimmte Pinselstriche... vor diesem Abwege, der schädlich werden könnte, sichern...

11. Die Verleger Duncker und Humblot in Berlin an Kirms. 4. Juni 1814

Durch das Vertrauen des Herrn Generaldirektor Iffland sind wir mit dem Plane bekannt geworden, den der Geheime Rat v. Goethe hat, ein dramatisches Werk zur Feier der Rückkehr unseres Königs zu schreiben, und er hat uns hoffen lassen, daß Euer Wohlgeb. eine Bitte, die wir in Bezug hierauf Ihnen vorzulegen so frei sein dürfen, nicht ungünstig aufnehmen werden. Es würde uns sehr glücklich machen, von einem Goethe gewürdigt zu werden, die Verleger eines seiner Werke zu werden...

12. Iffland in Berlin an Kirms in Weimar. 5. Juni 1814

Es ist gestern abend noch eine Stafette an Herrn Hofmaler Winkler in Dresden abgegangen, ihn dringend zu bitten, sogleich hieher zu kommen... Auch hat Herr Weber bereits einen Chor komponiert und beschäftigt sich mit der Ouvertüre.

13. Goethe an Iffland. Berka, 15. Juni 1814

Vor allen Dingen muß ich Ihnen, verehrter Mann, den aufrichtigsten Dank abstatten, daß Sie mir Gelegenheit geben, und zwar eine so würdige, der Nation auszudrücken, wie ich Leid und Freude mit ihr empfunden habe und empfinde. Wenn dieses zuvörderst vor Ihrem Könige, seinen höchsten Gästen und den werten Berlinern, unter denen ich so viel Gönner und Freunde zähle, geschieht, so ist es ein unerwartetes Glück. Möge der Beifall, den Sie dem Entwurf gegönnt, auch der Ausführung zu Teil werden.

Denen Herren Uhden, Weber, Burnat, und wer sonst sich meiner erinnert, und an diesem Vorhaben teilnehmen mag, empfehlen Sie mich schönstens und erhalten mir ein freundliches zutrauliches Andenken.

14. Diesem Brief beigefügt waren die folgenden Bemerkungen.

Hierbei folgen einige Bemerkungen, sowohl bezüglich auf dasjenige, was mir in der letzten Sendung mitgeteilt worden, als auch, was sich weiter nötig macht. Die allgemeinste stehe voran.

Ich fühle wohl, daß ich in der Entfernung bei verschiedenen Angaben in einen doppelten Fehler fallen kann, einmal, daß mich die Einbildungskraft verleitet, über das Mögliche hinaus zu gehn, sodann aber, daß ich mir dasjenige, was auf einem großen Theater möglich ist, nicht vergegenwärtigen kann. In beiden Fällen bleibt das Verengen oder Erweitern den sach- und ortkundigen Männern anheim gestellt.

Bei einem gewissermaßen mysteriösen Werke, wie dieses, hat man freilich darauf zu sehen, daß keine falschen Deutungen gemacht werden; damit man also nicht etwa hinter dem Epimenides den König suche, wird Epimenides in der ersten und zweiten Szene, erst allein, sodann mit den Genien, sich, sein Schicksal und seine Personalität exponieren. Allein man könnte noch weiter gehen und die Sache unter dem Volke vorbereiten. Der Titel und der

Inhalt des Stücks kann kein Geheimnis bleiben; daher wird jedermann fragen: was ist denn der Epimenides? Da könnte man denn auf irgend eine schickliche Weise, zu welcher ein öffentliches Blatt wohl Gelegenheit anbietet, Folgendes unter das minder gelehrte Publikum bringen:

„Epimenides, einer Nymphe Sohn, auf der Insel Kreta geboren, hütete die väterlichen Herden. Einst veirrte er sich bei Aufsuchung eines verlornen Schafs und kam in eine Höhle, wo er vom Schlaf überfallen wurde, der vierzig Jahre dauerte. Als er wieder aufwachte, fand er alles verändert; doch ward er wieder von den Seinigen anerkannt. Die Nachricht dieses Wunderschlafes verbreitete sich über ganz Griechenland, man hielt ihn für einen Liebling der Götter und verlangte von ihm Rat und Hülfe. Bei einer wütenden Pest flehten ihn die Athenienser an, daß er ihre Stadt reinigen und aussöhnen sollte. Die Kretenser sollen ihm auch als einem Gott geopfert haben. Einige zählen ihn, statt des Perianders, unter die sieben Weisen.“

Folgendes könnte man hinzufügen:

„In der neuen Dichtung nimmt man an, daß die Götter den weisen und hülfreichen Mann zum zweitenmal einschlafen lassen, damit er eine große Unglücks-Periode nicht mit erlebe, zugleich aber auch die Gabe der Weissagung, die ihm bisher noch versagt gewesen, erlangen möge.“

Brächte man auch dieses Andre nur abschriftlich unter die Gebildetern, so würde sich mancher nach dem mythologischen Lexikon umsehn und darin noch andere Dinge von diesem Weisen erfahren, wodurch jene erste mögliche Deutung völlig beseitigt würde.

Es ist wirklich eine Wohltat, die man einem großen Publikum erzeigt, wenn man es, zu seinem Besten, aufklärend bearbeitet...

Herrn Staatsrat Uhden teilnehmend zu wissen, ist mir unendlich angenehm. Wenn er meinen ersten Entwurf *[Nr. 5]* mit Neigung aufgenommen, so wird er dem gegenwärtigen Karton seine Teilnahme nicht versagen; denn freilich Licht, Schatten, Farbe und Haltung wird nur erst unter der Leitung einer meisterhaften Direktion so durch unzählig größere und kleinere Mittel in das Bild gebracht werden.

Wenn man den Tempel unerschüttert stehn läßt, kann es auch seine gute Deutung haben. Die ehernen Flügeltüren würden in zwei große und vier kleine Felder geteilt, die zwei größeren ließen die bekannten Bilder des Schlafs und Todes sehen.

Das abwechselnde Licht bleibt ganz einer einsichtigen Technik anheim gestellt.

Die Erscheinung der Diplomaten betreffend, bemerke ich Folgendes: sie haben einzeln nicht zu sprechen, noch zu singen; sie bilden bloß den Singe-Chor des Listigen Dämons und einen Figuranten-Chor. Das Verschlingen dieses listigen Geleits in die abmarschierende Kolonnne und die dadurch entstehende Retardation bei retardiertem Tempo ist eine schöne Aufgabe für den Komponist und Ballet-Meister. Die Damen, welche an Adelheid von Walldorf *[in ‚Götz‘]*, Gräfin Terzky und andere erinnern werden, wären von Tänzerinnen vorzustellen. Die Männer mittleren Alters erinnerten an Weislingen, die älteren an Questenberg. Zu den Doktoren würden englische Portraits vortreffliche Kleidung liefern. Die Geistlichen müßten an Richelieu und Mazarin erinnern, wenn man auch nicht gerade die Kühnheit hätte, sie als Kardinäle und Bischöfe darzustellen. Die Pagen wünschte ich besonders klein und niedlich und füge die Bemerkung hinzu, daß ich (vielleicht aus Gewohnheit, mit beschränkten Mitteln zu wirken) bei diesem Stücke nicht auf lauter neue Kleider gerechnet habe, sondern eine unendliche Theater-Garderobe in Bewegung zu setzen dachte.

Die Anspielung, unter der Gestalt der Hoffnung die höchstselige Königin vorzustellen, habe ich so leicht als möglich behandelt; das Äußere sei einsichtiger Beurteilung anheimgegeben.

So bin ich gleichfalls vollkommen einstimmig, daß man den neuesten Kavallerie-Anzug benutze, statt der alten Johanniter, die mir in der Einbildungskraft edler vorschwebten.

Die Polen sind mit Stillschweigen übergangen. Die Engländer haben ihren Platz gefunden.

Den Vorschlag, das Stück in Berlin drucken zu lassen, finde ich den Umständen sehr gemäß und gebe einer ansehnlichen Generaldirektion ganz anheim, wie sie mit denen Herren Duncker und Humblot deswegen kontrahieren will. Ich von meiner Seite sage zu, diese Arbeit vor künftigen Ostern nicht wieder abdrucken zu lassen. Mein Vorschlag wäre eine schöne Quartausgabe, wozu man in der Folge die Theaterkostüms, welche in Berlin so trefflich gearbeitet werden, anbinden ließe. Sodann würde ich zu einer Ausgabe in Taschenformat raten, welche um so geschmackvoller ausfallen kann, weil die Zeilen kurz sind und man nur wenige wird brechen müssen.

Nun will ich auch noch einiges in Bezug auf Komposition hinzufügen, wenn es sich auch im Grunde schon von selbst verstünde, oder man darüber dort anders dächte. Alles bleibt doch immer den Ausführenden anheim gestellt, und ich werde durchaus alles genehmigen.

Es liegt in diesem Stücke eine gewisse Disproportion, wodurch es sich aber von den gewöhnlichen loslöst. Die Teile der drei Dämonen sind so gehalten, daß jeder für sich eine Art Monodram ausmacht, zugleich aber in's Vorhergehende und Folgende eingreift.

Wir haben zur Ausführung dessen, was hier durch Worte geleistet wird:

1. Reine Rezitation ohne Accompagnement; die Stanzen der Muse und einen Teil der Rolle des Epimenides, sowie die Stanzen, welche die Hoffnung spricht. Doch hängt es vom Komponisten ab, noch mehrere Stellen bloß rezitierend vorüber gehn zu lassen.

2. Rezitation mit mehr oder weniger Begleitung oder sogenannte melodramatische Behandlung. Dieses würde der Fall bei dem Kriegsgotte und teilweise bei den beiden andern Dämonen sein.

3. Rezitativ mit mehr oder weniger Begleitung: der größte Teil der Partien der List und Sklaverei. Die Partie des Letzteren *[der Dämonen]*, welche sehr stark ist, wäre nach der Möglichkeit der Kräfte des Sängers zu behandeln. Von vorn herein sei alles mäßig, nur das Rezitativ „So hab' ich euch dahin gebracht“ *(503–513)* und die Arie „Aufgeregte Höllenbilder“ *(550–559)* müssen die größte Gewalt haben, die auf einmal bei dem „Doch ich wittre Grabesduft“ *(560)* gebrochen erscheint, da denn von da aus stufenweis ein neues, emporstrebendes und gewinnendes Leben angeht.

Übrigens ist in dem Stück selbst mit roter Tinte einiges angedeutet, aber kein Vorschlag, noch viel weniger Vorschrift, sondern nur Andeutungen, weil ich an die Mäßigkeit der italienischen Opern und an die in ihnen sorgfältig beobachtete Verteilung der Stimmen durch's Ganze nach dem, was die Sänger physisch leisten können, gewöhnt bin, daher bei dieser freien und in gedachtem Sinne rücksichtslosen Arbeit immer einige Sorge habe, daß die Partien den Sängern lästig werden könnten.

Sobald als ich die Charakterisation der verschiedenen Talente des Berliner Theaters erhielt, dachte ich sogleich es auch nochmals durch und fügte mehr ausgesprochene und benannte Personen hinzu, als im Programm stehen. Wie ich mir nach diesem Anlaß die Austeilung gedacht, lege ich bei, ohne jedoch etwas vorschreiben zu wollen.

Nun erscheint aber noch ein Hauptbedenken. Ich konnte nämlich wegen Kürze der Zeit, und weil mich andere, bisher zurückgesetzte, Geschäfte drängen, kein Manuskript für den Druck fertig machen. Die gegenwärtige Ausarbeitung, ob sie gleich hie und da von dem Programm abweicht, muß doch aus demselben suppliert werden: denn es fehlen selbst darinne Bemerkungen, die in das Theaterexemplar einzuschalten sind; sodann aber enthält es wieder Stellen, die sich bloß auf's Theater-Arrangement und auf den Acteur beziehen. Dieses alles zu sondern, ist mir, wie gesagt, unmöglich. Vielleicht hätte Herr Staatsrat Uhden die Gefälligkeit, dieses Geschäft zu unternehmen, welches dadurch erleichtert werden könnte, wenn man schnell nach dem gegenwärtigen Exemplar eine andre Abschrift machen ließe, aus derselben wegstriche, was das lesende Publikum nicht angeht, und aus dem Programm, was zur Deutlichkeit der Handlung nötig ist, hinzufügte. Ja es kann der Fall kommen, daß man bei der Vorstellung einige Veränderung beliebt, wie zum Beispiel, daß der Tempel nicht zusammen stürzt, dergleichen wäre denn auch nach Maßgabe der Umstände zu verändern.

Noch eine Bemerkung stehe hier die rhythmische Behandlung des Stücks betreffend. Man könnte tadeln, daß die Silbenmaße nicht genugsam variiert sind. Ich habe aber bei einem Stück, welches allgemein wirken soll, nicht künsteln, sondern mich vielmehr der bekanntesten und leichtesten Silbenmaße bedienen wollen, da es ohnehin von dem Komponisten abhängt, denselben Rhythmus in verschiedenen Taktarten zu behandeln.

Einige Zeichnungen, wie die Genien und Dämonen allenfalls zu kostümieren, liegen bei, wenigstens zur Veranlassung.

Wenn Epimenides sich niederlegt, wünschte ich, daß die Genien unter der Pforte räucherten, damit er gleichsam in einer Opferwolke verschwände.

Das Kostüm des Kriegsdämons könnte dem sogenannten Mars oder Agamemnon im capitolinischen Museum nachgebildet werden.

Ferner ließen sich, um das barbarische Heer recht auffallend zu machen, die wunderlichen Kostüms benutzen, die man auf etrurischen Monumenten antrifft.

Die Lücken, welche im Text geblieben sind, und um derentwillen ich die Sendung nicht aufhalten wollte, sollen bald ausgefüllt sein. Sie sind überhaupt nur rezitierend und halten also den Komponisten nicht auf.

Sollte im Einzelnen etwas zu bedenken sein, so sei Ihnen jede Veränderung anheimgegeben; wollen Sie mir jedoch, da wir Zeit haben, einige Nachricht geben: so stehe ich auch hiezu recht gern zu Diensten.

15. Staatsrat J. D. W. O. Uhden in Berlin an Goethe. 21. Juni 1814

... Ich folge mit Vergnügen der Aufforderung meines Freundes, des Kapellmeisters Weber, der wünscht, durch diese Zeilen bei Ihnen eingeführt zu werden. Er hat den ruhmvollen Auftrag, das Musikalische in Ihrer dramatischen Vision, womit die hiesigen nahen Feste werden verherrlicht werden, zu besorgen; und damit die Darstellung so weit wie möglich unter den Augen des Meisters steht ..., so sendet die Direktion diesen genie- und talentvollen Musiker zu Ihnen, um unter Ihrer Leitung den ihm anvertrauten so wichtigen Teil der schönen Erscheinung zu ordnen. Weber hat einen ausgezeichneten Sinn für wirklich treffenden Theatereffekt ... Dabei ist er ein verständiger, ... gut ausgerüsteter Mann...

16. Rahel Levin in Prag an Sara v. Grotthuß in Dresden. 24. Juni 1814

Vorgestern eröffnete mir der ständische Schauspieldirektor Liebich ... Folgendes: Er würde Goethen schreiben und ihn bitten und ihm vortragen, daß er für gesamte deutsche Bühnen ein Stück schriebe, welches den 18ten Oktober auf allen unsern Bühnen zugleich aufgeführt würde, und so alle Jahre den achtzehnten und im ganzen Jahr sonst keinen Tag. Mir schauderten gleich die Backen, und Tränen standen mir in den Augen. Aber wie sagte Dies der Mann! Mit welcher Einfachheit, Ehrlichkeit und wie durchdrungen! Und was fügte er hinzu! „Ich will keinen Ruhm davon“ sagte er; „aber wem kann man's zumuten als Goethen?“ ...

Liebe Grotta, rede ihm zu, daß er's tue, daß er's nicht abschlage! Wenn es ihm auch Mühe macht und einen Entschluß kostet. Es ist das erste Mal in meinem Leben, daß ich denke: Goethe soll, mag eine Mühe haben! Denke Dir, geliebte Freundin, wenn ganz Deutschland denkt: Jetzt hört ganz Deutschland dieses Stück, schaudert, bebt, horcht und klatscht und jubelt und weint mit uns! Ich falle auf die Erde und weine ...

Vertrete Liebich bei ihm! Er war sehr kleinmütig, aber wie zu einer Pflicht fest entschlossen, ihn anzugehen. Schon gefaßt in Traurigkeit, wie man es ist, auf eine abschlägige Antwort. Gedrückt sagte er: „Ich habe dann das Meinige getan. Keinen Würdigern weiß ich nicht. Einem Andern kann man Dies doch nicht anfordern!“ Ich ermunterte ihn. „Ich habe eine Freundin“ sagte ich; „Der ist Goethe sehr hold und zugetan und Der vertraut er; Der werde ich die Sache vortragen; die soll Sie unterstützen und ihn bitten.“ Nun, glückselige Grotta, von der man Dies sagen kann, tu es auch! ... Wie wird's ihm die Kaiserin, seine Freundin, danken! Ganz Deutschland beglückt er; es flammt von neuem auf!

17. B. A. Weber an Theatersekretär Esperstedt in Berlin. Weimar, 26. Juni 1814

Am Freitag abend kamen wir wie nasse Pudel in Berka an. Ich schickte meine Briefe zu Herrn von Goethe mit der Bitte, ihn besuchen zu dürfen. Er nahm uns noch am Abend sehr freundlich und liebreich auf. Wen trafen wir bei ihm? Zelter, was ich zwar schon in Weimar gehört hatte. Die erste Zusammenkunft wurde auf Sonnabend früh um 8 Uhr verabredet. Wir blieben von dieser Stunde bis 12 Uhr eingeschlossen beisammen. Ich kann Ihnen nicht beschreiben, mein liebster Freund, mit welcher Aufmerksamkeit er alle meine Bemerkungen anhörte, mit welchem kindlichen Gemüt er meine gewünschten Abänderungen auf der Stelle niederschrieb, wie ihn die musikalische Ansicht, die ich ihm von dem Ganzen gab, begeisterte und auf neue Ideen brachte, wie erstaunt und erfreut er zugleich war, als ich ihm sagte, das Stück solle im großen Opernhause gegeben werden... Nach dieser Konferenz spielte ich ihm das Wenige vor, was ich schon gemacht hatte, und was seinen ganzen Beifall erhielt... Heute früh war ich wieder mit ihm und dem Herrn Professor Riemer aus Weimar, einem grundgelehrten Philologen, der alle seine Sachen abschreibt, von 8 bis 11 Uhr zusammen. Er war noch mehr vom Enthusiasmus ergriffen wie gestern. Da er wünscht, daß ich seine Ideen klar und deutlich mitbringen möchte, um nach seinem Sinne mit Ihnen, mein liebster Freund, in Berlin alles einrichten zu können, so bat er mich inständig, in Berka zu bleiben, bis ich ein ganz vollkommenes Exemplar gleich mitnehmen könnte. Ich erwiderte, in Weimar so lange zu bleiben, einige fertige Stücke mitzunehmen und dort, weil ich keinen Augenblick zu verlieren hätte, gleich anzufangen, zu komponieren, was diesen Augenblick, wie dieser Brief geendet ist, geschieht. Nun bringt Herr v. Goethe diesen Nachmittag mit Herrn Professor Riemer wieder in diesem Geschäfte zu. Morgen früh bringt mir letzterer, von Berka kommend, wieder einige Stücke zum Komponieren mit. Da das Ganze, – was den musikalischen Teil betrifft – beinahe ganz umgestürzt worden ist, so glaubt Herr v. Goethe, vor Mittwoch abend nicht mit Herrn Riemer fertig zu sein. Donnerstag früh fahre ich nach Berka und hole das Ganze nach einer nochmaligen Durchsicht. Freitag nach Weimar zurück, und so über Leipzig wieder nach Berlin...

18. Theaterdirektor Karl Liebich in Prag an Goethe. 28. Juni 1814

Der 18. Oktober des Jahres 1813, der ewig denkwürdige Tag, wo durch die große Völkerschlacht bei Leipzig die Deutschen ihre verlorene Freiheit wieder erkämpften, sollte meiner Idee nach in der Folge ein Festtag für ganz Deutschland werden und als ein Nationalakt alljährlich gefeiert auf die späteste Nachwelt übergehen. Die Schaubühne ist gewiß mit der passendste Ort, wo Volksgefühle, leicht erregt, sich laut aussprechen und zur Tatkraft geweckt werden. Dessenwegen soll meinem Plane nach dieser 18. Oktober durch ein eigenes passendes Nationalschauspiel, alljährlich, auf allen deutschen Bühnen gleich, gefeiert werden. Dies Schauspiel dürfte nur an dem entscheidenden Tage der Leipziger Schlacht und nie unterm Jahre gegeben werden. Hier in Prag habe ich bereits diese Idee der hohen Landesregierung angezeigt und erklärt, daß ich alljährlich die freie Einnahme an diesem Tage dem Prager Invalidenhause widme ... Für diesen feierlichen Nationalakt, mit dem zugleich die wohltätigsten Zwecke verbunden sind..., ein eigenes passendes Schauspiel verfassen zu lassen, kann ich mich auch nur an unseren ersten deutschen Dichter wenden. Nur seine Feder ist würdig, für die Mit- und Nachwelt ein neues unvergängliches Denkmal zu stiften...

19. Sara v. Grotthuß in Dresden an Goethe in Weimar. 30. Juni 1814

... Eine nahe aber vielleicht unbescheidene Veranlassung zu diesem Brief ist einer aus Prag, worin man mir sagt, der Direktor Liebich habe Ihnen mit schüchterner Angst eine der größten Bitten vorgetragen, die je eine patriotische Brust bewegt... mich durchbebt ein heiliger Schauer, wann ich denke, daß Sie einwilligen, und Tränen der süßesten Wehmut entlockt mir das Gefühl, daß in ganz Deutschland in derselben Stunde Ihre Meinung, Ihre Worte, Ihre Gedanken ausgesprochen werden... Wir haben keine Forums, keine Rednerbühne noch Märkte, nichts Öffentliches, nichts Unzerstükkeltes... Aber als Naturnotwendigkeit... steigt, den Regierungen selbst unbewußt, die Schauspielbühne als ein solcher Mittelpunkt unbemerkt und ungelockt empor... Sammelt sie nicht ganz allein die Menschen, still und aufmerksam darauf zu hören, daß sie erfahren, lernen und bedenken sollen? Ja, es ist unseres erhabenen Lehrers Goethens ganz würdig, den Moment für eine Ewigkeit von heilbringenden Früchten zu benutzen...

20. Goethe in Weimar an K. Liebich in Prag. 7. Juli 1814

Für den an mich ergangenen, so ehrenvollen Antrag, hab' ich alle Ursache meinen lebhaftesten Dank abzutragen, wobei mir sehr angenehm ist, daß ich Ihren Wünschen, wo nicht unmittelbar, doch mittelbar entgegenzukommen im Stande bin.

Es hat nämlich vor einigen Monaten die angesehene Generaldirektion des Berliner Theaters von mir ein Festspiel verlangt zur Feier der Ankunft ihres Königs und seiner höchsten Gäste. Ich habe diese Gelegenheit benutzt, um alles zur Sprache und Darstellung zu bringen, was in den Gemütern seit so vielen Jahren vorging, und was sich nun in diesen letzten Zeiten so glücklich entfaltet hat. Mein Bemühen nichts zurückzulassen, was man fordern und erwarten könnte, hat jenes Stück zu einer solchen Vollständigkeit gebracht, daß ich, wenn ich ein neues fertigen sollte, mich nur wiederholen müßte. Mein stiller Wunsch, diese Arbeit nicht nur für Berlin, sondern für das ganze Vaterland, nicht nur für den Augenblick, sondern auch für die Zukunft unternommen zu haben, scheint sich durch Ihren Antrag der Erfüllung zu nähern.

Jenes Drama ist dergestalt eingerichtet, daß ganz reine Rezitation, Rezitation mit melodramatischer Begleitung, Rezitativ, Cavatine, Arie, Duett, Terzett und Chor mit einander abwechseln, so daß die vorzüglichsten Schauspieler sowohl, als die Sänger darin ihre Talente entwickeln können.

Herr Kapellmeister Weber arbeitet an der dazu nötigen Komposition, welche, nach denen mir bekannt gewordenen Musterstücken, von großer und schöner Wirkung sein muß.

Das Stück wird gleich nach der Aufführung gedruckt erscheinen, und Sie werden alsdann selbst urteilen, ob es wert sei, ein Saekularstück zu werden, und ob es Ihren Wünschen entspreche.

Haben Sie alsdann die Güte, mir ganz offen Ihre Meinung zu sagen, und erhalten mir bis dahin Ihr freundliches Andenken.

21. Die Berliner Theaterkommission an Goethe. 21. Juli 1814

Euer Exzellenz fühlen sich die Unterzeichneten verpflichtet, gehorsamst anzuzeigen, daß schon vor der am 3ten Juli erfolgten Rückkehr des Kapellmeister Weber von Weimar die Nachricht hier einging, daß unser König noch im Laufe des Monats Juli allein ohne S. Majestät den Kaiser von Rußland hier eintreffen würden... Es war nicht möglich, ein Werk von der hohen Bedeutung wie „Des Epimenides Erwachen“ vom 4ten bis 24ten Juli, also in 20 Tagen, zu komponieren und zur Aufführung zu bringen. Da aber auch, nach der allerhöchsten Kabinetts-Ordre, die Behörden benachrichtigt wurden, daß die eigentlichen Feierlichkeiten bis nach dem Wiener Kongreß ausgesetzt bleiben sollten, so ist dadurch die nötige Muße gewonnen, zu der Anfangs Oktober d. J. erwarteten Ankunft des Kaisers von Rußland Maj. in Berlin oder zu dem dann zu feiernden Friedensfeste oder zur Rückkehr des Königs von Wien bei Gelegenheit der großen Feierlichkeiten den herrlichen Prolog, welchen wir Euer Exzellenz verdanken, vollständig und ganz würdig auf die Bühne bringen zu können. – Die Dekorationen, von Herrn Winkler aus Dresden gemacht, werden Ende dieses Monats fertig sein. – Der Herr Generaldirektor Iffland ist seit dem 23ten Juni von hier nach dem Bade zu Reinerz abgereist...

22. Am 25. Juli 1814 beginnt Goethe seine Reise an den Rhein, Main und Neckar. Im Reisewagen liegt Hafis' „Divan“, und die Beschäftigung damit gibt die Anregung zu Goethes ersten eigenen Divan-Gedichten. In Heidelberg sieht er die Sammlung Boisserée. Überall auf der Reise macht er Notizen über Kunst und Geologie. Am 27. Oktober trifft er wieder in Weimar ein.

Am 22. September stirbt Iffland.

Aus dem Herbst 1814 stammen einige Verse, die Goethe niemals veröffentlichte, anscheinend auch seinen Freunden nicht zeigte, und die später Eckermann und Riemer in den „Nachgelassenen Werken“ zum Druck brachten:

Was haben wir nicht für Kränze gewunden!
Die Fürsten, sie sind nicht gekommen;
Die glücklichen Tage, die himmlischen Stunden,
Wir haben voraus sie genommen.
So geht es wahrscheinlich mit meinem Bemühn,
Den lyrischen Siebensachen;
Epimenides, denk' ich, wird in Berlin
Zu spät zu früh erwachen.
Ich war von reinem Gefühl durchdrungen;
Bald schein' ich ein schmeichelnder Lober:
Ich habe der Deutschen Juni gesungen,
Das hält nicht bis in Oktober.

23. Journal des Nieder- und Mittel-Rheins. Aachen, Samstag den 29. Oktober 1814. Nr. 59

Auch der berühmteste unter den jetztlebenden deutschen Dichtern, Goethe, hat die großen Begebenheiten der Zeit und einen Helden derselben besungen. Bei der Feier des 18. Oktobers in Berlin wurde ein Lied von Goethe, betitelt „Vorwärts“, von Zelter komponiert, in Gegenwart des Fürsten Blücher von Wahlstadt von der Sing-Akademie ausgeführt. Auch um Berlin her brannten am Abend des großen Feiertages eine Menge von Freuden-Feuern...

Goethe reihte diese Zeitungsnotiz in seine Acta, des Epimenides Erwachen betreffend *ein.*

24. Goethe in Weimar an Zelter in Berlin. 31. Okt. 1814

Melde mir ... was, nach Deiner Ansicht, „Epimenides‘ für Gebärden schneiden wird, wenn er erwacht.

25. Zelter in Berlin an Goethe. 8. November 1814

Über den ‚Epimenides‘ weiß ich erst seit gestern von der Witwe Iffland (denn von allen andern deckt jeder seine Haut), daß die Ursache einzig und allein am Komponisten liegt, der nicht fertig geworden ist, wie ich gleich vermutet habe, da er niemals Zeit hat – Zeit zu haben. ...

26. Goethe an Kapellmeister Weber in Berlin. 21. Dez. 1814

E. W. Schreiben vom 13. Dezember hat mir sehr viel Vergnügen gemacht, weil ich daraus ersehe, daß Sie nicht ermüden, Ihr großes und liebenswürdiges Talent einer Arbeit zu widmen, die wir, unter so schönen Vorbedeutungen, gemeinsam begonnen und fortgeführt haben. Ich zweifle nicht im mindesten, daß die Muße, die Ihnen durch den Aufschub geworden, dem Werke sehr vorteilhaft sein werde...

Das ‚Erwachen des Epimenides‘ kann man am füglichsten ein Festspiel nennen, indem es das erste Mal zu einem bedeutenden Feste gegeben wird, und, wenn es Gunst erlangt, nur an Festtagen wiederholt werden kann.

27. Goethe an Zelter. 27. Dezember 1814

Aus einem Briefe des Kapellmeister Weber sehe ich, daß sie denn doch noch den Epimenides aus seinem Totenschlafe zu erwecken die Absicht haben...

28. Knebel in Jena an Caroline v. Bose. 12. Januar 1815

Goethe brachte letzthin vierzehn Tage bei uns zu und war überaus wohl und mitteilend. Er las mir seinen „Epimenides“ vor, eine Oper, die er auf die Rückkunft des Königs nach Berlin gemacht hat. Sie ist vortrefflich, sowohl in der Idee als Ausführung, voll Kraft und ihm eignen Geist.

29. In Weimar war bekannt, daß Goethe für die Berliner Bühne das Festspiel gedichtet hatte, denn er hatte es im Freundeskreise vorgelesen, und Kirms, durch den die Verhandlungen großenteils gegangen waren, war von niemandem verpflichtet worden, darüber zu schweigen. Als dann aber in Berlin nichts von einer Aufführung zu hören war, bildeten sich in Weimar Vermutungen und Gerüchte. Ein Beispiel dafür ist ein Brief von Amalie Voigt geb. Ludecus (1776–184) an ein befreundetes Ehepar (der Name ist nicht genannt, sie nennt sie Herrn und Frau Hofrat) vom 7. Februar 1815 aus Weimar (Handschrift im Institut f. Literaturwiss., Univ. Kiel):

... Daß Goethes „Epimenides Erwachen“ durch eine elende Kabale verhindert wurde, bei der Rückkehr des Königs nach Berlin gegeben zu werden, wissen Sie wohl. Wie konnte man aber auch Kotzebue's Busenfreund, dem Kapellmeister Weber, die Komposition der Gesänge auftragen? Da ließ sich ja voraussehen, daß er nie enden werde...

30. Anfang März 1815 beschließt Goethe, da er von der Berliner Theaterleitung nichts über Epimenides *hört, einen Beschwerdebrief dorthin zu schreiben, jedoch in milder Form, als* Pro-Memoria *oder* Geschichtserzählung. *Er stellte in den Tagen 4.–6. März zusammen, was seit dem 7. Mai 1814 alles für* Epimenides *getan sei, und machte deutlich, daß er die Arbeit nur infolge der Aufforderung der Berliner Theaterleitung gemacht habe. Als er am 6. März dieses ausführliche Schreiben nach Berlin fertig hatte, kam ein Brief von dem Verleger Duncker, welcher meldete, das Stück solle nun endlich aufgeführt werden, und kurz darauf kam ein Brief gleichen Inhalts von dem neuen Intendanten. Goethe hielt daraufhin sein langes Schreiben zurück und ordnete es als* Geschichtserzählung *in seine* Epimenides-*Akten ein.*

Im Februar 1815 war Carl Friedrich Moritz Paul Graf Brühl (1772–1837) von König Friedrich Wilhelm III. zum Generalintendanten der Schauspiele in Berlin ernannt worden. Brühl hatte seit seiner Jugend Beziehungen zu Goethe. Im Jahre 1800 hatte er in Weimar in Paläophron und Neoterpe *die Rolle des Paläophron gespielt und war von Goethe dafür gelobt worden.*

31. Graf Brühl in Berlin an Goethe. 28. Februar 1815

Endlich, mein verehrter und gar sehr werter Gönner, habe ich mein Tyrannenamt angetreten und will nicht ermangeln, Ihnen dies hierdurch gehorsamst und freundlichst anzuzeigen und mich in Ihre fernere Güte und Protektion empfehlen... Fleißig will ich nun an der Vorstellung des „Epimenides" arbeiten und mir damit hoffentlich Ehre erwerben, wenn ich ein Meisterwerk meines geliebten und verehrten Gönners einigermaßen würdig auf die Bühne bringe. Möchte mir doch das Glück zu Teil werden, Sie, bester Herr Geheimrat, dazu hier zu sehn! Wie wahrhaft herzlich würde mich das erfreuen und wie stolz würde es mich machen. Erlauben Sie mir immer ein wenig darauf zu hoffen und allenfalls einige Vorkehrungen dazu zu treffen. Sie haben dem armen Berlin noch nie die Ehre antun wollen, es mit Ihrer Gegenwart zu erfreuen. Lassen Sie mich jetzt der Dolmetscher der allgemeinen Stimme sein und Sie feierlichst einladen, uns Ihre Gegenwart zu schenken. Wie unendlich es mich persönlich erfreuen würde, kann ich Ihnen nicht genug wiederholen. Geben Sie mir ja recht bald eine gute Nachricht in dieser so wichtigen Angelegenheit.

Und nun eine große – große – große Bitte in meinem und des Kapellmeisters Weber Namen. Er und ich, wir meinen nämlich, es würde eine vorzüglich gute Wirkung tun, wenn in „Epimenides"

1) nach dem Ballett, vor Eintritt des Schlußchores, noch ein kurzes Rezitativ als Einleitung in das Schlußchor gesprochen würde, und
2) im Schlußchor selbst noch eine Strophe vor der letzten eingelegt werden könnte!

Hätten Sie, verehrter und werter Gönner, wohl die große Güte, unsere Bitte zu erhören? Ich fühle wohl wie unbescheiden es ist, Sie mit etwas dergleichen zu quälen, aber – aber, wenn Sie es doch täten – Sie würden uns unendlich erfreuen! Die Komposition ist beinahe fertig und scheint mir gut und sehr charakteristisch. Weber hat mit unbeschreiblicher Liebe und größtem Fleiße daran gearbeitet, und ich zweifle keineswegs an der Wirkung seiner Musik. Dergleichen Sachen geraten ihm gewöhnlich sehr gut, wenn er auch zuweilen nicht glücklich in ganzen Opern war.

Den Tag der Eroberung von Paris *(30. März)* wünsche ich den „Epimenides" aufzuführen und denselben alljährlich an dem Tage als permanentes Festspiel bestehen zu lassen.

Indem ich meine dringende Bitte nochmals wiederhole, empfehle ich mich Ihrem freundlich gütigen Wohlwollen und bitte Sie, an meine unwandelbare innigste Verehrung und Ergebenheit zu glauben, welche mich schon seit meiner Kindheit beseelt.

32. Goethe in Weimar an Christiane in Jena. 11. März 1815

Nun habe ich auch einen Brief von dem Graf Brühl als Königlichen Theater-Intendanten, worin er mir meldet, daß „Epimenides“ zur Feier des Jahrestags der Einnahme von Paris gegeben werden soll. Ich habe ihm zu diesem Zweck noch einiges hinzureimen müssen, und so kommt denn dieses langbearbeitete und verschobene Werk auch endlich zu Stande.

33. Goethe in Weimar an Graf Brühl in Berlin. 11. März 1815

Wie wird sich, verehrter Herr und Freund! der alte Epimenides erfreuen, wenn er, nach langem Schlafe, die Augen auftut und den rüstigen, jungen, wackern Mann zur Seite sieht, dem er seinen Spielraum verdankt. Da er ohnehin redselig ist, hoff' ich, wird er es an guten freundlichen Worten der Erkenntlichkeit in seinem und meinem Namen nicht fehlen lassen.

Vor allen Dingen muß ich aber aussprechen, wie leid es mit tue, Ihrer lieben Einladung nicht folgen zu können. Meine Gesundheit erlaubt mir wohl, ja sie nötigt mich, im Sommer eine Badereise zu tun, Winter und Frühjahr halten sie mich dagegen zu Hause...

Ihrer Amtsführung traue ich das Beste zu, und weissage ihr Glück. Das Theaterwesen ist ein Geschäft, das vorzüglich mit Großheit behandelt sein will, eben weil es fast aus lauter Kleinheiten besteht, von denen zuletzt eine große Wirkung gefordert wird. Jene Kleinlichkeiten, Verschränkungen und Verfitzungen zu beseitigen, zurechtzulegen und durchzuhauen ist freilich ein unangenehmes Geschäft, es ist aber nicht undankbar, weil zuletzt das Gute und Rechte wie von selbst entspringt.

Und nun komme ich noch mit ein paar Bitten hinterdrein, die erste, daß Sie die Besetzung der Rollen des ‚Epimenides‘ mir gefälligst senden, sodann aber jemand anstellen wollen, der mir eine baldige freundliche Nachricht von der Aufführung und deren Wirkung, einigermaßen umständlich, erteilte.

34. Nachdem die Aufführung nun gesichert war, schrieb Goethe einen ausführlichen Bericht über das Drama, mit Zitaten untermischt, für Cottas „Morgenblatt für gebildete Stände“. Am 17. März schickte er den Aufsatz ab, am 29. und 30. März erschien er im Druck, also genau zum Zeitpunkt der Aufführung. (Abgedruckt: WA 41,1 und Gräf.)

35. Das Drama kam nun endlich am 30. und 31. März in Berlin zur Aufführung. Dieser Zeitpunkt war aber wegen der unerwartet eingetretenen politischen Lage ungünstig. Napoleon war aus seiner Gefangenschaft in Elba entflohen, war am 1. März in Frankreich gelandet, am 20. März in Paris eingezogen und war wieder der Herr in Frankreich. Die Aufführung des Epimenides fiel also nicht in die Zeit der Friedensfeier, sondern der neuen Mobilmachung. Die Heere waren wieder auf dem Marsch nach Westen. Darum schreibt Weber in seinem Brief vom 1. April von den „ungünstigen Zeiten“, und auch Zelter spricht am 31. März von der Sorge, das Stück werde „auf die neuesten Tage nirgend passen“.

36. Berlinische Nachrichten von Staats- und gelehrten Sachen. Im Verlage der Haude- und Spenerschen Buchhandlung. No. 37. Dienstag den 28ten März 1815.

Königliche Schauspiele.

Donnerstag den 30ten März im Opernhause zum ersten Male: Des Epimenides Erwachen, Festspiel in einem Akt vom Herrn von Goethe, in Musik gesetzt vom Königl. Kapellmeister Herrn Weber, mit Balletts vom Königl. Ballettmeister Herrn Telle. Hierauf: Die glückliche Rückkehr, militärisches Ballett in einem Akt, vom Königl. Ballettmeister Herrn Telle, mit Musik vom Königl. Musikdirektor Herrn Gürrlich.

Im Schauspielhaus keine Vorstellung.

Freitag den 31ten März im Opernhause zum ersten Male wiederholt: Des Epimenides Erwachen usw.

Die gedruckten vollständigen Bücher des Goetheschen Festspiels „Des Epimenides Erwachen“ werden von Mittwoch den 29ten März an bei dem Kastellan Herrn Dölz im Opernhause und bei dem Kastellan Herrn Leist im Schauspielhause sowie in der Buchhandlung von Duncker und Humblot, die ord. Ausgabe à 8 Gr., auf feinem Papier à 12 Gr., auch am Tage der Aufführung an der Kasse verkauft.

(Die gleiche Anzeige in: Königlich privilegierte Berlinische Zeitung von Staats- und gelehrten Sachen. Vossische Zeitungs-Expedition. – Mit einem Artikel, der das Festspiel erläutert.)

In demselben Zeitungsblatt, weiter unten:

Des Epimenides Erwachen, ein Festspiel von Goethe, nebst Vorwort an die Zuschauer. Geheftet, 12 Groschen.

Es bedarf wohl nur für die Freunde der Poesie der bloßen Anzeige, daß dies auf unserer Bühne schon so lange erwartete Werk des großen Dichters nunmehr aus der Presse hervorgeht, um sie zum stillen Vorgenusse desselben einzuladen, ehe es in seiner ganzen Pracht und Herrlichkeit auf unserm Operntheater erscheinen wird. Da diese Erscheinung so nahe ist, so haben die unterzeichneten Verleger geglaubt, daß es dem Publikum willkommen werde, nicht nur bei der Vorstellung selbst das ganze Werk bei der Hand zu haben, sondern auch durch das hinzugefügte „Vorwort an die Zuschauer“ – nach dem Sinne des Dichters – sich auf den Standpunkt gesetzt zu sehen, aus welchem diese ganz große dramatische Dichtung von den letzten Dingen der neuesten Welt betrachtet und genossen sein will. Exemplare sind morgen, Mittwoch den 20ten, zu bekommen bei Duncker u. Humblot, Französische Straße Nr. 20a.

37. Herzog Carl von Mecklenburg an den Generalintendanten der Kgl. Schauspiele Graf Brühl. Berlin, 28. März 1815

Über den von Euer Hochgeboren in dero Schreiben vom 27. d. M. geäußerten Wunsch, acht Garde du Corps in kompletter Montierung in dem Festspiel „Des Epimenides Erwachen“ auftreten zu lassen, habe ich mich nicht für ermächtigt gehalten, selbst zu entscheiden, sondern den Ausspruch des Kommendierenden Generals Grafen Tauentzin darüber eingeholt. Dessen Entscheidung zufolge bin ich gern bereit, jene 8 Mann auftreten zu lassen...

38. Berlinische Nachrichten von Staats- und gelehrten Sachen. Im Verlage der Haude- und Spenerschen Buchhandlung. No. 39. Sonnabend, den 1. April 1815

Königliche Schauspiele.

Zur Feier der für Europa ewig denkwürdigen Tage der letzten Schlacht vor und des siegreichen Einzuges der Verbündeten in Paris wurde das neue Festspiel von Goethe „Des Epimenides Erwachen“ am 30. und 31. März, des Gegenstandes würdig, gegeben. Da ein gelehrter Altertumsforscher die sinnvolle Mythe der Griechen, den langen Schlaf des alten Weisen in Kreta, dessen Erwachen nach 57 Jahren und den Bezug auf die neueren Welt-Begebenheiten in dem Vorwort zu dem gedruckten Festspiele kommentiert und die höchst sinnige Allegorie der Dichtung sinnvoll erläutert hat, so enthalten wir uns deshalb jeder weitern, doch nur fragmentarisch möglichen Schilderung und bemerken nur, daß bei der sehr verständig geordneten Vorstellung des klassischen deutschen Zeitstückes die körnigen Selbstbetrachtungen Epimenides' im Glück (2. Auftritt) wie im Unglück (20. Auftritt) rührend und beruhigend wirkten, der liebliche Gesang der Genien sanft tröstete, die Dämonen des Krieges und der Unterdrückung mit schauderhafter Wahrheit an die vorigen, glücklich überwundenen Zeiten erinnerten, das feine Gewebe der List Verwundern erregte, der triumphierende Glaube, die entfesselte Liebe und die alles belebende immergrüne Hoffnung zu neuer Tat und Duldung ermutigten. Allgemeinen Ausbruch der lebhaftesten Teilnahme erregten die Worte „Doch was dem Abgrund kühn entstiegen...“ *(Zitat Vers 658–674)* „Freiheit! Freiheit! Freiheit!“ rief das Echo von allen Seiten und Enden. Beharrlichkeit und Einigkeit besiegeln den Bund. *(Zitat 969–970)* Den Jugend-Fürsten zur Seite führt die Hoffnung die verbündeten Heere der Weltbefreier an. *(797–800)* Wer stimmte da nicht begeistert mit in den Chor ein: Hinan – Vorwärts – hinan! Und das große, das Werk sei getan. – Über die sehr gelungene lyrische Bearbeitung dieses Festspiels vom Kapellmeister Weber und dessen Darstellung nächstens ein mehreres.

39. Vorwort an die Zuschauer des Festspiels

Des Epimenides Erwachen.

Epimenides, ein uralter Weiser in Kreta, – so erzählt die sinnvolle Mythe der Griechen – hütete, wie es in früherer Vorwelt die Söhne der Könige und Fürsten zu tun pflegten, in seiner Jugend die Schafe seines Vaters. Als ihm eines Tages ein Schaf von der Herde verloren gegangen und er, um es aufzusuchen, in eine Höhle gekommen war, bemächtigte sich seiner ein tiefer Schlaf, in welchem er ohne Unterbrechung siebenundfünfzig Jahre lag. Als er wieder erwachte, ahndete er nicht, wie lange er geschlafen. Aber wie groß war sein Erstaunen, als er die Veränderung sah, welche sich seit der Zeit um ihn her zugetragen hatte. Bei seiner Rückkehr ins väterliche Haus war er selbst seinem Bruder so unkenntlich geworden, daß dieser befremdet ihn fragte: Wer bist du? Endlich erkannten sich beide, und der lange, wundervolle Schlaf machte den Epimenides durch ganz Griechenland berühmt. Man fing an, ihn für einen Liebling und Vertrauten der Götter zu halten; man fragte ihn um Rat, und seine Aussprüche galten für Aussprüche der Götter. Auch die Athener bedienten sich einst seiner Weisheit, um ihre Stadt von der Befleckung einer wütenden Pest zu entsündigen. Nach einem langen, mehr als hundertjährigen Leben ward Epimenides auf Kreta als Gott verehrt. Einige rechnen ihn, statt des Periander, zu den sieben Weisen der Griechen.

Was auch immer im höheren Altertum der Griechen der Ursprung oder die besondere Absicht und der bedeutungsvolle Sinn dieser Mythe gewesen sein mag, der uns verbliebene Grundzug derselben, das Erwachen nach so langer, an Wechsel und Veränderung der Dinge reichen Zeit und die dadurch gewonnene Erhöhung der geistigen Seherkraft, konnte nicht anders als höchst willkommen und glücklich sich darbieten dem großen Dichter unserer Zeit, um daraus ein Werk seines schaffenden Genius zu entwickeln, bestimmt, damit auf der Bühne der Kunst würdig die Feier einer der größten Begebenheiten der neusten Welt zu verknüpfen.

... Welche Schlafsucht lähmte nicht allmählich die Völker, durch den Sirenengesang einer falschen Freiheit bezaubert! Welche List, welche Heuchelei bemächtigte sich nicht der Liebe, des Glaubens! Welche Gewalt fesselte nicht vollends die letzte noch rege Kraft! Aber welche Wut stürzte dann nicht unaufhaltsam das Gebäude des Glücks und des Ruhmes der Völker! Welcher Wahnsinn verschloß die Meere und Länder! ... Und welche Gestalt Europens zunächst bot sich dem vergleichenden Auge des Beobachters, gleichsam den erhöhten Blicken eines zweiten, nach langem Schlafe erwachten Epimenides dar! Kaum, daß sich der Zeitgenosse Friedrichs noch als demselben Jahrhundert entsprossen zu erkennen vermochte...

Doch Hoffnung mit ihren Gewalten und Geistern war noch immer der Anteil der wenigen Edlen geblieben... Und siehe, die Hoffnung trat unüberwunden, kühn, mit den heiligen Waffen gerüstet, dem Verderber der Welt entgegen, als er, gebeugt von der Übermacht der Natur, doch mit immer größerer Wut von neuem den gräßlichen Kampf der Zerstörung und Unterjochung begann... Da trat die Einheit des Willens in die Reihen der Völker und Herrscher und umwand mit des Vertrauens und der Liebe Banden die brüderlichen Herzen und Hände. Da krönte die Beharrlichkeit der Eintracht himmlisches Werk. Es erscholl der Triumphgesang des Sieges zwischen den schon wild bewachsenen Trümmern der Reiche und Staaten, und mit gemeinsamer Kraft richteten die Vereinten wiederum auf die gestürzten Säulen und Trümmer des alten Baues der Herrlichkeit und Macht...

Wir haben versucht, in diesem Umrisse das große, sinnvolle und gestaltenreiche Gemälde zusammenzudrängen, welches der Dichter... vor unseren Blicken aufrollen will... Aber nur durch die ideale Form einer lebendigen, in großen Massen fortschreitenden Allegorie gebildet und gehalten, war es möglich, sie für Auge und Ohr zu verkörpern. Der Charakter der alles Maß der Geschichte von Jahrhunderten her weit übersteigenden Begebenheiten... konnte auch im einzelnen nur allein durch die höhere Verknüpfung des Idealen mit einer fast zum Idealen in der Vorzeit und Gegenwart gewordenen Wirklichkeit ausgedrückt werden. Daher wird es den Zuschauer nicht befremden, den Gestalten der Ideenwelt ähnliche Gestalten verschwistert zu sehen, die ihre Entstehung dem Boden der Geschichte verdanken und sich in das historische Gewand eigentümlich und bedeutsam einhüllen ... Es wird ihm nicht entgehn, daß der Kriegsdämon, der Hauptsache nach eingekleidet in das Rüstzeug eines altrömischen Feldherrn, durch diese Gestalt gerade das Eigentümliche der Sache, die durch ihn zu bezeichnen war, vollkommen ausdrückt. Denn kein Volk der Welt hat das kriegerische Leben und die kriegerische Kunst in dem Grade der Ausdehnung und mit längerem und größerem Glücke getrieben als das welterobernde und unterjochende der Römer... Gleichergestalt spricht sich die diplomatische List mit ihrem Gefolge in der Tracht nach demselben Grundsatze aus. Es ist im ganzen die Tracht des 16. und 17. Jahrhunderts, in welchen Zeiten durch Staats- und Hofleute, Geistliche, Gelehrte und Frauen, oft als Mitgehülfen, nicht selten als Hauptwerkzeuge der Diplomaten in den Weltbegebenheiten die Listen und Ränke des Betruges, der Bestechung, Verräterei, Täuschung, Bevorteilung und heimlichen Unterdrückung zu dem Höllensystem an- und ausgebildet wurden, welches in den letzten Tagen in seiner ganzen gräßlichen Wirksamkeit zum Umsturze Europas vornehmlich beitrug ... Endlich bieten die am meisten malerischen Trachten der in dem großen Kampfe begriffenen Völker, die Trachten so vieler Völkerschaften des russischen Reichs, die mancherlei Trachten der Völker des österreichischen Kaiserstaates, das neuste Feldkleid der Reiterei in den Preußischen Heeren usw. ein sprechendes Bild von den wunderbar mannigfaltigen und bunten Massen der Überwinder des unterdrückenden Weltfeindes dar...

K. L. *(d. i.: Karl Levezow.)*

40. Kapellmeister B. A. Weber in Berlin an Goethe in Weimar. 1. April 1815

Euer Exzellenz benachrichtige ich hiedurch, daß das Werk des größten Dichters, „Des Epimenides Erwachen“, mit dem größten, ausgezeichnetsten Beifall gekrönt worden ist. Trotz den wieder eingetretenen ungünstigen Zeiten waren beide Vorstellungen, welche den 30ten und 31ten März im Opernhause statt hatten, sehr voll, und alle Stellen, die einigermaßen auf die jetzigen Zeiten Bezug hatten, wurden mit dem lebhaftesten Beifall aufgenommen. Die Liebe der

Berliner zu ihrem König und ihrem Vaterland sprach sich in beiden Vorstellungen – gewiß noch lebendiger in der zweiten – allmächtig aus. Mit der Musik war man zufrieden...

41. Zelter in Berlin an Goethe in Weimar. 31. März und 1. April 1815

Endlich und gestern ist der „Epimenides‘ glücklich vom Stapel gelaufen. Die Wirkung war bedeutend und trotz der Verwöhnung unsres Publikums, der Verspätung des Stücks und mancher kleinen Umstände, deren Anordnung überall den Dichter selbst verlangt haben würde, hat es getroffen; ja es erschien wie eine prophetische Vision und zugleich wie eine Probe des Exempels. Man hatte geglaubt, ... das Stück werde auf die neuesten Tage nirgend passen; eine gute Stimmung von vorn herein war nicht zu erwarten; ich selber war verlegen und hatte mich in's Orchester geschlichen, um zwischen dem Theater und dem Publikum im Freien zu sein. Der Anfang verzögerte sich, das volle Haus ward unruhig und mir bange.

Die Ouvertüre kam: Weber hat entweder nicht Zeit gehabt oder er hat bedacht, daß die Muse selbst die Ouvertüre spricht; kurz er hat einen mäßigen, würdigen, wiewohl etwas lugubren Eingang zum Stücke gemacht, der sich sehr wohl ausnahm. Die erste Stanze schon, etwas breit, aber gut gesprochen, erregte stille Bewegung, und beim Abgange der Muse bemerkte ich an mir selber und im Hause eine bessere Stimmung, die durch das heitere Lied der Genien vollkommen ward.

Der Dämon der Unterdrückung, etwas affektuos, doch klar und fest gesprochen; seine Bestechung der Liebe und des Glaubens, wie der unselige Zustand verlorner Freiheit und Unschuld, und die endliche Befreiung durch die Hoffnung, machen eine tief eindringende Szene. Die beiden Tugenden duckten sich wie getretene Hühner und, wie gesagt: mich hat die Szene in ungeheure Bewegung gesetzt. Und gefühlt haben sie's alle, Gott sei dank! wenn sie's auch nie erkennen; es ist ein Griff in die Natur menschlicher Verderblichkeit (mors stupebit et natura), den sie rasend übel nehmen würden, wenn sie den Generalbaß wüßten.

... 1. April ... Gestern Abend war die erste Wiederholung des ‚Epimenides‘. Hatte das Stück gestern den gewöhnlichen Beifall eines guten Stücks, so war heute der Hof darin, der gestern fehlte. Ein bedeutender Teil des Publikums sahe es heute zum zweiten Male und die Aufnahme war von vornherein wärmer, vorbereiteter, und die gestrige Aufführung wie eine Generalprobe zu betrachten. Weber ist über allen Ausdruck vergnügt. Er hat mit großer Anstrengung arbeiten müssen, weil der Graf Brühl ihn drängte, und man erwartete eine mühselig kalte zusammengestoppelte Musik. Hat er manches verfehlt, ja manches zu gut machen wollen, so sind ihm dagegen Hauptmassen zur Bewunderung gelungen. Die Szene mit dem Brandschein auf dem Theater ist vollkommen. Er hat vieles auf sogenannte melodramatische Art komponiert und ganz vorzüglich, zu welcher Art er überhaupt viel Geschick hat. Mit der List hat er sich viel undankbare Mühe gegeben, und dadurch ist diese Person zu lyrisch geworden. Das Schlecken und Schleichen, was er ausdrückken wollte, geht dadurch in Empfindsamkeit über, daß er sich zu lange damit aufhält und den Gang des Stücks hindert; übrigens ist diese List ein wahrer Dämon für jeden Komponisten. Die Chöre, welche bei uns einen Apparat haben, wie nur große Theater haben können, machten sich, besonders durch das Auftreten der verschiedenen Völkerschaften, sehr imposant, am meisten für das Auge. Unserer ersten Sängerin hat Weber eine große Prachtarie mit konzertierendem Chor gegeben, die ganz zuletzt ein opus ist. Das Stück spielt hier $2^1/_2$ Stunde, doch ward es in beiden Tagen besonders dadurch aufgehalten, daß eine unendliche Menge Kraftphrasen und Sentenzen in langen Pulsen beklatscht und berufen worden, weshalb die Spieler so lange innehalten müssen. Manchmal schien's, als wenn die Menge sich in zwei Chöre bildete, um dies und jenes hier oder dort zu beklatschen; dann vereinigte sich wieder alles und kurz, ich habe meine Lust daran gehabt. Am ersten Tage ließen die Schauspieler das, was sich auf die Person des Königs bezieht, aus, weil der König alle solche Beziehungen verbeten, ja verboten hat: dies hat jedoch gestern gesprochen werden müssen, und der Beifall war wütend. Dazu gekommen ist noch gestern, daß am Schlusse, wo sich die allgemeine Gruppe bildet, über dem Frontispize des Tempels sich der Triumphwagen des Brandenburger Tores erhebt und aufstellt. Unter den sprechenden Personen hat sich Epimenides durch Zusammenhang, Deutlichkeit, Ruhe und Würde hervorgetan; die Liebe ward schön gesungen, weniger gut gesprochen. Die List: ein schlanker, schöner, glatter, länglicher ducksamer Courtisan, ausnehmend gut und reinlich gesungen, der Kerl hat eine Zunge wie eine Specknudel. Die Aufführung selbst war weit mehr im Ganzen, als ehegestern. Die Leute spielten freier, runder, geistiger. Das Auftreten der Hoffnung ist von großer Gewalt. Diese Szene hat mich wieder tüchtig angepackt, wiewohl sie noch nicht vollkommen gegeben wird. Sie ist der geheime Leib, woran alle Glieder festgesetzt sind; – in Ruhe, aber ungeheuer.

42. J. A. C. Levezow in Berlin an Goethe. 3. April 1815

Hochwohlgeborener Herr Geheimer Rath, Hochzuverehrender Herr, Die Gewogenheit des Herrn Grafen von Brühl hat mir das ehrenvolle Glück gewährt, der Vorredner zum Epimenides bei dem hiesigen Publikum zu werden; sie ist gleicherweise die Veranlassung, daß ich mir die Ehre gebe, Ew. Exzellenz einen vollständigen Bericht über die zweimalige Vorstellung desselben abzustatten. Ich habe Ursach zu wünschen, daß die Erfüllung beider Aufträge einigermaßen sich der Zufriedenheit Ew. Exzellenz erfreuen möge.

Wie mir das Wagestück des Vorworts an die Zuschauer gelungen und ob ich nicht vielleicht deroselben Mißfallen eher dadurch erregt habe als Ihre Zustimmung gewonnen, das zu erfahren, ich gestehe es aufrichtig, warte ich nicht ohne Bangigkeit. Erlauben unterdessen

Höchstdieselben, Ihnen die Gründe kurz anzudeuten, die mich bei der Ausführung geleitet haben. Meine Kenntnis des hiesigen Publikums ging mir mit langer Erfahrung voran. Eine dreifache Abteilung des Aufsatzes schien mir natürlich. Zuerst das Nötigste über Epimenides; dann eine Andeutung der geschichtlichen Gedankenreihe, welche dem Gedichte zur Grundlage dient. Wenn die Farbe derselben etwas lebhafter ausgefallen ist, als es sich sonst wohl für eine bloße prosaische Exposition schickt, so liegt die Schuld zum Teil an der Stimmung, worin mich die Lesung des Epimenides selbst unwillkürlich versetzen mußte. Dann aber schien mir auch die Anregung eines ähnlichen Anklanges bei den Lesern als Vorstimmung für das Gedicht und das Schauspiel nicht unzweckmäßig, da es gerade an diesen notwendigen Erfordernissen zum Auffassen und Genießen eines höheren Dichterwerks vor der Bühne nicht selten unserm sehr gemischten Publikum gebricht. Der dritte Abschnitt mußte die nötigen Bemerkungen über das gewählte Kostüm enthalten; sie sind oft mit Ihren eigenen Worten aus dem früher übersandten Programm entlehnt und so gewiß am besten abgefaßt.

Übrigens ist man im Publikum selber gar nicht unzufrieden, daß die Direktion diesen Weg eingeschlagen hat, um den Zuschauern auf solche Weise einige Winke zukommen zu lassen, deren sie zu ihrem eigenen Vorteil bedürfen. Es ist zu wünschen, daß dies öfter beobachtet werde. Theater und Publikum können nur dabei gewinnen. Auch die guten Nachreden der Kritiker in den öffentlichen Blättern kommen in der Regel für beide Teile zu spät.

Epimenides hat die Aufnahme gefunden, die ihm sein ganzer hoher Wert beim hiesigen Publikum verbürgen mußte.

Trotz der allgemeinen Verstimmung durch die neuesten politischen Ereignisse *(Napoleon war aus Elba entflohen und am 20. März in Paris eingezogen)* und dem über die Maßen schönen Frühlingswetter war der Saal des großen Opernhauses, der nahe an Dreitausend, wo nicht mehr, Personen faßt, in Paterre und Logen an beiden Tagen fast ganz gefüllt. Am zweiten Tage waren alle hier anwesende Glieder des Königl. Hauses gegenwärtig. Auch am ersten waren mehrere Prinzen zugegen.

Der fast ganz allgemein erschallende, nicht selten lange anhaltende Beifall der Versammlung gab unzweideutig die rege Empfänglichkeit derselben für jede ausgezeichnete Schönheit des Gedichts, jede vollkommen gelungene Darstellung des einzelnen und jede die tiefere Empfindung, den Patriotismus und die Zeitverhältnisse berührende Stelle zu erkennen. Z. B. der Abgang des Dämons der List, das Terzett zwischen dem Dämon der Unterdrückung, der Liebe, dem Glauben, der Schlußgesang des Däm. d. Unterdr. – die Schlußverse in der ersten Stanze in der Rede der Hoffnung: Und wenn sie mich sogar als Asche sammeln – ferner: So hat die Tugend still ein Reich begründet; – die Stanze im 18. Auftritt (bei der Vorstellung der Hoffnung in den Mund gelegt): Doch, was dem Abgrund kühn entstiegen: der Ausruf: Freiheit – Freiheit vom Echo begleitet. – Die Erscheinung des Jugendfürsten an der Hand der Hoffnung, die darauf folgenden Preußen, Russen, Engländer, Österreicher pp. jeder Trupp besonders bewillkommnet. – Im 23ten Auftr. die Worte des Glaubens: Heil dem Edlen, der den Glauben. – Die Schlußworte der Hoffnung: So hab ich's ihm versprochen, ihm ihm gegeben – die große Bravourarie mit Chor in der Partie der Beharrlichkeit im 24sten Auftritt – die Worte des Epimenides im 25sten Auftritt: Und wir sind alle neu geboren pp. – wurden außer manchen anderen einzelnen nicht selten durch den rauschendsten Beifall des Publikums herausgehoben. Der einstimmige Beifall des ganzen Hauses krönte am Schluß der Vorstellung enthusiastisch das Werk.

Ich wünsche dem Berliner Publikum zu dieser Erscheinung und zu dieser Aufnahme von seiner Seite Glück. Es hat dadurch von neuem seine Fähigkeit beurkundet, sich auch den Eindrücken des Besten und Vollkommenen gern und freudig zu überlassen, wenn es ihm nur von reinen Händen und mit Liebe und Sorgfalt gepflegt dargeboten wird. Gewiß ist jetzt für unsere Bühne der Zeitpunkt gekommen, wo das habebant virtutes spatia exemplorum auch auf sie seine Anwendung haben wird.

Da Herr Graf Brühl bei der letzten Probe glaubte, daß es nötig sein würde, bei jetzt leider veränderter Lage der politischen Dinge den Worten des Epimenides: Und wir sind alle neu geboren pp noch eine Bestätigung zuzufügen, wodurch jedem geheimen Einwurf des Zuschauers begegnet werden möchte: so habe ich durch seine Aufforderung veranlaßt, mir erlaubt noch folgende Verse anzuhängen:

Denn, wenn auch gleich des Frevlers Streben
Der Eintracht Werk zu stürzen droht,
Wird dennoch Eintracht sich erheben
Noch höher bei erhöhter Not.
Wie hoch des Frevels Plane fliegen
Zur Unterjochung letzter Tat,
Die Wahrheit wird den Trug besiegen,
Dem Recht wird Unrecht unterliegen,
Zerstört der Hölle dunkler Rat.

Der Eindruck, den sie zur guten Vorbedeutung auf das Publikum allgemein machten, gab mir zu erkennen, daß ich wenigstens die Stimmung des Augenblicks nicht verfehlt hatte. Möchten Hochdieselben ihnen nur Ihre gütige Nachsicht angedeihen lassen!

Es ist von Seiten der vormaligen und jetzigen Direktion alles aufgeboten, was in den bedeutenden Kräften unseres Theater liegt, um die Vorstellung so vollkommen, so herrlich und glanzvoll zu geben, als es die Natur des Schauspiels und der Zweck desselben erfordert. Kraftvolle und den Gegenstand erschöpfende Musik, höchster Wetteifer der einzelnen Talente in Gesang, Deklamation und Spiel, angemessenes, reiches, prachtvolles Kostüm im einzelnen und Ganzen, Menge und Stattlichkeit der Chöre und Aufzüge, Präzision der Ausführung und malerische Behandlung des Ganzen – alles trug zum schönen und großen Einklang mit der Dichtung bei, so sehr, daß diese Vorstellung mit zu den vollkommensten und glänzendsten gehört, die ich hier seit zwanzig Jahren erlebt habe.

In Absicht der Dekoration war die Ansicht der Ruine insbesondere von sehr malerischer Wirkung. Die Anordnung und Ausführung des Tempelgebäudes in seiner Integrität hätte in einem größeren Stil gedacht werden können. Gegen das einzelne und Ganze möchte der Verfasser der Baukunst nach den Grundsätzen der Alten viel mit triftigen Gründen einzuwenden haben. Die Verwandlungen der Szene gingen ziemlich genau und glücklich ohne Störung vonstatten. Auch die gut angeordnete Erscheinung des Kometen trug zur Vollendung der schauerlichen Wirkung des Schauplatzes der Zerstörung bei.

Es freut mich, in den nachfolgenden Bemerkungen über die einzelnen Schauspieler nur ihr Lobredner sein zu können. Alle trugen wenigstens redlich zum günstigen Zusammenwirken bei.

Mlle. Maaß, als Muse der Eintracht, sprach beide Partien mit gewohnter Kunstvollkommenheit, Würde und Empfindung, welches alles bei der zweiten Vorstellung mir noch im höheren Grade der Fall zu sein schien.

Hr. Beschort als Epimenides war an seiner Stelle. In meiner Phantasie schwebte zwar von dem kretensischen Seher ein anderes höheres Ideal, aber was geleistet ward, war für die Wirklichkeit alles Dankes wert.

Hr. Mattausch, durch Gestalt und Kraft (der sich nur zuweilen aus zu regem Eifer in Geste und Deklamation etwas überschallt) eine furchtbar herrliche Erscheinung, die dem Charakter ganz entsprach. Das für ihn bereitete Kostüm ist nach seiner eigenen Äußerung an Wert und Arbeit eins der kostbarsten, was je für hiesige Bühnen gemacht worden; eben so gut und richtig sein Gefolge.

Hr. Blum als Dämon der List, durch Spiel, Deklamation, Gesang und Anzug vortrefflich. Eben so auch sein Gefolge und dessen Benehmen gegen das Kriegsheer.

Hr. Fischer als Dämon der Unterjochung eine imposante Gestalt, meisterhaft in allen Beziehungen seiner Rolle.

Hr. Stümer als Jugendfürst, in dem Kostüm der schweren Reiterei unseres Heeres mit prachtvoll behelmtem Haupte und dem fürstlichen langen Hermelinmantel über der Schulter, eine schöne jugendlich kriegerische Gestalt.

Mad. Bethmann als Glaube durch den Ausdruck der tiefsten Empfindung in ihrer Sprache und die Verschwisterung der Natur und Kunst in ihrem Spiel auch hier ganz, was sie sein sollte und konnte. Ganz gefesselt, wie sie in den Szenen mit der Liebe erscheint, zeigte die allgemeine Rührung wie tief diese Szenen, trotz dem allegorischen Gewande, das Herz ergriffen und die Empfindung wunderbar trafen.

Mademoiselle Eunike ganz die schwärmerische Liebe, besonders im Gesange und zumal in der Arie und dem Duett: Ja ich walle gar im Weiten pp.

Madame Schröck, die Hoffnung, und zwar als solche und durch den Geist ihrer Rolle der Liebling des Publikums im Stück. Ihre drohende Stellung auf den Ruinen mit aufgehobener Lanze und mit dem durch den linken Arm ausgespannten Mantel, wie die Minerva zuweilen mit vorgehaltener Aegis statt des Schildes erscheint, war bedeutsam und malerisch angeordnet. Der seelenvolle Wohlklang ihrer Stimme unterstützte und hob die herrlichen Worte ihrer Rolle durchweg.

Mademoiselle Schmalz. Von der Wirkung ihrer Bravourarie, die sie als Meisterin vortrug, ist schon oben gesprochen.

Herr Gern, Vater, als erster Priester, sprach die über den Standpunkt des Epimenides aufklärenden Worte gut und bedeutsam.

Mademoiselle Düring, Mademoiselle Leist, beide als Genien, sehr gut kostümiert und auch durch ihren Gesang stets ein Paar erfreulicher Erscheinung.

Die am Schluß folgenden Tänze malerisch und gut motiviert.

Die Vorstellung dauerte über zwei volle Stunden.

So wäre dann in dem ganzen Werk, was bisher, bei starker Besetzung zumal, so selten der Fall gewesen ist, kein einziger bedeutend schwacher Punkt in der Ausführung zu bemerken; ein Beweis, mit welcher Sorgfalt und Überlegung die Direktion zu Werke gegangen ist.

Nichts fehlte als die Gegenwart des Dichters selbst, teils damit er selbst die Freude an der gelungenen Darstellung seines herrlichen Werks in vollstem Maße hätte genießen können, teils um die Huldigungen eines großen Publikums zu empfangen als Dank für alles das Schöne, Große und Herrliche, was er so reichlich aus der Fülle seines beglückten Genius nicht bloß in dieser neuen Schöpfung sondern schon seit so lange uns allen gespendet hat.

Ich wenigstens schätze mich glücklich, gegenwärtig Gelegenheit erhalten zu haben, Hochdemselben persönlich die Größe der Achtung und Ehrfurcht zu bezeigen, mit welcher ich die Ehre habe zu beharren Ew. Exzellenz ergebenst gehorsamer Levezow.
Berlin, den 3ten April 1815

43. Goethe in Weimar an Knebel in Jena. 5. April 1815

„Epimenides“ ist am 30. März endlich in Berlin erwacht, gerade zu rechter Zeit, um dasselbige, was sich die Deutschen bisher so oft in dürrer Prosa vorgesagt, symbolisch zu wiederholen, daß sie nämlich viele Jahre das Unerträgliche geduldet, sich sodann aber auf eine herrliche Weise von diesem Leiden befreit. Jedermann wird hinzufügen, daß neue Tatkraft nötig ist, um das Errungene zu schützen und zu erhalten. Von der Aufführung selbst hab’ ich noch keine Nachricht, aller vorläufiger Bericht aber deutet auf den besten Willen und die zweckmäßigsten Anstalten. Mir scheint, unser Karl Brühl habe zeigen wollen, was man leisten könne. Die Besetzung der Rollen ist ohne Tadel.

44. Intendant Graf Brühl in Berlin an Goethe. 10. April 1815

Gleich nach dem Auftreten des würdigen und vortrefflichen Epimenides war es mein fester Wille, Ihnen... eine Beschreibung über dessen Erscheinung auf der Bühne mitzuteilen; allen ein Heer von eingetretenen neuen Beschäftigungen... hielt mich bis heute davon ab. Herr Professor Levezow hat indessen, wie ich ihn gebeten, meinen Wunsch erfüllt und Ihnen alles ausführlich beschrieben. Meine Freude war groß bei dem vorzüglichen Gelingen dieser meiner ersten großen theatralischen Arbeit... Es schien ein wahrhaft guter Geist in allen Teilen des großen Instituts zu walten. Wohl kann ich versichern, noch nie eine Aufführung dieser Art hier erlebt zu haben, wo auch nicht der geringste Fehler vorgefallen und alles so in schöner Harmonie gestanden hätte. Sie haben wirklich, verehrter Herr Geheimer Rat, mit Ihrem Geiste selbst den Steinen Leben eingehaucht. Daß auch kein einziges Mitglied des Theaters sich an diesem Tage ausschließen durfte und daß alle ohne Ausnahme, wenn sie nicht zu singen oder zu rezitieren hatten, als Statisten auftreten mußten, werden Sie vollkommen billigen. Bei dem Auftreten der List-Gefährten gegen die Kriegs-Dämonen machte dies in Hinsicht der Pantomime eine vorzüglich gelungene Wirkung, zumal da ich auch Tänzer und Tänzerinnen dazwischen gebracht. Die Musik des Kapellmeisters Weber war in der Tat wirkend, überdacht und kraftvoll, wenn auch nicht in allen Stellen neu, und der Eifer, mit welchem er das Werk betrieben, hat mir seinen guten Geist, seine Empfänglichkeit für das wahrhaft Schöne, recht sehr bestätigt. Wegen der eingelegten drei Zeilen, welche Epimenides gesprochen, bitte ich ergebenst um Verzeihung. Die gegenwärtigen Zeitumstände schienen mir dieselben notwendig zu machen, und die Zeit war zu kurz, Ihnen deshalb zu schreiben. Große Freude habe ich darüber gehabt, daß das Publikum das Ganze mit Teilnahme, Wärme und Liebe aufgenommen hat; dasselbe kann ich Ihnen mit Freuden von den königl. Herrschaften sagen. Der Kronprinz war wahrhaft entzückt darüber und äußert dies jetzt noch bei jeder Gelegenheit. Bloß das Erscheinen eines modernen Kriegsheers zwischen antiken Formen hat ihn ein wenig gestört; doch gab er sich auch sehr bald zufrieden, als ich ihm bemerkbar machte, daß bei allegorischen Darstellungen dieser Art die Verschiedenheit der Kostüme den Reiz des Ganzen vermehre und das Bild viel farbiger und unterhaltender mache...

45. Zelter an Goethe. 11. April 1815

Wir erwarten unsern König hier in Berlin, und bis dahin wird der „Epimenides“ wohl ruhen, mit dessen Auslegung man sich auf mancherlei Art beschäftigt. Einer hat das Stück „I, wie meenen Sie deß?“ genannt, welches vollkommen Berlinisch herauskömmt.

46. Goethe in Weimar an J. A. K. Levezow in Berlin. 13. April 1815

Es wird nun bald jährig, daß der verewigte Iffland mich zu einem Festspiele aufforderte. Bedenkt man, wie schnell es geschrieben, durch mancherlei Hindernisse aber verspätet worden, so daß es erst jetzt, in dem sonderbarsten Augenblicke erscheint, so könnte man geneigt sein, auch hierin eine Schickung zu sehen, welche in kleinen, wie in großen Dingen waltet. Denn wenn das Stück, nach seiner ersten Bestimmung, den Deutschen, was sie gelitten, bildlich vorgetragen, und ihnen sodann zu dem errungenen Heil Glück wünschen sollte, so mag es jetzt aussprechen, welchen großen Wert dasjenige habe, was sie zum zweitenmal erkämpfen müssen...

Lassen Sie mich nun, nach diesen Betrachtungen, dankbar auf die so genaue und unbewundene Relation von der Aufführung unseres Festspieles hinblicken. Diese freundliche Klarheit und billige Gerechtigkeit tut wohl, indem sie unterrichtet und uns den großen Komplex eines angefüllten Schauspielhauses vor Augen stellt, wo Bühne, Parterre und Logen in ewiger Wechselwirkung begriffen, ein großes belebtes Ganze darstellen, das vielleicht das Höchste ist, was Kunst und Kunstliebe zu Stande bringen und genießen kann...

Sollten ferner E. W. Anlaß nehmen können, der sämtlichen Künstler-Gesellschaft für den Ernst und die Liebe zu danken, welche Sie meinem Stück widmen wollen, so würde ich, wenigstens zum Teil, mich von einer Schuld erledigt fühlen, deren Umfang mir durch E. W. genaue Nachricht sehr deutlich und anschaulich geworden.

47. Goethe an Graf Brühl. 1. Mai 1815

Goethe dankt dem Intendanten für die Sorgfalt, mit der er „Epimenides“ zur Aufführung gebracht hat und schließt allgemeine Erörterungen über die Aufführungen seiner Dramen und deren Problematik an. (Text: HA Briefe Bd. 3, S. 299ff.)

48. Intendant Graf Brühl an General Graf Tauentzin in Berlin. 31. Mai 1815

Des königl. Generals Herrn Grafen v. Tauentzins Exzellenz ersucht der Unterzeichnete ganz gehorsamst, sich mit dem besonderen Wohlwollen, welches Euer Exzellenz dem Königl. Theater mehrfach bewiesen haben, bei des Königs Majestät dafür gütigst verwenden zu wollen, daß zu der im Kgl. Opernhause auf morgen bestimmten Vorstellung des Goetheschen Festspiels „Des Epimenides Erwachen“ 24 Mann des Garde-Jäger-Bataillons und 24 Mann des Neufchateller Schützen-Bataillons erscheinen und auch die 8 Mann der Garde du Corps, welche von Anfang an darin waren, nebst noch 8 Mann zu Pferde in ihrer Montierung kommen dürfen...

49. Zelter an Goethe. 1. Juni 1815

Soeben ist der „Epimenides“ zum dritten Male aufgeführt worden, um die gestern erfolgte Ankunft unsers Königs zu feiern. Was sich immer glücklicher exponiert, ist die Musik, die reich an fleißigen und glücklichen Stellen ist. Die Ouverture ist ganz richtig sehr ernsthaft, und das Lied der Genien schwebt so kindlich und heiter dahin, wie sich denn die drei ersten Auftritte natürlich aneinander fügen. Epimenides sprach mit Ruhe, Deutlichkeit und Anmut. Die Feuerszene des 5. Auftritts, welche schon wirksam war, hat sich noch verbessert... *(Es folgt eine ausführliche Beschreibung und Kritik der Aufführung.)*

50. Goethe in Wiesbaden an A. K. Genast in Weimar. 15. Juli 1815

Da nun der Feldzug so glücklich vorwärts schreitet und das Beste zu erwarten ist, so wünsche ich, daß auch bei uns Epimenides erwache und uns Freude bringe.

Wollen Sie wohl mit Herrn Geheimehofrat Kirms überlegen, wie man sich mit Herrn Kapellmeister Weber in Verhältnis setzt, um gegen billige Vergütung die Partitur zu erlangen. Besetzen können wir das Stück sehr gut, Herr Beuther wird uns an Dekorationen nichts fehlen lassen, und Ihre Sorgfalt würde über das Ganze hinaushelfen. Denken Sie doch darüber! Ich wünschte es zum achtzehnten Oktober zu geben. Es scheint lange hin, will aber vorbereitet sein.

51. E.T.A. Hoffmann in Berlin an Carl Friedrich Kunz in Bamberg. 18. Juli 1815

Dieser Brief ist ein Bilderbrief, bestehend aus vielen kleinen Zeichnungen, darunter ein Bild des dicken Kapellmeisters Bernhard Anselm Weber, der eine Anzahl Beefsteaks verspeist, und – als eine besondere Erscheinung auf dem Theater – „Epimenides“. (Abbildung des ganzen Briefes in: Hoffmann, Briefwechsel. Hrsg. von Fr. Schnapp. Bd. 2. München 1968. S. 66/67.)

52. B. A. Weber an Goethe. Berlin, 21. November 1815

Euer Exzellenz übersende ich nach dero Befehl hiebei die Partitur von dem Festspiel „Des Epimenides Erwachen“. Am Ende ist die Szene der Beständigkeit. Damit die Musik ununterbrochen fortgehe, vorgerückt worden... Ungemein freut es mich, daß Euer Exzellenz meine Musik würdig achten, sie an einem so glänzenden Tage auf der Bühne aufführen zu lassen... Könnte ich doch nur bei den letzten Proben gegenwärtig sein...

53. Goethe in Weimar an Kirms in Weimar. 28. Nov. 1815

E. W. verfehle nicht zu benachrichtigen, daß Herr Kapellmeister Weber die Partitur des ‚Epimenides‘ gesendet hat, ich übergebe solche sogleich Herrn Kapellmeister Müller, bespreche die Sache mit Herrn Genast und Beuther, worauf denn eine genaue Note alles Erforderlichen erfolgen soll ...

54. Goethes Tagebuch. 21. Januar – 10. Februar 1816

21. Jan.: *(Vormittags)* „Epimenides“ erste Abteilung, Singprobe ... *(Nachmittags)* „Epimenides“ zweite Abteilung. – 23. Jan.: Probe „Epimenides“ 1. Akt. – 25. Jan.: Probe vom „Epimenides“ 2. Teil. Kamen abends Kapellmeister Weber und Direktor Schadow. – 26. Jan.: Ganze Probe vom „Epimenides“. – 27. Jan.: Beratungen mit Kapellmeister Weber. – 1. Febr.: Um 4 Uhr Probe des „Epimenides“. – 2. Febr.: 4 Uhr Probe „Epimenides“. – 4. Febr.: Abends Heereszüge und Chöre aus „Epimenides“. – 6. Febr.: Hauptprobe auf den „Epimenides“. – 7. Febr.: Vorstellung des „Epimenides“. – 10. Febr.: Abends in der 2. Vorstellung des „Epimenides“.

55. Theaterzettel.

Weimar, Mittwoch den 7. Februar 1816.
Epimenides Erwachen.
Festspiel in zwei Aufzügen, von Goethe.
Musik von Kapellmeister Weber.
....

Die Berliner Ausgabe des Gedichtes ist an der Kasse für 4 Groschen zu haben.

(Wiederholt: 10. Februar und 19. Oktober 1816.)

56. Knebel in Jena an Charlotte v. Schiller in Weimar

30. Januar 1816. .... Mittwoch, sagt man, sei „Epimenides“; davon müssen Sie mir auch schreiben...

13. Februar. ...Noch haben Sie mir keine Zeile von so wichtigen Nachrichten geschrieben, die sich nun fast täglich in Weimar zutragen... Auch von „Epimenides“ noch nicht ein Wort! Man lobt die Dekorationen sehr...

57. Charlotte v. Schiller in Weimar an Knebel in Jena

In dem Darstellen empfindet man erst recht die Größe und den Reichtum der Idee. Die Sprache ist wunderschön und Anklänge einer glücklichen Vergangenheit, der besten Zeiten, wo Goethe noch aller Wirksamkeit seines Geistes vertraute. Als Plan eines dramatischen Werkes ist manches – meinem Gefühl nach – nicht klar genug für die Darstellung, aber als ein Gedicht, mit Handlung begleitet und mit allen Bedingungen der Außenwelt einverstanden, wozu die Dekorationen und Verwandlungen gehören, die sehr gut ausgefallen, ist es eine interessante Erscheinung, und wer nicht befriedigt ist, zeigt sich selbst am meisten, daß er weder gerecht noch kunstliebend ist.

58. Knebel in Jena an Charlotte v. Schiller in Weimar. 16. Februar 1816

Für Ihre gefällige und geistreiche Schilderung des „Epimenides“ danke ich Ihnen. Sie sehen mit wohlgefälligen Augen und hören auch so. Andere waren nicht so zufrieden. Die Musik wollte ihnen nicht recht ans Herz gehen, und dann fanden sie, daß manches in der Allegorie zu fein und daher zu unbestimmt für den anschauenden Sinn sei. Das läßt sich nun wohl denken, und man müßte ein solches Spiel öfters gesehen haben. Zuletzt aber die Mischung von moderner Tracht und Sitte mit der antiken tat ihnen gewaltig weh – und auch das kann ich mir denken. Wir wollen also nur das Stück fleißig lesen, das so viel Vortreffliches und Gemütliches enthält... Es ist schwer, für das jetzige Publikum zu schreiben und zu dichten. Der Hauptgrund liegt im Unverstand; dann aber sind die Geschmacke so geteilt wie das politische Teutschland. Ich glaube, wenn man den alten Hermann hätte auftreten lassen und das nordische Unzeug, hätten manche mehr Gefallen daran gehabt.

NACHWORT
ZU „DES EPIMENIDES ERWACHEN“

Entstehung. Goethes Festspiel *Des Epimenides Erwachen* ist kein Schauspiel im gewöhnlichen Sinne, sondern ein Textbuch für eine Bühnenvorstellung, die sich aus Elementen der Oper, des Oratoriums, des Dramas und des Balletts zusammensetzt. Unter anderen Werken Goethes, die ebenso wie der *Epimenides* als Auftragsarbeiten entstanden sind, verdient es wegen seines geschichtlich-politischen Anlasses besondere Beachtung: es war die Textvorlage für die offizielle Siegesfeier, die 1814 in Berlin zum Abschluß der Kriege gegen Napoleon gehalten werden sollte. Auftraggeber und Publikum erwarteten ein hochgestimmtes Festspiel, das der allgemeinen Siegesfreude nach der gelungenen Befreiung den für Mit- und Nachwelt gültigen Ausdruck gab.

Nun hatte Goethe aber die Epoche, an deren Abschluß dieses Festspiel stand, unter anderen inneren Voraussetzungen durchlebt als viele seiner Zeitgenossen. Während manche Repräsentanten des deutschen Geistesleben (wie z. B. Wieland und Herder) die Revolution in Frankreich anfänglich mit Enthusiasmus begrüßt hatten und andere später die Sache der deutschen Einheit und Freiheit zu ihrer eigenen Sache gemacht hatten, war Goethes Haltung zu den Zeitereignissen betrachtend-distanziert geblieben. In den Jahren nach der Rückkehr aus Italien hatte er sich mit zunehmender Intensität der Naturforschung zugewandt. Die Natur läßt nun aber die Kräfte des Lebendigen sich in ruhigem, organischem Wachstum entfalten: so sah Goethe auch die Werte der menschlichen Kultur als Ergebnisse eines stetigen, geordneten Gestaltungsprozesses, der in der natürlichen Folge der Generationen vor sich geht. Revolutionärer Umsturz durchbricht diese Tradition und zerstört unwiederbringliche Werte. Veränderungen in Staat und Gesellschaft sollten durch Einsicht, Vernunft und Weiterbildung des Überkommenen bewirkt werden; dies wird schon in den frühen Revolutionsdramen ausgesagt (*Der Bürgergeneral*, *Die Aufgeregten*). Goethe erkannte aber auch, daß in der Natur ebenso wie in der Geschichte Mächte auftreten, die sich in die gewohnten Kategorien nicht einordnen lassen. In beiden Bereichen gibt es das *Dämonische* (Bd. 10, S. 177), das gewalttätig-zerstörend, aber auch rätselhaft-schöpferisch wirken kann. Napoleon, der Vollender der Revolution, erschien ihm als eine solche dämonische, der rationalen Analyse nicht voll zugängliche Gestalt. Goethe sah in ihm – bei aller kriegerischen Gewalttätigkeit – doch auch den Überwinder des revolutionären Chaos und den Begründer einer neuen europäischen Ordnung, welche geeignet sein konnte, die überkommenen Werte der geistigen und kulturellen Tradition in das neue Zeitalter hineinzunehmen. Goethe verfolgte Napoleons Aufstieg mit Bewunderung und gab dieser auch Ausdruck – zum Ärgernis für manche Zeitgenossen. Die Begegnung 1808 in Erfurt, als der Kaiser auf dem Höhepunkt seiner Macht stand, beeindruckte ihn tief. Napoleon machte damals den Vorschlag, Goethe möge den Tod Cäsars in einem Trauerspiel „auf eine vollwürdige Weise“ beschreiben. Cäsar sollte als der Versöhner nach langer Kriegszeit und Schöpfer einer neuen Reichsidee erscheinen. „Man müßte der Welt zeigen, wie Cäsar sie beglückt haben würde, wie Alles ganz anders geworden wäre, wenn man ihm Zeit gelassen hätte, seine hochsinnigen Pläne auszuführen!“. Offensichtlich hat Goethe die Zukunftsabsichten Napoleons, der sich selbst in die Nachfolge Cäsars stellte, im Sinne eines ähnlichen versöhnenden Friedensgedankens verstanden. Wenn er sich in den Sommermonaten dieser Jahre in den böhmischen Bädern aufhielt, konnte er den Umgang der neuen französischen Oberschicht mit dem alten europäischen Hochadel beobachten. Die politische Heirat der Habsburgertochter mit dem französischen Volks- und Heereskaiser (1810) gewährte die Aussicht auf eine Epoche gemeinsamen Fortschreitens. Goethe rühmte diese Verbindung in dem Gedicht, das er 1812 *Im Namen der Bürgerschaft von Karlsbad* der Kaiserin von Frankreich widmete (Bd. 1, S. 261 f.). Er preist das *herrliche Gestirn*, das zum andern rückt, und spricht den Wunsch aus, daß die junge Marie Luise, die einst als *holde Friedensbraut* auszog, nun *als Mutter*, *den Sohn im Arme*, den *neuen*, *dauernden Verein* fördern möge. *Uns sei durch sie dies letzte Glück beschieden – Der alles wollen kann*, *will auch den Frieden* heißt es am Schluß der großartig-feierlichen Stanzen.

Als Goethe diese Strophen schrieb, war der nahe Zusammenbruch des Napoleonischen Machtsystems noch nicht vorauszusehen, wenn auch seine Schwächen in der Unbesiegbarkeit Englands und im Guerillakrieg der Spanier zutage getreten waren. Die bonapartische Dynastie schien durch die Geburt des Thronfolgers (1811) gefestigt. Ihr Sturz kam für die Mitlebenden überraschend und nicht mit der Logik geschichtlicher Notwendigkeit. Als der Feldzug in Rußland 1812 mißlang, schloß sich die Koalition der europäischen Mächte gegen Frankreich nur zögernd zusammen; ihr militärischer Erfolg blieb bis zur Schlacht von Leipzig (Oktober 1813) ungewiß. Der erfolgreiche Befreiungskampf ließ nun nach dem langen Druck der Fremdherrschaft die patriotische Begeisterung in Deutschland bis zum Enthusiasmus auflodern, wobei es auch zu nationalistischen Übersteigerungen, ja sogar zum Ausdruck von

Fremdenhaß kam. Goethe verfolgte den Verlauf der Ereignisse eher mit Besorgnis und Skepsis als mit Hoffnung. Er sah die Schwierigkeiten voraus, die die politische Weiterentwicklung Deutschlands mit sich bringen würde: Es ist *nun einmal die Art der Nation, sobald sie von fremdem Drucke sich befreit fühlt, unter sich zu zerfallen* (an Sara von Grotthuß. 7. 2. 1814). Die *Vereinigung und Beruhigung des deutschen Reiches im politischen Sinne* sollte nach seiner Meinung *den Großen Mächtigen, Staatsweisen* überlassen bleiben. Als den *größten Dienst* den er selbst glaubte, seinem *Vaterlande leisten zu können*, sah er es an, wenn er fortführe, in seinem *biographischen Versuche* die *Umwandlungen* der Kultur, insofern er Zeuge davon gewesen, *mit Billigkeit und Heiterkeit darzustellen* und dabei Kontinuität und Diskontinuität in der Folge der Epochen aufzuzeigen (an F. B. v. Bucholtz, 14. 2. 1814).

Goethes hauptsächlichste Beschäftigung war zu dieser Zeit die Arbeit am dritten Teil von *Dichtung und Wahrheit*. Gerade als er damit fertig war, kam auf ihn aus Berlin der Auftrag zu, auf den die Entstehung des Festspiels *Des Epimenides Erwachen* zurückgeht. Preußen war derjenige deutsche Staat, der am meisten zum Sturz Napoleons beigetragen hatte. Zur Ankunft der siegreichen Monarchen in Berlin, des Königs Friedrich Wilhelms III. und des Zaren Alexander, sollte im Frühsommer 1814 eine festliche Veranstaltung stattfinden. Der Intendant der Berliner Bühnen, August Wilhelm Iffland, der bedeutendste Theatermann seiner Zeit, suchte nach einem Entwurf, der der Bedeutung des Augenblicks gerecht zu werden vermochte. Er wandte sich deshalb an den Dichter, der als Repräsentant des erneuerten deutschen Geistes galt, gerade auch in den Kreisen des preußischen Bürgertums und bei den gebildeten Offizieren. Obwohl Iffland Goethe persönlich von Gastspielen in Weimar kannte, richtete er seine Anfrage nicht direkt an ihn, sondern wandte sich an den Hofrat Kirms in Weimar, der die Bitte an Goethe weitergab (Dok. 3). Goethe war zunächst entschlossen abzulehnen, wohl kaum aus inneren Hemmungen (er hatte noch 1808 in Weimar ein Festspiel für den Zaren und Napoleon arrangiert), sondern weil ihm die zur Verfügung stehende Zeit viel zu kurz erschien (Dok. 4). Er war aber doch von dem Projekt fasziniert, und unmittelbar nach der ersten, ablehnenden Antwort an Kirms fertigte er innerhalb weniger Tage einen Entwurf, der schon recht genau die Konzeption des Festspiels enthält (Dok. 7). Das *Programm* trägt den Titel *Des Epimenides Erwachen*. Wie Goethe damals auf die Idee kam, gerade den Epimenides-Stoff zu wählen, läßt sich nicht aufklären. Das Programm enthält bereits detaillierte Angaben über Dekorationen, Kostüme, Beleuchtung und Bühneneffekte; Huldigungen an die Monarchen sind eingebaut. Welcher Zusammenhang aber zwischen Epimenides, der, von den Göttern begünstigt, eine *Erhöhung seiner geistigen Seherkraft* gewinnt, und den aktuellen Ereignissen besteht, wird nicht recht klar. Iffland glaubte zunächst, als er das Manuskript durchlas, „in der Person des Epimenides" eine Anspielung auf den preußischen König sehen zu können, wurde sich seines Irrtums aber rasch bewußt (Dok. 10). Um eine solche, möglicherweise peinliche Fehldeutung zu vermeiden, sah sich Goethe veranlaßt, die Gestalt des Epimenides und sein Schicksal in den Anfangsszenen des Spiels eingehender darzustellen (Dok. 14). Im übrigen war Iffland aber mit dem bühnengerechten Projekt voll zufrieden und nahm die Vorbereitungen in Angriff. Goethe stellte in wenigen Wochen das Manuskript fertig. Für die Komposition hatte Iffland den Berliner Kapellmeister Bernhard Anselm Weber verpflichtet. Dieser reiste im Juni nach Weimar, um die Vertonung mit Goethe zu besprechen (Dok. 15, 17). Doch dann gerieten die Arbeiten in Berlin ins Stocken. Die Gründe dafür lassen sich nur zum Teil aufhellen. Man vermutete Intrigen gegen Goethe, dem manche Kreise in Berlin nicht wohlgesonnen waren (Dok. 29). Wahrscheinlicher ist, daß Weber den Anforderungen der Komposition nicht voll gewachsen war und nur langsam vorwärts kam. Hinzu traten äußere Umstände: die Monarchen konnten zur vorgesehenen Zeit nicht in Berlin eintreffen, der Zar kam am Ende überhaupt nicht. Politische Differenzen waren der Stimmung für eine Siegesfeier nicht günstig. Im Herbst starb Iffland. Der neue Generalintendant, Graf Brühl, der ebenfalls mit Goethe persönlich bekannt war, konnte erst zu Beginn des Jahres 1815 die Arbeiten an der Inszenierung wieder aufnehmen (Dok. 31). Goethe verfolgte diese Verzögerungen mit Unmut und wachsender Distanz von dem Projekt. Das Stück wurde schließlich am 30. März 1815 zum Jahrestag des Einzugs in Paris aufgeführt. Der Moment war aber nicht glücklich; denn inzwischen war Napoleon aus Elba nach Paris zurückgekehrt, und ein neuer Feldzug stand bevor. Die Aufführung am 30. März errang starken Beifall, noch größere Zustimmung fand die Wiederholung am 1. April (Dok. 40). Das Stück wurde dann auch in Weimar aufgeführt, am 7. und am 10. Februar 1816. Als Goethe es 1816 und 1828 in seine *Werke* aufnahm, setzte er vor den Text ein Verzeichnis *Mitwirkende*, welches die Personen des Dramas und die Weimarer Darsteller nennt. (In unserem Band im Abschnitt „Zur Textgeschichte".) Dergleichen wäre bei Dramen wie *Tasso* oder *Die natürliche Tochter* unmöglich gewesen. Er machte damit deutlich, daß er *Epimenides* als ein Gelegenheitswerk ansah, genau wie die *Maskenzüge*, hinter die er ihn in den *Werken* stellte, als ein einmaliges Bühnenspiel für die

Situation der Jahre 1814–1816. Er hat damit Recht behalten. Ein „Nationalschauspiel", wie der Prager Theaterdirektor Liebich es erhoffte (Dok. 18) – und andere mit ihm (Dok. 16, 19) – ist das Werk nicht geworden.

Handlung und Gehalt. Goethes *Epimenides*-Drama besitzt schon von der Konzeption her nicht die Eigenschaften, die es zu einem volkstümlichen Festspiel hätten machen können. Die künstlerische Form, in der sich Elemente verschiedener Gattungen vereinten, war zwar dem damaligen Publikum nicht ungewohnt, vor allem waren allegorische Gestalten damals etwas Bekanntes. Doch der von Goethe gewählte antike Stoff war selbst den Gebildeten nicht vertraut, und die Intention des Dichters konnte man auch in der Endfassung nicht leicht durchschauen. Das Festspiel ist aus zwei Handlungsketten zusammengefügt: die eine ist die von Goethe fortgebildete Epimenides-Fabel, die wie eine Rahmenhandlung beginnt, die andere ist eine allegorische Handlung, in der geschichtliche Vorgänge modellartig dargestellt und gedeutet werden. Im Schlußteil des Spiels laufen beide Handlungsstränge zusammen. Die Allegorie bietet dem Verständnis keine Schwierigkeiten. Goethe verbindet hier Überzeitlich-Typisches mit Anspielungen auf die jüngste Geschichte; neben Eigenem benutzt er traditionelle Motive (z. B. die Dreizahl, die Symbolik der Geschlechter, die Symmetrie der Gestalten). Drei männliche Allegorien verkörpern Mächte des Unheils: es sind die Dämonen des Kriegs, der List und der Unterdrückung. Als erster tritt der Dämon des Krieges mit seinen Soldaten auf. Er zerstört die bestehende Ordnung und ihr Gefüge von Sitte und Kultur. Ihm folgt der Dämon der List mit einer Schar von Hofleuten und Diplomaten. Zuletzt erscheint der Dämon der Unterdrückung, der seine Alleinherrschaft aufrichtet. Die Gruppen der Soldaten, Hofleute usw. treten in Kostümen aus verschiedenen Epochen auf. Dadurch wird anschaulich gemacht, daß die Vorgänge auf der Bühne nicht nur die unmittelbare Vergangenheit beschreiben, sondern wiederkehrende geschichtliche Phänomene vergegenwärtigen. Im Kontrast zu den Dämonen stehen drei weibliche Gestalten, die die Kräfte des Guten verkörpern: die Tugenden des Glaubens, der Liebe und der Hoffnung. Sie sind aber nicht identisch mit den „göttlichen Tugenden" der christlichen Überlieferung, sondern säkularisierte, rein menschliche Kräfte. Daher sind sie anfällig für Täuschung und Verführung, und es gelingt dem Dämon der Unterdrückung, zwei von ihnen – Glaube und Liebe – zu unterjochen. Die Hoffnung allein hält ihm stand. Damit erweist sie sich als die stärkste der Tugenden. (Die Rangfolge ist also anders als im Korintherbrief des Paulus, wo die Liebe als die höchste der Tugenden genannt wird.) Die Szene, in der der Dämon der Unterdrückung vor der sieghaften Hoffnung zurückweicht, bildet – auch musikalisch – den Höhepunkt des Stücks. Die Hoffnung erlöst Glaube und Liebe aus ihren Fesseln und ruft das Volk zum Befreiungskampf. Die Einigkeit festigt schließlich das Befreiungswerk.

Durch die Verknüpfung mit der Epimenides-Handlung wird die Allegorie nun aber in einen komplexen Sinnzusammenhang hineingestellt. Epimenides ist nach griechischer Überlieferung ein Weiser aus Kreta, der im 7. Jahrhundert vor Christus gelebt haben soll. Mit seiner Gestalt verbindet die antike Sage das Motiv des zeitüberdauernden Schlafes. In Goethes Spiel wird dieses Motiv sozusagen verdoppelt: in den Eingangsszenen wird berichtet, daß die Götter den Epimenides vor langer Zeit in Schlaf versinken ließen und ihm dabei die Wahl gewährten, ob er durch den Schlaf die Fähigkeit zur Erkenntnis der Gegenwart oder der Zukunft gewinnen wolle. Er wählte die Erkenntnis der Gegenwart, also dessen, *was ist* (V. 92), und die Weisheit, die der Schlaf ihm gab, ließ ihm die Welt *durchsichtig wie ein Kristallgefäß* werden (V. 96f.). Die damals gewonnene Weltsicht trägt Epimenides in dem bedeutenden Monolog des zweiten Auftritts vor. In einer großartigen Zusammenschau beschreibt er hier alle Bereiche des Kosmos – irdische Natur, Gestirne und Menschenwelt – als ein Gefüge geordneter Strukturen. *Einklang* ist das Leitwort dieses Weltbildes. Während der *Jugend Nachgefährt'* die *Leidenschaft* ist, hat gerade der lange Schlaf dem Epimenides die wache Geistigkeit des Alters geschenkt, die sich mit *hellem Sinn* dem *Ewigen* zuwendet (V. 49ff.).

Am Beginn des Stücks wird Epimenides nun nach dem Willen der Götter zum zweitenmal von zwei Genien zum Schlaf geleitet. Die Bestimmung dieses Schlafes bleibt verborgen. Er weiß nicht, ob ihm der Tod naht, oder ob ihm vielleicht die Sicht der Zukunft eröffnet werden soll. Auf seine Fragen erhält er keine Antwort. Die Genien sagen nur aus, daß die Zeiten *fieberhaft* (V. 104) sein werden. Damit ist angedeutet, daß die kommende Zeit nicht wie vordem eine Veränderung durch stetige Fortentwicklung bringen wird, sondern eine tiefe Krise, eine Krankheit des Menschengeschlechts in seiner Geschichte. Epimenides nimmt den Schlaf willig auf sich, im Vertrauen auf die Götter. Er verschwindet danach von der Bühne, während die allegorische Handlung vor sich geht. Am Beginn des zweiten Aufzugs ereignet sich dann das, wovon das Stück seinen Namen hat: Epimenides, der in einer vertrauten, geordneten Welt eingeschlafen war, erwacht und findet sich allein in einer Umgebung, die ringsum von den Spuren der Zerstörung gekennzeichnet ist. Die Ursachen des Chaos sind ihm verborgen. Er vermutet zunächst eine Naturkatastrophe, zumal die vegetative Natur die Ruinen der menschlichen Bauwerke mit dämonisch-unheimlicher Produktivität überwuchert hat. Epimenides reagiert mit Trauer und Entsetzen. Wo er keine menschliche und kosmische Ordnung vorfindet, kann er auch das Göttliche nicht wahrnehmen. Ohne dieses erscheint ihm aber das Leben nicht mehr lebenswert. Er fällt in Verzweiflung und wünscht sich den Tod. Doch durch die Genien und den Aufzug des siegreichen Heeres wird er über das Vorgefallene belehrt. Er hört von Krieg und Unterdrückung, vom Wirken der Hoffnung und vom Drang des Volkes nach Freiheit. Er bejaht die Befreiungstat, gliedert sich in die festliche Szenerie ein und entschleiert die Allegorie der Einigkeit. In seinen letzten Worten spricht er aus, daß der *Höchste* ihn früher gelehrt habe, *das Gegenwärt'ge* zu kennen: *Nun aber soll mein Blick entbrennen, in fremde Zeiten auszuschaun.* Die Priester nehmen diesen Gedanken auf und verdeutlichen ihn: *Und nun soll Geist und Herz entbrennen, Vergangnes fühlen, Zukunft schaun* (V. 951–955).

Offenbar sieht sich Epimenides hier durch den ihm von den Göttern auferlegten Schlaf zu einer neuen Sendung berufen, nämlich der, in *fremde Zeiten auszuschauen. Fremde Zeiten* stehen im Gegensatz zum *Gegenwärt'gen*, zu dem, *was ist* (V. 950 u. 92). Die Priester präzisieren: sowohl *Vergangenes* als auch *Zukunft* sind *fremde Zeiten.* Was hat nun Epimenides aber durch den langen Schlaf gewonnen? Was vermag er über die Zukunft auszusagen, und inwiefern hat er eine tiefere Einsicht in das Geschehen der Vergangenheit als diejenigen, die als Handelnde die Ereignisse miterlebt und -erlitten haben? Eine – freilich nur andeutende – Antwort hierauf geben die Priester als Verkünder des göttlichen Willens (V. 863–872): Die Götter bewahrten Epimenides *im stillen*, damit er *rein empfinden* könne. Als einer, der vom Mithandeln in der Geschichte dispensiert wurde, gleicht er aber dem Menschen der Zukunft *(künft'gen Tagen)*, denen das Streben und Leiden früherer Zeiten nur als Geschichte zugänglich ist, d. h. aus der Distanz des kritisch Prüfenden *(nicht glauben, was wir sagen, wirst du, wie die Folgezeit)*. Der Sinn des Schlafes liegt also darin, daß Epimenides von den Göttern vor der Verstrickung in die Gegenwart und ihre Leidenschaften bewahrt geblieben ist. Er vermag daher seine Zeit so unverblendet-nüchtern zu betrachten, wie spätere Generationen es tun können. *In fremde Zeiten ausschauen* (zu denen auch die unmittelbare Vergangenheit gehört), heißt dann nicht, Prophezeiungen über den Verlauf der Zukunft aussprechen (das tut Epimenides auch nicht), sondern das Vergangene aus der Sicht dessen zu deuten, der frei ist von der Befangenheit des Handelnd-Engagierten und der als „rein Empfindender“ die Erkenntnisse, die ihm die Vergangenheit gewährt, in die Weisungen für die Zukunft hineinzunehmen vermag.

Die neuen Einsichten des Epimenides und überhaupt die Verknüpfung der Epimenides-Fabel mit dem Auftreten der Dämonen und Tugenden konnten aber nur dann eine sinnvolle Ergänzung der allegorischen Handlung bilden, wenn die in dem Stück (und besonders in der Allegorie) dargestellten zeitgeschichtlichen Vorgänge wenigstens ansatzweise im Sinne des dem Epimenides zuteil gewordenen vertieften Geschichtsverständnisses gedeutet wurden. Epimenides hat zwar keine Gelegenheit, von seinen Fähigkeiten explizit Gebrauch zu machen, da das Stück nach seinem Erwachen rasch dem Ende zugeht und in den letzten Szenen der Siegesjubel vorherrscht. Trotzdem erinnern einige seiner Worte an Sachverhalte, die von den Zeitgenossen in der Begeisterung über die errungene Befreiung allzu leicht verdrängt wurden. Hierzu gehören die Aussagen, in denen er der Erschütterung über das ungeheure Ausmaß der Zerstörungen, die durch Umwälzung und Krieg hervorgerufen wurden, Ausdruck gibt. *Von Ordnung keine Spur! Es ist der Schöpfung wildes Chaos hier, das letzte Grauen endlicher Zerstörung* (V. 717ff.). Die Strophe *Hast du ein gegründet Haus* (V. 745ff.), die sprachlich und musikalisch besonders akzentuiert wird, spricht vom Wert der Tradition. Gerade diese war aber durch die Revolutionsereignisse gestört oder unterbrochen. – Auch an anderen Stellen läßt der Autor durch alle Siegeseuphorie hindurch die Zwiespältigkeit und Problematik der Zeitsituation spüren. Hier urteilt er selber aus der Sicht des vom Schlaf erwachten Epimenides und wird in diesem Sinne mit ihm identisch. Geradezu schockierend sind die Worte des Glaubens von *der Freiheit plötzlich furchtbar Morgenrot* (V. 876). Die Forderung an die Monarchen, *Nachgiebigkeit bei großem Willen* zu üben, faßt die ganze Spannungsbreite der Aufgaben zusammen, die damals auf die Dynastien zukamen. War *Einklang* zwischen *Herrscher* und *Volk* vor der Katastrophe eine selbstverständliche Komponente des von Epimenides erschauten harmonisch-stimmigen Weltbildes, so wird der Ruf nach Einigkeit (in der ersten Fassung des Stücks auch nach Beharrlichkeit) zu einer mahnenden Forderung am Ende des Festspiels. *Das was ich lehre*, sagt die Einigkeit aber, *scheint so leicht*, und ist doch *fast unmöglich zu erfüllen* (V. 915ff.). In eine noch tiefere Problematik führt schließlich die in der allegorischen Handlung vermittelte Erkenntnis, daß die edelsten Tugenden, Glaube und Liebe, verführbar und täuschbar sind. Hier wird ebenso wie in der Aussage über das *furchtbare Morgenrot der Freiheit* die Ambivalenz humaner und geschichtlicher Kräfte deutlich, die sich nicht simplifizierend in Gut und Böse scheiden lassen.

Während das Publikum bei den Berliner Aufführungen sich meist nur an der festlichen Atmosphäre berauschte, hat Goethes Freund Zelter seine Absicht klar erkannt. Er schreibt in seinem Bericht über die Aufführung in Berlin, daß ihn die Szene, in der Liebe und Glauben bestochen werden und Freiheit und Unschuld verlieren, „in ungeheure Bewegung gesetzt" habe. „Und gefühlt haben sie's alle, Gott sei Dank, wenn sie's auch nie erkennen: es ist ein Griff in die Natur menschlicher Verderblichkeit ... den sie rasend übelnehmen würden, wenn sie den Generalbaß wüßten" (Dok. 40). – Als Goethe 1816 das Stück in den 8. Band seiner Schriften bei Cotta aufnehmen ließ, gab er selber durch die literarisch-politische Beziehung, in die er es stellte, einen Hinweis darauf, wie er es verstanden wissen wollte: er ließ den *Epimenides* unmittelbar den Stanzen folgen, die er 1812 *Im Namen der Bürgerschaft von Karlsbad* der Gattin Napoleons gewidmet hatte (Bd. 1, S. 261 f.), und stellte dem Festspiel zwei Strophen voran, die das Befreiungsspiel mit dem Huldigungsgedicht verbinden. Hieß es in dem letzteren: *Wer alles wollen kann, will auch den Frieden*, so lautet die Erfahrung der Jahre 1812–1814: *Den Frieden kann das Wollen nicht bereiten: Wer alles will, will sich vor allen mächtig* (V. 1–2). Die Macht entwickelt ihre eigene Dynamik und führt zur Hybris, durch die sie ihren Sturz selber herbeiführt. Dabei erweckt sie Gegenkräfte, die ebenfalls vom Dämonischen geprägt sind. Nicht Siegesfreude ist daher das letzte Wort Goethes am Ende der Revolutionsepoche, auch nicht zuversichtliche Hoffnung auf eine Ära des Friedens, wie sie in dem Gedicht von 1812 anklang, sondern eher Skepsis und Betroffenheit angesichts unberechenbarer Kräfte in einer von Grund auf veränderten Welt: *So wachsen Kraft und List nach allen Seiten, Der Weltkreis ruht von Ungeheuern trächtig.* Das Schicksal erscheint *wogenhaft und schrecklich ungestaltet*, es weiß *nicht Maß, noch Ziel, noch Richte zu finden* (V. 5 ff.). – Dem Dichter verbleibt die *Kunst;* sie vermag *in liebendem Entzünden der Masse Wust* zu ordnen und zu entfalten. Indem sie *Gesang und Rede* sowie *sinniges Bewegen* in Schauspielkunst und Tanz zu gemeinsamem Wirken bringt, stellt sie im Reich des Schönen den Einklang her, der im Bereich des Politisch-Realen ein Postulat bleiben muß.

Zur Form des *Epimenides.* Der *Epimenides* stellt der Form nach eine Mischung aus Schauspieltext und Opern-Libretto dar. Für das damalige Publikum war dies nichts Ungewöhnliches. Zu dem festlichen Akt sollten alle Künste beitragen: Dichtung, Musik, Gesangs- und Schauspielkunst sowie die bildenden Künste in der Gestaltung der Dekorationen und Kostüme. Goethe berücksichtigte von Anfang an in seiner Planung das Zusammenwirken vieler Kunstgattungen. Schon der erste Entwurf enthält genaue Anweisungen über die Dekorationen, die Kostümierungen, die Verwandlungen des Bühnenbildes, die Beleuchtungseffekte usw.

Die Eigenart der Aufgabe brachte es mit sich, daß der Text kein einheitliches Sprachwerk sein konnte. Die einzelnen Teile sind sehr unterschiedlich gestaltet, und zwar immer im Hinblick auf die geplante Vortragsweise im Rahmen der Bühnenaufführung. Die mehrstrophigen Lieder wurden von Chören gesungen; einzelne Strophen von Solisten. Umfangreiche Teile des Textes waren für den Vortrag als Melodram oder Rezitativ bestimmt, andere sollten ohne Musikbegleitung deklamiert werden. Die unterschiedlichen Darbietungsweisen auf der Bühne verlangten jeweils passende poetische Formen. Für die Chöre schrieb Goethe schlichte Liedstrophen, für die Solisten kunstvollere Gesangsstrophen. In den Sprechpartien kommen anspruchsvollere Formen vor, z. B. reimlose Verse oder Stanzen. Der sprachlich-künstlerische Wert der einzelnen Teile ist dementsprechend sehr verschieden. Manche Chorstrophen muten den heutigen Leser naiv-patriotisch an; man findet aber auch Verse, die zu den bedeutenden Leistungen Goethescher Sprachkunst gehören. Bei der Beurteilung der vergleichsweise simplen Chorstrophen ist zu beachten, daß Goethe den Bedürfnissen der Sänger und den Erwartungen des Publikums entgegenkommen mußte. Im übrigen ragen diese Lieder über das Niveau der damals gängigen Kriegslyrik noch immer weit hinaus. – Die Bedeutung, die den einzelnen Teilen innerhalb des Ganzen zukam, war für die Zuschauer der Bühnenaufführung durch die musikalische Behandlung bestimmt (was beim bloßen Lesen des Textes nicht ohne weiteres zu erkennen ist). Durch musikalische Untermalung, durch Wiederholung von Gesangspartien usw. war es z. B. möglich, einzelne Textteile besonders hervorzuheben.

Der Aufbau des Ganzen ist locker. In der ersten Fassung, die 1815 in Berlin aufgeführt wurde, bestand das Festspiel aus 25 *Auftritten;* in der endgültigen Fassung von 1816 sind die Auftritte zu zwei *Aufzügen* zusammengefaßt. Beide Aufzüge enden effektvoll: der erste mit einer großen Szene, in der die Hoffnung über den Dämon der Unterdrückung triumphiert, der zweite mit einem markigen Schlußchor (dem in der Berliner Fassung noch eine Bravourarie für Koloratursopran voranging).

M u s i k. Die Gesamtwirkung des Stücks mußte wesentlich davon abhängen, in welchem Grade es gelang, die verschiedenartigen

Künste mit der Dichtung zu einem Gesamtkunstwerk zusammenzufügen. Von der Seite des Theaters und der Bühnentechnik waren alle Voraussetzungen erfüllt: das Festspiel wurde im größten Berliner Theater, dem Opernhaus aufgeführt; an Dekorationen, Kostümen, Statisten brauchte nicht gespart zu werden. Alle Bühnenkräfte waren verpflichtet, bei der Aufführung mitzuwirken. Es traten auch einige Dutzend Soldaten in Prachtuniformen auf, darunter acht Mann zu Pferde. Der Intendant leitete selbst die Inszenierung. Das Spiel bedeutete somit eine Präsentation aller künstlerischen und bühnentechnischen Möglichkeiten der preußischen Hauptstadt. Was den Berlinern jedoch fehlte, war ein Komponist, der seiner Aufgabe völlig gewachsen gewesen wäre. Man hatte für die Vertonung den am Ort ansässigen Kapellmeister Berhard Anselm Weber gewählt. Er war ein tüchtiger Dirigent und erfolgreicher Komponist für die Gebrauchsmusik des Theaters, besaß jedoch nicht die schöpferische Fähigkeit, eine Musik von zeitüberdauerndem Wert zu schreiben. Weber (1764 in Mannheim geboren, 1821 in Berlin gestorben), hatte sich mit Studien der Theologie, Philosophie und Rechtswissenschaft befaßt, bevor er sich ganz der Musik zuwandte. Er war also ein vielseitig gebildeter und interessierter Mann. 1792 war er an das Königliche Theater nach Berlin gekommen. Von den großen Opernkomponisten schätzte er Gluck besonders, und er setzte sich für die Aufführung seiner Werke ein. Webers eigenes kompositorisches Schaffen umfaßt Singspiele, Ballette, Kantaten, Lieder und Musik zu Schauspielen. Diese Werke sind aber alle – bis auf die Vertonung des Schützenlieds aus „Wilhelm Tell" („Mit dem Pfeil, dem Bogen") – in Vergessenheit geraten.

Es war für Weber keine leichte Aufgabe, die Musik zum *Epimenides* zu schreiben. Die Komposition mußte einerseits dem prunkvollen Bühnenspiel Glanz und Farbe geben, andererseits aber auch die vom Text vorgezeichnete innere Struktur deutlich werden lassen. Goethe hatte von Anfang an bestimmte Vorstellungen über die Vertonung. Schon in dem ersten Entwurf vom Juni 1814 legte er den Charakter der Musik für einige Stellen fest und beschrieb auch mehrere Bühneneffekte, die der passenden musikalischen Untermalung bedurften (Dok. 7). Weitere Bemerkungen über die musikalische Gestaltung enthält der Brief an Iffland vom 15. 6. 1814 (Dok. 13, 14). Es war daher naheliegend, daß der vom Intendanten erwählte Komponist sich schon bald mit dem Autor in Verbindung setzte. Weber reiste also noch im Juni nach Weimar und hielt sich dort einige Tage auf (Dok. 8). Er besprach mit Goethe Einzelheiten der Komposition, schrieb einige Partien und spielte sie dem Dichter vor (Dok. 15, 17). Goethe gewann damals einen guten Eindruck von

Weber (Dok. 19), hatte später aber nur gelegentlich Kontakte mit ihm (Dok. 26). Von Zelter erfuhr er, daß Weber mit der Arbeit nur langsam voran komme (Dok. 25). Weber unterbrach im Herbst 1814 die Arbeit am *Epimenides*, um die Aufführung zweier kleiner musikalischer Festspiele der damals populären Theaterautoren Herklots und Kotzebue zur Rückkehr des preußischen Königs nach Berlin vorzubereiten. Der Hauptgrund für die Verzögerung dürfte aber in den Schwierigkeiten gelegen haben, die das anspruchsvolle Projekt dem Komponisten bot.

Die recht umfangreiche Partitur des *Epimenides* ist in mehreren Handschriften erhalten. Sie besteht aus sehr verschiedenartigen Teilen: reinen Orchesterstücken, Gesangspartien für Solisten, Chören, Rezitativen, melodramatischen Partien. Die Verteilung dieser Stücke innerhalb der Gesamtpartitur war sowohl durch den Gang der Handlung als auch durch das Bedürfnis nach Variation bestimmt. Auch mußte Weber die Ansprüche der Sänger befriedigen. Die hervorragendsten Kräfte der Berliner Oper sollten in dem Spiel mitwirken. Sie wünschten brillante Arien, um ihre künstlerischen Fähigkeiten zur Geltung zu bringen. So war z. B. der 24. Auftritt (der in der späteren Fassung weggelassen wurde) eigens dazu bestimmt, der ersten Sopranistin der Berliner Oper einen großen Auftritt zu ermöglichen. Weber schrieb für sie eine Konzertarie, in der sie ihre stimmliche Virtuosität voll entfalten konnte. (Dem Charakter der *Beständigkeit*, die sie darstellte, hätte wohl eher eine schlichte, gemessene Gesangsweise entsprochen.) – Die Arie des Dämons der List im 11. Auftritt mit großen Intervallen und raschen Tonfolgen hat Buffocharakter, während die Arie des Dämons der Unterdrückung im 12. Auftritt – in schwerem Rhythmus und düsterem c-moll – dem seriösen Fach zugehört. Die Arie *Aufgeregte Höllenbilder* im 15. Auftritt gibt dem Sänger dieser Partie Gelegenheit, sich zu imposanter Dramatik zu steigern, besonders in den Wiederholungen des Verses *Und schon modert mir die Gruft* (V. 562). Goethe hatte bereits in der Sendung an Iffland vom 15. 6. 1814 (Dok. 14) gefordert, daß Rezitativ und Arie an dieser Stelle *größte Gewalt* haben müßten, die auf einmal, bei dem *Doch ich wittre Grabesluft* (V. 560) gebrochen erscheinen sollte. Der Komponist hat sich hier also recht genau an die Instruktionen des Dichters gehalten. – Die Partitur enthält auch manche ansprechende Ensemblepartien, so etwa die Duette der beiden Genien oder das Terzett *Herrlich Mädchen* im 14. Auftritt (V. 455 ff.). Die Chöre hingegen, deren Texte schon von Sprache und Gehalt her weniger bieten, verbleiben bei Weber im Rahmen des Konventionellen, vor allem die Kriegerchöre, die er – wie es üblich war – in strahlendem C-Dur und Marschrhythmen komponierte. In den reinen Orchesterstücken bemühte sich Weber gelegentlich um eine originelle Instrumentation. Die Ouvertüre in c-moll ist recht kurz gehalten, sie leitet das Stück in gravitätischem Ernst ein. Als bemerkenswertester Teil der Partitur dürfte das Lied des Epimenides im 6. Auftritt des zweiten Aufzugs anzusehen sein *Hast du ein gegründet Haus* (745 ff.). Die schlichte Melodie, die sich auf einen Umfang von nur fünf Tönen beschränkt, unterstreicht eindrucksvoll in gemessenem Moderato die vom Dichter intendierte Aussage über die in der Tradition gründenden überzeitlich-menschlichen Werte.

Goethe erfuhr Näheres über die Wirkung der Weberschen Musik aus den Briefen Zelters. Obwohl Zelter gegenüber der Leistung Webers zunächst skeptisch gewesen war, gab er der Komposition, besonders nach der dritten Aufführung, eine verhaltene Zustimmung. In einem Bericht über eine Konzertaufführung des Spiels in Leipzig am 13. 2. 1816, bei der die Wirkung von Dekorationen, Kostümen, Beleuchtung, Bühneneffekten usw. entfiel, heißt es allerdings: „Man las und erwog manche der sinn- und gedankenreichen Aussprüche des Dichters lieber, als man sie gesungen hörete.“ Dieses Urteil macht deutlich, daß trotz aller Bemühungen Webers und ungeachtet mancher gelungener Partien seine Komposition dem Text doch nicht gerecht zu werden vermochte. Diese Tatsache hat sicherlich dazu beigetragen, daß dem Festspiel ein bleibender Erfolg nicht beschieden war.

ANMERKUNGEN

Epimenides: griechischer Seher und Weiser aus Kreta, wahrscheinlich geschichtliche Gestalt des 7. Jahrhunderts v. Chr. Die Sage berichtet von einem 57jährigen Schlaf und überlangem Leben. (Vgl. Dok. 14) – Goethe kannte die Epimenides-Geschichte seit langem. Gelegentlich wird in Briefen Epimenides sinnbildlich genannt. An Knebel 25. Okt. 1788 (also einige Zeit nach der Rückkehr aus Italien): *Ich bin hier fast ganz allein. Jedermann findet seine Konvenienz, sich zu isolieren, und mir geht es nun gar wie dem Epimenides nach seinem Erwachen.* (Briefe 2, S. 103) An C. F. v. Reinhard 20. Sept. 1826: *Indessen ich nun wie ein wachender, nicht erwachter Epimenides die vorübergegangenen Lebensträume durch den Flor einer bewegten Gegenwart beruhigt schaue...* (Briefe Bd. 4, S. 202) An Friedr. v. Müller 27. Okt. 1827: *Hofrat Meyer ist wohl und munter aus dem Vaterlande in Weimar gern und mit Vergnügen eingetroffen; er gesteht, daß er sich dort wie ein erwachender Epimenides gefühlt...* An Ernst Heinr. Friedr. Meyer 26. Juni 1829:

Machen Sie mich aufmerksam auf das, was in diesem Felde (Botanik) *jetzt vorgeht; ich komme als ein Epimenides hinein.* Das Motiv des langen Schlafs und des Erwachens in ganz veränderter Umwelt kommt auch in der *Siebenschläfer*-Legende vor, die Goethe im *Divan* aufgriff (Bd. 2, S. 117–120).

Die Geschichte des Epimenides ist vor allem durch Diogenes Laertius (1,109) überliefert. Hederich, Mythologisches Lexicon, Lpz. 1770, (ein Werk, das Goethe besaß und öfters benutzte) bringt einen verhältnismäßig ausführlichen Artikel über Epimenides (Sp. 1011–1013). In Frankreich war Epimenides Dramen-Gestalt geworden. 1735 erschien von M. Poisson „Le Réveil d'Epiménide", 1757 von Charles Jean Fançois Hénault (1685–1770) „Le Réveil d'Epiménide" (Wieder abgedruckt in: Hénault, Nouveau Théatre français, Paris 1769). Schließlich schrieb Claude Marie Louis Emmanuel Carbon (1757–1806), der sich „Carbon de Flins" nannte und gelegentlich noch „des Oliviers" anhängte, „Le Réveil d'Epiménide à Paris", am 11. Jan. 1790 im Théâtre Français zum erstenmal aufgeführt, sehr erfolgreich, 1790 und 1791 gedruckt. Chateaubriand schreibt in seinen „Mémoires d'outre-tombe": „Als ich Frankreich verließ (im Sommer 1792) hallten die Pariser Theater vom „Réveil d'Epiménide" wider." (Erinnerungen, übertr. von Sigrid v. Massenbach. München 1968 S. 169). Grimm berichtete darüber in seiner „Correspondance littéraire" und Kotzebue in „Meine Flucht aus Paris im Winter 1790" (Lpz. 1791). Da Grimms „correspondance" an den Weimarer Herzoghof und an Herder gelangte und da man in Weimar für Kotzebue (der aus Weimar stammte und dessen Mutter in Weimar lebte) Interesse hatte, da man überhaupt in den Jahren nach 1789 darauf achtete, was in Paris geschah, war das Drama von Flins in Deutschland nicht ganz unbekannt. Alle drei französischen Werke heißen „Le réveil d'Epiménide"; Goethe wiederholt den Titel auf Deutsch. Es handelt sich bei ihnen immer darum, daß Epimenides in einer veränderten Welt erwacht; bei Flins wird das Politische stark betont: Epimenides findet das durch die Revolution ganz veränderte Frankreich vor. – Über die antiken Epimenides-Berichte: Pauly-Wissowa, Realencyclop. d. class. Altertumskunde 6, 1909, Sp. 173–178. – Über die französ. Epimenides-Dramen: Morsch im GJb. 14, 1893, S. 212–244. – Dictionnaire des lettres françaises. Le 18e siècle. Paris 1960. Art. „Hénault", „Flins". – Nouvelle biographie générale 17, 1872, Sp. 933–935 „Flins".

1 ff. *Den Frieden kann das Wollen nicht bereiten* ... Die beiden einleitenden Strophen gehören nicht zum ursprünglichen Text des Festspiels, wie es 1815 in Berlin aufgeführt wurde. Goethe schrieb sie am 15. Februar 1816, als er den 8. Band der Ausgabe seiner Werke (Ausgabe B) bei Cotta vorbereitete. Im Tagebuch ist vermerkt: *Verbindung des Epimenides mit dem Vorhergehenden.* Das *Vorhergehende* sind sieben Huldigungsgedichte, die Goethe in den Jahren 1810 und 1812 *Im Namen der Bürgerschaft von Karlsbad* der österreichischen Kaiserin Maria Ludovica, dem Kaiser Franz und seiner Tochter Marie Luise, der Gattin Napoleons, gewidmet hatte. Der letzte Vers des Huldigungsgedichts an die französische Kaiserin lautete: *Der alles wollen kann, will auch den Frieden.* Hieran knüpft Vers 1 an. Die in dem Karlsbader Gedicht ausgesprochene Hoff-

nung, die sich auf Napoleon als Friedensbringer richtete, hatte sich nicht erfüllt. Indem Goethe aber den *Epimenides* unmittelbar dem höfischen Gedicht an die französische Kaiserin folgen läßt, gibt er zu verstehen, daß er zwischen den beiden Dichtungen keinen unüberwindbaren Gegensatz sieht, daß vielmehr die späteren, im *Epimenides* ausgesprochenen Erkenntnisse die früheren Einsichten ergänzen. Vgl. Bd. 1, S. 261 f. u. Anm.

16. *Gesang und Rede, sinnigen Bewegens:* Vorausdeutung auf das Zusammenwirken verschiedenartiger Künste in dem Festspiel.

Erster Aufzug. Die Einteilung des Spiels in zwei Aufzüge findet sich erstmalig im 8. Band der Cottaschen Ausgabe von 1816. In der Erstausgabe Berlin 1815 ist das Stück in 25 fortlaufend numerierte Auftritte eingeteilt.

Muse: Musen sind die griechischen Göttinnen der Künste; in der hellenistischen Zeit kannte man neun Musen. Sie werden meist mit den die Künste kennzeichnenden Attributen abgebildet.

Genien: Schutzgeister nach römischer Vorstellung. An einem Thyrsus (= mit Efeu und Weinlaub umwundener Stab aus dem Dionysoskult) tragen die Genien hier Attribute der Musen. Der *Sternenkranz* deutet auf Urania, die Muse der Sternkunde hin.

1–40. Die fünf Strophen sind streng gebaute Stanzen, eine Form, die Goethe nur für feierliche Anlässe benutzte. – Bd. 14, Sachregister „Stanzen“. – Wolfgang Kayser, Goethes Dichtungen in Stanzen. In: W. Kayser, Kunst und Spiel. Göttingen 1961. S. 86–99.

11. *Und eine Träne* ... Motivisch verwandt *Aussöhnung* (Bd. 1, S. 385 f.). – Sachregister Bd. 14: „Träne“.

17ff. *Entgegnet* = Kommt entgegen; 17–24: Rückverweisung auf die von den Genien getragenen Attribute der Musik (18 f.), der Schauspielkunst (20), der Dichtung (21 f.) und der Sternkunde (23 f.). *Kunstgesicht:* das angeschaute, dem *Gesicht* (Auge) sich darstellende Kunstwerk; als nächstes wird dann das geschriebene Wort genannt, leicht als Pergament, schwer an Gehalt.

29. *die beiden Fässer:* Anspielung auf Homers Ilias, XXIV, V. 522ff., wonach die Götter den Menschen aus den beiden Fässern des Heils und Unheils ihr Geschick zuteilen.

30. *wenn.* Wie oft bei Goethe als Bezeichnung eines gegensätzlichen Nebeneinanderbestehens zweier Vorgänge, etwa wie heute „während“. – Fischer, Goethe-Wortschatz, S. 735 f. – Dt. Wb. 14, 1,2 Sp. 67.

45. *freigesinnt.* Das Wort *frei* benutzt Goethe als Gegensatz zu *bedingt.* Im Gegensatz zu einer Gesinnung, die durch Konvention, Einflüsse, Zwang, Unselbständigkeit u. dgl. bedingt ist, ist die Sehweise des Epimenides *frei*, sie ist der *Götterhelle* nah; daher das Goethesche knappe Adjektiv-Kompositum, das auch sonst gelegentlich bei ihm vorkommt. – Sachregister in Bd. 14, „frei“ „bedingt“

usw. – Dt. Wb. 4, 1, 1 Sp. 110 (erste Belege bei Goethe). Bei Adelung kommt das Wort nicht vor.

49ff. Der Auftrittsmonolog des Epimenides ist einer der sprachlich und gedanklich bedeutendsten Teile des Festspiels. Er gibt in knappen Umrissen ein großangelegtes Bild der Welt, in der sich Epimenides befindet, und der ihm in dieser Welt gestellten Aufgabe. Der Monolog beginnt mit einer Darstellung der Natur, die den Menschen auf Gott hinweist (V. 49–53). In Harmonie mit der Natur steht das sinnvoll gefügte Werk der menschlichen Kultur (V. 54–58). Entsprechend ist die politische Ordnung gestaltet: *ein edles Volk* wirkt im *Einklang* mit seinem Herrscher zusammen. Die irdischen Bereiche werden überwölbt vom gestirnten Himmel, wo ebenfalls *Einklang der Bewegung* zu finden ist. Diese Ordnung und Harmonie in Menschenwelt und Universum wahrzunehmen, ist Sache des von Leidenschaft freien Greises, der sich mit der hellen Bewußtheit des Alters dem Ewigen zuwendet (V. 67–70). – Die letzten vier Verse des Monologs (V. 67–70) haben motivische Verwandtschaft mit dem Gedicht *Um Mitternacht* (Bd. 1 S. 372f.). 70 *verschließt* = umschließt, schließt in sich.

96f. *Und gleich erschien durchsichtig diese Welt* ... Diese dem Epimenides durch den ersten Schlaf gewährte Erkenntnisfähigkeit hat sich z. B. in den Aussagen seines Monologs V. 49–70 verwirklicht.

108. *Zwillingsbrüder*. Schlaf und Tod werden in der antiken Mythologie oft als Zwillingsbrüder dargestellt. Dieses Motiv war dann sehr beliebt in der bildenden Kunst und in der Dichtung des deutschen Klassizismus, insbesondere seit Lessings vielbeachteter Abhandlung „Wie die Alten den Tod gebildet" (Bd. 9, S. 316, 37ff. u. Anm.).

118ff. *Der Ruf des Herrn*. Die fünf Strophen des Kriegerchors V. 118–133 und 178–201 entnahm Goethe dem Spiel *Pandora* (s. S. 360f.).

134ff. Der *Dämon des Kriegs* spricht in Reimversen, in denen Hebung und Senkung wechseln, jedoch sind sie verschieden lang, und auch die Reimstellung ist nicht gleichmäßig; es ist der sogenannte „Madrigalvers". In dieser Versart spricht Mephistopheles im *Faust*, denn in ihr lassen sich knappe Pointen, kaltsinnige Aussagen, boshafte Ironie, rasche Umschwünge besonders gut formulieren. Im folgenden wird der Madrigalvers (mit 4, 5 und 6 Hebungen) auch von den *Dämonen der List* verwandt, bezeichnend die Verse 230–237.

173ff. *Am Ufer schließet mir* ... Anspielung auf die Kontinentalsperre.

244. *Angesichts* = augenblicklich. Ursprünglich: „wenn man jemanden (oder: etwas) sieht", dann: „im Augenblick, sofort". Hier

in der zweiten Bedeutung; doch in Goethes anschaulicher und ursprünglicher Sprache klingt wohl die erste mit an, die auch sonst mehrfach bei ihm vorkommt, z. B. *Faust* 7558. – GWb. 1, Sp. 565.

245. *Brennus:* Gallischer Heerführer, der die Römer 387 v. Chr. an der Allia besiegte und sie dazu zwang, ihren Abzug durch ein hohes Lösegeld zu erkaufen (Livius V, 48).

366ff. Im Gegensatz zu dem Monolog des Epimenides (V. 49ff.) wird hier die dem Menschen feindliche, mit seinem Werk in Disharmonie stehende, zerstörerische Natur dargestellt.

377–380. Die Stelle ist syntaktisch sehr frei gestaltet und dürfte wohl so zu verstehen sein: Büsche und Ranken schleichen sich (an die soeben entstandenen Ruinen heran) und wanken wie verderbliche Gedanken; sie entrücken – in ähnlicher Weise wie inzwischen verflossene Jahrhunderte – das soeben Zerstörte in eine ferne, unwiederbringliche Vergangenheit. – *wanken* = sich hin und her bewegen. Daß Naturgegenstände mit Gedanken verglichen werden (nicht Gedanken mit Naturgegenständen), kommt auch sonst bei Goethe vor (Faust 10064); ebenso das Motiv, daß die Natur das verfallene Menschenwerk überwuchert (Bd. 1, S. 37ff., 374; Bd. 6, S. 493ff.), zumal wenn es sich um *Jahrhunderte* handelt; der *Dämon der Unterdrückung* wünscht, daß es alsbald so aussähe.

396ff. Die *Liebe* ist arglos, ja beinahe töricht; sie nimmt den Wandel der Zeiten nicht wahr. Ihr fehlt die helle Geistigkeit des Alters, wie Epimenides sie besitzt.

398f. *Denn der Liebe* ... In den *Maximen und Reflexionen* steht: *Alle Liebe bezieht sich auf Gegenwart.* (Bd. 12, S. 535)

420. *anständig:* höflich, sittsam, in guten Umgangsformen. Ein häufiges Wort bei Goethe, zumal in seinem Alter.

424ff. Der *Glaube* ist durch Leiderfahrung verwirrt, trostlos, blind geworden (vgl. V. 506).

488. *die Juwele:* „seltene Nebenform" (fem.) zu „das Juwel". Dt. Wb. 4,2 Sp. 2407/08.

489. *Medusa:* ein schlangenhaariges Ungeheuer, eine der drei Gorgonen (vgl. Namenregister in Bd. 14).

593ff. Die *Hoffnung*, hier als allegorische Gestalt, ist eins der Goetheschen Grundthemen, weil sie zum Wesen alles Lebendigen gehört; daher mehrfach als Motiv in Dichtungen und Briefen, so in *Urworte, orphisch* (Bd. 1, S. 360), in *Pandora*, wo sie als *Elpore* auftritt, im Brief an Reinhard über *Pandora* vom 28. Sept. 1807 usw. (vgl. Sachregister in Bd. 14). Die Verse 618–625 fassen die Hauptmotive dessen zusammen, was Goethe an verschiedenen Stellen über die *Hoffnung* ausgesprochen hat.

599. *bin* = bin da, lebe. Das kurze Wort hat hier also eine starke Betonung.

626. *Grabeshöhlen:* die römischen Katakomben.

642–649. Die Naturbilder der vierten Stanze stehen in Beziehung zu den Zeitereignissen: die vom Osten anrollenden Lawinen vereinigen sich mit den Fluten, die vom Belt und vom Ozean kommen; so kämpften die Völker Europas von Rußland bis nach Schweden und England gemeinsam gegen die Napoleonische Herrschaft. Die Strophe stellt das Befreiungsgeschehen in einen kosmischen Rahmen: *So wirkt das All in glücklicher Verkettung* (V. 649). Sie weist zugleich aber auch auf die tragische Widersprüchlichkeit des Vorgangs hin: *Die Welt sieht sich zerstört – und fühlt sich besser* (V. 647). – 642 *Lauinen.* Während heute im Hochdeutschen nur die Wortform „Lawine" bekannt ist, kannte Goethe von seinen Schweizerreisen (1775, 1779 und 1797) die Formen „Lauin", „Lauine" und „Lawine"; er hatte sie wohl mehr gehört als gelesen. Er schreibt sowohl „Lauine" als „Lawine". In der Schweiz kam das Wort in verschiedenen Formen vor, in Deutschland war es selten, denn da gab es kaum Lawinen, und man fuhr damals noch nicht in das verschneite Hochgebirge. – Dt. Wb. 6, 1885, Sp. 394f.

687. *Unsichtbares Chor.* Goethe benutzt das Wort *Chor* als Neutrum, z. B. Bd. 1, S. 199 Vers 6; S. 281 Vers 39 u. ö.

688. *wittert und lichtet es gut:* gibt es gutes Wetter und gutes Licht. – Dt. Wb. 14,2 Sp. 818. – Fischer, Goethe-Wortschatz S. 750.

694. *Komet.* Im Gegensatz zu Sonne, Mond und Planeten, deren regelmäßige Erscheinungen die Ordnung und Harmonie des Universums repräsentieren (vgl. V. 63ff.), ist der plötzlich auftauchende Komet seit jeher Symbol des Unberechenbaren, Ungeordneten, Chaotischen gewesen. Die Textstelle enthält vielleicht eine Reminiszenz an eine Kometenerscheinung aus dem Jahre 1811. Diesen – von dem damals bekannten Astronomen Obers beschriebenen – Kometen konnte Goethe nach seinen Tagebuchnotizen am 5. und 10. September 1811 bei klarem Sternenhimmel gut beobachten.

722ff. Die Beschreibung des Reliefs erinnert an die Basreliefs von antiken Gräbern, die Goethe auf seiner Italienreise am 16. 9. 1786 in Verona vorfand und in der *Italienischen Reise* als Zeugnisse einer über den Tod hinausgehenden weltfreudigen Haltung würdigte (vgl. Bd. 11, S. 42f.).

815. *eh'* vermutlich in der Bedeutung „ehestens, frühestens, so bald wie möglich"; dagegen Petsch, Fest-Ausg. 8, S. 602: „*wo eh'* = wo auch immer". Fischer, Goethe-Wortschatz bespricht die „zweifelhafte" Stelle S. 751.

860. *war Gewinn* = wäre Gewinn gewesen. Die Benutzung des Praeteritums als Irrealis ist um 1800, insbesondere bei Goethe, häu-

fig, z.B. Bd. 2, S. 59 *verloren war*; S. 278 Vers 251 *ergetzten*; S. 458, Vers 77 *lachte; Faust* 10063 u. 11961 u. ö.

877ff. In der ersten Fassung des Festspiels enthielt diese Strophe (in etwas abgewandelter Form) eine Anspielung auf den Zaren Alexander. V. 881 in der zweiten Fassung dürfte sich auf die Großherzogin Luise, die Gemahlin Carl Augusts von Weimar beziehen. Über ihre Rolle in der Napoleonischen Zeit: Fritz Hartung, Das Großherzogtum Sachsen unter der Regierung Carl Augusts 1775 bis 1828. Weimar 1923. S. 212f.

887. *Begrüßet ihn*... Die Strophe galt in der Berliner Fassung dem österreichischen Kaiser Franz I.; in der Weimarer Fassung dürfte Großherzog Carl August gemeint sein.

900f. In der endgültigen Fassung wird hier das Weimarer Großherzogspaar nochmals angesprochen. Die frühere Berliner Fassung enthielt noch eine Huldigungsstrophe für den preußischen König Friedrich Wilhelm III.

901. In der ersten Fassung folgte hier eine besondere Szene (die 24.), die im wesentlichen aus einer Konzertarie der Allegorie *Beharrlichkeit* (bzw. *Beständigkeit*) mit Chor bestand. Die Worte des Epimenides 902ff. standen am Schluß dieser Szene. In der für Berlin bestimmten Fassung folgten auf Vers 901 ursprünglich Verse auf Friedrich Wilhelm III. (vgl. den Text in den Lesarten), die aber bei der Aufführung fortblieben. Iffland schrieb schon am 6. Mai 1814 an Kirms, *daß der König sich nicht gerne angeredet sehe, es müßte denn am Schlusse sein.*

913 und 916. Die Anführungszeichen bedeuten in der Interpunktion der Goethezeit eine besondere Hervorhebung. Im Erstdruck des *Faust* sind z. B. die Verse 1936/37 mit Anführungszeichen versehen.

930. *Bei Friedrichs Asche*... Anspielung auf das 1805 geschlossene Bündnis zwischen dem Zaren Alexander und dem preußischen König. Zar Alexander war deswegen seit dem 25. Oktober 1805 in Potsdam. Da er zu einer romantischen Pathetik neigte, bat er vor seiner Abreise am späten Abend des 4. November König Friedrich Wilhelm III. und Königin Luise, mit ihm an den Sarg Friedrichs d. Gr. zu gehen. Sie stiegen hinab in die Gruft der Garnisonkirche. Alexander küßte den Sarg, ergriff dann die Hand des Königs und gelobte ihm Freundschaft. Diese Szene, die nur der Küster und die Kerzenträger beobachtet hatten, wurde später bekannt und galt den Zeitgenossen als symbolisches Ereignis.

977. *ungeheurem Doppelschlag:* die Schlacht bei Belle-Alliance (Waterloo) war der entscheidende *Schlag*, der Napoleons Schicksal

besiegelte. Die Engländer unter Wellington und die Preußen unter Blücher operierten zunächst getrennt und vereinigten sich erst zum Schluß, daher *Doppelschlag*.

978. *Zum zweitenmal hinein!* Die zweite Einnahme von Paris, am 7. Juli 1815. In der Berliner Aufführung vom 30. März 1815 hieß es hier noch:

Nach manchem Hin- und Widerschlag
Wir kamen doch hinein.

979. *Der Herr:* der Fürst, den die, welche ihm *angestammt* sind (983), begrüßen. Für die Berliner Aufführung ist gedacht an König Friedrich Wilhelm III., der nach langer Abwesenheit durch dieses Schauspiel in Berlin begrüßt werden sollte, für die Weimarer Aufführung an Carl August und seine Rückkehr nach dem Feldzug von 1815. Die Formulierung *der Herr* ist so allgemein gehalten, daß sie auch für einen anderen Fürsten gepaßt hätte, falls man eine Aufführung für diesen wünschte, und so, daß sie für Zar, König, Herzog usw. zutrifft. – In der Goethe-Forschung des 19. Jahrhunderts ist mehrfach, z. B. von G. v. Loeper (Hempelsche Ausg. Bd. 11,1) und H. Morsch (GJb. 14, 1893), die Meinung vertreten, in Vers 979 sei Gott gemeint. Der Beweis wird aber nicht aus dem Kontext genommen, sondern aus der Tatsache, daß die anderen Dichter der Zeit Gott als Mitstreiter bezeichneten. Gerade hier aber liegt der Unterschied. Die Lyrik der Befreiungskriege bei Arndt, Schenkendorf, Theodor Körner usw. benutzt weitgehend einen religiösen Sprachschatz und Vorstellungsbereich, meist anknüpfend an das Luther-Deutsch. Auch Brentanos 1813 und 1814 geschriebene Festspiele zeigen diesen Sprachbereich, und zwar aus katholischer Tradition. Goethe dagegen – als einziger – trennt ganz klar religiösen und politischen Bereich. Er läßt *den Herrn*, der im *Faust* (243 ff.) vorkommt, hier ganz und gar aus dem Spiel. Auch gibt es bei Goethe im Unterschied zu den zeitgenössischen Freiheitsdichtern keine Spur von Napoleon-Haß oder Franzosen-Haß. Seine Dämonen der List, des Krieges, der Unterdrückung sind Verallgemeinerungen ähnlich wie Liebe und Hoffnung. Die Lyrik von Arndt, Schenkendorf, Körner usw. wurde von den Zeitgenossen aus der Empfindung des Augenblicks heraus begeistert aufgenommen. Von Goethes Festspiel erwartete man wohl etwas Ähnliches; deswegen erregten die Aufführungen Befremden. Doch gerade dies, daß Goethe das Aktuelle ins Allgemeine umwandelte, das Emotionale ins Betrachtende (wobei er das antike Motiv zu Hilfe nahm), war die menschliche und künstlerische Leistung.

ZUR TEXTGESCHICHTE VON „DES EPIMENIDES ERWACHEN"

Der Erstdruck erschien unter dem Titel *Des Epimenides Erwachen. Ein Festspiel von Göthe* Ende März 1815 bei Duncker und Humblot in Berlin (E). Er enthielt ein nur dort gedrucktes *Vorwort an die Zuschauer des Festspiels* von dem Berliner Gymnasialprofessor Karl Levezow. Als die vollständige Berliner Fassung hat aber nicht E, sondern die Handschrift H^3 zu gelten, die als Abschrift von der unter Goethes Aufsicht geschriebenen, später verlorengegangenen Reinschrift entstand und als Dirigierbuch für das Berliner Theater diente. Am 15. Juni 1814 hatte Goethe das – von einigen Lücken abgesehen – nach seiner damaligen Auffassung fertige Manuskript an Iffland geschickt. Ende Juni waren der Komponist Weber und der Verleger Duncker mit diesem Text bei Goethe, und es wurden eine Reihe von Änderungen und Ergänzungen beschlossen, die in das am 7. und 12. Juli an Duncker gesandte Druckmanuskript, offenbar durch Versehen, nicht mehr vollständig nachgetragen wurden. Nur die vierte Stanze der *Hoffnung* (V. 642–649) und die von Weber gewünschte 26. Szene mit der ersten Fassung der Arie der *Beharrlichkeit* (s. u.) gingen in das Druckmanuskript noch ein. Vergessen wurde der Zusatz in der Arie *Aufgeregte Höllenbilder* (V. 552 und 555) und die Umarbeitung des Chors *Und nun vor allen* (V. 843–854). Als Goethe am 6. März 1815 das Druckmanuskript zur Ergänzung nochmals zurückerhielt, fügte er zwar die vom Komponisten erbetene Umformung der Arie der *Beharrlichkeit* (s. u.), die er am 21. Dezember an Weber geschickt hatte, ebenso ein wie die am 2. Februar an Weber gesandten Strophen 1, 2 und 4 des Schlußchors, holte aber auch jetzt die beiden früheren Versäumnisse nicht nach. Am 8. März schickte er das Druckmanuskript zurück. Vier Tage später erhielt Ifflands Nachfolger Graf Brühl noch die dritte Strophe des Schlußchors und die letzten Worte des Epimenides und des Priesters (V. 947–954). Sie fehlen in E gleichfalls. Außerdem sind in E die Bühnenanweisungen gekürzt und der 17., 18. und 19. Auftritt in einen zusammengezogen. So enthielt nur H^3 den vollständigen Text der Berliner Fassung. Sie ist im zweiten Weltkrieg höchstwahrscheinlich vernichtet worden. Für die Weimarer Erstaufführung am 7. Februar 1816 überarbeitete Goethe das Stück nochmals gründlich. So wurde es in zwei Akte aufgeteilt, während in H^3 und E die Szenen ohne Akteinteilung durchgezählt waren, und der 26. Auftritt fiel wieder fort (s. u.). Erst die Weimarer Fassung bietet den für Goethe endgültigen Text. Er erschien zuerst im achten Band von Cottas Ausgabe B (1816). Für diesen Druck schrieb Goethe am 16. Februar 1816 die beiden einleitenden Stanzen. Die Ausgabe letzter Hand (C^1 C 1828/1829) folgte B.

Textwiedergabe nach B. – Die Interpunktion wurde in einigen Fällen nach H^3 oder E oder C^1 ergänzt oder geändert. Die weder in E noch in B oder C gedruckten Verse aus H^3 werden im folgenden nach der Weimarer Ausgabe I,16, 535–554 wiedergegeben. H^3 enthielt das Personenverzeichnis mit der Berliner, B und C^1 C enthalten das Personenverzeichnis mit der Weimarer Besetzung. Dieses Verzeichnis ist in der 1. Auflage von Bd. 5 der „Hamburger Ausgabe“, 1952, nicht mit gedruckt. Infolgedessen konnte es auch im vorliegenden Band nicht in den Text aufgenommen werden, da dieser seitengleich mit den früheren Ausgaben bleiben muß (wegen der Register in Bd. 14 und der Querverweise in anderen Bänden). Es wird deshalb an dieser Stelle hinzugefügt:

Mitwirkende.

Regie	*Genast.*
Tonkünstler	*B. A. Weber.*
Schauspieler.	
Prolog.	
Die Muse	*Wolff.*
Wortführer:	
Epimenides	*Graff.*
Dämonen:	
des Kriegs	*Haide*
der List: *Cardinal*	*Oels.*
Diplomat	*Wolff.*
Hofmann	*Deny.*
Dame	*Engels.*
Jurist	*Lorzing.*
Lustige Person.	*Unzelmann.*
der Unterdrückung	*Stromeyer.*
Schauspieler.	
Chorführer:	
Jugendfürst	*Moltke.*
Chor der Tugenden:	
Glaube	*Eberwein.*
Liebe	*Unzelmann.*
Hoffnung.	*Wolff.*
Einigkeit	*Lorzing.*
Begleitende:	
Zwey Genien.	*Beck.* *Riemann.*

Schweigende:
Kleinere Genien,
Kleine Dämonen.
Chöre:
Krieger, Hofleute,
Echo der Freygesinnten,
Sieger, Frauen, Landleute.
Decorateur . . . . *Beuther.*

Berlin, d. 30. März 1815.
Weimar, den 30. Januar 1816.

Nachstehend werden die wesentlichen Varianten zu B aufgeführt. Die Berliner Besetzung und die weit ausführlicheren Bühnenanweisungen in H^3 bleiben unberücksichtigt.

nach dem Titel *Ein Festspiel von Goethe.* E. – Die Stanzen fehlen H^3 E. – 70. *umschließt* H^3E. – 79. fehlt H^3. – 84. *strebte meine Seele* H^3E. – 116. *Laß nur* H^3E. – 168. *ins. Meer* E. – 215. *Wir treten* H^3. – 216. *das Feld* H^3. – 218, 220f, 221 b–237. vom *Dämon der List* gesprochen H^3 E. – 221. *bleibt die List* H^3 E. – 223. *zur Güte* H^3 E. – 231. *hohes* H^3 E. – 234 *eilst mir vor, ich folge* H^3E. – 235. *mußt mich doch* H^3E. – 238. *Verweile du* H^3E. – 251–270, 283–290, 293–298. vom *Dämon der List* gesprochen H^3 E. – 271–nach 282. *empor.)* fehlt H^3 E *(Stille Musik)* H^3. – 283. *Und hier* H^3 E. – 285. *vor* H^3 E. – 297–298. fehlt H^3. – 300. *Denn* H^3 E. – vor 301. *Dämon der List* H^3 E. – 346. *meiner* H^3 E. – 348. *Doch selbst die Wüste will ich nicht verschonen.* – H^3 E. – 463. *Regt sich's nicht in deiner Brust?* C^1 CW (Änderung Goethes auf Hinweis Göttlings 1825). – 508. *winde* H^3. – 530–535, 541–545 fehlt H^3 (Kürzung des Rezitativs). – vor 550:

Du biegst das Knie vor dem sich tausend brachen;
Der All-Beherrscher sey ein Mann!
Denn wer den Haß der Welt nicht tragen kann,
Der muß sie nicht in Fesseln schlagen. H^3 E.

552 und 555. fehlt EBC^1C, ergänzt nach H^3. – nach 562. fehlt H^3 E. – 658–665. auch von der *Hoffnung* gesungen H^3. – 733. *euch* H^3 EW. – 745–752. von *Epimenides* gesungen H^3 E. – 828. *Auch* H^3. – 843–854. fehlt, stattdessen:

Und nun vor allen
Kein andres Sinnen
Kein andres Dichten
Als aufzurichten
Das was gefallen,
Und zu gewinnen
Das was verloren:
So ist uns allen
Als neugeboren. E.

875. *flammte jüngst* H^3 E. – zwischen 876 und 877:

Mir danket ihr, nach dieser Tage Grauen,
Das schöne Licht, das wir vergnüglich schauen.

Heil dem Edlen, der den Glauben
Heilig in der Brust genährt
Und dem Morden und dem Rauben
Kühn beharrlich abgewehrt. H3 E.

881–886. fehlt H3 E. – 883–886. Diese Verse beziehen sich auf Alexander I. von Rußland. – 887. *Ich suche den* H3 E. – 900. *So hab ich's ihm versprochen, ihm gegeben* H3 E. – 901. *Glück* H3 E. – nach 901:

Unser König soll uns leben,
Heil! daß wir den Tag gesehn,
Da wir wieder um Ihn stehn
Seinem Willen hingegeben.
Leben soll der König, leben!
Chor.
Leben soll der König, leben E (fehlt H3).

zwischen 901 und 902 eine Strophe auf den schwedischen Kronprinzen Bernadotte:

Epimenides.
Mich ließ der Geist den fremden Fürsten schauen,
Der aus des Drachen eh'rnen Riesenklauen
Bedächtig weise, still, sich kühn entwand
Und sich auf Nordens eisesreichen Gauen
Zum großen Zweck mit Freudigkeit verband.
Ihm schwebte vor, zu wohlverdientem Lohne,
Der größten Helden neu geschmückte Krone. H3.

Irrtümlich vor statt nach dieser Strophe steht in H3 als 26. Auftritt, in E, wo die Strophe fehlt, nach der Strophe auf den König als 24. Auftritt der von Weber erbetene Einschub. Goethes eigenhändiges Schema vom Juni 1814 mit den Sängernamen lautet:

Dem. Schmalz.
Kurzes Recitativ u. Arie mit Chor
Im Character der Beharrlichkeit
Schmalz, Rebenstein, Gern
zu drey, in Gebet und frommem Wunsch einfallend.
Hieran schließt der obige Chor
Den Text des Terzettes wiederhohlend.

Die Ausführung nach H3:

Sechs und zwanzigster Auftritt.
Vorige. Beharrlichkeit.
Beharrlichkeit.
Rezitativ.
Wetteifernd komm ich an, doch ohne Neid,
Und weiß wohl, die Beharrlichkeit
Ist allen meinen Schwestern eigen:
Was sich nicht selber gleicht, wird keine Tugend seyn;
So komm' ich froh und frisch herein,
Als Tugend mich der Tugenden zu zeigen.

Aria.
Zu beharren im Bestande,
Was der Wille rein gefaßt,
Trägt ein Edler auch die Bande
Ungeheurer Schmach und Last;
Doch er nähret nur mit Schmerzen
Den geheim erzeugten Rath
Denn im eingeklemmten Herzen
Ängstet sich die große That.

Doch von sternenreichen Höhen
Milde, Stärkung, Trost erflehen
Das besänftigt auf einmal
Alles Bangen, alle Quaal.

Jugendfürst.
Unter sternenreichen Höhen
Vor dem Gott der Väter stehen,
Das beschäftigt auf einmal
Da verschwinden Pein und Quaal.

Epimenides.
Laßt von sternenreichen Höhen
Unserm König Glück erflehen,
Und auf Jahre sonder Zahl
Seinen Folgern allzumal.

Chor.
Ja von sternenreichen Höhen
Fühlen wir's hernieder wehen:
Walte, Glück, im Freudenthal
Ohne Namen, ohne Zahl!

Weber bat für die Komposition der Arie um „größere Lockerung des Satzgefüges“. Die neue Fassung nach H³:

O! beharret im Bestande
Den der Wille rein gefaßt!

Chor.
O! beharret!

Beständigkeit.
Auch der Edle trägt die Bande
Ungeheurer Schmach und Last.

Chor.
Ja! wir trugen schwere Bande!

Beständigkeit.
Nähret, ewig, auch mit Schmerzen,
Den geheim erzeugten Rath.

Chor.
Nähret! Nähret!

Beständigkeit.

Ach! im eingeklemmten Herzen
Ängstet sich die große That.

Chor.

O! beharret! Nähret! Nähret!
Den geheim erzeugten Rath.

947–954. fehlt E. – 971–978. fehlt E.

BIBLIOGRAPHIE

Die folgende Bibliographie bietet wie alle Bibliographien in der HA eine Auswahl. Hingewiesen sei auf die Bibliographie von Hans Pyritz, 2 Bde., 1965–68, auf die von Helmut G. Hermann, 1991 u. ö. und die jährliche Bibliographie im Goethe-Jahrbuch.

Abkürzungen

Adelung = Joh. Chr. Adelung, Versuch eines vollständigen grammatisch-kritischen Wörterbuchs. 5 Bde. Lpz. 1774–86. (Diese Ausgabe hat Goethe besessen. – Zitiert ist mehrfach nach der Ausgabe: Wien 1808.)

Ausg. l. Hd. = Goethes Werke. Ausgabe letzter Hand. 40 Bde. Stuttg. u. Tübingen 1827–1830.

Briefe = Goethes Briefe. Hamburger Ausgabe in 4 Bänden. Hrsg. von K. R. Mandelkow und B. Morawe. Hamburg (seit 1972: München) 1962–1967 u. ö.

Briefe an Goethe = Briefe an Goethe. Hamburger Ausgabe in 2 Bänden. Hrsg. von K. R. Mandelkow. Hbg. (seit 1972: München) 1965–1969.

Dt. Vjs. = Dt. Vierteljahresschrift f. Literaturwiss. u. Geistesgesch.

Dt. Wb. = Deutsches Wörterbuch. Von Jacob Grimm und Wilhelm Grimm. Lpz. 1852–1960.

Fischer, Goethe-Wortschatz = Paul Fischer, Goethe-Wortschatz. Lpz. 1929. (XII, 905 S.)

GJb = Goethe-Jahrbuch.

„Goethe" = Goethe. Neue Folge des Jahrbuchs der Goethegesellschaft. 1936–1971. – Da das Jahrbuch einfach „Goethe" heißt, ist bei bloßer Angabe von Titel und Band eine Verwechslung mit einer Ausgabe leicht möglich. Darum oft auch zitiert als: Goethe (Jb.).

Gräf = Goethe über seine Dichtungen. Hrsg. von Hans Gerhard Gräf. 9 Bde. Frankf. a. M. 1901–1904. Davon 2. Teil: Die dramatischen Dichtungen. 4 Bde. 1903–1908.

GWb. = Goethe-Wörterbuch. Stuttg. 1966 ff.

HA = Goethes Werke. Hamburger Ausgabe.

Herwig = Goethes Gespräche in 4 Bänden. Auf Grund der Ausgabe von Biedermann ergänzt und neu hrsg. von Wolfgang Herwig. Artemis, Zürich, 1965–1972.

KDN = Deutsche National-Literatur. Hrsg. von Joseph Kürschner. 163 Bände in 222 Teilen. (1882–1899.)

Keudell = Elise v. Keudell, Goethe als Benutzer der Weimarer Bibliothek. Weimar 1931.

MGG = Die Musik in Geschichte u. Gegenwart. Hrsg. von Friedrich Blume. Kassel 1959 ff.

Pauly-Wissowa = Realencyklopädie der klass. Altertumswissenschaft. Hrsg. von August Pauly und Georg Wissowa. 2. Aufl. 1894 ff.

Ruppert = Goethes Bibliothek. Katalog. Bearbeitet von Hans Ruppert. Weimar 1958. (XVI, 826 S.)

RGG = Die Religion in Gesch. u. Gegenwart. 2. Aufl. 5 Bde. u. 1 Reg.-Bd. Tübingen 1927–1932. – 3. Aufl. 1957–1962.
Schr. G. Ges. = Schriften der Goethe Gesellschaft. Weimar 1885 ff.
Tgb. = Goethes Tagebuch. (In der Weimarer Ausgabe bilden die Tagebücher die 3. Abteilung. Vgl. die Bibliographie in Bd. 14.)
Thieme-Becker = Allg. Lexikon der bildenden Künstler. Begründet von U. Thieme und F. Becker. 37 Bde. Lpz. 1907–1950.
WA. = Goethes Werke. Weimarer Ausgabe. 143 Bde. Weimar 1887–1919. – Wenn keine nähere Bezeichnung dabei ist, ist die 1. Abteilung, Werke, gemeint. – Genau bibliographiert ist die WA. in unserem 14. Band, Bibliographie, Abschnitt 4b.

Vgl. auch das spezielle Abkürzungs-Verzeichnis bei der „Tasso"-Bibliographie. – Wichtige Ausgaben sind in den Bibliographien genannt. – Vgl. auch die Bibliographie in Bd. 14.

ALLGEMEINE LITERATUR ÜBER GOETHES DRAMEN

Hettich, Leonhard: Der fünffüßige Jambus in den Dramen Goethes. Heidelberg 1913. = Beitr. z. neueren Literaturgesch., N. F. 4. (VIII, 271 S.).
Hofmannsthal, Hugo v.: Goethes Opern und Singspiele. In: Goethe, Sämtl. Werke. Hrsg. von C. Noch u. P. Wiegler. Bln. Ullstein. (1923–24.) Bd. 8. Dramen, Singspiele, Maskenzüge. 1923. Wiederabgedruckt in: Hofmannsthal, Berührung der Sphären. Bln. 1931. S. 283–290. – Mehrfach wiederabgedruckt.
Das deutsche Drama. Hrsg. von Robert F. Arnold. München 1925. (X, 868 S.) – Fotomech. Neudruck: Hildesheim 1972.
Janentzky, Christian: Goethe und das Tragische. Logos 16, 1929, S. 16–31.
Sengle, Friedrich: Goethes Verhältnis zum Drama. Bln. 1937. (131 S.)
Voser, Hans-Ulrich: Individualität und Tragik in Goethes Dramen. Zürich 1949. (171 S.)
Pannwitz, Rudolf: Lebensbereiche in Goethes klassischen Dramen. In: Pannwitz, Der Nihilismus und die werdende Welt. Nürnberg 1951. S. 238–250.
Staiger, Emil: Goethe. 3 Bde. Zürich u. Freiburg 1952–1959.
Peacock, Ronald: Goethe's Major Plays. Manchester 1959. (XI, 236 S.)
Goethe-Handbuch, 2. Aufl., hrsg. von A. Zastrau. Bd. 1, Stuttg. 1961. Sp. 1898–1934 Art. „Drama" von B. v. Wiese.
Graham, Ilse: Goethe, portrait of the artist. Bln., New York 1977. (X, 382 S.)
Goethes Dramen. Interpretationen, hrsg. v. Walter Hinderer, Stuttgart 1992 (mit Bibliographie). = Reclam 8417.
Hermann, Helmut G.: Goethe-Bibliographie. Stuttg. 1991 u.ö. = Reclam 8692.
Vgl. auch die Bibliographien in Bd. 4 und in Bd. 14.

IPHIGENIE AUF TAURIS

Iphigenie auf Tauris. In: Goethes Schriften, Bd. 3, Leipzig 1787.

Iphigenie auf Tauris. In: Goethes Werke. Vollständige Ausgabe letzter Hand, Bd. 9, Stuttgart u. Tübingen 1828.

Iphigenie auf Tauris. In: Goethes Werke [Weimarer Ausgabe, 1. Abt.], Bd. 10, Weimar 1889, u. Bd. 39, Weimar 1897.

Iphigenie auf Tauris. In: Goethes Sämtliche Werke. Jubiläums-Ausgabe, Bd. 12, Stuttgart u. Berlin o. J.

Iphigenie auf Tauris. In: Goethe, Poetische Werke [Berliner Ausgabe], Bd. 7, Berlin u. Weimar 1963.

Goethes Iphigenie auf Tauris in vierfacher Gestalt [Paralleldruck], hrsg. v. Jakob Baechtold, Freiburg 1883.

Iphigenie in Tauris. Prosafassung. In: Goethe, Sämtl. Werke nach Epochen seines Schaffens. Münchner Ausgabe. Bd. 2, 1. München 1987. – Iphigenie auf Tauris. Versfassung. Ebd., Bd. 3, 1. München 1990.

Iphigenie auf Tauris. Prosafassung und Versfassung. In: Goethe, Sämtliche Werke, Briefe, Tagebücher und Gespräche. 1. Abt., Bd. 5. Frankfurt a.M. 1988.

Gräf, Hans Gerhard (Hrsg.), Goethe über seine Dichtungen, 2. Tl., Bd. 3, Frankfurt a.M. 1906, S. 156–255.

Schmidt, Peter: Der Wortschatz von Goethes „Iphigenie". Analyse der Werk- und Personensprache mit EDV-Hilfe, Frankfurt a.M. 1970, (= Indices zur deutschen Literatur. Beiheft).

Morsch, Hans: Goethe und die griechischen Bühnendichter, Programm Realgymnasium Berlin 1888, bes. S. 20–34.

Beck, Adolf: Der ‚Geist der Reinheit' und die ‚Idee des Reinen'. Deutsches und Frühgriechisches in Goethes Humanitätsideal. In: (Jb.) Goethe 7 (1942), S. 160–169, u. 8 (1943), S. 19–57. – Wieder abgedruckt in: A.B. Forschung und Deutung, Frankfurt a.M. 1966, S. 69–118.

Seidlin, Oskar: Goethes „Iphigenie" and the humane ideal. In: Modern Language Quarterly 10 (1949), S. 307–320. – Wieder abgedruckt in: Goethe. A collection of critical essays, hrsg. v. Victor Lange, Englewood Cliffs, N. J. 1968, S. 50–64. – Deutsch u. d. Titel: Goethes Iphigenie – ‚verteufelt human'?, zuletzt in O. S., Von Goethe zu Thomas Mann, Göttingen 1963, S. 9–22.

Trevelyan, Humphry: Goethe und die Griechen, Hamburg 1949, S. 111–120 u. 149–157.

Rehm, Walter: Götterstille und Göttertrauer, München 1951, S. 101–182.

Staiger, Emil: Goethe, Bd. 1, Zürich 1952, S. 350–382.

Müller, Günther: Das Parzenlied in Goethes „Iphigenie". In: PEGS NS 22 (1953), S. 84–106. – Veränderte Fassung in: Die deutsche Lyrik. Interpretationen, hrsg. v. Benno von Wiese, Bd. 1, Düsseldorf 1956, S. 237–250.

Storz, Gerhard: Iphigenie auf Tauris. In: G. St., Goethe-Vigilien, Stuttgart 1953, S. 5–18.

Burckhardt, Sigurd: ‚Die Stimme der Wahrheit und der Menschlichkeit': Goethes „Iphigenie". In: Monatshefte 48 (1956), S. 49–71. – Englisch wieder abgedruckt in: S. B., The drama of language, Baltimore u. London 1970, S. 33–56.

Lindenau, Herbert: Die geistesgeschichtlichen Voraussetzungen von Goethes „Iphigenie". In: Zeitschrift für deutsche Philologie 75 (1956), S. 113–153.

May, Kurt: Goethes Iphigenie. In: K. M., Form und Bedeutung, Stuttgart 1957, S. 73–88.

Henkel, Arthur: Goethe. Iphigenie auf Tauris. In: Das deutsche Drama. Hrsg. v. Benno von Wiese, Bd. 1, Düsseldorf 1958, S. 169–192. Wieder abgedruckt in: Henkel, Goethe-Erfahrungen. Stuttg. 1982. S. 61–83.

Müller, Joachim: Goethes „Iphigenie". In: Wissenschaftl. Zs. der Universität Jena. Gesellschafts- und sprachwissenschaftl. Reihe 9 (1959/60), S. 309–319. – Wieder abgedruckt in: J. M., Neue Goethe-Studien, Halle 1969, S. 7–25.

Stahl, Ernest L.: Fluch und Entsühnung in Goethes „Iphigenie auf Tauris", In: Germanisch-Romanische Monatsschrift NF 11 (1961), S. 179–184.

Hamburger, Käte: Iphigenie. In: K. H., Von Sophokles zu Sartre. Griechische Dramenfiguren antik und modern, Stuttgart 1962, S. 95–120.

Politzer, Heinz: No man is an island: A note on image and thought in Goethe's „Iphigenie". In: The Germanic Review 37 (1962), S. 42–54. – Deutsch wieder abgedruckt in: H. P., Das Schweigen der Sirenen, Stuttgart 1968, S. 285–311.

Henkel, Arthur: Die ‚verteufelt humane' Iphigenie. In: Euphorion 59 (1965), S. 1–17. Wieder abgedruckt in: Henkel, Goethe-Erfahrungen. Stuttg. 1982.

Blumenthal, Lieselotte: Iphigenie von der Antike bis zur Moderne, In: Natur und Idee [Festschrift Andreas B. Wachsmuth], Weimar 1966, S. 9–40.

Wiemann, Inge: Goethe und die griechischen Tragiker, Diss. (Masch.) Kiel 1966, bes. S. 70–100.

Adorno, Theodor W.: Zum Klassizismus von Goethes Iphigenie. In: Neue Rundschau 1967. S. 586–599. – Wieder abgedruckt in: Th. W. A., Noten zur Literatur IV, Frankfurt a. M. 1974, S. 7–33.

Melchinger, Siegfried: Das Theater Goethes. Am Beispiel der „Iphigenie". In: Jahrbuch der Deutschen Schillergesellschaft 11 (1967), S. 297–319.

Ackermann, Irmgard: Vergebung und Gnade im klassischen Drama, München 1968, S. 92–118.

Werner, Hans-Georg: Antinomien der Humanitätskonzeption in Goethes „Iphigenie". In: Weimarer Beiträge 14 (1968), S 361–384.

Petersen, Uwe: Goethe und Euripides, Heidelberg 1974.

Jauß, Hans Robert: Racines und Goethes „Iphigenie". In: Warning, Rainer (Hrsg.), Rezeptionsästhetik. Theorie und Praxis. München 1975. S. 352–400.

Rasch, Wolfdietrich: Goethes „Iphigenie auf Tauris" als Drama der Autonomie. München 1979.

Hahn, Karl Heinz/Beck, Eva: Zu einer Handschrift der „Iphigenie" in Prosa. In: Goethe-Jahrbuch 89 (1972), S. 261–271.

Borchmeyer, Dieter: Iphigenie auf Tauris. In: Goethes Dramen. Interpretationen. Hrsg. von Walter Hinderer. Stuttg. 1992. = Reclam 8417. S. 117–157.

NAUSIKAA

Nausikaa. In: Goethes Werke. Vollständige Ausgabe letzter Hand, Bd. 4, Stuttgart u. Tübingen 1827.

Nausikaa. In: Goethes Werke [Weimarer Ausgabe, 1. Abt.], Bd. 10, Weimar 1889, u. Bd. 53, Weimar 1914.

Nausikaa. In: Goethes Sämtliche Werke. Jubiläums-Ausgabe, Bd. 15, Stuttgart u. Berlin o. J. (1906.)

Nausikaa. In: Goethe, Poet. Werke [Berl. Ausg.], Bd. 5, Berlin u. Weimar 1964.

Ulysses auf Phäa. Nausikaa. In: Goethe, Sämtl. Werke nach Epochen seines Schaffens. Münchner Ausg. Bd. 6, 1. München 1986.

Nausikaa. In: Goethe, Sämtl. Werke, Briefe, Tagebücher u. Gespräche. 1. Abt. Bd. 5. Frankfurt 1988.

Gräf, Hans Gerhard (Hrsg.), Goethe über seine Dichtungen, 2. Tl., Bd. 3, Frankfurt a. M. 1906, S. 562–274.

Scherer, Wilhelm: Nausikaa. In: W. S., Aufsätze über Goethe, Berlin 1886, S. 177–234.

Morris, Max: Nausikaa. In: GJb 25 (1904), S. 89–115.

Kettner, Gustav: Goethes Nausikaa, Berlin 1912.

Bach, Rudolf: Nausikaa. Die Geschichte eines Fragments. In: (Jb.) Goethe 5 (1940), S. 3–23.

Trevelyan, Humphry: Goethe und die Griechen, Hamburg 1949, S. 186–192.

Kohlschmidt, Werner: Goethes „Nausikaa" und Homer. In: W. K., Form und Innerlichkeit, München 1955, S. 33–49.

Staiger, Emil: Goethe, Bd. 2, Zürich 1956, S. 45–51.

Mainzer, Helmut: Zu Goethes Fragmenten „Ulyß auf Phäa" und „Nausikaa". In: GJb NF 25 (1963), S. 167–181.

Kruft, Hanno-Walter: Goethe und Kniep in Sizilien. In: Jahrbuch der Sammlung Kippenberg NF 2 (1970), S. 201–327.

Atkins, Stuart: Goethe's Nausicaa. A Figure in Fresco. In: Studien zur Goethezeit. Hrsg. von H. J. Mähl u. E. Mannack. Heidelberg 1981. S. 33–44.

TORQUATO TASSO

Abkürzungen

In dem *Tasso*-Kommentar kommen über die allgemeinen Abkürzungen hinaus, welche im Anfang des bibliographischen Teils verzeichnet sind, einige spezielle Abkürzungen vor. Sie sind im folgenden notiert.

Blumenthal, Arkadien = Lieselotte Blumenthal, Arkadien in Goethes „Tasso". Goethe, N. F. 21 (1959) 1–24.

Jb. G. Ges. = Jahrbuch der Goethe-Gesellschaft.

Loiseau = Goethe. Torquato Tasso, hrsg. von Hippolyte Loiseau. Paris 1931.

Loiseau, L'Evolution morale = Hippolyte Loiseau, L'Evolution morale de Goethe. Paris 1911.

K. May = Kurt May, Einführung in Goethe. Die Weimarer Dramen. In: Gedenkausgabe, Bd. 6. Zürich 1954.

Metz = Adolf Metz, Die Tragödie in Goethes Tasso. Preuß. Jbb., 122 (1905) 292–308.

Neumann = Gerhard Neumann, Konfiguration. Goethes „Torquato Tasso". München 1965.

Peacock = Ronald Peacock, Goethe's Major Plays. Manchester 1959.

Petsch = Torquato Tasso, hrsg. von Robert Petsch. Goethes Werke, Festausgabe. Bd. 7. Leipzig 1926.

Rasch = Wolfdietrich Rasch, Goethes „Torquato Tasso". Die Tragödie des Dichters. Stuttgart 1954.

K. Reinhardt = Karl Reinhardt, Die klassische Philologie und das Klassische. In: Reinhardt, Vermächtnis der Antike. Göttingen 1959.

Ryan = Lawrence Ryan, Die Tragödie des Dichters in Goethes „Torquato Tasso". Jb. der Dt. Schiller-Ges., 9 (1965) 283–322.
Serassi = Pierantonio Serassi, La Vita di Torquato Tasso. Rom 1785.
Wilkinson 1962 = Elizabeth M. Wilkinson, Torquato Tasso. In: E. M. Wilkinson and L. A. Willoughby, Goethe Poet and Thinker. London 1962. S. 75–94.
Wilkinson 1974 = E. M. Wilkinson, Torquato Tasso. In: Wilkinson-Willoughby, Goethe, Dichter und Denker. Frankfurt a. M. 1974. S. 92–118. (Deutsche Fassung des vorigen.)

Ausgaben

(Erstdruck:) Goethes Schriften. Bd. 6. Lpz., Göschen, 1790. S. 1–222: Torquato Tasso.
Goethes Werke. Ausg. l. Hd. Bd. 9. Stuttgart u. Tüb. 1828.
Goethe, Tasso. Hrsg. von K. J. Schröer. In: Werke, 9. Teil KDN Bd. 90. Stuttg. o. J. (1887). S. 212–249.
Goethes Werke. Weimarer Ausgabe (Sophien-Ausgabe), Bd. 10. 1889. S. 103–244 u. 424–438: Torquato Tasso. Hrsg. von Karl Weinhold.
Goethe, Torquato Tasso, hrsg. von Albert Köster. In: Sämtl. Werke, Jubiläums-Ausg., Bd. 12. Stuttgart 1902.
Torquato Tasso, ein Schauspiel von Goethe, hrsg. von J. G. Robertson. Manchester 1918. LXXI, 191 S.
Torquato Tasso, hrsg. von Robert Petsch. Goethes Werke, Festausgabe. Bd. 7 (Leipzig 1926), S. 107–249, 526–548.
Goethe. Torquato Tasso, hrsg. von Hippolyte Loiseau. Paris 1931. (Collection bilingue des classiques étrangers.) LXIV, 117 S.
Goethe. Die Weimarer Dramen. In: Gedenkausgabe, Bd. 6 (Zürich 1954). Einführung [in Torquato Tasso] von Kurt May, S. 1167–1186.
Goethe, Torquato Tasso. Hrsg. von Lieselotte Blumenthal. Bln. 1954. = Werke Goethes, hrsg. von der Dt. Akad. d. Wiss. zu Berlin.
Goethe, Torquato Tasso, hrsg. von E. L. Stahl. Oxford 1962. (XXXVIII, 116 S.)
Torquato Tasso. In: Goethe, Poetische Werke [Berliner Ausgabe], Bd. 7, Berlin u. Weimar 1963 u. ö.
Torquato Tasso. Ein Schauspiel, hrsg. von C. P. Magill. London 1969. LIV, 129 S.
Goethe, Sämtl. Werke. Frankfurter Ausg. Bd. 5. Hrsg. von Dieter Borchmeyer. 1988.

Goethes Quellen

Charnes, Jean-Antoine de: La vie du Tasse. Paris 1690. 271 p. (Hauptsächlich auf Manso basierend.)
Goldoni, Carlo: Torquato Tasso: Commedia di cinque atti, in versi martelliani, ... 1755. Erstdruck in dessen: Nuovo Teatro Comico, Bd. 3, Venezia 1758.
Heinse, Johann Jacob Wilhelm: Leben des Torquato Tasso. In: Iris. Vierteljahrschrift für Frauenzimmer, Bd. I (1774), H. 1:33–38, und 2:3–52. = Sämtliche Werke, Bd. 3, 1. Abt. (Leipzig 1906): 217–268. (Empfindsam-witzelnde freie Nacherzählung der aus Manso bekannten Legende mit Betonung des Liebesverhältnisses Tassos zur Prinzessin Leonore.)
Kopp, Johann Friedrich: „Vorrede" zu dessen: Versuch einer poetischen Übersetzung

des Tassoischen Heldengedichts genannt: Gottfried, oder das Befreyte Jerusalem. Leipzig 1744. 9 Blätter ohne Seitenzahl. (Lebensbeschreibung nach Manso und dem Abbé de Charnes.)

Manso, Giovanni Battista: Vita di Torquato Tasso. Napoli 1619. (1600 verfaßt; Hauptquelle aller vor Serassi veröffentlichten Biographien.)

Montaigne, Michel de: Apologie de Raimond Sebond (2. Fassung, 1582) = Essais, II, 12 („J'eus plus de despit encore que de compassion, de le [: Tasso] voir à Ferrare en si piteux estat." – Montaigne war am 15. November 1580 in Ferrara gewesen.)

Moréri, Louis: „Tasse", Le Grand Dictionnaire, Bd. 6 (Basle 1732), S. 625 f. (Goldonis angebliche Quelle.)

Muratori, Lodovico Antonio: Einleitung zu „Lettere Inedite", Opere di Torquato Tasso, Bd. 10 (Venezia 1739), S. 235–246.

Serassi, Pierantonio: La Vita di Torquato Tasso. Roma 1785. VIII, 614 S.

Thou (Thuanus), Jacques Auguste de: Historiae sui temporis libri LXXX de CXXXIII. Paris 1618. (Liber 113, ad ann. 1595: „Insanabili in adolescentia furore corruptus nihilominus per dilucida intervalla tanto judicio, elegantia ac castissimo stylo plurima scripsit et soluta et pedibus adstricta oratione, ut misericordiam in stuporem verterit." – Goethe notierte sich 1770 eine frühere Stelle aus diesem Werk nach einer französischen Übersetzung.)

Tiraboschi, Girolamo: Storia della Letteratura Italiana, Bd. 7 (Napoli 1781), 3:101 bis 116. (Biographie Tassos mit Bezugnahme auf Hypothesen Muratoris; in späteren, nach Goethes Schauspiel erschienenen Ausgaben mit Verwertung der „Vita" Serassis weitgehend umgearbeitet.)

Voltaire: An Essay upon the Civil Wars of France ... and also upon the Epick Poetry of the European Nations. London 1727. (Das 7. Kapitel des in Paris 1728 als „Essay sur la poésie épique" veröffentlichten Werkes heißt: Le Tasse. = (Œuvres Complètes, Bd. 8, Paris 1877, S. 336–347.)

Zedler, Johann Heinrich (Hrsg.): Großes vollständiges Universal-Lexicon. „Tasso", Bd. 42 (Leipzig und Halle 1744), S. 120–126.

Abhandlungen

Schlegel, A. W.: Torquato Tasso, ein Schauspiel [Göttingische Anzeigen, 1790]. Zusatz über Tassos Lebensgeschichte. [1827]. In: Sämtliche Werke, Bd. 10 (Leipzig 1846), S. 4–8 und 8–16.

Eckhardt, Ludwig: Vorlesungen über Goethe's Torquato Tasso. Bern 1852. XIII, 314 S.

Düntzer, Heinrich: Goethe's Tasso [1854]. 6. Aufl., durchgesehen von A. Heil. Leipzig 1910. (Düntzers Erläuterungen, Nr. 17.) 179 S.

Vilmar, A. F. C.: Über Goethes Tasso [1869], 2. Aufl. Gütersloh 1897. IV, 84 S.

Schmidt, Julian: Aus der Blütezeit der deutschen Dichtung. Die Vollendung des Tasso; Goethe und Schiller 1788–1789. Preuß. Jbb., 46 (1880) Heft 2, S. 174–212.

Schöll, Adolf: Goethes Tasso und Schillers Don Carlos. In: Goethe in Hauptzügen seines Lebens und Wirkens (Berlin 1882), S. 304–328.

Reinhardt, R.: Über den künstlerischen Bau von Goethes „Tasso". Berichte des Freien Dt. Hochstifts, N. F. 5 (1889), 10–23.

Fischer, Kuno: Goethe's *Tasso*. Heidelberg 1890. 353 S.

Witkowski, Georg: Goethes „Torquato Tasso" als dramatisches Kunstwerk. Jb. des Dt. Hochstifts, 1903, S. 265–281.
Metz, Adolf: Die Tragödie in Goethes Tasso. Preuß. Jbb., 122 (1905), 292–308.
Wagner, Hedwig: Tasso daheim und in Deutschland. Einwirkungen Italiens auf die deutsche Literatur. Berlin 1905. VII, 404 S.
Hofmannsthal, Hugo von: Unterhaltungen über den „Tasso" von Goethe [1906]. Prosaische Schriften, Bd. 2 (Berlin 1907), S. 127–151. u. ö.
Castle, Eduard: Tasso-Probleme [1907]. In: Castle, Goethes Geist (Weimar 1926), S. 161–192.
Schrempf, Christoph: Goethes Lebensanschauung in ihrer geschichtlichen Entwicklung, Bd. 2 (Stuttgart 1907), S. 167–175, 202ff., 240–274.
Dalmeyda, Georges: Goethe et le drame antique (Paris 1908), S. 212–242.
Rueff, Hans: Zur Entstehungsgeschichte von Goethes Torquato Tasso. Hamburg 1910. (Beiträge zur dt. Literaturwissenschaft, Nr. 18) 73 S.
Loiseau, Hippolyte: L'Evolution morale de Goethe (Paris 1911), S. 642–658, 738–752.
Weidmann, Joseph: Parallelismus und Antithese im Tasso. Diss. Greifswald 1911. 78 S.
Pniower, Otto: Tasso. In: Pniower, Dichtungen und Dichter (Berlin 1912), S. 58–78.
Fischer, Hermann: Goethes „Tasso" und seine Quellen. Ein kritischer Überblick. Germ.-Rom. Monatshefte 6 (1914), 526–532.
Cooper, William A.: Goethe's Revision and Completion of His *Tasso*. PMLA, 34 (1919), 14–29.
Engert, Horst: Tassoprobleme. Neue Jbb. f. d. Klass. Altertum, 44 (1919), 132–144.
Roethe, Gustav: Der Ausgang des „Tasso" [1921], Jb. d. Goethe-Ges., 9 (1922), 119–132. Auch in: G. Roethe, Goethe. Bln. 1932. S. 119–136.
Linden, Walther: Die Lebensprobleme in Goethes Tasso. Zft. f. Deutschkunde, 4 (1927), 337–355.
Schreiber, Carl F.: Nochmals „Die drei losen Nymphen". Jb. d. Goethe-Ges., 13 (1927), 96–105.
Robertson, John G.: The Tragedy of Goethe's „Tasso". Publ. Engl. Goethe Soc., 5 (1928), 46–59.
Kästner, Erhart: Wahn und Wirklichkeit im Drama der Goethezeit (Leipzig 1929 = Von dt. Poeterey, Bd. 4), S. 18–31.
Korff, H. A.: Geist der Goethezeit [1930]. Bd. 2 (Leipzig 1954), S. 168–183.
Gaede, Werner: Goethes Tasso im Urteil von Mit- und Nachwelt. (Diss. München.) Essen 1931. (Bausteine, Nr. 33.) 84 S.
Michéa, René: L'élément pictural de „Torquato Tasso". Revue de l'enseignement des Langues vivantes, 51 (1934), 109–117.
Michéa, René: L'italianisme de „Torquato Tasso". Revue Germanique, 25 (1934), 209–217.
Reinhardt, Karl: Die klassische Philologie und das Klassische [1941]. In: Reinhardt, Vermächtnis der Antike (Göttingen 1959), S. 334–360.
Wilkinson, Elizabeth M.: Goethe's „Tasso". The Tragedy of a Creative Artist. Publications of the English Goethe Society, 15 (1946), 96–127 = „Torquato Tasso". The Tragedy of the Poet. In: E. M. Wilkinson and L. A. Willoughby, Goethe Poet and Thinker (London 1962), S. 75–94. Deutsche Fassung: Das deutsche Drama, hrsg. von Benno von Wiese, Bd. 1 (Düsseldorf 1959), S. 193–214. Und in: Wilkinson-Willoughby, Goethe, Dichter und Denker. Frankfurt a. M. 1974. S. 92–118.

Wiese, Benno v.: Die deutsche Tragödie von Lessing bis Hebbel. Bd. I (Hamburg 1948), S. 118–129. (2. Aufl. 1952.)

Blumenthal, Lieselotte: Goethes Bühnenbearbeitung des Tasso. (Jb.) Goethe 13 (1951), 59–85. Auch in: Beiträge zur Goetheforschung, hrsg. von E. Grumach (Berlin 1959), S. 182–211.

Wilkinson, E. M.: „Tasso – ein gesteigerter Werther" in the Light of Goethe's Principle of „Steigerung". Mod. Lang. Rev., 44 (1949): 305–328. Auch in: E.M. Wilkinson..., Goethe... (London 1962), S. 185–213. Deutsche Fassung: (Jb.) Goethe 13 (1951), 28–58.

Wolff, Hans M.: „Tasso". In: Wolff, Goethes Weg zur Humanität (Bern 1951), S. 66–101.

Stahl, E. L.: Tasso's Tragedy and Salvation. In: German Studies, presented to L. A. Willoughby. Oxford 1952. S. 191–203.

Staiger, Emil: Goethe 1749–1786 (Zürich 1952), S. 388–425.

Rasch, Wolfdietrich: Goethes „Torquato Tasso". Die Tragödie des Dichters. Stuttgart 1954. 195 S.

Muschg, Walter: Tragische Literaturgeschichte. 3. Aufl. Bern 1957. S. 215 ff.

Burckhardt, Sigurd: The Consistency of Goethe's Tasso. Jour. Engl. Germ. Philol. 57 (1958), 394–402. Auch in dessen: The Drama of Language (Baltimore 1970), S. 57–65.

Blumenthal, Lieselotte: Arkadien in Goethes „Tasso", (Jb.) Goethe, 21 (1959) 1–24.

Mantey, Johannes: Der Sprachstil in Goethes „Torquato Tasso". Diss. Berlin 1959. 197 S.

Peacock, Ronald: Goethe's Major Plays. Manchester 1959.

Bräuning-Oktavio, Heinrich: Der Einfluß von Johann Heinrich Mercks Schicksal auf Goethes ... „Tasso" (1780/88). Jb. d. Freien Dtsch. Hochstifts, 1962, 27–55.

Cotet, Pierre: Goethe et la tragédie racinienne (III. Torquato Tasso et les tragédies françaises). Cahiers raciniens, Nr. 14 (1964) 56–82.

Kohlschmidt, Werner: Geschichte der deutschen Literatur vom Barock bis zur Klassik (Stuttgart 1965), S. 777 ff.

Neumann, Gerhard: Konfiguration. Goethes „Torquato Tasso". München 1965 (Zur Erkenntnis der Dichtung, Nr. 1.) 206 S.

Ryan, Lawrence: Die Tragödie des Dichters in Goethes „Torquato Tasso". Jb. der Dt. Schiller-Ges., 9 (1965) 283–322.

Kobligk, Helmut: Goethe: Torquato Tasso, Frankfurt a. M. 1968. (Grundlagen und Gedanken zum Verständnis klassischer Dramen.) 67 S.

Nahler, Horst: Dichtertum und Moralität in Goethes „Torquato Tasso". In: Studien zur Goethezeit. Festschrift für Lieselotte Blumenthal, hrsg. von H. Holtzhauer u. a., Weimar 1968, S. 285–301.

Waldeck, Marie-Luise: The Princess in *Torquato Tasso:* Further Reflections on an Enigma. Oxford German Studies, 5 (1970) 14–27.

Bevilacqua, Guiseppe: ‚Tasso' eroe positivo? Studi Germanici 9, 1971, S. 71–82.

Boulby, Mark: Judgement by Epithet in Goethe's *Torquato Tasso.* PMLA, 87 (1972) 167–181.

White, Alfred D.: The Elysian Vision in Goethe's *Tasso* and Its Implications. Trivium (Lampeter, Wales, 1972), S. 129–134.

Atkins, Stuart: Observations on Goethe's *Torquato Tasso.* In: Husbanding the Golden Grain (Festschrift Henry W. Nordmeyer), Ann Arbor 1973, S. 5–23. Abgeänderte Fassung in: Carleton Germanic Papers, 1 (1973), 41–59.

Oppenheimer, Ernst M.: Goethe's Poetry for Occasions: Toronto 1974. S. 189–214.
Kaiser, Gerhard: Der Dichter und die Gesellschaft in Goethes „Torquato Tasso". In: Kaiser, Wandrer und Idylle (Göttingen 1977), S. 175–208.
Gockel, Heinz: Goethes „Tasso" – die Sprache des Symbols. Dt. Vjs. 54, 1980, S. 636–655.
Vaget, Hans Rudolf: Um einen Tasso von außen bittend: Kunst und Dilettantismus am Musenhof von Ferrara. Dt. Vjs. 54, 1980, S. 232–258.
Hinderer, Walter: Tasso. In: Goethes Dramen. Interpretationen. Stuttg. 1992. = Reclam 8417. S. 199–257.
Borchmeyer, Dieter: Torquato Tasso. GJb. 99, 1982, S. 138–145.
Ammerlahn, Hellmut: Aufbau und Krise der Sinn-Gestalt: Tasso und die Prinzessin im Kontext der Goetheschen Werke. = German Studies in America, 58. New York, Bern 1990.
Lokke, Kari: Weimar Classicism and Romantic Madness: Tasso in Geothe, Byron and Shelley. European Romantic Review 2, 1992, S. 195–214.
Lamport, Francis John: German Classical Drama 1750–1870. Cambridge 1990. S. 89–96.

DIE AUFGEREGTEN

(Erstausgabe:) Goethes Werke. Bd. 10. Stuttg. u. Tüb. 1817.
Goethes Werke. Ausg. l. Hd. Bd. 15. Stuttg. u. Tüb. 1828.
Goethes Werke. Weimarer Ausgabe. Bd. 18. Hrsg von Rudolf Koegel. Weimar 1895.
Goethes Werke. Jubiläumsausgabe. Bd. 15. Hrsg. von O. Pniower. Stuttg. u. Bln. (1906).
Goethes Werke. Berliner Ausgabe. Bd. 6. Hrsg. von Annemarie Noelle. Bln. u. Weimar 1964. 2. Aufl. 1973.
Goethe, Sämtl. Werke. Münchner Ausgabe. Bd. 4.1. Hrsg. von Reiner Wild. München 1988.
Die Entstehung von Goethes Werken in Dokumenten. Von Momme Mommsen unter Mitwirkung von Kath. Mommsen. Bd. 1. Bln 1958. S. 157–162.
Mommsen, Wilhelm: Die politischen Anschauungen Goethes. Stuttg. 1948. (313 S.).
Demetz, Peter: Goethes „Die Aufgeregten'. Zur Frage der polit. Dichtung in Deutschland. Hannoversch-Münden (1952). (40 S.).
Mommsen, Wilhelm: Goethe u. die französ. Revolution. In: Goethe et l'esprit Français. (Ed. A. Fuchs.) Paris 1958. = Publ. de la Faculté des Lettres de l'Université de Strasbourg, 137. S. 69–84.
Gronicka, André v.: Humanität und Hybris im dt. Drama. The Germanic Review 38, 1963, S. 121–133.

DIE NATÜRLICHE TOCHTER

Taschenbuch auf das Jahr 1804. Die natürliche Tochter. Trauerspiel von Goethe, Tübingen [1803].
Die natürliche Tochter. In Goethes Werke, Bd. 6, Tübingen 1807.

Die natürliche Tochter. In: Goethes Werke. Vollständige Ausgabe letzter Hand, Bd. 9, Stuttgart u. Tübingen 1828.
Die natürliche Tochter. In: Goethes Werke [Weimarer Ausgabe, 1. Abt.], Bd. 10, Weimar 1889.
Die natürliche Tochter. In: Goethes Sämtliche Werke. Jubiläums-Ausgabe, Bd. 12, Stuttgart u. Berlin o. J.
Die natürliche Tochter. In: Goethe, Poetische Werke. Berliner Ausgabe. Bd. 6, Berlin u. Weimar 1964.
Die natürliche Tochter. In: Goethe, Sämtl. Werke nach Epochen seines Schaffens. Münchner Ausg. Bd. 6, 1. München 1986.
Die natürliche Tochter. In: Goethe, Sämtl. Werke, Briefe, Tagebücher u. Gespräche. 1. Abt., Bd. 6. Frankfurt a.M. 1993.
Mémoires historiques de Stéphanie-Louise de Bourbon-Conti, écrits par elle-même, 2 Bde., Paris [1798].
Gräf, Hans Gerhard (Hrsg.), Goethe über seine Dichtungen, 2. Tl., Bd. 3, Frankfurt a.M. 1906, S. 513–561.
Reuter, Hans Heinrich (Hrsg.), Aus Goethes Korrespondenzmappe. Ungedruckte Briefe an Goethe [über „Die natürliche Tochter"]. In: Goethe-Almanach auf das Jahr 1968, Berlin u. Weimar 1967, S. 269–277.
Bréal, Michael: Une héroïne de Goethe. Les personnages originaux de „La fille naturelle". In: Revue de Paris 5,1 (1898), S. 501–536 u. 803–825. – Wieder abgedruckt in: M. B., Deux études sur Goethe, Paris 1898, S. 51–174.
Kettner, Gustav: Goethes Drama Die natürliche Tochter, Berlin 1912.
Gerhard, Melitta: Goethes Erleben der französischen Revolution im Spiegel der „Natürlichen Tochter". In: DVjs 1 (1923), S. 281–308. – Wieder abgedruckt in: M. G., Leben im Gesetz, Bern 1966, S. 7–33.
Schröder, Rudolf Alexander: Ein Wort über die „Natürliche Tochter". In: Goethe-Kalender 1938, S. 63–100. – Wieder abgedruckt in: R. A. Sch., Die Reden und Aufsätze, Frankfurt a. M. 1952, und in: Goethe im XX. Jahrhundert, hrsg. v. Hans Mayer, Hamburg 1967, S. 162–178.
May, Kurt: Goethes „Natürliche Tochter". In: Goethe (Jb.) 4 (1939), S. 147–163. – Wieder abgedruckt in: K.M., Form und Bedeutung, Stuttgart 1957, S. 89–106.
Staiger, Emil: Goethe, Bd. 2, Zürich 1956, S. 371–402.
Bänninger, Verena: Goethes Natürliche Tochter. Bühnenstil und Gehalt, Zürich 1957.
Hass, Hans Egon: Goethe. Die natürliche Tochter. In: Das deutsche Drama vom Barock bis zur Gegenwart, hrsg. v. Benno von Wiese, Bd. 1, Düsseldorf 1958, S. 215–247.
Burckhardt, Sigurd: „Die natürliche Tochter", Goethes „Iphigenie in Aulis"? In: Germanisch-Romanische Monatsschrift NF 10 (1960), S. 12–34. – Englisch wieder abgedruckt in: S.B., The drama of language, Baltimore u. London 1970, S. 66-93.
Böckmann, Paul: Die Symbolik in der „Natürlichen Tochter". In: Worte und Werte [Festschrift Bruno Markwardt], Berlin 1961, S. 11–23.
Peacock, Ronald: „Die natürliche Tochter" als Erlebnisdichtung. In: Dt. Vjs. 36, 1962, S. 1–25.
Staroste, Wolfgang: Symbolische Raumgestaltung in Goethes „Natürlicher Tochter". In: Jahrbuch der Deutschen Schiller-Gesellschaft 7 (1965), S. 235–252. – Wieder

abgedruckt in: W. St., Raum und Realität in dichterischer Gestaltung, Heidelberg 1971, S. 104–122.
Stammen, Theo: Goethe und die Französische Revolution. Eine Interpretation der „Natürlichen Tochter", München 1966.
Abbé, Derek van: Truth and illusion about „Die natürliche Tochter". In: PEGS, NS 41 (1971), S. 1–20.
Bahr, Ehrhard: Goethes „Natürliche Tochter": Weimarer Hofklassik und Französische Revolution. In: Deutsche Literatur zur Zeit der Klassik, hrsg. v. Karl Otto Conrady, Stuttgart 1977, S. 226–242.

PALÄOPHRON UND NEOTERPE

(Erstdruck:) Göthe, Paläofron und Neoterpe. In: Neujahrs Taschenbuch von Weimar, auf das Jahr 1801. Hrsg. von Seckendorf. Weimar (1800).
Goethes Werke. Bd. 9. Stuttg. u. Tüb., Cotta, 1808.
Goethes Werke. Ausg. l. Hd. Bd. 11. Stuttg. u. Tüb. 1828.
Goethes Werke. Weimarer Ausgabe. Bd. 13,1. Weimar 1894. Und: Bd. 13,2. Weimar 1901.
Goethes Werke. Jubil.-Ausg. Bd. 9. Hrsg. von O. Pniower. Stuttg. u. Bln. (1905.)
Goethes Werke. Fest-Ausg. Bd. 8. Hrsg. von R. Petsch. Lpz. (1926).
Goethes Werke. Berliner Ausgabe. Bd. 6. Hrsg. von Annemarie Noelle, 2. Aufl. Bln. u. Weimar 1973.
Goethe, Sämtl. Werke. Frankfurter Ausgabe. Bd 6. Hrsg. von Dieter Borchmeyer. Frankf. 1993.
Goethe über seine Dichtungen. Hrsg. von H. G. Gräf. Teil 2: Die dramat. Dichtungen. Bd. 4. Frankf. 1908. S. 1–20.
Goethes Gespräche. Hrsg. von W. Herwig. Bd. 3. Zürich u. Stuttg. 1971. S. 97–102 (mit Dokumenten, die bei Gräf noch fehlen).
Petak, Arthur: Über Goethes „Paläophron und Neoterpe". Chronik des Wiener Goethe-Vereins 15, 1901, S. 18–24.
Croce, Benedetto: Un contrasto tra la vecchie età e la nuova. Il „Palaeophron und Neoterpe" di Volfango Goethe. Critica 30, 1932, S. 81–94. – Wiederabgedruckt in: Croce, Nuovi saggi sul Goethe. Bari 1934. S. 1–18.

ELPENOR

Elpenor. In: Goethes Werke, Bd. 4, Tübingen 1806.
Elpenor. In: Goethes Werke. Vollständige Ausgabe letzter Hand, Bd. 10, Stuttgart u. Tübingen 1828.
Elpenor. In: Goethes Werke [Weimarer Ausgabe, 1. Abt.], Bd. 11, Weimar 1892.
Elpenor. In: Goethes Sämtliche Werke. Jubiläums-Ausgabe, Bd. 15, Stuttgart u. Berlin o. J.
Elpenor. In: Goethe, Poetische Werke [Berliner Ausgabe], Bd. 5, Berlin u. Weimar 1964.
Elpenor. [Prosafassung]. In: Goethe, Sämtl. Werke nach Epochen seines Schaffens. Münchner Ausgabe. Bd. 2, 1. München 1987. – Elpenor. [Versfassung]. Ebd. Bd. 6, 1. München 1986.

Elpenor. [Prosafassung]. In: Goethe, Sämtl. Werke, Briefe, Tagebücher und Gespräche. 1. Abt., Bd. 5. Frankfurt a.M. 1988.

Goethes Elpenor. Nach den Handschriften kritisch hrsg. v. Ida Hakemeyer, Hannover 1949.

Gräf, Hans Gerhard (Hrsg.), Goethe über seine Dichtungen, 2. Tl., Bd. 1, Frankfurt a.M. 1903, S. 280–295.

Biedermann, Woldemar von: Die chinesische Quelle von Goethes Elpenor. In: Zs. f. vergl. Litteraturgeschichte NF 1 (1887/88), S. 373–375.

Morsch, Hans: Goethe und die griechischen Bühnendichter, Programm Realgymnasium Berlin 1888, bes. S. 18–20.

Kettner, Gustav: Goethes Elpenor. In: Preußische Jahrbücher 67 (1891), S. 149–172.

Schlösser, Rudolf: Studien zu Goethes Elpenor. In: Euphorion 2 (1895), S. 588–604.

Peters, M.: Goethes Elpenor. Eine quellenkritische Untersuchung, Diss. Münster 1914.

Chen, Chuan: Die chinesische schöne Literatur im deutschen Schrifttum, Diss. Kiel 1933.

Trevelyan, Humphry: Goethe und die Griechen, Hamburg 1949, S. 123–129.

Staiger, Emil: Goethe, Bd. 1, Zürich 1952, S. 384–387.

Emmel, Hildegard: Goethes Elpenor. In: GJb NF 14/15 (1952/53), S. 158–170.

Zimmermann, Traute: Goethes Elpenor, Diss. (Masch.) Tübingen 1956.

Wagner-Dittmar, Christine: Goethe und die chinesische Literatur. In: Studien zu Goethes Alterswerken, hrsg. v. Erich Trunz, Frankfurt a.M. 1971, S. 122–228, bes. S. 166–169.

En-Lin, Yang: Goethes „Elpenor" in seiner Beziehung zur chinesischen Literatur. In: GJb 92 (1975), S. 233–255.

PANDORA

(Erstdruck:) Pandora's Wiederkunft. Ein Festspiel von Goethe. In: Prometheus. Eine Zeitschrift. Hrsg. von Leo v. Seckendorff und J. L. Stoll. Wien 1808. 1. Heft und 2. Heft.

(Erster Einzeldruck:) Pandora von Goethe. Ein Taschenbuch für das Jahr 1810. Wien u. Triest (1810).

Goethes Werke. Bd. 11. Stuttg. u. Tüb. 1817. (Die sog. Ausgabe B.)

Goethes Werke. Ausg. l. Hd. Stuttg. u. Tüb. Bd. 40. 1830. (Ausg. C und C[1]).

Goethe's Werke. Bd. 10. Hrsg. von Fr. Strehlke. Bln., Gustav Hempel, o. J. (um 1870).

Goethes Werke. 10. Teil. Dramen Bd. 5. Hrsg. von K. J. Schröer. Bln. u. Stuttg. o. J. (um 1889). = KDN Bd. 91.

Goethes Werke. Weimarer Ausgabe. Bd. 50. Weimar 1900. S. 295–344 u. 450–460. Pandora: Hrsg. von Erich Schmidt.

Goethes Werke. Jubiläums-Ausgabe. Bd. 15. Hrsg. von Otto Pniower. Stuttg. u. Bln. (1906).

Goethes Werke. Festausgabe. Bd. 8. Hrsg. von Robert Petsch. Lpz. (1926.)

Goethe, Poetische Werke. Berliner Ausgabe. Bd. 6. Bearb. von Annemarie Noelle. Bln. u. Weimar 1964. 2. Aufl. 1973.

Goethe, Sämtl. Werke. Münchner Ausgabe. Bd. 9. Hrsg. von Christoph Siegrist u.a. München 1987.

Goethe über seine Dichtungen. Hrsg. von H. G. Gräf. 2. Teil, 4. Bd. Frankfurt a.M. 1908. S. 21–57.

Goethes Bibliothek. Katalog. Bearbeitet von Hans Ruppert. Weimar 1958. (XVI, 826 S.)
Riemer, Friedrich Wilhelm: Kleines Griechisch-Deutsches Handwörterbuch. 2 Bde. Jena 1802–1804. (2 Bl., XXIII, 781 S.; 686 S.) Diese Ausgabe befand sich in Goethes Bibliothek. Eine spätere Ausgabe ist: Riemer, Griech.-dt. Wörterbuch. 4. Aufl. Jena 1823–1825. 2 Bde. (VIII, 1216 S.; XII, 1468 S.)
Hederich, Benjamin: Mythologisches Lexicon. Vermehrt u. verbessert von Joh. Joach. Schwabe. Lpz. 1770. (LIV S., 2502 Sp.) Diese Auflage besaß Goethe. (Goethes Bibliothek, Katalog von Ruppert, Nr. 1968.)
Goedeke, K.: Grundriß zur Gesch. d. dt. Dichtung. 3. Aufl., 4. Bd., 3. Abt. Dresden 1912. S. 384–386.
Pyritz, H.: Goethe-Bibliographie. Bd. 1, 1965, S. 634f.; Bd. 2, 1968, S. 186f.
Bibliographisches Handbuch der dt. Literaturwiss. 1945–1969. Hrsg. von C. Köttelwesch. Bd. 1. 1973. Sp. 1916–1917.
Goethe und Österreich. Hrsg. von A. Sauer. Bd. 2. Weimar 1904. = Schr. G. Ges., 18. S. XVIIIf., 48–69, 349–353. (Briefwechsel mit der Redaktion der Zeitschrift „Prometheus".)
Rez. von F. G. Welcker in: Heidelbergische Jahrbücher der Literatur für Philologie, Historie, schöne Lit. u. Kunst. Bd. 2, 1810, 13. Heft, S. 209–223. – Im Auszug gedruckt in: Julius W. Braun, Schiller u. Goethe im Urteil ihrer Zeitgenossen. Abt. 2. Goethe. Bd. 3. Bln. 1885.
Rez. von Joh. Anton Fahrenkrüger in: Jenaer Allgemeine Literatur-Zeitung 1811, Nr. 9, 10. Januar, Sp. 67–69.
Scherer, Wilhelm: Pandora. In: Scherer, Aufsätze über Goethe. Bln. 1886. S. 247 bis 282. – 2. Aufl. 1900. S. 245–280.
Harnack, Otto: Über Goethes „Pandora". Preuß. Jahrbücher 73, 1893, S. 105–122. – Wiederabgedruckt in: Harnack, Essais. Braunschweig 1899. S. 99–118. – 2. Aufl. 1902.
Wilamowitz-Möllendorff, Ulrich v.: Goethes „Pandora". GJb. 19, 1898, S. 1–21 (des Anhangs). – Wiederabgedruckt in: Wilamowitz-Möllendorff, Reden und Aufsätze. 4. Aufl. Bd. 1. Bln. 1925. S. 257–381.
Morris, Max: Pandora. In: Morris, Goethe-Studien. Bd. 1. 2. Aufl. Bln. 1902. S. 249–291.
Witkowski, Georg: Prometheus in Goethes Pandora. Ztschr. f. Bücherfreunde NF. 8, 1. 1916. S. 99–104.
Cassirer, Ernst: Goethes Pandora. Ztschr. f. Ästhetik 13, 1918, S. 113–134. Wiederabgedruckt in: Cassirer, Idee u. Gestalt. Bln. 1921. S. 1–26. – 2. Aufl. 1924. S. 7–13. Reprint Darmstadt 1971.
Castle, Eduard: Pandora. In: Castle, In Goethes Geist. Wien 1926. S. 321–342.
Petsch, Robert: Die Kunstform in Goethes Pandora. In: Die Antike 6, 1930, S. 15–40.
Bergstraesser, Arnold: Mensch und Staat im Wirken Goethes. Pandora. In: Corona 6, 1935/36, S. 99–123. Wiederabgedruckt in: Bergstraesser, Staat u. Dichtung. Freiburg i. Br. 1967. S. 41–59.
Krüger, Karl-Joachim: Goethe und die Musik. „Goethe" 1, 1936, S. 204–222. (Insbes. S. 215ff.)
Hankamer, Paul: Spiel der Mächte, Tübingen 1943. – 2. Aufl. 1947. S. 153–206.
Bergstraesser, Arnold: Der Friede in Goethes Dichtung. In: Dt. Beiträge zur geistigen Überlieferung. Hrsg. von A. Bergstraesser. Chicago 1947.
Kohlschmidt, Werner: Goethes „Pandora" und die Tradition. Archiv f. Literatur u.

Volksdichtung 1, 1949, S. 5–33. Wiederabgedruckt in: Kohlschmidt, Form u. Innerlichkeit. München (1955), S. 50–79.

Kohlschmidt, Werner: Zur Deutung des Schemas zum 2. Teil von „Pandora". Trivium 8, 1950, S. 188–204. Wiederabgedruckt in: Kohlschmidt, Form u. Innerlichkeit. München (1955), S. 80–96.

Heselhaus, Clemens: Prometheus und Pandora. Festschr. f. Jost Trier. Meisenheim 1954. S. 219–253.

Burckhardt, Sigurd: Sprache als Gestalt in Goethes „Prometheus" und „Pandora". Euphorion 50, 1956, S. 162–176.

Burckhardt, Sigurd: The Drama of Language. Baltimore 1970. Darin S. 16–32: Language as Form in Goethes „Prometheus" and „Pandora".

Moenkemeyer, Heinz: Polar forms of imagination in Goethe's „Pandora". Journal of English and Germanic Philology 57, 1958, S. 270–295.

Emrich, Wilhelm: Goethes Festspiel „Pandora". In: „Goethe" 24, 1962, S. 33–43. Wiederabgedruckt unter dem Titel: Technisches und absolutes Bewußtsein in Goethes „Pandora". In: Emrich, Geist und Widergeist. 1965. S. 117–128.

Geerdts, Hans Jürgen: Zu Goethes Festspiel „Pandora". In: (Jb.) „Goethe" 24, 1962, S. 44–57.

Böckmann, Paul: Die Humanisierung des Mythos in Goethes „Pandora". In: Böckmann, Formensprache. Hbg. 1966. S. 147–166.

Gadamer, H.-G.: Vom geistigen Lauf des Menschen. Studien zu unvollendeten Dichtungen Goethes. In: Gadamer, Kleine Schriften. Tübingen 1967. Bd. 2. S. 105 bis 135.

Diener, Gottfried: Pandora. Zu Goethes Metaphorik. Entstehung, Epoche, Interpretation des Festspiels. Bad Homburg 1968. (275 S.)

Graham, Ilse: Goethe. Portrait of the Artist. Berlin, New York, 1977. Insbesondere S. 141–168.

Paulys Realencyclopädie der classischen Altertumswiss. Neue Bearbeitung von G. Wissowa. Bd. 45, 1957, Sp. 653–730: Art. „Prometheus" von Walther Kraus und Lothar Eckhart.

Panofsky, Dora, und Erwin Panofsky: Pandora's box. London (1956). – Darin zu Goethes „Pandora" S. 122–136.

Trousson, Raymond: Le thème de Prométhée dans la littérature européenne. 2 Bde. Genève 1964. (VI, 561 S.)

Frenzel, Elisabeth: Stoffe der Weltliteratur. 3. Aufl. 1970. (= Kröners Taschenausgaben, 300.) Art. „Pandora" u. „Prometheus".

DES EPIMENIDES ERWACHEN

(Erstausgabe:) Des Epimenides Erwachen. Ein Festspiel von Göthe. (Vorrede: K. L.) Berlin, Duncker u. Humblot, 1815. (XIV, 66 S.)

Goethes Werke. Ausg. letzter Hd. Bd. 13. Stuttg. u. Tüb. 1828.

Goethes Werke. Berlin, Verlag Hempel. Bd. 11, 1. Abt. Des Epimenides Erwachen. Mit Vorwort u. erläuternden Anmerkungen von Gustav v. Loeper. 1871. – Auch als Sonderausgabe erschienen.

Goethes Werke. Bd. 11, 2. Abt. Hrsg. von K. J. Schröer. = Kürschners Dt. National-Lit., Bd. 92,2. Stuttg. o. J. (etwa 1890.)

Goethes Werke. Weimarer Ausgabe. Bd. 16. Weimar 1894. S. 331–381 u. 493–554: Epimenides, hrsg. von Wilhelm Fielitz.

Goethes Werke. Jubiläums-Ausg. Bd. 9. Hrsg. von Otto Pniower. Stuttg. u. Bln. (1905.) S. 145–182, 394–405.
Goethes Werke. Fest-Ausgabe. Bd. 8. Hrsg. von Robert Petsch. Lpz. (1926.)
Goethes Werke. Berliner Ausg. Bd. 6. Hrsg. von Annemarie Noelle. Bln. u. Weimar 1964. 2. Aufl. 1973.
Goethe, Sämtl. Werke. Münchner Ausgabe. Bd. 9. Hrsg. von Christoph Siegrist. München 1987.
Goethe über seine Dichtungen. Hrsg. von Hans Gerhard Gräf. Bd. 3. (= Dramat. Dichtungen, 1.) Frankfurt a. M. 1903. S. 296–408.
Pyritz, Hans: Goethe-Bibliographie. Bd. 1, Heidelberg 1965, S. 620f., 635f.
Quellen und Zeugnisse zur Druckgeschichte von Goethes Werken. Bd. 4. Die Einzeldrucke. Bearb. von I. Jensen. Bln. (Ost) 1984. S. 789f. u. ö.
Goethe und Österreich. Hrsg. von A. Sauer. Bd. 2. Weimar 1904. = Schr. G. Ges., 18. S. 69–75 u. 353–355. (Korrespondenz mit Liebich.)
Düntzer, Heinrich: Goethes politische Dichtungen. In: Düntzer, Abhandlungen zu Goethes Leben u. Werken. Bd. 2, Lpz. 1885, S. 343–400.
Morsch, Hans: Goethes Festspiel „Des Epimenides Erwachen". GJb. 14, 1893, S. 212–244.
Burdach, Konrad: Des Epimenides Erwachen. Sitzungsber. der Preuß. Akad. d. Wiss. zu Berlin. Phil.-hist. Kl. 21, 1932, S. 383–395.
Kraucher, Luise: Goethes Festspiel „Des Epimenides Erwachen" und die französ. Epimenides-Dramen. Chronik des Wiener Goethe-Vereins 38, 1933, S. 24–26.
Schaeder, Hans Heinrich: Des Epimenides Erwachen. Goethe-Kalender 34, 1941, S. 219–263.
Bergstraesser, Arnold: Der Friede in Goethes Dichtung. In: Dt. Beiträge zur geistigen Überlieferung. Chicago 1947. S. 134–153. – Wieder abgedruckt in: Bergstraesser, Staat und Dichtung. Freiburg i. Br. 1967. S. 99–116.
Müller, Joachim: Intention, Struktur u. Stilhöhe von Goethes Festspiel „Des Epimenides Erwachen". Studien zur Goethezeit, Festschrift f. Lieselotte Blumenthal. Hrsg. von H. Holtzhauer u. B. Zeller. Weimar 1968. S. 243–276. – Wiederabgedruckt in: Müller, Neue Goethe-Studien. Halle 1969. S. 235–261.
Pariser, Ludwig: Fr. Pustkuchens „Gedanken über die Oper" und B. A. Webers Musik zu Goethes Festspiel „Des Epimenides Erwachen". In: Abhandl. zur dt. Literaturgesch., Franz Muncker zum 60. Geburtstag dargebracht. München 1916. S. 92–107.
Fischer, Hans: Bernhard Anselm Weber. Phil. Diss. Berlin 1923. (1924.) Masch. 154 S. mit Noten. (4°).
Die Musik in Geschichte u. Gegenwart. Bd. 14, 1968, Sp. 279–284: Peter Hauschild, Bernhard Anselm Weber.

Die Webersche Partitur zu *Epimenides* ist handschriftlich in drei Exemplaren vorhanden, die sich in dem Weber-Nachlaß in der Staats-Bibliothek in Berlin befinden. Das beste dieser Exemplare ist vollständig fotokopiert, diese Fotokopie ist im Besitz des Goethe-Museums in Düsseldorf. Dieses hat sie freundlicherweise für längere Zeit an die Verfasserin des Kommentars ausgeliehen, so daß sie sich eingehend damit beschäftigen konnte. Dem Düsseldorfer Goethe-Museum sei dafür Dank gesagt.

EDITORISCHE NOTIZ

Der 5. Band wurde für die 8. Auflage, 1977, von neuen Mitarbeitern völlig neu bearbeitet, sowohl der Text wie der Kommentar. Aus der früheren Fassung, die erstmalig 1952 erschienen ist, mußte aber im Hinblick auf die Register in Bd. 14 und auf die Querverweise in anderen Bänden die Reihenfolge der Dramen übernommen werden, und die Texte mußten seitengleich bleiben, damit die Seitenzahlen in den Registern auch weiterhin zutreffen. Eine Umstellung des *Elpenor* war also nicht möglich; auch war es nicht möglich, bei *Epimenides* S. 366 das Personenverzeichnis einzuschieben, es konnte nur im Kommentarteil mitgeteilt werden.

Lieselotte Blumenthal hat die Texte von *Iphigenie* und *Tasso* ediert, S. 7–67 und 73–167, und hat dazu die Abschnitte „Zur Textgestalt von *Iphigenie* und *Tasso*" S. 460–466, „Zur Überlieferung der *Iphigenie*" S. 467–474 und „Zur Überlieferung des *Tasso*" S. 562–568 geschrieben.

Eberhard Haufe hat den Text von *Nausikaa* S. 68–72 und dann alle Texte von *Die Aufgeregten* bis *Epimenides* bearbeitet, also S. 168–399. Er hat zu allen diesen Dramen die Abschnitte „Zur Textgeschichte" geschrieben, S. 493–495, 579–580, 619–623, 630–634, 654–655, 692–695, 754–759.

Stuart Atkins hat den Kommentar zu *Tasso* verfaßt, S. 496–561.

Dieter Lohmeier hat die Kommentare zu *Iphigenie*, *Nausikaa*, *Die natürliche Tochter* und *Elpenor* geschrieben, S. 403–459, 475–492, 581–618, 635–653.

Waltraud Loos verfaßte die Kommentare zu *Die Aufgeregten* und *Epimenides*, S. 569–578, 696–753; bei der Dokumentation zu *Epimenides* S. 696–733 hat Erich Trunz mitgewirkt.

Marion Robert schrieb die Kommentare zu *Paläophron* und *Pandora* S. 624–629, 656–691.

Für diesen Band haben Lieselotte Blumenthal, Eberhard Haufe, Dieter Lohmeier und Erich Trunz längere Zeit im Goethe- und Schiller-Archiv in Weimar gearbeitet. Der Leitung des Archivs sei herzlicher Dank gesagt.

INHALTSÜBERSICHT

KOMMENTARTEIL